COLLECTION FOLIO

Karl Ove Knausgaard

Fin de combat

Mon combat

LIVRE VI

Traduit du norvégien
par Christine Berlioz, Laila Flink Thullesen,
Jean-Baptiste Coursaud
et Marie-Pierre Fiquet

Denoël

La partie huit a été traduite par Christine Berlioz et Laila Flink Thullesen, « Le Nom et le Nombre » par Jean-Baptiste Coursaud, et la partie neuf par Marie-Pierre Fiquet.

Les extraits de *Mein Kampf* ont été traduits par Brice Germain.

En dépit de notre vigilance et de tous nos efforts, nous n'avons pu retrouver tous les ayants droit des textes cités. Nous invitons ceux-ci à se faire connaître auprès du service éditorial des Éditions Denoël.

Titre original :

MIN KAMP, SJETTE BOK

Né en Norvège en 1968, Karl Ove Knausgaard vit à Londres avec ses quatre enfants. Considérée comme une entreprise unique en littérature, son autobiographie en six volumes l'a fait accéder à une reconnaissance internationale. En 2020, le prix Médicis essai a récompensé le dernier volume, *Fin de combat*.

HUITIÈME PARTIE

À la mi-septembre 2009, je pris la route de la petite maison de campagne de Thomas et Marie, située entre Höganäs et Mölle. Thomas devait prendre des photos de moi pour les prochains romans. J'avais loué une voiture, une Audi noire et, dans la matinée, je roulais en direction du nord sur l'autoroute à quatre voies, empli d'un intense sentiment de bonheur. Le ciel était bleu et parfaitement dégagé, le soleil brillait comme en été. Sur ma gauche s'étendait l'Öresund, qui étincelait, sur ma droite s'étiraient des champs de chaume dorés et des prés, séparés par des clôtures et par de petits ruisseaux bordés de rangées d'arbres feuillus, de temps à autre se profilait la lisière de la forêt. J'avais le sentiment que ce jour n'aurait pas dû exister, c'était comme une oasis au milieu de ce morne paysage d'automne et la pensée que les choses n'auraient pas dû être ainsi, que le soleil n'aurait pas dû briller autant, que le ciel n'aurait pas dû être aussi lumineux, éveillait une sorte d'inquiétude au milieu de ma joie. Je remarquai cette pensée mais l'occultai dans l'espoir qu'elle allait disparaître toute seule et je repris le refrain de *Cat People*, diffusé par la radio, je profitai alors à ma gauche du spectacle de la ville que créaient les grues, les cheminées d'usine, les entrepôts. Je longeai la zone industrielle de Landskrona, comme j'avais longé quelques minutes plus tôt Barsebäck, avec au loin la silhouette caractéristique et toujours aussi effrayante de sa centrale nucléaire. La prochaine ville était Helsingborg ; la maison de campagne où je devais me rendre se trouvait à une vingtaine de kilomètres de là.

J'étais en retard. Resté longtemps assis dans la grande voiture fraîche à l'intérieur du parking, je n'arrivais pas à comprendre comment la démarrer et je ne *pouvais* pas retourner à l'agence de location pour leur demander comment faire, de peur qu'ils ne me reprennent le véhicule si je leur révélais une telle incompétence. Je restai donc assis à parcourir le manuel en le feuilletant dans tous les sens, en vain, aucun renseignement sur la mise en marche. J'examinai le tableau de bord, puis la clé, qui en fait n'était pas une clé, mais une simple carte noire en plastique. J'avais ouvert la voiture en appuyant dessus et je me demandais s'il ne fallait pas faire la même chose pour lancer le moteur. En tout cas il n'y avait pas de démarreur près du volant. Et ça alors, c'était quoi ? Était-ce une fente ?

J'y insérai la carte noire et la voiture démarra. La demi-heure qui suivit, je tournai en rond dans le centre de Malmö pour trouver la bonne sortie. Quand je réussis enfin à gagner l'autoroute, j'avais presque une heure de retard.

Alors que Landskrona disparaissait derrière une colline, je tâtonnai sur le siège passager à la recherche de mon portable, je le trouvai et composai le numéro de Geir A. C'était lui qui à l'époque m'avait présenté à Thomas, ils s'étaient rencontrés dans un club de boxe où Thomas travaillait sur un livre de photos et Geir consacrait une thèse à ce sport. C'était un duo mal assorti, pour parler poliment, mais ils se respectaient beaucoup.

— Salut, p'tit gars, dit Geir.

— Salut, dis-je. Tu peux me rendre un service ?

— Bien sûr.

— Tu peux téléphoner à Thomas pour lui dire que j'aurai une heure de retard ?

— Bien sûr. T'es en voiture ?

— Oui.

— C'est une bonne nouvelle.

— Oui, ça change ! Mais, là, je dois doubler une remorque.

— Et alors ?

— Je ne peux pas téléphoner en même temps.

— Ton extraordinaire aptitude à faire plusieurs choses à la fois serait un bon sujet pour un chercheur. Mais bon. À bientôt.

Je raccrochai, accélérai et dépassai la longue remorque blanche, qui fit un écart à cause de l'appel d'air. Un peu plus tôt pendant l'été, j'avais amené toute la famille à Koster et j'avais presque causé deux accidents sur le trajet, l'un en raison d'un aquaplaning à trop grande vitesse, qui aurait pu très mal finir, l'autre, moins grave, mais qui m'avait quand même secoué : dans un bouchon près de Göteborg, obligé de changer de file, je n'avais pas vu la voiture qui arrivait et le choc avait été évité uniquement parce que l'autre conducteur avait eu le réflexe de freiner. Le coup de klaxon furieux qui s'était ensuivi m'avait fait froid dans le dos. Cet épisode me fit perdre le plaisir de conduire, il me restait toujours une petite peur, probablement salutaire, mais quand même, le simple fait de doubler une remorque m'ôtait tous mes moyens, je devais me forcer à le faire, et après une telle épreuve je me sentais toujours angoissé pendant plusieurs jours, une sorte d'état d'ivresse. Que j'aie passé mon permis et que j'aie l'autorisation de rouler pour de vrai, mon cœur s'en moquait, il restait figé dans le passé, à l'époque où, dans l'un de mes cauchemars récurrents, je me trouvais dans une voiture et me mettais au volant sans savoir conduire. Tétanisé par l'angoisse sur les routes norvégiennes en lacets, menacé par l'arrivée imminente de la police, je dormais au fond d'un lit, l'oreiller et le bord de la couette trempés de sueur.

Je sortis de l'autoroute et pris la nationale vers Höganäs. La chaleur extérieure était perceptible, à cause de l'excès de lumière, du ciel voilé et des scintillements que les rayons du soleil avaient parsemés. Le monde était grand ouvert, j'en avais la sensation, et aussi celle qu'il tremblait.

Après dix minutes, je tournai pour me garer sur le parking d'un supermarché et je descendis de voiture. Ah, quelle bouffée d'air ! Il renfermait le bleu de la mer mais n'était pas chaud comme en été, il y avait une brise qui apportait de la fraîcheur et du calme. En marchant sur l'asphalte vers le supermarché, où les drapeaux extérieurs pendaient tristement, l'air me rappela la sensation que j'avais éprouvée quand, un jour brûlant d'été, j'avais effleuré de la main un pan de marbre dans une ville italienne – une fraîcheur subtile et surprenante.

J'achetai en cadeau pour eux une barquette de framboises, pour moi un paquet de cigarettes et du chewing-gum, je posai la barquette sur le siège passager. À peine cent mètres après le supermarché, la route descendait vers la mer, étroite, bordée de haies qui entouraient les petites maisons d'été peintes en blanc. Thomas et Marie vivaient tout au bout, avec la mer à l'ouest et un grand pré à l'est.

Quand je claquai la portière de la voiture derrière moi, Thomas traversa la pelouse, les jambes nues. Il me donna l'accolade, il était l'une des rares personnes à le faire sans que cela me gêne. Pourquoi, je ne savais pas. Peut-être simplement parce qu'il avait quinze ans de plus que moi, et que, même si on ne se connaissait pas très bien, il m'avait toujours manifesté de la sympathie.

— Salut, Karl Ove, dit-il.

— Ça fait longtemps, dis-je. Quelle belle journée !

Nous traversâmes la pelouse. L'air était totalement immobile, les arbres étaient totalement immobiles, le soleil couronnait la mer et dardait ses rayons brûlants sur tout le paysage. Cependant il régnait toujours une sensation de fraîcheur. Cela faisait longtemps que je n'avais ressenti une telle paix.

— Tu veux un café ? demanda Thomas, comme nous nous arrêtions à l'arrière de la maison.

L'été précédent, il y avait construit une terrasse en bois, semblable au pont d'un navire. Elle s'étendait depuis le mur jusqu'à la haie épaisse, infranchissable, qui projetait une ombre fixe sur plusieurs mètres.

— Avec plaisir, dis-je.

— Installe-toi, j'arrive.

Je m'assis, remis mes lunettes et penchai la tête en arrière pour capter le plus possible le soleil, j'allumai une cigarette pendant que Thomas remplissait la carafe d'eau au robinet de la petite cuisine.

Marie sortit. Elle avait remonté ses lunettes de soleil sur son front et elle clignait des yeux. Je lui annonçai que ce matin j'avais lu quelque chose la concernant dans le *Dagens Nyheter*, un article qui reprenait un débat sur l'art auquel elle avait participé. Je ne me souvenais plus de ce que l'on y disait d'elle, même si j'essayai de me le rappeler, mais heureusement elle ne me le demanda pas, elle dit seulement qu'elle allait y jeter un coup d'œil à la bibliothèque, où elle se rendait justement.

— Est-ce que ton livre est déjà sorti ? s'enquit-elle.

— Non, il sort samedi, en fait.

— C'est bien !

— Oui.

— À plus tard alors, dit-elle. Tu restes déjeuner ?

— Volontiers ! répondis-je avec un sourire. J'ai apporté aussi le manuscrit de Linda. Je te le donnerai plus tard.

Marie avait travaillé à l'école d'écriture de Biskops-Arnö et accepté de relire le manuscrit de nouvelles que Linda venait de terminer.

— Parfait, lança-t-elle en rentrant.

Un instant plus tard, une voiture démarra de l'autre côté de la maison. Thomas revint avec deux tasses à café et un plateau de muffins. Il s'assit près de moi, nous discutâmes un peu, il alla chercher son appareil photo et prit quelques clichés pendant que nous poursuivions notre conversation sur d'autres sujets. La dernière fois que je lui avais rendu visite, il était en train de lire Proust, ce qu'il faisait encore, me dit-il ; juste avant que je n'arrive il était sur la terrasse en train de lire la mort de la grand-mère. C'est l'un des plus beaux passages, dis-je. Oui, fit-il en se levant pour me photographier sous un autre angle. Je me remémorai le peu dont je me souvenais de cette scène. Comment cette mort était arrivée sans prévenir. Un instant la grand-mère était dans un fiacre qui devait la promener dans le jardin du Luxembourg, l'instant d'après elle avait une attaque à laquelle elle allait succomber quelques heures plus tard. Ou peut-être quelques jours ? La maison pleine de médecins, l'inquiétude écrasante qui imprégnait l'atmosphère dans cette première étape de la douleur, quand l'apathie est encore traversée par une lueur d'espoir. La mort arrive à l'improviste, c'est son aspect le plus bouleversant.

— Bon, dit Thomas. Et si tu approchais ta chaise de la haie ?

J'obéis. Il rentra pour voir les photos à l'abri de la lumière. J'allai chercher le café dans la cuisine et y jetai un coup d'œil au passage.

— Elles sont bien. Si ça ne te dérange pas d'avoir un grand nez...

Je souris et sortis. Thomas ne tenait pas à m'embellir ni à capter une expression particulière, bien au contraire, il voulait saisir mon expression quand j'étais détendu et que je ne prenais pas la pose.

Il ressortit sans son appareil photo et s'installa au soleil.

— On a fini ? dis-je.

— Oui. Ça a l'air bon. Je te prendrai peut-être en pied un peu plus tard.

— D'accord.

On entendait des voix étouffées de l'autre côté de la haie. Je croisai les jambes et regardai le ciel. Il était sans nuages.

— Je suis allé à l'hôpital rendre visite à l'un de mes meilleurs amis avant de venir ici, dit-il. Il s'est cassé le cou.

— C'est horrible.

— Oui. On l'a trouvé sur la place Gullmarsplan, au centre de Stockholm. Personne ne sait ce qui lui est arrivé, il était juste couché là par terre.

— Il a repris connaissance ?

— Oui. Il peut parler et il a l'esprit clair. Mais il ne se souvient de rien. Il ne comprend même pas ce qu'il faisait à Gullmarsplan.

— Il avait bu ?

— Non, non, pas du tout. C'est une maladie. Une fois, il lui était déjà arrivé presque la même chose, il avait perdu connaissance dans son appartement et s'était réveillé totalement confus. Mais, cette fois-ci, les conséquences sont beaucoup plus graves. J'ai bien peur qu'il ne s'en sorte pas.

Je ne savais pas quoi dire et je hochai la tête. Nous restâmes silencieux un moment, puis Thomas me regarda.

— On va faire un tour ?

— Volontiers, répondis-je.

Quelques minutes plus tard, nous refermions le portillon derrière nous et nous commençâmes à traverser les pâturages qui descendaient en pente vers la plage de galets et les vagues qui s'abattaient sur le rivage. Des vaches à longues cornes se tenaient sur une petite hauteur et nous observaient. Bien qu'il y ait des maisons à cinquante mètres de là et, derrière, une route à forte circulation, on avait l'impression de traverser une lande déserte. C'était la mer qui avait créé ce spectacle inhabituel, le pré qui tombait à pic sur la plage. Ce genre de terrain étant parmi les plus chers du coin, on ne l'utilisait pas comme pâturage.

— Là-haut, il y a des installations qui datent de la guerre, dit Thomas en indiquant de petites constructions basses en béton un peu plus loin. Tu vois, le Danemark est tout près.

— On en trouve aussi là où j'ai grandi. Mais elles appartenaient aux Allemands.

— Ah bon ? dit-il en sortant son appareil photo pour prendre une photo de moi, le profil tourné vers la mer.

— Nous allions y jouer quand j'étais petit. C'était surtout les bunkers dans la forêt qui nous attiraient. C'était génial ! Les années soixante-dix. Un peu plus de trente ans seulement après la guerre.

Le vent était plus fort ici, à découvert, mais les vagues qui s'abattaient sur la plage étaient basses et engourdies. Les vaches avaient recommencé à paître. Elles laissaient des bouses partout derrière elles, certaines molles et flasques, d'autres sèches et durcies.

— Là-bas, il y a quelque chose de très rare, dit Thomas en m'indiquant un petit bassin dans un marais plein de roseaux, à l'abri de la mer derrière une butte.

— Qu'est-ce que c'est ?

— Tu vois l'eau, là-bas ?

J'acquiesçai.

— Une espèce de crapaud y vit, que l'on ne trouve nulle part ailleurs en Suède. Il ne vit qu'ici. Dans ce petit trou d'eau.

— C'est vrai ?

— Oui. On le trouve peut-être aussi en Finlande. Le crapaud sonneur à ventre de feu, c'est son nom. Avec un peu de chance, on va pouvoir en entendre quelques-uns. On croirait des petites cloches. J'ai écouté un jour une émission de radio, ils avaient enregistré le son produit par les crapauds d'ici et l'avaient comparé à celui des crapauds de Finlande. On va les écouter ?

Nous nous arrêtâmes un peu avant l'eau. Aucun bruit, sinon celui du vent qui soufflait dans nos oreilles et le murmure léger de la mer.

— Rien, dit-il. On ne les entend pas chaque fois, d'ailleurs il y en a de moins en moins. Autrefois, en fait il n'y a pas si longtemps, l'eau recouvrait entièrement cet endroit. Puis on a construit tout près, et du coup le niveau de l'eau a commencé à baisser.

— Pourquoi est-ce qu'on ne les trouve qu'ici ?

— Je ne sais pas. Apparemment ils sont morts partout, sauf ici, où les conditions doivent être particulièrement favorables.

— C'est vraiment bizarre.

— Oui. Dommage que tu n'aies pas pu les entendre ! C'est un son très étonnant.

Nous marchâmes un peu, jusqu'à ce qui avait été autrefois une petite ville de pêcheurs et qui était devenu un lotissement de résidences d'été. Toutes les maisons anciennes avaient été rénovées, tous les jardins embellis avec la même méticulosité, dans les allées stationnaient des voitures neuves, étincelantes. Pour rentrer, nous suivîmes le chemin qui passait au milieu, puis nous nous réinstallâmes dans le petit espace à l'arrière du jardin, que nous avions quitté une heure plus tôt. Thomas refit du café, Marie préparait le repas.

Durant le déjeuner, omelette, pommes de terre rôties, pain et bière, nous parlâmes de Jon Fosse. Marie traduisait ses pièces en suédois et venait justement d'en terminer une qui devait être montée au théâtre national Dramaten un peu plus tard à l'automne. Fosse est un écrivain qui a commencé par décrire le monde tel qu'il est, le cauchemar social réaliste des états de fait inaccessibles que l'on trouve dans ses premiers romans, emplis de névrose et de panique, il a dépeint ensuite le monde tel qu'il est vraiment, à la fois sombre et ouvert. Passer du monde tel qu'il peut être pour un individu isolé au monde tel qu'il est entre nous tous, c'est l'évolution de son travail d'écrivain. Se tourner vers Dieu et le divin en est la suite logique. Tous ceux qui se confrontent aux conditions de l'existence doivent à un moment donné affronter cet aspect. L'humain a une limite intérieure et une limite extérieure, entre les deux se trouve la culture, qui nous révèle à nous-mêmes. Chez Fosse, elle est discrète, presque imprécise, ouverte aux forces extérieures, au vent et à l'obscurité, qui s'emparent des êtres humains sur lesquels il écrit. C'est en cela qu'ils ont quelque chose de prémoderniste, car tout ce dont nous remplissons notre temps, tous les journaux, toutes les émissions de télévision, le tourbillon politique, les actualités, les bavardages et ragots sur les célébrités, qui constituent notre monde, en tout cas le mien, les personnages de Fosse ne s'en préoccupent absolument pas. La limpidité de ses dernières œuvres a été qualifiée de minimaliste, sa noirceur rappelle Beckett, mais il n'y a rien de minimaliste chez Fosse, c'est plutôt essentialiste, ce n'est en aucun cas semblable à Beckett, qui est dur, ironique, désespéré, et dont la noirceur est froide et sarcastique, tandis que la noirceur est, chez Fosse, chaleureuse, confiante, dépourvue d'ironie. Peut-être parce qu'elle vient de ses propres profondeurs, contrairement à Beckett ?

Je ne pouvais rien dire de tout cela à Thomas et à Marie, parce que, comme pour toute la littérature que je lis et tout l'art que je vois, je le saisis autrement que par la pensée. Je sais que Fosse est comme ci, Beckett comme ça, sans pouvoir l'expliquer.

— Comment ça se passe avec ton oncle ? dit Thomas. Il est encore furieux ? La dernière fois, tu nous as dit qu'il allait te faire un procès.

— Rien de nouveau. Le livre est sous presse. S'il y a un procès, ce sera après sa parution. Il a menacé aussi de tout balancer aux journaux. C'est surtout ça que je crains. Que les journalistes cherchent une histoire à tout prix.

— Mais s'il veut que personne ne lise ce que tu as écrit, ce n'est pas très logique d'en parler à la presse, intervint Marie en portant sa fourchette à la bouche. Si ?

— Non, mais plus rien n'est rationnel dans cette affaire. » Je repoussai mon assiette et me renversai en arrière. « Merci pour le repas, dis-je. C'était délicieux !

J'avais envie de fumer mais j'attendais qu'ils aient fini de manger.

Thomas leva la tête et me regarda.

— Tu peux fumer si tu veux, dit-il.

— Merci.

J'allumai une cigarette et observai par-dessus la haie verte la ligne bleu foncé de la mer qui luisait à l'horizon, la lumière du soleil y éliminait tout, comme une bombe, et le ciel s'en dégageait, plus clair en raison de la légère brume.

C'était vraiment une journée magnifique.

Ils commencèrent à débarrasser, je laissai ma cigarette au bord du cendrier et je les aidai, posai les assiettes sur le plan de travail près de Marie, qui commença à les rincer. Elle approchait des soixante ans mais paraissait plus jeune, comme c'est le cas pour beaucoup d'écrivains ; de temps en temps, fugitivement, on apercevait les marques de l'âge sur son visage. L'expression du visage et le visage lui-même sont deux dimensions différentes, imbriquées, un peu comme ces dessins qui représentent une chose quand on regarde les ombres, et autre chose quand on regarde le reste de l'image, il me semble, bien qu'un visage soit infiniment plus complexe qu'un dessin. Non seulement il change d'une heure à l'autre selon les humeurs qui le traversent, mais aussi d'année en année selon le lien que l'on a avec lui. Le visage de ma mère, par exemple, qui est pour moi la plupart du temps toujours le même, c'est « maman » que je vois, comme elle a toujours été, mais si elle tourne un peu la tête, à mon grand effroi, je vois qu'elle est une vieille dame maintenant, une femme qui approche des soixante-dix ans et qui n'a peut-être pas plus de dix ans à vivre encore. Puis elle se retourne et dit quelque chose, et c'est de nouveau « maman » que je vois.

J'allai m'asseoir dehors, ma cigarette continuait à se consumer, je la plantai entre mes lèvres et tirai dessus si fort que le filtre devint chaud, je regardai vers le ciel puis en direction de Thomas qui sortait de la maison, un panier de framboises dans les mains.

— Avant, on pouvait entendre le rossignol ici, dit-il en s'asseyant de l'autre côté de la table. Il n'y a pas si longtemps en fait.

— Qu'est-ce qui s'est passé ? dis-je.

Il haussa les épaules.

— Ils ont juste disparu.

Sur le chemin du retour, une heure plus tard, le soleil était bas au-dessus du Danemark, de l'autre côté du Sund, et je pensai aux rossignols qui avaient disparu. C'était un début parfait pour le roman que je voulais écrire quand *Mon combat* serait terminé. Un homme âgé, qui a fait son temps, s'occupe dans son jardin sur l'île de Gotland, il s'assoit à l'ombre, lit, fait de longues promenades dans la forêt ou le long des plages immenses et va se coucher tôt tous les soirs. C'est l'été, le soleil brille toute la journée, la végétation est sèche et brûlée, il est tout seul, il n'y a pas d'autre être humain dans le voisinage. Il se souviendrait d'une conversation qu'il avait eue autrefois, il y a plus de trente ans, au soleil, dans une maison de vacances proche de la côte de l'Öresund, quand son ami Thomas, mort maintenant comme tant de ses vieux amis, lui avait parlé des rossignols disparus. C'était la première fois qu'il en entendait parler. Un peu plus tard, il avait vu un documentaire à la télévision sur les abeilles qui avaient disparu aux États-Unis. Elles s'étaient volatilisées soudainement, personne ne savait pour quelle raison, qu'elles aient cherché de nouveaux territoires ou qu'elles soient mortes tout simplement. Un dimanche, alors qu'il se trouvait en famille dans la grande forêt de hêtres près de la ville où il habitait alors, ils avaient vu plusieurs centaines de chauves-souris mortes éparpillées sur le sol. On parlait dans les journaux de cas similaires, de nuées d'oiseaux qui étaient tombés du ciel, d'énormes bancs de poissons qui flottaient morts sur la mer. Quelque chose était arrivé à la planète et personne ne savait quoi. Pour les poissons, s'agissait-il d'une éruption volcanique sous-marine, de gaz qui s'en étaient exhalés et qui les avaient tués ? Ou bien étaient-ce les hommes ? Pour les oiseaux, s'agissait-il d'une maladie qui s'était répandue parmi eux ? Pourquoi alors tombaient-ils tous en même temps ? Étaient-ils en proie à une sorte de stress ? Le saumon sauvage disparaissait, d'aucuns pensaient que c'était à cause du saumon d'élevage. Certaines espèces de papillons s'éteignaient, était-ce parce que l'environnement s'était transformé à tel point qu'ils étaient désormais incapables de s'y adapter ? Et depuis un ou deux étés, de grandes colonies d'oiseaux avaient cessé de venir dans les sites de nidification le long de la côte nord. Pourquoi, personne n'en savait rien.

Avant de se coucher, il écrit toujours quelques pages dans un carnet, surtout pour lui-même, les jours qu'il passe ici sont si semblables que, sans ses notes, ils s'écouleraient en une masse uniforme. Il consigne ce qu'il fait, comment il se sent, ce qu'il voit, et il y mêle des événements de sa vie antérieure, qui surgissent à l'improviste.

C'était avec cette idée que je jouais tout en conduisant. Pour être libre l'après-midi, j'avais passé la matinée avec les enfants, je les avais nourris, habillés, et conduits au jardin d'enfants. En partant tôt de chez Thomas et Marie j'avais bien en tête de grappiller un peu de temps dans un café à Helsingborg. Je tournai à gauche, filai à travers une zone industrielle qui débouchait d'abord sur un lotissement puis sur de longues rangées de maisons mitoyennes des deux côtés de la route, puis le long d'une colline escarpée, et là je trouvai le centre-ville, avec le spectacle de la mer étincelant sous le soleil bas.

J'étais déjà venu là avec Linda et les enfants, c'était notre première expédition après que j'eus obtenu le permis de conduire. Étant fiché à la banque, je ne pouvais ni emprunter de l'argent ni louer une voiture en Suède, Linda avait donc loué la voiture à son nom, une sorte de minibus énorme et difficile à manier, avec lequel nous étions entrés dans la ville, moi le cœur battant, c'était presque un miracle que j'arrive à le manœuvrer, mais content, c'était un tel sentiment de liberté de conduire mon propre véhicule, comme si la vitesse résolvait tous mes problèmes. Je savais donc qu'il y avait des places de parking un peu plus loin près du port et je m'y rendis tout doucement.

Un énorme bateau de croisière était amarré un peu plus loin, au-delà de la jetée. Il semblait pouvoir accueillir des milliers de passagers. Je fermai la voiture et marchai. De l'autre côté du Sund, incroyablement proche, se dressait ce qui devait être le château d'Elseneur. À l'idée de voir la demeure d'Hamlet, je frissonnai. Je cherchai à occulter tout ce qui s'était ajouté depuis, voitures, bateaux et maisons, à ne voir que le château au milieu du paysage, à penser à l'immensité des distances à cette époque, à me rappeler combien les hommes occupaient peu de place alors dans le monde, quels grands espaces vides les séparaient. Je regardai le château où le fils du roi, accablé de désespoir à la mort de son père, probablement assassiné par son oncle, gisait couché sur le dos dans son lit, les yeux fixés au plafond, torturé par l'implacable absurdité qui s'était interposée entre le monde et lui. Ses amis, Rosencrantz et Guildenstern, assis sur un banc dans la cour du château, projetaient de longues ombres sur le sol pavé, ivres de lumière et d'ennui.

Je restai un moment à regarder le château puis je marchai le long du quai vers la ville. À certains endroits, des touristes s'appuyaient contre la balustrade et observaient l'eau bleu glacier. C'était peut-être les poissons qui nageaient en rond ou peut-être l'eau profonde qui les attirait.

Le centre-ville se trouvait derrière une colline escarpée ; des villes de Scanie où j'étais allé, c'était la seule qui comportait des dénivelés. Cela donnait une idée de l'espace totalement différente. Je suivis la voie piétonne au bout de laquelle se trouvait un parc ; là, sous de grands arbres ombreux, je m'installai dans un pavillon pour prendre un café. Des gens assis aux tables voisines parlaient anglais avec l'accent américain, des passagers du bateau de croisière certainement.

J'observai la frondaison des arbres. Les feuilles n'étaient pas jaunies, mais le vert n'était pas intense ni riche comme en été, il était plus sec, plus pâle. Des bruits venus de la ville m'enveloppaient, portés par l'air. Les pneus sur l'asphalte, les moteurs qui vrombissaient, les pas, les voix, les rires.

Hamlet a été écrit à la fin du XVIe siècle. La première édition conservée date de 1603. Quelques années plus tôt, j'aurais encore cru que cela s'était passé il y avait très longtemps. Je ne le pensais plus. Le XVIIe siècle, ce n'était que quelques générations en arrière. Goethe, par exemple, avait dû rencontrer des gens nés au XVIIe siècle. Pour Hamsun, Goethe devait être un homme mort une génération seulement avant sa naissance. Et pour moi, Hamsun était un homme mort une génération seulement avant ma naissance.

Non, le XVIIe siècle, ce n'était pas si éloigné.

Une serveuse vêtue de noir traversa la route, un plateau à la main. Le café lui-même se trouvait dans un bâtiment de l'autre côté de la rue. Elle franchit rapidement les deux marches qui menaient au pavillon, s'arrêta devant moi, déposa sur la table une tasse de café, un petit pot de lait et un sachet de sucre. Je lui donnai trente couronnes et lui dis que c'était bon. Elle ne comprit pas et commença à fouiller dans la poche de son tablier à la recherche de monnaie, je l'arrêtai d'un geste de la main, en disant non, non. Merci, dit-elle, et elle fila.

Le café était âcre, il avait sûrement été fait des heures auparavant. Les gens ne boivent pas de café quand il fait chaud.

Je tirai une bouffée de ma cigarette et observai les toits de l'autre côté de la rue, une cheminée recouverte de zinc renvoyait le rayonnement du soleil, mais sans que l'on puisse percevoir les mouvements de la lumière, comme si c'était le zinc qui l'émettait, telle une source intarissable. Les ardoises gris foncé tout autour, les escaliers de secours qui plongeaient dans les arrière-cours.

Il y a une ligne d'horizon dans la vie de tout le monde, celle de la mort, elle est là quelque part entre la deuxième et la troisième génération avant nous et entre la deuxième et la troisième génération après nous. Nous sommes là, nous et nos proches, entre ces deux lignes. À l'extérieur se trouvent les autres, les morts et ceux qui ne sont pas encore nés. Là, la vie ouvre une bouche béante et vide, sans nous. C'est pour cela qu'un personnage comme Hamlet est d'une telle importance. Il a été inventé, quelqu'un l'a fait naître de son écriture, lui a donné des pensées et des actes, ainsi qu'un espace pour penser et agir, mais la fiction n'est plus une frontière valable, n'est plus une différence valable dès que l'on franchit la ligne d'horizon de la mort. Hamlet n'est ni plus vivant ni moins vivant que les figures historiques qui ont occupé autrefois une place sur terre ; d'une certaine façon, elles deviennent toutes fictives. Ou, puisque Hamlet est fait de mots et d'idées et les autres de chair et d'os, n'est-ce pas lui seul, et sa forme d'existence, qui peut défier le temps et l'oubli ?

Va-t-il quitter son lit dans sa chambre glaciale, monter le petit escalier, gagner le toit, sortir, aller vers la rambarde ? Que voit-il alors ? Le Sund bleu, la terre verte de l'autre côté, la plaine qui s'étend de plus en plus loin. À quoi pense-t-il ? Ça, c'est l'œuvre de Shakespeare. La terre apparaît à Hamlet comme un cap sans vie. L'air, le superbe dais, le magnifique firmament, la merveilleuse voûte céleste, le faîte royal orné de flammes d'or, qu'il décrit à ses deux amis Rosencrantz et Guildenstern, tout cela ne lui paraît plus qu'une émanation de vapeur nauséabonde et morbide. Et l'humanité ne lui semble plus qu'une quintessence de poussière. C'est ce qu'il voit du haut du château. Le mot anglais pour « vapeur », *vapour*, est utilisé à la fois pour désigner l'esprit obscurci et le lieu qui s'ouvre alors entre le monde et l'assombrissement de l'esprit, c'est ce qui ressemble le plus à un gouffre.

Je sortis mon portable de ma poche et composai le numéro de Linda. Elle répondit immédiatement.

— Ça va ? dis-je.

— Très bien. Nous sommes au parc. Il fait tellement beau ! Heidi a refusé de marcher un moment, mais ça s'est arrangé. Tu rentres quand ?

— Bientôt. Je suis encore à Helsingborg. Ça va prendre une petite heure. Et après il faudra que je rende la voiture et que je rentre à pied. J'achète quelque chose en route ?

— Non, je crois qu'on n'a besoin de rien.

— OK. À tout de suite alors. Salut.

— Salut.

Je restai un moment le portable à la main, à regarder la rue. Deux femmes en jupe et sandales, avec des sacs en tissu léger, passaient sur le trottoir. Derrière elles, un homme à vélo, avec un enfant sur le siège, cramponné à son dos. Ils portaient tous les deux un casque. L'homme, des lunettes et un costume. Je pensai à Heidi et souris. Elle voulait sans cesse être portée. S'il n'avait tenu qu'à elle, elle n'aurait jamais parcouru un seul mètre toute seule. Elle avait toujours été comme ça. J'étais si proche d'elle à sa naissance. Vanja était jalouse et s'accrochait à Linda tant qu'elle pouvait tandis que j'avais tout le temps Heidi dans les bras. Jusqu'à ce qu'elle ait un an et demi et que John arrive. Alors cette proximité entre nous s'était évaporée. De temps à autre, j'en éprouvais une légère nostalgie. Mais c'était comme cela avec les enfants, tout se déroulait par phases, et ces phases avaient une fin. Ils deviendraient bientôt des adultes et ceux qu'ils avaient été, enfants, ceux que j'avais aimés, auraient disparu. Certes, j'avais des photos d'eux, âgés d'un an tout au plus, et je pouvais ressentir la nostalgie de ce qu'ils étaient alors et que je ne retrouverais plus. Mais ils remplissaient tout maintenant, ils occupaient nos journées à tel point qu'il n'y avait pas place pour de tels sentiments. Tout était dans le présent avec eux.

Avec un soupir de soulagement, une heure plus tard, je glissai la clé de la voiture dans la boîte aux lettres d'Europcar ; que la voiture et moi soyons entiers après toute une journée sur la route, cela n'allait pas de soi. Au-dessus de moi, le soleil faisait étinceler la haute flèche noire de l'église Saint-Pierre, mais la rue que j'empruntais était froide et pleine d'ombre. Je marchai aussi vite que je pouvais, parce que j'avais toujours un peu mauvaise conscience d'être loin de ma famille, ou plutôt de laisser Linda seule avec les enfants. C'était dans mes gènes. Je longeai la galerie Hansa, puis le magasin HiFi Klubben, puis le kiosque d'Orvar, traversai la rue, allai vers le canal à travers le petit parc, passai devant les magasins de décoration Granit et Designtorget, franchis le pont et m'engageai sur la rue piétonne au bout de laquelle se dressait l'hôtel Hilton blanc crème. Il y avait beaucoup de monde dans les rues, les terrasses des deux cafés étaient remplies, des filles assises par groupes de deux ou trois bavardant, des garçons parlant fort et paradant, et aussi quelques hommes de mon âge plus attentifs à leur langage corporel et à leurs vêtements. Ils savouraient tous cette journée d'été inespérée. J'étais à la fois détendu et excité ; une sensation positive, mais qui masquait l'angoisse.

Notre appartement se situait sur la place, de l'autre

côté de l'hôtel Hilton. Un flot continu de gens passait depuis tôt le matin jusque tard le soir devant la porte de notre immeuble, coincé entre le magasin Søstrene Grene et un traiteur chinois. Sur la place murmurait une fontaine dont nous entendions toute la nuit le doux bruissement et un énorme fast-food octogonal qui diffusait des chansons sentimentales et des tubes des années quatre-vingt pour ses clients, des gens qui ne venaient pas de la ville pour la plupart et qui, assis aux tables, se goinfraient de saucisses et de hamburgers, des tas de sacs de courses entre les jambes. Sur les bancs situés un peu plus loin se tenaient les SDF. L'appartement était tout en haut de l'immeuble, au septième étage. Un jour, Vanja avait jeté un briquet du balcon, il avait atterri juste à côté d'un couple et avait explosé. Ils avaient fait un saut de côté et regardé en l'air, vers le balcon où je cherchais à leur faire signe en montrant que ce n'était pas fait exprès, que c'était juste un accident, pas de quoi se fâcher…

Je regardai la balustrade là-haut. Sortis mon trousseau de clés de ma poche, encore un autre souvenir – y était accrochée une photo plastifiée de Vanja et moi aux Canaries, à l'occasion d'une sortie en bateau pour aller voir des dauphins. Elle a trois ans et me tient par la main, arbore un chapeau blanc et un frémissement d'excitation parcourt son visage. Je plaçai le badge orange sur le lecteur près de l'entrée, poussai la porte après le clic, pénétrai dans le hall, appuyai sur le bouton de l'ascenseur et consultai mon portable en attendant. Personne n'avait cherché à me joindre. Je m'en doutais. Les seuls qui auraient pu me téléphoner, c'était Yngve, maman, Tore, Espen et Geir Angell. Ils avaient chacun leurs horaires et aucun d'entre eux n'avait l'habitude de m'appeler à cette heure-ci. Je parlais avec Yngve et maman environ une fois par semaine, avec maman c'était souvent le dimanche soir. Je parlais avec Espen tous les quinze jours, avec Tore une fois par mois. Avec Geir A. une ou deux fois par jour. C'était toute ma vie sociale en dehors de ma famille. Mais cela me suffisait, c'était exactement ce qui me convenait.

L'ascenseur arriva, j'y entrai et appuyai sur le bouton du haut, m'étudiai dans le miroir tout en glissant lentement dans les entrailles de l'immeuble à travers cet étroit puits sombre. Mes cheveux avaient bien poussé pendant l'été et je portais désormais une barbe clairsemée. Sa taille n'était pas très impressionnante, il n'y avait presque rien sur mes joues, si bien que chaque fois que je me voyais dans un miroir, je me demandais si ça me donnait l'air idiot ou pas. C'était difficile, en fait impossible à dire, je n'avais aucun critère pour en juger. Si je posais la question à Linda, elle se contentait de répondre que ça m'allait bien. Mais est-ce qu'elle le pensait vraiment ? Ah, impossible de le savoir. Bien sûr, il n'y avait personne d'autre à qui je puisse poser une question aussi intime et narcissique. Une ou deux semaines auparavant, j'avais donc rasé ma barbe. Le lendemain, au jardin d'enfants, Ola, le seul homme de mon âge, doyen de l'université de Malmö et père de Benjamin, aujourd'hui le meilleur camarade de jeu de Vanja, m'avait regardé et demandé si j'avais changé quelque chose. N'avais-je pas eu quelque chose de poilu sur le visage ? C'était de l'ironie, il ne voulait même pas employer le terme de barbe, et je me dis que j'avais bien fait de la raser. Mais le vendredi suivant, je fis développer des photos de l'été précédent. J'étais assis avec Vanja, Heidi et John dans un café du centre commercial Triangeln où nous avions l'habitude d'aller tous les vendredis après le jardin d'enfants, ils avaient droit à une glace et je buvais un café ; cet après-midi-là, j'avais un tas de photos que je leur montrais les unes après les autres. Sur l'une d'elles, j'étais debout sur une plage d'Österlen en Scanie avec John dans les bras. J'étais vraiment bien pour une fois, pensai-je, quelque chose dans la barbe et les lunettes de soleil qui me donnait un air... oui, très *masculin*. Et avec John dans les bras, je faisais particulièrement... *père*.

Après cela, je décidai de me laisser repousser la barbe. Mais là, au cours de mon odyssée à travers les étages, je doutai à nouveau. Le lendemain je devais me rendre à Oslo pour des interviews autour du lancement du premier volume de *Mon combat*. Je me tracassais pour des histoires de chemises, de vestes, de pantalons, de chaussures, de coiffure et bien sûr de barbe. Ces dernières années je ne m'en étais pas soucié, ne m'étais jamais demandé comment j'allais m'habiller, j'enfilais juste quelque chose quand je sortais, c'est-à-dire quand j'allais chercher ou déposer les enfants, ou quand nous sortions avec eux le week-end. Je ne connaissais qu'une poignée de personnes dans cette ville et leur opinion sur moi m'importait peu. Cela me donnait la liberté de traîner dans de vieux pantalons avachis, de larges manteaux couverts de taches, des bonnets affreux et des tennis, mais maintenant, en cette fin d'été, alors que la parution se rapprochait et que les premières interviews depuis cinq ans allaient avoir lieu, tout avait changé.

Je me retournai par automatisme quand l'ascenseur s'approcha du septième étage, après trois ans à cet endroit, je savais exactement combien de temps cela prenait. Je sortis dans le couloir encombré de l'attirail de nos enfants : deux poussettes, un marchepied de poussette, la trottinette de Vanja, le vélo à petites roues de Heidi, et j'ouvris la porte de l'appartement.

Des manteaux et des chaussures jetés par terre, des jouets éparpillés partout, le bruit de la télévision dans le salon.

Je retirai mes chaussures et mon manteau et entrai. Heidi et Vanja, blotties l'une contre l'autre dans un fauteuil, regardaient la télévision. John était au milieu de la pièce, vêtu seulement d'une couche, une petite voiture à la main, il leva les yeux vers moi. Linda était assise sur le canapé en train de lire un journal.

Le tapis était sens dessus dessous, il y avait des animaux en peluche partout, des monceaux de livres et de jouets en plastique, des feutres et des feuilles sur lesquelles ils avaient dessiné.

— Ça s'est bien passé ? me demanda-t-elle.

— Oui, oui. J'ai failli rentrer dans quelque chose quand j'ai remis de l'essence. Tu sais, dans ce minuscule sous-sol. Mais ça a été. Tu as le bonjour de Thomas et de Marie.

— Tu lui as bien donné mon manuscrit ?

J'acquiesçai.

— Comment ça va, les filles ? dis-je.

Aucune réaction. Leurs têtes blondes ne bougèrent pas, rivées à la télévision. Elles étaient assises dans le même fauteuil : elles étaient donc amies ce soir.

Je souris, elles se tenaient par la main.

— Papa sous-sol ? dit John.

— Non, dis-je. Papa a conduit une voiture aujourd'hui.

— Papa au sous-sol !

— Tu as faim ? me demanda Linda. Il reste des choses à manger.

— OK, dis-je en allant à la cuisine.

Leurs assiettes étaient restées sur la table, celles des filles étaient pleines, elles n'avaient encore presque rien mangé ce soir. Au début, Linda et moi, nous nous étions disputés à ce sujet, je voulais un peu de discipline pendant les repas, qu'elles restent assises à table jusqu'à ce qu'elles aient fini leur assiette, mais Linda avait un avis contraire, elle soutenait que face à tous les interdits alimentaires mieux valait autant que possible laisser place à une attitude libre et spontanée. J'avais alors pensé qu'elle avait raison, cela semblait horrible d'associer contrainte et nourriture, donc depuis toutes ces années nous les avions laissées faire comme elles voulaient. Quand nous rentrions du jardin d'enfants et qu'elles hurlaient qu'elles avaient faim, on leur donnait du pain, une pomme, des boulettes ou ce qui leur plaisait, et quand le repas était prêt, elles restaient à table le temps qu'elles voulaient. Généralement trois minutes, pendant lesquelles elles picoraient dans leur assiette, avant de se laisser glisser de leur chaise et de disparaître dans le salon ou dans leur chambre, tandis que, assis l'un en face de l'autre, Linda et moi continuions à manger.

Je me servis des pâtes et des boulettes de viande, le plat national suédois, coupai une tomate en petits morceaux, ajoutai un peu de ketchup et m'assis. Ma première année à Malmö, j'en avais discuté avec un père du jardin d'enfants. Comment ils faisaient pour le dîner ? Non, ils n'avaient aucun problème, avait-il dit. La petite restait à table et finissait son assiette. Comment diable avaient-ils obtenu ce résultat ? avais-je demandé, tout en pédalant à ses côtés, nous nous dirigions vers Linhamnsfeltet pour aller jouer au football, comme tous les dimanches matin. Elle sait que c'est obligatoire, avait-il répondu. Comment le sait-elle ? avais-je demandé. Nous l'avons matée. Elle doit demeurer à table jusqu'à ce qu'elle ait tout fini, quel que soit le temps que ça prendra. Une fois, elle est restée à table toute la soirée. Elle a pleuré et crié, elle ne voulait absolument pas manger, c'est sûr ! Mais finalement elle a cédé, elle a tout fini et a eu l'autorisation de quitter la table. Je crois qu'elle a passé trois heures devant son assiette ! Après cet épisode, il n'y a presque plus eu de problème. Il me regarda en souriant. Savait-il ce qu'il me révélait de lui ? pensai-je, mais je ne dis rien. C'est pareil quand elle s'entête et fait une crise, poursuivit-il. J'ai vu que parfois tu avais des petits problèmes avec Vanja. Oui, dis-je, qu'est-ce que tu fais, toi, dans ce cas-là ? Je la tiens fermement, répondit-il. Sans violence. Je la tiens fermement jusqu'à ce que ça passe, peu importe le temps qu'il faudra. Tu devrais faire la même chose. C'est efficace. Oui, avais-je dit, il va falloir que j'y songe.

Ce qu'il y avait d'incroyable dans cette conversation, pensai-je tandis que je mettais la nourriture tiède dans ma bouche, c'est que je les avais pris – les deux parents – pour des parents « alternatifs », c'est-à-dire cool. Il portait leur dernier-né dans une grande écharpe, et un jour, au jardin d'enfants, je l'avais entendu discourir sur les avantages comparés de l'écharpe et du porte-bébé. Ils attachaient une importance démesurée à une alimentation saine sans additifs, les vêtements de leurs enfants étaient autant que possible faits de matières naturelles et ils étaient parmi les plus actifs aux réunions du jardin d'enfants. Qu'eux justement utilisent des méthodes d'éducation inflexibles et dignes des siècles passés me sidérait. Ou confirmait ce que je pensais, puisque j'avais déjà observé combien leur fille aînée, celle qui jouait souvent avec Vanja, était une enfant facile. Elle ne s'asseyait jamais dans la poussette, marchait partout où ils allaient, au contraire de Vanja, qui suppliait de s'asseoir dans le landau derrière Heidi à peine passé la porte du jardin d'enfants.

Cela m'arrivait parfois d'essayer de la mater et bien sûr cela finissait toujours par marcher, mais je me sentais mal après. Était-ce vraiment une bonne solution ? D'un autre côté, c'était *pour son bien* qu'elle devait demeurer assise à table avec nous, *pour son bien* qu'elle devait marcher, *pour son bien* qu'elle devait s'habiller toute seule, *pour son bien* qu'elle devait se brosser les dents et se coucher à l'heure.

Vanja était allée une fois chez eux pour rester dormir la nuit avec leur fille, c'était une première. Quand j'allai la chercher le lendemain matin, ils me dirent que tout s'était bien passé, mais à la tête de Vanja, qui s'accrochait à moi, je compris que cela n'avait pas été aussi simple. Le père me raconta qu'il y avait eu un petit incident, mais que tout avait été réglé, n'est-ce pas, Vanja ? Qu'est-ce qui était arrivé ? demandai-je. Eh bien, elle avait redemandé à manger, et quand on lui en avait donné, elle n'en avait plus voulu. Elle avait donc dû rester à table jusqu'à ce qu'elle ait fini son assiette.

Je le fixai.

Était-il devenu fou ?

Non, il était déjà en train de chercher les chaussettes de Vanja pour m'aider, et je ne dis rien, même si j'étais furieux. Comment avait-il pu croire qu'il avait le droit d'obliger *mon* enfant à obéir à *ses* idées fixes ? Je pris les chaussettes qu'il me tendait, les enfilai à Vanja qui les tira l'une après l'autre, attrapai son manteau en espérant de tout mon cœur qu'elle le mettrait toute seule, pour ne pas avoir à subir son regard critique.

Linda était folle de rage quand je le lui racontai. Moi, j'étais revenu à de meilleurs sentiments, ce n'était pas si grave, et Vanja avait probablement appris de sa confrontation à des règles différentes chez des gens différents de nous.

— Ce n'est pas tant ça, le problème, dit Linda. C'est leur critique sous-jacente. Cela m'exaspère. Ces deux-là m'exaspèrent. Tu devrais entendre à quel point elle est contente d'elle. Incroyable.

— Ils ont d'ailleurs invité Vanja à une course dans la forêt, dis-je. Le week-end prochain, au Pildammsparken.

C'était le genre d'activité auquel nous n'aurions jamais pensé. Pour Vanja, c'était génial. Elle avait le droit de mettre un dossard avec un numéro, de courir avec un tas d'autres enfants sur un sentier forestier, et elle recevrait une médaille et une glace sitôt passée la ligne d'arrivée.

Ce fut moi qui la conduisis à la ligne de départ, avec son amie du jardin d'enfants et sa mère, pendant que Linda était avec Heidi à l'arrivée. Vanja était fière d'avoir un numéro sur la poitrine, et quand on eut crié GO ! elle s'élança aussi vite que ses petites jambes le pouvaient. Je courus doucement avec elle sous les arbres, au milieu de la foule des parents et des enfants, mais, après environ cent mètres, elle ralentit et s'arrêta bientôt complètement. Je suis fatiguée, me dit-elle. Son amie et la mère de celle-ci étaient bien entendu déjà loin devant nous. Elles s'arrêtèrent pour nous attendre. Allez, cours, Vanja, lui dis-je. Elles nous attendent ! Allez, on court ! Et on se remit en mouvement, Vanja en se dandinant un peu, et moi, de travers, comme un quadrupède. Nous les rejoignîmes et nous continuâmes un bout de chemin à leur côté, avant que l'amie et sa mère ne prennent à nouveau de l'avance et que nous soyons encore loin derrière. Elle filait comme l'éclair, cette gamine, pensai-je. À mes côtés, Vanja, tout essoufflée, finit par s'arrêter. On ne peut pas marcher un peu, papa ? demanda-t-elle. Mais oui, dis-je, on va marcher un peu. Elles nous attendirent patiemment jusqu'à ce que nous soyons à leur niveau, nous continuâmes ainsi une centaine de mètres et la situation se répéta. Allez, cours, Vanja, lui dis-je. Ce n'est plus loin maintenant. Tu vas y arriver ! Et Vanja serra les dents et se remit à courir, c'était sans doute la perspective de la médaille et de la glace à l'arrivée qui lui donnait des forces nouvelles. Son amie était devant nous, à une vingtaine de mètres, elle courait avec aisance et grâce ; si nous ne l'avions pas retardée, elle aurait déjà terminé depuis longtemps. Elle se retourna pour faire signe à Vanja, mais en reprenant sa course elle trébucha. Elle tomba de tout son long et se toucha aussitôt le genou en pleurant. Sa mère se pencha sur elle. Nous nous rapprochâmes. Arrivée à leur niveau, Vanja voulut s'arrêter. Allez, Vanja, cours ! lui dis-je. On y est presque ! Cours le plus vite possible ! Et Vanja m'obéit, courut de toutes ses forces et doubla son amie qui saignait du genou. Moi près d'elle, elle dépassa un enfant puis un autre, elle fila comme l'éclair jusqu'à l'arrivée !

Derrière nous, l'amie se releva et s'approcha en boitant. Un organisateur passa une médaille au cou de Vanja, un autre lui donna une glace. J'ai gagné, maman ! cria Vanja à Linda qui s'avançait en souriant avec le landau et Heidi qui marchait à côté. C'est seulement à ce moment-là que je pris conscience de ce que j'avais fait, je rougis jusqu'aux oreilles comme je n'avais jamais rougi auparavant. Nous l'avions dépassée en courant ! Pour arriver les premiers ! Pendant qu'elle, cette gentille enfant qui s'était arrêtée pour nous attendre pendant tout le trajet, était par terre, le genou en sang !

Derrière nous, elle recevait sa médaille et sa glace. Heureusement elle semblait avoir retrouvé sa bonne humeur. Son père nous rejoignit.

— On peut dire que tu tenais absolument à gagner ! dit-il en riant.

Je rougis à nouveau mais je me rendis compte qu'il n'avait pas compris ce qui s'était vraiment passé. Que même dans son imagination la plus folle il ne pouvait soupçonner un adulte de se conduire ainsi. Il riait, parce que pour lui c'était impensable que j'aie poussé ma fille à courir pour battre sa fille, contrairement à toutes les lois du sport. Après tout, les enfants n'avaient même pas quatre ans.

Sa femme arriva et dit la même chose, que je tenais visiblement à gagner. Tous deux étaient persuadés que c'était Vanja qui avait continué et que moi je n'avais pas réussi à la freiner. Ils pouvaient comprendre qu'une fillette de quatre ans n'ait pas montré d'empathie envers sa camarade. Mais qu'un adulte de presque quarante ans ne l'eût pas fait, cela ne les effleurait pas.

Je brûlais de honte mais je ris poliment.

Sur le chemin du retour, je racontai toute l'affaire à Linda. Elle rit comme elle n'avait pas ri depuis des mois.

— En tout cas, nous avons gagné ! m'exclamai-je.

Cette histoire avait deux ans. John avait alors un mois à peine, Heidi presque deux ans et Vanja trois ans et demi. Je m'en souvenais aussi nettement parce que nous avions pris de nombreuses photos ce jour-là. John avec sa grosse tête et ses minuscules yeux plissés de bébé, en train de gesticuler dans le landau, agitant ses petites jambes et ses petits bras nus, Heidi avec ses grands yeux, son petit corps et ses cheveux blonds, Vanja avec son petit visage bien dessiné et son mélange caractéristique d'émotion et de désir. À cette époque tout comme aujourd'hui, je n'arrivais pas à les relier à moi, je les voyais surtout comme trois petites personnes qui partageaient ma maison et ma vie.

Ce qu'ils avaient et que je n'avais plus, c'était une place importante, d'une évidence lumineuse, dans leur propre vie. Je me rappelais souvent comme ils s'éveillaient chaque matin à eux-mêmes et à leur monde, comme ils y vivaient toute la journée, acceptaient les choses comme elles venaient, sans jamais se poser de questions. Quand nous attendions Vanja, j'étais très inquiet à l'idée de la contaminer de ma mélancolie. J'en avais parlé un jour à Yngve, qui m'avait répondu que les enfants sont heureux à la naissance et continuent à l'être, qu'ils se tournent toujours vers le bonheur et que, s'il n'y avait pas de problèmes, ils seraient toujours joyeux. Même quand tout n'était pas facile pour eux, et que d'une façon ou d'une autre cela leur pesait, qu'ils étaient perturbés ou en colère, ils restaient eux-mêmes, les choses étaient comme elles étaient, et ils l'acceptaient. Un jour, ils regarderaient en arrière et poseraient les mêmes questions que moi, pourquoi cela s'est-il passé comme ça autrefois, pourquoi est-ce comme ça maintenant, quel est le sens de ma vie ?

Ah ! mes enfants, mes enfants adorés, si seulement vous pouviez ne jamais vous poser ces questions ! Si seulement vous pouviez toujours comprendre que vous vous suffisez à vous-mêmes !

Mais cela ne se passera sûrement pas ainsi. Toutes les générations vivent leurs vies comme si elles étaient les premières, font leurs propres expériences, traversent les années, et alors que le savoir s'accroît, le sens profond décroît, ou s'il ne décroît pas, du moins perd-il son évidence naturelle. C'est ainsi. On peut se demander si cela a toujours été le cas. Dans l'Ancien Testament, où tout s'exprime par l'action et dont les récits sont liés à la réalité physique, et dans les épopées de la Grèce antique, où les vies se déroulent de façon semblable et concrète, le doute ne vient jamais de l'intérieur, en tant que condition essentielle de l'existence, mais toujours de l'extérieur, il fait suite à un événement, par exemple une mort subite, et est donc lié aux conditions extérieures et temporelles du monde. Mais dans le Nouveau Testament, il en est tout autrement. Sinon comment expliquer la part d'ombre dans l'âme de Jésus, qui le pousse finalement à aller à Jérusalem et à y fermer les portes les unes après les autres jusqu'à ce qu'il n'en reste plus qu'une, la plus évidente ? Ses derniers jours peuvent être interprétés comme la volonté d'éliminer tous les choix, comme s'il n'était pas lui-même responsable des événements, de cette longue agonie sur la croix, comme s'il se livrait à la volonté des autres. Le même état d'esprit apparaît chez Hamlet, son âme est elle aussi obscure, et il court consciemment à sa propre perte, comme s'il s'abandonnait à la force du destin. Pour le roi Œdipe, c'est le destin dont il n'a pas conscience, mais dans le cas d'Hamlet et de Jésus, c'est un choix qu'ils font, ce sont eux qui décident de la direction. Œdipe est aveugle, Hamlet et Jésus voient, les yeux grands ouverts dans l'obscurité.

Je me levai, rinçai mon assiette et la mis dans le lave-vaisselle que nous avait cédé ce même couple – ils avaient déménagé et n'en avaient plus besoin. En fait, ils nous avaient beaucoup aidés. Et nous, qu'avions-nous fait pour eux ?

Pas grand-chose. Je les avais écoutés patiemment, elle et lui, j'avais posé des questions et je m'étais efforcé de m'intéresser à ce qu'ils me racontaient. Je l'avais initié au football le dimanche. Et je lui avais donné un exemplaire dédicacé de mon précédent roman. Mais deux jours plus tard, il m'avait dit qu'il l'avait donné à un oncle « qui s'intéressait aux livres ». C'était un cadeau, mec ! pensai-je, sans le dire ; s'il ne l'avait pas compris tout seul, cela ne servait à rien de le lui expliquer.

Quand on a des enfants, on fréquente des gens avec lesquels on n'a aucun point commun, avec lesquels on ne se comprend absolument pas. Un jour, il me dit que sa femme et lui aimaient se parler le soir, pour me signifier à quel point c'était une chose extraordinaire et même remarquable de se parler. Par la suite, je m'amusais souvent à proposer à Linda de « nous parler ». C'était devenu une sorte de plaisanterie entre nous. Ils en faisaient sûrement eux aussi dans notre dos. On a quand même continué à se voir jusqu'à ce qu'ils déménagent, surtout moi ; je passai un certain nombre d'après-midi à l'aire de jeux avec lui à l'écouter disserter sur la nature du monde, pendant que les enfants s'amusaient.

Un jour, il feuilletait, sur le banc où nous étions assis, un livre de Wolfram qui traitait apparemment de certains modèles récurrents, depuis les feuilles jusqu'aux deltas fluviaux, et de différentes courbes statistiques. Je l'associai tout de suite à Thomas Browne et à son traité du XVIIe siècle sur la disposition en quinconce, le modèle du dé à cinq faces, qui se retrouve dans la nature, ce qui correspondait à ce que je venais de lire dans le livre que Geir Angell était en train d'écrire, et qui expliquait comment tous les systèmes complexes – société, Bourse, phénomènes météorologiques ou circulation routière – s'effondrent un jour ou l'autre à cause de l'instabilité que le système génère lui-même. Ce dernier point m'avait frappé car les modèles que ces catastrophes créent sont les mêmes dans les créations humaines, comme dans la nature. Le ciel était bleu, et infini comme il peut l'être en bord de mer, et même si le soleil était bas, l'air était toujours chaud. Le bac à sable, pourvu d'équipements impeccables si caractéristiques de la Suède, était entouré d'un terrain de gravier fin avec un bassin large mais peu profond au milieu duquel des gamins jetaient des brassées de feuilles. Derrière le terrain de gravier, il y avait un pré, et un peu plus loin des habitations. L'herbe verte étincelait sous le soleil. Je dis que cela semblait intéressant, cette idée de modèles venant de différents domaines qui se correspondaient si bien. Il approuva et commença à parler de l'évolution. Il dit que les organismes et les systèmes complexes qui nous entourent sont très simples en réalité, et qu'il fallait le comprendre à la lumière de la durée incommensurable de leur évolution. Un million d'années, dit-il, c'est déjà trop pour que nous puissions le concevoir. Essaie alors de penser à ce que signifient vingt millions d'années. Ou soixante millions. Mais le temps en lui-même est simple. Le principe de l'évolution est simple lui aussi. Il repose sur l'optimisation, c'est-à-dire comment faire du mieux possible. Le plus efficacement possible. Dans la nature, tout y tend. Quand la glace craque, la fissure suit les points les plus fragiles. Quand le verre se casse, c'est le même processus. Les brisures suivent les points les plus fragiles.

— Mais cela se fait en dehors de toute volonté, dis-je. C'est purement mécanique. Une loi de la nature.

— Une loi ? Ne parlons pas de lois. Cela perturbe la pensée. L'essentiel est ce qui se produit. Un verre se casse où il est le plus fragile. Une branche se casse là où elle est le plus fragile. C'est l'optimisation qui est le point le plus important. Les feuilles ont besoin de soleil, alors elles cherchent la meilleure façon d'avoir du soleil. Si les branches doivent les soulever, alors les branches le font. Si tu installes des obstacles sur un chemin emprunté par des fourmis, c'est d'abord la panique, mais la panique n'est qu'apparente. En effet, si tu reviens un peu plus tard, tu verras que les fourmis se sont frayé un nouveau chemin – le plus court – à travers les obstacles. Elles optimisent. Aucune des fourmis ne sait que c'est la voie la plus courte qu'elles suivent, tout comme la glace ne sait pas qu'elle se casse à l'endroit le plus fragile.

Il se redressa, posa les mains sur ses genoux, secoua un peu la tête pour remettre ses cheveux en place. Sa fille était accroupie devant la clôture en bois d'une vingtaine de centimètres qui entourait l'aire de jeux et elle y alignait des petits cailloux. Le soleil faisait briller son pantalon en ciré jaune. Vanja était occupée à grimper sur le train de bois peint en rouge. À genoux, elle se retourna pour me regarder. Le vent rabattait ses cheveux sur son visage, elle les repoussa, le vent les ramena. Je lui fis signe et me mis à chercher Heidi du regard. Elle était assise sur la petite banquette à l'intérieur du train. Sa position était exactement la même que celle de mon voisin, une main sur chaque genou. *Petite femme*, pensai-je, les mots que Linda employait souvent pour parler d'elle. Puis elle se leva et passa la tête par la fenêtre du train, observa les gamins qui ramassaient des feuilles sous les arbres de la prairie pour aller les jeter dans le bassin.

Je me laissai aller contre le banc. Dans l'allée qui longeait le parc, à une cinquantaine de mètres de là, apparut une femme rondelette qui marchait en tenant son vélo par le guidon. Au-dessus d'elle, les arbres balayés par le vent projetaient sur le chemin une alternance de lumière et d'ombre. À quelques mètres de hauteur, dans la rangée d'immeubles derrière l'allée, sur un balcon pas plus grand qu'une petite caisse ou qu'une cage, un homme et une femme, un verre à la main, regardaient vers le parc. En bas, deux hommes franchirent la porte d'entrée en transportant une table. Un troisième, qui attendait sur le trottoir, jeta une cigarette par terre, monta sur la plate-forme d'une camionnette et en ressortit aussitôt en portant une couverture grise. Dans le ciel bleu au-dessus d'eux se profila un avion impossible à distinguer de la traînée blanche qui le suivait.

Le monde est vieux mais simple, pensai-je, et tout y est ouvert.

À cette idée je sentis mon âme s'alléger. J'entendis alors Heidi hurler et je tournai les yeux vers le train de bois. Elle gisait sur le ventre, la tête dans le sable.

Je courus la relever et je regardai si elle avait du sang sur le visage, mais tout allait bien, elle ne s'était apparemment pas blessée. Elle avait fait trois mauvaises chutes dans le mois, par deux fois sa bouche avait violemment heurté le bord puis la surface de la table, il y avait eu du sang partout, et on avait dû la conduire d'abord aux urgences, puis chez le dentiste. Depuis ces événements, elle se touchait la bouche chaque fois qu'elle se faisait mal, quel que soit l'endroit du choc. Cette fois-ci elle n'avait rien. Je la serrai contre moi, elle posa en pleurant la tête sur ma poitrine mais la releva bientôt et se mit à regarder tout autour d'elle, je pus alors la reposer par terre. Quand je retournai m'asseoir sur le banc près de lui, qui s'était replongé dans son livre, je perçus un mouvement au-dessus de moi qui me fit lever la tête. C'était une feuille qui tombait. Ou plutôt, qui ne tombait pas. Elle tournoyait comme l'hélice d'un hélicoptère et volait lentement dans les airs.

Penser à cette scène me rappela un texte que j'avais lu quelques mois plus tôt, extrait de *Passage de la ligne*, un échange entre Heidegger et Jünger où ce dernier avait écrit une analyse sur les modèles qui m'avait beaucoup impressionné et qui s'était ajoutée à mes autres représentations avec une telle intensité et une telle fièvre que j'avais tout noté sur une feuille vierge sous le titre *Le Troisième Reich* dans l'idée que cela pourrait servir de base à un nouveau roman.

Je ne me souvenais plus de ce que j'avais écrit et j'allai dans le salon consulter le livre. Linda posa le journal quand j'entrai.

— Tu pars à quelle heure demain ? dit-elle.

— L'avion décolle à sept heures, répondis-je. Donc, cinq heures.

— Tu es nerveux ?

— Un peu. Mais ça sera pire demain.

Je laissai mon regard glisser sur les dos des livres de la bibliothèque. Tous ceux du bas avaient été repoussés et enfoncés, certains au point de disparaître. C'était l'œuvre de John, et cela faisait un bail que je ne passais plus mon temps à les remettre à leur place après son intervention, il ne s'écoulait pas deux heures avant qu'il ne recommence. Voyons. H… H… H… là ! Jünger/Heidegger, *Passage de la ligne*.

— Le bain ! dit Vanja.

— Fais des phrases complètes, lui dis-je.

— Le bain ! répéta-t-elle en regardant Linda.

— « Je voudrais bien… », dis-je.

— Je voudrais prendre un bain, reprit-elle.

— Tu veux bien leur donner ? demanda Linda.

— D'accord. Mais toi, tu les couches ?

Elle acquiesça.

— Laisse-moi cinq minutes, dis-je à Vanja.

Et je continuai à chercher le passage dans le livre que j'avais en main. La citation ne se trouvait pas dans le texte de Jünger comme je l'avais cru, mais provenait d'une entrée de son journal qu'Anders Olsson citait dans la postface.

> En rentrant par la plage, nous découvrîmes un banc de coquillages. Aucune des moules, aucun des bigorneaux qui s'étaient nichés là ne dépassait la taille d'un haricot, beaucoup étaient plus petits qu'un pois – mais ils créaient tout un univers, avec ses ovales, ses cercles et ses spirales, à peu près de la largeur d'un pied. Des obélisques, des arches gothiques et romanes, des pointes, des lances, des pieux, des couronnes d'épines, des oliviers, des ailes de dindon en éventail, des morsures, des râpes, des escaliers en colimaçon et des rotules… tout ce monde créé par les vagues.

— Le bain tout de suite ! dit Vanja.

— T'es un vrai bébé ce soir ! fis-je.

— Le bain ! dit Heidi.

— Le bain ! dit John.

— Je regarde juste un truc dans ce livre et on y va. Laissez-moi cinq minutes.

J'avançai jusqu'aux pages blanches à la fin et je lus ce que j'y avais écrit.

Lucrèce – De la nature des choses	*Atomes*
Nazisme	*sciences de la nature*
Afrique	*biologie*
Bombe atomique	*espèces*
Un homme seul à Gotland	*matérialisme*
Eugénisme	

Titre : Le Troisième Reich	*Le corps, le sang*
Aristocrate	*le biologique*
Masse	*le lumineux, l'ouvert*
Hölderlin	*le saint*
Heidegger	*l'obscur*
Jünger	
Mishima	
Les modèles de l'univers, le grand et le petit	
Faust	
Animaux que l'on peut contrôler	
Albertus Seba	
Amérique déjà découverte mais laissée en paix	

C'était tout.

Je croyais me souvenir d'une liste détaillée d'idées précises, d'un univers d'où pourrait sortir un roman, et il n'y avait rien d'autre que mes habituels coups de cœur pour certains mots et pour les représentations qu'ils éveillaient en moi. « Le corps », « le sang », « biologie », « bombe atomique ». Et Lucrèce, *De la nature des choses*, que l'on retrouvait dans toutes mes notes depuis la moitié des années quatre-vingt-dix.

Mais c'était un *roman*. Un vrai. Un monde dépeint

par les choses matérielles et les choses mécaniques, sable, pierre, coquilles, atomes, planètes. Rien de psychologique. Rien de sentimental. Une histoire qui était différente de la nôtre mais qui lui ressemblait. Ce serait une dystopie, un roman sur les derniers jours, racontés par un homme seul dans sa maison, entouré de la terre sèche et brûlante de la fin de l'été. Et j'avais une vue claire du dénouement, j'en avais déjà parlé à Linda, qui avait été enthousiaste, c'était génial, fantastique. Je tenais un *roman* !

— Alors, on le prend, ce bain ? dis-je en rangeant le livre sur l'étagère.

Les filles glissèrent de leur fauteuil et coururent vers la salle de bains.

— Oui ! cria John en se précipitant à leur suite.

Quand j'arrivai, elles avaient déjà arraché leurs vêtements et se tenaient toutes nues devant la baignoire. J'attrapai la bouteille de Cif sur l'étagère du haut, ôtai son bouchon vert et vaporisai le produit abrasif au fond de la baignoire.

— Un requin ! dit Heidi, penchée sur le rebord d'émail.

C'était la forme créée par les striures du produit qui l'avait inspirée.

— Tu trouves que ça ressemble à un requin ? dis-je.

Elle approuva.

— Si un requin arrive, il faut lui donner un coup sur le museau, dit Vanja. Comme ça, il aura peur.

Elle montra de la main comment taper sur le museau. Je mouillai une éponge au robinet du lavabo et commençai à récurer la baignoire. Je rinçai à la douche, et observai l'eau qui chassait le produit désintégré en petits nuages, j'enfonçai le bouchon en métal et caoutchouc, je réglai la température de l'eau, la vérifiai en passant la main sous le jet, puis me redressai.

— OK, dis-je. Allez hop !

Pendant que Vanja et Heidi grimpaient dans la baignoire, je déshabillai John. Il tendit une main, dans l'autre il avait un canard en plastique. Quand j'eus dégagé un bras, il le fit passer dans l'autre main.

— Bravo, John ! dis-je en lui ôtant son haut.

Je le jetai dans le panier à linge sale d'où jaillissaient comme des fleurs les habits de couleurs vives, lui baissai son pantalon, le lui enlevai, ainsi que le scratch de sa couche, et le soulevai pour le mettre dans la baignoire, où il se mit aussitôt à taper dans l'eau.

— J'ai vu une sorcière aujourd'hui dans la rue, papa, dit Heidi.

— Ce n'était pas du tout une sorcière, dit Vanja. C'était une vieille dame.

— Et si *c'était* vraiment une sorcière ? dis-je en m'accroupissant devant elles.

— Les sorcières, ça n'existe pas, dit Vanja.

— Tu en es bien sûre ?

Elle me regarda en souriant.

— Oui, répondit-elle.

Je vis qu'elle n'en était pas tout à fait certaine.

— Et si j'étais un magicien ? dis-je.

— T'es qu'un papa ordinaire ! dit Heidi.

Je ris et me redressai. Ils avaient maintenant de l'eau jusqu'au ventre. Ils adoraient prendre un bain tous les trois et ils avaient toujours adoré cela. Je me demandais bien pourquoi. C'était peut-être dû au changement de milieu, au fait de se trouver subitement plongé dans un autre élément ? Heidi posa les mains sur un bord de la baignoire, les pieds sur l'autre et fit le pont en criant *regarde, papa**[1] ! Puis elle se laissa retomber avec un gros plouf en un panache de gouttes qui m'éclaboussèrent.

1. Les enfants parlent parfois en suédois. Nous avons choisi de le signaler par l'italique suivi d'un astérisque. *(Toutes les notes sont des traducteurs.)*

— Ne fais pas cela ! criai-je. Ça pourrait être dangereux ! Regarde, maintenant, je suis tout mouillé !

Elle éclata de rire. John rit aussi. Vanja se prépara à faire la même chose que Heidi.

— Non, dis-je.

— Juste une seule fois !

— D'accord alors, dis-je en reculant un peu.

Le plouf fut encore plus fort cette fois ; autour de la baignoire le sol était trempé. Ils étaient tous les trois morts de rire. Quand John fit mine de les imiter, je le pris par le bras pour qu'il se rasseye. Non, non, dis-je. Oui, oui, dit-il. Non, dis-je. Oui, dit-il. Oui, dis-je, non, dit-il, et j'évitai ainsi le pire.

— On se lave les cheveux maintenant.

— D'abord John, dit Vanja.

— OK. Tu as entendu, John ?

— Veux pas.

— Bien sûr que si, dis-je en appuyant doucement sur ses épaules vers l'arrière pour qu'il mette la tête dans l'eau.

Il se tendit d'abord, puis, comme je continuais à le serrer, il se mit à pleurer et à se débattre. Je relâchai mon étreinte.

— Ça va aller.

Il continuait à hurler. J'attrapai le flacon de shampoing à l'étiquette *Cars* et qu'il avait lui-même choisi, je versai l'épais liquide rouge dans la paume de ma main. Quand ses cheveux furent lavés, je fis lever les enfants, pris trois gants de toilette sur l'étagère, y mis du savon et les lavai entre les jambes. Ce geste m'apparaissait comme une agression, j'y pensais chaque fois que je le faisais. Si quelqu'un entrait et me surprenait, il me prendrait sûrement pour un père pervers en train de s'activer avec un gant de toilette entre les jambes de ses filles. C'était une pensée qui n'était pas étonnante chez un homme qui avait vécu la peur hystérique de l'inceste, typique des années quatre-vingt, je le savais, mais cela ne m'aidait pas, cette sensation ne me quittait pas, et quand elles se rasseyaient et que je rinçais les gants et les tordais avant de les faire sécher sur le radiateur, j'étais toujours un peu soulagé que personne ne soit entré dans la salle de bains et n'ait assisté à cette scène.

— Tu ouvres la bonde, Vanja ?

— Attends encore un peu, papa !

Je secouai la tête.

— L'heure d'aller au lit est passée depuis longtemps.

— *S'il te plaît, papa**, dit Vanja.

— *S'il te plaît, papa**, dit John.

— Non. Fais-le maintenant. Sinon c'est moi qui le fais.

Vanja soupira et retira le bouchon. L'eau se mit à tourbillonner. Quand elle était petite, Vanja avait peur du petit maelström qui se formait autour de la bonde, j'avais compris qu'elle croyait que c'était une bête, et dès que j'enlevais le bouchon, elle se hissait hors de la baignoire aussi vite qu'elle pouvait, comme si on la poursuivait. Ni Heidi ni John n'avaient accordé d'importance à ce tourbillon.

Quand je lui tendis la main, Vanja la saisit et sortit de la baignoire, je la séchai avec une grande serviette que j'enroulai autour d'elle avant qu'elle s'en aille. Je répétai l'opération avec Heidi, j'aimais les sécher quand elles se tenaient tranquilles, attendant que j'aie fini, comme un cheval que l'on bouchonne – c'était tout à fait ça, me dis-je. John se rassit dans la baignoire pour jouer avec le bouchon, il le mettait, l'enlevait, le remettait, le retirait encore et encore. Il protesta quand je le soulevai, se débattit comme un chat furieux mais se tint tranquille sur le sol pendant que je le frottais.

J'essuyai le sol avec sa serviette puis je l'accrochai sur le séchoir au-dessus de la baignoire et rejoignis les enfants dans le salon. Linda avait mis Heidi et Vanja en pyjama. Les deux grandes serviettes étaient en boule sur le sol.

— Je sors consulter mes mails, dis-je. Ça te va ?

Un peu plus tôt dans l'été, la connexion à Internet avait cessé de fonctionner, soit on n'avait pas payé, soit il s'agissait d'un problème technique. J'avais résolu la question en traitant tous mes mails depuis un cybercafé sur la place.

— Oui, répondit-elle. Je réfléchis pour savoir si on manque de quelque chose pour le petit déjeuner. Tu pourrais l'acheter quand tu sortiras ? Du lait peut-être ? Et du pain ?

— Je n'avais pas l'intention de faire les courses, dis-je.

— Non, je comprends, n'y va pas.

— Mais si. Je peux bien le faire. Du lait et du pain, alors.

Sur la place, l'air était vif et piquant et je remontai la fermeture de ma veste avant de gagner le cybercafé un peu plus loin de l'autre côté de la rue. J'y allais au moins deux fois par jour, beaucoup de choses se jouaient en ce moment, plusieurs manuscrits faisaient l'aller-retour entre la maison d'édition et moi, et je les avais aussi envoyés à tous ceux que j'avais mis en scène, ils me faisaient part de leurs réactions à des moments différents. Le premier tome était terminé, il sortirait dans deux jours. Le deuxième était en voie d'achèvement, il fallait maintenant qu'il soit relu et corrigé, et les personnes concernées auraient alors la possibilité de le lire. Quand j'y pensais, au fond de moi-même je m'embrasais. Doute, culpabilité et angoisse, ces sentiments me consumaient, et la seule manière de les maîtriser était de penser qu'ils ne savaient encore rien, qu'il ne s'était encore rien passé, mais c'était de moins en moins efficace, car le jour approchait où je serais obligé de donner le manuscrit à Linda et où elle commencerait à lire ce que j'avais écrit sur notre vie. La seule chose qu'elle savait déjà, c'était que j'avais écrit sur nous. Elle ne savait ni quoi ni de quelle façon. Elle avait dit que je devais aller droit au but, que je ne devais rien cacher, que pour elle le pire qui puisse arriver, ce serait que je la dépeigne comme ennuyeuse, grise, molle, *en mes*, une « mauviette » en suédois, et chaque fois que je lui disais que je tremblais à l'idée qu'elle lise mon texte, elle m'assurait que tout se passerait bien. Il n'y a rien dont tu puisses avoir peur, ajoutait-elle. Je supporterai tout ce qui est écrit, tant que ce sera vrai. Mais Linda était une romantique, elle acceptait les trahisons et les petites disputes du quotidien tant que l'on y trouvait aussi la description de quelque chose de plus grand, comme notre amour et notre bonheur. Elle pouvait passer en quelques minutes d'une rage extrême à des déclarations d'amour enflammées à mon égard, alors que moi j'emmagasinais et accumulais les griefs, les insatisfactions et la frustration, qui sédimentaient au fond de moi, comme des fossiles de sentiments, et qui assombrissaient mon être intime de plus en plus intensément, jusqu'à ce qu'à la fin je sois aussi dur qu'une pierre, inaccessible à la tendresse et à l'amour. J'en avais parlé dans le roman et, cela, je ne savais pas si elle me le pardonnerait. D'être vue de cette façon.

Qu'est-ce qui m'avait pris d'écrire cela ?

J'avais été si troublé. Comme si je m'étais perdu en moi-même, seul avec ma frustration, ce démon noir qui était gigantesque à ce moment-là, et aucune issue ne me semblait possible. De moins en moins d'échappatoires, de plus en plus de noir. Pas la noirceur existentielle, inhérente à la vie et à la mort, le bonheur éclatant ou le chagrin éclatant, mais la noirceur mesquine, l'ombre à l'intérieur de l'âme, le petit enfer personnel d'un petit homme, ce noir si petit qu'il n'avait pas de nom, même s'il avait tout envahi.

Si j'écrivais à ce sujet, je devais dire la vérité. Linda était d'accord. Mais elle ne savait pas en quoi consistait cette vérité. Une chose était d'apprendre ce que son mari cachait de sombre au fond de lui, une autre de le lire dans un roman. Car c'était bien de notre vie qu'il s'agissait. De la sienne, celle de Linda, et de la mienne, celle de Karl Ove. C'était ce que nous possédions, en fait tout ce que nous possédions.

Ah, nom de Dieu, quelle situation de merde ! Être obligé de lui donner ce manuscrit et de lui dire : allez, lis, ça va sortir dans un mois.

Je m'arrêtai au passage piéton en attendant le feu vert. Le grand centre commercial venait de fermer, puisque de moins en moins de gens y venaient, sauf au McDonald's ou au Burger King, où des groupes de jeunes traînaient toujours, des immigrés pour la plupart. Beaucoup étaient venus d'Iran jusqu'à Malmö, je le savais, c'était le peuple que l'on appelait autrefois les Perses. Les mêmes qui, il y a deux mille cinq cents ans, sous Xerxès, étaient partis en campagne contre les Grecs.

Justement, quelques semaines auparavant, j'avais lu un roman d'Eyvind Johnson, *Les Nuages sur Métaponte*, qui datait de 1957. C'était l'un des ouvrages les plus caractéristiques du modernisme que j'aie lus, en tout cas parmi ceux qui se sont penchés sur l'Antiquité, comme *Les Cantos* d'Ezra Pound, *La Mort de Virgile* d'Hermann Broch et *Ulysse* de James Joyce, ou *Les Rameurs d'Ithaque* de Paal Brekke. Comme ceux-ci, Johnson s'intéressait à l'espace qui sépare l'« alors » des Anciens et le « maintenant » des Modernes, mais, plus qu'eux peut-être, il était fasciné par l'époque intermédiaire. Le roman débutait en Italie du Sud, un peu après la guerre et ce qui s'était ensuivi, et il retraçait en majeure partie le voyage d'un écrivain suédois sur les traces d'un archéologue français qu'il avait rencontré dans un camp de concentration allemand, en y insérant les événements qui s'étaient déroulés dans ce même paysage quatre cents ans avant notre ère. Un grand domaine, son propriétaire, ses esclaves, dont l'un s'échappe et se retrouve au beau milieu d'un champ de bataille, au fin fond de l'Asie, tout cela décrit dans les moindres détails. Même le déplacement massif de populations depuis les rivages méditerranéens jusqu'à Babylone, à travers un paysage toujours plus hostile, était décrit de manière précise et efficace. Mais le plus étrange pour moi dans ce livre n'était pas la campagne militaire de l'Antiquité ni les anciens quartiers d'esclaves, qui remontaient si loin dans le temps que l'on percevait les efforts de l'écrivain pour les faire revivre, mais plutôt le village italien en 1947. Le paysage est désert et abandonné, les événements sont minuscules et presque inexistants, et même si je savais qu'un autre tempérament littéraire, par exemple celui d'un auteur latin, comme García Márquez, Vargas Llosa, Cela ou pourquoi pas Cervantès, aurait pu décrire exactement ce même paysage dans son intensité naturelle, ces gens qui tremblaient d'amour et de désir, pour donner l'impression aux lecteurs d'être transposés dans ce monde, c'est précisément la distance de Johnson par rapport à ce qu'il décrit, les populations, leurs activités et leurs sentiments, qui est le point de mire de ce qu'il recherchait peut-être, c'est-à-dire le laps de temps énorme qui nous sépare de l'Antiquité, et le sentiment d'absurdité qui en découle. Rien ne s'y passe, les gens ne sont que des invités dans un paysage qui ressemble aux abysses d'un océan de temps. Parfois, un événement grave se produit, par exemple la guerre deux ans auparavant, mais la vérité reste toujours la même, ce qui ressort des passages sur la campagne militaire antique, dépourvue de toute insinuation de grandeur, d'héroïsme ou de valeur historique, on retombe toujours sur des détails, tels le grincement d'une roue, la poussière autour des sabots des chevaux, les rêves de richesse d'un individu, la réprobation de la chute et de la fuite d'un autre. Mais c'est du roman, on s'y attend. Ce qui est inattendu, c'est la description de l'Italie d'après-guerre, qui dépeint une ambiance dont nous sommes loin, mais dont le roman est très proche, contrairement à celle de l'Antiquité. Quand je le lisais, l'Italie de 1947 me semblait plus étrange que l'Italie d'avant J.-C., certainement parce que cette dernière reposait sur une littérature que je connaissais, tandis que la première ne reposait que sur la vie qui se déroulait alors et qu'on ne trouve nulle part ailleurs. Nous sommes si loin maintenant de l'époque où vivaient nos parents et nos grands-parents. Aucune période n'a connu de changements aussi radicaux que la nôtre, c'est difficile à imaginer, la seconde moitié du XXe siècle n'a presque aucun rapport avec la première, comme si elles appartenaient à deux mondes différents.

J'aperçus de loin l'entrée du cybercafé. Une nouvelle bouffée d'angoisse me submergea. Ce dernier mois, j'avais reçu des mails épouvantables à cause du roman que j'avais écrit et je savais qu'il y en aurait d'autres, mais j'ignorais de qui. J'éprouvais la même angoisse par rapport au téléphone ; chaque fois qu'il sonnait, je tremblais. Il en était ainsi depuis le soir où quelqu'un avait demandé à parler avec le « violeur verbal » Karl Ove Knausgaard, mais c'était il y a sept ans et l'anxiété s'était affaiblie en même temps que le souvenir ; depuis le livre, elle revenait avec une nouvelle violence, puisque ce que j'avais écrit parlait d'autres gens, je ne pouvais plus rien contrôler, et ce que je provoquais chez eux, ils pouvaient le provoquer chez moi, je le savais ; tout ce que j'avais fait pouvait être utilisé contre moi. Tant que c'était privé, tant que cela restait entre eux et moi, je pouvais le gérer. C'était affreux, je vivais l'enfer, paralysé sur une chaise ou dans mon lit des heures d'affilée, mais je savais que cela passerait, que tôt ou tard j'en viendrais à bout, et j'étais capable de faire la part des choses dans cette affaire. Mais si cela devenait public… Si quelqu'un le livrait à la presse… Je ne savais pas si je le supporterais.

Le feu passa au vert, je m'engageai sur la chaussée, le vent me soufflait les cheveux sur les yeux, je les repoussai sur le côté, les glissai derrière mes oreilles d'un geste que je savais féminin, mais que je faisais toujours, puis je me dépêchai de traverser, descendis les trois marches qui menaient au cybercafé, ouvris la porte et entrai. Il faisait presque noir à l'intérieur, à l'exception de la lumière qui provenait d'une rangée d'écrans appuyés contre le mur devant lesquels de nombreux jeunes étaient en train de jouer. Ils s'apostrophaient en criant, apparemment la plupart d'entre eux jouaient au même jeu qui, comme d'habitude, mettait en scène des soldats dans un monde hostile, une ville, l'enceinte d'une usine, un désert ou une forêt.

Le gars assis à l'ordinateur le plus proche leva la tête.

— *Tiens !* dit-il. Où étais-tu passé toute la journée, l'écrivain ? On t'a attendu !

— Hello. Tu as un ordinateur libre pour moi ?

— Prends le numéro neuf.

— Merci, dis-je en me dirigeant vers le numéro neuf.

Je tirai la chaise et m'assis. Je me connectai à Internet et tapai mon adresse mail. Pendant les deux ou trois secondes avant que mon courrier n'apparaisse, je retins mon souffle. Puis la liste de noms s'afficha, les mails non lus en gras, et je les parcourus d'un coup d'œil.

Rien de dangereux.

Une proposition de la part d'une émission télévisée, une autre d'une librairie d'un centre commercial à Sørlandet, une autre d'une librairie d'Oslo et une autre encore d'une université populaire du centre du pays. Je demandai à Silje, de la maison d'édition, qui m'avait transmis les demandes, de refuser poliment. Elle m'écrivait aussi pour me signaler un changement qui concernait l'interview du lendemain. Le journal *Aftenposten* s'était retiré et le *Bergens Tidende* avait changé de journaliste, et finalement mon emploi du temps ressemblait à ceci :

9 heures - 9 h 45 :	Agence de presse NTB Gitte Johannssen Maison d'édition
9 h 45 - 10 h 20 :	*Bergens Tidende* Finn Bjørn Tønder, interview par téléphone Maison d'édition
10 h 30 - 11 h 15 :	*Fædrelandsvennen* Tone Sandberg Étoile
11 h 15 - 12 h 15 :	*Morgenbladet* Håkon Gundersen Étoile
12 h 15 - 12 h 45 :	déjeuner
12 h 45 - 13 h 30 :	*Dagsavisen* Gerd Elin Stava Sandve Étoile
14 h 30 - 15 h 15 :	*Søndagsavisa* Gry Veiby Enregistrement sur NRK
15 h 15 - 15 h 45 :	NRK *Radiofront* Siss Vik Enregistrement sur NRK

Le programme était presque le même que pour mon précédent roman, *Un temps pour tout*, cinq ans auparavant. Si l'on regroupait toutes les interviews, le temps consacré aux médias ne dépassait pas une journée. Les journaux *Dagbladet* et *Dagens Næringsliv* m'avaient interviewé à Malmö quelques jours plus tôt, l'*Aftenposten* avait annulé, *VG* n'était pas intéressé, tout était donc réglé.

Au départ, il avait été question que le *Bergens Tidende* envoie Siri Økland, c'était un peu dommage qu'elle ne puisse pas venir, nous avions fait ensemble nos études de lettres à Bergen vingt ans auparavant – nous ne nous connaissions pas alors, mais nous nous étions toujours salués, et nous appartenions à la même génération, ce qui me rassurait. Si je ne me sentais pas en confiance lors d'une interview, j'arrivais à peine à parler, on était alors obligé de me tirer les mots de la bouche et ça se terminait toujours mal. Avant que le livre précédent ne sorte, le *Dagbladet* m'avait interviewé à Stockholm. Je n'avais parlé du livre à personne, je m'interrogeais sur son contenu et sur sa qualité ; le photographe avait été présent durant tout l'entretien, il m'avait dit bien connaître Tore Renberg, nous étions assis au café Saturnus, il me regardait avec un petit sourire qui me donnait l'impression que tout ce que je disais, et je l'entendis à travers ses oreilles, n'était que pures idioties, l'arche de Noé, Caïn et Abel, les anges et le divin, aussi, après quelques minutes, je me fermai complètement, répondis aux questions de la journaliste seulement par oui ou par non et, si je tentais d'énoncer un quelconque raisonnement, c'était en rougissant. Je pensais sans cesse que je devrais lui demander de faire sortir ce photographe pour me sentir un peu plus à l'aise, mais je n'osai pas, alors les choses suivirent leur cours.

Dans les minutes qui avaient précédé l'interview, je

m'étais mis à lire le journal intime de Gombrowicz ; c'était la cinquième fois que j'essayais d'entrer dans ce texte, la cinquième fois que je lisais les dix premières pages, sans parvenir à aller plus loin, et cet après-midi-là j'avais renoncé. Mais la journaliste avait remarqué le livre et écrit une petite remarque à ce sujet : « Knausgaard lit Gombrowicz », qui avait servi de chapeau à l'article. Pendant des années, j'avais été poursuivi par cette déclaration. J'avais été contacté plusieurs fois par des journaux et des revues qui voulaient que je leur écrive un article sur l'écrivain polonais. Moi qui n'avais lu que les dix premières pages de son journal intime, mais aucun de ses romans ni aucune de ses pièces de théâtre, je passais pour spécialiste de Gombrowicz ! Pire encore, chaque fois que je rencontrais l'écrivain Dag Solstad, qui portait Gombrowicz au pinacle et le considérait comme l'un de ses auteurs favoris, parce que je ne lui avais pas avoué que je ne l'avais pas lu la première fois qu'il m'en avait parlé, je devais lui faire croire que j'étais un fin connaisseur de Gombrowicz. Un jour, il vint me dire qu'il était allé à un séminaire sur Gombrowicz à Stockholm et qu'il s'était étonné de ne pas m'y voir. Oh, j'étais trop occupé à ce moment-là, mais j'aurais bien voulu y aller, vraiment, répondis-je. Est-ce que le séminaire avait été intéressant ? Etc., etc.

Je quittai Internet, me levai, déposai dix couronnes sur le comptoir, ouvrit la porte et gravis les marches pour m'enfoncer dans le crépuscule qui tombait et qui n'était percé que par les phares de voitures sombres et élégantes et le doux bourdonnement de leurs moteurs.

À mon retour, aucun enfant ne dormait. Ils crièrent papa, papa dès qu'ils entendirent le bruit de la porte. J'enlevai mes chaussures, accrochai mon manteau et m'encadrai dans l'ouverture de la porte de leur chambre.

— Vous dormez maintenant ! ordonnai-je.

— Mais on n'a pas sommeil, dit Vanja, qui se faisait toujours leur avocate dans ce genre de situations. *On s'ennuie* !* On ne peut pas rester encore un peu debout ? Juste un peu ? Un tout petit petit peu ?

— Non, l'heure d'aller au lit est passée depuis longtemps.

Heidi, qui dormait sur le lit du haut, se mit à genoux.

— *Un câlin**, supplia-t-elle.

Je m'approchai d'elle, elle m'entoura de ses bras et posa sa joue aussi fort qu'elle put contre la mienne.

— *Câlin moi aussi* !* dit John.

Il était couché sur le dos dans son lit à barreaux, son oreiller dans les mains. Il le traînait avec lui partout où il allait. C'était la première chose qu'il réclamait quand il rentrait de la crèche. *Mon doudou, veux mon noreiller* !*

— Lève-toi si tu veux avoir un câlin, lui dis-je.

Il se redressa. Je lui fis un baiser sur l'oreille, il pouffa. Il était le seul de nos enfants à être chatouilleux.

— Vanja ? dis-je.

— Seulement si on a le droit de se lever ! dit-elle.

— Mais je ne le fais pas pour mon bien ! répliquai-je. Je le fais pour ton bien !

— Alors d'accord, dit-elle en se penchant en avant.

Je la serrai contre moi, caressai son dos gracile.

— Ma gentille petite chérie. Dors maintenant. D'accord ?

— D'accord. Mais ne ferme pas la porte !

— Promis.

Elle avait un peu peur du noir, pas beaucoup, mais suffisamment pour réclamer de la lumière pour s'endormir. Un jour, nous étions à la campagne chez la mère de Linda, Vanja pouvait avoir un an et demi, elle avait fait un cauchemar. Elle pleurait, et quand

Linda lui avait demandé ce dont elle avait rêvé, elle avait dit qu'elle avait rêvé d'une bouée. Cela nous avait paru bizarre, mais quelques mois plus tard nous eûmes l'explication. Nous nous étions arrêtés dans un zoo devant un aquarium qui renfermait un varan géant. Quand Vanja posa les yeux sur lui, elle recula à toute vitesse en criant : « Une bouée ! Une bouée ! »

Elle s'était recouchée et me regardait droit dans les yeux.

— Bonne nuit, lui dis-je.

— Bonne nuit, dit-elle. Papa ?

— Oui ?

— Qui est-ce qui me couche demain ?

— N'y pense pas pour l'instant. Maintenant, tu dors.

Vanja voulait que ce soit Linda qui fasse tout, et moi le moins possible. Le summum du bonheur pour elle était que sa mère la couche deux soirs de suite. C'était comme ça, je n'étais que le numéro deux sur leur liste et il en serait toujours ainsi, si personne ne venait prendre ma place. Mais je ne m'en formalisais pas, elle était plus proche d'eux, tout simplement.

Je gagnai le salon, Linda, qui était en train de regarder la télévision, se tourna vers moi.

— J'ai oublié de faire les courses, dis-je.

— Aucune importance. Ils ne dorment toujours pas ?

— Non.

— Qu'est-ce que tu fais ?

— Je vais commencer à faire ma valise. Surtout décider ce que je vais mettre demain. Et toi ?

— Je ne sais pas. Je suis un peu fatiguée. Je vais peut-être me coucher de bonne heure. Ce n'est sans doute pas une mauvaise idée, vu que tu ne seras pas là demain.

— C'est vrai. Mais c'est seulement pour deux jours. Et ta mère sera là.

— Oui, ce n'est pas ce que je voulais dire. Ça va bien se passer.

Je me rendis dans notre chambre, pris deux chemises, deux pulls, deux tee-shirts, deux pantalons et deux costumes, emportai le tas de vêtements devant le miroir du couloir et commençai l'essayage. On entendait encore des rires étouffés dans la chambre des enfants, j'en eus assez, j'entrai et allumai. Ils étaient tous les trois dans le lit de Vanja. J'attrapai John par un pied et un bras, le tirai rapidement à moi, le soulevai et le remis dans son lit, puis je fis la même chose avec Heidi, sans un mot, et avec des gestes très déterminés, à la limite de la brutalité.

— Voilà, dis-je. Maintenant vous dormez. Compris ?

— Oui, papa, dit Vanja. Mais c'est eux qui sont venus dans mon lit. Je ne pouvais pas les en empêcher.

— Je vois ça, fis-je en éteignant la lumière.

— Méchant papa ! dit John.

Je ne lui répondis pas, laissai la porte entrebâillée et me remis à essayer les vêtements. Un jean noir Lindeberg, une chemise bleue et une veste grise Ted Baker. Les chaussures, une paire de Fiorentini+Baker, achetées comme tous les autres habits à Édimbourg une ou deux semaines plus tôt. J'avais été convié à un petit festival de littérature, Yngve et Asbjørn et des amis à eux s'étaient déplacés pour m'écouter, mais quand était venu le moment de quitter l'hôtel et de se rendre sur le lieu de la conférence, je leur avais demandé de ne pas venir. Ils avaient trouvé cela un peu bizarre, le festival avait été le prétexte de leur voyage, mais finalement ils s'étaient vite consolés en allant manger. Visiblement ils étaient aussi angoissés que moi à l'idée de me voir me ridiculiser. Yngve surtout, qui s'identifiait toujours à moi. On m'avait interviewé en même temps qu'un écrivain néerlandais d'une cinquantaine d'années, il était arrivé vêtu d'un excentrique costume à carreaux et parlait anglais à la perfection, il avait écrit un roman à partir de *La Divine Comédie* de Dante. Il s'appelait Marcel Möring et m'avait pris en charge sur scène. Il avait certainement perçu mon malaise et mon angoisse, et, plus tard, quand nous fûmes assis pour la signature de nos livres avec chacun un verre de vin et qu'il y avait devant lui une file de gens qui tous le félicitaient pour son anglais impeccable et lui disaient combien son livre avait vraiment l'air intéressant, alors que personne ne venait me voir, il me dit gentiment que lui aussi avait connu la même chose au début, que la règle de base était qu'il ne se passait rien à l'étranger, mais que ce n'était pas grave, que le plus important c'était de pouvoir voyager un peu partout dans le monde et de rencontrer des gens. Il me donna sa carte et disparut dans la nuit avec sa jeune épouse, pendant que, moi, j'échouai dans un bar pour y retrouver les autres Norvégiens. Le lendemain, Yngve vint faire les boutiques avec moi, il avait, à l'inverse de moi, un goût sûr pour les vêtements. S'il donnait son accord, j'achetais le vêtement, s'il faisait signe que non, je le remettais en place.

Je me regardai dans le miroir de face et de dos avec mécontentement, le pantalon n'allait pas très bien avec la veste, et je n'allais tout de même pas tomber dans ce foutu cliché de l'écrivain en costume. Qu'est-ce qu'il y avait de plus déprimant ?

J'ouvris la porte du placard et jetai un coup d'œil à mes autres vestes.

Un genre d'anorak, plutôt pas mal, mais qui ne convenait peut-être pas pour une interview destinée à la promotion d'un roman.

Il y eut soudain un bruit d'enfer dans la chambre

des enfants, l'un pleurait, un autre hurlait. J'ouvris brutalement la porte et allumai.

— Maintenant ça suffit ! Au lit tout de suite !

C'était John qui pleurait, Heidi qui glapissait. Vanja se couvrait les oreilles au milieu du vacarme. J'attrapai John, cette fois-ci encore plus violemment, je le mis dans son lit où, s'agrippant aux barreaux qui faisaient penser à une prison, il continua à pleurer en me disant tout le mal qu'il pensait de moi. John m'a tapé ! cria Heidi. Je la soulevai et la remis dans son lit.

— John est encore petit. Et il avait sûrement une bonne raison. Il faut que tu dormes maintenant. Et ça vaut pour toi aussi, John, dis-je en le regardant.

— Méchant, hoquetait-il.

J'allai m'accroupir près de son lit.

— Je ne suis pas méchant. Mais il faut que tu dormes. Tu ne dois plus te lever. Tu as vu toi-même ce qui arrive. Tu te fais mal. Allonge-toi maintenant.

Bizarrement il m'obéit. J'éteignis la lumière, fermai la porte, me remis à l'essayage des vêtements, un habit après l'autre, en les combinant de différentes façons. Cela énervait Linda, je le savais, elle ne supportait pas tout ce qui avait un relent de vanité. Avant une prestation, je pouvais passer plus de temps à préparer ma tenue que ce que j'allais dire. Dès que je savais que l'on allait me voir, je ne pensais plus qu'à cela. Que les vêtements soient chers ou bon marché, nouveaux ou vieux, ce n'était pas la question, ce qui m'importait, c'était leur assortiment, chemise ou pas chemise, et ce perpétuel regard sur moi-même, bien, pas bien, affreux, un peu mieux, peut-être celui-ci ?

Après une demi-heure – pendant laquelle je gardais en tête l'avis de Linda sur les essayages – je retournai la voir.

— Je peux y aller comme ça ?

— *Absolument*, dit-elle. *Ça te va très bien.*

C'est ce qu'elle disait toujours, mais j'avais besoin de l'entendre.

On entendit un grand boum qui provenait de la chambre des enfants.

— Mais qu'est-ce qu'ils ont ce soir ? dit Linda.

Cette fois-ci, il me suffit d'ouvrir la porte et John détala sur le sol et Heidi en haut de l'échelle.

— Maintenant je parle sérieusement, dis-je. Si vous le refaites une seule fois, je me fâche très très fort.

Ils restèrent silencieux en me regardant avec de grands yeux. J'allai dans la salle de bains, trouvai des ciseaux sur l'étagère et entrepris de me tailler la barbe.

Des bruits de petits pas dans le couloir. Sûrement John ou Heidi.

— Va te recoucher ! hurlai-je.

— Je n'arrive pas à dormir ! dit Heidi dans l'embrasure de la porte.

— Viens, dis-je.

Je la soulevai et la portai dans son lit. J'attendis quelques secondes derrière la porte puis je l'ouvris et la vis qui commençait à descendre l'échelle.

— Remonte, lui dis-je. Retourne dans ton lit.

— Mais je ne peux pas, protesta-t-elle. Je n'arrive pas à dormir !

— Je sais ce qu'on va faire, dit Vanja. On se tient tous par les mains, on ferme les yeux et on part au pays du ketchup !

— D'accord, dis-je. Mais après vous dormez.

Ils le firent, se prendre par la main, fermer les yeux et rester complètement immobiles. À mon avis, ils avaient entendu parler du pays du ketchup au jardin d'enfants, je ne voulais rien savoir de cet endroit, il me donnait un fort sentiment de malaise, le ketchup est rouge, le rouge, c'est le sang, le sang, c'est la mort. À les voir allongés comme cela les yeux fermés...

Je retournai dans la salle de bains et continuai à me couper la barbe. De nouveaux bruits de pas dans le couloir, quelqu'un longeait la salle de bains pour se précipiter dans notre chambre. J'ouvris la porte violemment et Heidi, debout sur notre lit, se tourna vers moi.

— Maintenant tu vas aller te recoucher ! hurlai-je. Tout de suite ! Je t'ai laissé plusieurs chances. Allez. File dans ton lit. Plus question de te relever, compris ?

Elle me regarda et se mit à pleurer.

Ah, Heidi.

— Je voulais juste aller chercher un livre ! sanglota-t-elle. Les adultes n'ont pas le droit de se fâcher contre les enfants !

Elle me fit tellement de peine que j'eus du mal à ne pas pleurer. Heureusement elle ne réagit pas en piquant une des crises dont elle était capable et qui la laissaient inconsolable. Non, elle se contenta de pleurer, je la pris dans mes bras et étreignis son corps gracile puis je la ramenai dans leur chambre, allumai la lumière et dis que je voulais bien leur lire encore un livre à tous les trois. Heidi se pelotonna sur mes genoux, Vanja s'assit et se construisit un rempart de ses innombrables chiens en peluche tout en m'écoutant d'une oreille, alors que John se promenait par terre et jouait avec tout ce qu'il trouvait. Je leur lus un livre de la série Moumine le Troll – il se réveille pendant l'hiver, ses parents sont toujours en hibernation, il n'arrive pas à les en sortir et il part à l'aventure. Heidi se recroquevilla et posa une multitude de questions – pourquoi ils se moquent de lui ? Ce n'est pas bien de se moquer des autres. Qu'est-ce qu'il dit ici, papa ? – tandis que Vanja riait sous cape de ces questions puériles et que John était plongé dans ses propres occupations sur le sol.

Une fois l'histoire terminée et la lumière éteinte, ils étaient calmés. Je rejoignis Linda qui regardait la télévision et qui s'étonna de leur comportement ce soir-là. Elle me signala que Heidi avait dormi deux heures après le jardin d'enfants et que John avait lui aussi beaucoup dormi pendant la journée. Je m'installai devant la télévision, les pieds posés sur la table basse.

Nous nous couchâmes une demi-heure plus tard. Nous nous souhaitâmes bonne nuit d'un baiser et éteignîmes. Je me sentais angoissé et sus tout de suite que j'aurais du mal à trouver le sommeil. Je m'inquiétais pour le lendemain matin, pour la liste d'interviews prévues, mais pas pour mes bonnes vieilles raisons habituelles, comme l'horreur d'avoir à parler, à occuper l'espace, d'être cité pour tout ce que je dirais ou de passer pour un idiot ; cette fois-ci j'avais peur de ce que j'avais écrit. Ce roman qui sortait dans deux jours et qui avait pour titre *Mon combat, Livre 1*, je l'avais écrit en secret. Excepté Geir Gulliksen et Geir Angell, personne ne l'avait encore lu intégralement. Très peu de gens, dont Yngve, savaient sur quoi j'écrivais, sans pour autant en connaître le contenu précis. Après une année où la seule vue d'ensemble du texte avait été la mienne, le manuscrit était sur le point d'être publié. Quatre cent cinquante pages, l'histoire de ma vie, axée sur deux événements capitaux, la séparation de mes parents et la mort de mon père. Et les trois jours qui avaient suivi la découverte de son corps. Tout cela raconté avec les noms, les lieux et les événements authentiques. Quand il avait fallu que j'envoie le manuscrit à ceux qui y étaient mentionnés, j'avais commencé à entrevoir les conséquences de ce que j'avais fait. C'était à la fin du mois de juin. Yngve devait être le premier à le recevoir. J'avais écrit sur lui des choses que j'avais sincèrement pensées et ressenties, mais que je ne lui avais jamais dites. Quand je m'installai devant mon PC et que je téléchargeai le manuscrit en pièce jointe, j'éprouvai l'envie de tout laisser tomber. De téléphoner à la maison d'édition pour dire qu'aucun roman ne sortirait cette année non plus.

Je restai une demi-heure planté devant mon ordinateur. Puis je cliquai sur « envoyer », les dés étaient jetés.

Le lendemain, un dimanche, nous allâmes à la plage de Malmö, Ribersborg, il y avait beaucoup de monde, et nous nous trouvâmes un coin près de la jetée qui menait aux bains de Kallbadhus. L'édifice datait du début du XIXe siècle et avait été érigé sur des piliers à une centaine de mètres de la plage. John dormait dans sa poussette, Vanja et Heidi pataugeaient et ramassaient des coquillages, Linda et moi les observions, assis sur le sable. Une demi-heure après, John se réveilla et nous emmenâmes les enfants à la cafétéria des bains, trouvâmes une table à l'extérieur, donnant sur la mer qui brillait et étincelait, et nous installâmes pour manger une glace. On se serait cru sur un bateau, avec d'un côté le pont vers le Danemark, Turning Torso de l'autre, et la centrale nucléaire de Barsebäck qui se profilait dans la brume au nord-ouest.

Je voyais tout le spectacle : l'animation sur la longue plage de la ville, et sur le large sentier piétonnier où les gens filaient à toute vitesse sur leur vélo ou leurs rollers, la rangée d'immeubles des années cinquante ou peut-être soixante qui formaient le dernier rempart de la ville contre la mer, le grand capteur de lumière qui paraissait si peu impressionnant ici, dans le détroit entre la Suède et le Danemark. Les couples et les familles qui nous entouraient, habillés en tenue d'été et bronzés, le ciel si haut au-dessus de nous, dont le bleu était infini jusqu'au soir, quand il deviendrait gris et que les premières étoiles sembleraient traverser l'espace, révélant son immensité. Mes enfants assis tant bien que mal sur leurs chaises, avec leurs petites jambes, plongés dans leur propre monde ; la glace, les serviettes, le jus ou la crème qui coulait. Linda qui essuyait les bouches avec les serviettes, ses yeux presque dissimulés par ses lunettes de soleil noires. Je voyais tout cela, mais comme dans un film dont je ne faisais pas partie, puisque mes pensées et mes sentiments étaient ailleurs. C'était à Yngve que je pensais, pas dans une situation précise, c'était plutôt lui qui occupait toutes mes pensées. C'était mon frère, nous avions grandi ensemble et j'avais recherché son soutien presque toute ma vie. Nous avions été si proches que, au lieu d'accepter ses faiblesses ou ses échecs comme j'acceptais les miens, je m'y identifiais et en prenais la responsabilité, mais d'une façon indirecte, à travers les sentiments qui m'envahissaient quand je le voyais faire ou dire quelque chose que je n'aurais pas voulu. Personne ne s'en doutait, surtout pas lui, comment aurais-je pu dire une telle vérité : parfois tu n'es pas assez bien pour moi ?

Qu'avais-je gagné à dire ce qu'il en était ? À dévoiler mes sentiments à son égard ? En échange, qu'avais-je perdu ? Il pouvait rétorquer va te faire foutre, je ne veux plus entendre parler de toi.

Que faire ? Tout arrêter ? Ou laisser les choses suivre leur cours et perdre un frère ?

J'allais laisser les choses suivre leur cours et j'allais perdre un frère.

Aucun doute là-dessus.

Pourquoi ?

Étais-je fou ?

Vanja et Heidi avaient mordu le bout de leur cornet et peinaient à lécher le reste de glace, qui avait fondu et coulait des deux côtés. John avait choisi un esquimau, ce qui avait paru plus facile au départ, il était si petit que même cela lui posait de gros problèmes. Ses doigts et son menton étaient rouges et luisants de glace fondue. Au moins ils étaient tous occupés.

— À quoi penses-tu ? dit Linda.

— À Yngve, dis-je.

— Je suis sûre que tout va bien se passer.

— Facile à dire.

Ce que j'avais écrit sur Linda était bien pire. Mais une chose à la fois.

Une nouvelle bouffée de terreur et de honte me submergea.

De retour à l'appartement, je consultai ma boîte mail deux fois par heure. On était dimanche, la boîte était restée vide toute la journée. Yngve était chez maman à Jølster, et c'était bien, il pourrait en parler avec elle, elle pourrait même adoucir sa réaction, me dis-je. Nous couchâmes les enfants et restâmes un peu sur le balcon, je consultai ma boîte une dernière fois avant d'aller me coucher : rien.

Le lendemain matin il y avait un mail de lui.

Ton foutu combat en objet.

Je partis sur le balcon sans l'ouvrir, m'y assis pour fumer et regarder la ville, transi de peur.

Mais je devais le lire.

Ce qui était écrit était écrit, que je le lise ou non.

Je pouvais laisser passer la journée, mais cela ne ferait que prolonger la souffrance, et le résultat serait le même.

J'éteignis ma cigarette, me levai, allai dans le salon, passai devant la cuisine où John était installé sur sa chaise haute, une cuiller dans chaque main, et où Linda lisait le journal, puis gagnai notre chambre, m'assis, plaçai le curseur sur le mail, deux clics et voilà.

C'est juste pour te faire peur ! Ça a été quelques jours intenses pour moi à passer toute ma vie en revue, à cause de ton texte, et à fouiller de vieux papiers et de vieilles lettres, les miennes comme les tiennes.

Je ne sais pas trop quoi dire de ton texte, ou de nos vies, ou de notre relation, et cette relation, faut-il absolument que je la considère d'un autre œil, ou peut-être pas ? En ce qui concerne le texte, il y a certains passages dont la publication me sera extrêmement douloureuse, même si je comprends pourquoi tu les as écrits.

Le passage avec toi, moi, Ingar et Hans m'a vraiment rendu malade. Que tu aies eu, et aies encore, honte de moi, je l'avais perçu et je le perçois encore. Et c'est vraiment une souffrance, parce que cela touche à une part de moi-même dont je suis douloureusement conscient – de ne pas toujours me sentir à ma place ; de critiquer des choses auxquelles je n'ai pas vraiment réfléchi par moi-même ; de préférer le personnage de celui qui lit Adorno plutôt que de lire Adorno. La médiocrité combinée avec une mauvaise image de soi et de hautes ambitions, ce n'est pas bon. Mais quand je relis cela, cela ne me semble pas si terrible… en fait cela te concerne toi, pas moi. Il n'y a donc pas de place pour toutes les fois où j'ai eu honte de toi !

« Nous nous regardons rarement dans les yeux » : ça va donc si mal entre nous ? Est-ce que nous nous regardons moins l'un l'autre que nous ne regardons les autres ?

Et le fait qu'Yngve et Espen se détestent aussi fort tous les deux ? En tout cas, de mon point de vue ce n'est pas vrai… Je croyais que c'était Tore et Espen qui ne s'aimaient pas.

Je vais lire la deuxième partie dans les prochains jours, tu me téléphoneras peut-être entre-temps ?

Yngve

J'allai lui téléphoner dans le couloir. Il y avait beaucoup d'incertitude dans la tonalité de nos échanges. Il me redit ce qu'il avait ressenti à la lecture du roman, mais il n'était pas en colère, c'était plus comme s'il faisait son autocritique, et cela donnait à la situation un aspect que je trouvai presque insupportable, parce qu'il n'avait aucune raison de le faire. Que nous ne nous regardions pas dans les yeux et que nous ne nous serrions jamais la main, en fait que nous ne nous touchions jamais, nous ne pouvions pas alors en parler, c'était totalement impossible, mais quand, quelques semaines après cette conversation, il vint me voir à Malmö avec ses deux enfants, Ylva et Torje, il me regarda en face et me tendit la main quand j'ouvris la porte. Sans aucune ironie, sans arrière-pensée, il voulait régler tout cela. J'eus les larmes aux yeux et je dus baisser la tête.

Une fois qu'Yngve eut lu le texte, je suspendis l'envoi à ceux que j'y avais aussi mentionnés. Je m'en empêchai tout l'été jusqu'au début d'août, un mois à peine avant la publication, où je me ressaisis. J'envoyai un mail à Jan Vidar pour avoir de ses nouvelles, je ne reçus une réponse que quelques heures plus tard, tout allait bien pour lui et sa famille, il devait partir pêcher le lendemain avec des amis, ils avaient l'habitude d'aller sur le plateau de Finnmarksvidda l'été. Je n'avais pas eu de contacts avec lui depuis plusieurs années, je l'avais vu pour la dernière fois quand j'étais à Kristiansand pour mettre en chantier un nouveau roman après *Ute av verden* (« Hors du monde »). Cela faisait plus de dix ans. Dans le roman que j'étais sur le point de publier, il était l'un des personnages principaux. Nous avions été très proches de nos treize ans à nos dix-sept ans environ, puis nous nous étions éloignés. Cela avait été des années capitales. Nous avions déménagé à Tveit, je devais aller dans une nouvelle école, je ne connaissais personne, il était alors venu vers moi, nous étions devenus amis et nous passions tout notre temps ensemble, surtout au sein du groupe que nous avions créé. Quand je me mis à écrire sur cette période, elle me sembla beaucoup plus proche que je ne l'aurais soupçonné. L'ambiance de la maison, la forêt derrière, la rivière en contrebas, ce que nous avions fait ensemble, pas grand-chose tout compte fait, et pourtant tellement. Quel garçon Jan Vidar avait réellement été, cela m'apparut pour la première fois au moment où j'écrivais sur lui à Malmö, plus de vingt ans plus tard.

J'avais entré son nom sur Google, et il était sorti dans des concours de pêche, je découvris aussi un groupe dans lequel apparemment il jouait. Plusieurs de leurs morceaux étaient sur le Net. Je les écoutai tous. C'était un groupe de blues, il y jouait de la guitare, ses solos étaient excellents. Comment avait-il fait ? Quand nous jouions ensemble, c'était nul. Je n'avais pas amélioré mon jeu depuis, c'était le même que lorsque j'avais quinze ans. Mais lui, il était devenu virtuose. Puisque je ne l'avais pas vu depuis ces années, c'était difficile à comprendre. Pour moi, il avait toujours dix-sept ans.

Je lui envoyai le manuscrit et croisai les doigts.

Je l'envoyai aussi à un autre vieil ami, Bassen, j'y faisais peu allusion dans mon roman mais il avait beaucoup compté pour moi pendant cette période, et nous étions restés en contact, j'avais toujours son numéro de téléphone. Il lut tout d'une traite, n'eut aucune objection quant à l'utilisation de son nom, mais la conversation que nous eûmes fut tout de même inquiétante, il me dit que ce serait brutal et que je devais m'attendre à des procès. Cette éventualité ne m'avait jamais effleuré, et nous en discutâmes longuement. Il était criminologue, travaillait au Bureau central des statistiques, et connaissait bien son sujet. Je pensais qu'il exagérait mais le sérieux de son ton me prouva le contraire. Des poursuites en justice ? Des dommages à verser ? Tout cela parce que j'écrivais l'histoire de ma propre vie ? Si quelqu'un protestait, je changerais le nom, ce n'était pas plus compliqué que cela.

Hanne était un autre personnage important, mon premier véritable amour, autrefois mon rayon de soleil et mon univers. Nous n'étions jamais sortis ensemble, et, hormis une brève rencontre à Bergen, nous ne nous étions plus revus. Elle aussi était dépeinte à travers mon regard immature chargé d'amour et de suffisance.

J'essayai de trouver son adresse, mais elle n'était ni sur le Net ni dans l'annuaire. Je rappelai Bassen – nous avions tous trois été dans la même classe –, il trouva un numéro qui devait être le sien, je téléphonai, personne ne répondit. Je rappelai plusieurs fois, en vain.

Tonje, avec qui j'avais été marié, n'apparaissait presque pas dans le roman, seulement dans les pages consacrées à la mort de mon père, mais je lui envoyai aussi le manuscrit en lui expliquant qu'il y aurait cinq autres tomes et qu'elle jouerait probablement un plus grand rôle dans l'un d'eux que dans celui-ci.

Pour finir, j'envoyai le manuscrit à mon oncle Gunnar. Il était plus jeune que mon père de dix ans, il était donc encore gamin quand son frère aîné s'était marié et était devenu père. Je retiens de lui l'image d'un jeune homme d'environ vingt ans, très différent de papa. Gunnar avait les cheveux longs, il savait jouer de la guitare, et il avait un bateau à moteur Mercury de vingt chevaux. Il avait un jour obtenu pour Yngve un autographe du joueur de foot de l'IK Start Svein Mathiesen, c'était génial, et je ne serais pas étonné que Yngve l'ait conservé. Gunnar était quelqu'un que Yngve et moi admirions beaucoup, nous espérions toujours qu'il serait là quand nous rendions visite à grand-mère et grand-père à Kristiansand, ou qu'il les accompagnerait quand ils venaient chez nous. Quand j'entrai dans l'adolescence, il était marié et avait sa propre famille, habitait dans un lotissement et passait les jours fériés d'été dans un cabanon acheté par grand-mère et grand-père en 1950 et dont il avait ensuite hérité. Il parlait beaucoup, avait toujours une blague à faire, physiquement il ressemblait à Yngve et on pouvait compter sur lui ; les dix dernières années de la vie de grand-père et grand-mère, c'était lui et sa femme qui avaient été présents pour les aider au quotidien. Quand papa commença à lâcher son emprise sur moi et sur tout le reste, le rôle de Gunnar dans ma vie changea. Il était bien sûr toujours le même, je pense, mais mon regard sur lui se transforma. Il était celui qui comprenait les choses. À cette époque, je commençai à écrire pour des journaux locaux, et je me fis remarquer, ce qui, je le vis, ne lui plaisait pas beaucoup, j'étais alors sur une mauvaise pente, je séchais l'école, buvais trop, fumais du hasch de temps en temps – des excès inavouables que, pour je ne sais quelle raison, je pensais que Gunnar avait observés, contrairement aux autres personnes de mon entourage, et ma relation avec lui en fut marquée. Pendant les années qui suivirent mon départ de la maison à dix-huit ans, je n'eus pas beaucoup de contacts avec lui, mais quand je lui rendais visite, je voyais que ses enfants avaient confiance en lui, qu'aucune lueur de peur ne passait dans leurs yeux quand ils le regardaient, et cela m'inspirait beaucoup de respect à son égard. Quand j'eus une vingtaine d'années, alors que papa sombrait dans l'alcoolisme, Gunnar devint pour moi le parangon de la bonne conduite et de l'honneur, que, par contraste avec mon père, je voulais imiter, et je donnai ainsi à Gunnar presque le rôle de père, tout en me constituant une sorte de surmoi. Si la table de la cuisine était recouverte de bouteilles de bière et de bouteilles de vin, je pensais : qu'est-ce que dirait Gunnar s'il voyait cela ? Si pendant quelques mois j'avais manqué les cours, je me disais : qu'est-ce que Gunnar dirait ? Chaque fois que je faisais quelque chose de transgressif, Gunnar surgissait dans mes pensées. Cela n'avait rien à voir avec sa personne, cela venait de ce que je m'imaginais, moi, mais cette idée était bel et bien fondée : l'été où j'écrivis ce qui allait être le début de mon roman, je vivais chez ma mère à Jølster, j'avais vingt-huit ans et, un après-midi où j'avais rendu visite à la sœur de grand-mère, Borghild, et parlé avec elle de la vie à la campagne dans l'ancien temps, parce que je voulais utiliser ces informations dans mon roman, Gunnar avait fait irruption chez ma mère pour lui faire des reproches, comme quoi j'étais un vaurien et un fainéant dont on ne tirerait jamais rien. Mon père était incapable de me prendre en charge, donc c'était à ma mère de le faire, pensait-il, en tout cas elle ne devait pas encourager ce rêve irréalisable que j'avais d'écrire. Mais il y avait aussi de la souffrance dans ces reproches, me dis-je, et j'étais partagé : d'un côté, je voulais devenir écrivain et étais désireux de tout sacrifier pour atteindre cet objectif, de plus j'étais attiré par la transgression et depuis mon adolescence je haïssais le monde des bourgeois et des conservateurs ; de l'autre, la transgression m'emplissait d'angoisse, et l'attirance qu'exerçaient sur moi la bourgeoisie, l'établissement et l'ordre était tout aussi puissante ; c'est essentiellement pour cette raison que je m'étais marié et avais finalement suivi le cursus universitaire. Mon père ne se souciait absolument pas de moi, c'est pourquoi, quand Gunnar débarqua pour condamner mon style de vie, il en ressortit tout de même quelque chose de positif : au moins se préoccupait-il de ce que je faisais.

Et peut-être lui aussi se sentait-il partagé. Quand papa mourut dans la maison de grand-mère et que je me rendis à Kristiansand pour tout nettoyer et m'occuper de l'enterrement, il m'invita à passer une journée dans son cabanon pour faire une pause, et nous fîmes une randonnée ensemble, au milieu des prairies et des arbres, il me raconta alors qui papa avait été pour lui, et on aurait pu croire qu'il se rapprochait de moi en me livrant ces confidences. Plus tard cet été-là il avait à nouveau rendu visite à maman, ils avaient l'habitude de passer leurs vacances à quelques heures de route de chez elle, et il nous avait couverts d'éloges, Yngve et moi, en lui disant combien nous avions bien géré la situation à la mort de papa. Mais, quelques semaines plus tard, mon premier roman était sorti et du coup tout était redevenu comme avant. Mon père apparaissait dans le livre, ainsi que ses frères, pas ostensiblement mais suffisamment pour que tous les proches comprennent tout de suite qui avait servi de modèle à mes personnages. Par conséquent, quand j'envoyai le livre à Gunnar, j'y ajoutai une courte lettre où je décrivais rapidement ma relation avec papa et où j'exprimais tout le respect que j'avais pour lui en tant que père. Je le fis dans le désir d'adoucir sa réaction, parce que je savais comment il allait accueillir le roman. Le livre provoqua sa fureur, mais, au lieu de me téléphoner ou de m'envoyer une lettre, il téléphona à ma mère pour me descendre en flèche. Elle refusa d'être tenue pour responsable de mes actes ou de mes écrits et lui dit que j'étais un homme adulte et qu'elle ne pouvait pas intervenir dans cette histoire. Il m'appela cependant six mois plus tard quand le roman obtint le prix de la critique, je séjournais alors dans un hôtel à Oslo et je venais juste de recevoir le prix quand un homme téléphona et se présenta sous un nom que je ne reconnus pas. Mais la voix m'était familière et je compris rapidement que c'était Gunnar au bout du fil, il s'était présenté sous le nom que j'avais donné à l'un des frères du père dans le roman. Il voulait me féliciter et, bien qu'il demandât si nous avions bu un peu de vin pour fêter le prix, ce fut en somme une conversation agréable. Nous nous revîmes ensuite à l'enterrement de grand-mère puis au moment de la liquidation de son héritage, et, un été, alors que j'étais chez maman avec Linda, Vanja et Heidi, il sonna à l'improviste à la porte, juste pour dire bonjour, nous dit-il, vous prendrez bien un café, proposai-je, non, non, on est en route vers le sud, répondit-il, entrez un moment, asseyez-vous cinq minutes, dis-je, non, on ne peut pas, du coup nous restâmes debout dans le jardin à échanger des formules de politesse pendant deux ou trois minutes avant qu'ils ne retournent à leur voiture et ne reprennent la route. Linda et les petites dormaient à l'étage, je lui demandai s'il voulait que je les réveille, pour qu'ils puissent au moins voir mes enfants, mais il refusa aussi, c'était trop de dérangement. Après leur départ, Linda et moi rîmes de ce petit intermède, puisque visiblement ils n'étaient venus que par devoir.

On en était là au moment de lui envoyer mon nouveau roman. Je savais qu'il n'allait pas être content, et l'imaginer en train de lire le livre m'emplissait de peur. Mais il n'y avait pas d'échappatoire. C'est pourquoi, le dernier jour du mois de juillet 2009, un mois et demi avant la parution du roman, je pris place devant mon PC et je lui écrivis une lettre.

Cher Gunnar,

Cela fait longtemps depuis la dernière fois. J'espère que tout va bien pour toi et les tiens. Je suis allé à

Kristiansand au printemps pour un séminaire sur le théâtre, et j'avais bien pensé passer vous voir, mais il a fallu que je prenne d'urgence l'avion pour me rendre à un enterrement à Ålesund – la sœur de Sissel, Ingunn, était morte – et j'ai manqué de temps. Le beau-frère de Sissel, Magne, celui qui était marié avec Kjellaug, est mort lui aussi au printemps, l'année a été dure pour maman. Ici à Malmö tout va bien, nos trois enfants vont au jardin d'enfants maintenant et Vanja rentre à l'école à l'automne prochain, les années les plus difficiles de la petite enfance seront bientôt derrière nous.

Mais ce n'est pas pour te raconter tout cela que je reprends contact avec toi. C'est parce que j'ai écrit six romans autobiographiques – les trois premiers sortiront à l'automne, les trois autres au printemps suivant –, ils traitent de différentes périodes de ma vie et, par principe, tous les noms et les événements sont authentiques, ce qui veut dire que ce qui est raconté s'est vraiment passé, jusque dans les moindres détails. Le premier tome paraîtra fin septembre, il se divise en deux parties : la première se passe à Tveit pendant l'hiver et le printemps 1985, c'est-à-dire à l'époque où maman et papa se sont séparés et où papa a commencé sa nouvelle vie avec Unni ; la seconde raconte les jours à Kristiansand après sa mort. Tu figures dans la première partie, tu me conduis chez un ami le soir du Nouvel An, ainsi que dans la seconde, quand Tove et toi venez nous aider à tout ranger et tout laver. L'image que tu donnes, toi, est évidemment sympathique, puisque c'est ce que je pense de toi, ce n'est pas là le point difficile et douloureux – il réside dans le fait que je rends publique toute la vie intime de notre famille, ce que ni toi ni les autres n'avez demandé. D'un autre côté, il s'agit d'un livre sur mon père et moi, c'est le sujet du roman, mes efforts pour le comprendre et ce qui lui est arrivé. Pour traiter ce sujet, je suis obligé de toucher au cœur, à cet enfer qu'il a instauré à la fin, quand non seulement il s'est détruit lui-même et a détruit sa maison, mais aussi les dernières années de grand-mère, sans compter la façon dont il a nui à tous ses proches. Pourquoi s'est-il conduit ainsi ? Qu'est-ce qui l'y a poussé ? Était-ce latent chez lui depuis toujours, déjà là quand nous étions petits ? Je ne sais pas si tu le sais, mais mon père a eu une sorte d'emprise sur moi pendant toute ma vie, même après sa mort, et pour raconter mon histoire, je suis obligé de creuser. Que cette histoire appartienne aussi aux autres, dont, et peut-être en premier lieu, toi, je le regrette vivement, mais je n'ai pas trouvé d'autre solution. Toute cette déchéance, tout ce naufrage, c'est l'œuvre de papa, il n'y a pas d'autre coupable, mais il m'est impossible de décrire la situation sans décrire aussi son entourage. C'est comme ça. Dans les jours qui viennent, je vais envoyer le manuscrit à tous ceux qui y tiennent un rôle. Yngve l'a déjà lu en entier, et maman aussi. Maintenant je te l'envoie à toi, il figure en pièce jointe. Si tu désires que ton nom soit changé et que ce qui touche à ton environnement reste anonyme, je le ferai bien sûr. Ce n'est pas difficile, mais le problème n'est pas là : il est que ce que tu souhaitais garder enfoui, loin du regard des autres, va désormais être mis en lumière et exposé publiquement. Je le répète, je suis désolé, mais il s'agit de mon père, c'est mon histoire que je raconte, et malheureusement, c'est à ça qu'elle ressemble.

Bien à toi,

Karl Ove

Les premiers jours je consultai ma boîte mail plusieurs fois par heure. Chaque fois que le téléphone sonnait, l'angoisse me submergeait. Toujours rien. Je le pris pour un signe favorable, il avait lu le roman et réfléchissait à sa réponse et à sa réaction. Soit c'était là l'explication, soit il était parti dans son cabanon.

Ce n'est que le cinquième jour que j'eus de ses nouvelles. Quand je vis son nom dans ma boîte de réception, je quittai ma chaise et j'allai sur le balcon pour fumer et rassembler tout mon courage. Les enfants étaient à la crèche, l'appartement était paisible, seul le bourdonnement de la ville me parvenait. Le pire qui puisse se produire, me dis-je, était qu'il soit furieux contre moi d'avoir écrit ce que j'avais écrit. Mais cela passerait. Il fallait juste faire avec jusqu'à ce que cela passe.

Je ne pouvais défaire ce que j'avais déjà fait. Non seulement j'avais pris cette décision, mais je l'avais tenue et j'avais travaillé pendant plus d'une année. La volonté d'un seul individu ne pouvait rien y faire.

Telles étaient mes pensées. Mais il en allait tout autrement de mes sentiments. Je ressentais la même chose que quand, petit, j'avais fait quelque chose de mal. Ce dont j'avais peur alors, c'était que papa se fâche. C'était le pire pour moi. Quand je quittai la maison et devins adulte, la peur était toujours là et je fis tout mon possible pour la réprimer. Papa ne vivait plus dans le voisinage, la crainte de sa fureur se projeta alors sur tous les autres : j'avais vingt ans et je redoutais toujours que quelqu'un ne se mette en colère contre moi. Cette peur ne disparut jamais. Quand je partis et déménageai à Stockholm à l'âge de trente-trois ans, la peur était toujours en moi. Linda, que je rencontrai alors, et avec laquelle j'eus des enfants ensuite, était pleine de tempérament et souvent déraisonnable lors de ses crises, je les laissai m'anéantir complètement, en effet, dès qu'elle élevait un tant soit peu la voix, l'anxiété m'envahissait et la seule pensée dont j'étais capable était qu'il fallait tout faire pour que celle-ci disparaisse. Même à quarante ans, assis sur mon balcon en cet après-midi d'août 2009, je craignais encore que quelqu'un ne se mette en colère contre moi. Comme je lui avais donné une bonne raison de le faire, j'étais bouleversé et submergé par la souffrance au point de ne pas savoir comment j'allais y survivre.

La peur panique que quelqu'un ne s'énerve contre moi était une peur d'enfance, elle n'appartenait pas au monde des adultes, elle était inavouable, mais quelque chose en moi n'avait jamais sauté le pas, n'était jamais devenu adulte, ne s'était jamais endurci comme il aurait fallu, si bien que ce sentiment infantile subsistait dans l'esprit de l'adulte que j'étais aujourd'hui. L'homme adulte, moi, était sous l'emprise de la violence des sentiments de l'enfant d'autrefois, cela pouvait faire si mal que c'en était insupportable, même si je me savais adulte, et que cette peur et tout ce qui l'entourait étaient profondément honteux. Comment était-ce possible ? Si j'avais construit un moi fort et solide, qui se serait fait confiance, j'aurais pu dire : je fais ci ou je pense ça, et si un autre a une autre opinion, cela ne me touche absolument pas. S'il doit y avoir un conflit, eh bien, j'accepte le conflit. Mais je n'avais pas un moi fort et solide, il ne se faisait pas confiance, il s'était entièrement construit à partir de ce que les autres pensaient. Ce que je pensais moi-même était secondaire. Je vivais toujours dans le monde que papa avait érigé pour moi, où toutes mes actions consistaient essentiellement à ne pas faire quelque chose de mal. Ce qui était mal n'était pas fixé par des règles précises, mais par ce que lui, à tout moment, pouvait décider. J'avais transféré ces circonstances à ma vie d'adulte, où elles n'existaient plus ailleurs qu'en moi. Mais papa était mort, et ce depuis onze ans. Tout cela je le savais, mais ce savoir ne m'était d'aucune aide, il se frayait un chemin à travers ma conscience et n'en faisait qu'à sa tête. La seule chose que je pouvais faire, c'était l'affronter et le supporter.

Je me levai et retournai dans la chambre, où

m'attendait l'ordinateur. J'ouvris le message. Il était court et semblait inoffensif.

Bonjour, Karl Ove.
Aurais-tu l'amabilité de m'envoyer l'adresse mail de ton ou tes contacts dans ta maison d'édition ?

Gunnar

Je le lus plusieurs fois et essayai de le déchiffrer. Il n'avait pas écrit « Cher » comme moi je l'avais fait, mais, s'il avait été furieux, aurait-il commencé son message par « Bonjour, Karl Ove » ? Le point après mon prénom indiquait clairement le manque d'enthousiasme, sinon il aurait mis un point d'exclamation – ce qui, je le savais, ne correspondait ni à son tempérament ni à sa personnalité – ou du moins une virgule, ou alors rien. La virgule, ou son absence, aurait été neutre et normale, mais le point disait quelque chose, on aurait dit qu'il me claquait la porte au nez. L'emploi de « Aurais-tu l'amabilité » allait dans la même direction. « Aurais-tu l'amabilité » était formel, trop formel pour une relation oncle-neveu, je compris alors qu'il désapprouvait le manuscrit. En même temps, l'expression faisait partie des formules de politesse d'usage et elle semblait prouver qu'il n'était pas furieux, me dis-je, sinon ne s'en serait-il pas abstenu ? Le fait qu'il n'ait rien écrit avant de signer, ni « Salutations », ni « Bien à toi », ni rien d'autre d'amical, confirmait l'impression de la phrase d'ouverture, qu'il s'agissait d'une démarche neutre et formelle. Je savais qu'il ne m'avait jamais aimé, qu'il m'avait toujours considéré comme un poseur, quelqu'un qui voulait être différent des autres par principe, quelqu'un qui se prenait pour ce qu'il n'était pas, qui était dépourvu de tout sens de l'ordre et de la responsabilité, et les termes sobres de ce court message en disaient plus sur son mépris que sur ce qu'il pensait du roman. Qu'il demande mes contacts à la maison d'édition, c'était une bonne chose, cela montrait qu'il voulait leur exposer ses réclamations à eux, et pas à moi. J'avais redouté plus que tout une confrontation directe avec lui. S'il leur écrivait, ce ne serait sûrement pas pour les insulter.

J'écrivis l'adresse mail et le numéro de téléphone du directeur de la maison d'édition, Geir Berdahl, et ceux du directeur littéraire, Geir Gulliksen, et je les envoyai à Gunnar. Puis j'allai dans mon bureau. La masse de travail qui m'attendait était énorme, impossible à évaluer. J'avais envoyé en avril mille deux cents pages à mon éditeur, nous étions convenus qu'il s'agirait d'un seul roman et qu'il paraîtrait à l'automne, mais il était devenu de plus en plus long et je pensais qu'il y aurait encore trois cents pages supplémentaires, ce qui soulevait la question de la forme sous laquelle il sortirait. J'en avais discuté par téléphone avec Geir Gulliksen. Était-il possible de publier un gros roman de mille cinq cents pages ? Tout était possible, répondit-il. On pouvait aussi envisager de le publier en deux tomes qui sortiraient soit en même temps, soit à quelques mois d'intervalle. Même si c'était plus rationnel et impliquait que je reçoive deux acomptes, ce qui avait une importance indéniable, notre situation financière ayant été, pour employer un euphémisme, chancelante ces dernières années, je préférais pourtant le publier en un seul volume. Ce serait un scoop, le roman norvégien le plus long. Geir dit qu'il allait en discuter avec ses collègues de la maison d'édition et qu'il me rappellerait. Ce qu'il fit deux ou trois heures plus tard. Il m'annonça alors qu'il allait me faire une proposition de la part de Geir Berdahl, probablement irréaliste, que cela n'allait peut-être pas me plaire, mais que cela valait tout de même la peine d'y réfléchir.

— Dis-moi vite !

— Nous le publierions en douze tomes. Nous sortirions un livre par mois pendant un an. Nous pourrions trouver un arrangement avec les lecteurs qui le désireraient, peut-être un abonnement. Qu'en penses-tu ?

— C'est une idée fantastique ! dis-je. C'est magnifique !

— Oui, cela me plaît aussi. Mais ce ne sera pas facile pour nous. Il va falloir financer cette solution d'une manière ou d'une autre. Je vais y travailler, on va voir comment on pourra s'arranger.

— Ce sera comme pour Dickens ou Dostoïevski. Un roman-feuilleton ! J'aime bien l'idée que ça sorte en série. Le groupe The Wedding Present a sorti un single tous les mois pendant un an, et à la fin de l'année ils les ont tous rassemblés dans un album. Ce sera comme un gimmick, mais pourquoi pas ?

— C'est un roman un peu spécial. Ce qui explique que nous lui réservions une place spéciale. Pense à la réception de ce roman ! Comment vont faire les critiques ? Réagiront-ils à chaque sortie ou quand tout sera publié à la fin de l'année ?

— C'est vraiment génial, Geir ! Salue Berdahl de ma part et remercie-le.

— C'est une bonne idée, et je vais essayer de la réaliser le mieux possible. Cela va me prendre un peu de temps. Mais disons que je m'en occupe et que l'on se rappelle dans quinze jours ?

Après avoir raccroché, je retournai à mon bureau et me mis à partager le roman en douze sections. S'il atteignait mille cinq cents pages, chaque partie comprendrait autour de cent vingt-cinq pages. Je repérai les endroits qui pouvaient clore une partie et où une autre pouvait commencer. C'était la première fois depuis toute cette année de travail que je ressentais quelque chose qui ressemblait à de la joie ou à de l'enthousiasme. Je me représentai la couverture d'un bel ouvrage, avec seulement le titre, comme au XIXe siècle. Des bulletins d'abonnement dans les journaux et les revues que l'on pourrait découper et envoyer à la maison d'édition, comme on le faisait dans mon enfance.

Presque trois semaines s'écoulèrent avant le coup de téléphone de Geir. Il me dit que cela ne marcherait pas pour les douze parutions, d'un point de vue pratique, que c'était impossible à financer. Il proposait une sortie en six fois. Trois à l'automne, trois au printemps suivant. Je regimbai, j'avais du mal à renoncer à l'idée des douze tomes à l'année, je le suppliai presque de reconsidérer la question, il comprenait, dit-il, mais c'était vraiment trop compliqué à monter, cela risquait de couler la maison, d'après ce que j'avais compris. Six volumes, ce serait déjà difficile, mais il avait réussi à présenter tous les livres en même temps pour obtenir le soutien du ministère de la Culture afin de réduire le risque financier.

— Bravo, dis-je. Comment as-tu fait ? N'y a-t-il pas un règlement qui stipule qu'une seule œuvre littéraire peut être achetée par auteur et par an ?

— Si. J'ai dû argumenter un peu. Mais c'est un projet spécial. On m'a écouté.

Quand la décision fut arrêtée, je dus diviser à nouveau le roman. En principe, j'aurais pu réduire les parties de douze à six en les réunissant par deux, pour que chaque livre comporte deux cent cinquante pages. Mais comme ce nombre de pages correspondait à un roman norvégien moyen et que l'idée de l'abonnement et du feuilleton avait disparu, cela semblerait un peu bizarre d'arrêter abruptement le récit du premier volume pour le reprendre dans le deuxième. Six romans impossibles à lire séparément, ce n'était pas une bonne chose. Je devais redistribuer les parties autrement pour faire en sorte que chaque roman soit autonome, donc définir six romans que l'on pourrait lire aussi comme un long récit qui se suivait. Quand je m'y employai, le premier roman atteignit quatre cents pages, le deuxième cinq cent cinquante et le troisième trois cents. Je n'aurais ensuite plus de matière. Si je procédais ainsi, il me faudrait alors écrire trois nouveaux romans en dix mois. Mais c'était faisable, ces six derniers mois j'avais écrit à peu près dix pages par jour, ce qui voulait dire environ cinquante pages par semaine, puisque j'avais interdiction de travailler le week-end. Si je retranchais dix pages pour les contretemps, je produirais cent soixante pages par mois. Si j'écrivais plutôt une moyenne de cent cinquante pages, je passerais deux ou trois mois sur un roman et je pourrais finir trois romans dans les temps – j'aurais même un mois supplémentaire en cas d'imprévu.

Je brûlais presque d'impatience et d'excitation quand je m'installai devant mon ordinateur et me plongeai dans les documents. Il était évident que diviser le texte en tomes indépendants ne se ferait pas tout seul, il fallait que je récrive les débuts et les fins, les passerelles et les transitions, que je déplace ou supprime certains passages, mais ce ne serait pas très difficile, les parties étant déjà différentes en elles-mêmes, puisque j'avais toujours essayé de me dépeindre au moment où les événements se produisaient et d'insérer les analyses au plus près possible de l'âge que j'avais. L'âge de dix ans correspondait aux petites choses de la vie, vingt-neuf à la musique pop, trente-cinq à la paternité. Excellent ! Six romans ! Ah, j'allais mettre le feu !

Cet après-midi d'août, lorsque je me mis au travail après avoir lu le bref message de Gunnar, le premier roman était presque prêt à être imprimé. Je venais, après avoir envoyé le livre au comité de lecture, de transformer ce récit, à l'origine fragmenté et éclaté, de l'année que j'avais passée seul avec mon père à l'âge de seize ans en un récit continu et cohérent, et la seule chose qui me restait à faire, me semblait-il, était de changer éventuellement quelques noms selon le souhait de certains. J'avais grosso modo terminé le deuxième roman, il restait juste à travailler la fin, ensuite Geir le lirait une dernière fois et, quand je l'aurais revu en tenant compte de ses remarques, ce roman aussi serait prêt à être imprimé. Le troisième demanderait encore beaucoup de travail. Il n'était pas terminé, il était beaucoup trop anecdotique, manquait de lignes directrices, de cohérence, sauf pour la chronologie.

Le plus grand défi, lorsque l'on écrit une autobiographie, semble être de choisir les éléments importants parmi toute la matière à traiter. Dans la vie, tout est important, tout est pertinent en soi, parce que tout existe, et tout coexiste – les seize grandes stations pétrolières au large du détroit de Galtesund dans les années soixante-dix, le prunier sous ma fenêtre, le travail de maman place Kokkeplassen, le visage de papa que j'apercevais quand il passait en voiture, l'étang où nous allions faire du patin en hiver, les odeurs de la maison des voisins, la mère de Dag Lothar quand elle nous avait préparé un milk-shake, la mystérieuse voiture qui stationnait un soir à Ubekilen, tout le poisson que nous mangions au déjeuner, le balancement des pins du voisin sous les violents vents d'automne, les accès de fureur de papa quand j'appuyais mon genou sur son siège dans la voiture, les gaufres du mardi, mon amour enflammé pour Anne Lisbeth, les ballons de football que maman et papa nous avait achetés lors de vacances en Allemagne, le mien avec des hexagones verts et rouges, celui d'Yngve avec des hexagones jaunes et rouges, comment, un jour au parc, nous avions shooté le plus fort possible en l'air pour essayer d'atteindre l'hélicoptère militaire qui passait alors à très basse altitude. Ce dernier souvenir avait apporté avec lui une foule d'autres souvenirs – ainsi, durant le voyage des parents en Allemagne, j'avais habité chez mes grands-parents paternels et Yngve chez nos grands-parents maternels, une semaine dont je me souvenais avec une incroyable acuité, surtout les jours que nous avons passés dans le cabanon. Comme une couronne tressée de souvenirs, imbriqués les uns dans les autres, toute mon enfance reposait en moi. Écrire avait consisté à repêcher ces souvenirs au fond de moi pour les transformer en mots et, tant que cette transformation se faisait de l'intérieur vers le « semi-extérieur », c'est-à-dire en retranscrivant les mots tels qu'ils me venaient, il n'y avait aucun problème, mais en faire un roman impliquait que les souvenirs soient exportés ailleurs, vers un autre, le lecteur. L'important, c'était la communication, autrement dit établir à partir du singulier une connivence, et le roman en était l'une des formes pertinentes. La poésie en était une autre, moins évidente, parce que pratiquée par un petit nombre. La qualité était liée à l'exclusivité et tout ce qui concernait la « grande » et la « petite » littérature, la littérature populaire et la littérature élitiste, entrait en jeu. Plus large était l'objectif du récit, plus forte était la connivence qui s'instaurait, plus il était facile de la saisir, et moindre devenait le défi, en ce sens que les efforts et l'adhésion du lecteur devenaient plus légers. C'est là que survenait le problème de la simplification. Un roman qui doit parler sincèrement de la réalité ne peut être trop simple, il doit contenir un élément d'exclusivité dans son message, qui ne soit pas commun ni partagé par tous, en d'autres termes quelque chose de singulier, et il y avait un espace entre la singularité extrême du fou, dont les litanies sont intransmissibles et incompréhensibles à tout autre que lui-même qui les trouve incommensurablement pertinentes, et les formules et clichés du genre romanesque, devenus clichés parce qu'ils sont connus de tous ; et c'est dans cet espace que se déployait la littérature. L'idéal absolu pour un écrivain étant d'écrire un texte qui puisse fonctionner à tous ces niveaux. Les seuls qui, selon moi, y sont parvenus sont les auteurs des deux premiers Livres de Moïse, la Genèse et l'Exode, et Shakespeare. L'*Iliade* et l'*Odyssée* ont pu autrefois entrer dans cette catégorie, mais ce qui a eu alors un large écho, une épopée en vers, est maintenant caduc, comme si toute la pertinence du genre avait irrémédiablement sombré. Je ne pensais pas à toutes ces questions quand je travaillais mon propre texte, mais le problème était bien réel et tenace : comment transformer ces souvenirs presque inépuisables en un récit d'une seule pièce ? Et comment faire pour qu'il reste fidèle à la singularité de mes souvenirs ?

Je me plongeai çà et là dans mon texte mais je n'arrivais pas à rassembler mes idées, ni à lire vraiment ce que j'avais sous les yeux, je manquais totalement de concentration, je ne pensais qu'à Gunnar et à sa réaction. Après un quart d'heure infécond, je me levai et quittai mon bureau. Dans le couloir j'entendis l'ascenseur monter. C'était sûrement Linda ; à cette heure-ci, il n'y avait quasiment aucune activité dans l'immeuble. J'attendis sans bouger, entendis la porte de l'ascenseur s'ouvrir, et une seconde après elle fit irruption dans le couloir. Elle était vêtue de sa robe marinière bleu et blanc, elle avait mis de l'ombre à paupières et du rouge à lèvres. Elle portait un sac dans chaque main et son petit sac à dos noir. Une aura de vivacité et d'énergie l'entourait ; après avoir posé ses sacs par terre, elle se haussa sur la pointe des pieds pour m'embrasser puis se pencha pour enlever ses chaussures rouges, tout en bavardant à propos de ses achats.

— Je suis allée à Granit, ils avaient les boîtes pour archiver les papiers dont je t'avais parlé, pour le courrier, une pour toi et une pour moi. Comme ça, les lettres et les factures ne traîneront plus partout. Tu veux voir ?

J'acquiesçai et elle sortit du sac deux boîtes qui ressemblaient à des tiroirs.

— Tu les trouves bien ?

— Très bien. Et dans ce sac-là, qu'est-ce qu'il y a ?

— Une robe de seconde main de chez Myrorna, une écharpe et une jupe. C'était pas cher, ça ne coûtait presque rien. » Elle sortit les trois pièces et les mit devant elle, l'une après l'autre. « C'est bien ? demanda-t-elle à nouveau.

— Oui, répondis-je.

— Ça ne m'a presque rien coûté.

— Ç'aurait été bien aussi si ça t'avait coûté quelque chose, dis-je. Ce n'est pas le problème.

— Quel est le problème alors ?

— Il n'y en a pas.

— Si, allez, dis-le. Au fait, tu as mangé ?

Je fis un geste de dénégation.

— On peut manger les spaghettis et les boulettes d'hier, on les réchauffe ?

— Oui.

— Mais dis-moi ce qu'il y a. Qu'est-ce que tu voulais dire ? Il y a quelque chose qui ne te plaît pas ?

— Non, ce n'était pas ça.

Elle fit face au miroir, tenant la robe devant elle.

— Elle est *vraiment* magnifique. On chauffe les restes au micro-ondes ?

— Je vais le faire.

J'allai dans la cuisine, sortis la sauce du réfrigérateur, la versai sur les pâtes, les disposai sur deux assiettes et en fis réchauffer une au micro-ondes tout en regardant par la fenêtre – les chatoiements de rouge des toits, qui semblaient incroyablement proches, le ciel bleu clair au-dessus. Je ressentis une pointe de mauvaise conscience qui remontait à mon enfance à l'idée de rester enfermé par un si beau jour. C'était une des choses que papa n'aurait pas tolérées. Dès qu'il faisait beau, il fallait absolument sortir. Moi, comme un imbécile, je tournais en rond sur le terrain sans trouver aucun camarade avec qui jouer, sans rien pour m'occuper, c'étaient les vacances, beaucoup étaient partis en excursion pour la journée soit en bateau, soit en voiture, ou bien ils vivaient de plus grandes aventures. Je ne pensais qu'à mes livres qui m'attendaient à l'intérieur et je marchais en pleurant et en m'apitoyant sur moi-même.

— Comment as-tu passé la journée ? demanda Linda en se mettant à table et en étalant le journal devant elle.

— J'ai reçu un mail de Gunnar, répondis-je.

— Ah ? Qu'est-ce qu'il dit ?

— Rien. Il me demande seulement l'adresse de mon éditeur. Mais ça a suffi pour que je n'arrive plus à travailler.

— Tu ne devrais pas t'en faire autant.

Je respirai un grand coup. Elle me regarda.

— Qu'est-ce qu'il y a ?

— Je ne pensais pas que tu aimais tellement faire les courses. Je pensais que c'était la pire des choses pour toi.

Elle me dévisagea.

— Parfois tu es vraiment pingre, dit-elle.

— Pingre ?

— Tu n'es pas content pour moi ? J'étais tout simplement de bonne humeur, et je me suis dit que j'allais m'acheter un petit truc pour partir en voyage. En plus, la boîte de rangement pour le courrier, cela fait des mois que j'y pense. N'est-ce pas une bonne chose de réglée ? Pour avoir un peu plus d'ordre dans la maison ?

— Si.
— Très bien.
Elle continua à lire.
Me regarda.
— Tu achètes tous tes vêtements chez Spirit, du coup tu paies un pantalon mille cinq cents couronnes. Je ne t'ai jamais fait le moindre reproche.
— C'est parce que c'est avec mon argent.
— Que nous aurions pu utiliser à autre chose. Les vêtements que j'achète moi coûtent un tiers des tiens, si ce n'est un quart.
— D'accord, d'accord. Ce n'était pas pour l'argent. Oublie. La dernière chose dont j'aie envie, c'est ergoter.
— Je n'ai pas envie d'ergoter non plus.
Le micro-ondes tinta. Je sortis l'assiette et la posai devant elle au moment où elle se levait pour allumer la radio.
— Allez, on est réconciliés, dis-je en mettant l'autre assiette dans le micro-ondes, que je réglai sur quatre minutes avant de le refermer.
— Karl Ove, je t'aime. Bien sûr qu'on est réconciliés.
— OK.
Elle continua à lire le journal. La radio diffusait les informations. Un bourdonnement montait du micro-ondes, où l'assiette verte pleine de spaghettis tournait tranquillement. Je sortis des couteaux et des fourchettes, deux verres, et je remplis une carafe d'eau.
— C'est toi qui vas chercher les enfants aujourd'hui ? demanda-t-elle.
J'attendis pour lui répondre qu'elle lève la tête et me regarde.
— Oui, dis-je en montrant le plus de réticence possible. Si tu ne peux pas, j'irai.
— Bien sûr que je peux. Mais j'ai déjà fait le matin. C'est à toi de faire l'après-midi.
Je baissai les yeux sans répondre. Le micro-ondes

tinta à nouveau, je sortis mon assiette, la posai sur la table et commençai à manger. Linda me regarda, repoussa le journal, et se mit elle aussi à manger. J'avais fini au bout de quelques minutes, la nourriture était tiédasse et ne présentait aucun autre intérêt que celui de nous remplir l'estomac. Sans m'occuper de Linda qui continuait son repas, je me levai de table pour aller sur le balcon, où je m'affalai, les pieds sur la balustrade, me versai une tasse de café et allumai une cigarette. Dans notre couple, la règle de base était que nous partagions tout. Selon cette règle, il était juste que j'aille chercher les enfants si elle les avait accompagnés le matin. Il y avait quand même une différence : moi, pendant la journée, je travaillais, alors qu'elle non. Ce même jour, je m'étais levé à cinq heures et demie du matin pour pouvoir travailler avant que les enfants ne se lèvent, et je l'avais aidée à trouver leurs habits et à les préparer avant qu'ils ne partent au jardin d'enfants, puis je m'étais remis au travail, pendant qu'elle, elle était allée dans un café, avait acheté des vêtements et deux boîtes de rangement pour les papiers. Si l'on considérait que, dans une journée, le temps consacré aux enfants et celui consacré au travail représentaient chacun cinquante pour cent, je faisais donc soixante-quinze pour cent de l'ensemble, tandis que Linda n'en faisait que vingt-cinq. Quand nous nous disputions, d'ordinaire je le lui faisais remarquer. Mais je n'avais pas l'intention de me disputer avec elle, alors je m'étais abstenu.

Je regardai la ville. Sur le mur d'en face on voyait apparaître le logo de Mercedes, sans doute reflété par des rayons de soleil sur une voiture qui stationnait en bas – je n'en étais pas sûr, mais il me semblait que ce n'était pas la première fois, il devait donc s'agir d'un individu qui se garait toujours à la même place. Beaucoup, beaucoup plus loin, une grue se profilait au-dessus des toits. Je pouvais les distinguer, toutes les dénivellations étaient visibles ; si un homme marchait sur un toit, je pouvais le voir, même s'il se tenait à des kilomètres, son corps sombre rendu net par la lumière du ciel.

J'écrasai ma cigarette dans le pot de fleurs retourné qui me servait de cendrier, vidai le fond de ma tasse de café et rentrai. Quand je passai près de la cuisine, je vis Linda au téléphone. Je m'arrêtai pour écouter avec qui elle parlait. Helena, devinai-je après quelques secondes. Elle croisa mon regard et me fit une sorte de petit salut en levant la main, je lui souris et me rendis dans la chambre pour consulter ma boîte mail. Il était deux heures et quart, je m'installai devant mon ordinateur. Je disposais d'une demi-heure avant de partir.

Aucun message.

Soulagé, je m'allongeai sur le lit et contemplai le plafond. Il était trop tard pour se mettre à quoi que ce soit. Une légère odeur de nourriture, plutôt nauséabonde, remplissait la chambre. Quand nous avions emménagé dans cet appartement, j'avais d'abord cru que cela venait de chez le voisin, mais j'avais compris ensuite que l'odeur, qui passait par le système de ventilation, provenait du fast-food chinois au rez-de-chaussée. Je me levai pour ouvrir la porte du balcon puis me recouchai. Les bruits de la ville montaient dans la pièce. Des pas se firent entendre dans le couloir, s'arrêtèrent devant les toilettes, une porte s'ouvrit et se referma. Le vieux saxophoniste qui avait l'habitude de s'installer près d'une statue à quelques mètres de notre porte d'entrée, là où le flot des passants qui traversaient la place était le plus fourni, se mit à jouer. Il jouait toujours le même morceau, un extrait d'une minute d'une mélodie quelconque, supposant sans doute que son public changeait constamment. Qu'un individu, sept étages plus haut, entende toujours les mêmes notes, pas seulement à longueur de journée, mais à longueur de mois, ne lui avait pas traversé l'esprit.

Diii di daaa da dididi daaa.

Diii di daaa da dididi daaa.

Diii di daaa da dididi daaa.

Je fermai les yeux. On tira la chasse d'eau dans les toilettes, la porte s'ouvrit, les pas s'arrêtèrent devant le miroir du couloir. Était-elle en train de s'admirer ou de fouiller dans le tas de lettres qui s'accumulaient sur la petite table contre le mur ?

Ba daaa ! C'était le bruit du téléphone quand on le replaçait sur sa base.

Avait-elle emporté le téléphone aux toilettes ? Ou bien l'avait-elle posé précipitamment sur la petite table, et le remettait-elle seulement maintenant à sa place ?

Elle vint jusqu'à la chambre.

J'ouvris les yeux et la vis dans l'embrasure de la porte.

— Je peux aller les chercher, dit-elle. Puisque tu seras tout seul avec eux pendant quelques jours.

— J'y vais, dis-je. De toute façon je n'arrive plus à travailler, comme ça tu peux faire ta valise ou ce que tu veux.

— Tu es sûr ?

— Il faut que je te le répète ?

— D'accord, d'accord. Tu vas les chercher, et moi je les conduis demain tôt avant de partir.

— Ton train part à quelle heure ?

— À neuf heures et demie, répondit-elle en s'installant devant l'ordinateur.

Elle allait voir Helena et son nouveau mari Fredrik dans un coin perdu du centre de la Suède et y resterait jusqu'au week-end où Geir et Christina devaient nous rendre visite. Je ne connaissais pas Fredrik mais, d'après ce que j'avais entendu dire, il était l'exact opposé du précédent compagnon d'Helena, le charmeur et plutôt louche Anders. Fredrik était pompier, commandant des interventions de secours à Stockholm, il avait acheté une maison dans la région de Dalarna, l'avait démontée et transportée à Uppsala, où il l'avait reconstruite, planche par planche, si méticuleusement que l'on avait vu un reportage sur le sujet dans des magazines de décoration. C'était tout ce que je savais de lui. Et que Heidi, qui l'avait rencontré une fois, en avait un peu peur. Elle l'avait pourtant coiffé quand ils étaient venus à la maison et Helena lui avait dit que c'était donc impossible qu'il lui fasse peur, mais Heidi avait répondu qu'elle avait peur de lui, même quand elle le coiffait. Helena en riait encore. Heidi l'adorait, se collait toujours contre elle pour être bien sûre de bénéficier de toute son attention, et elle lui racontait tout ce qui s'était passé depuis la dernière fois. Elle lui parlait aussi au téléphone et faisait souvent des dessins qui la représentaient. Heidi était attirée par tout ce qui brillait et étincelait, elle aimait plus que tout se faire belle, elle pouvait changer de tenue jusqu'à cinq fois par jour, et elle avait trouvé en Helena un vrai modèle de glamour.

— Ça va te faire plaisir d'être un peu seule ? dis-je.

Elle le reconnut franchement.

— Mais vous commencerez sûrement à me manquer après une ou deux heures de train. Tu es sûr que vous ne voulez pas venir avec moi ?

— Non, il faut que je travaille. En plus je pense que c'est bien pour toi d'être un peu sans les enfants.

— Tu as sûrement raison. Et Helena s'occupe toujours si bien de moi.

— Parfait, dis-je en me levant. Je crois que je vais y aller.

— Tu rentres directement à la maison ou tu passes à l'aire de jeux avant ?

Je haussai les épaules.
— Tu ne pourrais pas me téléphoner quand vous y serez ? Comme ça je pourrai vous rejoindre ?
— Si. À tout de suite.
— À tout de suite.

Nous allâmes à Magistratparken, le parc que les enfants appelaient le « parc normal ». Il nous arrivait aussi d'aller au « parc de l'araignée » dans Pildammsparken, au « parc du requin » près de Möllevangen, et à Lugnet, à quelques rues de la maison. Il y en avait aussi un autre dans Pildammsparken, un autre plus bas dans Slottsparken, que nous appelions le « bois du troll », et un autre plus loin près de la caserne des pompiers, où nous allions rarement mais qu'ils aimaient bien parce que les équipements de jeu y étaient extraordinaires. L'essentiel de leur vie en plein air se déroulait dans ces parcs. Ils passaient le reste du temps à l'intérieur, soit au jardin d'enfants, soit à la maison. Je n'aimais pas trop cet état de fait, qui ne correspondait pas du tout à l'éducation que je voulais leur donner. Mais nous n'avions pas le choix, nous manquions d'argent pour acheter une maison, nous ne pouvions pas obtenir de prêt, car j'étais fiché à la banque. D'un autre côté, ils n'avaient absolument pas l'air d'en souffrir lorsque je voyais émerger leurs frimousses entre les feuilles d'un arbre qu'ils appelaient l'« arbre à grimper ». Je m'installai un peu plus loin sur l'un des trois bancs et feuilletai un journal que j'avais acheté pour m'occuper, tout en jetant régulièrement des coups d'œil sur tous les gamins présents de façon à toujours localiser les trois miens. Vanja était entièrement fiable, et je ne croyais plus que Heidi pourrait se sauver, mais John était encore imprévisible, il pouvait se mettre soudain à traverser la pelouse en direction de la route qui longeait le parc, et si, immergé dans ma lecture, je ne le suivais pas du regard, ce serait prendre le risque de ne plus le trouver parmi les autres petits quand je lèverais les yeux ; en élargissant mon champ de vision, je pourrais alors découvrir une petite silhouette de cinquante centimètres au loin, en train de foncer tout droit vers la chaussée.

Pour l'instant il était bien là et il se dirigeait vers une balançoire en hurlant de toutes ses forces pour m'appeler. Je le rejoignis, l'installai sur la balançoire, que je tirai en arrière, et le regardai dans les yeux. Es-tu prêt ? lui demandai-je. Oui, répondit-il avec le plus grand sérieux. Quand je le balançai, il rit. Dix fois, lui dis-je, et je commençai à compter. Lorsque je m'arrêtai à dix, il protesta et, quand il comprit que j'étais bien décidé à le faire descendre, il s'accrocha à moi, une lueur de panique dans les yeux. Non, non, non ! Je le mis par terre et il se coucha sur le ventre en cachant sa tête dans le sable et en hurlant. Lorsque je me rassis sur le banc, il pleurait toujours. Des sanglots à fendre le cœur, comme s'il était un orphelin battu qui n'avait rien mangé depuis une semaine. Je localisai Heidi et Vanja, allumai une cigarette et repris mon journal. Mon inconscient avait certainement enregistré la situation qui allait se produire, puisque, quelques secondes plus tard, j'abaissai mon journal : le père qui se dirigeait vers la balançoire avec son fils serré dans ses bras était en train de l'y installer. Un gros bonhomme lançait un petit bonhomme, comme un gros bateau lance à la mer un petit bateau, pensai-je. Mais juste en dessous de la balançoire, John était toujours couché de tout son long, et il n'avait pas du tout l'intention de se pousser. Je fonçai vers lui. Pousse-toi maintenant, lui dis-je. Il y a d'autres enfants qui veulent la balançoire. Il ne répondit pas, ses épaules étaient secouées de sanglots. Je le soulevai comme une tortue, le déplaçai de quelques mètres et le reposai à terre.

Allez, lui dis-je, va jouer maintenant. Puis je retournai à mon banc. J'avais mauvaise conscience, j'aurais dû le réconforter un peu et arrêter ses larmes, mais d'une part sa frustration avait entraîné chez lui une réaction démesurée et je ne voulais pas qu'il croie que c'était la bonne manière d'affronter une difficulté, d'autre part ma stratégie était d'intervenir le moins possible dans leurs affaires quand nous étions dehors, je voulais qu'ils se débrouillent tout seuls.

Mais il n'y avait pas que les enfants pour réagir de manière démesurée. Quand je pensais à la façon dont j'avais traité Vanja, alors qu'elle était toute petite comme j'avais pu le voir sur les photos datant de cette époque, je me sentais écrasé de culpabilité. Comment avais-je pu me mettre dans une telle rage contre ce petit lutin ? La sortir de son landau pour la reposer brutalement sur le sol, fou de frustration et de colère, alors qu'elle n'avait qu'un an et demi et qu'elle n'y était pour rien ? C'était la pensée la plus douloureuse qui soit. Comment avais-je pu me conduire ainsi ? Qu'est-ce qui m'était passé par la tête ? Comment pouvait-on perdre son sang-froid à ce point ? Je ne voyais pas combien elle était petite, je n'avais plus aucun recul, Vanja, Linda et tout mon entourage étaient entraînés dans un chaos intérieur où le déraisonnable devenait raisonnable et l'injuste juste. Je n'avais aucun élément de comparaison, je n'avais que ces repères.

John avait cessé de pleurer, mais il était toujours couché face contre terre. Il fallait que je lui trouve une porte de sortie. La grande balançoire était justement libre, je lâchai mon journal et j'allai vers lui.

— On essaie la grande balançoire, d'accord ?

— Ouiii, dit-il.

— Viens alors.

Il se releva et me suivit en essuyant ses larmes de la main, ce qui lui laissa une traînée noire sur les joues. La grande balançoire ressemblait à un panier, plusieurs enfants pouvaient y tenir, les miens en tout cas aimaient y monter et regarder vers le ciel pendant qu'ils se balançaient d'avant en arrière à toute vitesse. Quand je soulevai John pour l'y installer, Heidi et Vanja accoururent.

— On veut monter aussi !

— Il y a John avec vous, dis-je. Je ne peux pas balancer trop fort. D'accord ?

— D'accord, dit Vanja.

— D'accord, dit Heidi.

Je les soulevai et tirai la balançoire en arrière autant que je pus.

— Prêts ?

— Oui.

— Sûrs ?

— Oui, papa. Vas-y ! dit Vanja.

Je les balançai.

John cria pour m'arrêter.

— Veux pas !

J'arrêtai la balançoire, le soulevai et le descendis. Il me tendit les bras. Je l'ignorai, tirai la balançoire en arrière, il se mit à hurler.

— Oh, quelle tête de mule, lui dis-je en le soulevant.

Je le tenais d'un bras et je balançais les filles de l'autre. Son corps était délicieusement tiède. Il posa la tête contre mon épaule. La balançoire revint vers moi, je la poussai en arrière. Les filles étaient couchées sur le ventre, avec la tête qui dépassait, et elles regardaient vers la route. Leurs robes et leurs cheveux volaient dans le vent. Partout les petits rampaient, marchaient, sautaient, grimpaient, les parents les dominaient de leur taille, certains arborant des lunettes de soleil et tenant des portables, d'autres plongés dans les activités de leur progéniture. Au-delà de l'aire de jeux s'étendait une grande pelouse, de hauts arbres se dressaient tranquillement, gorgés de soleil, et projetaient des cercles d'ombre sur tous ceux qui avaient choisi d'aller au parc cet après-midi-là. Des jeunes pour la plupart, presque uniquement des Blancs. Beaucoup se prélassaient seuls sur l'herbe près de leur vélo ; à voir comment ils avaient roulé leur pantalon et enlevé leur chemise ou leur tee-shirt, on comprenait que c'était improvisé, une impulsion subite en quittant le travail avant de rentrer à la maison. D'autres étaient en groupes, pour la plupart des lycéens ou de jeunes étudiants. Il y avait aussi quelques couples couchés sur la pelouse, enlacés et complètement absorbés l'un par l'autre. À l'autre bout du Pildammsparken, derrière l'ancien stade de football, il y avait plus d'immigrés, des familles entières qui piqueniquaient dehors et qui passaient la soirée ici, et de temps en temps le son des tambours surgissait de la lumière du soleil comme de la profondeur d'un rêve. La façon dont les ombres s'allongeaient le soir et dont le soleil se couchait, ni sur la mer, ni sur la forêt, mais sur la ville, avait aussi quelque chose de magique, pensais-je dans ces moments-là. Le monde se délitait en se gorgeant de soleil, je le ressentais, les relations entre les choses disparaissaient, tout se retrouvait sur le même plan. C'était la mission de la culture de définir les relations, les rapports de hiérarchie et de rassembler ce qui était éparpillé selon des modèles choisis pour leur donner du sens. C'est pourquoi nous avions les romans, les films, les séries télévisées, la poésie et le théâtre, et aussi les journaux, les informations à la télé et les revues hebdomadaires. Qu'une culture née dans un paysage écrasé de soleil, sous un ciel brûlant, le long d'une berge fertile, veuille classer le monde d'une autre façon et créer d'autres modèles qui fassent sens, c'était une évidence. Où se trouvait la différence, je ne le savais pas, elle était si grande que leur langue sonnait à mes oreilles comme si on se raclait la gorge pour cracher et que les lettres de leur alphabet ressemblaient pour moi davantage à une rangée de buissons dans le désert qu'à une écriture, mais j'avais le pressentiment que ce devait être impénétrable pour commencer et que les choses s'ouvriraient ensuite à mesure que la langue deviendrait compréhensible, sans que ce soit jamais naturel, comme pour nous, et que sûrement ce ne serait jamais possible ni souhaitable de tout comprendre. Parce que le rôle essentiel que la culture a joué dans les relations entre les hommes, ce tissu de crispations, d'exacerbations et d'exclusions, était si fin et complexe que la plupart des gens appartenant à cette culture n'étaient habitués qu'aux nuances qui concernaient leur propre couche sociale mais ne connaissaient que superficiellement celles des autres. Mais tout avait sa signification particulière, c'était la définition de la culture. Le tissu d'un pantalon signifiait quelque chose, la largeur de la jambe de pantalon signifiait quelque chose, le motif du rideau de la fenêtre signifiait quelque chose, des yeux soudain baissés signifiaient quelque chose. La manière particulière de prononcer un mot signifiait quelque chose. Ce que l'on savait d'un sujet ou d'un autre signifiait quelque chose. La culture imprégnait le monde en créant des différences, et les différences, où reposent toutes les valeurs, changeaient d'une culture à l'autre. Que les ensembles homogènes deviennent de plus en plus importants et les cultures de plus en plus semblables était une pensée accablante, en tout cas pour quelqu'un comme moi, qui adorais les différences et qui étais attiré par l'impénétrabilité. C'était ce qu'il y avait de remarquable au Japon, qui était resté isolé pendant des siècles et avait développé une culture extraordinairement singulière, quasiment hermétique pour nous, bien qu'elle existât sous nos yeux. Que cette culture se dissolve dans l'Occident et disparaisse, en devienne seulement une variante, serait une énorme perte, pareille à l'extinction d'une espèce animale. Mais le monde occidental était si puissant et de nature si expansive qu'il prendrait bientôt possession du monde entier, pas par la force, comme au temps du colonialisme, mais par des promesses. Dans une perspective à long terme, j'étais contre l'immigration, contre le multiculturalisme, contre presque toute forme d'assimilation. À plus court terme, pour ce qui concernait la réalité concrète du quotidien de là où j'habitais, Malmö, il était difficile de ne pas voir l'immigration comme un énorme réservoir de ressources, je voyais combien la ville explosait de vie et d'énergie, par comparaison avec Stockholm par exemple, où les immigrés habitaient dans des banlieues tristes et où l'on ne rencontrait quasiment que des visages blancs dans le centre-ville. Bien sûr, Malmö était délabrée, bien sûr il y avait beaucoup de pauvreté, mais, en même temps, elle palpitait de tous les contraires qui devaient et pouvaient s'unir, et pour tous ceux qui y grandissaient, ce devait être un cadeau, tant d'expériences différentes, de milieux se côtoyant, cette multitude de choses à faire, à faire pour la première fois, dans l'excitation particulière et l'énergie engendrées par la nouveauté.

« Je les envie pour ça, avait dit Linda un soir, récemment, alors que nous avions dîné dans un coin de l'immense parc et que nous rentrions nous coucher avec les petits.

— Pour quoi ? avais-je demandé.

— D'être dans le parc avec toute leur famille. Les parents, les grands-parents, les enfants et les petits-enfants, les oncles et les cousins. »

Elle m'avait montré tout un groupe de personnes rassemblées autour d'un barbecue, une vingtaine environ, les vieux étaient assis sur des chaises, les jeunes gambadaient et jouaient. D'autres groupes semblables étaient dispersés sur la pelouse. Cela sentait partout la fumée et la viande cuite.

« C'était comme ça aussi ici avant, avais-je dit. Il y a trois générations environ. À la campagne en tout cas. Ma grand-mère l'a connu. D'accord, ils ne faisaient pas de barbecue dans les parcs, bien sûr. Mais ils vivaient ensemble dans de grandes familles.

— Cela semble tellement sympathique. On a l'air de quoi avec notre petite famille nucléaire ? Il n'y a que nous ! Imagine, si on avait été nombreux, imagine combien cela aurait été différent !

— Oui. Mais ce n'est quand même pas l'enfer, si ?

— Non, bien sûr, ce n'est pas ce que je veux dire. C'est juste que...

— Tu es une romantique. Tu vois l'aura qui les entoure et tu voudrais l'avoir. »

Elle avait fait un geste de dénégation.

« Je ne veux pas *avoir* cela. Mais c'est comme si... oui, comme s'ils étaient entourés de tellement plus de vie.

— On a déjà eu ta mère chez nous. Et maman est venue souvent aussi. Tu semblais plutôt contente quand elles partaient.

— C'est vrai. Mais tout est centré sur *nous*, toi, moi et les enfants. Imagine si on avait un groupe dans lequel se fondre ! »

Derrière nous le soleil était rougeoyant et pendait comme un colifichet au-dessus des toits, je retrouvais des souvenirs, puis je regardai John pour savoir si par extraordinaire il s'était endormi contre mon épaule, mais je croisai ses yeux grands ouverts et reculai d'un pas.

— Maintenant j'en ai assez, dis-je aux filles.

— Mais papa ! protesta Vanja. On vient juste de commencer !

— *Encore un peu, mon petit papa**, supplia Heidi.
— Non, répondis-je.
Je posai John par terre pour rejoindre mon banc, quand j'aperçus Linda qui marchait vers nous à travers la place ronde gravillonnée et entourée de murets au milieu du parc.
— Maman arrive, dis-je.
Les filles dégringolèrent de la balançoire pour aller à sa rencontre, John aussi se mit à courir vers elle et elle eut un grand sourire heureux, puis elle les serra tous les trois contre elle. Pas du tout comme quand je rentrais à la maison et que, allongée dans son lit, elle ne les entendait pas crier « coucou » ou « maman ? ».
Je me rassis sur le banc et repliais mon journal pour le glisser sous le landau quand une angoisse soudaine me saisit.
Qu'est-ce qui l'avait causée ?
Je regardai Linda, elle marchait vers moi, les enfants autour d'elle. Ce n'était pas à cause de ça.
Le roman.
Bien sûr. Le roman.
— Hello, dit Linda.
— Hello, lui répondis-je. Tu as un peu de monnaie ?
— Non, je ne crois pas. Pourquoi ?
— On pourrait aller s'acheter des glaces au kiosque là-bas. Mais j'ai seulement vingt couronnes. Peut-être qu'ils prennent la carte ?
— Oui, ils le font maintenant.
— Qui veut une glace ? demandai-je en regardant les enfants.
Quelques secondes plus tard, pendant que nous marchions sous les arbres vers le feu tricolore, je raisonnai mon angoisse, me dis que je n'avais rien écrit de fâcheux sur ceux qui étaient en train de me lire, me rappelant que j'avais d'abord eu peur de la

réaction d'Yngve, mais que finalement cela avait tourné au mieux.

— Comment ça s'est passé au jardin d'enfants aujourd'hui ? dit Linda.

— Bien, je crois. Je n'ai pas demandé. En tout cas ils étaient contents de me voir.

Nous nous arrêtâmes au croisement. Linda et Heidi se disputaient le droit d'appuyer sur le bouton du feu, Vanja les bouscula et le pressa triomphalement. Heidi se mit à pleurer.

— C'est toi qui appuieras la prochaine fois, lui dis-je.

— *Vanja m'a poussée**.

— Ce n'est pas bien, Vanja, dit Linda. Mais maintenant on va s'acheter une glace.

Heidi resta sur place, tête baissée, quand nous traversâmes la route. Je revins en arrière, la pris dans mes bras et la portai jusqu'au kiosque.

— Pourquoi on porte Heidi et pas moi ? demanda Vanja.

— Parce qu'elle pleurait, dis-je. Mais je te porterai au retour.

Je passai la tête dans l'ouverture et, ne voyant personne, je fis tinter la petite sonnette brillante qui était sur le comptoir.

La réaction de Jan Vidar était celle qui m'angoissait le plus. Il avait toujours quinze ans pour moi, et je n'avais pas tout à fait montré notre monde sous son meilleur jour. Peut-être lui le jugeait-il fantastique quand il y repensait ? Peut-être avait-il enjolivé le passé ?

Une femme, une Roumaine d'après son apparence, sortit d'un petit local à l'arrière et se plaça devant moi.

— Bon, dis-je en regardant les enfants. Vous me montrez ce que vous choisissez ? Vite. » Je levai les yeux vers la femme. « Deux cafés pour commencer. Un au lait.

— Je veux… un Calippo, dit Vanja.
— Celui au Coca ou le vert ? demandai-je.
— Le vert.
— Et un Calippo aux fruits, dis-je à la femme aux cheveux noirs.
— *Moi aussi j'en veux un**, dit Heidi.
— Deux, dis-je. Et toi, John, tu veux bien me montrer du doigt ce que tu veux ?
Il indiqua un sandwich. Qu'il soit sûr de son choix, je n'en étais pas convaincu.
— Et un sandwich.
Elle récapitula, je lui montrai ma carte bancaire, elle approcha un petit lecteur et tapa sur deux ou trois touches. J'insérai ma carte, la femme disparut vers le congélateur. Sur le sentier derrière les quelques tables et chaises parut un jeune homme en surpoids avec un petit chien. Je vis que Vanja le fixait des yeux. Il était si gros qu'il avait sûrement droit à une allocation d'invalidité, pensai-je. Un short bon marché, kaki, une casquette militaire, un tee-shirt noir. Tout son corps tremblotait quand il marchait, ses membres aussi ballottaient. Je tapai mon code. La femme se redressa.
— Quelle race de chien c'était, Vanja ? demandai-je en validant.
— Un terrier, je crois, dit-elle.
Heidi était assise sur les genoux de Linda, sous le parasol, à l'ombre. John avait grimpé sur une chaise et essayait d'enfoncer une paille, aplatie à une extrémité, dans une fissure de la table.
— *Il n'y a plus de Calippo aux fruits**, dit la femme. *Au Coca, ça ira* ?*
— Pas de problème.
Le petit lecteur se mit à couiner et une bande de papier sortit lentement comme d'un trou noir. La femme me tendit les trois glaces, détacha le ticket de caisse, je fis quelques pas vers les petits et donnai

à chacun sa glace, et quand je revins au comptoir, elle me tendit deux tasses de café en carton et un reçu. Je donnai une tasse à Linda, qui était en train de déballer les glaces, m'assis et sirotai mon café.

Gunnar avait été furieux à la sortie de *Ute av verden* (« Hors du monde »). Mais c'était la première fois que je publiais quelque chose, c'était un grand bouleversement, il avait dû avoir un choc en se reconnaissant dans l'un des personnages. Plus de dix ans étaient passés depuis, et le fait que mon dernier roman ait été sélectionné pour le Grand Prix de littérature du Conseil nordique avait pu changer beaucoup de choses ; je n'étais plus quelqu'un qui gaspillait son temps à des rêves d'écriture, j'étais un écrivain reconnu au niveau non seulement national mais aussi international, si l'on peut dire, le peu qui avait paru sur mes livres dans les journaux étrangers avait certainement été retranscrit dans le *Fædrelandsvennen* : l'article du *Frankfurter Allgemeine*, où mon roman était qualifié de chef-d'œuvre, et peut-être aussi celui du *Guardian*, même si ce dernier était plus ambigu. Gunnar n'allait pas aimer que j'aie écrit sur papa et grand-mère mais, dans ce que j'avais écrit sur lui, il n'y avait absolument rien de négatif, il s'en sortait bien, mes mots étaient empreints de respect.

— Je suis nerveuse à l'idée de voyager, dit Linda. Je me sens un peu angoissée.

Un homme âgé passa près de nous à vélo – quelque chose tapait dans les rayons et l'une des pédales frottait contre le garde-chaîne.

— Parce que tu vas prendre le train ? demandai-je.

— J'ai toujours été nerveuse avant un voyage, depuis que je suis toute petite.

— Qu'est-ce que tu as dit, maman ? demanda Vanja.

— Juste que je suis nerveuse parce que je vais voyager.

— Pourquoi ?

— Oui, moi aussi ça m'intrigue, dis-je. C'est plutôt bien d'avoir des papillons dans le ventre.

— Dire que je suis allée toute seule jusqu'à Hydra quand j'avais sept ans, dit-elle. Cela semble incroyable.

— Ça l'est, confirmai-je.

— De quoi vous parlez ? demanda Vanja.

— Je suis allée toute seule sur une île grecque, je n'avais pas plus de deux ans de plus que toi aujourd'hui. C'est vrai, je n'étais pas complètement seule, je voyageais avec une famille, mais il n'y avait ni papa ni maman.

— C'étaient les années soixante-dix, dis-je. On traitait autrement les enfants à cette époque.

— Mais c'était exagéré, même pour les années soixante-dix, répliqua Linda.

— Est-ce que je t'ai raconté la première fois où j'ai voyagé tout seul ?

Elle secoua la tête.

— C'était aussi dans les années soixante-dix. Mais je n'ai pas été aussi héroïque que toi. C'était ma première année d'école. J'ai raté le bus scolaire. Je pleurais et le concierge de l'école est venu me voir. Nous avions la chance d'avoir un concierge génial et nous allions le voir souvent dans son local. Bref, il m'a dit que je n'avais qu'à prendre le prochain bus. Il partait dans le sens inverse mais, comme c'était une île, il finirait à coup sûr par passer près de notre maison. Je me suis assis dans le bus. Je ne connaissais personne. Et quand nous avons tourné à gauche au lieu de tourner à droite, j'ai été pris de panique. J'ai complètement oublié ce que le concierge m'avait dit, ou alors je ne lui faisais plus confiance ; en tout cas j'ai eu si peur que j'ai appuyé sur la sonnette. Le bus s'est arrêté et je me suis retrouvé en plein milieu d'une route inconnue à au moins dix kilomètres de chez moi.

— Qu'est-ce que tu as fait alors ? dit Linda.

— Il y avait un autre garçon qui était lui aussi descendu du bus. Je lui ai dit que j'étais perdu et il m'a proposé de l'accompagner chez lui. C'est ce que j'ai fait. Une maison sombre juste à côté de la route. Son père a téléphoné au mien et mon père est venu me chercher. » Je regardai Vanja. « Ton grand-père, lui dis-je.

— À toi et à toi aussi, dit Linda à Heidi et à John.

— Je sais, dit Vanja. Il est mort.

J'acquiesçai.

— Il est mort avant que je sois née, reprit-elle.

— Le père de maman est mort aussi, dit Heidi.

— Il est mort le soir du Nouvel An, précisa Vanja.

— C'est vrai, dis-je en regardant Linda.

Elle sourit.

— Mais tu l'as rencontré, Vanja, dit-elle.

Vanja acquiesça d'un air sérieux.

— Deux fois, dit-elle. À Stockholm.

— Moi, je suis née à Stockholm, dit Heidi.

— Tu as raison, répondit Linda en la serrant contre elle.

Le lendemain matin je me levai à quatre heures et demie, éteignis la sonnerie stridente du réveil, attrapai le tas de mes vêtements et les emportai dans le couloir pour ne pas réveiller Linda, j'allai chercher les deux journaux qui gisaient sur le sol devant la fente de la porte, je mis le café en route, lus les pages culturelles et sportives et mangeai une pomme en attendant que le café soit prêt. Puis j'en bus une tasse et sortis fumer une cigarette sur le balcon. Le ciel était brumeux, le gris de l'aube flottait encore entre les immeubles en contrebas et l'atmosphère était crue ; on était déjà à la mi-août, l'automne approchait.

J'allumai une autre cigarette pour gagner le plus

de temps possible avant de me mettre au travail, mais je l'écrasai à la moitié et rejoignis mon bureau, ouvris l'ordinateur, m'installai, allumai la lampe fixée par une pince à une étagère de livres, fouillai dans la pile de CD posée à côté sur le sol, choisis *Giant Steps* de The Boo Radleys, et en une seconde je fus plongé dans l'ambiance de cette époque – Bergen dans les années quatre-vingt-dix –, je n'avais pas écouté une telle musique depuis, pour la bonne raison que je ne voulais pas être confronté à ces sentiments-là. Je restai un long moment à me demander si j'allais changer de disque ou pas, tout en ouvrant le manuscrit du deuxième roman, dont je fis défiler les pages. Non, la musique ne convenait pas. Je pêchai *1972* de Josh Rouse à la place, c'était doux et joyeux, ça rappelait la musique de gare et c'était parfait pour commencer la journée.

Une heure plus tard, j'entendis une porte s'ouvrir. J'éteignis la musique et écoutai. Quelqu'un trottinait dans le couloir. John ou Heidi sûrement. Sans que cela ait la moindre importance ; si l'un se levait, l'autre suivait aussitôt.

J'ouvris la porte et allai dans la cuisine. John me regarda, son oreiller à la main. Il était six heures moins vingt.

— C'est encore la nuit, dis-je. Va te recoucher.

— *Je ne suis plus fatigué**, dit-il, avec de la colère dans la voix, comme si je l'accusais de quelque chose.

— Tu veux ton petit déjeuner ? demandai-je.

Il acquiesça. Je l'installai sur sa chaise haute, sortis le muesli du placard, le lait caillé aux myrtilles du réfrigérateur, versai le tout dans un bol et le posai devant lui sur la table, je lui tendis une cuiller, que par chance il accepta.

Des petits pas à nouveau. Je me retournai, Heidi se tenait dans l'embrasure de la porte.

— Bonjour, Heidi.

Elle ne répondit pas, elle me fixait de ses yeux à peine ouverts, les cheveux en bataille.

— *J'en veux aussi**, dit-elle.

— Bien sûr.

— Hello, Johnny, lança-t-elle.

— Hello, répondit John.

Je sortis une assiette et une autre cuiller.

— Vous pouvez vous débrouiller tout seuls maintenant, non ? dis-je.

Heidi acquiesça et commença à manger. Je retournai dans mon bureau, en laissant la porte entrouverte pour pouvoir les entendre, et j'essayai de me remettre au travail. C'était plus difficile sans musique, mais quelques instants plus tard je me mis à écrire – j'écrivais sur un séjour que Geir Angell et moi avions fait à Søgne, quelques jours après l'enterrement de sa mère, à l'occasion d'une conférence à l'université populaire. Pourquoi je traitais cet épisode, je n'en avais aucune idée, mais j'écrivis sur le sentiment, inspiré par le lieu, que j'avais éprouvé cette nuit-là sous les étoiles hivernales.

— Papa, dit Heidi derrière moi.

Je sursautai et crus que mon cœur allait s'arrêter.

— Qu'est-ce qu'il y a ? demandai-je en me retournant.

— Johnny veut descendre de sa chaise.

J'allai dans la cuisine et le soulevai pour le poser sur le sol. Sa couche était si pleine qu'elle pendait entre ses jambes. Je déchirai les attaches, jetai la couche dans la poubelle sous l'évier, lui dis de ne pas bouger – ce qu'il fit –, allai chercher une nouvelle couche dans les toilettes et la lui mis, le tout sous la supervision de Heidi.

— On veut un bain, dit Heidi.

— Hors de question.

— Quoi ? dit Heidi.

— Pas de bain.

— Quoi ? répéta-t-elle.

C'était sa dernière manie, elle disait « quoi » à tout, cela lui donnait l'air d'être un peu lente. Cela ne me plaisait pas.

— Non, répétai-je. Pas de bain pour l'instant.

Elle me regarda d'un air fâché. Puis elle se tourna vers son frère, qui s'était couché par terre près d'une plinthe et qui se livrait à je ne sais quoi.

— Viens, John, dit-elle. On va aller jouer dans le salon !

Il était six heures cinq. Les bus avaient commencé à circuler. Des bruits sourds et désagréables qui ressemblaient à des gémissements. J'allai dans la chambre réveiller Linda. Vanja dormait à ses côtés. Elle avait gardé son habitude de se glisser dans notre lit pendant la nuit, parfois même elle y était déjà quand nous allions nous coucher. Nous l'avions bien sûr habituée à dormir dans son propre lit à la naissance de Heidi mais Linda avait pensé que c'était triste pour elle et elle l'avait laissée nous rejoindre ; à partir de ce moment-là elle avait réclamé que l'on se couche près d'elle jusqu'à ce qu'elle s'endorme. Mais cela n'avait pas suffi et, dès qu'elle se réveillait et voyait qu'elle était seule, elle nous rejoignait.

— Il est six heures dix, dis-je. Heidi et John sont déjà debout. Tu veux bien te lever pour que je puisse travailler un peu ?

— Hmm, grommela-t-elle.

Je me remis à l'ordinateur, ouvris la boîte mail avec le pressentiment que j'avais reçu un message pendant la nuit, mais heureusement ce n'étaient que les actualités envoyées par l'*Agderposten* – je les recevais chaque matin depuis que j'avais essayé de consulter leurs archives à la recherche d'articles sur papa, mais en raison d'une défaillance technique, je n'avais jamais pu y entrer, eux, en revanche, avaient enregistré mon adresse et je n'avais jamais réussi à la supprimer de leur liste. D'un autre côté, c'était agréable d'avoir des nouvelles de cette petite ville tous les matins. Je supprimai le message et tapai mon nom sur Google, rien ; je surfai un peu sans que Linda bouge d'un pouce. Je regagnai le bureau, remis de la musique et tâchai de reprendre là où j'en étais. Mais cette petite interruption avait suffi à créer une résistance. Quand je me mettais au travail le matin, les pensées dérangeantes ne m'avaient pas encore assailli, la transition entre le sommeil et le texte était fluide. Au cours de la journée, je devais rassembler plus de forces pour surmonter les résistances, et dans l'après-midi, la seule possibilité qui me restait était de dormir pour les faire disparaître avant de recommencer dans de nouvelles dispositions.

Cela me prit près d'une heure pour me remettre en route. À peine quelques minutes après, j'entendis Linda frapper à la porte et elle passa la tête pour me demander s'il y avait des chaussettes propres quelque part ou si je croyais qu'ils pouvaient sortir pieds nus dans leurs sandales. Je me retournai pour lui lancer mon regard le plus glacial. Elle claqua la porte. Je bouillais. J'entendis leurs voix dans le couloir, Vanja et Heidi qui se chamaillaient. Je compris que Linda avait du mal à les gérer tous et en ressentis de la culpabilité, suffisamment pour que je sorte voir ce que je pouvais faire pour l'aider, mais pas assez pour la regarder dans les yeux. Je me plaçai derrière Vanja, attrapai un de ses pieds et lui enfilai sa sandale.

— *Aïe**, dit-elle.

Ils ne disaient jamais « Aïe » en norvégien, mais toujours en suédois.

Je passai les languettes dans la fermeture puis je les repliai et les fixai sur les velcros ou je ne sais trop quoi pour les fermer.

— Tu leur as mis de la crème solaire ? demandai-je.
— Je ne crois pas que ce soit nécessaire aujourd'hui.
— Les dents sont brossées, au moins ?
— John, oui. Mais pas Vanja ni Heidi. On n'en est pas encore là.
Je fonçai dans la salle de bains, passai à toute vitesse les deux brosses à dents sous l'eau, y déposai un peu de dentifrice, ressortis, en tendis une à Linda et m'agenouillai devant Heidi avec l'autre à la main.
— Ouvre la bouche.
Elle pinça les lèvres.
Elle le faisait de temps en temps par jeu, mais pas cette fois ; elle me toisa d'un œil rebelle.
— Tu trouves que j'ai été trop méchant ? demandai-je.
Elle approuva.
— Je ne suis plus fâché, dis-je. Tu veux bien ouvrir la bouche ?
Aucun succès.
— Tu ne veux tout de même pas que je le fasse de force ?
— Quoi ?
— Que je le fasse de force. Que je te brosse les dents, même si tu ne veux pas.
— Quoi ?
— J'ai fini ! dit Vanja en faisant un sourire espiègle à sa sœur.
John essayait d'ouvrir la porte, en se hissant sur la pointe des pieds il avait réussi à attraper la poignée mais il n'arrivait pas à appuyer dessus.
— C'est maman qui va le faire, dit Heidi.
— D'accord, dis-je en tendant la brosse à dents à Linda.
Heidi ouvrit aussitôt la bouche et laissa voir ses dents.
— Bonne journée, alors, lançai-je.

Personne ne répondit.

— Tu pourrais au moins me dire bonne journée, fis-je en regardant Linda.

— Bonne journée. Mais je repasse par la maison avant de partir.

— Ok, dis-je en retournant dans mon bureau.

Je m'assis silencieusement et attendis sans bouger que l'ascenseur arrive en bas avant de cliquer sur le document, qui s'afficha immédiatement sur l'écran.

Linda revint une demi-heure plus tard. Je la rejoignis, elle proposa un café sur le balcon, nous y restâmes dix minutes en fumant une cigarette en silence.

— J'espère que tout va bien se passer ici, dit-elle en s'éloignant dans le couloir avec sa tasse.

— Nous nous débrouillerons très bien.

— Je téléphone ce soir avant qu'ils aillent se coucher, d'accord ?

— Bien sûr. Essaie de te détendre un peu. Et salue Helena et…

— Fredrik. Compte sur moi.

Nous nous embrassâmes, elle ferma la porte derrière elle et j'allai consulter ma boîte mail – un message de play.com, et rien d'autre – avant de me réinstaller à ma table et de me remettre à écrire. Je bavardai au téléphone une demi-heure avec Geir Angell, mangeai des boulettes de poisson au déjeuner, refis du café et, quand je revins du balcon, découvrai un mail de Gunnar.

L'objet était « Viol verbal ».

Pas question de l'ouvrir.

Je me levai et parcourus l'appartement, j'attrapai le téléphone au passage et m'assis sur le balcon pour rappeler Geir Angell.

— Encore toi ?

— Je viens de recevoir un mail.

— De ton oncle ?

— Oui.
— Vous n'êtes pas copains ?
— Je ne sais pas. Je ne l'ai pas lu. J'ai trop peur.
— En quoi cela peut-il être dangereux ? Reprends-toi. Arrête de faire l'autruche.
— Il l'a intitulé « Viol verbal ».
— Ah ! Quand même !
— Il faut que je le lise. Autant le faire tout de suite. Écoute : si je te l'envoie, tu le lis et après je t'appelle. Ça te va ?
— Bien sûr.

Nous raccrochâmes et j'allumai une cigarette en regardant les toits. Mon cœur battait si fort que ma poitrine fourmillait.

Viol verbal.

Je bus une gorgée de café. Je songeai à aller faire un tour en ville, laisser le mail de côté un moment, m'installer dans un parc, peut-être, ou faire les boutiques. Mais je savais que l'idée de ce qui m'attendait dans ma boîte de réception allait me torturer et que je ne parviendrais pas à me détendre.

Je me levai pour aller dans la chambre, cliquai sur le message avant même de m'asseoir et le lus le plus vite possible, comme si le pire se trouvait dans la rencontre entre mes yeux et le mail, et pas dans son contenu.

Je m'étais attendu à tout, mais pas à cela.

Je croyais l'entendre crier. Il écrivait que c'était ma mère qui était l'instigatrice du roman. Elle détestait la famille Knausgaard, poursuivait-il, et elle l'avait toujours détestée. Pendant toutes ces années, elle m'avait insufflé cette haine, farci la tête au point de me faire perdre tout contact avec la réalité et de m'amener à écrire cette œuvre ordurière, dégradante, amorale et égocentrique pour se venger de cette famille et pour remplir mon portefeuille. Agir ainsi était bien pire que ce que mon père avait pu, selon moi, me faire subir dans mon enfance. La source de tous mes livres, c'était ma mère, tous étaient empreints de ses désirs de vengeance inavoués. Ils regorgeaient d'erreurs, de descriptions mesquines et révélaient une vision de l'humanité qu'il n'aurait pas pensé trouver dans sa famille. Tout ce qu'il me fallait, c'était une bonne thérapie.

Il écrivait aussi qu'il tenait le directeur de la maison d'édition pour responsable, qu'il irait porter plainte et réclamerait des dommages et intérêts si le manuscrit était publié. Le mail n'était pas signé.

Après l'avoir lu, c'est à peine si je parvins à me lever. Je n'arrivais plus à penser lucidement. Il fallait à tout prix que je parle avec quelqu'un, c'était la seule chose dont j'étais sûr ; je tapai l'adresse de Geir Angell et lui transférai le mail. Puis je me mis à arpenter l'appartement. Je me postai devant la fenêtre du salon et jetai un coup d'œil sur la place, allai dans la cuisine et examinai les toits, allai dans la chambre des enfants, regardai autour de moi, les lits superposés de Vanja et Heidi, le lit à barreaux de John, sortis de la pièce, allai dans la salle de bains, fis couler l'eau du lavabo et me lavai les mains, retournai dans le salon, ouvris la porte sur le grand balcon, le soleil avait commencé à briller et il faisait chaud, prenant appui sur la rambarde, je me penchai en avant pour regarder tous les gens qui passaient le long des façades, relâchai ma prise puis me remis à faire les cent pas, et je pris alors une décision – il y avait une pièce jointe avec le mail, une lettre, je pouvais aussi bien la lire, de toute façon, cela ne pouvait pas être pire.

La lettre était adressée à Sissel Norunn Hatløy, ma mère. Il indiquait qu'il venait juste de lire le dernier manuscrit de « l'écrivain », donc moi. C'était un livre d'un genre tel qu'il ne trouvait pas de mots pour transcrire ce qu'il pensait de moi. Mais il le fit quand même. La pire dénonciation que l'on puisse imaginer. J'étais imbu de moi-même, j'étais un misérable patenté et j'étais mauvais. Le plus bizarre, écrivait Gunnar, était que ceux que j'avais agressés représentaient la famille Knausgaard, alors qu'elle, ma mère, s'en tirait bien. Pas un reproche à son encontre de la part de l'écrivain. Pourquoi ? Lui avait une tout autre image d'elle : elle nous avait délaissés, Yngve et moi, pendant toute notre enfance, elle n'avait pensé qu'à elle et à ce qu'il appelait son ego pseudo-philosophique, que maintenant je reprenais à mon compte. Aucune considération pour les autres, seulement pour elle-même. Aucune empathie, aucune bienveillance, juste de l'égocentrisme. Elle aurait dû être un guide pour papa quand nous avions le plus besoin d'elle, mais cela n'avait pas été le cas. Gunnar appelait cela de la négligence parentale. C'était là le cœur de l'affaire, l'essentiel. Je ne l'avais jamais compris, parce qu'elle m'avait retourné la tête. Je croyais tout ce qu'elle disait, et comme elle haïssait les Knausgaard, moi aussi. Il décrivait ensuite, telle que la scène apparaissait dans ses souvenirs, l'entrée de ma mère dans leur famille.

Il était alors encore un gamin, et la présence de maman avait dû lui faire forte impression, car il utilisait des mots très forts pour décrire son allure, elle était dépeinte comme si froide et si effrayante que l'on aurait pu croire que c'était une statue de glace. Selon lui, elle n'était pas chaleureuse, n'avait aucun charisme, ne participait pas à la vie de famille et se mettait toujours dans un coin pour lire des revues, de temps en temps elle regardait les autres de travers tout en tétant sa cigarette. Elle ne communiquait avec personne, et envers les petits de son entourage – il pensait sûrement à lui-même – elle n'avait jamais un mot gentil. Cela avait continué, elle ne l'avait jamais invité chez elle quand il était devenu adulte, n'était jamais venue rendre visite à ses enfants à lui, et pour ce qui était de sa propre mère, si sociable et si chaleureuse, apparemment elle ne la supportait pas. Il écrivait qu'il avait de la peine pour son grand frère qui devait vivre avec elle, il se demandait pourquoi elle était devenue comme cela, comment elle pouvait dégager une telle froideur, et il se rappelait un voyage qu'il avait fait quand il avait douze ans pour aller la voir dans sa famille à elle, dans le Vestland. Sa mère, ma grand-mère maternelle donc, il la décrivait comme autiste, pleine de complexes et manquant de confiance en elle. L'endroit où ils habitaient, il le qualifiait de taudis, une maison de paysans. Quand il avait vu ma grand-mère, il avait compris comment un besoin maladif de reconnaissance avait pu se développer chez sa fille et comment son fils, mon oncle Kjartan, avait fini par écrire des poèmes sur les corbeaux, qu'apparemment il considérait comme aussi ridicules que stupides et minables. Ma mère n'avait pas appris dans son enfance ce qu'elle aurait dû apprendre, à savoir la compassion, le souci des autres, la capacité de créer un nid douillet, et elle m'avait transmis tous ces manques, à moi qui souffrais des mêmes insuffisances.

Il lui adressait cette lettre pour souligner qu'elle était toujours responsable de celui qu'il appelait « ton fils asocial », moi, vu la façon dont j'avais perdu les pédales. Il me comparait à papa, écrivait que j'étais aussi peu fiable que lui et que je souffrais du même dédoublement de la personnalité. Puis il me comparait à maman, écrivait que j'étais aussi cynique et aussi dénué d'empathie qu'elle. Mais est-ce que cela ressortait dans le livre ? Non, justement, cette perspective, la vraie, avait été totalement gommée. La responsabilité de maman dans la débâcle de papa était pourtant évidente pour ceux qui voulaient bien la voir, pensait-il. Papa n'avait jamais trouvé auprès d'elle ce dont il avait besoin, c'est-à-dire de l'amour, de l'intimité, de la confiance, de l'affection. Cela, il l'avait déjà constaté et déjà compris à l'âge de douze ans, mais son frère, donc papa, l'avait compris trop tard.

Pour terminer, il lui demandait de m'ordonner d'arrêter mon projet, puis de me trouver une place dans un hôpital psychiatrique. Si elle ne le faisait pas et que le livre parût quand même, il réclamerait des dommages et intérêts. Il avait bien l'intention de contrer cette agression haineuse que subissaient les Knausgaard, et dont elle était l'instigatrice, par tous les moyens possibles.

La lettre n'était pas signée de son nom mais en sa qualité de frère de mon père.

Je me couchai sur mon lit et restai là, totalement inerte. C'était la seule chose dont je fusse capable pour le moment. Dans quel état j'étais et ce que j'éprouvais, je ne m'en souviens plus, c'était il y a un an et demi, et je ne suis plus sous l'effet de cette angoisse explosive. Je peux l'analyser rétrospectivement, mais je ne peux plus la ressusciter. Quand je relis ces lettres, je suis pris d'un grand malaise, elles confirment ce que j'avais toujours su, toujours ressenti, mais en comparaison avec la violence qui m'explosa à la figure à cette époque ce n'est quasiment rien. Cette fois-là, ces jours d'août 2009, cela m'avait complètement paralysé. Si j'avais eu le moindre soupçon qu'une telle fureur m'attendait, j'aurais pu m'y préparer, et en adoucir l'effet, ou, ce qui était le plus probable, j'aurais tout simplement abandonné le roman, mais pendant que j'y travaillais, je n'avais jamais imaginé, même pas un seul instant, une réaction d'une telle violence.

Le téléphone sonna dans le couloir.

C'était sûrement Gunnar.

Lui parler était au-dessus de mes forces. J'étais dans le même état que quand, petit, j'avais fait quelque chose de mal et que j'entendais papa ouvrir la porte. Il arrive. Il arrive.

Mais ce pouvait aussi être Geir Gulliksen ou Geir Berdahl, puisqu'ils avaient eux aussi reçu le message.

Je me relevai et me précipitai dans le couloir. Au moment où j'atteignis le téléphone, il avait cessé de sonner. Je le soulevai et consultai le journal des appels.

Le nombre « 10 » apparut.

Cela voulait dire que le dernier appel était masqué. Geir Angell le faisait toujours, ce devait donc être lui. J'avais l'habitude de dire pour plaisanter qu'il n'y avait que la police et lui qui masquaient leur numéro. Mais ce n'était pas seulement une blague, car, au fond de moi-même, je m'attendais toujours à une convocation de la police.

J'emportai le téléphone sur le balcon et appelai Geir.

— Allô, c'est Gunnar. Est-ce bien mon infâme neveu asocial ? Comment oses-tu me téléphoner ?

— C'est toi qui m'as appelé ?

— Bien sûr. Tu es de mauvaise humeur ?

— « Mauvaise humeur » n'est pas le terme qui convient. Tu as lu le mail ?

— Oui. Au moins il sait manier les mots, ton oncle !

— Oui.

— J'ai bien ri.

— Je n'en doute pas.

— Allez, il est furieux contre toi. Ce n'est pas difficile à comprendre. Mais ça ne va pas plus loin. Tu n'as vraiment rien fait de mal.

— Bien sûr que si. Et il va intenter un procès. Je n'en doute pas une seconde.

— Eh bien, ce sera génial ! Tu devrais même espérer qu'il fasse quelque chose d'aussi bête ! Tu vas être riche comme Crésus ! Tout le monde va vouloir acheter tes livres s'il y a un procès ! Cela entrera dans l'histoire de la littérature. Et tu deviendras millionnaire. Le meilleur scénario que l'on puisse souhaiter.

— Oui, c'est possible.

— Allez ! Qu'est-ce que tu as fait en réalité ? Tu as écrit un livre sur ta vie, telle que tu la vois. C'est un projet lié à la liberté, et la liberté ça se prend. Si on te la donne, tu es un esclave. Tu as voulu écrire sur ta vie telle qu'elle est. Cela a un prix. Tu paies ce prix maintenant. Tu n'as pas eu de scrupules par rapport à ton oncle, tu as donc été sans scrupule. Voilà ce qu'il en coûte. Oui, il est furieux contre toi. Oui, je peux le comprendre. Il a le droit d'être furieux contre toi, selon sa conception du monde. Mais ça s'arrête là. Tu comprends ? Tu n'as rien écrit de mal sur lui. Tu as écrit sur ton propre père. C'est ton droit, c'est ton héritage de merde, c'est ce qu'il t'a légué. Personne ne peut te l'enlever. Ils peuvent être en colère, ils peuvent être furieux, ils peuvent te chercher des noises, à toi et à ta famille, mais ça s'arrête là. Tu n'as rien fait de mal. Je te donne mon absolution. Dommage que je ne sois pas curé.

— Oui.

— Quoi, « oui » ? C'est comme ça. Reprends-toi, mec. Tu vas devenir riche. Tu dois en rire.

— Il n'y a vraiment pas de quoi.

— Mais si ! Quand j'ai lu son mail, j'ai compris d'où ça venait. Il n'y a pas que toi de fou dans ta famille. Vous l'êtes tous. Ton père, ton oncle et toi.

Je restai silencieux. Il chercha à me remonter le moral, en vain bien sûr, mais j'étais tout de même bien content qu'il essaie. Nous continuâmes à parler une bonne heure sur le même sujet, les messages et la nouvelle situation qui en découlait. Geir pensait que je devais assumer la situation. La morale n'avait jamais fait bon ménage avec la création, elle l'avait toujours réprimée. Or la création, c'était la vie. Pourquoi dire non à la vie ?

Geir était nietzschéen envers et contre tout. Il voyait la situation de l'extérieur, c'était sa force, mais cela voulait aussi dire qu'il était en dehors. Je m'y trouvais, moi, plongé en plein milieu, et si quelque chose ne parvenait pas à me réconforter c'était bien le vitalisme, parce qu'il s'agissait de transgression, et dans cette affaire, ce dont il était question, c'était fondamentalement la peur de la transgression.

Pendant que nous parlions, je reçus un appel. Je l'ignorai la première fois mais, après qu'il se fut répété plusieurs fois, je dis à Geir que je devais le laisser pour y répondre.

L'écran afficha d'abord seulement le signal d'appel. Je ne répondis pas, cela pouvait être n'importe qui. Mais le numéro apparut ensuite. L'appel venait d'Oslo. Pour autant que je sache, Gunnar pouvait très bien être à Oslo, mais c'était peu probable, en plus il me semblait reconnaître les trois premiers chiffres, c'étaient les éditions Oktober.

J'appuyai sur le bouton vert et portai le téléphone à mon oreille, tout en ouvrant la porte pour me rendre dans le salon.

— Allô ? dis-je en me dirigeant vers la fenêtre.

— Bonjour, c'est Geir Berdahl.

— Bonjour.

— J'ai reçu un mail de ton oncle.

— Oui.

Il rit. Je m'étais posté devant la fenêtre, le front appuyé contre la vitre fraîche.

— Il n'y est pas allé par quatre chemins.

— Non.

— Nous devons régler cette affaire proprement.

— Oui.

Je me réfugiai près de la bibliothèque et regardai les titres des livres.

— Nous devons satisfaire ton oncle le plus possible. Il faudra penser à une marge de manœuvre. Il ne doit surtout pas porter cette affaire au tribunal. Cela te pose un problème de changer les noms qui concernent la famille de ton père ?

— Pas du tout, dis-je en allant et venant dans la pièce. Non, pas du tout. Je le lui ai déjà proposé dans le message que je lui ai envoyé.

— Parfait. Alors je pourrai lui dire que nous changerons tous les noms. Et que nous anonymiserons l'environnement autant que faire se peut.

— Oui.

— Je contacte notre avocat. Pour information. Nous devons être sûrs que ce que nous faisons est légal, tu comprends ?

— Oui.

— Mais il était sacrément furieux !

— Oui, on peut le dire.

J'allai à la cuisine et me plantai devant l'évier, jetant un coup d'œil aux placards au-dessus, dont l'un était ouvert, une de ses étagères, celle où étaient rangés les verres, était presque vide. Ils devaient tous être dans le lave-vaisselle.

— Il est également possible qu'il veuille te faire un peu peur, dit-il.

— Il a réussi.

— Oui, mais bon, Karl Ove. Continue à travailler à tes romans du mieux possible. Je te téléphonerai quand j'aurai l'avis de l'avocat.

— OK.

— Salut.

Je fonçai à nouveau dans le salon, puis dans le couloir, puis dans la salle de bains, où j'ouvris le robinet pour me laver les mains. Je sortis sur le balcon, mais je compris que je ne supporterais pas de rester là à fumer tout seul, c'était trop vide et trop silencieux, alors je pris le téléphone que j'avais laissé sur la table de la cuisine et j'appelai Linda.

— Hello.

— Tu sembles bien joyeuse, lui dis-je en regagnant le salon pour me mettre près de la fenêtre. Tu es arrivée ?

— Non, je suis encore dans le train. J'ai dormi un peu. Là, je lis. Et toi ?

— Ça ne va pas fort. J'ai reçu un mail de Gunnar. Il est dans une colère noire. Il est fou furieux.

— Ouh là ! dit-elle. Qu'est-ce qu'il t'écrit ?

— Tu le liras à ton retour. Il veut arrêter la publication, sinon, il dit qu'il va faire un procès.

— Il est sérieux ?

— Oui. C'est horrible, tu t'en doutes.

— Oui, je l'entends à ta voix. Tu veux que je rentre ? Je peux.

— Non, non. Pas du tout. Non, n'y pense surtout pas. Tu mérites bien d'avoir ces quelques jours pour toi toute seule. Ça va aller ici. C'était seulement le choc. Mais ça va passer. J'ai parlé avec Geir Berdahl, de la maison d'édition, ils vont contacter un avocat et essayer de résoudre l'affaire du mieux possible. Je suis entre de bonnes mains. Tout ira bien.

— Sûr ?

— Oui.

— OK.

— Je voulais juste te le dire. Sinon tout va bien. Je t'appellerai ce soir, on pourra parler un peu plus, d'accord ?

J'étais d'accord. Linda n'avait jamais rencontré Gunnar, mais elle en avait beaucoup entendu parler. Et elle avait été choquée par le fait qu'il soit resté dans le jardin de la maison de maman sans vouloir lui dire bonjour ni à elle ni aux enfants. Et qu'il ait été le seul parmi tous ceux que nous avions invités à ne pas venir au baptême de Vanja. Son comportement ne m'avait pas paru alors si bizarre ; au moment de l'épisode du jardin, il traversait une mauvaise passe, quant au baptême, il n'avait pas pu venir. Maintenant je voyais tout cela sous un autre angle, celui de la haine que son message contenait. Cette haine n'avait pas pu surgir maintenant, subitement, uniquement à cause d'un livre que j'avais écrit, elle devait être là, à l'état latent, depuis de longues années. Je l'avais perçue, je l'avais toujours perçue, mais je pensai que c'était moi, avec mon angoisse paranoïaque, qui étais en cause. Je pensais toujours que les gens ne m'aimaient pas, mais, lui, ce n'était pas la même chose, c'était différent, il s'agissait du frère de mon père, pourquoi ne m'aurait-il pas aimé ? Si j'avais fait quelque chose qui lui déplaisait, n'y avait-il pas prescription maintenant ? C'est ce que j'avais pensé, en combattant des impressions que je croyais imaginaires, mais, là, il n'y avait plus rien d'imaginaire dans le ton du message. Il reflétait la vérité, et cela devait durer depuis longtemps, peut-être même depuis toujours. Ce livre que j'avais écrit confirmait à ses yeux ce qu'il avait toujours pensé de moi. J'avais un ego minable, mais surdéveloppé. J'étais incontrôlable et j'étais un menteur. Je l'avais toujours senti quand j'étais avec eux. Pourquoi ? S'il y avait bien quelque chose que je détestais par-dessus tout et que je rejetais de ma vie, c'était le mensonge. Or l'on me considérait justement, et je me considérais aussi, comme un menteur.

Pourquoi ?

La réponse était simple. J'avais en moi quelque chose que je devais leur cacher. Quelque chose que je ne devais ni montrer ni utiliser devant eux. Et devoir à n'importe quel prix cacher quelque chose rendait hypocrites mon comportement, mon moi, ma personne. J'essayais d'être comme eux quand j'étais là-bas, de parler comme eux, d'être parmi eux, mais il avait deviné que je n'étais pas vraiment comme eux, que je n'étais pas parmi eux. C'est là que la trahison avait commencé.

Je restai un moment le téléphone à la main à regarder les maisons à travers la fenêtre du salon. J'étais incapable de travailler, incapable de lire, incapable de regarder un film. Il ne m'était pas possible non plus de sortir voir quelqu'un, puisque je ne connaissais personne de confiance à Malmö. La seule chose que je pouvais faire était d'appeler quelqu'un. Cela n'aidait pas vraiment mais rendait l'instant supportable, à condition que je trouve une personne extérieure et disponible qui veuille bien discuter avec moi sur le sujet. Pendant les deux heures dont je disposais avant de devoir aller chercher les petits au jardin d'enfants, je restai pendu au téléphone. Je parlai avec Geir Gulliksen de ce que nous allions faire, je parlai avec Espen, qui me dit de ne rien changer au manuscrit, de ne pas renoncer à la publication, de garder le moral et de tenir bon. Je parlai avec Tore, qui savait ce que c'était d'écrire sur des faits biographiques, et comment ce pouvait être reçu par la famille, et je parlai avec Yngve. Il était bouleversé, car il entretenait de bonnes relations avec Gunnar et il craignait de se trouver pris entre deux feux. Je lui dis qu'il s'agissait de mon roman, que c'était moi qui l'avais écrit, que cela ne le concernait en rien, et que Gunnar le comprendrait. J'avais toujours su que Gunnar aimait beaucoup Yngve et qu'il avait cherché à maintenir le contact avec lui. Enfin, je téléphonai à ma mère, elle rentrait du travail, elle n'avait pas encore lu le mail, mais elle le ferait dès qu'elle serait chez elle. Il était alors trois heures moins dix. J'enfilai mes baskets blanches, attrapai les clés dans le placard, emportai la poubelle et descendis à la cave, où je jetai le sac dans un des énormes containers qui s'y trouvaient, déverrouillai la porte de derrière et passai par la ruelle pour aller au jardin d'enfants, c'est ce que je faisais toujours quand j'étais de mauvaise humeur et que je voulais éviter le regard des autres. J'éprouvais de nouveau ce sentiment quand je sortis sous le ciel brûlant et bleu profond d'août et gagnai la rue Föreningsgatan encombrée de voitures, en passant devant le petit groupe qui fumait toujours à l'intersection près du feu tricolore, puis je traversai, parcourus le petit passage encore pavé jusqu'à la rue transversale suivante, bordée d'arbres feuillus, vert foncé, à l'ombre des grands immeubles ; c'était le même sentiment que j'avais éprouvé dans les jours qui avaient suivi la mort de mon père, et dans ceux qui avaient suivi l'appel téléphonique m'accusant de viol, le sentiment que tout ce qui m'entourait était en quelque sorte anéanti, comme si je me trouvais dans une zone si tendue qu'elle supplantait tout le reste. Je vis tout, je vis les voitures, je vis le supermarché Lidl, je vis les piétons et les cyclistes, j'enregistrai ce qu'ils portaient, essentiellement des shorts et des tee-shirts, des jupes et des robes, çà et là quelques pantalons et chemises élégants, je vis l'école Montessori de l'autre côté du carrefour, le salon de coiffure africain, l'épicier polonais et la rangée d'antiquaires, je les longeai, je vis le propriétaire d'une des boutiques assis sur une chaise sur le trottoir, comme à son habitude, avec son golden retriever, que l'âge faisait somnoler, étendu à côté de lui, mais tout cela n'avait aucun sens, n'avait aucune épaisseur, aucun poids. Et mes propres enfants, je les vis du même œil quand ils coururent vers moi dans la cour. Je me penchai vers eux, je les étreignis, parce que c'était ce qu'il fallait faire, mais même ces gestes n'avaient pas assez d'épaisseur pour m'extraire de l'état second dans lequel je me trouvais.

Deux employées, assises sur un banc, bavardaient

pendant que les petits couraient et jouaient près d'elles. Toute la cour était asphaltée et donnait sur un mur borgne d'environ six étages de hauteur, qui ressemblait au rempart d'un château et protégeait du soleil la plus grande partie de la journée. Près du mur se trouvaient le bac à sable et à côté une maison pour enfants de trois mètres de haut. De l'autre côté, un appentis débordait de tricycles, vélos à petites roues, seaux et pelles, de balles et de crosses de hockey, sans compter deux cages de football et un tas de jouets en plastique qui finissaient éparpillés sur le sol à la fin de la journée. Les parents travaillaient ici une semaine par semestre, en outre ils devaient aussi gérer les questions administratives et le nettoyage quotidien. J'avais cherché à éviter tous les postes importants, je n'avais par exemple jamais siégé à la direction, jamais été responsable du personnel, ni du recrutement, ni des comptes, mais j'avais insisté pour m'occuper des tâches pratiques les moins prestigieuses, et rejoint le groupe de nettoyage. C'était un travail purement manuel, qui impliquait que je nettoie le jardin d'enfants à peu près cinq ou six week-ends par semestre. Par ailleurs, je le nettoyais également les jours où j'étais de service. Mais cela me convenait, cela ne me demandait pas plus que les heures prévues, et après c'était fini. Le seul problème était que, quand je m'y enfermais le dimanche soir pour nettoyer, j'étais pris d'un besoin de perfectionnisme irrépressible, du coup j'y passais beaucoup plus de temps que nécessaire. C'était peut-être la raison pour laquelle on m'avait sollicité pour devenir responsable du nettoyage dès le deuxième semestre. J'avais dit oui, et je dus organiser le nettoyage de printemps, dresser la liste des tâches et veiller à ce qu'il y ait toujours des produits d'entretien, et je le fis volontiers, mais quand l'année fut écoulée et que le comité de direction annuel dut établir une nouvelle organisation du travail, je demandai à redevenir simple agent de nettoyage. Il y avait quelque chose qui me déplaisait dans le fait d'être vu comme l'organisateur des tâches, en outre c'était moi qui devais gérer les plaintes éventuelles du personnel au sujet du nettoyage effectué par les parents qui avaient fait les choses à moitié – cela s'était produit une ou deux fois, et j'avais failli mourir de honte quand j'avais dû le rapporter à des parents : c'était tout de même des adultes, n'était-ce pas incroyable que je sois obligé de leur dire qu'ils avaient mal fait leur travail et que cela ne devait pas se reproduire ? Je pouvais le faire une fois, peut-être deux, mais pas plus.

Je m'arrêtai près des deux employées, Nadje, qui avait grandi en Irak et qui menait les petits d'une main de fer, et Karin, l'une des remplaçantes titulaires, qui avait une relation privilégiée avec mes enfants.

— Comment ça s'est passé aujourd'hui ?

— Bien, répondit Nadje. Pas de problème. John a été légèrement griffé à la joue, cela l'a un peu contrarié, mais maintenant tout va bien.

— Qui a bien pu le griffer ?

— C'est Heidi. Elle a demandé pardon, dit Karin. Elle était aussi ennuyée que John.

— OK. On y va.

Je me retournai et criai leurs noms. John vint tout de suite, mais Heidi, qui faisait du vélo à une vitesse vertigineuse sur l'asphalte, avec Malou assise dans la remorque derrière elle, ne fit aucun signe montrant qu'elle m'avait entendu. Vanja était couchée dans le bac à sable, les jambes recouvertes de sable, c'était Katinka qui l'avait ensablée. J'allai vers elles.

— On s'en va maintenant.

— *Encore un peu, papa, s'il te plaît**, dit Vanja en souriant.

— Cinq minutes alors.

Je m'assis sur une pierre en face du banc.

Mon corps était endolori, mes pensées avaient lâché Gunnar pendant quelques secondes et maintenant elles revenaient avec force. J'avais espéré que la présence des enfants me soulagerait, me changerait les idées, mais c'était le contraire, je trouvais triste pour eux, d'une certaine façon, que leur père, celui qu'ils voyaient et aimaient, ne soit pas le même que celui que j'étais en réalité, ce dont ils s'apercevraient petit à petit, quand ils seraient en âge de juger de la valeur des personnes de leur entourage en fonction de leur personnalité et de leur caractère plus que de leur présence proche. Je ne les méritais pas, mais le plus triste était qu'ils ne le savaient pas.

— Comment va Linda ? demanda Karin.

— Bien. Elle s'est pris des petites vacances quelque part à la campagne. Seulement quelques jours.

— C'est courageux de garder les enfants tout seul.

— Non, non, ça va. Ce n'est vraiment rien. Non, non.

Je n'avais pas de problèmes avec les enfants parce que j'étais sévère, bien plus qu'en présence de Linda. Je ne me laissais pas faire, je ne leur donnais pas la moindre occasion de manquer de discipline. Ils l'avaient découvert rapidement et l'avaient enregistré, mais ce n'était pas une bonne chose. Les employés du jardin d'enfants ne s'en rendaient pas compte, ils ne voyaient que ce qui se passait au moment où je les déposais ou venais les chercher et, dans ces cas-là, avec tous ces regards braqués sur moi, j'agissais en conséquence.

Nom de Dieu.

Putain de merde.

Comment avais-je pu me foutre dans une telle situation ? Pour obtenir quoi ? N'étais-je donc pas capable de garder mes horreurs pour moi, comme font les autres ? Bien sûr que non, il fallait absolument que je les crache à la figure de tout le monde et que j'entraîne les autres dans ma chute.

Gunnar n'avait rien fait, il avait juste cherché à vivre sa vie aussi bien qu'il le pouvait, et il s'était retrouvé piégé.

J'avais envie de lever les bras au ciel et de hurler de toutes mes forces, là, en plein milieu de la cour. Au lieu de cela, je restai assis à regarder Heidi faire du vélo de plus belle, John qui avait grimpé sur le banc près de Karin et qui observait le toit, Vanja qui venait de se faire enterrer les deux pieds, et j'arborai un petit sourire crispé destiné à montrer combien c'était merveilleux d'avoir des enfants.

Je me levai et marchai vers Vanja.

— Maintenant on y va. Pas question de réclamer.

— Mais je n'ai plus de jambes ! Regarde !

— Ce n'est pas un requin, là, dans le sable ? demandai-je.

— Non. Je suis née comme ça.

— Bon, alors, mademoiselle ?

— Oui ?

— Allez, maintenant on y va.

— D'accord, dit-elle en se redressant et en enlevant le sable resté sur ses vêtements.

Je retournai voir John et je le soulevai en l'air, il rit jusqu'à ce qu'il comprenne que nous nous dirigions vers sa poussette, mais après avoir protesté un peu, il s'y installa. Il ne restait plus que le problème Heidi. Je n'avais plus la force d'utiliser la persuasion, et je lui criai de venir tout de suite, immédiatement. Comme elle ne réagissait pas, j'appuyai sur le bouton qui commandait le portillon, poussai la poussette que Vanja tenait vers la sortie et ouvris.

— On s'en va maintenant, Heidi, criai-je, et elle arriva à toute vitesse.

— *Attendez-moi* !* hurla-t-elle. Attendez-moi !

— On veut bien t'attendre, mais tu ne viens jamais !

Elle agrippa la poussette sans dire un mot. Elle boudait un peu. Parfois il me suffisait de lui adresser une petite grimace ou de faire semblant de la regarder de travers pour que son expression offensée se change en un sourire souvent malicieux, elle était si fâchée de s'être laissé avoir qu'elle me donnait des coups mais ses yeux brillaient de plaisir. D'autres fois, son mécontentement s'aggravait. C'était justement le cas.

Nous prîmes le trottoir, le long de la rue où de nombreux cyclistes revenaient du travail. Vanja bavarda pendant tout le trajet. Je l'écoutais d'une oreille, au cas où elle lèverait les yeux vers moi pour obtenir une réaction de ma part, et je compris qu'elle parlait des avantages et des inconvénients entre deux races de chiens qu'elle avait choisies la semaine précédente. Heidi marchait en silence d'un air maussade de l'autre côté de la poussette, tandis que John avait sombré dans son état comateux habituel quand il était en poussette.

— Où est John ? Est-ce qu'on l'a oublié au jardin d'enfants ? dis-je en pensant que lui aussi méritait un peu d'attention pour ne pas disparaître complètement.

— *Ici ! Je suis là, papa* ! répondit-il en tournant la tête vers moi.

— Mais c'est le petit John ! dis-je en jetant un coup d'œil à la pizzeria du coin, où beaucoup de monde mangeait dehors, assis sous les parasols verts.

Certains après-midi, quand je passais devant avec les enfants, on aurait pu croire que se tenaient à l'intérieur de vraies réunions de la mafia. De vieux Italiens en costumes sombres avec de petits corps gras et des yeux méchants.

Je jetai un regard par-dessus mon épaule. Derrière

nous, une femme vêtue d'une robe noire accourut, elle traînait un gamin d'environ neuf ans, ils nous dépassèrent et, quand ils eurent pris une avance d'une dizaine de mètres, elle le poussa contre un mur où il baissa son pantalon et se mit à pisser pendant qu'elle surveillait la rue. Je n'en crus pas mes yeux. La pisse coulait sur le trottoir.

— *Qu'est-ce qu'il fait, le garçon** ? demanda Vanja, dont le regard alla d'eux à moi.

— On dirait bien qu'il est en train de faire pipi, dis-je.

Le gamin secoua son zizi, remonta sa fermeture éclair, puis ils traversèrent la rue à toute vitesse et continuèrent leur chemin de l'autre côté, tandis que nous tournâmes à gauche près de la boutique de bicyclettes avant de descendre vers la rue Södra Förstadsgatan. Nous fîmes un arrêt près du magasin 7-Eleven, Heidi refusait de faire un pas de plus.

— *Je suis fatiguée**, annonça-t-elle.

— Ah ! Mais Heidi, tu ne veux pas marcher encore un peu jusqu'à la maison ?

Elle secoua la tête.

— Je veux aller dans la poussette, dit-elle.

— Mais elle va se casser si vous vous y mettez à deux. Tu te rappelles la fois où la roue s'est détachée ?

— *Je veux un fruit**.

— Ça, c'est possible. Mais il faut attendre un peu. Tu pourras avoir une banane au magasin.

— J'en veux une de *cette boutique là-bas**, dit-elle en montrant le chemin d'où nous venions.

— On retourne en arrière ? On refait tout ce chemin ?

— Oui.

Vanja, qui tenait la poussette de l'autre côté, se mit à rire.

— Vanja, dis-je. Ne t'en mêle pas.

— *Elle s'est moquée de moi**, dit Heidi.

C'était le pire pour elle, que quelqu'un rie d'elle.

— Mais non. Maintenant on va aller faire les courses et tu pourras avoir un fruit.

Heidi me regarda. Puis elle fila en sens inverse en courant aussi vite qu'elle pouvait sur le trottoir. À mi-chemin, elle s'arrêta et me lança un regard de défi.

— Tu veux bien rester là sans bouger, Vanja ? dis-je. Tu me le promets ?

Vanja acquiesça et je courus après Heidi. Quand elle me vit, elle se remit à courir. Je gagnai du terrain, elle s'arrêta devant un réverbère et s'y agrippa.

— Maintenant ça suffit, les bêtises, dis-je en l'arrachant au réverbère.

Je refis le chemin inverse en la portant. Elle hurlait à pleins poumons. Les gens s'arrêtaient pour nous regarder. C'était exactement ce qu'elle voulait. Mais ils ne pouvaient pas le savoir. Ils croyaient que je l'avais battue ou quelque chose comme ça. Moi-même, c'était ce que je croyais quand je voyais des mères ou des pères penchés sur leurs enfants, et dont les comportements agressifs me donnaient toujours l'impression qu'ils étaient de mauvais parents, des gens de la pire espèce, même si je savais pertinemment ce qui pouvait se passer.

Je la reposai par terre.

Elle hurla qu'elle ne voulait pas marcher.

— Tu veux que je te porte un peu ?

Elle secoua la tête.

— Qu'est-ce qu'on va faire alors ? dis-je.

— *Je veux un fruit ! De la boutique là-bas* !* cria-t-elle.

Je vis rouge. Je l'attrapai sans ménagement par le bras, approchai mon visage du sien et lui chuchotai méchamment :

— Maintenant ça suffit ! Plus de bêtises ! Tu m'obéis ! Tu m'écoutes ?

Les larmes coulaient sur ses joues.

— Tu m'écoutes ?

— *Je veux pas t'écouter* !* hurla-t-elle. *Tu es bête ! Tu es un méchant papa* !*

— Qu'est-ce que tu as dit ? sifflai-je en cherchant à ne pas hausser la voix pour ne pas me donner en spectacle plus que nécessaire.

— *Tu es un méchant papa* !*

Vanja sourit.

— Il n'y a pas de quoi sourire ! lui dis-je.

Elle reprit son sérieux, mais je lui souris alors de manière inattendue et Vanja éclata de rire.

— *Vous vous moquez de moi* !* hurla Heidi qui se sauva à nouveau.

Cette fois, je la rattrapai au bout de quelques mètres, la jetai sur mon épaule et revins en courant avant de la reposer.

— Tu veux bien marcher ?

Elle secoua la tête.

— Mets-moi dans la poussette !

— Je demande à John s'il veut bien marcher ? Comme ça tu pourras t'asseoir dans la poussette ?

Elle accepta.

John, qui avait parfaitement compris la situation, s'agrippa des deux mains à la poussette.

Je me dis que Heidi aurait peut-être un bleu sur le bras le lendemain. Je me souvins alors d'un article que j'avais lu en Norvège, le cas d'une nourrice qui avait cassé la jambe d'un enfant en le jetant dans son landau.

— Allez, John, dis-je. Je vais te porter. Comme ça Heidi pourra se mettre dans la poussette.

— C'est ma poussette, dit John.

— *Je peux le porter**, dit Vanja.

Il voulait bien ! Je le soulevai et le déposai sur le dos de sa sœur, il s'accrocha à elle, pendant que Heidi grimpait dans la poussette, et toute la troupe put se remettre en route. Vanja pouvait le porter jusqu'au 7-Eleven, mais, comme il avait déjà renoncé à sa poussette, il ne fit pas d'histoires pour que je prenne le relais.

Heidi s'était endormie avant que nous n'arrivions au supermarché. C'était sûrement à cause de la dispute, elle tombait de fatigue. J'achetai des saucisses, un sachet de sauce Stroganoff, du riz, de quoi faire une salade, du lait, du lait caillé, une grande bouteille de Pepsi Max. Je m'en voulais d'avoir laissé ma frustration déborder sur les enfants. Mais cela ne m'empêcha pas d'être sévère avec Vanja dans le magasin. Non, lui dis-je, on ne prend pas ça. Viens, viens, je te dis ! Non, non et non ! J'avais l'impression d'exister à plusieurs niveaux, et qu'ils étaient tous devenus actifs en même temps. Un Karl Ove était obsédé par le message de Gunnar et ressentait un désarroi insensé. Un autre pensait aux achats pour le repas du soir tout en manœuvrant la poussette à travers le magasin. Un autre regrettait la façon dont il avait traité Heidi peu de temps auparavant. Un autre s'énervait du comportement de Vanja. Un autre s'en voulait de la voir obéir, parce que cela signifiait peut-être qu'elle était trop soumise. Un dernier se réjouissait qu'elle ait obéi aux ordres.

Le bras qui tenait John était complètement ankylosé quand ce fut notre tour à la caisse. Je posai mon fils pour mettre les marchandises sur le tapis roulant, il se sauva à l'autre bout et chercha à grimper – il y avait une chose qu'il aimait par-dessus tout, c'était se mettre à genoux et observer les marchandises qui glissaient sur le tapis. Je le relevai, posai les derniers achats, introduisis ma carte dans le terminal de paiement, tapai mon code, validai, repris ma carte et la remis dans ma poche.

Je rangeai les achats dans un sac, pris John sur mon bras et me mis en route pour rentrer.

— Avec qui as-tu joué aujourd'hui au jardin d'enfants ? demandai-je à Vanja, surtout pour savoir comment elle avait pris mon ton rude un peu plus tôt. Benjamin ou Katinka ? Ou Lovisa ?

— *Pas Lovisa**, dit-elle. *Katinka et un p'tit peu Benjamin**.

Devant la banque se tenait le plus efficace de tous les mendiants. Il était à genoux les mains tendues devant lui et il se balançait d'avant en arrière tout en foudroyant les passants du regard. Un chapeau était posé devant lui, avec un peu de monnaie dedans.

— Pourquoi il se met comme ça ? demanda Vanja.

— Il fait la manche, dis-je. Il veut de l'argent.

— Pourquoi il n'a pas d'argent ?

— Je ne sais pas. Peut-être qu'il n'a pas de travail. Il mendie pour manger.

— Pourquoi tu ne lui as pas donné d'argent ?

— Parce qu'il ne fait rien. S'il avait joué d'un instrument par exemple, je lui aurais donné quelque chose. C'est ce que je fais d'habitude. Mais cela arrive aussi que je donne à des mendiants, juste comme ça. Parce que cela me fait mal au cœur pour eux. Pas beaucoup, en général.

— Pourquoi il n'a rien eu alors ?

— Pour mon malheur, tu poses les bonnes questions, lui dis-je en souriant.

Elle me rendit mon sourire.

— Il vient sûrement d'Europe de l'Est. D'un pays loin d'ici. Ils viennent pour mendier en groupe. Une sorte de bande.

— Une bande de voleurs ? Ce sont des voleurs ?

— Non, pas vraiment. Mais ils en font presque un travail. On ne peut donc pas dire qu'ils mendient. Mais ce n'est pas un vrai travail.

Je ris de mon propre raisonnement et Vanja me regarda en souriant. J'accélérai pour passer au feu vert. De l'autre côté le vieux saxophoniste jouait son tube habituel. Maintenant j'étais obligé de lui donner quelque chose, je plongeai la main dans ma poche, en ressortis ce qui y traînait, scrutai la monnaie dans ma paume et tendis une pièce de cinq couronnes à Vanja.

— Tu veux lui donner ? proposai-je.

Elle me regarda effrayée. Puis elle accepta d'un air sérieux, s'éloigna lentement, presque à pas de loup, et jeta la pièce dans l'étui grand ouvert de l'instrument. Le saxophoniste lui fit un clin d'œil et elle se dépêcha de revenir.

Il ne restait plus que les fruits à acheter. Ils ne prenaient pas la carte, du coup j'assis John par terre et me plaçai dans la queue devant le distributeur tout en laissant mon regard glisser sur les visages autour de moi ou sur ceux qui longeaient la grande courbe de l'immeuble du fond de la place dont nous occupions le dernier étage. C'était Gunnar que je cherchais. Je savais que sa présence ici était très improbable, mais il n'y avait pas de place pour le rationnel là-dedans, seulement pour les émotions, et la violence de ces émotions était incommensurable.

Une femme, cheveux courts, secs et blond filasse, lunettes, corps en forme de poire, prit son ticket et rangea sa carte dans son portefeuille en braquant un rapide regard soupçonneux dans ma direction. J'introduisis la carte, tapai mon code, demandai trois cents couronnes, jetai un coup d'œil à John pendant que la machine finissait son travail – il était en route vers l'étalage de fruits, il marchait le long du mur, petit comme une souche d'arbre.

— Tu veux bien prendre l'argent, Vanja ? dis-je.

— C'est pour moi ?

— Non, tu peux payer les fruits.

— Je ne veux pas.

— OK, dis-je. Bon, donne-le-moi, je vais le faire. Regarde John, tu crois qu'il a oublié notre existence ?

Elle rit, il avait déjà atteint le magasin de chaussures. Je dirigeai la poussette vers les fruits, puis je courus le chercher, pris quelques bananes, mis des pommes et des oranges dans des sacs et en remplis un autre de raisins verts, tendis le tout au vendeur, qui, à mon avis, était turc ou macédonien ou peut-être albanais, il pesa le tout, le mit dans un grand sac blanc, je payai, il me fit une remise de huit couronnes en me rendant la monnaie, je le remerciai et traversai la place avec Heidi qui dormait toujours dans la poussette, tendis le badge à Vanja, elle le posa sur la bande magnétique et ouvrit la porte. Je fis entrer la poussette et lui fis faire un demi-tour pour gravir les deux marches. La tête de Heidi balança d'avant en arrière, sans qu'elle se réveille. John était déjà devant l'ascenseur et essayait d'atteindre le bouton.

— Tu es trop petit, lui dis-je. Tu essaieras l'année prochaine.

— *Porte-moi* !*

C'est ce que je fis en le soulevant pour qu'il puisse voir l'ascenseur descendre en glissant par la petite fenêtre étroite de la porte.

Quand nous fûmes en haut, je fis rouler la poussette dans le couloir, car, si je réveillais Heidi maintenant, elle allait pleurer ou pleurnicher pendant au moins une heure, et je ne me sentais pas capable de le supporter. Le prix à payer serait qu'elle ne puisse pas dormir le soir.

Je mis les autres devant un film pour avoir la paix et préparer le dîner. Leur donnai à chacun une pomme, déchargeai les courses sur la table et les rangeai, les fruits dans la corbeille du placard, le lait dans le réfrigérateur, les légumes sur la table, la saucisse sur la planche à découper. J'avais pensé faire du riz, mais je changeai d'avis, il nous restait un peu de macaronis, je les pris à la place. J'allai chercher le téléphone dans le couloir, appelai Geir

Angell, mesurai l'eau et le lait, versai le tout dans une casserole, délayai le sachet de sauce ; j'avais commencé à mélanger le tout quand il décrocha.

— Qu'est-ce qui t'arrive ? dis-je. Tu réponds toujours immédiatement d'habitude.

— Je prenais un bain, mon livre a été mouillé et j'ai dû lui faire un brushing.

— Un brushing ?

— Oui !

J'entaillai le plastique rouge foncé qui recouvrait la saucisse, l'enlevai et me mis à la découper en petits morceaux.

— Comment ça va ? dit Geir. Toujours aussi mal ?

— Oui, exactement. » Je remplis une casserole d'eau et la posai sur la plaque. « Il me tient. Le pire qui puisse m'arriver, c'est qu'il se retourne contre moi. C'est un fait. Je suis terrifié. Par lui. Et par toute cette histoire. Je l'ai offensé. Il n'avait rien fait, rien réclamé. Et si je publie le livre, il ne pourra pas se défendre non plus. Il s'agit de sa mère, après tout. De vraies gens.

— Tu ne t'en étais jamais douté ? dit Geir.

— Non, tu sais ce que c'est quand on écrit.

— Je sais en tout cas ce que c'est d'être le sujet d'un livre.

— Tu ne m'as pas appelé pendant deux jours. Tu me maudissais.

— Dans un premier temps. Puis j'ai réfléchi. Je pense qu'Ernst Billgren avait raison quand on lui a demandé de commenter sa présence dans *Den högsta kasten* (« La caste supérieure »). Il a dit qu'il savait qu'il y avait un personnage dans le livre qui portait son nom. Cela ne convient pas dans mon cas, le personnage me ressemble trop, mais le fait est qu'il indique une échappatoire valable pour tous les personnages de roman : il y a un personnage qui porte mon nom dans ce livre.

— Mais tu es un littéraire. Je n'ai jamais vu le moindre livre chez Gunnar. Je ne crois pas qu'il lise. Et ça, ça change tout.

— Tu parles de lui comme d'un être sans défense ! Bon Dieu, tu n'as pas lu la lettre qu'il a écrite ? Il te présente comme un imbécile ! Et il l'a envoyée à ta maison d'édition ! Il veut te détruire, Karl Ove. Il n'est pas du tout sans défense. Tu ne dois pas le laisser faire. Je parie que tu t'es demandé si tu devais quand même publier tes livres.

— Oui, bien sûr.

— Dans ce cas tu laisses un comptable de Kristiansand décider de ce qu'est la littérature norvégienne. Tu ne peux pas faire ça, tu le comprends bien.

— Je le publierai. » J'allai chercher le paquet de macaronis dans le placard, en mis une bonne portion dans l'eau bouillante, remuai l'ensemble avec une cuiller, réglai la température. « La question est : de quel droit ? Celui de la littérature ? Oui, alors je dis que la littérature est plus importante que la vie d'un individu. Et cela va plus loin, je dis que *ma* littérature est plus importante que sa vie.

— Mais il ne s'agit pas de sa vie ! Il s'agit de la vie de ton père. Il est le frère, toi, tu es le fils. Le fils est plus proche.

J'inclinai la planche au-dessus de la casserole et fis glisser les morceaux de saucisse dedans, sortis quatre assiettes du placard et les disposai sur la table, ouvris le tiroir et y pris des couteaux et des fourchettes.

— Finalement c'est le droit qui va trancher, dis-je.

— Le droit ne peut pas trancher pour la littérature.

— Bien sûr qu'il peut.

— Bien sûr qu'il le fait, dirais-je. Agnar Mykle a été condamné, mais on lit toujours son livre.

— Il y a une grande différence entre offenser la morale sexuelle d'une époque et offenser un individu. En outre, il y avait un autre aspect dans le cas de Mykle. Apparemment c'est cette raison-là qui l'a perdu. Il a écrit sur des gens qui se sont reconnus dans le texte. Et pas dans n'importe quel contexte. Toutes les femmes avec lesquelles il a couché ont pu se reconnaître dans ses descriptions, c'est ça qui a causé le scandale. Autant que je m'en souvienne, Tarjei Vesaas a fait un commentaire quand il l'a compris, il a dit : « C'est assez malheureux » ou quelque chose d'approchant.

— Ha, ha, ha !

— Oui, tu peux rire. Mais Vesaas était un homme intègre. Peut-être le Norvégien le plus intègre qui ait jamais existé. S'il dit que quelque chose n'est pas bien, alors moi, je pense que ce n'est pas bien.

— Ce n'est pas toi qui m'as raconté qu'on avait trouvé une enveloppe contenant des photos de Marilyn Monroe dans ses affaires après sa mort ?

— Oui, même dans le péché, il était intègre.

— On peut le dire.

Je sortis quatre verres du placard, éteignis deux des plaques et remplis une carafe d'eau.

— Je dois raccrocher maintenant, dis-je. On va manger.

— Tu te sens bien ?

— Oui, oui. Il s'agit juste de m'en sortir.

— De quoi as-tu peur en réalité ?

— Eh bien, tu crois sérieusement que les journaux ne vont pas en faire des articles ? Que cela va se régler sans faire de bruit ? Ça va déclencher une tempête. On va parler de moi dans tous les journaux du pays.

— Réjouis-toi plutôt de tout l'argent qui t'attend !

Sans répondre, je me dirigeai vers le salon.

— Allez, haut les cœurs ! Ça va être amusant !

— On en reparlera plus tard.
— D'accord. Salut !
— À plus tard.
Je reposai le téléphone sur sa base.
— À table, dis-je en entrant dans la pièce.
Vanja marmonna quelque chose. Je me rapprochai.
— John dort, dit-elle.
Il était affalé comme un petit coussin dans un coin du canapé.
— On dirait bien que nous sommes les deux seuls à ne pas dormir, lui dis-je.
— Hum, fit-elle, absorbée par le film, *Mon voisin Totoro*.
— À table.
— Je peux avoir un plateau-télé ? S'il te plaît ?
— D'accord, puisque tu es toute seule. Et si tu promets de ne rien renverser.
Elle acquiesça. Je repartis dans la cuisine et versai les macaronis dans une passoire, en mis deux cuillerées sur une assiette, versai un peu de saucisse à la sauce Stroganoff dessus, découpai une tomate et la posai à côté pour faire joli, emportai le tout dans le salon et l'installai devant elle. Même si je n'avais pas faim, je croquai un bout de tomate en allant dans la chambre pour consulter mes mails. Rien de Gunnar, ni de personne. Mais la seule vue du nom de Gunnar et de l'objet de son message, « Viol verbal », me fit peur. Je m'étendis sur le lit et contemplai le plafond. L'angoisse et le désarroi revinrent en force. Je ne devais pas utiliser les enfants pour me remonter le moral, ce n'était pas bien, c'était eux qui avaient besoin de moi, et jamais, en aucun cas, ce ne devait être le contraire.

Je me relevai pour aller dans la salle de bains. Je pris des sacs bleus Ikea et triai le tas de linge sale pendant quelques minutes, il faudrait descendre à la buanderie demain après avoir conduit les enfants et voir si je trouvais un créneau pour m'occuper du lavage, me dis-je. J'en eus assez tout à coup, j'allai dans le couloir, m'arrêtai devant la porte ouverte et observai Vanja – elle tenait une fourchette pleine de nourriture mais ne la portait pas le moins du monde à sa bouche, fascinée par ce qu'elle regardait à la télévision.

Totoro rugissait. Un rugissement effrayant, mais en fait il était de bonne humeur, et cela faisait plaisir à voir.

Le téléphone sonna.

Je regardai l'écran.

Linda.

Je décrochai.

— Allô ?

— Hello, c'est moi, dit-elle. Comment tu vas ?

— Bien.

— Vous êtes rentrés sans problème ?

— Oui, tout s'est bien passé.

— Je peux leur parler ?

— Heidi et John dorment. Je vais demander à Vanja. » Je pressai le téléphone contre ma poitrine et allai dans le salon. « Tu veux parler à maman ?

— Tu peux mettre sur pause ?

Comme j'acquiesçais, elle tendit la main vers le téléphone.

— Allô, dit-elle en quittant la pièce.

Je cherchai la télécommande, la trouvai sur l'étagère, appuyai sur pause et sortis derrière elle. Elle était allée dans sa chambre. Quand elle me vit, elle ferma la porte.

Elle était devenue une grande fille qui voulait avoir la paix quand elle était au téléphone !

Je jetai un coup d'œil à Heidi qui continuait sa sieste dans la poussette. Je vérifiai que tout allait bien pour John, il dormait aussi. J'ouvris la porte du balcon, allumai une cigarette, en tirai une bouffée, l'aspirai puis repartis. Aucun endroit ne me convenait, aucune destination.

J'allai me verser un verre d'eau dans la cuisine, le vidai d'un trait. Je refis du café et le bruit du liquide qui coulait dans la cafetière agit sur moi comme un tranquillisant, je l'avais entendu toute ma vie et l'avais toujours associé à quelque chose de positif.

J'aurais seulement voulu être couché près de quelqu'un qui me caresserait les cheveux et me dirait que tout allait s'arranger.

Je n'avais pas désiré cela depuis l'enfance.

À l'époque, il n'y avait eu personne pour me faire ça. Maintenant ce serait possible, avec mon autorisation. Mais je ne l'avais jamais donnée. Il y avait quelque chose d'indigne, de presque dégradant dans cette scène.

C'était pourtant ce que je désirais.

Je retournai dans le couloir et ouvris la porte de la chambre des enfants. Vanja, qui avait grimpé sur la table, bavardait debout.

— Tu voudras bien me passer le téléphone quand tu auras fini de parler avec maman ? demandai-je.

— J'ai fini. *Au revoir, maman.*

Elle me tendit le combiné.

— C'est encore moi, dis-je en passant dans le couloir. Qu'est-ce qu'elle t'a raconté ?

Linda rit.

— Elle m'a seulement raconté ce qu'elle avait fait aujourd'hui.

— Tu sais, elle ne m'en a pas dit un mot. Et pour parler avec toi, elle a préféré être toute seule, comme si elle ne voulait pas que j'entende.

— C'était super de discuter avec elle. Elle a grandi.

— Oui, c'est vrai.

— Comment tu te sens ?

— Pas terrible. Mais ça va passer. Tu me manques.

— Tu me manques aussi. Je te rappelle ce soir ?
— Oui.
— Je pense qu'on va faire un barbecue. Mais on peut s'appeler vers vingt-deux heures ?
— C'est parfait. À plus tard.
— Salut.
Je raccrochai. Vanja avait remis le film en route toute seule. Elle n'avait pas touché à son repas.
— Tu devrais manger un peu, dis-je.
Elle soupira, prit deux bouchées, et repoussa son assiette.
— C'est tout ?
— Je n'ai pas faim.
— Mais tu ne vas pas tarder à faire des histoires pour avoir des tartines. C'est meilleur pour la santé que tu prennes ton dîner.
— Je n'ai pas faim, je te dis.
À mon tour de soupirer. Je repris l'assiette et la rapportai à la cuisine, la posai sur la table – elle pourrait la manger plus tard –, et sortis sur le balcon, regardai la place, rentrai, allai voir l'heure dans la cuisine, il était cinq heures et demie, je retournai dans la chambre pour consulter les mails. Rien. Je parcourus quelques sites de journaux, l'*Aftenposten* et le *Dagbladet*, regardai NRK, et lus quelques blogs littéraires que je suivais à moitié. Je m'intéressais un peu à l'un de ces sites car j'avais été moi-même invité à y participer, j'avais refusé mais je lisais ce que d'autres écrivaient. Une foule d'auteurs de premiers romans et de temps en temps un auteur un peu plus connu. Ceux qui commentaient les textes se comportaient tous comme des écrivains désireux de publier leurs livres, ils s'intéressaient particulièrement à l'écriture et à tout ce qui concernait l'édition. Leur point de vue sur la littérature et ce qu'ils écrivaient sur les auteurs étaient dans l'ensemble infantiles, ils s'énervaient pour un rien et

se considéraient visiblement comme des gens très importants, capables d'analyses profondes.

Il me vint à l'esprit que c'était exactement ce que Gunnar pensait de moi.

Presque mot pour mot. Mon ego était minable, mais, à mes propres yeux, extraordinairement développé, c'était ce qu'il avait écrit.

Donc j'étais un individu minable, mais je ne m'en rendais absolument pas compte et au contraire je pensais que j'étais important et mon œuvre essentielle.

J'acceptais d'être un minable, mais je nourrissais de grandes espérances, non pas pour moi, mais pour ce que j'avais fait ou allais faire. Cette œuvre, je le pensais dans les moments optimistes, apparaîtrait peut-être grande un jour. Mais comment un individu minable pourrait-il créer quelque chose de grand ? La grandeur extérieure ne devait-elle pas dépendre de la grandeur intérieure ?

Comment osais-je juger insignifiants les commentateurs des blogs ? En me plaçant au-dessus d'eux, j'étais en fait exactement comme eux : important à mes propres yeux.

À mes propres yeux, j'étais un écrivain bien meilleur que la plupart des autres. Rares étaient ceux que je lisais dont je pensais : voilà le niveau que je ne réussirai jamais à atteindre. Après mes débuts, je croyais que ce que j'avais fait, écrire le plus intimement sur moi-même, tout le monde pouvait le faire, il ne s'agissait que d'écrire. Dès mon deuxième roman, j'avais non seulement écrit à la troisième personne mais raconté une histoire aussi éloignée que possible de moi et de ma réalité d'alors. Cela m'avait ouvert des perspectives. Le niveau que je n'avais pas pu atteindre était étroitement lié à la personne qui avait écrit. Thomas Bernhard, par exemple, tout ce qu'il avait fait et écrit était hors de portée pour moi.

Même chose pour Jon Fosse. Mais ce n'était pas le cas pour un écrivain comme Jonathan Franzen. À lui, je pouvais me comparer, et certainement le dépasser. De même que Coetzee, lui aussi un écrivain à qui manquait ce don spécial de la personnalité qui permettait de pousser la littérature à l'extrême. Ce qu'il avait écrit était à ma portée, et pourtant il avait eu le prix Nobel. La question était de savoir si l'excellence n'était pas liée à la personnalité. Si c'était ce qui rendait l'exceptionnel exceptionnel. Et quel serait l'intérêt d'atteindre le niveau juste en dessous de l'excellence, le niveau de bon écrivain, parfois même d'écrivain reconnu dans le monde littéraire, tant qu'existerait le niveau d'excellence ? Parce que la valeur réside dans le travail, pas dans le jugement sur ce travail. Quelle que soit la nature de ce travail, on s'engage à le faire de son mieux. Si l'on est charpentier, on doit bâtir des charpentes aussi bien et aussi minutieusement que possible. Là se trouve la satisfaction du devoir accompli. Si l'on est un charpentier ordinaire, qui fait des charpentes normales, sans panache, qui part au travail chaque matin et qui s'occupe de sa famille l'après-midi et le soir, doit-on être contrarié par l'existence quelque part, loin en Autriche, d'un charpentier hors normes, du charpentier des charpentiers, qui réalise les charpentes les plus fantastiques du monde, et doit-on s'interroger sur l'intérêt de ses propres charpentes, certes correctes et solides, mais jamais spectaculaires ? Faut-il abandonner le marteau et les clous à cause de ce maître charpentier là-bas, en Autriche ?

Non, il ne faut pas abandonner. Il faut continuer à faire des charpentes selon ses capacités. Et peut-être même se réjouir d'être au moins meilleur charpentier que ce charpentier auquel le journal s'est intéressé récemment, parce qu'on le connaît, il n'est pas aussi bon que tout le monde le dit. D'accord, cela semble bon à première vue, mais à y regarder de plus près, c'est du travail bâclé. Rien à voir avec son propre travail bien solide !

Toute la valeur résidait dans le travail, pas dans le jugement porté sur le travail.

Aux yeux de Gunnar, je n'étais pourtant qu'un parvenu qui croyait être quelqu'un, un neveu bouffi de prétention qui aurait marché sur son cadavre pour se mettre en valeur.

À ses yeux, mon œuvre n'avait aucune valeur.

Or l'écriture était si fragile. Ce n'était pas difficile de bien écrire, mais c'était difficile de faire vivre son écriture et, dans un même mouvement, d'ouvrir le monde et de le resserrer. Quand cela ne marchait pas, et cela ne marchait jamais vraiment, pas vraiment, je restais là comme un idiot prétentieux, pour qui me prenais-je à vouloir écrire pour les autres ? Peut-être étais-je plus malin qu'eux ? Avais-je accès à une vérité secrète qu'ils ignoraient ? Mes expériences étaient-elles particulièrement dignes d'intérêt ? Ma conception du monde particulièrement renversante ?

Gunnar m'avait pointé du doigt. Il avait dit : je te connais. Tu crois être quelqu'un. Mais tu n'es qu'un petit merdeux. Et tu t'es mêlé de ce qui ne te regarde pas, et que tu ne comprends même pas. Si tu maintiens ton projet, je te traînerai au tribunal. Et il y aura du sang. Je t'écraserai. Toi, espèce de petit merdeux de neveu.

Tel était son message.

Il m'avait déjà averti quand, à l'âge de dix-sept ans, j'avais écrit un article condescendant sur Sissel Kyrkjebø dans le journal local, *Fædrelandsvennen*. Pour qui te prends-tu, avait-il dit, tu as dix-sept ans et tu te permets de parler avec mépris d'une artiste qui vend deux cent mille disques ? Il avait honte de moi, visiblement parce que nous portions le même nom, et qu'on l'associait donc à mon article. Kristiansand était une petite ville où tout le monde lisait *Fædrelandsvennen*.

Moi, j'étais très fier d'avoir mon nom dans le journal. Mais quand il m'avait dit ces mots, je n'avais plus su où me mettre, j'avais rougi, il avait frappé juste. Je mesurais le monde d'un point de vue indépendant, avec lequel j'appréciais la qualité de tout ce qui relevait de la culture. Lui ne savait rien de ce monde culturel, il le jugeait stupide et c'était ce que je ressentais quand il m'évaluait à l'aune du monde réel. L'aune du monde adulte et responsable. Je rejetais ce monde, mais seulement quand j'étais seul, car, dès que j'y étais confronté, que faisais-je ? Je baissais la tête et j'avais profondément honte.

Je repoussai ma chaise, les joues en feu, et je rejoignis Vanja.

— Tu veux voir le film ou plutôt *Bolibompa* ? dis-je.

— *Bolibompa*. Ça commence maintenant ?

J'acquiesçai, arrêtai le DVD avec la télécommande et mis la chaîne pour enfants. Elle était restée longtemps toute seule devant la télévision, c'était trop, et, bien que je fusse inquiet et angoissé, je m'assis près d'elle. Comme elle me faisait rarement un câlin de sa propre initiative, mais qu'elle était contente quand je la prenais dans mes bras, je l'enlaçai et l'entraînai sur mes genoux. Elle écarta mes bras mais resta là.

John dormait sans bouger à l'autre bout du canapé, sa respiration était sifflante, ses cheveux trempés de sueur. La lumière du soleil cognait contre les fenêtres, mais les stores fermés bloquaient les rayons et seule une vague lueur blanche et dansante parvenait à les traverser, tandis que de la porte vitrée du balcon, qui n'était pas protégée, s'écoulait dans la pièce un cône de lumière plein de grains de poussière qui flottaient comme des électrons.

— *J'ai faim**, dit Vanja. *Je voudrais une tartine**.

Je poussai un long soupir.

— Tu exagères, dis-je. Je te l'avais bien dit que tu ne tarderais pas à réclamer une tartine ! C'est ton dîner que tu dois manger le soir. Pas du pain. Tu le sais.

Elle ne répondit pas.

— Tu veux que j'aille te chercher ton assiette ?

— Non. Je peux avoir une pomme ?

— Si tu manges un petit peu de ton assiette.

— Non, je ne veux pas.

— OK, dis-je. Tu peux avoir une pomme. Mais dans ce cas, va la chercher toute seule.

Elle glissa de mes jambes, se précipita dans la cuisine, et quand elle fut revenue en mordant dans une pomme elle s'installa près de moi.

Je me levai et partis chercher un pyjama propre. L'air était rare et chaud, j'ouvris les deux petites ventilations au-dessus de la fenêtre et les bruits de la ville déferlèrent dans la pièce.

Le sol était presque entièrement recouvert de jouets. Je me dis qu'il faudrait que je range le lendemain. J'ouvris un tiroir, je trouvai une chemise de nuit. Heidi dormirait dans la robe qu'elle portait, John en short ; avec un peu de chance ils ne se réveilleraient pas quand je les mettrais dans leurs lits.

— Enfile ça, dis-je en lui jetant sa chemise de nuit sur la tête.

Elle la prit et me sourit, puis elle commença à se déshabiller toute seule sans quitter la télévision des yeux. J'allai chercher sa brosse à dents et, dès qu'elle se fut changée, je lui brossai les dents.

— Je te lis une histoire ici ou dans ton lit ?

— *Mais* Bolibompa *n'est pas fini* !*

— Ça se termine dans deux minutes. Alors le lit ou le canapé ?

— Le lit.

J'allai consulter leur bibliothèque. Je pêchai trois livres pour qu'elle puisse choisir. *Raiponce* des frères Grimm, *Gittan och fårskallarna*, (« Gittan et les têtes de mouton »), un livre de Petra, celui où elle va pour la première fois au jardin d'enfants.

— Mais John et Heidi ? dit-elle quand j'eus éteint la télévision. Ils ne vont pas se coucher ?

— Je les porterai au lit quand je t'aurai lu ton histoire.

— Je veux aussi être portée.

— Bien sûr, dis-je. Tu veux faire comme si tu dormais ?

— Non. Juste que tu me portes.

Je la soulevai et la portai dans son lit, m'assis à côté d'elle et lui demandai de choisir un livre. Elle montra *Raiponce*. Cela tombait bien, c'était celui que je préférais. Plus tôt dans l'été, j'avais passé deux jours en Allemagne, j'avais fait une lecture un soir dans un château, au milieu des terres où les frères Grimm avaient collecté leurs contes pendant de nombreuses années, à ce que l'on m'avait dit.

— « Raiponce, Raiponce, fais descendre tes cheveux ! » dis-je à Vanja, assise à côté de moi sur le lit du bas et occupée à regarder les images pendant que je lisais.

Je ne savais pas pourquoi elle tenait tant à cette histoire, elle négligeait les autres, mais pas celle-ci. Au début du conte, un homme et une femme doivent donner leur enfant à une sorcière, et ce devait être terrorisant pour un enfant, ou peut-être était-ce justement cela qui l'attirait, ou peut-être que c'était merveilleux d'imaginer une femme qui faisait pendre ses cheveux d'une tour et un homme qui les utilisait pour grimper et la délivrer. À mes yeux le conte de fées est une sorte d'archétype littéraire, le plus proche de la force initiale de la littérature. Au premier abord, on y découvre toutes sortes de transformations, dont celle du monde en conte de fées, et comme cette transformation constitue une forme de simplification, la réalité se réduit à quelques figures si précises et si nettes après avoir pris la forme de tant d'avatars que leur vérité dépasse toute expérience personnelle des circonstances – c'est la même chose pour tout le monde –, et que, lorsque ces figures différentes sont mises en mouvement, un gouffre s'ouvre chez tous ceux qui écoutent l'histoire, un gouffre sans fond. J'avais longtemps pensé à situer un roman dans cet univers-là, dans des forêts où vivaient des trolls et des fantômes, des pauvres et des rois, des ours et des renards qui parlaient, et dans la Norvège du XIXe siècle qu'Asbjørnsen et Moe avaient traversée quand ils avaient recueilli leurs contes populaires. Christiania, Telemark, les vallées intérieures de la région d'Østlandet. Mais ce travail m'aurait pris de nombreuses années, un temps que justement je n'avais pas. Pourtant, chaque fois que je lisais un conte de fées aux enfants, j'avais à nouveau envie d'en faire quelque chose. L'un des contes de Grimm surtout était troublant, celui de la femme qui tombe dans un puits et ressort dans un autre monde. Malheureusement, dans l'édition que nous avions, les contes étaient si mal traduits que c'en était une honte. Mais Vanja ne s'en doutait pas, et c'était pour elle que nous lisions.

— Bon, dis-je quand j'eus fini la dernière page. Maintenant tu dors.

— Tu peux me chatouiller et me chanter une chanson pour m'endormir ?

— Bien sûr.

Elle se mit sur le ventre, je relevai sa chemise de nuit et effleurai son dos de mes ongles. C'était ce qu'ils appelaient « chatouiller », et je devais le faire chaque soir, pendant que nous chantions ensemble.

Qui peut naviguer sans vent ?
Qui peut ramer sans rames ?
Qui peut être séparé de son ami
sans verser de larmes ?

Je peux naviguer sans vent,
je peux ramer sans rames.
Mais je ne peux être séparé de mon ami
sans verser de larmes.

Après avoir chanté, je la recouvris de sa couette et lui enlevai ses lunettes, que je posai sur la petite commode à côté de son lit.

— Papa ? dit-elle.

— Oui ?

— Je peux te demander quelque chose ?

— Quoi ?

— Pourquoi est-ce qu'il ne peut pas être séparé de son ami sans pleurer ?

— Pourquoi crois-tu que c'est un homme ?

— Parce que c'est toi qui as chanté.

— C'est vrai. Je suppose qu'il aime beaucoup son ami, tu ne crois pas ?

— Oui, dit-elle en posant la tête sur l'oreiller, apparemment satisfaite de ma réponse. Bonne nuit.

— Je reviens. Il faut que j'aille chercher ton frère et ta sœur.

— Oh, j'avais oublié.

J'allai chercher John en premier, que j'étendis tout doucement dans son lit à barreaux, puis Heidi, ce qui allait causer plus de difficultés ; il fallait l'extraire de la poussette et cela la réveilla, elle hurla non ! non ! et se débattit, je la serrai contre moi et courus dans la chambre, pouf, je la fourrai dans le lit au-dessus de Vanja, en espérant que l'intrusion de la réalité dans son sommeil avait été si rapide qu'elle ne l'avait pas interrompu, et heureusement, après s'être assise, mise à genoux et m'avoir fixé pendant quelques secondes, elle se rallongea sur le côté, ferma les yeux et se remit à respirer profondément.

— Bonne nuit, encore une fois, dis-je à Vanja avant d'éteindre la lumière du plafond.

— Tu peux laisser la porte ouverte ?

— Bien sûr. Dors bien.

— Dors bien.

J'allai consulter ma boîte mail. Aucun nouveau message. D'un côté c'était un soulagement, de l'autre c'était angoissant, Tonje et Jan Vidar avaient eux aussi reçu le manuscrit depuis longtemps et ils n'avaient pas répondu ; il ne pouvait y avoir qu'une seule explication.

Pour tempérer leurs réactions, ou peut-être d'une certaine façon pour garder le contrôle, je pris la décision de leur envoyer un second message. J'écrivis donc à Tonje le mail suivant :

Chère Tonje,

Comme je n'ai pas eu de tes nouvelles, j'imagine que tu es peut-être bouleversée et choquée de tenir une place dans un roman sans que l'on t'en ait demandé l'autorisation. Il m'a semblé que je n'y disais pas de mal de toi, bien au contraire, comme Tore l'a dit quand il l'a lu : « Tonje est vraiment une princesse, tout le monde est heureux quand elle apparaît », mais je comprends que le simple fait d'apparaître dans un roman puisse te poser problème. Si tu le veux, et tu le voudras certainement, je changerai bien sûr ton nom et les noms de ton entourage, ainsi tu ne seras pas associée à ce roman (pour d'autres raisons que le fait d'avoir été autrefois mariée à son auteur mais, cela, on ne peut pas le changer).

Bien à toi,

Karl Ove

J'écrivis à peu près le même message à Jan Vidar. Après avoir envoyé ces mails, j'allai jeter un coup d'œil aux enfants, ils dormaient tous les trois, j'attrapai le téléphone et sortis sur le balcon, m'assis, me versai une tasse de café, allumai une cigarette et appelai ma mère.

Elle répondit tout de suite.

— Allô ?

— C'est Karl Ove. Tu as pu lire le message ?

— Oui, je l'ai lu.

— Qu'est-ce que tu en penses ?

— Je suis révoltée, si tu veux savoir. Et bouleversée. Je me suis demandé ce que j'allais lui répondre. Mais finalement c'est peut-être mieux d'attendre un peu.

— Tu ne dois pas te soucier de lui répondre, dis-je. Si tu entres dans son jeu, tu vas te mettre au même niveau que lui.

— Tu as certainement raison. Grand-père m'a dit un jour qu'il ne fallait jamais répondre à des paroles délirantes. C'est un bon conseil. Mais je suis si fâchée que j'aurais plaisir à lui dire deux mots. Il signe son message en tant que frère de ton père. Ton père n'aurait jamais fait une chose pareille, tu peux en être sûr.

— Je ne sais pas trop quoi penser de ça, répondis-je en riant. Tu es ma seule source.

— Qu'est-ce que tu veux dire par là ?

— C'est ce qu'il écrit. Que c'est toi qui m'as influencé.

— Ah, oui, ça. Que je sois responsable de toi, bien que tu aies quarante ans, c'est vraiment une conception étrange. Pendant combien de temps est-on responsable des actes de ses enfants ?

— Il m'a vu grandir, à ses yeux j'ai encore dix ans, à mon avis.

— Tu as raison. Mais que je haïsse à ce point les

Knausgaard, c'est absurde. J'étais plutôt renfermée et timide quand j'ai intégré cette famille à vingt ans, il a raison sur ce point, et ta grand-mère était une femme ouverte et chaleureuse, surtout avec ses enfants, oui. Il y a donc un peu de vérité dans ce qu'il écrit. D'une certaine façon, il a fait de moi une caricature. Je peux comprendre qu'il m'ait perçue comme ça.

— Comme une averse glaciale venue du Vestland ?

— Oui. Sa visite chez nous a dû le perturber fortement. Une maison de paysans, écrit-il, cela fait bizarre de la voir nommée ainsi, mais par rapport au milieu auquel il était habitué, c'est vrai, nous étions pauvres. Le milieu culturel aussi était très différent. Tout cela a dû lui faire peur. Ma mère était taciturne, elle ne parlait quasiment pas, cela a dû être complètement inhabituel pour lui.

Il y eut un silence. Je m'allumai une nouvelle cigarette et étendis les jambes sur la rambarde, tout en observant le ciel d'été gris-bleu, empli d'avions qui atterrissaient et décollaient dans les deux aéroports, Kastrup et Sturup.

— Il y a une chose dans ce qu'il a écrit qui m'a particulièrement bouleversé, dis-je après un moment. C'est le fait qu'il ait vu notre situation quand nous étions petits. Ce qu'il écrit sur les « gamins ». Il dit que tu as fait preuve de négligence envers nous en ne t'opposant pas à papa et en n'intervenant pas au moment où nous en avions le plus besoin. Je ne m'étais jamais rendu compte que quelqu'un trouvait que papa ne se comportait peut-être pas bien envers nous. Mais lui, il l'a vu. C'est le cas puisqu'il a écrit ce mail. Il en tire une tout autre conclusion que moi, bien sûr, puisque j'y étais et que je sais donc à quel point tu as été ma bouée de sauvetage, mais le seul fait que quelqu'un ait vu la situation, ou en ait eu connaissance, me touche. Bizarrement.

— C'est le fait d'être vu. Je comprends que cela te touche. Surtout si, comme tu l'as dit, tu l'avais considéré comme un père de substitution.

— Oui, il faut creuser ce point. Je m'en rends compte. Il faut chercher au plus profond.

— Mais ton père te voyait, tu dois le savoir. Il savait qui tu étais.

— Ça, permets-moi d'en douter.

— Si tu veux. Mais c'est vrai.

Je pleurai quand elle me dit ces mots, mais en silence, sans que ma voix me trahisse, pour qu'elle ne le remarque pas. Nous bavardâmes encore une bonne demi-heure au sujet de Gunnar et de ses messages, très peu du livre qui avait provoqué cette réaction, mais plutôt des deux familles, la sienne et celle de papa. Elle m'en dit plus sur la manière dont elle avait vécu son entrée dans sa belle-famille au début des années soixante, et sur qui était papa à cette époque. Elle avait fait la même chose quand il était mort, je lui avais téléphoné plusieurs fois tous les jours et elle avait cherché à le rétablir à mes yeux et me rappeler encore et encore qu'il avait peut-être été un homme torturé, mais qu'il avait aussi été quelqu'un de remarquable ; intelligent, profond, érudit, curieux, visionnaire. Elle savait que j'avais besoin d'une image valorisante de mon père et elle m'offrait celle qu'elle avait connue, me montrant comment il apparaissait à des yeux d'adulte quand j'étais enfant.

Elle faisait la même chose maintenant.

Cela m'emmenait très loin sur un terrain mouvant. Le mail de Gunnar donnait une image de la famille dans laquelle j'avais grandi qui était totalement différente de la mienne, et l'image que maman donnait de papa était, elle aussi, différente de la mienne, impossible à faire coïncider avec l'expérience que j'avais de lui. C'était comme si tout était remis en question chez moi.

La première chose que je fis après avoir reposé le téléphone au terme de notre conversation fut d'appeler Linda.

— Hello, dit-elle.

— Tu es seule ?

— Oui, je suis dans ma chambre. C'est agréable ici. Et Helena s'occupe si bien de moi.

— Vous avez fait un barbecue ?

— Oui. C'était super. Mais comment tu vas ? Et comment ça s'est passé avec les enfants ?

Je lui racontai la journée. Nous évoquâmes les messages de Gunnar, mais je ne voulais pas qu'on s'y attarde. Elle me parla plutôt de ce qu'elle avait ressenti, de ce qu'ils avaient fait, du lieu où elle était. Pendant qu'elle parlait, je me souvins d'une autre conversation que nous avions eue, au début de l'été où nous étions sortis ensemble. Elle était allée chez sa mère près de Gnesta, c'était la première fois depuis que nous étions en couple que nous étions séparés. Elle me manquait au point que tout mon corps souffrait. À cette époque j'avais aussi imaginé le décor autour d'elle, j'avais construit en pensée une maison, un jardin et même une forêt. Plus tard, dans les premières semaines d'automne, je vis réellement les choses, c'était bien sûr très différent, beaucoup plus fort, de sorte que les premiers rêves que j'avais faits disparurent sans laisser de traces, confrontés au poids et à la présence de la réalité. Elle m'avait raconté qu'ils s'étaient baignés ce jour-là, qu'elles s'étaient étendues, sa mère et elle, sur la jetée et qu'elle lui avait lu trois textes que j'avais écrits et qui avaient été publiés dans un recueil que je lui avais offert. Sa mère les avait trouvés magnifiques, avait-elle dit, et elle riait de bonheur. Plus tard dans la soirée, elle leur avait parlé de moi, et ils m'aimaient déjà. J'étais dans mon appartement, sa voix rauque dans mon oreille, et je me représentais la pièce où elle était, elle, le seul être que j'aimais et que je désirais plus que tout.

Sur les photos que nous avions prises à cette époque, nous semblions presque effroyablement jeunes. Linda avait vingt-neuf ans, moi trente-trois. Linda faisait toujours jeune, alors que moi j'avais maintenant l'air d'avoir vécu des années dans la rue, j'avais une allure ravagée, les rides sur mon front étaient des sillons quasiment caricaturaux, mon nez s'était allongé et il pointait, et mes yeux semblaient toujours exorbités même quand j'étais calme.

Comme je l'avais aimée. Elle avait été la seule personne qui comptât pour moi. Tout le reste, je n'en avais rien à foutre. Cela ne pouvait pas durer, je me serais consumé, mais était-ce vraiment là que nous devions en arriver ? Était-ce pour cela que nous nous étions unis ?

Il n'était pas trop tard cependant. Tout n'était pas perdu. Tout était toujours possible.

— Je voudrais que tu sois là, en ce moment, dis-je.

— Cela me fait plaisir, Karl Ove.

— Ce n'est pas une parole en l'air.

— Je l'entends. Tu me manques aussi.

— C'est bien ce que je dis. La distance fait du bien.

— Ha, ha, ha.

Nous nous souhaitâmes bonne nuit, je raccrochai et allai consulter ma boîte mail. Rien. De personne. Je surfai sur Internet une demi-heure avant de me déshabiller et d'aller me coucher. Il était seulement neuf heures moins dix mais, si je voulais être prêt à affronter sereinement le lendemain matin, je devais être reposé. De plus Heidi s'était endormie si tôt qu'elle serait probablement debout vers cinq heures du matin, si ce n'est avant.

Je me réveillai vers dix heures et demie, quand Vanja vint dans la chambre en trébuchant dans sa couette, ce qui ne l'empêcha pas de se rendormir aussitôt. Quand je me réveillai une seconde fois, John se tenait devant le lit son doudou à la main, et il me regardait.

— *C'est le matin maintenant** ? dit-il.

Je consultai le réveil. Il était cinq heures et quart.

— Si on peut dire. Tu veux ton petit déjeuner ?

Il répondit affirmativement.

— Va dans la cuisine, j'arrive.

Il obéit.

Je me levai et repensai aux messages de Gunnar. En chemin, je ramassai les journaux devant la fente de la porte avant d'aller dans la cuisine. Celle-ci était à l'est, où le soleil teintait de rouge l'horizon. J'installai John sur sa chaise, je posai devant lui un bol plein de muesli et de lait caillé, versai de l'eau dans la cafetière, déposai un filtre, y versai du café et mis la machine en route. Pendant qu'elle gémissait et crachotait, je parcourus les pages sportives et culturelles des deux journaux.

— Bonjour, papa ! dit Heidi du pas de la porte.

Elle rayonnait.

— Bonjour, Heididi. Muesli ou cornflakes ?

— Des cornflakes. Mais c'est moi qui verse le lait.

— D'accord.

Elle fila, je l'entendis traîner la petite chaise de la chambre le long du couloir. Elle grimpait dessus quand elle voulait attraper ses plus beaux habits rangés en tas dans la penderie mobile Ikea que nous avions placée à côté de l'armoire. Deux secondes plus tard, elle revint vêtue d'un haut rose pâle aux motifs de fraises et d'une jupe en jean Hello Kitty. Le haut était son vêtement favori ; si on l'avait écoutée, elle l'aurait porté vingt-quatre heures sur vingt-quatre.

— Comme tu es élégante, dis-je.

Elle se contenta de sourire.

— *Moi aussi, je suis élégant**, dit John.

— Mais tu n'as pas encore mis tes habits, dis-je.

Heidi, si. C'est pour ça que je lui ai dit qu'elle était élégante. Tu as encore tes habits d'hier !

— Oui, dit-il.

Je remplis un bol de cornflakes que je plaçai devant Heidi avec une brique de lait, sortis sur le balcon chercher la thermos, y versai le café, trouvai une tasse dans le placard, la remplis avec le café restant que je n'avais pas eu la place de verser dans la thermos et emportai la tasse sur le balcon. La porte avait seulement une poignée à l'intérieur, c'était très dangereux, car, si d'un seul coup les enfants venaient près du balcon et voulaient ouvrir ou fermer le levier, et s'ils y réussissaient, c'était fichu, on se retrouvait enfermé dehors. Ils étaient trop petits pour arriver à déverrouiller. Vanja y parvenait, mais pour l'instant elle dormait. Je coinçai donc le levier en position de verrouillage mais en laissant la porte entrouverte avant de m'installer pour fumer.

L'air était froid, mais le ciel était dégagé et le soleil rougeoyant montait à l'horizon. J'avais mal aux abdominaux, comme si je m'étais entraîné la veille. Toute la tension avait apparemment atteint les muscles.

Je perçus un mouvement derrière la vitre, et j'eus le réflexe d'empêcher la porte de se bloquer, avant de me rappeler qu'il n'y avait aucun danger et que je pouvais me rasseoir.

Heidi poussa la porte.

— J'ai tout renversé, papa, dit-elle.

— Ce n'est pas grave.

— Tu peux venir ?

— Je finis juste mon café et j'arrive. Rentre.

Elle n'obéit pas, poussa davantage la porte et fit un pas sur le balcon.

— Heidi, rentre ! Tu n'as pas le droit d'être ici.

— Je voulais juste voir, dit-elle, vexée.

— Rentre, j'arrive. D'accord ?

— D'accord.

Pourquoi ne pouvait-elle pas attendre trois petites minutes pour me laisser profiter en paix de la première cigarette de la journée et de mon café ? Cinq minutes de tranquillité, c'était tout ce que je demandais.

J'insufflai une dernière bouffée dans mes poumons, finis mon café et allai les rejoindre. Une mare de lait avait coulé sur la table, atteint le coin et goutté sur le sol. Je pris un morceau d'essuie-tout et épongeai.

— Tu l'as fait exprès ? demandai-je, ce faisant.

Je levai les yeux vers elle, elle s'était assise sur sa chaise et suivait tous mes mouvements.

Elle secoua la tête.

— OK, dis-je. Mais tu peux quand même manger ce qu'il y a dans ton bol !

— Mais il est plein à ras bord, dit-elle.

Je ne répondis rien, portai le bol dans l'évier, fis couler un peu de lait et de cornflakes, essuyai le dessous et le bord du bol et le remis devant elle.

— Voilà, dis-je. Mange maintenant.

— Tu es fâché, répliqua-t-elle.

Dans sa bouche, c'était un reproche.

— Je ne suis pas fâché, Heidi, pas du tout. Je n'ai simplement pas envie de passer toute ma matinée à éponger. Mais ce n'était pas ta faute. Tout va bien.

— *On est le matin** ? dit John.

— Oui, dis-je. Quand le soleil se lève, c'est le matin. Quand il se couche, c'est le soir.

— Pas en hiver, fit Heidi.

— C'est vrai, tu as raison. Mais c'est vrai en été. Et qui a son anniversaire en été ?

— Moi ! dit John.

— Et c'est la semaine prochaine !

— Qu'est-ce que j'aurai comme cadeau ? demanda Heidi.

— Toi ? Ce n'est pas ton anniversaire, n'est-ce pas ?
— Mais papa ! dit-elle.
— Je ne sais pas ce que tu auras. Un sac de carottes peut-être ?
— Quoi ?
— Un sac de *carottes**, peut-être, répétai-je.
— Quoi ?
— C'est une blague, Heidi.
— Quoi ?
— *Je plaisantais**.
— *T'as pas le droit de plaisanter**, dit-elle.
— Même pas un petit peu ?
Elle secoua la tête.
— Alors je n'ai pas le droit d'être fâché ni celui de plaisanter.
— Non.
Elle pencha la tête en avant et se mit à avaler son lait et ses cornflakes. John avait fini, il avait du lait caillé tout autour de la bouche et le pan de table devant lui était gluant de muesli détrempé.
— Tu en veux encore, John ? demandai-je.
Il secoua la tête. Je fis le tour de la table et le soulevai, lui frottai la bouche avec un autre morceau de papier essuie-tout, déchirai les attaches de sa couche et la déposai avec le papier dans la poubelle sous l'évier.
— Tu es cul nu, John, dit Heidi.
— *Non, je ne suis pas ça* !* dit John, soudain furieux.
Il sortit de la cuisine au pas de charge.
Heidi rit de son rire éclatant. Je lui souris, allai chercher une couche à la salle de bains et suivis John. Il se mit à courir quand il s'en aperçut.
— Stop ! dis-je en courant derrière lui.
Je le soulevai, il battit des jambes mais pas pour protester, et il se tint ensuite tranquille quand je le posai sur le canapé et lui mis sa couche.

— Voilà, dis-je.

J'allai dans la chambre pour allumer l'ordinateur et consulter la boîte de réception. Vanja avait tiré la couette sur sa tête, et seule une mèche de cheveux qui dépassait sur l'oreiller révélait sa présence. Je la laissai tranquille, ouvris ma messagerie – rien, sauf les actualités de l'*Agderposten* et une annonce d'Amazon. Je lus les titres sur les sites de presse, d'abord *Klassekampen*, puis *Aftenposten*, *Dagbladet*, *Dagsavisen*, *VG*, *New York Times*, *Guardian*, *Expressen* et pour finir *Aftonbladet*.

Une demi-heure plus tard, avec Vanja à gauche de la poussette, John sur le siège et Heidi à droite, je sortis de l'immeuble, gagnai le croisement, traversai, puis allai de Södra Förstadsgatan jusqu'au 7-Eleven, où nous prîmes à gauche, puis à droite, et dix minutes après nous étions devant le portillon du jardin d'enfant, Vanja tapa le code et Heidi poussa la porte. Les premiers arrivés étaient derrière dans la cour et il ne me resta plus qu'à descendre John de la poussette, la ranger contre le mur, capter le regard de Nadje pour lui signaler que les enfants étaient là, avant de rentrer à la maison. Au retour je passai par le 7-Eleven, où j'achetai des cigarettes et une boîte d'allumettes. Je m'arrêtai devant l'entrée et allumai une cigarette, pendant qu'un énorme camion-poubelle vert vrombissait derrière moi. Les bruits de la rue jaillissaient de tous côtés, composant une petite symphonie.

Désormais on ne disait plus camion-poubelle. Comment disait-on maintenant ? Camion environnemental ?

Je descendis la rue tout en fumant. La fréquence des bus était élevée le matin et ils faisaient trembler le sol en passant à toute vitesse. L'air était vif et frais à l'ombre, chaud et lourd au soleil ; on allait encore avoir une belle journée. Non que cela eût la moindre importance. J'allais rentrer et dormir un peu, puis je chercherais à avancer dans mon travail.

Notre immeuble fut bientôt en vue, je jetai ma cigarette, et parcourus rapidement les derniers mètres jusqu'à la porte d'entrée, en contournant la foule de visages blêmes et vides à l'arrêt, où arrivait justement un bus dans un bruit de déchirement – il m'avait bien fallu un an pour comprendre que ce bruit provenait du passage des grosses roues sur les plaques d'égout le long du trottoir. Je dépassai le croisement et atteignis la porte de l'immeuble, que j'ouvris avec mon badge. Je montai l'escalier, déposai mes cigarettes sur l'étagère de l'entrée, débranchai le téléphone, descendis les stores de la chambre et me mis au lit pour dormir un peu.

Je m'éveillai d'un rêve une heure et demie plus tard. Mon tee-shirt était mouillé et l'oreiller trempé là où j'avais posé la tête. Le besoin de sucre me fit aller à la cuisine, où j'arrachai une grappe de raisin que j'engloutis à toute vitesse pour rétablir mon taux de glycémie, puis je retournai dans la chambre consulter mes mails.

Un nouveau mail de Gunnar dans la boîte de réception.

Je me levai et ouvris la porte du balcon, marchai sur les lattes sombres du plancher semblable au pont d'un bateau, pour aller du côté où le soleil étincelait, observai le Hilton, ses trois ascenseurs qui grimpaient et descendaient le long de leurs tubes de verre.

Il fallait en finir.

Il fallait affronter la situation, pas question de me cacher.

Oui, il était furieux contre moi. Oui, j'avais fait quelque chose d'abominable. Je devais l'assumer. Prendre les choses comme elles venaient, les accepter.

Mais d'abord une cigarette.

Je rentrai chercher le paquet sur l'étagère de l'entrée puis allai à l'autre bout du balcon, déjà brûlant sous les rayons du soleil. Je n'arrivais pas à rester assis, j'allumai une cigarette, je m'agrippai à la balustrade et contemplai six étages plus bas le toit en papier goudronné, finis par m'asseoir, tirai trois bouffées, écrasai ma cigarette, retournai dans la chambre, ouvris la boîte mail et lus le message le plus vite que je pouvais.

Il débutait par une information très formelle, comme quoi il avait exprimé son opposition à la publication de ce livre par téléphone à la maison d'édition. Cependant, vu l'importance de dater sa protestation dans l'éventualité d'un procès, il se voyait contraint d'envoyer ce message. Il exposait les exigences suivantes : lui et son épouse devaient être supprimés du livre. La description de sa mère et de la vie de cette dernière avant et après la mort de mon père devait être supprimée du livre. La description de la dernière phase de la vie de son frère, qui avait été un fardeau pour son entourage, devait être supprimée du livre. La description des frères de son père et des histoires fausses et mensongères sur leurs relations devait être supprimée du livre. Il n'y avait jamais eu de conflits entre eux, ils étaient restés en bons termes toute leur vie. Toute mention du nom de Knausgaard devait être supprimée du livre. Tous les autres noms devaient être changés. Tout usage, toute description de lieux identifiables où sa famille avait vécu devait être supprimé du livre. Toutes les erreurs vérifiables devaient être retirées. Il avait plus de cinquante exemples, écrivait-il, soit de purs mensonges, soit de faits erronés par ignorance. Il ne demandait pas dans cette présente requête que tous ces mensonges soient corrigés, la liste en serait transmise lors de l'éventuel procès.

Que la responsabilité prépondérante de la mère de l'écrivain dans la tragédie de son frère ne soit pas mentionnée dans le livre, il trouvait cela inouï, mais il n'avait aucune exigence à ce sujet. Il y avait beaucoup plus à dire sur ce point, les problèmes qu'il avait évoqués n'étant pas exhaustifs, et il espérait sincèrement qu'il n'aurait pas besoin de rendre le tout public par la suite. Qu'une maison d'édition respectable comme Oktober ait jugé bon de publier un tel roman sans prendre contact avec ceux qui étaient concernés, il trouvait cela scandaleux. Que lui-même ait justement été contacté et que ce message soit une réponse à l'envoi du manuscrit, il semblait ne pas vouloir en tenir compte. Il était trop en colère. Il présentait mon manuscrit comme un texte documentaire, et c'est pour cette raison qu'il estimait que la famille aurait dû être contactée par l'éditeur, ils l'auraient alerté sur tous les mensonges, toutes les distorsions et toutes les omissions qui s'y trouvaient. Comment était-il possible qu'une maison d'édition respectable n'ait pas vérifié l'authenticité des sources ? Circonstance aggravante, le manuscrit avait été écrit dans le but exclusif de gagner de l'argent. C'est dans ce but, devenir riche, que, moi, j'avais exposé ma propre famille sur la place publique. Publier un tel livre était résolument inacceptable, parce qu'il était mensonger et qu'il portait atteinte au respect de la vie privée. S'il ne recevait pas une réponse immédiate à ce message, le livre ainsi que les différents e-mails seraient envoyés à la fois à un avocat et à la presse dans les plus brefs délais. Il mentionnait *VG* et le *Dagbladet*. Si ce livre devait paraître, ce livre qui déformait la vérité et mentait, il faudrait raconter aussi l'autre aspect de l'histoire et les tabloïds se déchaîneraient. Tout l'argent que l'auteur et l'éditeur avaient voulu se faire avec ce texte passerait en dommages et intérêts.

Donc, il voulait tout livrer à la presse. Et aller au procès.

Je m'étendis sur le lit, recroquevillé, en serrant mon oreiller contre moi. Au bout d'un moment je me levai, allai dans le couloir, pris le téléphone et composai le numéro de Geir Angell.

— J'ai reçu un autre message, dis-je quand il décrocha.

— Du nouveau ?

— Il veut tout révéler à la presse si je ne fais pas ce qu'il veut. Et il veut faire un procès.

— Du calme ! Tu peux me l'envoyer ?

— Oui, tout de suite.

— Je te rappelle dès que je l'ai lu. OK ?

— OK.

Je raccrochai, me rendis dans la chambre et transférai le mail à Geir, puis j'allai dans la salle de bains, le téléphone toujours à la main. Je jetai un coup d'œil aux trois sacs Ikea, allai dans la cuisine, me versai un verre d'eau et le bus. Je le reposai sur la table, allai dans le salon, ouvris la porte du balcon et la refermai immédiatement, retournai dans la chambre, me recouchai sur le lit, me relevai, fixai l'écran du téléphone. Refis le numéro de Geir Angell.

— Tu n'en peux plus ? dit-il.

— Oui.

— J'ai presque fini de le lire. Attends une minute.

Je me levai et me plantai devant la porte du balcon, tirai le fil qui actionnait les stores, l'attachai, sortis de la chambre dans le couloir.

— Mais, Karl Ove, il n'y a rien de nouveau dans ce message. Il brandit deux menaces. Il dit qu'il va faire un procès si le roman sort sous sa forme actuelle, et il dit aussi qu'il va livrer aux tabloïds sa propre version de l'histoire. Mais le roman n'est pas encore sorti. Les journaux peuvent seulement dire qu'un oncle veut stopper la parution d'un roman qui parle de sa famille. Personne ne peut réagir tant que le roman n'est pas publié. S'il le fait, ce sera une magnifique publicité. Tout le monde voudra lire le roman. Calme-toi. Il est juste en colère. Ce n'est pas grave. Il ne peut rien faire.

— Il peut tout balancer à la presse et il peut faire un procès. Tu t'étonnes que j'aie peur ?

— Non, ce n'est pas étonnant. Mais ce n'est pas si terrible non plus. Il se fait menaçant parce qu'il veut arrêter la parution. Il cherche à te faire peur pour que tu fasses ce qu'il veut.

— Il est efficace.

— Mais tu n'es pas sûr qu'il veuille vraiment utiliser la force.

— Quel enfer !

— Détends-toi. Tout va bien se passer.

— C'est l'enfer. C'est vraiment l'enfer.

— Que quelqu'un soit en colère contre toi ?

— Ce n'est pas aussi insignifiant que tu le penses.

— Je n'ai jamais dit que c'était insignifiant. J'ai dit que ce n'était pas grave.

Je ne répondis rien, je regardai par la fenêtre du salon le soleil qui frappait les vitres du Hilton.

— Que dirais-tu si je venais maintenant ? proposa Geir. On viendra vendredi de toute façon, je suis seul avec Njaal, ça n'a donc aucune importance que l'on soit ici ou ailleurs. Qu'en dis-tu ?

— C'est possible pour toi ?

— Bien sûr. Avec Njaal qui me tourne autour, de toute façon je n'arrive pas à travailler.

— Il n'est pas chez sa nourrice ?

— Tu veux que je vienne ou pas ?

— Je ne te l'aurais jamais demandé d'habitude. Tu le sais bien. En plus c'est toi qui me l'as proposé.

— C'est oui ?

— On dirait bien.

— Super ! On partira demain de bonne heure, tu

nous trouveras devant ta porte dans… oui, à peu près vingt-quatre heures.

Nous continuâmes à bavarder une bonne demi-heure. Après avoir raccroché, je téléphonai à Geir Gulliksen. Il répondit immédiatement.

— Tu as eu le mail ? demandai-je.

— Je l'ai eu. Il est vraiment enragé, ton oncle.

— C'est bien ce qui me fait peur, qu'il aille tout déverser aux journaux. Ils vont se jeter sur le sujet, s'ils en ont l'occasion.

— Tu ne penses pas que ce n'est qu'une façon de te mettre sous pression ?

— Je pense qu'il est suffisamment furieux pour faire n'importe quoi.

— Il a écrit qu'il leur donnerait le manuscrit. C'est illégal, tu le sais. Le roman n'a pas encore été publié et c'est toi qui en as le copyright. Mais je vais demander à Geir Berdahl de prendre contact avec lui. Le plus important, c'est que nous puissions nous arranger.

— Tu as vu la liste de ses exigences ?

— On s'y attendait. Ce qu'il veut, en fait, c'est que le livre ne paraisse pas.

— Changer les noms de tous ceux de la famille, les rendre anonymes, ainsi que les lieux, c'est faisable. Mais supprimer mon père et ma grand-mère, c'est impossible. Il ne resterait plus rien du roman. Je ne peux pas supprimer le nom de papa. C'est le sujet du roman. Il s'agit de mon père. Je ne peux pas faire ça.

— On verra ça au cas par cas. Mais le roman tient et peut survivre sans les noms.

— Sans les noms de l'entourage, d'accord. Mais ma limite est le nom de papa. Je ne céderai pas sur ce point.

— Pour l'instant, l'essentiel est de faire en sorte qu'il ne révèle rien à la presse. Nous devons trouver un accord au plus vite.

Après avoir raccroché, je téléphonai aussitôt à Espen. Ensuite, j'appelai Tore. Puis Linda. Puis Geir Angell à nouveau. Je passai toute la journée au téléphone et, quand je ne faisais pas des allées et venues avec le téléphone collé contre l'oreille, je restais sans bouger sur le lit dans la chambre dont les stores étaient baissés et je cherchais à faire le mort. Même étendu sur le lit, j'avais toujours le téléphone à la main. J'avais commencé à épuiser chez les autres toute forme de patience, j'en avais conscience ; par exemple si je rappelais Espen, puis Tore, je risquais de dépasser la limite de ce que je pouvais attendre d'eux. Eux-mêmes ne pensaient pas ainsi, j'en étais convaincu, mais moi si, ils avaient des choses à faire, des familles, leur vie à vivre. Linda, c'était autre chose, mais elle était en vacances, je ne pouvais pas tout déverser sur elle. Vis-à-vis de maman, je n'avais pas ces réticences, elle avait une patience inépuisable pour tout ce qui concernait nos problèmes et notre vie, à Yngve et moi, mais elle travaillait la journée et pour le moment je ne pouvais pas me décharger sur elle. J'aurais pu le faire avec Yngve, mais il était partie prenante dans cette affaire d'une manière complexe, il n'y était pas extérieur comme les autres, il était coincé entre le marteau et l'enclume. Il ne me restait plus que Geir Angell – lui, je n'avais pas peur de l'embêter, à lui je pouvais demander de tout laisser tomber pour m'écouter raconter mes problèmes, mais bon il y avait quand même des limites et, si ce jour-là je lui avais déjà téléphoné trois fois, est-ce que quatre ce ne serait pas trop ?

Pendant que je gisais immobile, les yeux fixés sur la table sous la fenêtre, à une demi-heure du moment où il faudrait aller chercher les enfants, le téléphone s'éclaira. Je regardai l'écran. C'était un numéro qui commençait par 0047. Un numéro de portable. Tant que je ne décrochais pas, Gunnar ne pouvait rien me faire, me dis-je, et ce fut avec une vague de soulagement intense que je vis apparaître le prénom « Yngve », au moment où l'appareil sonna.

— Allô ?

— Quel truc horrible avec Gunnar, dit-il.

— Oui. J'en suis désolé. Mais au moins il ne te mêle pas à tout ça.

— C'est aussi de ma mère qu'il s'agit, n'oublie pas.

— C'est vrai.

— Tu savais qu'il la voyait comme ça ?

— Non. Je ne m'en doutais absolument pas.

— Moi non plus. Il n'y a plus qu'à espérer qu'il ne va pas tout raconter aux journaux. Qu'en dit la maison d'édition ?

— Ils veulent trouver un accord dès que possible. Et ils ont mis un avocat sur l'affaire.

— Qu'est-ce qu'ils en pensent, alors ?

— Je ne sais pas encore. Ils s'en occupent.

J'entendis à sa voix qu'il était atteint. Pourquoi n'avais-je pas pu laisser le passé tranquille, pourquoi avait-il fallu que je remue toute cette vieille affaire de merde et toute cette haine recuite ?

Je raccrochai et allai dans la cuisine, mangeai deux tartines de pâté avec des betteraves debout près de la table – le ventre vide, il me serait presque impossible d'aller chercher les enfants sans déverser ma mauvaise humeur sur eux. Je fis passer le tout avec un grand verre d'eau, hésitai à aller fumer sur le balcon avant de partir, mais décidai de griller une cigarette sur le chemin, je pris le sac des ordures dans la poubelle sous l'évier, le nouai et le déposai sur le paillasson devant la porte afin d'enfiler mes chaussures. Puis je pris les clés dans le placard, me penchai pour attraper le sac et empruntai l'ascenseur jusqu'au sous-sol. La porte qui menait aux caves était ouverte, un homme en sortit et vint à ma rencontre, c'était le voisin d'en face, un énorme gaillard dans la soixantaine, je tombais sur lui de temps en temps dans l'immeuble, en montant ou en descendant, il remplissait toujours les petites pauses gênantes par des remarques sur le temps qu'il faisait, et il élargissait volontiers la conversation en m'interrogeant sur la météo en Norvège. Je lui dis bonjour, il m'informa qu'il y avait eu un cambriolage dans la nuit et il me suggéra d'aller vérifier ma cave. Je lui dis qu'il n'y avait rien de valeur dedans, et que ce serait même un service à nous rendre que de nous prendre quelque chose. Il ne jugea pas bon de faire le moindre commentaire, pour lui un cambriolage était chose sérieuse, ou alors il n'avait pas bien compris ce que j'avais voulu dire. C'était sûrement ça, me dis-je, et ayant franchi la deuxième porte je longeai le couloir.

Je jetai le sac dans le grand container, qui était presque vide, traversai une nouvelle fois la minable pièce sale pour regagner le couloir ; un des carreaux de la porte extérieure, en haut de l'escalier, était cassé. Cela arrivait souvent. Mon premier vélo à Malmö avait disparu dans les trois jours, j'avais été assez idiot pour le laisser dehors juste avec l'antivol. Le suivant, je l'avais toujours attaché dans le sous-sol, sauf une fois, et dès le lendemain matin il s'était envolé. Ils avaient eu l'obligeance de dévisser le siège enfant et de le déposer gentiment sur le sol avant de filer avec le vélo. Une autre voisine, une femme âgée que j'avais entendue un matin quand elle était restée coincée entre deux étages dans l'ascenseur – elle tapait et criait au secours d'une voix chevrotante –, avait alors dit que c'était Chicago ici. L'expression me plut beaucoup, si Chicago avait pu être le symbole de la criminalité et de la violence dans les années cinquante, ce n'était plus du tout vrai depuis l'an 2000, mais cela restait dans l'esprit des vieux. C'était Chicago, on avait volé des vélos au sous-sol et on s'était introduit dans les caves, jusqu'où irait-on ?

La lumière extérieure était violente et je mis mes lunettes de soleil. L'air était chaud mais instable, un coup de vent envahit la rue et les feuilles des arbres devant moi bougèrent. Une file de voitures stationnaient au feu rouge. Les piétons traversèrent, le vent ébouriffait leurs cheveux. Les gens me dépassaient comme des ombres, je ne distinguais rien d'eux, sauf leurs mouvements, sur lesquels je réglais automatiquement les miens. Je longeai les boutiques Åhléns, Hemköp, Maria Marushka, ou celle dont je n'arrive jamais à retenir le nom, celle où maman avait l'habitude d'aller chaque fois qu'elle venait nous voir, Myrorna, 7-Eleven, et, au coin de la rue Norra Skolgatan, le magasin de vélos Hojen. La rue était à l'abri du vent. La chaleur frappait l'asphalte. Les voitures roulaient lentement au milieu de tous les vélos qui faisaient route de Möllevangen vers le centre. Le propriétaire de la petite boutique tenue par des immigrés était dehors au pied de l'escalier et regardait autour de lui. Je m'arrêtai devant le portillon du jardin d'enfants et tapai le code. Ils jouaient tous dans la cour de derrière. Un jet d'eau était installé au milieu, des petits l'entouraient, certains d'entre eux tout nus. Ça hurlait et ça riait. Un peu plus loin, il y avait un vélo avec sa remorque. Il appartenait à des parents qui étaient déjà là quand nous étions arrivés. Depuis beaucoup ne venaient plus, en tant que parents nous appartenions déjà au groupe des vétérans. Le problème était que j'avais écrit sur ces parents dans mon deuxième roman.

Mais pour l'heure j'avais l'esprit tranquille. Aucun de ceux qui étaient présents dans cette cour ne soupçonnait ce que j'avais fait. Le deuxième volume ne paraîtrait pas avant deux mois, et il était plus que douteux que le livre soit traduit en suédois.

— Papa ! cria John, qui arriva en courant sur l'asphalte.

Je le soulevai et le lançai en l'air.

Vanja était sur une balançoire en compagnie de Katinka, elles m'avaient repéré et hurlaient tant qu'elles pouvaient. On voyait le visage de Heidi apparaître à la fenêtre ouverte de la petite maison près du bac à sable. Elle m'aperçut et accourut. Je la pris aussi dans mes bras. Puis j'allai voir les employées pour savoir comment s'était déroulée la journée. Tout s'était bien passé, répondirent-elles, les enfants étaient de bonne humeur et s'étaient bien amusés tous ensemble.

Il me fallut une demi-heure pour réussir à les rassembler tous les trois et à les convaincre de rentrer à la maison. John dans la poussette, Vanja et Heidi la main sur les poignées de chaque côté. Vanja bavarda tout le long du chemin, Heidi dit un mot de temps en temps, sans s'occuper de sa sœur, John resta tout tranquille, attentif à ce qui se présentait devant ses yeux. À peu près au même endroit que la veille, Heidi refusa de marcher davantage, il s'écoula dix minutes avant que nous ne reprenions notre route. Devant Hemköp, ce fut le tour de Vanja, elle ne voulait à aucun prix aller faire des courses avant de rentrer à la maison. Ne pouvais-je pas les ramener à la maison et descendre faire des courses *après* ? J'essayai de lui expliquer que ce n'était pas possible quand maman n'était pas à la maison, mais elle ne voulut rien entendre. Cinq minutes plus tard, comme je leur avais dit qu'ils pourraient avoir chacun un petit pain, nous passions les portes automatiques et pénétrions dans le supermarché frais et bruyant. John voulait marcher, il le fit savoir, j'essayai de l'en empêcher le plus longtemps possible – il n'était pas aussi obéissant que ses sœurs, et c'était un euphémisme ; il était capable de s'arrêter devant n'importe quel objet qu'il convoitait et de ne plus bouger d'un pouce jusqu'à ce qu'on le mette dans le panier, ou alors il était capable de se sauver ; je finis par céder et le sortis de la poussette. Lorsque nous atteignîmes le rayon des produits laitiers, il avait déjà disparu. Je demandai à Vanja et à Heidi de ne pas bouger et je parcourus les rayons tout en surveillant les deux côtés. Je le trouvai au rayon de la nourriture pour chiens, il s'était couché sur le dos et observait le plafond. Il rit quand il me vit. Je l'attrapai par le col de son tee-shirt, le soulevai et le balançai comme un sac sur mes épaules pour le ramener à la poussette, je l'y fourrai, il rit aux éclats jusqu'à ce qu'il comprenne que désormais il y resterait, et cela le contraria. J'achetai des pots de yaourt, ce qui le calma, et nous retraversâmes les rayons jusqu'aux caisses, où je payai et emballai les provisions avant de ressortir au soleil. Vanja et Heidi mâchonnèrent leur petit pain. Nous traversâmes la rue et passâmes par le centre commercial, non pas pour acheter quoi que ce soit, mais parce que c'était plus court. La sortie de derrière était proche d'une aire de jeux. Je portai un peu Heidi sur un bras pour aller plus vite, et de l'autre les courses tout en guidant la poussette. Puis je la reposai et portai un peu Vanja, il aurait été inconcevable de faire autrement, il fallait faire preuve d'équité. Quand nous arrivâmes à l'aire de jeux, qui grouillait d'enfants, je m'assis sur un banc et allumai une cigarette pendant qu'ils se précipitaient sur les équipements. Quelques minutes après, John débarqua, il se coucha à moitié sur le banc et dit qu'il voulait rentrer à la maison. Je lui caressai les cheveux et lui répondis que l'on partirait bientôt. Non, non, maintenant, dit-il. Non, bientôt, dis-je. À ce moment précis mon téléphone sonna, je n'avais aucune inquiétude, seuls ceux qui comptaient pour moi avaient mon numéro de portable. « Numéro privé » apparut sur l'écran.

— Allô ?

— Allô ? dit Geir. Tu es dehors ?

— Oui. À l'aire de jeux.

— Comment tu vas ?

— Je n'ai pas encore sauté du balcon. Je m'en prends aux enfants à la place.

— Se suicider ne te ressemble pas. Tu es plutôt du genre à te mettre la tête dans le sable.

— Tu as tout à fait raison. Mais ce n'est pas cela le plus fascinant chez l'autruche. J'ai vu un jour un documentaire sur ces animaux-là. Elles sont grandes et incroyablement costaudes, avec des griffes très dangereuses, et sais-tu ce que font les éleveurs quand ils doivent s'en approcher ?

— Ils leur mettent un sac sur la tête ?

— Oui, mais seulement après. Pour qu'elles restent tranquilles. Mais avant ça, quand ils s'approchent pour leur mettre le sac sur la tête ?

— Je ne sais pas.

— Ils tiennent, très haut au-dessus de leur tête, un bâton, un balai ou autre chose. Quand l'autruche voit quelque chose de plus haut qu'elle, elle n'attaque pas. Elle a vraiment un minuscule cerveau. Ha, ha, ha !

— Ha, ha, ha.

— L'autruche a trois règles de vie : s'il vient un manche à balai plus haut que moi, je ne bouge pas. Si je suis menacée, je me cache la tête dans le sable. Si l'on me met un sac sur la tête, je crois que le monde disparaît et que l'on ne me voit plus.

— Ce sont tes règles de vie que tu me décris.

— Oui, pourquoi crois-tu que je te raconte ça ? Mais c'est fascinant, non ? C'est une créature si ancienne. Elle n'a pas besoin d'un cerveau plus développé, elle s'est toujours bien débrouillée.

— Tu peux garder tes fascinations pour toi.

— C'est la même chose pour les crocodiles et les requins. Ils sont aussi anciens que les autruches. Ils se comportent de façon entièrement mécanique, il n'y a chez eux ni improvisation ni choix, ils n'ont pas de discernement : si quoi que ce soit tombe dans l'eau près d'eux, ils le gobent et tentent de le manger, que ce soit un bidon en plastique ou une mine. Ils engloutissent tout. J'adore cette idée qu'autrefois tout était aussi primitif et simple, une sorte de monde biologico-mécanique, et que quelques rares créatures en sont issues et vivent encore à notre époque.

— J'entends parler de primitif, de simple, de biologico-mécanique et, crois-moi, les crocodiles et les autruches ne sont pas les premières idées qui me viennent à l'esprit.

— Tu es le dernier des freudiens.

— Tout le monde l'est. Seulement on ne le sait pas. Éros et Thanatos, c'est là l'essentiel. Mais pour ce qui te concerne, ta tactique d'autruche ne te réussit plus tellement. On va te voir partout quand ton livre sortira. Tu seras une autruche sans sable.

— Attends un peu. Je sens l'inspiration venir. Je tiens un vers... Je suis Jean sans table, je suis une autruche sans sable, je suis si bête que c'est incroyable.

— Je te retrouve ! Bravo, Karl Ove ! D'une façon ou d'une autre, on doit rire de tout. Il n'y a que cela à faire. La vie est une comédie. Tout est absurde quand tu commences à y réfléchir.

— Ce n'est pas moi que tu as entendu. C'était quelqu'un qui parlait à travers moi. Je ne suis que son instrument. Le vrai moi est déprimé et abattu.

— C'est pourquoi je place Cervantès au-dessus de Shakespeare. La comédie est plus vraie que la tragédie. Il n'y a qu'à rire de tout.

— Tu dis cela parce que tu viens d'Hisøya. On n'y prend pas la vie au sérieux. Là-bas, il n'y a que des nihilistes et des cyniques. Mais moi, je viens de Tromøya. Le foyer du sérieux et de la tragédie.

— Je croyais que c'était Athènes ?

— Tu croyais à tort. Il y a beaucoup de gens qui confondent Arendal et Athènes. Aristote venait de Froland, et Platon d'Evje, dit-on. Les cyniques venaient d'Hisøya. Aristophane habitait à Kolbjørnsvik. Et Sophocle vivait à Kongshavn.

— Oui, oui, oui. Ça va comme ça. En fait je téléphonais pour savoir si je devais prendre mes draps ou ma couette ou autre chose.

— Pas la peine. On a tout.

— OK.

— À plus tard.

— C'est bien ce qui me fait peur.

Une fois rentrés à la maison, Vanja, Heidi et John disparurent dans les différentes pièces pendant que je posais les sacs de courses sur la table et rangeais les provisions, j'ouvris deux paquets de boulettes de poisson et je les mis à frire, en même temps je fis cuire des pommes de terre et du chou et je râpai quelques carottes. Je n'avais pas rangé dans la cuisine depuis la veille, il y en avait partout et j'essayai de mettre un peu d'ordre pendant que la nourriture grillait et cuisait, mais je me contentai de vider le lave-vaisselle, il fallait aussi que je change la couche de John qui avait fait caca, et ce qui durait d'habitude quelques minutes prit beaucoup plus de temps, parce qu'il n'y avait plus de lingettes et que je dus le doucher. Il cria de peur quand je le mis dans la baignoire, se débattit pour sortir et je dus le tenir fermement par le bras d'une main tandis que de l'autre je le douchais malgré ses hurlements.

— Voilà, dis-je tout en le maintenant. C'était si terrible que ça ?

Il continua à crier. Je le reposai sur le sol et l'essuyai avec une grande serviette. Lui mettre une couche propre et lui enfiler son short, autant ne pas y penser ; il traînerait tout nu jusqu'à l'heure du repas. Dans leur chambre, Vanja se mit à hurler à pleine voix et Heidi à pleurer. J'abandonnai John et allai voir. Heidi pleura plus fort quand elle me vit.

— Qu'est-ce qui s'est passé ?

— Heidi m'a tapée ! dit Vanja.

— *Vanja m'a embêtée* !* dit Heidi.

Vanja avait taquiné Heidi, c'était sa spécialité, et Heidi, qui maîtrisait moins bien le langage que son aînée d'un an et demi, l'avait frappée par frustration.

— Il ne faut pas taquiner Heidi, Vanja, dis-je.

— Je ne l'ai pas taquinée, dit Vanja. Mais elle, elle m'a *tapée**.

— Oui, ce n'est pas bien. Il ne faut pas frapper, Heidi. » Je les regardai : « Bon. Vous êtes réconciliées ?

Elles dirent non toutes les deux.

— Dans ce cas vous ne pouvez pas jouer ensemble. Heidi, tu viens avec moi dans la cuisine.

— Non, dit-elle.

John trottinait dans le couloir, complètement nu.

— Toi alors, Vanja ?

— Je veux rester ici.

— C'est possible que vous restiez ensemble ? Sans vous disputer ?

Vanja fit oui de la tête, Heidi fit non.

— OK, dis-je. Alors vous restez ici toutes les deux. Mais même si je vous entends vous disputer et crier très fort, je ne viendrai pas vous consoler. Maintenant, il faut que je prépare le dîner.

J'allai à la cuisine, où John essayait de grimper sur sa chaise. Voir les petits manger à table tout nus, c'était une des choses que je ne tolérais pas. J'allai dans la salle de bains chercher une couche et je trouvai le vieux short gris qui avait déjà servi à Vanja et à Heidi, je pris aussi un tee-shirt vert avec le dessin d'un dauphin bleu et je les lui enfilai avant de l'installer sur sa chaise haute. Les boulettes de poisson étaient presque noires d'un côté, je les retournai et réglai la température, enfonçai une tige, ou je ne sais trop comment on appelle ça, dans la plus grosse pomme de terre, qui était encore un peu dure au milieu, mis les assiettes sur la table, versai de l'eau dans une carafe, sortis les verres et les disposai ainsi que les couteaux et les fourchettes, pris un plat dans le placard et tendis à John un des petits chiens en plastique de Vanja, mais il le jeta par terre avec dédain en disant qu'il avait faim mais qu'il ne voulait pas de boulettes de poisson.

Je vidai le lave-vaisselle des derniers ustensiles, que je rangeai dans le placard et dans les tiroirs. J'entendis Heidi pleurer encore. Quelques minutes plus tard, arrivée dans la cuisine, elle se serra fort contre moi, puis recula et raconta en sanglotant ce que Vanja avait fait. Je ne compris pas tout, mais je déclarai que le repas était prêt et qu'elle pouvait se mettre à table. Il fallait encore attendre un peu avant que les pommes de terre soient bien cuites, mais les plus petites étaient peut-être bonnes et c'était l'heure de manger.

J'égouttai les pommes de terre, les plaçai une à une dans le plat avec une cuiller, y glissai aussi les boulettes de poisson, coupai le chou en morceaux, que je disposai d'un côté du plat – il y avait de la place –, et je mis à part les carottes râpées dans une petite coupe en verre.

— Vanja, criai-je. À table !

Je mis deux boulettes de poisson dans chaque assiette et épluchai une pomme de terre pour chacun, je me levai pour aller chercher Vanja, elle était en train de bouder par terre près du mur et elle ne voulut pas me regarder quand je m'accroupis près d'elle.

— C'est prêt, ma super grande fille, dis-je. Allez, viens manger.

— Tu écoutes toujours Heidi.

— Ce n'est pas vrai. Je n'ai pas vraiment écouté ce que Heidi a raconté, pour être tout à fait franc. Viens. Tu as besoin de te remplir le ventre. C'est la raison de vos disputes.

— Pourquoi ?

— Parce que vous n'avez pas mangé.

— Mais je n'ai pas faim.

— OK. Viens quand tu veux.

Je retournai m'asseoir à la table de la cuisine, leur coupai les boulettes en petits morceaux, leur mis à côté dans l'assiette un peu de chou et de carottes, même s'ils ne daignaient pas y toucher. Je mis dans mon assiette une bonne portion de légumes et cinq boulettes de poisson, que j'engloutis en quelques minutes. Il était six heures moins dix. Je me levai et commençai à remplir le lave-vaisselle. Heidi se laissa glisser de sa chaise.

— *Bolibompa* va commencer, dis-je. Tu veux que je te le mette ?

Elle acquiesça. Dans mon dos John cria que lui aussi voulait voir l'émission. Je le fis descendre et j'allumai la télévision avec la télécommande, allai voir Vanja pour lui dire que *Bolibompa* commençait et continuai à remplir le lave-vaisselle. Vanja vint et prit une boulette avec les doigts même si elle savait que je n'aimais pas cela ; je ne dis rien, je remplis de produit de lavage la petite case sur le côté de la porte, la refermai puis mis le lave-vaisselle en route. Je lavai rapidement à la main les poêles et les casseroles, les essuyai et les rangeai. Je laissai la nourriture sur la table, dans l'espoir qu'elles viendraient manger si elles avaient faim, et j'allai consulter mes mails dans la chambre. J'évitai soigneusement d'être happé par les deux envois de Gunnar pendant que je consultais les messages récents, dont aucun n'était particulièrement important. Ensuite j'appelai

Linda pour lui demander si elle voulait parler avec les enfants, pas spécialement pour leur faire plaisir mais juste pour les occuper. John lui dit bonjour et approuva de la tête ce qu'elle lui disait pendant quelques secondes, puis il me rendit le téléphone. Heidi lui raconta ce qu'elle avait vu, sans lui préciser que c'était ce qu'elle venait de regarder à la télévision, du coup on avait l'impression que c'était elle qui se trouvait au pays des merveilles, tandis que Vanja, comme la veille, alla s'enfermer avec le téléphone pour être seule.

— Bon, dis-je à Linda quand Vanja m'eut rendu l'appareil cinq minutes plus tard, tout se passe bien là-bas ?

— Oui. C'est juste un peu bizarre d'être sans vous.

— C'est clair. Mais c'était un peu le but, non ?

— Nous nous sommes baignés aujourd'hui. On n'a rien fait de la journée. Maintenant on va refaire un barbecue.

— C'est une bonne chose que vous ayez un pompier sur place, dis-je en sortant sur le balcon.

Le plancher était chaud et le métal de la balustrade où je posai mes bras, bouillant.

— Il dirige les secours, dit-elle.

— Encore mieux.

— Tu devrais le rencontrer un jour. C'est un *homme du Nord**. Toujours calme et cool quoi qu'il arrive. Tu sais, exactement comme ma famille de là-bas. Comme tous les gens du Nord.

— Qu'est-ce que tu fais en ce moment ?

— Je suis couchée et je lis. Je suis un peu fatiguée à cause de tout ce soleil que j'ai pris.

— Je ne suis presque pas sorti de l'appartement, dis-je.

— Qu'est-ce que tu as fait ? Tu as travaillé ?

— Non, en fait je n'ai rien fait. Que téléphoner.

Derrière moi, John se tortillait près de la porte. Il

m'interrogea du regard pour savoir s'il avait le droit, et comme je ne disais rien, il se mit à traverser en courant les vingt mètres du balcon.

— À propos des messages ? demanda-t-elle.

— Oui, à propos des messages.

— Dommage que tu gaspilles une telle énergie là-dedans.

— Une chose est sûre, c'est que je n'ai pas le choix.

— Je comprends. Mais c'est quand même dommage.

— C'est comme ça. On pourrait peut-être se parler plutôt ce soir ? Il faut que je les couche bientôt. Et il faut que je fasse un peu de rangement.

— Oui. Tu peux m'appeler ?

— D'accord. À plus tard alors.

— *À plus tard**.

À l'autre bout du balcon, John se dirigeait vers la chaise. Je me précipitai. S'il montait sur la chaise, il serait juste à la bonne hauteur pour passer par-dessus la balustrade. Cela avait été notre plus grande peur depuis que nous avions emménagé ici.

Je l'agrippai par la taille et le soulevai assez haut pour qu'il puisse se pencher et voir les gens qui passaient en dessous.

— Cours, dis-je. Et je t'attrape.

— OK, dit-il.

Il partit en se dandinant. Je le poursuivis, il se retourna et hurla quand il vit que j'étais tout près de lui, je le laissai prendre un peu d'avance puis je le saisis et le lançai en l'air.

— Encore !

— Non, maintenant on rentre. Vous devez aller vous coucher.

— Non !

— Si !

Je l'entraînais dans un piège, et nous entamâmes notre bon vieux jeu du oui/non – je changeai soudain de réponse et il répéta la même chose que moi une ou deux fois avant de comprendre et de changer de réponse lui aussi ; du coup il ne s'intéressait plus au balcon.

J'allai chercher leurs pyjamas dans leur chambre, ils les enfilèrent tout en regardant la télévision, et protestèrent quand je l'éteignis, ils voulaient voir le programme suivant, mais, comprenant qu'ils n'arriveraient pas à me convaincre, subitement ils se mirent à avoir faim. Pas question pour autant de manger les boulettes de poisson.

— Non, dis-je en sentant que je perdais patience.

Si je leur donnais une tranche de pain à chacun, ils la mangeraient tranquillement pendant que je leur lirais une histoire. Si je ne le faisais pas, ils geindraient, gémiraient et nous conduiraient dans une impasse dont la seule issue serait de les contraindre, ce qui voudrait dire des pleurs et des bouderies pendant toute la soirée, ou de leur céder, ce qui reviendrait à perdre la face.

Même si je savais ce qu'il valait mieux faire, il n'était pas sûr que j'y parvienne. À mesure que ma patience déclinait, montait en moi l'envie de punir.

— C'est le poisson ou rien, dis-je.

— Mais on a faim ! se récria Vanja.

— Mangez votre poisson alors.

— On n'en veut pas.

Je haussai les épaules.

— Alors vous irez vous coucher en ayant faim.

— Mais papa, dit Vanja.

— Plus un mot sur le sujet. Allez dans votre chambre, et je viens vous lire une histoire.

Je choisis *Allons-y* pour John, *Les Trois Petits Cochons* pour Vanja et Heidi.

Vanja s'assit contre le mur du fond sous la fenêtre et croisa les bras sur sa poitrine.

— Je n'écouterai pas, dit-elle.

— Moi non plus, ajouta Heidi.

— Alors je lis une histoire à John, conclus-je en l'entourant de mes bras.

Je lisais *Allons-y* depuis que Vanja avait eu dix mois, elle et moi, nous le connaissions par cœur. Pour le moment, je le lisais le plus vite possible sans me soucier que John veuille montrer qu'il savait les noms de toutes les choses. Quand j'eus fini, je le déposai dans son lit à barreaux et tirai les stores.

— Bonne nuit, dis-je en sortant de la pièce et en traversant le salon pour me rendre sur le balcon, où je m'assis et allumai une cigarette.

À peine deux secondes plus tard, Vanja apparut.

— J'ai faim, dit-elle, et tu dois nous lire un livre.

— Va te recoucher.

Je regardai dehors les toits et les murs rougis par le soleil.

— Bouuuuuuh ! hurla-t-elle.

— Tu vas arrêter ça, non ? Il est tard, il faut que tu dormes.

— Tu es bête ! cria-t-elle.

— C'est possible. Mais je suis ton père. Et si ton père est bête, c'est dommage pour toi, pas pour moi.

Elle rentra, ses épaules tremblaient un peu. Je me versai une demi-tasse de café, il était tiède, je la vidai en deux gorgées. Quand je retournai à l'intérieur, on se serait cru au zoo. Vanja et Heidi hurlaient toutes les deux.

— Qu'est-ce qui se passe ? dis-je en les regardant du pas de la porte.

— Tu es bête ! cria Vanja.

— J'ai faim, dit Heidi.

Les larmes roulaient sur leurs joues.

— Je veux maman, dit John du fond de son lit à barreaux.

— Maman est partie en voyage, dis-je. Et si vous avez faim, vous pouvez toujours manger les boulettes de poisson du repas. Si vous n'en voulez pas, vous pouvez vous coucher et dormir.

Je fermai la porte, derrière laquelle j'attendis quelques instants en silence. Elle s'ouvrit à peine une seconde plus tard. C'était Vanja.

— Maintenant tu retournes te coucher, tu m'entends ? J'en ai assez de tes bêtises.

Je l'attrapai par les bras et la fourrai dans son lit. Puis je pris Heidi par la taille et la soulevai pour la poser dans le sien, fermai la porte et retournai dans le salon ; je m'installai devant la télévision, en plein milieu des informations – des images de feux violents dans un lieu qui me parut être la Grèce. Cela commença alors à taper contre la cloison. Je me levai d'un bond et ouvris la porte de leur chambre. Vanja donnait des coups de pied dans le mur. Heidi pleurait dans le lit du dessus.

— Écoutez-moi bien, dis-je. Je n'en peux plus. Vous pouvez avoir chacun une pomme. Ça vous va ?

— Oui, dit Vanja, qui arrêta de donner des coups de pied.

J'allai chercher trois pommes à la cuisine, remplis d'eau deux biberons et une tasse avec une tétine, et les leur portai.

— On lit ? proposai-je.

Ils acquiescèrent. Je sortis John de son lit, Heidi descendit du sien, et bientôt tous trois se blottirent contre moi et choisirent chacun un des trois petits cochons de l'histoire, comme si rien ne s'était passé. Je chantai à chaque enfant la même chanson tout en lui caressant le dos, et ils étaient tout mignons et gentils, prêts à s'endormir après les pleurs.

— Tu peux laisser la porte ouverte ? dit Vanja.

— Bien sûr.

Je partis refaire du café dans la cuisine. Quand il fut prêt, j'en emportai une tasse sur le balcon et je téléphonai à ma mère.

— Allô ?

Elle semblait fatiguée.

— Hello, c'est Karl Ove. Je ne t'ai pas réveillée ? Tu as l'air fatiguée.

— Ah bon ? Non, je ne dormais pas. Mais j'ai mal dormi la nuit dernière. Je suis peut-être un peu fatiguée, oui.

— Tu pensais aux messages de Gunnar ?

— Oui. Je pensais à ce que j'allais lui répondre.

— Je croyais que tu allais laisser tomber ?

— C'est vrai. Mais j'y réfléchissais encore dans mon lit. J'étais vraiment furieuse, tu sais.

— Tu as lu le message que je t'ai envoyé aujourd'hui ?

— Oui.

— Qu'en penses-tu ?

— Je pense que les conséquences vont être très lourdes pour toi. S'il raconte tout aux journaux et s'il te fait un procès. Cela sera très dur pour toi. Tu vas t'attirer beaucoup de regards négatifs. La pression sera énorme. Cela peut parfois anéantir.

— Tu as peur pour moi ?

— Oui.

— Il ne faut pas. Je m'en sors toujours.

— Mais tu as aussi une famille.

— Tu veux me dire que je ne devrais pas publier le roman ?

— Il n'y a que toi qui puisses prendre la décision. Tout ce que je dis, c'est que tu dois bien y réfléchir. Décider si ça en vaut la peine.

— C'est exactement ce que veut Gunnar.

Elle soupira.

— Oui, dit-elle. C'est vrai. J'ai parlé de cette affaire avec quelques collègues aujourd'hui. Certains pensaient que c'était ton livre qui était insupportable, pas la réaction de ton oncle. C'est ce qui se passera quand l'affaire sera publique. Gunnar apparaîtra comme M. Tout-le-Monde, un bon citoyen, alors que toi tu risques d'être perçu comme un criminel. C'est une première chose. Ils te feront par ailleurs passer pour le représentant d'une sorte d'élite intellectuelle, tandis que Gunnar sera celui du peuple. Oui, tu peux imaginer ce que *VG* écrira à ce sujet.

— Et alors ? Je ne peux tout de même pas dépendre de ce que le peuple va penser ?

— Je crois seulement que les conséquences risquent d'être lourdes. Cela te détruira peut-être, Karl Ove.

— Je me fiche que l'on écrive un article négatif sur moi dans un journal, maman.

— Je n'en doute pas. Tu es fort, je le sais. Cela a cassé Mykle. C'est un exemple pertinent, je crois. Il a été soumis à une très forte pression. Ça l'a détruit.

— Je n'arrive pas à croire que tu me demandes de ne pas publier le roman.

— Ce n'est pas ce que je fais. Je te demande seulement de bien y réfléchir.

— J'y réfléchis tellement qu'il y a de la fumée qui sort, vois-tu. Je ne fais que ça. Mais ne pas publier le roman est hors de question. Je ne m'y résoudrai jamais. Je ne peux pas abandonner dès le premier petit obstacle.

— Ce n'est pas un petit obstacle. Tu ne dois pas le sous-estimer, en tout cas.

— Non. Non, je ne le fais pas. Je comprends ce que tu veux dire et je suis content que tu me le dises.

Je quittai le balcon, reposai le téléphone sur sa base, ouvris la porte de la chambre des enfants, ils dormaient et respiraient fort tous les trois. J'allai au salon, il y avait des habits, des serviettes et des jouets éparpillés partout ; le tapis était ratatiné, les fauteuils contre la télévision et les plaids en laine blanche dont nous les avions recouverts pour dissimuler les taches gisaient sur le sol. Le même sort avait été réservé à la couverture dont la mission était de cacher le canapé, encore plus taché. Je laissai tout en plan, entrai dans la salle de bains et pris les vêtements sales dans les sacs Ikea ; le lendemain, il faudrait que je pense à faire la lessive, ils n'auraient bientôt plus rien de propre à se mettre. Je posai les sacs sur le bac à linge sale et allai dans la chambre consulter mes mails. Ni Tonje ni Jan Vidar n'avaient donné signe de vie. J'éteignis l'ordinateur, m'engageai dans le couloir et pris le téléphone au passage. Tout en le tenant d'une main, j'arrêtai le lave-vaisselle et l'ouvris ; de la vapeur s'en échappa. J'allai dans le bureau, un bout de papier avec le numéro de téléphone supposé de Hanne se trouvait sur ma table de travail, je l'emportai sur le balcon. Le numéro était celui de quelqu'un qui portait le même nom que Hanne, mais ce nom de famille était très courant, je n'étais donc pas absolument certain que c'était bien le sien.

Je posai le téléphone sur la table, m'assis, me versai du café, allumai une cigarette et fixai les toits avec inquiétude.

Pendant toute la journée, la lumière et la chaleur avaient pesé densément, comme si quelque chose s'était abattu de façon imperceptible sur la légèreté des jours de juin et de juillet ; l'été déclinait, le monde se retirait dans l'ombre, les ténèbres grandissaient. J'y aspirais. Je voulais les ténèbres. Je voulais disparaître, pour moi-même et pour les autres. Je voulais que mes sentiments sombrent comme la sève dans le tronc frais d'un arbre et que mes pensées, elles, tombent comme des feuilles de toutes les petites ramures où elles avaient poussé.

Je n'avais pas parlé avec Hanne depuis presque vingt ans. J'avais pensé à elle de temps en temps, puis de plus en plus rarement, jusqu'à ce que je commence le roman ; elle avait alors occupé soudainement une grande partie de mes pensées pendant que je travaillais dans mon bureau. Si j'ouvrais la porte et que je parcourais les pièces de l'appartement, où Linda se trouvait peut-être, ces pensées s'évanouissaient, parce qu'elles étaient liées à un temps disparu, tandis que le temps qui m'entourait était vivant, présent partout, c'était un temps qui par sa trace concrète et sa proximité renvoyait le passé à ce qu'il était, fantomatique et vague. J'avais pourtant mauvaise conscience. Pour l'atténuer, je parlais de temps en temps à Linda de ce que j'écrivais, je cherchais à le banaliser, et cela ne semblait pas la contrarier jusqu'à ce qu'un après-midi elle me rapporte ce qu'une amie avait dit quand elle lui avait raconté ce que j'écrivais. « Il écrit sur ses anciennes petites amies ? Et tu l'acceptes ? »

Il fallait maintenant franchir le pas. Je ne pouvais pas publier le roman sans que Hanne l'ait lu et approuvé.

Je composai le numéro.

Pas de réponse.

Cela s'était déjà produit les autres fois où j'avais téléphoné, aussi m'apprêtais-je à raccrocher quand une voix répondit.

— Allô, ici Hanne.

— C'est Karl Ove. Je parle bien à la Hanne avec laquelle je suis allé au lycée ?

Elle resta un moment silencieuse.

Puis elle rit, de ce rire magnifique, cristallin, que je n'avais pas entendu depuis vingt ans.

— Karl Ove ! Le Karl Ove qui passait son temps à m'envoyer des messages pendant les cours ?

— Lui-même. Comment vas-tu ?

Elle rit encore. Elle avait toujours eu le rire facile, toujours été pleine de joie, et elle n'avait pas perdu cette qualité.

— J'ai toujours pensé que tu me téléphonerais

un jour, dit-elle. Ou que nous nous rencontrerions dans un aéroport ou un lieu de ce genre. N'est-ce pas bizarre ? J'ai toujours su avec certitude que nous nous reverrions. Comment vas-tu ? Tu habites à Malmö, d'après ce que j'ai compris ? J'ai lu des articles sur toi dans les journaux. Quelle chance pour toi de ne pas avoir suivi mon conseil en devenant professeur !

— Oui, dis-je. Je suis marié et j'ai trois enfants. Combien d'enfants as-tu ? Tu en as, non ?

Nous échangeâmes des informations sur nos vies respectives. Elle habitait près de Mandal, vivait toujours avec l'homme qui avait été son petit ami à l'époque, avait dirigé un jardin d'enfants et travaillait désormais dans une école.

— Mais ce n'est pas pour évoquer le bon vieux temps que je te téléphone, dis-je après quelques minutes. C'est pour une raison précise.

— Je m'en doute.

— La vérité est que j'ai écrit un roman sur ma vie. Une grande partie concerne l'époque de mes seize ans. Et comme tu avais beaucoup d'importance pour moi à ce moment-là, j'ai écrit aussi à ton sujet. Tous les noms et lieux sont authentiques. Je comprends que cela puisse être désagréable. C'est pour cette raison que tu dois le lire avant qu'il soit publié.

Elle resta totalement silencieuse.

— Si cela ne te convient pas, je comprendrai, je sais que c'est beaucoup demander, alors je changerai bien sûr ton nom et te rendrai impossible à identifier.

— C'est vrai ? Tu as écrit sur moi ?

— Oui.

— Ça alors.

Elle resta à nouveau silencieuse.

— Mais cela ne parle pas autant de toi que de moi, dis-je. J'étais très amoureux de toi à cette époque, pour dire la vérité. C'est de cela que je parle. Si tu ne veux pas y participer, sous ton nom je veux dire, alors je le change. Il n'y a pas de problème. Tu es surprise ?

— Oui.

Elle rit.

— Tu te souviens vraiment de cette époque ? reprit-elle.

— Oui. Peut-être pas précisément de tous les faits, mais des ambiances, oui. Cela reste toujours très présent.

— Je me souviens de beaucoup de choses. J'y pense de temps en temps. J'ai toujours pensé que nous nous reverrions et en reparlerions. De cette époque.

— Il n'est pas trop tard. J'espère simplement que je n'aurai pas tout gâché en écrivant là-dessus.

— Ça, j'en doute, dit-elle en riant.

— Mais est-ce que je peux t'envoyer le manuscrit, comme ça tu pourras me contacter quand tu l'auras lu et me dire si ça te convient ou non ?

— D'accord. Je m'en réjouis. Mais je suis aussi un peu inquiète !

Un silence.

— C'était agréable d'entendre ta voix à nouveau, dit-elle.

— Pour moi aussi. Tu ris toujours exactement de la même façon, tu sais ?

— Non, dit-elle, et elle rit.

— On fait comme ça ? Je t'envoie le manuscrit et on en parle ?

— D'accord.

— Porte-toi bien.

— Toi aussi.

Je raccrochai et fumai une cigarette. Cela s'était mieux passé que je ne l'avais craint. Mais j'étais tout de même secoué. Je m'étais engagé dans quelque chose de totalement incontrôlable. Elle avait dit qu'elle se souvenait parfaitement de cette époque. Pas moi. Certes, je me rappelais extrêmement bien un ou deux épisodes. Mais il y en avait d'autres dont je ne me souvenais que très vaguement. Je leur avais donné forme par l'écriture. J'avais inventé les dialogues, par exemple, ils étaient peut-être vraisemblables mais ils n'étaient pas vrais. Quel effet cela allait-il lui faire de les lire ? Elle les avait vécus en vrai.

J'écrasai ma cigarette avant de rentrer dans l'appartement et de me rendre dans la chambre des enfants. John s'était pelotonné en boule, sans couette, comme à son habitude. Vanja était couchée sur le dos, une jambe dépassant de chaque côté et les bras en arrière, formant un V, un ange dans la neige. Heidi dormait sur le côté, la tête sur son avant-bras. Il y avait quelque chose de sombre sur sa joue et sous son nez. J'allumai la lumière.

Son visage était plein de sang. Le sang avait coulé sur son menton et son oreiller était tout rouge. J'avais le cœur qui battait à tout rompre, comme au bord d'un précipice. Je fonçai dans la salle de bains, mouillai un gant avec de l'eau chaude et retournai lui frotter le visage. Elle ouvrit les yeux et me regarda.

— Tu as saigné du nez, murmurai-je. Ce n'est pas grave. Ne bouge pas pour que je puisse te nettoyer.

Quand j'eus fini, je changeai l'oreiller plein de sang pour un autre que j'allai chercher dans notre chambre. Elle y posa la tête et referma les yeux, je lui caressai le dos plusieurs fois avant d'éteindre la lumière, puis je sortis de leur chambre, allai d'abord dans la salle de bains pour rincer le gant, le tordis et l'accrochai sur le radiateur, avant d'aller sur le balcon, où je téléphonai à Linda. Cela sonna longtemps et, quand elle répondit, sa voix était un peu ensommeillée.

— Hello, dis-je. Tu dormais ?

— Oui, j'ai dû m'endormir.

— Ah, excuse-moi. Je ne voulais pas te réveiller.

— Aucune importance. Comment ça va à la maison ?

— Tout va bien. Ils dorment tous les trois. Il n'y a rien de spécial à dire. On est allés au parc après le jardin d'enfants, après ils ont regardé la télévision et puis ils se sont couchés. La maison est affreusement en désordre, c'est le seul problème. Mais je m'en occuperai demain.

— Quel bon gars ! dit-elle.

— « Bon gars » n'est pas exactement le terme qui convient. Mais toi, comment ça va ?

— Bien, dit-elle, et elle bâilla.

— Vous vous êtes baignés ?

— Oui, c'était génial.

— Geir arrive demain, dis-je.

— Demain ? Je croyais qu'il venait vendredi ?

— Il est tout seul avec Njaal. Il a pensé qu'il serait aussi bien ici.

— Geir et toi, seuls avec quatre enfants. Qui l'aurait cru ?

— Tu as raison. Ce doit être le signe que le monde va s'écrouler.

— Mais ce sera bien pour toi.

— Oui, c'est sûr. Je me suis dit qu'on pourrait acheter des crevettes vendredi, quand Christina nous rejoindra. Qu'est-ce que tu en penses ?

— Bonne idée, dit-elle, et elle se remit à bâiller.

— Tu vas pouvoir te rendormir. Je ne vais pas t'embêter plus longtemps. Je pense que moi aussi je vais aller me coucher. Comme ça je serai paré pour John, quand il débarquera à quatre heures et demie du matin.

— Embrasse-les de ma part. Vous me manquez.

— Tu me manques. Bonne nuit.

— Bonne nuit.

Je rentrai, vérifiai que Heidi allait bien, qu'elle ne saignait plus, consultai ma boîte mail – rien –, surfai un peu sur le Net avant d'envoyer le manuscrit à Hanne, me fis un verre de sirop de fraise dans la cuisine et l'emportai avec moi sur le balcon, fumai une dernière cigarette, me brossai les dents et me couchai.

Il était un peu plus de cinq heures quand je me réveillai et vis John au pied de mon lit, son oreiller à la main. Je me levai. Lui aussi avait saigné du nez. Qu'est-ce qui se passait ? Une coulée de sang séché sortait de chacune de ses narines, et il avait du sang sur une joue. Inquiet, je filai à la salle de bains mouiller un nouveau gant. Un saignement de nez n'était pas grave en soi, cela pouvait arriver, mais pour deux enfants la même nuit, ce n'était peut-être pas un hasard ? Était-ce pour la même raison ? C'était déjà désagréable de les voir saigner, si en plus il fallait se demander si c'était le symptôme d'autre chose ! La sécheresse de l'air peut-être, pensai-je, et je lavai son visage plusieurs fois avec le gant pendant qu'il se tortillait pour se dégager.

— Voilà, dis-je. On va prendre le petit déjeuner ?

— Oui, répondit-il.

Il partit vers la cuisine de sa démarche placide. Je remis mes vêtements de la veille et le suivis. Sa couche pleine pendait, je la lui ôtai, allai en chercher une propre, la lui mis alors qu'il attendait sans bouger, comme une voiture de course à un stand de ravitaillement – la comparaison me frappa. Puis je l'installai sur sa chaise, sortis le muesli du placard, et je m'apprêtais à prendre le lait caillé aux myrtilles quand je m'aperçus qu'il n'y en avait plus.

— Il n'y a plus de *lait caillé aux myrtilles**, dis-je. Tu veux du lait à la place ?

— Non.
— Qu'est-ce qu'on va faire alors ?
— *Je ne sais pas**.

Une porte s'ouvrit dans le couloir, c'était Heidi, elle vint s'asseoir à sa place.

— Bonjour, Heidi, dis-je.

Elle ne répondit pas, mais du petit sourire qu'elle chercha à dissimuler en baissant la tête, je déduisis qu'elle était pourtant de très bonne humeur. Nous prîmes notre petit déjeuner, le soleil inondait la cuisine, je réveillai Vanja, leur brossai les cheveux et les dents, les habillai, allai chercher le sac-poubelle dans la cuisine, et nous prîmes l'ascenseur tous les quatre.

À mon retour, je mis en route une machine dans la buanderie du sous-sol puis j'appelai Geir Angell pour savoir s'ils étaient en chemin – c'était le cas, il comptait arriver vers treize heures.

Je consultai ma boîte mail. Un nouveau message de Gunnar. Il était adressé à la maison d'édition, mais j'étais en copie. L'objet en était : « Les diffamations de l'auteur et de la maison d'édition ». Il commençait par dire qu'il avait déjà établi que les scènes et descriptions qu'il voulait voir supprimer du manuscrit n'étaient que mensonges, semi-vérités, distorsions grossières de la réalité et omissions, et tombaient en outre sans aucun doute sous le coup du paragraphe 23 du Code pénal concernant la diffamation. Il écrivait qu'il avait des témoins. Sa femme avait tenu un journal, ce journal pouvait être présenté comme preuve au tribunal. Leurs enfants aussi pourraient témoigner. Il y avait par ailleurs une foule de gens qui par leur profession avaient été en contact avec sa mère à l'époque évoquée par le roman. Des infirmières à domicile, des aides ménagères ainsi que des voisins et des amis. Tous accepteraient de témoigner que ce que j'avais écrit dans ce livre était pur mensonge. Il donnait un exemple. J'avais écrit que papa avait habité deux ans chez grand-mère avant de mourir, et j'avais fait une description détaillée de l'environnement lamentable dans lequel ils avaient vécu. Rien de tout cela n'était vrai. Pur mensonge. Papa n'avait pas habité à Kristiansand. Pendant toute cette période, il avait habité à Moss. Selon la description de Gunnar, sa vie à Moss avait été parfaitement normale. Il y avait eu son propre appartement, une voiture, il avait travaillé au lycée comme professeur et il avait même eu une petite amie. Il n'était resté chez sa mère à Kristiansand que les trois derniers mois du printemps et de l'été précédant sa mort. Il y était décédé d'une crise cardiaque, écrivait Gunnar, pour qui cette mort était survenue dans des conditions ordinaires, normales. Ma description était donc délibérément fausse. Je m'étais présenté en héros, venu pour ranger toute la calamité que mon père avait provoquée. Mais, selon Gunnar, il n'y avait pas la moindre calamité. Il était arrivé dans la maison peu de temps après que le corps de son frère avait été emporté par les ambulanciers de la chaise où celui-ci était mort. Toute cette journée et le lendemain, il était resté là pour aider sa mère et lui tenir compagnie. Pendant ces deux jours, il avait bien sûr rangé et lavé ce qui était nécessaire. Ce que j'avais écrit, les tas de bouteilles dans l'entrée et dans l'escalier, n'était que des bêtises. C'était entièrement faux. Quand Yngve et moi étions arrivés quelques jours plus tard, il avait presque fini tout le nettoyage et tout le rangement, il restait peu de choses à faire, seulement des meubles trop lourds pour qu'il puisse les emporter tout seul. Le seul endroit où il n'était pas intervenu, c'était la chambre de notre père, où se trouvaient ses vêtements et ses affaires, il avait trouvé naturel de n'y rien toucher – il s'agissait de notre père après tout.

Les jours suivants, Yngve et moi avions été invités

à dîner chez eux avec grand-mère, mentionnait-il, et, chose étonnante, moi, je ne m'en souvenais pas du tout. Il réduisait à rien mes efforts dans la maison. C'est son épouse qui avait lavé, qui avait changé les rideaux, qui avait donné sa douche à grand-mère. Moi, l'écrivain perturbé, j'avais tourné autour d'eux un seau à la main, incapable de laver quoi que ce soit, c'était un talent qui me manquait, j'avais cela en commun avec ma mère qui, elle non plus, ne s'était jamais montrée capable de tenir une maison. Yngve était à peine resté, il était reparti au bout d'une seule journée. Pour couronner le tout, j'avais eu l'impudence non seulement de présenter l'affaire comme si j'avais été seul à nettoyer la maison, mais aussi de faire de ma grand-mère, sa mère, une vieille dame alcoolique. Gunnar savait bien pourquoi : quand j'étais au lycée de Kristiansand, elle m'avait un jour pris en flagrant délit de vol. Je lui avais volé de l'argent, j'avais été pris sur le fait, et depuis je l'avais détestée. Grand-mère avait aussi exprimé à maman son inquiétude concernant ma vie dévoyée, en effet je dépensais beaucoup d'argent et je me droguais, son inquiétude n'était donc pas sans fondement, et comment maman avait-elle réagi ? Eh bien, avec colère. Pourquoi ? Papa nous avait abandonnés.

Ensuite il énumérait précisément plusieurs erreurs dans le manuscrit. Je n'avais jamais eu d'arrière-grand-mère centenaire du côté de mon père et qui serait morte d'une chute dans l'escalier, c'était pure élucubration. Mon père n'avait jamais eu de cousine qui ait gagné un quelconque concours de beauté. J'avais écrit que nous avions l'habitude de réserver toujours la même salle de réception pour nos réunions de famille, à Elevine, c'était une absurdité, cela ne s'était jamais produit. En ce qui concernait mon grand-père et ses frères, ils avaient été en bons termes toute leur vie, et n'avaient pas, comme je l'écrivais, rompu le contact. Grand-mère n'avait jamais volé d'argent à la femme qui l'avait embauchée, l'histoire était tout autre, et c'était de l'humour. Gunnar lui-même était victime de mes mensonges ; jamais il n'avait dit que nous devions prendre l'argent qui se trouvait dans une enveloppe sous le lit pour le soustraire au fisc, comme je le prétendais.

À la fin de cette longue énumération, il rappelait le soin que sa femme et lui avaient pris de ses parents quand ils étaient devenus âgés, ce qui leur avait permis de rester dans leur maison et d'avoir une bonne qualité de vie les dernières années de leur existence. Ce fait était complètement nié dans mon roman ; si l'on se contentait de le lire, on pouvait croire qu'ils ne s'étaient pas du tout souciés de sa mère et avaient tout laissé à l'abandon. Rien n'était plus éloigné de la vérité. Si l'on savait quel mal ils s'étaient donné dans cette maison et quels bons moments ils y avaient passés ensemble, ma description de la situation devenait intolérable. Mais c'était typique de moi, compris-je, puisque dans la phrase suivante il mettait mes éditeurs en garde contre ma nature hypocrite, qui transparaissait dans la façon dont je me tenais, presque courbé en avant, et dont je détournais le visage face à un interlocuteur, le regard fourbe plein de culpabilité et de dissimulation. Ils ne devaient pas tomber dans le piège. Je ne défendais pas le bien ni la vérité, pas du tout, je défendais le contraire. J'étais un menteur notoire, et j'étais un Judas, j'avais vendu ma grand-mère et mon père pour de l'argent souillé et dans l'intention de devenir célèbre, et pour atteindre ce but rien n'était trop vil. Si la maison d'édition n'arrêtait pas ce projet, il la poursuivrait en justice. Pour éviter cela, il avait une proposition. J'avais écrit de si belles phrases sur les anges dans mon précédent livre. Mon oncle Kjartan avait écrit de si belles phrases sur les corbeaux. Mon éditeur devrait me proposer d'écrire un livre sur les diables. Ça, je connaissais. Je pourrais alors utiliser mes talents littéraires, que je devais à mon père.

Vu sous l'angle de Gunnar, tout semblait différent. Avec sa femme et ses enfants, il avait donné du sens à la dernière partie de la vie de mes grands-parents. Ils les avaient aidés d'un point de vue pratique, mais aussi social, ils leur avaient rendu visite plusieurs fois par semaine, avaient plaisanté et dit des bêtises comme ils en avaient l'habitude, lui et grand-mère, il les avait emmenés au cabanon, conduits chez le frère de grand-père, il avait fêté Noël avec eux. Une famille normale, au fonctionnement normal, sans lourds secrets, ni cadavre dans le placard, sans nuages noirs dans le ciel. À part le fait que son frère était alcoolique. Mais cela n'avait pas eu de conséquences si néfastes sur sa vie, il travaillait, il était professeur au lycée et il avait une petite amie à Moss, c'était un bon enseignant apprécié de ses élèves. Il avait eu quelques problèmes, surtout pendant son premier mariage, qui était sans chaleur et dénué d'amour, comme Gunnar l'avait vu, et ce manque de chaleur avait contaminé ses enfants qui, devenus adultes, avaient pris de la distance non seulement avec leur père, mais aussi avec le reste de leur famille paternelle. Surtout le plus jeune, Karl Ove, mais Yngve aussi s'était éloigné. Ils vivaient à Bergen, dans le Vestland, d'où venait et où se trouvait toujours la famille de leur mère. À Kristiansand tout allait bien jusqu'à ce que le frère de Gunnar vienne habiter chez leur mère. Mais ce fut pour une courte période, huit semaines, puis il y était mort dans le salon, d'une crise cardiaque. Grand-mère avait bénéficié d'une infirmière à domicile et d'une aide ménagère, Gunnar et son épouse avaient aussi été présents pour aider, et même si papa buvait un peu, cela n'avait pas été au point de ne pouvoir conduire grand-mère chez son autre frère à Hvaler, l'été avant sa mort ; et c'était aussi à cette époque qu'il avait vendu son appartement de Moss. Il allait bien, elle allait bien aussi, mais naturellement la mort de son fils aîné avait été un choc. L'endroit était un peu en désordre, il y avait quelques bouteilles – il était tout de même alcoolique –, mais rien de si terrible, rien qui ne puisse être remis en ordre en une ou deux matinées.

Gunnar était le seul des fils qui vivait à Kristiansand, c'était lui, et personne d'autre, qui s'était occupé de leurs parents, qui avait organisé les visites de l'aide ménagère et de l'infirmière. Gunnar n'avait jamais fait de mal à personne, on ne pouvait rien lui reprocher, bien au contraire, il était joyeux, dévoué, stable, un pilier dans la communauté ainsi qu'au sein de sa propre famille. Un bon fils, un bon frère, un bon père, un bon citoyen.

Les fils de son frère viennent enterrer leur père. Il s'efface. Ils font un peu de ménage, s'occupent des funérailles, repartent. Dix ans passent. Il reçoit alors un roman que le plus jeune a écrit. Il n'en croit pas ses yeux. Tout ce qui était beau est présenté comme un enfer. Il écrit que son père a habité là deux ans, a mis à la porte l'aide ménagère et l'infirmière, fait d'une maison respectable une sorte de squat, et que la mère de Gunnar était une femme sénile qui buvait. Rien sur le fait que Gunnar a consacré une grande partie de sa vie d'adulte à s'occuper de tout, tout est misérable. Que vont penser ses amis et ses voisins ? Comment Gunnar a-t-il pu laisser de telles choses arriver à sa mère et à son frère ? La vérité, c'est que rien de tel ne s'est produit. Mais comment le faire comprendre, puisque c'est dans le roman ? L'écrivain ment-il ? Oui, visiblement. Gunnar est alors face à deux problèmes : pourquoi l'écrivain ment-il et comment arrêter la publication de ce livre rempli de mensonges ? L'écrivain ment parce que sa mère, une personne sans cœur, une femme égocentrique, lui a farci la tête de mensonges, lui a transmis sa vision entièrement négative de la famille de son père, et parce que lui, l'écrivain, quand il était jeune et drogué, a été rejeté par sa grand-mère et qu'il ne l'a jamais oublié. Quand son père et sa grand-mère sont morts, il a riposté avec force. Il haïssait sa grand-mère, il haïssait son père, et il avait un certain talent pour donner à sa haine une tournure littéraire et lucrative. Il avait eu assez d'impudence pour se donner un rôle de héros, se faire passer pour celui qui avait rangé derrière son père, alors qu'en réalité il n'y avait que très peu de choses à ranger, et que c'était lui, Gunnar, qui s'était occupé du léger désordre de la maison. Cette longue série de mensonges, ces projets haineux, il les avait fait accepter par ses éditeurs, uniquement parce qu'ils ignoraient la vérité. Ils avaient fait confiance à l'écrivain, et cru à ses écrits sans réserve. Pour stopper ce projet, la maison d'édition devait être mise au courant. C'est pourquoi il lui adressait ce message ainsi qu'à la mère de l'écrivain et à son frère, mais pas à l'écrivain lui-même, sa trahison était trop grande pour qu'il ait le moindre contact avec lui, il ne voulait jamais le revoir, car il avait en toute conscience dévoyé la vérité dans le but de détruire sa famille. Mais il y avait aussi une autre raison, l'écrivain avait expliqué dans un message pourquoi il avait écrit ce qu'il avait écrit, et dans ce message il apparaissait clairement qu'il ne savait pas ce qu'il faisait. Et puisque c'était le cas, Gunnar devait se tourner vers celle qui savait, celle qui pendant toutes ces années avait faussé le regard de l'écrivain sur la réalité, au point qu'il ne savait plus ce qui était réel et ce qu'il avait inventé. Lui était un Judas et un traître, mais il avait été manipulé par sa mère. Il avait compris d'où venait la froideur de cette femme en rencontrant sa mère, la grand-mère de l'écrivain, elle s'était montrée presque autiste l'été où il leur avait rendu visite à l'âge de douze ans, elle souffrait d'un complexe d'infériorité dans cette misérable maison de paysans au pied des montagnes. Le fils de la grand-mère, le frère de la mère de l'écrivain, était devenu fou, il avait fait plusieurs séjours en hôpital psychiatrique. Il écrivait des poèmes, son dernier recueil parlait de corbeaux. Cet environnement-là, fait de divagations démentes et d'insensibilité, sur fond de maladie mentale, d'autisme, de corbeaux et de détachement émotionnel, l'écrivain en avait hérité dès l'enfance, il se l'était approprié, et l'avait ressorti quand il avait écrit sur son père, un homme pourtant bon, qui, frustré par la vie où l'avait entraîné cette femme de l'Ouest dénuée de chaleur, n'avait peut-être pas toujours traité ses fils comme il aurait fallu, comme lui, Gunnar, traitait ses propres fils, mais jamais de façon inconvenante, en tout cas jamais d'une façon qui pouvait justifier l'image que l'écrivain avait tracée de son père. C'était à travers le regard de sa mère qu'il avait vu la réalité, mais il ne le savait pas.

Ce n'était donc pas que j'aie écrit la vérité sur mon père et sur ce qu'il était advenu de lui les dernières années de sa vie qui constituait le problème principal du roman pour Gunnar, mais le fait que je mentais à propos de lui et de cette époque et que ce mensonge rendait Gunnar coupable au regard des autres, ce qui était grossièrement inexact autant qu'immérité.

Il pensait manifestement que les événements avaient été tout autres. C'était ce qui me faisait peur. S'il y avait un aspect de moi que je craignais, c'était mon manque de rigueur. J'avais écrit que papa avait vécu chez grand-mère les deux dernières années de sa vie et que cela les avait fait sombrer tous les deux. J'avais écrit qu'il avait renvoyé l'infirmière à domicile et l'aide ménagère. Gunnar réfutait ces deux affirmations et écrivait qu'il avait des témoins pour prouver le contraire.

D'où tenais-je ces informations ?

Comment savais-je que c'était deux ans ?

Je ne le savais pas. Je l'avais écrit, cela venait bien de quelque part, mais d'où ?

J'étais à Kristiansand quand j'avais commencé à écrire *Ute av verden* (« Hors du monde »), en janvier 1996, à cette époque papa était complètement alcoolique et habitait chez grand-mère. Certes, il avait toujours son appartement à Moss, mais, d'après ce que j'avais compris, il était très souvent chez elle et, pour une raison ou pour une autre, je m'étais mis en tête qu'il avait emménagé chez elle pour de bon cet été-là, soit deux ans avant sa mort. Comment en étais-je arrivé à le croire, je ne savais pas.

Aurais-je pu simplement le supposer, puis laisser cette hypothèse se transformer en certitude, pour ensuite l'élever au rang de vérité absolue lorsque je commençai à écrire sur ce sujet dix ans plus tard ? Ce n'était pas seulement possible, c'était presque certain. Si Gunnar prétendait que mon père avait habité chez grand-mère seulement trois mois, et qu'il avait des témoins, ce devait être vrai. J'avais aussi écrit qu'il avait renvoyé l'aide ménagère et l'infirmière, d'où me venaient ces informations ? Je ne le savais pas non plus. Dans mes souvenirs, j'avais la vague impression que cela venait de Gunnar lui-même, ou qu'il avait dit à Yngve au téléphone que notre père avait renvoyé l'aide ménagère et que l'on ne pouvait plus le joindre. N'était-ce pas là le motif de cet appel – que papa s'était barricadé chez grand-mère et que Gunnar ne pouvait plus intervenir, depuis qu'il avait essayé de ramener papa à la raison, en vain ? C'était au cours de cette même conversation que j'avais appris que papa s'était cassé la jambe chez grand-mère et était resté longtemps par terre avant que Gunnar le trouve et le conduise à l'hôpital. Cet événement s'était gravé en moi, cela avait dû être terrible, mais les circonstances qui l'entouraient étaient confuses, je ne pouvais situer ni les faits ni le moment où je les avais appris. Il était possible aussi que j'aie eu connaissance du renvoi de l'aide ménagère là-bas, après la mort de papa, quand Gunnar nous avait raconté ce qui s'était passé. Je ne savais pas. Il se pouvait qu'il ait exagéré, c'était une façon de nous dire que papa avait rendu toute visite impossible, que l'aide ménagère ne venait plus aussi souvent. Peut-être s'agissait-il seulement de l'aide ménagère, celle qui venait faire le ménage, et pas de l'infirmière. Mais n'avais-je pas écrit quelque chose à propos de l'infirmière ? Il y avait une troisième possibilité : que personne n'en ait dit un seul mot, et que je l'aie moi-même déduit de l'état indescriptible de la maison ; il était difficile à concevoir que l'on y ait nettoyé ou rangé quoi que ce soit depuis longtemps, l'aide ménagère avait donc bien été renvoyée, sûrement par papa. C'était ce que j'avais pu penser cet été 1998, et cela pouvait avoir été le point de départ d'une vague théorie, hissée au rang de vérité dix ans plus tard.

Je ne le savais pas.

Mais j'étais sûr que Gunnar le savait et, s'il avait écrit avec tant d'assurance que cela s'était passé ainsi, cela devait s'être passé ainsi.

Ce qui voulait dire que je manquais *vraiment* de rigueur. C'était déjà affligeant en soi. Mais est-ce que tout ce que j'avais écrit était si peu fiable ? Si papa n'avait pas habité chez grand-mère deux ans mais trois mois, et que l'aide ménagère n'avait pas été renvoyée, est-ce que cela changeait quelque chose aux vérités à l'origine du roman ?

Oui, c'était important. Il était alors question de quelques jours de malheur et d'affliction au beau milieu d'un monde de paix et de sérénité, pas d'années de désastre. La seule chose que je savais avec certitude, c'est que le spectacle qui nous avait accueillis, Yngve et moi, ce jour-là, quand nous avions mis le pied dans la maison, était apocalyptique. Gunnar écrivait qu'il n'y avait pas de tas de bouteilles de l'entrée jusqu'en haut de l'escalier, que lui-même, pendant les deux jours qui avaient précédé notre arrivée, avait rangé le principal, et qu'il ne restait plus que la chambre de papa et quelques objets lourds, difficiles à transporter.

N'y avait-il pas eu de bouteilles ? Je me souvenais que l'escalier qui menait du salon au grenier en était encombré, qu'il y avait des sacs remplis de bouteilles en dessous et au-dessus du piano, et aussi dans la cuisine. Mais dans l'escalier de l'entrée ? Je ne m'en souvenais pas. J'avais dû exagérer. Encore ce manque de rigueur. Selon lui, il avait lui-même nettoyé et rangé, pas nous. Je me souvenais clairement que nous avions lavé et rangé ce jour-là et le lendemain, alors qu'il évoquait un écrivain perturbé qui tournait partout, un seau à la main, sans la moindre idée de ce qu'il pouvait en faire. Je ne me rappelais pas non plus que nous ayons dîné chez eux, j'étais sûr que cela ne s'était jamais produit. Pourtant je ne pouvais pas totalement l'exclure, il y avait beaucoup de choses dont je ne me souvenais plus. Que nous soyons allés au cabanon avec grand-mère, que j'aie plongé de la jetée, comme il l'écrivait, c'était vrai, mais cela s'était passé en dehors du cadre du roman, bien après son dénouement. La douche de grand-mère, le lavage des rideaux, la participation de Gunnar et de Tove au rangement de la maison, tout s'était déroulé après les deux jours et demi que j'avais décrits. Mes souvenirs du nettoyage de la maison étaient exactement contraires à ceux de Gunnar : j'avais trouvé délicat de sa part de s'effacer ces jours-là, de nous laisser Yngve et moi tout prendre en charge, c'était une façon de dire qu'il s'agissait de notre père, une façon de nous le rendre. Gunnar était passé, nous avait donné des conseils, avait emporté à la décharge les meubles que nous avions sortis ensemble, dans une camionnette qu'il avait louée. Il avait pensé à tout, son attitude avait été impeccable, et cela, ne l'avais-je pas aussi écrit ?

Si ce qu'il insinuait était exact, si nous avions trouvé la maison dans un état normal, si ma description était grotesquement exagérée, alors tout s'effondrait. Cela mettait en cause la base du roman, en premier lieu le postulat de description de la réalité, mais aussi sa raison d'être, qui m'avait poussé à écrire sur la mort de mon père et sur les jours terribles qui l'avaient suivie. Quand Yngve, dans la voiture pleine de bouteilles vides, s'était tourné vers moi et m'avait dit que, si je le racontais dans un livre, personne ne me croirait, c'était justement parce que cela semblait sorti d'un film ou d'un roman, pas de la réalité.

Les années suivantes, j'avais parlé volontiers de papa et de sa déchéance à tous ceux qui voulaient bien m'écouter, cela me rendait spécial et peut-être intéressant, cela faisait de moi quelqu'un qui avait vécu, cela me donnait peut-être une aura de sauvagerie et de profondeur, ce à quoi j'aspirais – j'avais toujours eu ça en moi, le désir d'être quelqu'un, et l'idée de m'élever avait toujours été une de mes motivations pour l'écriture. Raconter abondamment la déchéance de mon père m'avait toujours laissé un mauvais goût dans la bouche, car je me servais de lui et de sa vie tragique à mon avantage. Mais c'était alors à petite échelle. Le roman lui donnait d'autres dimensions et en faisait quelque chose de grandiose. Je l'utilisais, oui, je marchais sur son cadavre. Par le seul fait d'écrire sur ce sujet. En même temps, c'était l'histoire la plus importante de ma vie. Si elle n'était pas vraie, alors je l'avais exagérée pour que le destin de papa fasse l'impression le plus forte possible et que rejaillisse sur moi un peu de hardiesse, une certaine force de destruction, dont je pensais avoir besoin pour devenir un véritable écrivain, pas seulement un écrivain de pacotille. Il n'était donc pas le seul à avoir été trahi, je m'étais aussi trahi moi-même. C'était ce que dénonçait le message de Gunnar, avec la violence d'un coup : j'avais menti. Il n'y avait pas de bouteilles dans l'escalier qui menait au salon. Papa n'avait pas habité dans cette maison pendant deux ans. L'aide ménagère n'avait pas été mise à la porte.

Si j'acceptais cette perspective, je m'anéantissais moi-même. Pas une seule fois je n'avais pensé que j'avais exagéré en racontant ce qui s'était passé, pas une seule fois je n'avais pensé que je me servais de papa et de grand-mère, les événements que je décrivais étaient trop énormes, et ce vers quoi je me dirigeais, trop important.

J'avais écrit sur papa. J'avais écrit sur la terreur qu'il m'inspirait, sur ma dépendance envers lui, et sur le profond chagrin que sa mort m'avait causé. C'était un roman sur lui et moi. C'était un roman sur un père et son fils. Peu importe que je sois terrifié rien qu'en voyant le mot « procès », et glacé d'effroi quand Gunnar prétendait avoir des témoins pour prouver que j'étais un menteur, il me fallait tenir bon, je ne pouvais pas abandonner l'histoire de mon père.

Même si elle était mensongère ?

Sans le savoir, j'avais touché à quelque chose de dangereux, plus dangereux que tout.

Mais en quoi était-ce dangereux ?

Gunnar était obligé de s'en prendre à maman parce qu'il estimait qu'en écrivant le roman je m'en étais pris à papa et à grand-mère. C'était la loi du talion. Œil pour œil, dent pour dent. Il faisait la même chose que moi, à ceci près que les représailles n'étaient pas symétriques : mon roman serait publié et tout le monde pourrait le lire, on le trouverait dans toutes les librairies et dans toutes les bibliothèques. Ses mails ne seraient lus que par leurs destinataires, c'est-à-dire la maison d'édition, maman, Yngve et moi. Puisque les forces en présence n'étaient pas égales, il nous frappait tous d'autant plus durement, pour compenser.

Je m'installai devant mon ordinateur, ouvris le fichier de mon roman et me mis à lire. À la lumière de ce qui s'était passé ces derniers jours surgissaient des détails désagréables presque à chaque page – les vieux amis et les vieux camarades de classe que j'y mentionnais pourraient très bien réagir comme Gunnar.

J'appelai Geir Gulliksen, pour discuter des implications pratiques du mail de Gunnar et pour lui dire que j'allais changer certaines données temporelles – les deux ans que dans le roman papa avait passés chez grand-mère –, peut-être en ne donnant pas d'indications précises sur le temps écoulé et en corrigeant les erreurs éventuelles. Je lui demandai ce qu'il fallait faire pour tous les autres noms. Geir pensait que ceux qui étaient présentés de façon relativement neutre, en grande partie ceux de mon enfance et de ma jeunesse, pouvaient garder leur nom sans problème, qu'il n'y avait aucun risque, mais que je devais rendre anonymes ceux à propos desquels, d'une manière ou d'une autre, j'avais dit quelque chose que l'on pouvait juger compromettant, en dévoilant par exemple leurs relations familiales – un père brutal ou alcoolique, ou qui avait commis des actes douteux. Le point de vue de Geir m'apaisa, il parlait du roman seulement, c'était l'essentiel, corriger ce qui devait l'être. Après avoir raccroché, j'appelai Yngve. Nous nous remémorâmes nos souvenirs de l'époque de la mort de papa, il ne se souvenait pas de beaucoup de détails, mais rien ne l'avait choqué quand il avait lu mon récit. En cas de procès, il serait mon seul témoin, mais je ne le lui dis pas. Un procès était la pire chose qui puisse arriver, et la maison d'édition faisait tout pour l'éviter, je le savais. L'autre danger était que certains faits sortent dans les journaux.

Tout tournait autour de Gunnar et de son point de vue sur le roman. Cela relevait de considérations élémentaires. Mais on pouvait aussi avoir un autre point de vue critique, plus littéraire, sur le roman, auquel j'avais beaucoup réfléchi entre la fin de mon travail de rédaction et le message de Gunnar. Il s'agissait également de vérité, mais cette fois dans une perspective formelle, et ce qui avait déclenché cette réflexion était un petit roman de Peter Handke, *Le Malheur indifférent*, qui parle du suicide de sa mère et qui est donc autobiographique. Contrairement à ma prose, qui cherchait toujours l'émotion et la description évocatrice, la prose de Handke était sèche et détachée. Quand j'avais commencé à écrire, c'était une langue semblable que je visais, sinon sèche, du moins crue, brute, c'est-à-dire directe, sans métaphores ni ornements littéraires. Ces derniers apporteraient certes de la beauté à la langue, mais dans la description de la réalité, surtout celle que j'avais l'intention de décrire, ce serait un mensonge. La beauté pose problème en ce qu'elle induit une forme d'espoir. En tant que procédé emblématique du style en littérature, en tant que filtre à travers lequel le monde est vu, la beauté donne de l'espoir à ce qui est sans espoir, de la valeur à ce qui est sans valeur, du sens à ce qui n'en a pas. C'est inévitable. La solitude décrite dans un beau style élève l'âme vers d'incroyables hauteurs. Alors la vérité disparaît, car la solitude n'est pas belle, pas plus que le désespoir, ou le manque. Bien qu'elle ne soit pas toujours vraie, la beauté fait du bien. C'est une consolation, un soulagement, et peut-être est-ce là que réside une des justifications de la littérature. Mais, dans ce cas, la littérature serait quelque chose d'autre, quelque chose de particulier et d'autonome, une valeur intrinsèque, et non pas la représentation de la réalité. C'était l'objectif de Peter Handke que d'échapper à cela dans son roman. Il l'avait écrit quelques semaines après l'enterrement, et il cherchait à se rapprocher de sa mère et de la vie de sa mère avec le plus de véracité possible. Pas dans le sens où les événements s'étaient réellement passés, où elle avait été une personne réelle dans un monde réel, mais dans sa compréhension intime et dans la transmission de cette intimité. Il n'avait pas décrit sa mère dans le texte, cela aurait été, je l'ai senti en lisant le roman, une profanation de son humanité. Elle était elle-même, avait vécu sa propre vie, et, au lieu de décrire cette vie, Handke se référait à ce qui se trouvait hors du texte, jamais dedans. Autrement dit, il évoquait de façon générale les conditions de vie de sa mère, ses relations, les rôles qu'elle avait assumés ou pas, mais ce choix du général pouvait aussi devenir un problème, écrit-il quelque part, en ce qu'il pouvait se détacher d'elle et tracer sa propre voie dans le texte à travers les formulations poétiques de l'auteur – une façon de la trahir aussi. Comme il l'écrit : « C'est pour cette raison aussi qu'au début je suis parti des faits et que j'ai cherché des formules pour eux. Puis je me suis aperçu que chercher des formulations, c'était m'éloigner des faits. C'est alors que je suis parti des formulations déjà disponibles, de la réserve d'universaux, non plus des faits, et que j'ai tiré dans la vie de ma mère les situations déjà prévues de ces formules. » C'est là qu'il a puisé la vie de sa mère.

Il a fait ce choix, autant que je peux le comprendre, pour préserver la dignité et l'intégrité de sa mère, mais autre chose est apparu à la lecture du texte ; quand une personne est dépeinte d'un point de vue social, à travers le regard contemporain d'une société sur la culture et la connaissance de soi, avec toutes les fonctions et limites propres à cette époque, l'être intime de cette personne, son existence personnelle, individuelle, particulière, ce qu'autrefois on appelait l'« âme », disparaît ; et, à mon avis, le livre de Handke est peut-être l'histoire de cela justement, de la soumission de l'individu à la société, de l'étouffement de l'âme. Elle s'était finalement suicidée. Handke a refusé tous les affects, tous les sentiments, tout ce qui était anecdotique, tout ce qui pouvait insuffler de la vie à un texte, en insistant constamment sur le fait qu'il écrivait un texte, que la vie qu'il décrivait est, ou était, toujours ailleurs, et après quelque soixante-dix pages, au moment de la mort et des funérailles, qui ont lieu à la lisière d'une forêt, il écrit : « Promener son regard de la tombe, dont les gens s'éloignaient vite, aux arbres immobiles : pour la première fois la nature m'apparaissait vraiment impitoyable. Les faits étaient ce qu'ils étaient ! La forêt en elle-même parlait. Rien ne comptait en dehors de ces innombrables cimes d'arbres ; devant elles un grouillement épisodique de silhouettes qui sortaient de plus en plus du tableau. J'eus l'impression d'être bafoué et me sentis abandonné. J'eus tout à coup, dans ma rage impuissante, le besoin d'écrire quelque chose sur ma mère. » Cette intuition soudaine de ce qu'est la mort est le véritable point de départ du roman. Je reconnaissais cette intuition, c'était aussi la mienne. Le livre que j'avais écrit était pourtant l'antithèse de celui de Handke, son antipode.

Je viens d'écrire que j'avais eu la même intuition que Handke devant la tombe de sa mère, regardant les arbres et comprenant que la nature était impitoyable et que la forêt en elle-même parlait. Mais était-ce vrai ? Comment cela pouvait-il être vrai, quand l'intuition avait poussé Handke à écrire un livre sur sa mère et sur la mort de sa mère dans lequel il ne la ferait pas apparaître, mais y ferait seulement référence ? Elle n'y prend forme qu'à travers l'époque dans laquelle elle a vécu et les formules et conceptions de cette époque, elle est vue comme un individu qui avait le choix entre un certain nombre de « types », un individu déterminé socialement et historiquement, mais bien entendu non sans personnalité, bien que celle-ci n'ait pas pris forme, parce que ce serait devenu « typique » de la mère, ce qui, paradoxalement, aurait été un mensonge, puisqu'elle avait toujours été autre chose. La mort chez Handke était sans merci, de même que la vie qu'il décrivait – de ce fait, son livre ne pouvait pas traiter de la grâce. En littérature, la grâce émane du beau, c'est-à-dire d'une belle phrase, d'une tournure créative, donc des formes de fictionnalisation, de la combinaison secrète des événements qui traversent chaque roman, car cette façon de traverser est *en soi* la confirmation du sens et de la cohésion. Ainsi, comment l'intuition de Handke pouvait-elle être la même que celle que j'avais eue en écrivant un livre sur la mort de mon père, où je laissais le texte le représenter, comme s'il pouvait s'y trouver, c'est-à-dire où je faisais de lui l'objet des sentiments personnels du lecteur, en une prose qui cherchait des formes et des contours puisque cette prose, ou son auteur, savait que façonner un personnage pour lui donner vie éveille ou manipule les sentiments, dans un monde qui n'était pas sans merci, dès lors que le sens et la cohésion s'établissaient constamment en suivant des voies différentes, quoi que le texte veuille dire par ailleurs sur le sujet ?

Handke écrivait : « Promener son regard de la tombe, dont les gens s'éloignaient vite, aux arbres immobiles : pour la première fois la nature m'apparaissait vraiment impitoyable. Les faits étaient ce qu'ils étaient ! La forêt en elle-même parlait. » J'écrivais : « Et la mort, que j'avais toujours considérée comme l'événement le plus important de la vie, sombre, attirante, n'était pas plus qu'un tuyau qui fuit, une branche qui se casse dans le vent, un vêtement qui glisse d'un cintre et tombe sur le sol. » C'était beau, c'était *quelque chose,* alors que ce qui était décrit n'était rien, était vide, neutre, aussi désespérant qu'impitoyable. Handke ne mentait pas, il s'y efforçait en tout cas. Je mentais. Pourquoi ?

Quand je regardais un arbre, je voyais ce qu'il avait d'aveugle et d'arbitraire, c'était une entité qui était apparue et allait périr, et qui croissait entre-temps. Quand je regardais une nasse pleine de poissons luisants qui s'agitaient, je voyais la même chose, quelque chose d'aveugle et d'arbitraire qui apparaissait, se développait et mourait. Quand je regardais des photos de camps d'extermination nazis, je voyais ces gens de la même façon. Des membres, des têtes, des ventres, des cheveux, des sexes. Cela n'avait rien à voir avec mon regard ; ce que je voyais, c'était la façon dont ces gens avaient été vus à cette époque, ce qui avait autorisé beaucoup d'autres gens, qui connaissaient ces infamies, à y participer sans lever le petit doigt. Qu'un tel regard soit possible était terrifiant, mais ne rendait pas moins vrai ce qu'il avait vu. On pouvait considérer que cela n'était rien, dès lors toute pensée qui cherchait à donner un sens au monde devrait se rapporter à ce point zéro. Je regardais un arbre, et je voyais l'absurdité. Mais je voyais aussi la vie, dans sa pureté et son aveuglement, je voyais ce qui existait et poussait. J'y voyais de la force et de la beauté. Certes, la mort n'était rien, une simple absence. Mais de même que la vie aveugle pouvait être vue d'une part comme une force, quelque chose de sacré et, pourquoi pas, de divin, et d'autre part comme quelque chose d'absurde, de vide, de même pouvait-on voir la mort, le chant de la mort lui aussi pouvait être chanté, la mort aussi pouvait renfermer du sens et de la beauté. C'est la raison pour laquelle le national-socialisme allemand est tellement significatif pour nous, seules deux générations se sont écoulées depuis la prise de pouvoir des nazis, et dans leurs horreurs, modernes à tous égards, on trouvait ces trois perspectives, côte à côte : la vie vue comme un pouvoir divin ; la mort, belle et pleine de sens ; l'homme, aveugle, arbitraire et insignifiant. Ces perspectives, qui avant le nazisme appartenaient à l'art et au sublime, étaient devenues une partie de l'organisation de la société. La mère de Handke était une jeune femme quand ces événements se produisirent, et après avoir décrit son enfance dans l'Autriche de l'entre-deux-guerres, dans une pauvreté et une ignorance relatives, alors que son désir d'apprendre quelque chose, n'importe quoi, était considéré comme impossible et non souhaitable, Handke esquisse l'atmosphère qui s'installait progressivement dans et autour du national-socialisme – les manifestations, les parades, les bâtiments pavoisés de nouveaux emblèmes –, et il écrit : « Les événements historiques étaient aux gens de la nature sous forme de spectacle naturel. » Il remarque que sa mère ne s'intéressait pas à la politique, en effet « ce qui se déroulait si ostensiblement était pour elle bien différent mais la "politique", c'était quelque chose d'immatériel et d'abstrait, ce n'était ni un bal costumé, ni une ronde, ni un orchestre folklorique, cela ne se MONTRAIT pas, en tout cas. »

Le nazisme fut le dernier grand mouvement utopique, et il se révéla porteur de destruction de presque toutes les manières, il rendit toute réflexion utopique postérieure problématique, pour ne pas dire impossible, non seulement en politique, mais aussi en art, et puisque l'art par définition est utopique il était depuis en crise, porté à l'introspection et au soupçon, ce dont le roman de Handke et presque tous les romans des écrivains de sa génération sont l'expression. Comment représenter la vérité sans lui ajouter quelque chose qu'elle n'a pas ? D'ailleurs, qu'est-ce qu'« avoir » et « ne pas avoir » ? Qu'est-ce qui est « vrai », qu'est-ce qui ne l'est pas ? Où se situe la frontière entre ce qui est mis en scène et ce qui ne l'est pas ? Et cette frontière existe-t-elle seulement ? Le monde est-il autre chose que les représentations que nous en faisons ? Le langage n'a pas de vie en soi, il n'est pas vivant en soi, il invoque la vie, et la scène initiale, la mise en scène de la littérature, se trouve dans l'*Odyssée*, quand Ulysse et ses compagnons atteignent le rivage, poussés par les courants du fleuve Océan après leur séjour chez Circé, et qu'Ulysse accomplit le sacrifice dû aux morts. Le sang noir s'écoule dans la fosse et les âmes des morts affluent au-dessus d'elle. Ulysse voit de jeunes épouses, de jeunes guerriers aux armures ensanglantées, et des vieillards ; leurs cris sont terrifiants, la terreur s'empare de lui. Le premier qu'il reconnaît, c'est Elpénor, mort sans sépulture dans le palais de Circé. Celui-ci lui raconte son histoire : ivre, il est tombé d'un toit, se brisant le cou. Le deuxième avec qui Ulysse s'entretient, c'est Tirésias, le devin irréprochable. Puis c'est au tour de la mère d'Ulysse de boire le sang et de le reconnaître, et elle lui raconte les circonstances de sa mort. Ulysse veut l'étreindre, il se rapproche trois fois d'elle, et trois fois elle s'échappe, comme un songe ou une ombre. Elle lui dit que ses tendons ne lient plus la chair et les os, que le bûcher a réduit son corps en cendres et qu'il ne subsiste que son âme errante. La littérature invoque le monde, comme Ulysse invoque les morts, et quel que soit le moyen qu'elle utilise, il reste toujours une distance infranchissable, et les histoires sont toujours les mêmes. Un fils perd sa mère il y a trois mille ans, un fils perd sa mère il y a quarante ans. Que l'une des deux histoires soit fictive et l'autre réelle, cela ne change rien à leur similitude originelle, toutes deux s'expriment par le langage, et dans cette perspective tous les efforts de Handke pour échapper à la littérature sont vains, il n'y a rien dans sa description de la réalité qui soit plus vrai que chez Homère. Mais ce n'est pas là son objectif.

Handke veut écrire sur un être humain, sa mère, sans l'invoquer, sans l'incarner, de sorte qu'elle apparaisse dans ses souvenirs comme une forme vivante, autrement dit, il lui refuse la vie fictive qui pourrait relier ce qui est mort, son existence dans le passé, avec ce qui vit, l'esprit du lecteur. Ce que le langage invoque au contraire, c'est ce qui l'a entourée, les formes de sa vie, et bien que son identité, ce qui lui était particulier, devienne ainsi visible, elle ne nous parle pas. Ce que le langage invoque ne se trouve pas non plus de l'autre côté d'un abîme infranchissable, ces formes sont en quelque sorte douées de langage en elles-mêmes, même si ce n'est pas littéralement. Ainsi, Handke réussit à atteindre ce qui était visiblement son objectif : représenter la réalité d'une façon vraie. Pour ce faire, il aurait pu aussi éliminer le narrateur et s'en tenir aux documents mentionnant sa mère ou des situations qui la concernaient ; le rapport entre la réalité et sa représentation aurait été quasiment congruent. Le « comme si » de l'art, l'abîme qui le sépare de la réalité, aurait été alors totalement effacé. Ou bien, plus exactement, n'aurait susbsisté que la volonté de recueillir ces documents, de les rassembler, de les classer dans un certain ordre. Le lecteur aurait bien sûr pu considérer que cet ordre relevait de la manipulation, puisqu'en réalité les documents sont classés suivant un plan horizontal dans différents bureaux d'archives, et le seul principe de classement chronologique représente une intrusion visant à créer un effet : la dernière entrée d'un dossier médical serait un rapport d'autopsie, et le lecteur essuierait ses larmes.

Pour Handke, le plus important était de décrire sa mère sans lui porter préjudice, c'est-à-dire sans s'immiscer dans ce qui lui appartenait, en respectant son intégrité. Pour moi, ce n'était pas une bonne idée, car, si j'avais écrit sur des événements semblables tirés de ma propre vie, j'avais utilisé une méthode diamétralement opposée, en recherchant constamment les émotions, les affects, les sentiments, à l'encontre du rationnel, en dramatisant mon père, comme un personnage dans un récit, en le représentant comme on représenterait tout personnage fictif par l'escamotage du « comme si » que toute littérature suppose, ce qui revenait à lui porter préjudice à lui, ainsi qu'à son intégrité, de façon fondamentale, en prétendant que *ce personnage* était lui. J'avais certes dit la même chose de tous les personnages du roman, mais pour mon père seulement je l'avais fait sans considération de ce qu'il était, de sa personne. Il était mort depuis plus de dix ans, ce qui avait rendu le roman possible, mais ne le justifiait en aucun cas.

Je n'avais pas réfléchi à cela quand j'écrivais, à la description de la réalité, à sa représentation ou à l'intégrité de mon père, tout était sorti intuitivement, sur une page blanche, avec ma volonté d'écrire pour origine et ce roman pour fin. Je me fiais à l'intuition, qui est pratiquement aveugle et d'où peut émaner une poétique autant qu'une ontologie, je crois ; en effet, le roman exprime une façon de penser radicalement différente de celle d'un essai, d'un article ou d'une thèse, car, dans un roman, la réflexion n'est pas un outil de compréhension supérieur, elle se combine avec tous les autres éléments. L'espace de réflexion est aussi important que la réflexion même. La neige qui tombe la nuit, les phares des voitures qui brillent sur l'autre rive du fleuve. C'est peut-être ce que j'ai appris de plus important à l'université, que l'on peut pratiquement dire tout ce que l'on veut dans un roman comme dans un poème, et ce peut être à la fois possible et plausible, sans jamais être exhaustif, et peut-être pas essentiel non plus, puisque le roman et le poème existent à part entière, par eux-mêmes, et qu'il soit impossible de dire les choses d'une autre manière que la leur les rend mystérieux. Le monde est tout aussi mystérieux, mais nous nous efforçons de l'oublier la plupart du temps, en privilégiant la réflexion dès que nous l'observons. Qu'est-ce que « marcher » ? Est-ce mettre une jambe devant l'autre ? Oui. Mais la description de la motricité – mettre une jambe devant l'autre – ne dit rien de la sensation de marcher, ou de la différence entre descendre et monter, longer une jetée en pierre ou gravir un escalier, traverser une prairie ou le tapis de mousse d'une forêt, pieds nus ou chaussé, rien non plus du sentiment éprouvé quand l'on voit les autres marcher – les piétons s'affairant sur une place un samedi matin, le vieil homme solitaire au loin sur une terre enneigée, ou quelqu'un que l'on connaît depuis très longtemps : leur caractère semble tout entier contenu dans leur démarche quand ils viennent à notre rencontre. Cela saute aux yeux, c'est « lui » ou « elle » qui arrive. Cette façon unique de se mouvoir, c'est tout ce que l'on connaît de cette personne, mais ce que l'on voit, ce n'est pas une succession de mouvements séparés, clairement distincts, c'est pour ainsi dire l'essence de cette personne, ce qu'elle « est » pour nous. Il marche, on le voit, et c'est tout.

On pourrait approfondir, en suivant une méthode scientifique par exemple : des muscles et des tendons se meuvent pour permettre de poser un pied devant l'autre, du sang coule dans les veines et les artères, des gaz y circulent, des cellules et des parois cellulaires, des mitochondries et des chaînes d'ADN, sans compter les impulsions qui parcourent le système nerveux, envoyées par une volonté ou un désir de mouvement, sous forme d'émissions chimiques ou électriques dans le cerveau ; et des questions se posent alors : qu'est-ce que la volonté, qu'est-ce que le désir, qu'est-ce que l'impulsion motrice, sous quelle forme apparaît-elle ? Si c'est de la chimie, quel est le lien entre les réactions chimiques et ce que l'on sait de la volonté ou du besoin ? Ces impulsions ne dépendent pas de la conscience, mais de quelque chose de plus enfoui, visiblement des parties plus anciennes du cerveau, inchangées depuis des millions d'années, depuis l'apparition de la première espèce d'hommes en ce monde, semblables aux singes en tous points ou presque, sauf les os du bassin, la longueur des bras et quelques spécificités physionomiques qui leur permettaient de faire ce qu'aucun autre animal n'avait pu, et ne peut toujours pas faire : marcher sur deux jambes le buste redressé. C'est bien là ce qui distingue notre espèce. Cette faculté caractérise notre réalité non seulement physique mais aussi mentale, puisque nous nous orientons dans le monde des idées de manière topographique, comme s'il s'agissait d'un paysage à traverser, des profondeurs de l'inconscient jusqu'au ciel du surmoi, d'une utopie politique loin à gauche jusqu'à l'autre loin à droite ; certaines pensées, toutes proches, sont faciles à saisir, ou au contraire difficiles à voir en raison de cette proximité même, d'autres requièrent un effort pour être accessibles, d'autres encore se trouvent si haut qu'elles ne seront à notre portée qu'au terme d'une ascension pénible, tandis que les dernières sont basses et sales, au ras de la terre, du terrestre.

En tant qu'écrivain, on peut aller un peu plus loin ou, ainsi que Lawrence Durrell définit l'écriture romanesque, se fixer un but et s'y rendre à l'aveuglette. Cette « marche » est sans fin, cependant la mission de la littérature ne vise pas à l'exhaustivité, elle tend à construire ce qui ne peut être épuisé, en tout cas s'il s'agit de littérature qui œuvre à représenter la réalité et les réactions infiniment fluctuantes qu'elle suscite. Les arbres qui *sont*, pour le dire à la manière de Rilke, et nous qui passons devant comme des courants d'air. La forêt en elle-même parle, écrit Handke, il y a un abîme entre elle et nous mais, si le caractère impitoyable de la nature nous semble menaçant, ce n'est pas parce qu'elle s'est éloignée de nous – ce qui peut arriver quand on l'observe dans son éloignement quasi irréel –, mais parce que son mutisme et sa cécité sont aussi en nous. Le battement de notre cœur est sans merci. Ulysse a essayé de bâtir un pont au-dessus de l'abîme entre ce qui était la culture et ce qui était la nature en lui quand il parlait à son cœur et lui demandait de ne pas battre si fort. C'est en nous qu'est l'abîme. Je le découvris alors que je me trouvais pour la première fois face à un mort. Je ne le compris pas, mais je le vis et le sus. La mort n'est pas un abîme, elle fait partie du vivant, entre les pensées et la chair que ces pensées traversent. Dans la chair, les pensées sont en quelque sorte des envahisseuses ayant conquis un territoire étranger et le quittant dès qu'il devient inhospitalier, c'est-à-dire quand tous les mouvements cessent et que toute chaleur disparaît, comme dans la mort.

Mais ce n'était pas seulement un mort que je vis ce jour-là. C'était mon père. L'idée vague que je me faisais de la mort n'impliquait qu'une partie infime du torrent de pensées et de sentiments que j'avais accumulés. Devant moi gisait l'homme qui m'avait fait, son corps avait créé le mien, et j'avais grandi sous sa surveillance, il était la personne la plus importante et la plus influente de ma vie. Le fait qu'il soit mort n'y changeait rien. Rien ne s'était terminé cet après-midi-là dans la chapelle de Kristiansand.

Après avoir eu Yngve au téléphone, je pris l'ascenseur pour le sous-sol, empruntai ses couloirs humides de bunker, dont les plafonniers s'allumaient l'un après l'autre, d'une manière futuriste, à mesure que j'avançais, et je parvins à la buanderie au moment précis où l'écran de la dernière machine à laver passait de une minute à zéro. Je mis le linge mouillé dans le séchoir, et les vêtements sales dans le lave-linge, ajoutai de la lessive, et appuyai sur le bouton « marche », en une seconde la machine se mit à crachoter. Je restai un moment à observer les rotations du tambour et les habits gorgés d'eau qui étaient projetés contre le hublot, puis happés à l'intérieur, et de nouveau projetés, tandis que j'imaginais le pire scénario, un procès. Je fis défiler la scène sous mes yeux, mon arrivée en taxi, la foule de photographes qui me mitraillaient, les titres dans les journaux, « Knausgaard ment », « Un livre ordurier », « Le livre qui n'aurait jamais dû être publié », « Il reconnaît ses mensonges », « Knausgaard m'a violé », je savais qu'un procès de ce genre susciterait toutes sortes d'accusations et qu'un projet autobiographique qui mentionnait aussi d'autres personnes ouvrirait la porte à n'importe quelle déclaration à mon sujet, de la part de n'importe qui. Je n'accordais aucune importance particulière à ce roman, et la maison d'édition non plus, le premier tirage était de dix mille exemplaires, c'était bien, mais pas mieux que mon précédent livre, et si un procès avait lieu nul doute que les ventes grimperaient en flèche. Ce serait un scandale, de l'ordurier et du sensationnel, toutes les saletés imaginables me seraient jetées à la figure. Dans mes pensées, je me trouvais à la barre des accusés, devant ce que je me représentais comme une sorte de pupitre, un peu comme ce que j'avais connu à l'école, sur une petite estrade face à une salle comble, et je répondais aux questions les plus perfides et les plus provocatrices que je puisse imaginer. La première était : pourquoi j'avais écrit ce roman ? Pourquoi j'avais utilisé les noms exacts et n'avais pas cherché à les dissimuler, comme on avait coutume de le faire dans les romans abordant des événements réels depuis que ce genre littéraire existait ? Pourquoi la réalité ? Qu'est-ce qu'elle apportait ? D'abord incapable de répondre à cette question, je me tortillais sur ma chaise, je bégayais, comme cela m'était déjà arrivé sur scène, la dernière fois à Munich – la plupart des rares personnes venues m'écouter s'étaient alors levées pour quitter la salle, un souvenir qui me remplissait encore de honte. Mais à quoi bon se complaire dans ces souvenirs de faiblesse et d'infortune ? pensai-je en levant les yeux vers la fenêtre du rez-de-chaussée, juste au-dessous du plafond, et par le carreau fissuré de laquelle je pouvais apercevoir l'asphalte de la rue.

Pourquoi ne pas répondre aux questions ? Je me redressais sur ma chaise, au milieu des journalistes et du public dévoré de curiosité, une centaine de personnes environ, et me mettais à parler avec spontanéité et en profondeur du rapport de la vérité au subjectif, de la littérature à la réalité, je détaillais la nature des structures sociales, comment ce genre de roman mettait en évidence les limites respectées par la société bien qu'elles ne soient ni écrites ni énoncées, tant qu'elles ne concernaient que nous seuls et notre propre connaissance de nous-mêmes, et qui ne devenaient visibles qu'à l'occasion d'une transgression. Pourquoi cela devrait-il devenir visible ? demandait l'avocat de la défense. Il y a quelque chose dont chacun de nous fait l'expérience, et qui est identique pour tous, répondais-je, mais qui n'est révélé nulle part ailleurs que dans l'espace privé. Tout le monde affronte des difficultés à un moment ou à un autre de sa vie, tout le monde connaît quelqu'un d'alcoolique, quelqu'un qui souffre de problèmes psychiatriques ou qui s'effondre, en tout cas d'après mon expérience – chaque fois que je rencontre quelqu'un et que j'apprends à le connaître, ce type de récit finit toujours par émerger, une histoire de maladie, de déchéance ou de mort subite. Ce n'est pas représenté, comme si cela n'existait pas, ou comme si chacun de nous devait porter son fardeau seul. Et les médias et les journaux, alors ? demandait l'avocat de la défense. Ne relatent-ils pas assez de morts et de maladies ? Bien sûr, répondais-je, mais c'est présenté comme des faits, décrits de l'extérieur, comme une sorte de phénomène objectif. Les répercussions de ces histoires, leur impact sur l'individu et son entourage, on n'en parle pas, ou, si on en parle, c'est très superficiel. En outre, il faut que ce soit spectaculaire pour qu'on en fasse un article. Ce dont je parle, moi, c'est le quotidien. La mort en est une métaphore. Elle est présente dans la vie de chacun, d'abord quand elle frappe quelqu'un que l'on connaît, et pour finir quand elle nous frappe nous-mêmes. Quantité de gens meurent chaque jour. Cette mort, nous ne la voyons pas, elle est cachée. Nous n'en parlons d'ailleurs pas non plus. Pourquoi ? Elle touche pourtant au tréfonds de l'existence. Pourquoi est-ce refoulé ? Il en va de même du vieillissement et de la décrépitude. Si l'on est trop vieux pour se débrouiller tout seul, on est placé dans une institution, à l'abri des regards. Dans quelle sorte de société vivons-nous, où tout ce qui est marginal, malade ou mort est éloigné de notre vue ? Deux générations auparavant, la maladie et la mort étaient plus proches, elles faisaient partie de la vie sinon naturelle, du moins inévitable. J'aurais pu écrire un article sur ce sujet, mais cela n'aurait pas eu un tel effet, les arguments d'un article étant rationnels, alors qu'il est question ici d'irrationnel, de nos émotions face à la déréliction et à la mort, oui, face à ce qui *est*. Je me souvenais de la première fois où j'avais été confronté à la maladie, il s'agissait de ma grand-mère maternelle, qui était au dernier stade de la maladie de Parkinson ; la fragilité du corps et la souffrance humaine m'avaient beaucoup choqué, je ne savais pas que ça existait. Je savais que la maladie existait, mais je ne savais pas que c'était *comme cela*. J'ai ressenti la même chose quand j'ai travaillé pour la première fois dans un établissement pour déficients mentaux, j'étais secoué par ce que je voyais, tous ces corps déformés et ces esprits atrophiés, pourquoi avais-je ignoré que cela aussi faisait partie de l'expérience humaine ? Cela avait été dissimulé, pourquoi ? Cela m'avait amené à réfléchir au corps, à ce qu'il représente, qu'il soit animal ou biologique, sa nature matérielle et sa présence totale au monde, en opposition avec la représentation du monde et la connaissance de soi qui ressortent de nos réflexions sur notre identité et nos conditions de vie, non seulement dans les études scientifiques que nous produisons en quantité infinie, mais aussi dans les innombrables histoires que nous lisons, dans les programmes que nous regardons à la télévision, d'où cette perspective est absente. Ce que j'avais tenté de faire, c'était de réintroduire une présence intime, de faire en sorte que le texte pénètre toutes ces représentations, ces images et idées suspendues comme une voûte céleste au-dessus de la réalité, y adhérant comme une membrane sur l'œil, pour qu'il accède à la réalité du corps et à la fragilité de la chair, pas d'une manière générale – le général étant lié à l'idéal, il n'existe pas, seul le particulier existe, et puisque le particulier, dans ce cas, c'était moi-même, voilà ce sur quoi je devais écrire. C'était mon seul objectif, la réalité de cette histoire. Certains estimaient que je n'avais pas le droit de le faire, car j'avais utilisé d'autres que moi. C'était vrai. Ma question était : pourquoi cacher ce que nous faisons ? En quoi la déchéance est-elle honteuse ? Le désastre de l'humain ? Vivre ce désastre humain est terrible, mais l'écrire ? Pourquoi cacher sous la honte et le secret ce qu'il y a de plus humain ? Qu'est-ce qui est si dangereux que l'on ne puisse en parler ?

L'avocat de Gunnar, qui avait écouté tout cela en silence, me lança un regard qui me parut ironique.

— C'est bien beau, Knausgaard. Mais votre père n'a pas connu la déchéance que vous avez décrite. Nous avons des témoins. Il buvait et avait des problèmes, c'est vrai, mais il a sombré calmement et sans faire de bruit. En outre, votre grand-mère, elle, ne buvait pas. Les deux années au cours desquelles vous insinuez qu'ils ont vécu et bu ensemble sortent tout droit de votre imagination. Il a habité trois mois chez elle. La maison n'était pas encombrée de bouteilles vides. Et ce n'est pas vous qui l'avez nettoyée, comme vous l'écrivez, mais votre oncle. Je vous pose une question : pourquoi mentez-vous ? Vous qui prétendez décrire le monde tel qu'il est, pourquoi décrivez-vous un monde qui n'a jamais existé ? C'est la question qui nous intéresse aujourd'hui. Vous vous cachez derrière cet intellectualisme existentiel que vous affichez. À mon avis, c'est de l'enfumage prétentieux, un baratin si pompeux qu'il me donne presque envie de vomir, mais ce n'est pas mon affaire, pas aujourd'hui en tout cas. D'après ce que j'ai retenu de votre bavardage exalté et autosatisfait, vous prétendez écrire la vérité, vous prétendez que cela a toujours été le but de votre roman ignoble et perfide. Mais il apparaît que la vérité est tout autre. Comment pouvez-vous l'expliquer ?

Crispé et comme paralysé, je le regardai.

— C'est comme ça que je m'en souviens, dis-je enfin.

— Cela ne suffit pas ! hurla l'avocat. Vous avez offensé ces gens, vous avez saccagé la réputation de deux morts. Vous avez vendu votre père et votre grand-mère au prix du sang. Et tout ce que vous trouvez à dire, c'est « je m'en souviens comme ça » ? Le préjudice que vous avez porté à la vie privée de votre famille, déjà condamnable en soi, ne vous suffisait pas, il a fallu que vous mentiez au sujet de la mère et du frère de votre oncle, ce qui aggrave sérieusement votre faute. C'est une atteinte à leur honneur, c'est de la diffamation. Et vous encourez jusqu'à trois ans de prison.

Il essuya la sueur sur son front tout en repoussant une mèche blonde et me fixa.

— J'ai vraiment fait le ménage dans la maison, dis-je. Prétendre que j'en suis incapable, ce n'est pas vrai. Il se peut que j'aie exagéré le chaos qui y régnait, mais c'était *vraiment* horrible. En plus, j'ai écrit sur mon père, c'est mon histoire que j'ai racontée, cela ne peut pas être illégal, si ?

J'évitais soigneusement de regarder dans la direction de Gunnar, qui était assis tout droit au premier rang et qui avait refusé de me dire bonjour juste avant le début de l'audience, bien que je lui aie héroïquement tendu la main en signe de pardon, avant de rejoindre ma place, tête baissée, dans l'attente du premier témoin, l'essayiste suédois, professeur et académicien Horace Engdahl, qui avait longtemps été chargé d'annoncer le prix Nobel, connu pour son élégance littéraire et son style majestueux, ancien camarade de classe de Christer Pettersson, lequel était soupçonné de l'assassinat de Palme, et ami du talentueux Stieg Larsson, l'écrivain intrépide. De nombreuses années plus tôt, j'avais vu Engdahl à Bergen au cours d'un séminaire ; il avait digressé sur Carina Rydberg et son roman *Den högsta kasten* (« La Plus Haute Caste ») au moment où les débats sur ce livre étaient à leur comble en Suède – elle avait écrit sur des personnes réelles en donnant leurs noms – et il avait dit qu'en dépit de tout ce tapage son roman était brillant. J'espérais qu'il dirait la même chose du mien. D'un autre côté, songeais-je, alors que j'étais là à fixer la machine à laver et l'eau savonneuse qui éclaboussait le hublot, il y avait chez Engdahl quelque chose de nettement élitiste, de supérieur, c'était un aristocrate de la littérature – quel effet cela ferait-il au tribunal, où Gunnar passerait pour un homme ordinaire, M. Tout-le-Monde, qui, sans avoir rien fait de mal, avait vu sa vie détruite par son neveu écrivain ? Les gens se diraient que cela pouvait leur arriver aussi, et ils prendraient peur. J'apparaîtrais comme quelqu'un d'indigne, une sorte de vampire littéraire, brutal et borné, imbu de lui-même. Peut-être qu'un aristocrate n'était pas la bonne personne pour défendre mon œuvre.

La porte s'ouvrit derrière moi. Je crus que quelqu'un avait réservé le lave-linge que j'utilisais et je tournai la tête, mais les pas feutrés s'arrêtèrent devant la porte de la deuxième pièce, qui s'ouvrit ; j'attendis quelques secondes que la personne entre, puis je sortis. Le bruit de la machine fut étouffé quand la lourde porte en métal du couloir se referma derrière moi. On se serait cru au fond d'une gigantesque usine, me dis-je. Je montai l'escalier, et sortis par la porte qui donnait sur la place, il fallait que je fume. Le marchand de fruits me salua ; j'étais sûrement son meilleur client. Je lui souris en lui rendant son salut, fis tournoyer le trousseau de clés sur mon majeur, et, après avoir traversé la place, je lorgnai la vitrine du magasin de chaussures Nilson. Lars Norén avait consacré un passage de son énorme journal, dont j'avais lu une moitié l'été précédent, à un magasin Nilson, il se disait étonné qu'une femme – sa fille ou sa nouvelle petite amie, je ne m'en souvenais pas – y achète ses chaussures ; ce n'était apparemment pas assez bien pour lui, lui achetait ses chaussures dans un magasin d'un tout autre standing, d'après ce que je compris, moi qui jusque-là avais pensé que Nilson n'était pas si mal. Depuis, je ne passais jamais devant ce commerce sans penser à la consternation mondaine de Norén devant le provincialisme d'autres que lui en matière de chaussures. Je jetai un coup d'œil à la boutique de l'autre côté de la rue, ce que j'avais pris l'habitude de faire parce qu'on y vendait des sous-vêtements et que des affiches de femmes dévêtues ornaient la vitrine, avant de pousser la porte du tabac Thomas, où Thomas lui-même leva ses yeux aimables avant de les baisser sur un ticket de caisse qu'il semblait vérifier.

— Bonjour, dit-il.

— Bonjour. Trois paquets de Lucky.

Il les prit sur les rayons derrière lui.

— Pas de journaux aujourd'hui ? demanda-t-il.

Je secouai la tête.

— Cent quarante-sept couronnes.

Je sortis ma carte de ma poche de pantalon.

— Tenez, dit-il en indiquant son nouveau lecteur de carte.

Ce terminal de paiement lisait la puce, non plus la bande magnétique, ce qui était plus pratique pour nous deux, en raison du mauvais état de la bande de ma carte, qui l'avait souvent contraint à taper lui-même les chiffres. Ce n'était pas grave, il prenait toujours son temps, quel que soit le nombre de clients dans sa boutique.

— Bien, dis-je. Merci.

— Pas de problème, répondit-il.

Les trois paquets en poche, je sortis, m'engageai dans la rue piétonne qui descendait directement vers le premier canal, puis sur la place Gustav-Adolf, qui était noire de monde le samedi matin, mais aujourd'hui presque déserte.

Les enfants.

Où étaient-ils ?

Je m'arrêtai.

Ils étaient au jardin d'enfants. Je les y avais déposés.

Ou alors ?

Qu'est-ce que j'avais fait ce matin ?

J'essayai fébrilement de me rappeler un événement précis qui me prouverait que je les avais bien déposés là-bas et, en une seconde, je me souvins que nous étions retournés chercher les lunettes de Vanja, et tout se remit en place.

Je repris ma promenade, tournai au coin et passai d'abord devant le marchand de fleurs puis devant le marchand de fruits, continuai, saisi d'une vague inquiétude ; je n'avais pas pensé aux enfants de toute la matinée, s'ils avaient été ailleurs qu'au jardin d'enfants je les aurais abandonnés sans m'en soucier. L'été précédent, j'avais lu un article sur un Danois qui avait oublié de déposer son enfant à la crèche, l'enfant dormait sur son siège dans la voiture quand le père s'était garé devant son bureau, il l'avait laissé là et l'enfant était mort à cause de la chaleur. Ce genre de choses aurait pu m'arriver, j'y pensais souvent, et quand j'étais dehors avec mes deux filles, l'angoisse pouvait soudain me faire froid dans le dos : où est John ? L'ai-je oublié quelque part ? Où est-il ? Mon Dieu, où est-il ? Puis cela me revenait, il était avec Linda, tout allait bien. Mais même si j'y avais réfléchi, l'angoisse pouvait resurgir : où est-il, avec Linda, comment peux-tu être sûr que ce n'était pas plutôt hier, rappelle-toi !

Je plaçai mon badge sur la bande magnétique, poussai la porte. Un facteur se tenait devant les boîtes aux lettres ouvertes, et il y glissait le courrier. Je le saluai et m'arrêtai. Je pris ce qu'il y avait déposé, j'ouvris la porte de l'ascenseur et feuilletai le tas de lettres le temps du trajet. Une enveloppe de Svea Inkasso, une agence de recouvrement, trois factures, un numéro du magazine *Bamse* et une publicité pour Spirit. Dès que je fus dans l'appartement, je mis le tout sur la table sous le miroir, avant d'enlever mes chaussures que je rangeai dans le placard. Je posai deux des paquets de cigarettes dans le tiroir de mon bureau, pris le troisième avec moi sur le balcon, où je m'installai, me versai un café, ouvris le paquet, en tirai une cigarette et l'allumai.

Au-dessus de moi, un pigeon roucoulait, le bruit avait retenti subitement et il était très proche. Je levai les yeux, on aurait dit qu'il venait *de l'intérieur* du toit.

Ouh, ouh, ouh, faisait-il.

Ouh, ouh, ouh.

Un grattement – c'était sûrement le bruit de ses griffes contre le zinc du toit, l'oiseau n'arrivait pas à s'y agripper. Ah, les griffes, cet outil des âges préhistoriques inadapté au métal moderne, que pouvaient-elles faire ?

Je me reversai du café.

Le pigeon s'envola, plana puis descendit en direction du toit de l'autre côté, deux étages plus bas, où il se posa sur une antenne.

Je perçus un faible bruit de sonnette, comme s'il provenait de l'appartement du dessous. Il me fallut plusieurs secondes pour comprendre que Geir était là. Je me levai et rentrai. Je longeais le couloir lorsque retentit un nouveau bourdonnement.

Je décrochai l'interphone.

— Oui ?

— C'est Gunnar. Si tu es là, espèce de diable, je viens te manger !

— Entre.

J'appuyai sur le bouton jusqu'à ce que j'entende la porte s'ouvrir, puis je raccrochai, ouvris et attendis l'ascenseur.

Geir en sortit avec une énorme valise noire qu'il poussait devant lui. Njaal le suivait, accroché à ses jambes ; il me lança un regard mi-soupçonneux, mi-curieux. Geir me tendit la main sans sourire, croisant mon regard.

— Salut, dit-il, un peu essoufflé, pour abréger les amabilités.

— Tu as trouvé facilement ?

— Je suis déjà venu, répondit-il en me contournant pour entrer dans le couloir, où il posa sa valise et se pencha pour aider Njaal à enlever ses chaussures.

— C'est vrai, dis-je.

Il leva les yeux et me sourit.

— Allons, du calme, du calme, tout va bien se passer.

— Qu'est-ce qui va bien se passer ?

— Ce qui te torture.

Il se pencha pour enlever ses propres sandales.

— Où sont Vanja et Heidi ? demanda Njaal.

— Au jardin d'enfants. Elles seront bientôt de retour. Tu n'as qu'à prendre leurs jouets en attendant.

Il se dirigea vers leur chambre avec hésitation.

— Ça fait du bien de vous voir, dis-je tandis que Geir se relevait.

— Je m'en doute. On va faire des économies de téléphone !

— Tu trouves que j'appelle trop souvent ?

— Souvent ? C'est ma seule occupation ! Me lever, me brosser les dents, parler avec toi, déjeuner, parler avec toi, dîner, parler avec toi, me brosser les dents et aller au lit. Qu'est-ce qui va se passer demain, je me le demande… Peut-être que Karl Ove va téléphoner, qui sait ?

— Tu veux du café ? demandai-je.

— Bien sûr.

— Allons dans la cuisine.

Il me suivit, la tête haute, comme souvent quand nous ne nous étions pas vus depuis longtemps, un large sourire sardonique aux lèvres, qui semblait dire : je sais tout de toi. Ce qui était vrai.

Lorsque nous avions déménagé à Malmö, j'avais eu peur de perdre le contact avec Geir. En raison de la distance, les conversations s'espacent, la proximité diminue, le quotidien et ses petits détails ne trouvent plus leur place naturelle : cela paraît bizarre de raconter que l'on vient d'acheter une chemise ou que l'on va peut-être laisser la vaisselle en plan jusqu'au lendemain, quand on ne s'est pas parlé depuis deux semaines ou un mois ; cette absence prolongée incite plutôt à aborder des sujets d'envergure et, une fois que ces sujets sérieux ont orienté la conversation qui s'engage, il n'est plus possible de faire marche arrière, dès lors les interlocuteurs sont pareils à des diplomates échangeant des informations sur leurs États respectifs, et cet échange doit repartir chaque fois de zéro, on perd courage et du coup on évite de téléphoner. Cela devient encore plus difficile la fois suivante et le silence finit par s'installer pour six mois. Mais cela ne s'était pas passé ainsi pour nous. Au contraire, nos contacts étaient devenus plus fréquents après mon déménagement, nous bavardions plus longtemps et plus souvent, si souvent que cela me paraissait presque anormal et me laissait une vague inquiétude – je ne voulais pas être anormal. D'habitude, je lui téléphonais dès neuf heures du matin, nous parlions entre vingt minutes et une heure et demie, puis je l'appelais à nouveau dans l'après-midi, je lui lisais ce que j'avais écrit dans la journée, et il faisait des commentaires. Il ne faisait jamais de critiques, mais parlait de ce que j'avais écrit de façon à l'enrichir, en présentant d'autres perspectives, d'autres possibilités, que j'utilisais le lendemain. De temps en temps, nous bavardions le soir aussi, même si j'essayais de limiter ces appels, pensant que Linda trouvait peut-être Geir trop présent. Mais je n'avais aucun ami à Malmö, je ne fréquentais aucun autre écrivain, le seul espace où je pouvais parler des sujets qui m'intéressaient et qui constituaient mon travail était celui-là et, puisque cela durait depuis de nombreuses années, je n'avais pas besoin de jouer un rôle, de chercher à être plus intelligent que je n'étais ni de dire autre chose que ce que je pensais. Je devais à Geir plusieurs idées que j'avais présentées directement ou indirectement dans le livre, j'avais aussi discuté avec lui des directions que je prenais. Il avait de l'influence sur moi, mes réflexions devenaient progressivement semblables aux siennes, et la seule chose qui me sauvait – car j'avais l'impression que mon intégrité intellectuelle était en danger – était de laisser ces pensées que je m'appropriais trouver un écho en moi, dans ma propre histoire, et de considérer que je jouais moi aussi un rôle dans son travail et son évolution, même s'il n'était pas aussi important et qu'il ne menaçait pas autant son intégrité. Il y a six ans, il était parti à Bagdad, où il avait séjourné avant, pendant et après l'invasion de l'Irak par les Américains. Dans l'intention d'écrire un livre sur la guerre, il était entré dans le pays comme bouclier humain, ce qui lui avait donné une incroyable liberté et lui avait permis d'interviewer toutes sortes de gens touchés par la guerre. Les six années qui s'étaient écoulées depuis son retour, il les avait passées à écrire son livre, qui approchait lentement mais sûrement de sa conclusion.

Son titre était *Pour approfondir le savoir*. C'était peut-être le leitmotiv de sa vie.

Je versai du café dans deux tasses et lui en tendis une. De l'autre côté de la fenêtre, les toits et leurs faîtes, dont le rouge se détachait sur le bleu du ciel, semblaient pencher, ce qui avait à voir avec la perspective – vus d'en haut, ils paraissaient de travers. Cela m'avait frappé la première fois que j'avais regardé par la fenêtre. Nous visitions l'appartement, et le léger étourdissement consécutif à cette illusion m'avait convaincu que c'était ici que je voulais vivre. Maintenant j'y étais habitué, mais la présence de Geir à mes côtés me fit remarquer une nouvelle fois ce phénomène.

— Tu as du nouveau ? demanda-t-il.

— De Gunnar ?

Il acquiesça avec un sourire, un sourire que j'aurais pu interpréter comme malveillant si je ne l'avais pas connu aussi bien.

— Non. Tu trouves que ça ne suffit pas ?

— Si, si, dit-il, souriant toujours.

— C'est fou ce que tu peux sourire.

— Je suis de bonne humeur, tu le sais bien. Enfin, non, tu n'en sais rien. Ha, ha.

— Ce n'est pas vraiment ma mauvaise humeur, le problème.

— Non. Le problème est que tu es un homme mauvais.

— Tout à fait.

— Et l'un des rares vrais narcissiques.

— Si tu le dis.

— Aucun doute là-dessus. La seule raison qui me fasse te supporter, c'est que je suis aussi un grand narcissique.

— Je ne comprends pas très bien. Tu supportes mon égocentrisme maladif parce que tu es toi-même un égocentrique maladif ? La logique voudrait que tu détestes ce trait de caractère qui accapare ton ego ?

— Mon ego est si grand que je ne m'en préoccupe pas.

Il me regarda par-dessus la tasse qu'il portait à ses lèvres en souriant de nouveau.

On entendit un « boum » dans le salon.

— Njaal, qu'est-ce que tu fabriques ? cria-t-il.

De sa petite voix, Njaal répondit quelque chose.

— Tu viens avec moi sur le balcon pour que j'en grille une ? dis-je.

Il accepta. En chemin, nous vîmes Njaal assis par terre au milieu d'un tas de jouets qu'il avait sortis du coffre rond, c'était le couvercle qui avait fait du bruit en tombant. Nous nous assîmes de chaque côté de la petite table de camping. J'allumai une cigarette et posai les pieds sur la rambarde.

— Tu veux changer de sujet ? demanda-t-il.

— Volontiers.

— J'étais en ville il y a quelques jours et j'ai acheté des sabots.

— Je ne pense pas que ce soit une nouvelle salvatrice pour moi.

— Je les ai achetés pour embêter mon voisin. Si cela ne suffit pas, j'en achèterai aussi à Christina et à Njaal.

— Tu veux dire que tu portes tes sabots à l'intérieur ?

Il acquiesça.

— C'est la guerre. Après les avoir achetés, je les ai mis et j'ai sauté sur le sol pendant une heure.

— Comme Donald Duck ?

— Non, Donald est un vrai fou, il est complètement irrationnel. Chez moi, c'est rationnel. J'utilise les avantages du terrain : j'habite plus haut que lui, mon plancher est son plafond.

— Tu n'as pas pensé plutôt à lui casser la gueule ? L'emmener dans les bois et lui faire sa fête ?

— C'est trop brutal, même si la situation est limite. En plus, nous perdrions le bail de location. Je ne peux pas prendre ce risque. Marcher en sabots chez soi n'est pas illégal. C'est indéniable. S'il avait frappé Christina ou Njaal, ce serait autre chose. Il faut adapter la violence. Il y a violence et violence excessive. J'aurais pu lui tirer dessus, mais ç'aurait été trop violent. Comme de le tabasser. Il faut étudier le conflit et adapter la violence à la situation. C'est de Clausewitz. La violence est un moyen utilisé pour supprimer un problème. Un outil.

— Tu as tout de même pensé à le frapper ?

— Bien sûr. Mais j'ai trouvé la meilleure solution. Je marcherai chez moi en sabots jusqu'à ce qu'il laisse tomber. Si ça prend un an, eh bien, je marcherai en sabots un an. Si ça prend dix ans, je le ferai dix ans.

— Tu es fou.

— Pas du tout ! Je suis en conflit avec le voisin du dessous. Il m'a agressé. J'ai essayé d'arranger les choses. Ça n'a pas marché. Alors je contre-attaque. C'est légal et il va vite s'en rendre compte. C'est la seule façon de lui faire comprendre qu'il faut qu'il arrête. Il le sait. Il a trois solutions pour s'en sortir. La première : il déménage. La deuxième : sa femme s'excuse auprès de Christina. La troisième : il ne nous adresse plus jamais la parole et il ne lève plus les yeux sur nous quand nous nous croisons, autrement dit il reste le plus loin possible. Si tu veux savoir, j'imagine qu'il va choisir la troisième solution. Mais on va voir combien de temps il tiendra.

— Tu présentes ça comme si c'était une façon normale de résoudre un problème, dis-je. Mais ce n'est pas le cas. Personne ne va résoudre un conflit en achetant des sabots et en piétinant le sol de son appartement avec. Tu as une drôle de façon d'en parler. « Utiliser les avantages du terrain ». Comme un militaire qui vient de remporter un objectif au Vietnam ou ailleurs. C'est d'un appartement à Stockholm que l'on parle.

— Un conflit est un conflit. Il va laisser tomber, j'en suis sûr. Il n'a aucun moyen de gagner. Le bruit des sabots est insupportable. Il tiendra un mois, peut-être deux. Puis il viendra me demander ce qu'il peut faire pour que j'arrête. Il n'y a qu'à attendre. Alors le problème sera résolu.

— Pas le sien.

— Non, il est insoluble. Mon problème à moi ne l'est pas.

Quelques mois plus tôt, Geir et Christina avaient quitté leur deux-pièces de Västertorp, en banlieue, pour un quatre-pièces dans le même quartier. Déjà, lors du déménagement, le voisin s'était plaint du bruit dans le couloir au moment où ils déchargeaient les meubles et les cartons. Ensuite, il s'était plaint des coups de marteau quand ils avaient accroché leurs photos. Ils lui avaient dit qu'ils avaient emménagé le plus discrètement possible mais qu'il était inévitable de faire un peu de bruit. Après une ou deux semaines, il s'était plaint des portes qui claquaient et de Njaal qui courait sur le plancher. Geir avait garni les portes des pièces et celles des placards de bandes isolantes en caoutchouc et avait posé des tapis supplémentaires sur le sol. Le voisin avait envoyé une lettre à la propriétaire dans laquelle il avait écrit qu'ils faisaient du bruit chez eux mais aussi dans l'escalier et qu'ils laissaient la poussette dans l'entrée. Geir avait répondu à la plainte par une courte lettre pour expliquer qu'ils étaient le plus discrets possible. Ils n'écoutaient jamais de musique, ils ne faisaient jamais de fêtes, ils se couchaient tous les soirs à dix heures. Ce dont le voisin se plaignait n'était que le bruit inévitable d'une famille avec un enfant. La lettre n'avait fait que rendre le voisin plus furieux encore, si j'avais bien compris ; un jour, il s'en était même pris à Geir dans le sous-sol. Cette situation me rappelait ce que Linda et moi avions vécu quand nous habitions à Stockholm. Là aussi il y avait une voisine qui se plaignait de tout ce que nous faisions, et qui se comportait envers nous de façon menaçante. Nous avions également essayé de répondre à ses exigences, mais cela dépassait la raison. Nous avions résolu le problème en déménageant. Je me tenais encore aux aguets lorsqu'un des petits faisait quelque chose de bruyant, donnait un coup pied dans un radiateur, par exemple, ou lançait quelque chose par terre avec force. Cela me faisait froid dans le dos et je me précipitais pour lui dire d'arrêter. Ici les voisins ne s'étaient jamais plaints, c'était l'angoisse de notre voisinage à Stockholm qui perdurait, trois ans après notre déménagement. J'en avais parlé avec Christina, elle réagissait comme moi ; elle s'évertuait à ne pas faire trop de bruit, elle marchait sur la pointe des pieds. Geir avait une tout autre attitude. Il n'intériorisait pas, il s'exprimait. S'il avait acheté des sabots, expliquait-il, c'était à la suite d'un épisode tout récent. Christina était avec Njaal sur le balcon, elle était rentrée en le laissant seul un instant quand elle avait entendu un cri venant de l'étage du dessous. Qu'est-ce qu'ils fabriquaient ? En fait, Njaal avait déclenché l'ouverture du parasol, qui était plein d'eau, et quelques gouttes avaient coulé sur leur balcon. Christina n'avait d'abord pas compris ce qui s'était passé, et leur avait dit qu'ils n'avaient rien fait de particulier. La femme avait alors crié à son mari que la pute d'en haut était sans-gêne. Quand Geir l'avait appris, il était parti acheter des sabots en ville, qu'il portait depuis, du matin au soir.

— On dirait que toute cette histoire te met en joie ? remarquai-je.

— Pas de marcher en sabots, en tout cas. Ils sont un peu lourds. Mais l'idée que ça lui casse les oreilles, à celui du dessous, sans qu'il puisse faire quoi que ce soit, oui, cela me met en joie. C'est vrai.

— J'aimerais bien que tu évites de le faire.

Il rit.

— Encore une ou deux semaines et je pourrai les enlever.

— Tu ne résous rien. Il trouvera bien autre chose.

— Si c'est le cas, je ferai encore plus de bruit. C'est la guerre. Le but est que l'ennemi comprenne que tu es toujours déterminé à aller plus loin que lui. Alors, tu as gagné.

— Tu ne vois pas qu'il y a une différence entre les petits et les grands conflits ?

— Non, tu te trompes. Le principe est le même. Dès qu'il aura compris qu'il n'arrivera à rien avec moi et que j'irai plus loin que lui, quoi qu'il invente, il se résignera. Attends de voir.

— C'est ce que je vais faire, dis-je.

— Ta stratégie, se laisser faire et espérer que ça s'arrêtera tout seul, ne fonctionne pas avec ce type d'individus.

— C'est ce que tu dis. Mais je ne suis pas convaincu que tu saches ce que tu fais.

Njaal ouvrit la porte et s'approcha.

— *C'est haut*!* remarqua-t-il.

— Oui, c'est haut, dit Geir.

Njaal se mit à genoux pour regarder à travers la fente entre le sol et la balustrade.

— *Je vois quelque chose**.

— Tu parles du balai ? dis-je. C'est Vanja qui l'a fait tomber. Et il y a aussi des briquets là-dessous. Ceux que j'ai laissés tomber.

— *Je peux jeter quelque chose** ? dit-il en regardant son père.

— Je ne crois pas, Njaal, répondit Geir.

— Si on allait aux jardins partagés ? proposai-je. Il pourra courir un peu ? Je ne vais pas chercher les petits avant une ou deux heures. On peut prendre ta voiture.

Une demi-heure plus tard, assis à l'ombre d'une haie, nous bavardions, entourés du bourdonnement des guêpes, tout en surveillant Njaal, qui courait sur l'herbe. Il y avait une pataugeoire mais il n'avait pas voulu se baigner. De temps en temps, il venait boire du sirop de façon excessive et insatiable, comme tous les enfants, pour filer la seconde suivante à travers l'herbe en direction de ce qui avait attiré son attention. Quand nous avions acheté l'emplacement, cet endroit était l'un des plus beaux du coin. Deux années avaient passé et tout s'était dégradé. Mais, en été, avec sa végétation folle, on pouvait qualifier le jardin d'exubérant plutôt que de mal entretenu. De toute façon, ce n'était pas le moment de s'en préoccuper.

Le bruit d'une tondeuse retentit, et deux jardins plus loin deux familles de Scanie bavardaient, sinon tout était calme. Je tentai de définir le sentiment qui m'avait envahi, pour que Geir puisse le comprendre, et le désignai finalement par le mot « peur ». Je comprenais bien que tout cela devait sembler peu grave à qui n'y était pas mêlé. Il n'y avait aucun risque que Gunnar téléphone ou vienne me voir ; il avait rompu tout contact avec moi, l'échange de messages se faisait entre la maison d'édition et lui, et je les recevais en copie. Était-ce par peur qu'il n'osait pas se confronter à moi directement ? Après tous les reproches qu'il m'avait faits, c'était complètement invraisemblable. À ses yeux, je restais un malotru de seize ans incapable de penser par lui-même, haineux et cupide. Il était beaucoup plus probable qu'il m'évitait parce que j'étais indigne, tout simplement. Ou alors il pensait que je n'étais pas responsable de mes actes, mais que je faisais quand même partie de la famille Knausgaard, et c'était une façon de m'épargner. Je l'avais cru un moment et cette idée m'avait réchauffé le cœur, mais j'avais compris depuis longtemps que c'était une sorte de vœu pieux.

Nous en discutâmes. Plus exactement, Geir parlait et j'écoutais. J'avais déjà tout entendu et je croyais avoir pensé à tout ce à quoi il fallait penser sur le sujet, quand soudain Geir me demanda :

— Quel âge a-t-il ?

— Cinquante-cinq ans, je crois.

— Et toi. Cheveux gris. Barbe grise. Quarante ans. Vous avez presque le même âge. Tu ne dois pas accepter de te laisser traiter ainsi par quelqu'un de ton âge.

— Je n'y avais pas pensé.

— À quoi ?

— Au fait que nous avons le même âge.

Le plus étrange, c'était que cette constatation eut immédiatement un effet libérateur. J'avais déjà réfléchi à la plupart des observations que Gunnar m'avait faites, mais pas à celle-là. Gunnar et moi avions le même âge. Il n'était pas au-dessus de moi. Il ne suffisait pas de le savoir, il fallait le comprendre.

— Il t'a vu avec des couches, c'est là le problème. Tu seras toujours un gamin pour lui. Mais cela ne signifie pas que tu doives toujours te considérer comme un enfant par rapport à lui.

— Mais il *est* mon père.

— Je sais. Mais tu n'es pas que sentiments et

émotions irrationnels. Tu es aussi réflexion et rationalité. Laisse ces qualités te diriger. Et tout s'arrangera.

— Tu parles comme si j'avais le choix.

— Et ?

Je levai une main.

— On n'en parle plus. Bon, comment vas-tu, toi ?

Il rit.

— Laisse tomber !

— La transition était peut-être un peu rapide, du coup tu l'as remarquée, mais c'est comme ça qu'on fait, non ?

— Quoi ?

— L'interaction sociale. L'échange doit se faire de l'un à l'autre, c'est la norme. Enfin c'est ce que j'ai cru comprendre.

— Nous sommes au-delà des conventions des gens bien élevés, non ?

— Pas du tout. Du nouveau dans ta vie ?

— Voyons, dit-il. Je m'assois à mon bureau, j'écris... » Il me regarda. « Autrement dit, rien de nouveau. Bon. On ne devrait pas plutôt continuer à parler de Gunnar ?

Une demi-heure plus tard, alors que je rangeais les chaises dans le petit abri à côté de la cabane, j'éprouvai du soulagement. Ce n'était peut-être pas aussi grave que je le croyais. Ce n'était peut-être pas la fin du monde. Je déposai les tasses et les verres sur le plan de travail de la cuisine, entendis Njaal courir sur le gravier de l'autre côté de la haie, fermai la porte à clé, sortis du jardin et accélérai le pas pour les rattraper. La voiture était garée à cent mètres de là sur le parking. Tous les jardins que je longeai étaient entretenus à la perfection, il y avait partout des bassins et des sculptures, les haies étaient coupées au cordeau et les pelouses étaient tondues si court qu'on aurait dit des tapis de billard. Les propriétaires, des retraités pour la plupart, y habitaient de mai à septembre, le jardinage était un mode de vie pour eux. Cela me terrifiait. Je détestais cet endroit, je le détestais vraiment. On y était observé. Pas tel qu'on était – et ce, qui que l'on soit –, mais tel qu'on paraissait. Je connaissais depuis l'enfance les règles en usage dans ces endroits, mais cela ne facilitait en rien ma situation ; qu'est-ce qui m'avait pris d'acheter une toute petite propriété au milieu de cet enfer ? Comment avais-je pu me méprendre à ce point sur mon compte ?

Je rejoignis Geir et Njaal juste avant la barrière du parking.

— Le prochain roman que j'écrirai débutera ici, dis-je. Est-ce que je te l'ai dit ? Il n'y a jamais eu de Seconde Guerre mondiale, et le nazisme s'est répandu tranquillement dans toute l'Europe. Le personnage principal aura grandi ici. Il s'est intéressé à l'Afrique toute son enfance. Ce sera la première phrase. « Pendant toute mon enfance, j'ai cherché à tout savoir sur l'Afrique. J'éprouvais pour l'Afrique un désir si fort qu'il était presque insoutenable. » Quelque chose comme ça. J'ai lu un long article dans le *Dagens Nyheter* sur les plans des nazis au niveau mondial. Ils avaient dessiné un gigantesque port sur la côte nord-africaine. Le reste du continent était sombre, il n'y avait rien. C'est un bon cadre pour un roman. Un monde planifié dans le moindre détail, dont toute la physionomie est étroitement contrôlée, et un autre monde où tout est inconnu, imprévisible, improvisé, où rien ne subsiste. Tu saisis ce que je veux dire ?

Il acquiesça.

— Je constate que tu as besoin de t'éloigner de ce que tu es en train de vivre en ce moment. C'est une vraie tentative d'évasion.

— Oui, tu as sûrement raison. Mais je suis sérieux. Il y a vraiment quelque chose de différent en Afrique. Je l'ai vu quand j'y suis allé, et je l'ai vu dans beaucoup de documentaires. Ce dont nous ne nous rendons pas compte, c'est que l'Afrique est notre utopie, pas le contraire.

Geir ouvrit la portière, et Njaal se glissa à l'arrière sur son siège. J'attendis que Geir l'ait attaché, puis je m'installai à l'avant. D'autres portières s'ouvrirent ou se fermèrent un peu plus loin, cela me rappela l'ambiance d'un parking près d'un port de plaisance ou d'un embarcadère – des gens arrivant ou repartant, chargés de glacières et de tables de camping, vêtus de shorts ou de jupes, bronzés et lents ; la prodigalité du grand ciel bleu et la sérénité du paysage, rompues par ces actions triviales, ces choses que l'on soulevait et trimballait, ces portières qui claquaient, ces voix qui marmonnaient.

— Nous devrions arrêter d'aider l'Afrique à se développer. Arrêter tout commerce avec elle. Nous retirer et les laisser agir comme ils veulent. Ce que nous faisons actuellement maintient une relation de type colonial qui suppose que nous serions meilleurs qu'eux. Regarde comment ils se comportent, ils n'arrivent pas à s'en sortir, ils n'arrivent pas à régler leurs problèmes, même les écoles, ils n'arrivent pas à les construire. Tout ce désastre. Les guerres. Les enfants-soldats. Tout ce merdier. Non, il faut couper tous les liens, laisser tranquilles tous ceux qui vivent là-bas. Fermer ce continent. Je hais l'idée sous-jacente qui oriente toutes nos actions dans le monde : ils doivent devenir comme nous. C'est cette idée, le désastre. Plus les autres sont différents, mieux c'est. Les cultures africaines sont manifestement très différentes des nôtres. Ils sont l'utopie. Pas nous.

— Tu adores cette formule, dit Geir, qui avait mis

ses lunettes de soleil d'aviateur et conduisait prudemment sur le parking poussiéreux vers la route goudronnée ombragée.

— Ce que j'ai dit sur l'utopie ?

— Oui.

— Je le pense vraiment.

— Je sais bien. C'est ta nostalgie du XVIIe siècle, sous une autre forme.

— Peut-être. En tout cas, ce serait un roman dystopique avec un personnage principal qui aurait grandi ici, qui se languirait de l'Afrique et qui finirait par y partir. Le roman commencerait quand il serait devenu un vieil homme vivant sur une île de la mer Baltique.

— Laisse-moi deviner : là où vous étiez en vacances, comment ça s'appelle déjà… Slite ? Sur l'île de Gotland ?

— Oui, dans les environs. ça ne forme pas encore vraiment une intrigue, mais c'est un début.

— Il s'appellera comment ?

— *Le Troisième Reich.*

— Encore un titre nazi.

— Oui, mais c'est un bon titre.

— Bien sûr. N'est-ce pas moi qui l'ai trouvé ?

— Ce titre-là ?

— Je crois bien. Mais tu as sûrement oublié.

Nous sortîmes du territoire des jardins partagés, Geir s'arrêta au rond-point jusqu'à ce que la voie soit libre, s'inséra lentement, accéléra après le virage. Un bus stationnait à un arrêt, moteur en marche, mais la rue devant nous était dégagée. Il était trois heures et demie – pas encore l'heure de pointe.

— Ta mémoire est vraiment spéciale. On te dit une chose ou tu lis une chose, tu oublies tout, puis ça te revient d'un seul coup à l'esprit pendant que tu écris, mais totalement hors contexte, comme si tu venais d'y penser toi-même.

— C'est exactement la définition du plagiat, non ? dis-je, le feu aux joues.

Il me jeta un bref coup d'œil.

— Non, c'est la définition de la liberté. C'est ta personnalité qui te fait écrire un roman et la mienne un documentaire. Je suis détruit par ma formation universitaire. Je me sens obligé de vérifier et revérifier. Je suis incapable d'écrire une seule phrase sans notes de bas de page pour les références. Cela me ligote. Toi, tu es dépourvu d'entraves.

— Tu es rigoureux, pas moi.

— Bon, pas besoin de tendre le bâton pour te faire battre. Ça marche !

— Ne me dis pas que c'est toi aussi qui as trouvé le titre *Mon combat* ?

— Je crois bien que si.

— C'est vrai ?

— Tu l'as prononcé au détour d'une phrase, « mon combat », et alors j'ai dit : là tu tiens ton titre. Ça s'est passé comme ça.

— Merde !

— C'est comme ça que tu fonctionnes. Ta tête est une éponge et elle absorbe tout.

Nous suivions la rue Bellevuevägen, bordée de pavillons bas en brique pâle. Cela ressemblait au Danemark, comme beaucoup d'endroits en Scanie et à Malmö. Geir s'arrêta au feu devant la station-service. Njaal se tortillait sur son siège pour voir le plus de choses possible dehors. Quand le feu passa au vert, la voiture prit de la vitesse et nous nous retrouvâmes derrière un bus. Une immense publicité était collée à l'arrière. C'était une affiche pour une société immobilière et elle montrait quatre jeunes femmes souriantes, toutes vêtues de noir, presque comme des hôtesses de l'air. J'avais déjà vu souvent cette affiche, elle était à l'arrière de tous les bus et sur tous les arrêts de bus de la ville, et j'avais eu tout loisir de l'examiner avant qu'elle ne surgisse devant nous.

— Tu vois la photo, là ?

— Oui, dit Geir.

— Je crois savoir laquelle de ces femmes te plairait le plus. Mais promets-moi de ne pas me contredire si j'ai raison. D'accord ?

— D'accord.

— Tu prendrais bien celle de droite.

Il rit.

— Tu as tout à fait raison. Mais c'est parce que c'est celle que tu choisirais aussi.

— Non. J'ai déjà souvent vu cette photo. C'est la deuxième à partir de la gauche que je prendrais.

— Vraiment ?

Il rit à nouveau.

— Ce n'est pas si fréquent que tu me surprennes. Comment savais-tu laquelle je préférais ?

— Je te connais. J'étais sûr de moi.

— Je ne peux pas en dire autant. Je n'aurais jamais cru que tu choisirais l'autre. C'est impensable pour moi qu'on puisse faire un autre choix que le mien !

— Tourne à droite, dis-je.

Il mit le clignotant et changea de file, le bus, lui, continua tout droit.

— C'est comme pour les sabots. Avant que tu me dises que j'étais fou, je n'avais jamais envisagé que ma réaction puisse paraître anormale. Pour moi, elle est tout à fait logique et adéquate.

— Marcher sur le sol avec des sabots et sauter sur place pour se venger de son voisin ?

— Pas pour se venger. Pour résoudre un conflit. Pour briser sa volonté. Mais oui, pour moi, c'est parfaitement naturel. Je n'imaginais pas que l'on puisse juger ma réaction autrement.

— Tu n'es pas sociologue ?

— Si. Mais je suis humain aussi.

Nous longeâmes le Kronprinsen, un complexe immobilier des années soixante, qui, jusqu'à la construction du Hilton, était le bâtiment le plus haut de la ville, puis nous roulâmes le long des arbres serrés du Slottsparken sur la droite, dans le flot des voitures, qui étincelaient au soleil.

Geir rit.

— Tu m'as bien eu. Tu veux dire que tu le *savais* ?

— Il n'y a rien de bizarre là-dedans.

— Si. Je ne le savais pas moi-même.

Une fois la voiture garée, je les accompagnai à l'appartement, puis je partis chercher les enfants. Quand il me vit, John descendit de son tricycle et accourut. Les filles, qui étaient près du bac à sable et de la petite maison, notèrent mon arrivée, mais firent comme si elles ne m'avaient pas vu. John dans les bras, j'allai voir Karin pour lui demander comment s'était passée la journée. Très bien, répondit-elle, les plus grands étaient allés au parc l'après-midi, John était resté ici. Tout le monde s'était bien amusé.

— John n'a toujours pas de couches, Karl Ove, dit Nadje, assise sur un banc derrière nous.

Putain ! C'est ça que je devais faire !

— Excuse-moi, dis-je. Ça m'est sorti de la tête. Je peux peut-être aller en acheter tout de suite ?

— Ce n'est pas urgent. S'il en a demain, ça ira.

— D'accord. Je vais m'en occuper. Mille excuses. Vous avez pu vous débrouiller ?

— On en a emprunté deux ou trois.

— OK, merci. Heureusement que vous avez réglé le problème. J'ai complètement oublié.

Elle sourit d'un air las, je lui rendis son sourire et emmenai John vers la poussette, pour que Vanja et Heidi puissent voir que nous partions et pas seulement m'entendre leur dire.

— Il est l'heure, les filles ! criai-je.

Il y avait peu d'enfants, beaucoup étaient en vacances. De tous les parents, nous étions ceux qui y laissaient le plus souvent les nôtres, me dis-je – peut-être le croyais-je parce que je me sentais coupable de toutes ces fois où ils étaient presque les seuls au jardin d'enfants pendant que j'écrivais. Je tirai la poussette près d'une chaise à l'ombre et m'assis.

— Cinq minutes ! criai-je. Après on y va. D'accord ?

Vanja regarda de loin et fit signe que oui. Je me penchai en arrière et observai le ciel, d'un bleu clair, avec de vastes nuages éthérés, étendus comme des étoffes vaporeuses typiques de l'été, et qui flottaient au loin. Un vent faible soufflait des toits pour terminer sa course dans la cour, où il effleurait toutes choses, même mon corps ; la peau moite se hérissait de plaisir sous ce léger rafraîchissement inattendu. Ressentant le besoin de fumer, je me redressai sur la chaise, regardai John, qui portait un bob en jean bleu et qui avait la bouche toute noire. Assis par terre, il resplendissait de sérénité en regardant deux enfants faire du vélo autour de lui. Tantôt il enrageait pour obtenir quelque chose qu'il désirait, tantôt il ne voulait rien, se contentait d'exister, satisfait du monde tel qu'il était.

— Vanja et Heidi ! criai-je. Venez ! On part !

— Encore un peu ! dit Vanja.

Je me levai et me dirigeai vers elles.

— On a de la visite. Njaal et Geir sont à la maison. On ne peut pas les faire attendre plus longtemps. Njaal est tout content de vous voir.

— On a de la visite maintenant ? me demanda Vanja d'un air interrogateur.

J'acquiesçai.

— Ils sont arrivés un peu plus tôt. Allez, on y va. Tu pourras avoir une banane, si tu veux, quand on fera les courses.

— Une glace.

— Toi et les glaces, dis-je en la regardant sévèrement.

— D'accord ? demanda-t-elle en souriant malicieusement.

— Eh bien, oui.

— Heidi, on peut avoir une glace ! cria-t-elle.

Je baissai les yeux. Ce n'était pas bien pour les autres enfants d'entendre que les miens allaient avoir une glace. Ou, plutôt, ce n'était pas bien que les puéricultrices m'entendent le dire assez fort pour que les autres enfants l'entendent.

— On va avoir une glace, Karin ! dit Heidi, qui avait déjà la main sur la poussette.

— Quelle chance, alors, répondit Karin en souriant.

— Oui, c'est encore l'été, dis-je.

— Profitez-en !

— C'est ce qu'on va faire, dis-je en appuyant sur le bouton d'ouverture de la porte. Vanja, tu peux courir ouvrir le portail ?

Elle fonça comme l'éclair, baissa la poignée, puis fit trois pas en arrière, le haut du corps presque à l'horizontale pour avoir la force de tirer.

— Bravo. Dites *au revoir** à vos copains.

Vanja et Heidi m'ignorèrent, mais John, que personne ne pouvait voir dans la poussette, agita la main et cria *au revoir**.

— Il y a des invités à la maison, Heidi et John, dis-je en marchant sur le trottoir à l'ombre.

Un grand coup de vent plaqua la jupe de Heidi contre ses jambes.

— De la visite ? Qui ?

— Njaal et Geir. Tu te rappelles Njaal ?

— Oui, un peu.

— Il est plus jeune que toi d'un jour.

— Quoi ?

— Il a son anniversaire un jour après toi.

Nous nous arrêtâmes au passage piéton, traversâmes. John cria qu'il voulait rester de l'autre côté. Il se tortilla dans sa poussette en me regardant d'un air contrarié et furieux.

— Tu veux une glace, toi aussi ? demandai-je.

— Oui, dit-il, et il se rassit.

Quand nous arrivâmes aux deux boîtes aux lettres jaunes près de Hemköp, je déclarai :

— Maintenant vous allez m'écouter. Vous n'aurez vos glaces que quand nous aurons payé les courses. Pas avant. C'est d'accord ?

Tous les trois acquiescèrent, et nous entrâmes dans le supermarché au froid quasi sibérien. Vanja et Heidi filèrent, sûrement au rayon des glaces, tandis que John essayait de sortir de la poussette en rampant. Je m'arrêtai, le soulevai pour le poser sur le sol, et il partit en courant rejoindre les filles. Je pris deux paquets de saucisses rouges, celles qui contenaient le plus de viande, ce qui m'obsédait depuis que l'on m'avait informé au jardin d'enfants qu'il y avait saucisse et saucisse, je déposai un paquet de pains à hot dogs dans le panier, puis un pain ordinaire, un paquet de café français – le fort que j'avais élu définitivement après six mois d'essai –, un litre de lait, un litre de yaourt, six bières légères, du papier toilette, un paquet de quatre savons en l'honneur de nos invités, qui se lavaient certainement les mains plus souvent que nous, et trois glaces.

John voulait marcher pour rentrer, je pus donc poser les sacs de courses dans la poussette.

Est-ce qu'il ne faisait pas un peu plus frais dehors ?

Si, la température avait chuté rapidement depuis que j'avais quitté la maison.

— Je vois Malmö ! cria John, qui croyait que c'était le nom de notre appartement.

Vanja me regarda en pouffant.

Je lui souris.

— Il y a quelqu'un sur le balcon, John ?
— Nooon.
— Il y a un garçon à la maison, tu sais.
Il me regarda avec surprise.
— Papa veut dire un *garçon** ! dit Heidi.
— *Ah*, dis-je, *je dois parler suédois maintenant**.
— *Papa, arrête**, dit Vanja.
— Tu as honte ?
— Non, mais tu es trop bête.
— Oui, tu as bien raison.
Le feu passa au vert juste au moment où nous atteignîmes le passage piéton. Je tendis la main, John la prit, et les filles s'accrochèrent de part et d'autre de la poussette. Sur le trottoir d'en face, je confiai les clés à Vanja, qui courut à la porte et l'ouvrit. Elle la maintint ouverte pour nous, je retournai la poussette et la traînai pour lui faire gravir les trois marches pendant que Heidi et John tiraient sur la porte de l'ascenseur sans la faire bouger d'un pouce.
La lessive. Je l'avais oubliée.
J'ouvris la porte, rentrai la poussette, la levai pour qu'elle tienne sur deux roues afin de nous laisser de la place. Vanja appuya sur le bouton du septième étage. Heidi, qui aurait voulu le faire, se mit à pleurer. Vanja la singea, Heidi lui donna un coup, que Vanja lui rendit, et c'est avec deux enfants en larmes que j'entrai dans l'appartement. Toutes deux réclamaient leur maman. Mais quand Geir et Njaal sortirent du salon, elles se turent. Les enfants restèrent quelques secondes à s'inspecter mutuellement, un peu comme font les chiens – qui c'est celui-là ? –, eurent l'air de réfléchir avant d'accepter la nouvelle situation puis filèrent dans leur chambre, sauf John qui, assis par terre, son bob bleu sur la tête, cherchait à enlever ses chaussures.
— Il y a des saucisses ce soir, dis-je.
— Parfait ! s'écria Geir.

Je le contournai pour aller dans la cuisine, où je posai les sacs, que je me mis à vider.

— J'ai oublié la lessive au sous-sol. Est-ce que tu peux mettre les saucisses en route pendant que je descends chercher le linge ?

— Les saucisses, c'est mon domaine, répondit-il. On avait une entreprise de saucisses à Uppsala, tu sais. « Les saucisses Svea ». Nous parcourions la ville à vélo. Des vélos avec casserole et gril à l'avant. Ils étaient peints en jaune moutarde et rouge ketchup, et il y avait une grosse saucisse en métal derrière. Quand j'y pense, c'est le seul vrai travail que j'aie eu.

— Voici les saucisses, dis-je. Tu trouveras une casserole dans le placard, là.

— Ossie-Pete, je t'en ai déjà parlé ? Il donnait une saucisse gratuite aux filles qui lui montraient leurs seins, et beaucoup le faisaient.

Il rit.

— C'est une des premières choses que tu m'aies racontées quand je suis arrivé à Stockholm.

— C'était le bon temps. On buvait jusqu'à la fermeture des bars, tous les étudiants sortaient vers une heure du matin, alors on allumait la lampe à pétrole et on commençait à vendre. Il y avait la queue. L'objectif était d'arriver avant tout le monde aux meilleures places le samedi soir. La place où se trouve la maison de Celsius, tu sais, celui du degré. La maison est en biais par rapport à la rue, parce que après l'incendie d'Uppsala presque toute la ville a été reconstruite, sauf cette maison. J'y étais étudiant en histoire de l'art. C'est là que j'ai rencontré Christina. Elle a photographié nos vélos à saucisses. J'ai encore la photo. Ils étaient magnifiques.

— Tu ne m'as jamais dit combien tu gagnais ? demandai-je en passant devant lui pour rejoindre le couloir.

— Cela dépendait, dit-il en me suivant. Je ne m'en

souviens pas. Si, attends un peu. Une année, la nuit du 1er Mai, nous avons gagné vingt mille couronnes. C'était au début des années quatre-vingt-dix. Nous avons vendu des saucisses pendant vingt-quatre heures non-stop. Nous n'avions même plus la force de compter l'argent pour le partager, on a juste fait un tas pour chacun.

— Cela faisait beaucoup, dis-je en m'arrêtant devant John, qui était toujours par terre en train de batailler avec ses chaussures.

— La fois où j'ai gagné le plus, c'était à l'occasion d'un tournoi de longball danois pour les économistes. Ils avaient demandé un vendeur de saucisses. Personne n'en a acheté, mais on m'avait garanti un salaire minimum. Deux mille couronnes pour une heure de travail. En plus, je pouvais revendre les saucisses, bien sûr. On était en bas de l'échelle. Uppsala, tu connais, ses traditions et son conservatisme. Un vendeur de saucisses, ça jurait dans le décor.

— Tu viens avec moi au sous-sol, John ? dis-je.

Il voulait bien.

Je lui remis la chaussure qu'il avait enlevée, enfilai les miennes tandis que Geir restait planté là à parler de son entreprise de saucisses.

— Nous congelions les saucisses cuites et nous les réchauffions. Parfois, nous ne pouvions les vendre qu'après la tombée de la nuit car elles étaient presque vertes. Mais les étudiants n'ont jamais su s'ils vomissaient parce qu'ils avaient trop bu ou parce qu'ils avaient mangé des saucisses périmées. Tu te rappelles le Cuba Cola ?

— Oui, dis-je, la main sur la poignée de la porte.

— Nous en vendions. Tout le monde en parlait, je n'en ai pas vu depuis les années soixante-dix, mais personne ne l'achetait. Alors nous avons testé le Pommac, un soda aux fruits. Mais qui boit du Pommac avec un hot dog ? C'était une catastrophe, bien sûr. Nous avions aussi de la moutarde française, personne n'en voulait. Il ne fallait pas que ce soit trop sophistiqué. Tu sais comment les Suédois appellent un hot dog ?

— Non, dis-je, en appuyant sur la poignée pour ouvrir.

— *La queue d'un rocker dans une porte à tambour**. Ha, ha, ha. C'est pas vrai, bordel ! Ouf, ouf !

— Si nous ne sommes pas revenus dans une demi-heure, c'est que quelqu'un nous aura assommés parce que nous n'avons pas suivi les règles de *la buanderie**, dis-je.

— Il y avait un petit logo en forme de saucisse à l'avant de nos vélos.

— On dirait que tu n'as pas vu un être humain depuis des années, à en croire la façon dont tu parles.

— Il faut bien que quelqu'un fasse la conversation ? Comme toi tu ne le fais pas. Prends ton portable.

Je fermai derrière moi, soulevai John et le portai dans l'ascenseur. Il fonça de toutes ses petites jambes vers l'accès du sous-sol. Dès que nous fûmes dans la buanderie, il se mit à jouer avec les balais. Quelqu'un avait gentiment rangé nos habits secs dans nos sacs. Même si cela avait été fait amicalement – il n'y avait pas de petit message venimeux nous signalant que ce serait bien que nous nous rappelions les heures de lavage, ou que le concierge avait été averti –, je me dépêchai de quitter les lieux avant de rencontrer âme qui vive. John dans un bras, les deux sacs Ikea sur l'autre. Il y avait bien eu des excréments sur le canapé, pensai-je soudain, peut-être parce que j'avais vu au passage deux canettes de bière et un sac en plastique posés contre le mur que nous longions. Et il y avait bien des bouteilles dans l'escalier du grenier, il était jonché de bouteilles. Et des sacs de bouteilles vides sous le piano. Mais peut-être pas dans l'escalier entre le premier et le deuxième étage. Je n'arrivais pas à me souvenir de ce détail. Gunnar avait l'air si sûr de lui. Il pouvait présenter des preuves au tribunal, avait-il écrit.

Imagine qu'un procès se tienne !

Merde, merde, merde.

Je soulevai John pour qu'il puisse appuyer sur le bouton, puis le reposai, mais il me tendit à nouveau les bras, il voulait sans doute voir l'ascenseur descendre et, à travers la lucarne, la lumière de la cabine. Je le repris donc dans mes bras. La peur m'ôtait toutes mes forces. Il était tellement furieux contre moi. Horriblement furieux.

— Là ! dit John.

Et, en effet, une lueur descendait !

J'ouvris la porte de l'ascenseur, soulevai John pour qu'il puisse appuyer sur le bouton du haut, le reposai et me regardai dans le miroir.

Aucun signe visible de mon chaos intérieur. Un visage grave aux yeux tristes, c'était tout.

John s'était penché, un petit morceau de plastique rouge avait attiré son attention. ça ressemblait à une sorte d'attache. Il réussit finalement à l'attraper avec ses petits doigts.

— Regarde, papa ! dit-il en le montrant.

— Comme c'est beau.

Je tremblais à l'intérieur et rien de ce qui m'environnait ne pouvait me calmer, comme si tout était secoué de tremblements.

L'ascenseur s'arrêta, j'ouvris la porte, John sortit tête baissée, les yeux fixés sur son bout de plastique, je jetai un dernier regard dans le miroir, parcourus la courte distance jusqu'à la porte de l'appartement, que John essayait désespérément d'ouvrir, j'écartai ses mains de la poignée avec un peu d'énervement et j'ouvris.

À l'intérieur, les enfants regardaient la télévision

pendant que Geir, debout devant la cuisinière, examinait le contenu d'une grande casserole d'où s'élevait un léger voile de vapeur presque invisible.

— Tout va bien ? dis-je.

— Très bien. Je leur ai mis la télévision. Tu n'as rien contre ?

— Non, mais je n'aime pas trop.

— Toi, non, mais tes enfants, oui.

J'étais moite de sueur, moins à cause de l'effort que du fait de l'humidité ambiante. Par la fenêtre je pouvais voir que le ciel s'était couvert à l'est, il était devenu gris-blanc là où à peine une heure plus tôt il était bleu clair.

— Si elles pouvaient choisir, elles resteraient plantées devant la télévision du matin au soir, dis-je. C'est pourquoi nous avons fixé des règles.

— Tu cherches à provoquer un débat d'ordre moral ? Pas sûr non plus que les saucisses soient le meilleur choix pour des enfants, mais c'est bon et ils aiment ça.

— Il y a environ soixante-dix pour cent de viande dans ces saucisses-là, dis-je en souriant. Elles sont moralement inattaquables. Je fumerais bien une clope, tu viens avec moi ?

Il accepta et me suivit.

— En fait je suis un principe pour ce que Njaal est autorisé à regarder, dit-il dans mon dos. J'essaie de lui proposer des émissions qui lui apportent aussi quelque chose d'utile, d'instructif. Mais ce n'est pas facile. Il ne veut que du divertissement. C'est comme de la pornographie.

Je m'assis, soulevai la cafetière avec un regard interrogateur. Il refusa, resta debout, le dos contre la balustrade du balcon, je me versai du café et allumai une cigarette.

Des déchirures de noir se frayaient un chemin dans les nuages gris clair du ciel.

— Un orage se prépare, dis-je en observant l'horizon.

— Ah bon ? » Il me regarda. « Toi, tu joues beaucoup avec tes enfants. Cela ne te fait peut-être pas toujours plaisir, mais tu le fais. Moi, je ne fais rien. J'attache plus d'importance à l'affection et à l'humour.

— Tu veux donc dire que je joue beaucoup, mais sans affection et sans humour ?

Il rit.

— Je ne joue pas tant que ça avec eux, dis-je. Je passe beaucoup de temps avec eux, mais ça ne veut pas dire s'asseoir par terre pour faire des constructions en Lego ou jouer avec leurs animaux en plastique.

— Allons... Tu les emmènes à la piscine le week-end, tu les emmènes au parc. Tu joues au football avec eux.

— C'est vrai, de temps en temps. Mais ce n'est pas vraiment jouer avec eux.

— Non, non. Si tu cherches la petite bête, d'accord. Je voulais juste dire que tu consacres beaucoup plus de temps et d'énergie à tes enfants que moi. Cela ne veut pas dire que je ne suis pas heureux d'avoir Njaal. Cela me fait penser aux Chinois. Ils disent qu'un homme ne découvre la paternité que quand son enfant a cinq ans. Ce n'est pas faux.

— Alors tu deviendras père l'automne prochain.

— Exactement.

— Mais vous n'avez qu'un enfant. C'est différent. Si tu en avais trois, tu n'aurais plus le choix.

— Je dis à Njaal que je l'aime. En ces termes.

— Ça, je ne le fais pas. Je crois que je ne l'ai jamais dit. C'est trop pour moi.

— *Dis, ne t'approche pas trop de moi.* Ha, ha, ha.

— Tu n'as pas le droit de marcher sur la pelouse, gamin. Ce n'est pas d'Einar Skjæraasen ?

— *Laissez germer les pousses tendres !* Non, merde, je ne me souviens pas. Mais je crois que ça a plus à voir avec la personnalité qu'avec le rôle. Il y en a qui aiment jouer. Mon père a un bon feeling avec les enfants, ils l'adorent. Le gamin du voisin l'invite à tous ses anniversaires. Papa aura bientôt quatre-vingts ans. Il voit la vie comme Goethe le faisait. « Il n'est rien qui nous dispose plus à la folie que de nous distinguer des autres, et rien ne maintient plus sûrement le sens commun que de vivre avec beaucoup de gens, selon la règle commune[1]. »

— Seule une personne en retrait et qui ne vit pas d'une façon normale peut dire une chose pareille, tu sais.

— Il y a une grande différence entre toi et moi, je pense. Presque tous ceux que je connais ont eu un père qui les a rejetés à un moment ou à un autre. Et tous cherchent à compenser ce rejet avec leurs propres enfants.

— N'est-ce pas ainsi que le monde avance ?

— Si un père réussit, comme le mien l'a fait – et je peux dire qu'il a été un père idéal –, cette perfection ne sera pas nécessairement transmise en héritage. Ce qui se passe alors, c'est que les enfants n'ont rien à compenser. Toi, tu es un meilleur père que ton père ne l'a été, mais moi je suis un moins bon père que le mien, ce que Njaal à son tour compensera avec ses propres enfants, qui deviendront aussi nuls que leur grand-père, moi. La perfection ne se transmet pas en héritage.

— Une sorte de dialectique du désespoir ?

— Tout à fait. Avoir un bon père n'aide pas.

— Bien sûr que si. C'est déjà une bonne chose en soi. Connaître la stabilité et l'harmonie, je veux dire.

1. J. W. Goethe, *Les Années d'apprentissage de Wilhelm Meister*, traduit de l'allemand par Jacques Porchat, Hachette, 1860.

— Mais qu'est-ce que l'on gagne à avoir eu une enfance harmonieuse ? Je connais des tas de gens qui ont eu une enfance merveilleuse, mais qu'est-ce que ça a changé pour eux ? Qu'est-ce qu'ils ont fait de plus ?

— Là, tu considères la vie d'une façon productiviste. Comme si elle devait être productive. Et si tu vas dans ce sens, alors tu as raison. Une enfance harmonieuse ne produit absolument rien. Mais si l'harmonie est le but en soi ? Si le bien-être est justement l'objectif ?

— Non, non, non, tu ne peux pas dire ça ! Je suis totalement d'accord avec Ayn Rand quand elle écrit que seul un petit nombre de gens, tout petit, font tourner le monde. Ils font quelque chose de leur vie, ils agissent, et ne se contentent pas d'utiliser le monde ou d'en jouir.

— Mais chez ceux-là aussi, il y a une inquiétude. C'est cette inquiétude, ce manque qui les poussent à créer, à agir comme ils le font. Ce qu'ils recherchent, tout le temps, c'est l'harmonie. À vingt ans, trente ans, puis quarante. L'objectif est de pouvoir s'asseoir dans un jardin, en regardant l'eau jaillir pour arroser la pelouse, entouré de ses enfants, et de penser : maintenant c'est bien, je suis heureux. Toute aspiration est une aspiration à l'harmonie.

— Dis-moi, Aristote, ce n'est pas toi qui as écrit que le bonheur ne t'intéressait pas ?

— Si. Mais pas que l'harmonie ne m'intéresse pas.

— C'est exactement la même chose. Mais tu as raison sur l'inquiétude et le manque, c'est bien le moteur le plus puissant. Ce qui s'est passé à notre époque, c'est que l'inquiétude ne se convertit plus en action. Que l'inquiétude ne produit plus rien. Nous vivons dans une société de thérapie. L'inquiétude n'est pas bien vue, nous cherchons à la faire disparaître en allant en parler. Nous ne faisons que développer des « vision zéro[1] », nous tentons de vivre une vie sans faille dans une famille sans faille et parfaitement heureuse, et notre objectif déclaré est de supprimer tous les accidents mortels de circulation. Mais c'est une chimère, un énorme mensonge. Y croire est absurde. Pourtant on y croit. Harmonie, bonheur et plus jamais d'accidents mortels. Donnez-moi un mauvais père qui s'en fiche ! Donnez-moi une enfance véritablement atroce ! Il en sortira quelque chose. Quelque chose pourra être créé. Dans la disharmonie et la dissonance.

— En théorie, je suis d'accord avec ce que tu dis. Mais pas en pratique. Je regarde mes enfants, et la seule chose que je souhaite, c'est qu'ils soient heureux plus tard. Qu'ils soient le plus heureux possible.

— Pourvu que cela ne se produise pas !

— J'y pense très souvent. À l'image de leur enfance qu'ils garderont quand ils seront grands. À ce que ça représentera pour eux. Je n'en ai pas la moindre idée. Qu'auront-ils reçu de moi ? Je ne sais pas.

— Mais les enfants sont tous différents. Tu peux donner exactement la même chose à Vanja et à Heidi, mais tu peux être sûr qu'elles vont vivre leur enfance différemment, et que plus tard elles la comprendront aussi différemment.

— C'est vrai.

— La vérité est que nous ne savons pas ce que nous faisons. Nous ne savons pas à quoi cela mène. On sait que les enfants de parents divorcés sont surreprésentés dans les statistiques de la délinquance :

1. Lancé en Suède en 1997, « Vision Zéro » est un projet international de sécurité routière qui protège aussi l'environnement et qui a pour but de préserver la vie humaine au-delà de son champ prévu, c'est-à-dire de ne pas réglementer seulement la vitesse, mais aussi de reconsidérer les éléments propres à la route pour protéger les piétons, les cyclistes, etc. Zéro serait le seul nombre acceptable de décès sur les routes.

plus ils sont petits quand leurs parents se séparent, plus le risque est grand qu'ils s'attirent des ennuis plus tard. Mais nous n'allons pas interdire le divorce, alors nous disons donc que c'est mieux pour les enfants. Tous les systèmes produisent des effets qui n'avaient pas été prévus. Prenons la voiture encore : si l'on nous avait dit que cette invention tuerait des milliers et des milliers de gens chaque année, l'aurions-nous produite et aurait-elle pris tant d'importance dans notre vie ? Non. Alors nous n'en parlons pas. Nous disons que la voiture offre la liberté et des tas de possibilités. Et quand le capitalisme s'est largement développé et que nous avons eu besoin de davantage de force de travail, quelqu'un a-t-il dit alors que les femmes devaient quitter leur foyer et se mettre à produire des marchandises pour doubler le nombre de travailleurs ? Et pour doubler aussi le nombre de consommateurs ? Non. On a dit que la femme devait avoir les mêmes droits que l'homme. Le droit de travailler, quel est-il en réalité ? Comment pourrait-il être libérateur ? C'est tout le contraire, c'est une prison. Il en résulte que les enfants sont gardés à l'extérieur dès l'âge de deux ans. Et qu'est-ce qui arrive alors ? Eh bien, papa et maman deviennent presque fous sous l'effet de leur mauvaise conscience, ils passent tout leur temps libre à s'occuper de leurs enfants et cherchent à se rapprocher d'eux le plus possible. Compensation, compensation, compensation.

— Le chemin entre la sociologie et la paranoïa est plus court qu'on ne le croit, dis-je.

— Tu n'es pas d'accord ?

— Si. Surtout sur les chimères, comme tu dis. Si tu lis *Le Capital* de Marx, il est question de l'exploitation des travailleurs. Ils travaillaient seize heures par jour dans des conditions affreuses. L'un des principaux objectifs du mouvement ouvrier a donc été de limiter la charge de travail. On a pu dire alors que les employeurs, c'est-à-dire les capitalistes, opprimaient les travailleurs. Que c'était de l'esclavage. Mais maintenant les gens travaillent de leur plein gré jusqu'à ce qu'ils crèvent. Pourquoi ? Eh bien, l'idée s'est installée qu'ils se réalisaient à travers le travail. Le travail est donc devenu le contraire de l'aliénation. Il est devenu le moyen de se réaliser. Alors tout le monde travaille maintenant d'arrache-pied parce que c'est bon pour soi. C'est pareil pour la consommation. Il paraît qu'on trouve son identité en achetant des choses produites en quantité industrielle. On aurait pu croire que c'était une plaisanterie. Mais le pire, c'est qu'il n'est pas permis de le dire tout haut. Ça ne se fait pas. Sous peine d'être traité de paranoïaque. Et ce n'est pas tout, cette critique elle-même est devenue un cliché, elle est caduque parce qu'on l'a répétée trop de fois. Je me souviens que, quand j'étais étudiant et que je lisais ce genre de critiques, j'étais entièrement d'accord, pourtant, en fait, je vivais exactement de la façon que je critiquais. Cela ne m'avait pas frappé une seule fois. Si cela m'avait frappé, de toute façon je n'aurais rien changé. Les deux sphères sont séparées. Il y a ce que l'on sait et ce que l'on fait. Ces deux sphères ne se rencontrent jamais. Comme l'Est et l'Ouest. Ou les montagnes.

— Tu ne pouvais pas t'en empêcher, n'est-ce pas ?

— Non, mais le plus important, c'est qu'il n'est plus possible de vivre autrement. Il n'y a plus d'autre option. C'est un engrenage.

— Te rappelles-tu ce que tu as dit un jour, que le nazisme était une affaire d'amateurs ? C'est vrai. Nous, au contraire, nous menons une vie de professionnels. Et comment faire autrement ? Je ne peux pas, en ce qui concerne Njaal par exemple, envoyer promener toute la sécurité. Je ne peux pas le laisser faire du vélo sans casque, ou courir sans surveillance dans le voisinage, ce que je faisais, moi, quand j'étais enfant.

— Parce que tu te sentirais coupable s'il tombait et se blessait à la tête ?

— Non, ce n'est pas si simple. Une fois qu'on sait qu'ils doivent mettre un casque et qu'il faut les suivre partout où ils vont, il n'est plus possible de se l'enlever de la tête. Cela finit par être aussi ce que je pense. On ne peut que vouloir le meilleur pour ses enfants. Et actuellement c'est ça, le meilleur. Mais ce qui nous a dicté cette idée, c'est la représentation que nous nous faisons du meilleur. Que ce soit réellement le meilleur, nous ne pouvons pas le savoir. Quand il a fallu inscrire Njaal au jardin d'enfants, j'aurais voulu choisir le plus proche de chez nous, pour des raisons d'ordre pratique, mais Christina, elle, est allée examiner tous les jardins d'enfants possibles, parce qu'elle voulait le meilleur. Or comment pouvait-elle savoir lequel serait le meilleur pour Njaal ? Qui peut savoir ce qui va se passer quelque part, qui il va rencontrer et ce que cela va signifier ? Nous ne pouvons pas maîtriser notre vie, seulement l'idée que nous nous en faisons. Aussi, tout ce qui concerne nos enfants aujourd'hui nous concerne nous. C'est la tyrannie des bonnes intentions. Nous ne cherchons que leur bien, il est impossible d'envisager les choses autrement, mais les conséquences sont hors de notre contrôle.

— Nous commençons à nous faire vieux, c'est là le problème, dis-je.

— Oui. Quel âge avait Voltaire quand il a écrit que tout ce dont on avait besoin dans la vie, c'était un jardin et une bibliothèque ? Pas vingt ans, en tout cas.

— N'est-ce pas plutôt Cicéron qui l'a dit ?

— Cette phrase-là ?

Je haussai les épaules.

— Peu importe, dis-je. Il y a six mois, j'ai reçu une lettre qui contenait cette citation. Mais je l'ai mal lue, j'ai confondu *hagle* et *hage* : « Si vous avez un fusil de chasse et une bibliothèque, vous avez tout ce qu'il vous faut », c'est ce que j'ai lu.

— Ha, ha, ha. Ça, j'y crois davantage, je dois dire.

— C'est tout toi.

— Mais pour quelle raison, à ton avis, les hommes partaient-ils faire la guerre ? Pour quelle raison acceptaient-ils de tout abandonner, même leurs enfants, pour combattre et détruire ? L'amour, bien sûr. Leur amour n'était pas moins fort que celui des femmes, mais il était différent. Aujourd'hui nous croyons que la proximité et l'intimité sont les sentiments véritables. J'ai lu je ne sais combien de fois des textes qui ridiculisaient la façon dont les hommes gèrent leurs émotions. Quand ils se tapent sur l'épaule, par exemple. Mais une femme ne sait pas ce qu'une tape sur l'épaule signifie quand on est au plus bas. Les émotions des hommes ne sont pas de moindre valeur seulement parce qu'elles ne sont pas exprimées de la même manière que celles des femmes. Je veux dire par là qu'on peut manifester sa sollicitude de différentes façons, et que la proximité n'est pas forcément la plus juste. Au diable ce monopole du sentiment et de l'affection. Si l'on couve sans arrêt ses enfants, qu'est-ce que ça va donner ? Rien.

— L'harmonie.

— Non, non. Je ne connaissais personne de moins harmonieux que toi quand tu n'écrivais pas et que tu te contentais d'être avec ta famille. Et quand tous ces gens commencent à vouloir réparer leur propre enfance, ils surcompensent et c'est là que se crée le problème inverse. Ils passent d'un extrême à l'autre et élèvent leurs enfants dans du coton, leur donnent tout ce qu'ils veulent, au point que ceux-ci ne trouveront ni sens ni gratitude – tout cela ne produit qu'une enfance extrême, mais d'une autre façon. La compensation n'engendre donc ni harmonie ni équilibre. Cela dit, je sais bien que je suis un mauvais père. J'ai été confronté à cette vérité à la naissance de Njaal. Cela ne m'a pas fait plaisir. Tous mes mauvais côtés se sont soudain manifestés. J'essaie d'être à la hauteur avec lui, mais à l'évidence je ne le suis pas assez. Quand il sera adulte, il pourra me juger. Il aura le droit. Mais moi je ne pourrai jamais le juger. Jamais. Je n'en ai pas le droit. C'est en cela que ton oncle commet une erreur. Il ne peut pas prendre le parti de ton père et te juger. Il n'en a pas le droit. Personne ne l'a. Seuls les enfants peuvent juger leurs parents, jamais l'inverse.

— Tu devais absolument en reparler ?

— De quoi ?

— De Gunnar. Je n'avais plus pensé à lui depuis au moins cinq minutes.

— Ce n'est pas bien grave d'en parler.

— Bien sûr que si.

La porte s'ouvrit et Heidi passa la tête.

— Quand est-ce que maman revient ? demanda-t-elle.

— Demain.

— Je veux maman.

— Je comprends. Tu veux lui parler au téléphone ?

Elle acquiesça. J'écrasai ma cigarette et me levai, suivis Heidi, pris le téléphone et fis le numéro de Linda.

— Hello, c'est Karl Ove, dis-je quand elle décrocha. Tu manques aux enfants. Tu veux leur parler ?

— Bien sûr.

— Heidi arrive, dis-je en lui tendant le téléphone.

— Quand est-ce que tu rentres à la maison, maman ?

J'allai dans le salon.

— Tu veux parler à maman au téléphone, Vanja ?
Elle se leva aussitôt.

— Moi aussi, dit John.

— Pas tous à la fois. Pour l'instant, c'est Heidi. Ce sera votre tour après.

Vanja se rassit, tourna son regard vers l'écran de télévision. Je savais ce que signifiait ce langage corporel un peu distant, elle refoulait ses sentiments, ce qui arrivait toujours tôt ou tard quand j'étais seul avec eux : Linda lui manquait. Si Linda avait passé la porte à ce moment précis, Vanja aurait couru vers elle, se serait accrochée à elle, lui aurait raconté tout ce qu'elle avait fait depuis la dernière fois, et n'aurait plus lâché sa mère d'un pouce pendant le reste de la soirée. Vanja acceptait la distance que j'avais instaurée comme une nécessité, en partie une contrainte – avec moi elle tenait bon, avec Linda elle vivait pleinement.

Je retournai voir Heidi, qui se regardait dans le miroir tout en écoutant ce que Linda lui disait à l'autre bout du fil.

— Tu peux dire *au revoir** à maman ? demandai-je. Vanja et John veulent aussi lui parler.

— *Au revoir* !* dit-elle, et elle me tendit le téléphone.

— Tu es prête à parler aux deux autres ? demandai-je à Linda.

— Bien sûr, passe-les-moi.

Je m'arrêtai sur le seuil du salon.

— Vanja ? Tu veux parler avec maman maintenant ?

Elle ne voulait pas.

— Elle ne veut pas. Mais John arrive.

John saisit le téléphone et le pressa contre son oreille. Il sourit de tout son cœur quand il entendit la voix de sa mère.

— Oui, dit-il en opinant de la tête. Oui.

— Il y a malheureusement un problème avec les saucisses, cria Geir de la cuisine.

Je m'y précipitai.

— Elles ont explosé. Quand on fait cuire des saucisses, il y a deux choses à savoir. La première, c'est qu'il faut mettre une feuille de laurier dans l'eau, la deuxième c'est qu'il ne faut pas laisser l'eau bouillir.

— Tu penses m'apprendre quelque chose ? dis-je en levant les yeux au ciel avant de les baisser vers la casserole.

La chair rose avait éventré la peau rouge de toutes les saucisses.

— Je n'ai pas cette prétention.

— Tant pis, dis-je. Elles sont bonnes quand même.

Je sortis cinq pains à hot dog, mis une saucisse dans chacun, les posai sur un plat, y ajoutai le ketchup et portai le tout dans le salon.

Le téléphone traînait sur le canapé. Je le pris.

— Allô ?

Mais il était muet et je le remis sur sa base sous le miroir du couloir. Quand je retournai au salon, ils avaient pris un hot dog chacun.

— Il y en a encore si vous voulez. Vous n'avez qu'à le dire. Nous sommes dans la cuisine.

J'y retournai et je sortis la moutarde – de la moutarde à l'ancienne de Scanie, que pendant un certain temps j'avais étalé sur tout. Je pêchai l'une des saucisses explosées, la glissai dans un petit pain et m'assis à la table, où Geir engouffrait un hot dog.

— Elles sont bonnes, ces saucisses danoises, dit-il.

— Mmm. Tu devrais goûter la moutarde. Elle est bonne aussi.

— J'en mettrai sur la prochaine. Tu te souviens de cette campagne publicitaire pour les saucisses Gilde il y a deux ou trois ans ?

— Non.

— Tu sais sans doute que les saucisses Gilde sont

un peu courbes. Ils ont donc trouvé un slogan comme quoi, les saucisses Gilde, ça vous fait décoller. Des féministes ont réagi, elles le trouvaient sexiste. Elles ont interpellé le directeur de Gilde. Mais il n'a pas compris ce qu'elles voulaient dire. Ce sont juste des saucisses ! a-t-il dit. Ha, ha, ha !

À l'est, le ciel était désormais noir, et là où il était plus clair, au-dessus de la banlieue de Malmö, il était strié de pluie. J'avais la tête lourde.

— C'était bien, ce que tu as dit sur Marx, reprit Geir après un moment. Que l'on travaille autant maintenant, mais avec l'idée de se réaliser. Le fait est que certains faisaient fortune grâce au travail des autres à cette époque et que certains gagnent des milliards sur le travail des autres aujourd'hui. Aucune différence, rien n'a changé, à part notre manière d'envisager le travail.

— Hum. Je crois que la différence, c'est que nous avons dû apprendre à vivre avec. C'est une réponse adéquate à un problème réel. Tant que nous ne pouvons pas cesser de travailler, nous sommes obligés d'aménager les raisons qui nous y contraignent. Donc la motivation.

— Intéressant, dit Geir en se levant. Pour mon père, un travail était un travail. Il avait une valeur en soi. Il s'agissait d'accomplir une tâche. Il le faisait parce qu'il le devait. Il l'accomplissait au mieux, sans se faire remarquer. Loin de lui l'idée de se réaliser, j'en suis sûr.

Il prit une saucisse dans la casserole, la disposa sur un pain et se rassit. Je poussai la moutarde vers lui.

— Mais ton argument selon lequel nous faisons tout pour compenser ne marche pas, dis-je. En général, on reproduit le modèle, ce qu'on a vécu dans son enfance. Papa était battu par son père, donc il nous a battus. Oui, peut-être pas si souvent, cela ne s'est produit que quelquefois, mais, puisque cela faisait partie de son enfance, il pouvait y recourir de temps à autre. Il n'a jamais cherché à compenser quoi que ce soit. Ce n'était pas son rôle. On était élevé d'une certaine façon, que l'on répétait avec ses propres enfants. C'est notre génération qui a soudain commencé à compenser. Tu te rappelles ce que j'avais dit de Rudbeck, ce que j'avais lu dans sa biographie ? Son père le battait et l'humiliait, mais il n'a jamais intériorisé ça, il ne l'a jamais considéré comme une partie de son bagage psychologique, mais comme une action appartenant entièrement au monde extérieur ? Cela se passait au XVIIe siècle.

— Je m'en souviens très bien. C'était mon professeur qui avait écrit le livre.

— La question est donc de savoir d'une part pourquoi nous accordons autant d'importance au traumatisme, ou faisons d'événements particuliers des traumatismes, et d'autre part pourquoi nous voulons élever nos enfants d'une façon différente et nouvelle.

— Tu crois que c'est un choix ?

— Non, au contraire. Les choses ont changé, c'est certain. Et tout le monde y est confronté. Je crois que c'est une réponse à quelque chose. Je crois que le fait de mettre nos enfants à la crèche dès l'âge de un an, et d'être environnés de toute cette merde aliénante, comme la télévision, l'ordinateur et les jeux vidéo, nous conduit à nous sentir *obligés* d'être proches de nos enfants. Avant, les enfants étaient à la maison, un endroit qui était le leur, où ils étaient entourés d'adultes, qui peut-être n'étaient pas si proches d'eux, mais qui en tout cas étaient présents. Quand cet endroit disparaît, il faut trouver une compensation. *Cet endroit* doit être compensé. Personne ne l'avait prévu. Peut-être même n'y avait-on pas pensé. C'est arrivé comme ça et c'est devenu une nécessité. Voilà ce que je crois.

John fit irruption dans la cuisine et fixa Geir.

— Tu veux une saucisse ? demandai-je.

John secoua la tête.

— *Saucisse**, dit-il.

— Ah, une *saucisse**, dis-je en souriant. Bien sûr.

Je lui en préparai une. Je sortis la moutarde douce du réfrigérateur, étalai un cordon jaune ocre sur la saucisse et la lui tendis. Il commença à la manger tout en faisant demi-tour vers le salon.

— Et il n'y a pas non plus d'autre solution, dis-je. La seule réponse au capitalisme à notre époque a été le nazisme. Les nazis voulaient changer la société de fond en comble, créer quelque chose de radicalement différent. Et on sait comment ça a tourné.

— C'est dommage pour les Allemands d'avoir perdu la guerre, mais c'est une bonne chose que le nazisme ne l'ait pas gagnée, c'est ce que je dis souvent, fit remarquer Geir, qui avait une traînée rouge de ketchup sur la joue.

— Papa ? cria Heidi du salon.

— Oui !

— *Je voudrais une saucisse* !* hurla-t-elle.

— Viens la chercher !

— Non, toi, viens !

— Hors de question !

— Quoi ?

— Hors de question !

Silence.

— Et que produisent vraiment toutes ces idées de sécurité ? dit Geir. Qu'est-ce qui ressort de notre conscience aiguë des risques, et que pouvons-nous en faire ? Cela crée plus d'angoisse, plus de peur, rien d'autre. Nous allions à l'école à pied. Aucun de nous n'en est mort. Maintenant, on y amène les enfants en voiture. Aucun d'eux n'en est mort non plus.

— Papa ! cria Heidi.

— Oui ?

— Viens !

— Non, toi, tu viens.

— D'accord, l'entendis-je dire dans le salon.

Je me levai pour lui préparer un hot dog, que je finis juste au moment où elle entra.

— Tu veux aussi un verre d'eau ?

Elle acquiesça.

— Tu crois que Njaal veut aussi une autre saucisse ?

Elle haussa les épaules et repartit. Je remplis quatre verres d'eau et les leur portai, j'en tendis un à chacun.

— Tu veux une saucisse, Njaal ?

Il fit signe que oui, les yeux rivés sur la télévision.

— Et toi, Vanja ?

Elle secoua la tête.

— Elle revient quand, maman ? demanda Heidi.

— Demain. Elle te manque ?

Heidi acquiesça, Vanja regardait droit devant elle, John leva les yeux vers moi et sourit.

— *Maman* !* dit-il.

Comment j'avais pu faire un petit garçon aussi joyeux restait un mystère.

— Tu prends une bière ? demanda Geir quand je revins dans la cuisine.

— Pourquoi pas ?

— Nous structurons donc l'espace social, dit-il en ouvrant le réfrigérateur.

Je m'assis, il me tendit une canette.

— Nous refaçonnons l'espace physique. Nous avons une conscience aiguë de tout. Nous savons qui a conçu la fourchette avec laquelle nous mangeons. Nous éliminons tous les dangers et instaurons des principes de précaution. La grande perdante, c'est la spontanéité. Pourquoi voulons-nous supprimer la spontanéité ? Qu'est-ce que nous y gagnons ? La spontanéité est hors de contrôle, elle n'est pas reproductible, or la reproduction est la clé du contrôle. Nous en sommes là.

— D'une certaine façon, la boucle est bouclée, dis-je.

— Qu'est-ce que tu veux dire ?

— Les Néandertaliens.

— Ah, ton sujet favori. Comment te représentes-tu aujourd'hui leur vie affligeante ?

— Tu penses qu'ils étaient spontanés ?

— Dit comme ça, la réponse doit être non.

— Au cours de leurs deux cent mille années d'existence en Europe, ils n'ont pas du tout évolué. À leur arrivée, ils faisaient exactement les mêmes choses, exactement de la même manière, que quand ils ont disparu. Ils ont toujours vécu aux mêmes endroits. Il y a une tribu en France qui a vécu quarante mille ans dans la même grotte. Ils ont disparu quand la grotte s'est effondrée. C'est comme si une seule famille vivait quarante mille ans dans la même ferme. C'est impensable. Mais pas pour eux. Ils fabriquaient les mêmes outils, chassaient de la même manière, mangeaient la même nourriture – pas un seul élément de leur vie n'a changé. C'est fascinant, n'est-ce pas ? L'espèce la plus proche de nous était incapable de changer. L'idée de progrès lui était totalement étrangère. Aucune improvisation, aucune spontanéité, rien. Quand ils sont arrivés, les premiers hominidés modernes ont représenté une révolution inimaginable. Ce qui nous a distingués des Néandertaliens, c'est justement ce que nous cherchons actuellement à supprimer.

— Et maintenant tu vas dire que les premiers hommes sont arrivés il n'y a pas si longtemps que ça…

— Oui, mais c'est la vérité ! À cette époque, il y avait beaucoup d'espèces d'hommes différentes qui vivaient côte à côte. Cela peut arriver encore. Si tu te projettes, disons, dans trois cent mille ans, il pourrait y avoir alors d'autres espèces humaines. Peut-être même dans soixante mille ans.

— Tu leur diras bonjour de ma part.

— Ha, ha. Mais sais-tu combien il y avait vraiment de Néandertaliens ?

— Non.

— Vingt mille tout au plus, peut-être seulement dix mille. Quelque part entre les deux. C'est tout ! Imagine l'Europe à cette époque. Dépourvue d'hommes ; seulement des animaux et des oiseaux, des forêts et des plaines, plus quinze mille Néandertaliens inébranlables éparpillés dans des grottes un peu partout sur le continent. *That's it.*

— Ton utopie.

— Presque. Mais la plus grande différence entre les premiers hommes et les Néandertaliens, tu sais ce que c'était ?

— Ils n'avaient pas de saucisses rouges ?

— Les hommes avaient des bijoux. Ils portaient les dents de leurs morts autour du cou. Ils pensaient donc de façon symbolique. Ils pensaient qu'il y avait autre chose. C'était une pensée inaccessible aux Néandertaliens.

— On peut se demander quelle était l'idée sous-jacente, dit Geir. Des dents autour du cou.

— Cela indique qu'il y a quelque chose de plus.

— Oui, c'est justement ce qui me fait réfléchir. Les dents ne sont que des dents. L'existence des Néandertaliens me semble avoir été plus raisonnable.

— Il y a sûrement des gènes de Néandertaliens dans notre ADN. Pas dans celui des Africains, puisque l'on n'a pas trouvé de trace d'hommes quand les Néandertaliens ont quitté l'Afrique. Mais sûrement chez les Européens. Je ne pense pas que les Néandertaliens aient totalement disparu. Je pense qu'ils se sont mélangés aux hommes et ont été absorbés par eux.

— Tu crois ?

— Oui. Ce n'est pas invraisemblable en tout cas. Pour le moment, les Néandertaliens sont restés sur terre plus longtemps que nous. Mais cela, ils ne le savaient pas !

— Non, c'est certain.

— Nous sommes donc passés d'un monde sans mystère à un monde plein de mystères pour revenir ensuite à un monde sans mystère.

— C'est tout de même incroyable que l'État paie des gens comme toi pour passer des jours à se creuser la cervelle et à écrire des livres sur le fruit de leurs ruminations.

— On a trouvé une sous-espèce d'hommes tout petits à Flores, une île d'Indonésie. Ils vivaient dans une grotte. Ils devaient être entre cinquante et cent, pas plus. Ils faisaient à peu près un mètre de hauteur.

— Des nains ?

— Non, simplement une espèce distincte. Ils ont vécu là-bas bien après l'arrivée des premiers hommes. Et aujourd'hui, les habitants de cette île rapportent des histoires étranges sur de petits hommes qui viennent voler leurs légumes. J'ai entendu un homme raconter ce genre de récit. Il disait que les femmes jetaient leurs seins sur leurs épaules pour courir. D'où vient ce foutu détail ? Il décrivait ces hommes d'une façon qui m'a fait penser à des trolls ou à de petites créatures tirées de la mythologie. Des gnomes ou quelque chose comme ça. Mais on a trouvé des squelettes dans cette grotte. Des hommes tout petits, minuscules.

— D'où tu tires tout ça ?

— De documentaires qui passent à la télé la nuit. J'en regarde beaucoup. Je ne sais pas à quel point ils sont sérieux ou si c'est de la connerie. Quoi qu'il en soit, ça me fascine.

— Oui, je vois.

— Cela nous parle aussi de l'utopie, je pense. C'était *vraiment* différent à cette époque. Pas seulement l'environnement, mais aussi l'humain en lui-même. Je voudrais juste entrevoir d'autres possibilités. N'importe lesquelles, en fait.

— Tu voudrais bien être néandertalien, c'est ce que tu es en train de me dire ?

— Non ! Mais l'idée que l'histoire est finie et qu'il n'y a plus d'autre avenir que la répétition de ce que nous vivons actuellement me rend parfois presque claustrophobe. Je n'ai pas forcément besoin de faire ou d'être autre chose, ce n'est pas ça, je voudrais que quelque chose de radicalement différent puisse exister.

— Nous vivons en un temps de « vision zéro ». Ce qui veut dire que nous n'en avons pas.

— Cette idée te plaisait.

— Oui.

Je me levai pour aller dans le salon. Geir me suivit. *Bolibompa* était fini ; les enfants regardaient maintenant une émission pour la jeunesse. J'éteignis la télévision, et interrogeai Geir du regard.

— On leur donne un bain ?

— Pourquoi pas ?

— Quelqu'un veut prendre un bain ? demandai-je.

— Viens, Njaal, dit Vanja en se laissant glisser du canapé.

Njaal la suivit, puis Heidi. Je pris John dans mes bras et le portai dans la salle de bains derrière les autres. Je le posai par terre, attrapai le produit détergent au-dessus du placard et saupoudrai le fond de la baignoire d'Ajax. Je pris l'éponge sous le lavabo, la mouillai et me mis à récurer l'émail blanc. Au contact de l'eau, la poudre blanche devenait liquide et jaune. J'aimais le jaune. Le jaune sur le blanc, le jaune sur le vert, le jaune sur le bleu. J'aimais les citrons, leur forme et leur couleur. J'aimais les grands champs de colza qui badigeonnaient de jaune intense le paysage scanien en automne et en été sous le grand ciel bleu et entre les champs verts. Et j'aimais la poudre Ajax qui jaunissait en se dissolvant dans l'eau.

Les enfants s'étaient déshabillés pendant que je frottais, derrière moi je sentais pulluler les petits bras dépliés et les petits corps penchés. J'ouvris le robinet de la douche, évacuai le détergent et les cheveux qui se trouvaient au fond de la baignoire, bouchai le siphon, actionnai le double robinet pour fermer la douche et faire couler l'eau du bain et passai le doigt sous le jet qui commençait à tomber dru, comme une petite chute d'eau.

— On grimpe ! dis-je.

Vanja et Heidi s'exécutèrent, Njaal, qui hésitait un peu, regarda son père, qui pendant tout ce temps les avait observés en silence, tandis que John levait les bras vers moi. Je lui enlevai son tee-shirt, son short et ses chaussettes et, après lui avoir ôté sa couche et l'avoir jetée dans la poubelle sous le lavabo, je le soulevai pour le déposer dans la baignoire, ses petites jambes pendouillant comme celles d'un bébé singe.

— Grimpe aussi, Njaal, ordonna Geir.

— Tu peux t'asseoir là ! dit Vanja en montrant une place entre Heidi et elle.

Après un nouvel instant d'hésitation, il posa les mains sur le bord de la baignoire, leva une jambe, puis l'autre. Ses membres étaient aussi fins que les traits de son visage. Des yeux bruns, des cheveux clairs, la peau rose. Un petit garçon sensible, aux yeux attentifs, mais aussi plein d'énergie ; et ces deux aspects se complétaient. Il tenait beaucoup de Christina, moins de Geir, en tout cas à première vue.

Geir cachait beaucoup de choses, ce qui ne voulait pas dire qu'il ne les ressentait pas, seulement qu'il avait tout verrouillé. Parfois je me demandais s'il se les cachait aussi à lui-même et, dans ce cas, sous quelle forme ces choses persistaient. Sa mère avait toujours cherché à le garder près d'elle, le culpabilisant quand il partait – une femme possessive, dominatrice. D'après ce que j'avais compris, l'angoisse lui dictait sa conduite et, à l'évidence, il avait fallu à Geir beaucoup d'énergie pour se libérer d'elle. Il se préoccupait fort peu de sentiments et de tout ce qui était sentimental, il détestait tout ce qui était irrationnel, ce qui disait une chose et voulait dire une autre, il était excessivement rationnel, toujours sur ses gardes, à la recherche de la véritable raison tapie derrière la moindre émotion – un vrai cynique ! Il se moquait complètement de ce que les gens pensaient de lui. Plus d'un ami avait rompu avec lui parce qu'il ne se gênait pas pour dire ce qu'il pensait. Moi-même j'avais failli une fois. Je l'avais blessé sans m'en rendre compte et, au cours de la conversation qui avait suivi, il m'avait agressé. Il avait directement attaqué mon point faible, les enfants, Vanja en l'occurrence. D'abord je n'avais pas compris ce qui se passait, il riait et se moquait de son hypersensibilité et des difficultés que des parents tels que Linda et moi allaient lui créer dans la vie. Il prenait des exemples concrets, mais je ne voyais toujours pas où il voulait en venir, même après avoir raccroché, et je m'étais dit alors que je ne lui parlerais plus jamais. Il avait rappelé quelques minutes plus tard pour s'excuser. Il m'avait expliqué que je l'avais blessé et qu'il ne pensait pas ce qu'il avait dit. J'avais accepté ses excuses, malgré tout je ne lui avais pas téléphoné pendant plusieurs jours, ce qu'il avait dit avait été particulièrement cruel. Il devait sûrement y avoir réfléchi, sans quoi il ne l'aurait pas dit, avais-je songé, en dépit de son comportement irrationnel. Mais cela avait fini par passer, nous étions restés amis, et j'avais appris quelque chose. Pourtant, étrangement, il m'avait prévenu peu de temps après notre rencontre à Stockholm. Si tu me blesses, tu ne le sauras jamais, avait-il dit. Il était fier et orgueilleux, c'était sans doute son principal trait de caractère. Et je l'avais vraiment offensé sans m'en rendre compte ou, plus exactement, je savais que je l'avais offensé mais j'ignorais comment. Un jour, à la fin de ma première année à Stockholm, il disparut. Christina me téléphona quelques jours plus tard pour m'apprendre qu'il était parti en Turquie. C'était à moitié vrai, en fait il avait continué jusqu'en Irak, je l'avais découvert par hasard une semaine plus tard.

Geir en Irak ?

Comme bouclier humain ?

Sans me le dire ?

Cela ne m'empêcha pas d'utiliser cette information pour faire l'intéressant en société. Tout le monde parlait de l'invasion imminente de l'Irak, et je pouvais dire que je connaissais quelqu'un qui était justement à Bagdad, et ajouter qu'il y servait de bouclier humain.

Il me téléphona un peu plus de trois mois plus tard. Il était à Stockholm, est-ce qu'on pouvait se voir ? Il débordait d'énergie quand nous nous retrouvâmes dans un restaurant de Gamla Stan. Il était tout sourire et joyeux, et ne ressemblait plus du tout à l'homme désabusé et torturé qui avait quitté la ville quelques mois auparavant. On aurait dit qu'il s'était comme extrait de notre monde, pour le voir sous un autre angle ; ce qui le tourmentait avant ne le tourmentait plus. Il avait rapporté de la guerre une quantité inépuisable d'informations à l'état brut, une matière dont il se servit pour travailler les six années suivantes et qui, aujourd'hui, dans la salle de bains de notre appartement de Malmö en ce mois d'août 2009, était devenue un livre documentaire. Autant que je sache, il n'avait pas passé un seul jour sans travailler. Il y avait consacré toutes ses vacances, tous ses week-ends. Quand j'eus commencé mon roman autobiographique, nos vies semblèrent être la parodie l'une de l'autre tant elles étaient similaires ; tout tournait autour de ce que nous faisions chacun dans notre coin, presque coupés du monde, hormis de nos familles. Je lisais ce qu'il écrivait, il m'écoutait lire à voix haute ce que j'écrivais, mais cette relation n'était pas symétrique. Alors que j'avais vécu presque toute ma vie en suivant le troupeau, que j'avais lu les mêmes livres que tout le monde, pensé les mêmes choses que tout le monde, lui s'était mis à l'écart dès ses vingt ans, et tout ce qu'il avait acquis seul j'en tirais largement profit, à tel point que ce que j'écrivais maintenant aurait été impensable sans lui, même s'il s'agissait d'un roman autobiographique. C'était pénible de constater que j'étais si faible et influençable, et devoir m'appuyer sur lui pour devenir plus fort et meilleur altérait encore davantage mon regard sur moi-même. Je ne me sentais pas pour autant inférieur quand nous nous rencontrions ou quand nous nous téléphonions, sinon nous n'aurions pu être amis. Bien au contraire, l'essentiel était justement que je n'aie pas besoin de m'adapter à lui, pas besoin de m'occuper de ce qu'il pouvait croire ou penser de ce que je disais. Je me sentais honteux pratiquement avec tout le monde, à des degrés divers, il y avait toujours quelque chose qui me ramenait à mes insuffisances, me montrait que je n'étais pas à la hauteur, ou quelque chose que j'avais outrepassé, ne serait-ce qu'en pensée. Me mettre à écrire sur ça, la façon dont je me percevais, était pure folie, je m'exposais ainsi à la seule chose qui me terrifiait, la réprobation des autres. Sans nos conversations régulières au téléphone, jamais je n'aurais pu le faire : j'en tirais une sorte de protection, comme si mes transgressions perdaient de leur force. Oui, son influence était si grande qu'elle me donnait liberté et indépendance, si paradoxalement proches de leur contraire, l'emprise et la dépendance.

Mais qu'est-ce que l'influence ? Les parents qui montrent le monde à leurs enfants et leur expliquent comment il fonctionne ? Iago qui susurre à l'oreille d'Othello ? Comment une influence bénéfique devient-elle toxique ? Ou, pour poser la question autrement, qu'est-ce que l'indépendance ?

Le plus honteux pour un écrivain est d'être pris en flagrant délit de plagiat. Le degré inférieur sur l'échelle de la honte est d'imiter l'œuvre d'un autre écrivain. Manquer d'originalité n'est pas aussi honteux, mais c'est tout de même dévalorisant ; le manque d'originalité, c'est une des pires remarques que puisse faire un critique. Qu'il soit honteux d'écrire quelque chose qui imite l'œuvre d'un autre, mais seulement dévalorisant d'écrire un texte dénué d'originalité, est une distinction essentielle qui en dit long sur l'importance du culte de la personnalité à notre époque et sur la nécessité de pouvoir rattacher une œuvre à un individu précis, unique et totalement indépendant, en quelque sorte sacré, dans la mesure où les éléments distinctifs d'une œuvre singulière ne sauraient apparaître ailleurs. L'essentiel n'est pas ce que dit une voix, mais qu'elle le dise d'une façon qui lui est propre.

Pour le lecteur, ni l'indépendance ni l'individualité ne sont nécessaires, bien au contraire, tout le processus littéraire repose sur la subordination du lecteur à l'œuvre et sa disparition dans cette œuvre. L'admiration et la soumission que provoque la singularité n'étaient pas des traits saillants de notre culture avant le romantisme, et cela pourrait résulter d'un changement social fondamental, au cours duquel le *moi* s'est manifesté d'une tout autre façon seulement deux générations plus tôt. Mais le *moi* romantique, qui déborde et se veut unique, n'est pas un marqueur univoque de cette transformation, justement parce qu'il suppose que tous les autres *moi*, c'est-à-dire les lecteurs, ou dans le langage contemporain les consommateurs, se soumettent et acceptent le statut d'êtres non uniques. Les génies romantiques ou politiques, Goethe ou Napoléon, tenaient lieu de rois, ils représentaient le pouvoir, les excès, la volupté et le faste, qu'ils vivaient au nom des autres, et les stars de notre époque en sont une sorte de prolongement. Ce mécanisme garantit la sécurité de la société, en ce sens que notre éducation nous fait croire que nous sommes uniques, que nous nous affirmons quand nous disons ou faisons quelque chose, alors qu'en réalité nous sommes tous très semblables ; pour ne pas être écrasés par la vérité, qui réduirait en miettes toutes nos illusions sur ce que nous sommes, nous mettons sur un piédestal tous ceux qui d'une façon ou d'une autre se démarquent par leur excellence, et vont donc au-delà du général, en courant exceptionnellement vite, en sautant exceptionnellement loin, en écrivant exceptionnellement bien, en chantant exceptionnellement bien ou en étant exceptionnellement beaux.

Si l'on veut faire descendre quelqu'un de ce piédestal, la parodie est le mécanisme de régulation le plus efficace : untel n'est pas unique, tel autre parle comme lui, a la même apparence que lui, se comporte comme lui. Alors nous nous moquons. Si nous voulons non seulement le ou la faire redescendre sur terre, mais aussi le ou la détruire, nous montrons comment ce qu'il ou elle a fait ou dit est une copie de ce que d'autres ont fait ou dit. L'identique est une sorte de tabou, car il est partout sans que l'on puisse le nommer de façon évidente, car il renvoie à autre chose, de plus grand et de plus dangereux. Dans certaines cultures primitives, l'identique était aussi un tabou, comme on le voit dans l'interdiction d'imiter les gestes ou la voix de quelqu'un et dans le meurtre des jumeaux. Que le motif du double soit si fréquent en littérature dans la seconde moitié du XIXe siècle, et qu'il y inspire une telle frayeur, traduit la même chose, mais avec une intensité renouvelée, comme si la menace que faisait peser l'identique devenait plus présente avec l'urbanisation. Au cours du siècle suivant, la relation entre l'individu et les autres, entre authenticité et identité, s'avéra cruciale. La Première Guerre mondiale est impossible à comprendre en dehors de ce contexte, de même que la Seconde, qui est la conséquence de la Première. Par suite de ce terrible désastre, l'unique et le local disparurent irrémédiablement. Ou plutôt ils subsistent, mais en cachette, et on n'a plus le droit d'y faire référence. On ne les considère plus comme une valeur, un objectif ou une utopie, donc comme quelque chose de supérieur, mais seulement comme quelque chose d'accessoire dans la vie de chacun, comme une dimension paradoxale : chaque *moi* est unique et inaliénable, mais exactement comme tous les autres. Nous promouvons quelques-uns sans l'admettre, nous sommes imprégnés par d'autres sans le savoir ou sans vouloir le savoir. Cependant, c'est en termes d'influence que cela devient visible et tangible, à travers la différence notable entre influence acceptable, celle que la culture souhaite voir reproduite, et influence inacceptable, celle qui ne peut ni ne doit être reproduite. L'influence sous sa forme inoffensive a trait à ce qui appartient à tous et qui relie le domaine social et le domaine intellectuel – si, en lisant Foucault, je suis émerveillé de sorte que je m'en nourris et me l'approprie, jusqu'à penser et à écrire à la manière de Foucault, je n'aurai commis aucune transgression et n'aurai rien trahi non plus, puisque le statut de Foucault rend sa pensée universelle, comme celle de Kant ou de Hegel, ou celle de Platon ou d'Aristote, et qu'elle constitue une sorte de base intellectuelle, où notre propre raisonnement trouve son origine, de façon dépersonnalisée, bien qu'il se rattache à des noms précis. L'ensemble de nos idées, de nos représentations en résulte – c'est ce que l'on appelle la culture. Nous disparaissons dans cette culture, mais nous n'y perdons pas notre identité puisque celle-ci en est issue, notamment à travers les représentations de ce qu'est un sujet, un atome, l'air ou un foyer, qui s'expriment dans toutes les langues, quel que soit le niveau culturel. Le fondement de l'identité qui fait notre *nous*, et sur lequel repose aussi ce que nous appelons le sens moral, est la conformité, la réceptivité et la soumission. L'identité est synchronique, c'est-à-dire entièrement définie à chaque époque et pourtant susceptible d'évoluer. Ses frontières sont temporelles ; ce qui était universellement considéré comme juste il y a deux générations – par exemple, que l'on pouvait infliger une correction à un enfant ou que l'homosexualité était honteuse – ne l'est plus, et si quelqu'un soutenait ces idées aujourd'hui on le ferait taire ou on le condamnerait. Ce qui s'applique au domaine moral s'applique aussi aux sciences ; le modèle structuraliste, qui était omniprésent dans les sciences humaines au cours des années soixante, par exemple, est aujourd'hui caduc. L'identité de ce *nous* n'est rien moins qu'individuelle, la preuve en est que ceux-là mêmes qui pensaient dans les années soixante qu'il était valable d'infliger une correction à un enfant ou que l'homosexualité était honteuse, ou qui considéraient le structuralisme comme un outil permettant de comprendre les différentes expressions culturelles, ne le pensent plus aujourd'hui, ou, s'ils le pensent, se gardent de l'afficher en public. Le fait que nous considérions pourtant que nos opinions et nos croyances sont personnelles, qu'elles sont le fruit de mûres réflexions individuelles, et que nous négligions le rôle du temps, est l'un des plus importants mécanismes sociaux qui soient, sans lequel l'évidente relativité de la morale et de la science anéantirait toute obligation, et nous sombrerions dans un chaos d'indépendance. C'est pourquoi nous cultivons l'idée d'indépendance de l'expression artistique, particulière et unique, et quand on y contrevient, un puissant mécanisme de sanction s'applique pour plagiat, par lequel nous entretenons la croyance en notre individualité. Sans cette idée, il n'y aurait aucune différence de sens entre la socialisation et le plagiat. Tout apprentissage s'appuie sur l'imitation ; enfants, nous imitons le langage et le comportement de nos parents, quand nous grandissons, nous imitons le langage et le comportement de nos amis et de nos professeurs, et, devenus adultes, nous imitons le langage et le comportement de nos contemporains. La totalité, ou presque, des phénomènes langagiers employés en public ne sont ni indépendants ni individualisés, autrement dit sont dépourvus de la moindre marque personnelle du locuteur. La forme langagière la plus largement répandue en public est celle des médias, caractérisée par son anonymat – il est impossible de relier la langue employée dans un article au journaliste qui l'a écrit, tout est rédigé de la même manière, dans le même style, et porte sur les mêmes événements, les journalistes puisent leurs informations chez leurs homologues, sans que l'idée de plagiat traverse l'esprit de quiconque. Ils s'imitent les uns les autres, un article est la copie d'un autre, car l'auteur est un *nous*. Cela vaut aussi pour les modes d'emploi et les guides, ainsi que les thèses et les manuels scolaires. Seule la littérature de fiction requiert un *je* singulier, dont la plus grande contrainte est de ne pas copier qui que ce soit, de ne pas reproduire quoi que ce soit ou, en tout cas, pas de la même manière. Plus un écrivain est original, plus il ou elle est digne d'éloges. Beaucoup de gens semblent croire que la littérature est affaire de production de connaissances, ou qu'elle porte un point de vue neuf, mais ce n'est qu'un agrément supplémentaire, accessoire ; l'essentiel en littérature est l'individualité qui réside dans son ton particulier, inimitable. Mais cette individualité n'est pas sans limites, elle ne peut s'exercer que dans le cadre du *nous* ; si elle déborde ce cadre pour exprimer quelque chose d'anticonformiste, elle sera condamnée ou ignorée. Aujourd'hui, un écrivain qui, par exemple, plaiderait en faveur de la correction des enfants ou condamnerait l'homosexualité – opinions qui, il y a cinquante ans, étaient ordinairement reconnues – doit avoir un talent exceptionnel pour être accepté, c'est-à-dire pardonné, quand un écrivain qui, par exemple, nierait l'extermination des Juifs et la Shoah ne peut en aucun cas être accepté ni considéré comme un grand écrivain, quel que soit son talent. Ces deux postulats de la littérature – d'une part qu'elle doive être aussi originale que possible, donc exprimer la singularité inimitable du *je*, et d'autre part que ce *je* ne déborde pas le cadre de ce qui est généralement admis, donc donne une voix au *nous* – sont incompatibles ; en effet, plus je suis unique, plus je m'éloigne du *nous* consensuel. Que Knut Hamsun ait écrit la nécrologie d'Hitler et la phrase la plus inacceptable – et la moins imitable – de la littérature norvégienne, « nous nous inclinons », et que Peter Handke, l'un des, disons, trois meilleurs écrivains vivants du monde, sinon le meilleur, ait pu faire un discours à l'enterrement de Milošević, et ainsi se disqualifier totalement auprès de ce que l'on appelle la communauté intellectuelle, voilà deux parfaits exemples de l'incompatibilité intrinsèque entre le *je* unique et le *nous* social, donc moral, qui régit la littérature. Seul un écrivain pouvait concevoir la loi de Jante[1] ; que celle-ci ait eu un retentissement si vaste n'est pas sans ironie, puisque c'est la tyrannie de la majorité qu'elle exprime. De manière non moins ironique, les lecteurs qui entretiennent le culte de l'individualité se soumettent collectivement à un individu. Mais en étant si étroitement liée à un individu identifié, la meilleure voix de la littérature concerne non seulement le collectif, en tant qu'exemple d'un *je* possible que tous les *je* consomment, mais aussi l'unique, c'est-à-dire un être précis, à un endroit précis, en un temps précis, et cette identité *en elle-même* présente un point de vue que l'on ne saurait trouver nulle part ailleurs. C'est pourquoi la littérature est inaltérable. Même si nous nous nourrissons les uns des autres, même si nos *je* sont collectifs, ils demeurent seuls, ils font leurs propres expériences seuls, et cette expérience, celle d'être un homme, de vivre dans ce monde, *ne peut pas* être exprimée de manière générale, dans le cadre du *nous*, parce que pour cette expérience le *nous* n'existe pas. Un article de journal ou un reportage à la télévision parlent toujours d'une ou de plusieurs personnes ailleurs, et c'est une expérience qu'aucun de nous n'a faite. Un roman ou un poème parlent toujours d'une ou de plusieurs personnes ailleurs, mais dans une langue qui rend l'expérience unique, et cette expérience unique marque d'une tout autre manière notre existence unique. Il

1. La « loi de Jante » est un ensemble de règles tacites de bonne conduite créé par l'écrivain dano-norvégien Aksel Sandemose dans son roman *Un fugitif recoupe ses traces*, publié en 1933.

ne s'agit pas de s'y reconnaître ni d'y trouver confirmation, mais de saisir la vérité.

Mais qu'est-ce que la vérité dans notre existence sociale ? Écrire sur la socialisation et le plagiat est une chose, surprendre un jour quelqu'un en train de vous singer, de s'approprier votre voix, vos gestes, votre attitude – ce profond malaise que cela provoque – en est une autre. Ou encore écrire en sachant au fond de soi que ce que l'on écrit n'est pas ce que l'on a pensé par soi-même, n'est pas le lait sorti de son sein, mais a été pris à quelqu'un, et pas à n'importe qui, pas à un individu du grand *nous*, mais à quelqu'un de proche et dont on doit pouvoir soutenir le regard. C'est là que réside la force du monde social. Pas dans les structures supérieures, la grande communauté du *nous* qui rassemble chacun pour en faire une abstraction, mais dans le contact direct, de l'un face à l'autre. La force est dans le regard. C'est la vérité de notre existence sociale. Le monde social est local, à l'échelle d'un individu, quelle que soit la situation, car tout regard est unique, il appartient à un individu précis, et pas à un autre, dans une situation précise. Et c'est pour cette raison que nous en sommes responsables. C'est la vérité de notre existence sociale, et, partant, celle de notre morale. Une morale qui procède d'un ensemble, du *nous*, est dangereuse, peut-être même davantage que toute autre chose, dès lors que s'engager envers un tout revient à s'engager envers une abstraction, donc à ce qui relève du langage ou du monde des idées, mais pas de la réalité, là où les gens n'existent qu'en tant qu'individus, séparément. En ce sens, la moralité de Knut Hamsun et de Peter Handke est nettement supérieure à celle de leurs contempteurs.

Le *je* de la littérature ressemble au *je* de la réalité dans la mesure où l'unicité de l'individu peut seulement être exprimée par ce qui est commun à tous, la langue, dans le cas de la littérature. Tous les *je* littéraires utilisent les mêmes mots, la seule différence, ce qui distingue donc le *je* littéraire des autres *je*, est la façon dont ces mots sont ordonnés, et le fait que de cette répartition hétérogène, qui, observée de loin, est très marginale, puisse surgir un *je* aussi essentiel que celui d'Emily Dickinson est tout à fait remarquable. D'autant plus remarquable que quasiment personne ne lisait ses poèmes de son vivant. La solitude et le désir accablants qu'elle paraissait éprouver sont morts et enterrés de longue date, il ne reste que leur articulation verbale, que nous ressuscitons au moment où nous laissons notre regard tomber sur les mots qu'elle a écrits un jour, il y a longtemps, et auxquels nous succombons. Elle chante alors en nous. Mais, on peut se poser la question, qu'est-ce que cela lui a apporté, puisqu'elle n'aurait jamais pu imaginer que ses poèmes seraient diffusés dans le monde entier, qu'ils compteraient parmi les meilleurs de son époque et seraient lus longtemps après qu'on aurait dû tout oublier d'elle et de sa vie, même si elle les avait certainement écrits sans penser à un lecteur ? Pourquoi articuler en mots le sentiment de la vie, pourquoi ne pas se contenter de le ressentir ou de le penser ?

Oui, pourquoi écrire ?

Je suis seul à l'instant où j'écris ces mots. Nous sommes le 12 juin 2011, il est 6 h 17 du matin, dans la pièce du dessus les enfants dorment, à l'autre extrémité de la maison Linda est assoupie ; de l'autre côté de la fenêtre, à quelques mètres dans le jardin, les premiers rayons du soleil frappent de biais un pommier. Le feuillage est éclaboussé d'ombre et de lumière. Tout à l'heure, un petit oiseau s'était posé sur une branche, il tenait dans son bec une sorte de ver ou de larve ; il est resté là un petit moment, renversant la tête en arrière pour l'avaler. Il est parti maintenant. Derrière la branche où il s'était posé sont suspendus les petits maillots de bain des filles ; toute la journée d'hier, elles se sont baignées dans la pataugeoire en contrebas, à l'abri d'un saule. La pelouse, dont une grande partie est à l'ombre, est encore humide de rosée. L'air résonne de gazouillis et de chants d'oiseaux. Il y a six mois, j'étais assis exactement à la même place, tôt le matin, les enfants dormant au-dessus et Linda à l'autre extrémité de la maison. Le poêle était brûlant, dehors il faisait très noir et des flocons de neige tourbillonnaient dans l'air. Pendant plus de trois ans, j'ai passé tous les matins de la même façon, soit ici, soit dans l'appartement de Malmö, penché sur le clavier pour écrire ce roman qui touche à sa fin. Je l'ai fait seul, dans une pièce vide, et au fur et à mesure que j'écrivais ma maison d'édition publiait ce qui était achevé, soit cinq tomes jusqu'ici, au sujet desquels on a beaucoup parlé et beaucoup écrit, à la radio, dans les journaux et les magazines, sur les blogs. Je ne me suis pas intéressé à toutes ces discussions, je me suis tenu à l'écart autant que possible ; je n'avais rien à y gagner. Tout est ici, dans ce que je suis en train de faire. Mais de quoi s'agit-il vraiment ?

Qu'est-ce qu'écrire ?

C'est avant tout se perdre soi-même, ou perdre son *moi*. À cet égard, cela ressemble à l'acte de lire, mais alors que la perte de soi dans la lecture se fait pour un *je* étranger qui, parce qu'il est clairement défini comme extérieur, ne menace pas sérieusement l'intégrité du *je* du lecteur, dans l'écriture la perte de soi est tout autre, comme quand la neige disparaît dans la neige, pourrait-on dire, ou comme un monochrome, sans point saillant, ni premier plan ni arrière-plan, ni haut ni bas, où tout est uniforme. Ainsi en est-il de l'essence de l'écriture. Mais en quoi consiste cette uniformité qui l'inclut et dans laquelle

elle existe ? C'est la langue singulière du *je*. Le *je* surgit dans la langue et *est* la langue. Mais la langue n'est pas la propriété du *je*, elle appartient à tous. L'identité du *je* littéraire tient au choix d'un mot parmi les autres, mais sa cohésion et son axe sont insuffisamment maintenus. D'une certaine façon, cela rappelle l'identité que nous avons en rêve, quand le *moi* conscient distingue à peine ce qui est *nous* de ce qui constitue notre environnement, nos expériences, et notre *je* est comme déposé dans un espace où le banc vert à notre gauche est aussi central par rapport à celui que nous sommes que le poisson frétillant à notre droite, ou que la silhouette de Neptune qui émerge de l'eau, laquelle justement déborde et inonde le sol, sous le ciel traversé par un biplan rouge. La différence entre le rêve et l'écriture est peut-être que le premier survient de façon incontrôlable, sur un des modes inconscients du corps, et est dépourvu d'intention, alors que la seconde se produit de façon contrôlée, intentionnellement. C'est cela, mais pas tout à fait, car le premier élément de cette ressemblance porte sur l'impossibilité de localiser le *je*, qui se disloque et dérive sans plus trouver de centre, ce qui soulève une question : n'est-ce pas la faculté de constituer le centre qui définit le *je*, l'acte même de maintenir l'unité ? Si. Mais la vérité du *je* n'est pas celle d'une existence particulière. Ce qui surgit entre ces fragments différents, très loin dans l'incohésion, est aussi ce timbre qui nous est propre, cette tonalité particulière qui résonne toute notre vie, au son de laquelle nous nous réveillons, au-delà de toute pensée que nous pourrions avoir, de toute sensation qu'une situation pourrait éveiller en nous, et qui est la dernière partie de nous que nous abandonnons lorsque nous sombrons dans le sommeil. N'est-ce pas ce timbre à soi, cet écho lointain du *moi*, qui se propage dans la musique, dans l'art, dans la littérature, et au-delà, dans tout ce qui est vivant et sensible ? Cette tonalité n'a rien à voir avec le *je*, encore moins avec le *nous*, seulement avec notre propre existence dans le monde. Quand je regarde ce petit moineau dehors, la façon dont il est perché sur cette branche au soleil et dont il rejette la tête en arrière pour mieux engloutir le ver ou la larve, il est impensable qu'il n'ait pas conscience de son existence. Peut-être cette conscience est-elle parfois plus forte que la nôtre, puisqu'elle ne peut être obscurcie par la moindre pensée. Les pensées qui préservent l'unité du *je* peuvent être dissoutes dans l'acte de lecture et d'écriture, mais de deux façons différentes : dans le premier cas en pénétrant dans ce qu'il y a d'étranger hors de nous, dans le second en pénétrant dans ce qu'il y a d'étranger en nous, la langue dont nous disposons, celle dans laquelle nous disons *je*. Quand on écrit, on perd le contrôle du *je*, devenu incommensurable ; la question est de savoir si ce caractère incontrôlable, incommensurable, de notre *je* n'est pas en fait ce qui représente son état véritable, ou au moins ce qui nous rapproche le plus d'une représentation authentique de soi.

Que disons-nous quand nous disons *je* ?

Un célèbre journal de 1953 s'ouvre ainsi :

Lundi,
Moi.
Mardi,
Moi.
Mercredi,
Moi.
Jeudi,
Moi.

Pour moi, c'est une leçon de littérature. Le *je* derrière ces trois lettres, m-o-i, seules et sans commentaire, peut renvoyer à n'importe qui, en ce sens que le *je* est sans identité, ouvert. La question de l'identité de l'auteur, faute d'autre indication que ce « moi », ne peut être résolue. Ce pourrait être votre voisin du dessous, le vendeur du kiosque sur la place, votre enfant, August Strindberg, Sølvi Wang ou Niki Lauda, pour citer quelques noms qui me viennent aussitôt à l'esprit. Le *je* est totalement anonyme, il n'a pas de nom. Néanmoins un *je* qui n'a pas de nom peut être clairement associé, à partir des mots qui l'entourent, à un personnage précis, à une sorte de voix, celle d'un *je* qui nous incite à l'envisager comme une personne réelle, de chair et de sang, et dont nous pouvons même nous approcher plus que d'une personne réelle, parce que la langue de ce *je* littéraire est explicitement liée aux pensées et sentiments intimes, comme le *je* quand il est seul, une dimension qui disparaît dans la rencontre physique, où l'enveloppe corporelle fait barrage, non par hostilité ou par protection, mais simplement parce qu'elle possède son propre langage, et que la rencontre entre *je* et *tu* crée un *nous*, qui suit des principes et des règles particuliers, le monde social, que seule la passion amoureuse peut défaire, mais jamais complètement, le consensus social se fixant aussi sur un lien de ce genre ; en amour, aucun couple ne se distingue absolument. On peut objecter que ce *je* littéraire, même quand il se met à nu ou se manifeste intimement, est aussi social, en vertu de l'attente d'un *tu* que chaque *je* suppose et qui forme déjà un *nous*. Oui, c'est dans la nature du *je*, qui est une demande – on n'a pas besoin de dire *je* en présence de soi seul – et dans cette demande il y a l'autre, et par suite un *nous*. C'est la même chose pour le *je* du journal intime. Un *je* en soi est anonyme, neutre et sans personnalité, mais par le fait de jouer avec le *tu* – dans le cas présent, les attentes que suscite le *je* du texte – ce *je* particulier est capable d'instiller du sens et de dire quelque chose sur ce qu'est le *je* sans rien dire de plus que « moi ». Qu'arrive-t-il quand ce « moi » est répété quatre fois ? Dans une phrase complète, dans le voisinage d'autres mots, nous ne l'aurions pas remarqué, mais sans rien d'autre, sur la ligne dépouillée, *je* devient grotesque. Moi, moi, moi, moi : je, je, je, je. Cela exprime le narcissisme. Mais en même temps, par le dépouillement même, le narcissisme est comme exposé, et c'est là que réside une conscience, quelqu'un qui dit : je sais ce que je fais. Qu'est-ce qu'évoque cette certitude ? Je sais que c'est narcissique, mais je le fais quand même. Donc je ne me cache pas. Je dis les choses comme elles sont. Je suis vraiment narcissique. Mais qui est *je* ? Provisoirement tout le monde. Donc : tout *je* est narcissique, mais ce *je* l'avoue, et dans cet aveu il y a une ambiguïté : le narcissisme est une faiblesse, il n'est pas souhaitable ; s'il l'était, nous ne cherrions pas à le cacher ; alors que le narcissisme ici est exposé, dans un aveu de faiblesse, en même temps que cet aveu élève le *je* et le valorise, parce qu'il est sincère, et un narcissisme sincère est bien supérieur à un narcissisme masqué, en ce que le premier recherche la vérité, quand le deuxième cherche à cacher la vérité.

Il y a aussi quelque chose d'agressif et de presque hostile dans cette répétition de ce « moi ». *Fuck you*, dit-il. Tu peux croire ce que tu veux. Ici c'est moi et moi seul qui commande.

Un *je* tout seul est anonyme, neutre et dénué de personnalité. Répété quatre fois, il devient programmatique, tant dans le domaine social que littéraire : après avoir lu les quatre premières entrées du journal, on est amené à comprendre que ce *je* s'oppose au monde social, qu'il considère comme hypocrite et insincère, à la différence de l'écriture du journal qui cherche à atteindre le vrai et le réel en se cramponnant au *je*, ce « moi » qui éclôt devant nous en s'exposant, d'abord anonyme, neutre et dénué de personnalité, mais qui, parce qu'il est répété, renonce à la neutralité, à l'anonymat ; à la quatrième occurrence, il frémit, assoiffé de vérité, avide de réalité, supérieur.

C'est de la littérature.

Mais si j'avais commencé mon roman de cette façon, cela n'aurait pas été de la littérature. Même si le pronom « moi » n'appartient aucunement à Witold Gombrowicz, l'auteur de ce journal, et que la répétition de ce « moi » quatre fois ne lui a pas valu de droits d'auteur – j'aurais donc pu utiliser ce même incipit sans désagréments judiciaires ou moraux –, je ne serais pas parvenu à en faire de la littérature, car la valeur de ce début réside dans son unicité, qu'elle revendique en l'exprimant. Si j'avais employé les mêmes mots, le *je* de Gombrowicz se serait superposé au mien, et mon « moi » serait devenu une parodie, révélant un manque de singularité là où Gombrowicz a fait preuve de l'inverse. Ce faisant, j'aurais sapé ce que je voulais énoncer, à savoir que la vérité se situe uniquement dans le *je*, puisque ce *je* qui l'aurait formulé n'aurait été ni unique ni originel, mais *gombrowiczifié*, socialisé, plagié.

Mon *je* littéraire était plutôt gombrowiczifié, parce que son journal avait eu une grande influence sur ma manière de penser l'identité, les liens sociaux et la littérature, mais il était aussi larssonifié, proustifié et célinifié, relativement sandemosifié et surtout hamsunifié, et si je devais associer une image à ces influences je choisirais celle d'un gamin, disons de quatorze ans, qui habite près d'une rivière ; à une trentaine de kilomètres de sa maison, le courant est très fort et la roche que l'eau frappe, bombée et brillante comme du métal, est érodée et couverte d'algues, si bien que l'on peut nager un peu avant les rapides, et se laisser porter par le courant, ce que fait souvent ce garçon, avec son meilleur ami et tous les autres qui se rassemblent les soirs d'été – il n'y a pas de meilleure sensation dans la vie que celle de la force de l'eau, de la vitesse croissante, puis l'adrénaline de la chute au moment d'être précipité dans l'abîme, plongé dans un tourbillon de petites bulles, qui lui permettent, s'il le souhaite, de se laisser porter vers des eaux plus calmes et de regagner la rive, ou de nager à contre-courant aussi loin qu'il le peut avant que le courant ne devienne trop fort et qu'il ne soit contraint à faire du surplace pour résister, jusqu'à finalement se laisser chuter une nouvelle fois. Descendre ces rapides, c'est comme écrire, on se laisse porter d'un bout à l'autre par des forces que l'on ne contrôle pas, mais ce que l'on éprouve en chemin, on l'éprouve seul. Je n'imagine pas que les autres enfants voyaient ou ressentaient la même chose que lui, ces soirs-là : le soleil couchant, les rochers encore tièdes et l'air qui se rafraîchissait vite, les grands essaims d'insectes attirés par les coins de lumière, le grondement de la rivière et les cris de joie des garçons et des filles, les cimes des arbres illuminées. Au-delà des arbres cheminait un vieux sentier de gravier qui conduisait à une propriété sans doute construite au XIXe siècle, en lien avec la scierie près de la cascade et, derrière, venaient les coteaux ensoleillés recouverts de bruyère et d'arbres au-dessus desquels le ciel s'assombrissait lentement, pour finir, vers minuit, par s'éclairer à la lumière des rares étoiles, suffisamment brillantes pour percer la blonde nuit d'été. Si ces soirs-là, près des coteaux couverts de bruyère sur l'autre rive, ombragés en bas, d'un orange scintillant en haut, comme embrasés, les enfants qui habitaient là suivaient les virages et les plats d'une route, goudronnée mais aussi plus fréquentée, qu'ils parcouraient à vélo ou à mobylette pour rentrer chez eux ou se rendre visite – si tout cela demeurait dans leurs souvenirs, ce serait autrement que dans ceux de ce garçon de quatorze ou quinze ans qui n'avait pas de plus grande joie que d'être ici, en ce lieu qui retentissait du grondement des chutes d'eau et des cris exubérants des enfants, un lieu écrasé de soleil ou voilé d'ombre, si extraordinairement désirable que le seul fait de l'évoquer le remplit de bonheur, aujourd'hui encore, vingt-huit ans plus tard. Il ne ressent pas forcément les choses plus intensément que les autres, bien que ce ne soit pas à exclure puisque les impressions qui les accompagnent sont très différentes ; son expérience n'est pas non plus nécessairement plus significative pour lui, elle est différente. Elle est unique. Et c'est une source d'inspiration pour une centaine de romans, au moins. Oui, on pourrait écrire des milliers de romans à partir de cela. Le garçon à la rivière près d'une scierie un soir d'été. Un écrivain sandemosien aurait sûrement zoomé sur la fille en bikini rouge que son ami et lui désiraient, avant de suivre les trois adolescents au fil de leur vie, cette scène constituant une excellente structure de départ sur le plan aussi bien psychologique que social, deux plus un, un triangle, qui date de la nuit des temps, et les tabous qui lui sont liés sont fondamentaux. Un écrivain proustien ne se serait probablement pas arrêté à cette situation matérielle et concrète, il aurait insisté sur les réminiscences de cette scène qui, parce qu'elle est une représentation, est associée à toutes les autres représentations, ce qui veut dire qu'elle possède les caractéristiques d'une œuvre d'art, reproduisant ce qui n'est plus mais qui persiste en nous, dans une brume quasi onirique qui est un élément si important de notre réalité : là où peut-être la fille en bikini rouge, au moment précis où elle met un pied hésitant dans l'eau, à l'ombre des arbres, ressemble aux jeunes Hollandaises de Rembrandt au XVIIe siècle, Suzanne par exemple ; là où les silhouettes sur les rochers, assises ou debout, en train de se déshabiller ou de se rhabiller, rappellent en un coup d'œil les tableaux de Puvis de Chavannes dans la seconde moitié du XIXe siècle, où l'humain est d'une qualité presque sculpturale, en aucun cas psychologique, et dont les différentes positions, qui rappellent l'apogée du classicisme de l'Antiquité grecque, quatre cents à trois cents ans avant notre ère, quand le *je* ne se tournait pas vers l'intérieur pour y trouver l'harmonie, mais vers l'extérieur, postulent qu'il y a une qualité humaine constante, ni culturelle ni relative, ce qui aurait pu être le cas ici, avec les corps de ces gamins et gamines scandinaves sur les rochers au bord de la rivière. Un écrivain hamsunien, jusqu'où serait-il allé ? Jusqu'au vrombissement de la mobylette dans le virage en contrebas de la chute d'eau ? Jusqu'au fracas de la cascade, jusqu'à la timidité soudaine dans les yeux d'une des filles qui regardent en contrebas ? Ou jusqu'à la maison du gros épicier dans le lotissement datant des années soixante et à ses efforts pour survivre en dépit des chaînes de supermarchés ? Aux descendants de la famille noble qui possédaient peut-être encore, ou peut-être ne possédaient plus, la propriété près de la rivière ? Ou jusqu'au *je* qui s'observait lui-même, qui surveillait la scène d'une façon un peu soupçonneuse, et qui sévissait au moindre faux-semblant, mû par cet impossible désir d'authenticité qui avait un jour conduit Nagel au suicide dans une ville distante d'une cinquantaine de kilomètres, quatre-vingt-dix ans plus tôt. Il y avait encore en ce lieu des pasteurs et des filles de pasteur, des gardes champêtres et des fils de garde champêtre, du sang qui coule dans les veines et des cœurs qui battent dans les poitrines, les sentiments les plus grossiers et les plus délicats qui soient, tout ce dont un écrivain a besoin pour se lancer.

J'ai lu *Pan* pour la première fois à quinze ans, dans la maison à trois kilomètres de ces rapides, et les sentiments violents dépeints dans ce livre trouvèrent en moi un écho. Peut-être ma vie amoureuse des années qui suivirent avait-elle été désastreuse parce que ma compréhension des filles, du sentiment amoureux et des relations datait de la fin du XIXe siècle. Mais le roman qui me fit la plus forte impression à cette époque, c'était *Dracula* de Bram Stoker. Ce livre m'exaltait. Pourquoi, je ne le savais pas, et je ne le sais toujours pas. Je ne me suis jamais identifié au comte, celui qui vidait les autres de leur sang, mais à ses victimes, celles qui, une fois mordues, perdaient non seulement leur sang, mais aussi leur indépendance. Me connaissant, j'ai probablement lu *Dracula* comme un roman sur la soumission et la libération d'une soumission. Non que j'aie pu penser cela aussi clairement, je ne pensais jamais quand je lisais, mais c'est ce j'ai ressenti, cela renvoyait à un thème qui avait sur moi un effet puissant. Ce triomphe et cette jubilation qui gonflaient ma poitrine quand finalement ses victimes enfonçaient le pic dans le cœur du comte en étaient bien la preuve. Plutôt que de considérer l'écrivain comme un vampire qui aspire le sang de son voisinage, ce qui est une métaphore très tentante pour désigner l'acte d'écrire sur d'autres personnes – en tout cas, dans l'opinion publique –, je voyais l'écrivain comme quelqu'un qui risque de perdre son indépendance, quelqu'un de capturé et de paralysé par la puissance d'un autre et qui agit comme lui, blême, anémique, comme son fantôme. Peut-être parce que j'ai toujours eu moi-même un ego faible, je me suis toujours senti inférieur aux autres, dans toutes les situations. Pas seulement par rapport aux gens brillants que j'ai rencontrés, ceux qui éclipsaient les autres par leur charisme et leur intelligence, mais aussi par rapport aux chauffeurs de taxi, aux serveurs, aux conducteurs de train, à toutes les personnes que l'on peut côtoyer en fait. Je suis inférieur à l'homme qui lave l'escalier et le couloir devant notre appartement, dans ce contexte il a une autorité plus grande que la mienne et si, par exemple, il fait une remarque sur la poussette et les trottinettes qui encombrent le palier devant notre porte, d'une voix qui laisse deviner un soupçon de colère, je me mets à trembler. La vendeuse de chaussures, je lui suis aussi inférieur, elle a un ascendant sur moi, une telle autorité que je m'y soumets. Le pire, ce sont les serveurs, dont le rôle est clairement celui de servir, de mettre les clients à l'aise, de répondre à leurs souhaits, et le fait que je me sente inférieur à eux, livré à leur bon plaisir, qu'ils puissent voir par exemple que je ne sais pas comment bien me tenir à table, ni comment goûter le vin et juger de sa valeur, un sujet dans lequel ils excellent, est chaque fois humiliant. Et cela se produit constamment. Tous les journalistes que je rencontre, même s'ils ont vingt ans de moins que moi, se débrouillent mieux que moi, et je fais toujours ce que je peux pour ne pas les ennuyer, je dis souvent des choses que je ne pense pas, juste pour leur donner du grain à moudre. Quand je déménageai à Stockholm à l'âge de trente-trois ans – en apparence un homme, mais, à l'intérieur, un adolescent de seize ans – et que je rencontrai alors Geir Angell, que je n'avais plus vu depuis ce printemps où nous avions fait deux ou trois fois des virées ensemble dans la ville de Bergen, douze ans plus tôt, ce fut la première chose qu'il me dit : ton image de toi est la plus tordue que j'aie jamais vue. Ne t'es-tu jamais dit que c'étaient les autres qui étaient ennuyeux ? Que c'étaient les autres qui manquaient d'originalité et d'esprit, qui manquaient d'indépendance et qui ne racontaient que des platitudes ? Non, répondis-je, parce que ce n'est absolument pas vrai. Écoute, dit-il, je t'ai connu quand tu avais vingt ans. Tu étais très différent des personnes que je connaissais à cette époque. Tu étais spécial. Cela ne m'a pas étonné quand j'ai appris que tu allais publier un roman. Qui d'autre l'avait fait là-bas ? Personne. Il y avait quelque chose de si sérieux chez toi que... en tout cas aucun autre garçon ne te ressemblait. Tes yeux tristes. Tu aurais dû te voir ! Ha, ha, ha ! Maintenant tu as écrit un roman génial. Tu vas en écrire un autre et encore un autre. Il faut que tu arrêtes de te comparer avec des gens qui agissent comme des bureaucrates dans leur propre vie et dans celle des autres. En tout cas, ne crois pas qu'eux sont intéressants, et toi ennuyeux. C'étaient eux qui t'ennuyaient, ça c'est une évidence.

Je continuai à nier mais j'étais flatté, et qui ne l'aurait pas été si quelqu'un avait affirmé qu'il était particulièrement doué et unique ?

Je regimbais ; c'était comme s'il infusait du poison dans mes veines.

Il ne se contentait pas d'écouter ce que je lui racontais de ma vie, il trouvait cela intéressant et voulait bien en discuter pendant nos interminables pérégrinations dans Stockholm. Comment tout, durant mon enfance, avait tourné autour de mon père, tous mes efforts pour le satisfaire, cette peur qui était toujours présente, la façon dont il était mort. La relation avec mon frère, qui s'était compliquée quand il était sorti avec la fille dont j'étais amoureux, et combien nous étions tous deux à la fois proches et lointains. La complicité que j'avais avec ma mère, sa façon analytique, bien à elle, d'appréhender le réel. Mes différentes liaisons, fort peu nombreuses. Ma façon de mettre les femmes sur un piédestal, à tel point que je ne parvenais plus à leur parler. Comment je m'étais par deux fois tailladé le visage lors d'une crise d'angoisse et de désespoir. Ma vanité. Ma peur de paraître féminin. Mon bonheur de m'enivrer, mes infidélités, mon constant sentiment d'infériorité par rapport à tous et à tout. Mes succès qui ne pouvaient pas compenser mes défaites, ni en nombre ni en intensité. Il avait utilisé tous ces éléments pour dessiner mon profil psychologique et social, qu'il analysait et expliquait. Il me voyait comme une sorte d'entité baroque, anormale et étrange, dont l'intériorité était en totale disharmonie avec l'extérieur – contrairement à ce que je pensais de moi-même, qui me trouvais parfaitement normal au point d'être presque effacé, et qui pensais que c'était justement cette nature ordinaire qui était la source de mes problèmes en tant qu'écrivain. J'aimais le football, à la fois y jouer et le regarder, j'aimais les comédies américaines, il m'arrivait de temps en temps de lire des bandes dessinées, je regardais la météo et les informations à cause des jolies présentatrices, je pouvais nourrir de petits fantasmes à leur sujet ; j'aimais toujours autant la musique de mes douze ans et, quand j'aimais vraiment un livre ou un tableau, je ne savais jamais pourquoi, et je répétais les mots et les pensées que j'avais glanés dans mon entourage et qui n'avaient aucune originalité. Je n'avais rien de spécial à dire sur quoi que ce soit, certainement parce que je n'étais pas quelqu'un de spécial, et qu'il n'y avait chez moi rien de particulièrement marquant. Mais le simple fait de parler de moi avec quelqu'un qui non seulement s'intéressait sincèrement à ma personne, mais qui m'en dévoilait aussi certains aspects et tissait des liens entre les différentes parties qui la composaient me donnait l'impression que ma banalité devenait extraordinaire, unique, même à mes yeux. C'était comme si mon moi avait été gelé et que maintenant il se dégelât. Cela craquait, ça se fissurait, comme une surface qui, après être restée longtemps figée et immobile, commençait à bouger. Mon moi intérieur me faisait l'effet d'être devenu une source intarissable. Et cela faisait du bien. Que ce que je disais pût être intéressant, c'était une expérience nouvelle. Je m'étais toujours trouvé sans intérêt. Ce qui était intéressant était lié à cette impression de source intarissable, parce que ce qui est intarissable ne connaît pas de limites, or c'étaient les limites qui avaient tout maintenu hors de portée et gelé. Bref, je ne me confiais jamais à personne, parce que je croyais que rien de ce que j'avais à dire ne pourrait intéresser quelqu'un et, sous cet angle, celui du regard social, des attentes du *tu* telles qu'elles sont construites par le *je*, se confier était voué à l'échec, et c'était de cette façon que, en principe, je fonctionnais pour tout. J'étais muet dans le monde social, et puisque le monde social n'existe qu'au sein de chaque individu, j'étais aussi muet avec moi-même, dans mon for intérieur. Je n'avais connu qu'une seule fois cette expérience de l'inépuisable, et la situation avait été presque la même : un autre être humain semblait s'être sincèrement intéressé à ce que je disais, et aussi à ce que je lui disais de moi. Il s'agissait d'Arve, il avait dix ans de plus que moi et avait acquis une telle vision du monde qu'il était capable de rire de tout. Il était à mille lieues de ceux que j'avais rencontrés jusque-là. Il nous survolait, d'une certaine façon, indépendant dans le vrai sens du terme. Il était aussi démoniaque, ou du moins il jouait au démon avec moi, il était le tentateur. Avec quoi me tentait-il ? Avec la liberté. Que signifiait la liberté pour lui ? La transgression. D'abord identifier tout ce qui faisait l'objet de limites, de contraintes, tout ce qui s'était ossifié, et s'en détacher. Pas forcément le monde social, en tant qu'un ensemble de règles de conduite, qu'un bohème peut décider d'ignorer, mais la façon de penser qu'impliquent tacitement ces règles. Ce que Roland Barthes avait appelé la *doxa*. Mais Arve était devenu le petit ami de Linda, dont j'étais fou amoureux, et je tirai un trait sur tout ce qui s'était passé, dont ce que j'avais pu apprendre de lui, dans son rôle de démon de la liberté. Plus rien n'avait d'importance. Je me concentrai de nouveau sur ma propre vie, j'avais compris que j'avais vécu une vie différente pendant quelques jours, mais que ce n'était pas ce qui me correspondait, absolument pas, cette vie n'était pas pour moi. Je n'avais rien à faire de cette vie. J'étais gentil, attentionné, responsable, sauf quand j'avais bu, ce qui déclenchait en moi un violent désir de tout envoyer promener. J'avais fini par le faire, et quand on l'apprit, un an plus tard, je me rendis dans une île et j'y vécus seul plusieurs mois ; je sentais qu'il me fallait faire un choix et qu'il faudrait m'y tenir pour le reste de ma vie. Je deviendrais quelqu'un de bien. C'était pendant l'hiver et le printemps 2001. Au printemps 2002, je laissai tout derrière moi pour aller à Stockholm. J'y rencontrai Geir, puis Linda. Alors que ma rencontre avec Geir m'offrit un point de vue sur moi et un espace pour l'analyser, une sorte de distance qui me fut précieuse, ma rencontre avec Linda m'offrit le contraire, il n'y avait pas de distance entre nous, je me sentais proche d'elle comme je ne l'avais jamais été de personne, et cette intimité se passait de mots, se passait de toute analyse et de toute réflexion, car quand on en arrive là, ce qui est une autre façon de dire qu'on se trouve au cœur de la vie, dans toute son intensité, quand on se trouve là, en son centre, qu'on y est totalement immergé, il n'y a plus que les sentiments qui comptent. Geir m'avait donné la capacité de voir la vie en face et de la comprendre. Linda me donna la capacité de la vivre. Dans le premier cas je devins comme transparent à moi-même, dans le second je me perdis. C'est toute la différence entre l'amitié et l'amour. Ces deux dimensions surgirent en même temps dans ma vie, y créèrent un séisme, je me retrouvai soudain, presque du jour au lendemain, plongé dans quelque chose d'entièrement nouveau. Tout était possible, rien n'était impossible. En cet exceptionnel été 2002, le soleil rouge sang sombrait sur la vallée de Mälardalen, chaque soir ses derniers rayons luisaient comme de l'or sur les tours et les flèches de la ville, et je me sentais immortel. Sept ans plus tard, à la fin de cet été moins exceptionnel de 2009, j'étais toujours avec Geir, dans la salle de bains de notre appartement de Malmö, et je surveillais quatre enfants dans une baignoire, tandis que le ciel, que je ne pouvais pas voir, mais dont je pouvais sentir la lumière par la petite fenêtre étroite, s'assombrissait de plus en plus.

— On dirait qu'on se débrouille pas mal, dit-il.

Je tournai la tête vers lui. Il souriait.

— Que veux-tu dire ? demandai-je.

— Je parle des enfants, bien sûr.

— De quoi vous parlez, papa ? dit Vanja.

— De la *paternité*.

— Qu'est-ce que c'est ?

— Ce que nous sommes, Geir et moi, dis-je en me penchant pour couper l'eau. Des pères.

Je me demandai si sa joie venait de ce que Njaal était entouré d'autres enfants, ce qui était rare puisqu'il était fils unique, et de ce qu'il s'en sortait apparemment très bien, ou alors du fait que c'était Geir qui avait eu l'idée de l'amener ici, alors que le plus souvent c'était Christina qui s'occupait de Njaal, pendant que Geir passait presque tout son temps assis dans son bureau à écrire. Il ne s'était jamais occupé de toutes ces tâches quotidiennes dans lesquelles j'étais plongé chaque jour – le linge et la lessive, la nourriture, les repas, les jeux, l'heure du coucher –, c'était un choix qu'ils avaient fait tous les deux, et Geir avait toujours déclaré ouvertement qu'il ne voulait surtout pas s'occuper de tout cela, mais de temps en temps je me disais que cela devait lui manquer, pas l'aspect pratique, mais le fait que de ces choses pratiques découlaient des moments de partage. Je ne l'avais pas envisagé, mais cette joie soudaine que je perçus chez lui alors que les enfants jouaient dans la baignoire pouvait très bien y être liée. Il n'était pas question de l'interroger à ce sujet, c'était une des choses que j'évitais d'approfondir, cela touchait trop à quelque chose que je ne voulais pas prendre le risque d'effleurer. C'était une atteinte à son intimité.

Qu'y avait-il de dangereux dans cette proximité ?

En se rapprochant des autres, on voyait ce qu'eux-mêmes ne voyaient pas, soit parce qu'ils ne voulaient pas le voir, soit parce qu'ils ne le pouvaient pas. Geir avait des explications pour tout, mais cela ne voulait pas dire que chez lui tout pouvait s'expliquer. Il contrôlait toutes les situations qui le concernaient, hormis celles qui incluaient des enfants ; autrement dit, la proximité qu'ils exigent, très difficile à définir, ne lui était pas familière, et cette ignorance sautait aux yeux. J'avais toujours pensé que c'était ce qu'il voulait, mais quand je vis le sourire qu'il avait en regardant Njaal, ce bonheur soudain qui l'avait envahi, il me vint à l'esprit qu'il ressentait peut-être cette absence de profonde intimité, que Christina avait avec Njaal, comme un manque.

Que répondrait-il si je lui en faisais part ?

Que ce n'était pas vrai ?

Que c'était vrai, mais que c'était le prix à payer pour pouvoir faire ce qu'il faisait ?

Que c'était son problème, pas celui de Njaal, et donc que ça n'avait pas d'importance ?

Que ça ne lui coûtait pas du tout ?

Après avoir écrit ces mots, hier matin, j'emmenai Heidi et John au jardin d'enfants, où je devais travailler pendant la dernière tranche horaire. Le personnel me dit que je pouvais partir plus tôt pour aller à la cérémonie de fin d'année de Vanja, si je voulais. Je pris avec moi Heidi et John et nous allâmes à l'église quelques rues plus loin, là où l'événement devait avoir lieu. Comparée aux cérémonies de fin d'année auxquelles j'avais participé enfant, qui se déroulaient dans une chapelle où l'on chantait des psaumes tandis que le pasteur faisait son prêche vêtu de ses habits traditionnels, où tout était compassé et solennel, en somme la dernière épreuve à traverser avant l'été, qui était resplendissant et semblait nous attendre dehors, la fête de Vanja appartenait à un autre monde. Un chœur composé d'élèves de neuf et dix ans chanta de la pop ; des filles, d'environ quatorze-quinze ans, chantèrent en solo, comme Christina Aguilera ou Mariah Carey ; deux garçons du même âge jouèrent du piano ; des garçons de douze-treize ans rappèrent. Des applaudissements éclataient après chaque numéro, et il régnait une joie folle. On se serait cru à une audition de « The Voice ». Le sermon de la pasteure insista sur l'importance de la joie, sur le fait que devenir célèbre ou riche ne comptait pas et que tout le monde avait la même valeur. Ni Dieu, ni Jésus, ni la Bible ne furent mentionnés. Après le prêche, qui dura cinq minutes tout au plus, on appela les élèves qui s'étaient distingués au cours de l'année. Ils reçurent des diplômes. Certains pour leur niveau remarquable, d'autres pour leurs qualités personnelles, c'est-à-dire, à en juger par les discours, surtout ceux qui prenaient soin des autres. La cérémonie, qui dura environ une heure, se termina par l'appel des élèves de troisième, qui reçurent chacun une fleur. Quand je sortis, Heidi et John me tenant par la main, nous suivîmes un troupeau de garçons de treize-quatorze ans. Ils avaient tous les cheveux en brosse, portaient tous un costume, parlaient fort, se donnaient des coups, riaient et criaient, ce que certains avaient déjà fait dans l'église. Ils se tapaient dans la main quand ils se croisaient, applaudissaient et braillaient quand l'un des leurs ou quelqu'un qu'ils appréciaient se produisait sur scène. Ce comportement machiste, qui semblait décalé dans ces corps encore en pleine croissance, comme un vêtement trop grand, ce qui produisait un effet comique, était pourtant réel dans le sens où il constituait pour eux leur seul idéal. Ces garçons voulaient être durs, forts, des meneurs, et ils étaient nombreux. Les autres, quelques malheureux garçons à lunettes, frêles et livides, avec un peu de gel dans les cheveux, n'avaient aucune chance, à côté de l'assurance de ces garçons issus de l'immigration. Quand je fus de retour au jardin d'enfants, alors que je mettais en route la machine à laver et essuyais la table de la cuisine, le directeur me demanda comment la cérémonie s'était passée. Je lui répondis que c'était comme faire un voyage aux États-Unis. Que je n'avais jamais vu rien d'aussi américanisé avant. Les élèves les plus doués qui jouaient et chantaient pour les autres, la remise de diplômes aux élèves qui s'étaient distingués. Et le prêche absurde de la pasteure, qui disait que tout le monde était de valeur égale, alors que tout autour d'elle proclamait le contraire : seuls les élèves avec plus de valeur que les autres étaient mis en avant, dans toute leur magnificence. Oui, dit le directeur. Quand j'allais à l'école, les cérémonies de fin d'année se devaient d'être solennelles, nous chantions l'hymne national.

Désormais c'est interdit. Ce serait raciste de chanter l'hymne national. Vous imaginez ?

Oui, je pouvais tout à fait imaginer. L'égalité faisait office de principe absolu, en conséquence de quoi ce qui était national, donc spécifiquement suédois, était vu comme discriminant et était du coup rejeté. Sur le chapitre de la religion, on était extrêmement prudent, et, du reste, l'Église et l'État étaient séparés depuis longtemps, au point que les pasteurs ne mentionnaient plus ni Dieu, ni Jésus, ni la Bible quand ils prêchaient devant les élèves, cela pouvait choquer, beaucoup d'élèves étaient issus de foyers musulmans. C'était cette même idéologie, hostile à la différence, qui ne pouvait accepter le masculin et le féminin, le *il* et le *elle* comme entités. Puisqu'*il* et *elle* définissent le sexe, on a proposé d'utiliser un nouveau pronom, « *hen* »[1], pour désigner les deux, sans distinction. L'être humain idéal était le *hen*, qui se donnait pour mission de ne rabaisser aucune religion ni aucune culture en ne privilégiant pas sa propre culture ni sa propre religion. Ce total effacement de soi, agressif dans sa volonté d'égalisation, mais qui se croyait tolérant, était un phénomène apparu dans la classe moyenne appartenant au monde de la culture, donc dans cette partie de la société qui régentait les médias, l'éducation et les autres institutions, et que l'on trouvait, il me semble, seulement dans le nord de l'Europe. Mais que créait en pratique cette idéologie de l'égalité ? Une étude montrait qu'en Suède, à l'école, les différences entre les élèves n'avaient jamais été aussi marquées qu'aujourd'hui. Le gouffre entre les élèves les plus brillants, à qui l'avenir sourit, et les élèves les plus médiocres, pour qui se profile un avenir sans argent, où ils seront exclus des cercles de pouvoir, se

1. C'est le compromis entre « *han* » et « *hun* ».

creuse chaque année. Dans cette étude, une tendance saute aux yeux : les élèves les plus forts viennent d'un milieu suédois, et les plus médiocres, de l'immigration. En effet, bien que l'on puisse s'efforcer de ne pas offenser les gens d'autres nationalités et d'autres cultures, jusqu'à en arriver à effacer tout ce qui est suédois, cela n'a d'existence que dans un monde symbolique, celui du drapeau et de l'hymne national, en vérité, dans le monde réel, tous ceux qui n'appartiennent pas à la classe moyenne suédoise, hostile à la différence, sont maintenus en bas de l'échelle : la plupart des immigrés de Malmö, si bienvenus soient-ils, habitent dans des ghettos en périphérie, dans des appartements minables, où règne le chômage et où les perspectives sont nulles. C'est aussi vrai que la classe moyenne hostile à la différence ne voit pas d'un bon œil que ses enfants aillent à l'école avec les enfants d'immigrés, ce qui renforce la ségrégation et la reporte sur la génération suivante. Beaucoup d'enfants d'immigrés ont des parents sans instruction, et ce dont l'école suédoise voulait autrefois faire une priorité, aplanir les différences en donnant autant de possibilités aux élèves forts et aux élèves médiocres, est désormais un principe oublié, ce qui a pour conséquence que ceux qui ont déjà des possibilités en reçoivent encore plus et que ceux qui en ont peu en reçoivent encore moins. En Suède, l'égalité fonctionne à l'intérieur de la classe moyenne, c'est elle qui devient de plus en plus égale ; en dehors d'elle, l'égalité n'existe qu'en parole, au sein d'un discours élaboré par cette même classe. En Suède, ce qui se passe dans le discours est bien pire que ce qui se passe dans la réalité. Qu'il existe une morale en parole et une autre dans la réalité, c'est ce que l'on appelait avant l'hypocrisie. Le même mécanisme avait opéré à la cérémonie de Vanja ; dans l'idéal, tout le monde avait la même valeur et il importait peu de devenir célèbre ou de devenir riche, selon les mots de la pasteure, mais la réalité au sein de laquelle se déployait cette idéologie la contredisait : le plus important était de devenir célèbre et riche. Tous les enfants qui étaient là le voulaient, on le sentait bien. Et plus j'observe cette idéologie égalitaire qui s'aveugle et s'autocongratule, qui pense que ce qu'elle met en avant est universel et vrai, et donc concerne tout le monde, alors que cela ne concerne vraiment qu'un tout petit groupe de privilégiés, comme une sorte d'îlot d'honorabilité dans un océan de mercantilisme et d'inégalité sociale, plus le combat de ma vie paraît dérisoire. Puisque qu'est-ce que cela peut bien foutre que je passe peu ou beaucoup de temps avec mes enfants, que je change leurs couches ou pas, que je m'occupe de la vaisselle ou pas, que je travaille beaucoup ou pas ? Bon Dieu, comment faire pour que nos vies deviennent l'expression de la vraie vie et pas seulement celle d'une idéologie ? Tous les interdits qui entouraient notre petite vie de la classe moyenne, tout ce qu'il convenait de dire ou de faire, comme j'aspirais à l'envoyer au diable et à faire ce que moi j'avais envie de faire.

Mais c'était impossible. J'ai peur quand quelqu'un se met en colère, je veux que tout le monde se sente à l'aise et, pour cela, je suis prêt à renoncer à tout ce que j'ai. Si une personne est mal à l'aise, je ferme les yeux ou regarde ailleurs, elle peut être mal à l'aise à condition qu'elle se retienne lorsqu'elle se trouve en face de moi. Loin des yeux, loin du cœur. Oui, cela peut aller très loin, au point que j'hésite longtemps avant d'ouvrir mes lettres, elles pourraient être désagréables, puisque ces lettres ne peuvent être autre chose que des lettres provenant du réel. Rosengård, le quartier sensible de Malmö, flambe, mais les journaux n'écrivent rien sur le sujet, car en parler pourrait aggraver la situation, les gens pourraient avoir des idées racistes, donc on ferme les yeux, on se tait et on détourne le regard. En apparence je ressemble à un Suédois, mais les Suédois ont quelque chose de plus que je n'ai pas, l'habileté en société. Parler de tout ou de rien, d'une façon personnelle sans en faire une affaire personnelle, est quelque chose qu'ils maîtrisent à la perfection, et pas moi ; soit je révèle des choses si intimes que les gens baissent les yeux d'embarras, soit je tiens des propos si éloignés de ce qui me concerne et d'une telle platitude qu'ils meurent tous d'ennui. Il y a en Suède une élégance dans la vie courante qui est collective et qui appartient au monde social, quelque chose de mondain et de beau, quasiment absent en Norvège, où une telle sophistication informelle s'exerce toujours au niveau individuel, chez ceux qui ont eu de la chance, soit dans ce qu'ils venaient juste de dire, soit dans leur vie en général.

Soudain une sirène retentit, s'amplifiant pour disparaître aussi vite. Je me penchai pour regarder : cela venait sûrement du Hilton, ce grand établissement devant lequel il n'était pas rare que des ambulances s'arrêtent. Un homme d'affaires victime d'une crise cardiaque, me disais-je parfois. Quels autres malheurs pouvaient bien frapper les clients d'un hôtel ?

Cette fois, c'était une voiture de police.

— Qu'est-ce qui se passe ? demanda Geir.

— Il y a une voiture de police devant l'hôtel. C'est sûrement un voleur dyslexique qui a encore confondu distributeur de boissons et distributeur d'argent.

— Ha, ha.

— Tu ne penses pas qu'ils ont passé assez de temps à mijoter dans cette baignoire ? dis-je en le regardant.

Geir n'en savait rien, il haussa les épaules.
— Apparemment, ça leur plaît toujours, dit-il.
— Tu veux bien jeter un coup d'œil ? Il faut que j'aille consulter mes mails.
— Encore Gunnar qui te hante ?
— Pas seulement lui.
Je passai devant Geir pour aller dans la chambre, m'assis sur la chaise et ouvris ma messagerie.
Un message de Jan Vidar.

Bonjour, Karl Ove,
Excuse-moi d'avoir mis si longtemps à te répondre, je suis rentré à la maison dimanche et j'ai été pas mal occupé, beaucoup de travail à rattraper. Je ne suis pas choqué, pas furieux non plus. Pourquoi devrais-je l'être ? Ce qui est fait est fait et que ce soit publié n'y changera rien. Et il n'y a rien non plus, en ce qui me concerne, qui ne puisse supporter les feux de la rampe. Je crois me représenter avec lucidité qui je suis, qui j'ai été, et je n'ai plus autant peur de ce que les gens peuvent penser. Donc si cela peut être utile à ton récit, fais comme tu l'entends, pas de problème en ce qui me concerne.
À part ça, je dois te dire que ton livre m'a complètement retourné. Peut-être parce que c'était si proche – peut-être est-ce à cause de ton style, je ne sais pas, mais d'autres que moi seront à coup sûr enthousiastes. C'est à la fois merveilleux et brutal. Ta restitution est incroyablement précise. J'avais beaucoup oublié – refoulé peut-être… et c'est revenu en force. Génial, cela a relancé une longue série de réflexions sur le comment et le pourquoi.
J'étais dans les montagnes du Finnmark et je lisais presque plus que je ne pêchais. Je me suis réfugié dans une vieille cabane en tourbe où j'ai passé beaucoup d'heures avec ton livre. Un endroit magnifique, on croirait presque que Bilbo le Hobbit y a vécu…

J'espère que tout s'arrange avec ton oncle et le reste de ta famille. Et qu'ils finiront par comprendre tes raisons.

Si tu as un peu de temps pour un café ou une bière un jour où tu es en ville, appelle-moi. Ce serait sympa.

Tous mes vœux à toi et à ta famille.

Jan Vidar

La lecture de ce message m'emplit d'une joie que je n'avais pas éprouvée depuis longtemps. Mais il y avait aussi dans ma joie un semblant de tristesse : alors qu'il se montrait si généreux envers moi, il me semblait clair que je ne lui avais pas assez rendu justice. J'avais une dette envers lui. Cela ne me posait pas de problème ; cette pointe de tristesse allait de pair avec la fuite du temps, ça avait à voir avec *là-bas*, le passé, *autrefois*, et j'espérais pouvoir corriger ce déséquilibre. Par ailleurs, comme il écrivait que le roman l'avait bouleversé, j'évaluai mon deuxième roman en fonction ; il était si radicalement différent, il avait si peu du souffle narratif du premier, que personne ne pourrait en faire un tel éloge. Autrement dit, il était nettement moins bon, et cela me contrariait.

Je restai un instant dans la chambre assis devant mon ordinateur et je regardai par la fenêtre, d'abord la rambarde du balcon, puis la façade de l'hôtel de l'autre côté de la rue, les trois ascenseurs qui montaient et descendaient selon des trajectoires imprévisibles, tandis que les bruits des enfants dans le bain enflaient et diminuaient dans le fond. Je me sentais tout à coup étroitement et profondément lié à Jan Vidar. Les sentiments du passé s'étaient réveillés, je revoyais les visages de ses parents et de ses frères et sœurs, me souvenais des odeurs chez eux, et le paysage qui avait été le nôtre, dont nous parcourions ensemble les moindres recoins, brûlait avec l'intensité des souvenirs les plus forts. Ce n'était alors qu'un paysage, presque quelconque – en tout cas par rapport à celui où j'avais grandi et qui, même à cette époque, était déjà saturé par mes émotions –, mais il était maintenant devenu LE paysage, chargé de sens et de significations. Le même phénomène s'était produit avec ceux qui y habitaient. Il n'y a pas beaucoup de personnes dont nous sommes proches au cours de notre vie, et l'importance considérable que chacune d'entre elles revêt pour nous, on ne la comprend que lorsque l'on a vieilli et que l'on a pris de la distance. Quand j'avais seize ans, je croyais que la vie était éternelle et que la multitude de gens qui la peuplaient était inépuisable. Ce n'était pas si étonnant, depuis que j'avais commencé à aller à l'école à l'âge de sept ans, j'avais été entouré de centaines d'enfants et d'adultes, les gens constituaient une ressource renouvelable, on en trouvait en abondance, mais ce que je ne savais pas, et pour dire la vérité je n'en avais pas la moindre idée, c'était que chaque pas que je faisais me définissait, chaque personne que je rencontrais me marquait de son empreinte, et que la vie que je vivais alors, aussi infiniment arbitraire qu'elle me parût, était en vérité *la vie*. Qu'un jour je regarderais en arrière et qu'alors ce serait précisément *cette vie* que je regarderais. Que ce qui autrefois me semblait insignifiant, aussi léger que l'air – comme une série d'événements qui disparaissaient comme disparaît l'obscurité dans le matin –, serait en vingt ans lourdement lesté par le destin. Les gens qui l'avaient peuplée deviendraient encore plus essentiels, infiniment importants, puisqu'ils ne faisaient pas que modeler l'image que j'avais de moi, ils n'étaient pas seulement ceux à travers qui mon propre visage se dessinait et devenait visible, mais ils incarnaient aussi la compréhension de ce qui avait fait que cette vie était précisément devenue ce qu'elle était.

Je pensais à tout cela. Et je me rendis compte que le temps m'avait toujours paru vertical. Comme une sorte d'échelle dont l'on gravissait au fur et à mesure les paliers des âges – tout en bas le temps de l'école primaire, au-dessus le temps du collège, le temps du lycée, le temps des études, et ainsi de suite. Je n'y avais jamais réfléchi avant, je ne me l'étais jamais représenté de cette façon, mais quelque part, dans les profondeurs de mon système de représentations, une image similaire devait avoir existé et modelé de façon inconsciente ma vision des choses, et ce que j'ai pu découvrir de plus surprenant en écrivant ce roman était peut-être que tous les gens qui étaient apparus dans ma vie, même mes camarades du jardin d'enfants, les collègues de ma mère place Kokkeplassen, les enfants des voisins de Tybakken, notre aide ménagère, mes anciens professeurs et tous les autres qui avaient fait partie de mon entourage depuis mes six mois jusqu'à mes treize ans, existaient aussi maintenant, en même temps que moi, et l'avaient toujours fait. De plus, tous ceux que je connaissais de l'époque de Tveit et de Kristiansand, ceux de l'école et du lycée, existaient exactement sur le même plan, donc au sein d'un même champ horizontal. Personne n'avait sombré dans l'abîme de l'histoire ! Tous avaient vécu leur vie, l'avaient traversée exactement comme moi, et avaient été joignables pendant tout ce temps, toutes ces années. Nous n'étions séparés que par un coup de téléphone.

Je n'avais jamais pensé à cela auparavant. J'avais cru que ce qui constituait ma vie consistait seulement en ce qui était vécu dans mon environnement proche et dans mon environnement immédiat ; que les lieux dont j'étais parti avaient quitté ma vie dès ce moment.

Évidemment, je n'y avais pas vraiment cru, je n'avais jamais eu cette pensée, mais une part de moi avait ressenti les choses ainsi, j'avais imaginé que les lieux que j'avais quittés et les gens qui y habitaient étaient morts après mon départ. Ce n'était donc pas sur eux que j'avais écrit mais sur les souvenirs que j'avais d'eux. Qu'ils puissent exister sans moi, au moment où j'écrivais sur eux, ne m'avait pas traversé l'esprit.

Les événements avaient alors pris un poids dont je n'avais pas eu conscience. Maintenant que je le sentais, ce poids, paradoxalement, n'existait plus, comme si ma vie et ce que j'étais avaient déjà été décidés, et que rien de tout ce qui arrivait ne puisse y changer quoi que ce soit. Ce n'était qu'un sentiment, mais il était violent. Je me retrouvais désormais ailleurs, à un autre niveau. C'étaient maintenant mes enfants qui vivaient ces jours alourdis par le destin. Même si je savais qu'il en était ainsi, j'avais beaucoup de mal à me mettre à leur place, à voir avec leurs yeux, pas comme ils voyaient aujourd'hui les choses, mais comme ils réaliseraient plus tard qu'ils les avaient vues. Pour moi, notre vie était une longue suite d'événements quotidiens, et je pouvais seulement me comporter comme si j'étais prisonnier de cette situation. L'idée que ce temps disparaîtrait aussi m'avait souvent frappé et épouvanté. C'était maintenant que je pouvais être près d'eux, de mes enfants, c'était maintenant que je pouvais les combler d'amour et d'attention. Dans quelques années seulement – et depuis mes quarante ans une année filait à la vitesse d'une locomotive, en comparaison de la lenteur avec laquelle eux la vivaient – ils s'en détacheraient, ils deviendraient des adultes, modelés par un passé, une époque et des événements dans lesquels je ne serais jamais vraiment là. C'est à partir de cela et rien d'autre qu'ils me jugeraient. Mais même lorsqu'ils me jugeraient, je serais toujours moi-même, je saurais comment et pourquoi les choses s'étaient déroulées ainsi, ce à quoi ils n'auraient peut-être pas, voire jamais, accès. Ce que j'espérais donc, c'était qu'ils grandiraient dans un monde qui soit bienveillant à leur égard et qui leur permette de se dégager de notre dépendance mutuelle.

Je me levai et retournai dans la salle de bains. Un grondement sourd résonna soudain sur la ville.
— Vous avez entendu ? dis-je.
— *C'était le tonnerre**, répondit Vanja.
— C'est l'heure de sortir du bain, allez hop !
Je soulevai un par un mes trois petits, les enveloppai chacun dans une serviette, leur frottai rapidement le ventre et le dos et les fis sortir, pour laisser la place à Geir et à Njaal. Je trouvai des culottes pour Vanja et Heidi dans la commode de la chambre, une couche pour John dans la salle de bains, tendis leurs chemises de nuit aux filles, qui s'étaient déjà mises au lit, et enfilai son pyjama à John.
— Quand est-ce que maman revient à la maison ? demanda Vanja.
— Demain.
— Je veux maman maintenant ! dit Heidi.
— Elle sera bientôt de retour. Vous dormez une nuit, vous allez au jardin d'enfants demain, et quand vous rentrerez à la maison elle sera là.
— Maman, dit John.
— Tout va bien. Elle rentre demain. Vanja, tu vas chercher un livre ?
Je m'assis sur le lit. Heidi et John s'installèrent près de moi, de chaque côté. Il tonna de nouveau. Vanja et Heidi me regardèrent toutes les deux, Vanja de la bibliothèque qui se trouvait près du mur.
— Il n'y a pas de danger. C'est un bruit intéressant, vous ne trouvez pas ?
Heidi secoua la tête. Vanja attrapa un livre et revint près de nous, puis s'assit légèrement derrière moi.

L'air de la pièce était lourd et humide. Cela cognait toujours un peu dans ma tête.

Le livre parlait d'une petite fille pas très aventureuse, voire un peu peureuse, elle allait au jardin d'enfants, et un jour qu'ils faisaient une promenade, elle perdait les autres de vue et rencontrait une horde de loups. Au début, ils faisaient peur avec leurs yeux jaunes qui brillaient entre les arbres, mais quand ils s'approchèrent d'elle il apparut qu'ils voulaient juste jouer. Le jeu qu'ils préféraient était celui où ils faisaient semblant d'être des malades dans un hôpital : ils restaient couchés sur le dos sans bouger pendant qu'elle passait de l'un à l'autre et les chatouillait. Le lendemain, ils l'accompagnaient au jardin d'enfants, et à la dernière page elle osait faire ce qu'elle n'avait pas osé faire à la première, sauter du toit de la maisonnette pour enfants.

Les trois petits corps haletants étaient serrés tout contre moi, absorbés par l'histoire. Les grondements dans le ciel, de plus en plus proches. La pluie qui tambourinait sur le balcon et sur la place en dessous. L'innocence, le pur et le beau chez mes enfants.

Je me levai. Ils voulaient encore une histoire, je répondis qu'un livre suffisait, il était tard, il fallait qu'ils dorment, demain ils devaient se lever tôt. Je soulevai John et le portai à son lit, fis semblant de le lâcher de haut, et le rattrapai. Il rit et dit : encore, papa, je dis non, me retournai et demandai à Heidi de grimper dans son lit et à Vanja de se coucher dans le sien, et promis de les chatouiller ensuite.

Je chantai à Heidi la chanson à propos d'une maman troll qui couche ses enfants, la chanson de la petite grive musicienne à Vanja et celle racontant comment naviguer sans vent à John. Ils étaient fatigués mais un peu surexcités.

— Tu peux laisser la porte ouverte ? dit Vanja.

— Bien sûr.

— Qu'est-ce qui va se passer si la foudre tombe ici ? demanda-t-elle.

— Cela n'arrivera pas.

— On mourra ? dit-elle.

— Mais non. Premièrement c'est impossible, parce que la foudre frappe toujours le point le plus haut. Et quelle est la maison la plus haute ici ?

— L'hôtel ?

— Oui. Donc, si la foudre tombe dans le coin, elle frappera l'hôtel, pas notre immeuble. Deuxièmement, sur l'hôtel on a mis un paratonnerre, donc il n'y a pas de danger.

— Mais *si* la foudre tombe ici, dit-elle. On mourra alors ?

— Non. Pas du tout. Vous ne craignez rien ici. Dormez maintenant, mes petits marmots. On se lève tôt demain.

— Bonne nuit, dit Vanja.

— Bonne nuit, Vanja. Et bonne nuit, Heidi.

Elle ne répondit pas. Je me rapprochai de son lit superposé et la regardai. Elle avait déjà sombré dans le sommeil. Cela lui arrivait de temps en temps, elle s'endormait d'un seul coup.

Je lui caressai la tête. Elle ronflait un peu.

— Bonne nuit, John.

— Nuit, papa, fit-il.

— Heidi ronfle, dit Vanja.

— C'est vrai. Elle dort bien. Et dans une minute tu dormiras aussi.

— Mais elle ronfle !

— N'y pense pas, tu ne l'entendras plus, dis-je avant de sortir et de refermer la porte.

— PAPA ! cria Vanja.

La porte.

Je la rouvris.

— J'avais oublié. Dors maintenant.

Je laissai la porte ouverte et me dirigeai vers le

salon. J'entendis la voix de Geir dans l'autre pièce, j'ouvris la porte du balcon et m'installai sur la chaise.

Ah, comme l'air était frais et délicieux.

Un éclair cisailla les nuages gris foncé et disparut. J'allumai une cigarette. Un nouvel éclair, au sud cette fois, déchira le ciel. Le tonnerre gronda près de nous. Les gouttes de pluie s'écrasaient, blanches sur la toiture noire six étages en dessous, elles semblaient rebondir sur le toit de l'immeuble d'en face. Nouveau coup de tonnerre, avec cette fois comme des étincelles et des crépitements, si fort qu'aucun bruit n'aurait pu lui être comparé, on l'entendit dans toute la ville.

C'était magnifique.

Je pris une inspiration, posai les pieds sur la rambarde et regardai le ciel. De nombreux éclairs déchiraient les nuages. Un coup au sud, un coup au nord.

Magnifique.

La porte s'ouvrit près de moi. Geir passa la tête.

— Tu veux une bière ?

— Ce n'est peut-être pas une mauvaise idée, dis-je. Mais une seulement.

— Si j'avais pensé deux, je l'aurais dit.

Il ferma la porte. Je me levai et le suivis.

— Je dois juste téléphoner à Linda avant.

Il acquiesça et ouvrit le réfrigérateur. J'allai jusqu'au miroir du couloir, pris le téléphone, composai son numéro et fis un pas pour jeter un coup d'œil dans la chambre des enfants. Vanja était couchée sur le côté et elle leva les yeux vers moi.

— À qui tu téléphones ? demanda-t-elle.

— Tu ne dors pas encore ?

— Je n'arrive pas à dormir.

— C'est à cause du tonnerre ? dis-je, au moment où la voix de Linda se faisait entendre à l'autre bout du fil.

— Hello ! dit-elle.

— Hello. Comment tu vas ?

— Bien. Comment ça se passe à la maison ?

— Bien, dis-je en entrant dans notre chambre. Pour les enfants, en tout cas. Vanja et Heidi ont joué toutes les deux avec Njaal.

— C'est chouette.

— Il y a un gros orage ici. Des éclairs partout dans le ciel.

— Génial. Et Geir et toi, ça se passe bien aussi ?

— Oui, je crois. Nous sommes allés aux jardins partagés. Après, on a passé ici le reste de la soirée. On a donné un bain aux enfants. Heidi et John dorment. Vanja pas encore. Tu leur manques.

— Ils me manquent aussi !

— Tu reviens demain.

— Oui.

Un silence. Je roulai la couette en boule et la poussai contre le mur, m'allongeai sur le lit, la couette dans le dos. Un nouveau coup de tonnerre éclata, plus près encore cette fois.

— Tu as entendu ?

— Non. Qu'est-ce qu'il fallait entendre ?

— Le tonnerre. *Åska*, comme disent les enfants. Quand je suis arrivé en Suède, je pensais qu'il s'agissait du mot *aska*, les cendres après une éruption volcanique. C'était beaucoup plus dramatique.

Elle rit.

— Tu me manques.

— Vraiment ? dit-elle.

— Oui. Mais tu reviens demain.

— Oui. Alors comment ça se passe avec Geir ? Qu'est-ce que vous faites ? Vous n'arrêtez pas de parler ?

— Oui.

— De quoi ?

— De tout. De mon oncle.

— Tu as reçu un nouveau message ?

— Oui. Un long. Il menace de me faire un procès. Il dit qu'il peut prouver que je mens. Je ne sais pas comment réagir. Je n'arrive pas à savoir s'il a raison. Si j'ai exagéré.

— Mais il s'agit d'un roman, Karl Ove.

— Oui, mais l'idée est que ce qu'il dit doit être vrai.

— Lui et toi n'avez pas forcément vécu la situation de la même façon.

— Non, mais ce n'est pas le problème. Le problème, ce sont les faits. Et ça va encore beaucoup plus loin que ça. C'est sûr. C'est comme être en enfer. Je ne peux pas l'expliquer. Mais c'est l'enfer. En plus je commence à avoir peur de tous ceux sur qui j'ai écrit. Toi, entre autres.

— Ça se passera bien. Il n'y a rien dont tu puisses avoir peur.

— Tu ne sais pas.

— Si, je pense savoir à peu près ce que tu penses de moi et de nous. Pas tout, bien sûr, et pas en détail, mais en gros.

— Et si c'est pire ?

— Je le supporterai. Mais seulement si c'est vrai.

— Oui, souhaitons que tu aies raison. Et dans le cas de ta mère aussi.

— Tout ira bien.

— Tu es sûre ?

— Absolument. Elle fera avec. J'en suis sûre.

Je me levai, entrouvris la porte du balcon. L'air vif et froid envahit la pièce aussitôt. La pluie crépitait en frappant le plancher du balcon devenu semblable au pont d'un bateau.

— Tu es sorti ?

— Je suis à la porte du balcon, dans notre chambre. Quel temps fait-il chez toi ?

— Beau. Un grand ciel bleu. On s'est baignés toute la journée. Je me suis étendue à l'ombre pour lire.

— Tu as l'air contente.

— Oui, mais vous me manquez.

— C'est bizarre, mais quand tu n'es pas là, ils se comportent toujours un peu mieux. Ils ne se plaignent pas constamment et ils ne se battent pas. En même temps, ils ne se sentent pas aussi à l'aise. J'en suis sûr. Ils me supportent, d'une certaine façon, ils savent qu'il y a d'autres règles, mais ce que toi tu leur apportes, ça, ça leur manque. Que je sois gentil et attentionné, ou strict et distant. Ce n'est pas la même intimité.

— C'est une bonne chose ?

— Oui, mais c'est bizarre. Ils se retiennent. Pas John, mais les filles. J'ai endossé ce rôle et je pense que c'est nécessaire, mais je ne reçois pas la même chose d'eux que ce que tu reçois, toi. C'est moins fort.

— Je voudrais bien parfois qu'ils se comportent de la même façon avec moi. Ils se jettent sur moi quand je suis à la maison. Ils veulent tout le temps être près de moi. Ils ne cessent de réclamer. Toi, tu peux t'asseoir et lire le journal quand tu es avec eux. Moi, je ne peux pas. Ils grimpent sans arrêt sur mes genoux.

— C'est une question de limites.

— Quand je vais bien, cela ne pose aucun problème. Mais quand je suis déprimée, ça peut devenir insupportable.

— Je le sais, j'habite ici aussi.

— Arrêtons de parler de ça. Ils dorment ?

— Oui, je te l'ai déjà dit. Mais pas Vanja.

— Ah oui, c'est vrai.

— Tu veux lui parler ?

— Non, pas quand il faut qu'elle dorme.

— À quelle heure tu arrives demain ?

— Dans l'après-midi. Vers trois ou quatre heures.

— Alors Christina sera là. J'ai pensé que nous

pourrions manger des crevettes. Ça te va ? Avec du vin blanc ?

— Parfait.

— Alors à demain.

— À demain. Je t'aime.

— Je t'aime, dis-je avant de raccrocher.

Je fermai la porte du balcon, me jetai sur le lit, le téléphone à la main.

Je désirais plus que tout être en famille et vivre ma vie ainsi, et je le voulais si fort que j'étais plein d'une sorte d'impatience, comme s'il allait être bientôt trop tard.

Je me levai, reposai le téléphone sur sa base, allai aux toilettes pour pisser, me lavai les mains, et constatai qu'il n'y avait plus d'essuie-main au crochet près du lavabo, je retournai dans la chambre et en pris un dans l'énorme tas de linge propre qui gisait à côté du lit, m'essuyai les mains avec, et allai l'accrocher dans les toilettes, avant de regagner le balcon, où Geir s'était assis à ma place ; pendant quelques instants, je le regardai d'un air un peu indécis.

— Quelque chose ne va pas ? Ta bière est sur la table.

— Tout va bien, dis-je en m'installant sur l'autre chaise.

J'étais tellement prisonnier de mes habitudes que tout me semblait bizarre vu de ce côté. Il me fallut faire un effort pour rester assis. C'était un détail, pourtant une partie de moi devait se contrôler pour rester en place.

Les éclairs se ramifiaient dans le ciel puis disparaissaient. Je comptai les secondes avant le coup de tonnerre. Il n'était plus très loin.

Le tonnerre retentit comme une avalanche de pierres, un bruit énorme et fracassant qui me fit lever les yeux vers le ciel, comme si c'était quelque chose que l'on pouvait voir, il était impossible pour notre instinct de comprendre qu'un tel vacarme ne provienne pas d'une quelconque matière, mais advenait de lui-même.

— Tu as l'air aussi joyeux que d'habitude, à ce que je vois, dit Geir.

— C'est une critique ?

Il rit.

— Non... Ah oui, j'avais oublié, je suis venu pour te consoler et te remonter le moral.

— À t'entendre, j'ai l'air d'avoir sept ans.

— Ce n'est pas si éloigné de la vérité. Je ne t'ai jamais vu si déprimé. Tu es décomposé. Tout ça parce que ton oncle est fâché contre toi. Pour moi, c'est impossible à comprendre. Je ne me suis jamais soucié de la colère des autres. C'est leur affaire. Tu le prends vraiment très à cœur, je dois dire.

— Il n'y a pas que ton long nez qui te fasse ressembler à un éléphant, ta peau épaisse aussi.

Il rit. J'allumai une cigarette. Sa présence me faisait du bien.

— Dans les années quatre-vingt-dix, en Afrique du Sud, ils ont eu des problèmes avec les éléphants, dis-je. À cause du nombre peut-être... En tout cas les autorités ont mis en place un programme. Ils ont tué tous les éléphants adultes, capturé les petits, qu'ils ont transportés dans une autre région. Ces éléphants sont adultes maintenant. Et ils sont lourdement traumatisés. Ils sont agressifs et asociaux, et il leur arrive d'attaquer les hommes. Ils ont tous les symptômes du stress post-traumatique. Ça veut donc dire qu'ils ont des sentiments. Ils ont vu leurs parents se faire tuer, et les éléphants réagissent toujours violemment quand un élément du troupeau meurt, ils deviennent fous, tournent en rond pendant plusieurs jours autour de l'endroit où l'éléphant mort gît ou gisait. Ce sont aussi des bêtes très sociales. Donc, depuis que les petits ont vu la tuerie et ont été transférés dans un autre territoire, ils ont perdu la tête. Ils ne vont pas bien. Ils sont en colère et dangereux.

— Où veux-tu en venir ? Tu veux dire que je suis sensible malgré l'épaisseur de ma peau, ou qu'un traumatisme subi dans l'enfance laisse des traces plus tard, que tu sois un éléphant ou une chèvre de l'île de Tromøya ?

— Rien de tout cela. Ça m'est juste venu à l'esprit. Cette histoire m'a impressionné. Du coup j'ai pensé que cela pourrait t'intéresser, puisque tu as écrit sur le stress post-traumatique.

— C'est un peu trop sentimental à mon goût. Et je ne suis pas tout à fait sûr que la souffrance des éléphants rende le phénomène plus ou moins grave.

— Plus grave, il devient universel.

— Cela limite aussi notre liberté d'agir. Si les éléphants sont traumatisés, les arbres peuvent l'être aussi. Ils restent là, tout déprimés dans la forêt, après que le gentil petit arbre voisin a été coupé pour devenir un sapin de Noël. En même temps, rien ne dit que nous ne devrions pas envoyer tout ça balader. Comme le dit Nietzsche, la compassion ne fait qu'accroître la misère du monde. Au lieu d'une seule personne qui souffre, il y en a deux.

— Il faisait le malin. Mais en fin de compte il était sûrement l'homme le plus sensible du XIXe siècle.

Je bus une gorgée de bière. Je sentais la fraîcheur de la canette contre mes doigts. Le métal émit un petit grincement quand je resserrai ma prise. Je posai la canette sur la table, allumai une nouvelle cigarette avec la braise de mon mégot, me renversai sur ma chaise et soupirai.

— Encore un de tes soupirs d'Européen de l'Est, dit Geir.

— J'ai reçu un mail de Jan Vidar.

— Alors ?

— Cela ne lui pose aucun problème de figurer dans le livre.

— Cela ne m'étonne pas.

— Je suis content.

— Mais ça ne t'aide pas ?

— Bien sûr que si, ça m'aide. Mais cela ne pèse pas lourd dans la balance par rapport à l'autre, pas du tout même. En tout cas, il n'a rien dit sur mon manque de fiabilité, Yngve non plus, d'ailleurs.

— Il ne s'agit pas de cela, tu t'en doutes, non ? Ton oncle ne veut pas que tu écrives quoi que ce soit sur ton père. Et tu as dû lui rester en travers de la gorge pendant un paquet d'années. Toi et ta mère. Cette lettre, c'était presque une étude sociologique des conflits entre la ville et la campagne, l'urbain et l'agraire, la bourgeoisie et la paysannerie, les riches et les pauvres. Les Hatløy ne sont pas aussi bien que les Knausgaard. Ha, ha, ha ! Qui a entendu parler des Hatløy et des Knausgaard ? Qui aurait cru qu'il y avait une différence entre eux ? Ha, ha, ha ! C'est comme pour Olsen et Fredriksen. Mais ce n'est pas le cas pour Olsen, puisque Olsen est Olsen et Fredriksen est quelqu'un de complètement différent !

— C'est tout à fait ça. Toutes les familles ont leurs histoires, et même si tout le monde a les mêmes, c'est quand même les leurs. Ce que j'ai fait, c'est rendre ces histoires publiques. Maintenant tout le monde peut en lire les détails, et elles ne seront donc plus seulement les histoires de la famille. Je les livre. Et elles ne sont pas à moi. C'est là le cœur du problème.

— C'est vrai. Mais est-ce que c'est illégal ?

— D'un point de vue juridique, tu veux dire ?

— Oui.

— Je ne sais pas. La diffamation est illégale, mais il faut alors prouver que ce qui est écrit est faux. Et justement Gunnar dit qu'il le peut. Si c'est le cas et qu'il obtient gain de cause, je serai condamné. Ou alors pour atteinte à la vie privée, si j'ai bien compris. Mais, si ce qui est écrit est vrai, cela peut seulement être considéré comme un préjudice. Ça pourrait être contrebalancé par la liberté d'expression, par ce qu'on appelle la liberté de l'artiste. En plus mon père et ma grand-mère sont morts. Cela joue aussi. En tout cas, il se dit offensé au nom des morts.

— Imagine. Tu devras produire des témoins. Il devra produire des témoins. Il faudra lire à haute voix tout ton putain de livre. Le procès prendra des semaines. Les journaux auront de quoi écrire tous les jours. Tu vas devenir millionnaire, Karl Ove. Ton livre se vendra comme des petits pains.

— Comment se peut-il que ce que je considère comme l'enfer sur terre, le pire du pire, ait l'air aussi positif quand tu en parles ?

— Je ne sais pas. J'entretiens un rapport sain et impassible avec la vie, je suppose ?

— Mais qu'est-ce qui va se passer s'il prouve que ce que j'ai écrit n'est pas vrai ? Je serai condamné ?

— Encore mieux ! Tout le monde voudra lire un livre bourré de mensonges sur de vraies personnes !

— Sois un peu sérieux, d'accord ? C'est vraiment sérieux.

— Aucun doute là-dessus ! Mais OK. Que veux-tu que je te dise ? Sale gamin ! Arrête ça tout de suite ! Bouououh ! Espèce de méchant ! Écoute, voyons l'aspect juridique. C'est une zone grise. Tu peux être condamné ou tu peux en ressortir libre. Mais tout est relatif. Il nous reste l'aspect humain. C'est celui qui t'accable le plus. Ton oncle a pris la place de ton père, et tu as peur de lui. Cela a à voir avec toi, avec ton enfance et avec ta structure psychologique, pas avec le roman. Tu dois bien séparer les deux plans. Pour moi, ta peur est presque pathologique. D'une certaine façon, tu es détruit. *No offence !* Mais c'est ce que je constate. Tu écris sur ce sujet. Cela vient bien de quelque part. Tu passes en revue la famille de ta mère et tu passes en revue celle de ton père. Tu cherches à comprendre. Il n'y a pas de mal à ça. Tu ne dois pas te mettre ça dans la tête. Ce n'est pas mal. Que ce soit un enfer pour toi, c'est une autre histoire. C'est comme ça que je vois les choses.

— Possible. Mais à partir du moment où cela retombe sur d'autres, ce n'est plus la même chose.

— Tu as l'intention de publier ton livre ?

— Oui.

— Dans ce cas, il n'y a plus rien à dire. Tu as pris ta décision. Tu as fait ton choix. Tu vas offenser des gens. Mais quel est le problème ? As-tu tué quelqu'un ? As-tu frappé quelqu'un ? As-tu volé quelqu'un ? Non, tu as écrit. As-tu dit du mal d'eux ? Non. Tu as dit du bien de Gunnar. Tu dois essayer de ramener les choses à de plus justes proportions. Gunnar n'est pas ton père. Tu n'es pas son fils.

— Non.

— Bien. Maintenant fini les consolations et le soutien. Tu veux une autre bière ?

— Oui, merci.

Il se leva, passa devant moi, le visage pâle dans le noir de la nuit d'orage. Les gouttes de pluie étaient devenues plus petites, elles tombaient plus dru et plus vite devant le balcon et s'éparpillaient sur la ville. Affronter la colère de quelqu'un était déjà terrible en soi, mais ce n'était rien à côté du fait de ne plus savoir ce qui s'était réellement passé. Ce qui était la vérité. Je ne pouvais faire confiance ni à moi ni à mes souvenirs, car tout était contaminé par l'écriture. Je le savais d'expérience, écrire sur un souvenir le modifie, soudain on ne sait plus ce qui est de l'ordre du souvenir et ce qui relève de l'écriture. Je ne savais pas ce qui était vrai. Pour le savoir, je dépendais de points de repère extérieurs. Donc des déclarations et des souvenirs d'autres personnes.

Un énorme coup de tonnerre éclata juste au-dessus de ma tête.

— C'était quoi, ça ?

Je me levai et rentrai dans l'appartement. Mon cœur battait comme celui d'une bête terrorisée. Je n'avais jamais entendu un coup de tonnerre aussi fort. La foudre avait dû tomber chez nous.

Geir était de l'autre côté du salon, il regardait par la fenêtre. Njaal dormait tranquillement dans le lit près du mur.

— Tu as vu ? dit Geir. La foudre est tombée sur l'hôtel.

— Je ne l'ai pas vue. Mais je l'ai entendue.

— Le coup de tonnerre et l'éclair sont arrivés au même moment.

— Papa ! cria-t-on dans la chambre des enfants.

J'y allai. Vanja et Heidi étaient assises dans leur lit. Heidi pleurait. John dormait, couché sur le côté, sa bouche ouverte pressée contre son bras. Il était trempé de sueur.

— J'ai peur, dit Vanja.

— Moi aussi, dit Heidi.

— Tout va bien, il n'y a pas de danger, mes chéries.

— Je ne veux pas dormir toute seule, dit Vanja.

— Mais Heidi et John sont là, répondis-je.

— Ce n'est pas pareil. Je veux dormir avec toi.

— Moi aussi, dit Heidi.

Je les regardai.

— D'accord. Venez.

Heidi me tendit les bras, je la soulevai pour la faire descendre de son lit superposé. Elles se ruèrent dans le couloir. Quand j'entrai dans ma chambre, elles étaient déjà sous ma couette.

— On ne veut pas rester toutes seules, dit Vanja.

— Il y aura encore du tonnerre ? demanda Heidi.

— Peut-être. Mais il n'y a pas de danger. Et je

vais bientôt me coucher, moi aussi. D'accord ? Cinq minutes toutes seules, ça ira ?

Elles acquiescèrent.

— Mais tu laisses la porte ouverte ! dit Vanja.

— Bien sûr. Bonne nuit maintenant.

Je retournai dans le salon. Il était vide. Mais la porte du balcon était ouverte, je sortis.

— Tout va bien ? demanda Geir, assis à ma place.

— Oui, dis-je en prenant la deuxième chaise. Mais je crois que je ne vais pas tarder à aller me coucher. John peut très bien se réveiller à cinq heures du matin. Et si je n'ai pas dormi assez, cela pourrait mal tourner. Mais toi, reste ici pour boire, si tu en as envie, bien sûr.

— Quelle générosité.

— Elephant Man était souvent seul, dis-je.

— Il n'avait pas un sac en papier sur la tête ?

— Non, pas du tout. C'était un chapeau en papier. Et il avait aussi un sifflet. Elephant Man arrive ! disait-il, et il soufflait dans son sifflet quand il sortait faire un tour. On ne s'ennuyait jamais quand il était là.

— Ce n'est peut-être pas une mauvaise idée que tu ailles te coucher maintenant.

— Bon, alors j'y vais, dis-je en me levant. Tu as tout ce qu'il faut ? Une couette, un drap ?

— Oui, oui.

— Bonne nuit alors. Tu peux dormir autant que tu veux, même si on est levés.

— Oui. Bonne nuit.

Je rentrai, m'arrêtai à la porte de la cuisine et décidai de laisser la vaisselle pour le lendemain, puis j'éteignis le téléphone et gagnai la chambre plongée dans une semi-obscurité, où Vanja et Heidi dormaient, les yeux clos et le souffle régulier comme deux petits animaux. Vanja s'était étalée en travers du lit. Je la soulevai pour la remettre dans le bon sens à côté de Heidi. Elle ne sentit rien, ne fit aucun mouvement. Je me déshabillai et me couchai à côté d'elles. Comme elles sont petites, pensai-je en les regardant juste avant de fermer les yeux et de sombrer dans le sommeil, cette nuit intérieure qui semble si profonde, presque infinie, quand nous sommes en son sein, mais qui ne sera jamais aussi profonde que nous-mêmes.

À cinq heures et demie passées de quelques minutes, John se tenait au pied de mon lit et il m'enjoignait de me lever. Je remis mes vêtements de la veille et je le suivis dans la cuisine. Dehors le soleil commençait à se lever sur la colline à l'est. Ses rayons étaient puissants et tombaient droit dans la pièce. La lumière mettait tout en évidence – les morceaux de nourriture sur le sol, les taches de café sur la table de la cuisine, qui allaient du comptoir à droite jusqu'à l'évier de l'autre côté, la casserole pleine de l'eau grasse où avaient cuit les saucisses, et les deux saucisses gonflées à moitié explosées qui gisaient dans l'eau, les deux briques de lait vides juste à côté, le paquet de margarine, devenue si molle qu'elle coulait presque et avait pris une couleur jaune beaucoup plus prononcée qu'à sa sortie du réfrigérateur. L'éponge Wettex, dure comme un coquillage lorsqu'elle était sèche, posée sur la partie en métal séparant les deux bacs de l'évier comme une sorte de pièce de raccordement, blanche à l'origine, maintenant gris-noir. Les verres, les tasses, les assiettes et les bols qui débordaient presque des deux bacs sur le plan de travail, telle une plante carnivore en verre et en porcelaine. Les deux bocaux de sauce tomate vides et non rincés laissés derrière le robinet, rouges à l'intérieur avec ce qui en restait. L'emballage en plastique transparent du fromage, qui donnait l'impression, à première vue, que son étiquette montrant un logo était suspendue en l'air au-dessus de la planche à découper près du mur. Le jus de betterave que le bois avait absorbé. Les plantes desséchées sur le rebord de la fenêtre, mortes depuis des mois, et qui faisaient tellement partie du décor que personne ne pensait plus à les jeter. La table couverte d'assiettes et de verres, la carafe d'eau remplie de petites bulles, les miettes sèches autour des places occupées par les enfants, les sacs de fruits vides qui étaient posés là comme de petits hangars en plastique entre des monceaux de dessins et de blocs à dessin, les stylos et les crayons de couleur, sans parler des deux étagères accrochées au mur qui gonflaient comme des coraux nourris de tous les petits riens que les enfants avaient accumulés ces deux ou trois dernières années, des figurines de princesses ou de personnages de Disney, des sachets de perles, des planches de perles, des bâtons de colle, des petites voitures, des boîtes de peinture à l'eau, des pièces de puzzle, des Playmobil, des lettres et des factures, des boules à neige avec des dauphins à l'intérieur, que Vanja avait absolument voulu rapporter de Venise l'été précédent. L'étagère était une sorte de garage ; quand les choses finissaient là, elles étaient hors circuit et y restaient échouées. L'appartement contenait plusieurs endroits semblables à celui-ci, où la vie des objets s'arrêtait soudain, surtout le long banc dans le couloir – qui au départ était censé faire office de table d'appoint où l'on déposerait la nourriture avant de l'apporter dans le salon, avec ses plateaux conçus pour recevoir des plats –, où était entreposé tout un bric-à-brac inimaginable de choses dont nous pensions avoir vraiment besoin mais dont nous avions oublié l'existence. Le tas faisait bien un mètre de hauteur et trois de largeur, il y avait là des lampes, des ampoules usées et neuves, des bougies, des feuilles de papier, des rouleaux de pellicules non développées, des amas de photos, rangées dans leurs pochettes jaunes ou en vrac, des livres de cuisine, des vêtements d'enfant, à savoir des collants de laine utilisés pendant l'hiver, des chaussettes dépareillées, des gants seuls, un chapeau de pluie rose Hello Kitty, des tee-shirts visiblement trop petits, un sweat-shirt à capuche, un gros pull, un peu plus loin des serviettes, achetées en grandes quantités chez Ikea, des pots de fleurs, des câbles et des rallonges de vieux ordinateurs, des stylos et des briquets, des livres de poche, des nappes propres mais pas repassées, des cartons d'invitation, des publicités, des hebdomadaires, des bougies magiques non utilisées, une lampe en papier de riz repliée, le train pour les anniversaires d'enfant avec des petits wagons où l'on pouvait mettre des bougies, des ballons, des sifflets, des morceaux d'un circuit de chemin de fer en bois, dont une gare et une locomotive, des blocs à dessin, des DVD, des CD, des torchons – cela formait une petite montagne qui, de temps à autre, provoquait des crises de panique chez Linda, soudain submergée par le sentiment qu'elle ne pourrait pas contrôler le chaos total qui pourrait en résulter. Il n'était pas rare qu'elle rentre à la maison avec du matériel de rangement ; différentes boîtes pour différentes choses, un casier pour mon courrier, un pour le sien, avec nos noms écrits dessus, comme elle avait vu chez les autres, ceux qui savaient ranger, mais ces systèmes s'effondraient après quelques jours, et tout se mélangeait comme avant. Cela me pesait aussi et, environ une fois tous les six mois, j'inspectais l'ensemble et je jetais toutes ces cochonneries, qui naturellement réapparaissaient après quelques semaines. Comme si elles étaient vivantes, comme si elles attendaient là pour attirer à elles et absorber d'autres objets, devenant ainsi de plus en plus imposantes et résistantes.

Heureusement, cela ne semblait pas gêner les

enfants. Des notions comme le chaos intérieur ou extérieur ne les concernaient pas encore, ils considéraient le monde comme un espace au sein duquel il n'y avait en général aucun problème, ce en quoi ils devaient avoir raison, me dis-je. Le monde matériel était neutre, et nous y tissions notre paysage psychologique intérieur, l'aménageant avec nos propres représentations jusqu'à ce qu'il se retrouve en désordre. Mais c'était un problème pratique, pas un problème moral. Cela ne faisait pas de nous de mauvaises personnes. Ce n'était pas la preuve d'une moralité douteuse. C'est ce que je me disais à moi-même, mais cela n'aidait pas, mes sentiments étaient trop forts quand je circulais parmi ce désordre, comme s'il m'accusait, nous accusait : nous étions de mauvais parents et de mauvaises personnes.

— Qu'est-ce que tu en penses, John, je ne devrais pas ranger un peu pendant que tu manges ?

Il me regarda et approuva. Je baissai les stores, l'installai sur sa chaise, lui donnai des cornflakes et du lait, ce qui lui faisait toujours plaisir, et commençai à vider le lave-vaisselle.

— Café, papa, dit John.

— Oui, bientôt.

— Non, tout de suite ! dit-il, et il montra la cafetière de sa cuiller.

— D'accord, dis-je en l'allumant.

Les ombres produites par les stores formaient des taches sur la table, entre lesquelles la lumière luisait avec une intensité particulière, presque étincelante, si forte que les ombres perdaient leurs contours, atténués par cette lumière.

John surveillait la cafetière et me surveillait aussi. Dès que le lave-vaisselle fut vidé, je rinçai les assiettes et les verres, les tasses et les casseroles avant de les mettre dans le lave-vaisselle, que je remis en route lorsqu'il fut de nouveau plein.

Un trottinement de pieds nus sur le linoléum du couloir se fit entendre. C'était Heidi, elle s'arrêta à l'entrée de la cuisine et cligna des yeux.

— Bonjour, Heidi. Tu as bien dormi ?

Elle fit non de la tête avant d'aller s'asseoir sur sa chaise. Ses cheveux étaient emmêlés, son visage strié, comme s'il n'avait pas encore retrouvé son élasticité après une nuit d'immobilité.

Je posai un bol et une cuiller devant elle, le paquet de cornflakes et la brique de lait. Je pris une tasse pour moi, versai le café qui était prêt dans une thermos que je portai sur le balcon, où je m'assis pour fumer une cigarette en laissant la porte entrouverte pour pouvoir entendre les enfants. La vue sur des kilomètres de toits me fit repenser au rêve que j'avais fait. J'étais justement assis à cette place. Le ciel était très noir, et traversé par des avions. Certains tout proches, de grands jumbo-jets, dont les détails du fuselage étaient très distincts, d'autres n'étaient que de simples lumières qui glissaient entre les étoiles. Merveilleux ! L'impression était vraiment merveilleuse, et je m'étais réveillé.

Je me penchai en arrière, posai les pieds sur la rambarde. Le soleil qui tapait encore fort avait puissamment chauffé l'air ambiant, ses rayons me brûlaient le visage et étincelaient sur la vitre, le plateau de la table et le métal luisant de la thermos.

Le passage d'avions à basse altitude, souvent entre des bâtiments, tantôt des gratte-ciel, tantôt des immeubles ordinaires, était un de mes rêves récurrents, que je faisais au moins deux ou trois fois tous les six mois. Parfois j'étais à bord, parfois je les voyais de loin. Même en rêve je pensais que c'était beau et irréel. Parfois j'assistais aussi à des crashs impressionnants, à des scènes entières dans lesquelles ils dégringolaient du ciel pour venir s'écraser violemment contre un immeuble ou sur une route, où ils explosaient. L'attentat du World Trade Center avait été pour moi pareil à un rêve. Tous les éléments y étaient, les gratte-ciel, les grands avions brillants, la chute, les flammes. Mais alors que ces rêves étaient toujours bizarrement orientés, toujours centrés autour d'un point, auquel les émotions étaient comme liées, l'accès à ce qui s'était passé dans la réalité était largement dégagé et entièrement ouvert, et me donnait l'impression que je pouvais à la fois m'en détacher et m'y sentir lié.

Le véritable travail des terroristes était de s'introduire dans notre inconscient. Cela avait toujours été le but des écrivains, mais les terroristes allaient plus loin. Ils étaient les écrivains de notre époque. Don DeLillo l'avait d'ailleurs écrit des années avant le 11 septembre 2001. Les images qu'ils avaient créées s'étaient répandues à travers le monde et avaient colonisé notre inconscient. Le résultat concret de l'attaque elle-même, le nombre de morts et de blessés, les dégâts matériels, n'avaient aucune signification. C'étaient les images qui s'étaient imposées. Plus les images qu'ils créaient étaient réussies et emblématiques, plus l'action s'avérait efficace. L'attaque contre le World Trade Center avait été la plus efficace de toutes. Elle fit environ deux mille morts, c'est peu comparé aux six cent mille morts des premiers jours de la bataille des Flandres à l'automne 1914, mais l'image fut si puissante et si emblématique que son effet sur nous fut dévastateur, peut-être même davantage du fait que nous vivions dans un monde d'images.

Les avions et les gratte-ciel. Icare et Babel.

Ils voulaient s'emparer de nos rêves. Tous le voulaient. Notre esprit était le dernier champ de bataille. Quand ils l'auraient conquis, nous serions à leur merci.

Je bus une nouvelle gorgée de café, m'essuyai la

bouche du revers de la main, me levai, pinçai de l'index l'une de mes narines et soufflai un peu de morve sèche de l'autre narine par-dessus la balustrade.

— Tu fais ta toilette du matin en plein air, à ce que je vois, dit Geir. » Il était sur le pas de la porte et me regardait. « Quel spectacle !

— C'est bien que tu l'apprécies à sa juste valeur, dis-je en me rasseyant. J'ai fait ça un jour sur une plage grecque quand j'avais dix-neuf ans. Une Américaine qui y était allongée a dit à sa copine : *Did you see that ? How disgusting !*

— Elle n'avait pas tout à fait tort. Tu as une tasse de café pour moi ?

Sa voix était un peu enrouée après la nuit.

— Bien sûr, dis-je. Il y a des tasses dans le placard de la cuisine. Le café est dans la thermos.

J'avais bien pensé à me lever et à aller voir Heidi et John, et j'aurais pu ainsi réveiller Vanja, mais je restai assis, pensant que ça aurait été désobligeant de ma part de partir juste au moment où il arrivait pour bavarder. Je poussai la thermos de l'autre côté de la table, écrasai ma cigarette sur le côté du pot de fleurs, dont le rouge terracotta avait presque disparu sous le noir des cendres, comme le mur d'une maison ravagée par le feu, et je glissai le mégot dans le trou du haut. Mais je ne l'avais pas bien éteint, et de la fumée commença à s'échapper du trou. Je me dis qu'il s'éteindrait tout seul et j'allumai une nouvelle cigarette au moment où Geir vint s'asseoir près de moi.

— Tout allait bien dans la cuisine ? demandai-je.

— Je crois.

Clignant les yeux à cause du soleil, il dévissa le bouchon de la thermos et se versa une tasse de café.

— Tu n'es pas obligé de dévisser le bouchon chaque fois. Il suffit d'ouvrir un peu.

— Tu es devenu ingénieur maintenant ? dit-il en

se penchant en arrière et en portant la tasse à sa bouche.

— Je suis un ingénieur de l'âme.

— C'est la déclaration la plus vaniteuse que j'aie entendue depuis longtemps.

Il ferma les yeux pendant qu'il avalait son café. Puis il les rouvrit et me regarda en se penchant sur la table.

— Éboueur de l'âme te correspondrait mieux.

— Agent de propreté urbaine en tout cas, répondis-je. Sais-tu que le local à poubelles en bas s'appelle « local pour la planète » ? « Manager écologique de l'âme » serait certainement le titre le plus adéquat.

— « Consultant écologique en âmes ».

— C'est exactement ça.

— Au fait, ça brûle dans ton cendrier, dit-il.

— J'ai vu. J'espérais que ça s'arrêterait tout seul. Mais ça n'a pas l'air.

Je soulevai le pot et tous les mégots qui étaient là depuis longtemps tombèrent dans la soucoupe. Certains fumaient encore, je les écrasai avec force contre la soucoupe avant d'essayer de remettre le pot de fleurs en place. À cause des mégots, le pot était de travers, même après que j'eus essayé de les broyer avec. Finalement, je le soulevai, rassemblai les cigarettes en un tas et replaçai le pot sur un côté de la soucoupe, le bourrant à l'aide de mes doigts des mégots qui en étaient tombés, avant de réussir à le remettre comme il était avant.

— On va avoir une belle journée, dit Geir. Qu'est-ce qu'on va faire ? Tu as une idée ?

— On pourrait aller quelque part ? Quand j'aurai déposé les petits.

— D'accord, mais pas à la plage, je n'aime pas la plage.

— On peut visiter une ville ? Lund ? Trelleborg ?

— J'ai toujours voulu voir Lund. Allons à Lund.

— D'accord.

Je me levai, écrasai ma cigarette à moitié fumée sur le bord du cendrier.

— Il faut juste que j'aille les habiller et tout et tout.

Heidi était debout devant le placard du couloir sur la petite chaise peinte en blanc et elle fouillait les étagères du haut. Elle était la seule des trois enfants à choisir ses habits sans intermédiaire. Aujourd'hui, apparemment, c'était un haut bleu avec des petites fleurs blanches, une jupe en jean et une paire de collants Hello Kitty rose pâle.

— Bel ensemble, lui dis-je alors qu'elle descendait de la petite chaise.

Elle passa les bras dans les ouvertures du haut sans manches.

— Va ranger la chaise dans la chambre après.

Je jetai un coup d'œil dans la cuisine, où Njaal était assis torse nu, balançant les jambes tout en mangeant des cornflakes, tandis que Geir, debout, appuyé contre le banc, les bras croisés, l'observait, puis je gagnai le salon où John, assis sur le canapé, faisait tomber une locomotive qui bourdonnait, la ramassait, avant de la faire tomber de nouveau.

— Il faut que tu t'habilles. Reste là, je vais chercher tes vêtements.

Je dénichai dans le placard un tee-shirt jaune avec une coccinelle rouge devant et un pantalon corsaire vert que l'on pouvait ajuster à la taille, allai chercher une couche propre dans la salle de bains, où je mouillai un gant sous l'eau tiède et y déposai un peu de savon. Je le lavai avec le gant tandis qu'il se tenait debout devant moi, jambes écartées, pour enlever l'odeur saumâtre d'urine, vague mais âcre, que les couches laissaient. Cette odeur était stigmatisante, c'était l'odeur des enfants dont les parents ne se souciaient pas trop de l'hygiène. Quand j'eus fini, j'allai jeter la couche dans la poubelle près du lavabo, pris une serviette au passage, essuyai John, lui mis la couche propre et ses habits et lui caressai les cheveux.

— Voilà !

— *Chaussettes** ! dit-il.

— Tu peux mettre tes sandales aujourd'hui, il fait très beau. Tu n'as pas besoin de chaussettes.

— *Je veux des chaussettes** !

J'allai dans leur chambre et je me mis à chercher une paire de chaussettes dans la commode. Il y avait là environ quarante chaussettes et, bizarrement, toutes ou presque étaient dépareillées. Je les sortis, les étalai sur le lit de Heidi comme des marchandises à vendre sur un présentoir et me mis à les trier méthodiquement. Les jaunes, les vertes, les bleues, les rouges, les roses, les violettes, les turquoise, les marron, les blanches, les noires, les grises, les orange, les multicolores. À rayures, à pois, à fleurs. Avec un dessin de voiture, ou avec des lapins, des chiens ou des chats. Mais toutes étaient différentes. Il ne me restait plus qu'à aller dans ma chambre et à fouiller dans le tas de vêtements. Les chaussettes glissaient toujours au fond, comme si elles cherchaient exprès à tomber par terre, et quand j'en eus trouvé cinq je les emportai dans la chambre des enfants pour voir si l'une de celles qui gisaient là formerait une paire avec les nouvelles. Miracle. J'avais une paire de chaussettes violettes. Même si, à mon avis, cela faisait un peu fille pour John, je les pris et les lui enfilai.

Je trouvai un sweat bordeaux à manches longues avec sur le devant une licorne avec une longue crinière et de grands yeux, et un pantalon léger en coton vert menthe, que j'emportai dans notre chambre, où Vanja dormait toujours, la couette poussée sur le côté. Sa colonne vertébrale faisait une petite bosse sous la peau de son dos légèrement courbé, en haut duquel ses omoplates s'arquaient légèrement de part et d'autre de ses cheveux lumineux, qui encadraient si joliment sa tête et son cou, et qui étaient d'une matière si radicalement différente de sa peau. Ses cheveux formaient un ensemble harmonieux avec le reste de son corps, comme les pétales avec la tige d'une fleur.

Je l'attirai à moi. Sa peau était tiède comme elle peut l'être après une nuit de sommeil. Je la pris dans mes bras, élargis l'encolure du sweat et y fis passer sa tête. Elle glissa les bras dans les manches et les enfila jusqu'au bout, déplia le sweat en le descendant sur son ventre. Je tirai le pantalon sur ses jambes, d'abord l'une, puis l'autre, puis sur les hanches, et elle se souleva un peu pour que je puisse faire passer ses fesses.

— Voilà ! Tu veux *une tartine** avant de partir ? Tu pourras la manger en chemin.

Elle secoua la tête.

— Une nectarine, demanda-t-elle.

— On n'en a pas. Une pomme ?

— D'accord.

Je la suivis dans le couloir le long duquel se dressaient les placards, dont la couleur – brun clair – et les poignées étaient typiques des années cinquante. Certains étaient si remplis que les vêtements et les chaussures se déversaient par terre dès qu'on ouvrait la porte. Des salopettes, des bottes, des pulls épais en laine, tout ce qui avait servi en hiver était entreposé là, avec d'autres affaires que nous n'utilisions pas tous les jours. Derrière les manteaux suspendus sous l'étagère de l'entrée, il y avait des crochets plantés dans le mur auxquels étaient accrochés nos sacs à dos et d'autres sacs, qui, au fil des années passées à Malmö, y avaient été tellement entassés qu'ils n'y étaient plus suspendus mais formaient plutôt une sorte de monticule. Dans les petits sacs souples des enfants se trouvaient des tupperwares, dont le contenu, si nous avions oublié de les vider, moisissait lentement et devenait avarié – que leur matière organique suive ses propres lois, alors qu'elle avait été longtemps enterrée sous des couches de matériaux synthétiques, comme si elle agissait selon sa propre volonté, sans même qu'elle soit en contact avec une autre matière organique, cela me fascinait, en tout cas une fois la boîte découverte, son contenu jeté, et toutes ses surfaces en plastique soigneusement nettoyées. Partout sur le sol, mais surtout contre le mur, sous les rangées de placards d'un côté, et le long du miroir et du long banc blanc de l'autre, des jouets et des poupées étaient éparpillés, en vrac, comme après le crash d'un avion. D'habitude je rangeais tout l'appartement quand nous nous apprêtions à recevoir de la visite, mais cette fois-ci il s'agissait de Geir, et je ne l'avais pas fait. En plus j'étais trop perturbé. Mais aujourd'hui, en prévision de l'arrivée de Linda et de Christina, il le fallait. Je m'y mettrais après avoir déposé les enfants, me dis-je en suivant Vanja à la cuisine. Depuis que nous nous étions réveillés, le soleil était monté et ses rayons ne tombaient plus directement dans la cuisine, mais selon une trajectoire oblique, sur le mur près de la table et du lave-vaisselle. Vanja ouvrit le placard et prit une des grosses pommes rouges dans le panier en plastique vert où nous avions l'habitude de ranger les fruits ; elle me la tendit.

C'était une red delicious, sans doute génétiquement modifiée, vu que sa chair blanche ne virait jamais au brun à l'air, comme les pommes de mon enfance, et qu'elle ne semblait jamais pourrir. Cela faisait peur et tranchait radicalement avec mes convictions sur le bien et le mal. J'en achetais quand même, parce que la red delicious représentait vraiment un luxe quand j'étais petit, quelque chose d'extraordinaire, que nous n'avions qu'à Noël ; ces pommes étincelaient alors de leur rouge magique dans la corbeille de fruits, et elles étaient dures, croquantes et savoureuses – inégalables.

— Qu'est-ce que tu veux que j'en fasse ? demandai-je.

— Le bout de papier, dit-elle en montrant du doigt la petite étiquette représentant le logo de l'entreprise collée sur le fruit, une petite coccinelle rouge et noir sur fond blanc.

Je pris la pomme et essayai de décoller la petite étiquette avec mon ongle, mais mon ongle était si court que je n'y parvins pas, je dus l'enfoncer dans la peau de la pomme et arracher celle-ci pour enlever l'étiquette.

— Tu l'as abîmée ! dit Vanja quand je lui tendis la pomme. J'en veux une autre !

— Non, hors de question !

Ma réaction fut si nette qu'elle renonça tout de suite, laissa la pomme sur la table et sortit à grands pas. Je la suivis, mais, alors qu'elle filait dans leur chambre, j'allai dans le salon, où Heidi, assise sur le canapé, dessinait, tandis que John, couché sur le dos, les jambes en l'air posées sur le dossier du canapé, observait le plafond. Njaal, lui, était accroupi sur le sol et emboîtait des rails Brio. Geir devait être dans l'autre pièce, je m'approchai de la porte coulissante et jetai un coup d'œil. Il était debout devant la bibliothèque, un livre ouvert à la main.

— Qu'est-ce que tu as trouvé ?

— Un livre sur Joyce, dit-il en me montrant la couverture.

— Ah, celui-là. C'est quelqu'un qui a connu Joyce à Trieste. Un capitaine de bateau, je crois. Sans aucune qualité littéraire, d'après mon souvenir. Ils sont devenus amis et par la suite il a écrit un livre sur lui.

Je me tournai vers Heidi.
— On y va maintenant. Mets tes sandales.
— Njaal vient avec nous ?
Je secouai la tête.
— Il est en vacances. N'est-ce pas, Njaal ?
Il ne répondit pas et ses yeux bruns me lancèrent un regard perplexe.

Heidi se leva, je la suivis dans le couloir, lui brossai les dents ainsi qu'à Vanja et à John, avant de dire au revoir à Njaal et à Geir et de sortir sur le palier, sans que nous passions inaperçus des voisins, me dis-je, le niveau sonore des enfants étant toujours très élevé quand nous sortions de l'immeuble ou y rentrions, et les bruits ricochant le long des murs à travers tous les étages. J'avais souvent entendu les enfants depuis le septième étage, alors que je me trouvais moi-même au rez-de-chaussée, attendant l'ascenseur.

Tiens, c'est la famille norvégienne qui sort, se disaient-ils peut-être. Ils sont sacrément en retard aujourd'hui. Ou bien : Encore ce foutu Norvégien et ses gosses.

Vanja tapa le code du portillon du jardin d'enfants, j'ouvris la porte. Les enfants qui étaient déjà arrivés faisaient du tricycle, les employés étaient assis sur les bancs. Heidi se pressa contre moi, entourant mes jambes de ses bras.
— Il faut que je parte maintenant. Aujourd'hui c'est maman qui va venir vous chercher.
— C'est maman qui vient ?
J'acquiesçai.
— Et aujourd'hui on est vendredi. C'est le jour des glaces.

Je fis un signe de la main au personnel, appuyai sur le bouton d'ouverture de la porte et repris le même chemin en sens inverse.

Il faisait chaud au soleil mais, dans les grands espaces à l'ombre, l'air était frais et véhiculait aussi un peu d'humidité, comme si l'automne était arrivé trop tôt et avait décidé d'attendre là pour ne pas déranger ce bel été, le roi des saisons.

Je tournai à droite en direction de Hemköp, passai les portes automatiques, attrapai un panier à côté de la barrière qui s'ouvrit également automatiquement, jetai un coup d'œil à la vidéo au-dessus de l'étalage de fruits et reconnus mon image en train de regarder en l'air vers la droite, une chose que Heidi et Vanja n'avaient jamais bien comprise – pourquoi leurs yeux regardaient de côté alors qu'elles fixaient bien droit l'écran ? Vanja et Heidi pouvaient se mettre à danser au milieu du supermarché, tandis que John se faisait des signes dans la poussette, comme si nous formions une sorte de troupe de cirque itinérante avec des nains. Je mis des tomates dans un sac plastique, qui n'était pas tout à fait transparent mais plutôt gris translucide, comme s'il avait été rempli de fumée. Les tomates venaient de Hollande, et étaient encore attachées à leurs branches vertes, alors que les tomates suédoises, à côté, étaient rangées les unes contre les autres, rondes et luisantes, sans tiges ni branches, ce qui apparemment faisait qu'elles coûtaient cinq couronnes plus cher le kilo. Quand j'eus posé le sac dans le panier, je pris aussi un concombre enveloppé de plastique et me dirigeai vers le rayon des fromages, où j'hésitai entre un gouda danois ordinaire, bon marché, un grevé suédois que Linda aimait, et un fromage norvegia, qui avait à peu près le même goût que le grevé, mais qui coûtait presque le double. Nous avons des invités, me dis-je, pourquoi lésiner ? En plus, je vais bientôt recevoir l'à-valoir de mon roman. Alors, quarante couronnes, quelle importance ?

Le norvegia dans le panier, j'allai du côté des pains. C'était l'un des rayons les plus importants du magasin ; entre cinquante et soixante-dix sortes de pains différents, peut-être même plus, reposaient sur des rayonnages qui formaient comme des îlots sur le sol. En Suède, le pain était vendu coupé en tranches et sous plastique. Il durait longtemps, mais il était mou, il lui manquait le croustillant du pain frais et son bon goût caractéristique. Mais dans ce magasin, on vendait, en plus des pains sous plastique, toutes sortes de pains frais, la plupart dotés de noms qui évoquaient une vie plus simple et plus naturelle, composés de mots comme « rustique », « campagnard » ou « paysan », et qui mettaient en avant les variétés de céréales, au contraire des pains coupés en tranches, sous plastique, dont l'emballage était orné de mots comme « sport », « énergie », « santé ». Pendant mon enfance, à une époque qui semblerait un jour à mes enfants aussi lointaine que m'avaient paru les années cinquante de mes parents, le pain était enveloppé dans des sacs en papier et sa consistance et son goût changeaient de jour en jour, depuis le goût merveilleux du premier soir quand la croûte était fraîche et la mie douce et savoureuse, jusqu'au croustillant de la dernière tranche, sèche et dure, que nous mangions deux ou trois jours plus tard, en passant par toutes les étapes intermédiaires. De nombreuses familles conservaient le pain dans un sachet en plastique dès qu'il arrivait à la maison, pour en préserver plus longtemps la saveur, mais la croûte perdait son croustillant. Nous, nous conservions le pain dans un sac en papier ; la croûte était toujours croustillante mais la saveur disparaissait. Il n'y avait pas autant de sortes de pains à cette époque, je ne me souvenais que de cinq : le pain Kneipp, du nom du docteur Kneipp, le pain aux céréales, le wittenberg, le pain blanc et le pain complet, qui avait fait son apparition quand j'avais huit ou neuf ans, le Graham. C'était tout.

J'étais devenu un homme d'autrefois. C'était passé si vite, pensai-je en me dirigeant vers le rayon du pain frais. Le magasin proposait sept petits pains pour dix couronnes, je pris l'un des sacs en papier prévus pour le pain frais et y fourrai sept petits pains, repliai bien la fermeture et le déposai dans le panier, j'allai ensuite vers le rayon des produits laitiers et pris au passage un paquet de café et un litre et demi de Pepsi Max.

Je me souvenais aussi du supermarché où l'on achetait le pain. Je me souvenais de quoi il avait l'air à l'extérieur et aussi à l'intérieur. Je me souvenais de l'époque où il avait été construit, comment on avait d'abord coulé une énorme chape de béton au bord de la route à une centaine de mètres de notre maison. Je me souvenais du magasin qui était sorti de terre ensuite, son nom fièrement écrit sur le côté comme pour un bateau : B-MAX. Nous le prononcions « Bemax », c'était un endroit de même acabit que les autres endroits du coin comme « le petit fjord », « la montagne » « la grande route », « l'île de Gjerstadholmen », « les pontons », « le pont ». Même après avoir changé de nom, il était resté le Bemax. C'était mon premier supermarché ; avant il n'y avait rien. Je n'avais aucun souvenir d'une boutique quelconque. J'avais à peu près cinq ans quand le Bemax avait ouvert. Dieu seul sait où mes parents faisaient leurs courses avant.

Au Bemax s'était ajouté le Stoa, nous y allions deux ou trois fois tous les six mois pour faire de gros achats. Du sucre en paquets de dix kilos, pour les confitures et les sirops de fruits à l'automne, une caisse de sodas pour Noël ou pour les vacances d'été, de gros paquets de farine, ce genre de choses. Papa adorait y aller, je pense, il adorait acheter de la nourriture, pas dans notre magasin de quartier où on pouvait le reconnaître et où on ne pouvait acheter que de petites choses – cette mission-là, il nous la laissait, à Yngve, à maman ou à moi –, mais dans les grands supermarchés loin du centre où on pouvait acheter en grosses quantités. Montrer de façon ostentatoire que l'on avait de l'argent, c'était un peu comme montrer que l'on était un homme important, et c'en était sûrement la raison. Ou alors il recherchait la sécurité que donne le fait d'accumuler des réserves, de faire des stocks.

Je m'arrêtai au rayon des produits laitiers et pris une brique de lait pour les enfants, du lait entier, avec 3,5 % de matière grasse, j'avançai un peu et pris une boîte de six œufs, qui venaient d'un « élevage en plein air », je parcourus du regard les autres boîtes pour voir si certaines d'entre elles indiquaient « poules subissant de mauvais traitements dans des cages », mais il n'y en avait pas, et je continuai vers la caisse, en suivant les allées vides entre les rayons frais et les rayons de shampoing, passai devant un présentoir de « bonbons écologiques » et à travers l'enfer des petites sucreries emballées dans du papier étincelant, qui occupaient autant d'espace que les pains.

Mais des innombrables fois où j'étais allé à Bemax – d'où partait le car scolaire, et où j'étais venu en courant avec ma liste de courses préparée par papa au moins deux fois par semaine pendant de nombreuses années –, je n'avais pourtant gardé qu'un seul souvenir. Un jour, avec maman, j'avais remarqué un panneau qui indiquait que les boîtes jaunes de Nesquik, le chocolat au lait en poudre, coûtaient seulement une couronne. C'était si peu cher que maman allait probablement accepter d'en acheter. Ça coûte seulement une couronne, ça coûte seulement une couronne, répétais-je sans relâche comme un perroquet en l'entraînant vers le panneau. C'est écrit une couronne de réduction, dit-elle. Quoi ? dis-je. Ça coûte une couronne ! Non, dit-elle, seulement une couronne de moins. Ce n'est pas la même chose. Du coup, je n'avais pas eu de Nesquik ce jour-là. Mais l'épisode m'était resté en tête.

Pourquoi précisément celui-là ? Il y avait une myriade de choses que j'avais vues et faites là-bas, toute une constellation d'événements.

J'attendis à la caisse de gauche. Il n'y avait que deux personnes devant moi, et toutes deux avaient si peu d'articles qu'elles les portaient à la main, c'était courant à cette heure-là de la journée. L'après-midi, le magasin était bondé et tout le monde traînait les nouveaux paniers à roulettes. C'était un des spectacles les plus affligeants que je connusse, toute dignité humaine disparaissait à l'instant même où l'on faisait rouler un panier derrière soi. La veulerie et la mollesse que trahissait le choix de traîner un panier au lieu de le porter. Les toutes petites roues grinçantes, les longues poignées noires, les paniers qui suivaient comme des chiens en laisse. Le fracas des roues, qui cassait les oreilles dès que l'on y prêtait attention.

J'étais accablé à cette seule pensée.

La vie devait être légère à porter, c'était ce à quoi nous nous efforcions, mais pourquoi ? Pour pouvoir écrire sur notre tombe : « Ici repose quelqu'un qui aimait dormir » ?

À mon retour, je trouvai l'appartement silencieux. Pendant une seconde je pensai qu'ils étaient partis, mais j'entendis un petit bruit venu de la chambre des enfants et j'en déduisis que Njaal devait être en train d'y jouer, et que Geir devait lire quelque part.

— Hello ?

— Ah, tu es rentré, dit Geir dans le salon.

— J'ai acheté des petits pains, au cas où quelqu'un en aurait envie, dis-je en enlevant mes chaussures avant de les ranger dans le placard.

J'attrapai le sac et entrai dans la cuisine. Le lave-vaisselle avait terminé son cycle, je lâchai le sac sur la table, tournai le bouton et ouvris le hublot, la vapeur s'en échappa et me frappa au visage, au point de me faire reculer instinctivement.

Je sortis la grande planche à pain et la posai sur la table, pris la corbeille à pain dans le placard et y disposai les petits pains ronds. Des petits pains frais avec une bonne couche de beurre et de fromage, c'est le paradis, pensai-je. Mes goûts en matière de nourriture étaient simples. Mais la saveur salée du fromage et du beurre alliée à la saveur sucrée du blé des petits pains et à leur mince croûte résistante et croustillante qui s'émiettait au premier coup de dent, c'était un délice dont je ne me lasserais jamais. J'en eus l'eau à la bouche, j'ouvris en deux un petit pain et je le garnis de beurre et de trois tranches de fromage.

— Njaal en voudrait aussi, dit Geir en s'asseyant à la table.

— D'accord.

— On ne parle pas la bouche pleine.

— T'ai-je déjà raconté ce que Vanja dit quand elle a fait quelque chose qu'il ne fallait pas faire ?

Il secoua la tête.

— Que c'est notre faute ! Que nous l'avons mal élevée. En plus, elle ajoute que maintenant c'est trop tard.

— Elle n'a peut-être pas tort, dit-il en raclant avec un couteau la surface de la margarine, qui se tassa comme une moraine autour de la lame.

— Bien sûr. Mais que ce soit aussi évident pour elle, on ne s'y attendait pas vraiment.

Geir étala la margarine sur le petit pain, saisit le rabot à fromage et s'en découpa une tranche.

— On ne met pas les doigts sur le fromage ! lançai-je.

— C'est toi qui dis ça ? Il y a une loi contre ça ?

— J'imagine... Mais c'est toi le sociologue.

— C'est incroyable à quel point je joue le rôle de sociologue ici.

— Je ne l'ai mentionné que deux fois. Une fois hier et une autre à l'instant.

— C'est deux fois de trop, dit-il en emportant dans le salon les deux moitiés du petit pain.

Je le suivis, en enfournant le dernier morceau.

— Je voudrais ranger un peu avant que nous partions. Ça te va ?

— Je peux t'aider si tu veux.

— OK.

Njaal était assis, les coudes sur la table, une tartine à la main, il me regardait tout en mastiquant.

— Quand est-ce que Vanja et Heidi reviennent ? demanda-t-il.

— Dans l'après-midi. Vers trois heures, je crois.

— Où est-ce qu'on va aller ? dit-il en regardant son père.

— À Lund, répondit celui-ci.

Je commençai à ramasser les serviettes, pantalons, hauts et chaussettes qui traînaient partout dans la pièce.

— Je peux prendre mon vélo ? demanda Njaal.

— Bien sûr, dit Geir.

Il rassembla les trognons de pomme sur une assiette et empila les verres en plastique. J'allai dans la salle de bains et fourrai les habits dans les paniers à linge sale qui débordaient déjà. Je réfléchis. Peut-être devrais-je descendre voir si une machine était disponible dans la buanderie.

Non, ce serait trop compliqué.

Je sortis de la salle de bains, ramassai les poupées qui gisaient partout et les remis dans le lit de poupées de la chambre des enfants. L'une d'elles avait le visage strié de traits bleus, comme un tatouage ethnique, tranchant de façon assez troublante avec ses traits de poupon. Je la rangeai avec la tête tournée de l'autre côté. Puis je ramassai tous les animaux en peluche, que je disposai au bout du lit de Heidi ; elle était si petite qu'elle occupait à peine un tiers de sa longueur. La plupart de ces peluches étaient des chiens, des chats et des lapins, mais il y avait aussi un ou deux lynx, un panda, un lion, un tigre, un perroquet, une corneille, un agneau, une vache, un éléphant et un crocodile. Je les mis les unes au-dessus des autres, pour qu'elles aient toutes vue sur la chambre, et cette disposition était aussi un peu effrayante, peut-être à cause de leurs regards scrutateurs qui, combinés avec leur mutisme, avaient quelque chose d'accusateur, ou alors parce que les yeux et les visages de ces objets morts donnaient l'impression de nous fixer depuis l'au-delà. Puis je pris les jouets qui parsemaient le sol du salon et les mis tantôt dans le pouf rond et brun qui servait de coffre, tantôt dans les trois paniers tressés prévus à cet effet, pendant que Geir s'employait à rassembler tous les livres et tous les journaux qu'il pouvait trouver.

— Je veux aider aussi, déclara Njaal.

— Tu peux ramasser les jouets du couloir et les mettre… au fait, où ? dit Geir en me regardant.

— Dans un panier que je vais te donner, dis-je.

J'allai lui en chercher un, que je déposai par terre dans le couloir. Mais après y avoir rangé deux ou trois jouets, Njaal décida qu'il préférait s'amuser avec. Geir lui caressa les cheveux au passage, il avait une paire de sandales en plastique rose à la main, et je m'écartai pour le laisser passer. Je vidai ensuite le lave-vaisselle, la vapeur avait presque quitté les plats mais recouvrait toujours les couverts en métal.

— Ça semble toujours pire que ça n'est en réalité, dis-je à Geir, qui, sur le seuil de la cuisine, avait l'air de réclamer d'autres tâches.

— Je crois qu'il y a une certaine adéquation entre l'ordre et l'impression d'ordre, dit-il. Mais c'est peut-être parce que chez nous ce n'est jamais en désordre. Je remets toujours tout en place immédiatement. Le désordre n'a aucune chance de s'installer.

— Si seulement c'était comme ça chez nous. Mais quelque chose nous en empêche. On n'y arrive pas, tout simplement.

— J'aime bien être ici. Il y a quelque chose de reposant dans le désordre.

— Tant que ce n'est pas ton désordre.

— Exactement. Christina dit souvent qu'il faut du chaos autour de moi pour que j'agisse. Comme la guerre en Irak. On ne peut rien imaginer de plus chaotique. Comme ça, j'ai pu mettre de l'ordre.

— Ce n'est pas une mauvaise théorie, dis-je en ouvrant le placard des verres et des tasses, puis celui des assiettes. Tu es complètement dépourvu de chaos intérieur, c'est pour cela que tu en as besoin autour de toi. Moi, je regorge de chaos intérieur, donc il me faut faire de l'ordre à l'extérieur. Mais je n'y arrive pas.

— Tu recrées le chaos, je recrée l'ordre. Il y a autant de géométrie que de psychologie en nous.

— C'est vrai. Est-ce que ça veut dire que tout est rangé dans les pièces et le couloir ?

— Pas tout. Je ne sais pas où ranger ce qui reste.

— Mets les affaires où tu penses qu'elles vont. Après, on pourra partir.

Une fois rangés les verres, les tasses, les assiettes, les couteaux, les fourchettes et les cuillers, je remplis à nouveau le lave-vaisselle avec ce qui traînait sur la table, versai le produit dans le petit réservoir, en rabattis le couvercle, fermai la machine et la réglai sur un programme à soixante-dix degrés. Puis j'allai dans le salon, pris l'aspirateur à sa place derrière la porte, déroulai le fil, branchai l'appareil et le mis en route. Le sac était plein, du coup il n'aspirait presque rien, et je dus placer l'embout juste au-dessus de ce qui pesait plus lourd que de la poussière ou des cheveux pour pouvoir l'aspirer. Des perles, des miettes de pain, des bouts de papier, des pastilles, des billes et des petits trucs inidentifiables. Un insecte fila le long du mur ; en suédois on l'appelle un « poisson d'argent », je n'avais pas la moindre idée de son nom en norvégien. Je ne me souvenais pas d'en avoir jamais vu avant de venir en Suède, mais je n'en étais pas si sûr, cela me paraissait un peu bizarre que l'on ne trouve cet insecte qu'ici. Ces poissons d'argent ressemblaient à une queue minuscule avec des pieds et vivaient dans tous les coins où ils pouvaient se cacher ; dans les tas de vêtements, au fond des lits, sous les tapis, dans le panier à linge sale. Si j'allais dans la salle de bains la nuit, je pouvais en trouver par terre en plein milieu, tout noirs sur le blanc du linoléum, et ils se précipitaient aussitôt dans les cachettes les plus proches, par exemple sous les plinthes. Je les tuais quand je pouvais, mais leurs ressources devaient être inépuisables, parce qu'ils étaient toujours plus nombreux.

Les Poissons d'argent. Un roman de Vilhelm Moberg.

Je passai l'aspirateur sous le canapé d'avant en arrière, plusieurs fois, puis sous la table, qui était mon principal objectif puisque les enfants y prenaient au moins un repas par jour. Quand ce fut fait, j'aspirai les saletés qui se trouvaient devant la porte, puis derrière, avant d'éteindre et de débrancher l'appareil ; petite récompense, j'appuyai enfin sur le bouton qui faisait disparaître le fil gloutonnement et à toute vitesse dans le ventre de l'aspirateur.

— J'ai fini, criai-je, et je remis l'aspirateur à sa place.

Geir sortit de la chambre des enfants.

— On a fini ?

— Ça suffit pour le moment. On pourra continuer un peu quand nous rentrerons tout à l'heure.

— Ce n'est pas nécessaire. Ça a l'air bien maintenant. On y va ?

J'acquiesçai.

— Je vais juste regarder ma boîte mail d'abord.

Njaal surgit furtivement dans le dos de son père. Il le boxa par-derrière de toutes ses forces. Geir se retourna d'un coup.

— Dis donc, sale gamin.

Njaal se mit en boule en riant aux éclats.

— Maintenant je te tiens, dit Geir en l'entourant de ses bras.

Je longeai le deuxième couloir, passai à côté de nos affaires de plage posées contre le mur, un parasol vert, deux chaises pliantes, une sorte de transat, des paniers remplis de jouets de plage, nos deux valises, l'une en plastique dur, l'autre en tissu mou, respectivement grise et noire, et nos deux séchoirs repliés avec des serviettes jaunes et vertes qui y étaient accrochées depuis notre dernière baignade le week-end précédent, ainsi que les maillots de bain des enfants. Dans notre chambre il faisait sombre, et l'air était lourd, j'ouvris la porte du balcon et je la laissai entrouverte avant de m'asseoir et d'allumer l'ordinateur. En attendant que l'appareil démarre, je les entendis crier, rire et hurler de l'autre côté. Je fixai le store sans chercher à le voir, c'était à Gunnar que je pensais et au retour de Linda, et aussi que je ne devais pas oublier d'acheter du vin blanc avant de rentrer à la maison.

On y était.

J'ouvris la boîte de réception.

Gunnar.

Pourquoi ne pas attendre ? Je pouvais très bien attendre et éviter ainsi de gâcher la journée.

Mais si j'attendais, je ne penserais qu'à ça.
J'ouvris son message et commençai à lire.
Il avait signé « le frère de ton père ».
Je restai un instant immobile.
— Tu viens, ou pas ? cria Geir du couloir.
— J'arrive. » Je n'avais même plus la force d'élever la voix. « J'ai reçu un nouveau mail.
Ses pas se rapprochèrent.
— Qu'est-ce que tu dis ?
— Un nouveau mail.
— De Gunnar, je suppose ?
J'acquiesçai.
— Je peux voir ?
— Vas-y.
Il se planta derrière moi et lut.
— On y va ? Tu ne peux pas te laisser démolir par ce truc. D'ailleurs, il n'y a rien de nouveau.
— Non. Mais il y écrit qu'il a pris un avocat. Et il a employé le mot « vendetta ».
Je me levai.
— Cela t'accable vraiment, dit Geir.
— Bien sûr.
— Allez, viens, on va à Lund.
— Il faut d'abord que je parle avec Yngve.
— OK.
Geir me suivit jusqu'à la porte où Njaal, qui avait la main sur la poignée, nous regardait. Je pris le téléphone et tapai le numéro d'Yngve tout en m'éloignant. J'ouvris la porte du balcon juste au moment où la sonnerie retentit.
— Allô, dit Yngve.
— Tu as reçu le mail ?
— Oui. J'étais justement en train d'y répondre.
— Tu lui réponds ?
— Oui.
— Tu es sûr que c'est une bonne idée ?
— Écoute : il me lance toutes sortes d'accusations.

Ce qu'il a fait est totalement cinglé. C'est ce que j'ai bien l'intention de lui écrire.

— Qu'est-ce que tu penses y gagner ?

— Je ne sais pas, mais je veux lui dire qu'il a dépassé les bornes, et qu'il doit en assumer les conséquences. Il ne peut pas dire n'importe quoi, même sous le coup de la colère. En plus je ne suis pas toi. Et maman n'est pas toi.

— Je suis désolé de t'avoir entraîné dans toute cette merde, dis-je.

— Ce que tu as fait explique son attitude, mais cela ne justifie pas qu'il déverse tout ça sur nous. Par ailleurs, sa réaction est complètement disproportionnée, et tu n'y es pour rien.

— Je suis quand même désolé.

— On perd un oncle, cela ne va pas plus loin.

Je rentrai et déposais le téléphone sur son socle quand j'aperçus Geir qui avait fini par s'asseoir sur le coffre – ou quel que soit le nom de ce qui se trouvait dans le couloir.

— J'ai besoin de le relire, dis-je.

— Non, ne le fais pas, répliqua Geir. Allez, viens, je n'ai pas envie de rester ici toute la journée. Tu l'as déjà lu, nom de Dieu !

Sans répondre, je me postai à nouveau devant l'écran.

— On s'en va ! cria Geir de la porte.

— J'arrive.

J'éteignis l'ordinateur, me levai et me dirigeai vers l'entrée. Ils attendaient déjà l'ascenseur. Je mis mes chaussures, allai chercher mes lunettes de soleil dans le bureau, puis me rappelai qu'il fallait sortir par l'arrière et allai à la cuisine.

— Où tu vas encore ? cria Geir derrière moi.

Je ne répondis pas, je pris le sac-poubelle sous l'évier, en nouai les liens, pris dans l'autre main le sac plein qui était posé sur un journal au pied du mur et me dirigeai vers l'ascenseur. Njaal, vêtu d'un short kaki et d'un débardeur blanc, se pinça le nez pendant la descente.

L'ascenseur atterrit lentement, je pris les deux sacs dans une seule main et j'ouvris la porte de l'autre. Je fouillai dans la poche de mon pantalon à la recherche de ma clé, me souvins alors que j'avais oublié de fermer l'appartement. Mais avions-nous des objets de valeur ? Trois ordinateurs, c'était tout. La télévision datait des années quatre-vingt, seul un voleur nostalgique voudrait l'emporter.

— Tu viens ? dit Geir.

— J'arrive. Une minute.

Finalement je trouvai la bonne clé dans le trousseau, la sortis de la poche de mon pantalon, mis le badge devant le lecteur jusqu'à ce que le voyant vert s'allume et que la porte se déverrouille en émettant un *clic*. J'eus du mal à parcourir les quinze mètres jusqu'à la porte, derrière laquelle il y avait encore un escalier, et une autre porte jusqu'au « local pour la planète ».

Je m'arrêtai et posai la main sur le mur froid, j'avais envie d'y presser ma joue et, si j'avais été seul, je l'aurais peut-être fait. Au lieu de cela, je mis ma main qui avait déjà absorbé un peu de la fraîcheur du mur sur mon front. Geir et Njaal s'étaient arrêtés devant la porte et me détaillèrent quand je me remis en marche.

— C'est par là, non ? dit Geir.

— Oui, répondis-je. Il m'a fallu des semaines pour retrouver mon chemin dans le sous-sol, avec toutes ces portes.

— Il y en a quatre. Ce n'est pourtant pas difficile !

Je ne répondis pas, ouvris la porte et montai les marches le premier.

— Attendez ici. Je vais juste jeter les poubelles.

L'escalier derrière la lourde porte en métal était

noir et glissant, sûrement à cause du liquide qui fuyait du fond des sacs-poubelle et qui s'était déposé depuis des mois, voire depuis des années sur les marches. L'odeur était à la fois âcre et sucrée. Les tuyaux du système de ventilation étaient visibles sous le plafond, et en dehors de ça il n'y avait que le mur en brique. J'ouvris le couvercle du container le plus proche, qui était suffisamment grand pour renfermer une famille entière découpée en morceaux, et j'y jetai mes sacs. J'avais envie de vomir et tout mon corps souffrait. Ce n'était pas dû à une raison concrète – quelque chose de précis que j'aurais mal fait – mais à tout, à ma personne tout entière, et cela ne pouvait donc pas s'arranger. Même si je renonçais à ce foutu livre, ça ne me servirait à rien. D'accord, Gunnar serait content, il penserait qu'il m'avait remis à ma place, que peut-être même il m'avait écrabouillé, et que ce qui était arrivé n'était que justice. Sa demande était juste, sa fureur était juste, je n'avais pas pu lutter contre cette force brute, elle m'avait mis à genoux, m'avait détruit, dans toute cette affaire ni moi ni les miens n'avions la moindre valeur. Pas la moindre. Même mes enfants étaient réduits à néant par sa fureur, même eux n'avaient plus de valeur, puisque j'étais leur père, et que ce père était un homme qui n'avait pas su rester à sa place, un homme dont les contours étaient flous, et qui manquait si profondément d'empathie qu'il avait pu détruire la vie d'autres gens sans en avoir jamais eu conscience.

Quand je sortis du local à poubelles, ils m'attendaient dans la lumière de la porte ouverte. C'est-à-dire que Geir maintenait la porte ouverte, pendant que Njaal était sorti sur la place protégée par l'ombre que formait le haut bâtiment au pied duquel il se trouvait. Il observait une camionnette blanche qui faisait une marche arrière. Sûrement des caisses de marchandises livrées au fast-food chinois qui avait une entrée de service à cet endroit ; le livreur frappait fort à la porte avec un bout de tuyau laissé là à cet effet et, s'il avait de la chance, un des employés viendrait après une ou deux minutes d'attente. Des caisses de canettes de soda, des conserves et des nouilles.

Njaal traversa la place et courut vers le trottoir, sur lequel la lumière tombait, chaude et flamboyante.

— Attention, cria Geir. Reste sur le trottoir !

Njaal nous regarda, indigné, comme s'il se sentait sous-estimé.

— Je sais ! dit-il.

— OK, dit Geir. Ce n'est pas l'impression que ça donnait.

Il fit tourner son trousseau de clés autour de son doigt.

— Tu vas bientôt te mettre à siffler ? lançai-je.

— Qu'est-ce que tu veux dire ?

— Ton langage corporel est particulièrement joyeux.

— Il fait beau. Le soleil brille et je suis en vacances. Bien sûr que je suis joyeux. Même un rabat-joie comme toi n'arrivera pas à gâcher mon bonheur.

Il se mit à siffler.

Njaal s'était arrêté à quinze mètres de nous à côté de leur voiture, une Saab rouge datant à peu près des années quatre-vingt-dix. Elle pouvait avoir entre dix et vingt ans. Je ne connaissais rien aux voitures, et les années quatre-vingt-dix, c'était hier pour moi. Que vingt ans se soient écoulés paraissait incroyable.

— Aïe ! dit Njaal, qui avait posé la main sur la carrosserie.

— Tu n'as pas pensé à te garer à l'ombre ?

— C'est ce que tu aurais fait, toi ? dit Geir.

— Si j'avais été aussi pinailleur que toi, oui.

Il rit et déverrouilla la voiture, attacha Njaal sur

son siège pendant que je m'asseyais devant dans l'habitacle bouillant. Derrière les trois voitures garées sur la place, au bout de l'impasse, se dressait un arbre, dont les feuilles étincelaient dans le soleil, et derrière lui se trouvait la rue Föreningsgatan, que j'avais empruntée deux ou trois heures plus tôt avec Vanja, Heidi et John.

Geir s'installa, claqua la portière et tourna la clé pour démarrer. Je bouclai ma ceinture, retrouvai mes lunettes de soleil que j'avais accrochées à la poche de mon pantalon et les mis. Ce n'était qu'une paire de Polaroid que j'avais achetée à Venise l'été précédent, mais je les aimais bien, elles avaient quelque chose de vaguement années soixante-dix. Vanja avait déclaré qu'elles me donnaient un air de voleur. « Tu ressembles à un méchant ! » Cela me plaisait bien.

Geir ajusta sa ceinture sur sa poitrine, desserra le frein à main, enclencha une vitesse et tourna lentement vers la chaussée. Il y avait quelque chose d'imprudent dans sa façon de conduire ; non qu'il conduisît vite ou prît des risques, c'était plutôt dû à ses mouvements quand il s'asseyait sur le siège du conducteur, à sa manière de jeter un coup d'œil rapide sur le côté quand il voulait changer de file, à son geste soudain pour mettre le clignotant, comme s'il venait seulement d'y penser, ou à la façon qu'il avait de regarder de tous les côtés dans les lignes droites. La plupart de mes connaissances conduisaient comme si elles ne faisaient qu'un avec la voiture, comme si les différents leviers et commandes de la voiture étaient un prolongement d'elles-mêmes, alors que Geir conduisait comme s'il manipulait une machine qui lui était étrangère.

— Où allons-nous ? demanda-t-il.

— Je ne sais pas très bien. J'ai l'habitude d'aller tout droit jusqu'à ce que je voie un panneau pour sortir de Malmö. Cela me réussit plutôt bien ;

les autoroutes sont en dehors de la ville, et l'une débouche toujours sur les autres à un moment donné.

— Si tu le dis. Moi, je préfère savoir où je vais. Mais je rends à César ce qui sera à César.

— Tu peux rendre à César son bla-bla.

— Je refuse de rire. Tu ne m'arracheras pas un sourire pour ça.

Nous passâmes devant la salle de concert et prîmes la grande rue, presque une avenue, qui menait à la place Värnhemstorget, pleine de voitures luisantes qui réfléchissaient le soleil par endroits ; une jante ou un pare-brise ici, un pare-chocs ou une poignée de portière là.

Geir appuya sur un bouton de la portière et ma vitre se baissa. L'air nous inonda, comme aspiré par un gouffre.

— Ta voiture a des équipements high-tech, dis-je. De quand elle date, au fait ?

— De 2001.

— 2001, je la croyais des années quatre-vingt-dix. Elle n'a que huit ans ?

Il approuva d'un signe. Je levai les yeux sur les panneaux suspendus au-dessus de la route.

— On arrive aux autoroutes, dis-je. Tu n'as qu'à en prendre une, ce sera parfait.

— Göteborg, Stockholm, Ystad, Copenhague ou Trelleborg ?

— N'importe laquelle. Le pire qui puisse nous arriver, c'est de devoir rebrousser chemin.

Il soupira.

— Prends Göteborg, alors, si tu veux absolument une direction, dis-je.

— D'accord.

Nous approchâmes du grand croisement où se rencontraient quatre grandes routes, toutes à plusieurs voies. Sur leurs visages, je constatai à quel point les passagers des voitures voisines étaient dans leur propre monde, à quel point ils n'avaient pas conscience de se trouver à moins de cinquante centimètres d'autres êtres humains et de n'être séparés d'eux que par une vitre transparente.

Le feu passa au vert, les premières voitures démarrèrent et, quelques secondes plus tard, ce fut notre tour. Toute la file prit la direction de l'autoroute, où chaque véhicule augmentait sa vitesse selon les préférences de son conducteur, jusqu'à ce qu'elle s'étire sur plusieurs centaines de mètres. Geir se plaça dans la file de droite, il respectait la limitation de vitesse, et nous avancions mètre par mètre, si bien que l'on nous doublait constamment ; le paysage passa des constructions urbaines denses, presque dépourvues de végétation, aux zones industrielles et aux concessions automobiles, séparées par des clôtures en fil de fer.

— Qu'est-ce que je t'avais dit ? dis-je en montrant un panneau qui annonçait la sortie vers Lund à un kilomètre.

— Je n'ai jamais dit que tu n'étais pas un veinard, rétorqua Geir. Ça va, Njaal ?

— Oui.

— Tu voudras une glace à Lund ?

— Oui.

Nous passâmes d'un environnement rural aux premières zones industrielles, puis à des quartiers résidentiels et enfin au centre-ville, qui était beaucoup plus petit que celui de Malmö : les maisons étaient plus basses, les rues plus étroites, c'était beaucoup plus calme. La tête de Geir tournait de droite à gauche entre les vitres latérales et le pare-brise, il cherchait une place de parking, tout en essayant, espérons-le, de garder un œil sur la circulation.

— Si je me souviens bien, il y a un grand parking en plein milieu du centre-ville. Si tu continues tout droit, on va sûrement y arriver.

Au lieu de faire comme je lui avais dit, il mit son clignotant à droite.

— Mais il est là-bas ! Tu ne le vois pas ? Juste au coin en tournant ?

— C'est interdit de tourner. Tu ne vois pas ce petit panneau tout rond ?

— C'est ça que ça veut dire ?

Il me lança un coup d'œil.

— C'est une blague ?

Je secouai la tête, il rit.

— J'étais impressionné quand tu as préparé le code en une soirée, mais maintenant je comprends mieux.

— J'ai toujours eu l'intention de réviser les panneaux. Mais maintenant que j'ai le permis, je n'en ai plus envie.

— Nous y sommes, dit-il en mettant son clignotant à gauche.

Il traversa la rue et continua jusqu'à une petite butte puis entra dans un parking.

Après l'air frais du trajet, celui dans lequel nous entrâmes nous parut bizarrement figé. Au-dessus de l'asphalte il vibrait de chaleur, ailleurs il restait immobile comme l'eau d'une crique au fond de laquelle nous serions tombés.

Un jour, au milieu du XIXe siècle, dans l'une des bourgades le long des fjords du Vestland, au moment de la fenaison, alors que le soleil brillait comme actuellement et que tout le monde était occupé à battre le foin, s'abattit une catastrophe. Tout le monde mourut, si bien que personne ne put raconter ce qui s'était passé. Un jeune garçon qui venait travailler chez son oncle les découvrit le lendemain. La maison était silencieuse quand il y pénétra, la femme de son oncle gisait morte sur le sol de la cuisine, son visage était déformé et presque méconnaissable, ses yeux exorbités, du sang avait coulé de ses oreilles et de son nez. Il partit en courant, vers le sommet d'une colline escarpée, à moitié fauchée, où se trouvait un groupe d'hommes qui avaient l'air de se reposer mais qui étaient morts, sans doute subitement, et qui présentaient les mêmes symptômes que la femme dans la maison. Yeux exorbités, sang ayant coulé des orifices du corps.

C'était un début de roman. Il s'était passé quelque chose, personne ne savait quoi, et quelques générations plus tard ce n'était plus qu'un conte, qui à notre époque avait fini par quasiment sombrer dans l'oubli.

Mais cela recommença. Quelqu'un, le héros du roman peut-être, tomba sur cette vieille histoire et mit au jour la connexion.

Imaginez le cadre. La profondeur du fjord sous sa surface vert-bleu, les flancs verts de la vallée, d'une couleur d'une rare intensité, les sommets des montagnes couverts de neige blanche, sous le ciel bleu sans nuages. L'herbe qui grattait la peau humide de sueur, le bourdonnement des insectes. La faux qui jouait sa partition dans l'herbe, le son vibrant de la pierre à aiguiser, l'impression que reposait là, ancrée, une sérénité que les montagnes, le fjord et le ciel avaient contribué à créer. Soudain, la catastrophe.

Je fixai la rue devant moi, tandis que Geir ouvrait le coffre pour y prendre le vélo d'équilibre de Njaal, qu'il déplia. Le jean noir que je portais me collait à la peau et mes pieds, qui étaient empaquetés, d'abord dans des chaussettes noires dont la fibre était serrée et élastique, puis dans des chaussures en cuir noir, étaient si chauds et si moites de sueur qu'ils semblaient ne plus appartenir à mon corps mais vivre séparément de lui. Deux frères rougeauds, deux mineurs transpirants.

Njaal enfourcha son petit vélo, il serrait le guidon

de toutes ses forces, les pieds bien plantés dans le sol. Le vélo avait la forme d'un lion, avec une face peinte par-devant et une petite queue derrière.

— Quel beau vélo, Njaal ! dis-je.

Il était si fier qu'il ne savait plus où se mettre.

— Oui, finit-il par dire.

Il se mit alors à pagayer avec les pieds et à rouler de plus en plus vite à travers le parking. Geir vérifia que la portière était fermée, fourra son trousseau de clés dans sa poche et le suivit.

— Ne pars pas trop loin devant nous, Njaal ! cria-t-il. Et reste bien sur le trottoir !

Quand Njaal atteignit le croisement, il freina en enfonçant fermement les pieds dans le sol.

— Technique impressionnante, dis-je.

— Oui, il sait bien le faire.

— Où va-t-on maintenant ? Tu as faim ?

— On ne peut pas visiter la cathédrale avant ? On mangera après.

— Ça me va.

C'était l'air qui avait disparu. Il avait été aspiré à l'intérieur de la terre dans une sorte d'implosion fracassante, tout d'abord avec un grondement de tonnerre lointain, puis de plus en plus fort en même temps que le vent commençait à souffler, jusqu'à ce que, subitement, alors qu'ils échangeaient des regards surpris et inquiets, tout devienne silencieux. Plus aucun bruit. Ils se regardèrent, tout était silencieux, et ils ne purent plus respirer. Ils tombèrent à genoux. Ils portèrent leurs mains à leur gorge. Leur sang battait de plus en plus fort. Leurs ventres se tordirent. Leurs yeux s'écarquillèrent. Ils tombèrent sur le sol et se tortillèrent comme des vers. Il n'y avait toujours aucun bruit. Puis la vie les quitta, les uns après les autres, et ils restèrent couchés là, sans bouger, tous ensemble. Tous ceux qui étaient sur la colline, tous ceux qui étaient en bas dans les maisons. Tous les oiseaux et tous les animaux. Alors, environ sept minutes plus tard, peut-être dix, l'air revint, dans un fracas semblable à celui de l'eau qui, après l'ouverture d'un barrage, s'abat en mugissant dans le lit d'une rivière.

Et alors ?

Qu'est-ce qui se passerait ensuite, et pourquoi ?

Njaal roulait tantôt devant nous, tantôt derrière, nous nous dirigeâmes vers la cathédrale, qui se dressait sereinement au-dessus des toits des maisons. Autour de nous les gens s'agitaient avec leurs sacs de courses, et, sur la place que nous traversâmes, ils étaient assis sur des bancs et des chaises de café, certains avec leurs vélos devant eux – des étudiants, probablement –, tandis que les voitures passaient lentement un peu plus bas en faisant crépiter leurs pneus sur les pavés. La ville était tranquille et calme, presque somnolente. Que Malmö ne soit qu'à quelques minutes de train était difficile à concevoir – la vie y était si fondamentalement différente. Malmö était une vieille ville industrielle, qui n'avait été construite ni pour la satisfaction de l'esprit ni pour celle de l'œil, mais pour celle du corps, avec ces interminables rangées d'immeubles en brique, et l'ambiance dans les rues était comme mutilée par la vie et les difficultés. Lund était une ville achevée, et qui sans doute l'avait presque toujours été, car elle avait été construite autour de structures stables, celles de l'église et de l'université, des institutions dont le rôle était de conserver, alors que Malmö avait été construite autour de lieux de production. À Lund, c'était la ville qui formait les gens, à Malmö, c'étaient les gens qui formaient la ville. Que Bergman, dans *Les Fraises sauvages*, peut-être son meilleur film, fasse séjourner son personnage principal à Lund n'était pas un hasard, car son voyage était un voyage vers la mort, et alors que la vie est mobilité, la mort est immobilité et paralysie, et parmi les villes de Suède, c'était sûrement Lund qui était la plus proche de cet état. Les gens de Lund étaient bien sûr aussi vivants que ceux de Malmö, et la ville aussi pleine de vie ; la différence résidait entre le prévu, ce qui est clairement annoncé et que les gens se contentent de réaliser, et ce qui se crée dans l'instant. C'était une question de formes et de rôles.

— Les gens de tes jardins partagés ont sûrement fui l'agitation de Malmö, dit Geir alors que nous traversions la place de l'église. Ils se sont construit là-bas un petit Lund. Tu as entièrement raison quand tu dis que ces jardins, c'est la mort.

— La moyenne d'âge doit tourner autour de soixante-dix ans.

— Brr. Bon Dieu, comment as-tu pu être assez bête pour acheter une maison de poupée là-bas, je n'arrive pas à le comprendre. C'est exactement ce que j'ai toute ma vie essayé d'éviter.

— Mais tu n'y es pas arrivé.

Nous nous arrêtâmes pour observer la façade de l'église qui, par sa lourdeur romane, ne donnait pas l'impression de s'élever vers le ciel, comme le font les grandes églises gothiques, ni de vouloir faire autre chose que ça, cherchant au contraire à tirer le meilleur parti de son emplacement. La différence ici n'était pas entre le bas et le haut, mais entre le dedans et le dehors.

— Belle église, dit Geir.

— On entre ?

— Oui. Tu sais où est l'entrée ? Par ici ?

— Nous sommes entrés par l'autre côté la dernière fois.

Nous contournâmes l'église. Geir appela Njaal, qui se trouvait peut-être quarante mètres plus loin, occupé à pagayer sur son vélo-lion jaune. De l'autre côté s'étendait un parc. Les arbres verts se détachaient de l'herbe verte et se dressaient, immobiles, avec leur feuillage abondant que pas un souffle de vent n'agitait. Njaal arriva derrière nous en roulant.

Où étaient les enfants ? Les avais-je oubliés quelque part ? Étaient-ils tout seuls dans l'appartement ?

Non, je les avais déposés au jardin d'enfants.

Ou bien était-ce hier ?

Non. Pas du tout. On avait rangé l'appartement quand j'étais rentré à la maison. Ils n'y étaient pas, ils étaient au jardin d'enfants.

— Il y a une entrée ici, dit Geir. Mais cela ne peut pas être le portail principal.

— Non, dans l'ancien temps, on plaçait l'entrée sur le devant.

— Tu es victime de ta propre ironie. C'est toi qui es déjà venu ici. Hé, Njaal !

— Oui, cria Njaal, qui avait pris la direction du parc, un peu plus loin devant nous.

— Viens ici ! On va visiter l'intérieur !

— Oui, répondit Njaal en pagayant avec ses petites jambes.

Je regardais les énormes murs de pierre, autrefois clairs et maintenant presque noirs à certains endroits. Tout en bas, ils étaient verdâtres.

— Laisse ton vélo ici, on va entrer, dit Geir.

— Je veux le prendre avec moi.

— Impossible, petit bandit, les vélos sont interdits dans la maison de Dieu.

— Pas les draisiennes, dis-je. S'il s'agissait d'un vélo à pédales, ce serait une autre affaire.

— Quoi ? dit Njaal en me regardant.

— Karl Ove plaisante, dit Geir. Laisse ton vélo et viens !

Il obéit et nous entrâmes dans l'église, qui semblait beaucoup plus grande et plus aérée à l'intérieur. Dedans il y avait bien assez pour s'élever.

N'étant pas d'humeur religieuse, je fis seulement le tour de l'église à contrecœur, puis je m'assis sur un banc, ne cherchant même pas à me plonger dans le déchiffrage des images qui m'entouraient. Geir et Njaal disparurent de ma vue et, quand ils réapparurent, ils vinrent me raconter qu'ils étaient descendus dans la crypte. Je sortis fumer une cigarette, Geir voulait rester un peu, je m'assis donc seul sur les marches et regardai vers le parc, la fumée m'auréolait d'un léger petit nuage, pendant que je réfléchissais à cette nouvelle idée de roman, à la façon de la relier avec le peu que j'avais déjà. La dystopie. Le monde qui n'avait jamais existé. Un homme qui avait grandi en un lieu où le nazisme régissait la société. Pourquoi le nazisme ? Il n'y a pas si longtemps, j'avais vu une photo, une affiche de propagande nazie, qui représentait un pont traversant un paysage de montagnes, elle était tellement attirante et elle m'avait empli d'un désir si étrange que je voulais l'analyser. Créer un tel monde. L'horreur petite-bourgeoise des jardins partagés correspondait à cette image, je l'avais immédiatement senti. J'avais lu un article du *Dagens Nyheter* qui parlait des expérimentations biologiques pratiquées sur des animaux, et relatait une expérience datant des années soixante où une équipe de recherche avait introduit des électrodes dans le cerveau d'une vache, qui servaient à la faire s'arrêter et se remettre à marcher ; une photo montrait comment la vache, qui courait vers le chercheur, s'arrêtait brutalement devant lui parce qu'il avait appuyé sur un bouton de la petite boîte qu'il tenait à la main. L'article décrivait aussi une expérience en cours sur une mouche à laquelle on avait implanté le gène de sensibilité à la lumière provenant d'une anguille, ce qui permettait de la piloter, mais pas de façon minutieuse et précise : chaque fois que l'on dirigeait une lumière sur elle, elle décollait.

Ce que ces recherches représentaient me répugnait, j'avais été profondément choqué. Le problème était que tout cela était caractéristique de notre époque, structurellement, politiquement, socialement, mentalement, et que toutes ces significations disparaîtraient dès lors que je les transposerais dans une réalité contre-historique. Peut-être y avait-il là deux romans différents. Ça deviendra plus clair au fur et à mesure, me dis-je. Le monde était si grand et si varié que des forces contraires étaient constamment en jeu, et qu'aucun résultat n'était jamais garanti, l'avenir était ouvert et incertain, et si le soleil s'y couchait ce serait pour nous, pas pour ceux qui arrivaient : pour eux il se lèverait.

— C'est donc là que tu es, pauvre gars sans amis, dit Geir derrière moi.

Je me tournai vers lui.

— On va manger ?

Il acquiesça et je me levai. J'avais l'impression que mes jambes tremblaient, mais ce n'était qu'une impression. Je jetai ma cigarette sur le gravier pendant que Njaal enfourchait son vélo, et nous nous mîmes en route, moi avec mes tourments intérieurs, Geir avec sa bonne humeur : il jouait avec ses clés et s'appliquait à me décrire la beauté de l'église. Sans amis, avait-il dit, et la situation dans laquelle je me trouvais m'était revenue à l'esprit. Les messages terrifiants. Les avocats qui lisaient mon manuscrit. Le procès qui m'attendait, les titres des journaux.

— Tu me sembles bien silencieux, dit-il.

— Oui. Excuse-moi, je ne suis pas d'une compagnie très agréable.

— Tu vas trouver une nouvelle raison de gémir ? J'en fais mon affaire, tu peux être aussi désagréable que tu veux, ça me va aussi.

— C'est vrai que l'humeur des autres ne te touche pas. Tu restes toi-même quoi qu'il arrive.

— Ce que tu es en train de dire, c'est que j'ai le cuir épais. Tu me l'as déjà dit hier.

— Mais c'est la vérité.

— Qu'est-ce que tu en dis, on mange ici ? fit-il en indiquant un restaurant à vingt mètres de là dans une rue perpendiculaire.

— Est-ce qu'on peut s'asseoir à l'extérieur ? Comme ça, je pourrai fumer.

— On peut. Alors, sur la place peut-être ? Il y avait des terrasses.

Nous nous assîmes à une table en terrasse, à l'intérieur d'une zone délimitée. Une jeune fille d'une vingtaine d'années était assise à deux tables de là avec une femme d'environ cinquante ans qui devait être sa mère. Il n'y avait pas d'autres clients. La jeune fille utilisait son portable, la mère fumait en regardant la place.

— Tu veux une pizza ou des spaghettis ? demanda Geir à Njaal, qui jouait avec une petite voiture sur le bord de la table, la main sous le menton et le coude sur la table.

— Des spaghettis.

— D'accord, dit Geir. Et toi ?

— Je ne sais pas. Peut-être des carbonara.

— Bonne idée. Je vais prendre la même chose.

Il posa les menus sur la table. La serveuse arriva et nous commandâmes. En attendant les plats, Geir discourut à propos du concept de sensibilité et du concept d'insensibilité. Il souligna qu'il était étonnant que moi, qui voulais écrire sur ce qui était authentique, et qui avais écrit si librement sur la mort et le corps, je n'écrive pas sur le sexe. J'étais trop délicat, dit-il.

— Je suis discret, c'est tout, dis-je. En plus je pense que la place du sexe dans notre culture est disproportionnée.

— Disproportionnée ?

— Oui. Tu te souviens de ce que tu m'as raconté un jour sur le type qui, emporté par une énorme avalanche, s'était retrouvé enterré vivant sous plusieurs mètres de neige ?

— Bien sûr. Tu me le rappelles souvent.

— Oui, il se branlait là-dessous. C'est une bonne illustration de l'instinct sexuel.

— Tu veux dire que c'est ce qui compte le plus, en toutes circonstances ?

— Non, que c'est peu de chose. Si peu de chose. Une toute petite éjaculation dans une immense coulée de neige. La place du sexe est très exagérée, nous lui donnons tant d'importance, alors qu'en réalité ce n'est rien. Si proche du néant.

— *I may be a fool, but I'm not an idiot !* Nous parlons des choses telles qu'elles sont. Pas de ce que nous voudrions qu'elles soient. Tu voudrais que la vie soit importante et pleine de sens. Noble, peut-être aussi. *Sorry*. Elle est petite et minable. Elle ne vaut pas plus qu'un orgasme sous un tas de neige. Le sexe et la mort, rien de plus.

— Pourquoi tu t'embêtes avec moi, dans ce cas ? Ne devrais-tu pas rester assis tout seul chez toi à te branler ? Ou te fourrer la tête dans un seau et te tirer une balle dans la bouche ?

— Je me branle souvent pendant que nous bavardons ensemble.

— C'était donc ça, ces clapotis flasques que j'entendais ? Je pensais que c'était ton chien qui mangeait.

— D'autant plus que nous n'avons pas de chien.

— Non, justement. La vérité est toujours autre.

— Bien vu ! dit-il en souriant jusqu'aux oreilles, comme sourient parfois les gens très contents d'eux.

La serveuse surgit du bar, une assiette de pâtes dans chaque main. Je regardai la table, il y avait une corbeille de pain et un petit flacon d'huile d'olive ; les avait-elle déposés sans que je m'en rende compte ?

— Deux carbonara, dit-elle en posant les assiettes devant nous. Ton plat arrive tout de suite, ajouta-t-elle en regardant Njaal.

— Mange un peu de pain en attendant, dit Geir, qui en posa un morceau devant lui.

Il mordit dans son propre pain en suivant des yeux un pigeon qui sautillait entre les tables. Puis il me regarda.

— Il faut faire la différence entre *être* et *devoir*, dis-je.

— Tu te souviens de ce que Pessoa dit ? « Comment pourrais-je considérer l'athéisme de Leopardi avec sérieux et douleur quand je sais que cet athéisme se laisse soigner par un coït ? »

— Oui, c'est tout à fait ça. Je peux accepter de réduire les choses pour arriver à une autre forme de vérité, mais je ne comprends pas pourquoi cette réduction finit toujours par le sexe.

— Tu ne comprends pas parce que tu es un esthète. Tu ne veux pas du charnel. Tu ne veux pas du corps. Tu sais ce que Luther a écrit ?

— Non.

— « Les rêves sont menteurs ; chier dans son lit, il n'y a que ça de vrai. »

Après avoir mangé, nous allâmes au jardin botanique. À l'intérieur se trouvait un petit étang rempli de nénuphars, et juste à côté un petit café où nous nous installâmes, dans l'ombre vibrante des arbres, et nous reprîmes chacun un café. Il y avait des canards et leurs petits qui, depuis ma dernière visite avec Linda au début de l'été, avaient grandi et grossi, tout en gardant leur allure de canetons, cette maladresse gauche que les jeunes animaux et les jeunes hommes ont en commun, comme si, à cause de cette brusque croissance, ils avaient maintenant quelque chose de monstrueux. Cela ne dérangeait pas Njaal, il les suivit un moment et voulut les toucher, mais ils s'éloignaient chaque fois qu'il essayait de s'approcher, leur tête immobile sur leur cou plus ou moins grêle. Il finit par perdre tout intérêt et se mit à jeter des cailloux dans l'eau, jusqu'à ce que Geir lui dise d'arrêter ; il s'assit alors par terre, à côté de la table, et se mit à jouer avec sa voiture.

Je pensai à une question que Vanja posait souvent : pourquoi les adultes ne jouaient-ils pas ? Elle ne pouvait pas comprendre que nous trouvions cela ennuyeux, et elle en concluait qu'elle ne voulait pas devenir adulte un jour. La vie, c'était sauter et rire, jouer avec des poneys en plastique à la longue crinière et des petits animaux japonais aux yeux énormes, faire de la balançoire ou un tour de manège, grimper aux arbres, barboter dans des pataugeoires et faire la baleine, le requin, le poisson. Pas s'asseoir sur une chaise et lire le journal d'un air soucieux. Ou, comme maintenant, rester attablé des siècles à bavarder, avec de longs temps morts sans rien dire ni rien faire.

Les gens qui s'étaient installés aux autres tables, pour la plupart des personnes âgées, parlaient tout bas, de temps en temps un petit tintement entrecoupait leurs voix étouffées, une fourchette qui cognait contre une assiette, une cuiller contre une tasse, pour mourir quelques secondes plus tard dans l'air immobile sous le feuillage des arbres.

On avait l'impression d'être au cœur de l'été. Dans un tableau impressionniste par exemple. Personne n'avait mieux capté cette sensation que les impressionnistes. À se demander s'ils ne l'avaient pas eux-mêmes créée. Si cette sensation avait existé dans le monde avant qu'eux, par leurs idées et leurs couleurs, leurs lumières et leurs ombres, et par leurs efforts pour ressusciter ce moment précis, ne la découvrent. Avant eux, l'art pictural était toujours géométrique, il s'intéressait à l'aspect solide des objets et des êtres, et aux frontières entre eux. Qu'est-ce qui est ici, comment tous ces éléments sont liés dans leur présente existence, et qu'est-ce qui est là-bas, c'est-à-dire au-delà d'ici, c'est ce que sondaient ces peintures. Mais dans un monde plongé dans l'ombre, empli de lueurs frémissantes, quand une chose se mélange à une autre, les questions sont tout autres. Qu'est-ce qui est visible et qu'est-ce qui est invisible, qu'est-ce qui est clair et qu'est-ce qui est sombre, qu'est-ce que l'on peut voir et qu'est-ce que l'on ne peut pas voir, et quelle est cette émotion qui envahit si fort ce que nous voyons ? Un écrivain comme Marcel Proust est inconcevable sans l'impressionnisme, toute son œuvre est consacrée au rapport entre la mémoire et l'oubli, la lumière et l'ombre, le visible et l'invisible, et le sentiment violent que le monde, surtout celui qui est enfoui mais aussi celui, prédominant, de l'instant présent, éveille en lui est ce que l'œil des impressionnistes a mis en forme, pour ne pas dire créé. Avec Cézanne, la question est : qu'est-ce qu'il y a à voir ? Avec les impressionnistes, elle devient : qu'est-ce que signifie voir ? Malheureusement leur radicalité a disparu de notre conscience culturelle, on ne voit désormais plus que les belles couleurs et les fleurs, un sort que ne connaît pas Proust, puisque ses propres belles couleurs et ses propres fleurs existent dans les mots et qu'il ne peut être soupçonné de s'approprier la beauté en reproduisant un beau motif, ce qui serait d'ailleurs une des définitions du kitsch.

Que l'art soit devenu cérébral au point que tout ce qui touche aux émotions soit laissé aux naïfs est peut-être le meilleur argument contre le progrès, parce que cette attitude, qui apparemment devrait passer avant toute expérience humaine, est stupide et manque d'intelligence, et c'est en fait cette attitude elle-même qui est naïve. Supprimer la nécessité de savoir-faire dans l'art reposait sur l'idée que reproduire le monde de la manière le plus exacte possible était dépassé et donc inutile. Mais il n'est pas besoin de réfléchir longtemps pour comprendre que ce n'était pas pour cette raison que les peintres et les sculpteurs passaient leurs jeunes et cruciales années de formation à copier les autres ou à reproduire mécaniquement des modèles et des objets. Ils ne le faisaient pas pour apprendre à copier la réalité, puisque la reproduction de la réalité ne peut dépasser une certaine limite que tout élève ordinaire moyennement talentueux atteindra rapidement. Ils le faisaient pour apprendre à ne plus penser. En art c'est le plus important, de même qu'en littérature, et il n'y a presque personne qui en soit capable, ou qui en soit conscient, parce que ce n'est plus transmis. Aujourd'hui on croit que l'art est lié à la raison et à la critique et qu'il concerne les idées, et l'on apprend la théorie dans les écoles d'art. C'est une régression, pas un progrès.

Geir repoussa sa chaise sur le gravier et se leva.

— Je te rapporte un verre d'eau ? dit-il.

— Bonne idée, oui. Tu veux bien me rapporter du café aussi ?

Je soulevai ma tasse et la lui tendis. Elle était maculée de petites taches à l'extérieur, rondes pour la plupart, mais aussi de quelques traînées, comme sur toutes les tasses de café que je buvais ; il y en avait toujours partout, je ne savais pas pourquoi. Les tasses des autres étaient souvent d'une blancheur impeccable. Je devais poser mes lèvres de telle façon qu'un peu de café coulait toujours entre mes lèvres et la porcelaine, et bien que je m'en rende compte, je ne pouvais l'éviter ; même si je pressais fortement la tasse contre ma lèvre inférieure, elle se trouvait parsemée de taches une fois vidée.

— Où tu vas, papa ? dit Njaal en levant les yeux.

— Chercher de l'eau.

Njaal se redressa, courut derrière lui et glissa sa main dans la sienne. Je sortis mon portable de ma poche et appelai Linda. Elle répondit immédiatement.

— Hello. Tu es rentrée ?

— Oui. J'arrive juste. Où es-tu ?

— À Lund. Nous sommes au jardin botanique.

— Ah, quelle chance !

— Oui, c'est très agréable. Dis-moi, c'est bien toi qui vas chercher les enfants ?

— Oui. J'y vais bientôt.

— Je voulais en être sûr. On ne va pas tarder à rentrer, alors à tout de suite.

— As-tu acheté des crevettes et du vin ?

— Je vais le faire en rentrant.

— Sinon je peux le faire.

— Non, non, je le fais. À tout de suite.

— Oui. *Salut**.

— *Salut**.

J'appuyai sur le bouton rouge et remis le téléphone dans ma poche, au moment où Njaal et Geir revenaient du petit bâtiment qui ressemblait à un pavillon et abritait le café. Njaal portait un verre des deux mains et avançait à petits pas – il était chargé d'une mission importante –, tandis que Geir marchait derrière lui une tasse de café dans une main et un verre d'eau dans l'autre.

— Merci beaucoup. Je vais payer pour l'eau, puisque tu as payé le repas.

— Ha, ha.

Il s'assit, prit le verre que Njaal avait apporté et le vida d'un trait. Son visage luisait légèrement de sueur.

— Il est l'heure de partir ? demanda-t-il.

— Oui. J'ai parlé avec Linda. Elle vient juste de rentrer à la maison.

Il vérifia l'heure sur son portable.

— Christina devrait bientôt arriver. Finis ton café, et on part.

— Juste le temps de fumer une cigarette. Et on y va.

Njaal redressa son vélo et l'enfourcha. Je sortis ma dernière cigarette, l'allumai, en froissai le paquet, et regardai en direction du café pour voir s'il y avait une poubelle. Il n'y en avait pas.

— Ne fais pas de vélo ici, dit Geir. Attends qu'on parte.

— Pourquoi ?

— Il y a des gens qui mangent ! Tu ne voudrais pas que l'on fasse du vélo dans ton assiette pendant que tu manges, n'est-ce pas ?

— Non, dit-il, et il rit un peu.

Geir me regarda.

— On y va ? Tu ne dis plus rien ?

— C'est ce qu'Arvid avait l'habitude de dire, je m'en souviens. À Bergen. « Tu ne dis plus rien, tu as chié dans ton pantalon ou quoi ? »

— On y revient !

— Désolé.

— Je pensais à ce dont on avait parlé hier. D'être père.

— Oui ?

— J'ai pour principe que celui qui veut absolument quelque chose doit le faire. Et que cette personne décide de tout. Quand Njaal est né, Christina ne dormait plus la nuit, parce qu'elle ne voulait rien manquer. Elle avait un très bon travail à l'Opéra, elle l'a laissé tomber pour être le plus possible avec Njaal. Si elle a pris en charge le côté pratique, ce n'est pas parce qu'elle est une femme, mais parce que c'est important pour elle. Si elle s'était passionnée pour autre chose, ç'aurait été différent.

— Oui, dis-je.

— Non seulement elle s'y intéresse beaucoup plus que moi, mais elle en retire aussi beaucoup plus. Cela compte vraiment énormément pour elle.

— Je me souviens d'avoir couru pour rendre un film juste après la naissance de Vanja et que j'avais couru aussi pour rentrer à la maison. Moi non plus je ne voulais pas manquer quelque chose.

— Mais tu n'aurais pas voulu rester à la maison à temps complet pendant trois ans ?

— Non.

— C'est si facile de se laisser absorber par cette chaleur, cette douceur, c'est si facile de laisser cela tout remplir. Mais, dans ce cas, nous ne créons plus rien, sinon de la chaleur et de la douceur. Je vois ça comme du relâchement. C'est pourquoi il m'est arrivé d'éprouver du mépris pour les hommes qui se précipitent sans réfléchir dans cette voie. On les ovationne pour ça, or, ce qu'ils font en réalité, c'est fuir une responsabilité. Une plus grande responsabilité. En cela je suis d'accord avec Karen Blixen quand elle dit que l'on ne peut pas partir à la recherche du Graal en poussant un landau, *You can't have both*. Il n'y a qu'une seule masculinité. On est plus ou moins homme. *That's fucking it.* Il n'y a pas des masculinités. Ah, je ne supporte pas ce mot, il me donne envie de vomir. Il y a des mots qui portent en eux une époque que l'on n'aime pas. Celui-là en fait partie. Je ne le supporte pas. Mais c'est exactement la même chose pour les femmes. Il n'y a qu'une féminité. Cela dit, si nous avions vécu dans les années soixante, quand tous les hommes travaillaient et que toutes les femmes étaient au foyer, j'aurais très bien pu rester à la maison avec Njaal. C'est le fait qu'une idéologie dominante, une pensée consensuelle, puisse gouverner ma propre vie que je ne supporte pas.

— En ce cas, c'est seulement un signe de protestation. Je veux dire, si ton but est de faire le contraire de ce que font les autres. Et tu es alors prisonnier toi aussi, comme tous les autres.

— Tu as raison sur ce point. Je retire ce que je viens de dire. Le problème, c'est qu'il est totalement absurde que quelqu'un puisse décider de la façon dont je dois me comporter avec mon propre fils. Tu sais, quand j'étais en Irak, pendant la guerre, sous les bombes, j'ai été interviewé par un journaliste de l'*Aftonbladet*. Tu sais ce qu'il m'a demandé ?

Je secouai la tête.

— Qui faisait la vaisselle chez nous ! Tu y crois ?

— Qu'as-tu répondu ?

— J'ai refusé de répondre à cette question. En plus nous avons un lave-vaisselle.

— C'est comme ça que tu appelles cette petite boîte qui fait la vaisselle ?

— Tu ne dois pas la sous-estimer. Nous ne nous sommes jamais autant disputés que pour savoir qui devait faire la vaisselle. Quand on a eu le lave-vaisselle, le problème a été résolu.

— Petits lave-vaisselle, petits problèmes.

— Pourquoi crois-tu qu'il m'ait posé cette question ? Ce qu'il voulait savoir, c'était si j'étais quelqu'un de bien ou pas. Si je m'occupais des tâches ménagères, j'étais quelqu'un de bien. Dans le cas contraire, je n'étais pas quelqu'un de bien.

— Hum, dis-je. On y va ? J'ai fini.

Nous nous levâmes, quittâmes le café pour traverser le parc en sens inverse. Je m'arrêtai devant un arbre abattu pour lire la pancarte qui se trouvait à côté. Il était écrit que l'arbre avait succombé à une maladie qui avait frappé presque tous les représentants de cette espèce en Scanie.

Quelle merde.

Je les rattrapai près de l'entrée du parc. Nous suivîmes un moment le trottoir le long de la clôture avant de tourner en direction d'une petite rue pittoresque bordée de petites maisons basses avec des fleurs qui poussaient le long des façades. L'inquiétude montait en moi à mesure que nous nous rapprochions de la voiture, donc de l'appartement. Rentrer me ramenait au roman. Je fumais, c'était une occupation et les occupations détournaient des pensées, sinon totalement, du moins un peu, et c'était toujours mieux que rien. Je fumais en fixant du regard ce qui m'entourait pour y concentrer mes pensées. Finalement je vérifiai mon portable, sur lequel personne n'appelait jamais.

— Quand Linda va-t-elle chercher les enfants ? demanda Geir alors que nous étions à une cinquantaine de mètres du parking.

— Maintenant, je crois. À quoi tu penses ?

— Je me demande s'il y aura quelqu'un à la maison pour accueillir Christina.

— Mais elle a un portable ?

— Oui.

— Elle prend bien le train à Båstad ?

— Non, je crois qu'elle part en voiture avec quelqu'un qui va dans le Sud.

Christina avait suivi une formation de photographe scolaire et elle devait prendre les photos de classe de plusieurs écoles dans la région de Stockholm tout l'automne. Elle l'avait déjà fait l'automne précédent, et l'argent qu'elle avait gagné pendant ces quelques mois leur avait permis de vivre toute l'année. Geir n'avait plus de poste à l'université et il ne recevait plus les indemnités qu'il avait perçues pendant un certain temps. Et sur mes recommandations, il avait déjà envoyé son livre, auquel il avait tout sacrifié, et qui n'était pas encore terminé, à une première maison d'édition puis à une deuxième, pour que son éditeur puisse intervenir rapidement dans le processus, mais le manuscrit avait été refusé par les deux maisons. Je ne savais pas comment ils s'en sortaient, il disait que ce n'était qu'une question de discipline. Ils ne faisaient leurs courses qu'à Willys, ils achetaient des produits en promotion en grandes quantités, et pour toutes les autres dépenses, comme les livres, les CD et les DVD, Geir passait des heures sur Internet à la recherche de la meilleure offre. Pour les vêtements, je ne savais pas vraiment mais, Christina ayant fait des études de styliste, je me disais qu'ils devaient porter des vêtements d'occasion qu'elle raccommodait et ajustait.

Geir appuya sur la clé et les phares de la voiture clignotèrent lorsque retentit un léger bip. J'ouvris la portière et je m'assis pendant qu'il ouvrait le coffre pour y mettre le vélo de Njaal. Je renversai la tête en arrière et fermai les yeux. Depuis l'extérieur, le bruit fait par le remue-ménage de Geir dans le coffre était neutre, un bruit quelconque, qui montait et se répandait dans l'air. Depuis l'intérieur, il était différent, le son envahissait la voiture, il en faisait partie, pour ainsi dire. La différence était énorme. Face à ce qui se déroulait dehors, on avait l'air en sécurité, alors que face à ce qui se déroulait dedans, on était sans défense.

Derrière les vitres de la voiture, Malmö se précisait. Les grands immeubles d'habitation à la périphérie du centre-ville, souvent construits en briques jaunâtres, se dressaient dans le ciel. Des rangées de fenêtres, de balcons et, entre les immeubles, des parkings et des espaces verts. Les quartiers résidentiels, où habitaient les plus riches, se trouvaient de l'autre côté de la ville, près de la mer. L'argent permet d'acheter de l'espace et de tenir les autres à distance. Mais il ne faut ni trop de place ni trop de distance : plus loin dans la forêt, on pourrait avoir autant de place que l'on voudrait, et le premier voisin serait à des kilomètres, mais quelqu'un de fortuné ne penserait pas un instant à habiter là. L'espace et la distance n'avaient de valeur que s'il y avait à proximité des gens qui disposaient de beaucoup moins d'espace et qui vivaient près de leurs voisins.

D'abord des supermarchés, des concessions automobiles, des centres commerciaux, des stations-service, puis des rangées de maisons, des magasins où des articles simples et bon marché étaient mis en évidence, puis, en se rapprochant du centre, des marchandises plus chères et plus luxueuses. Des gens qui arpentaient les trottoirs, le long des vitrines des boutiques, des voitures, elles-mêmes équipées de vitres, qui circulaient dans les rues, des feux tricolores et des passages piétons, des places et des terrasses de café, des petits parcs, des grands parcs, un canal, une gare. Des hôtels avec des drapeaux déployés au-dessus de l'entrée, des magasins de sport, des magasins de vêtements, des magasins de chaussures, des magasins de matériel électrique, des magasins de meubles, des magasins de lampes, des boutiques de tapis, des opticiens, des librairies, des magasins d'informatique, des commissaires-priseurs, des vendeurs de cuisines. Des boutiques de cadres. Des restaurants chinois, des restaurants thaïs, des restaurants vietnamiens, des restaurants mexicains, irakiens et iraniens, des restaurants turcs et des grecs, des restaurants français et des italiens, des fast-foods, McDonald's, Burger King, Pizza-Slice. Des cafés, des cinémas, une salle de concert. Des théâtres, un opéra, des jardins d'enfants, des disquaires, des arrêts de bus. Des agences pour l'emploi, des marchands de literie, des hôpitaux, des maisons de retraite, des médecins de garde. Des ophtalmologues, des otologues, des cardiologues et des pneumologues. Des dentistes, des orthopédistes, des psychologues, des psychiatres, des plombiers. Des pompes funèbres, des magasins de bricolage, des boutiques de décoration, des boutiques de photo, des banques, des écoles de yoga, des bars, des fleuristes, des magasins de diététique, des casinos, des tabacs, des magasins de sport de plein air, des magasins de vêtements d'enfant, des vendeurs d'accessoires pour bébés, des instituts de massage, des loueurs de voitures, des animaleries, des boutiques de jouets, des églises, des mosquées, des écoles, des syndicats d'initiative. Des instituts d'implants capillaires, des cabinets d'avocats, des agences de publicité. Des coiffeurs, des ongleries, des pharmacies, des boutiques de vêtements pour les obèses, des bandagistes, des magasins de vêtements de travail, des magasins de jardinage, des bureaux de change. Des magasins d'instruments de musique, des magasins de jeux vidéo, des points de vente de titres de transport, des vendeurs hi-fi et TV, des stands de saucisses, des kiosques de falafels, des magasins de valises et de sacs de voyage. Tout ce monde énorme, avec sa myriade de détails, se divisait en systèmes imbriqués les uns dans les autres et incroyablement bien organisés, qui maintenaient tout absolument séparé, d'abord en le divisant en secteurs – par exemple les joints de robinet ne se trouvaient pas au même endroit que les cordes de guitare, et un roman de Danielle Steel ne se trouvait pas au même endroit qu'un roman de Daniel Sjölin –, comme une sorte de premier tri grossier, puis en attribuant aux différentes marchandises ou aux services une certaine valeur, en les classant selon une méthode qui n'était enseignée nulle part, dans aucune école ou institution, et que l'on devait donc apprendre par soi-même, et qui, en outre, était fluctuante. Quelle était la différence entre un jean

McGordon de chez Dressmann et un jean Acne, ou entre un jean Tommy Hilfiger et un jean Cheap Monday, un Ben Sherman ou un Levis', un Lee ou un J. Lindeberg, un Tiger ou un Boss, un Sand ou un Peak Performance, un Pour ou un Fcuk ? Quel signal renvoyait un roman d'Anne Karin Elstad par rapport à un roman de Kerstin Ekman, et comment se situaient-elles par rapport à un recueil de poèmes de Lars Mikael Raattamaa par exemple ? Pourquoi était-il un peu plus raffiné, mais pas tant que cela, de lire Peter Englund plutôt que Bill Bryson ? Qu'est-ce qui faisait que l'on ne puisse plus dire son admiration pour Salman Rushdie sans apparaître complètement culturellement *out*, comme si l'on était resté coincé à la fin des années quatre-vingt, mais que l'on puisse encore le faire pour V. S. Naipaul ? C'était tout un ensemble de connaissances qui me permettait d'aller dans une boutique de vêtements qui vendait un jean ou une veste parmi les plus prisés du moment, de choisir les livres qui donnaient le plus de crédit intellectuel dans une librairie, d'acheter les disques qui étaient considérés comme les plus sophistiqués, même s'ils appartenaient à des traditions et à des styles auxquels je ne connaissais pas grand-chose, comme le jazz ou le classique, mais dont j'avais capté suffisamment d'éléments çà et là pour pouvoir me débrouiller, et peut-être, un jour de chance, apparaître comme un vrai mélomane ? C'était presque la même chose dans tous les domaines. Je savais pertinemment bien quels canapés ici renvoyaient quels types de signaux, comme pour les bouilloires, et les grille-pain, les chaussures de jogging et les sacs à dos. Même quand il s'agissait de tentes, j'étais plutôt bon. Ce savoir n'était inscrit nulle part et était à peine reconnu comme tel, il correspondait plus à une forme de certitude que l'on pouvait avoir sur le statut des choses, et il fluctuait selon les couches sociales ; ainsi, quelqu'un qui appartenait à la classe supérieure aurait pu mépriser mes préférences et mes connaissances en matière de canapés, comme moi je pouvais mépriser celles des gens qui appartenaient à un groupe social inférieur au mien, pas en les dénigrant en tant que personnes – je ne me le permettrais même pas dans mes rêves –, mais en dénigrant leurs goûts. Je refuserais peut-être même de le dire tout haut, de peur de passer pour un homme qui a des préjugés, mais je m'autoriserais à penser : mon Dieu, quel horrible canapé. Ce savoir, sur presque toutes les marques et leur signification pratique et sociale, était énorme et il m'arrivait de penser qu'il ne se distinguait pas fondamentalement dans sa forme du savoir des peuples que l'on appelle primitifs, puisqu'ils connaissaient non seulement le nom de chaque plante, arbre ou buisson de leur environnement, mais aussi leurs propriétés et leur usage, ni du savoir qu'ont acquis nos propres cercles culturels depuis quelques générations, au XVIIIe siècle par exemple, quand la plupart connaissaient également le nom de toutes les plantes et de tous les arbres des environs, ainsi que le nom de tous ceux qui vivaient dans le même village, tant ceux des vivants que des morts des générations précédentes, de même qu'ils connaissaient le nom de toutes les localités, petites et grandes, des environs. Ils connaissaient bien sûr aussi le nom de tous les outils qu'ils utilisaient et des travaux qu'ils exécutaient, de tous les animaux et des parties et organes de ces animaux. Ce savoir, ils n'y pensaient pas, ils ne l'exhibaient pas, puisqu'ils n'en avaient pas conscience, tant il faisait partie de ce qu'ils étaient. Il en va de même pour notre vaste stock de connaissances, par exemple sur la différence entre la moutarde forte et la moutarde douce, une saucisse grillée et une saucisse frite, une saucisse avec du fromage ou enroulée dans du bacon, le pain à hot dog ou le pain en tranches, l'oignon cru ou l'oignon cuit au stand grillades des stations-service, ou sur la différence entre les marques de moutarde au supermarché : la moutarde française de Dijon, la moutarde anglaise de Colman ou la moutarde de Scanie, sans parler du vin qui constitue un réel marqueur culturel et qui concentre de nombreuses significations sociales. Comme ceux avant nous, nous ne pensons pas non plus à toutes les connaissances qui sont nécessaires pour traverser une journée, nous n'en avons pas conscience, elles sont une part de nous-mêmes, elles sont ce que nous sommes. Notre monde est fait ainsi : Blaupunkt, plutôt que des bleuets, Rammstein, plutôt que des renoncules, Fiat, plutôt que des fuchsias.

L'une des trois places de parking au bout de la rue Brogatan, juste à côté de la porte de derrière, était libre quand nous arrivâmes ; ce n'était presque jamais le cas, et je dis à Geir que nous avions une sacrée chance de pouvoir nous garer là.

Le soleil, qui, quand nous étions partis, était au-dessus de l'agence pour l'emploi, se trouvait maintenant au-dessus de la banque et ses rayons, qui tombaient de biais sur nous, étaient filtrés par la frondaison de l'arbre qui poussait dans les quelques mètres carrés qui ne portaient pas de nom entre la rue Brogatan et la rue Föreningsgatan, du coup le toit et la carrosserie de la voiture scintillaient dans un jeu d'ombre et de lumière présentant des nuances de rouge qui passaient d'un rouge très lumineux, intense, à un rouge mat, plus sombre.

Je sortis la clé de ma poche et traversai la place restée à l'ombre presque toute la journée et dont la température était sensiblement plus basse que celle que l'on ressentait quelques mètres plus loin, je posai le badge orange sur la plaque, tirai la porte vers moi et la tins ouverte pour que Geir et Njaal puissent passer. Je descendis les marches derrière eux, ils s'arrêtèrent en bas devant la porte du couloir, que j'ouvris de la même façon. L'air était frais et sentait la brique avec un relent de moisi, comme dans tout sous-sol. De l'autre côté de la porte, alors que nous pénétrions dans le couloir, parut la dame polonaise qui habitait deux étages en dessous, elle tenait un sac Ikea bleu dans une main, et de l'autre son petit-fils. Je la saluai, mais elle ne nous vit pas, ou bien fit comme si elle ne nous avait pas vus, et nous avançâmes dans le couloir. J'appuyai sur le bouton de l'ascenseur, qui se trouvait à l'étage au-dessus et qui arriva en glissant quelques secondes plus tard.

— On va voir si maman est arrivée, dit Geir.

— Et Vanja et Heidi, ajouta Njaal.

La poussette de John était devant la porte de l'appartement et, quand j'ouvris, le paillasson à l'intérieur était recouvert d'un tas de chaussures.

— Hello ! lançai-je.

— Hello, répondit Linda de la cuisine.

J'avançai un peu pour faire de la place à Geir et à Njaal. Au moment où je me penchais pour enlever mes chaussures, Linda apparut la première, suivie de Christina. Njaal passa en courant près de moi. Linda rayonnait comme quand elle était joyeuse, elle avait cette expression radieuse et charmante, qui se voyait surtout à l'éclat de son regard, plus pénétrant, mais aussi à la teinte légèrement rosée de ses joues. Elle souriait de tout son corps. Je me relevai, nous nous enlaçâmes.

— Tu m'as manqué, murmura-t-elle.

— Ça fait du bien de t'avoir de nouveau à la maison, dis-je, le visage presque enfoui dans son cou.

— Bonjour, Karl Ove, dit Christina en levant les yeux.

Elle s'était accroupie devant Njaal pour lui demander ce qu'il avait fait durant la journée.

— Bonjour. Cela me fait plaisir de te voir.

Elle se releva, et nous nous étreignîmes brièvement. Derrière nous, Linda et Geir firent de même. Njaal tirait sur le chemisier de sa mère, il voulait qu'elle vienne avec lui dans le salon, apparemment. Elle me sourit d'un air d'excuse et le suivit.

— Ç'a été facile d'aller chercher les enfants ?

Linda acquiesça, posant la main sur ma hanche.

— À quelle heure vous êtes rentrés ?

— Il y a une heure environ. Je leur ai acheté à chacun une glace.

— Tu as bien fait. Je n'ai pas encore acheté les crevettes. Je pensais y aller en vitesse tout à l'heure.

J'allai dans la cuisine, emportai la cafetière vers l'évier, où je jetai le vieux filtre dans la poubelle avant de vider le reste de café du matin et de la rincer ; l'eau, à travers le verre que je n'avais pas lavé, prit une teinte un peu jaunâtre.

Linda s'assit à la table, attrapa une des pommes dans la grande jatte bleue presque plate que nous avions empruntée un jour à son frère et que nous ne lui avions jamais rendue. C'était de la céramique ornée d'un motif arabisant noir qui contrastait joliment avec le jaune des pommes et des bananes.

— Tu as le bonjour d'Helena et de Fredrik, dit-elle en mordant dans le fruit.

— Merci. Ils vont bien ?

Elle acquiesça tout en mâchant.

Geir, qui passait dans le couloir, nous lança un coup d'œil, et d'après les bruits je déduisis qu'il venait de s'asseoir sur le canapé.

— Mais c'est quand même bon de rentrer à la maison. Je n'avais jamais été loin des enfants si longtemps.

— C'est fou. Combien de temps es-tu partie ? Trois jours ? Ce n'est rien.

— Mais c'était assez. Tiens, j'ai eu une discussion avec un homme dans le train. Il est directeur dans une école. Il m'a proposé de faire des remplacements chez eux. J'ai son numéro. Tu vois, j'ai trouvé du travail !

Je versai de l'eau dans la cafetière, remis le porte-filtre en place, y déposai un filtre et comptai six cuillers de café pleines à ras bord, avant de l'allumer.

— C'est vraiment ce que tu veux ? Je croyais que tu voulais écrire. Et faire des programmes de radio ?

— Je n'y arriverai jamais. Cela coûte si cher de créer un programme pour la radio toute seule. J'ai besoin de faire quelque chose de simple. Qui ait un cadre fixe. Comme aller à l'école, enseigner, rentrer à la maison.

— Qu'est-ce que tu vas enseigner ?

Elle haussa les épaules.

— Ce que l'on me proposera. Je dois juste lire le programme avant.

— C'est vrai.

— Tu n'as pas l'air convaincu.

— Si si. Ce serait vraiment génial que tu aies un travail fixe.

Je pris une pomme à mon tour, et m'assis en face d'elle.

— Tu n'as pas pu penser à autre chose qu'aux mails ?

— Non, dis-je.

— Essaie de laisser tomber.

— Je n'y arrive pas. Cela me colle à la peau. C'est complètement irrationnel, bien sûr. C'est comme si quelqu'un était mort. Je parle de l'intensité de la sensation. C'est une impression affreuse qui ne s'arrête jamais. Même quand je n'y pense pas, c'est là.

— Il faut que tu sortes de cet état. Tu ne peux pas écrire quatre romans en un an et en plus être obsédé par cette histoire de mails.

— C'est ce que je te dis, je ne peux pas.

— Veux-tu que je les lise ? Cela te fera peut-être du bien qu'on en parle ?

— Oui, bonne idée.

J'allai dans la chambre, où l'ordinateur était resté allumé, je posai la pomme sur mon bureau et ouvris le navigateur. Linda entra au moment où le premier message s'affichait sur l'écran.

— Ça, c'est le premier, dis-je en reprenant ma pomme. Tu sais où trouver les autres ?

Elle acquiesça et s'assit. J'allai dans le salon, où Vanja et Heidi jouaient avec un Playmobil sur le lit que nous avions poussé contre le mur et recouvert d'un plaid bleu à fleurs, et qui faisait office de canapé, Njaal avait à la main une épée en plastique qu'il pointait sur Christina, qui tourna la tête vers moi et sourit, un peu tendue, me sembla-t-il.

— Tu sais où est John ? lui demandai-je.

— Il dort, je crois. C'est ce qu'il faisait en tout cas.

Njaal ne s'occupait que d'elle, certainement en réaction à la situation compliquée que la présence de Vanja et de Heidi provoquait. Elles avaient l'habitude d'être ensemble, il était fils unique, alors c'était avec sa mère qu'il jouait.

— Je crois qu'il y a un bandeau de pirate dans le pouf. Et un crochet pour la main. N'est-ce pas, Vanja ?

— Je ne sais pas.

— Tu peux regarder ?

— Mais on est en train de jouer !

— Njaal va le trouver tout seul, dit Christina. D'accord, Njaal ?

— Vlan ! dit-il en la frappant sur la cuisse du plat de l'épée, un jouet qui n'était ni en plastique ni en bois, mais dans une autre matière qui ressemblait à du caoutchouc, en plus dur, et dont le tranchant avait déjà commencé à s'émietter.

J'allai dans l'autre pièce, où Geir feuilletait un livre.

— Tu veux du café ?

— Oui, merci.

— Il sera bientôt prêt.

Je m'assis sur une chaise de l'autre côté de la table et mâchai le reste de ma pomme. J'avais l'habitude de manger entièrement les pommes, même le trognon, je ne laissais rien, je l'avais toujours fait depuis que j'étais petit. Il y avait en cela quelque chose – peut-être le léger goût âcre dans la queue et dans les pépins ou la consistance du fruit qui se désagrégeait – qui me rappelait toujours mon enfance, comme si cette anomalie, parce que j'avais en effet l'impression de faire un petit écart, créait la possibilité de faire de nouvelles expériences, en s'extrayant des normes habituelles auxquelles renvoyait le goût de cette chair blanche et savoureuse. Mais ces espaces ne s'ouvraient pas en grand, c'était plutôt comme de petits coups du passé qui venaient piquer ma conscience, la sensation de doigts sur un anorak bleu foncé dans la rue devant la maison, au crépuscule, ou la pluie qui commençait à tomber un dimanche matin alors que les bandes de neige s'étalaient çà et là au bord de la route et que les roues de vélo s'enfonçaient dans une petite flaque de boue sur le chemin gravillonné.

— Qu'est-ce que tu lis ? dis-je en posant les avant-bras sur les bras de mon siège.

Il ne me répondit pas. Je jetai un coup d'œil par la fenêtre. À travers les stores je distinguai une partie du balcon et les toits par-derrière.

— Daniel Defoe. À propos de la peste de Londres. Tu l'as lu ?

Il leva les yeux, et je le regardai.

— Qu'est-ce que tu crois ? L'hypothèse que tu choisisses ici un livre que j'ai lu est infime.

— Tiens, Njaal, entendis-je Vanja dire dans la pièce d'à côté.

— Merci, dit Njaal.

Une seconde plus tard, Heidi apparut à la porte. Elle portait maintenant une robe d'été blanche avec un motif rouge.

— On peut voir un film, papa ?

— Pas quand nous avons des invités. Va jouer avec Njaal. On va bientôt manger de bonnes choses.

— Quoi ?

— Des crevettes.

— Des crevettes ?

— Oui.

— C'est bon ?

— J'imagine que oui.

Elle me considéra avec une expression sceptique. J'adorais cette expression.

— Njaal joue avec Vanja, reprit-elle.

— Voyons, il y a deux secondes, c'était toi qui jouais avec Vanja. Il n'a pas pu se passer beaucoup de choses depuis. Débrouille-toi.

— Quoi ?

— Allez, va jouer avec les autres.

Elle se tourna et regarda dans l'autre pièce. Je me levai pour aller à la cuisine, où le café noir attendait dans son récipient. Je poussai le porte-filtre pour que le café ne coule plus quand j'enlèverais le récipient et je le versai dans la thermos à café, la thermos Stelton rouge que nous avions un jour reçue en cadeau d'Axel et Linn, je ne me souvenais plus à quelle occasion.

Linda arriva du couloir.

— Tu veux du café ? demandai-je quand elle entra.

Elle accepta. Son visage était beaucoup moins rayonnant que quelques minutes plus tôt. Il semblait vidé de tout sentiment et il avait perdu ses couleurs.

— C'est vraiment affreux. Comment peut-il écrire

de telles horreurs ? J'ai peur pour toi, Karl Ove. Qu'on veuille ta peau.

— Détends-toi ! Il est furieux, c'est tout.

— Non. Il est fou. Il a complètement perdu la tête. C'est dangereux. Il est totalement imprévisible.

— Non, non. C'est désagréable, c'est vrai. Mais ce n'est pas dangereux. Je te le promets. Ça va bien se passer. Tu veux du café ?

Elle accepta et je me rappelai qu'elle avait déjà répondu oui. Je sortis quatre tasses, marron à l'extérieur avec une vague nuance de rouge et blanches à l'intérieur, et les quatre soucoupes assorties, elles aussi marron. En réalité, ces tasses allaient avec une autre sorte de cafetière, une cafetière à l'italienne, mais elles convenaient aussi pour le café filtre ordinaire, et si cela pouvait trahir mon manque de savoir-vivre le café était seulement pour Geir et Christina, que je n'avais jamais soupçonnés de rire de nous après nous avoir rendu visite. Mais on ne pouvait jamais savoir.

Non, j'étais sûr qu'ils ne le faisaient pas.

J'emportai la thermos et les tasses dans le salon, où Geir m'attendait, je posai le tout sur la table et m'assis. Me rappelant que Linda prenait du lait dans son café, je me relevai, sortis la brique de lait du réfrigérateur de la cuisine – d'après l'étiquette, il était bon jusqu'à ce jour –, l'ouvris, et j'étais en train de la renifler au moment où, dans le salon, Geir demanda à Linda si elle avait lu les messages ; comme le lait ne semblait pas avoir tourné, je l'emportai et le posai sur la table du salon, à côté de la thermos de café, pendant que Linda racontait à quel point elle trouvait la situation horrible.

— Qu'est-ce qui va se passer s'il y a un procès ? dit-elle. Tu devras peut-être passer l'automne en Norvège. Qu'est-ce que je vais faire alors ? Comment est-ce que je vais me débrouiller ici, seule avec les enfants ? Et comment arriveras-tu à résister à la pression ?

Geir sourit d'un de ses sourires sardoniques et me regarda pendant qu'elle parlait. Linda intercepta bien sûr son regard. Je vis une soudaine colère monter en elle, à laquelle elle ne pouvait pas donner libre cours pour l'instant, en présence de nos invités, et qui laissa place à une ombre dans ses yeux. Elle me lança un regard noir avant de se lever et de sortir de la pièce. J'adressai à Geir un regard désapprobateur, mais il l'interpréta de travers et crut que c'était Linda que je désapprouvais. Il sourit à nouveau – à moins qu'il ne sourie simplement de tout.

— Sers-toi du café, dis-je.

Je sortis voir Linda, qui était déjà dans la chambre lorsque je la rejoignis.

Le printemps où Linda et moi étions tombés amoureux, nous étions sortis une ou deux fois en compagnie de Geir et Christina ; à cette époque, nous étions entièrement absorbés par nous-mêmes, nous nous embrassions, nous nous caressions, nous ne pouvions pas nous empêcher de nous toucher, et même quand je voyais Geir seul, dans mon appartement par exemple, j'étais toujours focalisé sur elle, je rayonnais de bonheur et j'écoutais ce que Geir disait sans vraiment l'écouter, car je n'étais plus un être humain, j'avais l'impression d'être autre chose, une créature qui planait dans le ciel au-dessus du monde et des affaires du monde. J'étais un homme céleste, elle était une femme céleste, et ensemble nous aurions un enfant céleste. Mais nous étions revenus sur terre. Le céleste avait disparu, un autre genre de relation avait commencé.

Linda en avait parlé dans une nouvelle, deux amoureux étaient couchés dans un lit et discutaient : un jour dans son enfance, elle avait vu un oiseau bizarre et elle le lui décrivait, elle disait qu'elle n'avait jamais vu auparavant ni revu depuis un tel oiseau, et il s'était avéré que lui aussi avait vu un oiseau semblable dans son enfance, c'était donc ce que signifiait être un homme céleste et être une femme céleste, tout allait ensemble, tout avait un sens. Mais dans la nouvelle c'était la fin de quelque chose, et elle comparait cette fin au dernier jour dans une maison d'été, quand tous les bagages sont prêts, les fenêtres fermées et la porte verrouillée. C'était pareil pour nous. Nous avions été dans un lieu empli de lumière, désormais nous partions ailleurs. Elle en avait peur, c'était un endroit plus sombre. Et parce qu'elle en avait peur, elle cherchait à me retenir près d'elle. C'était nouveau, je n'avais encore jamais vécu ça, et je pris peur moi aussi. Nous commençâmes à nous disputer, et son appartement, où j'avais emménagé, se mit à rétrécir. Quand nous nous disputions, elle me rappelait mon père, parce que j'avais peur de ses cris, de sa colère subite, que je ne savais pas gérer, cela me rabaissait, et quand c'était fini je restais toujours en alerte, je cherchais à lui faire plaisir, j'étais à l'affût de marques d'insatisfaction de sa part, et cette soumission, le fait de toujours chercher à être gentil et à la satisfaire, rendait notre relation de plus en plus compliquée, en même temps je cherchais à me dégager, je voulais vaincre ma dépendance, devenir moi-même, avoir mon espace à moi, et je commençai à me montrer aussi furieux qu'elle quand nous nous disputions, peut-être encore plus furieux parce que c'était de moi-même que je voulais me libérer, de mes blocages intérieurs. Elle faisait des études, j'essayais d'écrire, le week-end nous cherchions à retrouver ce que nous avions eu. Un dimanche, nous tombâmes sur Geir et Christina dans un restaurant, Linda et moi devions aller quelque part ensuite, et je les invitai à nous accompagner. Ils acceptèrent,

Linda me souffla au creux de l'oreille que Geir l'avait fait exprès, ne voyais-je pas qu'il l'avait fait exprès, il voulait tout gâcher entre nous. Je ne compris pas, nous passions presque tout notre temps ensemble, cela ne lui suffisait donc pas, ne pouvions-nous pas voir aussi d'autres personnes ?

Un jour, Geir débarqua dans l'appartement de Linda, nous allions sortir, il se promena partout sans gêne, et regarda tout, comme s'il voulait lui faire savoir qu'il lisait en elle comme dans un livre ouvert. Je vis bien qu'elle était en colère, c'était une provocation, mais je ne savais pas quoi faire, il devait pourtant être possible d'avoir un ami et une petite amie sans que l'un gâche la vie de l'autre. Geir avait grandi avec une mère très angoissée, elle avait perdu son père quand elle était petite, et toute sa vie elle s'était accrochée à ceux qui lui étaient le plus proches, et, selon Geir, c'était une experte dans ce domaine, elle utilisait tous les moyens possibles pour atteindre son but, et donner aux siens mauvaise conscience était l'un des plus inoffensifs. Aussi, quand soudain je fus moins disponible, quand soudain je dus rester tout le temps à la maison, il pensa que notre relation obéissait au même schéma. Il avait dû se libérer et tout ce qui avait trait à l'intimité, tout ce qui avait trait aux demandes et aux liens, il en avait horreur. Au même moment, il s'attacha à Christina. Et Christina était comme moi à de multiples égards, c'était quelqu'un qui supportait et restait là, qui faisait plaisir aux autres, tout en étant, comme moi, encline au solipsisme et d'un naturel solitaire, elle aurait été la dernière personne vivante sur terre que cela ne l'aurait pas dérangée. Moi non plus. Je gardais au-dedans de moi une grande distance à laquelle je maintenais les autres, en même temps j'étais très influençable et je pouvais me laisser enchaîner sans parvenir à me libérer. Une amitié ne lie pas, si elle le fait, ce n'est plus une amitié. Mais une relation amoureuse lie, elle est plus profondément ancrée dans les émotions, oui, dans le cœur de la vie, une relation amoureuse est vraiment un lien ; si l'on n'est pas liés l'un à l'autre, ce n'est pas une relation amoureuse, mais une amitié. Quand on me proposait du travail quelque part, Linda me disait : Et moi, tu y as pensé, si je me retrouve seule, comment vais-je faire ? Même si nous n'avions pas d'enfants à cette époque, je refusais les propositions et renonçais parce qu'elle ne pouvait pas rester seule, et quand nous eûmes des enfants cela devint dix fois pire, puisqu'elle se serait retrouvée seule avec les enfants et, si je partais, je serais responsable à la fois de sa solitude et de la charge que représenteraient pour elle les enfants en mon absence, je serais un de ces hommes qui ont abandonné leurs enfants, un de ceux qui ne pensent qu'à eux-mêmes, à leur travail et à leur carrière. Je ne voulais pas de cela, alors je déclinais et restais à la maison. Même les plus courtes escapades étaient difficiles, comme mes deux heures de football le dimanche : quand Linda ne se sentait pas bien, elle se mettait en colère avant que je parte, ce n'était pas juste qu'elle doive rester seule avec les enfants, son fardeau était beaucoup trop lourd, elle n'en pouvait plus, elle était épuisée, elle était au bord de l'effondrement. Je répondais que c'était ma seule occupation en dehors de l'appartement. Je ne sortais jamais le soir, je n'allais jamais au cinéma, je n'allais jamais voir des amis, je restais avec eux vingt-quatre heures sur vingt-quatre, et pendant toute la semaine je me réjouissais d'avance de ces deux heures de football. Mais elle, elle ne faisait rien seule, rétorquait-elle, c'était un luxe qu'elle ne pouvait se permettre, elle n'avait pas le loisir de sortir quand elle en avait envie. C'était un mauvais argument, je pouvais répliquer que j'aurais pourtant bien voulu qu'elle le fasse. Vas-y, pouvais-je lui dire, tu peux partir trois jours par semaine, si tu veux. Je peux m'occuper des enfants seul, il n'y a aucun problème. Ça se passera bien. Alors elle pouvait objecter que c'était plus facile pour moi d'avoir les enfants, qu'ils me demandaient moins qu'à elle, que je pouvais m'asseoir et lire le journal quand j'étais avec eux, alors qu'elle ils la harcelaient continuellement. C'est vrai, pouvais-je répondre, mais est-ce vraiment un argument ? Ce que tu dis, c'est que même si nous avons les enfants à temps égal, ton fardeau est plus lourd, parce que tu te comportes avec les enfants différemment et qu'ils te demandent plus. Qu'allons-nous faire alors ? Faut-il que j'aie les enfants soixante-dix pour cent du temps et toi trente pour cent pour que ce soit juste ? Ça me va. Je peux même prendre les enfants à cent pour cent s'il le faut. Je peux les prendre tout le temps. Ça se passera bien. Et tu le sais. Peut-être pour toi, oui, répondait-elle, mais pas pour les enfants. Et là elle pouvait changer de stratégie et dire que je jouais toujours au football le week-end, quand les enfants n'étaient pas au jardin d'enfants et que nous aurions donc pu faire quelque chose tous ensemble. C'est vrai, concédais-je, mais je rentre à midi, et il est encore temps de faire quelque chose tous ensemble après. En plus nous étions tous ensemble le reste de la semaine, à part quand ils étaient au jardin d'enfants, donc ces deux heures ne pouvaient faire de mal à personne. Mais la semaine, ce n'était pas la même chose, disait-elle, il y avait plus de corvées, nous n'avions que le week-end pour passer du bon temps ensemble, tous ensemble, comme une vraie famille. Sinon, il fallait comprendre que nous n'étions pas une vraie famille. Et nous pouvions continuer longtemps comme cela. De temps en temps j'étais si furieux que j'essayais sciemment de la punir, pour lui donner mauvaise conscience et lui montrer combien tout devenait pénible si tout n'était qu'obligations, mais c'était alors les enfants que je punissais, pas elle. Parfois je sortais jouer au foot quand même, ce qui voulait dire que j'étais un mauvais mari et un mauvais père qui ignorait ses responsabilités et abandonnait sa famille. Et quand je rentrais, je retrouvais la plupart du temps un appartement en proie aux pleurs et au chaos. Linda disait : Regarde, voilà ce qui arrive quand tu te montres égoïste. Un dimanche, après avoir joué au foot sous une pluie battante pendant deux heures, alors que j'enfourchais mon vélo, déprimé par la perspective d'avoir à rentrer, je me rappelai soudain, avec une force quasiment libératrice, que Linda n'était pas à la maison. Que c'était sa mère qui était là. Que rentrer soit un soulagement parce que c'était sa mère et non Linda qui était là équivalait à me dire que la situation ne pouvait plus durer. Un homme ne devrait pas avoir peur de rentrer chez lui. Il fallait que je parte. Je n'allais pas bien, pas quand j'étais seul, mais quand j'étais avec elle, et pourquoi ma vie devrait-elle être ainsi ? Être mal, je pouvais le supporter, mais là c'était bien pire, j'étais dans un état épouvantable. À cette époque, je faisais pratiquement tout à la maison, en plus de mon travail, ce qui n'était pas son cas, et pourtant elle maintenait que nous n'étions pas égaux, parce que sa part à elle était plus lourde. Mais moi, je travaille en plus ! criais-je presque. Il faut que je subvienne aux besoins de la famille ! Elle aurait pu le faire elle aussi, mais, parce qu'elle avait donné naissance à trois enfants, elle avait quitté le marché du travail si longtemps qu'il était pratiquement impossible d'y retourner. C'était un terrain glissant, où je devais être prudent. Certes, elle était restée à la maison les six premiers mois avec Vanja, mais les six mois suivants cela avait été mon tour. Elle était restée à la maison pour Heidi et John, mais nous avions alors trois enfants et elle devait s'occuper en priorité du petit dernier, j'avais donc beaucoup à faire moi aussi. Par chance, je travaillais à la maison, elle m'avait donc toujours sous la main. Je ne pouvais plus consacrer que cinq heures par jour à mon travail, qu'en réalité elle ne respectait pas. Je n'étais ni pilote ni chirurgien avec des horaires réguliers et des obligations clairement définies, j'étais un écrivain qui, pendant des années, avait écrit la même chose sans arriver nulle part. Qu'elle appelle ça construire sa carrière était une insulte aux carriéristes. Et qu'elle s'estime exclue du marché du travail sans pouvoir y retourner, comme si elle avait été mise dehors par une société d'hommes hostiles aux femmes, n'était pas entièrement vrai, car depuis que je la connaissais, elle n'avait jamais été sur le marché du travail. Elle était écrivaine et avait un diplôme de documentariste radio, et si elle n'avait réalisé aucun documentaire depuis la fin de sa formation, ce ne pouvait être seulement parce qu'elle devait rester à la maison avec les enfants, qui allaient désormais au jardin d'enfants. La vie avec les enfants lui prenait toutes ses forces et elle n'arrivait pas à travailler, mais tous les deux on s'occupait des enfants dans les mêmes proportions, et moi, j'arrivais à travailler. Était-ce un piège typiquement féminin ? Passait-elle plus de temps que moi à changer les couches et à les emmener à l'aire de jeux ? Elle le pensait et malgré tout ce que je faisais à la maison, malgré tout ce que je m'efforçais de faire, ce n'était jamais assez. La façon dont ma vie était dominée représentait pour moi une immense frustration, et j'en avais tellement honte que je ne pouvais pas le confier à mes amis, ils n'auraient pas cru que je vivais dans une relation qui m'interdisait de jouer au foot deux heures par semaine et où même les minutes passées sur le balcon à fumer auraient pu m'être refusées par Linda, ou plutôt auraient pu être utilisées pour me démontrer que je ne pensais qu'à moi, puisque, elle, elle n'avait même pas droit à quelques instants paisibles, elle devait toujours rester à l'intérieur pendant que je pouvais filer et prendre des pauses à ma guise. Me plier à tout cela, en être prisonnier, c'était humiliant et je ne pouvais pas en parler. Sauf avec Geir. À lui, je racontais tout. Linda devait le sentir et elle supposait peut-être que Geir me conseillait de partir, puisque lui vivait une situation inverse, une vie affranchie des obligations quotidiennes. Mais ce n'était pas le cas, il disait et me rappelait constamment que c'était l'angoisse qui s'exprimait, pas Linda. L'angoisse dévore les gens de l'intérieur, elle est plus grande qu'eux, monstrueuse et insatiable, et elle dévore les relations, parce que la seule chose qu'elle souhaite, c'est que l'on soit constamment blottis l'un contre l'autre.

« C'est l'angoisse, ce n'est pas Linda, disait-il. Linda est intelligente, capable, douée. Elle sait tout ça. Maman était fière de moi quand je me libérais de son emprise. Elle était aussi fière de moi quand je sautais en parachute ou quand je sortais et me soûlais. Parce qu'elle comprenait pourquoi. Ça aussi, c'était elle. Mais l'angoisse était tellement plus forte. Elle était morte de peur et faisait tout ce qu'elle pouvait pour que je reste près d'elle. Je ne pouvais pas tenir compte de ces sentiments, même quand elle pleurait comme une madeleine. Elle a dû tuer toute empathie en moi. Heureusement papa ne connaissait pas l'angoisse. Je ne pense pas qu'il ait jamais su ce que c'était. Je ne l'ai jamais vu effrayé ou inquiet. Mais ils vivaient ensemble. Je ne me serais jamais marié avec maman ni n'aurais fait des enfants avec elle. Je pouvais partir, et c'était la seule chose à faire. C'est différent pour toi. Vous êtes mariés. Quand

Linda va bien, tu peux faire ce que tu veux. Quand elle est angoissée, elle doit t'avoir près d'elle. Cela te détruit. Mais tu es toujours là. »

C'est ce qu'il me disait. Cela me permettait de voir la situation de l'extérieur et de faire la différence entre nos rôles et nos personnes. C'était toujours Linda, Linda que j'avais aimée plus que personne au monde, avec qui j'avais trois enfants merveilleux, et qui, quand elle allait bien, ne voyait de problème nulle part ; elle était alors la générosité même : Vas-y, disait-elle le dimanche matin, mon beau footballeur, on se débrouillera, on ira peut-être voir Jenny ou Bodil, ou on fera un tour au parc, tu téléphoneras quand tu auras fini, comme ça on pourra se retrouver et faire quelque chose de sympa ensemble. À moins que tu ne veuilles rentrer pour travailler un peu. Quand elle allait bien, elle pouvait travailler sans difficulté, elle écrivait pendant que les enfants étaient au jardin d'enfants, je lisais ce qu'elle avait écrit, et c'était aussi léger et exubérant qu'elle l'était elle-même, et avait le même genre de profondeur abyssale, ce que je ne cherchais plus à voir puisque cela disparaissait trop rapidement dans toutes nos tâches quotidiennes, mais qui, quand je l'apercevais, soit dans quelque chose qu'elle avait écrit, soit en elle lorsque nous étions ensemble, semblait réapparaître. Mais ces deux aspects de sa vie et de notre vie ne s'équilibraient pas, et la frustration que je ressentais à l'égard de cette dernière ne cessait de grandir, de plus en plus violemment, je vivais une vie marquée par la contrainte, qu'elle soit intérieure ou extérieure, cela ne faisait aucune différence, c'était une contrainte, une obligation, ce n'était pas ce que je voulais, et ça le serait de moins en moins. La limite se rapprochait, j'attendais peut-être un dernier élément déclencheur. Dans nos disputes, j'avais commencé à menacer de la quitter. Nous partagerions tout alors, à parts égales, elle aurait les enfants à cinquante pour cent, je les aurais à cinquante pour cent, elle devrait gagner son argent et moi le mien. Quand je disais cela, elle s'effondrait, elle me suppliait de ne pas le faire. Ne t'en va pas. Je ne partais pas, je savais que cela détruirait sa vie, comment se débrouillerait-elle toute seule ? Ensuite, lorsque la dispute était terminée, il restait toujours de l'espoir. Toujours la promesse d'un changement.

Ainsi, sa réaction en ce jour d'août 2009, après qu'elle eut intercepté le regard que Geir m'avait lancé, devait être replacée dans ce contexte. Le regard de Geir signifiait : Je comprends ce que tu veux dire, Karl Ove, elle rapporte à elle les menaces de Gunnar. Comment cela va-t-il se passer pour moi, comment vais-je me débrouiller ? Et, par extension : Comment peux-tu me faire ça ? Elle reconnaissait dans le regard de Geir la manière dont je nous voyais et elle se sentait mise à nu. Geir et moi ligués contre elle. Ce n'était pas vrai, mais, d'une certaine façon, elle avait bien été mise à nu, puisque je m'étais confié à Geir. Ce n'était pas une trahison, j'avais besoin de parler à quelqu'un d'extérieur, mais cela y ressemblait parce que c'était tout à coup devenu visible. J'avais aussi perçu autre chose dans son regard, elle pensait que je me laissais influencer par Geir au point que ses convictions étaient devenues les miennes, que d'une certaine façon il m'avait lavé le cerveau et que la distance que j'avais mise entre elle et moi, le résultat de ma frustration, y était en partie due. Geir devait me chuchoter à l'oreille ce qu'il pensait de ma vie et de notre vie commune, ce qui, d'ici peu, me conduirait à la quitter. Le pensait-elle vraiment, ou ma propre paranoïa était-elle à l'origine de ce tableau, impossible de le savoir, parce que c'était une chose dont on ne pouvait pas parler, sauf quand nos disputes atteignaient leur paroxysme – un jour, par exemple, elle m'avait demandé en criant pourquoi je n'emménageais pas avec Geir, puisque je passais ma vie au téléphone avec lui, des paroles qu'elle avait regrettées, une fois la scène terminée et que nous avions été de nouveau réconciliés, elle, en larmes, et moi avec ma colère qui s'était fossilisée dans ma poitrine. En fait elle aimait bien Geir. Je la crus : au bout de sept ans, j'avais enfin commencé à la comprendre. Elle l'aimait bien quand elle allait bien, il y avait alors en elle des ressources qui lui permettaient d'être généreuse, y compris dans ses sentiments pour moi, mais, quand elle n'allait pas bien, il en allait tout autrement, parce qu'elle avait peur que tout disparaisse, peur de perdre ce qu'elle avait, et ce sentiment était si dominant qu'il imprégnait ses opinions, ses jugements et ses idées. Il n'y avait pas de nuance, c'était soit l'angoisse, soit la joie, qui prenaient de telles proportions que cela pouvait changer le bien en mal et le mal en bien en un clin d'œil. Cela m'avait tellement anéanti que j'étais devenu indifférent, j'étais tellement épuisé à force de m'adapter, aussi déraisonnable que cela ait pu me paraître, que d'un seul coup je n'y arrivais plus : elle pleurait et était aussi désespérée qu'un être humain pouvait l'être et je me contentais de la regarder et de lui dire que je ne lui parlerais pas tant qu'elle n'aurait pas cessé de pleurer. Elle hurlait contre moi, je disais : Est-ce que tu as bientôt fini ? Le fait de ne plus me voir happé par les émotions, mais détaché, comme si j'étais là en spectateur, l'effrayait encore plus, et sa peur était justifiée, puisque j'en étais arrivé à un point où bientôt je n'en pourrais plus, je sentais que j'étais à la limite de ce que je pouvais supporter, j'étais si loin de la vie que je souhaitais vivre que je ne pensais à rien d'autre.

Alors arrivèrent les mails, la pression de l'extérieur, et je ne lui tournai plus le dos, à elle et à la famille, regardant autour de moi, j'avais fait volte-face, brutalement, en l'espace d'une heure, et je tournais maintenant le dos au monde, les voyant, Linda et les enfants, pour la première fois depuis bien longtemps. Elle partit chez Helena, elle me manqua, j'avais besoin d'elle, j'avais besoin de la tenir serrée contre moi. C'est seulement à ce moment que tout fut ravivé par le regard de Geir, avec tout ce qui y était sous-entendu, et cela me bouleversa, comme si soudain il était trop tard et qu'une dynamique destructrice continuât à fonctionner, même si je m'étais arrêté. Je m'étais arrêté trop tard, j'avais fait volte-face trop tard, la dynamique avait continué toute seule. J'étais dans cet état d'esprit quand je suivis Linda dans notre chambre par cet après-midi d'août 2009, mais il y avait bien plus que ça : j'avais couché toute ma frustration sur le papier, elle remplissait tout un roman, qui parlait de nous, d'elle et de moi, et même si brusquement j'avais à nouveau besoin d'elle, je voulais d'elle à nouveau, voulais à nouveau vivre ma vie ici, le passé, ma frustration et mon désir de fuir revenaient se glisser entre nous, puisque bientôt elle lirait le roman, et que bientôt il serait publié.

Elle était assise devant l'ordinateur quand j'entrai dans la chambre. Son regard était fixé sur l'écran, comme si elle se concentrait intensément, mais je le reconnaissais, c'était le signe du contraire, d'une révolte intérieure qu'elle cherchait à cacher.

— Qu'est-ce qu'il y a ? dis-je en m'asseyant sur le lit.

— Rien.

— Pourquoi tu es venue ici, alors ?

— Je voulais consulter mes mails.

J'aurais dû me lever et poser la main sur son épaule, mais je savais qu'elle réagirait comme si j'étais un étranger, qu'elle se contenterait de me laisser faire, pour me montrer combien elle se sentait loin de moi, et qu'elle ne prendrait pas ma main dans la sienne, ce qu'elle aurait fait sinon, puisque mes caresses, devenues rares, la surprenaient désormais.

Cela me brisa le cœur. Je lui avais refusé la seule chose qu'elle attendait vraiment de moi.

— C'est le coup d'œil de Geir qui t'a fait réagir ?

Elle me jeta un regard et se tourna vers l'écran de manière ostentatoire.

— Non, pas du tout. Je n'ai même pas remarqué.

— Qu'est-ce qu'il y a alors ?

Elle soupira.

— Je suis inquiète à cause des mails. Et je vois bien à quel point ils t'affectent. Je me demandais comment allait se passer l'automne. S'il y aurait un procès. S'il y aurait encore de la place pour autre chose. Et alors tu étais là assis avec Geir et... vous vous en délectiez, d'une certaine façon.

— Nous ne nous en délections pas, je t'assure.

— Tu m'as demandé ce que j'avais. C'était ça. Je ne veux pas en parler.

— OK, dis-je en me levant. On est réconciliés ?

Elle acquiesça.

Je posai la main sur son épaule. Elle resta immobile.

— Ça passera, dis-je. C'est difficile en ce moment. Et je n'y arriverai pas sans ton aide. Je ne peux pas me battre sur deux fronts. Sinon je vais finir en morceaux.

— Je vais faire de mon mieux, dit-elle en me regardant avant de poser sa main sur la mienne.

— Bien.

Njaal et Vanja déboulèrent du couloir en courant. Linda retira sa main.

— Je vais aller acheter les crevettes, dis-je. On a besoin de quelque chose d'autre ? Du vin, du pain, du citron, de la mayonnaise, des crevettes.

— La mayonnaise, je crois qu'on en a, non ? Dans le réfrigérateur ?

— Elle doit être périmée. Je vais en acheter. Il y a quelque chose que tu voudrais ?

Les enfants se mirent à sauter sur le lit.

— Peut-être des baies jaunes ou ces fruits, tu sais… Ceux vendus dans de petits paniers. Je ne me souviens plus de leur nom. Tu vois ce que je veux dire ?

J'acquiesçai. Heidi devait être assise quelque part à s'ennuyer, me dis-je.

— OK. Je vais aussi acheter de la glace et des fraises.

— Prends des esquimaux pour les enfants.

— Oui, dis-je en traversant le couloir.

Je m'arrêtai à la porte de la chambre des enfants ; John dormait sur le ventre, les jambes écartées, la tête posée sur un bras, humide de salive. Je le regardai quelques instants avant de rejoindre le salon, où Heidi était assise sur le pouf que Christina avait dû refermer, une poupée dans une main, un petit peigne de poupée en plastique bleu dans l'autre.

— Tu veux venir faire les courses avec moi, Heidi ?

Elle secoua la tête.

— Allez, viens. Ce sera amusant.

— J'ai dit non.

— D'accord, dis-je en souriant.

J'allai ensuite dans la salle à manger, où Geir lisait, assis sur le canapé, tandis que Christina, assise à l'autre bout de la table, feuilletait un album de photos.

— Je file acheter des crevettes.

— Je viens avec toi, dit Geir en se levant.

— Ce n'est pas la peine. Je vais juste acheter des crevettes.

Je ne voulais pas qu'il vienne, nous avions déjà passé beaucoup de temps ensemble, du point de vue de Linda. Mais je ne pouvais pas non plus l'en empêcher. Il aurait dû le comprendre tout seul.

— J'ai bien envie de faire un petit tour, dit-il avant de regarder Christina. On a besoin de quelque chose ?

— Je ne crois pas.

Linda entra. À en juger par l'expression de son visage et sa façon de se mouvoir, je compris qu'elle n'était plus furieuse.

Peut-être qu'elle et Christina pourraient parler un peu si nous n'étions pas là.

— Je file faire les courses.

— Tu emmènes Heidi ou Vanja ? demanda-t-elle.

— Heidi n'a pas voulu. Mais je vais lui reproposer. » Je passai la tête dans le cadre de la porte. « Mets tes chaussures. On va faire des courses.

Heidi leva les yeux vers moi.

— *Je suis obligée* ?*

— Oui, dis-je.

— *Pourquoi Vanja n'est pas obligée* ?*

— C'est avec toi que j'ai envie d'y aller. Allez, viens.

Elle se leva et passa près de moi, enfila ses sandales et m'attendit devant la porte pendant que je mettais mes chaussures, je tapotai ma poche de derrière pour vérifier que le petit porte-cartes était bien là, tâtai en même temps ma poche de devant, où je sentis les petites excroissances en métal des clés, pris mes lunettes de soleil sur l'étagère et ouvris la porte.

Dans l'ascenseur, Heidi, intimidée par Geir, fixait le sol. Il lui arrivait aussi d'être intimidée par moi ; si je croisais son regard et souriais, elle pouvait alors regarder ailleurs, avec un petit sourire gêné. Elle n'était quasiment jamais timide en société, cela ne lui avait jamais fait peur, mais elle l'était dans d'autres situations, dans l'intimité, quand elle seule concentrait l'attention d'une personne. Vanja, c'était le contraire : elle supportait bien l'attention d'une seule personne, cela lui plaisait et c'était même quelque chose qu'elle recherchait, alors qu'elle se montrait timide et se renfermait dans des situations sociales nouvelles.

La timidité est un mécanisme de défense, et ce qui était intéressant, c'était que les deux enfants protégeaient des aspects d'elles-mêmes qui étaient différents. Ces aspects devaient-ils être protégés parce qu'ils étaient extrêmement fragiles ou parce qu'ils étaient extrêmement précieux ?

Il était aussi intéressant de constater qu'elles se protégeaient toutes les deux en baissant le regard, en baissant la tête, en se détournant. La gêne était directement liée aux yeux, c'étaient toujours leurs yeux qu'elles dissimulaient. Elles pouvaient répondre si quelqu'un leur posait une question, mais en baissant les yeux. Mais de quoi se protégeaient-elles ? Qu'est-ce que cela signifiait d'être vu par une autre personne ? Ce n'était pas tant le fait d'être vues en soi, puisqu'elles étaient physiquement présentes dans la pièce, c'était le fait d'être vues telles qu'elles étaient, et justement cela se voyait à travers les yeux. Elles se protégeaient de quelqu'un qui les regardait dans les yeux et voyait qui elles étaient, ce qu'il y avait à l'intérieur d'elles, et c'était justement ce à quoi les yeux donnaient accès, c'était cela qu'elles voulaient cacher. Les petits des animaux se comportaient autrement ; si par exemple une personne entrait dans une pièce où se trouvaient des chatons, ils détalaient et partaient se cacher, mais c'était leur corps qu'ils voulaient cacher, c'était lui qui était exposé, ils craignaient d'être tués ou dévorés. Peut-être la réaction instinctive des enfants face à un étranger était-elle similaire, mais perfectionnée, passée du physique au social, du corps à l'esprit, qui tremblait de peur d'être pris.

Quand nous fûmes arrivés en bas, Geir poussa la

porte de l'ascenseur et Heidi me prit la main pour franchir les quelques mètres jusqu'à la porte de l'immeuble, laquelle s'ouvrit lentement toute seule dans un bruit de buzzer presque inaudible, au moment où les sons de l'extérieur, ceux des voitures qui filaient au feu tricolore, des voix des clients assis sur des chaises devant le fast-food chinois, chacun avec sa boîte de nouilles ou de riz devant lui, et des voix et des pas des piétons qui se dirigeaient vers le haut ou le bas de la ville, l'étouffèrent.

— On va passer par là, dis-je en indiquant la place.

L'air était chaud, les rayons du soleil tombaient à l'oblique depuis le haut du Hilton, d'un jaune plus intense, plus prononcé que plus tôt dans la journée.

— Je me plais beaucoup à Malmö, dit Geir. J'aimerais bien vivre ici.

— Déménage, alors.

Près de moi, Heidi fit un petit saut. Je pressai doucement sa main deux ou trois fois et lui souris quand elle leva les yeux vers moi.

— Cela demande de l'argent. Et c'est un bien rare, comme tu le sais.

— C'est beaucoup moins cher par ici, dis-je.

— C'est vrai. Mais il faudrait faire un échange d'appartements, on ne peut pas acheter, on n'en a pas les moyens.

— Je sais.

Nous descendîmes l'escalier et traversâmes la place devant la fontaine, puis gagnâmes le trottoir le long de la voie des bus et des taxis, et prîmes la première rue à gauche, où se trouvait le magasin Delikatessen. On y vendait, en plus des crevettes, des homards, des huîtres, des moules, du poisson et des crabes, de la viande provenant de fournisseurs sélectionnés – de la volaille, du gibier, du bœuf –, du fromage, et à peu près tous les produits que l'on pouvait associer à une nourriture de qualité, comme des huiles d'olive raffinées et du vinaigre de vin rouge ou de vin blanc, des olives, des épices, de la fleur de sel, du pain de campagne français tout frais ou des baguettes. Le samedi matin, c'était toujours bondé – la bourgeoisie de Malmö devait faire ses courses ici en prévision des festins du soir, c'est en tout cas ce que j'imaginais –, mais quand nous y entrâmes le magasin était vide, à part les deux vendeurs avec leurs toques de cuisinier et leurs tabliers blancs, qui, d'après ce que je voyais, étaient en train de remballer avant la fermeture.

— Je m'assois ici, dit Heidi en montrant les hauts tabourets de bar qui entouraient deux tables près de la vitrine.

J'en tirai un et je la soulevai pour l'y installer tout en saluant l'un des serveurs, qui se tenait derrière le comptoir.

— Nous voudrions des crevettes, dis-je.

— De combien avez-vous besoin ?

— Nous sommes quatre adultes et quatre enfants. Les enfants n'en mangeront pas beaucoup, peut-être deux kilos et demi, trois kilos, environ.

— Je dirais que deux kilos et demi suffiront, dit-il.

Il attrapa d'une main un sac blanc dans un tas devant le comptoir, tout en tenant de l'autre la cuiller dont il se servait pour prendre les crevettes.

— Disons un peu plus de deux et demi, dis-je.

— Comme vous voulez.

Il puisa des crevettes dont il remplit le sac, tandis que je jetais un coup d'œil à Heidi qui avait posé ses deux mains sur le bord de la table et observait le vendeur. Geir était debout, les mains dans le dos, en train de regarder les fromages.

J'allai vers Heidi, je la soulevai et la portai jusqu'au comptoir, pendant que le vendeur posait le sac sur la balance étincelante. La flèche atteignit un kilo et demi, et s'y fixa après avoir trembloté un instant.

— Tu as vu les homards ? Ils habitent au fond de la mer.

— Je sais.

— Tu ne trouves pas qu'ils sont beaux ?

Elle acquiesça.

Tirés des profondeurs de la mer pour échouer ici, les yeux comme des grains de poivre noir et les tentacules devenus rouges à la cuisson.

— Qu'est-ce que c'est ? dit-elle en montrant les bacs en plastique rouge qui contenaient des moules reposant sur de la glace pilée.

— Des moules.

— Quoi ?

— Des moules. *Des moules bleues**.

— Elles sont vivantes ?

— Oui.

— Mais elles n'ont pas d'yeux !

— Non. Leur coquille est leur maison. Elles habitent à l'intérieur.

Le vendeur posa un deuxième sac sur la balance. Il pesait 1,3 kilo. Quelle capacité d'estimation impressionnante, pensai-je, et je reposai Heidi par terre, avant d'aller à la caisse, à l'autre bout du petit local.

— Vous désirez autre chose ? demanda-t-il.

— Un peu de pain peut-être. Une de ces baguettes-là. Et je prendrai aussi celui-ci, dis-je en indiquant l'un des gros pains semblables à des pierres.

— À votre service.

Il les mit dans deux sacs distincts. Je sortis ma carte bancaire de ma poche arrière.

— Tu penses à autre chose ? dis-je à Geir.

— Non. À moins que nous n'ayons de la crème brûlée pour le dessert…

Je secouai la tête.

— Ce sera de la glace et des fruits.

— Comme d'habitude, fit-il.

— Tu commences à t'en lasser ? dis-je en regardant le vendeur, qui avait posé les achats près de la caisse.

— Moi, m'en lasser ? Jamais ! Je suis attaché aux traditions. Tant que j'ai les gaufrettes que tu as l'habitude d'acheter, tout va bien.

— On n'en trouve pas à Malmö. C'est une spécialité de Stockholm.

— Hélas !

Le vendeur indiqua le montant.

— Bien, dis-je en insérant ma carte dans l'appareil.

Je tapai mon code – qui n'était plus 0000, mais était toujours aussi facile à retenir puisque c'étaient les quatre chiffres qui figuraient en haut à droite du clavier, 2536 –, pris les deux sacs que le vendeur me tendait, attendis que le message annonçant que la transaction était acceptée apparaisse à l'écran, retirai la carte, la remis dans le porte-cartes, que je fourrai dans ma poche arrière, pendant que le vendeur déchirait le reçu et me le tendait.

— Bonne journée, dis-je en le glissant dans mon autre poche arrière, qui me servait de dossier de classement des reçus.

— De même, dit-il.

— Viens, Heidi.

Elle était toujours en train d'observer les crustacés, elle s'interrompit aussitôt pour courir vers moi, me prit la main, et nous sortîmes dans la rue, où l'air restait chaud et immobile entre les hauts bâtiments de quatre étages.

— Où va-t-on maintenant ? dit Geir.

— À Systemet. Et après à Hemköp.

— Il ne faut pas te ruiner à cause de nous.

— Ne t'en fais pas pour ça. J'adore dépenser de l'argent. Plus je le fais, mieux je me porte.

— Je sais bien.

— Qu'est-ce qu'une saucisse de plus à l'heure de

l'abattoir. C'est ce que disait toujours ma mère quand nous faisions les courses de Noël et que je voulais quelque chose. Elle n'a jamais eu beaucoup d'argent, mais si j'avais besoin de quelque chose, des vêtements par exemple quand j'allais au lycée ou quand j'étais étudiant, elle me donnait toujours le nécessaire. Je n'ai jamais bien compris comment elle faisait. Si elle n'avait pas d'argent, comment pouvait-elle subitement sortir la somme qu'il fallait ? Maintenant je comprends. L'argent a une dimension tout à fait relative. Il est d'un naturel incroyablement flottant. Quand j'achète des vêtements pour les enfants, j'en prends toute une brassée, parce qu'ils en ont besoin. Et j'achète aussi un ou deux CD, parce que j'ai besoin de musique quand j'écris, et c'est de là que vient l'argent. Ou alors je m'offre de somptueuses chaussures qui coûtent plusieurs milliers de couronnes. Et soudain mon compte se trouve à sec, ou presque. Alors je fouille toutes mes poches, tous les placards et toutes les étagères, je rassemble tout ce que j'y trouve, je porte des bouteilles à la consigne, j'achète du lait et des pâtes et je ne m'occupe pas de régler mes factures. Après une ou deux semaines, je reçois un rappel, et si j'ai suffisamment d'argent je paie, sinon j'attends l'étape suivante. Il n'y a pas si longtemps, on a sonné à la maison avec une mise en demeure, si ça s'appelle bien comme ça, que je devais signer. L'étape suivante, c'est la demande de saisie. Mais entre-temps je suis renfloué et je peux payer. Je n'ai jamais pensé que le manque d'argent et les menaces de saisie étaient liés aux vêtements des enfants ou à mes CD, pour moi ce sont deux mondes différents.

— Nous ne supporterions pas de vivre comme ça, dit Geir. Chez nous tout est planifié et en ordre.

— Ça ne m'étonne pas. Ça simplifie la vie. C'est épuisant de vivre sans jamais mettre d'ordre nulle part.

Nous traversâmes la place en sens inverse, et Heidi

me lâcha la main pour courir à la fontaine. Geir et moi la suivîmes.

— Je n'en suis pas sûr, dit-il. Je voudrais bien envoyer tout ça chier, mais je ne peux pas.

— Il y a pouvoir et pouvoir. Tu ne veux pas.

Heidi avait posé un petit bout d'un papier d'emballage de glace sur l'eau, il flottait en se balançant sur les petites vagues à mesure que l'eau jaillissait. Je reconnus l'emballage, c'était une glace dont le nom ressemblait à quelque chose comme Strawberry… Strawberry Delight ? Strawberry Dream ? De la crème glacée rose enrobée de chocolat blanc.

— Vouloir c'est pouvoir vouloir, comme l'a remarqué Ibsen, dit Geir.

— Maintenant il s'agit de fermer sa gueule ! Comme il l'a dit aussi. Mais il y a un proverbe auquel je crois. Peut-être n'est-ce pas vraiment un proverbe, plutôt un adage populaire, qui dit que perdre de l'argent, c'est bon signe, cela signifie qu'on va en gagner plus. J'y crois dur comme fer. Plus on se serre la ceinture, plus les canaux par lesquels l'argent circule deviennent étroits. Mais si tout reste ouvert, il y a toujours de la place pour plus.

— Si tu reçois un jour le prix Nobel, ce ne sera sûrement pas en économie.

— Ce n'est pas une mauvaise théorie, si ? Ça pourrait vraiment être une bonne idée, d'écrire sur les émotions en économie plutôt que sur les mathématiques en économie !

— Tu es la personne la plus optimiste que je connaisse. Un optimiste déprimé. C'est tout toi.

— Cela n'a rien à voir avec l'optimisme. Il s'agit d'accepter les choses comme elles sont. C'est comme ça. Soit on a de l'argent, alors on achète, soit on n'a pas d'argent, alors on n'achète pas.

— Mais tu viens de me parler de tout ce que tu achètes, alors que tu n'as pas d'argent.

— J'ai de l'argent ! Mais si je l'avais épargné pour payer les factures de la semaine prochaine, je n'en aurais plus.

Heidi suivait le papier tout autour de la fontaine. Quand elle réapparut, je lui fis signe de venir.

— On s'en va, dis-je.

— Je suis mouillée.

— Ça va sécher au soleil.

Je lui pris la main et me mis en route au moment où un bus à deux étages s'arrêtait devant la porte du Hilton.

— Je peux encore me souvenir de ce merveilleux moment de bonheur à Bergen, quand j'ai trouvé un distributeur qui n'était pas en contact avec ma banque, ce qui m'a permis de tirer de l'argent même s'il n'y avait plus rien sur mon compte. C'était Noël. Comme quand quelqu'un accepte de te prêter un ou deux billets de cent couronnes, alors que tu ne t'y attends pas.

— Sans parler de vingt mille.

— Tu les récupéreras quand l'à-valoir tombera, ne t'inquiète pas.

Je lui avais emprunté vingt mille couronnes qu'il avait tirées d'un compte d'épargne auquel il ne touchait jamais, et qu'il réservait pour les temps difficiles. Linda avait emprunté à peu près la même somme à ses amis, qui avaient aussi mis de l'argent de côté pour l'avenir. Quand Linda et moi avions ouvert un compte ensemble, nous avions fait en sorte qu'une somme soit transférée automatiquement chaque mois sur un compte d'épargne, mais soit il n'y avait pas assez d'argent sur le compte pour faire le transfert, soit nous dépensions presque chaque mois ce que nous avions épargné.

Linda souhaitait réellement que nous ayons un compte d'épargne pour notre avenir et celui de nos enfants. Cela avait une forte valeur symbolique pour elle. C'était ce que faisaient les vraies familles et elle voulait plus que tout que notre famille soit une vraie famille. Dans son imaginaire romantique, elle rêvait d'une vie ordinaire.

Nous nous arrêtâmes au feu. Les retraités descendus du bus occupaient le trottoir devant le Hilton. Une voiture américaine décapotable descendit doucement la rue Södra Förstadsgatan, moteur ronronnant. À Arendal, dans les années soixante-dix, les voitures américaines étaient le chic du chic. Ici elles paraissaient simplement incongrues, comme la parade d'un idiot qui n'y connaissait rien.

— Linda a raison aussi, dis-je. Même si je sais que tu n'es pas d'accord. Mais si cela devient un enfer pour moi, cela devient un enfer pour tout le monde.

— Pourquoi ne serais-je pas d'accord avec ça ?

Je haussai les épaules.

Le feu passa au vert, nous traversâmes la rue lentement avec le flot de passants.

— J'ai bien vu comment tu m'as regardé quand elle a commencé à dire combien ce serait difficile pour elle, dis-je. C'est à ça que je faisais allusion.

— Je t'ai regardé d'une certaine façon ?

— Oui. Tu m'as lancé un regard entendu.

— Tu crois vraiment que je te lancerais un regard entendu en présence de Linda ?

— Je l'ai vu.

Je lâchai la main de Heidi, essuyai ma paume sur une jambe de mon pantalon et repris sa main.

— Je pense qu'elle aussi l'a vu. C'est pour ça qu'elle est partie.

J'ouvris la porte du magasin d'alcool Systemet, je lui donnai une petite poussée supplémentaire pour que Geir puisse entrer, pris un des paniers gris à poignée noire et franchis la barrière automatique tout en regardant les panneaux pour repérer le vin blanc.

— Je peux tout à fait comprendre que ce ne soit

pas drôle pour elle si toute la Norvège se met à te détester et que tu doives comparaître devant un tribunal comme n'importe quel criminel. Mais malgré tout, le pire, ce n'est pas pour elle. Tu as raison, c'est bien ce que je pense.

— Papa ? dit Heidi.

— Oui ?

— C'est du *soda** ?

Elle montrait un présentoir rotatif à plusieurs étages, où étaient disposées, entre autres, des bouteilles vertes de la marque Jever, une bière sans alcool.

— Non, c'est de la bière. Tu veux du *soda** ?

Elle acquiesça.

— On en achètera tout à l'heure à Hemköp, d'accord ?

Elle acquiesça de nouveau. Nous trouvâmes le rayon des vins blancs et nous nous arrêtâmes devant les étagères, qui étaient aménagées en fonction des prix – les vins les moins chers à droite, par ordre de prix croissant vers la gauche. Cela me convenait ; je n'étais pas un connaisseur, aussi, lorsque nous avions des invités, je me contentais de prendre une bouteille au milieu, légèrement sur la gauche, et j'espérais ainsi faire le bon choix.

Je déposai trois bouteilles de chablis dans le panier et regardai Geir.

— C'est assez ?

— Oui.

Je partis à la recherche du cognac. Lorsque je l'eus repéré à l'angle d'une des allées, tout près de la caisse, je m'approchai, parcourus du regard les étiquettes, sans pouvoir me souvenir des différences qualitatives entre les millésimes, les X et les O, et, pour finir, je mis seulement dans le panier une petite bouteille d'un cognac que je n'avais jamais goûté avant. Puis je pris place dans la file derrière un homme d'environ cinquante ans qui renvoyait l'image sportive qu'une peau bronzée pouvait donner, associée avec une tenue composée d'un polo et d'un short kaki, même si ses traits abîmés et les poches qu'il avait sous les yeux révélaient qu'il devait être alcoolique. Il achetait deux cubis de vin blanc.

— D'abord il y a eu les volcans, puis les dinosaures sont venus, déclara Heidi.

— C'est juste ! dis-je.

— Puis les hommes sont venus.

— Oui.

— Mais les dinosaures ne savaient pas qu'ils s'appelaient dinosaures.

Je baissai les yeux vers elle. Elle fixait du regard un homme dans un fauteuil roulant qui se trouvait dans une autre queue, son panier de courses sur les genoux. Cette phrase sonnait comme quelque chose que j'aurais pu dire, mais je ne me souvenais pas l'avoir prononcée.

— Qui a dit ça ? demandai-je.

— Quoi ?

— La phrase sur les dinosaures.

— Personne. Pourquoi il est assis dans le fauteuil ? Il est malade ?

Après que nous avions passé Noël à Jølster, Heidi était tombée sérieusement malade pendant le voyage de retour et, quand nous étions arrivés à l'aéroport de Bergen, elle avait tellement de fièvre que nous avions dû emprunter un fauteuil roulant pour l'y mettre. Elle en parlait encore. C'était un des événements marquants de sa vie.

— Je ne sais pas, répondis-je.

Je posai le panier sur la plate-forme au bout de la caisse pendant que l'homme devant moi plaçait la barre de séparation sur le tapis roulant derrière son dernier cubi.

— J'y pense, les crevettes ne sont peut-être pas un

bon choix pour toi, dis-je à Geir, qui se dirigeait vers l'avant de la caisse, sûrement pour ranger dans un sac les bouteilles qui avançaient sur le tapis. C'est ce que tu manges tout le temps quand tu es à Hisøya.

— Et c'est maintenant que tu y penses ?

— Vous payez avec la carte ? demanda l'employé.

— Oui, dis-je.

— Six cent douze couronnes.

— Oui, c'est un peu bête de ma part, repris-je en introduisant ma carte dans le lecteur. Mais tu aurais dû le dire.

— Nous sommes ici pour passer du temps avec vous. Nous aurions pu manger des oignons frits que ça aurait fait l'affaire. Bon Dieu, mec.

Deux ou trois personnes dans la file nous jetèrent un coup d'œil.

Cela me déplut et je me tournai pour qu'elles ne voient plus que mon dos.

Nous parlions norvégien, c'était sûrement pour ça. Ou alors elles pensaient que nous étions deux homos qui faisaient leurs courses avec leur enfant née d'une mère porteuse. Ou avec leur nièce. Les homos ont souvent un lien étroit avec leurs nièces, non ?

— Merci, dit l'employé.

Pourquoi diable penseraient-elles cela ?

Parce que j'avais l'air d'un fou avec cette barbe ridicule et mes cheveux longs, d'un musicien de heavy metal *has-been*, approchant de la cinquantaine à grands pas. Oh, ce visage flasque, ces joues épaisses, ces rides profondes et cette barbe clairsemée.

Heidi se pressa soudain contre mes jambes. Je regardai autour de moi. Un vieux terrier était assis près du mur, solidement attaché au pied d'une chaise.

— Il n'est pas méchant, dis-je. Mets-toi de l'autre côté quand on passera.

Elle obéit. Dès que nous fûmes sortis du magasin, elle reprit sa place.

Nous marchâmes sur les pavés d'un trottoir à l'ombre, dans l'air chaud qui semblait encore plus chaud après l'air conditionné de Systemet, puis nous traversâmes au soleil une petite rue délimitée par des arbres feuillus. Ils étaient aussi transparents que les voitures qui étaient garées pouvaient être transparentes, habituellement on ne les remarquait pas, sauf fin avril ou début mai, quand ils étaient en fleurs, devenus tout blancs, comme recouverts de neige.

Mon angoisse s'intensifia soudainement, comme si elle affluait de toutes les parties de mon corps pour se retrouver dans mon ventre, et je baissai les yeux vers Heidi, qui marchait à côté de moi à petits pas en regardant les vitrines du centre commercial de l'autre côté de la rue. Cela faisait si mal, si affreusement mal. Comme si tout s'était délité. Même si j'en connaissais la raison – ce que j'avais écrit et la réaction que cela avait provoquée –, je ne savais pas pourquoi mes émotions étaient si violentes ; j'avais l'impression qu'elles avaient été détachées de leur point d'origine et qu'elles se déchaînaient désormais librement. C'était l'anatomie de la culpabilité. La culpabilité colorait tout, se répandait comme un nuage dans tout mon corps, imprégnant tout mon organisme, répandant la ruine et la destruction. C'était une culpabilité dont on ne pouvait plus retrouver l'origine, qui ne pouvait plus s'expliquer par ce que j'avais fait, elle avait maintenant sa propre autonomie.

Nous marchâmes entre les panneaux publicitaires d'un côté du trottoir et les supports à vélos de l'autre, et nous entrâmes dans une boutique où à droite était installé le comptoir en carton d'un opérateur de téléphonie, le 3, tenu par deux jeunes hommes d'une vingtaine d'années, qui cherchaient à capter le regard des passants pour leur demander quel était leur opérateur. Quand ils me posaient la question, je marmonnais systématiquement quelque chose pour les décourager, cela ne marchait pas très bien, leur énergie était si incroyablement dynamique et si positive alors que la mienne était si décourageante et si négative. Qui c'était ? demandait toujours Vanja. Qu'est-ce qu'ils disaient ? Qu'est-ce qu'ils voulaient ?

Aujourd'hui ils parlaient avec une femme d'environ cinquante ans, et nous entrâmes sans difficulté dans le grand magasin avec les caisses d'un côté et de l'autre le kiosque qui faisait aussi office de borne pour les jeux d'argent et de centre postal. J'attrapai un panier, je franchis la barrière avec Heidi qui regardait l'écran au plafond, où l'on nous voyait arriver tous les deux.

— Tu veux une banane ? demandai-je.

Elle accepta, lâcha ma main et fixa la réaction de l'écran quand elle leva d'abord une main puis l'autre. Je pris une des vieilles bananes tachées de brun qui avaient été déposées là pour les enfants, dans une petite caisse près des bananes ordinaires, jaune-vert et dures, je l'épluchai et la lui tendis.

— Il nous faut des citrons, de la mayonnaise, de l'eau gazeuse et de l'eau minérale, dis-je.

— N'oublie pas la glace et les fraises, dit Geir.

— C'est vrai.

— Tu n'as pas l'air d'aller très bien.

— Tu peux le voir à ma tête ?

Il rit.

— Tu as l'air vraiment soucieux.

— Ça va aller. Le problème, c'est juste que j'aurais sûrement préféré que tout ça n'arrive pas. Je ne veux provoquer personne. Je ne veux offenser personne. Je ne veux détruire personne.

Je posai quelques citrons dans l'un des sacs gris fumé, qui sembla immédiatement leur céder la place, effaçant ainsi sa couleur presque translucide au profit du jaune du fruit, là où celui-ci bosselait le plastique, mettant même en évidence les pores de son écorce.

— Je le sais bien, dit Geir. Mais ce qui est fait est fait.

— Et ça fait mal, dis-je en jetant un coup d'œil à Heidi. Viens, ma fille !

Elle glissa sa main dans la mienne, et marcha à mes côtés le long du rayon des poissons, puis des plats cuisinés, des fromages – dont des fromages à tartiner en forme de grosses pierres de curling –, de la charcuterie – avec des salamis en forme de battes de base-ball –, le long du rayon des pains, présentés en îlots, le long des rangées de paquets de biscuits, jusqu'au rayon des boissons gazeuses, où je pris deux bouteilles d'un litre et demi d'eau minérale Loka – une au citron, l'autre nature –, plus quatre bouteilles en verre de Fanta.

— Cela ne change rien que tu dises que je n'ai rien fait de mal. Je peux me le dire à moi-même. J'ai écrit sur moi et ma vie avec mon père, que peut-il y avoir de si terrible ? C'est ce que je me dis. Mais cela ne m'aide en rien. Cela n'a presque rien à voir avec l'histoire. Les arguments ne sont d'aucun secours. Les arguments juridiques ne sont d'aucun secours. Les arguments littéraires ne sont d'aucun secours. J'ai dépassé les limites, et cela je ne peux pas m'en défaire.

— Si les sociologues comprenaient ce que tu décris, la profession aurait peut-être un avenir.

— Comprenaient quoi ? dis-je en parcourant des yeux les tubes de mayonnaise, qui me rappelaient mon enfance, et les pots de mayonnaise, qui me semblaient un peu plus sophistiqués.

— Les limites sociales, qui régulent notre comportement et nous permettent de vivre ensemble, ne sont pas abstraites. Ce ne sont pas des idées. Elles sont concrètes, comme tu dis. Si tu transgresses les limites sociales, cela fait mal. C'est ce que tu as remarqué.

— Remarqué ? Putain, c'est comme si j'avais tué quelqu'un. Pas seulement ça, c'est comme si j'avais tué quelqu'un de proche. Un sentiment horrible. Celui d'avoir commis un crime irréparable.

Je regardai autour de moi. Heidi avait disparu.

— En verre ou en tube ? demandai-je. Véritable ou légère ? Française ou suédoise ?

— Prends de tout. Un tube de mayonnaise légère suédoise et un pot de véritable mayonnaise française.

— Tu es génial. Je n'y avais jamais pensé.

— Où est Heidi ?

— Soit au rayon des glaces, soit à celui des jouets pour animaux.

Nous prîmes la travée centrale. Un enfant criait quelque part, mais c'était un bébé, de six mois au plus. Au tournant, je la vis de loin. Comme je l'avais prévu, elle était bien là, un jouet pour animaux à la main, un truc qui émettait un petit pépiement quand on appuyait dessus, ce qu'elle était en train de faire.

— Viens, Heidi. On va payer.

Elle le reposa et courut vers nous.

— On peut avoir un lapin ? dit-elle.

— On a déjà eu un lapin. Et ça a mal tourné.

— On peut quand même en avoir un autre ? Un plus gentil ?

Je ris.

— Tu avais peur de lui.

— Non, je n'avais pas peur.

— Un petit peu quand même.

— Non.

— On verra ça.

Une des employées du jardin d'enfants nous avait donné un lapin. C'était Linda qui s'en était occupée. On avait transporté chez nous la cage et le lapin, on avait mis la cage dans la cuisine. Le lapin avait peur, et nous aussi. Personne n'osait le sortir de la cage. John n'arrêtait pas d'y fourrer toutes sortes de choses. Après deux jours, nous avions dû le rendre. Heureusement, cet épisode malheureux n'avait laissé aucune trace durable chez Vanja et Heidi. Nous leur avions dit que nous l'empruntions seulement, pour savoir comment cela allait se passer. Aussi, quand nous l'avions rendu, la catastrophe n'avait pas été totale, comme cela avait été le cas avec nos poissons rouges, qui étaient morts les uns après les autres au cours du printemps.

Cela faisait mal d'y penser. Les choses que nous faisions, c'était leur enfance.

Je m'arrêtai au rayon des glaces, pris une boîte de Carte d'Or à la vanille véritable, c'est-à-dire avec de petits morceaux noirs de gousse de vanille qui faisaient des points dans la glace jaunâtre, et la posai dans le panier. Je jetai un coup d'œil à Heidi.

— Tu peux choisir ce que tu veux comme glaces pour vous. Parmi celles qui sont là, dis-je en pointant du doigt l'autre bac, où il y avait aussi des glaces à l'eau. Regarde l'affiche et dis-moi ce que tu veux ?

Elle parcourut du regard toutes les glaces proposées.

— Celle-là, dit-elle en montrant un Piggelin. Non, plutôt celle-là, se reprit-elle en montrant une glace Daim.

— C'est la plus grosse. Tu es sûre de ton choix ?

Elle acquiesça, et je posai trois glaces Daim et une barre glacée dans le panier.

— Bon, dis-je. Allons aux caisses.

— Et les fraises ? dit Geir.

— Je les achèterai près de la maison. Elles sont moins chères. Et surtout meilleures.

Nous nous mîmes dans la queue qui comptait environ dix personnes. Je posai le panier par terre.

— Attendez ici, dis-je. J'ai oublié les biscuits.

Je filai à l'autre bout du magasin, au rayon des biscuits. Il y avait à peu près une cinquantaine de marques, mais aucune ne correspondait à ceux que je cherchais, en tout cas je ne les trouvais pas. De l'autre côté peut-être ? Et là, en bas d'un rayonnage que je n'avais encore jamais vu, perpendiculaire à l'autre, mais séparé de lui par une travée de deux mètres, il y avait les gaufrettes de Belgique dans leur emballage bleu et blanc, que jusqu'ici je n'avais vues qu'à Stockholm.

Parfait.

J'en pris deux paquets et je courus à la caisse, où Geir et Heidi étaient désormais en sixième position.

— Ta soirée est sauvée, dis-je en les mettant dans le panier. Des gaufrettes de Belgique.

— Quel bonheur !

Je soulevai le panier et le portai, alors que nous nous traînions pas à pas vers la caisse ; pour rien au monde je n'aurais voulu finir comme ceux qui poussaient mollement du pied le panier tout en lisant un journal qu'ils reposeraient sur le présentoir quand ce serait leur tour. Je pris trois ampoules près de la caisse ; celle du couloir devant la cuisine avait grillé, ainsi que celle au-dessus des toilettes dans la salle de bains.

Heidi se mit au bout de la caisse avant que ce soit notre tour, elle grimpa sur la planche prévue pour poser les sacs de courses pendant que l'on rangeait et me jeta un regard pour savoir si j'étais d'accord. Je ne dis rien, et elle resta là assise à contempler les courses de l'homme juste devant nous, qui voguaient sur le long tapis roulant noir et pour ainsi dire glissaient sur le métal silencieux, poussées par les courses qui arrivaient derrière, selon un mouvement qui ressemblait à celui que connaissaient les petits morceaux de bois et de plastique dans les flaques d'eau paisibles qui se formaient à la sortie des canalisations, mais plus lentement.

Geir mit la barre de séparation pour indiquer que la voie était libre, et je posai le panier sur le rebord prévu à cet usage et déposai les produits un par un sur le tapis ; les bouteilles d'eau debout pour qu'elles puissent être scannées plus facilement, mais le mouvement du tapis roulant les fit d'abord vaciller, et finalement tomber à la renverse, l'une sur l'autre comme deux amies ivres. Le caissier était le jeune homme avec la voix bizarre et la béquille, il leva les yeux vers moi et débita un « bonjour » mécanique. Je mis un peu de chaleur dans le mien et j'ajoutai même un autre « bonjour » en espérant vaguement que cela ajouterait une petite touche d'humanité à sa situation difficile, cette réalité du tapis roulant qui était la sienne, mais je ne tins pas compte de mon langage corporel, distant et indifférent, qui balaya toute trace de chaleur qu'il aurait pu y avoir dans ma voix.

— Bonjour, bonjour, dis-je, et je sortis ma carte Visa.

— Cent soixante-cinq quatre-vingt-dix, dit-il.

— OK.

J'aperçus le haut de ma carte Hemköp, que je n'avais pas utilisée depuis quelques jours, je la sortis et l'insérai dans le lecteur, même si je ne savais pas trop pourquoi, ça devenait presque compulsif car, même si j'avais dépensé dans ce magasin d'énormes sommes d'argent ces deux dernières années, et accumulé un tas de points de bonus pour lesquels on m'envoyait un relevé chaque mois, je n'avais jamais cherché à en bénéficier, et vu qu'ils étaient effacés après un certain délai le fait de sortir cette carte me semblait absurde. D'un autre côté, je me disais que c'était l'occasion de repartir de zéro.

Je mis mon autre carte dans le lecteur, tapai le code et validai.

— Ce ne serait pas plus pratique de demander un sac ? dit Geir.

— Bien sûr, bien sûr.

Je cherchai à capter le regard de l'employé, qui entre-temps avait cessé de s'intéresser à moi.

— Pourrais-je avoir un sac ?

Allait-il dire que c'était bon en faisant un geste généreux de la main, ou allait-il le compter et m'obliger à ressortir ma carte ?

— Deux couronnes.

Enfoiré de petit merdeux.

Je faisais mes courses tous les jours ici.

— OK.

Je ressortis ma carte, retapai le code et revalidai. Quand j'eus terminé, Geir et Heidi avaient rempli les sacs et nous pouvions retrouver la chaleur de cet après-midi de fin d'été.

Après que nous eûmes acheté des fraises sur la place, Heidi transporta précautionneusement l'un des paniers jusqu'à l'ascenseur, tandis que Geir et moi suivions avec nos sacs de courses. Dans l'ascenseur, je m'aperçus que j'avais oublié d'acheter des fleurs. Un bouquet de roses blanches aurait fait bien sur la table, avec le rose clair des crevettes et le jaune des citrons. Tant pis. Je n'avais pas envie de ressortir, même si le fleuriste était juste de l'autre côté de la place.

Quand l'ascenseur s'arrêta, je poussai la porte du coude et la tins grande ouverte pour que Geir et Heidi, qui tenait toujours le panier de fraises à la main, avec autant de précaution que s'il s'agissait d'un petit animal, puissent sortir. Geir ouvrit la porte de l'appartement et, dès que j'eus franchi le seuil, je posai mes sacs à côté de la rangée de chaussures et filai aux toilettes.

— Maman, maman, j'ai porté les fraises, cria Heidi.

Je sentis un bref picotement de joie dans ma poitrine, remarquai que Vanja et Njaal étaient toujours dans la chambre et appuyai sur la poignée de la porte des toilettes. Je baissai mon pantalon et m'assis sur le siège. À côté traînait le magazine de foot suédois *Offside*. L'Argentine devait jouer dans les Andes, où l'air était si rare qu'il arrivait que les joueurs s'évanouissent, ils avaient même des bouteilles d'oxygène toutes prêtes !

Dans la pièce d'à côté, j'entendis la voix de Vanja, puis celle de Njaal. Je devinai que Vanja lui montrait le jeu pour l'ordinateur qu'elle avait eu pour son anniversaire. Il s'agissait de chiens à qui on pouvait faire faire différentes choses. La plupart des fonctions étaient encore trop difficiles pour elle, mais elle se débrouillait avec certaines, comme le chien qui sautait sur une barre ou en descendait et attrapait différents objets qui volaient. Heidi avait reçu le même jeu avec des chats, mais elle était trop petite pour faire quoi que ce soit avec et regarder sa grande sœur jouer suffisait pour l'amuser.

Un petit poisson d'argent s'était posé sur l'un des carreaux du sol, à une vingtaine de centimètres de mes pieds. Il ressemblait à un trilobite ou à un autre fossile minuscule venu de la préhistoire. Quelle créature simple. Il y avait quelque chose qui tenait de la matière brute en lui, comme si c'était une petite boule d'argile ou un loup de mer avec des pieds.

Je me penchais en avant avec l'intention de l'écraser du doigt quand il se sauva jusqu'au mur, où il disparut dans une petite fissure de la plinthe.

Sous le bac à linge sale posé le long du mur, il devait y en avoir une foule. Et c'était sûrement pareil dans le coin poussiéreux sous la fenêtre. Une colonie de poissons d'argent.

J'entendis des pas dans le couloir ; Vanja et Njaal étant toujours dans la chambre, ce devait être Heidi.

Les enfants n'utilisaient presque jamais ces toilettes, aussi, même si la porte n'était pas fermée à clé, je n'avais pas à craindre qu'ils l'ouvrent. C'était déjà arrivé, parce qu'ils ne pouvaient jamais être tout à fait prévisibles, mais pas souvent. Pour Linda c'était différent ; si je l'entendais arriver, j'agrippais la poignée et la levais au cas où elle essaierait de la baisser. La première fois qu'Yngve nous avait rendu visite, il avait réclamé une clé, c'était impensable pour lui d'aller aux toilettes sans fermer la porte à clé. Cela avait été difficile pour moi aussi, en tout cas cela m'était profondément étranger, et les premières semaines je m'étais senti nu et sans défense, puis je m'y étais habitué. Je savais toujours où étaient les autres, d'une manière ou d'une autre, et s'ils approchaient je les entendais. Si nous n'avions pas de verrou, c'était à cause de Vanja et de Heidi, elles auraient pu s'enfermer à l'intérieur. C'était à peu près la seule mesure de sécurité que nous ayons appliquée pour eux ; aucune prise n'était protégée, aucune étagère ni aucun placard n'étaient sécurisés, pas même la cuisinière, et dans l'un des tiroirs les plus bas il y avait en accès libre des couteaux tranchants et des ciseaux. Jusqu'à maintenant tout s'était bien passé, et cela continuerait ainsi, car les parents ont toujours un sens aigu de ce que leurs enfants pourraient sans doute être capables de faire, et l'une des choses dont j'étais certain, c'était que je ne verrais jamais Vanja ou Heidi avec un grand couteau de cuisine à la main, ou John en train de s'accrocher à la porte du four comme un petit babouin. En outre je savais toujours où ils étaient et quasiment toujours ce qu'ils étaient en train de faire. Cette certitude pouvait bien sûr être anéantie en l'espace de quelques horribles secondes, mais je n'y croyais pas, et je m'étais toujours senti serein s'agissant de leur sécurité à la maison.

Heidi passa et ouvrit la porte de la chambre. Je

repris le journal et continuai à lire. Un jour, nous avions attrapé une julienne dans la mer tout près de Torungen, je m'en souvins subitement. Le vent soufflait, mais l'air était chaud ; c'était sûrement pendant l'été. Nous avions le bateau que papa avait acheté quand j'avais onze ou douze ans, un Rana Fisk de dix-sept pieds avec un moteur hors-bord Yamaha de vingt-cinq chevaux. Yngve était là, les cheveux rabattus par le vent, papa aussi, dont je ne quittais pas des yeux la silhouette sombre. Les petites vagues qui frappaient la coque en plastique jaune. La ligne presque invisible qui fendait l'air pour s'abattre dans l'eau bleue. Les premiers chatoiements d'un poisson qui soudain donnaient plus de profondeur à tout ce bleu, un peu comme les premières étoiles dans un ciel encore clair de début de soirée. Quelque chose de verdâtre qui jaillissait à un endroit puis à un autre et qui blanchissait au fur et à mesure que papa le tirait.

Qu'est-ce que c'était ?

Un corps long et régulier, gris-jaune et blanc, avec une vilaine face et des yeux exorbités.

« C'est un poisson de haute mer, avait dit mon père. Une julienne, je crois. »

Je regardai le poisson, d'un air curieux et compatissant. Sa chair a été déchirée, dit-il avant de le jeter sur le pont, où il resta inanimé. Il lança de nouveau sa ligne et je me rappelai que j'en avais aussi une entre les mains, que je serrais de toutes mes forces. La sensation de flotter à la surface d'un gouffre énorme.

Papa.

Qu'est-ce que je lui avais fait ?

Un frisson de malheur et de terreur me parcourut le corps. Quand j'ouvris le robinet du lavabo quelques secondes plus tard et que je me regardai dans le miroir, je n'y aperçus aucune trace de mon bouleversement intérieur. Si je n'avais pas vu ce même visage et ces mêmes yeux aussi souvent et ne les avais associés aussi étroitement à ma personne, j'aurais pu croire qu'ils appartenaient à un autre.

Mes yeux avaient l'air tristes. Mes traits étaient durs et, avec les profondes rides qui avaient été creusées sur mes joues et mon front, ils formaient une sorte de masque.

Je tournai la petite baguette terminée par un bouton qui pendait en bas des stores et permettait de les ouvrir, et regardai en direction de l'hôtel, au-dessus duquel le soleil dirigeait ses rayons – des gens étaient assis sur les marches de la petite place et sur le mur de cinquante centimètres de hauteur sur lequel mes enfants avaient l'habitude de marcher en équilibre quand nous allions au parc, qui était juste derrière – tout en décrochant la serviette pour me sécher les mains. Il m'était impossible d'échapper à la culpabilité que je ressentais, elle s'était extraite de la réalité abstraite de la conscience, où elle pouvait être combattue par des moyens abstraits, pour se greffer à la réalité concrète du corps, où elle ne pouvait absolument pas être combattue, parce que le corps n'avait aucun autre moyen de défense à offrir que lui-même, il pouvait seulement courir, marcher, s'asseoir, manger et quelques autres choses du même genre. C'était comme si j'étais moi-même une pièce, et qu'à l'intérieur de cette pièce avec moi il y avait quelque chose de terrifiant. Cela ne servait donc à rien de courir, puisque alors c'était toute la pièce qui courait avec moi. Il n'y avait aucune issue, pour la simple raison qu'elle était précisément *là*. Que j'aie raison ou non d'avoir agi de la sorte, que j'en aie le droit ou non, cela n'avait aucune importance, parce qu'elle était *là*, incontestable, inévitable, et je ne pouvais rien faire d'autre qu'attendre qu'elle devienne quelque chose qui ne soit plus là.

La porte s'ouvrit dans mon dos, je me retournai. C'était Heidi. Elle avait les yeux pleins de larmes.

— Qu'est-ce qui se passe, *ma petite chérie** ? dis-je en raccrochant la serviette.

Elle courut se réfugier dans mes jambes. Je la soulevai et l'embrassai sur la joue.

— Ils ne veulent pas jouer avec toi, c'est ça ?

Elle acquiesça et regarda droit devant elle.

— Viens avec moi, on va préparer le repas.

— *Je ne veux pas**, dit-elle.

Je la pris dans mes bras et sortis de la pièce.

— Tu veux voir un film, alors ? Ou *Bolibompa* ? Ça va bientôt commencer.

Elle était d'accord.

J'allai dans le couloir, puis dans le salon, où je l'installai sur le canapé – Linda, Christina et Geir bavardaient dans l'autre pièce, j'entendais leurs voix –, et je cherchai la télécommande. Elle était souvent sur la bibliothèque, suffisamment en hauteur pour que les enfants ne puissent l'attraper. Je ne la trouvai pas. Bordel.

Dans la chambre des enfants, John se mit à pleurer. J'entendis Linda s'y rendre, et une seconde plus tard je l'aperçus brièvement alors qu'elle franchissait l'embrasure de la porte, mais je laissai mon regard glisser sur le rebord de la fenêtre, qui courait tout le long du mur. Pas là non plus.

Heidi me regarda.

— Je ne trouve pas la télécommande, dis-je.

Heidi baissa les yeux sur la table devant elle. La télécommande y était, à demi cachée par le journal que Linda avait lu pendant notre absence et qu'elle avait laissé là.

— Elle est là. On va pouvoir allumer la télé !

Linda entra, avec John dans les bras. Il s'était recroquevillé comme un petit singe et pressait la tête contre la gorge de sa mère.

— Tu mets *Bolibompa* ? dit-elle.

— C'est ce que je suis en train de faire.

Quand le son se mit en marche et que l'écran s'éclaira, John se retourna. Linda l'assit à côté de Heidi sans qu'il proteste. La télévision agissait sur eux comme un narcotique.

— À quelle heure as-tu prévu le dîner ? dit Linda.

— Je ne sais pas… Vers sept heures peut-être ?

— Et les enfants ? Ils n'auront certainement pas envie de rester à table à décortiquer des crevettes.

— Tu as raison. Je n'y ai pas pensé en faisant les courses. On a quelque chose à leur donner ? Je vais voir.

Njaal et Vanja traversèrent le couloir en trottinant.

— C'est *Bolibompa* ? cria Vanja.

— Bientôt, dis-je.

J'allai dans la cuisine et j'ouvris le réfrigérateur. Il y avait des œufs. Des carottes, des pommes de terre, un brocoli fané. Un demi-paquet de boulettes de poisson. À côté, dans le congélateur, il y avait surtout des plats que la mère de Linda avait préparés et différents morceaux de viande qu'elle avait achetés, des sachets de pois, des paquets presque vides de cuisses de poulet, deux ou trois pains que nous avions congelés et oubliés. Mais ô joie, dans le rayon du dessous, une pizza ! Je levai les yeux vers Linda, qui se tenait derrière moi.

— La pizza, ça fait un peu fête pour eux, non ? dis-je.

Elle approuva.

— Alors je la mets au four. Ils pourront manger devant la télévision.

Je sortis la pizza et la posai sur le plan de travail, allumai le four, trouvai les ciseaux dans le tiroir, ouvris le carton en déchirant la longue bande de papier qui l'entourait, le tournai sur le côté pour que la pizza, ronde et étonnamment lourde, glisse d'elle-même lentement dans ma main, puis coupai le plastique transparent qui l'enveloppait, rigide et même un peu craquant, très différent du plastique transparent que l'on utilise pour mettre les fruits, qui est plus ondoyant d'une certaine manière, et différent aussi du film plastique mince et collant en rouleaux que l'on utilise pour envelopper la nourriture à conserver au réfrigérateur. Différent encore du plastique plus épais et résistant qui entoure les paquets d'épis de maïs vendus par trois et les packs de six bières.

— On peut très bien manger une fois qu'ils seront couchés, dit Linda.

— Oui, bonne idée, dis-je en sortant la pizza par l'ouverture que j'avais découpée.

Je la laissai reposer sur ma paume comme sur un plateau tandis que de l'autre main je tirais le tiroir en métal sous la cuisinière et en sortais une plaque de cuisson brun foncé, presque noire, sur laquelle je posai la pizza ; puis je l'enfournai, avant de froisser l'emballage en plastique et de le jeter dans la poubelle sous l'évier, qui était déjà si pleine que je dus appuyer dessus avec mes poings pour trouver de la place en poussant son contenu vers le fond. Ensuite je fermai la porte du placard et, alors que j'étais en train de me dire que la poubelle avait déjà commencé à reprendre sa forme initiale, le téléphone sonna.

J'allai lentement dans le couloir. Quelqu'un, il ou elle, s'était introduit dans notre appartement, faisait retentir sa volonté dans notre espace. Je m'arrêtai devant la table sous le miroir et pris le téléphone. C'était un 04. Donc un appel venant de Malmö.

— Allô ?

— Hello, c'est Stefan.

— Salut, Stefan !

— Comment ça va ?

— Bien, dis-je en découvrant les deux sacs de courses que j'avais oubliés près des chaussures. Et toi ?

— Bien aussi. On pensait aller se baigner demain. Vous voulez venir avec nous ? Et, si vous préférez, on peut aussi juste emmener Vanja.

— C'est très gentil de votre part. Mais nous avons des invités, et je pense que nous allons passer la journée avec eux.

— Ah ! Je comprends. C'était un peu improvisé. On aura essayé.

— On fera ça une autre fois.

— Ça marche. À bientôt.

— Oui. Salut.

— Salut.

Je raccrochai, emportai les deux sacs dans la cuisine et les posai sur la table, mis les sacs en papier des crevettes dans le réfrigérateur, les deux pains sur la grande planche, me penchai pour jeter un coup d'œil à la pizza dans le four, éclairée dans sa petite cage, comme si elle passait à la télévision, mais elle n'était bien sûr pas encore prête, je venais seulement de l'enfourner.

Du salon me parvint le générique de *Bolibompa*. Je me plantai à l'entrée de la pièce. Christina était assise dans un fauteuil avec Njaal sur les genoux, Linda sur le canapé avec John sur les genoux et Heidi blottie contre elle, Vanja était dans un fauteuil un peu plus loin. Tous les stores étaient baissés, mais le soleil était si puissant que l'on ne voyait pas très bien les images de la télévision.

J'aurais dû m'asseoir en prenant Vanja sur mes genoux. Mais puisque Geir était venu nous voir, je ne pouvais pas le laisser seul. Je vis la scène à travers ses yeux, chacun assis avec un enfant sur les genoux en train de regarder une émission pour enfants à la télévision, et ce n'était pas terrible.

Je reculai, posai une main sur le ventre de Vanja et lui embrassai la tête. Elle me remarqua à peine, son attention entièrement focalisée sur l'écran, je contournai la table pour aller dans le deuxième salon, où Geir se tenait devant la bibliothèque.

— Tu vas fumer ? dit-il en se retournant.

— Oui, justement. Tu m'accompagnes ?

Il acquiesça, versa du café dans sa tasse et franchit la porte. Je remplis ma tasse du reste de café et le suivis. Il avait encore pris ma place et, en mon for intérieur, je protestai de nouveau contre tout ce qui n'allait pas depuis l'angle où je devais maintenant rester assis. Peut-être était-ce parce que je tournais le dos à la porte que je me sentais si mal à l'aise. J'étendis les jambes pour poser les pieds sur la balustrade et allumai une cigarette.

— Cela se passe bien entre Vanja et Njaal, dis-je.

— Oui, très bien. Christina est heureuse, elle aussi.

— Oui ?

— Oui. Elle est contente d'être chez vous. Et que ça se passe bien pour Njaal.

— Je ne comprends pas. Le fait d'être content d'être ici, je veux dire.

— Moi aussi, j'aime bien être ici.

— Ça doit être à cause du désordre.

— Sûrement. On se sent détendu. Libre.

— Tant mieux pour toi. Sauf que moi je suis tout le contraire de détendu.

— Tu n'es tout de même pas stressé parce qu'on est là ?

— Non, au contraire. C'est juste cette histoire avec Gunnar.

— Tu ne peux rien y faire. Laisse tomber. Arrivera ce qui arrivera.

— Oui.

Dans l'immeuble d'à côté, nos voisins du dernier étage mangeaient dehors sur leur balcon. Ils étaient à une vingtaine de mètres de distance, mais en hauteur, au beau milieu des toits, on était assez proches pour que cela soit envahissant, et quand j'étais seul et qu'ils étaient dehors je pouvais entendre ce qu'ils disaient si je me concentrais et s'ils ne baissaient pas la voix, comme ils l'auraient fait s'ils avaient su que j'étais là. De l'autre côté, au bout de notre immeuble, je pouvais voir directement dans la cuisine d'un couple âgé, qui avait l'habitude de s'y asseoir pour fumer, et après trois ans je connaissais leurs habitudes presque autant que les miennes. Ce devait être pareil pour eux, me dis-je, en tout cas nos regards se croisaient de temps en temps et nous baissions toujours les yeux. Ces rencontres visuelles étaient bizarres, chacun de nous occupait brièvement une place dans les pensées des uns et des autres, en tout cas eux dans les miennes, ce qui fait que d'une certaine façon nous nous connaissions, hésitant constamment entre se voir et savoir ou détourner les yeux et refuser de savoir. À l'opposé, dans les appartements qui étaient dans le même immeuble que celui de nos voisins de terrasse, je pouvais aussi voir la vie intime des familles, des couples et des célibataires, souvent sans aucune curiosité, notant vaguement ce que je voyais, mais parfois il se passait quelque chose qui attirait mon attention, comme la fois où un couple, dont je ne voyais qu'une partie de la cuisine, avait soudain eu un enfant. Quand on le voyait, mi-assis, mi-couché dans son transat, on avait l'impression que c'était lui qui les faisait tourner en rond ; tout ce qu'ils faisaient était d'une façon ou d'une autre lié à ses désirs et à ses besoins et c'était entièrement nouveau pour eux

— Tu n'as rien fait de mal, dit Geir.

— Si, bien sûr. Mais j'essaye de vivre avec.

— Ton père est mort. Ta grand-mère est morte.

— Et ton empathie est morte.

— Balaie devant ta porte.

— Imagine qu'il y ait une vie après celle-ci. Et que l'on y croie pour de bon. Il n'y a que le corps qui meurt. Ce qui est notre âme continue à vivre dans l'au-delà, sous une autre forme. Imagine que ce soit vrai. Je veux dire, réel. Cela m'a frappé il y a quelques jours. Qu'est-ce qui va se passer s'il y a une vie après la mort ? Putain, alors papa est quelque part et il m'attend. Fou de rage.

Geir rit.

— Ne t'inquiète pas. *He's dead as a duck.*

— Mais pas Gunnar.

— Qu'est-ce qu'il peut faire ? Te traîner au tribunal, certes. Mais pourquoi ? Parce que tu as profané le nom de ton père ? Ce n'était pas Jésus-Christ non plus.

— Gunnar écrit que je suis un Judas. Dans ce cas, il était *vraiment* Jésus. Parce que c'est lui que je trahis.

— S'il était Jésus, alors ta grand-mère était la Vierge Marie. Et ton grand-père, Joseph le charpentier. Jésus n'avait par ailleurs aucun fils qui l'ait vendu.

— Va savoir si ce n'était pas plutôt à Brutus qu'il pensait. C'était une sorte de fils. Brutus Juliussen. Toi aussi, mon fils ! Quel olibrius !

— Tu n'as pas besoin de dire tout haut ce qui te passe par la tête, comme les enfants. Les adultes sont capables de faire d'abord passer un contrôle de qualité à leurs propos.

— Je me souviens d'avoir pleuré quand j'ai lu le récit de la mort de Jules César. Je pleurais chaque fois que je lisais une biographie. Parce que, bien sûr, ils sont tous morts. Thomas Alva Edison, Henry Ford, Benjamin Franklin, Marie Curie, Florence Nightingale, Winston Churchill, Louis Armstrong, Theodore Roosevelt.

— Tu as lu une biographie de Theodore Roosevelt quand tu étais petit ?

— Oui, c'était une série. Vingt livres au moins. Un volume pour chacun. La plupart étaient américains. Il y avait beaucoup de présidents. Et Walt Disney, je me souviens. Robert Oppenheimer. Non, je plaisante. Mais il y avait Abraham Lincoln, en tout cas. Et quand ils mouraient, peu importe comment, je pleurais. Mais c'était des larmes qui faisaient du bien.

— Parce que ce n'était pas toi !

— Non, non, ce n'était pas pour ça. Mais parce qu'ils avaient surmonté toutes les injustices au cours de leur vie et atteint tous leurs objectifs. Ç'aurait été vraiment triste s'ils étaient morts avant d'avoir accompli ce qu'ils voulaient. Comme Scott. C'était horrible, j'ai été bouleversé pendant des jours.

— Lui aussi sûrement !

— Alors que la mort d'Amundsen, c'était plus ambivalent. Il avait fait ce qu'il devait faire. Et c'était beau qu'il disparaisse en cherchant à sauver quelqu'un.

J'écrasai ma cigarette et me levai.

— Mais qu'a fait exactement Nansen ? Comme exploits, je veux dire. Qu'a-t-il découvert ? Est-il arrivé le premier quelque part ? Je ne l'ai jamais bien su.

— Si tu me le demandes, je te renvoie la question. Il a traversé le Groenland à skis et son bateau, le *Fram*, a été pris dans les glaces tout un hiver.

J'ouvris la porte et rentrai.

— Moi aussi j'ai gelé tout un hiver, dis-je sans me retourner. Il faisait tellement froid dans la maison.

— Et il y a son histoire de passeport pour les réfugiés, dit Geir dans mon dos. Et Quisling bien sûr.

— On y revient. Gunnar m'a traité de Quisling.

— Dans ton histoire, qui est Nansen ?

— Ça doit être Gunnar, dis-je en me rasseyant. En tout cas, ça ne peut pas être papa. Il savait à peine skier.

Quand *Bolibompa* fut fini, je sortis le lit de camp Ikea, où Njaal avait dormi la nuit précédente, et l'installai dans la chambre des enfants, pour que nous puissions rester dans le salon toute la soirée, sans craindre de le réveiller. Ensuite je commençai à préparer le repas, pendant que Linda et Christina couchaient les enfants et que Geir était assis dans la cuisine pour bavarder. Je mis les crevettes dans une grande coupe verte, coupai les citrons et les posai sur un plat vert, tranchai le pain, que je plaçai dans une corbeille, pris quatre fourchettes et quatre verres à vin, sortis la margarine et la mayonnaise du réfrigérateur, déposai le tout sur le balcon du côté où le soleil ne brillait plus que d'une façon lointaine et presque inefficace, caractéristique des soirs d'été, quand les ombres s'allongent et que le jour décline, mais que l'air est encore chaud. Quand les gens sortent du travail et rentrent chez eux, avec le soleil qui continue à briller en se couchant lentement dans le grand ciel bleu.

Les voix des enfants portaient jusqu'au balcon par la fenêtre entrouverte de leur chambre. Ils riaient et criaient, excités comme ils pouvaient l'être le soir. Je mis la table, restai un instant les mains serrées sur la rambarde métallique à regarder la place. Les ombres des bâtiments d'en face s'étiraient. Mais le mur sous mes pieds était éclairé et les vitres des fenêtres scintillaient.

Je retournai dans la cuisine, lavai les fraises, que je disposai dans une coupe blanche, sortis les bouteilles de vin et l'eau minérale du réfrigérateur.

— Bien, dis-je. Tu veux un verre de vin en attendant ?

Geir acquiesça et me suivit sur le balcon. Lorsque j'ouvris la porte et que je posai le pied sur le balcon, une énorme mouette s'envola, elle se tortilla en battant des ailes, et en un instant elle avait fui. Elle emportait une crevette dans son bec, et d'autres étaient éparpillées sur la table à côté de la coupe et sur le sol.

— Tu as vu ?

— Bien sûr que j'ai vu.

— Quelle petite coquine.

— Qu'est-ce que tu crois ? Des crevettes sur un balcon vide au septième étage ? C'est évident qu'elle n'a eu aucun scrupule.

Je m'assis, insérai le tire-bouchon et le vissai avant de le tirer contre moi. Le bouchon se détacha avec un petit *pop*. Le verre de la bouteille était couvert de buée. Sa couleur était magnifique. Vert glacial, vert bouteille, vert fjord. Avec le jaune pâle du vin dans le verre brillant.

— *Santé**, dit Geir.

— *Santé**, dis-je.

Je bus une gorgée et allumai une cigarette. Le goût qui m'emplit le palais alors que je penchais la tête vers la flamme du briquet me rappela les nuits d'été à Kristiansand quand j'étais adolescent, et me donna l'envie irrésistible de boire jusqu'à m'écrouler.

— Le vin est bon, dis-je.

— C'est vrai.

Quand j'étais au lycée à Kristiansand, je buvais et je fumais du hasch, cela faisait partie des choses que Gunnar m'avait reprochées. Il pensait que c'était le signe d'un esprit médiocre, que j'étais donc peu fiable et peut-être aussi dérangé, pas quelqu'un de bien en tout cas, ce qui pouvait en partie expliquer que j'aie haï grand-mère au point d'écrire six romans pour salir son nom. Je comprenais ce qu'il avait écrit, sa logique m'était d'une certaine façon familière, mais son message ne m'était pas adressé, il l'avait envoyé à mes éditeurs. Croyait-il que la maison d'édition allait refuser de publier le roman parce que son auteur avait bu de la bière au lycée et peut-être même fumé du hasch et par conséquent n'était pas quelqu'un de bien ? Ça n'avait pas d'importance, c'était d'ailleurs ainsi que je me voyais, une personne méprisable, mais si mes sentiments n'avaient pas évolué depuis mes seize ans, ce n'était pas le cas de mon discernement. Le discernement est tout à fait autre chose. Je savais qui j'étais, et ce que je valais. Je savais aussi qu'être humain, c'est ne pas être à la hauteur, c'est se tromper, ne pas toujours bien agir. Quand je regardais autour de moi, c'était ce que je constatais. Je voyais partout de la faiblesse, partout des failles et des défauts qui souvent s'étaient fossilisés au sein d'un caractère en prenant la forme de l'arrogance, de l'autosatisfaction et de la vanité. L'humilité était un mot dont tout le monde se parait en public et dont personne ne connaissait plus le sens. C'était seulement chez ceux qui avaient toutes les raisons d'être présomptueux, ceux qui étaient dotés d'une réelle envergure, qu'il n'y avait pas la moindre trace de présomption, eux seuls étaient humbles. La présomption et l'autojustification étaient des mécanismes de défense, sans lesquels on aurait été écrasé sous le poids de sa propre faiblesse, de ses propres failles et défauts, et cela se retrouvait dans presque toutes les discussions dont j'étais témoin, verbales ou écrites, dans les journaux ou à la télévision, mais aussi autour de moi, dans mon cercle privé. Cette faiblesse ne pouvait pas être admise, sinon beaucoup de choses se seraient écroulées, et la forme même de ces discussions et la puissance des médias la légitimaient en la gratifiant de leur propre force. C'est pourquoi les opinions étaient si importantes dans la société, à travers elles on s'appropriait une force et une supériorité qu'en réalité on n'avait pas. C'était la fonction de la forme ici, d'éradiquer la faiblesse de chacun. Tous les consensus, que ce soit autour de principes moraux, d'une bureaucratie, d'une idéologie, faisaient disparaître la faiblesse de chaque individu. Je le savais, parce que je le voyais, mais quand je me retrouvais face à ces mécanismes, ce savoir se laissait dépasser par mes émotions, qui, d'une façon mécanique, leur donnaient raison et me projetaient dans un cauchemar, un cauchemar où je me sentais soit coupable, soit comme un moins-que-rien. Quand j'échangeais avec le fisc, avec les banques ou avec les agences de recouvrement, j'étais rongé par la culpabilité. Quand je furetais dans les jardins partagés, j'étais rongé par la culpabilité. Quand j'allais chercher ou déposer les enfants au jardin d'enfants, j'étais rongé par la culpabilité. Je savais que je n'étais pas inférieur à ceux que j'y rencontrais, que ma faiblesse et mes défauts n'étaient pas pires que les leurs, mais ils ne représentaient pas qui ils étaient en tant qu'individus, ils représentaient un système dans lequel il y avait des règles, et ces règles étaient très simples : si on les suivait, on était quelqu'un de bien ; si on ne les suivait pas, on était quelqu'un de peu recommandable. Je cherchais à les suivre mais, puisque je n'étais pas quelqu'un de discipliné, je les enfreignais souvent. Je savais moi-même pourquoi, cela ne venait pas du fait que je n'étais pas une bonne personne, ou que j'étais paresseux ou lâche, mais en connaître la raison ne pouvait pas changer le regard que le système portait sur moi, sur quelqu'un qui ne respectait pas les règles, et c'était quelque chose que j'avais intégré. Quand je voyais une véritable œuvre d'art ou que je lisais de la vraie littérature, toute cette brutalité était mise de côté, puisqu'il existait une autre dimension dans le fait d'être humain, quelque chose de complètement différent, la dignité et le sens, qui avaient poussé les gens du Moyen Âge à construire leurs immenses cathédrales, et face à leur puissance ils étaient devenus ce qu'ils étaient vraiment : de petits vers de terre humbles et insignifiants. Oui, des petites merdes. Mais c'était eux qui les avaient construites ! Ils étaient à la fois les bâtisseurs d'une incroyable beauté mystique et des petites merdes. Voilà la vérité de l'être humain. C'était à la fois quelque chose d'essentiel et quelque chose qui ne l'était pas. La faiblesse était essentielle, et la grandeur était essentielle, mais pas ce qui se trouvait entre les deux. La faiblesse qui se fondait dans la masse, qui se prenait pour de la force, et qui ne voyait ni la faiblesse ni la grandeur, était ce par quoi moi, renvoyé de guichet en guichet, je m'étais laissé intimider et ce à quoi je m'étais soumis. L'envie de boire jusqu'à m'écrouler venait de l'envie d'être, même pendant quelques heures, détaché de tout cela, et l'envie d'écrire quelque chose de remarquable, quelque chose de vraiment exceptionnel et mystique, en faisait partie. Ce n'était pas pour fuir la trivialité du quotidien, puisque la vie elle-même est triviale, mais c'était pour fuir l'invasion de mon moi par la vie triviale, ce qui m'avait conduit à penser que je n'étais pas quelqu'un de bien et de respectable mais un imbécile, présomptueux et incompétent, et qui m'avait conduit à penser cela depuis que, à seize ans, j'avais commencé à boire à Kristiansand sous la surveillance de mon oncle, c'est comme ça que j'avais ressenti les choses en tout cas. Ce à quoi j'aspirais, et qu'à l'époque j'ignorais, mais que j'avais identifié vingt ans plus tard, et qui était totalement irréalisable, c'était ce que Hölderlin avait exprimé quand il avait écrit cette simple invitation :

« Viens dans l'Ouvert, ami. »

Mais qu'est-ce que c'était, « l'Ouvert » ?

C'était la liberté, c'était l'utopie.

Mais qu'est-ce que cela voulait dire ?

Pas que nous devions parler de tout, rendre compte de tout, supprimer les frontières entre nous-mêmes, les autres et le monde – parce que c'était la même chose qu'instaurer de nouvelles frontières ailleurs et laisser l'humain l'emporter sur tout, et ce qui arriverait alors, et qui était sur le point d'arriver, c'était la disparition de la réalité.

Ce que Hölderlin avait voulu dire, personne ne pouvait plus le savoir. Hölderlin était, comme tous les autres romantiques, un enfant de la Révolution française, de l'idéal « Liberté, Égalité, Fraternité », et le bouleversement de l'ancien ordre social, de l'ancien monde, avait dû être pour eux une ouverture à travers laquelle autre chose que la réalité présente paraissait possible. L'ordre dominant, l'ordre de la société ou l'ordre du monde, fait apparaître tous les autres moyens d'organiser l'existence comme dangereux, menaçants ou destructeurs, ce qui fait que ces possibilités n'en sont pas réellement, jusqu'à ce que ses propres inconsistances le mettent à mal, jusqu'à être remplacé par un nouvel ordre, qui devient alors l'ordre dominant, et qui, à aucun prix, ne doit être chassé. Mais, si on lit Hölderlin, il est difficile de comprendre « l'Ouvert » comme une catégorie politique qui ait à voir avec les classes sociales, la productivité ou les conditions de vie matérielles. Non, l'Ouvert pour Hölderlin était, selon moi, une catégorie existentielle. Hölderlin était un poète, et pour un poète, ce qui était utopique, c'était un monde sans langage. La poésie cherchait à s'insinuer dans l'espace entre le langage et le monde, pour faire face au monde tel qu'il était en lui-même, mais transmettre cette connaissance, qui était peut-être la plus ancienne de toutes les connaissances, ou l'écrire, ce n'était possible qu'avec l'aide du langage, et ce que l'homme avait gagné s'apparentait à une victoire orphéenne, et était instantanément perdu. Dans un monde hors du langage, on ne pouvait qu'être seul.

Mais en quoi consistait un monde de ce genre ?

Un monde sans langage était un monde sans catégories, où chaque chose, même minuscule, existait pour ce qu'elle était. C'était un monde sans histoire, où seul comptait l'instant présent. Un pin, dans ce monde, n'était pas un « pin », ce n'était pas non plus un « arbre », c'était un phénomène dépourvu de nom qui poussait sur la colline et se balançait dans le vent quand le vent soufflait. Oui, si l'on se trouvait au sommet d'une colline, on pouvait voir ces organismes vivants se balancer d'avant en arrière quand le vent soufflait sur la plaine et entendre leur bruissement. Ce spectacle et ce bruit étaient impossibles à transmettre. C'était donc comme s'ils n'existaient pas. Mais ils existaient et existent toujours. Il suffit de faire un pas de côté et le monde change. Un pas de côté, et on est dans un monde dépourvu de nom. Il est aveugle, et on voit la cécité. Il est chaotique, et on voit le chaos. Il est beau, et on voit la beauté. Il est ouvert, et c'est l'ouvert, il est dépourvu de sens, et c'est l'absence de sens. Il est aussi divin, et, oui, c'est le divin. Cette petite boîte bleue avec un soleil rouge et ses côtés noirs rayés, à l'intérieur de laquelle les allumettes blanches aux têtes soufrées reposent comme dans un lit, c'est le divin qui est là, immobile, en haut du placard de la cuisine, entouré d'une fine couche de poussière, éclairé faiblement à travers la fenêtre par la lumière du jour, qui s'assombrit lentement, au moment où une muraille noire de nuages s'abat sur la ville, où les premières décharges électriques la sillonnent à toute vitesse, selon des chemins imprévisibles, et où le tonnerre gronde lourdement dans le ciel. Le vent qui se lève et la pluie qui commence à tomber, c'est le divin. La main qui attrape la boîte, fouille le petit lit du bout de l'index et sort une des allumettes est une main divine, et la flamme ardente qui apparaît quand cette main gratte la tête soufrée contre la surface râpeuse, et qui, en moins d'une seconde, devient une flamme régulière, plus douce, c'est la flamme du divin. Mais elle brûle à l'abri du langage, elle brûle à l'abri des catégories, elle brûle à l'abri de tous les liens et de toutes les connexions que ces catégories instaurent. L'idée qu'il y ait eu autrefois un état d'innocence humaine, une sorte de présence immédiate au monde, qui, dans la mythologie, s'appelle le jardin d'Éden, un lieu d'où nous venons et auquel nous aspirons, car nous n'y faisions qu'un avec notre environnement et avec Dieu, en une sorte d'état naturel originel, est trompeuse, parce que cela implique le temps, un avant et un maintenant, alors que dans la réalité il n'y a que le maintenant qui existe, qu'en réalité il n'y a qu'un temps pour tout : cette flamme du divin brûle maintenant, le jardin d'Éden existe maintenant, il suffit de faire un pas de côté, et l'on y est. Mais ce pas, nous sommes incapables de le faire, car nous sommes des êtres humains, et ce pas nous transporte ailleurs, dans le non-humain.

Être humain signifie être plusieurs. C'est être social. Le social est une communauté. Les limites de la communauté sont les limites du langage. Lorsque Hölderlin était enfin entré dans l'Ouvert, il avait disparu de tout ; il était devenu fou. Dans ses poèmes, il n'est pas fou, mais ils ne sont pas non plus dans l'Ouvert, ils restent dans le social et regardent vers l'Ouvert. C'est ce que la religion a toujours fait. Olav Nygard avait appelé son recueil de poèmes *Ved vedbande* (« Près du bord du bord »), ce qui signifie près du sacré. Pas dans le sacré, mais à sa limite. Quand la religion se réduit à la superstition, et que la poésie est marginalisée et ne croit plus à sa propre signification, l'Ouvert disparaît de l'humain, qui se referme sur lui-même, puisqu'en dehors de lui plus rien n'existe.

Est-ce une perte ? Tant que ce qui est en dehors de l'humain est impossible à atteindre, tant que le monde dans son essence ne pourra nous apparaître, mais seulement se montrer à travers notre langage et des catégories, avec d'autres mots que quelque chose faisant partie de l'humain, et tant que ce monde en dehors de l'humain, sans langage, sera une utopie, dans le vrai sens du terme, un non-lieu, pourquoi chercher à y aller ? Pourquoi ne pas juste s'en détourner ?

Parce que nous en venons et parce que nous sommes voués à y retourner. Parce que le cœur est un oiseau qui ne cesse de battre dans notre poitrine, parce que nos poumons sont deux phoques entre lesquels l'air passe, parce que la main est un crabe et la chevelure une botte de foin, parce que les veines sont des rivières et les nerfs des éclairs. Parce que les dents sont des murs de pierre et les yeux des pommes, les oreilles des moules et les côtes une cage. Parce que c'est toujours sombre et silencieux dans le cerveau. Parce que nous sommes la terre. Parce que nous sommes le sang. Parce que nous devons mourir.

La mort, ce grand restaurateur du silence, est aussi en dehors de l'humain, elle ne peut jamais apparaître devant nous car, au moment où elle nous atteint, nous prenons fin, comme le langage prend fin au moment où il atteint ce qui est sans langage. La mort, c'est ce contre quoi l'humain met une frontière, l'absence de langage c'est ce contre quoi l'humain met une frontière et c'est contre leur noirceur que nous et notre monde brillons. La mort et le monde matériel sont l'absolu, inaccessibles pour nous, car, au moment où nous devenons eux, nous ne sommes plus nous-mêmes mais une part d'eux.

Notre monde qui brille contre leur noirceur n'est, au contraire, pas absolu mais relatif et changeant. La science de la nature est relative, la morale est relative, la science sociale, la philosophie et la religion sont relatives, tout dans l'humain est relatif. La frontière entre la découverte et l'invention est ténue, et ses conséquences sont inexistantes. Y avait-il des globules rouges et blancs au XVIIe siècle ? Oui, ils existaient, mais pas dans la conscience humaine. Ils faisaient, autrement dit, partie du monde mais pas de la réalité. Cette réalité, c'est notre monde, c'est pourquoi le monde du XVIIe siècle était un monde différent du monde d'aujourd'hui, même si le ciel, la terre et les étoiles sont de même nature, de même matière aujourd'hui qu'à l'époque. Darwin a écrit un livre et, alors que la nature biologique avant Darwin se déroulait dans l'espace, après Darwin elle se déroulait dans le temps. Le monde était le même, la réalité changeait. Décrire le monde, c'est créer la réalité. C'est cette même pensée que Harold Bloom exprime quand il écrit que c'est Shakespeare qui a créé l'homme. Quand les personnages entrent en scène et raisonnent avec eux-mêmes, comme s'ils étaient à côté des événements tout en en faisant partie, hantés par le doute ou foudroyés par l'amour, en guerre contre eux-mêmes ou étonnés d'eux-mêmes, l'homme n'est pas seulement une créature agissante, le siège d'une multitude d'émotions, mais aussi un endroit où tous ces sentiments rencontrent un moi qui réfléchit. C'est l'émergence de ce moi qui, selon Bloom, est nouvelle chez Shakespeare, ce qui lui permet de dire avec raison que Shakespeare a inventé l'humain, car c'est seulement quand quelque chose devient visible pour les autres et non pour un seul individu que cela devient réalité. La réalité, notre réalité humaine, est constituée de tout ce qui est visible et reconnaissable en nous et entre nous. Chaque fois que cela change, la réalité change. Aussi la Grèce antique a-t-elle été le point de référence de notre civilisation occidentale pendant plus de deux mille ans et continue à l'être ; tant de nos représentations du monde et de l'homme y ont trouvé racine. La science de l'histoire, la philosophie, la politique, la science de la nature : tout en nous vient de là-bas. La seule partie de notre culture qui n'en soit pas issue est la religion, qui est d'origine juive, et aussi la machine, qui est notre propre création. Qu'une culture aussi supérieure que la culture grecque, avec tout son génie théorique, ait considéré la religion avec un doux mépris n'est pas si étonnant, mais que les Grecs, malgré leur savoir-faire croissant en matière d'artisanat, aient traité avec autant d'indifférence la technologie est frappant au premier abord. Mais si l'on partage la pensée d'Arendt d'après laquelle ils recherchaient la liberté dans le domaine public et considéraient que l'essence de l'humain s'y trouvait, dans ce qui pouvait être exposé aux yeux de tous, alors que dans tout ce qui concernait la subsistance quotidienne et les besoins matériels de l'humanité, ils ne voyaient que contrainte et nécessité, alors leur manque d'intérêt pour la mécanique, la technologie et le savoir pratique est facile à comprendre. Les Grecs inventèrent la démocratie, mais ne purent imaginer les water-closets. Encore plus surprenant : ceux qui inventèrent l'histoire ne connaissaient pas le journal intime. D'ailleurs ce n'est pas vrai que tout ce qui touchait à la maison restait dans l'ombre, était une sorte de zone de la réalité informulée, et que seulement ce qui arrivait en public avait une existence réelle, puisque formulé pour tous, car la sphère privée aussi se produisait sur scène dans l'Antiquité, dans les pièces de théâtre, précisément dans la comédie, qui s'occupait des choses les plus basses de l'existence et se fondait sur la reconnaissance.

La liberté qui réside dans le rire est d'un tout autre genre que celle qui réside dans le déploiement des vertus, et c'est peut-être pour cette raison qu'Arendt ne la mentionne pas : elle ne s'élève contre rien, elle ne crée rien, elle ne change rien, ne distingue rien et ne vise que l'instant présent sans autre perspective que de le rendre supportable.

De quoi rit-on dans une comédie ? De tout ce qui touche au trivial et que nous cachons habituellement ; la vie du corps, la défécation, la copulation, les bruits et toutes les caractéristiques humaines qui se font passer pour autre chose que ce qu'elles sont en réalité, tout ce qui est impossible à avouer ; l'envie, la suffisance, la cupidité, l'amour-propre, l'autodestruction, l'absence de scrupules, l'ambition, le désir d'une gloire sans mérite. Ce qui veut se faire passer pour ce qu'il n'est pas, c'est le thème de la comédie. La comédie révèle et le comique réside dans la distance qui sépare le monde tel qu'il voudrait être et le monde tel qu'il est. Dans ce dévoilement se trouve la révélation que le social est un jeu qui suit des règles précises – on cache une chose, on en montre une autre – et que d'une certaine façon nous vivons dans une illusion. Le jeu dépend de la participation de tous, l'illusion, de la croyance de tous. La comédie, qui brise ce contrat, est ainsi le plus vrai et le plus réaliste des genres. Elle est libératrice en ce sens qu'elle dit : voici la vraie humanité, et nous sommes tous des êtres humains. Mais elle contraint aussi, parce qu'elle est un frein pour tous ceux qui aspirent à autre chose et qui pensent qu'il est possible de s'élever au-dessus de ce monde de trivialité, de défécation, de copulation, d'envie, de suffisance et d'éternels malentendus, donc tous ceux qui aspirent à *devoir* ou à *pouvoir être* plutôt qu'à *être*. À cet égard, le rire est une puissante force sociale, l'un des plus importants mécanismes de correction possibles ;

il n'y a rien de plus humiliant que d'être raillé en public, et pour l'éviter il convient de ne pas se faire remarquer, de rester là où sont les autres. Ainsi, d'un côté le rire dévoile ce jeu social, mais de l'autre il le maintient. Le rire est contre-révolutionnaire et anti-utopique : celui qui rit de tout rit aussi de la dictature du prolétariat, et si tout le monde rit de la révolution il n'y aura pas de révolution. Si tout le monde avait ri de Semmelweis, les mères et les nourrissons mourraient toujours de la fièvre puerpérale. Si les Allemands avaient ri d'Hitler, lui et ses idées auraient été inoffensifs. Mais ils n'ont pas ri, ils l'ont pris au sérieux, ils voulaient le suprême, et dans le suprême la tragédie l'emporte, et la tragédie, personne n'a envie d'en rire.

Mais si la comédie est le plus vrai et le plus réaliste de tous les genres, qui entraîne toute personne et toute chose dans le monde réel, le corps et sa réalité sans illusions, alors que dire de la tragédie ? La tragédie traite des mêmes thèmes que la comédie, l'ascension et la chute ; alors pourquoi le comique est-il confiné dans la comédie et le tragique dans la tragédie ? Pourquoi ne rions-nous pas d'Œdipe ? Il pense pourtant qu'il est quelque chose qu'il n'est pas. Pourquoi ne rions-nous pas d'Hamlet ? Il ne sait ni qui il est ni ce qu'il va faire : il suit la piste de l'ignorance et manque de recul. Pourquoi ne rions-nous pas de la petite Hedvig qui se suicide ? N'a-t-elle pas tout compris de travers ?

Dans ce qui ne fait qu'un avec soi-même, il n'y a aucune distance, et puisque la mise à distance est le point de départ du rire et de la comédie, l'absence d'identité en est la condition, puisque l'identité est la seule chose dont la comédie et le rire ne peuvent s'approcher. Ce qui ne joue pas, ce qui n'est pas autre, ce qui est ce qu'il est. *L'Idiot*, le chef-d'œuvre de Dostoïevski, traite de ce sujet. Initialement, le roman appartenait au genre comique, tel le *Don Quichotte* de Cervantès, qui laisse le grand et noble monde se jouer dans le petit monde, c'est-à-dire le monde tel qu'il est, rempli de moulins à vent, de moutons, de destriers usés, d'ânes et de bandits ivres, traversé à cheval par un vieil homme maigre et malade et son compagnon petit et gros. Avec *Madame Bovary*, Flaubert a approfondi l'aspect réaliste et désenchanté du roman de Cervantès ; c'est une représentation de l'amour romantique qui entre en collision avec le monde tel qu'il est réellement et qui pousse le personnage principal vers la mort. *Don Quichotte* et *Madame Bovary* sont tous deux des romans cyniques, parce qu'ils ne croient pas, mais dénoncent ceux qui croient. Que ce en quoi Don Quichotte et Emma Bovary croient se révèle illusoire, de sorte que le roman est du côté de la vérité, et que tous deux soient décrits avec amour, puisqu'il est admis que leurs faiblesses et leur fuite appartiennent à la nature universelle de l'homme, n'y change rien. *L'Idiot* est le contraire de *Don Quichotte* et de *Madame Bovary*. *L'Idiot* est une anti-comédie. Ce roman inverse la logique de la comédie en dénonçant le monde cynique, ceux qui rient de la vacuité du monde, à travers une confrontation avec un homme non masqué. Ah, qu'est-ce que ce non-masqué, cette qualité faite homme, qui fait trembler tout son entourage, provoque l'inquiétude, rend le chaos imminent, sans faire quoi que ce soit d'autre que simplement exister ? Le prince Mychkine pense que ce qu'il voit, ce qu'on lui montre, est ce qui est, et que ce qui est dit est sincère. Il ne connaît pas les arrière-pensées, il ne comprend pas l'ironie et il ignore les rôles. Il ne comprend pas que le monde social est un jeu, il ne fait qu'un avec lui-même et il croit que tous les autres sont comme lui. Ils ne le sont pas, et le fait qu'il ne le sache pas suffit pour que le jeu s'écroule, parce qu'il leur donne un point de vue d'où ils peuvent observer cela, un endroit en dehors du monde social, d'où justement ce dernier leur apparaît, et avec lui l'arbitraire. Les rôles ont un sens dans le cadre du jeu mais, quand le jeu est reconnu comme tel, les rôles perdent tout leur sens. Qui est-on alors ? Soi-même ? Qu'est-ce que cela veut dire ? Le prince Mychkine est lui-même. Il est authentique. Il est entier, il n'est ni le jumeau ni le double de personne. Mais, pour cette raison, il est condamné à rester en dehors de l'humanité. Une société composée d'êtres authentiques qui prennent les choses pour ce qu'elles sont est une société où rien ne peut être caché, où rien ne peut être tenu secret et où aucune réelle différence ne se crée. Dit autrement, l'authentique est le contraire du social. Le social divise et exclut, opprime ou élève. Le social est un système de différenciation, un monde où tout et tous sont classés et différenciés. L'idiot supprime toutes les différences, dans son royaume tous les hommes sont égaux. Ce n'est pas sa bonté qui crée de si grands problèmes pour le monde social, mais son authenticité. Dans une perspective littéraire révolutionnaire, où la complexité du personnage s'est développée à partir de l'intelligence simple et archaïque d'Ulysse pour exploser dans la folie d'Hamlet, qui appartient au moi sauvage plein de contradictions de la Renaissance annonçant l'arrivée de l'homme moderne tel que nous le connaissons, le prince Mychkine de Dostoïevski représente un retour en arrière, quelque chose de profondément réactionnaire et de rétrograde, pour ne pas dire archaïque, une sorte d'homme préhomérique pour qui à la fois l'intelligence d'Ulysse quand il trompe le Cyclope en jouant avec son identité et la parabole de la caverne de Platon seraient vaines. Oui, le prince Mychkine ne rappelle-t-il pas un peu le Cyclope, ce colosse avec un seul œil, qui est piégé par son interprétation littérale du langage et qui est incapable de comprendre qu'Ulysse n'est pas sincère quand il prétend s'appeler Personne ? Dostoïevski était un écrivain profondément réactionnaire, en premier lieu parce qu'il cherchait le sens, très sérieusement, les yeux ouverts, en deuxième lieu parce qu'il ne le cherchait pas dans la politique ni dans l'idéologie, ni dans la science ni dans la philosophie, mais dans la religion, et qu'il l'a trouvé dans sa simplicité. Dans tous les romans de Dostoïevski, la grande menace, c'est le nihilisme, le bourdonnement et les lumières clignotantes du manège social à la fête de l'absurdité, dans la nuit noire de la vacuité, et ce avec quoi il se protège si férocement, encore et encore, c'est le sacré et la simplicité du sacré. Dostoïevski chérit la simplicité. Pourquoi ? Ses romans sont extraordinairement complexes et chaotiques, un tumulte de personnages et de voix, on n'y trouve aucun moment de paix, aucun passage lent et hypnotique, ni aucune journée d'été libre et paresseuse où il ne se passe presque rien, comme chez Proust ; chez Dostoïevski tout est agité, une série de scènes d'une très grande intensité, à la limite de l'hystérie, au bord de la folie, mais dans la description de ce monde violent et incontrôlé apparaît toujours, dans ses meilleurs livres, tôt ou tard, une lumière, et, autour de cette lumière, le silence. Cette lumière chez Dostoïevski n'est ni voilée ni douce comme celle qui proviendrait d'une lampe à pétrole, pas plus qu'elle n'est aveuglante ni semblable à celle d'un néon dans une salle de dissection, elle est blanche et elle gomme presque tout, comme si elle provenait du magnésium en feu, pourrait-on croire, qui en brûlant efface les détails et les nuances et qui donne l'impression que l'essentiel n'est pas ce qui est éclairé, mais la lumière elle-même. Cette différence entre la lumière et ce qui est éclairé est la différence entre la réalité prémoderne et la réalité moderne, et là où la première est une et simple, la deuxième est plurielle et d'une complexité baroque. Dostoïevski se tournait vers la lumière à laquelle il voulait croire, mais ce « vouloir », que seul connaît celui qui vit dans la complexité de ce qui est éclairé, faisait que c'était impossible, puisque c'était le contraire de croire. Vouloir croire est impossible, il y a une contradiction dans les termes. S'il avait cru, il n'aurait pas écrit. Mais il le savait.

Qu'est-ce qu'il savait vouloir ? Qu'est-ce que la lumière dans les romans de Dostoïevski ? C'est la grâce. Et la grâce est ce qui ne fait pas de différences. Ce ne peut être saisi par le langage, puisque le langage est par essence créateur de différences. Ainsi, la grâce de Dostoïevski ressemble à l'Ouvert de Hölderlin, mais l'Ouvert de Hölderlin appartient au monde matériel des rivières et des nuages, alors que la grâce de Dostoïevski concerne le monde social. La grâce y abolit toutes les distinctions, dans la grâce tous sont égaux. Cette radicalité est totale et presque inimaginable. Mais c'est pourtant cela, et rien d'autre, qui est essentiel dans le christianisme. Aucune différence entre les gens. Les pires personnes ont autant de valeur que les meilleures. Jésus a dit : si l'on te frappe, tends l'autre joue. Celui qui te frappe est un être humain comme toi, il est toi. Ne le frappe pas. C'est une conception inhumaine, car elle provient de ce qui est extérieur au monde social. Oui, c'est une conception divine. Adolf Hitler a autant de valeur que les Juifs qu'il a gazés. Selon cette pensée, notre identité se dissout, celle qui a été créée par nos propres différences, et c'est ce qui rend le christianisme irréalisable, nous ne pouvons pas nous penser dans l'oubli, il y aurait trop à perdre, puisque c'est tout ce que nous avons. Nous ne pouvons pas non plus être le même sans perdre tous les autres. Ce qui est indifférencié n'entre dans aucune catégorie, c'est un endroit où disparaît toute signification ; quoi que tu possèdes et bien qu'il te semble impossible de le perdre, cela n'a aucune valeur. C'est ce qu'aucun d'entre nous ne peut comprendre. Et quelle qu'ait été l'intention de Dostoïevski quand il a écrit son chef-d'œuvre, ce que le prince Mychkine apporte avec lui, aucun de nous n'en veut, c'est presque une vision d'horreur. L'idiot, c'est celui qui reste bouche bée et qui rit avec ceux qui rient de lui, en les regardant d'un air interrogateur. L'idiot, c'est le contraire du cynique. Il faut choisir entre les deux. Le cynique demande : mais qui pardonnera ? L'idiot répond : moi.

Le soleil qui dardait ses rayons directement sur le balcon où nous étions assis était si chaud que des gouttes de sueur me coulaient sur le front, à la naissance des cheveux, même si le soir était déjà bien avancé, et il était si fort que je me demandai si je ne devrais pas rentrer chercher mes lunettes de soleil. J'envisageai aussi de prendre sur la table deux ou trois crevettes, la faible odeur de sel et le spectacle de ces créatures rose foncé quasiment cuirassées éveillaient en moi le désir de goûter à leur fraîche senteur de mer. Mais je décidai d'attendre. Mettre ses lunettes de soleil pendant le repas était déjà mal élevé, mais commencer à manger avant que tout le monde soit à table était pire encore.

Geir soupira.

— Qu'est-ce que tu as ? Tu te plains ?

— Moi, non ! C'est toi qui te plains.

J'allumai une autre cigarette, et je me penchai en avant sur ma chaise, les avant-bras posés sur les cuisses.

— Je me plains un peu, je l'avoue. Mais je pourrais peut-être m'en sortir avec une petite blague ?

— Plaisanter et se plaindre, ça revient au même pour toi.

— Sais-tu ce que Stevie Wonder a dit quand, en se promenant dans un port, il est passé devant un crevettier ?

— Non.

— Salut, les filles !

Geir sourit et posa ses pieds sur la balustrade. Je me renversai sur ma chaise, essuyai la sueur dans mes cheveux de mon majeur et de mon annulaire, en prenant garde à ce que ma cigarette allumée, entre l'index et le majeur, ne les frôle pas.

Les bruits venant de la chambre des enfants s'étaient assourdis ; c'était certainement l'heure des histoires. Je pris une gorgée de vin. Je n'aurais avoué à personne que j'aurais préféré boire de l'eau minérale. Ni qu'avec les crevettes je préférais le thé, surtout en été, une habitude que j'avais prise dans mon enfance, et depuis, pour moi, ces deux choses allaient bien ensemble.

Un œil de crevette s'était détaché de la tête et gisait tout seul sur le bord du plat. Il ressemblait à un grain de poivre. Leurs tentacules, qui se hérissaient dans toutes les directions, au-dessus et en dessous de leurs corps par ailleurs dodus, ressemblaient à des moustaches. Que les crevettes, vivantes, soient blanches, couleur de neige fondue, presque transparentes, un peu comme des vitres sales, paraissait impossible à croire quand on les voyait cuites : leur couleur était devenue si originale et si belle que personne ne pouvait imaginer que la nature soit si généreuse avec ce qui était mort. Mais le homard au contraire, avec sa sombre carapace noir d'acier, qui ressemblait à ces armures de la Renaissance italienne, noires et articulées, était sans aucun doute plus beau de son vivant que quand l'eau bouillante lui ôtait la vie si rapidement et que la couleur rouge orangé se fixait dans sa carapace. Certes il avait l'air plus raffiné et plus élégant, mais par comparaison avec la beauté du noir, alliée à la force et à la puissance, le raffinement du rouge ne comptait pas. Il en était autrement des crevettes. Vivantes, elles ressemblaient à des employés de bureau de l'océan, mortes à une troupe de danseuses de ballet.

À nos pieds, un bus s'était arrêté au feu en soupirant. Les voitures passaient dans la rue qui se terminait près du grand espace vert près de la plage, elles freinaient et s'arrêtaient de l'autre côté du feu. La voie était maintenant libre pour les voitures venant du nord, mais la rue de ce côté était vide. Le passage piéton où apparut, avec un tic-tac, le petit homme vert, ou plutôt la personne verte, comme il fallait sûrement dire maintenant, était vide lui aussi. Une pointe de l'émotion que je ressentais la nuit quand les feux changeaient de couleur dans les rues désertes, et qu'il n'y avait personne pour le voir, s'était insinuée dans ma conscience, comme une lettre glissée sous une porte. Ce que je pensais à ce moment-là et que je me représentais de manière si vivante, c'était le monde sans personne. Toutes les maisons vides, toutes les rues vides, pas de voitures, pas de bus, seulement les feux passant du rouge au vert, ici et aux autres carrefours, dans toute la ville. Il y aurait du mouvement, la végétation s'insinuerait partout, mais à son rythme lent et inimitable, traversant le béton et l'asphalte et recouvrant tout petit à petit, et il y aurait des animaux dans les rues. Mais aucun d'eux ne prêterait attention aux feux et à leur tic-tac. Ceux-ci appartiendraient à un système vide. Les êtres qui autrefois avaient vécu au sein de ce système, et qui y avaient installé ces feux pour réguler leurs propres mouvements, ne seraient plus là et ne reviendraient jamais.

Je me penchai et écrasai ma cigarette contre un des barreaux de la balustrade, laissai le mégot à mes pieds, faute de cendrier – c'était ce que je pouvais trouver de plus discret à faire. Il resta planté là comme un homme au pied d'un arbre, songeai-je, et je vidai mon verre de vin, que je posai à côté de mon assiette. Je levai les yeux : à l'autre bout du balcon, à une dizaine de mètres, la porte s'ouvrit. Christina apparut. Elle sourit et leva la main en l'air à mi-chemin, dans notre direction, comme si nous ne pouvions pas comprendre, à la seule vue de son corps, qu'elle était là et que nous ayons besoin d'un signe pour nous en convaincre.

Elle referma la porte d'une main, repoussa sa longue chevelure de l'autre et nous rejoignit.

— Ça a l'air délicieux ! C'est super de manger dehors.

— Il dort ? demanda Geir.

Elle secoua la tête, s'assit sur la chaise adossée au mur et cligna des yeux.

— Mais au moins il est couché. C'est une grande aventure pour lui de dormir avec trois autres enfants.

— Tu veux un verre de vin ? dis-je en levant la bouteille dans sa direction.

— Non merci. Mais je prendrais bien un peu de Ramlösa.

Je reposai la bouteille de vin, pris la bouteille d'eau gazeuse et en versai dans son verre. Le liquide vitreux, pétillant légèrement, se nicha entre les parois transparentes de son réceptacle avec un petit bruit rafraîchissant. Quelques bulles se détachèrent de la surface et s'élevèrent à quatre, cinq centimètres de hauteur, visibles dans la lumière du soleil qui les fit scintiller.

Elle porta le verre à ses lèvres et but.

— Les miens sont aussi au lit ? dis-je.

Elle acquiesça, but une nouvelle gorgée, baissa son verre mais le garda à la main, le coude appuyé sur la cuisse.

— Oui, dit-elle. Mais John est debout dans son petit lit et veut rejoindre les autres.

Christina avait quelque chose de réservé, pas dans ce qu'elle disait ou dans ce dont elle parlait, mais dans la manière dont elle le faisait ; comme si ses gestes étaient quelque chose qu'elle devait abandonner à regret, m'arrivait-il de penser. C'était pareil pour l'expression de son visage, elle avait toujours l'air d'en garder le contrôle ; pas qu'elle soit forcée ou fausse de quelque façon que ce soit, parce que ce n'était pas le cas, plutôt comme si elle ne voulait pas trop dévoiler d'elle, comme si le fait de trop se dévoiler était dangereux, comme si elle gardait toujours pour elle ce qui était en elle. D'une certaine façon, elle était le contraire de Geir, qui, lui, était plus décontracté vis-à-vis de lui-même, de son langage corporel et de ses attitudes ; son besoin de contrôle s'exerçait sur le monde extérieur, qu'il organisait avec soin, à la fois ses aspects matériels, où rien n'était laissé au hasard, et ses aspects immatériels, le royaume des idées, où il ne pouvait rien écrire sans en signaler la source dans une note de bas de page.

Christina s'habillait toujours très bien, pas pour faire sensation, mais avec un goût extrêmement sûr. Rien d'étonnant, puisqu'elle avait suivi une formation de styliste. J'étudiais toujours sa tenue lors de nos rencontres, cela me remplissait d'une sorte de satisfaction, peut-être en raison de la perfection de ses choix, qui faisait que tout était assorti, mais sans que la volonté d'assortir soit perceptible – parce que ça aurait été une démonstration inutile –, la façon dont tous les accessoires, comme une écharpe ou une ceinture, apportaient un petit plus par rapport au reste, comme s'ils le sublimaient, à la fois en attirant l'attention, grâce à une boucle de ceinture imposante par exemple, et en restant en retrait, puisque la ceinture visait à mettre en valeur le reste.

Les couleurs, les coupes, les tissus, les motifs ; tout était assorti avec un goût sûr qui ne pouvait être qu'intuitif. C'était un domaine qu'elle maîtrisait et cela lui venait naturellement. Elle parvenait à faire ce que peu de gens réussissaient, c'est-à-dire à gommer les différences entre ce qui était neuf et ce qui était vieux, ce qui était cher et ce qui était bon marché, en faisant abstraction de ces caractéristiques et en faisant à la place attention à leurs caractéristiques intrinsèques, et ce pour chaque article, chaque accessoire. Les marques n'existaient pas pour elle, il n'était pas question de marques quand je pensais à ses vêtements. Parmi ceux que j'avais vus, une veste en cuir brun clair me plaisait tout particulièrement, sans que je sache précisément pourquoi. Qu'est-ce qu'elle éveillait en moi ? Je l'associais aux années soixante-dix, même si elle n'était pas typique de la mode de cette époque. C'était peut-être surtout le ton chaud du cuir et sa coupe qui me séduisaient, en même temps elle avait aussi ce côté agressif que tout vêtement en cuir possédait, et c'était peut-être cette combinaison qui me plaisait tellement. Les gros boutons. Elle était féminine, mais pas trop « girly ». Élégante. Oui, c'était le mot. Cette veste était élégante.

Elle habillait Njaal de la même façon. Presque tous les enfants étaient des enfants H&M ou des enfants KappAhl, leurs habits suivaient la saison et le goût des grandes enseignes ; les nôtres aussi. Si Njaal portait un vêtement H&M, il ne ressemblait en rien à ceux de H&M, il était comme absorbé par un autre habit, choisi pour ce qu'il était et qui lui était assorti avec une grande subtilité. Il était élégant aussi, mais pas dans le style du Petit Lord Fauntleroy, au contraire. Njaal ressemblait bien à un enfant de notre temps, mais à sa façon originale, exactement comme Christina était une femme de notre temps, mais à sa façon originale. Dans vingt ans, quand nous regarderions les photos de cette époque, elle et lui, la mère et le fils, appartiendraient bien aux premières années du nouveau millénaire, comme tous les autres, personne n'y échapperait, mais d'une façon plus belle et plus assurée, un peu comme John F. et Jacqueline Kennedy ressemblent à des gens des années cinquante-soixante, mais avec une autre prestance et une autre élégance que nos parents, oncles, tantes, même s'ils sont de la même génération.

L'assurance dont faisait preuve Christina dans sa façon de s'habiller ne trouvait pas d'écho dans sa façon d'être, en ce sens que cette dernière n'était pas aussi confiante, ou aussi supérieure, que sa façon de s'habiller. Je ne la connaissais pas très bien, et nous n'avions bien sûr jamais parlé de ce qui lui traversait l'esprit, ou de son apparence, mais, d'après ce que j'avais pu voir, je pensais que la relation entre son moi intérieur et son moi extérieur n'était pas si harmonieuse, j'avais l'impression que sa vie intérieure était beaucoup plus intense et plus profonde que sa vie extérieure ne l'exprimait. Elle était prudente dans ce qu'elle montrait, pas forcément consciemment, sans doute pas, mais sa constante réserve semblait indiquer que c'était le cas : elle ne voulait pas que son moi intérieur soit perçu par les autres, que les regards et les pensées des autres puissent l'exploiter. Pourquoi ? Avait-elle quelque chose à cacher ? Avait-elle honte de quelque chose ? Ou bien était-elle simplement soucieuse de son intimité ?

Je me reconnaissais dans ce trait de caractère. Je ne pouvais pas savoir si cette similitude était pertinente, puisque, pour autant que je sache, elle pouvait ressentir et penser les choses de façon différente, mais si c'était bien ce à quoi je pensais, alors je savais exactement ce qu'elle ressentait. Elle avait grandi dans une famille où une partie d'elle-même ne pouvait être montrée, où elle devait rester cachée ; en grandissant, elle avait cherché à se libérer de ça, donc à s'autoriser à exister et à agir telle qu'elle était, à accepter sa part cachée et à la laisser apparaître en plein jour, mais de toute façon cette dynamique est si forte, si profondément intégrée dans notre propre identité, qu'il est impossible de s'en débarrasser : elle est ce que l'on est devenu. Parce que ce qui se passe – en tout cas, c'était ce qui s'était passé pour moi –, c'est que ce que l'on n'arrive pas à exprimer, ce qui doit être caché, vit sa propre vie, sa vie intime, et que cette vie intime à laquelle on s'habitue devient une façon de vivre, quelque chose d'agréable, pour lequel on n'a pas besoin des autres, où on se suffit entièrement à soi-même. L'épanouissement devient un repli sur soi. Geir, avec qui elle s'était mariée, ne connaissait pas ce genre de déséquilibre entre ce qu'il pensait et ce qu'il disait, ce qu'il faisait et ce qu'il ressentait. Il était résolument sociable, il vivait sa vie au milieu des autres, même quand il était seul. C'est pourquoi Geir avait bien plus besoin de Christina qu'elle n'avait besoin de lui. Elle aurait pu vivre seule toute sa vie, s'il l'avait fallu, pensais-je. Lui n'aurait pas pu ; sans les échanges émotionnels constants qui existaient entre son moi intérieur et le monde social, il se serait effondré. Il avait besoin du monde extérieur, pas elle ; elle avait assez avec tout ce qu'elle renfermait en elle. C'était une femme qui avait un sens profond du devoir, elle faisait ce qu'elle devait faire, mais pas lui, lui faisait ce qu'il voulait faire. J'avais aussi un sens profond du devoir, c'était ce que l'extérieur représentait pour moi, en un mot, la contrainte, alors que l'intérieur représentait bien plus la liberté. Depuis ces deux dernières années, j'avais compris que le repli sur soi était un danger, qui m'excluait de la vie. Et depuis ces deux dernières années, j'avais compris aussi que c'était une chose que j'avais en commun avec mon père. Il était un être profondément solitaire quand j'étais enfant, à la fois parce qu'il restait seul à la maison, au sous-sol, et parce qu'il n'avait aucun ami proche. Le monde social était un jeu qu'il maîtrisait, mais ce n'était pas une part de lui-même ; il n'y voyait peut-être rien d'essentiel, et, à mon avis, il n'a peut-être jamais rien vu d'essentiel nulle part. Ce qui fait la différence, ce qui est riche de sens, je ne crois pas qu'il l'ait ressenti au cours de sa vie. Il prenait du recul par rapport à tout ce qu'il faisait et, la seule chose qui y faisait obstacle, c'étaient ces vagues de rage et de colère qui parfois le submergeaient et qui, d'une façon terrible, créaient une sorte de proximité entre lui et moi, physique et psychique, alors que de sa part, pouvait-on penser, elles permettaient justement de maintenir une certaine distance.

Dans un journal intime que nous avions trouvé dans ses affaires après sa mort, il parlait de « l'individu solitaire ». Il écrivait qu'il pouvait repérer les gens solitaires et, à l'évidence, il se comptait parmi eux. Il écrivait aussi sur les mœurs dans les cultures du Sud, plus accueillantes et plus sociables que celles de Scandinavie, et il était impossible de ne pas comprendre qu'il aspirait à cette vie. Qu'il se soit mis à boire avait sûrement quelque chose à voir avec ça. Liberté, absence de contraintes et copains. Le changement le plus radical dans son mode de vie après qu'il eut abandonné notre famille était, hormis l'abus d'alcool, toute cette société qui avait soudainement envahi son existence. C'était un recommencement, une dernière tentative, mais l'alcool n'était pas seulement une bénédiction, un pourvoyeur de grâce, puisque rapidement, dès qu'il s'arrêtait de boire, il en ressentait de nouveau le désir – plus qu'un désir, un besoin, et qui le dominait. Pendant les week-ends, il buvait dès qu'il se levait jusqu'à ce qu'il aille se coucher. Pendant la semaine, au début, il avait réussi à se limiter, il ne buvait pas le matin, mais il commença à rentrer à la maison à midi pour boire un peu, et il buvait toute la soirée ; il lui devint de plus en plus difficile de résister et, à la fin, après de nombreuses années, il renonça et envoya tout au diable. Mais tout avait commencé au sous-sol, avec son besoin de solitude, de tenir le monde à l'écart, impossible à concilier avec son désir de sociabilité, qui ne pouvait être ni avoué ni reconnu, sauf à la fin, une fois que tout était perdu. Il était sur une mauvaise pente, il était de plus en plus captif de ses problèmes, et il perdit tout, à cause aussi de son agressivité incontrôlable et destructrice, autant que j'aie pu comprendre, qu'à la fin il retourna contre lui. C'est ainsi qu'il était mort, loin de tous, retiré dans la maison où cela avait commencé, seul avec sa mère, dans un flux tendu d'alcool. Le pasteur qui avait officié à son enterrement avait dit des mots que je n'oublierais jamais. Il faut savoir bien regarder, avait-il dit. Il faut savoir bien regarder.

Il faut savoir bien regarder.

Il aurait pu dire que les petites choses sont importantes ; il ne l'avait pas dit. Il aurait pu dire que l'amour du prochain est primordial ; il ne l'avait pas dit. Il n'avait pas dit non plus ce qu'il fallait bien regarder ; il avait seulement dit qu'il fallait savoir bien regarder.

Je l'avais compris, ce matin-là, tandis que, assis dans la chapelle, je pleurais et que son cadavre reposait dans son cercueil à deux mètres de moi, et cela a un sens aujourd'hui encore, alors que je suis en train d'écrire ce texte. Je sais ce que cela veut dire de voir quelque chose sans bien regarder. Tout est là, la maison, les arbres, les voitures, les gens, le ciel, la terre, mais il y a tout de même quelque chose qui manque, parce que le fait qu'ils soient là ne veut absolument rien dire. C'est à ça que ressemble un monde dénué de sens. On peut vivre convenablement dans un monde dénué de sens, il s'agit seulement de le supporter, et on le fera s'il le faut. Il peut être beau, même si l'on peut se demander par rapport à quoi, puisqu'il est tout ce que l'on a, sans que cela fasse la moindre différence, on s'en moque. On n'a pas su bien regarder, on n'a pas noué de liens avec le monde et on peut, autrement dit, tout aussi bien l'abandonner. Les liens qui nous retiennent, qui font que l'on se débat avec nos chaînes, ont à voir avec nos attentes et nos devoirs, avec ce que le monde exige de nous et, tôt ou tard, on réalise le déséquilibre existant entre les revendications du monde à notre égard et le fait qu'il échoue à répondre aux nôtres. Alors on devient libre, on peut faire ce que l'on veut, mais ce qui nous a libérés, l'absence de sens, a aussi vidé cette liberté de tout son sens.

Mais si le monde est dépourvu de sens, à quoi sert-il de bien le regarder ? Quelle sorte de stupide illusion petite-bourgeoise est-ce ?

La vraie question est de savoir ce qu'est le sens. Si l'on prend au sérieux l'injonction de bien regarder, il faut faire en sorte qu'il n'y ait pas juste une chose en elle-même qui soit importante, et pas juste une personne en elle-même qui soit importante, mais n'importe quelle chose, et n'importe quelle personne, n'importe où et à n'importe quel moment. Ce qui est important, c'est le regard, pas ce qu'il voit. Le lien même entre celui ou celle qui voit et ce qu'il ou elle voit, quel qu'il soit. Il en est ainsi parce que rien ne signifie rien en soi. C'est seulement quand une chose est vue qu'elle existe. Toute signification naît dans le regard. La signification n'est pas quelque chose que le monde a ou n'a pas, la signification est quelque chose que nous lui donnons. Le regard fait entrer l'extérieur à l'intérieur, mais puisque l'extérieur reste extérieur pour le regard, quelque chose en dehors de nous, on croit souvent que la signification qu'il voit appartient à la chose ou au phénomène, que le regard ensuite condamne, ennoblit ou considère avec indifférence sans comprendre que ce qu'il condamne, ennoblit ou considère avec indifférence est quelque chose qui est à l'intérieur de lui. C'est par cette internalisation du monde que le sens devient possible. Toute signification naît dans le regard, tout sens dans le cœur. Donner du sens au monde est propre à l'être humain, nous sommes des créatures donneuses de sens, et ce n'est pas seulement notre responsabilité, c'est aussi notre devoir. Mon père n'a pas fait son devoir, et il est tombé. Ce n'était pas un châtiment mais une conséquence. Je pense de cette façon aujourd'hui, treize ans après sa mort. Je crois que le pasteur avait raison, il faut vraiment savoir bien regarder, mais je crois aussi que cette injonction est liée à une injonction similaire, celle qui affirme qu'il faut être un homme bon. Tout le monde est d'accord sur ce point, mais, pour beaucoup de gens, il est impossible d'obéir à cette injonction, liée à celle, tout aussi utopique mais plus populaire, qui est à la base de beaucoup de choses dans notre société, et selon laquelle il faut être riche. Oui. C'est facile d'être riche pour celui qui a beaucoup d'argent, c'est facile d'être bon pour celui qui est accompli mais, pour ceux qui ne le sont pas, être bon ne fait même pas partie de leur horizon, peut-être n'y a-t-il même aucun horizon pour eux, rien en haut, rien en bas, rien de bon, rien de mauvais, seulement de la colère, de la souffrance ou du dégoût, puisque quelque chose en eux est détruit, totalement foutu, et ils sont tellement empêtrés dans toutes sortes de sentiments ingérables, luttant pour survivre le dos au mur, à moins qu'ils ne se soient déjà résignés et qu'ils n'aient renoncé. Tant de gens luttent pour survivre, tant de gens abandonnent, et le reste, ceux qui ne connaissent ni la colère ni la souffrance, sont assis devant la télévision en se félicitant de leur propre bonté. Quand je pense à ce que nous avons fait du monde, un salon unique et immense où nous sommes assis les yeux fixés sur ce que font les autres, je repense à ce qu'a dit papa, des paroles pleines d'ironie, un jour où nous étions assis dans le jardin autour d'un barbecue, lui, ma mère et moi, l'incarnation même du bonheur familial et du bien-être : Maintenant on est sacrément heureux, non ? Quand j'y pense, je me dis qu'il a bien fait. Au diable les significations, au diable tout, je vais boire jusqu'à ce que je tombe par terre. Je me soûle jusqu'au brouillard, je me soûle jusqu'aux ténèbres, je me soûle jusqu'au vide, car seulement le vide chassera le vide. Je bois et je tombe, je tombe et je bois. Tout pue, tout est de la merde, les gens sont idiots, qu'ils aillent au diable, je vais boire pour me rendre plus idiot qu'eux. Tous les gens sont petits, je bois pour me faire plus petit qu'eux. Et pendant que je bois, et deviens de plus en plus petit, mon ombre, sur le mur, devient de plus en plus grande, jusqu'au moment où je meurs assis sur une chaise, le nez brisé, le visage couvert de sang, le devant de ma chemise couvert de sang, je ne suis plus personne et mon ombre est tout.

Mon père n'a pas su bien regarder, et il n'était pas quelqu'un de bien. Mais il avait sa personnalité à lui et, s'il avait voulu bien regarder et être quelqu'un de bien, je pense qu'il n'en aurait pas été capable. Quelque chose en lui était détruit depuis le début. Pour moi cela n'a aucune importance, il était comme il était. Je n'ai jamais réussi à voir mon père comme une personne autonome, comme je me vois moi-même, il n'existe qu'en vertu de sa relation avec moi, comme père, et ses agissements sont énigmatiques mais souverains. Qu'il ait souffert ou pas, ce n'est pas ce dont je me préoccupe. Mon père était un roi sans royaume, et qui se soucie de la souffrance du roi ? Qu'il soit mort comme un clown, dans le fauteuil de sa mère, le nez rouge de sang, n'y change rien. Pour moi il sera le roi jusqu'au jour de ma mort. Il continue à apparaître dans mes rêves, dans toute sa splendeur de jadis, il est le maître terrifiant du sous-sol, car dans l'inconscient la raison ne compte pas ; il ressemble à une de ces caisses pleines de glace dans lesquelles on transporte vivants les cœurs, les reins, les poumons et les foies, depuis l'hôpital où est mort le donneur jusqu'à l'hôpital où le corps vivant attend. Dans cette caisse, de laquelle surgissent les rêves la nuit, les sentiments morts vivent toujours en dehors du corps qu'ils ont autrefois habité, et c'est là que mon père règne encore.

La relation entre des parents et leurs enfants ressemble un peu à celle des douaniers avec les passagers dans un aéroport ; les douaniers observent à travers une vitre les passagers à leur arrivée et peuvent ainsi les surveiller, alors que les passagers, quand ils regardent à travers la même vitre, mais de l'autre côté, ne voient que leur propre reflet. Un enfant ne peut rien apprendre de ses parents ; le mieux qu'ils puissent espérer, c'est que l'enfant ne reproduira pas leurs erreurs. Papa a écrit dans son journal qu'il avait été un enfant battu et qu'il était devenu un père qui battait ses enfants. Plus qu'aucune autre, une telle déclaration constitue un argument contre l'idée que l'homme serait une créature rationnelle. Il avait fait l'expérience de la douleur et de l'humiliation que ressent un enfant battu, alors pourquoi avait-il transmis cette douleur et cette humiliation ? Peut-être sa capacité d'empathie, la capacité de comprendre que les autres ressentent exactement les mêmes choses que soi, et que leurs sentiments peuvent être tout aussi importants et doivent être tout autant pris au sérieux que les siens, a-t-elle été battue en brèche. Au départ, on se tient tout près du monde, il me semble, mais si la confiance est brisée, on cherche à se réfugier dans les profondeurs de son être intime, comme pour se couper de ce qui se passe dans le monde extérieur, et la distance qui s'établit alors sera bien difficile à surmonter. Mais ce rapport entre les terreurs de l'enfance et la mise à distance du monde qui en résulterait ne semble évident que dans un système où les règles de raisonnement prévalent, pas dans la réalité, qui à un tout autre degré reste ouverte et ne tient pas compte de la logique. Si j'ai horreur de toute forme d'intimité et de toute effusion de sentiments, et que, dans toutes mes relations, tôt ou tard j'ai toujours cherché la neutralité, la mesure et la sérénité, cette aversion n'en est pas pour autant une métaphore, ou le symptôme d'une relation parentale qui a dysfonctionné. Non, si j'ai horreur de toute forme d'intimité et de toute effusion de sentiments, c'est parce que je *hais* l'intimité et l'effusion de sentiments, je n'en veux pas, je ne veux pas m'en approcher, et la distance que je réclame alors est une bénédiction, et peut-être la plus grande des bénédictions. Le désir sexuel est seul capable d'éloigner ce besoin de limites et de distance, c'est seulement à travers lui que je peux vaincre l'anxiété créée par le besoin d'intimité et de distance, et me rapprocher d'une autre personne. En même temps, cela va sans dire, l'anxiété créée par l'intimité resurgit avec une force décuplée quand c'est vers l'être dont je suis le plus proche, dont je partage la vie, que ce désir sexuel est orienté, pour franchir la distance qui nous sépare, alors il n'y a plus de distance, et le désir sexuel devient un frein. Socialement je peux dépasser cette distance quand je suis ivre, elle s'abolit alors ; mais pas autrement. Une étreinte est pour moi une abomination, une tape sur l'épaule ou dans le dos, une menace. Mais dans ces cas-là, la distance n'est pas un problème, le manque d'empathie n'est pas un défaut, c'est l'intimité qui est un problème, je veux dire, je ne peux vraiment pas faire avec, et il en va de même pour l'empathie des autres. Pourquoi les gens ne peuvent-ils pas se tenir à l'écart et me laisser en paix ? Est-ce trop demander ? La solitude que papa décrivait, je ne la connais pas. En cela je suis plus détraqué que lui, en ce qui concerne ce que l'on attend des gens en termes de proximité interpersonnelle et d'empathie, parce que je n'y aspire pas, ce qui, je pense, me rend les choses plus faciles qu'à lui, et qui explique qu'il soit très improbable que je suive ses traces en me soûlant à mort. Bon Dieu, pourquoi est-ce que je boirais si j'avais du temps pour moi ?

Des hirondelles volaient très haut à travers le ciel. Je savais que c'était un signe de la nature permettant de prévoir la météo, mais rien de plus. Soit il allait faire beau, soit il allait pleuvoir. Cela, je le savais. Je savais aussi qu'elles volaient haut parce que c'était en altitude que se trouvaient les insectes. Mais les insectes volaient-ils à cause de l'arrivée de hautes ou de basses pressions ? Et d'ailleurs que faisaient-ils si haut ?

— Alors, et ton roman, Karl Ove ? demanda Christina. Tu l'as fini ?

— Presque. Je n'ai plus qu'à changer certains noms.

— Et tu dois en écrire quatre autres, intervint Geir.

— Mais il y a eu quelques petites complications, dis-je en la regardant. Je ne sais pas si Geir te l'a raconté.

— Un membre de ta famille ne veut pas que le livre sorte, c'est ça ?

— Oui. Il a envoyé une lettre à la maison d'édition

et il me menace d'un procès et de tout révéler aux journaux. D'après sa théorie, ma mère serait derrière tout ça, elle m'aurait poussé à écrire ce livre pour se venger d'eux, parce que mon père l'a abandonnée.

Christina sourit prudemment et décala un peu son assiette sur le côté pour poser son verre, dont le pied disparut derrière le bord de l'assiette, tandis que la petite tige élancée qui reliait le pied au verre lui-même se tenait droite comme une colonne de lumière dans le soleil.

— Personne n'y croit, quand même ?

— Non, c'est juste une sorte de théorie qui est là, à l'arrière-plan, ce n'est pas le principal problème. Le principal problème, c'est qu'il juge le roman diffamatoire. Que je mens. Que ce qui est écrit n'est pas vrai.

— Il est en colère, dit Geir.

— Ça, oui, fis-je.

La porte du balcon se rouvrit. Linda sortit, et, après avoir fermé derrière elle, elle mit sa main en visière sur son front tout en nous regardant. Elle portait un tee-shirt rayé bleu et blanc et un short bleu foncé ; à cause des planches du sol et de son geste qui ressemblait à un salut, elle avait l'air d'un matelot. Je souris.

— Mais est-il vraiment possible qu'il parvienne à faire annuler la parution ? demanda Christina.

— Je ne crois pas. Il peut essayer, je ne sais pas.

Linda s'arrêta devant nous.

— Quelle belle table tu as dressée ! dit-elle en prenant la chaise en face de moi.

— Alors, mangeons, dis-je. Servez-vous.

— Merci, dit Christina. Ça a l'air délicieux.

— J'espère. Ce ne sont que des crevettes.

— C'est la première fois que je mange des crevettes cet été, fit remarquer Christina. Pourtant nous en mangeons souvent. » Elle rit en regardant Geir. « Ton père a l'habitude de nous en servir.

— Oui, dit Geir, on trouve beaucoup de crevettes dans le Sud.

— Dans le Nord, dis-je. Vous êtes au sud maintenant.

— Vous parliez de ton livre ? demanda Linda.

Christina prit quelques crevettes et les déposa dans son assiette. Les carapaces étaient plus lisses et plus glissantes qu'on ne l'aurait cru, une des extrémités en forme de spirale avait atterri à l'opposé de là où elle les avait mises. Geir attrapa une tranche de pain et chercha des yeux le beurre. Je levai la bouteille de vin et remplis le verre de Linda, tout en acquiesçant.

— Tout ça est vraiment effrayant, dis-je.

— Merci, dit Linda.

— Tu ne t'y attendais pas ? demanda Christina.

Je secouai la tête, posai une tranche de pain dans mon assiette et bus une gorgée de vin en attendant que Geir ait fini avec le beurre.

— Non, pas du tout. Je me doutais qu'il ne serait pas content, mais je n'avais pas prévu tout ça. J'ai été terriblement naïf. Je pensais que, puisque ce que j'écrivais s'était réellement passé, personne n'y trouverait à redire. Ils seraient peut-être mécontents, ça, je m'y attendais, et ils voudraient peut-être enlever leurs noms du livre, mais je ne pensais pas qu'ils essaieraient de l'interdire. Ni qu'ils seraient furieux à ce point.

— J'ai lu les messages, dit Linda en s'adressant à Christina. Gunnar a l'air complètement fou. Moi j'ai peur en tout cas.

— Il n'est pas dangereux, dit Geir. Sinon il aurait mis une hache dans sa voiture et serait venu vous tuer depuis longtemps.

— Ne dis pas des choses pareilles ! s'exclama Linda.

— Le pire est qu'il prétende que ce n'est pas la vérité. Que cela ne s'est pas passé comme je l'écris.

Pas seulement que j'ai été imprécis ou autre chose, mais que je mens. Et qu'il peut le prouver.

Geir prit une poignée de crevettes et la lâcha dans son assiette. Je saisis le beurrier et le mis devant moi, raclai au couteau le beurre, dont la surface jaune foncé avait été ramollie par le soleil, et tartinai le petit monticule qui s'était accumulé sur la lame sur une tranche de pain. La croûte était brun-noir, toute lisse à l'extérieur, avec çà et là un voile de farine, mais poreuse là où le pain avait été coupé, tout près de la mie blanche et moelleuse. J'inclinai la tranche, pour avoir un meilleur angle et récupérer la dernière trace de beurre sur mon couteau, au moment où l'un des trois ascenseurs de l'hôtel se mit à monter jusqu'au sommet dans son tube transparent. Christina, penchée comme au-dessus d'un travail de couture, décortiquait ses crevettes. Je savais quelle impression cela faisait d'avoir les doigts pleins de petits œufs, d'une consistance particulière, un peu comme du sable mouillé mais en plus collant, et difficile à retirer. Linda, qui n'avait pas l'air de s'intéresser au repas, et semblait vouloir faire une pause avant de l'entamer, peut-être parce qu'elle avait encore dans les oreilles le tourbillon bruyant des demandes des enfants, leva son verre.

— *Santé** et bienvenue ! dit-elle.

— *Santé**, dit Geir.

— Merci, dit Christina.

Nous trinquâmes et bûmes. Je levai mon verre en les regardant brièvement dans les yeux, comme on m'avait appris à le faire quand, sept ans plus tôt, j'étais arrivé en Suède, après quoi j'avais alors eu la certitude qu'au cours des années précédentes, à chaque fois que les gens autour de moi avaient trinqué, ils avaient regardé les autres dans les yeux, sauf moi, assis là, ignorant de tout et démasqué sans même le savoir.

— Je ne voudrais pas gâcher cette soirée en parlant

encore de mon oncle, dis-je tout en remarquant que l'ascenseur s'était arrêté, que la porte s'était ouverte et qu'un homme obèse et une femme un peu moins grosse y montaient, au moment où l'un des deux autres ascenseurs se mettait à monter vers le sommet. Mais je veux finir ce que j'ai commencé à dire. À propos des preuves de mon mensonge qu'il pourrait fournir.

Je pris une poignée de crevettes que je posai à côté du pain, en saisis une entre mes doigts, appuyai ensemble le pouce et l'index, à l'endroit qui sépare la tête du corps, et arrachai la tête.

— J'ai eu subitement l'impression de ne plus savoir ce qui était vrai. Je me suis senti affreusement mal. Je me sens toujours affreusement mal. Cela touche tout de même à quelque chose que j'ai moi-mêmc vécu. D'un seul coup je me demande si je l'ai vraiment vécu ou pas. Tu comprends ?

Christina approuva. Je refermai mon pouce et mon index sur la carapace qui recouvrait le ventre. Une boule se forma sous la pression des œufs, qui coulèrent, je pinçai le tout pour les enlever et les posai sur le bord de mon assiette avant de m'emparer de la carapace au-dessus du dos, de la lever comme une visière et de la poser aussi sur le côté.

— La seule chose dont je sois absolument sûr, c'est que mon père s'est tué à force de boire. Si j'avais seulement écrit ça, il n'y aurait pas eu de problème. Pour ce qui est des faits, bien sûr. Mais j'ai décrit l'endroit où ça s'est passé jusque dans les moindres détails. Et c'était sa maison d'enfance. J'ai décrit ma grand-mère dans les moindres détails, et c'était sa mère. Il est question des pièces où il a grandi. Ça ne peut que l'offenser, puisque c'est un espace privé. Son espace à lui. Et moi je débarque, on passe quelques jours là-bas, et j'écris un roman entier là-dessus. Qui en plus n'est peut-être qu'un tissu de mensonges. Ou une vérité déformée. Je ne me fais pas confiance. Je ne sais pas ce qui est vrai et ce qui ne l'est pas. Et pourtant je l'ai écrit. Contre son frère. Je l'ai toujours placé très haut, il a toujours beaucoup compté pour moi, il représente beaucoup dans ma vie.

Je passai mon pouce en dessous du petit morceau de crevette semblable à une larve pour enlever les quelques œufs qui restaient, le déposai sur le coin d'une tranche de pain, et recommençai le processus.

— C'est pour ça que c'est si terrible pour moi. Tout ce qu'il dit trouve un écho en moi. C'est déjà enfoui là. Et quand en plus ça sort, ça prend toute la place.

— Qu'est-ce qui va se passer concrètement ? demanda Linda. Tu vas changer les noms bien sûr. Mais est-ce que tu vas devoir faire autre chose ?

— Non.

— Je ne crois même pas que tu devrais changer les noms, dit Geir. Pourquoi ferais-tu cela ?

— Si tu réfléchis, tu vas comprendre. C'est son nom. Je n'ai pas le droit de l'utiliser à des fins personnelles.

— D'accord, peut-être pour son nom. Même si je pense que tu devrais tout laisser comme ça. Et le nom de ton père ? De ta grand-mère ? Pas question.

— C'est là qu'est la limite, dis-je en posant une deuxième crevette à côté de la première.

La métamorphose d'une créature en ordures était admirable, le petit tas de carapaces, les têtes, les œufs, les tentacules semblables à des antennes, qui gisaient là à côté de ces beaux et délicieux crustacés.

— Admettons qu'il y ait un procès, dit Geir. De quoi peut-on t'accuser ? D'écrire sur ton père ? Pourquoi diable devrait-il être protégé ? Pourquoi son nom devrait-il rester sans tache ? Qu'est-ce qui se passerait si une victime d'inceste avait écrit un livre sur son père, est-ce qu'on interdirait la publication parce que le frère du père ne souhaite pas que son nom soit sali ? Comme s'il n'était pas déjà sali par ses actes…

— Mais là c'est criminel. C'est complètement différent.

— Oui, c'est vrai. Mais quand il l'a fait, c'était pour te nuire. Pourquoi devrais-tu le taire ? Parce que cela risque de déteindre sur ton oncle ? Parce que c'est sa famille ? C'est absurde. Qu'est-ce qui est pire, l'acte lui-même ou sa description ? La description de l'acte serait criminelle, mais pas l'acte lui-même ?

— Je ne pense pas que ce soit ce que Karl Ove veut dire, répliqua Christina. Il veut dire que c'est la description de l'espace privé qui est offensante. Le fait qu'une porte vers ton intimité soit ouverte et que tout le monde y ait accès.

— Cela ne justifie pas qu'il soit fou de rage, dit Linda. Il doit y avoir autre chose.

— Pourquoi pense-t-il que ta mère est derrière tout ça ? demanda Christina.

Sa tranche de pain était presque entièrement recouverte de crevettes blanches striées de rouge. Elles étaient étendues sur une fine couche de beurre, comme des corps sur une plage, vus d'un avion sur le point d'atterrir.

— Je n'en ai pas la moindre idée. Mais il était petit quand maman et papa se sont mariés. Il avait dix ans, je crois. Son grand frère s'est marié et a quitté la maison. C'est un grand changement pour un jeune garçon. Que représentait-elle pour lui ? Apparemment la même chose que pour ses parents. Je pense qu'ils ne voulaient pas que papa se marie avec maman, qu'ils ne la trouvaient pas assez bien pour lui. En tout cas, ils ne sont pas allés à leur mariage. C'est un fait. Je me souviens que papa en avait fait toute une histoire quand il s'est marié une deuxième fois, et qu'ils n'y sont pas allés non plus. Cela lui a vraiment fait mal. Ça signifiait beaucoup pour lui. Ce rejet et la raison de ce rejet, Gunnar a dû tout garder en lui. Peut-être pas sous la forme d'arguments ou de pensées, mais d'une façon émotionnelle, et donc comme une forme de vérité : elle était comme ça. Et après que mes parents se sont mariés et ont eu des enfants, ils ont dû s'apercevoir que papa n'allait pas bien. C'est en tout cas évident pour moi aujourd'hui, quand j'y pense. Et puisqu'il était des leurs, issu de leur famille, ça allait de soi pour eux que c'était sa faute à elle.

— Alors il a perdu un frère ? dit Linda.

— Oui, dis-je en posant une nouvelle crevette sur mon pain, qui serait bientôt entièrement recouvert.

J'avais l'eau à la bouche et je décortiquais les crevettes aussi vite que je pouvais.

— Il a perdu son frère une deuxième fois quand son frère a commencé à boire.

— Et une troisième fois quand tu as écrit sur lui, dit Geir.

— Je n'y avais pas pensé. Mais tu as raison. Je prends mon père, je dis qu'il était à moi, et qu'il était comme ci et comme ça.

— Quelle était la relation entre ta mère et tes grands-parents paternels ? demanda Christina.

Elle porta la tranche de pain à sa bouche et en croqua un morceau, ses mouvements étaient si délicats que l'espace d'un instant elle ressembla à un écureuil, avant qu'elle ne sourie – peut-être parce que je la regardais, peut-être parce que tout simplement elle était heureuse – et que tout s'évanouisse.

Je souris aussi.

— Je peux te demander quelque chose ? dit Linda.

Christina acquiesça.

— Pourquoi tu ne bois pas de vin ?

Christina rit et mit la main devant sa bouche. Geir souriait largement. Linda aussi.

— On attend un enfant, dit Christina.

— Je le savais ! s'écria Linda.

— C'est vrai ? dis-je en regardant Geir. Pourquoi tu ne me l'as pas dit ?

— On te le dit maintenant.

— Je peux le voir, déclara Linda. Tu as pris un peu de ventre.

Christina baissa les yeux vers son ventre et y posa une main. Quand elle releva les yeux, son regard était plein de joie.

— C'est prévu pour quand ? demanda Linda.

— Pour fin décembre, répondit Christina.

— C'est génial.

— Félicitations, lançai-je en levant mon verre.

— Vous nous avez inspirés, dit Geir, quand nous sommes venus pour le Nouvel An et que nous avons vu John. On a eu envie d'en avoir un comme lui. Il était si joyeux et il nous tendait les bras.

— Ce sera bien pour Njaal, dit Linda.

— Oui, dit Christina. Ce sera super pour lui de devenir grand frère.

— Vous le lui avez dit ? demanda Linda.

Christina secoua la tête.

— Nous l'avons annoncé à mes parents. Et au père de Geir.

— Vous savez si c'est une fille ou un garçon ? demanda Linda.

— Non, dit Christina. On ne veut pas le savoir.

— On veut garder le suspense.

— Je n'arrive pas à croire que tu n'en as pas parlé alors que tu es ici depuis deux jours, dis-je. En fait, ça ne m'étonne pas. Tu te souviens du jour où je t'ai dit que nous allions avoir Heidi ?

Geir acquiesça.

— Vous attendiez Njaal. Et tu ne m'as rien dévoilé. Il t'a fallu deux mois pour le faire.

— Et ? dit Geir.

— Ça demande trop de discipline pour moi. Nous n'avons jamais pu garder un secret. Combien de jours avons-nous attendu avant de l'annoncer à tout le monde ? dis-je en regardant Linda.

— Deux peut-être.

— C'est la famille Stray qui regarde la famille Hamsun, dit Geir.

— Vous êtes la famille Stray, je suppose ? dis-je.

— C'est clair. On regarde tout ce que vous faites avec de grands yeux. Chez nous, tout est bien ordonné.

— Je suis vraiment contente pour vous ! dit Linda en regardant Christina.

Quand je la regardai, la lueur intérieure qui maintenant se voyait aussi dans ses yeux, tout se mit en place ; bien sûr, c'était pour *ça* ! Elle s'était repliée sur elle-même, pas comme si elle tournait le dos au monde pour s'en éloigner, mais comme s'il y avait quelque chose d'agréable à l'intérieur d'elle.

— Nous avons déjà trouvé les prénoms, reprit Geir en regardant Christina.

— Vous nous les révélerez dans six mois, j'imagine ? dis-je.

— Si c'est une fille, ce sera Frøydis, dit Geir. Et si c'est un garçon, Gisle.

Pendant que, assis sur notre petite corniche qui dominait la ville, nous mangions et buvions, le soleil, de plus en plus rouge, s'était couché lentement alors que la nuit commençait imperceptiblement à monter vers nous, des rues en bas, où l'air s'épaississait et où les couleurs des voitures, des gens et des bâtiments devenaient de plus en plus grises. Nous parlâmes de l'enfant qu'ils attendaient, nous parlâmes des enfants déjà là, nous parlâmes de ce qui était déjà du passé, des années où nous habitions à Stockholm ; et nous parlâmes des messages de Gunnar. À ce propos, j'étais hésitant, mais il y avait en moi une immense inquiétude qu'il fallait apaiser, et je ne connaissais qu'une façon d'y parvenir : en parler. Quand le vin fut bu et que nous fûmes tous rassasiés, Linda et moi rentrâmes ce qui était sur la table. Dans la cuisine, je mis le café en route et sortis la glace du congélateur.

— Belle soirée, dit Linda.

— Oui.

— Tu vas bien ?

— Oui. Enfin, comme ci, comme ça. Mais c'est bon d'être ici.

Je l'entourai de mes bras. Nous restâmes un instant enlacés, puis elle sortit pour aller chercher la lanterne qu'elle m'avait offerte comme cadeau d'anniversaire, une lanterne à l'ancienne en métal avec des parois en verre, à l'intérieur de laquelle brûlait une grosse bougie ou, comme c'était le cas, si l'on n'en avait plus, plusieurs petites bougies à réchaud.

Alors que j'étais dans le salon, je la vis passer dans le crépuscule, la lanterne à la main. Puis j'apportai la glace, les fruits, les gaufrettes et le café sur un plateau avec les tasses, les assiettes et les cuillers.

En août, la nuit est d'un noir des plus subtils. Elle n'est pas claire et ouverte, pleine de possibilités, comme la nuit de juin, mais elle n'est pas non plus fermée et terne comme la nuit d'automne ou d'hiver. Ce qui a été, le printemps et l'été, s'éternise dans la nuit d'août, alors que ce qui va arriver, l'automne et l'hiver, renvoie à un temps qu'on ne peut qu'entrapercevoir, un temps dont nous ne faisons pas encore partie.

La lueur de la lanterne vacillait sur la table, illuminant les visages et les yeux. La nuit tombait, dans les rues en bas tout s'était apaisé. Les ascenseurs montaient et descendaient, les feux changeaient de couleur, de temps à autre des gens passaient dans la rue piétonne, des familles qui faisaient une promenade du soir, ou des jeunes qui sortaient en ville et se dirigeaient peut-être vers un parc où ils pourraient boire, ou vers les terrasses de café. Il émanait d'eux un puissant enthousiasme, ou peut-être venait-il de moi, ranimé par ces jeunes qui faisaient ce que j'avais fait si souvent et étais toujours tenté de faire, aller en ville et sentir que ce soir-là tout était possible.

Mais ce sentiment était également propre à la nuit d'août, pensai-je. Cette obscurité contenait aussi son lot de promesses et d'attentes. Quelque chose allait se fermer et quelque chose allait s'ouvrir. La vie était faite pour être vécue. En passant par l'automne et l'hiver, le printemps et l'été, plus riche à chaque cycle. Oui, n'était-ce pas ce qui se passait ? La nuit d'août avait toujours été aussi prometteuse qu'elle l'était aujourd'hui.

Que promettait-elle ?

La beauté du temps qui passe.

Lorsque nous eûmes fini de manger et que j'eus apporté le cognac, dont je bus un verre, j'allai pisser. En me dirigeant vers la salle de bains, je jetai un coup d'œil dans la chambre des enfants, couchés et respirant lourdement comme des animaux, complètement engloutis dans leurs mondes. Les voix des trois adultes assis sur le balcon me parvenaient faiblement, je distinguai la voix et le rire de Linda, et me rappelai le plaisir pour un enfant de s'endormir au son des voix de ses parents. Le bruit de la vie en dehors d'eux. Je pissai, cela me fit du bien, et je me regardai dans le miroir en me lavant les mains. Ni les sillons profonds du front, ni, plus bas, ceux des joues, ni les petites rides qui s'étaient installées au coin des yeux n'étaient là à la naissance de Vanja. Mais le sentiment qui m'enveloppait, lui, je l'avais toujours eu, c'était le même que quand j'avais vingt ans, et peut-être expliquait-il pourquoi je ne voyais pas un homme de quarante ans dans le miroir, bien que mon âge fût visible, mais moi-même, Karl Ove.

Je m'essuyai les mains avec la serviette, allai dans ma chambre et ouvris ma boîte mail, comme toujours le cœur battant et le corps envahi par un immense sentiment de peur.

Un mail d'Amazon, et un de Tonje.

J'ouvris le deuxième.

Cher Karl Ove,

Excuse-moi de ne pas t'avoir répondu plus tôt. Tes suppositions étaient justes. J'ai traîné un horrible mal de tête et des tressaillements nerveux dans les paupières pendant les trois jours où j'ai lu ton roman. J'ai essayé ensuite d'analyser pourquoi cela me faisait un tel effet. En premier lieu, il y avait la peur d'avoir été trahie. En second lieu, la lecture en elle-même m'a pesé. Toutes ces petites histoires que j'avais oubliées redevenaient soudain tellement réelles, tout comme toi, et ce que tu représentais pour moi à cette époque.

Après avoir lu le roman en entier, je me suis rendu compte que je pouvais un peu me détendre. Tore a raison, je suis une princesse – ne serait-ce que dans le livre. J'aimerais cependant envisager les choses sous un angle abstrait, si c'est possible. Après tout, je ne sais pas ce que tu écris sur moi dans le tome V. Et je ne peux pas simplement dire que tout va bien uniquement quand tu n'écris que des choses gentilles sur moi. J'ai donc décidé de ne pas intervenir. Après tout c'est ton projet. Tu peux utiliser mon nom complet, autant risquer le tout pour le tout. Je ne peux pas te donner un avis sur le livre, tu le comprendras sûrement. Mais cela m'a touchée de le lire, très cher Karl Ove.

Bien à toi,

Tonje

Après la lecture de cette lettre, mon soulagement était si fort et la dernière ligne était si étonnamment chaleureuse que j'en eus les larmes aux yeux. Je fermai ma boîte mail et restai un moment assis devant l'ordinateur. Je souhaitais que mes émotions s'apaisent avant d'aller retrouver les autres. Le simple fait d'avoir reçu un mail de Tonje me semblait une trahison envers Linda. Comme si j'avais une vie secrète en dehors de la famille. Mais j'avais bel et bien eu une vie avant eux et, même si habituellement je n'y pensais pas, j'y avais repensé quand j'avais écrit le premier volume. J'avais ranimé cette vie, j'avais ranimé toutes les personnes avec lesquelles j'avais eu un lien à cette époque, je les avais ramenées en moi, et ainsi, avec mon passé ressuscité, j'avais vécu parmi eux, ma famille, sans rien en dire, sans rien vouloir en montrer, mais il était pourtant là, au beau milieu de leur vie.

Après dix minutes peut-être, je me levai et traversai l'appartement. Il faudrait que j'envoie le message de Tonje à mes éditeurs, d'abord parce qu'ils devaient être au courant de toutes les réactions, maintenant que le tumulte provoqué par le manuscrit était devenu aussi fort, ensuite parce que je voulais qu'ils aient la preuve de ma fiabilité car, même si les messages de Gunnar étaient délirants, il m'était venu à l'esprit que mes éditeurs pourraient penser qu'il n'y avait pas de fumée sans feu et qu'il y avait peut-être une pointe de vérité dans sa canonnade. J'étais somme toute écrivain, je gagnais ma vie en inventant des choses, et très probablement, ou en tout cas c'est ce que j'imaginais qu'ils pouvaient penser, la réaction de Gunnar à propos de mon récit d'événements réels était à envisager à la lumière de mon tempérament de romancier, qui était propice à l'exagération et l'était peut-être même très fortement. Je soupçonnais surtout Geir Berdahl de penser ainsi.

L'amour de la vérité du comptable versus le manque de rigueur de l'écrivain. Que Tonje ne réagisse pas de cette manière et ait assez confiance en moi pour me lâcher la bride et me permettre de la décrire, elle et notre relation, dans les prochains livres n'était la preuve de rien du tout, mais cela montrait au moins un autre point de vue.

Je décidai d'attendre le lendemain. Pour l'instant je retournai m'asseoir avec Linda, Christina et Geir sur le balcon, éclairés par la lanterne, boire du cognac et parler de tout ce qui nous passerait par la tête.

Quand je les rejoignis, Linda était en train de raconter une histoire. Cela se passait lors de notre premier été ici. L'appartement, le balcon et la ville étaient alors nouveaux pour nous. Nous nous asseyions presque tous les soirs sur le balcon, après avoir couché les enfants. L'été semblait ne devoir jamais finir ; nous avions continué à nous y installer le soir pendant une bonne partie de septembre. Nous avions acheté un écoute-bébé, l'émetteur se trouvait dans la chambre des enfants, le récepteur entre nous sur la table. Quand les filles bougeaient ou faisaient le moindre bruit, le récepteur s'allumait et nous pouvions écouter. Un soir, il s'alluma : un enfant pleurait. J'allai dans leur chambre, mais elle, Vanja ou Heidi, s'était sans doute rendormie ; lorsque j'entrai, elles dormaient toutes les deux tranquillement. Je retournai sur le balcon. On entendait toujours pleurer dans l'écoute-bébé. Ce fut au tour de Linda d'aller voir. Elle constata la même chose ; elles dormaient. Un enfant pleurait dans l'appareil, cela nous faisait peur. Un son grinçant qui venait de loin. Je me dis que c'était un enfant mort, un enfant qui pleurait depuis l'au-delà, et que ce torrent de pleurs était capté par un récepteur radio. Je n'en dis rien, car Linda était perturbée, elle se précipita à nouveau dans la chambre des enfants, cette fois avec l'appareil à la main, pour constater de ses propres yeux que les pleurs qu'il émettait ne venaient pas de ses enfants. Pendant qu'elle était partie voir, je compris. Autour de nous vivaient des centaines de personnes, qui avaient certainement le même écoute-bébé que le nôtre.

Je l'expliquai à Linda quand elle revint. Cela la calma. Mais une minute après elle me regarda et dit : Mais personne ne va voir cet enfant.

Quand elle raconta cette histoire, le malaise que nous avions éprouvé tous les deux était bien loin. C'était devenu une anecdote. Et Linda en avait fait une nouvelle, dans laquelle le malaise était resté intact, peut-être même plus fort. Elle était ainsi, c'était son don, à elle, de savoir condenser la vie en acmés d'une extrême intensité et qui étaient porteurs d'une signification profonde. J'avais souvent les larmes aux yeux quand je lisais ce qu'elle écrivait, cette nouvelle notamment, parce qu'elle révélait immédiatement qui elle était.

— Nous avions acheté l'écoute-bébé avant de partir pour le Gotland, dis-je. Tu te souviens de ce voyage ?

— Oui, répondit-elle. Je me souviens que tu courais à la boutique avec ton sac à dos pour faire les courses le matin.

— Courais ? dit Geir. Sur quelle distance ?

— Je courais dix kilomètres. Pendant plusieurs mois là-bas, j'ai été en excellente forme. Mais je ne le savais pas. Tout est relatif, quand on maîtrise quelque chose, il y a toujours autre chose que l'on ne maîtrise pas. À l'époque c'était ce sur quoi je me concentrais.

— Des vacances avec les enfants mais sans voiture, c'est déjà toute une affaire, dit Linda.

— C'est le refrain de la vie avec les tout-petits, dis-je. Il n'y a pas plus difficile.

— Mais c'était bien. J'étais enceinte de Heidi. Et

Vanja était toute petite. Nous trouvions qu'elle était grande. Mais ce n'était qu'un petit bout de chou.

— Oui. Putain, comme le temps file ! C'est comme si cela remontait à mon enfance !

Nous étions restés là-bas deux semaines, nous avions loué une petite maison près de la forêt, et au milieu de cette forêt, qui par bien des aspects me rappelait la forêt de Hove, avec des pins qui bordaient le chemin qui menait à la mer, en plein milieu de cette forêt, il y avait des *raukars*[1] blancs. Les voir m'exaltait ! Chaque après-midi, pendant que Linda et Vanja étaient à la maison, je courais les voir. Ils ressemblaient à des statues. Hauts comme des hommes, blancs, au milieu des rangées de pins. Ils faisaient penser à des totems – c'était la comparaison qui m'était venue à l'esprit –, aux Indiens, à un monde sans voitures, sans asphalte, sans béton, sans verre, sans machines. Un monde constitué seulement de ce qui poussait là et des gens qui y vivaient. J'y courais, je les contemplais, l'émotion m'envahissait, et je rentrais en courant retrouver ma petite famille.

Désormais il ne s'agissait plus de quelque chose qui venait juste d'arriver, mais de quelque chose qui était arrivé longtemps avant, de la même manière que cette soirée sur le balcon, un jour, peut-être dans de nombreuses années, serait quelque chose auquel je repenserais, comme coupé de la vie que je vivrais alors. Un souvenir est un rebord sur le rocher de la conscience, nous nous y asseyons, nous trinquons et nous parlons, et sur un rebord en dessous il y a papa dans son fauteuil, il est mort, son visage est couvert de sang. Et, sur un autre rebord encore plus bas, nous sommes sur une aire de repos quelque part dans le comté d'Agder, papa, maman, Yngve et moi, nous

1. Piliers calcaires sculptés par la mer pendant des millénaires et parfois hauts de dix mètres.

avons ramassé des baies tout l'après-midi, maintenant nous mangeons nos sandwichs et juste à côté coule une rivière, l'eau est vert et blanc et très froide ; elle vient d'une haute montagne derrière nous, et, de l'autre côté, au bord du chemin, se trouve notre voiture rouge, une Opel Kadet couverte de poussière.

Mais le dîner que nous étions en train de partager n'était pas encore un souvenir, ce n'était pas le passé, nous étions bien là, présents, à une soirée dont la fin approchait.

— Tu n'es pas fatiguée ? demanda Linda à Christina.

Celle-ci reconnut qu'elle l'était, et après cet aveu la soirée se termina, nous étions tous fatigués, les enfants allaient se réveiller au pire à cinq heures, au mieux à cinq heures et demie, il n'y avait plus qu'à débarrasser la table, mettre en route le lave-vaisselle, éteindre les lumières, se brosser les dents et se coucher.

J'étais étendu sur le dos dans le noir et j'attendais que Linda ait fini dans la salle de bains. Quand elle plongea dans le lit presque comme dans de l'eau, je la pris dans mes bras, m'enroulai autour d'elle et la sentis contre moi ; je reconnus sa chaleur, son odeur.

— Je t'aime, dis-je.

Et je me mis à pleurer. Mais je pleurai sans bruit, seuls mes yeux étaient emplis de larmes, et elle ne s'en rendit pas compte.

Le lendemain, nous allâmes à la plage. Linda avait fait des boulettes et beurré des tartines, j'avais fait une omelette, du café et préparé le sirop, nous mîmes le tout dans une glacière, ajoutâmes une grande couverture, des serviettes ainsi que les maillots de bain et les brassards des filles, leur enfilâmes leurs sandales et des vêtements d'été, donnâmes à chacun une casquette, les enduisîmes de crème solaire, installâmes

John dans sa poussette et levâmes le camp. Jusqu'à cet été, c'était Ribersborg qui avait été synonyme de plage pour nous, mais il n'y avait à Ribersborg aucune place à l'ombre et Linda, qui ne supportait pas le soleil et se protégeait sous de larges chapeaux et derrière des lunettes de soleil tout l'été, qui ne manquait jamais de marcher à l'ombre et s'asseyait toujours sous un parasol quand nous allions dans un café, contrairement à moi, qui prenais le plus de soleil possible, nous avait entraînés sur la plage de Sibbarp au début de l'été, qui, même si elle était beaucoup plus éloignée, était bordée d'arbres, sous la frondaison desquels on trouvait la plus délicieuse et la plus profonde des ombres. Depuis que nous avions découvert cet endroit, c'était là que nous allions quand nous voulions nous baigner. C'était trop loin pour s'y rendre à pied, il fallait prendre le bus dans la rue Bergsgatan près de la salle de concert ; le trajet jusqu'à Sibbarp durait environ une demi-heure. Njaal, Heidi et Vanja marchaient en tête, suivaient Linda, avec la glacière en bandoulière, puis Christina avec un sac à dos. Geir, un sac à la main, et moi, derrière, pilotant la poussette de John, avec un gros sac rempli à ras bord d'affaires diverses. Il faisait chaud et il n'y avait pas la moindre ombre à l'arrêt de bus, ce fut donc un soulagement quand il arriva dix minutes plus tard. Il était presque plein. Geir et Christina trouvèrent une place à l'avant, Njaal s'assit sur les genoux de Christina, tandis que Vanja et Heidi prirent place sur les sièges derrière la partie centrale du bus, et Linda et moi juste derrière elles, Linda avec John sur les genoux. Nous traversâmes la ville, longeâmes l'hôpital et gagnâmes le grand quartier derrière le Pildammsparken, où se trouvait le magnifique vieux stade, qui avait la forme d'un coquillage oblong ou d'un bateau à fond plat et datait des beaux jours du fonctionnalisme, mais ne convenait malheureusement pas très bien au football, à cause de ses larges pistes de course, et de la faible inclinaison de ses tribunes, aussi un nouveau stade avait-il été construit à côté. Dans le quartier, il y avait aussi le Baltiska Hallen, et aussi un stade couvert qui abritait une grande pelouse synthétique. J'y étais souvent allé au cours du premier hiver que nous avions passé à Malmö, des journalistes y jouaient au football à midi deux fois par semaine et je me joignais à eux.

J'essuyai la sueur de mon front et je constatai que nous traversions Bellevuevägen. Je connaissais si peu la ville que je n'avais pas encore compris l'agencement des différents quartiers. Nous ne devions pas être très loin des jardins partagés. La seule évocation de cet endroit m'assombrit. Je regardai Linda et John. Il avait le visage moite, ses yeux s'ouvraient et se fermaient comme les bouches de poissons en train de mourir. Dans une seconde il ne réussirait plus à lutter contre le sommeil, qui est tout-puissant à cet âge-là.

Vanja se retourna, capta mon regard et demanda quand nous allions arriver. Dans quelques minutes, répondis-je. Combien de temps dure une minute ? demanda-t-elle. Soixante secondes, dis-je. Combien de temps dure une seconde ? demanda-t-elle. De tic à tac, dis-je. C'est court, dit-elle. Mais sois gentille, ne te mets pas à compter, dis-je. Elle me regarda. Pourquoi ? dit-elle. Je haussai les épaules. Fais-le, si tu en as envie. Elle se mit à compter. Quand elle arriva à trente et onze, je la corrigeai. Nous traversâmes le centre de Limhamm, la rue principale était pleine de voitures, les trottoirs noirs de monde des deux côtés. Qu'est-ce qui vient après trente-neuf, papa ? demanda Vanja. Quarante, dis-je en regardant Linda. Il dort ? demandai-je. Elle acquiesça. Nous roulâmes le long de la mer, les larges espaces verts se profilèrent, avec çà et là des groupes d'arbres au feuillage vert foncé, et le bus tourna pour arriver à son terminus. Linda porta John vers sa poussette, il se réveilla et se mit à hurler, je sortis la poussette, Linda essaya de l'asseoir dedans, il se débattit, je m'en chargeai, et après quelques secondes peut-être il cessa de résister et je pus mettre ses jambes à l'intérieur de la poussette, soulever le sac, et essayer de rattraper les autres, tandis que, renversant la tête, il se rendormait aussitôt. Je rejoignis Linda au pas de course. Vanja, Heidi et Njaal avançaient devant nous, en s'agitant comme trois petits chiens. Les petits bateaux dans le port, la jetée couverte d'une foule de gens. Et sur la pelouse où nous marchions, il y avait aussi du monde, certains marchaient, d'autres jouaient, on entendait le bourdonnement d'un avion télécommandé, d'autres encore s'étaient installés sur des couvertures. L'air était empli de coccinelles virevoltantes, l'une d'elles atterrit sur mon tee-shirt blanc, je la chassai d'une chiquenaude. Nous traversâmes la large pelouse, passâmes devant le kiosque et suivîmes le sentier de gravier qui menait à la plage jusqu'à l'extrémité nord, où il y avait les arbres. Nous croisâmes une femme en maillot de bain, elle avançait avec l'allure précautionneuse de ceux qui n'ont pas l'habitude de marcher pieds nus, et trois jeunes hommes, dans la vingtaine, qui portaient visiblement un slip sous leur short de bain qui descendait bas. Linda avait rattrapé Christina, alors que les petits étaient loin devant, ils couraient pour être les premiers. Geir s'arrêta et j'arrivai à sa hauteur.

— Tu l'as vue ? dit-il.

— Qui ?

— La femme en maillot de bain. Elle était toute mouillée sur les seins, mouillée et poisseuse. Et le reste de son corps était sec. Elle ne s'est pas baignée. C'était du lait. Du lait qui coulait de ses seins.

— Je n'ai pas fait attention.

Quelque chose crissa sous mes pieds, je m'arrêtai pour voir ce que c'était. Des coccinelles. Il y en avait partout sur la colline. Il y avait plein de coccinelles mortes sur le sentier et sur la pelouse. Dans l'air aussi. J'avançai vers les arbres, étendis la couverture à l'ombre et aidai Heidi à mettre son maillot de bain et ses brassards, pendant que Linda aidait Vanja. John dormait dans la poussette, le menton sur la poitrine et le chapeau sur les yeux. Il y avait trois coccinelles sur son tee-shirt et une sur la visière de son petit chapeau. J'en sentis dans mes cheveux et je secouai la tête.

— Tu veux bien aller te baigner avec elles ? demandai-je à Linda.

Elle acquiesça et se changea, pendant que je commençais à installer le pique-nique. La couverture était pleine de coccinelles. Je levai les yeux. Elles volaient par nuées. Je regardai ma poitrine, quatre s'y étaient posées. Je les chassai, pris la couverture et la secouai, la remis par terre et commençai à sortir les boîtes de glace recyclées, les tartines, les boulettes, la salade, l'omelette et les olives.

— Pouah, il y a trop de coccinelles ici, dis-je.

Geir, debout, donnait des coups dans l'air. Christina marchait sur le sable en donnant la main à Njaal. Maintenant que je le savais, je voyais qu'elle était enceinte. Elle frappait l'air de la main. Njaal imita son geste. Linda secouait la tête. Heidi et Vanja se tenaient par la main au bord de l'eau et regardaient la mer. La couverture était de nouveau pleine de coccinelles.

— C'est impossible de manger ici. Il y en a partout. Regarde, fis-je observer en lui montrant les nuées de coccinelles qui déferlaient.

— On serait peut-être mieux là-bas. C'est plus dégagé et il y a plus de vent.

Nous nous déplaçâmes jusqu'au bout de la grande pelouse, mais il y avait toujours autant de coccinelles dans l'air et sur la colline.

— C'est aussi bien de rester ici, dis-je. Elles ne sont pas dangereuses.

De retour à l'ombre, j'essayai de les ignorer autant que je pouvais. J'allumai une cigarette, je me versai un café. Une seconde plus tard, une coccinelle flottait à la surface de la tasse. Je la repêchai, inspirai et soufflai devant moi un gros nuage de fumée, au cas où cela ferait le même effet sur les coccinelles que sur les moustiques, que le tabac faisait fuir. Geir était parti sur la plage, ils y étaient maintenant tous les cinq. Linda pataugeait dans l'eau avec Vanja et Heidi à ses côtés. Elles lui arrivaient à peu près aux hanches. La peau de Linda était d'une blancheur de marbre. L'air était rempli de petits points noirs. Les coccinelles s'étaient posées partout sur les boîtes et sur la couverture. Elles venaient sur mes chaussures, sur mon short et mon tee-shirt. C'était effrayant. Elles faisaient pourtant partie des insectes les plus jolis. Avec leur beauté pure presque semblable à celle d'une fleur, elles étaient le contraire des monstres. Les moustiques pouvaient fondre en énormes nuées partout, ce n'était pas inhabituel, mais quand il s'agissait de coccinelles c'était presque une menace, comme si quelque chose avait mal tourné, comme si quelque chose qui aurait dû être fermé s'était ouvert, et quand je regardai le Sund, où s'élevait au nord-est le gigantesque pont de l'Öresund, d'une proximité inquiétante, et où se profilaient au sud-est les contours de la centrale nucléaire de Barsebäck, l'air bleu au-dessus de la surface bleue et étincelante de la mer était plein d'une multitude de petits points noirs, et je me dis que cela ressemblait à la fin du monde.

LE NOM
ET LE NOMBRE

Il y a quelques mois, j'accusai réception d'une lettre anonyme. Elle était adressée à mon frère, c'est donc une copie de l'original que je reçus ; or son vrai nom de famille ne figurait pas sur l'enveloppe, mais le nom de jeune fille de notre mère. « Yngve Hatløy », était-il écrit. L'expéditeur estimait par conséquent que mon frère ne méritait pas de s'appeler Knausgaard et l'affubla d'un autre nom. Quant à moi, je me voyais confisquer le mien et réduit à mon simple titre, qui plus est utilisé de façon ironique : *Le poète*.
L'expéditeur écrivait :

> Quelle désolation de penser qu'un avortement en 1964 aurait simplifié le quotidien de tant de gens en 2010. On n'aurait pas eu à se farcir la famille Hatløy. Et, aujourd'hui, ton père serait encore en vie.

Yngve est né en 1964, c'est à lui que l'expéditeur fait allusion. Il n'informait pas seulement Yngve qu'il aurait mieux valu que notre mère ait avorté de lui à l'époque et que, ainsi, papa serait toujours vivant – il avait également envoyé sa missive à la fille d'Yngve, à une enfant. C'est à cause du livre que j'ai écrit que nous ne méritons plus de porter le nom de Knausgaard. Ni moi, ni mon frère, ni nos enfants.

Grande est la force du nom.

Le plus étonnant dans cette histoire est que le nom fut toujours un problème au sein de notre famille. Dans sa jeunesse, comme je pus le constater dans les livres et les magazines que je trouvai après sa mort, mon père essaya plusieurs orthographes : son prénom tantôt avec un *i*, tantôt avec un *y* ; son nom tantôt avec un *aa*, tantôt avec un *å*. À l'âge adulte, il changea carrément de nom de famille et s'appela tout autrement les dix dernières années de sa vie. Ma mère prit le nom de mon père quand elle se maria mais reprit son nom de jeune fille quand elle divorça. À mes dix-huit ans, mon père et ma mère portaient donc un nom de famille différent du nôtre, à mon frère et moi.

Quand j'entamai la composition de ce roman, c'est à propos de papa que je voulais écrire et, comme la nature de la fiction consiste à transformer ce qui vaut pour l'un en ce qui vaut pour tous – de sorte que tel père devient « père », tel frère « frère », telle mère « mère » –, j'utilisai son nom : d'abord son nom de famille réel, puis celui qu'il s'était inventé. Au fur et à mesure, j'envoyai le manuscrit à tous ceux qui étaient directement concernés. La famille de mon père, représentée par mon oncle, se déclarait prête à entamer une action en justice pour stopper la publication si d'aventure les noms ne subissaient aucune modification. J'accédai à leur exigence, je changeai les noms, celui de mon oncle, de sa famille à lui et du reste de la mienne. Celui de mon père, en revanche, je ne pouvais pas le modifier. Si je l'appelais, mettons, Georg Martinsen, ce ne serait plus à propos de lui que j'écrirais, c'est-à-dire tel qu'il avait été jusque-là, un corps de chair et de sang qui était aussi ma chair et mon sang, car le nom constitue la seule part issue de la réalité qui peut existir de façon inchangée dans le roman, le reste se cantonnant à des références, par exemple à une maison, par exemple à un arbre, qui en soi ne sont ni une maison ni un arbre ; seul un nom de famille peut rester le même tant dans le roman que dans la réalité. Je pouvais changer le nom des autres, mais pas le sien. Parce que, aussi, j'écrivais à propos de moi et de mon identité : que deviendrais-je si mon père était un homme s'appelant Georg Martinsen ? Qu'adviendrait-il alors de mon nom et de mon identité ? Donc je refusai. Le jour de la conférence de presse annuelle organisée par ma maison d'édition, j'avais un rendez-vous avec Geir Berdahl, le directeur ; il avait rédigé une lettre à l'attention de mon oncle après avoir parcouru toutes les modifications imposées par celui-ci, le dernier point en suspens concernait le nom de mon père qui ne devait pas être utilisé. La veille, le responsable du service culture du *Bergens Tidende* avait téléphoné à Berdahl. Ils se connaissaient visiblement depuis longtemps, mais le journaliste avait eu vent de la menace de procès que faisait planer mon oncle. J'avais fait preuve d'imprudence en l'évoquant dans un mail destiné à une personne travaillant au journal qui, à son tour, en avait parlé au responsable en question. Voilà l'état de la situation quand Berdahl me lut à haute voix la lettre. Jusqu'alors, j'avais toujours refusé de renoncer au nom de mon père. Or, là, je ne pouvais plus m'y cramponner car, derrière la porte du bureau où nous nous trouvions, la pièce était remplie de journalistes et j'étais à ce point terrorisé des conséquences de ce que j'avais écrit que je finis par dire : « OK, tu envoies la lettre, je change le nom de mon père. »

Seulement voilà, j'en étais incapable. Je ne pouvais pas l'appeler autrement. Et je résolus le problème en ne citant pas du tout son nom. Ni son prénom ni son nom de famille ne figurent dans le roman. Dans le roman, il est un homme sans nom.

*

Quand je vois le nom de ceux avec qui j'ai grandi, il ne ressuscite pas uniquement le territoire qui s'y étendait, les journées et les soirées que nous passions à y courir, saturées de l'obscurité lourde de l'automne et de la lumière légère du printemps, mais aussi celles et ceux qu'ils étaient : Geir Prestbakmo, Karl Martin Fredriksen, Dag Lothar Kanestrøm, Marianne Christensen et, plus tard, Per Sigurd Løyning, Arne Jørgen Strandli, Jan Vidar Josephsen, Hanne Arntsen. Le nom les représente, eux et l'époque durant laquelle je les connaissais ; il est une capsule dans ma mémoire où est conservé tout ce qui est important, essentiel, accessoire. Pour eux, leur nom correspond à quelque chose de radicalement différent. Quand ils le prononcent ou l'écrivent, il réfère à un *moi* – et ce *moi* diffère totalement de ce que les autres voient quand ces personnes se profilent devant eux ; il est l'intérieur de ce qui est vu, plein de pensées et d'émotions auxquelles nul autre qu'eux n'a accès, la vie intérieure à proprement parler, telle qu'elle se déroule de la naissance à la mort.

Le nom est intimement lié au secret et à l'individuel, oui, le nom est si entrelacé à l'identité de chacun qu'on le considère comme le sien bien qu'il n'ait pas été donné dans ce but – puisqu'on n'a pas besoin de se nommer à soi-même – mais afin de représenter celui ou celle que l'on est face aux autres. Au lieu de choisir « le petit pleurnichard aux dents de lapin », on s'est décidé pour « Karl Ove ». Et, dans la mesure où le nom se tourne tout autant vers l'intérieur que vers l'extérieur, il est d'une grandeur à la sensibilité inouïe. Il renferme un reliquat de pensée magique dans la mesure où le mot « est » ce qu'il nomme ou ce qu'il peut susciter : je « suis » mon nom, mon nom « est » moi. Si une personne en abuse, elle abuse tout en même temps de moi. Chez les enfants, la forme de harcèlement la plus facile consiste à déformer le nom de celui ou celle qu'ils harcèlent car ils savent pertinemment qu'ils touchent ce qu'il y a de plus intime en cet enfant. L'un des plus gros impairs que l'on puisse commettre en société est d'avouer que l'on ne connaît pas le nom de la personne avec qui on parle : car bien que l'on sache qui est la personne en question, qu'on connaisse son visage, son accent, sa gestuelle et ses mimiques, qu'on se rappelle plusieurs des moments passés ensemble, cela n'est d'aucun secours ; quand vous ne vous souvenez pas du nom, vous ne souvenez pas de cette personne, cette personne dépourvue de nom devient anonyme, elle se réduit qu'à ce qu'elle est : *personne*.

La majorité des gens que nous croisons sont des anonymes, toutes ces personnes assises derrière nous dans le bus ou dans le métro, toutes ces personnes qui passent à côté de nous dans la rue, qui se tiennent devant nous dans la file d'attente au supermarché. Nous savons qu'elles ont un nom, puisque nous en avons tous un, mais nous ne le connaissons pas. Si l'une de ces personnes se familiarise avec nous jusqu'à devenir notre ami, il ou elle s'extrait de la masse des anonymes pour entrer dans le cercle, dont nous sommes tous entourés, de celles et ceux qui ont un nom pour nous. Il existe cependant un autre cercle, à l'extérieur de celui-ci, composé de noms que tout le monde connaît : les gens connus. D'eux, il est dit qu'ils se sont fait un nom, qu'ils *ont* un nom. On ne peut exiger un tel nom : il faut se distinguer d'une manière ou d'une autre, comme l'indiquent les deux expressions *se faire un nom* puis *avoir un nom*. Si on court, fait du vélo ou du ski suffisamment vite, on a un nom ; si on chante bien ou si on est doué à la guitare, on a un nom. Si on se distingue tout particulièrement dans sa discipline, l'histoire des idées par exemple, on a un nom ; si on occupe une position importante au sein de la société, on a un nom. Ce nom ne représente pas en premier lieu la personne en tant que telle, mais plutôt la prestation ou le rôle par lesquels cette personne s'illustre. Or, sitôt que le nom d'une personne est devenu public à cause d'une prestation, la curiosité d'autrui est éveillée par rapport à ce que l'autre nom représente, à savoir le *moi* privé. Notre époque a ceci de caractéristique que le *moi* public apparaît de plus en plus lié à son *moi* privé qui, par capillarité, devient à son tour public. Il ne s'agit pas là de l'expression du déclin de la sphère publique, comme on l'entend souvent, mais d'un mécanisme de régulation absolument nécessaire dans une société médiatique.

Le besoin le plus important de l'être humain, outre le matériel, est d'être vu. Quelqu'un qui n'est pas vu n'est personne. Le pire des châtiments dans la culture noroise n'était autre que le bannissement, c'est-à-dire le fait de ne plus avoir l'autorisation de résider en compagnie des autres. Si le proscrit s'approchait, ils se détournaient de lui. Et non contents de cela, ils avaient le droit de le tuer s'ils voulaient. Le proscrit n'étant désormais plus quelqu'un mais personne, qu'il soit vivant ou mort n'avait plus aucune importance. Pourquoi néanmoins devaient-ils le tuer puisqu'ils avaient la possibilité de se détourner de lui ? Nous souhaitons tous être vus, toujours. Mais être vu implique plusieurs choses : être vu dans une société agricole n'est pas du tout du même ordre qu'être vu dans une société médiatique. Quiconque est vu dans une société médiatique est vu par tout le monde. Et dès lors qu'être vu devient synonyme d'être vu par tout le monde, cela crée un désir impossible car être vu par tout le monde demeure réservé à une minorité. Quand la minorité montre non seulement ce qui la caractérise mais aussi ce qui est inaccessible pour la majorité, à savoir sa facette publique mais aussi sa facette privée, laquelle n'est en revanche pas inaccessible mais relève du quotidien, ce quotidien dans lequel tout le monde vit, dès lors, la personne publique n'est plus inaccessible, elle n'est plus un seul et simple objet d'admiration et de désir, il devient possible de s'identifier à elle, tant et si bien que le fossé séparant le quotidien – la vie privée, où le nom signifie l'individu et rien d'autre – et la vie publique est quasiment aboli : les représentants de la minorité sont en définitive comme nous, à notre image. On se voit en eux, ce qui revient plus ou moins à être vu. Il y a là une sécurité car, pour autant que le désir d'être vu soit grand chez tout le monde, il se heurte simultanément à une force tout aussi grande qui le tire dans une direction opposée : le désir d'être comme tout le monde. Si l'on est comme tout le monde, on est un parmi tous, un dans la masse, on est en sécurité. Si l'on est une foule formant un tout face à un danger, comme l'humain y est confronté durant de longues parties de son existence, le plus important est de ne pas être vu, de ne pas attirer l'attention sur soi. Être vu est essentiel pour rester en vie – bien que ne pas être vu le soit tout autant. Rien ne paraît plus dangereux qu'être exposé à l'attention et aux regards des autres. En divulguant la facette privée de son nom, le quotidien que chacun partage, on devient tout à la fois une partie de la communauté et un membre de la minorité, cette minorité qui sort du lot et est vue par la majorité.

Être vu, et être vu par beaucoup, dans les médias, en tant que nom entouré d'une aura, est devenu si important que la quasi-totalité des gens que je connais se sont mis à envisager leur nom comme une entité censée non plus seulement les définir, saturée de significations qu'ils maîtrisent à peine, mais diffuser avant tout, comme une publicité, l'idée qu'ils se font d'eux-mêmes ; pour ce faire, ils créent une page sur Facebook où ils insufflent à leur nom une aura particulière, en plaçant ce nom dans des circonstances particulières, avec un procédé qui n'est pas sans rappeler la marchandisation d'un produit ou la construction du nom d'une pop star. Être environné par les médias ne sous-entend pas simplement que nous voyons des images montrant d'autres gens dans d'autres endroits du monde et, ainsi, que nous nous maintenons informés de ce qui se passe dans ce même monde, cela influe sur la manière dont nous nous voyons nous-mêmes en tant qu'individus et s'insinue subrepticement dans notre identité ; celle-ci se tourne lentement vers l'attente d'un regard, un regard « total », qui éclipse le regard concret dans la situation concrète, où tout peut être touché, avec les conséquences qu'une telle réalité induit pour l'image que nous nous faisons de nous-mêmes en tant qu'individus.

Tandis que l'attente du regard concret de l'autre, que cet autre soit le voisin ou « l'animal campagnard », ainsi que le qualifiait l'écrivain Tor Jonsson, se dérobe à nos yeux d'une manière purement physique (en baissant le store par exemple) ou s'abolit complètement (en quittant le lieu où nous nous trouvons), l'attente du regard abstrait de l'autre, le regard « total » au sein de la société, est impossible à éradiquer parce qu'il renferme une grandeur à laquelle nous devons constamment nous conformer, jusque dans nos espaces les plus intimes que nous accommodons selon des aménagements qui satisfont les attentes, de sorte que la cuisine, autrefois un lieu où nous préparions les repas et où nous mangions, est rénovée à grand renfort de sommes astronomiques pour prendre l'apparence d'un lieu d'exposition que peu sont en mesure de voir. Ce regard intérieur total, dont la flamme est maintenue en vie à travers la présence dans toutes les pièces de l'écran de télévision, si bien que nous sommes toujours vus et pour ainsi dire surveillés par nous-mêmes, induit également une plus grand égalité entre nous : nous nous subordonnons et adaptons nos exigences au même dieu, au sein d'un système de contrôle social nettement plus raffiné que celui fomenté par Orwell dans sa célèbre dystopie.

Le nom s'est toujours trouvé entre l'abstrait et le concret, l'individuel et le social ; or, dès qu'il est fabriqué et entreposé dans des lieux coupés de la réalité physique et, par là même, qu'il pénètre dans le monde de la fiction, quand bien même il demeurerait invisible aux yeux de la plupart, et tandis que ce monde fictionnel s'étend de plus en plus, occupe des périmètres toujours plus importants au sein de nos vies – car les écrans de télévision ne sont pas uniquement placés dans nos salons, ils sont fixés aux cloisons des trains, sous les coffres à bagages dans les avions, dans les cabinets médicaux, dans les succursales des banques et jusque dans les supermarchés, sans oublier bien sûr que nous les transportons sous la forme de petits ordinateurs ou de téléphones portables, tant et si bien que nous vivons en fait deux réalités : une réalité abstraite, imagée, dans laquelle se manifestent toutes sortes de gens et de lieux qui n'ont rien en commun sinon le fait de se trouver dans un autre lieu que le nôtre, et une réalité concrète, physique, qui est celle où nous évoluons et que nous touchons en permanence –, alors, quand il en va ainsi, à savoir que tout est fiction ou que tout se résume à être vu comme étant en soi une fiction, la tâche du romancier ne consiste plus à écrire d'autres fictions. Voilà la sensation que j'avais : le monde était en passe de disparaître car il était constamment ailleurs, ma vie était elle aussi en passe de disparaître car elle était elle aussi constamment ailleurs. Pour peu que j'écrive un roman, il devrait alors avoir la réalité comme sujet, la réalité telle qu'elle était, vue par un homme séquestré dans cette réalité de tout son corps mais pas de tout son esprit, car son esprit était séquestré dans autre chose : le désir puissant de s'extraire de la tiédeur triviale pour s'élever dans l'air âpre et limpide de la grandeur. Cette élévation s'incarnait dans l'art, la fiction, l'abstraction, l'idéologie ; la séquestration se situait dans l'univers des choses et des corps, dans l'univers charnel et bientôt décomposé que nous formons tous autant que nous sommes. C'était l'idée, ou plutôt la nécessité : s'enfouir dans le réel. Et le signe à proprement parler de cette réalité, sa seule grandeur transmissible, c'était le nom. Pas le nom en tant que rêve, le nom en tant qu'image, mais bien le nom en tant que signe de l'être humain. Je comprenais en effet qu'un roman, puisqu'il est composé de signes, ne peut pas être la réalité, il ne peut qu'invoquer cette réalité ; je comprenais aussi que cette réalité invoquée serait tout aussi abstraite que celle que je voulais fuir, de même que je savais que le roman a la faculté particulière, et c'est sans doute sa quintessence la plus importante, de se glisser à travers le voile de la banalité et de la perspicacité simplement en décrivant quelque chose d'une manière légèrement différente, par exemple en insistant sur un détail, mettons en utilisant une page entière pour décrire une tétine, à la suite de quoi la tétine que nous verrons la fois suivante dans la réalité nous apparaîtra de manière radicalement différente, dans toute sa qualité de tétine, expliquant pourquoi nous voyons uniquement sa fonction, et non plus sa forme, par ailleurs absolument sensationnelle à cause de sa combinaison d'une part de caoutchouc mou rappelant une larme, d'autre part de plastique dur constituant la collerette, ce mélange de jouet et d'imitation de téton, créé pour le désir de l'enfant, qui aime sucer et téter, mais qui aime aussi les objets aux couleurs simples et aux formes rondes, ou encore en plaçant côte à côte deux choses qui ne se trouvent d'ordinaire pas du tout l'une à côté de l'autre – car, en définitive, ce n'était pas la réalité qui avait disparu, mais bien mon attention focalisée sur elle. Je ne dois surtout ni la lâcher ni la relâcher – voilà quelle était mon intuition, ou mon explication face à l'inanité fondamentale que j'éprouvais dans ma vie, et pour autant qu'il ne se soit agi d'une énième explication, d'une énième théorie, en soi abstraite, je n'avais pas cette sensation, et s'il y a une chose à laquelle j'ai appris à me fier au fil des quarante-deux années que j'ai vécues, c'est bien à mes sensations et mes émotions. Dans le roman dont j'avais entamé l'écriture, les noms réels étaient en conséquence les clés par excellence. Je comprenais certes que certains noms ne pouvaient être cités parce qu'ils ne seraient pas associés aux événements que je désirais décrire (mon oncle était l'un de ceux-là) et je n'avais aucune difficulté à renoncer à ces noms bien que, pendant un certain moment, je m'y sois opposé bec et ongles lorsque l'un deux a refusé catégoriquement d'apparaître dans le livre, même sous un autre nom parce qu'à cette époque je ne me doutais pas du retentissement qu'aurait le livre dans la sphère publique : je le considérais davantage comme une expérience sur le genre du réalisme qui n'intéresserait qu'une poignée de lecteurs et qui, sous l'effet d'un ennui ou d'une frustration, serait balancé contre le mur par tous ceux qui s'essaieraient à lui. En revanche, j'opposais une résistance farouche à l'idée de modifier le nom des personnes se trouvant dans mon cercle immédiat, notamment mes camarades de jeu pendant mon enfance ou mes copains et copines de classe pendant ma scolarité – le but ultime du roman étant de dépeindre la réalité dans toute son étendue. Une adolescence marquée par celui qui vivait là et faisait ça, par celle qui vivait là et faisait ça, par celui dont j'avais entendu parler, par celle que j'avais embrassée un vendredi soir, le tout non pas enveloppé dans le linceul de la littérature, non pas mis en valeur par un éclairage artistique dans la chambre obscure de la prose, mais bel et bien décrit en pleine lumière du jour, enveloppé de réalité. Je voulais tenter d'atteindre le côté cru et arbitraire de cette réalité et, en ce sein, le nom était inamissible. Il était évident que cette réalité subirait une modification dès l'instant où elle passerait par le tamis de la description, mais je n'espérais pas moins que le caractère absolument merveilleux de ce phénomène, le fait d'exister aux côtés d'un nombre déterminé de gens où chacun se connaissait ou bien avait entendu parler de l'autre, dans une période et une zone géographique tout aussi déterminées, où n'importe quoi pouvait dès le départ se produire mais où cela aboutissait en fin de compte à ce qui devait arriver, en fonction de la précision et de l'exactitude de la réalité – qu'une part de cette description, de cette aura stellaire inhérente à la jeunesse que tous connaissaient, brillerait à travers le littéraire. N'importe quel nom, qui de réel devenait fictif, émoussait cette impression et propulsait le roman vers la carence de réalité qu'il était justement, à travers l'écriture, censé attaquer. Geir G. me disait que cela n'avait pas d'importance pour le lecteur, le nom authentique ne susciterait pas d'associations particulières chez lui, qu'il sache si ce nom était authentique ou pas. Il n'empêche :

l'authenticité renferme une sonorité, elle est impossible à copier.

Dans un roman, le nom fonctionne comme un visage ; la première fois que vous tombez sur lui, il demeure inconnu, étranger, mais sitôt que vous séjournez non loin de lui, vous lui attribuez peu à peu des propriétés particulières, ainsi qu'une histoire et une vie entière pour peu qu'il persiste et continue d'exister à proximité de vous, tout comme les visages que vous connaissez absorbent et occupent tout ce que savez à leur sujet sans que vous y pensiez outre mesure : si un vieil ami vient vers vous, ce savoir est évident, il s'est amalgamé dans le visage, dans ce qui constitue « lui » ou « elle » à vos yeux. Dans le meilleur des cas, un nom romanesque est d'une précision telle qu'il renferme des indications essentielles de son époque et, dans certains cas particuliers, qu'il devient également l'emblème d'une universalité humaine. La vie factice chez Emma Bovary, l'ambition impitoyable chez Julien Sorel, la perte de sens chez Hamlet, l'intransigeance idéologique chez Brand. L'écrivaine autrichienne Ingeborg Bachmann souligne dans un texte que la littérature contemporaine a ceci de caractéristique qu'elle ne contient plus de tels noms. Don DeLillo est certes l'un des meilleurs romanciers de notre époque, néanmoins, qui se souvient du nom de ses très nombreux personnages ? Bachmann écrit que Thomas Mann fut le dernier grand magicien du nom. Hans Castorp, Adrian Leverkühn, Tonio Kröger, Serenus Zeitblom : ces noms accumulent en eux des propriétés et des significations qui n'appartiennent pas seulement au personne mais aussi à la culture dont il est issu. Thomas Mann fut le dernier grand écrivain bourgeois ; avec Marcel Proust, il représentait le point final de toute une époque et, peut-être aussi, surtout en ce qui concerne Marcel Proust, son parachèvement. Le nom ne joue de rôle aussi important dans nulle autre œuvre de l'époque bourgeoise que dans *À la recherche du temps perdu*. Il n'y est cependant plus un dispositif, il n'y est plus un accessoire saillant du décorum romanesque ; dans *La Recherche*, le nom constitue l'un des grands motifs de l'œuvre et, ce faisant, perd son innocence intrinsèque. Il ne la perd toutefois pas uniquement dans ce cycle romanesque : au moment même où Proust écrit à Paris *La Recherche*, Kafka écrit à Prague ses romans et nouvelles dans lesquels le nom subit une modification radicale dans la mesure où l'auteur baptise son personnage principal Josef K. ou, tout simplement, K. Cet abrègement nominal soustrait tout ce que le nom porte d'ordinaire en lui, à savoir l'individuel et le local qui, partant, deviennent visibles dans toute leur absence. Sachant que l'individuel et le local sont pour nous lecteurs une source d'identification, sachant aussi que le nom dispose avant tout d'une forme de connivence, pour peu que la connivence du nom disparaisse, la connivence avec l'individu porteur de ce nom disparaît à son tour, lequel nom baigne dès lors dans un flou et un mystère – en somme, le nom de Kafka est un antinom. Nonobstant, le personnage porteur du nom fournit au lecteur une impression très claire, il est « quelqu'un » et non « personne ». Le raccourcissement n'est pas arbitraire, les éléments distinctifs qui se voient soustraits avec l'abrègement du nom, ce qui lie le personnage aux autres individus et à lui-même ainsi qu'aux lieux, représentent son histoire. Pour peu que l'histoire disparaisse elle aussi, il ne reste alors plus que l'instant – et qu'est un être humain dans l'instant ? qu'est un personnage sans son histoire ? qu'est ce « quelque chose » que nous décelons, chez l'autre, quand cet autre ne peut être associé ni à une intrigue ni à une origine ? La question n'est sans doute pas tout à fait pertinente quand elle a trait à la prose de Kafka, il suffit pour s'en convaincre de la comparer avec celle d'un autre auteur œuvrant quelques années plus tôt, Knut Hamsun, qui dans son premier roman écrit lui aussi au sujet d'un personnage sans histoire ni lieu d'origine et qui évolue au sein d'un milieu avec lequel il entretient des liens profondément distendus. Le personnage inventé par Hamsun a beau être dépourvu de nom, cela ne signifie pas pour autant qu'il soit une non-personne, cela signifie uniquement que son nom n'est pas indiqué. La différence entre l'indication non nominale chez Hamsun et l'indication antinominale chez Kafka est non seulement manifeste, mais aussi décisive pour la manière de lire les deux romans. Hamsun avait un besoin d'individualité si grand qu'il en devenait criant et, dans sa première phase littéraire, il combattait avec acharnement la propension de la littérature à atténuer l'individuel, à empêcher systématiquement l'unique d'être ce qu'il est, à lui conférer tout aussi systématiquement un caractère général et universel, à remplir ces deux éléments de formules et de schémas. « Un homme qui fait le commerce de chevaux, par exemple, écrit-il dans un article intitulé *De la vie inconsciente de l'âme,* un homme qui fait le commerce de chevaux n'est rien d'autre qu'un maquignon. Il est maquignon dans chacun de ses propos. Il ne peut lire un conte ou parler de fleurs ou s'intéresser à la propreté ; non, il doit tout le temps fanfaronner, tout le temps se taper sur le portefeuille, jurer de manière barbare et puer l'écurie. » La littérature, telle qu'Hamsun la considérait, était simple, schématique, structurelle, cohérente, harmonieuse, expliquée, alors que la vie qu'il voyait autour de lui était complexe, empirique, arbitraire, incohérente, dysharmonique, inexpliquée. Comment permettre au langage de s'extraire du système pour pénétrer dans la vie telle qu'elle est vécue ? Voilà la question qu'Hamsun posait en cet automne 1890 à Lillesand. C'était une révolte contre le réalisme, ou une tentative pour atteindre un réalisme plus vrai, et, pour l'atteindre, Hamsun entreprenait d'éliminer les catégories qui établissent certaines cohérences et déterminent en soi la compréhension du personnage : pas d'enfance, pas de parents, pas de chez-soi, pas d'amis, pas d'entourage, pas d'histoire – et, surtout, pas de nom. Il était en quête de l'unique et s'inscrivait en faux contre l'instant, comprenons : le monde *avant que* le sens ne soit créé, *avant que* les signes ne soient interprétés ; il se situait par conséquent dans ce qui demeure inexpliqué. Si l'on part du principe que le nom incarne le visage du personnage romanesque, le personnage d'Hamsun devrait être dépourvu de visage, or il ne l'est pas : son *moi* est si fort, si entêté, si saturé, qu'il en devient un nom à part entière, avec lequel les lecteurs se familiarisent rapidement, sans pour autant qu'il se greffe sur cet emblématisme méprisé par Hamsun. Celui-ci refusait que ses personnages puissent représenter autre chose qu'eux-mêmes, et surtout pas une période ou une époque ; et si représentation il y avait, elle devait épouser les traits de l'individu en tant qu'être unique. L'ambition de Kafka, en gommant chez son personnage toute trace d'origine, d'histoire et de milieu, suivait un contraire quasi exact : il ne souhaitait pas montrer l'individualité de l'être humain et l'expansion unique qu'il connaît, mais les forces extérieures qui se jouent de lui, qui le lient et le gouvernent, et ce, non dans son environnement proche, personnel et intime, mais sur un plan plus ordinaire et général, et qui apparaissent tout aussi dépourvus de visage que le personnage principal. Ce fameux K. fait l'effet d'un bandeau sur les yeux. Quand nous prononçons le nom de Josef K., nous ne pensons pas à une nature humaine particulière comme c'est le cas avec les noms d'Othello ou d'Ulysse, nous pensons davantage à un état particulier, opaque, labyrinthique, indéterminable, dépourvu de visage.

Le personnage du roman suivant d'Hamsun n'était pas aussi coupé de son histoire que le *je* de *Faim*, même s'il semblait tout aussi étranger pour son entourage. En tout état de cause, et à l'inverse de lui, il avait un nom. Or ce nom, Nagel, ne traduisait pas la moindre appartenance, qu'elle soit géographique ou qu'elle se rapporte à une classe sociale ; il y a même plutôt lieu de penser qu'il s'agirait d'une anagramme, auquel cas la lecture la plus plausible révélerait un jeu sur le mot norvégien *Galen*, c'est-à-dire « Le Fou ». Alors que le destin d'Emma Bovary est de confondre le romantique et le réel, celui de Nagel est de percer à jour le romantique, de percer à jour l'art, de percer à jour le vaudeville qui régit la vie en province et le drame qui se noue dans le monde : tout n'est que simulacre, voilà la conclusion qu'il est forcé de tirer. Même la mort dans laquelle il est propulsé a l'apparence d'une mise en scène, non pas sous la forme d'une tragédie mais plutôt sous celle d'une farce. Qu'on ne puisse rien prendre au sérieux constitue pour un roman un point de départ bien curieux en ce que le récit doit, aussi, à un niveau ou un autre, se prendre au sérieux s'il souhaite être écrit. *Mystères* n'est sans doute pas un roman réussi, mais il contient des passages fulgurants où Hamsun tente de pénétrer le cœur de ce « maintenant » en décrivant les mouvements presque émancipés à l'œuvre dans un esprit, à un moment certes déterminé mais arbitraire. De tous les soubresauts qui agitent l'esprit de Nagel, on ne peut guère en corréler beaucoup à un *soi* déterminé, ou plutôt : il est difficile d'affirmer avec certitude en quoi consiste ce *soi* parce que la majeure part de ce qui y circule provient de l'extérieur, d'abord en se traduisant à travers un langage qui par ailleurs est le même pour tous, ensuite en se composant différentes rémanences culturelles qui elles aussi sont générales, et ce qui est alors donné à voir, pour la première fois sans doute – puisque jamais auparavant il ne m'avait été donné de voir un flux de conscience restitué avec ce qu'il renferme de hauts et de bas, d'important et d'insignifiant –, c'est cette façon dont le monde se diffuse à travers l'individu, avec une telle force et une telle évidence qu'on est contraint de se demander si ce que l'on nomme l'individuel existe vraiment et, auquel cas, comment il se manifeste. Et, s'il n'existe pas, que représente alors un nom ?

« Des noms ! Qu'y a-t-il dans un nom ? » demande Joyce dans le neuvième chapitre d'*Ulysse*, qui se déroule dans la bibliothèque nationale de Dublin où Stephen Dedalus, le jeune homme dont le nom n'a guère de consonance réaliste, discute d'Hamlet et de Shakespeare avec des connaissances, tous des intellectuels. La question du nom est posée initialement par Shakespeare. Shakespeare, affirme Stephen, n'était pas Hamlet mais le père d'Hamlet, le roi mort qui se matérialise devant son fils sous la forme d'un fantôme. La mère d'Hamlet, la reine Gertrude, était alors Anne Hathaway, la femme de Shakespeare, qui, selon Stephen, lui avait été infidèle – et Hamlet d'être ainsi Hamnet Shakespeare, le fils défunt de William Shakespeare et d'Anne Hathaway. Cette discussion répète en creux la scène initiale du roman en décrivant deux jeunes hommes lancés dans une conversation, en haut d'une tour, dont l'un est Stephen, qui vient de perdre sa mère. L'autre jeune homme, Buck Mulligan, lui dit : « La tante pense que tu as tué ta mère », et Stephen de lui répondre alors : « Quelqu'un l'a tuée. » La tour est en fait Elseneur, la baie de Dublin le détroit séparant le Danemark de la Suède,

Stephen est pour sa part Hamlet. Mais Stephen est aussi Télémaque, à la recherche de son père Ulysse, en l'occurrence le Juif Leopold Bloom. Quant à Leopold Bloom, outre Ulysse, il est aussi Virgile lorsqu'il arpente la nuit à côté de Stephen, c'est-à-dire Dante, les rues de Dublin, c'est-à-dire de l'enfer, en plus d'être Henry Fleury, cet écrivain entretenant une correspondance aussi secrète que sulfureuse avec une femme rencontrée par le biais d'une petite annonce ; mais il est également le père d'un fils décédé, c'est-à-dire en ce bas monde Shakespeare, le père d'Hamnet. Et sa femme n'est pas seulement Pénélope, assiégée d'hommes en l'absence d'Ulysse, elle est aussi Anne Hathaway, c'est-à-dire la reine Gertrude, car juste après quatre heures ce jour-là elle couche avec son impresario et cocufie Bloom. *Ulysse* est un roman sur la transformation mais c'est aussi un roman sur la perpétuation, quand tout reste toujours identique, et la dimension qu'il travaille pour ainsi dire au corps, le mystère qu'il rompt en permanence, c'est le temps. L'action du roman se déroule à Dublin, pendant vingt-quatre heures ou presque, l'instant y apparaît comme une sorte de porte ouverte sur le passé, qui se hisse et s'enfonce dans tout et dans tous, mais une porte également ouverte sur le futur propulsé à travers elle. « Tiens-toi au maintenant, songe Stephen dans la bibliothèque, à l'ici, à travers quoi tout futur plonge dans le passé. » Cette phrase renferme tout à la fois une *Weltanschauung* (une vision du monde) et une poétique. Alors qu'ils discutent de Platon et d'Aristote, Stephen imagine qu'Aristote aurait taxé d'« aussi creuses que celles de Platon » les « songeries » d'Hamlet à propos de la mort, « ce monologue peu dramatique, invraisemblable, insignifiant ». L'apothéose des idées, ce ciel spirituel sans forme, demeure complètement étrangère à Stephen : il croit au monde matériel et à son abondance – et, à cet égard, Joyce explore dans *Ulysse* la façon dont les idées et l'immatériel se manifestent dans le matériel, en partant du principe qu'il ne se trouve que là, à savoir dans l'instant, dans les corps et les objets présents en cet instant. Si la vie est un voyage dans le temps, le passé en est le fantôme. « Qu'est-ce qu'un fantôme ? se demande Stephen. Quelqu'un qui s'est évanoui dans l'impalpable, par la mort, l'absence, le changement de manières. » La conception usuelle veut que la transformation d'un être en fantôme se produise à travers la mort, qu'elle se produise à travers l'absence n'est guère qu'une extension logique de cette conception ; en revanche, dans la dernière partie de l'axiome, à travers le changement de manières, le fantôme quitte la mort individuelle pour pénétrer dans le monde collectif : le fantôme correspond à tout ce que le temps a quitté. Voilà le grand sujet de Joyce, d'abord traité dans ce petit format relativement intime – pour peu qu'on le compare à *Ulysse* – qu'est la nouvelle *Les Morts*. Vers la toute fin, il utilise la même expression qu'il attribuera ensuite à Stephen : « Sa propre identité s'effaçait et se perdait dans la grisaille d'un monde impalpable. » Ce monde gris et impalpable dans lequel son *moi* a disparu est celui des morts. Or même le monde palpable jadis construit et habité par les morts s'est effacé jusqu'à disparaître totalement. Dans *Ulysse*, cette réflexion est identiquement située dans le monde, extirpée de la vie encadrée et théâtrale, placée dans la vie ordinaire et foisonnante, un jour tout à fait ordinaire dans une ville tout à fait ordinaire, où la réflexion est efficiente sur tous les plans et à tous les niveaux, sans pour autant les dominer, car, étant donné que l'action se déroule l'espace d'une journée et que le texte est continuellement présent dans l'instant, rien ne prend le pas sur le reste, tout est dissous dans le maintenant. Cela vaut pour l'histoire, cela vaut pour la mythologie, cela vaut pour les morts et cela vaut, surtout, et peut-être avant tout, pour l'identité. Aucune de ces entités n'est éclatée ou rompue, elles sont uniquement vues à travers le prisme de l'instant qui ne peut en visualiser que de petites parcelles à la fois. Ici un fragment de la mère décédée, l'odeur de la chambre où elle gisait ; là une pensée de saint Thomas d'Aquin, un rayon de soleil sur une vitre, le clapotis des vagues, un cheval de trait traversant la rue, quelques notes d'une aria, un bibliothécaire servile, les livres sur les étagères pensés comme des cercueils. Voilà ce que c'est qu'être au monde. Pour comprendre ce monde, ou pour réfléchir à ce monde, il faut s'en éloigner en faisant un pas en arrière. Il n'en va pas autrement d'*Ulysse*. Toutes ces petites parcelles, toutes ces structures dissoutes dans le maintenant se rassemblent pour former une image plus vaste qui correspond à la question posée par Joyce : que cela signifie-t-il d'être humain ? Le roman a trois personnages principaux : Stephen Dedalus, le jeune en passe de s'élever, il mobilise toute son énergie à se détacher de ce qui le maintient plus bas que terre, à savoir de son père, un séducteur ivrogne, à savoir de sa mère, dont le décès le ronge de culpabilité, à savoir de ses amis, avec qui il est en compétition, à savoir son éducation, qui consiste en la connivence avec les pensées des autres – sa dénonciation assez culottée de la médiocrité d'Hamlet est un moyen pour lui de s'élever dans ce que nous qualifions, sur le mode de la résignation, d'arrogance de la jeunesse mais qui est en fait une force nécessaire – ; l'homme entre deux âges (qui aujourd'hui serait considéré comme un homme encore jeune, porterait des baskets et se raserait le crâne régulièrement ; il est âgé de trente-huit ans), dans le mitan de la vie, vendeur de publicités, sans ambitions, un homme ordinaire qui fait de son mieux ; et enfin Molly Bloom, de quelques années plus jeune que lui, cantatrice, qui passe la majeure partie de cette journée dans son lit et à laquelle il n'est guère fait qu'allusion, du moins jusqu'à ce qu'elle ponctue le roman avec sa propre voix, au fil d'un long monologue intérieur, en tous points différent de ce que nous avons lu jusque-là. Leopold Bloom est à maints égards l'opposé de Stephen Dedalus : alors que le jeune homme nous est présenté au sommet d'une tour, dominant ainsi le monde, associé à Hamlet, à la Grèce antique et à la chrétienté, l'homme allant sur sa quarantaine nous apparaît dans un élément on ne peut plus quotidien, la cuisine, associé pour sa part dès le début à des joies autrement terrestres et corporelles : d'abord de vagues relents d'urine montant des rognons en train de cuire, ensuite les charmantes émanations de ses excréments tandis qu'il se trouve sur le trône. Quand, plus tard dans la journée, il se rend au musée pour y admirer les statues, c'est Aphrodite qui le subjugue, et ce pour des motifs tout autres qu'artistiques et nobles. L'esprit de Leopold Bloom fourmille tout autant de fragments de la réalité immatérielle, mais dans sa forme la plus triviale, telle qu'elle se révèle dans les journaux et les publicités, sur les panneaux et les affiches ; Leopold Bloom ne comprend pas toujours tout, est souvent naïf, mais à l'inverse de Stephen Dedalus il est un être complet, un être terminé, un être vrai, tant et si bien que, lorsqu'ils se rencontrent enfin et arpentent les rues de la ville en pleine nuit, il est réellement Virgile face à Dante, entendons par là Stephen Dedalus. Tous deux ignorent, lorsqu'ils s'assoient dans la cuisine, qu'une Molly Bloom plongée dans ses pensées est couchée au-dessus d'eux et que, ce faisant, elle voit nettement mieux son mari que lui ne la voit, de même qu'elle voit Stephen comme le fils de son père à elle, un écolier sage et appliqué.

Rarement dans la littérature du monde entier des personnages ont été décrits avec autant de complexité que ces trois-là. Pour autant, le livre ne pourrait pas porter l'un de ces noms : il n'aurait pas pu s'appeler *Leopold Bloom*, tout comme le roman de Flaubert s'appelle *Madame Bovary* ou la pièce de Shakespeare, *Hamlet, prince de Danemark*, car le roman est plus grand que les personnages, c'est-à-dire qu'ils ne sont pas en tant que tels le centre de sa thématique. Tout le monde connaît le conflit d'Emma Bovary, le conflit d'Hamlet, le conflit de Don Quichotte, c'est à ce conflit que nous pensons quand nous entendons leur nom – mais qui connaît le conflit de Stephen Dedalus ? Il est plus intelligent qu'Hamlet, il considère que les réflexions d'Hamlet sur la mort sont des pensées creuses, son champ d'information est plus vaste, il a perdu l'un de ses parents et se sent coupable de cette mort ; et néanmoins le fait est que, en tant que personnage littéraire, il n'arrive même pas à la cheville d'Hamlet. Cela s'explique-t-il par le rapport qu'a l'Angleterre élisabéthaine avec la grandeur, la majesté, différent de celui qu'entretient avec elles le Dublin du début du XXe siècle ? Joyce s'efforce en effet de décrire la vie de personnes tout à fait ordinaires, et le contraste avec la nature grandiose d'Hamlet et d'Ulysse constitue tout du long un point central : si la même chose se passe dans *Ulysse*, c'est dans une moindre mesure. Les impressionnantes et folles transformations de Prométhée, ainsi que l'a observé le poète suédois Olof Lagercrantz, sont représentées par un chien et par l'imagination de Stephen à Dublin. La vie minuscule, comprenons la vie banale et proche de la réalité, compose le fond du roman, ce à travers quoi les grands personnages et les thèmes du roman errent comme des fantômes. Il n'empêche qu'un être banal et minuscule aux yeux des autres peut très bien devenir un grand personnage, l'affaire est entendue. Pour preuve, Emma Bovary n'est ni princesse ni duchesse, mais une simple épouse de pharmacien vivant en province. À la différence près que Mme Bovary, Don Quichotte et Hamlet résident dans l'histoire, alors que l'inverse a lieu pour Leopold Bloom, Molly Bloom et Stephen Dedalus : c'est l'histoire qui réside en eux. La nouveauté chez Joyce et la littérature moderniste réside dans la radicale atténuation, jusqu'à l'osmose, de la frontière entre le *moi* et l'environnement direct de ce *moi*. Les individus grandissent en quelque sorte parce qu'ils embrassent tant l'histoire que le flux des événements à l'œuvre dans leur contemporanéité, mais ils rapetissent tout en même temps parce que le caractère singulier et exclusif chez eux, concentré dans leur nom, dans celui ou celle qu'ils sont, se dissout dans ce même nom.

Cependant, bien que Joyce soit parvenu à ces idées, qui ont par ailleurs été accomplies dans d'autres disciplines culturelles, elles n'ont jamais été partagées par tous, pas comme notamment l'*Odyssée* l'a été par tous, faut-il s'imaginer, un livre qu'adultes et enfants, hommes et femmes, pauvres et riches, ont entendu. *Ulysse* a toujours été lu par très peu de gens, à l'instar des œuvres modernistes pionnières, non seulement les œuvres littéraires mais aussi celles issues de la philosophie et de la psychologie, par exemple celles d'Husserl ou de Freud, car bien que la plupart de leurs idées aient été disséminées et vulgarisées, cette popularisation a eu lieu sans l'exactitude dont elles sont dépendantes et que seule une lecture directe est susceptible de fournir. *Ulysse* est devenu le mythe du livre difficile par excellence, huit cents pages concentrées en une seule journée ; Freud est définitivement associé à l'inconscient, au choix de s'allonger sur un divan et de parler de son enfance, mais aussi aux blagues sur les cigares et les trains s'enfonçant dans un tunnel ; Husserl est le précurseur d'Heidegger ; Heidegger était nazi. Le fait que Joyce écrive sur ce sujet très précis, les énoncés culturels disséqués et voués à vivre au sein de nous sous la forme de poèmes à moitié récités, de malentendus, de suppositions, de semi-vérités, de mythes et de représentations, de fragments de ceci et de parcelles de cela, comme pour montrer que la culture se loge là, que l'humain et le vivant se situent là, que Dieu est réduit à une interjection dans la rue – ce fait est sans nul doute ironique dans la mesure où Joyce est lui-même devenu l'incarnation de l'élitisme littéraire et de la personne éloignée du monde, mais cela n'en reste pas moins inintelligible puisque pour en arriver là, pour s'y enfoncer, il a renoncé aux transcriptions traditionnelles de la culture populaire.

Il suffit de se pencher, pour savoir de quoi elles se composent, sur la façon dont William Faulkner utilise le nom. Dans son roman *Le Bruit et la Fureur*, les noms figurent sans la moindre explication, ils sont comme une évidence, comme s'ils étaient connus d'avance, dépourvus de toute propriété, qualité, origine ; pour nous lecteurs, les noms chez Faulkner demeurent insondables.

Dans sa conférence intitulée « La fréquentation des noms » et consacrée au nom littéraire, Ingeborg Bachmann évoque Faulkner en donnant des exemples très parlants : à tel moment nous découvrons quelqu'un appeler Caddie, à l'instant suivant nous lisons un passage au sujet d'une personne nommée Caddy, aucune information n'est fournie ; comme néanmoins la première occurrence est introduite par le verbe « frapper », peut-être s'agit-il d'un joueur de golf qui appelle son caddie, or une autre association prend forme dans notre esprit quand le nom de Caddy resurgit un peu plus tard, mais l'époque est différente et le lien demeure flou. Idem du personnage nommé Quentin, il se réfère tantôt à une femme, tantôt à un homme. Faulkner va en quelque sorte plus loin que Joyce dans son approche de la réalité : il tente de décrire le monde tel que celui-ci apparaît à ses personnages et ne s'efforce jamais de décrire ses personnages pour nous lecteurs, leur regard n'est ni transcrit ni transmis, et c'est là que se niche le réalisme. Lire *Le Bruit et la Fureur* revient à pénétrer dans la maison d'une famille inconnue dont les membres s'adressent à leurs proches sans faire attention à vous : vous entendez des noms défiler, liés à des épisodes et des événements que tous connaissent, sauf vous, et qui de ce fait ne sont jamais racontés dans leur intégralité, dont le contexte est à peine évoqué. Non, cela revient à entrer dans la tête de l'une de ces personnes et de voir comment il ou elle vit cette conversation car alors les allusions aux épisodes évoqués relèvent encore plus de l'évidence : on n'explique pas ce que l'on sait déjà intuitivement. Pour hermétiques qu'ils soient, les noms chez Faulkner ne sont pas soustraits à leur environnement et à leur histoire comme chez Kafka – bien au contraire, dans *Le Bruit et la Fureur*, les noms sont intriqués dans l'environnement et dans l'histoire et, comme ceux-ci sont impénétrables, les noms le deviennent à leur tour. Ce manque d'ouverture désigne droit le cœur du roman, son point d'encerclement constant : il s'est passé quelque chose un jour, dont les personnages ne peuvent parler, à quoi ils ne peuvent même pas penser, mais qui demeure présent dans les différents flux de conscience. Ce ne peut être ni transcrit ni transmis, encore moins expliqué ou abordé, cela doit rester caché. Le mot « inceste » apparaît – voilà le nœud de l'histoire. L'interdiction de l'inceste est l'un des tabous ancestraux de l'humanité, et il flotte dans le roman, dans l'ambiance qu'il dégage, quelque chose d'archaïque.

Le passé chez Faulkner ouvre sur un abîme, un tréfonds, il est flou et radicalement différent du passé chez Joyce, quant à lui symbolisé avant tout par le culturel, le pensé, le créé, par Ulysse et l'Église, par Dante et Shakespeare ; on entretient une relation avec le passé par le biais de l'intellect, alors que le passé existant dans l'œuvre de Faulkner est dépourvu de nom, dépourvu de langage, il ne peut être que deviné, éprouvé. Cette différence se reflète également dans les titres, tous deux intertextuels. Joyce puise le sien chez Homère, Faulkner chez Shakespeare ; mais, alors que Joyce utilise un nom, Ulysse, et ressuscite une culture, Faulkner a recours à un phénomène provenant tant du monde, le bruit/le vacarme/le tumulte, que de l'humain, la fureur/la colère/la rage, atemporels l'un comme l'autre. Le nom ne se réfère pas à l'archaïque mais au social. Faulkner réussit à maintenir cet intervalle entre l'archaïque et le social à travers l'extranéité qui enveloppe le nom, en rejetant l'intimité propre au nom. Un abîme existentiel est dès lors invoqué, dont ni Joyce ni Kafka ne parviennent à approcher. Il ne s'agit pas de présence ou d'absence de l'immédiat et, à dire vrai, le concept d'*abîme existentiel* prête à confusion car l'archaïque ne réside pas derrière quelque chose, il ne réside pas non plus dans quelque chose ; la différence ne se situe pas dans le niveau, mais bien dans le regard et ce faisant dans le vécu, inaccessibles pour le langage et devant donc être matérialisés. Le secret en soi n'est pas inaccessible dans *Le Bruit et la Fureur*, il ne peut tout bonnement pas être nommé pour des raisons sociales et psychologiques, et il n'est en ce sens pas sans rappeler la manière avec laquelle il s'impose dans les pièces d'Ibsen, à la nuance près que, chez le Norvégien, le secret remonte à la surface et est immédiatement reconnu comme tel, dans une sorte de délivrance à laquelle les personnages de

Faulkner demeurent en revanche totalement étrangers. Les livres de Faulkner, de Joyce, de Flaubert, de Proust, de Kafka s'inscrivent tous dans le social et le roman est la forme littéraire du social, il a trait aux relations entre les êtres humains et à la manière dont est communiquée la réalité qui nous entoure et nous façonne. Il en va également ainsi chez Dostoïevski : le mystère ou le sacré ne constituent jamais le cœur de ses romans, mais les réactions de l'entourage par rapport à eux. C'est en fait la seule limite du roman et elle est liée à la vie dans le social, aux individus tels qu'ils sont les uns pour les autres, car, dès l'instant où le roman quitte l'humain et s'engage dans le non-humain ou se hisse vers le sur-humain, il meurt. Tant que Dante écrit au sujet de l'enfer où vivent les humains, son poème épique reste vivant ; mais dès l'instant où il franchit le cap du ciel et s'apprête à décrire le divin, l'écriture meurt entre ses doigts. La musique peut l'exprimer, la peinture peut elle aussi l'exprimer, car leur forme est dépourvue de mots, leur langage est différent et dépourvu de noms, aussi peu lié avec le *je* qui l'emploie et avec le *je* qui le comprend que le sont les chiffres dans une équation. Lire un roman après avoir écouté les sonates pour violoncelle de Bach équivaut à se détourner d'un soleil couchant pour aller s'enfermer au fond d'une cave. Le roman est la forme de la petite vie et ment dès qu'il ne l'est pas, il n'est dès lors plus un roman car il n'y a pas de *je* qui ne soit petit. La seule forme littéraire capable de transcender cela, c'est le poème. Il a un lien de parenté avec la chanson et se trouve quelque part entre la musique et le mot, c'est-à-dire qu'il est en mesure de porter au-delà du mot et, ce faisant, de s'extraire du social qui est un autre terme pour le monde tel que nous le connaissons. En conséquence, la poésie a un lien de parenté avec la religion qui a toujours été de plain-pied dans l'humain et a regardé vers ce non-humain étranger pour nous tous, dans le souffle duquel nous sommes inconnus, non seulement pour les autres mais aussi pour nous-mêmes.

Un poème de Rilke commence par ces vers :

Elles s'étaient accoutumées à lui. Mais quand
la lampe vint de la cuisine, au feu mouvant
dans la noirceur du courant d'air, l'inconnu fut
un parfait inconnu.

Le poème, qui a pour contexte la toilette mortuaire, se termine par ces vers :

Et là gisait un anonyme,
un homme propre et nu, et qui dictait des lois.

Le nom est ce qui relie notre corps à la vie sociale, le nom concentre toutes les considérations et représentations que l'on se fait au sujet d'une personnalité particulière et, à la mort de celui ou de celle qui le porte, il se passe le phénomène suivant : le nom n'est plus associé au corps, lequel se décompose puis disparaît, tandis que le nom continue de vivre dans le social.

Peut-on imaginer un être totalement dépourvu de nom ?

Auquel cas cela exprimerait une tout autre réalité sur ce qu'être quelqu'un signifie. Si nous n'avions pas de nom, nous nous réduirions à un emplacement uniquement dévolu aux battements du cœur, au souffle de la respiration, au déferlement des pensées, avec une identité ancrée dans l'instant, donc comme un animal.

Ce que, nonobstant, nous sommes aussi.

Le corps évoqué par Rilke a toujours été inconnu, mais il faut attendre sa mort et son anonymat pour qu'il soit considéré comme un inconnu. Les lois qu'il dictait étaient celles de la vie à l'extérieur du social : les lois de la chair, de la terre, de l'eau.

Cette perspective est toujours au cœur du poème de Rilke. Forcément, puisqu'il n'était pas sans raison un élève d'Hölderlin, le poète de la perspective divine où le social n'existe pas : tout est existentiel chez Hölderlin, et il est difficile de ne pas voir dans le fait qu'il quitte le social et sombre irrémédiablement dans la folie une conséquence de la vision du monde que ses poèmes exprimaient. Rilke est au plus proche du social, ses poèmes alternent constamment les deux univers et, s'il a autant écrit sur les anges, il faut le comprendre à cette aune, parce que les anges sont justement les figures médiatrices entre le divin et l'humain. Il écrit, dans l'une de ses *Élégies de Duino* :

Car tout nous cache,
semble-t-il. Vois : les arbres sont. *Et les maisons*
encore, que nous habitons. Nous seuls passons auprès
de tout comme un souffle échangé. Et tout conspire
pour faire sur nous le silence, soit par honte,
peut-être, soit dans quelque inexprimable espoir.

Le poème décrit un mouvement de va-et-vient entre ce qui est, le monde silencieux et dépourvu de nom, et nous qui le regardons. Que le monde nous cache signifie qu'il nous connaît : il nous connaît car nous sommes issus de lui, ce qui à son tour signifie que nous l'avons quitté bien que nous en fassions toujours partie. « Tout ange est terrible », écrit Rilke. Pourquoi l'ange est-il terrible ? Parce que sa présence irréalise l'humain, sur le même mode que la mort. Oui, l'ange nous regarde avec les yeux de la mort. Les anges de Rilke n'ont rien à voir avec la religion parce que la religion n'a elle-même rien à voir avec le divin. L'être humain est devenu Dieu par le truchement du Christ, et l'ouverture qu'il a ménagée s'est produite dans le social : ton prochain n'est autre que toi-même, tends l'autre joue, tous les individus ont la même valeur. Si le social consiste à créer et à maintenir les différences, Dieu les a abolies d'un coup. Le pardon, c'est l'indifférenciation du divin implanté dans l'humain ; c'est un regard qui quitterait les étoiles pour se fixer sur les yeux.

Mais, de la même manière que nous ne pouvons pas ou peu vivre dans l'indifférenciation du divin, nous ne pouvons pas ou peu vivre dans le pardon du divin. Nous sommes trop petits, nous sommes de minuscules créatures semblables à des insectes, nous entrons et sortons de nos maisons en rampant, nous montons et descendons nos rues en rampant, nous sommes un instant terrorisés par le néant de la mort, nous nous trémoussons pour nous en débarrasser, nous continuons de ramper, d'entrer et de sortir de nos maisons, de monter et de descendre nos rues, nous regorgeons d'une vitalité qu'il nous est impossible de rendre aussi flamboyante que la lumière aveuglante de la bonté, bien que nous le voulions, car notre vitalité se heurte à un mur, est propulsée en diagonale vers un plafond, retombe lourdement contre un plancher, elle nous catapulte bientôt ici, elle nous catapulte bientôt là, avec ces petits mouvements presque saccadés qui ne caractérisent pas uniquement le corps humain, mais aussi son âme et son esprit.

Nous marchons égarés, nous marchons l'un dans l'autre égarés.

C'est à mon père que je pensais quand j'ai lu le poème de Rilke, le jour où je l'ai vu mort sur un catafalque, dans la chapelle de Kristiansand en cet été 1998.

Elles s'étaient accoutumées à lui. Mais quand la lampe vint de la cuisine, au feu mouvant dans la noirceur du courant d'air, l'inconnu fut un parfait inconnu.

Voilà ce que j'ai vu : non pas qu'il était un inconnu, mais bien qu'il avait toujours été un inconnu. Si j'avais prononcé son nom à ce moment-là, il n'aurait pas réagi, le nom aurait rebondi sur lui car il n'était plus le sien. Mon père était un corps qui se trouvait au-delà du nom, qui avait dégringolé du nom et gisait là, anonyme. Pendant la semaine qui a suivi, tout ce qui m'entourait m'est apparu par intermittences de la même manière, comme des choses au-delà du nom. Je voyais un monde secret, duquel j'étais caché ; et si je ne l'ai pas compris à ce moment-là, je le comprends aujourd'hui : la connivence entre la mort et l'art, leur fonction dans la vie qui consiste à empêcher la réalité, elle-même notre représentation du monde, de s'effondrer avec ce monde.

Tant de choses s'étaient accumulées dans le nom de mon père. Il l'écrivait avec différentes orthographes quand il était jeune, il l'a changé à l'âge de quarante-neuf ans environ et, quand il a été mort et anonyme, le marbrier a gravé son nom sur la pierre tombale avec une faute. La stèle se dresse désormais dans le cimetière de Kristiansand avec un nom mal orthographié, au-dessus de l'urne contenant le corps en cendres de mon père. Et, quand dix ans plus tard, je me suis mis à écrire à son sujet, je n'ai pas eu la permission de parler de lui en citant son nom. Avant cela, je n'avais jamais réfléchi à la nature d'un nom, ni à sa signification. Ce qui est le cas à présent, pas peu influencé par les événements consécutifs à la publication du premier roman. J'ai commencé l'écriture de ce chapitre d'abord en évoquant le nom en tant que tel, puis en abordant différents noms littéraires et leur fonction dans la littérature, avec comme point de départ un raisonnement trouvé chez Ingeborg Bachmann, consacré au déclin du nom littéraire, un court article repris dans un ouvrage publié il y a quelques années en Norvège. L'article commençait sur la page de droite. Sur la page de gauche étaient reproduits quelques vers d'un poème que j'ai parcourus des yeux, au hasard, le livre devant moi, au printemps dernier, afin de vérifier si ce que j'avais écrit avait pu s'inspirer inconsciemment de ce qui y figurait.

Ainsi
il y a encore des temples debout. Une
étoile
a bien encore de la lumière.
Rien,
rien n'est perdu.

ai-je lu.

Je devinais que le poème était de Paul Celan car je savais qu'Ingeborg Bachmann et lui avaient été amis et qu'ils éprouvaient une parenté littéraire. On sait ce genre de chose, qui n'a aucun signification particulière sinon l'existence d'une relation approximative. Autre exemple, la correspondance entre Paul Celan et Nelly Sachs, puisqu'ils se connaissaient. Nelly Sachs était réfugiée à Stockholm pendant la guerre et y est restée jusqu'à la fin de ses jours. Oui, ils étaient juifs tous les deux, écrivaient tous les deux une poésie étroitement liée à l'extermination des Juifs. Ils vivaient tous deux en exil, Celan à Paris, Sachs à Stockholm donc. Je n'avais jamais lu leurs poèmes, à l'exception de *Fugue de mort* de Paul Celan, qui m'apparaissait d'une beauté choquante lorsqu'il m'a été présenté à l'Académie d'écriture du Hordaland, alors que je n'avais que dix-neuf ans. « Lait noir du petit jour nous le buvons le soir » et « la mort est un maître d'Allemagne », figurait-il dans ce poème que j'aurais par la suite honte d'avoir trouvé beau dans la mesure où le thème n'en est pas la beauté et le sublime, mais l'inverse de la beauté et du sublime : l'extermination des Juifs.

J'ai feuilleté à nouveau le livre de Bachmann. Et, oui, de fait, il s'agissait bien de Paul Celan. Les six vers cités provenaient d'un poème intitulé *Strette*. Je n'en avais jamais entendu parler, bien que je possède un recueil de Paul Celan, dans une traduction en norvégien d'Øyvind Berg ; le livre se trouvait dans ma bibliothèque depuis le milieu des années 1990, je ne l'avais jamais ouvert – je l'y ai retrouvé. Ces six vers avaient suscité quelque chose en moi. Peut-être la formulation « rien/rien n'est perdu », qui semblait si positive au premier coup d'œil, mais qui dans le même temps se retournait pour ainsi dire afin de devenir l'exact contraire : le vers « rien n'est perdu » peut signifier que tout est et demeure comme avant pour peu qu'on le lise avec une certaine immédiateté ; or, pour peu qu'on le lise en norvégien, « *intet er tapt* », ou d'ailleurs en allemand dans le texte, « *nichts ist verloren* », donc sans adverbe de négation, on a le sentiment que ce « rien » est bel et bien perdu et, dès lors, le poème a une tout autre portée, ce « rien » n'est plus simplement rien, il devient le néant, ce néant qui est aussi le point terminal de la mystique, les kabbalistes considérant en effet que Dieu repose dans l'abîme de son néant. La conception selon laquelle Dieu serait synonyme de néant appartient à la mystique négative : il suffit d'affirmer que le divin n'est pas pour pouvoir s'en approcher sans le réduire. J'ignorais totalement que le poème de Paul Celan frayait avec cette idée, mais les vers précédents mentionnaient un « temple », la maison de la religion, ainsi qu'une « étoile » qui n'existe que là où règne l'obscurité. « Une/étoile/a bien encore de la lumière », était-il écrit. Mais pourquoi « bien », et pourquoi « encore » ? Le temple était du reste lui aussi associé à cet « encore ». Cela avait-il à voir avec le poème de Rilke, étant donné qu'il utilisait également l'adverbe d'une manière peu ordinaire : « Et les maisons/encore, que nous habitons. » Ces dimensions rendaient le poème potentiellement intéressant, mais la raison principale pour moi de l'explorer, et la plus terrible aussi, c'était mon souhait d'en utiliser une partie pour mon chapitre consacré au nom. Et j'ai trouvé :

L'endroit où ils étaient couchés, il a
un nom – il n'en a
pas.

ai-je lu.

Le lieu avait donc un nom, sans pour cela que ce nom soit nommé, et, de surcroît, en fin de compte, cette nomination est gommée.

Fort de cette conclusion en guise d'impression rétinienne, j'ai remarqué en poursuivant ma lecture qu'il n'y avait pas un seul nom dans l'ensemble du poème. Pas de prénom ni de nom de famille, pas de toponyme, pas non plus de temps.

D'où cela venait-il ?

D'où que cela vienne, cela m'attirait fortement. Car il ne s'agissait pas d'un monde où le nom n'était pas nommé parce que ça ne relevait pas de l'information primordiale, que ça ne relevait pas de la réalité essentielle et anonyme, du monde au-delà du langage, du vrai et du véritable ; il s'agissait ici d'un monde où le nom n'était pas nommé parce qu'il ne pouvait pas être nommé – à croire que le fondement du nom à proprement parler était détruit.

Quel était le fondement de ce nom ?

De quelle manière était-il détruit ?

Je lisais le poème, mais je n'en comprenais rien ; il m'était hermétique, il était comme muet. Ce n'était nullement une expérience atypique pour moi. Je ne savais pas lire la poésie, je ne l'ai jamais su. Parallèlement, on m'a toujours présenté, et ce dès que j'ai étudié à l'Académie d'écriture du Hordaland à l'âge de dix-neuf ans, les grands poètes modernistes majeurs ; j'ai toujours appris à considérer la poésie comme l'expression littéraire suprême, j'ai toujours eu un respect illimité pour les poètes. Or, ce avec quoi la poésie était en contact, je ne l'étais pas moi-même. Je l'ai déjà écrit en amont de ce roman : les poèmes, dont je reconnaissais pourtant le caractère grandiose, étaient impénétrables pour moi. Je n'exagère pas. En vieillissant, je me suis familiarisé avec les noms de la poésie, j'en savais suffisamment sur eux pour pouvoir parler ou écrire à leur sujet, par exemple Paul Celan : il était originaire de Roumanie, ses parents ont péri dans un camp de concentration nazi, il habitait à Paris, écrivait en allemand, s'est suicidé en se jetant dans la Seine en 1970. Ses poèmes étaient mystérieux, ils s'inscrivaient d'une certaine manière dans la même tradition que ceux d'Hölderlin ou de Rilke, mais à l'autre extrémité de celle-ci, dans la mesure où son langage était désagrégé, dévasté.

Je savais qui ils étaient, mais j'ignorais ce qu'ils écrivaient.

Se pouvait-il que les poètes et les amateurs de poésie appartiennent à une secte ésotérique ? Se pouvait-il que seuls les initiés sachent lire la poésie ?

Telle était, pour une raison qui m'échappe, ma conception. La sensation que quelqu'un possède des connaissances dans un domaine que je ne maîtrise pas, que quelqu'un peut, que quelqu'un sait, a toujours marqué fortement ma vie adulte, et ce dans à peu près toutes les disciplines que j'ai abordées. Il n'en va sans doute pas autrement aujourd'hui, pensé-je, à l'âge de bientôt quarante-trois ans. Je suppose qu'il existe des domaines considérables au sein de la vie érotique dont j'ignore tout, que j'associe à l'obscurité et à la brutalité, alors qu'ils représentent pour les autres, si ce n'est pour tout le monde, un raffinement infini dans le secret duquel eux seuls sont initiés. Si je rencontre quelqu'un pour la première fois, il m'arrive très souvent de penser que je dois apparaître à ses yeux comme une personne naïve, inoffensive, comme un enfant. Et cette sensation, je l'ai identiquement face à la poésie. Elle exprime les secrets les plus profonds de la vie et du monde, que certains fréquentent avec légèreté, que d'autres ne parviennent pas à percer. Mon incapacité à tirer la substantifique moelle des poèmes que je lisais ne faisait que confirmer mon intuition. À croire qu'ils étaient cryptés, écrits dans un langage codé. D'autres langages me barraient leur accès, ainsi des mathématiques, bien que le langage des mathématiques ne mène pas vers un quelconque Graal, ne soit nimbé ni de la même aura, ni d'obscurité ou d'opacité, ne soit pas entouré de visages à moitié détournés, de sourires narquois, d'yeux étincelants. Se tenir à l'extérieur de l'essentiel était une expérience humiliante parce qu'elle nous transformait, moi en un être naïf, mon existence en une vie superficielle. J'ai résolu cette difficulté par une stratégie d'évitement : je l'ignorais, je ne m'en souciais pas. Les secrets profonds de la vie érotique et les connaissances ésotériques de la poésie n'avaient qu'à rester dans leur coin pendant que moi, captif de la légèreté stupide de ma vie, je m'évertuais à accepter que cette vie soit telle, c'est-à-dire stupide et légère. Or un événement singulier se produisit au milieu de ma trentaine, difficile à définir avec exactitude, mais je dirais qu'un sentiment de sécurité apparut dans mon approche de la littérature, ainsi que, surtout, cette sensation de voir plus loin, de penser plus loin ; ce qui jusque-là demeurait fermé pour moi s'ouvrait d'un seul coup. Mais pas de manière inconditionnelle : j'étais en mesure de lire *La Mort de Virgile* d'Hermann Broch et d'en retirer un certain bénéfice, mais pas *Les Somnambules* du même écrivain, dont je ne comprenais ni le sens ni la portée. À cette époque, je décrochai un emploi de consultant stylistique dans le cadre de la révision de l'Ancien Testament et, comme je ne connaissais rien à la langue, à la culture ou la religion du texte, je fus contraint de travailler avec acharnement, rien ne m'était donné gratuitement ; or, devait-il se révéler, quand je parcourus la première phrase de la Genèse, mot par mot, je découvris à quel point une vision du monde peut résider dans une virgule, dans un *et*, dans un *qui*, et, fort de ces découvertes, à quel point le monde devient différent selon que sa description est coordonnée ou subordonnée à une métaphore, à quel point un mot ne possède pas seulement un sens lexical mais prend aussi une tonalité particulière en fonction des contextes dans lesquels il apparaît, ce que les rédacteurs de la Bible ont pleinement exploité, notamment en employant dans la Genèse un mot pour désigner le rapport du Soleil à la Terre puis en le réemployant quelques pages plus loin pour désigner le rapport de l'homme à la femme. Les occurrences de ce mot ne se trouvent que là, dans ces deux passages, mais leur corrélation, pour invisible qu'elle soit, n'en demeure pas moins décisive. La Bible ayant été lue en tant qu'Écriture sainte depuis deux millénaires, cela implique que chaque mot a été considéré comme signifiant et qu'un réseau vertigineux de sens et de nuances s'est révélé, indiscernable pour le commun des mortels. Ce qui se produisit pendant ce travail, c'est que j'appris à lire. Je compris ce que lire signifie. Lire revient à voir les mots comme des lumières qui flamboient dans l'obscurité, les unes à la suite des autres, et la lecture revient à suivre la progression de ces lumières. Ce que l'on voit n'est jamais tout à fait déconnecté de ce que l'on est : des limites se trouvent dans l'esprit, elles sont personnelles mais aussi culturelles, tant et si bien que certaines choses échappent toujours à notre vue, certains lieux échappent toujours à notre cheminement. En s'armant de patience, en explorant avec suffisamment de minutie les mots et leur voisinage, on finit par percevoir ces limites, et ce que l'on voit alors se profiler devant soi, c'est ce qui se situe à l'extérieur de soi. Le but de la lecture consiste à atteindre ces lieux. Cela équivaut à apprendre, à voir ce qui se situe au-delà de ses propres limites. Vieillir, ce n'est pas comprendre davantage de choses, c'est savoir qu'il reste encore tant de choses à comprendre. Il n'empêche : initialement, les secrets de l'Ancien Testament étaient si lointains qu'ils ne représentaient pas une menace. Les secrets de l'érotisme et de la poésie représentaient, eux, une tout autre menace en ce qu'ils étaient liés à l'identité, et ce qui me tenait à l'extérieur d'eux ne siégeait pas dans la culture étrangère à laquelle ils appartenaient, mais bien dans les profondeurs de ma propre culture, dans la part de celle-ci qui se trouve en contact avec l'extrême. J'ai conscience que, expliqué comme ça, cela paraît quelque peu hystérique, et je ne saurais comment le formuler pour restituer de façon claire et évidente la sidération suscitée par ma sensation d'être entièrement exclu de l'essentiel. Mais, pour moi, les poèmes de Paul Celan étaient nimbés de cette aura très précise. Ils abolissaient le caractère établi des mots et, partant, le caractère établi du monde. Ce faisant, ce n'était pas tant l'existence que l'identité qui était en jeu. Le nom doit être visible dans l'anonyme, comme le Tout doit l'être dans le Rien, pensais-je, d'où ces quatre mots « rien/rien n'est perdu » que j'avais lus et auxquels j'avais longuement réfléchi. Et, à coup sûr, il devait en aller de même pour le reste du poème : il ne se composait pas de mystères, mais de mots. Donc il s'agissait uniquement de les lire ; de coucher sur le papier toutes les significations possibles du premier mot puis du second, et d'observer leurs corrélations.

Et ce premier mot, dans la traduction norvégienne d'Øyvind Berg, était « *innbrakt* ».

Innbrakt i
landskapet
med det ufravikelige sporet :

Gress, istykkerskrevet.

Dans la traduction française de Jean-Pierre Lefebvre, il était « dé-placé ».

Dé-placé dans
le territoire
à la trace non trompeuse :

herbe écriture désarticulée.

« *Innbrakt* », le mot choisi en norvégien par Øyvind Berg, indique que l'on a emporté ou apporté quelque chose à l'intérieur, ce qui suppose en conséquence qu'il existe quelque chose à l'extérieur, qu'il existe un ailleurs d'où provient ce que l'on apporte. Le mot employé en allemand par Celan est « *verbracht* » qui, en plus de renfermer une idée de pouvoir, de puissance, a la connotation d'un transport, d'un transfert, que restitue en français Jean-Pierre Lefebvre avec son « dé-placé » et que l'on retrouve en anglais avec « *driven* », qui signifie notamment *déplacé*, mais aussi *emporté, porté*, terme retenu dans une autre traduction française par Martine Broda. L'anglais propose également le participe passé « *deported* », là encore avec cette idée de transfert d'un endroit à l'autre, mais aussi avec celle de *déportation*, utilisée en français par Jean Daive dans sa traduction[1], ainsi que l'a souligné le théoricien de la littérature Peter Szondi : « dé-/porté ».

Quelque chose ou quelqu'un a été transféré d'un endroit à un autre, « dé-placé », non pas avec tendresse et délicatesse mais avec détermination, sans égards pour le proche envrionnement, peut-être même dans un geste mécanique plein de dureté – voilà comment on peut comprendre ce « dé-placé », plus encore à cause de la présence du trait d'union. Mais transféré où ? Dans « le territoire à la trace non trompeuse ». Pourrait-il s'agir du territoire propre au poème, le lieu qu'il crée en le nommant mais qui est nommé en tant que territoire déjà existant, où ce qui est transféré est déjà dé-placé et constitue ainsi une partie de ce territoire ?

Le territoire se caractérise par sa « trace non trompeuse ». L'adjectif « non trompeuse », à l'instar de « dé-placé », marque une indocilité, une détermination, une irrévocabilité. On ne peut se leurrer ni se fourvoyer face à ce qui est non trompeur. Pour autant que « dé-placé » et « non trompeuse » soient des termes qui renferment des éléments de dé-scrupule, de non-égard, et donc, ce faisant, par surcroît, une forme de violence, quand bien même ce serait dans l'acception la plus indirecte du terme, « désarticulée » renferme une violence patente car la destruction a

1. Les précisions sur les deux autres traductions françaises du poème de Paul Celan sont du traducteur.

déjà eu lieu. Il ne s'agit cependant pas d'une violence physique, il s'agit d'une violence sémantique, une violence infligée par le langage. C'est donc le regard porté sur l'herbe qui a été victime d'une destruction, et non l'herbe en tant que telle.

Ce regard victime d'une destruction est introduit dans un territoire déjà existant, caractérisé par une trace non trompeuse, et qui, est-on en droit de supposer, détruit le regard porté sur ce territoire ; c'est lui qui est dé-placé.

Non contents d'être dépourvus de noms, les trois premiers vers sont également dépourvus de pronoms. Seules les différentes actions sont décrites, comme si elles se produisaient d'elles-mêmes, sans impulsion extérieure, cependant que les éléments de puissance et de violence au cœur des mots « dé-placé » et « désarticulée » les relient à une volonté, à une origine déterminée, à un non-arbitraire. Généralement, les actions impersonnelles sont des phénomènes météorologiques : « il pleut », disons-nous, « il vente », « il neige ». Qui pleut, qui vente, qui neige ? La pluie, le vent, la neige. Mais ils n'en demeurent pas moins leur propre cause, l'action et le sujet convergent, ce que nous indiquons à l'aide du pronom impersonnel « il ». Ce « il » renvoie à une force supérieure située au-delà de nous et dont nous ne pouvons nous rendre maîtres. Quand les actions qui se produisent dans la sphère de l'humain sont dépourvues de pronom, comme ici, elles partagent la même signification, elles proviennent d'une force au-delà de nous, dont nous ne pouvons nous rendre maîtres : l'impersonnel et l'anonyme. « Il est apporté », « il est écrit ».

herbe écriture désarticulée. Les pierres, blanches,
avec les ombres des brins :

Ne lis plus – regarde !
Ne regarde plus – va !

Le nouvel objet, « les pierres blanches avec les ombres des brins », appartient soit à ce qui a été emporté, soit au paysage tel qu'il était avant ; mais sans doute la première proposition est-elle plus pertinente à cause du lien entre les deux : « herbe » et « brins » relèvent plus ou moins de la même chose, tout comme « écriture » et « ombre » sont liées car que peut être l'ombre d'un brin sinon le brin lui-même ?

Les six premiers vers créent un espace, d'une façon très ambivalente car ils contiennent des éléments qui dans le même temps créent l'espace et minent l'espace dont ils sont créés, à savoir le langage.

Dans quelle espèce de territoire l'« herbe écriture désarticulée » peut-elle être emportée ? Pas dans un territoire vraiment concret, tel qu'est le monde, avec ses objets solides et sa matérialité physique, auquel cas l'herbe écriture désarticulée serait à son tour un objet, des lettres sur une feuille. Elle peut en revanche être emportée dans le regard posé sur ce même paysage, dans ce qui défile sous le regard qui le voit et colore la conception qu'il s'en fait. Le territoire comme objet du regard, voilà où l'herbe écriture désarticulée peut être emportée, ainsi qu'à l'intérieur du territoire comme souvenir. Dans le poème, le territoire existe en tant que tel tout autant avant qu'après la désarticulation de l'herbe écriture. En même temps, le poème est lui-même écriture, et par conséquent lui-même porteur de ce qui désarticule et détruit. Cependant, seule l'herbe écriture est désarticulée. Et la désarticulation de l'herbe écriture, la destruction du regard porté sur l'herbe, ne vaut que dans ce territoire, où s'ouvre le poème. Elle n'est pas dé-placée dans tous les territoires, mais seulement dans celui-ci, caractérisé par sa « trace non trompeuse ». Donc de quelle espèce de territoire s'agit-il ? Et où est le poème ?

Le poème s'ouvre en dessinant un territoire et une situation, puis débouche sur une injonction : « Ne lis plus », figure-t-il. Pourquoi ? Parce que ce que l'on lit, l'écriture, désarticule le monde en écrivant ? Au lieu de lire, « regarde ». Or l'injonction continue et l'on ne doit pas non plus regarder, pourquoi ? Peut-être parce que le fait de regarder est intimement lié au fait de lire. Le monde se matérialise autant dans le regard que dans la lecture. Pour le regard, le monde n'existe que dans l'instant, lequel est en passe de disparaître. Ce que le regard voit est unique, ça ne peut pas être répété. La langue fixe l'instant et le transforme en autre chose. La langue n'est pas ce qu'elle-même nomme et ne pourra jamais l'être, elle constituera toujours un monde illusoire à partir duquel le monde réel est montré ; donc, quand nous lisons, c'est la langue que nous voyons et non le monde. La question est alors de savoir si la langue ne colore pas le regard et, partant, le monde. De sorte que « herbe écriture désarticulée » ne signifie pas nécessairement, et exclusivement, que l'herbe est désarticulée ou détruite dans l'écriture, mais aussi quand on relève le regard de l'écriture pour voir le monde. Voilà pourquoi l'injonction continue : ne lis pas, ne regarde pas, va. Lire et voir sont, dans une certaine mesure, des activités passives, on accueille le monde ; aller, ou marcher, est une activité active, on traverse le monde. Nous ne devons pas contempler le monde mais agir en lui. Nous ne devons pas lire, nous ne devons pas voir, nous devons marcher, nous devons aller vers quelque chose, quelque chose dont nous ignorons la nature.

Va ton heure
n'a pas de sœurs, tu es –
tu es chez toi. Une roue, lente,
roule d'elle-même, les rayons
grimpent
grimpent dans un champ presque noir, la nuit
n'a pas besoin d'étoiles, nulle part
il n'y a souci de toi.

« Ton heure/n'a pas de sœurs. » Qu'est-ce que ça veut dire ? Que chaque instant est unique, qu'il est seul ; ou bien que cette heure l'est, unique et seule, celle-ci et pas une autre ? Et que, par conséquent, elle est la dernière ? Le substantif *heure* est toutefois adjoint au possessif *ton*, il ne s'agit donc pas du temps général, du temps en tant que tel, mais de *ton* temps, celui qui t'appartient, et qui n'a pas de sœurs. Il est seul, il est unique, il peut être le temps de la mort, mais il peut aussi se distinguer d'une autre manière.

« Tu es – », figure-t-il ensuite, avec ce tiret qui marque une petite hésitation ou une incertitude, comme si quelque chose était maintenu ouvert. « Es » égal à *existes* ? Certes, mais dans l'attente d'une suite. Si l'heure qui n'a pas de sœurs est la dernière, la mort gît alors dans ce « es », c'est la conclusion : « ton heure n'a pas de sœurs », tu es mort – voilà l'hypothèse que ce tiret laisse en suspens. Sauf que, tu n'es pas mort, « tu es chez toi ». On peut cependant croire que cette affirmation est reportée, à travers tant le tiret que la répétition de « es » : « Tu es –/tu es chez toi. » Ce « tu es » est-il une autre manière de dire que tu es mort ? Pourquoi ne pas le dire directement, alors : tu es mort, tu es chez toi ? Le poème ne peut-il pas dire « mort » et, auquel cas, pourquoi ? Parce que nul ne sait ce que mort « es[t] » ? Parce que ce n'« es[t] » pas quelque chose mais rien, tandis que la nomination « mort » transforme ce rien en « quelque chose » ? Ou bien es-tu tout bonnement chez toi ? Auquel cas, où est-ce ? Dans le souvenir, dans ton propre souvenir, ou bien dans le langage, dans ce langage ?

Les vers suivants approfondissent le territoire. Il y a une roue, elle tourne toute seule, lentement, les rayons grimpent dans un champ. « La nuit n'a pas besoin d'étoiles », figure-t-il ; cela veut-il dire que les étoiles sont là mais qu'elles sont superflues, puisque la nuit dont il est question ici est plus profonde et d'une autre nature que tout ce qu'une lumière peut traverser, ou bien cela veut-il dire qu'aucune étoile ne brille dans cette nuit qui n'est qu'une seule et même obscurité ?

Après la roue et la nuit, il figure : « nulle part/il n'y a souci de toi. » Tu es soit oublié, soit quelqu'un dont on ne se soucie pas. Parce que tu es mort ? Parce que ceux qui posent la question veulent t'oublier ? Ou bien parce qu'ils sont morts ?

« Nulle part/il n'y a souci de toi. »

Qui es-tu alors, quand tu n'existes pas dans la conscience des autres ? À tes yeux tu es seul, aux yeux des autres tu n'es personne. Mais pourquoi « nulle part » ? Pourquoi pas simplement *nulle* ou *nul* ? « Nulle part il n'y a souci de toi. » – la phrase n'a qu'un lieu qui s'illustre par son absence, tout comme la phrase s'illustre par l'absence d'êtres humains : elle ne nomme personne ni ne contient de nom, sinon ce « il » impersonnel. Que figure-t-il dans l'original allemand ? « *Nirgends/fragt es nach dir* », littéralement : « Nulle part/il n'est demandé après toi[1]. » Il n'est donc pas demandé. Mais qu'est-il alors demandé s'il est demandé après quelqu'un ? Un

1. Le traducteur ajoute ces deux dernières phrases, nécessaires pour suivre la pensée et le développement de l'auteur.

nom. Il n'y a pas d'autre moyen de demander après quelqu'un qu'en employant son nom. Or il n'est pas demandé après ce nom, ce nom n'est pas nommé.

Le poème n'a contenu jusqu'à présent personne, hormis ce « toi » qui va, qui marche – et sinon des objets : une trace, une herbe écriture désarticulée, des pierres blanches avec des ombres de brins, une roue qui tourne, un champ noir, un nuit qui n'a pas besoin d'étoiles, des lieux où il n'y a pas de souci de toi – ; et pourtant le poème contient quand même des êtres humains, à l'instar de cette force supérieure qui se tient derrière ce qui est emporté, derrière ce qui est désarticulé, derrière ce qui ne se soucie pas. Voilà le « chez toi » de ce « toi ».

Dans un poème aussi laconique, où rien de ce qui provient du monde n'est mentionné ni nommé, chaque mot employé et chaque élément mentionné ont une densité inouïe. Une roue mentionnée dans *Ulysse* n'a presque aucune signification. Une roue mentionnée dans ce poème insiste sur la signification. Mais de quoi ? La roue est l'un des plus anciens symboles que nous connaissions. C'est le soleil, c'est la répétition, c'est le serpent qui se mord la queue, c'est le temps refermé sur lui-même, c'est l'éternité. Ici, la roue est mentionnée juste après l'heure, mais elles ne sont pas liées pour autant, elles ne sont pas coordonnées mais juxtaposées, la roue tourne d'elle-même, elle est elle-même, elle grimpe dans un champ noir. L'image a ceci de remarquable que la roue est vue en mouvement, dans un paysage bien défini – quoique flou –, dans une période bien définie – elle est vue maintenant –, dans un espace bien défini – elle est vue ici. En tant que symbole ou allégorie, la roue incarne autre chose, et cet autre chose, ce à quoi la roue réfère, devient primaire à ce qu'« est » la roue. Plus celle-ci gagne en concret et en spécification, plus on assiste à une atténuation de sa puissance symbolique, parce que sa concrétion l'individualise jusque à ce qu'elle soit réduite, dans l'accomplissement du réalisme, à ce qu'elle est : cette roue-ci, telle qu'elle est représentée ici et maintenant, sans autre signification que la sienne en propre. La roue de ce poème se situe entre le Tout du symbolique et le Un du réaliste. Ce n'est ni une roue purement symbolique étant donné qu'elle roule toute seule dans le champ en pleine nuit, ni une roue purement réaliste étant donné qu'aucune roue ne roule toute seule en réalité dans le champ en pleine nuit.

Comment est-on censé comprendre ce passage ?

La roue est visiblement autre chose qu'une roue issue de la réalité, elle renferme une signification plus ample qu'elle-même et peut-être renferme-t-elle notamment le concrétisé en elle-même, lequel resserre la signification de cette roue dans ce poème, en individualise d'une certaine manière la signification symbolique et la transforme en un symbole idiosyncrasique, un symbole valable exclusivement ici, dans ce poème, dont la signification apparaît alors en fonction et en régulation du contexte dans lequel il s'inscrit, à savoir les autres mots et les autres images du poème.

Quoi qu'il en soit, l'espace ouvert par l'ambivalence entre le réaliste et le symbolique l'a déjà été dans des œuvres la plupart du temps composées pendant des périodes de crise situées entre deux visions du monde distinctes ou deux paradigmes esthétiques distincts, qui sont souvent les deux côtés d'une même affaire. Un exemple évident illustrant ceci se trouve dans le Livre d'Ézéchiel de l'Ancien Testament et dans la description de la révélation divine qui y est proposée.

Ézéchiel aperçoit d'abord au-dessus de lui un nuage de feu puis, au centre, quatre créatures vivantes ;

chacune a une apparence humaine, chacune a des ailes, chacune a des sabots de taureau à la place de pieds, chacune a quatre visages : un visage d'être humain, un visage de lion, un visage de taureau, un visage d'aigle. Le feu ne cesse de circuler entre eux, des éclairs jaillissent de ces gerbes enflammées. Ézéchiel écrit : « Je regardais ces êtres vivants et j'ai vu que sur la terre se trouvait une roue, à côté de chacun des êtres vivants aux quatre visages. »

Les créatures, qui jusque-là volaient en surplomb dans le ciel, se sont entre-temps posées sur terre, à côté de roues hautes, terrifiantes et pleines d'yeux. Ézéchiel écrit : « Dans leur aspect et leur structure, les roues avaient un éclat pareil à celui de la chrysolithe. Dans leurs déplacements, elles pouvaient suivre les quatre directions prises par les êtres vivants, et elles se déplaçaient sans dévier. » La voûte céleste s'étend juste sous leurs têtes et, au-dessus, apparaît ce qui a l'air d'un trône en saphir sur lequel siège une silhouette ressemblant à un être humain, entourée de feu et de halos de lumière. C'est Dieu. Mais, en revanche, que sont ces rues ? Elles sont visiblement allégoriques, pleines d'yeux, mais elles sont aussi d'une présence on ne peut plus concrète tandis qu'elles roulent sur le sol, d'elles-mêmes, selon des mouvements de va-et-vient.

Dans les plus anciens textes de l'Ancien Testament, la révélation de Dieu se produit toujours par le truchement de phénomènes extérieurs. Dieu se manifeste sous la forme d'un buisson en flammes, d'une tornade, d'une colonne de feu, d'un homme s'approchant de la tente d'Abraham. La révélation à laquelle assiste Ézéchiel est aussi décrite comme un phénomène extérieur, qui se produit dans le ciel, mais, en premier lieu, ce qu'il voit n'est pas le vecteur du divin, ce à travers quoi le divin se manifeste comme il en va pour le buisson en flammes, mais bel et bien le divin en tant que tel ; en second lieu, d'autres révélations se produisent après celle-ci, qui relèvent très clairement des visions intérieures : alors qu'il est couché par terre les yeux fermés, il est conduit dans le Temple de Jérusalem où il voit les mêmes quatre silhouettes et les mêmes quatre roues. Voilà ce qui rend les révélations d'Ézéchiel si étranges et si ambivalentes : ce qu'il voit n'est d'une ampleur ni uniquement intérieure ni uniquement extérieure, de même que c'est simultanément le symbole du divin et le divin en tant que tel. Ézéchiel se trouve pris entre deux modes de perception du fait religieux où, dans le premier, se creuse un abîme entre l'humain et le divin, et où, dans le second, se tisse un lien entre l'humain et le divin à travers l'expérience intérieure, c'est-à-dire la mystique. Entre les deux, les roues avec leurs quantités d'yeux, lancées dans un mouvement de va-et-vient permanent, sous le trône de Dieu.

Y a-t-il néanmoins dans le poème de Paul Celan un élément qui justifierait sa lecture à travers un parallèle avec la vision ancestrale d'Ézéchiel ? Qu'est-ce qui, dans un poème, décide de la pertinence ou de l'aberration de l'association que sa lecture suscite ?

Le mot central dans le passage cité est « aucun », à savoir *ingen* en norvégien, *kein* en allemand : « *ingen søstre* » (« *keine Schwestern* » en allemand, « pas de sœurs » en français), « *ingen stjerner* » (« *keine Sterne* », « pas d'étoiles »), « *ingen steder* » (« *nirgends* », « nulle part »). Ce « aucun », ou ce « nul », marque l'absence de quelque chose. Dans cette absence, dans ce qui n'est pas, se trouve ce qui « est » à proprement parler. Toi, une roue, des chênes, un champ, la nuit. Tous sont caractérisés par l'absence, c'est vers elle qu'ils approchent. La nuit est caractérisée par l'absence d'étoiles. La roue roule toute seule, c'est même expressément souligné et cela n'intervient dans aucun contexte, et qui plus est sous un ciel vide. Une lecture positive, de ce qui figure effectivement, porte à conclure qu'il n'y a aucun lien entre la roue présente dans le poème et les roues dans la vision d'Ézéchiel. Mais une lecture négative, de ce qui ne figure pas et manque, porte à croire que la roue est un symbole dépourvu de cohérence où l'incohérent et la vacuité expriment quelque chose d'essentiel, qui s'associent à cet aucun du temps, cet aucun de la nuit, cet aucun des lieux : quelque chose n'est plus ; et, en creux, quelque chose n'est plus possible.

La roue qui roule lentement, toute seule, qui est liée à l'obscurité de la nuit et au vide du ciel, doit bien elle aussi venir de quelque part ; et ce lieu, est-on en droit de penser, était celui où siégeait la cohérence, où le sens était donné. Dans le maintenant du poème, quel qu'il soit d'ailleurs, le « toi » est seul, la roue est seule, le ciel est vide et, pour peu que la cohérence soit absente, elle ne l'est pas parce qu'elle a été désarticulée comme l'herbe ; le territoire était centré autour de l'écriture et du regard car l'herbe désarticulée est mise de côté : le « toi » n'a pas lu pour arriver ici, n'a pas regardé pour arriver ici, il s'en est allé. Ce lieu n'est pas le « territoire à la trace non trompeuse », ce lieu est « chez toi ».

Qu'est-ce qu'un chez-soi ? C'est le lieu auquel on appartient, le lieu avec lequel on est familier, souvent le lieu dont on vient. Ce chez-soi est ce vers quoi le « toi » est arrivé. Il y a un avant et il y a un maintenant. Ce chez-soi est vide, il ne contient personne qui connaisse le « toi » : « nulle part il n'est demandé après toi. », dit la traduction littérale. Où sont alors ceux qui pourraient demander après toi, et qui pouvaient-ils être ? La façon dont ils sont mentionnés, sur le mode impersonnel, sans le recours au *ils*, les associe à ceux qui ont « dé-placé », à ceux qui ont « désarticulé », en ce qu'ils se trouvent à une distance tout aussi grande.

« Nulle part il n'y a souci », « nulle part il n'est demandé » – qu'est ce « il » ? Il pleut, il est déplacé, il vente, il est demandé. La présence de l'humain est si lointaine sans pour cela avoir disparu complètement. Même la question qui s'adresse à ce « toi » n'est pas posée, elle est tout juste visible dans sa négation. Nulle part il n'est demandé après toi : c'est là qu'apparaissent ceux qui ne demandent pas. Mais ils étaient là autrefois, c'est écrit en creux : autrefois ils ont demandé après toi, autrefois ils se sont souciés de toi. Or aujourd'hui on ne trouve ici qu'une roue, un champ, une nuit vide d'étoiles. Que le territoire soit vide de toute présence humaine, que l'absence soit ainsi soulignée confère à l'objet mentionné une densité inouïe. La roue qui roule toute seule.

Des roues sont aussi présentes dans *La Divine Comédie* de Dante. Il se trouve dans le Paradis terrestre et voit une procession – c'est une allégorie. Il voit vingt-quatre vieillards, ils représentent les vingt-quatre livres de l'Ancien Testament ; il voit quatre animaux, ils représentent les Évangiles ; il voit un griffon, il représente le Christ ; il voit un char, il représente l'Église universelle ; il voit deux roues, elles représentent les deux Testaments, ou la vie active et la vie contemplative, ou encore la justice et la piété. Mais cette allégorie n'est pas une image abstraite, elle est une action concrète : le cortège s'avance vers lui telle une réalité physique, oui, à ce point physique que les roues dessinent des traces dans le sol. L'image fait penser à une monstruosité poétique car, lorsque l'allégorie devient plus concrète, gagne en temporalité et en espace, le griffon n'est plus strictement et avant tout le

Christ mais bel et bien un griffon, les roues ne sont plus strictement et avant tout les deux Testaments mais bel et bien des roues. Chez Dante, la construction atemporelle du monde médiéval, le système immuable et schématique auquel toutes choses et toutes forces sont subordonnées, et notamment présentes dans *La Divine Comédie* sous la forme de tous les cycles de l'Enfer et de toutes les sphères du Ciel, centrées autour du nombre trois, est insérée dans le temps et l'espace où le niveau symbolique est pénétré par le concret dans une impossible équivalence.

Le territoire présenté en ouverture du poème de Celan n'est pas sans rappeler celui du poème épique de Dante, un paysage associé à la mort et à la non-existence ; toutefois, cette ressemblance n'est qu'allusive et implicite, d'une part dans la formulation « ton heure n'a pas de sœurs », d'autre part dans la césure entre « tu es – » et « tu es chez toi ». Or, si nous comprenons que ce territoire noir et dépourvu d'étoiles est le territoire de la mort, que traverse le « toi » du poème, la roue devient quelque chose qui se manifeste. Il y a un *topos* dans l'écriture poétique sur le royaume des morts : celui qui erre dans le royaume des morts voit quelque chose, un quelque chose qui lui est montré en sa qualité d'homme errant, afin qu'il puisse en parler lorsqu'il regagnera le monde des vivants ; et ce qu'il voit en tant qu'homme errant est signifiant. Les quinze premiers vers du poème de Celan ont ceci de très frappant qu'ils dégagent un certain archaïsme dans la mesure où les termes employés, les choses nommées sont d'une ampleur atemporelle : territoire, trace, herbe, pierres, ombres, brins, roue, champ, étoiles. Aucun de ces noms ne peut assigner une temporalité ou une appartenance culturelle à l'espace décrit, et rien non plus de ce qui est nommé n'est spécifique à une temporalité ou à une culture. Nous sommes dans ce qui demeure à l'identique. Voilà sans doute pourquoi la roue qui roule toute seule dans une nuit dépourvue d'êtres humains semble si lugubre ou si funeste. Une roue qui roule toute seule ne devrait pas susciter en nous une impression d'aliénation car nous sommes entourés de roues qui roulent toutes seules, depuis les roues dentées des engrenages anciens dans les horloges et les machines jusqu'aux roues modernes des voitures et des trains. L'aspect sinistre de la situation provient du fait qu'il s'agit d'une roue, d'une seule, et du seul mouvement dans ce territoire, oui, il n'y a rien d'autre que cela dans ce paysage où tout est sinon tellement archaïque : une roue qui roule toute seule. Cette image suscite une association avec les roues de Dieu, telles qu'Ézéchiel les a vues et qui, à l'instar de celle-ci, ont une existence concrète dans un paysage concret. Cela suscite également une association avec la référence culturelle de la roue : la roue de la vie, qui avance irrévocablement ; la roue de la mort, qui produit du chaos et donne une forme à l'informe. Cependant, dans ces deux cas, la roue est Tout ; alors que, chez Celan, la roue est quelque chose, entourée de Tout. Cela suscite aussi une association avec la roue actionnée par un mécanisme, qui auquel cas n'est pas seulement la roue du temps mais la roue de notre temps. La roue est archaïque et religieuse, mais pas pour nous : pour nous, le caractère archaïque de la roue s'est dissous dans la modernité où la roue se trouve désormais, et ces deux niveaux convergent ici car la roue solitaire dans ce paysage atemporel n'est autre que la roue archaïque, alors que le mouvement qui la propulse vers l'avant – qui n'est pas lié au divin puisque le ciel est dépourvu d'étoiles – transforme l'archaïque en une entité étrange ; cette ambivalence la rend définitivement lugubre. Car elle est lugubre. Rien ne dirige son mouvement, personne ne la contrôle, elle roule « lentement » et « toute seule ». Elle se situe à l'extérieur de l'humain. L'herbe écriture désarticulée ainsi que ce qui ne demande pas après toi ou ne se soucie pas de toi se situe tout autant à l'extérieur du nom, est dépourvu de visage, presque comme des forces supérieures, mais pas tout à fait parce qu'elles appartiennent encore à l'humain. Alors que la roue, non.

Dessine-t-elle des traces dans le sol, comme les roues de Dante ?

Il ne figure rien à ce sujet. Quoique, il est mention à peine quelques vers plus tôt d'une « trace ». « La trace non trompeuse », figure-t-il même. Une trace est à la fois quelque chose en soi et le signe d'autre chose. Une trace est un langage. D'ordinaire, une trace est passagère, à l'instar des traces laissées par les animaux dans la neige ou dans le sable : elles sont effacées par les éléments puis disparaissent. La trace du poème est différente : elle est durable, inévitable, irrévocable, « non trompeuse », tout comme la trace laissée par une voie de chemin de fer est irrévocable et non trompeuse. Il n'est évidemment pas mentionné dans le poème de « trace laissée par une voie de chemin de fer », tout comme il n'est pas mention de machines, de mécanique. Seuls figurent les mots « non trompeuse » et « toute seule ». Et il est question d'une « herbe écriture désarticulée », c'est-à-dire de quelque chose qui a été détruit. Le mouvement part du détruit pour rejoindre ce qui est « chez toi », dans un « territoire » où une roue solitaire avance lentement, où la nuit domine, où il n'est pas demandé après celui qui vient d'arriver, où « il n'y a de souci de toi ». Voilà le territoire du poème, voilà le chez-soi du « toi », que les vers suivants approfondissent :

*

Nulle part
il n'y a souci de toi –
L'endroit où ils étaient couchés, il a
un nom – il n'en a
pas. Ce n'est pas qu'ils étaient couchés là. Mais il y
avait quelque chose
de couché entre eux. Eux
ne voyaient pas à travers.

Ne voyaient pas, non,
parlaient de
mots. Aucun d'eux
ne s'est réveillé, le
sommeil
est venu sur eux.

*

Pour la première fois, d'autres êtres humains apparaissent directement dans le poème. Ils sont dépourvus de nom, donc anonymes, mais ils ne sont pas impersonnels, ils sont pourvus d'un pronom personnel : « ils ».

Qui sont ces « ils » ?

Et que veut dire qu'ils sont « couchés » ? Sont-ils morts, enterrés, ou bien dorment-ils ? Auquel cas, où ? L'endroit a un nom, mais ce nom n'est pas nommé ; or, l'instant d'après, même cette nomination est réfutée : « il n'en a/pas », figure-t-il. Et ces « ils » n'ont pas de nom eux non plus. Leur anonymat, leur réduction nominale à un simple « ils », à un simple « eux », est inquiétant car, à l'inverse de ce « il » impersonnel qui a dé-placé, qui a désarticulé, qui ne se soucie ni ne demande, mais qui de toute façon se situe à une distance si grande qu'on ne peut l'associer avec quoi que ce soit, ce « ils » rapprochent ceux qui se cachent derrière le pronom personnel ; qui plus est, leur anonymat, cette absence de nom qui est l'absence de visage du langage, porte en lui une tout autre menace, à peu près comme les yeux pour une personne aveugle, pourrait-on penser, absents d'humanité dans un regard humain. Inquiétant également parce qu'ils sont entourés de négations (« ne », « pas », « non », « aucun »), comme s'ils existaient à peine, comme s'ils se trouvaient à la limite de l'effacement, cependant que le neutre, la distance avec le non-existant, confère à leur présence une aura de représentation, solennelle et rituelle, comme s'ils étaient des rois ou des dieux. Or « ils » ne sont pas des dieux, ils ne voient pas, ils sont à peine, car il est écrit à leur sujet qu'aucun d'eux ne s'est réveillé, donc ils dormaient déjà, et ce avant même que le sommeil ne vienne sur eux. Or le sommeil du sommeil, c'est la mort – sauf que : « aucun d'eux/ne s'est réveillé, le/sommeil/est venu sur eux. » Pourquoi ?

Ils sont intimement liés les uns aux autres, ils ne voyaient pas, ils dormaient dans la vie et ils ne s'en réveillaient pas puisque le sommeil est venu sur eux. Le fait qu'ils ne voient pas est en contradiction directe avec le fait qu'ils parlent de mots : ils ne voyaient pas le monde authentique mais le monde qui désigne l'authentique, le monde des mots. On peut le comprendre sur un plan existentiel : ils vivraient dans le non-authentique, ils ne verraient pas le vrai. Toutefois, un « mais c'était trop tard », non dit, implicite, se gîte probablement dans l'espace situé entre « aucun d'eux/ne s'est réveillé » et « le/sommeil/est venu sur eux. » ; ce non-dit, la vision manquante à travers le « eux/ne voyaient pas », la répétition du « ne voyaient pas », l'accentuation avec « parlaient de/mots », tout implique une négligence qui a pour corollaire l'arrivée sur eux de l'autre sommeil. La mort n'est rien et les morts ne sont personne, et c'est à la nature absolue de cette perte, à son irréversibilité totale, que le langage doit veiller – voilà la mission dont il a pris la charge tout en gardant sa foi dans le singulier et l'individuel, c'est-à-dire en s'extrayant de l'indifférenciation du néant sans simultanément conserver cette identité et la transformer en quelque chose qui « est ». Le poème se tient tout contre la limite du langage et du non-dit, même si ce n'est pas cela qu'il désigne car il ne s'agit pas d'un jeu de langage : le poème se situe dans la nuit de la nuit pour invoquer l'inévocable, le frêle et l'évasif, si fantomatiquement flou que seul un effleurement par le regard ou par la pensée le fait disparaître ; oui, c'est ce mouvement très précis que le poème exprime.

La question que pose désormais le poème est la suivante : comment donner un nom à ce qui n'est rien, sans pour autant transformer ce rien en quelque chose ? Cette question est une négation de la grande question inhérente à la religion : comment donner un nom à ce qui est infini sans pour autant le rendre fini ? Même le Tout est fini. Comment donner un nom à ce qui se situe à l'extérieur de l'humain sans le tirer vers l'humain, puisque le langage est en soi l'humain ? Comment nommer Dieu ?

Dans le judaïsme orthodoxe, le nom de Dieu ne se prononce pas, il ne peut être prononcé que par le Grand Prêtre dans le Temple de Jérusalem, aujourd'hui réduit à néant. S'il est écrit, il ne peut dès lors être ni effacé ni détruit. Le nom est fourni dans le *Tanakh*, l'équivalent de l'Ancien Testament pour les non-Juifs, sous la forme de quatre lettres, YHWH, également appelées Tétragramme. Au lieu de lire ce nom de Dieu au cours de la prière, on lit Adonaï, qui signifie *mon maître*, et, quand on doit prononcer le nom de Dieu, on dit Hashem, qui à son tour signifie *le nom*. Adonaï et Hashem sont donc le nom du nom. « Le nom a un nom ! », ainsi que s'exclame le philosophe juif Emmanuel Levinas dans une réflexion sur le nom de Dieu. Et il ajoute : « Le nom se montre et se dissimule. » À croire que le nom en tant que tel est Dieu. Un nom ordinaire est le nom de quelque chose, or ici le nom est de surcroît ce quelque chose. *Dieu* se dit Elohim en hébreu et YHWH est le nom de ce Dieu, le nom en propre de Dieu. Quant à sa prononciation, nul ne la connaît avec certitude : l'ancien alphabet hébreu ne contenait pas de voyelles, elles ont été intégrées par la suite, sauf dans le mot YHWH. Et de toute façon cela n'a pas d'importance puisque ce nom ne doit pas être prononcé. Mais que dit ce nom qui ne saurait pas être dit ?

Dans la Bible Segond, le nom est traduit par « Je suis celui que je suis » puis par « "Je suis" », mais il pourrait aussi être traduit par « Je suis ce que je suis »[1]. Le critique littéraire canadien Northrop Frye pointe que certains chercheurs estiment qu'une traduction plus correcte tendrait plutôt vers « Je serai celui que je serai », l'essentiel dans son argumentation étant que le nom dérive d'un mot hébreu signifiant

1. La Bible dite *Segond 21*, ultime version achevée en 2007 de la Bible traduite par Louis Segond et publiée en 1910, reste non seulement le texte de référence pour les protestants et les luthériens francophones, mais la source utilisée en traduction vers le français d'une citation extraite de la Bible norvégienne, les Norvégiens étant de confession luthérienne. À titre de comparaison, la Bible du Semeur, plus en usage chez les catholiques, traduit le passage par : « Je suis celui qui est » mais indique néanmoins : « *D'autres comprennent :* Je suis qui je suis ; je suis celui que je serai ; je suis celui qui donne l'existence. » Enfin, il convient de souligner que, si la Bible Segond 21 traduit à l'identique la phrase citée par l'auteur et extraite de la Bible norvégienne, sa version antérieure de 1963 proposait la même traduction que celle suggérée par Northrop Frye.

être, donc un verbe. Ce nom de ce qui ne peut être nommé, c'est Dieu en personne qui le donne à Moïse, sous la forme d'une flamme de feu qui jaillit dans un buisson, sur la montagne de Horeb. Il est écrit très exactement : « L'ange de l'Éternel lui apparut dans une flamme de feu, au milieu d'un buisson. Moïse regarda et vit que le buisson était tout en feu sans être consumé. » Moïse s'approche alors. Or ce ne sont plus les anges du Seigneur qui se profilent devant lui, mais le Seigneur en personne, qui lui crie : « Moïse ! Moïse ! Ne t'approche pas d'ici, retire tes sandales, car l'endroit où tu te tiens est une terre sainte. Je suis le Dieu de ton père, le Dieu d'Abraham, le Dieu d'Isaac et le Dieu de Jacob. » Et Moïse de se cacher le visage car il a peur de regarder Dieu. Et c'est ainsi, pieds nus, tête baissée, qu'échoit à Moïse la mission de conduire les Israélites hors d'Égypte. Moïse répond : « Qui suis-je, moi, pour aller trouver le pharaon et pour faire sortir les Israélites d'Égypte ? » Oui, dit la voix de Dieu : « Je serai avec toi. Voici pour toi le signe que c'est moi qui t'envoie : quand tu auras fait sortir le peuple d'Égypte, vous servirez Dieu sur cette montagne. » Or Moïse n'a pas besoin de signe après mais avant l'exode d'Égypte, car il n'est pas l'un d'eux, comment va-t-il les convaincre de le suivre ? Il le demande lui-même : « J'irai donc trouver les Israélites et je leur dirai : "Le Dieu de vos ancêtres m'envoie vers vous." Mais s'ils me demandent quel est son nom, que leur répondrai-je ? » Et Dieu répond : « Je suis celui qui suis. Voici ce que tu diras aux Israélites : "Je suis m'a envoyé vers vous." »

Le nom qu'indique Dieu à Moïse n'en est pas un dans la mesure où il ne délimite rien et ne localise rien, et pourtant il n'en demeure pas moins un nom, le nom de ce qui défie la délimitation, la localisation et la détermination. L'inexhaustivité de ce nom qui n'en est pas un contraste fortement avec les lieux dans lesquels il est signifié. L'épisode dégage une certaine part comique, comme dans tant d'endroits de l'Ancien Testament, parce que le suprême, le divin et le sur-humain approchent l'humain au point d'être presque capturé par lui. La révélation du Dieu ou du divin peut relever du sublime, surtout quand elle se produit sous la forme d'un phénomène céleste, mais pas dans un buisson en flammes, cela relève cette fois davantage du trivial : on peut l'observer avec stupéfaction, mais pas trembler d'angoisse face à lui. De plus, un malentendu surgit alors que Moïse parle avec Dieu : le premier demande au second un signe qui renforcera sa crédibilité auprès des Israélites, Dieu répond qu'il lui promet un signe quand tout sera terminé, obligeant ainsi Moïse à préciser sa question – il dit : « J'irai donc trouver les Israélites et je leur dirai : "Le Dieu de vos ancêtres m'envoie vers vous." Mais s'ils me demandent quel est son nom, que leur répondrai-je ? » Son argumentation n'est pas sans rappeler une astuce dans la mesure où il demande le nom de Dieu tout en demandant la réponse à une question hypothétique que pourraient lui poser les Israélites. Et cette réponse, à savoir le nom, part du trivial pour s'élever ensuite dans la nature divine, deux niveaux qui par ailleurs s'entremêlent à plusieurs reprises dans l'Ancien Testament : ainsi du moment où, dans le jardin d'Éden, Dieu fait coudre des habits en peau pour Adam et Ève, ou encore de celui où la conversation entre Dieu et Sara, la femme d'Abraham, vire à la querelle. Une singularité similaire se rencontre dans d'autres textes anciens, notamment dans l'*Iliade* et dans l'*Odyssée* de Homère, où les dieux et le divin vont et viennent dans l'humain, non pas au figuré mais au propre, de manière très concrète, avec des corps physiques dans la réalité physique.

Gershom Scholem s'est penché sur les trois stades de la religion. Il explique que le premier stade apparaît lorsque le monde est lui-même divin, habité par des dieux que l'on rencontre partout et que l'on peut gagner à sa cause, sans crainte. L'humain et le divin ne sont pas dissociés d'une manière fondamentale, tout est lié : les êtres humains, la nature, les dieux. Ainsi en est-il chez Homère où le nom des Dieux n'est pas imprononçable, bien au contraire, ces noms sont cités en abondance. Le deuxième stade intervient au moment de l'émergence des grandes religions institutionnelles. Elles créent entre le divin et l'humain « un vaste abîme, conçu comme absolu », écrit Sholem, gouffre qui ne peut être traversé que par la voix. Tantôt la voix de Dieu, ordonnatrice et légiférante, tantôt la voix qui s'exprime dans la prière.

Certains textes de l'Ancien Testament contiennent des fragments de périodes plus anciennes, comme ce passage digne d'un conte de fées où Jacob lutte toute une nuit avec un inconnu jusqu'à ce que celui-ci lui demande de le lâcher car l'aurore va se lever. Jacob refuse tant que l'autre ne l'aura pas béni. L'étranger lui demande son nom, puis, l'entendant, répond que ce ne sera plus Jacob mais Israël, car il vient de se battre avec Dieu. Or Jacob insiste pour connaître son nom, alors qu'il vient pourtant d'apprendre qu'il s'agit de Dieu, lequel dit : « Pourquoi demandes-tu mon nom ? » Sur ce, il le bénit. Que Dieu soit un homme que l'on peut croiser et avec qui on peut se battre, très concrètement – et le concret de la situation est renforcé par la précision selon laquelle la hanche de Jacob se déboîte –, ramène la réflexion à la théorie de Scholem, qui explique que les êtres humains et les dieux partageaient un même monde. De plus, et simultanément, le désir d'interrompre le combat à cause du lever de l'aurore transfère le récit dans la réalité des contes et des mythes ancestraux où la magie cesse aux premières lueurs du jour. Northrop Frye explique que le monde est imprégné de ce qu'il qualifie de « langage métaphorique » où les mots sont des entités en soi, pourvus d'un lien réel à la chose ou au phénomène qu'ils nomment, un peu comme des hiéroglyphes, et où ces mêmes mots possèdent des forces capables d'être utilisées comme des malédictions ou des adjurations, à l'instar du récit sur la Genèse où les mots de Dieu deviennent réalité : « Dieu dit : "Qu'il y ait de la lumière" ! et il y eut de la lumière. » Les noms peuvent créer et les noms peuvent dominer. Aussi, dans un tel monde, connaître le nom de Dieu reviendrait à prendre le pouvoir sur le divin, peut-on imaginer ; car ce ne peut être un hasard si Jacob, non content de mesurer ses forces à celles de Dieu, finit par être vainqueur de lui juste avant de lui demander son nom. « Révèle-moi donc ton nom », insiste-t-il, comme par bravade. « Pourquoi demandes-tu mon nom ? » réplique Dieu, qui disparaît ensuite dans les ombres de la nuit.

Selon Scholem, la mystique émerge au cours du troisième stade de la religion, lorsque celle-ci a acquis son expression classique au sein d'une communauté de foi et d'une vie sociale et lorsque les nouvelles impulsions religieuses ainsi apparues ne cherchent pas à briser l'ancien sentiment religieux pour en fonder un nouveau, elles tentent plutôt de s'élever au sein même de l'ancienne religion, où l'abîme séparant le divin de l'humain est considéré comme un mystère que l'expérience intérieure du divin peut cerner.

La mystique est affranchie de la partie pratique de la religion, à savoir la morale, les prescriptions, les actions, et se concentre sur l'expérience du divin, sur la créature divine. Les révélations canoniques, à l'instar du buisson en flammes de Moïse ou des créatures ailées aux têtes animales vues par Ézéchiel, apparaissent aux yeux du mystique comme un récit obscur et rudimentaire.

En guise d'introduction à la définition de l'expérience mystique, Scholem cite l'Américain Rufus Jones, selon lequel il s'agit d'un « type de religion qui met l'accent sur l'intuition immédiate de la relation avec Dieu, sur la prise de conscience directe et intime de la Présence divine ». Il évoque ensuite la définition qu'en livre saint Thomas d'Aquin qui la qualifie de « *Cognitio Dei experimentalis* », donc d'une « connaissance de Dieu par l'expérience ». Les grandes révélations canoniques sont placées au même niveau que l'expérience personnelle, ou encore, pour citer les propos de Scholem :

> Sans avoir l'intention de nier la Révélation comme fait historique, le mystique attribue néanmoins une importance égale, pour la vérité religieuse, à la source de connaissance et d'expérience religieuses qui jaillit de son propre cœur.

Le cœur – voilà le symbole même du plus intime, du ressenti le plus profond, le contraire de l'intellect et de la raison, le contraire de la superficialité. Et c'est là, dans la compréhension de et dans la méditation sur la nature du divin présent en nous, à travers une extase intérieure, que le langage devient un problème au sein de la religion. L'extase est un moment pénétré de sentiments démesurés, dépourvus de mots, qui ne peuvent être ni représentés, ni décrits, ni répétés, en union avec eux-mêmes, et c'est seulement dans cette expérience très particulière que la présence de Dieu existe. Ce qui se révèle, ce qui est perçu, le divin, se situe à l'extérieur de l'humain, attiré en lui par le langage uniquement parce qu'il est langage. C'est la raison pour laquelle le négatif a une forte tradition dans la mystique : il suffit de dire ce que le divin n'est pas pour que l'on s'approche de lui sans le réduire. Et Scholem de paraphraser Maïmonide, un philosophe du judaïsme : « Comment est-il possible de dire de Dieu qu'Il est vivant ? Cela n'implique-t-il pas une limitation de l'Être infini ? » De ce fait, la phrase « Dieu est vivant » ne peut que signifier « Dieu n'est pas mort », autrement dit « Il est l'opposé de tout ce qui est négatif, Il est, dit Maïmonide, "la négation de la négation" ». Mais qui est-Il ? Peut-on dire qu'Il est, dans l'absolu, quelque chose ? C'est à ce mouvement qu'appartient l'assertion des kabbalistes selon laquelle Dieu repose dans l'abîme de son néant. Dieu n'est rien. Compte tenu de cela, il n'est pas pour autant certain que le poème de Celan explore une forme quelconque d'expérience mystique, mais uniquement que le langage du poème possède des traits communs avec le langage de la mystique, parce que la problématisation est identique : comment s'approcher de ce qui n'est pas sans le transformer en ce qui est. Cependant, pour peu que le hiatus de la religion soit le fossé séparant le divin de l'humain, que seul peut combler ce qui est dépourvu de mots – le cœur, l'extase, le ravissement –, et pour peu que le défi des textes mystiques consiste ainsi à donner des mots à une présence dépourvue de mots, le défi posé par le poème de Celan consiste alors à approcher une absence tout aussi dépourvue de mots. Le mot que le poème ne peut prononcer n'est pas Dieu mais la mort, puisque la mort n'est rien, alors que le nom du rien est quelque chose. La conscience de l'impossibilité de la représentation est fondamentale dans le poème, comme si la relation entre le monde et la représentation de ce monde par le langage avait été détruite ; le poème s'écrit à l'intérieur de cette destruction, de ce territoire quasi en ruine, tout comme il écrit à propos de cette destruction. La méfiance fondamentale face au langage se manifeste d'abord, en ouverture, dans l'image de l'« herbe écriture désarticulée », ensuite dans l'opposition entre le fait de voir et le fait de parler de : « eux / ne voyaient pas, non / parlaient de / mots ». Les mots sont des entités situées entre eux et la réalité, « eux » ne voient pas à travers les mots, ils les voient, et ils en parlent, ce qui à son tour est associé à l'endormissement.

L'endroit où ils étaient couchés, il a
un nom – il n'en a
pas. Ce n'est pas qu'ils étaient couchés là. Mais il y
avait quelque chose
de couché entre eux. Eux
ne voyaient pas à travers.

Ne voyaient pas, non,
parlaient de
mots. Aucun d'eux
ne s'est réveillé, le
sommeil
est venu sur eux.

*

Mais le poème se compose lui-même de mots, le poème parle lui-même. Il est difficile de comprendre autrement l'image de l'herbe écriture désarticulée et des endormis parlant de mots sinon comme une expression de la misologie : la méfiance ne concerne pas tant le langage en tant que tel, en tant que phénomène, mais bien les représentations qu'il véhicule ; il ne suscite pas seulement ce qu'il nomme, mais aussi la représentation de ce qu'il nomme et qui appartient au « mot », donc à la communauté de langage et non à la « chose » ou au « phénomène » en soi. Cela devient particulièrement évident lorsque le langage nomme ce qui n'est pas, ce passé qu'il rend encore plus présent, ainsi que la mort qu'il réduit à un « quelque chose ». Et ce « quelque chose » renverse à son tour le poème à son avantage car, en ne nommant rien, ce « rien » apparaît comme « quelque chose », il existe dans le texte, pour être ensuite réfuté, désormais il n'existe plus, il est là et simultanément il n'est pas là. Cette stratégie est utilisée pour la première fois en lien avec le nom, ce qui transforme l'ouvert, l'indéfini, le pluriel, l'hétérogène, en un Un, l'emblème du lieu, le nom du lieu, qui englobe en lui tant le territoire que l'histoire du territoire et, ainsi, prend une taille et une dimension sémantiques à l'intérieur de la langue, c'est-à-dire la culture, et non à l'intérieur du monde. « L'endroit où ils étaient couchés, il a/un nom – il n'en a/pas. » L'endroit a et tout en même temps n'a pas de nom. Le fait qu'il ait ou n'ait pas de nom n'est pas plus essentiel que le nom lui-même, mais ce nom ne peut en tout cas être nommé. Pour peu que le nom soit nommé, l'endroit et ceux qui y sont couchés deviendraient ce qu'ils ne sont pas. Puis le poème parlerait de mots et dormirait.

Jusque-là, le poème a porté sur un « tu » dans un monde où les autres personnes se profilent d'abord sous la forme de forces supérieures impersonnelles car dépourvues de pronom, puis, dans le mouvement du « tu » vers son « chez-soi » (« chez toi », figure-t-il), sous la forme de « ils » et de « eux ». Ces « ils » sont non positionnés dans l'espace, d'abord « ils étaient couchés là », puis ils ont été réfutés et ne l'étaient plus. Mais ils sont positionnés dans le temps car, alors que le « tu » du poème est décrit au présent, comprenons : tu entoures en ce moment ce territoire, le « ils » est décrit au passé : « ils étaient couchés », « ne voyaient pas », « parlaient ». Il est alors possible de lire leur présence comme un souvenir, une réminiscence à laquelle le « tu » repense. Ces « ils » se situent dans un autre temps que le « tu », mais l'endroit où ils étaient couchés et où ils ne l'étaient plus se situe quant à lui dans la même temporalité, « il a/un nom ».

L'endroit où ils étaient couchés, il a
un nom – il n'en a
pas. Ce n'est pas qu'ils étaient couchés là.

Là, le poème marque un premier tournant. Jusqu'alors, il s'est pour ainsi dire déroulé selon un mouvement régulier, du territoire à la trace, via l'injonction de ne pas lire, de ne pas voir, mais plutôt de marcher, d'aller vers un territoire aux allures de royaume des morts où est formulée la pensée à « ils »/« eux » qui se situaient dans le passé. Dans le vers suivant, et pour la toute première fois au cours du poème, un « je » prend la parole, et il parle au présent, à l'instar du « tu », au sujet de « ils »/« eux » qui pour leur part sont au passé.

C'est moi, c'est moi,
moi qui étais couché entre vous, j'étais
ouvert, on pouvait
m'entendre, moi qui tapotais pour vous dire, votre souffle
obéissait, et c'est toujours, c'est
encore moi, il est vrai
que vous dormez.

*

Encore moi –

« *Ich bins* », figure-t-il en allemand ; il s'agit d'une contraction de *Ich bin es*, une formule du langage parlé par laquelle on peut répondre au téléphone lorsque notre interlocuteur demande confirmation de notre nom : *Ich bins*, « C'est moi ». Après les mystérieuses strophes d'ouverture, au sens à peine intelligible, l'introduction du « je » frappe par sa quotidienneté, par son ton banal et presque puéril. Et l'étonnement va crescendo face à cette insistance où le « je », « *ich* » en allemand, est répété trois fois en l'espace de deux vers seulement – « *ich bins* », « *ich* », « *ich lag* » (dans la traduction française : « c'est moi », « c'est moi », « moi qui étais couché ») –, cependant que le temps change et revient au présent – « *ich bin es noch immer* » (dans la traduction française : « c'est toujours,/c'est encore moi »). Le mouvement part donc d'un « je suis », va vers un « j'étais », revient à un « je suis » : présent, passé, présent.

Peter Szondi, qui a livré du poème l'analyse sans doute la plus étoffée et la plus mémorable en ce qu'elle est devenue une lecture standard, estime justement que l'entité prenant la parole ici n'est autre que le temps, personnifié. On ne peut pas l'exclure. Néanmoins, il est également possible que l'entité écrivant ici ne soit autre que le « je » et que la situation décrite, où le « je » est « couché entre vous » et est « ouvert », soit un souvenir. Tant la présence soudain puérile dans le texte que la formulation « moi qui étais couché entre vous » me font penser à un enfant étendu entre ses deux parents. Il tombe sous le sens que le temps est essentiel dans cette strophe, il ne faut cependant pas oublier le « je » dont la présence est étonnamment soulignée sinon surlignée par la répétition à trois reprises : ich, ich, ich. Quelle que soit la manière de comprendre ce « je », le « ils » entre lesquels il est couché (« moi qui étais couché entre vous ») peut être le même que celui dont il est question dans la strophe précédente dans les vers « quelque chose/de couché entre eux ». Ils dormaient, et ce faisant ils sont exclus du mouvement du « je » qui va du « suis » au « étais » et revient vers le « suis » ; ils « sont » encore là, mais en train de dormir, c'est-à-dire morts. Ce qui « suis » devient « étais » à travers le « je » qui lui-même transforme ce « étais » en un « suis » à travers l'invocation du souvenir, identique à l'invocation de la réalité par le poète – les deux dimensions sémantiques, le passé et l'écrit, le souvenir et la littérature, coïncident ici –, or cette possibilité n'existe pas car ceux avec qui le « je » était autrefois dormaient alors tout comme ils dorment maintenant ; leur « encore » est d'un tout autre caractère : inchangeable, uniforme, lié à la mort et à l'atemporalité du rien. La mort n'est pas un état ni une propriété, la mort est une absence d'état et de propriétés et n'a par conséquent pas de temps, sinon un non-temps. Or même le non-temps n'est pas, il n'a aucune existence, sinon dans le langage qui abstrait le monde et, dans l'abstraction, rien ne peut prendre forme. Le regard ne peut exister que dans un « suis », dans un maintenant, alors que le langage peut aspirer au « étais », à travers le souvenir où les différences entre le palpable et le non-palpable sont effacées ; dans le souvenir, l'espace reste le même, le monde et les êtres humains se sont évanouis dans l'impalpable, pour paraphraser Joyce qui en faisait la définition du fantôme.

Si on ignore le « je » et le « ils », ainsi que la question de savoir qui ils sont et par quelle relation ils sont liés, ou plutôt qui ils sont pour le *je* puisque le *je* n'est rien pour eux, l'action la plus importante dans cette strophe se situe au niveau du temps qui circule, qui coule entre les verbes, à travers les verbes et, ce faisant, à travers le *je*. « On ne peut pas entrer deux fois dans le même fleuve », dit Héraclite dans son quatre-vingt-onzième fragment, le plus célèbre au point d'être devenu une devise éculée relevant du cliché. Mais il existe un autre fragment de lui, le quarante-neuvième, portant sur le même sujet mais l'exprimant d'une autre manière et disant ainsi autre chose, à savoir :

> Nous entrons et n'entrons pas dans les mêmes fleuves ; nous sommes et ne sommes pas.

Le temps et l'identité sont réunis dans le verbe *être*, dans ce « sommes », ils « sont » mais tout en même temps ne sont pas la même chose – que sont-ils alors ? Dans le poème de Celan, le temps ouvre une distance similaire dans le *je* qui ne dit cependant pas « je suis/j'étais/je suis », mais nuance et complexifie la formulation à l'aide de moyens subtils, impossibles à restituer dans la traduction, qu'elle soit norvégienne ou française : ce jeu entre le *ich* et le *bin* et le *es*. Le « *Ich bins* » de l'original allemand ne peut être restitué en français que par « C'est moi », il s'agit du sens idiomatique, quotidien. Mais il existe également un sens grammatical ou syntaxique que l'on perçoit si on décompose la formulation et si on oublie le sens en français : « ce est moi », voire « ce est je ». Cette dernière nuance est importante car les formulations « ce est moi » / « ce est je » se constituent alors d'un sujet sans sujet, sans être humain, l'attention ne se porte plus sur le pronom personnel « je » mais sur le pronom neutre « ce ». Qu'est ce « ce » qui par ailleurs est ? « Ce » est *moi/je*, apparemment, mais qu'est ce « ce » qui est *moi/je* ? La question nous propulse de nouveau vers l'ouverture de la strophe. Lisons ce qu'elle dit très exactement en allemand :

Ich bins, ich,
ich lag zwischen euch, ich war
offen, war
hörbar, ich tickte euch zu, euer Atem
gehorchte, ich
bin es noch immer, ihr
schlaft ja.

*

Bin es noch immer –

« *Ich bins* », ou « ich bin es », en traduction littérale : « Je suis ça ». Or cette ouverture avec « Ich bins » ne relève plus du tout de la quotidienneté dans la mesure où le « ça » disparaît, amalgamé dans le « je » à travers le verbe *être*. Si on traduit « *Ich bins* » par « C'est moi », comme c'est le cas en français, on conserve l'oralité de l'original, l'évidence et la quotidienneté du propos qui maintient le « je » à l'intérieur du social : « C'est moi ». Mais en disant « ce est *moi/je* », l'accent est mis sur le « ce » et le propos se déplace à l'extérieur du social, désigne quelque chose à l'extérieur du « je » qui est englobé. En disant « je suis ça », on pense forcément à Rimbaud et son « Je est un autre » ; mais, quand bien même la formulation rimbaldienne marquerait une dissolution de l'identité, elle n'en demeurerait pas moins toujours à l'intérieur du social. En disant « je suis ça », la formulation désigne quelque chose situé à l'extérieur du « je », à l'extérieur du nom, à l'intérieur de l'impersonnel, « ça » étant la marque de l'impersonnel. « Ça dort », « ça pleure », « ça déplore » – aucun être humain n'est nommé ainsi, « ça » est à l'extérieur de l'humain. Et en même temps, non : il y a un « je » qui est « ça ». D'un point de vue positif, « ça » peut-être ce à travers quoi se manifeste l'existence, ce qui nous est commun à tous, associé au véritable, à l'authentique, à l'inverse de tout ce qui dans l'existence humaine est associé au social, donc aux hiérarchies, aux lois, aux normes et aux règles, de ce que Heidegger qualifie de On, le On, le dépendant et l'inauthentique, justement en opposition à l'indépendant et à l'authentique qui se trouvaient dans l'existence pure. Ce *soi-même* pur, cette ipséité heideggérienne, ouvert sur l'existence est à son tour apparenté au Soi des mystiques, le spirituel pur qui rencontre le divin dans un profond oubli de soi-même, donc le *moi* affranchi du *ça*. Et il ne fait aucun doute que le « moi » du poème est en étroite relation avec ces conceptions – mais, néanmoins, pas dans un sens positif : le *ça* est ce qui subsiste de l'être humain quand le nom a disparu, le *ça* est ce qui meurt lorsque l'être humain meurt lui-même et que son nom continue de vivre. Le *ça* ne s'efface pas dans l'extase, saturé du sens de la vie ; le *ça* s'efface dans le strict inverse, dans l'ombre de la mort, saturé du non-sens de la mort.

Ce est moi
Ce est.
Ce.

Quoi qu'il en soit, « ce » n'est pas invoqué dans le poème, mais bel et bien « je », en français à travers un « moi ». Le pronom personnel est non seulement répété trois fois de suite (« *Ich bins, ich,/ich lag* », « C'est moi, c'est moi,/moi qui étais »), mais de manière très rapprochée, à croire que le *ça/je* tente de se détacher du « ce ». Écrire « c'est moi » en le raccrochant à « ils étaient » plus haut est une autre manière de dire « je vis » et « ils sont morts ». Les dimensions et les tailles sémantiques sont réduites à leur plus simple expression : tu, ils, je, ce, est, étais. Être ou ne pas être. L'être est une question qui porte sur l'existence, l'être est une chose en soi. C'est la question que pose Hamlet, « être ou ne pas être », il est question d'être tout en étant dépourvu d'identité. Là, on est quelque chose. Là, la délimitation passe entre être quelqu'un et n'être personne. Quelque chose/quelqu'un, rien/personne. La première dichotomie, quelque chose/rien, se situe à l'extérieur du nom et du social ; la seconde dichotomie, quelqu'un/personne, se situe à l'intérieur du nom et du social. On peut être quelque chose par rapport à rien. Mais on ne peut pas être quelqu'un par rapport à personne : on ne peut être quelqu'un que par rapport aux autres ; un « tu », un « ils », qui réunis deviennent un « nous ». Or ici il n'y a pas de « nous », uniquement un « je/tu » et un « ils ». Le « ils » est absent, et personne ne se soucie de « toi/moi », personne ne demande après le « tu/je ». C'est cela qui est en jeu ici : qui est ce « tu » quand personne ne se soucie de lui, quand personne ne demande après lui, quand personne ne le connaît ? Dans cette circonstance, le « tu » n'est pas quelqu'un mais personne/quelque chose.

Qui est le « moi/je » ? Est-il une partie de ce « vous », appartient-il à eux, que faut-il comprendre derrière ce « chez toi » ? Est-ce cette cohérence L'essentiel dans cette strophe se trouve dans ce qui sépare le « moi/je » du « vous », c'est-à-dire le temps : autrefois vous et moi étions dans un « est », or aujourd'hui il n'y a plus que moi qui y suis, vous êtes dans un « étais ». Ce temps, cette délimitation, ce fossé, est approfondi dans la strophe suivante.

Années
Années, années, un doigt
tâtonne, monte, descend, tâte
tout autour :

sutures, sensibles, ici
c'est béant grand ouvert, ici
ça s'est ressoudé – qui
a recouvert ça ?

Années
Années, années, un doigt
tâtonne, monte, descend, tâte
tout autour :
sutures, sensibles, ici
c'est béant grand ouvert, ici
ça s'est ressoudé – qui
a recouvert ça ?

*

A recouvert ça ?
– qui ?

L'insistance, la répétition à trois reprises du mot « années » lie celui-ci avec le « moi/je ». L'espace entre « est » et « étais » s'est ouvert, dans ou par le *je*. C'est là qu'entre à présent le *je*. « Années/années, années » : le temps est ici un espace, quelque chose à l'intérieur du même, le mouvement monte, descend, tournoie. Le doigt tâtonnant est lié à ce qui « tapotai[t] » dans la strophe précédente, analyse l'écrivain suédois Aris Fioretos dans sa lecture du poème : le verbe *ticken* en allemand se rapporte tant au tic-tac d'une horloge qu'à l'effleurement du bout du doigt. Le doigt tapotant, qui associe la compréhension du *moi/je* en tant que personne écrivant le poème avec la compréhension du *moi/je* en tant que voix du temps. Ça tapote, ça tâtonne, et ça trouve. Ça trouve quoi ? Des « sutures ». Qu'est-ce qu'une suture ? C'est une couture, mais c'est surtout une piqûre chirurgicale qui recoud et ferme une blessure, une plaie. La plaie était « béante[e], grand[e] ouverte[e] », mais elle est désormais « ressoudé[e] », elle est donc absente mais tout en même temps présente, elle n'est pas nommée mais tout en même temps présente à travers la nomination de ce qui recouvre. La plaie ne se montre pas sous sa forme véritable, comme à peu près tout dans ce poème, même si c'est différent ici car quelqu'un (« qui », figure-t-il) l'a « recouvert[e] », le geste de recouvrir est actif, a une raison particulière, et la question consiste en fin de compte à savoir qui et non quoi a recouvert la plaie.

Recouvrir, c'est poser quelque chose entre telle et telle autre chose. Jusque-là dans le poème, ce type d'intervention a été exprimé dans l'image de l'« herbe écriture désarticulée », dans le fait qu'ils « parlaient de mots », dans le temps qui sépare le *moi/je* et le *vous*. L'attention a été axée sur le « quoi », sur l'intervention qui recouvre, mais ici elle n'est plus axée sur le quoi, mais sur le « qui ». La question est même posée : « qui/a recouvert » ? Mais d'abord, pourquoi ce « qui » est-il aussi important, au point que la question doive être non seulement posée, mais répétée ?

De cette manière, avec délicatesse, sans nommer quiconque ni quoi que ce soit susceptible de le renvoyer dans « la nuit » d'où il est fantomatiquement extrait, le poème s'approche de son centre, ou de son point zéro.

Est venu, venu
Est venu un mot, est venu,
est venu par la nuit,
voulait luire, luire.

L'invocation et la répétition du participe passé relève de la même intensité à l'œuvre dans « moi » et dans « années » : « venu » résonne trois fois, avant d'être répété deux fois encore. Venu, venu, venu,

venu, venu. Cette amplification fait l'effet d'une incantation ou d'une prière. Le mot qui « est venu » représente l'inverse de ce qui recouvre, il « est venu par la nuit », donc par ce qui recouvre, ou par ce qui égalise et, ce faisant, l'abolit. Le mot est l'inverse du rien, le mot surgit comme quelque chose qui s'oppose au néant de la nuit. Voilà pourquoi « Est venu un mot » est d'un autre type que les « mots » dont « eux »/ils « parlaient » quelques strophes plus haut, car ce mot les empêchait de voir, était l'obstacle proprement dit. À cet endroit du poème, il y avait une opposition entre le mot et le fait de voir, une relation négative : ceux qui parlaient « parlaient de/mots » et ils « ne voyaient pas » ; alors que, dans la strophe qui nous intéresse, il y a une égalité entre le mot et le fait de voir, une relation positive : le mot va « luire » dans la nuit. Et la lumière rend visible. Nonobstant, le mot ne luit pas effectivement, il « voulait luire », et, dans cette nuance, la lumière fait l'effet d'une possibilité irréalisée. Le mot peut luire, mais il ne le peut pas ici, semble dire le poème.

Pourquoi ? Qu'est-ce qui empêche de luire un mot qui peut pourtant luire ?

La nuit.

De quel genre de nuit s'agit-il ? Dans les premiers vers, elle a été décrite comme une nuit qui « n'a pas besoin d'étoiles ». C'est une autre nuit que celle qui se termine au moment de l'aurore ; et il est tentant de rapprocher cette formulation d'une image de la mort : la nuit n'a pas besoin d'étoiles, n'a pas besoin de lumière, car il n'y a rien à éclairer, il n'y a strictement rien. Cette nuit est d'une autre qualité, elle renferme quelque chose que les mots n'ont pas la force d'éclairer. La mort équivaut à l'obscurité, l'obscurité équivaut à l'indifférenciation, à l'opposé des mots qui par nature sont source de différenciation. Pourtant, alors que la première nuit n'avait besoin ni d'étoiles ni de lumière, celle-ci le souhaite. Pourquoi ? Le poème n'a cessé d'être en mouvement et, au gré de ce mouvement, il s'est rapproché de quelque chose, rapprochement au cours duquel ce quelque chose a pris, d'abord de loin, une forme de plus en plus claire, et au cours duquel, dans le dévoilement progressif de ce que nous ne connaissons pas encore, l'intensité s'est accentuée jusqu'à être si exacerbée à présent que les mots sont invoqués avec une puissance quasi incantatoire. Venu, venu, venu, venu, venu. L'invocation intervient juste après avoir constaté que la plaie, laquelle n'est pas nommée, n'est pas montrée, mais tout juste présente à travers le pronom « ça » (« ça s'est ressoudé »), a été recouverte, et la question est de savoir qui l'a recouverte. Les mots invoqués sont conjugués dans un autre temps que l'invocation : « est venu un mot », figure-t-il ; nous sommes ici dans le présent du poème, dans le temps du *tu* et du *je*, alors que la volonté de luire manifestée par la lumière, volonté réduite à une incapacité, est au passé : elle « voulait luire ».

En va-t-il ainsi parce que la nuit est la force à proprement parler qui transforme le présent en passé ? Est-il question ici de l'obscurité de la perte qui comprend également la lumière des mots et transforme leur « veut » en « voulait », en vertu de leur capacité à fixer ce qui « est » et, fatalement, à le transformer en ce qui « était » ? Ou bien la nuit est-elle associée à l'intervention qui recouvre la plaie et qui désarticule l'herbe écriture ? Ceci posé, le langage est-il une partie de la nuit, une partie de ce qui recouvre, quelque chose présent dans la description de ceux qui « parlaient de mots » et « ne voyaient pas » ? Serait-ce pour cette raison que les mots ne peuvent luire, c'est-à-dire qu'ils rendraient la vue impossible parce qu'ils obscurcissent ? Le désir au cœur de ce « voulait luire » sous-entend que le langage n'obscurcit pas par nature, mais qu'un certain type de langage obscurcit, celui employé par « eux », et qu'il existe par conséquent un autre langage, mais qu'il est lui-même incapable de s'insinuer à travers la nuit. Cette nuit est par ailleurs associée à des actions, ceux qui ne se sont pas réveillés avant que le sommeil ne vienne sur eux, ceux qui ont occasionné une blessure puis une plaie, et ceux qui concernent le *je*, qui lui-même était autrefois « couché entre eux » et qui ouvre l'espace situé entre l'absence du maintenant et la présence de l'autrefois.

« Est venu un mot, est venu/est venu par la nuit » relève de la prière, une prière qui n'est toutefois pas exaucée : les mots veulent luire, mais ne luisent pas. La volonté des mots est en outre dépourvue de sujet : il ne figure en effet que « voulait luire, luire », l'accent est mis sur la volonté, certes toute en puissance, mais sans espoir.

« Voulait luire, luire. »

Pourquoi, ici, les mots ne peuvent-ils luire ? Qu'est-ce qui rend la nuit indifférenciée au point que, dans son obscurité, aucun mot n'est capable faire la différence ?

Cendre.
Cendre, cendre.
Nuit
Nuit-et-Nuit. – À
l'œil va, à l'œil humide.

*

Le mot « cendre » figure trois fois, le mot « nuit » figure également trois fois, mais cette fois sans verbe, sans « est venu » ; il n'y a pas d'invocation, il n'y a pas non plus de mouvement, pas de « par », pas de traversée.

Cendre, cendre, cendre.

La cendre correspond à la forme de ce qui *est* brûlé, sans ressemblance ni commune mesure avec ce qui *a* brûlé ; la cendre n'est rien, sinon ce qui reste d'une chose après sa disparition, même si elle n'en reste pas moins, dans le même temps, quelque chose : une espèce de poussière anthracite, identique pour toute chose brûlée. Dans un poème où le rien est invoqué depuis la frontière du néant, la cendre peut être lue comme la concrétisation de ce qui n'est pas, la forme physique de l'absence ; ce qui peut à son tour être lu comme l'expression matérielle de l'indifférenciation. La cendre n'est rien, mais elle est tout en même temps quelque chose, identique pour toute chose.

Après la cendre, la « Nuit-et-Nuit » qui suit la nuit. Au creux de cette nuit, même l'indifférenciation de la cendre devient indifférenciée.

Cendre.
Cendre, cendre.
Nuit
Nuit-et-Nuit.

Pourquoi, dans cette nuit, un « et », qui plus est flanqué de deux traits d'union ? Avec une virgule en guise de séparation, ce qui est nommé paraîtrait identique, « nuit, nuit, nuit », comme une insistance, une adjuration ; mais ce « et » instaure une relation, c'est-à-dire une différence, et ce faisant un déroulement à travers un ajout : « Nuit-et-Nuit. » Une nouvelle nuit suit la nuit, mais elle lui succède de manière extrêmement rapprochée par l'entremise des bien nommés traits d'union qui la transforment en un seul et même mot, « Nuit-et-Nuit », une entité où il n'existe rien entre les deux mots, ni lumière, ni aurore, ni jour.

Ensuite, l'injonction en amorce du poème à travers

le « va » à la forme impérative est répétée ici. Mais alors que ce « va » était ouvert, général, un impératif certes, mais qui exhortait à aller, à avancer, au lieu de lire ou de regarder ; ici, le « va » est défini, il est spécifié dans sa direction, « à l'œil ». Or ça ne s'arrête pas là puisque cette spécification est non seulement répétée mais précisée ultimement : « À/l'œil va, à l'œil humide. » Cette phrase en deux vers est située à la fin de la cinquième strophe et, sachant que le poème compte dix strophes, elle se trouve à l'exact milieu ou centre du poème.

Est venu, venu, est venu un mot, venu, venu, voulait luire, luire, cendre, cendre, cendre, nuit, nuit-et-nuit, va à l'œil, à l'œil humide. À partir du mot, jusqu'à la cendre et la nuit puis vers l'œil, mais pas l'œil qui regarde et bien l'œil humide qui pleure.

Ne lis pas, regarde, ne regarde pas, va, va, va à l'œil qui pleure.

« Cendre » et « nuit » s'intègrent dans une série de mots auxquels leur triple répétition confère un poids supplémentaire, et ce d'autant plus qu'ils régissent plusieurs endroits du poème où leur sens se poursuit. Je/Moi (identité), années (temps), venu (prière), cendre (absence), nuit (indifférenciation) – ces mots forment un axe signifiant voire sémasiologique dans le poème. Un deuxième axe est constitué par les pronoms tu-je-ils-qui. Un troisième l'est à travers les impératifs (lis, regarde, va) qui mènent au territoire aux allures de royaume des morts, dépourvu tant d'êtres humains que d'étoiles, s'enfoncent dans un passé avant de remonter ici, dans cette strophe, où une direction est indiquée pour la première fois dans le poème. L'œil en pleurs en est le centre, ce autour de quoi le texte tourne dans son entier, car le long chemin qui a conduit jusqu'à lui change brusquement et radicalement de caractère.

Jusqu'alors, l'humain a été incarné à travers un « tu », un « moi » donc un « je » et un « ils ». La relation entre le *je* et le *ils* s'est traduite dans son essence par leur séparation, une séparation opérée par le temps, par le sommeil, par la mort, par la nuit. Le regard et le mot ont eux aussi été séparés, mais du monde. L'ultime séparation, de la blessure qui ne saurait être nommée, qui n'en est d'ailleurs plus une mais a été recouverte par quelqu'un, a été suivie par une prière réclamant le mot et la lumière du mot – prière qui n'a pas été exaucée. De la cendre et de la nuit, rien ne peut être extrait sinon elles-mêmes : de la cendre et de la nuit. Il n'y a rien à lire, il n'y a rien à voir. Mais il y a quelque chose à ressentir. Cet œil ne sépare pas, ne divise pas ; il est avant tout associé à l'extérieur et à la vue, mais également à l'intérieur et au ressenti – il est difficile de comprendre autrement cette formulation « À/l'œil va, à l'œil humide ».

La source de la mystique qui mène à la vérité intérieure se situe dans le cœur, le lieu par excellence de l'appartenance extatique au Tout. L'œil de Celan peut être compris comme le lieu inversé de l'extase, où la concentration de ce qui n'a pas de mot n'est pas la joie et l'expansion de la connaissance, mais le chagrin et l'implosion de la connaissance. Les deux lieux se trouvent à l'extérieur du social, et à l'extérieur du nom.

Le cœur est rempli par le Tout, l'œil est rempli par le Rien. Le cœur, rempli de ce qui est, est aveugle et ne voit rien ; l'œil, rempli de ce qui n'est pas, voit et ne voit rien.

Ici, dans le lieu du chagrin et de l'œil en pleurs, le poème se détourne de son maintenant et se dirige vers un autrefois, vers un alors, non pas vers une blessure qui a été suturée et ressoudée, mais vers ce qui existait avant cette plaie : le temps du « nous ».

Cyclones.
Cyclones, de toujours,
chaos-tourbillons de particules, le reste,
tu
le sais bien, nous
l'avons lu dans le livre, était
de l'opinion.

Était, était
de l'opinion. Comment
nous sommes-nous attrapés
– attrapés par
ces
mains ?

Les cyclones sont ici définis de deux manières. Ils sont d'abord « de toujours », c'est-à-dire d'un temps ancien, ils sont archaïques, immuables, demeurés tels quels hier comme aujourd'hui. Ils ressemblent ensuite à des « chaos-tourbillons de particules », ce que « tu » sais car « nous » l'avons lu dans le « livre » : c'était « de l'opinion ». La strophe suivante souligne le caractère, ancien là encore, de l'opinion : « Était, était/de l'opinion. »

Qu'est-ce qu'un cyclone ? Un phénomène de vents puissants, une manifestation des forces de la nature, arbitraires, violentes, destructrices, chaotiques, ce qui vient de ce « il » ou de ce « ça » que nous nommons implicitement en disant : « il vente, ça vente ». De ça mais aussi du « reste », apposé aux « chaos-tourbillons de particules ». Ce groupe nominal porte d'abord en lui une explication, celle de « tourbillons » qui sont chaotiques, renvoyant ainsi au phénomène cyclonique dont il était question juste avant et qui se situe en dehors de tout concept. Mais en lui adjoignant le complément du nom, « de particules », c'est-à-dire des éléments dissous jusque dans leurs moindres composants, avec la connotation scientifique comprise dans le mot « particules », le groupe nominal devient un concept. « Particule » renvoie à ce qui n'est pas visible mais dont nous savons pourtant la présence. Cette idée provient de Démocrite et de la théorie grecque des atomes, l'atomisme, que reprend par la suite Lucrèce dans son poème épique *De la nature des choses* où la poésie et la science se côtoient, elle explique un phénomène, mais aussi la façon de le maîtriser et de le circonscrire, alors que le mot « cyclone » ne montre quant à lui qu'un phénomène. Une nuance d'autant plus importante qu'elle gagne en évidence dans les vers suivants : le phénomène se trouvait « dans le livre », il « était/de l'opinion ». Le savoir est associé à la lecture qui elle-même est associée à l'opinion. Or cette opinion n'existe plus, est-il suggéré, par le biais de l'emploi du verbe *être* au passé, qui plus est répété : était, était, opinion, opinion. L'injonction à ne pas lire peut viser ce passé, cette époque où ce qui était écrit était une opinion. Sous-entendu : l'opinion s'est perdue. Il n'empêche, l'accent est mis non pas tant sur la lecture, mais bien sur le « tu » et le « nous » qui lisent. Il y a une communauté ; et la réalité actuelle de cette opinion, relevant du passé, ne valant plus aujourd'hui, est suivie d'une question portant sur la relation entre ceux qui constituent ce « nous ». Il est difficile de ne pas comprendre que le lien social de l'opinion pose ici question, ce socle commun que partagent les êtres humains au sein d'une culture : « nous » lisions, « nous » nous sommes attrapés.

Qui est néanmoins ce « nous » ?

Il réfère apparemment à un passé, à une communauté qui n'est plus et qu'il est désormais difficile de comprendre. « Comment nous sommes-nous attrapés ? », telle est la question. Mais elle ne s'arrête pas là et se poursuit par une concrétion : « attrapés par ces mains ». Ces mains existent maintenant, confère le pronom démonstratif, mais ce qu'elles attrapaient et qui constituait le « nous » existe dans le passé, à preuve le verbe conjugué au passé et non au présent – c'est à cet abîme qu'est posée la question. Tant « tu » que « vous », « ils », « nous » et « nos » sont au passé, seul le *je/ça* est au présent, quelque chose s'est donc perdu à ce niveau. Grande est la différence entre le fait d'une part d'être un *je/moi* regardant d'autres *je* qui étaient autrefois, et d'autre part un *je/moi* regardant le « nous » que les vivants et les mots constituaient autrefois. Non seulement la communauté formée par certains êtres humains s'est perdue dans le temps, mais les conditions régissant et permettant l'existence de cette communauté se sont perdues à leur tour. Et cette perte s'écrit en creux du poème, comme si la conséquence de cette perte, ce que ce « nous » représente, ne pouvait être dite qu'après l'injonction d'aller vers l'œil, d'aller vers l'humide ; le « nous » perdu ne peut être nommé qu'une fois ce mouvement effectué, et c'est cela le plus douloureux de tout.

Un autre fragment d'Héraclite, le vingt-sixième, porte sur la relation entre le vivant, le dormant et le mort, concentrée dans le verbe *toucher*[1] :

> L'homme s'allume une lumière dans la nuit, étant mort pour lui-même, la vue éteinte ; vivant, il touche au mort, endormi, la vue éteinte ; éveillé, il touche au dormant.

Les conditions s'excluent mutuellement – quand on dort, on ne peut pas être mort ; quand on est

1. En norvégien, le terme est identique chez Celan et chez Héraclite : *gripe*, qui signifie « attraper », « saisir », d'où la comparaison par l'auteur ; ils diffèrent en français, « attraper » dans le poème, « toucher » dans le fragment.

éveillé, on ne peut pas dormir –, et pourtant elles sont en lien direct à travers ce contact, à travers l'ambivalence entre les deux états, dans ce pays frontalier qui les sépare. L'être humain est dans la nuit, c'est-à-dire au creux de l'obscurité, où l'on ne voit strictement rien, où l'on ne peut rien différencier.

Néanmoins, le mouvement ne va que dans un sens, du vivant vers le dormant, vers le mort ; le mort, lui, ne retourne pas le regard porté sur lui par le vivant.

Il existe un autre fragment d'Héraclite, le vingt et unième, qui porte lui aussi sur la relation entre la mort et le sommeil :

> Mort est tout ce que nous voyons, éveillés, et tout ce que nous voyons en dormant, sommeil.

La vue est centrale dans les deux fragments : dans le premier en tant qu'opposition directe au toucher, lequel revient à voir les yeux fermés ; dans le second en tant que clarté ; et dans chacun des endroits la vue est liée à l'état de veille et au sommeil, à la vie et à la mort. Les deux fragments sont opaques et, au premier coup d'œil, désignent une direction distincte : dans le premier, l'éveillé peut toucher le dormant, mais pas le mort ; dans le second, l'éveillé ne voit que la mort alors que le dormant ne voit que le sommeil, donc le sien, pas celui de l'autre. Mais il est possible de comprendre ces fragments comme l'expression d'une même chose. Quand nous sommes éveillés, nous voyons la mort, la mort dans le sens de l'absence et du néant ; quand nous dormons, nous ne la voyons pas, dans le sommeil la mort est aussi un sommeil. Il peut aussi être question dans la vue d'une différence qualitative : être éveillé revient à voir clairement, à voir fidèlement ; dormir revient à ne pas voir clairement car nous ne voyons que ce qui nous est propre, le sommeil, qui nous endort.

La vie authentique, qui reconnaît la mort, et la vie inauthentique qui vit comme si elle n'existait pas.

Tous ces niveaux sont présents dans le poème de Paul Celan, tant ceux qui hiérarchisent l'éveillé, le dormant et le mort, que ceux qui hiérarchisent l'authentique et l'inauthentique. Relisons l'ouverture du poème :

L'endroit où ils étaient couchés, il a
un nom – il n'en a
pas. Ce n'est pas qu'ils étaient couchés là. Mais il y
avait quelque chose
de couché entre eux. Eux
ne voyaient pas à travers.

Ne voyaient pas, non,
parlaient de
mots. Aucun d'eux
ne s'est réveillé, le
sommeil
est venu sur eux.

*

« Ils » ne sont ni touchés ni attrapés, ils se soustraient. C'est d'abord l'endroit où ils sont couchés qui se soustrait, cet endroit qui a un nom et qui déjà n'en a plus, puis eux qui n'y sont plus couché. Voilà ce qu'ils sont aux yeux de ce qui écrit et qui tente, éveillé, de les attraper. Vient ensuite ce qu'ils sont en tant que tels : des non-voyants. Ils ne voyaient pas parce que, plongés dans un sommeil, ils parlaient de mots. Ça qui écrit est éveillé, et pour peu que ça veuille les toucher ou les attraper, ça ne peut pas parler de mots. Le nom de l'endroit est un tel mot, quelque chose qui vient s'interposer, se coucher entre. Ça existait, et ça existe toujours, mais pas pour eux et donc pas non plus pour le poème qui, en nommant ce « ça », les aurait inclus. Le monde du nom est le monde du sens, de l'opinion[1], il appartient à ce que « nous » étions mais qui n'existe plus. Le monde du nom s'est tu, il est désactivé, parce que son socle, le « nous », n'est plus possible ou bien doit être recréé. Ce silence nominal existe à deux niveaux différents. « Nulle part/il n'y a souci de toi », figure-t-il dans le poème, auquel cas ce « toi », ce *tu*, est une entité qui doit demeurer secrète, en dehors du langage. La blessure est recouverte, « ressoudé[e] », là aussi par quelqu'un inconnu du *je*, donc là aussi recouvert. Le premier niveau, selon lequel nulle part il n'y a souci de toi, peut s'expliquer par le fait que ce *tu* est mort ou parce que les autres personnes errant dans ce paysage traversé par le *tu* sont mortes elles aussi, elles ne se soucient pas du *tu*, elles ne demandent pas après lui, elle ne savent plus que ce *tu* existe. Le second niveau se trouve dans la relation entre le *ça* qui écrit et ce qui est décrit, entre le *tu* et le *ils*, entre le *je* et le *nous*. « Ils » ne voyaient pas, ils parlaient de mots. « Tu » le sais bien, « Nous » l'avons lu dans le livre, c'était de l'opinion. Était, était, opinion, opinion. Et puis ceci :

Parlait, parlait.
Était, était.

Parler consiste à être dans le langage, et la méfiance récurrente face à ce que porte le poème à tous les niveaux est liée à l'être. Est-ce le langage relatif à

1. En allemand, le terme employé par Celan est « *Meinung* », il correspond certes au *opinion* français mais renferme aussi l'idée de *sens*, *signification*, un sémantisme que l'on retrouve à l'identique dans son équivalent norvégien, *mening*, et qui sous-tend l'analyse de Karl Ove Knausgaard.

l'être que le *ça* essaie de toucher ou d'attraper ? Ou bien sont-ils séparés ?

Oui.
Cyclones, chaos, tour-
billons de particules, il restait
du temps, restait,
d'essayer auprès de la pierre – elle
fut hospitalière, elle
ne coupait pas la parole.
Ah comme ce fut bon :

grenu
grenu et fibreux. Tigeux,
serré ;
grappeux et rayonneux ; rognonné,
lisse et
grumeleux ; lâche, ra-
mifié – : elle, ça
ne coupait pas la parole, ça
parlait,
ça parlait volontiers aux yeux secs avant de les fer-
mer.

Parlait, parlait.
était, était.

Des cyclones, des tourbillons de particules – ils ont déjà été établis comme éléments constitutifs de la communauté d'opinion tant du livre que de la société. À ce stade du poème intervient le « temps » où le « nous » faisait encore sens et était de l'opinion, où le « nous » était « bon »[1]. Ce temps se déroule

1. En allemand dans le texte, le vers dit : « *Wie/gut wir es hatten* ». Parce que éludé dans la traduction de Jean-Pierre Lefebvre (« *Ah, comme ce fut bon* »), ce « *wir* », c'est-à-dire « nous », peut par son

avant la perte, avant le chagrin de la perte, alors que les vers sont écrits après et transformés non pas en instant du *je*, mais en instant du poème. Tout se tient également aux confins du sens, non pas parce que cela n'est pas porteur de sens – une pierre n'a ni sens ni opinion, tout juste une existence –, mais parce que ce sens ne vaut que pour le *je*.

Mais essayer quoi « auprès de la pierre » ? Et comment cette pierre peut-elle être « hospitalière » ? Que signifie le fait qu'elle « ne coupait pas la parole » ? Les pierres font partie des éléments les plus communs et les moins signifiants : une pierre est une pierre, elle est neutre et souvent générique, une pierre ressemble à une autre pierre. Elle est inaltérable ou, dans le cas d'une modification, elle change alors à une lenteur infinitésimale, et les traces qui témoignent de son âge ne sont guère intelligibles que par les géologues ; elle se situe ainsi au-delà de la culture, de l'histoire et du temps, ou dans une autre temporalité que notre temps historique. Mais le fait que, quand nous voyons une pierre, nous soyons confrontés à une entité immensément plus ancienne que l'humanité, présente très longtemps avant le commencement de la vie, ne constitue jamais une prise de conscience, ne fait jamais l'objet d'une réflexion en nous : une pierre est uniquement une espèce de phénomène quotidien au sein de la nature, non, pas même un phénomène, plutôt une espèce d'objet utilisable au sein de la nature, une chose que nous faisons ricocher à la surface de l'eau, pour le plaisir de nos enfants, ou une chose sur laquelle nous nous asseyons pour boire un café lors d'une promenade en forêt.

---

absence en français rendre obscure l'analyse de Karl Ove Knausgaard. Tant Jean Daive que Martine Broda ont pour leur part choisi comme traduction : « *La/bonne vie que nous eûmes* ».

Dans les religions anciennes, les pierres ont été utilisées comme symboles de la continuité : érigées en cercles à certains endroits, elles coudoyaient le sacré et étaient associées aux corps célestes. La Loi remise à Moïse par Dieu était gravée sur des tables en pierre, perpétuant et immortalisant pour l'humanité les Saintes Écritures et les Dix Commandements jusque-là éphémères parce que non consignés. Dans la vie religieuse, la pierre était le contraire de l'arbre : là où l'arbre symbolisait la vie et la régénération de la vie, la pierre représentait l'immortalité. Ces images sont pour partie tombées en obsolescence dans le monde d'aujourd'hui, l'arbre et la pierre ne fondent plus des antinomies par le filtre desquelles nous comprenons notre existence, bien qu'il en reste ici et là une réflexion concrète, notamment dans le rituel de l'enterrement où nous continuons de dresser une pierre tombale en l'honneur de la personne défunte, tandis que le cercueil est en bois. Nous gravons sur la stèle le nom du mort et, tandis que le corps se décompose dans sa structure en bois au creux de la terre, le nom inscrit sur la pierre demeure éternel ; il ne fait plus exclusivement partie de la sphère sociale, il s'intègre également au monde matériel.

Le poème de Paul Celan ne contient aucune trace de rite ou de religion, bien au contraire : la pierre est enveloppée dans le quotidien en ce que nous pouvons « essayer auprès » d'elle et en ce qu'elle fait preuve d'hospitalité. Écrire *essayer avec*, ou encore *l'essayer*, aurait conservé la nature pierreuse de la pierre, une telle formulation aurait assimilé la pierre à un objet que nous déplaçons ou partageons ; en revanche, « essayer auprès de » met l'accent sur l'importance du lieu où elle se trouve, il est dès lors question de proximité avec la pierre. En outre, la qualifier d'« hospitalière » revient à recourir à un anthropomorphisme radical dans la mesure où l'hospitalité est une qualité humaine, même les animaux n'en sont pas doués, mais la pierre dans ce poème, si. Faire preuve d'hospitalité consiste à être ouvert à l'autre – en l'occurrence à un « nous ». Or ce à quoi la pierre « ne coupait pas la parole », c'était la conversation qui se déroulait en dehors d'elle, cela signifie-t-il donc, si l'on suit la logique du poème, qu'elle n'était pas vue à travers les mots ? Était-ce auquel cas grâce à sa qualité de pérennité absolue, à sa position au-delà du caractère éphémère de la communauté humaine, dont elle n'interrompait pas le langage avec sa différence radicale ? Une différence dont « nous » sommes du coup partie intégrante à notre tour car nous n'avons pas uniquement en nous un cœur qui bat, nous avons aussi un squelette, ce qui subsiste de nous après notre mort – cela, ainsi que notre nom sur la pierre. La pierre étant une partie intégrante du « ça », de la non-humanité du monde, est-elle ce « ça » qui ne coupe pas la parole ? Parce qu'elle est tissée dans le voile du langage ? Le mystère s'approfondit avec la répétition du passage :

elle, ça
ne coupait pas la parole, ça
parlait,
ça parlait volontiers aux yeux secs avant de les fermer.

En d'autres termes, parler est ici le contraire de couper la parole. Et non seulement « elle » parle, donc « la pierre », mais ce « elle » est englobée dans le « ça » par le biais d'une apposition, lequel « ça » doit correspondre à ce qui est nommé ensuite sous une forme adjectivale : le grain, la fibre, la grappe. Voilà ce qui parle.

En amont du poème, parler a été comparé à ne pas voir ainsi qu'à dormir, ce qui revient à ne pas voir, mais avec encore plus d'intensité puisque le dormant est complètement détourné du monde dans lequel il ou elle est couché·e. Or un décalage s'opère dans la mesure où parler et ne pas voir sont des activités qui concernent l'être humain, alors que couper la parole, donc ne pas parler, se réfère ici à des choses. Ce à quoi parlent les choses, ce sont les yeux. Parler à des yeux équivaut à être vu ; pas cependant tel que les éveillés voient car ils ne coupent pas la parole : ils sont vus endormis. De plus, ces yeux qui voient sont secs, à l'inverse de l'œil mentionné au centre du poème qui est humide – ce moment a eu lieu avant le chagrin, dans le *nous* du poème. On peut cependant faire une lecture moins sentimentale de cette injonction d'aller à l'œil, d'aller à l'humide : « l'humide » du poème peut viser sa propriété, à savoir sa liquidité, sa capacité à couler et à ruisseler, à ne pas adopter une forme fixe et définitive, à être en perpétuel changement. Cette opposition entre le sec et l'humide se retrouve à différents endroits du poème, notamment entre « la trace non trompeuse » en amorce du poème et les « traces d'eaux souterraines » à sa toute fin où ces deux types de traces sont du reste juxtaposés. Une trace est une marque qui indique autre chose, une empreinte, et cette empreinte doit avoir une certaine longévité pour faire sens. L'eau, qui se forme après l'instant, n'a pas cette longévité, donc les « traces d'eaux souterraines » contiennent tout à la fois la trace et la disparition de cette trace. Le poème tient dans son entier ici, à cet endroit, entre les traces laissées dans le temps et l'absence de traces laissées par le temps. Les traces ne sont pas les marques de ce qui a été mais des signes de ce qui a été, cependant qu'elles sont aussi quelque chose en soi. Et ces traces ne sont pas que de l'eau mais de l'eau souterraine, en circulation sous le sol, en expansion d'un surplus sur le sol, de tout ce qui ruisselle à travers le sol et la terre. L'humide, le liquide, appartient à l'œil qui voit l'instant, alors que le fixe, le formé appartient au poème. Pour l'œil, le fait qu'il ne voit jamais la même chose, que ce qu'il voit est en perpétuel changement, devient un élément auquel le poème se réfère sur plusieurs niveaux, non seulement à travers les traces et les traces d'eau, mais par exemple à travers la façon dont les substantifs, par leur adjectivation, passent ainsi de choses à des propriétés de choses : non pas un grain mais « grenu », non pas une fibre mais « fibreux », non pas une tige mais « tigeux », non pas une grappe mais « grappeux », non pas un rayon mais « rayonneux ». Ils sont décrits en vertu de leur qualité, de leur nature, et non comme des agents ou des sujets qui s'insèreraient dans une classe ou une catégorie. Tous réunis, ils forment un « ça » qui, juxtaposé au « elle » de la pierre, ne coupe pas la parole mais parle aux yeux secs, avant de les refermer.

Pourquoi ces yeux sont-ils secs ? Parce qu'ils sont insouciants ou parce qu'ils voient le pérenne ? Est-ce pour cette raison que la grappe, le grain et la pierre ne coupent pas la parole ? Ils ne coupent pas la parole, ils parlent, et, sachant que parler de mots a été plus haut comparé au sommeil, fermer les yeux secs après leur avoir parlé peut aussi faire penser au sommeil, ou à la mort, ou simplement à l'assoupissement – quoi qu'il en soit, c'est en lien avec le fait de ne pas voir. Le « ça » est actif, il est donc acteur et sujet, il ferme les yeux secs : le non-vu ferme les yeux du non-voyant qui à son tour devient « ça » – la mort ? Cependant, si les yeux secs se tiennent en dehors du « ça », ce n'est pas le cas du poème qui l'invoque, dans un temps et une forme qui lui sont propres. Le poème voit. Le poème voit le regard de l'endormi, sec, au sec mais à l'aise sur la pierre, le grain, la grappe, mais il regarde également la pierre, le grain, la grappe.

Tout cela est bel et bon, mais est-ce vrai ?

La question que ne pose pas le poème, mais que l'on peut lire sous forme de réponse, se rattache à la manière de représenter la réalité lorsque le langage, dans sa nature, généralise les objets et les phénomènes, les dépossède de toute temporalité et, ce faisant, voile leur singularité, et qu'il est lié à une société et à l'histoire d'une société qui les ont par de lents va-et-vient chargés puis déchargés de sens, à savoir de visions du monde, de *Weltanschauungen*, et ce par surcroît lorsque ce langage ne concerne pas strictement l'existentiel, ne concerne pas strictement le social, mais représente ce qui rend social l'existentiel. Car le *sang* n'est pas simplement du sang, le *sol* n'est pas simplement un sol. Un moyen de contourner ce hiatus consisterait à créer un langage tout à fait autonome, libéré de toute histoire, limité à sa généralité : le totalement individuel ne peut être communiqué, ou alors il nécessite une communauté pour être intelligible, il nécessite un *tu* qui crée un *nous* – c'est le fondement du langage. Le poète comprendrait alors son poème, lequel serait alors inintelligible pour toute autre personne ; la question devient dès lors : que comprend le poète dans un monde solipsiste ?

Un autre moyen de contourner ce hiatus serait de changer de langue. Mais, premièrement, toutes les langues sont généralisantes et lestées d'une culture comme d'une histoire ; deuxièmement, le poème de Paul Celan va si loin dans le particulier qu'il ne peut guère apparaître pendant sa lecture comme l'expression d'une langue spécifique, donc la langue allemande, ou d'une culture spécifique, donc la culture allemande – et la crise de s'enfoncer encore plus en profondeur, jusqu'au fondement même de notre compréhension de ce qu'est un être humain, une langue, un langage, de ce qu'est une réalité, un souvenir, de ce qu'est la mort, le temps. Ces questions, au risque de perdre leur particularité et leur radicalité, ne peuvent être ni posées ni résolues dans la langue où siège la perception générale de ces concepts. Or le poème ne peut non plus s'extirper totalement du langage puis se fondre dans sa particularité et sa radicalité, sans quoi il se montre aux yeux d'aucun locuteur. C'est à travers le langage que la réalité se manifeste à nous, non pas telle qu'elle est, mais telle qu'elle est montrée par le filtre du langage ; et, pour peu que ce langage veuille être vérité, il doit montrer sa réalité individuelle, dans un langage individuel, mais sans que soient brisés le lien avec la réalité ou le lien avec les autres locuteurs du langage. *Strette* évolue tout du long en bordure de cette frontière ; et, pour peu que l'on se tienne en bordure de la frontière du sens, la question du sens se pose irrévocablement, cependant que chaque mot atteint une densité inouïe. Cette densité ne provient pas du sens, mais du fondement du sens. « Pierre » est un tel mot. Il est présent, quasi présent comme une pierre, sans relation avec son proche environnement, et si l'on tente de déduire certains aspects de la pierre mise en relation avec l'humain, car dès lors le sens jaillit, le mot ne « répond pas ». Il se trouve à l'intérieur du langage, et malgré tout à l'extérieur des cohérences du langage.

L'individuel réside dans le singulier, le privé dans l'individuel ; il faut en passer par là si l'on souhaite contourner le généralisant. Alors, peut-être la pierre du poème est-elle chargée d'un sens que le lecteur ou la lectrice ne connaît pas et ne peut même pas deviner. Dans sa postface à la traduction en norvégien de la poésie de Celan, Øyvind Berg indique que les parents de Paul Celan, Friederike et Leo, Juifs roumains de langue allemande, ont péri dans un camp de travail appelé La Carrière : « À cet égard, on peut penser à un poème tel que *Strette* ; quoique, il est important de garde une étanchéité entre l'histoire biographique et les poèmes qui la transcendent : les lectures historisantes privent les vers de leur contemporanéité. » Ce que souligne Berg n'est rien d'autre que la problématique herméneutique fondamentale : où passe la frontière entre ce qui figure dans le poème et ce qui habite d'une part l'écrivain, d'autre part le lecteur ? En écrivant le mot « pierre », Celan a-t-il pensé à ses parents parce qu'ils sont morts dans La Carrière ? Se trouvent-ils dans ce mot « pierre » ? Nous ne le saurons jamais. Or, maintenant que je connais cet élément biographique, je peux établir une telle connexion ; il n'empêche : une telle lecture est-elle juste ou suis-je en train de pousser le poème à son corps défendant vers un contenu qu'il ne possède pas ? Qu'est-ce qui se trouve à l'extérieur du poème, et qu'est-ce qui se trouve à l'intérieur du poème ?

Outre « aucun » et « rien », les termes centraux du poème sont « nuit », « mot » et « cendre ». On peut se demander si Celan, quand il a composé ses vers – « un mot est venu [...] par la nuit » et « voulait luire », ainsi qu'il l'écrit –, s'est référé à l'ouverture de l'Apocalypse de Jean. On trouve en effet dans le texte sacré le lien désormais classique entre la lumière et la Parole ou le mot[1], où la Parole, et donc le mot, est Dieu, où Dieu est la vie, où la vie est la lumière de l'être humain qui brille dans les ténèbres ou l'obscurité. Si tel est le cas, cette allusion *existe*-t-elle dans le poème, à l'inverse de ce qui se passerait si Celan ne s'y était pas référé ? Si tel n'est pas le cas, s'il ne

1. En norvégien comme en allemand, le terme est identique chez Celan et dans la Bible : *ord*/*Wort*, d'où la comparaison par l'auteur ; ils diffèrent en français, *mot* chez le poète, *parole* dans le texte sacré.

s'est pas référé à la Bible, et donc si l'allusion n'*existe* pas dans le poème mais seulement en moi, moi qui lis ce poème, est-ce que je le comprends « mal » ?

> Au commencement était la Parole, et la Parole était avec Dieu, et la Parole était Dieu. Elle était au commencement avec Dieu. Toutes choses ont été faites par elle, et rien de ce qui a été fait n'a été fait sans elle. En elle était la vie, et la vie était la lumière des hommes. La lumière luit dans les ténèbres, et les ténèbres ne l'ont point reçue.

Est venu, venu
Est venu un mot, est venu,
est venu par la nuit,
voulait luire, luire[1].

Si on prend soin d'écouter la sonorité de ces quatre vers, on entend aussi Dieu résonner dans le mot invoqué, ce sujet qui n'est pas nommé mais veut luire sans le pouvoir pour autant. Or Dieu n'est pas qu'« un mot », « la Parole », il est la vie, et la vie était l'humanité, auquel cas cette sonorité résonne également dans les mots du poème : tout comme la lumière est une série de mots incapables de percer l'indifférenciation de la nuit, les êtres humains peuvent être incapables de percer l'indifférenciation de la mort. Mais l'ouverture de l'Apocalypse de Jean ne relie pas seulement la Parole et Dieu, Dieu et la lumière de l'humanité, elle corrèle ce lien à « au commencement », comme si elle amorçait le récit de la Création. Il s'agit d'un écho à l'Ancien Testament, où la première phrase de la Genèse s'ouvre elle aussi par « au commencement ». Toutefois, alors que l'Ancien Testament, à travers la Genèse, s'attache

1. Ajoutons que, en norvégien, les mots *lumière* et *luire* sont à une lettre près identiques : *lys* et *lyse*.

à la création du monde matériel, du ciel et de la terre, d'abord stérile et vide au milieu d'un océan de ténèbres, où la lumière puis la terre ferme puis la vie peu à peu apparaissent, à l'instar de tous les récits cosmogoniques qui vont du chaos à l'ordre, le Nouveau Testament, à travers l'Apocalypse de Jean, ne montre pas le lever du jour et l'apparition de la terre ferme hors de ténèbres jusque-là infinies au sein du monde matériel, non, il montre la Parole, il montre le mot. Il s'ouvre par le commencement du monde humain, lequel apparaît à l'intérieur de la parole, du mot, qui à son tour établit des différences dans l'indifférencié, du sens dans l'insensé, de l'ordre dans le désordre. Si l'être humain a le malheur de s'extraire du langage, il s'extrait du monde dans le même élan. Un monde sans langage est un monde sans différences, et un monde dépourvu de différences est un monde dépourvu de sens. C'est le désordre, le chaos, l'expansion et l'effondrement de toutes choses. Le langage n'est cependant pas une entité qui chapeauterait le monde et l'humanité qui l'habite, un système de classeurs dans lesquels seraient rangées les différences ; le langage est une entité présente en chacun de nous, grâce auquel nous pouvons nous comprendre, tant nous-mêmes que les uns les autres et le monde. Le langage *est* l'humain. Le langage héberge le *je*, ou le *moi*, mais uniquement s'il existe un *tu* avec lequel le *je* peut entamer un acte de parole ; car, dans le cas contraire, comment le *je* peut-il se différencier et avoir une forme ? Le *je* sans *tu* n'est personne et tout le monde à la fois.

À quoi ressemble un langage sans l'autre ? Non pas aux monologues intérieurs de Joyce car, même si le langage se pique de venir de l'individuel le plus intime, il l'écoute tout en même temps ; et, dans ce déferlement silencieux de souvenirs, de pensées et de bribes d'une vie et d'un *moi*, cette présence afflue à travers une conscience, comme notamment dans le monologue de conclusion que tient Molly Bloom, à la fin d'*Ulysse*, qui est cet autre avec lequel le secret du monde intérieur entre en relation et n'est ainsi plus encapsulé en lui-même. Le mérite de Joyce a justement consisté à montrer à quel point le *moi* intérieur est relié, à travers le langage, à l'autre et à la culture. Dans son roman suivant, il a emprunté la même voie : le langage n'est plus lu à travers le prisme de l'individuel, Joyce écrit à propos d'un *tous*, voire dans un *tous*, c'est-à-dire dans le langage en tant que tel, sans expéditeur ni récipiendaire, sans *je* ni *tu*, rien qu'un grand *nous*, qui s'étend de tous côtés et de part en part, car le moindre mot s'intègre dans un autre, ils sont ouverts les uns vers les autres, tout ce qu'ils contiennent d'histoire et de culture et de sens séculaire ruisselle à travers eux et se trouve ainsi à la deuxième frontière du sens. La première frontière se situe là où le *je* disparaît dans l'individuel, lequel, ne pouvant dès lors être communiqué sans perdre son caractère individuel, devient l'autre et est par conséquent dépourvu de langage. La première frontière, au bord de laquelle est écrit *Finnegans Wake*, est celle où le *je* disparaît dans le *soi* du langage. Si l'on franchit la première frontière, le *je* disparaît dans le *soi* du langage et devient un *ça*. Si l'on franchit la deuxième frontière, le *tu* cesse d'exister, et le *je* devient un *tous*. Dans les deux cas, le sens disparaît de la langue qui devient énigmatique.

Mais qu'est-ce que l'énigmatique ? Ce qui est inintelligible, ce que l'on ne peut comprendre. Qu'est-ce alors que *comprendre* ? *Comprenons*-nous une pierre ? *Comprenons*-nous une étoile ? *Comprenons*-nous l'eau ? Le concept majeur de l'Apocalypse de Jean, c'est le *logos*, un terme du grec ancien signifiant notamment *mot, parole, discours*. Dans la culture de la Grèce antique, à partir de Platon, le langage est abstrait dans une plus grande mesure que dans la culture juive où l'équivalent du *logos* en hébreu, *dabar*, est plus concret, plus proche de son signifié, assimilable à *chose* ou *action*, ainsi que l'explique Northrop Frye – et si je l'ai bien compris. Pour autant que l'Apocalypse de Jean ne soit pas présent dans le poème de Paul Celan, la dimension grecque l'est en revanche, ne serait-ce que par la référence allusive à Démocrite, chez qui le monde physique est divisé en éléments dissous jusque dans leurs moindres composants, mais aussi à travers le monde du langage, un monde abstrait, relationnel, reliant au Tout, prérequis pour que dans le poème le *nous* ne soit plus possible : la pierre se trouve dans le langage, sans lien aucun. Que signifie la pierre ? Voilà une question posée au langage, à « la pierre ». Nous savons à quoi elle ressemble, nous savons comment elle est façonnée, nous savons quelles sont ses propriétés. Ce qu'elle est néanmoins, dans son essence, nous n'avons pas de concepts susceptibles de l'expliquer. Nous pouvons dire « ça » ou « ce » : « Ça, c'est une pierre. » « C'est une étoile. » « C'est de l'eau. » « C'est moi. » Ou bien, si on veut, nous pouvons dire : « Je suis ça. » Mais qu'est-il, ce « ça » ?

« Ça », c'est ce qui n'a pas de nom.

Compréhension et sens ne sont pas les deux faces d'une même pièce. Selon la définition qu'en fournit le sociologue israélo-américain Aaron Antonovsky, le sens relève d'un sentiment ou d'une expérience de cohérence et passe par l'intelligibilité, autrement dit la compréhension. La religion établit elle aussi de telles cohérences, introduisant la pierre et l'arbre dans l'humain où ils sont ce qu'ils sont, c'est-à-dire des objets tangibles, et représentent tout en même temps des aspects du sacré et du divin, c'est-à-dire le sur-humain. La science, qui a supplanté la religion, établit à son tour de telles cohérences, plaçant la pierre et l'arbre au sein d'un immense système de ressemblances et de dissemblances où l'être humain s'est non seulement fait une place mais dont il est partie intégrante. Enfin, la sphère sociale établit également des cohérences, un système complexe d'interdits et de licences, entre ce qui peut être fait ou pas, ce qui peut être dit ou pas, ce qui est souhaitable et ce qui ne l'est pas, une hiérarchie dont l'individu peut atteindre tour à tour le plus haut ou le plus bas niveau en fonction de l'étanchéité des différentes strates au sein de la société. Le sens n'est pas une chose acquise mais un sentiment qui jaillit, aussi la cohérence constitutive de ce sentiment de sens est-elle toute relative en ce qu'elle se fonde sur des malentendus et des compréhensions, une superstition et une foi réelle, des illusions et des réalités, une morale et une immoralité. Sentiment de cohérence, le sens gagne en force dès lors que la cohérence redouble elle-même de force, et l'être humain ne peut éprouver de sentiment de cohérence plus fort qu'à travers l'appartenance au Tout et au divin, dont il fait l'expérience dans l'extase. L'amour, voilà un autre sentiment créateur de cohérence ; de même que le sentiment de former une communauté d'esprit, qui jaillit en soi quand on partage une expérience avec autrui, est également créateur de cohérence et porteur de sens. L'auteur de l'Apocalypse de Jean a fourni une contribution exceptionnelle en comprenant que non seulement le monde de l'être humain surgit dans la Parole, donc dans le mot, mais que l'être humain y surgit lui aussi, et que tout sens susceptible d'exister dans ce monde provient de la Parole, du mot. La Parole est une lumière, elle irradie notre monde au-delà duquel s'étendent les ténèbres, et s'il en va ainsi, c'est parce que la Parole crée les différences et les ténèbres créent l'indifférenciation.

Dans le poème de Paul Celan, les ténèbres, ou l'obscurité, ne se situent pas au-delà ou en dehors de l'humain, notre limite, le lieu où nous nous tenons lorsque nous rencontrons la mort ou le sacré, non, les ténèbres ont pénétré au cœur même de l'humain qui, selon cette grille de lecture, est synonyme de langage.

Et, dès l'instant où le langage s'effondre, les ténèbres s'engouffrent dans notre monde et le remplissent tel un océan.

Que signifie toutefois l'effondrement du langage ? Comment le langage peut-il s'effondrer ? Ou bien, formulé autrement : pourquoi le mot ne surgit-il pas quand on l'invoque ? Pourquoi ne brille-t-il pas mais apparaît sous la forme d'une négation, « voulait lire, luire » ? Dans l'Apocalypse de Jean, la Parole, donc le mot, est Dieu, ce que l'on peut comprendre comme une manière différente pour dire que Dieu est celui ou ce qui donne sens au mot, celui ou ce qui contient et diffuse le sens, celui ou ce qui est donc pourvoyeur de cohérence. Le poème de Paul Celan ne contient pas une telle cohérence porteuse de sens. Le mot relatif au monde détruit le monde, désarticule l'herbe, met en mouvement la roue qui roule toute seule, disjointe de son proche environnement, réduite à un symbole déraciné, dans un territoire où ce déracinement, cet arrachement, représente sans nul doute l'essentiel, en tout cas il est souligné puisque le ciel sous lequel tourne la roue est dépourvu d'étoiles. Les étoiles sont des lumières dans les ténèbres, la lumière est le mot, le mot est la Parole, la Parole est Dieu. Quand le mot est invoqué juste après sous la forme d'une lumière, il faut entendre cette invocation comme un appel à un autre type de mots, comme un désir d'établir une autre cohérence que la désarticulation, la destruction ; aussi, forcément, dès lors que ce souhait n'est pas exaucé, le poème ne peut que sombrer dans la « cendre./Cendre, cendre. », puis dans la « Nuit/Nuit-et-Nuit. » et exiger d'aller vers l'œil, non pas l'œil qui regarde et différencie, mais l'œil qui pleure.

En tout état de cause, la cohérence ou le sens n'agissent pas uniquement dans l'origine du mot, mais aussi sur le chemin que parcourt le mot dans le maintenant du poème qui le mène vers un *tu*. Sans ce *tu*, le poème aurait totalement perdu la parole, il serait devenu muet. Il ne se serait pas effondré dans la cendre et dans la nuit, qui voisinent le sans-langage, mais dans le sans-langage lui-même. Le *tu* (ou le *toi*) constitue l'espoir du poème, l'avenir du poème, l'utopie du poème. Il n'empêche : le *tu* du poème n'est pas synonyme de *je*, le mien notamment au moment où je suis en train de lire ce poème ; ce *tu* a une dimension sémantique dans laquelle je peux m'intégrer – ou pas. Si je l'intègre, je dois procéder avec la plus grande délicatesse car la lecture suppose que l'on abandonne son *moi* et que l'on s'abandonne à cette voix étrangère, qu'on lui obéisse, laquelle en l'occurrence a été créée par un homme, Paul Celan, mort depuis longtemps, mais qui ici, dans ces mots et dans leurs nuances finement ourlées, jaillissent avec leur *moi* dirigé vers un *toi* que je tente, plus de cinquante ans après, d'intégrer. Si jamais j'intègre le poème avec un *moi* trop prégnant, je transforme le *toi* du texte en ce *moi* qui m'est propre, je cantonne le poème à un rôle de miroir, ses possibilités identificatoires se limitent aux limites qui me sont propres car en fin de compte je ne sais que ce que je sais. Ce préjudice agit non seulement dans la relation à ce *moi* qui m'est propre, qui m'est personnel, mais aussi dans la relation à la culture en général qui, non contente de faire elle aussi partie de mon *moi* lecteur, est absolument nécessaire : sans elle, je ne comprendrais pas un traître mot de ce qui figure dans le poème. Le *tu* (ou le *toi*) présent dans les vers de Paul Celan, ce *tu* auquel s'adresse le poème, se voit nier tous ces mots qui créent de tels préjudices communs, justement parce que l'espace identificatoire dans lequel il est écrit traite de l'insuffisance des préjudices en relation avec le monde qu'il souhaite atteindre ; voilà pourquoi le poème est si difficile à appréhender : il s'éloigne des points communs et, lorsqu'il s'en rapproche malgré tout, il le fait dans un mouvement qui paraît émancipé de toutes les associations et résonances habituelles : une pierre est une pierre. Le poème choisit l'idiosyncrasique pour méthode lorsqu'il s'agit pour lui d'écrire autre chose que des mots qui suscitent des mots, ce qui pousse le lecteur à avoir une lecture idiosyncrasique et complique par là même les relations entre l'image du poème et ce que « représente » cette image, ce qu'elle « exprime » en fin de compte. Le poème s'exprime et il est tout en même temps l'expression de lui-même. Mais il s'exprime avec les mots de la communauté. Cette expression complique certes l'interprétation, mais pas la compréhension ; car, pour autant que les associations suscitées par les mots ne bénéficient d'aucun espace de diffusion et sont même rejetées par les autres mots environnants, les ambiances et les émotions suscitées par l'ensemble des mots ne connaissent pas pareil rejet. Voire, c'est là que se niche le sens ultime et authentique du poème, à l'extérieur du langage, dans le cœur et dans l'œil en pleurs. Oui, c'est là que le « tu », sans doute une personnification du lecteur, est intimé à aller : ne lis pas, ne regarde pas, va à l'œil, va à l'œil humide. D'un autre côté, cet œil qui ne voit pas mais qui pleure forme une espèce d'équivalent à la lumière qui « voulait luire » et, par conséquent, dans cette immense obscurité, une image de l'impuissance, de l'effondrement du langage. Le langage s'est effondré parce que le « nous » d'où il provient et dont il est constitué s'est effondré à son tour ; mais le poème ne s'écrit pas uniquement pour montrer cet effondrement, il est en lui-même une tentative pour s'extraire de cet effondrement et, ainsi, rétablir un sens, ne fût-ce qu'ici, dans le poème, et ne fût-ce que de manière négative, en dévoilant la perte de sens. Cette perte n'a pas pour figure la nuit qui camoufle, ni d'ailleurs le manque de force dont les mots sont victimes, mais bien la cendre dans laquelle tout a disparu. La cendre est la forme de l'absence. La religion, qui à travers ses prescriptions et ses proscriptions a transformé la vie des êtres humains en une seule et même relation à Dieu, une relation par surcroît signifiante pour eux, a elle aussi incorporé la cendre dans la frontière qu'elle trace entre d'une part la réalité sociale et physique, d'autre part la réalité divine : la cendre est explicitement nommée dans l'Ancien Testament. Dieu l'Éternel la donne aux Israélites par l'entremise de Moïse, et elle – non pas n'importe quelle cendre, mais la cendre résultant de sacrifices – devient l'objet de certaines règles. Le prêtre doit être vêtu de lin lorsqu'il emporte la cendre et doit la poser près de l'autel. Il doit ensuite mettre d'autres vêtements « pour porter la cendre à l'extérieur du camp, dans un endroit pur ». Le sacrifice se compose d'une succession de passages : un animal abattu en ce bas monde est conduit dans le divin, devient divin lui-même, appartient à Dieu. La cendre demeure dans le divin et, par voie de conséquence, est elle-même divine. Le changement de tenue du prêtre marque un passage, parachevé par le transfert de la cendre hors du temple jusque dans le camp ; elle redevient une partie de ce bas monde. Néanmoins, malgré cette différenciation du divin, la cendre n'en demeure pas moins un reliquat qui, à l'inverse de la vie, ne peut être achevé – puisqu'elle est déjà morte – et est donc emporté ailleurs en devenant ainsi non divine.

Une question reste malgré tout en suspens : qu'a à voir la dimension sémantique de la cendre avec le poème de Paul Celan ? « cendre./Cendre, cendre. », y figure-t-il, comme s'il fallait insister sur le fait qu'il ne reste plus que ça, de la cendre, et absolument rien d'autre. N'oublions pas que la victime sacrificielle brûlée sur le bûcher et dont il ne reste que des cendres constitue la définition, en grec ancien, du mot *holocauste*. Dans un poème composé en 1959 par un écrivain juif de langue allemande, il est difficile de lire les mots *cendre* et *holocauste* dans leurs dimensions sémantiques neutres. Une telle précision relève-t-elle déjà de la lecture historisante ? Ou plutôt, afin de retourner la problématique : que désigneraient les mots « cendre », la blessure que des « sutures » ont « ressoudé[e] », sinon l'Holocauste, ou la Shoah ? S'agit-il d'une réduction sémantique ? Oui, d'une certaine manière, car c'est précisément cette réduction du nom que tente d'éviter le poème dans son entier, et avec une force négative violente, pour la simple raison qu'elle fermerait alors ce que le poème tient à garder ouvert. Or c'est aussi précisément cela, et rien d'autre, qui s'y passe : le poème se débat avec une chose très spécifique qu'il ne peut nommer et, ce faisant, il dépasse le spécifique, qui vaut pour le temps historique, et pénètre dans des catégories existentielles fondamentales où le plus important est la relation entre le langage et la réalité. Sans cette catastrophe pour l'humanité qu'a été la Shoah, le poème aurait certainement spéculé sur la différence entre les mots et les pierres, aurait circulé autour du néant de la mort ; mais j'ai peine à croire qu'il aurait alors été capable d'implorer, en vain, comme il le fait, la lumière venue du Très-Haut, la lumière divine, de « luire ».

De façon flagrante, *Strette* n'est ni un exercice de langage ni une dissertation universitaire sur la présence et l'absence ; il s'agit d'une élégie et d'un requiem qui portent sur les morts, mais aussi sur la perte consécutive à leur mort – une perte qui n'est autre que le *nous*. Car c'est dans la langue de Paul Celan, dans sa langue maternelle, l'allemand, que les Juifs ont d'abord été différenciés du *nous* de cette langue, puis indifférenciés dans son « ils », pour enfin, dans les camps d'extermination, être réduits à un « ça ». Les Juifs ont été dépossédés du nom qui renfermait non seulement leur identité mais aussi leur humanité, ils sont devenus « ça », des corps pourvus de membres que l'on pouvait compter mais pas nommer. Ils sont d'abord devenus *personne*. Ils sont ensuite devenus *rien*. Tout ce qui restait d'eux après leur mort, c'était de la cendre.

Il y a quelque temps, j'ai regardé le documentaire de Claude Lanzmann sur l'extermination des Juifs, *Shoah*. Le film a ceci de particulier qu'il prend exclusivement comme matériau ce qui est resté, ce qui existe au moment du tournage : il n'a recours à aucune photographie ni à aucun film d'archives, il utilise exclusivement des interviews contemporaines, autant d'hommes et de femmes vivant dans le présent et racontant les uns à la suite de autres ce qu'ils ont vu ou vécu au moment de la Shoah. Des trains, des forêts, des visages. Certains racontent facilement ce qu'ils ont vu, sans pour autant le comprendre, ils ne savent pas forcément ce qu'ils disent ; d'autres ne se départent pas du silence, d'autres encore perdent totalement contenance sous le poids d'un simple souvenir qui devient brusquement impossible à porter. En tant que spectateur, j'étais en mesure de les comprendre, ces événements qui s'étaient produits, car ils se sont effectivement produits ; j'étais en mesure d'évaluer le récit de ces témoins et de le mettre en cohérence avec ce que je sais de ces événements, mais aussi de le mettre en relief à la lumière de la psychologie et du tempérament des témoins. Par deux fois seulement au cours des neuf heures que dure le film, j'ai pris conscience de la réalité de ces événements, dans toute leur horreur, dans toute leur atrocité, c'est-à-dire que je les ai appréhendés avec mes émotions et non plus avec ma raison. Ces prises de conscience ont duré peut-être deux voire trois secondes, puis elles ont disparu. Et, pendant l'un de ces instants fugitifs, j'ai mis en relation l'éclair de compréhension survenu avec le poème de Paul Celan.

Dans le documentaire, un employé des chemins de fer polonais évoque un après-midi de 1942 à la gare où il travaillait, située à côté d'un camp de concentration aménagé peu de temps auparavant, sans que les habitants du village sachent quelle en serait la nature. Ils en parlaient souvent entre eux, peut-être d'ailleurs l'homme interviewé a posé la question aux Allemands, je ne me souviens plus ; quoi qu'il en soit, il était persuadé que ce serait un camp de travail destiné aux Juifs. Cet après-midi-là de 1942, il s'apprêtait à rentrer chez lui après sa journée de travail quand un train est arrivé en gare. Le convoi était composé d'une très grande quantité de wagons, tous remplis de Juifs que les Allemands ont convoyés à l'intérieur du camp au moment précis où l'employé rentrait chez lui à vélo. À cause de la proximité entre la gare et le camp, ses collègues les entendaient par les bruits qui se répandaient dans le secteur à la nuit tombée : cris, pleurs d'enfants, discussions, marmonnements. Lorsque l'employé est revenu le lendemain matin pour commencer sa journée de travail, il a tout de suite été frappé par le grand silence qui régnait. Il ne comprenait pas. Où étaient passés les

Juifs ? Ils n'avaient pas été transportés ailleurs, il le savait, ils devaient par conséquent se trouver quelque part dans le camp. Mais comment pouvaient-ils être aussi si silencieux alors qu'ils étaient si nombreux ?

Ce silence, où toutes les différences humaines sont éliminées, voilà ce à propos de quoi écrit Paul Celan. Et ce silence, c'est le néant, du Rien. Or il y a quelque chose dans ce Rien, il y a tous ces gens qui ont disparu à l'intérieur de lui. Ce silence, et les ténèbres au cœur de ce silence, voilà ce qui pousse le *je* du poème à implorer les mots de luire, qui le pousse à écrire « voulait luire, luire » puis « cendre./Cendre, cendre. », puis « Nuit/Nuit-et-Nuit. » Les différences ont été gommées, Tout a été transformé en Rien, ce qui était est irrévocable, perdu à jamais, irrévocable jusque dans le langage, car un mot ne peut plus faire de différence dans cette immensité vide du Rien indifférencié. Tout ce qui reste après cette disparition, c'est le silence, c'est-à-dire ce qui est dépourvu de mots, c'est-à-dire encore la nuit, et la cendre. Le monde différencié de l'individuel : de la cendre. Le passé, l'avenir : de la cendre.

Alors sans doute peut-on dire, en faisant ainsi preuve de grand cynisme, qu'une vie est une vie et que la mort d'un enfant dans une chambre à gaz n'est pas plus terrible que la mort d'un enfant dans un accident de voiture : le chagrin pour les proches est le même, le deuil est le deuil, le chagrin est le chagrin, il n'augmente pas par multiplication, l'être humain n'est pas un nombre, le chagrin n'est pas une équation mathématique. Certes – et perdre un enfant est toujours le même chagrin. Mais le nombre cumulé représente beaucoup plus que l'un ajouté à l'autre ; les morts composaient aussi une communauté, une collectivité. Lors de la mort d'un être humain dans une société, son souvenir continue de vivre au sein des autres, ses effets personnels physiques sont répartis parmi les proches. Un *nous* a perdu un *tu* qui est devenu un *ça* dans la mort.

Pendant la Shoah, ce sont des sociétés entières qui ont été exterminées toutes d'un coup, tant et si bien que non seulement ce qu'elles étaient a été anéanti, mais aussi ce qu'elles avaient été. Leurs souvenirs, leurs histoires ont été exterminés. Ce que ces gens étaient au moment de leur mort, leur « est » en propre, a définitivement cessé, mais aussi leur « était » ; et ce Rien subséquent, absolu, où il ne reste ni rien ni personne, crée une distinction entre le « est » et le « était » que la mort en soi n'établit pas car le *nous* ne meurt jamais, il continue de vivre : toutes nos constructions, toutes nos actions sont dirigées vers cette perpétuation du *nous* qui est plus pérenne que chacun des éléments individuels formant ce *nous*, lesquels meurent, restent un moment conservés dans la mémoire proche du *nous*, qui meurt à son tour, jusqu'à ce que ce *nous*, fondamentalement le même, se compose d'individus nouveaux.

Voilà ce qu'est une culture.

La culture ne supporte pas uniquement la mort du *tu* comme la mort du *je*, elle existe aussi pour les enceindre. Et le langage est l'élément le plus important de cette enceinte. Le langage appartient au *nous*, il est nôtre ; nonobstant, ce que nous exprimons à travers lui correspond à notre individualité, laquelle individualité, exprimée encore et encore par le langage, pendant des siècles et des siècles, correspond à la cacophonie du *nous*. Nous surmontons la mort dans le langage et la culture, c'est d'ailleurs la fonction la plus fondamentale tant du langage que de la culture. Quand Stéphane Mallarmé rédige les notes de ce qui deviendra le poème posthume et inachevé *Pour un tombeau d'Anatole*, consacré à son fils et à la mort de ce fils, son écriture se dirige droit vers le gouffre du néant et en sonde les ténèbres ; mais la dissolution dont est frappé son langage s'explique par la position de Mallarmé qui évolue dans les confins du langage, un langage désarticulé à cet endroit très précis, impuissant non pas en soi mais parce que face à cette position dans les confins, car pour peu que le langage se soit déplacé vers le centre, vers la vie et vers la sphère sociale, il aurait retrouvé son sens, il serait redevenu entier. Mallarmé se souvient de son enfant mort. Pendant la Shoah, non seulement l'enfant est mort, mais aussi ceux qui se souvenaient de l'enfant.

Le distinguo que l'on peut établir entre le poème de mort de Celan et celui de Mallarmé ne se loge pas là, même si l'absence de souvenir amplifie l'indifférenciation du néant. Non, le distinguo se situe au niveau de la dissolution du sens qui, dans le poème de mort de Celan, ne concerne pas la zone ultime du langage, ce que le langage ne peut toucher ni attraper, donc la négation de la problématique du nom de Dieu, mais bien le fait que la dissolution du sens concerne le langage en soi, sa nature même. Non pas le lexique élémentaire de la langue, des mots tels que « pierre » ou « herbe », mais le fondement de la cohérence de sens que crée le *nous* du langage dans la mesure où ce *nous* a distingué les différents « tu », les a transformés en un « ils », puis en un « ça », les a extirpés du langage et de l'humain.

Un *je* qui a assisté à cela peut-il, après, dire « nous » ? Et si cela se révèle impossible, comment dès lors écrire, comment parler ?

Le langage est une activité sociale, tout langage exige un *je* et un *tu* qui, réunis, composent un *nous*.

La réalité du langage est ainsi une réalité sociale : il y a la réalité du *je*, celle du *tu*, et enfin celle du *nous*. Cependant, le langage n'est pas une dimension sémantique neutre qui exprime le déjà-existant ; tant le *je* que le *tu* imprègnent le langage et sont imprégnés par lui, le créent et sont créés par lui. L'identité est culture, la culture est langage, le langage est morale. Les exactions perpétrées dans le IIIe Reich ont été rendues possibles à cause de l'extrême amplification du *nous* et de l'absolu affaiblissement du *je*, lequel *je* a atrophié la force de résistance contre les progressives déshumanisation et exclusion du non-*nous*, c'est-à-dire des Juifs, lequel non-nous à son tour renforçé plus extrêmement encore le *nous*. La déshumanisation s'est opérée dans le langage, dans le nom du *nous* qui renferme également la morale, et la voix de la conscience a ainsi pu en Allemagne retourner le commandement « Tu ne tueras point » en « Tu tueras », ainsi que l'a souligné Hannah Arendt.

Dans ce langage, où la morale mais aussi l'éthique et l'esthétique ont été perverties, Paul Celan dit « je ». S'il avait dit *mort* dans ce langage, il aurait dit autre chose que l'absence de vie, il aurait dit autre chose que « rien » – puisque le nazisme, qui s'était insinué dans toutes les strates de la culture, était un culte de mort –, s'il avait dit *mort*, il n'aurait pas dit « rien », mais *victime, patrie, appartenance, lignée*. S'il avait dit « sang », il aurait dit *race, pureté, victime, mort*. La mort dans les chambres à gaz était une autre mort que la mort, son néant était autre chose, nommé comme on nomme l'éradication des insectes ou des nuisibles, l'élimination de quelque chose qui n'est pas désiré, qui n'est pas humain – et comment alors nommer cette mort, dépourvue d'identité, sans réveiller les drapeaux brandis ou les hardes de rats qui grouillent dans le mot *mort* ?

Sept ans plus tard, en 1952, Paul Celan publie un autre poème ayant trait à la Shoah, sans doute son plus connu, *Fugue de mort*. La thématique est la même mais le monde décrit est considérablement différent, et pas simplement parce qu'il comporte des noms. L'Allemagne est nommée cinq fois, Margarete avec ses cheveux d'or quatre fois, Sulamith avec ses cheveux cendre trois fois. La mort est personnifiée : « la mort est un maître d'Allemagne » ; la violence est exemplifiée : « il attrape le fer à sa ceinture il le brandit », « il te touche d'une balle de plomb il ne te manque pas », « il lance ses grands chiens sur nous » ; la violence est associée aux Juifs et orchestrée par de la musique : « il siffle ses grands chiens/il siffle il fait sortir ses juifs et creuser dans la terre une tombe/il nous commande allons jouez pour qu'on danse », tandis qu'au-dessus de lui, maître d'Allemagne, scintillent les étoiles. *Fugue de mort* est un poème aussi évocateur qu'hypnotique, sa beauté sauvage peut se mesurer aux poèmes d'Hölderlin. Et son propos est loin d'être faux : le nazisme était sauvage et barbare, d'un grotesque totalement carnavalesque, il cherchait le sublime et les profondeurs de l'histoire, il brandissait devant lui la culture allemande (y compris Hölderlin), son *moi* était dissous dans le *nous* de la masse – et c'était une dissolution efficace car cela revenait à s'engouffrer dans ce qui était plus grand que soi, à s'extraire du carcan de la classe pour pénétrer dans un Tout saturé de fierté : le sang, la nation, l'Allemagne ; c'était une nuit qui s'abattait, avec brutalité, avec perversité, illuminée par un incendie de violence et de destruction.

Ce mal strident, aussi sourd qu'assourdissant, imprègne complètement *Fugue de mort*. L'identité n'est pas anéantie, elle est même rassemblée en trois noms : Allemagne, Margarete et Sulamith, avec les cheveux dorés de la seconde opposés aux cheveux cendre du troisième, donc l'aryen opposé au juif. La mort n'est rien, le passé n'est pas absent, il n'est pas irreprésentable, la langue n'est pas désarticulée, elle fait toujours sens. Tout ceci a disparu de *Strette*. Dans *Strette*, le silence domine. Il n'y reste pas un nom. Le poème se glisse entre le nom du monde et le monde, mais il ne cherche pas l'existence pure, comme une liberté vis-à-vis de la civilisation et de la culture, donc du prétendu authentique, car l'absence de nom est une perte dans le poème, ce pour quoi on prie mais qui n'en reste pas moins impossible. Même la nature, telle qu'elle est, véritable et authentique, retranchée pour ainsi dire derrière le langage, est imprégnée par l'idéologie du « nous », par ce projet visant à créer un sens commun, une opinion commune, et y compris celui des nazis où la nature constitue une conception dominante, présente non seulement dans *Mein Kampf* d'Hitler – où la conception de la nature en soi apparaît sans doute comme la plus importante –, mais aussi dans la philosophie d'Heidegger, une grande source d'inspiration pour Celan au point que le poète a rencontré en personne le philosophe, ce qui n'était pas sans poser problème dans la mesure où Heidegger était nazi, où il était membre du parti nazi ; donc même l'idée du monde tel qu'il est, en dehors du langage, n'est pas intouchée par cette idéologie et cette *Weltanschauung*, elle est au contraire entrelacée en toute chose, aussi, ce manque d'innocence, ou cette découverte de la perte de l'innocence, représente, du moins tel que je le lis, le point de départ du poème de Celan.

La grande différence entre *Fugue de mort* et *Strette* vient évidemment des années qui les séparent, sans pour autant qu'elle soit nécessairement le simple résultat de l'évolution, de la maturation et de l'approfondissement de l'œuvre littéraire de Paul Celan ; un changement s'est également opéré dans l'évolution de la culture, donc du « nous » : la compréhension du nazisme et de la Shoah au cours de ces années.

Car, alors qu'en 1952 elle demeurait sans nul doute une césure béante dans toute son impensable atrocité, qui plus est dans des sociétés en ruine, elle était en 1959 refermée d'une tout autre manière, elle s'apparentait à un événement dont il était fait mention, à une contingence de l'histoire où tous les destins individuels, toutes les vies individuelles, tous les instants individuels étaient cloisonnés dans l'emblème du nom, y compris celui d'Auschwitz.

« Qui a recouvert ça ? » est-il demandé dans le poème. La nomination est une autre forme de disparition. Voilà pourquoi le poème ne peut pas décrire la déportation des Juifs, le transport dans des wagons à bestiaux à travers la campagne polonaise, la sommation d'entrer à l'intérieur des camps, le déshabillage forcé, la marche en enfilade, les chambres à gaz, l'assassinat dans les chambres à gaz, l'ouverture des portes contre lesquelles les déportés pris de panique se sont massés, l'écroulement des cadavres sitôt ces portes ouvertes, l'incinération des cadavres dans des bûchers au fond de fosses et par la suite dans les fours crématoires, les cendres. Cette description, que nous pourrions qualifier de succession de faits avérés et que nous associons au mot *Auschwitz*, n'a rien à voir avec la réalité, notamment parce que sa perspective indique un déroulement dans son entièreté, qui lui-même est une fiction pour la simple raison qu'aucun être humain n'en a vu l'enchaînement mais uniquement certains moments, et que les personnes présentes pendant le déroulement dans son entièreté soit sont mortes, sans avoir jamais pu raconter ce qu'elles ont vécu, soit, si elles ont survécu, ont assisté au déroulement de l'intérieur, alors que la description considère l'action tout du long de l'extérieur.

La perspective n'a jamais existé, elle appartient à l'écrit et n'est possible que dans l'écriture. Auschwitz, tel que nous le concevons, n'existe pas aujourd'hui, il appartient au passé, un passé perdu, et il n'existait pas non plus à l'époque car ce que nous croyons s'y être produit, selon la manière dont on nous l'a raconté, ne s'est pas produit de cette manière, le récit ment dans la mesure où il confisque l'individu dont la perspective est la seule possible et la seule véritable, et c'est justement la confiscation de l'individu et de sa perspective qui rend l'extermination possible.

*

Dans mon enfance, alors que je jouais dans les bunkers construits par les Allemands dans la forêt de Tromøya ou que je regardais la mer assis jambes pendantes sur leurs blockhaus, ces installations militaires n'avaient plus servi depuis une trentaine d'années déjà. Le monde dans lequel je m'amusais, du haut de mes dix ans, vivait en paix, bien ordonné. Lorsqu'à l'âge de neuf ans je suis allé pour la première fois en Allemagne, à Flensburg, en marchant à petites foulées sur les talons de mon père tandis que nous traversions une ruelle étroite flanquée de chaque côté de femmes en tenue légère qui s'exposaient dans des vitrines, et qui constituent vraisemblablement la raison pour laquelle je me souviens de la ville, le monde y était tout autant en paix et bien ordonné. Si nous franchissions les montagnes pour nous rendre chez mes grands-parents, dans le Vestlandet, la plupart des touristes que nous rencontrions étaient allemands. Nombre d'entre eux étaient déjà venus ici, pendant la guerre. Cette Seconde Guerre mondiale nous était enseignée en cours, surtout à travers ses événements qui concernaient la Norvège à proprement parler, avec les années la perspective s'est étendue au reste du monde. Elle était présente dans la presse parce que des criminels de guerre étaient retrouvés çà et là, puis jugés. Les hebdomadaires, peut-être surtout le magazine masculin *Vi Menn*, regorgeaient d'histoires sur les trésors de guerre, le prétendu or nazi, ainsi que sur les criminels de guerre allemands cachés qui au Brésil, qui en Argentine. Mais ma source principale pour engranger du savoir sur le nazisme provenait des bandes dessinées, telles que les séries *På vingene* et *Vi vant*. Les Allemands, ou les Fritz ainsi qu'ils étaient surnommés, y étaient méchants et cruels ; quant aux Japonais, surnommés pour leur part les Jaunes, ils y étaient pires encore. Cette somme d'informations, qu'elles viennent des livres, des illustrés, des articles de journaux, des récits dans les magazines, ou encore des cours au collège puis au lycée, se déroulaient d'une certaine manière à une époque radicalement différente, dans un lieu radicalement différent, plus proche de la forêt profonde où Hansel et Gretel ont été enfermés que de celle située non loin de Hove, où les Allemands avaient pris leurs positions, qui s'éclaircissaient au fur et à mesure où elle s'approchaient des galets et du rivage et finissaient par cesser complètement.

Alors que j'étais en cinquième, j'avais alors treize ans, je vis pour la première fois des images des camps d'extermination. C'était le printemps, je me trouvais à la bibliothèque scolaire aménagée en sous-sol – et ce fut pour moi un choc absolu. Je fus saisi par une sensation de gel intérieur : j'étais frigorifié, au sens propre du terme. Mais ce n'étaient ni le nombre de personnes assassinées ni leurs souffrances qui suscitèrent en moi cette réaction, puisque les cours d'histoire nous avait appris ce qu'était la Shoah. Non, ma réaction était due à une photographie : celle d'une femme à ce point émaciée qu'elle ne ressemblait plus à un être humain, qui plus est cette femme était nue, bien que la représentation n'ait absolument rien de sexuel. Il y avait également une autre image, qui montrait une montagne de cadavres, empilés comme des bûches de bois ; la photo avait été prise d'un peu loin et, bien que les membres et les corps soient entremêlés, je distinguais très clairement qu'il s'agissait d'êtres humains. Cette sensation de gel intérieur, cette épouvante qui me traversa et me mit dans un état d'aliénation totale, pendant plusieurs heures par la suite, n'avait rien à voir avec les souffrances que ces gens avaient endurées, ni avec le caractère épouvantable de l'acte perpétré – cela avait uniquement à voir avec les corps, avec la façon dont ils avaient été placés et avec ce que ce positionnement exprimait, que je n'avais jamais vu à ce jour et n'avais pas deviné un instant qu'il ait pu un jour exister.

À l'université, j'ai été confronté à la guerre et à la Shoah sous une tout autre forme, notamment à travers ce qu'écrivent Horkheimer et Adorno dans leur *Dialectique de la Raison* – *Aufklärung* en allemand, c'est-à-dire à la fois *Lumières* en tant que mouvement historique et philosophique et *lumière* en tant qu'*éclaircissement*, d'où *raison* – où, dans l'objectif ultime de tenter de comprendre l'effondrement de la civilisation dans la barbarie la plus extrême, ils analysent l'*Odyssée* afin de montrer, si j'ai bien compris, comment la lumière et les ténèbres sont intimement liées, la lumière tentant de se libérer des ténèbres et étant sur le point d'y parvenir à plusieurs reprises, mais se retrouvant pour ainsi dire à nouveau aspirée dans l'opacité des ténèbres. L'aveuglement de la Raison à l'égard d'elle-même, qui a commencé comme un désenchantement de la réalité, pour émanciper l'être humain et le transformer en son propre maître, s'est ponctué par un enchantement de cette même réalité, cependant que les technologies et les conquêtes du progrès se poursuivaient, en retirant à l'être humain son émancipation et en le transformant en esclave, pour finalement s'effondrer en totalité.

Pour Adorno, la solution consistait à davantage de Raison, comprenais-je : « La Raison doit prendre conscience d'elle-même si les hommes ne doivent pas être trahis totalement. Ce qui est en cause, ce n'est pas la conservation du passé, mais la rédemption des espoirs du passé. » Les liens qui unissaient la lumière, les ténèbres, la Raison, le mythe, le nazisme et Bergen – la ville où j'habitais et dont mon univers se composait –, je ne les comprenais pas parce que la problématique n'existait pas. Tout avait sa place bien attribuée à cette époque. Adorno se situait quelque part, l'*Odyssée* se situait autre part, ma vie était ancrée dans un troisième endroit, la guerre dans un quatrième. Même quand un mélange s'opérait, ainsi de ce fameux soir à Sørbøvåg où, regardant la télévision avec mon grand-père maternel, il s'est brusquement écrié, un doigt pointé vers l'écran : « Mais qu'est-ce qu'il fout ici, ce Juif ? » – il faisait allusion à Jo Benkow –, je n'avais pas vraiment conscience de ce mélange, je ne pensais pas à la Raison, je ne pensais pas au mythe, je ne pensais pas à Adorno, je ne pensais pas à Arendt : je pensais à mon grand-père dont je savais qu'il n'avait jamais été nazi et, partant, je me disais que ses préjugés provenaient de la période dans laquelle il avait grandi et n'exprimaient pas une conviction intérieure essentielle.

La quantité de livres sur le nazisme que j'ai lus dans les années qui ont suivi tient moins d'une tentative pour comprendre que de la fascination colossale qu'exerçaient sur moi les événements d'alors. L'*excessif* était à cette époque un concept en vogue, théorique et flou, appliqué à des textes, souvent modernistes ; alors que l'excessif dans la réalité, à l'instar du *transgressif*, autre mot à la mode dans les milieux universitaires et intellectuels, personne ne voulait en entendre vraiment parler. Car où trouvait-on l'excessif et le transgressif dans notre culture ? Les toxicomanes étaient excessifs, ils ne renonçaient à aucun moyen pour se procurer leur drogue ; la pornographie était transgressive, à l'instar de la ligne politique que personne n'aimait, c'est-à-dire le pseudo-libéralisme des populistes du Parti du progrès, tout comme enfin le racisme et la glorification de la violence.

Qu'était l'excès dans la littérature ? Qu'étaient la démesure, la transgression ? Il était question dans la majorité des cas de genres littéraires, à savoir l'irruption de l'expression littéraire dite populaire dans l'expression littéraire dite noble, ou bien l'utilisation de la philosophie dans les textes créatifs, ou encore la prosaïsation du vers dans la poésie. Pour moi, de façon très personnelle, la démesure était liée pour partie à une immense sensation de liberté, pour partie à une honte tout aussi immense ; mais le lieu dans lequel tout ceci se jouait était dénué de sophistication et lourd comme deux bières de trop, avec comme résultat les actions qui s'ensuivent quelques heures plus tard, aussi détachées que non désirées. C'était petit, minable, pitoyable – alors même que les crimes perpétrés dans le IIIe Reich étaient transgressifs et démesurés, dans une ampleur radicalement autre, fondamentalement incompréhensible, et tout en même temps clairement fascinante. Comme si les limites dépassées l'étaient au-delà de l'humain à proprement parler. Comment cela était-il possible ? L'attirance pour la mort, l'attirance pour le déclin, l'attirance pour la destruction totale – de quoi se composait-elle ? Le monde brûlait, les nazis jubilaient.

Je réfléchissais à ce que je lisais sans jamais éprouver la moindre attirance, moi qui étais si loin de la guerre et de la mort, de la destruction et du génocide, confortablement assis sur ma chaise à Bergen, entouré de tous mes livres, la plupart du temps une cigarette à la main et une tasse de café à côté de moi sur mon bureau, avec la circulation du soir faiblissant derrière ma fenêtre, parfois avec un chat endormi me réchauffant les genoux. Je lisais les derniers jours d'Hitler, l'atmosphère totalement insensée qui régnait dans son bunker construit tout en profondeur, où il vivait avec ses proches, ses affidés et ses serviteurs pendant que la ville au-dessus d'eux, déjà détruite par les bombes et assaillie par les Russes, était la proie d'un incendie infernal. Il s'extrayait de temps à autre de son trou pour faire l'inspection d'une brigade des Jeunesses hitlériennes ; j'avais vu le film tourné à cette époque : il est malade, il tente de dissimuler le tremblement qui agite l'une de ses mains tandis qu'il passe d'un enfant-soldat à un autre, il devait être atteint de la maladie de Parkinson ; n'empêche, une lueur brille dans ses yeux, un éclat d'une chaleur inattendue.

Ça ne pouvait pas être vrai, n'est-ce pas ?

Quand notre père est mort, Yngve et moi retrouvâmes dans ses affaires une épinglette nazie, plus précisément : une épingle à accrocher au revers du veston, rehaussée d'un aigle allemand. D'où la tenait-il ? Il n'était pas homme à acquérir de son propre chef une breloque de ce genre, il avait dû tomber dessus ou se la voir offrir par un autre biais. À la mort cette fois de notre grand-mère paternelle, un an et demi après celle de notre père, alors que nous faisions le tour de la maison pour nous répartir l'héritage, nous trouvâmes un exemplaire de *Mein Kampf* à l'intérieur du coffre en bois placé dans le salon. Que faisait-il là ? Il devait s'y trouver depuis la guerre. C'était un livre ordinaire à cette époque, qui s'est vendu à des centaines de milliers d'exemplaires, il est possible qu'il ait été donné en cadeau à mes grands-parents sans que le livre ait une quelconque signification pour eux, même s'il peut paraître étonnant qu'ils ne s'en soient pas débarrassés à la fin de la guerre, le livre pouvait devenir un élément à charge, ils le savaient forcément. Passé la première sensation d'être face à quelque chose à la fois d'extraordinaire et d'illicite, je n'y repensai plus outre mesure. Je savais qui étaient mes grands-parents, je savais qu'ils avaient vécu à une autre époque, où d'autres conventions s'appliquaient. Environ un an plus tard, je me plongeai dans une lecture assez systématique d'ouvrages consacrés au nazisme. Je lus l'œuvre de Shirer, je lus le premier tome de la biographie d'Hitler écrite par Ian Kershaw, le livre de Gitta Sereny sur Albert Speer, le *Journal de Spandau* rédigé par Speer en prison ainsi que ses mémoires, *Au cœur du Troisième Reich*. Voilà ce que je lisais lorsque Tonje et moi nous séparâmes et que je partis vivre à Stockholm. Là, seul dans un petit studio du quartier de Söder, à l'aménagement quelque peu féminin, je lus le livre de Gitta Sereny sur Treblinka, *Au fond des ténèbres* ; il me plongea dans un tel malaise, qui s'est prolongé quinze jours durant, que je ne lus plus rien sur le sujet pendant un certain temps, je ne pouvais plus suivre cette voie où tout se refermait sur soi, où tout se vidait.

Sept ans plus tard, pendant le printemps de l'année dernière, j'achetai moi-même un exemplaire du *Mein Kampf* d'Hitler. Ou plutôt : comme entretemps je m'étais fait un nom en tant qu'écrivain et comme l'attention autour de ce nom était grande, je ne voulais pas courir le risque de commander *Mein Kampf* chez un bouquiniste, j'étais trop paranoïaque, je me disais que cela pouvait finir par se savoir, aussi demandai-je à mon meilleur ami, Geir A., de s'en charger à ma place. Il s'acquitta des deux mille couronnes norvégiennes que coûtaient les deux volumes et il me les a adressés par la poste. Les déballer puis les avoir en main me remplit d'un profond malaise, et ce sans parler de la nausée qui montait en moi au fur et à mesure de ma lecture du premier volume et tandis que les mots d'Hitler, les pensées d'Hitler se distillaient dans ma conscience et, pour un instant, faisaient partie d'elle. Je devais effectuer un voyage de deux jours en Islande et comptais poursuivre ma lecture dans l'avion pour ensuite, une fois revenu à la maison, commencer l'écriture du premier tome de ce roman ; et, puisque j'avais choisi de lui donner le même titre, *Min kamp* en norvégien, *Mon combat*, et puisque le livre d'Hitler ainsi que l'épinglette nazie constituaient des mystères encore non élucidés de l'histoire – ou, sans doute moins les mystères que les domaines du passé qui émergeaient dans le présent sans que je sois capable de les rattacher à un quelconque élément de ce passé –, j'avais décidé d'écrire quelques pages sur le livre d'Hitler.

Quand j'achète des livres, qu'ils soient neufs ou anciens, j'ai pour habitude de les sentir : je penche la tête sur les pages pour renifler leur odeur, dans la mesure où je l'associe, surtout celle des livres anciens, à un souvenir agréable, à cette part de l'enfance qui renfermait un plaisir inconditionnel – l'aventure, l'abandon de soi à d'autres univers. Avec *Mein Kampf*, cela m'était évidemment impossible. Le livre portait pour ainsi dire le mal en lui. Ne pouvant décemment pas le laisser traîner dans ma bibliothèque ou sur mon bureau, je me vis contraint de le ranger dans le tiroir du bas. Le lire dans l'avion, comme je l'avais imaginé, était impensable, je l'ai compris dès l'instant où j'ai pris ma place dans l'appareil : une hôtesse m'a félicité pour mes romans, une autre m'a fait un clin d'œil en précisant qu'elle savait qui j'étais, deux passagers devant mon siège lisaient le même article qui m'était consacré dans le quotidien *Aftenposten*. Ma visibilité rendait impossible toute lecture de *Mein Kampf* ; mais ç'aurait de toute façon été impossible quand bien même je n'aurais pas été une personne connue, car le livre est stigmatisant en soi : pour peu que quelqu'un se rende compte qu'un voyageur le lisait, un sentiment de malaise se serait disséminé dans l'avion, ce dernier – moi, donc – n'aurait forcément pas toute sa tête à lire un torchon pareil. Aussi l'ai-je laissé dans ma sacoche, de même que je ne l'en ai pas sorti dans ma chambre d'hôtel, en attendant le début de la rencontre littéraire, j'ai préféré me reposer, regarder la télé, le fardeau était purement et simplement trop grand. Mais pourquoi ? Après tout, j'avais lu le marquis de Sade, un autre écrivain stigmatisé – certes, mais il s'agit là de littérature, il a été célébré par les grands philosophes français de l'après-guerre pour son côté transgressif et révolutionnaire, utilisé comme point de départ pour leurs analyses sur la relation entre pouvoir, sexualité, langage et mort. Or il en va tout autrement pour *Mein Kampf*. Non seulement il ne relève pas de la fiction littéraire, mais ce qui s'est produit à la suite de sa publication ainsi que les actes dont Hitler s'est rendu coupable, dont les prémices sont méticuleusement explicités au fil des pages, sont d'une telle nature qu'ils transforment la littérature en un objet à son tour porteur de mal. *Mein Kampf* d'Hitler *est* le tabou absolu qui existe dans la littérature. Dire que ce livre la rend intéressante est impossible, même si c'est effectivement le cas, car c'est alors faire preuve d'un irrespect total envers tous ceux que le système, conséquence directe de ce livre, a conduits à la mort : six millions de Juifs, il y a de cela soixante-cinq ans seulement. Ce livre est le symbole même de la cruauté humaine. La porte communiquant entre le texte et la réalité est grande ouverte, d'une manière inexistante dans aucun autre livre. En Allemagne, *Mein Kampf* est toujours interdit. En Norvège, *Mein Kampf* n'a pas été imprimé depuis la fin de la guerre.

L'année 1947, aux lendemains de la guerre, voit la publication d'un livre intitulé *LTI – Lingua Tertii Imperii, la langue du III*e *Reich* et écrit par Victor Klemperer, un philologue et romaniste, professeur à l'université technique de Dresde. Marié à une femme dite aryenne, Klemperer est quant à lui un Juif dit assimilé, converti au protestantisme mais désormais athée. Aussi se croit-il en sécurité lorsque les nazis prennent le pouvoir en 1933. Or, très vite, il perd son poste d'enseignant, puis il perd sa maison, il perd son droit d'emprunter des livres à la bibliothèque, il n'a plus le droit d'écouter la radio, plus le droit de lire des livres écrits par des auteurs non juifs, plus le droit de parler à des personnes non juives. Jusqu'en 1945, il vit sous la menace constante de la déportation, à laquelle il échappe d'une part grâce aux origines de son épouse, d'autre part parce qu'il a été combattant volontaire au sein de l'armée allemande pendant la Première Guerre mondiale.

LTI est un témoignage sur le IIIe Reich, vu de l'intérieur, qui se donne pour ambition non pas tant de montrer le durcissement et la brutalisation de la vie pendant les années 1930 jusqu'à la fin de la guerre, mais davantage de mettre en relief la modification de la langue allemande apparue pendant cette période. Klemperer écrit son journal, dont les premières entrées datent du printemps 1933, alors qu'il est encore professeur d'université, au cœur de la société. Les notes de cette époque dévoilent une inquiétude qui demeure cependant tempérée, presque étonnée. Klemperer décrit comment le juif est séparé, isolé de l'allemand et comment l'allemand est souligné partout. À Leipzig, une commission a été nommée pour la nationalisation de l'université. Dans celle où travaille Klemperer, la mention suivante est placardée sur le tableau d'affichage : « Quand le Juif écrit en allemand, il ment. » Le mot *peuple* [*Volk*] est employé partout et en toute circonstance : « fête du peuple [*Volksfest*], camarade du peuple [*Volksgenosse*], communauté du peuple [*Volksgemeinschaft*], proche du peuple [*volksnah*], étranger au peuple [*volksfremd*], issu du peuple [*volksentstammt*]. » Hitler se fait surnommer chancelier du peuple, le *soulèvement national* devient la révolution national-socialiste, une cérémonie est organisée sur la tombe de « l'éliminateur de Rathenau ». Au cours de l'été, Klemperer semble remarquer au sein du peuple une certaine lassitude envers Hitler, comme si les gens étaient épuisés par toute cette propagande. Il note le 22 août :

> Mme Krappmann, la femme de ménage remplaçante, mariée à un guichetier des Postes, me dit un jour : « Monsieur le professeur, le 1er octobre l'amicale "Bonne compagnie" des fonctionnaires des Postes du secteur A 19 sera mise au pas. Mais les nazis ne doivent rien toucher de ses fonds ; un buffet campagnard est organisé pour les messieurs, suivi d'un goûter pour les dames. » – Annemarie, avec son langage médical et sans ambages, comme toujours, rapporte ces paroles d'un collègue portant le brassard à croix gammée : « Que faire ? C'est comme la serviette hygiénique des dames.[1] » – Et Kuske, l'épicier, répète la dernière prière du soir : « Mon Dieu, rends-moi muet pour que je n'aille pas à Hohnstein... » Est-ce que je me fais des illusions quand je reprends espoir en entendant tout cela ?

1. La traductrice de Klemperer indique en note : « En allemand, le brassard se dit *Armbinde* et la serviette hygiénique *Damenbinde*. » Quant à Hohnstein, le fort de cette petite ville de Saxe a été utilisé dès 1933 comme un des premiers camps de concentration nazis.

Trois jours plus tard, il note que le recteur de l'école l'a prié de renoncer à publier un article, aussi Klemperer s'adresse-t-il à une autre maison d'édition qui lui oppose un refus catégorique du fait de l'« absence de points de vue *völkisch* » [raciaux, nationaux]. Le 28 août, il estime que le peuple ne tiendra pas bien longtemps. Il évoque un trajet en bus durant lequel il voyage aux côtés d'environ quatre-vingts personnes, « le public le plus petit-bourgeois qu'on puisse imaginer », insiste-t-il. Pendant une halte, tandis qu'ils prennent le café, ils assistent à une petite représentation. Le présentateur déclame un poème à la gloire du Führer, le « Sauveur de l'Allemagne », et de la communauté du peuple. Il ne décroche que de maigres applaudissements sans enthousiasme dans la salle silencieuse et apathique. Sur ce, il raconte une blague entendue chez son coiffeur. Une femme juive voulait se faire couper les cheveux, or le coiffeur a rétorqué : « Le Führer a affirmé solennellement, lors du boycott des Juifs, et c'est encore valable aujourd'hui, en dépit de toutes les atrocités qu'on raconte, qu'on ne devait pas courber un seul cheveu des Juifs en Allemagne. » S'ensuivent des salves de rires ainsi que plusieurs minutes d'applaudissements. Trois semaines plus tard, Klemperer revient sur quelques scènes filmées lors du congrès du parti nazi à Nuremberg en 1923, qu'il voit au cinéma. Hitler bénit les nouveaux membres au sein des SA en leur faisant toucher l'étendard de sang et, à chaque contact des drapeaux, un coup de canon retentit. Klemperer s'interroge sur la connotation de ce mot, *étendard de sang*, qui implique que tout ce qui concerne le parti national-socialiste est dès lors « élevé de la sphère politique à la sphère religieuse ». Il décrit les spectateurs, leur attitude quasi hiératique face à la scène diffusée devant eux. Il conclut :

« Le congrès du Parti est une pratique culturelle, le national-socialisme une religion. » Il entend parler de collègues juifs licenciés de l'université où ils enseignent. On lui demande d'accueillir un homme qui a été incarcéré mais brusquement libéré : pour avoir écrit sur Marx, il est considéré comme une menace pour l'État et « politiquement non fiable » [*politisch unzuverlässig*]. Klemperer note que les revues de philologie regorgent du jargon propre au IIIe Reich : « "Le coup de balai de fer de Hitler" – "la science sur des bases national-socialistes" – "l'esprit juif" – "les novembristes" (ce sont les révolutionnaires de 1918). » Voyant son salaire grevé d'une « contribution volontaire au secours d'hiver [*Freiwillige Winterhilfe*] », il réfléchit à la différence entre les mots « impôt » et « secours » et se demande si ce dernier terme n'est pas « un appel au sentiment ». Le 29 octobre, « brusque oukase » : chaque mardi après-midi, les étudiants se voient privés d'enseignement, remplacé par « des exercices de sport militaire [*Wehrsport*] » ; il remarque que ce syntagme, *Wehrsport*, sera par la suite utilisé comme nom pour une marque de cigarettes. Entendant parler de communistes enfermés dans un camp de concentration, il réfléchit à ce mot. Quand il était petit, écrit-il, le mot *camp de concentration* avait une consonance « tout à fait exotique et coloniale, pas du tout allemande », et faisait référence aux camps d'internement surveillés par les Anglais pendant la guerre des Boers ; Klemperer indique ensuite que le terme est tombé en désuétude, du moins jusqu'à maintenant où il resurgit pour désigner désormais « une institution allemande, un dispositif de paix permanent » dirigé contre les Allemands, voire, ajoute-t-il, « à l'avenir, où que l'on prononce le mot camp de concentration, on pensera à l'Allemagne hitlérienne, et seulement à l'Allemagne hitlérienne ». Il se demande enfin s'il s'agit d'une insensibilité de sa part, d'une pédanterie myope propre à l'universitaire borné qui se cantonne ainsi à « la philologie de cette misère » ; il sonde sa conscience, écrit-il, et conclut : « Non, c'est de l'auto-préservation. »

Klemperer a si peu d'auditeurs à ses séminaires que c'en est inquiétant. Les étudiants juifs ont une carte jaune, les apatrides une carte bleue, celle des Allemands est brune. Non content d'enseigner le français, une matière antipatriotique par excellence, il est en plus juif ; « il faut presque un peu de courage pour assister à mes cours », écrit-il. Mais cette faible fréquentation est aussi due au *Wehrsport* qui occupe tant les étudiants, également mobilisés pour assurer la propagande électorale quand ils ne doivent pas, en plus, participer aux rencontres et manifestations organisées dans le cadre de ces prochaines élections. Klemperer raille « la liste unique [*Einheitsliste*] » d'Hitler et prévoit qu'elle implique la fin du Reichstag. Les gens, écrit-il, arborent à la boutonnière « un écusson sur lequel figure un "oui" », et il est impossible sans paraître suspect de dire non aux personnes qui en vendent, ce qu'il qualifie de « viol du public », si grossier selon lui que la propagande devrait en fait être contre-productive. Mais, pour autant qu'il se dise intellectuel, il déclare également s'être toujours trompé. Tout ceci pendant que Goebbels s'adresse à une foule ivre. Il mentionne ensuite une réception à son domicile où le couple K, des Juifs, est venu prendre un café. Bien qu'il ait du respect pour monsieur K, Klemperer trouve en revanche son épouse snob et dépourvue de sens critique en ce qu'elle se fait constamment l'écho de l'opinion dominante. Aussi, quand monsieur K indique qu'il va voter « oui » à l'élection, à l'instar des autres membres de l'Association centrale des citoyens juifs, Klemperer perd contenance et, de rage, tape du poing sur la table. Hurlant, il lui demande s'il tient la politique du gouvernement d'Hitler pour criminelle ou pas. K répond, sans se départir de sa dignité, que Klemperer n'a aucun droit de lui poser cette question. Et son épouse de renchérir : on est forcé de reconnaître que le Führer est « une personnalité géniale », de même qu'on ne peut nier ni esquiver son charisme. Klemperer leur présente ensuite ses excuses pour avoir eu un tel comportement mais indique enfin avoir, après cet incident, entendu des opinions similaires parmi ses fréquentations, quelle que soit leur position sociale et y compris chez les intellectuels. « Il règne en ce moment quelque obscurcissement qui influe vraiment sur tout le monde », écrit-il.

Les nazis ont pris le pouvoir en l'espace de quelques mois seulement.

La nouveauté ne vient pas de l'extérieur, pas plus qu'elle ne vient en épousant la forme d'un phénomène inconnu, elle est au contraire l'amplification d'un phénomène bien connu. Enfin, elle ne vient pas comme une force négative, elle n'est pas liée à la destruction et à la mort : quand on lit les comptes rendus rédigés en Allemagne au début des années 1930, on est frappé par l'optimisme qui se dégage de ces témoignages. Quelque chose de nouveau vient d'être mis en œuvre, la soif d'action est grande, un nouveau parti vient de prendre le pouvoir, qui créé à de tout nouveaux individus la possibilité de toutes nouvelles carrières. Beaucoup reste à entreprendre, qui n'a encore jamais été essayé et sera appliqué au fur et à mesure. La lecture des mémoires d'Albert Speer, *Au cœur du Troisième Reich*, offre un éclairage très net sur cette sensation de dynamisation et de liberté que procure chez beaucoup l'élection d'Hitler : jeune architecte tout juste diplômé, Speer s'inscrit au NSDAP, décroche sa première mission qui consiste à rénover un bâtiment du parti en province, livre un travail qui suscite la satisfaction, obtient de nouveaux contrats, finit par être repéré, assume davantage de responsabilités, est officiellement choisi par les instances centrales du parti et se tient un beau jour devant Hitler en personne. L'optimisme face à la possibilité de créer son avenir souffle comme un vent nouveau dans les descriptions de cette époque. Les nazis sont évidemment en quête de jeunes talents, les postes à pourvoir sont nombreux. L'optimisme et le dynamisme émanent également des défilés, marches, réunions, manifestations officielles organisés ici et là ; l'espace public devient une scène et ce qui est montré ne vient, là encore, pas du tout de l'extérieur, il n'est pas du tout étranger, n'appartient pas du tout aux autres : il appartient en propre aux participants transformés en acteurs, il se réalise à travers ce qu'ils sont en communauté et trouve leur forme à travers eux.

Néanmoins, les gens n'ont pas été trompés au point d'ignorer qu'il s'agissait d'une propagande et que, en creux de ce qu'ils voyaient et entendaient, se logeaient une volonté et une signification spécifique, et enfin que cette propagande leur était destinée dans le but exprès de les voir agir et penser d'une certaine manière. Cet aspect est d'une évidence telle qu'il est impossible de l'éluder. Et le principe n'est pas sans rappeler la publicité de notre temps : nous savons pertinemment qu'elle essaie de nous manipuler pour que nous achetions tel ou tel produit, mais cela ne nous empêche pas de la regarder ; elle peut bien être charmante ou amusante, intéressante ou carrément stupide, mais même si elle nous déplaît, elle ne nous déplaît pas nécessairement en tant que publicité, et même si nous savons qu'il n'y a pas de différence entre tel et tel produit, que le glamour associé avec l'un et non avec l'autre n'est que le résultat d'une image et non du produit en lui-même – et cela peut aller loin, très loin –, nous achetons malgré tout ce que nous associons au glamour. Nous savons que quelqu'un veut qu'il en soit ainsi, et nous savons que le lien entre le produit et la publicité qui en fait l'éloge est arbitraire, de sorte qu'il est de notre décision pleine et entière de l'acheter ou pas. Nul ne nous a trompés.

La particularité de la publicité est qu'elle fonctionne et tout en même temps ne fonctionne pas sur la personne qui la regarde. Et cela vaut aussi pour la propagande dans l'Allemagne d'Hitler. Les habitants savent qu'il s'agit de propagande et la prennent rarement au sérieux, ainsi qu'il ressort des notes de Victor Klemperer : les gens la considèrent comme un stratagème qu'il est facile de déjouer, semble-t-il, mais ils n'en demeurent pas moins attirés par elle ; voire, quand elle porte sur les Juifs, elle donne systématiquement dans l'exagération – le tic d'Hitler, pourrait-on dire –, ce que toute personne sensée comprend mais dont elle ne se distancie pas pour autant. Bien qu'il abhorre cette propagande, Klemperer est lui aussi influencé par elle ; bien que sa raison oppose un non franc et massif, ses sentiments réagissent face à elle – aussi se demande-t-il s'il ne serait pas en train de déraisonner. Klemperer a également ceci d'intéressant qu'il est à la fois juif et allemand, c'est-à-dire qu'il est né dans un milieu juif mais qu'il s'est ensuite converti au protestantisme, donc il observe les événements autour de lui à l'aune de sa position d'intellectuel et citoyen allemand, mais aussi de Juif.

Voilà comment il décrit l'une des expressions concrètes de la propagande en 1933 :

10 novembre, le soir. Le summum de la propagande, je l'ai entendu aujourd'hui à midi au poste de radio Dember (notre physicien juif, mis à pied, qui est en train de négocier pour une chaire de professeur en Turquie). Cette fois-ci, l'ordonnancement de la cérémonie par Goebbels, qui se fit ensuite présentateur de sa propre mise en scène, était un véritable chef-d'œuvre. Tout reposait sur le travail et sur la paix pour un travail paisible. D'abord le retentissement général des sirènes dans toute l'Allemagne, puis la minute de silence dans toute l'Allemagne – ils ont naturellement appris cela de l'Amérique et des célébrations de paix à la fin de la Grande Guerre. Et ensuite venait, sans être beaucoup plus original (cf. l'Italie) mais réalisé à la perfection, tout ce qui servait de cadre au discours de Hitler. Une salle des machines à Siemensstadt. Pendant de longues minutes : le vacarme assourdissant de l'usine, les martèlements, cliquetis, ronflements, sifflements, grincements. Puis la sirène et le chant et, finalement, le bruit des rouages se taisent peu à peu. Puis, surgi du silence, avec la voix profonde de Goebbels, le récit du messager. Et, à ce moment-là seulement : Hitler, LUI, pendant trois quarts d'heure. C'était la première fois que j'entendais un discours de lui en entier et mon impression était, pour l'essentiel, la même qu'auparavant. La plupart du temps, une voix surexcitée, forcée et souvent éraillée. Mais, cette fois, de nombreux passages étaient dits sur le ton larmoyant d'un prédicateur sectaire. LUI prêche pour la paix. LUI fait l'éloge de la paix. LUI veut le oui de l'Allemagne, non par ambition personnelle mais uniquement pour pouvoir protéger la paix des attaques d'une internationale d'affairistes, des gens sans racines qui, au nom de leur profit, jettent sans scrupule des peuples comptant des millions d'hommes les uns contre les autres.

Tout cela, et les apostrophes bien étudiées (« Les Juifs ! »), m'était naturellement connu depuis longtemps. Mais, en dépit de son caractère rebattu et de sa révoltante et criante fausseté, le rituel prenait une efficacité nouvelle et toute particulière, grâce à un trait original que, parmi les détails les plus réussis, je tiens pour le plus remarquable et pour le seul décisif. On disait dans le communiqué : « Cérémonie de 13 à 14 heures. À la treizième heure, Hitler viendra à la rencontre des ouvriers. » C'est, à l'évidence, la langue de l'Évangile. Le Seigneur, le Rédempteur, vient à la rencontre des pauvres et des égarés. Raffiné jusque dans l'indication de l'heure. Treize heures – non, « treizième heure » – c'est comme s'il était trop tard, mais LUI accomplira un miracle, car, pour lui, il n'est jamais trop tard. L'étendard de sang au congrès du Parti, c'était déjà de la même farine. Mais, cette fois-ci, l'étroitesse de la cérémonie religieuse est dépassée, le costume intemporel retiré, la légende du Christ transposée dans un présent immédiat : Adolf Hitler, le Sauveur, vient à la rencontre des ouvriers à Siemensstadt.

Le présent est chargé du poids et de la force suggestive du mythe ; ce qui nous est proche, d'ordinaire trivial, devient essentiel et, dans ses plus ultimes retranchements, sacré. Le quotidien prend l'apparence d'un monde magique, il subit une élévation. On aura beau à l'instar de Klemperer le percer à jour, on ne saurait lui rester tout à fait insensible. Les sirènes des pompiers retentissent avec un bruit considérable : lorsque, dans ce pays également, elles résonnent une fois par mois, il est difficile de ne pas suspendre son geste et d'aller voir ce qui se passe à l'extérieur pour peu que l'on soit dedans, ou lever les yeux vers le ciel pour peu que l'on soit dehors ; la stridence de leur alerte s'infiltre dans tout, déchire le ciel avec l'accent du jour du jugement dernier. Les sirènes appellent, elles nous appellent et nous les entendons, tous autant que nous sommes. Le silence collectif participe du même principe, nous n'y sommes jamais seuls.

Après deux invocations de ce grand *nous* viennent les discours de Goebbels et d'Hitler sur la paix. Les extraits des discours d'Hitler que j'ai visionnés, deux générations plus tard, le montrent généralement hurlant, agitant les bras ; il a le visage déformé, il crache ses mots, le tout à l'intention d'un public qui reçoit ce qu'il dit avec un enthousiasme débordant. Ces images ont cependant un enchaînement, il y a un avant et un après qui montrent autre chose. Il m'est arrivé un jour de regarder un discours d'Hitler dans sa totalité. Il commence là encore par une harangue de Goebbels à la foule, lequel crie des slogans, les yeux injectés et les bras sans cesse en mouvement, pareil à un chauffeur de salle. Dès qu'il annonce Hitler, l'exultation des spectateurs est à son comble. Puis ce dernier se tient là, immobile, sur le podium. Il marmonne une formule de politesse quelconque, peut-être « mesdames et messieurs », ou « mes chers concitoyens », quelque chose dans ce style. Il semble mal à l'aise, il a l'air de vouloir être ailleurs. Il déplace un petit paquet de feuilles placées à côté de lui, il boit une gorgée d'eau, il rajuste son pantalon. Il ne dit rien, il baisse les yeux, il fixe du regard l'immense masse humaine qui focalise son attention sur lui. Son silence est presque insupportable. Que se passe-t-il, il n'ose pas parler ? Il est nerveux à ce point ? Pourquoi il ne dit rien ? Il boit une nouvelle gorgée d'eau. Et là, il se penche sur le micro. Il parle à voix basse, avec un débit lent, en proie à une hésitation. Mais tous l'écoutent. Le silence est total. Ils veulent tous le voir réussir à s'adresser à eux. Je l'aurais sans doute voulu moi aussi. Avant même d'avoir prononcé un mot, il est déjà parvenu à créer un sentiment d'identification forte à sa propre personne : l'auditoire est de son côté, Hitler fait partie du public. De cet instant, l'intervention suit une voie toute tracée. Son discours ne cesse de gagner en intensité, subjugue individu après individu, Hitler ne tarde pas à avoir les gens dans le creux de sa main, ils obéissent au moindre geste et à la moindre réflexion de sa part, il peut leur demander n'importe quoi, ils ne le lui refuseront pas, ils lui donneront tout au contraire. Le plus important dans les discours d'Hitler n'est pas tant ce qu'il dit, ni quels arguments il avance, mais bien sa capacité à convaincre le peuple de rallier sa cause. Le peuple avait des sentiments pour lui.

Albert Speer a vingt-huit ans lorsqu'il assiste pour la première fois à un discours d'Hitler destiné aux étudiants de l'université et de la Haute École technique de Berlin, dans une brasserie du parc Hasenheide. Speer écrit dans son autobiographie qu'il s'attend à découvrir un homme caricatural, « un démagogue hystérique, un fanatique en uniforme, criant et gesticulant », avec à son bras un brassard flanqué de la croix gammée. Or l'impression est tout autre. Hitler est vêtu d'un beau costume bleu qui lui donne une allure respectable. Il commence son discours – et Speer de préciser : « La timidité que Hitler avait montrée au début disparut bientôt. » Voilà les substantifs employés par Speer pour qualifier Hitler : « timidité », mais aussi « raison » et « modestie ». Il se dit « soulevé par l'enthousiasme général » qui règne dans la salle : « Par instants, sa voix montait maintenant d'un ton et il parlait avec une énergie qui emportait la conviction. » Et plus son discours se poursuit, plus sa force de persuasion devient hypnotique : Hitler balaie les réserves et les doutes des sceptiques, il ne parle plus pour convaincre mais semble davantage exprimer ce que ses auditeurs attendent de lui. Speer affirme avoir oublié, quelques heures après la fin de la réunion, le contenu des propos tenus, mais être toujours transporté par l'atmosphère qui y régnait, c'est-à-dire par l'enthousiasme et l'optimisme : il vient de voir l'idéal nouveau, il vient de voir l'avenir. Ces impressions ont été écrites a posteriori, dans le but conjoint de s'exonérer lui-même, de donner l'impression qu'il s'est entiché d'une idée selon lui essentielle et non accessoire sur le moment, et que, ce faisant, il a été dupé. Et en même temps, de nombreuses sources tiennent le même langage : il y a chez Hitler certains traits qui vont à l'encontre de la caricature qu'en dresse l'après-guerre.

Hitler sait pertinemment qu'il ne pourra jamais gagner le peuple à sa cause par la seule force de ses arguments. L'écrit est pour lui inutilisable, parce qu'il ne mène nulle part. Hitler recherche l'action, il veut une transformation, et celle-ci a lieu dans l'instant, au sein même des gens. Un article de sa plume dans la presse, contre ceci ou cela, qui ne manque pas de susciter un débat avec réponse et réfutation à la clé, n'a pas de sens à ses yeux : ce ne sont que des mots. Il revient continuellement sur sa méfiance vis-à-vis de l'écrit jusque dans son livre, *Mein Kampf*, qui porte sur la manière de transformer fondamentalement une société et, à cet égard, le propos n'est pas fanatique mais purement pragmatique :

> À quel point il est difficile de bouleverser des préjugés intuitifs, des humeurs, des sentiments et les remplacer par d'autres, sur combien d'influences et de conditions à peine calculables la réussite dépend, l'orateur à la fine sensibilité peut le mesurer, comme le moment de la journée où se déroule la conférence peut avoir une influence décisive sur l'effet produit.

Voilà ce qu'il écrit à un moment donné du livre. Et voilà ce dont il est au fond question : introduire d'autres pensées à travers le mur protecteur constitué par les préjugés, donc par les opinions générales et irréfléchies. Ce mur protecteur, même un argument ne peut le percer car il n'est pas construit à partir d'arguments, mais selon une perception du bien et du mal, de la décence et des convenances. Afin d'atteindre cet endroit, où se logent les opinions que l'on souhaite changer, il faut en passer par les sentiments. Cela exige de redoubler d'attention vis-à-vis des autres dont il ne faut surtout pas écorner l'image de soi, ce qui est formulé ne doit pas leur paraître étranger – auquel cas ce sera rejeté – mais connu, comme quelque chose qui leur appartient, qui leur est propre. Hitler précise :

> La même conférence, le même orateur, le même sujet n'ont pas du tout le même effet à dix heures du matin, à trois heures de l'après-midi ou le soir. Moi-même, à mes débuts, j'ai programmé des assemblées pour le matin, et je me souviens en particulier d'une manifestation que nous tînmes au Kindl-Keller à Munich pour protester « contre l'oppression des territoires allemands ». C'était la plus grande salle de Munich à l'époque, et le risque semblait très grand. Afin de simplifier la visite des membres du mouvement et de tous ceux qui venaient, je décalai l'assemblée à un dimanche matin, dix heures. Le résultat fut déprimant, mais en même temps tout à fait instructif : la salle était pleine, une impression réellement époustouflante, mais l'atmosphère était glaciale, personne ne fut gagné par la chaleur, et moi-même, en tant qu'orateur, je me sentais profondément malheureux de ne pas instaurer de connexion ni le moindre contact avec mes auditeurs. Je ne crois pas avoir moins bien parlé que d'habitude ; mais l'effet produit sembla proche du néant. Je quittai l'assemblée tout à fait insatisfait, même si j'étais plus riche d'une expérience. Des essais que j'entrepris par la suite de la même manière conduisirent aux mêmes résultats.
>
> Cela n'a rien d'étonnant. Rendez-vous à une représentation théâtrale à trois heures de l'après-midi et assistez à la même pièce à huit heures du soir, avec la même distribution, vous serez surpris de la différence

d'effet et d'impression. Un homme doué de sensibilité et de la capacité à garder l'esprit clair à propos de cette ambiance pourra constater sans le moindre mal que l'impression laissée par la représentation en après-midi n'est pas aussi forte que celle donnée le soir. Cette constatation s'applique même à un film au cinéma. Il est important de le remarquer car on pourrait dire au théâtre que l'acteur ne se donne peut-être pas autant de mal l'après-midi que le soir. En revanche, le film ne change pas entre l'après-midi et neuf heures du soir. Non, le *moment* lui-même a ici un certain effet, tout comme le lieu en a sur moi. Il existe des lieux qui laissent froid, pour des raisons difficiles à distinguer, qui opposent, pour ainsi dire, la résistance la plus violente à toute émergence d'atmosphère. Les idées et les souvenirs traditionnels présents en l'homme peuvent définir une impression de manière déterminante. Ainsi, une représentation de *Parsifal* à Bayreuth aura toujours un autre effet qu'à n'importe quel autre endroit dans le monde. Le charme mystérieux de la maison sur la Festspielhügel de la vieille ville des margraves ne peut être remplacé ou même compensé par quelque chose d'*extérieur*.

Mein Kampf est publié en 1925, après *L'Éveil de la glèbe* de Knut Hamsun, *Les Gens de Juvik* d'Olav Duun, *Kristin Lavrandsdatter* de Sigrid Undset, *Ulysse* et les premiers tomes d'*À la recherche du temps perdu*, mais avant *Le Château*, *Le Bruit et la Fureur*, et *Être et Temps* de Martin Heidegger. C'est le livre le plus litigieux de notre époque, non pas tant à cause de son contenu proprement dit, mais bien parce que ce contenu a été concrétisé dans la réalité. Il est impossible aujourd'hui de lire *Mein Kampf* sans être pris d'un profond malaise, le livre est entaché d'abomination, de répulsion, comme s'il avait été écrit par le diable en personne. Alors qu'au moment de sa rédaction, son auteur, Adolf Hitler, était un homme on ne peut plus banal : il n'avait assassiné personne, n'avait commandité le meurtre de personne, n'avait ni volé ni incendié. S'il n'avait pas accédé au pouvoir en Allemagne neuf ans plus tard, rien de ce qu'il a écrit n'aurait eu d'importance ou de charge particulières, l'ouvrage serait sans doute tombé en désuétude, quelques exemplaires auraient pris la poussière dans des bibliothécaires universitaires qu'un rare étudiant aurait sorti des rayonnages pour rédiger sa thèse consacrée à cette époque et extirper des citations significatives susceptibles d'illustrer son propos, notamment la haine paranoïaque envers les Juifs. Or Hitler a pris le pouvoir en 1933 et *Mein Kampf* a acquis une place spécifique dans la littérature, grande ouverte sur le monde : non seulement ce qui y figure a été concrétisé dans la réalité, mais les événements ultérieurs mettent en relief ce qui y figure ; pas une phrase de l'ouvrage ne peut être lue ou citée sans que l'on pense à l'extermination industrielle des Juifs que les nazis ont mise en œuvre et aux millions de personnes qui ont péri dans les camps de concentration durant la Seconde Guerre mondiale. Il est quasi impossible de lire *Mein Kampf* à l'aune de ce qu'il a été au moment de sa publication : un torchon écrit par un politicien fanatique qui y explique son passé, analyse l'état de la société et décrit les mesures à appliquer pour la transformer dans la direction qu'il souhaite lui voir prendre. *Mein Kampf* ne contient absolument rien qui soit captivant, hypnotique ou suggestif ; le peu qui concerne l'auteur et sa vie bifurque au bout de quelques lignes seulement sur de longues considérations politiques. Il a une part d'ergotage, et non des moindres, car quel que soit le sujet abordé, l'auteur en dénonce les failles et, non content de les condamner, il affirme savoir très exactement comment les corriger. Même les plus furieuses imprécations tiennent au bout d'un moment de l'automatisme systématique. *Mein*

Kampf est écrit sur le ton de l'indignation justifiée, une indignation si forte qu'elle effraie forcément quiconque ne l'éprouve pas face aux circonstances qu'elle fustige.

Le livre épouse la forme d'un roman de formation au cours duquel les lecteurs suivent l'auteur depuis sa naissance, au fil des premières années de son enfance décisives pour le développement de son tempérament, jusqu'à sa jeunesse et ses découvertes et prises de conscience en tant que jeune homme adulte – et cette forme relève du même procédé : Hitler ne fait qu'un avec sa politique, il ne fait qu'un avec son rôle, ce qu'il pense et ce qu'il est sont inséparables. Hitler construit une *persona* dans *Mein Kampf* qui devient dès lors la plate-forme politique pour l'élaboration de cette figure fictive. À en croire le message délivré au fil des pages, Hitler est issu du peuple dont il connaît dans sa chair les problèmes, il développe lentement une solution politique universelle ainsi qu'une vision, qui de cette manière associent le peuple et lui-même, les rassemblent dans un seul nom, la signature de l'œuvre : Adolf Hitler.

Toutes les expériences personnelles décrites sont reliées à la politique. La moindre évocation biographique est perçue avec une telle distance que son caractère personnel et privé, c'est-à-dire ce qui ne concerne qu'Hitler, sa propre personne, son tempérament bien à lui, l'idiosyncratique, se diluent complètement jusqu'à devenir invisible. Ainsi des phrases d'ouverture de l'ouvrage :

> Je vis comme un heureux hasard le fait que le destin ait choisi de me faire naître à Braunau am Inn. Cette petite ville est située à la frontière entre ces deux États allemands, dont la réunification apparaît, au moins aux plus jeunes d'entre nous, comme la mission de notre vie à accomplir par tous les moyens !

> L'Autriche allemande doit revenir à la grande patrie allemande, et non en raison de considérations économiques quelconques. Non, non : même si cette réunification, sur le plan économique, n'est pas fructueuse, et même si elle est nuisible, elle doit malgré tout avoir lieu. Un même sang a sa place dans un empire commun. Le peuple allemand ne disposera d'aucun droit moral à une activité politique coloniale tant qu'il n'aura pu réunir ses propres fils dans un État commun. Ce n'est que lorsque le dernier Allemand sera derrière la frontière de l'empire que celui-ci ne sera plus en mesure d'assurer sa subsistance, que de la détresse de son propre peuple naîtra le droit moral d'acquérir des terres étrangères. La charrue cédera alors la place à l'épée, et des larmes de la guerre se préparera le pain du monde futur. C'est ainsi que je vois en cette petite ville frontalière le symbole d'une tâche immense.

Comme n'importe quels mémoires, ou n'importe quelle autobiographie, *Mein Kampf* commence par la naissance du personnage principal. Or, à peine cette amorce posée, le « je » disparaît au profit d'un « nous » d'une taille si importante qu'il lui apparaît indispensable de définir d'emblée ses limites.

« Nous », c'est le peuple ; le *nous* du peuple est supérieur au *nous* de l'État qui l'a séparé. La nécessité de ré-unir ces deux *nous* en un seul doit être une priorité elle-même supérieure à toute autre mesure politique quotidienne, de même qu'elle se fonde sur une morale qui tire sa force du corps, qui se situe au-delà du langage, du non-argumentatif, du concret et du physique, autrement dit : du sang. Cette réunion est primordiale, quand bien même elle en viendrait à susciter des dommages irrémédiables. Ceci accompli – qui constitue l'utopie du livre –, les conséquences pratiques induites, les dommages causés, par exemple le pays qui ne sera plus en mesure de nourrir son peuple, pourront trouver leur solution à travers le mandat moral que donne le peuple réunifié. En une demi-page, Hitler vient ainsi d'expliquer son programme politique et, surtout, de le souder à sa propre personne : il est originaire de Braunau am Inn, une ville située à la frontière entre l'Autriche et l'Allemagne. Braunau symbolise cette grande tâche qui vise à réunifier les peuples des deux pays en un seul et que lui, l'enfant de la ville frontalière, va réaliser. Cet objectif prévaut sur tout autre, voire, la réunification renferme une telle force symbolique et morale qu'elle est capable de transformer une épée en charrue, les larmes en pain, la guerre en paix.

Au bout d'une page, le propos revient à son point de départ et le récit sur les origines de l'auteur continue :

> C'est dans cette petite ville de l'Inn, parée des rais d'or du martyre allemand, bavaroise par le sang, autrichienne par l'État, que vivaient mes parents à la fin des années 80 du siècle dernier ; mon père était un honnête fonctionnaire, et ma mère prenait soin du foyer et surtout veillait sur nous, ses enfants, avec un amour éternel.

Hitler est né en 1889, dans une ville retranchée du grand monde, provinciale et insignifiante à tous niveaux, au sein d'une famille appartenant à la classe moyenne inférieure. Il n'a cependant aucune attache particulière à Braunau d'où déménagent ses parents alors qu'il a trois ans. La précision selon laquelle la petite ville serait « parée des rais d'or du martyre allemand, bavaroise par le sang », signifie que nous sommes pour moitié dans le monde magique et ténébreux des mythes, pour moitié dans la province autrichienne de la fin du XIXe siècle. La mère est dépeinte de façon lapidaire : elle « veillait sur nous, ses enfants, avec un amour éternel ». Rien sur ses liens de parenté proche avec le père ; rien sur sa grossesse au moment de leur mariage, six mois seulement après les obsèques de la deuxième épouse du père ; rien non plus sur les trois enfants qu'elle a mis a monde avant Adolf, tous morts, dont une fille à l'âge de deux ans, ni sur Edmund, le fils né après Adolf, mort à l'âge de six ans ; rien, enfin, sur le nombre de frères et sœurs qu'Hitler avait, ni sur les relations qu'il entretenait avec eux – seule figure la mention : « nous, ses enfants ». Le père est la seule personne, dans les trente-cinq premières années de la vie d'Hitler, qui bénéficie d'une description excédant les quelques mots, qui a droit à une biographie. Il n'est pas nommé en propre, mais aucun des proches d'Hitler ne l'est dans *Mein Kampf*.

À propos de « le père », ainsi qu'il l'appelle le plus souvent dans *Mein Kampf*, Hitler précise qu'il était de basse condition, « fils d'un pauvre petit journalier agricole », qu'il a quitté le foyer à treize ans, fermement décidé à « devenir quelque chose de "plus haut" », à savoir fonctionnaire des douanes, pour lui « le summum de la condition humaine », ce à quoi il parvient à l'âge de quarante ans, pour se mettre à la retraite treize ans plus tard et s'acheter une petite ferme à Lambach, en Haute-Autriche. Le livre ne fournit aucune explication sur le type de rapports qu'il entretenait avec les membres de sa famille, et inversement. Alors que la mère est aimante et attentionnée, donc perçue dans son lien avec eux, le père est « honnête », perçu quant à lui dans son lien avec sa profession. Son ascension sociale est décrite en termes sentimentaux. Il est tantôt un « pauvre jeune garçon du village », un « pauvre jeune homme », un « petit garçon » ou tout bonnement un « garçon ». Il est en tout cas né hors mariage, donc un enfant illégitime, ou un bâtard, bien qu'Hitler n'écrive pas le mot *stricto sensu* ; quoi qu'il en soit, dans les faits, le père n'est rien ni personne. Si Hitler ne camoufle ni les origines miséreuses ni le milieu social défavorisé de son père, il les transforme néanmoins en argument pour le propos de son livre en les faisant passer pour de supposées volonté et indépendance. Et, quand il termine ce passage biographique en écrivant que son père, « à l'issue du cycle d'une vie longue et laborieuse, revint aux origines de ses pères », il opère le même embellissement que lorsqu'il évoque la ville de Braunau « auréolée de ce martyre allemand, bavaroise de sang ». La formule « ses pères » s'entend comme un synonyme de « lignée », le fait qu'il est le fils de quelqu'un, que la notion n'a initialement rien de qualitatif a priori, tout comme il n'y a rien de qualificatif a priori dans l'expression *être du même sang que quelqu'un* car le sang coule dans les veines de chacun, de même que chacun est né au sein d'une lignée. « Sang » et « pères » sont ainsi germes d'égalité et, dans ce contexte, source d'ascension en ce que les origines miséreuses et le milieu social défavorisé d'un enfant illégitime s'y dissolvent – et c'est aussi le sens que les propos d'Hitler auront dans sa politique : ils effacent les disparités sociales et transforment les individus en une partie d'un tout identique. Les pères et le sang représentent la nature, la classe et le statut incarnent la culture ; et, dans la vision du monde d'Hitler, le premier axiome est déterminant, ainsi qu'il l'écrit plus tard dans l'ouvrage lorsqu'il aborde le problème de la forte croissance démographique :

> Alors que la nature, tout en libérant la procréation, soumet néanmoins la survie à très rude épreuve et sélectionne, dans une population en surnombre, les meilleurs individus méritant de vivre, les préservant donc tout en garantissant la survie de leur espèce, l'homme limite la procréation mais, à chaque naissance, s'applique avec

acharnement à préserver le nouvel être à tout prix. Cette correction de la volonté divine lui semble alors aussi sage qu'humaine, et il se réjouit d'avoir une nouvelle fois damé le pion à la nature et d'avoir prouvé son insuffisance. Certes, de cette manière, le nombre de la population est limité, mais la valeur de chaque individu s'en trouve aussi diminuée, mais c'est un fait que le cher petit singe du Tout-Puissant [*sic* !] ne veut évidemment ni voir ni entendre.

En effet, dès l'instant où la procréation en tant que telle est limitée et que le nombre de naissances est réduit, la lutte naturelle pour l'existence, qui ne garde en vie que les individus les plus sains et les plus puissants, cède la place au désir évident de « sauver » tout le monde à tout prix, même les plus faibles et les plus malades, ce qui dépose le germe d'une descendance condamnée à devenir de plus en plus chétive tant que l'on persistera à se moquer de la nature et de sa volonté.

Ici, l'être humain est réduit à un nombre. Le nombre d'êtres humains constitue le facteur décisif et déterminant pour asseoir le pouvoir, il exprime la volonté de la nature, semblable à la volonté divine ; quant à l'individu anonyme, il périt de faim et de maladie, il n'a pas le droit de vivre. Maintenir ces gens en vie est « humain », entendons par là, va à l'encontre de la nature. Un tel point de vue n'est pas propre à Hitler mais se retrouve chez ses contemporains ; et il n'aurait pas été réalisable en tant que pensée sans Darwin et son ouvrage intitulé *L'Origine des espèces*, à l'influence sans précédent, où les créatures vivantes sont toutes considérées dans la même perspective, l'évolutionnisme, cette force colossale qui a transmis la vie grâce à quelques lois simples de sa genèse unicellulaire dans les océans jusqu'à la complexité humaine. L'espèce la mieux adaptée se perpétue, ce qui permet aux propriétés porteuses de vie de se bonifier sans cesse, et, comme la vie est un combat incessant, les mieux adaptés sont souvent les plus forts. Cette théorie, transposée sur un plan social et civilisationnel, constitue l'un des piliers de *Mein Kampf*, l'un des principes inébranlables de l'idéologie sur laquelle elle repose. La nature est subordonnée à la culture. Dans la nature, les plus malades meurent, les plus faibles meurent, les plus lents meurent, les plus blessés meurent. La violence et la cruauté de voir le même principe prendre une place centrale au sein de la culture s'expliquent par la réduction radicale de la valeur humaine, de l'humanité dans le sens aussi bien de l'espèce que de l'altruisme. Une vie humaine n'a que peu de valeur dans *Mein Kampf*.

Qu'est-ce qui, dans ce cas, a de la valeur ? L'idéal qu'un être humain peut exprimer ou dont il peut être l'expression. Voilà ce qui a plus de valeur encore que la vie. Voilà ce qui motive un être à mourir pour une cause, parce qu'il existe une priorité plus grande que lui, pour laquelle il vit entièrement et dont l'importance est telle qu'il peut offrir sa vie au nom de cette priorité.

La vie n'est pas la chose la plus importante.

Ces idées ont été écrites en 1924, soit six ans après que quatre millions de jeunes hommes dans les tranchées sont tombés sur les champs de bataille à cause de la boucherie qui se déroulait en Europe et a plané comme une ombre sur l'ensemble des réflexions et des écrits apparus les années suivantes. À l'automne 1914, une vie humaine avait infiniment moins de valeur qu'à l'automne 1913. La Première Guerre mondiale a été un abîme, une crise presque sans fond de la civilisation. Et l'une des dimensions les plus importantes, dont il fallait s'emparer après le conflit, qu'il fallait comprendre, c'était justement la valeur humaine. Si l'on veut comprendre *Mein Kampf*, on doit comprendre cette dimension.

C'est dans cette perspective sociale globale que ce livre s'inscrit, par elle qu'il est guidé. Néanmoins, elle contient aussi une perspective personnelle : le *je* narrateur et auteur, l'univers proche dans lequel il a grandi et dont il a été imprégné, avec son père fonctionnaire « honnête » et sa mère qui « veillait sur nous, ses enfants, avec un amour éternel ». Dans cet univers proche, la mort ne se trouvait jamais très loin car, pour autant que la famille n'aborde pas la question des trois enfants décédés avant la naissance d'Hitler, leur perte a dû forcément rester très présente chez ses parents, et surtout chez sa mère que des sources contemporaines décrivent comme une femme grave et affligée. La mortalité infantile était encore élevée à cette époque, perdre trois enfants n'avait rien d'exceptionnel ; August Kubizek, l'ami d'enfance d'Hitler, a lui aussi vu le jour après le décès de trois de ses frères et sœurs. Dans ce contexte où la mort survient avec une plus grande fréquence, la vie a dû avoir moins de valeur. Moins de valeur dans le sens où il fallait s'attendre à ce que la mort arrache un proche : quand des parents perdent leurs trois premiers enfants, la mort du quatrième est une possibilité constante. Moins de valeur également dans le sens où la fratrie se limite désormais à l'enfant qui survit et où la vie de ce dernier ne saurait être sacrifiée.

Adolf Hitler est le quatrième enfant de Klara Hitler et, bien que de constitution fragile, il s'en tire, ce qui n'empêche pas sa mère, à en croire August Kubizek, d'être constamment inquiète pour lui. À la mort du cinquième enfant, Edmund, Hitler est âgé de onze ans et suffisamment grand pour être éploré et se souvenir de cette disparition pour le restant de sa vie.

Selon l'idéologie véhiculée par *Mein Kampf,* ce frère est mort parce qu'il était trop faible et, par conséquent, parce que sa vie n'avait pas de valeur. Nul ne peut savoir ce qu'Hitler pensait quand il avait onze ans, mais la supposition que ce décès l'a atterré n'est pas absurde, ni qu'il s'est demandé : pourquoi lui, et pourquoi pas moi ? Adolescent, Hitler prend ses distances avec l'Église : sa mère va à la messe tous les dimanches, son meilleur ami et sa famille également, mais pas lui, il les attend dehors – ce qui signifie qu'il ne cherche pas d'explication religieuse à la brutalité de la vie.

Dans *Mein Kampf,* tout ce qui relève de la biographie d'Hitler est relié à son idéologie. La vie de son père n'a pas d'importance en soi, c'est-à-dire l'homme qu'il était en réalité, celui qui avait telle ou telle odeur, qui se tenait ou s'asseyait ou se déplaçait de telle ou telle manière, qui s'exprimait en tels termes et remplissait la pièce avec telle présence – mais bien ce qu'il a représenté à travers sa vie. En se battant pour s'extraire de sa condition modeste, il appartient en d'autres termes aux plus forts ; ce qui permet ainsi à Hitler de tourner à son avantage la problématique de ses origines sociales et de camoufler tous les éléments relevant chez lui de la sphère privée, qui anéantiraient sinon toute ligne tant de ses écrits que de sa doctrine en ce qu'ils se déroulent dans la réalité matérielle, au sein des êtres humains et non plus seulement au sein de la lignée, des « pères », et montreraient des gens qui pètent et chient, beuglent et cognent, engueulent et picolent, rotent et crachent, puent la pisse et la sueur, attrapent leurs gamins par la tignasse ou par les oreilles, les envoient valdinguer ici et là, bref, une réalité qui n'est pas rare dans la maison d'un fonctionnaire des douanes de la fin du XIXe siècle – tout ceci est éclipsé au creux du cercle ancestral propre à la lignée, aux « pères », qui voit celui d'Hitler se hisser du statut de « fils d'un pauvre petit journalier agricole » à celui d'agriculteur.

Mais quand bien même il en serait ainsi, quand bien même Hitler embellirait l'histoire de son propre père en faisant de celui-ci un parangon de force et d'acharnement, il n'empêche que l'on lit autre chose en creux de cette histoire, qu'Hitler en tant qu'écrivain n'a pas assez de sensibilité pour pouvoir contrôler. Quasiment tout ce qui suit à propos du père a trait aux divergences entre son fils et lui. Bien qu'atténué, le conflit sous-jacent occupe une surface suffisamment grande pour que des tensions émergent en surface de cette asymétrie.

> Mes nombreuses virées dans la nature, le long chemin jusqu'à l'école ainsi que mes fréquentations avec de jeunes hommes extrêmement « vigoureux », qui causaient parfois de vives inquiétudes à ma mère, firent de moi tout le contraire d'un pantouflard. Ainsi, même si je ne me faisais pas d'idées précises à l'époque sur le métier que j'exercerais un jour, mes préférences n'allaient en aucun cas dans le sens de la vie de mon père.

Dans le portrait qu'il dresse de lui-même, Hitler est un enfant qui vit beaucoup dehors, il joue avec des garçons « vigoureux », il est « assez difficile à contrôler » et « un jeune homme qui était vraiment tout autre chose qu'un "brave" garçon au sens courant du mot ! », ainsi qu'il se définit. Autrement dit, il était coléreux, désobéissant, indocile et peut-être même agressif. Ces précisions sont adressées au père, personne à part lui n'étant cité dans ce contexte, ce père qui « n'était pas à même de comprendre » son fils et observait son avenir « avec inquiétude ». Pour dire les choses clairement : il tente de le mater et de le faire plier à sa volonté, qu'il doive pour y arriver en passer par les coups et par la violence. Afin d'étayer son propos à ce sujet, Hitler ajoute une autre page :

> J'étais devenu un petit meneur qui apprenait facilement et très bien à l'école, mais qui, par ailleurs, était assez difficile à contrôler. Durant mon temps libre, je suivais des cours de chant au chapitre des chanoines de Lambach, j'avais ainsi d'excellentes occasions de m'enivrer très souvent du faste solennel des cérémonies religieuses si grandioses. Quoi de plus naturel alors que la position d'abbé m'apparût comme un idéal digne à atteindre, de la même façon que mon père vouait autrefois un respect immense à l'humble curé du village ? Ce fut le cas au moins un certain temps. Cependant, dans la mesure où mon père, pour des raisons compréhensibles, ne se montra pas capable d'apprécier suffisamment les talents d'orateur de son enfant pugnace pour en tirer des conclusions favorables pour l'avenir de son rejeton, il n'était pas non plus à même de comprendre de telles pensées de jeunesse. C'est avec inquiétude qu'il observait cette contradiction de la nature.
>
> En réalité, mon attirance temporaire pour ce métier s'évanouit bientôt pour laisser place à des espérances correspondant davantage à mon tempérament. En fouillant la bibliothèque de mon père, j'étais tombé sur divers livres militaires, parmi eux une édition populaire de la guerre franco-allemande de 1870-1871. Elle était composée de deux volumes d'une revue illustrée de cette époque qui devinrent ma lecture préférée. Il me fallut peu de temps avant que ce grand combat héroïque devienne mon expérience intérieure la plus importante. Dès lors, mon enthousiasme ne cessa de croître pour tout ce qui touchait à la guerre ou à la vie militaire.
>
> Pour la première fois s'imposa à moi cette question, quoique de façon assez confuse : y a-t-il une différence, et laquelle, entre les Allemands qui ont mené

ces batailles et les autres ? Pourquoi l'Autriche n'a-t-elle pas participé à cette guerre, ainsi que mon père et tous les autres ?

Les deux fascinations se caractérisent par un enchantement de la réalité. Le « faste solennel des cérémonies religieuses si grandioses », dont Hitler dit s'enivrer, est un travestissement par son côté très théâtral, elles ont lieu à l'extérieur alors que les récits portant sur « la grande guerre héroïque » relèvent de la transformation intérieure : ce sont certes les soldats qui, à travers leurs qualités, leur courage et leur autosacrifice, rehaussent par leur éclat la pâleur d'une réalité triviale et quotidienne, cependant non eux en tant que tels, mais bien l'identification avec leur gloire qu'offrent les ouvrages leur étant consacrés ; c'est le regard ainsi modifié puis posé sur l'entourage proche qui peut transformer cet environnement ordinaire et lui donner une signification unique. En outre, ces deux fascinations sont associées au père, et la première est rendue toute naturelle d'une part à travers l'idéalisation par Hitler d'un curé de campagne, d'autre part car cela avait été également le cas pour son père. De fait, un idéal masculin pour un garçon de dix ou onze ans correspond à un idéal paternel, et quoi de plus naturel chez le père d'Hitler qui était orphelin de père. Ce que, en revanche, n'était pas Hitler ; son idéalisation de l'abbé doit par conséquent être observée dans cette lumière. C'est cette « contradiction de la nature » qui suscite de l'« inquiétude » chez le père. Il cultive ce qui est le plus éloigné de son père. En ce qui concerne la seconde fascination, à savoir la description de ses rêveries sur la guerre, deux réalités bien distinctes sont amalgamées, celle dans laquelle il grandit et celle à laquelle il rêve – et une accusation d'affleurer dans ce livre, sans pour autant lever le voile d'euphémisme qu'il pose sinon sur toute chose afin d'en accentuer la proximité : pourquoi l'Autriche ne s'est-elle pas battue ? Pourquoi le père et les autres soldats autrichiens n'ont-ils pas pris part au conflit ?

L'accusation est puérile car une quantité infinie de raisons expliquent pourquoi le père n'a pas pris les armes, mais cette puérilité montre qu'Hitler est captif de l'époque à propos de laquelle il écrit : dans ces trois ou quatre premières pages rien n'est écrit de cette manière, tout est contrôlé, corseté dans le même style et le même ton utilisés dans le reste de l'ouvrage.

Le conflit dégénère quand il s'agit de déterminer dans quelle école le jeune Adolf Hitler poursuivra, à l'âge de onze ans, sa scolarité : dans une *Realschule*, un collège, ainsi que le veut le père, ou dans un *Gymnasium*, un lycée moderne, ainsi que le veut le fils.

> Pour la première fois de ma vie, alors que j'avais à peine onze ans, j'étais poussé à l'opposition. Aussi dur et déterminé que pût être mon père pour imposer les plans et les intentions qu'il avait déjà en tête, son fils se montrait tout aussi borné et insoumis dans le refus d'une idée qui ne lui convenait pas ou peu.
>
> Je ne voulais pas devenir fonctionnaire.
>
> Ni de grands discours ni de « sévères » entretiens ne pouvaient modifier quoi que ce soit à cette résistance. Je ne voulais pas être fonctionnaire, non et encore non. Toutes les tentatives pour éveiller de l'amour ou de l'intérêt pour cette profession par des tableaux que mon père dressait de sa propre vie avaient l'effet inverse. Je me sentais mal à l'idée de devoir un jour être assis à un bureau, privé de liberté, de ne plus pouvoir être maître de mon temps mais d'être contraint de passer toute ma vie à remplir des formulaires.

Le plus étrange dans ce récit est l'absence de précisions tant sur l'enchaînement, le déroulement que sur l'issue du différend. Il faut attendre onze lignes pour apprendre, au détour d'une phrase : « La fréquentation de la Realschule ne modifia guère mon emploi du temps. »

Hitler décrit donc un conflit insoluble, il s'oppose pour la première fois à son père, du haut de ses onze ans, lequel père est dur, sévère, buté, inflexible dans sa décision – et, comme si rien ne s'était passé, le fils finit par lui céder et se trouve à présent en plein dans ce qu'il refusait corps et âme.

La narration élude visiblement quelque chose – mais quoi ? La défaite d'Hitler ou bien les conséquences qu'elle a eues dans la relation avec son père ? Celui-ci l'a brisé et, tant qu'Hitler a montré son opposition et mesuré ses forces avec lui, cette défaite a dû être humiliante. En tout état de cause, le récit est biscornu. Quoi de plus naturel qu'un père fasse des projets pour la scolarité de son enfant ? Qu'un fils, en revanche, anticipe sa vie future au point de se dresser de toutes ses forces, à *onze* ans, contre la volonté de son père à propos d'une profession de fonctionnaire qui reste tout de même un objectif situé dans un avenir lointain, voilà qui ne manque pas de surprendre.

Pourquoi est-il aussi important pour Hitler d'écrire qu'il a été envoyé contre son gré à la Realschule de Linz ? Il s'agit pourtant d'une école reconnue. Ludwig Wittgenstein, né la même année qu'Hitler, l'a fréquentée, lui qui venait d'une des familles les plus riches et les plus dotées d'un point de vue culturel en Autriche, oui, dans toute l'Europe. Toujours est-il que les bons résultats ne sont pas au rendez-vous pour les deux collégiens que sont Wittgenstein et Hitler, ils sont même très mauvais pour le second qui est obligé de redoubler sa première année et, à cause de deux « insuffisant » pendant la troisième, doit changer d'établissement scolaire et s'inscrire dans un collège nettement moins prestigieux. Se peut-il qu'Hitler ait tout bonnement inventé cet impératif paternel pour pouvoir affirmer qu'il aurait eu de bonnes notes s'il avait voulu, mais comme sa volonté était ailleurs, il n'a pas fait d'efforts particuliers ? Un tel raisonnement paraît quelque peu extravagant.

La querelle concernant la profession de fonctionnaire s'exacerbe encore plus par la suite. Hitler va donc à la Realschule contre son gré, il s'est plié au désir de son père parce que celui-ci l'a forcé, mais il est « borné et insoumis » ainsi qu'il l'écrit lui-même et, alors qu'il fréquente la Realschule voulue par le père au lieu du lycée moderne, il envenime le différend dont la tension monte d'un cran.

> Je ne sais plus aujourd'hui comment c'est arrivé, mais un jour j'eus la certitude que je devais devenir peintre, artiste peintre. Mon talent pour le dessin était incontestable, c'était même la raison pour laquelle mon père m'avait envoyé à la Realschule, en revanche, jamais il n'aurait pensé me laisser faire des études pour trouver un métier de ce genre. Au contraire. La première fois, après un énième refus de la proposition favorite de mon père, qu'il me questionna sur ce que je souhaitais vraiment faire et que je lui répondis aussitôt ce que j'avais décidé, il en perdit un instant l'usage de la parole.
>
> « Peintre ? Artiste peintre ? »
>
> Il douta de mon bon sens, peut-être crut-il aussi ne pas avoir bien entendu ou compris mes propos. Cependant, une fois qu'il eut plus d'explications à ce sujet, et surtout qu'il sentit tout le sérieux de mon intention, il s'y opposa avec toute la détermination de son être. Il prit une décision extrêmement simple qui ne laissait aucune place à une quelconque considération pour mes capacités réelles.
>
> « Artiste peintre, non, jamais tant que je vivrai. » Mais comme son fils avait hérité, en plus de divers autres caractères, d'une obstination semblable à la

sienne, il reçut la même réponse. À ceci près qu'elle avait le sens contraire, bien entendu.

On en resta là des deux côtés. Mon père n'abandonna pas son « jamais », et j'insistai sur mon « et pourtant ».

Il va sans dire que cela n'eut pas de conséquences très heureuses. Le vieil homme était aigri et, aussi fort que fût mon amour pour lui, moi aussi. Mon père m'interdit le moindre espoir que je puisse un jour étudier la peinture. Je franchis un cap supplémentaire et déclarai qu'alors je ne voulais plus rien étudier. Évidemment, avec de telles « déclarations » j'eus le dessous ; dans la mesure où le brave homme s'employa désormais à asseoir son autorité sans réserve, je ne dis plus un mot mais je mis ma menace à exécution.

Edmund, son frère, meurt de la rougeole en février 1900. Hitler entre à la Realschule de Linz en septembre de la même année. Il est impossible, à partir de ce qu'il écrit dans *Mein Kampf*, de connaître l'effet que ce décès a eu sur lui. Certaines des biographies qui lui sont consacrées ne manquent cependant pas de décrire un changement dans sa personnalité : d'enfant joyeux et extraverti, il devient frondeur, revêche et introverti ; et quand bien même ce serait le cas, on ne saurait affirmer avec certitude d'où *provient* ce changement, on peut tout juste conclure qu'Hitler change d'environnement à ce moment-là, quitte son école de campagne pour entrer au collège dans une grande ville où il n'a pas d'amis et ne s'en fait d'ailleurs pas, et que son frère cadet est mort quelques mois plus tôt. Mais... minute : c'est quand même son petit frère qui trouve la mort, il est évident que l'événement est un désastre dans l'existence, il est évident que cela assombrit l'esprit et le quotidien du grand frère ; ce qu'il représentait, le fait qu'il ait cessé d'exister et ne soit plus présent auprès de ses proches est sans nul doute plus difficile à accepter qu'à comprendre pour un garçon de onze ans. Quand un enfant meurt dans une famille, le deuil des parents est insondable : ils vont devoir continuer de vivre avec ce chagrin, eux qui ne sont pas morts. Les parents d'Hitler ont dû avoir un attachement au petit Edmund d'une tout autre nature qu'avec les trois autres avant lui, deux morts en bas âge, le troisième à la naissance, ils le regardaient forcément en se projetant dans l'avenir. La mort d'un enfant suscite chez ses parents une crise sans équivalent ; à cette aune, que peut penser un garçon de onze ans, sinon que c'est terriblement injuste ? Cette tragédie résonne également en toile de fond dans les années que passe Hitler à la Realschule de Linz : sa réticence à apprendre, son insolence, la haute opinion qu'il a de lui-même ; après tout il n'a aucune raison de ne pas s'en balancer, sinon justement en pensant à ce que son père représente quand il essaie par tous les moyens de le faire changer d'avis. Qu'importent les mauvaises notes, il a déjà été battu par son père, les châtiments corporels faisaient de toute façon partie de son quotidien, comme beaucoup, comme sans doute la plupart des enfants à cette époque et dans ce milieu. Il ne consacre pas une ligne à sa mère, pas une ligne à ses frères et sœurs, pas une ligne à ses amis, il n'écrit qu'au sujet de son père. Et si ce qu'il écrit est juste, à savoir qu'il a saboté sa scolarité pour montrer à son père que celui-ci se trompait, il y a dans ce comportement une grande part d'autodestruction. Seul un esprit assombri d'enfant peut formuler de telles pensées – sur l'air de : « Il ne va pas l'emporter au paradis, je vais lui montrer, je vais lui apprendre à vivre, et comme ça il verra ce qu'il a fait » – quand cet enfant n'a d'autres moyens pour se venger ou pour blesser celui qu'il hait. Même si cet épisode sur la carrière de fonctionnaire est un stratagème pour excuser ses notes lamentables et sa scolarité minable, il n'en décrit pas moins l'éloignement entre le père et le fils, lequel se trouve dans une situation complètement bloquée. Et il y a d'autant moins de raisons de croire qu'Hitler a tout inventé que le différend se joue à plusieurs niveaux et est confirmé par d'autres sources. « Le brave homme » – c'est accorder beaucoup de dignité à un fonctionnaire aigri, irascible et obtus, qui n'hésite pas à rouer de coups ses enfants ; pour autant, il n'incarne pas le père d'Hitler *stricto sensu* étant donné qu'il est dénommé « le père », il est donc père en tant que figure d'autorité plus abstraite, présente dans sa vie comme dans les vies de chacun, une personne que l'on doit écouter et respecter, d'où son sobriquet : « le brave homme ».

Au sujet d'Alois Hitler, né Schicklgruber, les gentillesses ne pleuvent pas vraiment. Dans son ouvrage *La Vienne d'Hitler*, Brigitte Hamann mentionne l'une de ses connaissances, un certain Josef Mayrhofer, par ailleurs le futur tuteur d'Hitler, qui le caractérise ainsi : « À la table des buveurs de bière, il voulait toujours avoir le dernier mot, légèrement soupe au lait. [...] À la maison, il était sévère, ce n'était pas quelqu'un de délicat ; sa femme n'a pas toujours eu l'occasion de rire avec lui. » Mais le portrait n'est pas sans ambiguïtés. L'article nécrologique publié dans le *Linzer Tagespost* insiste au contraire sur l'homme enjoué et l'« ami de la chanson » qu'il était en société ainsi que sur son « caractère heureux, quasi juvénile », indique Hamann : « Si s'échappait de temps en temps de sa bouche un mot bourru, ce n'en était pas moins un cœur d'or qui se cachait sous cette enveloppe rugueuse. » Un boute-en-train à l'auberge, un salaud à la maison, voilà l'homme qu'il semble avoir été. À sa secrétaire, Hitler dira plus tard qu'il n'aimait pas son père et qu'il le craignait beaucoup : « Il était irascible et avait la main leste. C'est pourquoi ma mère avait toujours peur pour moi. » Alois

Jr dessine le même portrait du père. Mais il prend soin de préciser d'une part que la mère (la belle-mère d'Alois Jr) gâtait Adolf « du matin au soir » mais que ce dernier était aussi un enfant battu, à tel point qu'il l'a cru mort sous les coups portés par leur père.

Indéniablement, la source la plus importante en ce qui concerne les jeunes années d'Hitler à Linz puis en partie à Vienne vient du livre *Adolf Hitler, mon ami d'enfance*, d'August Kubizek, publié en 1953. Kubizek a neuf mois de plus qu'Hitler, ils font connaissance au théâtre de Linz, à l'âge de seize ans. Kubizek ne rencontrera donc jamais Alois Hitler même s'il devient un ami de la famille où, écrit-il, le père est toujours très présent au-delà de la mort. De fait, un grand portrait de lui dans le salon occupe « la place d'honneur », les longues pipes qu'il fumait sont « soigneusement alignées [...] sur l'étagère de la cuisine » et représentent, selon Kubizek, « le symbole de la toute-puissance paternelle », voire, quand Klara Hitler parle de son défunt mari, elle « montr[e] du geste ces pipes, comme si elle trouvait le moyen de donner plus de force à ses paroles et par là même apportait la confirmation qu'elle perpétu[e] les points de vue de son mari ».

Kubizek écrit ensuite que les collègues douaniers d'Alois Hitler « le décrivent comme un fonctionnaire très méticuleux, consciencieux, sévère dans le service, fier de son grade », mais qu'il n'est pas particulièrement apprécié de ses subordonnés. Son trait de caractère le plus frappant demeure néanmoins aux yeux de Kubizek son instabilité : le père change ainsi douze fois d'adresse pendant les années où il vit à Braunau, deux fois à Passau et, après avoir pris sa retraite, sept fois. Adolf se souvient lui-même d'avoir déménagé à sept reprises et d'avoir fréquenté cinq écoles différentes. « Ces changements perpétuels n'étaient pas dus à la médiocrité des logements » puisqu'il arrive à Alois Hitler de s'installer dans des lieux plus vétustes, insiste Kubizek qui apporte l'explication suivante : le tempérament du père l'oblige à des transformations constantes et, comme son métier lui impose une certaine immobilité, il trouve un exutoire dans d'autres domaines du quotidien. Kubizek offre une analyse similaire de sa vie maritale : Alois Hitler a trompé sa première épouse, nettement plus vieille que lui, avec celle qui va devenir sa deuxième femme et la mère d'Adolf, attitude qu'il répétera avec elle.

> La manie bizarre et inhabituelle du père de constamment changer les circonstances autour de lui est d'autant plus frappante que l'époque était placée sous le signe de la paix, que tout portait au calme et au confort, et où, vu de l'extérieur, rien ne justifiait un tel changement.

Kubizek est frappé par la même instabilité, par la même inquiétude dans le tempérament d'un Hitler alors âgé de seize ans, et c'est à cette aune qu'il observe le conflit qui oppose père et fils au sujet de la carrière de fonctionnaire que doit embrasser le second et sur laquelle il insiste tant dans *Mein Kampf*. La nature fantasque du père est tenue en échec par les exigences que pose sa profession, la discipline donne une direction et une signification à son caractère impulsif, son uniforme de douanier fait office de couverture à sa vie privée dissolue ; « à la faveur de cette subordination sans réserve à cette autorité reconnue [...], Alois Hitler évitait d'échouer sur les écueils et les hauts-fonds de sa vie ». Et il a dû distinguer chez son fils les mêmes traits à l'œuvre, voilà pourquoi il est à ce point préoccupé par l'avenir professionnel du jeune Adolf même s'il ne s'en rend sans doute pas compte lui-même ; quoi qu'il en soit, « son obstination prouve qu'il sentait le danger qui menaçait Adolf ». Et Kubizek de conclure : « Comme il le connaissait bien. »

Cette réflexion restitue du père d'Hitler une image plus bienveillante que celle établie, elle n'est ni incroyable ni improbable, bien au contraire : l'intransigeance dont on peut parfois faire preuve vis-à-vis de ses enfants concerne souvent des penchants ou des dispositions que l'on reconnaît pour les avoir soi-même, il y a toujours une part de haine de soi dans le comportement brutal que l'on adopte envers ses enfants, même si on n'en a pas forcément conscience, et peut-être surtout dans ces moments-là, lorsque les émotions déferlent en nous avec une telle force et une telle emprise qu'elles étourdissent la raison. Cette volonté de fer, où en l'espèce le père agit de façon coercitive, contient également une part de sollicitude ; seulement voilà, un enfant n'est pratiquement pas en mesure de comprendre ou de reconnaître pareille prévenance dans la mesure où, d'une part, elle tente de le dompter, sans écouter les objections de l'enfant ou sans se mettre à sa place, et où, d'autre part, elle est tout à fait dépourvue d'un langage qui transmet d'ordinaire des preuves d'amour. Les déménagements incessants, l'infidélité, la grande différence d'âge avec ses épouses successives témoignent d'un esprit tourmenté et instable, il est tout à fait possible qu'Alois Hitler ait reconnu de tels traits de caractère dans le comportement de son fils. Les sentiments qu'Hitler éprouve pour son père fluctuent certainement entre la haine, la peur et le respect de son autorité. L'hypothèse qu'Alois Hitler connaisse mieux son fils que celui-ci ne se connaît lui-même éloigne leur conflit des notions de devoir et de subordination, ou encore de l'aspect mécanique inhérent à ceux-ci, et se rapproche plutôt d'une part de nécessité, inconnue pour les parties en présence, complètement désarmées face à elles-mêmes.

D'où vient cette idée de devenir artiste peintre ? La famille ne compte aucun artiste, il n'y en a guère dans l'entourage proche d'Hitler ; l'art auquel il a accès ne peut que se trouver dans les églises ou dans les livres. En tout état de cause, voilà ce qu'il veut devenir quand il sera grand : peintre. Non pas soldat, non pas curé, non pas professeur, non pas fonctionnaire, mais l'absolu contraire du fonctionnaire : artiste. Que Ludwig Wittgenstein soit devenu philosophe n'a rien de surprenant : son quotidien est bercé par l'art et la culture, le nec plus ultra que la modernité puisse offrir. Il n'empêche, Hitler sait dessiner, peut-être cette aptitude a-t-elle été encouragée. Surtout, il veut tout autre chose que ce qu'il entoure ; dans ces conditions, l'art constitue certainement un moyen pour lui d'en sortir.

Son père meurt brusquement d'une crise cardiaque, alors qu'Hitler est âgé de treize ans seulement.

> La question de mon avenir devait finalement se décider plus tôt que je ne l'attendais.
>
> À l'âge de treize ans, je perdai brutalement mon père. Une attaque cérébrale frappa le brave homme pourtant si vigoureux, et mit fin de la plus douloureuse des manières à son séjour sur terre, nous plongeant tous dans une affliction infinie. Son souhait le plus ardent, aider son fils à construire sa carrière pour le préserver des amertumes qu'il avait connues dans sa propre existence, lui parut loin d'être accompli à l'époque. Pourtant, sans s'en douter aucunement, il déposa les germes d'un avenir que ni lui ni moi n'aurions imaginé.

Tiens, revoici le mot « vigoureux », qui par là même devient l'un des termes centraux de *Mein*

Kampf. Il apparaît dans le livre pour la première fois sous sa forme adjectivale afin de désigner les « garçons vigoureux » avec lesquels joue Hitler, en opposition tant à sa vie casanière, où il devient « pantouflard », qu'à sa mère, en proie à de « vives inquiétudes ». L'adjectif est donc employé pour désigner cette fois la vitalité du père qui meurt alors qu'il est « pourtant si vigoureux », c'est-à-dire nullement déclinant ou malade.

Dans le récit, étant donné que le père incarne l'antithèse de l'art, les dichotomies dès lors sont les suivantes : intérieur/lecture/mère/pantouflard *versus* extérieur/vie à l'air libre/camarades/bagarreur, et faste religieux/art/liberté *versus* père/contrainte/force/vitalité. En plus d'être utilisé ici comme un mot honorifique, « vigoureux » prend une connotation uniquement positive même si l'inverse se lit également en creux : mou. Le seul endroit où une corrélation est clairement établie entre les deux motifs se situe dans les descriptions de la lecture des ouvrages consacrés à la guerre franco-prussienne : là, l'héroïsme des soldats, leur activité, leur vigueur et leur force d'action rencontrent la passivité, la rêverie, la vie casanière et maternelle liées à la lecture et à l'art.

Le père meurt donc, mais Hitler n'arrête pas l'école dans un premier temps puisque sa mère veut qu'il poursuive sa scolarité – jusqu'à ce que, ainsi qu'il l'écrit, une maladie « décide plus tôt » de son avenir, une affection pulmonaire qui pousse le docteur à conseiller « de toute urgence à ma mère de ne m'enfermer plus tard dans un bureau sous aucun prétexte et en particulier d'interrompre pendant un an au moins mes études à la Realschule ». Cette demande « de toute urgence » induit qu'il a dû d'abord l'en convaincre, que ça n'allait initialement pas de soi pour elle. La maladie semble avoir été bénigne, un prétexte auquel Klara Hitler a fini par céder à son fils. Ce qui, à son tour, n'a rien de surprenant : elle a vu son mari le rouer de coups sans avoir suffisamment de forces elle-même pour pouvoir intervenir, il avait deux fois son âge et était un homme autoritaire, elle avait déjà perdu quatre enfants. Hitler est celui qui a survécu, rien ne saurait être trop bon pour lui.

> Ce que je désirais avec ardeur en silence depuis si longtemps, le but pour lequel je m'étais toujours battu, s'était soudain réalisé grâce à cet événement, presque de lui-même.
>
> Mise sous pression par ma maladie, ma mère accepta enfin de me faire arrêter la Realschule et de me laisser entrer à l'Académie.

Lors de l'Anschluss en 1938, Hitler ordonne à la Gestapo d'éliminer des archives officielles l'ensemble des documents les concernant, lui et sa famille. Il veut visiblement détruire toutes les traces de son passé. Il existe quand même quantité de matériaux sur sa vie à cette époque, il n'y a pas une personne de son entourage qui n'ait pas été interviewée. On ne contrôle pas le passé, il continue de vivre dans les souvenirs, les histoires, les rumeurs, les lettres, les journaux intimes ; et, alors que d'ordinaire ces documents écrits et oraux ne sont ni rassemblés ni collectionnés mais demeurent la propriété de chaque individu, dispersés tout comme le destin disperse les êtres humains au fil d'une génération, les « réussites » d'une personne en particulier peuvent conduire, au contraire, à l'emmagasinement et à l'accumulation, comme c'est le cas pour Adolf Hitler. *Mein Kampf* n'est en aucun cas une source fiable, cela ne fait aucun doute ; toutefois, dans la mesure où l'ouvrage offre d'Hitler l'image qu'il souhaite donner de lui en

1924, il fournit de nombreux renseignements. Hitler décrit son enfance telle qu'elle aurait dû être, mais avec des éléments tirés de cette enfance telle qu'elle était, intacte, dans le sens où certains personnages et événements clés sont présents bien qu'ils ne soient pas nécessairement les plus importants. Les cinq années qui séparent la mort du père de celle de la mère sont abordées en l'espace de dix-neuf lignes, les deux années qu'il passe à Linz avec sa mère et sa sœur sans mettre les pieds dans un établissement scolaire sont condensées en une seule phrase :

> Ce furent les jours les plus heureux de ma vie, qui m'apparaissaient presque comme un rêve, mais ce n'était bien qu'un rêve. Deux ans plus tard, la mort de ma mère mit un terme brutal à tous mes grands projets.

Ces deux années heureuses, mais passées sous silence dans *Mein Kampf*, sont justement celles sur lesquelles portent les mémoires de Kubizek, la source la plus importante pour qui veut connaître la vie d'Hitler de l'âge de seize à vingt ans et tout en même temps le document qui offre le meilleur regard sur sa personnalité puisque Kubizek est le seul véritable ami qu'Hitler ait eu dans sa vie.

À l'instar de tous les témoignages émanant des contemporains d'Hitler qui se sont exprimés sur lui, les motifs et la fiabilité de l'image que donne Kubizek doivent être examinés à la loupe – ce qu'ils ont été. Non sans avoir repéré quelques erreurs ici et là, Brigitte Hamann apporte la conclusion suivante :

> Mais, somme toute, on peut accorder foi à Kubizek. Son livre représente une source riche d'informations, l'unique source, en tout cas, pour ce qui est de la prime

jeunesse d'Hitler, sans même parler des lettres et des cartes postales du jeune Hitler qui y sont reproduites.

Ian Kershaw, auteur de la célèbre biographie en deux tomes consacrée à Hitler, *Hubris* et *Némésis*, est quant à lui plus critique. Il écrit :

> Rédigés après la guerre, ces Mémoires doivent être traités avec prudence, tant sur le plan des détails que dans ses interprétations. Il s'agit en fait d'une version augmentée et embellie de souvenirs que le parti nazi l'avait à l'origine chargé de compiler. Même rétrospectivement, l'admiration que Kubizek conservait pour son ancien ami a coloré son jugement. Plus encore, Kubizek a beaucoup inventé et construit certains passages autour de ce que Hitler lui-même dit dans *Mein Kampf*, allant parfois jusqu'au plagiat pour donner plus d'ampleur à des souvenirs personnels limités. Malgré leurs faiblesses, il a été démontré que ses souvenirs étaient une source plus crédible qu'on ne l'a cru jadis, en particulier lorsqu'ils portent sur des expériences en rapport avec son intérêt personnel pour la musique et le théâtre. Quelles que soient leurs insuffisances, nul doute qu'ils contiennent d'importants reflets de la personnalité du jeune Hitler, montrant à l'état embryonnaire des traits qui devaient devenir saillants par la suite.

Le raisonnement est caractéristique de l'œuvre de Kershaw qui souffre du fait qu'elle décrit tout chez Hitler, et je dis bien *tout*, d'un point de vue foncièrement négatif, même ce qui a trait à l'enfance et à l'adolescence, à croire que toute sa vie est colorée par l'homme qu'il va devenir et par les actes qu'il va perpétrer vingt ans plus tard, à croire qu'il est le mal incarné ou que ce mal constitue chez lui une sorte de noyau central, un trait aussi invariable qu'incurable expliquant pourquoi l'avenir sera ainsi et pas autrement. Une telle perception manque cruellement de maturité et réduit les deux volumes de Kershaw, la biographie sur Hitler pourtant considérée comme la plus éminente, à une lecture indigeste. Est-il possible que tous les actes d'un être humain, même lorsqu'il est âgé de seize ans, soient mauvais et abominables ? Kershaw distille continûment des termes à charge quand il s'agit de la personnalité d'Hitler pendant sa jeunesse. Il insiste ainsi sur la réticence du père face à « l'indolence et l'irrésolution de son fils » et indique également que, « au prix de son assiduité, de sa diligence et de ses efforts, [le père] s'était arraché à ses modestes origines pour se hisser à un poste de fonctionnaire digne et respecté » alors que, « issu d'un milieu beaucoup plus privilégié, son fils ne trouvait rien de mieux à faire que de perdre son temps à dessiner et à rêvasser, il ne s'appliquait pas à l'école, n'avait aucun projet de carrière et méprisait le type de profession qui avait tant compté aux yeux de son père ».

Kershaw décrit ainsi le changement dans le caractère d'Hitler qui s'opère entre l'enfance et l'adolescence : « L'enfant heureux et joueur de l'école primaire était devenu un adolescent oisif, amer, rebelle, maussade, obstiné et indécis. » Quant à la période qui s'étale ente ses seize et ses dix-huit ans, il écrit : « Au cours de ces deux années, Adolf mena une vie d'oisif et de parasite aux crochets d'une mère qui l'adorait, lui donnait de quoi vivre, veillait sur lui et le choyait. »

> Le jour, il passait son temps à dessiner, à peindre, à lire ou même à écrire de la « poésie » ; le soir, il allait au théâtre ou à l'Opéra ; et, pendant tout ce temps, il rêvassait ou fantasmait sur son avenir de grand artiste. Il veillait jusqu'à une heure avancée de la nuit et se levait tard. Il n'avait aucun objectif bien défini. Le style de vie indolent, ses rêves de grandeur et son

manque de discipline pour le travail systématique – qui sont autant de traits caractéristiques du Hitler ultérieur – sont déjà manifestes au cours de ces deux années passées à Linz.

Quel mépris dans ces guillemets mis à « poésie » ! Quel conformisme dans l'insistance négative qui reproche à Hitler de se coucher tard et de faire la grasse matinée ! Avec quelle fréquence Kershaw ne dit-il pas de lui qu'il est « indolent », « oisif », qu'il mène une vie « de sybarite », « de parasite » ! Quelle connotation péjorative ne donne-t-il pas aux verbes « rêvasser » et « fantasmer » ! Quelle légèreté d'affirmer que dessiner revient à « perdre son temps » car, alors, Kershaw exprime précisément la mentalité et les opinions contre lesquelles la vie d'Hitler semblait s'opposer à cette époque. Si l'on remplace Hitler par, notamment, Rilke, si l'on imagine un biographe écrire ainsi sur le jeune Rilke, qu'il était indolent et oisif, qu'il menait une vie de sybarite et de parasite, qu'il passait ses journées à rêvasser et à fantasmer sur son avenir de grand artiste, qu'il manquait de discipline pour le travail systématique, qu'il veillait jusqu'à une heure avancée et se levait tard quand il avait seize ans – si on avait lu dans une biographie consacrée à Rilke une telle tirade à ce point saturée de condamnation, on n'aurait pas manqué de s'interroger sur la vision de l'être humain et de l'art qui anime le biographe en question. Alors, certes, on peut rétorquer qu'Hitler n'était pas un artiste digne de ce nom, que la condamnation est tout à fait justifiée ; néanmoins, quand un adolescent est âgé de seize ans, nul ne sait ce qu'il va devenir ou ne pas devenir, et il n'est pas certain que le don artistique soit la qualité qui ait séparé Hitler et Rilke lorsqu'ils avaient seize ans.

L'image d'Hitler que donne Kubizek vient de l'intérieur de cette réalité que condamne Kershaw avec une telle véhémence, et c'est l'image d'un jeune homme qui brûle. Hitler brûle pour l'opéra, pour le théâtre, pour la musique, pour la poésie, pour la peinture, pour l'architecture. Il écrit des poèmes, il dessine, il peint des aquarelles, il dessine des bâtiments, tant ceux qu'il voit dans le monde extérieur que ceux qu'il imagine dans son monde intérieur. Au lieu de se demander d'où peut bien provenir cette passion pour les disciplines artistiques et ce dont elles sont l'expression, si frappantes dans sa vie et si prégnantes les vingt-cinq premières années de son existence, Kershaw préfère les considérer comme les propriétés personnelles, et donc déplorables, d'Hitler. Mais il a seize ans à l'époque ! Il est évident que sa poésie est de piètre qualité, que les bâtiments qu'il dessine en détail ne peuvent se mesurer aux travaux des architectes diplômés ; il est évident qu'il travaille en dilettante, mais quel garçon de seize ans ne s'illustre pas par son dilettantisme ?

La description par Kubizek de son amitié avec Hitler, de l'époque et du milieu dans lesquels elle se joue, où la musique, l'art et la littérature constituent tout ce autour de quoi tourne leur adolescence, n'est pas sans rappeler l'image que Stefan Zweig donne de sa jeunesse à Vienne dans ses mémoires intitulés *Le Monde d'hier*. Zweig a dix ans de plus qu'Hitler, et ce qu'il écrit sur Vienne durant une période qui court jusqu'au déclenchement de la Première Guerre mondiale, la caractérisant comme l'âge d'or de la liberté et de la sécurité, doit pouvoir s'appliquer identiquement pour la vie à Linz pendant les années 1905 et 1906.

Dans ses descriptions, Zweig insiste sur la passion quasi obsessionnelle que ses amis et lui-même ont pour tout ce qui a trait à la culture. Ils font la queue devant les théâtres pour assister à chaque première, ils cachent des poèmes de Rilke sous la couverture de leurs manuels scolaires, ils lisent Nietzsche et Strindberg sous leurs pupitres, ils suivent tous les débats littéraires et toutes les discussions, et si certains d'eux aperçoivent Gustav Mahler dans la rue un soir, les autres sont immédiatement au courant le lendemain.

> Une première de Gerhart Hauptmann au Burgtheater jetait l'excitation dans notre classe bien des semaines avant le début des répétitions. Nous nous insinuions auprès d'acteurs ou de petits figurants pour connaître les premiers – avant les autres ! – la marche de l'action et la distribution. Nous nous faisions couper les cheveux chez le coiffeur du Burgtheater (je ne crains pas de rapporter aussi nos absurdités) à seule fin de glaner des renseignements secrets sur la Wolter ou sur Sonnenthal ; et nous, les grands, gâtions particulièrement et circonvenions par toutes sortes d'attentions un élève d'une classe inférieure, simplement parce qu'il était le neveu d'un inspecteur des éclairages à l'Opéra et que, par son intermédiaire, nous pouvions parfois nous introduire en contrebande sur la scène durant les répétitions, cette scène où nous accédions avec le frisson qui saisit Dante quand il s'éleva dans les sphères sacrées du paradis. La force rayonnante de la renommée était pour nous si puissante que même dégradée à travers sept intermédiaires, elle forçait encore notre vénération : une pauvre vieille, parce qu'elle était la petite-nièce de Franz Schubert, nous paraissait une créature surnaturelle, et nous suivions des yeux avec respect, quand il passait dans la rue, le valet de chambre de Josef Kainz, parce qu'il avait le bonheur d'approcher personnellement cet acteur, le plus aimé et le plus génial de tous.

Stefan Zweig était juif. Il naît dans la haute bourgeoisie viennoise. Il écrit ses mémoires dans l'ombre du régime brutal et destructeur du nazisme, avant de mettre fin à ses jours, « désespéré par le déclin de la culture européenne », ainsi que l'indique la quatrième de couverture de l'édition norvégienne du *Monde d'hier*. Peu d'écrivains ont fourni une image aussi juste et aussi fascinante de la réalité perdue de l'Europe d'avant-guerre que celle restituée par Zweig dans son livre. C'est l'âge d'or de la bourgeoisie, une époque marquée par la prospérité, la continuité, l'attention, l'harmonie et la sécurité, à tel point que l'idéal de la jeunesse n'est justement pas la juvénilité mais la maturité, « quiconque voulait s'élever était obligé d'avoir recours à tous les déguisements possibles pour paraître plus vieux qu'il ne l'était », écrit-il : les hommes de vingt-cinq ans portent la barbe et la redingote, privilégient la démarche grave et l'embonpoint, vont même jusqu'à s'imposer le port de lunettes alors qu'ils ont une vue parfaite.

Le premier roman de Thomas Mann paru en 1901, *Les Buddenbrook*, dresse le même tableau que Zweig : d'un côté la prospérité rangée et commerciale ainsi que la vie stable de la bourgeoisie, de l'autre les enfants de cette bourgeoisie et leur fascination pour l'art et la culture des grandes émotions qui, dans l'univers de Mann, renferme toujours une part de fragilité et de destruction. Le citoyen et l'artiste, voilà les deux figures que Mann et Zweig mettent en scène. Le Munich de Mann et la Vienne de Zweig sont en ce début de XXe siècle deux métropoles culturelles en Europe. Toutefois, même si Hitler vivra dans les deux villes, de surcroît en même temps que Zweig à Vienne et Mann à Munich, il est séparé de la culture à laquelle les deux écrivains font partie par ce qui ressemble davantage à un abîme qu'à un fossé. La Vienne d'Hitler est un taudis et le Munich d'Hitler ne vaut guère mieux. Mais, malgré ces différences sociales considérables, Hitler fréquente le même monde qu'eux : il assiste pendant sa période viennoise à plusieurs mises en scène par Gustav Mahler des opéras de Wagner, qu'il admire plus que tout, et il débarque dans la capitale impériale muni d'une lettre de recommandation destinée au célèbre Alfred Roller, qui n'est pas seulement professeur à l'École des arts décoratifs mais aussi un proche collaborateur de Mahler et le décorateur et costumier de l'Opéra de Vienne, l'un de ces hommes sur lesquels Zweig et ses amis se seraient retournés s'ils l'avaient croisé dans la rue. La recommandation émane de la propriétaire de l'appartement où loge la famille Hitler à Linz, qui s'est prise de sympathie pour le jeune Hitler. Connaissant le frère de Roller, elle rédige la lettre suivante à l'attention d'une amie vivant à Vienne et intime de Roller :

> Le fils d'une de mes locataires veut devenir peintre et étudie à Vienne depuis l'automne ; il voulait entrer à l'Académie des beaux-arts mais, n'ayant pas été admis, il alla alors dans une institution privée (chez Panholzer, me semble-t-il). C'est un jeune homme sérieux et assidu, il a 19 ans, mais il est plus mûr et plus posé que ne pourrait le laisser supposer son âge, il est sympathique, rangé et issu d'une famille très convenable. La mère est décédé avant Noël d'un cancer du sein à 46 ans à peine ; elle était la veuve d'un employé d'un certain rang du bureau local des douanes ; j'aimais *beaucoup* cette femme ; elle habitait l'appartement attenant au mien, au premier étage ; sa sœur et sa petite fille qui va au lycée conservent provisoirement l'appartement. Il s'agit de la famille Hitler ; le fils pour qui j'adresse cette requête s'appelle Adolf.
>
> C'est par hasard que, récemment, nous nous sommes entretenus à propos d'art et d'artistes et il a notamment dit que le professeur Roller était un artiste éminemment célèbre, dont la réputation dépassait viennent, qu'on pouvait affirmer qu'il jouissait même d'un renom mondial et qu'il admirait ses œuvres. Hitler ne se doutait pas que le nom de Roller ne m'était pas inconnu et,

> lorsque je lui dis que j'avais connu un frère du célèbre Roller et que je lui demandais si cela pourrait être utile à sa carrière d'avoir une recommandation auprès du directeur de la mise en scène du Hofoper, les yeux du jeune homme s'illuminèrent ; il devient tout rouge et il répondit qu'il considérerait comme la plus grande chance de sa vie de pouvoir faire la connaissance de *cet* homme et de lui être recommandé ! Il me serait agréable de rendre service à ce jeune homme car il n'a personne qu'il puisse dire un mot en sa faveur, l'assister de ses conseils, faire quelque chose pour lui ; il est arrivé tout seul à Vienne, sans connaître quiconque ; il a dû tout seul, sans guide, faire toutes les démarches nécessaires pour être admis. Il a le ferme propos d'apprendre de manière convenable !

Roller répond par une longue lettre de trois pages dans laquelle il écrit en substance : « Que le jeune Hitler vienne me voir et m'apporte ses travaux afin que je voie ce qu'il en est de lui. Je le conseillerai en toute bonne foi, de la meilleure manière en mon pouvoir. Il me trouvera tous les jours à mon bureau de l'Opéra, à l'entrée de la Kärthnerstrasse, escalier de la Direction, à midi et demi et à six heures et demie. »

Or Hitler ne se présente jamais sur place. Il affirmera par la suite que le courage lui a manqué : il se rend à l'Opéra quelques jours après son arrivée à Vienne mais, n'osant pas entrer, il rebrousse chemin. Après moult atermoiements, il vainc sa peur, retourne sur les lieux, mais n'ose toujours pas. La troisième fois, alors qu'il se tient devant la porte du bureau de Roller, quelqu'un lui demande ce qu'il veut. Il marmonne une excuse inaudible et se sauve à toutes jambes. Passé cette troisième fuite en avant, il détruit la lettre de recommandation et ne cherche plus à nouer de contact avec Roller. Seulement voilà, à ce moment-là, il vient d'être recalé par l'Académie, beaucoup de choses sont en jeu pour lui, une rencontre avec Roller est bien sûr inestimable pour un adolescent originaire de province et désireux de devenir peintre. L'homme peut, pour le moins, parcourir les esquisses et les dessins d'Hitler, lui donner quelques orientations dans son travail, lui indiquer ce qui est bon et ce qui manque, autant d'indications lui permettant de se préparer au mieux en vue du prochain examen d'entrée à l'Académie. Mais le problème d'Hitler, c'est qu'il est autodidacte et, en outre, qu'il n'a pour ainsi dire aucun contact avec d'autres artistes ou avec le milieu artistique. En conséquence, il ignore vraisemblablement ce qui est exigé des postulants, il ignore ce qui est important, et cette ignorance, pour qui souhaite être admis dans l'une des plus grandes institutions du pays en matière artistique, est tout bonnement fatale : ces lieux sont le cœur de la reconnaissance culturelle.

Et pourtant il n'ose pas. Pourquoi ? En partie parce qu'il est timide. Il admire Roller, il a vu deux mises en scène des opéras de Wagner, *Tristan et Isolde* ainsi que *Le Hollandais volant*, sur lesquelles le décorateur a travaillé, lui parler reviendrait donc implicitement à s'adresser à un dieu vivant. D'un autre côté, il doit avoir peur d'être refoulé. L'identité d'artiste a une telle importance à ses yeux, il s'est tellement battu pour pouvoir l'échafauder : il s'est d'abord rebellé contre la volonté de son père, il a ensuite surmonté les réticences de sa mère puis, à leur mort, il a dû lutter contre les injonctions de ses proches et de son tuteur. Toutes ces personnes exigeaient de lui qu'il choisisse un métier reconnu, qu'il devienne adulte, qu'il gagne son argent et qu'il fonde une famille. Juste avant de partir à Vienne, un parent lui a proposé un emploi au bureau de poste. Il a décliné l'offre, sans nul doute avec mépris, vu qu'il y avait toujours du mépris dans sa voix quand il était question de son « gagne-pain », insiste Kubizek. Hitler oppose l'art au quotidien petit-bourgeois, ce rêve est si puissant en lui qu'il ne peut risquer d'entendre Roller lui signifier qu'il est dépourvu de talent et ferait mieux de rentrer à Linz pour décrocher un travail ordinaire. Il ne peut pas courir le risque de voir la réalité en face, quand bien même elle devrait être vraie. Mieux vaut alors continuer de vivre dans le rêve.

Et c'est là un trait distinctif du jeune Hitler qui se manifeste dans de très nombreux épisodes dépeints par Kubizek. Il mène une vie intérieure ardente, intensément alimentée par des fantasmes qu'il ne tente pas de confronter à la réalité. L'exemple reflétant sans doute le mieux cette caractéristique n'est autre que son amour platonique – qui durera quatre ans ! – pour Stefanie, une jeune fille de Linz qu'il a aperçue à plusieurs reprises dans la grand-rue où les habitants ont coutume de flâner les après-midi et le soir, afin de voir et d'être vus, de s'arrêter pour discuter avec des connaissances, de regarder les vitrines, bref, d'avoir une vie provinciale telle qu'elle existe partout à cette époque. Un soir de 1905, écrit Kubizek, alors qu'ils se promènent comme à leur habitude, Hitler le saisit par le bras et lui demande « d'une voix agitée » ce qu'il pense de la mince jeune fille blonde qui traverse la Landstrasse en donnant le bras à sa mère.

« Je l'aime, tu sais ! » dit-il.

Et ce, alors même qu'il ne lui a encore jamais parlé. Les promenades du soir dans la Landstrasse donnent notamment aussi aux habitants de Linz l'occasion de flirter en échangeant regards et sourires. Pour Hitler, les règles doivent être strictes : s'il lui adresse la parole, il doit d'abord être introduit. Problème, comment s'y prendre ? « Mais c'est très simple », lui rétorque Kubizek : il lui suffit d'aller saluer les deux femmes, de se présenter, de décliner son identité à la mère et de lui demander la permission de parler à sa fille et de les accompagner.

> Adolf m'a regardé d'un air dubitatif et a réfléchi un moment à ma proposition. Qu'il a fini par rejeter. « Qu'est-ce que je suis censé répondre à sa mère si elle me demande mon métier ? Il faut bien que je donne ma profession quand je me présente. Le mieux est de la préciser juste après le nom. "Adolf Hitler, peintre académique", ou quelque chose d'approchant. Mais je ne le suis pas encore. Je dois d'abord le devenir. Alors seulement je pourrai me présenter. Pour sa mère, le métier est sûrement plus important que le nom ! »

Or, là encore, Hitler ne franchit jamais le pas : il ne va pas se présenter à la mère de Stefanie, avec comme conséquence qu'il n'échange pas un traître mot avec la jeune fille pendant les quatre années suivantes, une période durant laquelle elle n'en reste pas moins, selon Kubizek, son grand amour. Parfois leurs regards se croisent, parfois elle lui décoche un sourire, ce qui le conforte sans doute sur la véracité de ses sentiments pour lui, aussi grands que les siens sont pour elle, s'imagine-t-il. Il planifie leur avenir dans les moindres détails, il va même jusqu'à dessiner la maison qu'ils habiteront ensemble ; il semble ne vivre que pour ça. Il compose pour elle « d'innombrables poèmes », affirme Kubizek, dont l'un porte le titre *Hymne à la bien-aimée*. Stefanie est une femme à la perfection presque onirique et en tout cas totalement idéalisée, rappelant sans nul doute davantage les héroïnes mythologiques wagnériennes. Forcément, quand la réalité fait des siennes – puisqu'elle est d'une telle puissance qu'on ne peut pas la repousser éternellement –, Hitler réagit avec colère. Il demande à Kubizek de se renseigner sur les origines sociales de Stefanie, celui-ci s'exécute et s'entretient avec un ami du frère de la jeune fille. Elle appartient à la haute bourgeoisie et vit avec sa mère, veuve. Et elle adore danser. L'hiver dernier, elle a fréquenté avec sa mère tous les bals de la ville. Qui plus est, elle n'est pas fiancée. Bien qu'il soit satisfait par ce rapport, un point gêne cependant Hitler : elle danse. Cela ne correspond pas non seulement à l'image qu'il s'est faite d'elle, mais encore moins à la vie qu'il mène.

Outre qu'il s'étonne de « cette rigueur d'ascète » qui caractérise soudain son ami, Kubizek le décrit malgré tout comme un homme d'un sérieux peu commun, qui se voue uniquement à ses passions, à l'époque l'art et l'architecture. Il ne boit pas, il ne fume pas, il n'a aucun goût pour le sport, il ne s'intéresse pas aux sorties en ville. La danse lui est par conséquent tout à fait étrangère. Dans ce contexte, apprendre que Stefanie apprécie la danse, et qu'elle participe donc à la réalité sociale de la ville de province, le tourmente intensément.

> Après avoir été si souvent l'objet de ses plaisanteries, je tenais enfin un sujet sur lequel je pouvais le taquiner. « Il faut que tu apprennes à danser, Adolf ! » lui ai-je expliqué d'un air grave.
>
> La danse a toujours été un problème pour lui. Je me souviens très bien de ce moment où le sujet principal de nos conversations lors de nos promenades solitaires est passé du « théâtre » et de la « reconstruction du pont sur le Danube » au problème de la danse.
>
> Comme pour tout ce pour quoi il n'avait pas tout de suite de solution, il tombait dans des généralités. « Imagine une salle de danse bondée, m'a-t-il expliqué un jour, et fais comme si tu étais sourd. Tu n'arrives pas à entendre la musique qui fait bouger ces gens. Observe alors les mouvements absurdes de ces personnes, qui

n'ont ni queue ni tête. Ces gens ne sont-ils pas complètement fous ?

— Ça ne rime à rien, Adolf, ai-je répondu. Stefanie aime bien danser. Si tu veux la conquérir, il faut que tu fasses les mêmes mouvements absurdes et fous que les autres ! »

Il n'en fallait pas plus pour le mettre en rage.

« Non, non, jamais ! m'a-t-il crié au visage. Jamais je ne danserai, tu m'entends ? Si Stefanie danse, c'est uniquement parce qu'elle y est poussée par la société dont elle dépend malheureusement. Dès qu'elle sera devenue ma femme, elle ne sera plus du tout obligée de danser ! »

Exceptionnellement, même ses propres paroles ne sont pas arrivées à le convaincre cette fois, car la question de la danse ne cessait de revenir sur le tapis. Je le soupçonnais de s'entraîner chez lui à quelques pas timides avec sa petite sœur, en secret.

Pour sortir de cette impasse, Hitler soumet à Kubizek son projet, et ce avec le plus grand sérieux, insiste ce dernier : il va kidnapper Stefanie. Il ne met pas sa menace à exécution mais en profère une autre, sous prétexte que Stefanie ne répond plus à ses regards et passe devant lui comme s'il n'existait pas : il va se suicider. À nouveau, il élabore dans les moindres détails un plan qui, là encore, reste de l'ordre du fantasme. Or, à l'occasion d'un corso fleuri auquel elle participe avec sa mère, Stefanie lance une fleur à Hitler. Kubizek affirme ne l'avoir jamais vu aussi heureux qu'en cet instant :

Encore maintenant, sa voix tremblante d'excitation résonne dans mon oreille : « Elle m'aime bien ! Tu as vu ! Elle m'aime bien ! »

Deux ans et demi plus tard, en février 1908, après la mort de sa mère, quand Hitler part à Vienne avec la lettre de recommandation destinée à Roller, il envoie une fois sur place une carte postale à Stefanie. Il y écrit qu'il va entrer à l'Académie des beaux-arts, mais qu'elle doit l'attendre car il veut, lors de son retour à Linz dès la fin de ses études, lui demander sa main. Or il ne signe pas la carte et Stefanie n'a aucune idée de l'identité de l'expéditeur.

L'ambivalence qu'exprime cette absence de signature est du même ordre que son incapacité à agir pour rencontrer Roller, malgré la lettre de recommandation : il ne franchit pas le dernier pas. Le monde auquel il rêve, son avenir en tant qu'artiste tout comme son avenir avec Stefanie, existe en partie dans son monde intérieur, mais également en partie dans le monde extérieur ; pour preuve, il est proche d'elle, il la voit, elle existe, c'est possible, de la même manière qu'il dessine, qu'il peint, qu'il présente son travail pour l'examen d'entrée à l'Académie – mais il n'ose pas relier les deux niveaux de réalité. Car la réalité agit en un sens particulier, ce qu'elle fait d'ailleurs avec brutalité, à savoir en corrigeant. Et un trait saillant dans le caractère du jeune Hitler est justement sa réticence à accepter toute correction. Il ne connaît rien de pire. Quand il discute avec Kubizek, il ne supporte pas d'être contrecarré. À la moindre contradiction, même minime, il entre dans une colère noire.

Il est difficile de ne pas considérer la puissance et l'extériorisation de cette vie intérieure comme un geste de défense. Mais contre quoi ? Contre la vie sociale, visiblement. De fait, Hitler n'y participe en rien. Elle ne l'intéresse pas, il n'a que mépris pour les jeunes de son âge qui s'amusent, qui boivent, qui dansent, qui flirtent, qui font du sport. Son absence d'amis fait de Kubizek une exception, et tant pis si cette relation relève plus du monologue que de l'amitié : Hitler parle, Kubizek écoute. Hitler commande,

Kubizek est aux ordres. Et ce dernier en a pleinement conscience. Il l'accepte parce qu'il admire Hitler, il s'estime favorisé par cette amitié. Or, écrit-il aussi, il comprend qu'Hitler a besoin de lui :

> Je me suis rapidement rendu compte que la pérennité de notre amitié reposait essentiellement sur ma capacité à écouter avec patience. Cependant, ce rôle passif ne me rendait pas le moins du monde malheureux, car cela me faisait réaliser à quel point mon ami avait besoin de moi. Lui aussi était terriblement seul.

Un jour où Kubizek doit se rendre à l'enterrement de son vieux professeur de violon, Hitler lui propose de l'accompagner. Kubizek est surpris, Hitler ne le connaissait pas. Et ce dernier répond, pour motiver son geste : « Je ne peux pas supporter l'idée de te savoir avec d'autres que moi. »

Il le veut donc pour lui seul, ce qui d'une certaine manière est touchant, car cela révèle une grande vulnérabilité. Mais d'un autre point de vue c'est aussi sinistre, car cela équivaut à vouloir le posséder.

Qu'est-ce que Kubizek admire chez Hitler ?

Peut-être avant tout sa différence : il n'a aucun point commun avec les jeunes de son âge ; pour Kubizek, il leur est dissemblable de façon radicale. La vie de la plupart d'entre eux est déjà toute tracée bien qu'ils n'aient que seize ans. L'exact contraire vaut pour Hitler : « Chez lui, tout n'était qu'incertitude », indique Kubizek, séduit que son ami refuse de mener une vie petite-bourgeoise. Lui-même travaille dans l'atelier de tapisserie de son père, la famille s'attend à ce qu'il reprenne l'affaire dans quelques années alors que son souhait le plus profond, qu'il n'ose avouer, est de suivre une formation musicale pour devenir chef d'orchestre. Quand Hitler part s'installer à Vienne, il insiste pour que Kubizek le suive, il va même jusqu'à rendre visite aux parents pour tenter de les convaincre de le laisser s'en aller.

Hitler incarne donc quelque chose que Kubizek souhaite devenir. Ils ne sont toutefois pas sur un pied d'égalité. Kubizek ouvre à peine la bouche en présence de son ami dont l'énergie débordante lui laisse peu de latitude pour prendre la parole. En revanche, il a cette patience qui manque singulièrement à Hitler : il répète, il finit par entrer au Conservatoire de Vienne à l'âge de dix-huit ans, alors qu'Hitler ne répète jamais, travaille à peine, met en chantier des projets pharaoniques sans jamais les terminer, il rate l'examen d'entrée à l'Académie de Vienne.

La volubilité est, selon Kubizek, le trait le plus saillant chez Hitler, c'est-à-dire sa propension à parler inlassablement de tout ce qu'il voit et pense, autant de propos quasi systématiquement associés à des changements qu'il souhaite entreprendre : tel bâtiment doit à ses yeux être démoli pour être remplacé par un nouveau, construit dans un tout autre style ; il faut aménager à Linz une ligne de chemin de fer souterraine ; le système de retraites doit subir une modification générale ; il faut mettre en œuvre un opéra itinérant qui montrerait les œuvres de Wagner dans les campagnes. Sa capacité à s'intéresser et à avoir une opinion sur tel ou tel sujet semble sans limite aucune. Quand Kubizek décrit cette facette chez son ami, « agitation » est le substantif qu'il emploie pour souligner son propos, comme si des événements nouveaux devaient constamment émailler le quotidien d'Hitler, ce qui donne l'impression sinon qu'il est pourchassé, en tout cas qu'il doit fuir quelque chose ; et, comme ses objets de controverse se rapportent à ce qui d'après lui ne va pas dans le monde extérieur, il est aisé de s'imaginer qu'il tente par là même d'esquiver ou d'abolir quelque chose dans son monde intérieur. Il est à cet égard frappant de constater, tant dans *Mein Kampf* que dans les mémoires de Kubizek, une certaine déconnexion de la réalité, un certain onirisme, dans leurs points de vue à tous les deux, orientés vers un autre temps, vers un autre lieu, qu'ils surgissent de leurs impressions intenses vécues à l'Opéra – qu'ils fréquentent assidûment – ou de leurs lectures portant sur l'histoire et la mythologie allemandes, ou encore des déclarations d'Hitler sur sa propre vie, non pas sur ce qu'elle est mais bien sur ce qu'elle deviendra. Il est évident qu'Hitler est asocial, dans le sens où il ne s'intéresse pas à la vie sociale, et qu'il est d'un sérieux à toute épreuve.

> On m'a souvent demandé, je crois même Rudolf Hess une fois où il m'avait invité chez lui à Linz, si, aussi loin que je me souvienne, Hitler avait vraiment le sens de l'humour. Son entourage racontait qu'il en manquait. Après tout, c'était un Autrichien : il devait bien avoir hérité un peu du célèbre humour autrichien.
>
> Il est certain que l'impression que donnait Hitler, en particulier quand la rencontre était brève et fugace, était celle d'un homme terriblement sérieux. Cette mine si sévère semblait éclipser tout le reste. C'était la même chose dans ses jeunes années. Il abordait toutes les questions qui le taraudaient avec un sérieux quasi mortel, qui n'était absolument pas adapté à ses seize ou dix-sept ans. Et le monde avait des milliers et des milliers de questions à lui apporter. Il était capable d'aimer et de s'enthousiasmer, de haïr et de mépriser, le tout avec le plus grand sérieux. Mais il était impossible pour lui de laisser tomber quelque chose avec le sourire.

Kubizek retrouve le même sérieux chez Klara Hitler. Elle a quarante-cinq ans lorsqu'il fait sa connaissance. Il se dit frappé de constater qu'elle ressemble toujours à la seule photo d'elle que nous connaissons, sinon que « la douleur y était marquée et que les cheveux étaient devenus gris ». Il éprouve beaucoup de sympathie pour elle et se rend compte en la côtoyant qu'elle éveille en lui « le besoin de lui faire du bien » : « Un sourire, dans ce visage grave, me remplissait toujours de joie. » Elle n'aime pas parler d'elle ni de ses inquiétudes, mais elle soulage son cœur dès qu'il est question de ses craintes au sujet de son fils et de son avenir.

> L'inquiétude autour du sort de son seul fils encore en vie assombrissait sans cesse son humeur. Combien de fois nous avons été assis ensemble dans leur petite cuisine, avec elle et Adolf. « Notre bon père ne connaît aucun repos dans sa tombe, avait-elle l'habitude de lui dire, car tu ne fais absolument rien de ce qu'il a voulu pour toi. L'obéissance est ce qui caractérise un bon fils. Mais tu n'as aucune obéissance. C'est pour cela que tu n'es pas allé loin à l'école et que tu n'es pas heureux dans ta vie. »

La famille vit dans un petit appartement modeste avec deux pièces et une cuisine. Si Hitler dispose d'une chambre individuelle, la mère, la demi-sœur et la petite sœur partagent une même pièce. Il n'aide en rien aux travaux ménagers, la mère fait tout pour lui, et il ne plane aucun doute sur sa condition d'enfant gâté. Veut-il apprendre à jouer du piano que sa mère, non contente de lui en acheter un, paie les leçons, ce pour quoi le foyer manque vraisemblablement d'argent. Or, au bout de quatre mois seulement, Hitler abandonne les cours, se disant outré par cette obligation qu'il trouve stupide d'« exercer les doigts » au point de le mettre parfois dans une rage folle. La musique est une question d'inspiration et non d'exercices de doigté selon lui, raison de plus à l'en croire pour qu'il mette un terme à son apprentissage.

Il lit en revanche tout ce qu'il trouve sur Wagner, va même jusqu'à s'identifier presque entièrement à lui : les obstacles rencontrés dans sa jeunesse sont pour lui du même ordre que les difficultés contre lesquelles Wagner avait dû se battre. Après avoir cité une lettre ou un article ou une biographie, il lance un jour à Kubizek : « Tu vois, c'était pour Richard Wagner comme pour moi. Il a été obligé de lutter toute sa vie contre l'incompréhension de son entourage. » Kubizek trouve la comparaison « fort exagérée » d'autant que Wagner a eu une longue vie, riche en créations bien que jalonnée de hauts et de bas, alors qu'Hitler est à l'époque âgé de seize ans et n'a pour ainsi dire rien vécu. Et pourtant il ne se prive pas de se présenter comme une victime de persécutions, banni par ses ennemis après avoir dû se mesurer à eux.

Il y a dans cette facette d'Hitler un côté assez prétentieux, dans le sens où le rôle du poseur semble l'attirer et où, en même temps, il n'est pas en mesure de l'investir totalement car ce rôle exige une bonne dose de pratique et de virtuosité, une impression doublement renforcée par son allure de jeune dandy, redingote noire chemise blanche, canne à poignée en ébène, haut-de-forme à certains moments ; sauf que, les choses ne sont pas si simples, et elles le sont d'autant moins qu'il n'adopte pas cette tenue sous prétexte qu'il fréquenterait certains cercles, afin d'être vu, décidément non, puisqu'il est pour ainsi dire le seul à le voir. L'intensité avec laquelle il s'absorbe par exemple dans les opéras qu'il va admirer avec Kubizek ne semble pas surjouée ou superficielle mais le remplit tout entier ; idem pour la frénésie qu'il manifeste en réalisant ses dessins d'architecture dont sa chambre regorge : il le veut vraiment, voilà ce pour quoi il brûle, il est prêt à mettre tout de côté pour atteindre cet objectif. Pourquoi ? Tant Hitler que Kubizek estiment qu'il n'y a rien de plus haut dans la vie humaine que l'art, à cet égard, ils expriment une opinion amplement partagée par leurs contemporains, certes peu nombreux dans la jeunesse de province, mais très répandus à Vienne ou dans les autres métropoles culturelles européennes. Au regard de l'image d'Hitler que fournit Kubizek, l'art ne semble pas être une simple rêverie mais bien un aspect de son caractère qui transforme cet apparent dérivatif en absolu impératif. « Pour mon ami, l'art représentait bien plus ; du fait de l'intensité avec laquelle il absorbait, scrutait, déboutait, rejetait tout, de son sérieux implacable, de sa nécessité à prendre part à tout, il avait besoin d'un contrepoids. Et cette compensation, il la trouvait dans l'art. »

Les descriptions d'Hitler que fournit Kubizek ont également ceci de frappant qu'elles révèlent des éléments de manie : Hitler parle sans discontinuer, il est emporté et irascible, il échafaude des plans grandioses et ne doute pas un seul instant de pouvoir les réaliser, il peut travailler frénétiquement sur un projet plusieurs nuits d'affilée. D'un autre côté, puisque pareille mégalomanie a toujours ses revers, il traverse des périodes où il ne dit pas un mot, où il vit replié sur lui-même et effectue de longues promenades dans la campagne environnante, visiblement en proie à une profonde dépression. Situé en marge de ce prisme, l'art est un domaine qu'il cherche désespérément à atteindre, sans doute pour remplir son âme d'autre chose que des idées noires et pour s'exprimer à l'intérieur de lui.

Une autre raison évidente expliquant l'importance de l'art pour lui dans ses années d'adolescence se retrouve dans sa volonté de dépasser la classe sociale dont il est issu. Son amour platonique pour Stefanie le montre. Pourquoi ne la contacte-t-il pas ? Il est timide, gêné, timoré, il n'ose pas. Et peut-être au fond ne veut-il pas tenter sa chance car, à un niveau ou un autre, il comprend certainement qu'une initiative en ce sens risquerait de voir le rêve lacéré par la réalité ; mieux vaut encore la perfection et l'idéal du rêve que l'insuffisance de la réalité. À cela s'ajoute le fait patent qu'il n'est personne. C'est en tout cas ce qu'il répond à Kubizek quand ce dernier le presse de se présenter à la mère de Stefanie : il faut être quelqu'un, avoir un travail et pas n'importe lequel, la profession d'employé des postes ne va pas l'influencer, elle, la veuve d'un haut fonctionnaire, mais un peintre académique, oui, là elle sera impressionnée.

L'art échappe dans une certaine mesure aux classes sociales en ce qu'il est accessible à tous ; pendant la première décennie du XXe siècle, il n'y a ni radio, ni gramophone, ni cinéma, ni bien sûr de télévision, on peut profiter de la musique sur place, pour une somme modique, même chose pour les musées et les livres. Les deux adolescents que sont August et Adolf fréquentent assidûment les théâtres, les opéras, les concerts, ils en ressortent enflammés, discutent de ce qu'ils ont vu et entendu. Mais, dans une autre mesure, l'art est aussi une affaire de classe sociale et son existence n'induit pas son accès universel : si l'on grandit dans une maison sans livres, sans peintures, sans musique, parmi des gens qui ne parlent jamais d'art et ne s'y intéressent pas, qui considèrent peut-être même qu'il s'agit d'argent jeté par les fenêtres, le chemin est loin d'être facile pour atteindre par ses propres moyens les lieux où ces productions artistiques sont visibles. Et, pour autant qu'on réussisse à en profiter, il n'est pas certain qu'on ait les connaissances culturelles suffisantes auxquelles sont rompus les membres des classes supérieures. Hitler, qui vient d'un foyer sans livres et sans intérêt pour l'art, a réussi à vaincre le premier obstacle, mais jamais tout à fait le second. Son goût pour l'art et sa compréhension de l'art vont demeurer toute sa vie durant provinciaux et petits-bourgeois même si à cette époque, en province justement, il lutte corps et âme contre cet esprit petit-bourgeois. Vue de l'extérieur, une telle attitude a dû paraître bien radicale.

Cette radicalité frappe d'emblée Kubizek quand il fait la connaissance d'Hitler. Ils se sont rencontrés à l'Opéra, ont entamé la conversation, et Hitler semble se l'être tout de suite accaparé. Si Kubizek a le malheur d'être en retard à un rendez-vous, Hitler se rend immédiatement à l'atelier paternel, sans comprendre pourquoi son ami doit travailler, exigeant de lui qu'il l'accompagne pour une promenade – et pour qu'Hitler, selon toute vraisemblance, déverse sa logorrhée.

Kubizek s'étonne qu'Hitler ait autant de temps devant lui, ne travaille-t-il pas ? « Jamais de la vie ! » répond-il. Pas question pour lui de s'abaisser à trouver un « gagne-pain ». Kubizek se dit « médusé », même si un tel comportement le dépasse un peu. Va-t-il à l'école dans ce cas ? « L'école ? » ricane-t-il, plein de mépris. Pour la première fois, il montre son vrai tempérament. Et il entre dans une violente colère. Parler de l'école revient à agiter un chiffon rouge sous ses yeux. Il déteste l'école, il déteste les professeurs, il déteste les camarades de classe. Kubizek lui révèle que lui non plus n'a jamais eu grand succès à l'école. Pourquoi ? veut savoir Hitler, visiblement mécontent que son nouvel ami n'ait pas réussi sur le plan scolaire. Pareille contradiction trouble Kubizek. Mais pas pour longtemps : il va très vite s'y habituer, la contradiction est un trait de caractère inhérent à Hitler.

Cette toute première scène dans l'atelier renferme toutefois une part de mystère. La contradiction apparaît d'ordinaire quand deux argumentations irréconciliables s'opposent. En l'espèce, elles sont facilement identifiables : les expériences d'Hitler ne concernent que lui, elles lui appartiennent en propre, peut-être les considère-t-il comme un bien précieux qu'il ne souhaite surtout pas perdre puisqu'elles le définissent. Il déteste l'école, il en déteste même la nature, et cette détestation le constitue, le fonde, le forme en l'homme qu'il est, à savoir un homme qui estime ne pas avoir besoin de fréquenter l'école parce qu'il ne va pas s'intégrer dans la société dont il est issu, l'univers petit-bourgeois de Linz, il va au contraire le quitter et partir ailleurs, loin, dans le vaste monde. Apprendre que Kubizek a connu une expérience identique retirerait à Hitler son côté unique, ce qu'il ne tolère pas.

Se peut-il néanmoins qu'il y ait là une révélation qu'il n'est pas en mesure de voir ? D'autres règles valent pour Kubizek, Hitler ne le voit pas dans la même lumière que celle sous laquelle il s'observe. Non, il le regarde de l'extérieur et, dans cette lumière extérieure, ne pas réussir à l'école est définitivement (et contrairement à lui) synonyme d'échec scolaire. Son nouvel ami serait-il un échec ambulant ? Un échec aux yeux des professeurs, un échec aux yeux des autres élèves ? Non, ça ne lui plaît décidément pas. Cela n'augure rien qui vaille.

Ce que cette petite scène révèle, c'est la distance entre le monde intérieur et le monde extérieur d'Hitler, une séparation des plus marquantes et extrêmement signifiante car elle transforme le monde intérieur en une réalité inaccessible et incorrigible. La connaissance de soi correspond à la capacité de permettre à la perspective extérieure d'être tout aussi valable pour la perspective intérieure, c'est la présence dans le *moi* de la voix ou du regard de l'Autre indéterminé ; si cette circulation est entravée, il n'y a plus de connexion entre le *moi* et l'Autre et, dès lors, ce *moi* abandonné à lui-même repousse loin de lui la compréhension et l'expérience de l'Autre, lesquelles se produisent en dehors du *moi*, sans empathie, sans implication de ce *moi* qui est pourtant la première et la seule condition de l'empathie.

Hitler n'est pas sans empathie pour autrui, mais son empathie était faible – ainsi que le montre le récit de Kubizek. Il est contrôlé par ses affects, à leur merci pour ainsi dire, des affects capables de le submerger ou de l'accabler complètement, ce qui correspond à l'explication du *moi* abandonné à lui-même. Et ce, sans oublier sa nature asociale. Car il n'est pas uniquement asocial, il évite toutes les situations où sa vie intérieure risque d'entrer en confrontation directe avec le monde extérieur, à l'instar des incidents avec Stefanie et Roller. D'un autre côté, il n'a que seize ans à l'époque, il se trouve à un seuil de son existence où l'on est le plus en quête et le plus en développement, où l'on est le moins dans la stabilité.

Par la suite, il qualifiera ces deux années passées à Linz comme les plus belles de sa vie. De la même manière que Kubizek entre et sort chez les Hitler comme s'il était chez lui, Hitler entre et sort chez les Kubizek comme s'il était chez lui. Mme Kubizek apprécie Hitler : il est poli, bien élevé. M. Kubizek émet quelques réserves, lui qui avait espéré un ami plus solide, plus stable pour son fils : il n'est pas dupe du peu d'intérêt qu'August manifeste pour l'atelier de tapisserie, il sait pertinemment qu'il choisirait la musique si cela lui était possible.

Hitler et Kubizek profitent de leurs week-ends pour faire de longues promenades au cours desquelles ils retrouvent les parents Kubizek partis en train plus tôt dans la journée et qui leur offrent le déjeuner dans une auberge. Hitler les apprécie, prend régulièrement de leurs nouvelles, va même jusqu'à offrir en 1944 un cadeau à Mme Kubizek à l'occasion de son quatre-vingtième anniversaire.

La vie en province que dépeint Kubizek dans cette période d'avant-guerre paraît baigner dans une sécurité et une lenteur semblables à celles décrites par Zweig à Vienne dix ans plus tôt. Il y a les flâneries nocturnes dans la grand-rue de Linz, il y a Schiller au théâtre et Wagner à l'Opéra, il y a les pavillons et les orchestres militaires, il y a les longues promenades dans la campagne environnante. Il n'y a pas de voitures, pas d'avions, presque pas de moteurs, pas de téléphones, pas de radios, à peine y a-t-il des lumières électriques. À l'inverse de la capitale, ils ne sont pas riches : le père de Kubizek se débat pour maintenir son atelier à flot, la mère d'Hitler vit chichement avec sa maigre pension de veuve. La pauvreté n'est pas abstraite et ne concerne pas les autres. D'origine modeste, Klara Hitler a grandi dans l'une des régions les plus pauvres d'Autriche en tant qu'aînée d'une fratrie de douze enfants. La haine féroce que voue Hitler au monde petit-bourgeois a dû se développer dans une conscience de classe très forte, mais certainement très articulée. À la Realschule, il vient d'un tout autre milieu que ses camarades de classe, il a une heure de trajet pour rejoindre l'école, il incarne un univers lointain, paysan. Quand il emménage à Linz avec sa mère, il refuse de leur parler (Kubizek évoque une altercation entre Hitler et un camarade de classe, le second demandant au premier comment il va, Hitler lui répondant vertement que ça ne le regarde pas), mais bien qu'il se considère bien meilleur qu'eux qui représentent la petite-bourgeoisie urbaine, qui ont terminé leur scolarité et décroché un emploi digne de ce nom, ce sentiment de supériorité doit d'abord être élaboré mentalement, ce qui n'est pas sans poser problème : comment s'élever au-dessus de ce que l'on ne connaît pas vraiment, comment délaisser un échelon pour lequel on n'a jamais vraiment été qualifié ? Il s'habille comme un étudiant ou un jeune artiste, il sait déjà qu'il n'acceptera jamais d'avoir un travail ordinaire tant qu'il sera de ce monde, il en est même persuadé. Il a beau mépriser la bourgeoisie, il en est tout de même captif.

> Adolf attachait beaucoup d'importance aux bonnes manières et aux comportements corrects. Il observait avec une minutie rigoureuse les règles des rapports en société, aussi peu d'estime eût-il pour cette même société [...]. Il est très révélateur aussi que le jeune Hitler, qui vouait un mépris sans pareil à la société bourgeoise, respectât dans sa relation amoureuse les codes et les normes de ce monde tant méprisé de la bourgeoisie avec plus de sérieux que bien des membres de cette même catégorie sociale. [...] Cela se voyait dans sa toilette toujours soignée, son comportement raffiné aussi bien que dans son savoir-vivre naturel, que ma mère appréciait tellement chez lui. Jamais je n'ai entendu un mot à double sens ou une plaisanterie de ce genre sortir de sa bouche.

Le jeune Hitler a parfaitement conscience que la tenue et le comportement que l'on adopte déterminent la façon dont les autres nous jugeront, et, pour autant qu'il se moque éperdument de la bourgeoisie, il ne peut pas se moquer de son apparence car il n'a pas le choix : s'il s'habille comme un plouc ou comme le fils d'un ignare issu d'une classe sociale défavorisée, rien ne l'en distinguera et il apparaîtra, à juste titre, comme tel aux yeux des autres. Aussi doit-il, puisqu'il désire s'élever vers ce statut social plus noble qu'il estime mériter, plier l'échine et consentir à cette bienséance un peu guindée qui, rehaussée d'un soupçon d'application, lui conférera peut-être une allure de dandy, d'esthète, de jeune artiste.

Adolf Hitler, mon ami d'enfance a été publié quarante ans après les événements qu'il évoque. Comme l'indique Ian Kershaw, aucun être humain n'est en mesure de se souvenir avec exactitude de la teneur de telle ou telle réplique, ce dont Kubizek semble pourtant capable quand il cite les propos d'Hitler ou de sa mère. Mais les mémoires ne sont pas une science exacte, n'importe quel lecteur le comprend et sait au regard de sa propre vie à quel point les événements ultérieurs ont le don de retourner et de remodeler les épisodes antérieurs, de les nimber d'une lumière toujours inédite, en fonction de l'endroit où ce lecteur se situe à tel moment de sa vie. Il faut demeurer sur ses gardes lorsque des situations se transforment en récit car les récits relèvent de la littérature et non de la vie, tout comme lorsque les aventures du passé exaucent les attentes de l'avenir car le vrai présent ne s'est pas encore réalisé et ne connaît encore aucune conséquence. Aussi, quand Kubizek fait coïncider l'amour platonique d'Hitler pour Stefanie avec la mort de la mère, à l'occasion d'une scène où le cortège mortuaire passe devant la maison de Stefanie et où, comme par hasard, elle ouvre sa fenêtre et se penche pour voir ce qui se passe, il y a toute raison de douter du déroulement de la situation. De même, quand Kubizek décrit la forte impression laissée sur Hitler par *Rienzi*, cet opéra de Wagner consacré à un tribun romain –

> Adolf se dressait devant moi. Il a soudain saisi mes deux mains et les a serrées dans les siennes. Je ne l'avais jamais vu faire un tel geste. Je sentais à la pression de ses mains à quel point il était bouleversé. Son regard fiévreux trahissait son émotion. Les mots ne coulaient pas de sa bouche avec l'aisance que je lui connaissais mais s'en échappaient rauques et enroués.

> Je comprenais encore mieux au son de sa voix comme cet événement avait dû le marquer.
>
> Peu à peu, sa parole s'est libérée. Ses mots sont devenus plus fluides. Jamais auparavant et plus jamais par la suite je n'avais entendu Adolf Hitler parler comme je l'avais entendu cette heure-là, alors que nous nous trouvions seuls sous les étoiles, comme si nous étions les seules créatures de ce monde.

– il ne fait certes aucun doute qu'ils ont vu l'opéra ensemble et qu'il les a tous deux subjugués ; mais de là à transformer cette soirée en moment définitif et fatidique où Hitler prend conscience de sa destinée future, il n'y a qu'un pas que Kubizek franchit allègrement alors qu'il s'agit bien sûr, comme le souligne Kershaw, d'une reconstitution rétrospective. Quantité d'épisodes narrés par Kubizek sont colorés par les événements postérieurs, ce qui ne signifie pas pour autant que ces épisodes n'ont pas eu lieu, simplement qu'ils n'avaient pas autant de poids au moment où ils sont advenus, n'indiquaient pas fondamentalement la fatalité à venir qu'aucun des deux ne pouvait d'ailleurs ni connaître ni deviner. Quoi qu'il en soit, ces mémoires ont pour avantage d'une part de couvrir une période suffisamment brève, d'autre part de porter sur des situations suffisamment banales pour empêcher l'élaboration d'un récit plus vaste ; de même que leur limitation dans le temps, attendu que Kubizek a fait la connaissance d'Hitler à l'âge de seize ans et ne l'a plus revu pendant presque trente ans, tout cela rend les événements décrits clairs. La présence d'Hitler constitue un chapitre de courte durée dans la vie de Kubizek, mais cependant assez unique, étant donné le caractère à tout le moins particulier d'Hitler, pour qu'il garde un souvenir très vibrant de son ami. Dans ses réminiscences, Hitler lui apparaît comme une silhouette d'une ambivalence peu commune ; et s'il n'a pas écrit d'hagiographie, les traits de caractère qu'il pointe chez son ami correspondent à ce qui ressort des autres sources, mais de façon plus limpide, pour la simple et bonne raison que nul, ni avant ni après, n'a été aussi proche de lui que Kubizek. Qu'il l'apprécie et l'observe à travers une sorte de voile d'admiration ne l'empêche pas non plus de dresser un portrait nuancé et protéiforme. Ainsi de la description suivante :

> Mais même s'il était très souvent revêche, d'humeur changeante, nerveux et absolument pas conciliant, je n'ai jamais pu lui en tenir rigueur car ces facettes désagréables de sa personnalité étaient éclipsées par la ferveur exceptionnelle d'une âme exaltée.

Kubizek voit Hitler disparaître de sa vie au cours de l'été 1908. Il ne le verra ni n'entendra parler de lui qu'en 1933, lorsque Hitler devient chancelier. Kubizek lui écrit alors une lettre à laquelle il obtient une réponse quelques mois plus tard :

> Mon cher Kubizek !
> Ta lettre du 2 février ne m'a été présentée qu'aujourd'hui. Cela n'a rien de surprenant avec les centaines de milliers de courriers que j'ai reçus depuis janvier. J'ai été d'autant plus heureux d'apprendre pour la première fois de tes nouvelles et ton adresse après tant d'années. J'aimerais tellement – quand la période de mes plus durs combats sera passée – raviver personnellement la mémoire de ces si belles années de ma vie. Peut-être serait-il possible pour toi de me rendre visite un jour. Je vous présente, à toi et à ta mère, mes vœux les meilleurs, en souvenir de notre vieille amitié.
> Ton
> Adolf Hitler

En 1938, pendant l'Anschluss, Hitler franchit la frontière autrichienne en passant par sa ville de naissance, Braunau am Inn, et réalise ainsi l'ambition qu'il s'était fixée dans *Mein Kampf*. Cette vigilance à la force des symboles est caractéristique chez lui. Le même soir, il s'adresse à la population depuis le balcon de l'hôtel de ville de Linz. Kubizek n'a pas la possibilité de participer mais, quand Hitler revient à Linz en avril, il décide d'aller le voir à l'hôtel Weinzinger où il réside. Une foule compacte est massée devant l'entrée et les SS en faction le prennent pour un fou quand il demande à rencontrer le chancelier du Reich. Mais, sitôt qu'il leur montre la lettre écrite en main propre par Hitler, un officier dépêché sur place le fait entrer dans le hall. « Une ruche de monde attendait le chancelier », ainsi qu'il l'écrit : généraux, ministres, cadres nazis et autres silhouettes en uniforme, tous allant et venant et faisant cercle autour d'un seul homme, Adolf Hitler, désormais séparé de son ami d'enfance par le mur infranchissable du pouvoir. Kubizek songe un instant à s'en aller quand un adjudant vient le rejoindre. Albert Bormann, ainsi qu'il s'appelle, le frère du célèbre Martin Bormann, futur chef de la chancellerie et du parti, lui annonce que le chancelier est un peu souffrant et qu'il ne recevra plus personne ce soir. Il invite cependant Kubizek à revenir le lendemain vers midi. Il lui propose ensuite de s'asseoir car il souhaite lui poser quelques questions.

« Le chancelier, dans sa jeunesse, se couchait-il aussi tard dans la nuit ? » Hitler ne va effectivement pas au lit avant minuit, se lève tard, mais exige que ses hommes restent auprès de lui alors qu'ils doivent pour leur part se lever de très bonne heure. Bormann se plaint également des colères violentes d'Hitler que nul ne parvient à tempérer, il s'étonne de son régime composé uniquement de légumes, de repas farineux et de jus de fruits. En a-t-il toujours été ainsi ? Kubizek confirme mais précise qu'Hitler, avant de devenir végétarien, mangeait autrefois de la viande.

Lorsqu'il revient le lendemain, le même scénario se répète : « toute la ville [est] debout », comme il l'écrit, il se fraie un chemin dans la foule concentrée devant l'hôtel, franchit le barrage de SS, est conduit dans le hall par des adjudants. Il ne s'attend pas à grand-chose sinon à « une poignée de main, une tape sur l'épaule, et au revoir ! ». La question du protocole le tracasse également, il sait qu'Hitler risque d'entrer dans une rage folle au moindre impair. En tout état de cause, il a obtenu un entretien d'une heure. Soudain, Hitler traverse le couloir, le reconnaît aussitôt et crie : « Gustl ! » Il abandonne son escorte pour le rejoindre. Kubizek écrit : « Je me souviens encore de ses deux mains serrant et maintenant la main droite que je lui avais tendue, ainsi que de ses yeux toujours aussi clairs et perçants qui retournaient mon regard. Tout comme moi, il était visiblement ému. » « Venez ! » lui lance ensuite Hitler en le conduisant vers l'ascenseur pour rejoindre ses appartements au premier étage – et Kubizek se dit soulagé de ce vouvoiement.

> Son adjudant personnel a ouvert la porte. Nous sommes entrés. L'adjudant est parti. Nous étions seuls. Une fois encore, Hitler m'a pris la main, m'a regardé longuement et a dit : « Vous êtes resté exactement le même qu'autrefois, Kubizek. Je vous aurais tout de suite reconnu, n'importe où. Vous n'avez pas changé, juste vieilli. »
>
> Puis, il m'a conduit à la table et m'a demandé de prendre une chaise. Il m'a assuré de toute la joie qu'il éprouvait de me revoir après tant d'années. Mes félicitations l'ont particulièrement touché, car je savais mieux que quiconque combien son parcours avait été

semé d'embûches. Le moment présent était mal choisi pour avoir une longue conversation mais il espérait que l'occasion se présenterait à l'avenir. Il me le ferait alors savoir. Il n'était pas conseillé de lui écrire en personne, car le courrier qui lui était adressé ne lui parvenait souvent pas directement, il devait d'abord être traité avant de lui être soumis.

« Je n'ai plus de vie privée comme avant, je ne peux plus faire ce que je veux comme n'importe qui. »

Sur ces mots, il s'est levé et s'est dirigé vers la fenêtre qui donne sur le Danube. Le vieux pont à la structure métallique, qui l'agaçait déjà dans ses jeunes années, enjambait toujours le fleuve. Comme il fallait s'y attendre, il aborda aussitôt le sujet.

« Cette affreuse passerelle ! s'écria-t-il, elle est toujours debout. Mais plus pour longtemps, je vous le dis, Kubizek. »

Puis il se retourna vers moi avec un sourire. « Pourtant, j'aimerais beaucoup faire de nouveau un tour sur ce vieux pont avec vous. Mais ce n'est plus possible car, à chacune de mes apparitions, tout le monde me court après. Mais croyez-moi, Kubizek, j'ai encore de nombreux projets pour Linz. »

Personne ne le savait mieux que moi. Comme prévu, il me présenta tous les plans qu'il avait imaginés dans sa jeunesse, à croire qu'il ne s'était pas passé trente ans depuis, mais trois, tout au plus.

Après lui avoir expliqué les projets qu'il compte réaliser pour Linz, Hitler interroge Kubizek sur sa vie et sur ce qu'il est devenu. La réponse, « conseiller municipal », lui déplaît fortement. « Ainsi donc vous êtes fonctionnaire. Un gratte-papier ! Mais cela ne vous convient pas du tout. Qu'avez-vous fait de vos dons pour la musique ? » Kubizek lui répond que la guerre l'a obligé à changer de voie et qu'il n'a pas eu le choix s'il ne voulait pas mourir de faim. Hitler hoche la tête avec gravité. « Oui, la guerre perdue », répond-il. Puis il le regarde et ajoute : « Vous ne finirez pas votre carrière en tant que secrétaire de mairie, Kubizek. » Il l'interroge ensuite sur cet orchestre qu'il dirige, l'invite à lui adresser un rapport sur ce qui lui manque et précise qu'il l'aidera. Il lui demande s'il a des enfants, et Kubizek indique qu'il a trois fils.

> « Trois fils », lança-t-il d'une voix agitée. Il répéta ce mot à plusieurs reprises avec une mine très sérieuse. « Vous avez trois fils, Kubizek. Je n'ai pas de famille. Je suis seul. Mais j'aimerais m'occuper de vos fils. »
>
> Il fallut que je lui raconte tout sur mes fils. Il voulait connaître les moindres détails. Il était ravi qu'ils aient tous les trois un don pour la musique et que deux d'entre eux soient aussi des dessinateurs talentueux.
>
> « Je vais prendre à ma charge les études de vos trois fils, Kubizek, m'annonça-t-il, je n'aimerais pas que de jeunes gens doués aient à suivre la même voie que nous avons empruntée. Vous savez bien ce que nous avons vécu ensemble à Vienne. Quand nos chemins se sont séparés, j'ai connu la pire période de ma vie. Il ne doit plus arriver qu'un jeune talent soit perdu simplement parce qu'il se trouve dans le besoin. Si je peux contribuer à aider quelqu'un, alors je l'aide, d'autant plus s'il s'agit de tes enfants, Kubizek ! »
>
> Je tiens ici à ajouter que le chancelier a effectivement fait régler par son bureau les frais de la formation musicale de mes trois fils au conservatoire Bruckner de Linz, et que les travaux de dessin de mon fils Rudolf ont été examinés par un professeur de l'Académie de Munich sur son ordre.

Ils se retrouvent en 1939, lorsque Hitler le convie à Bayreuth, au festival consacré aux œuvres de Wagner, une invitation réitérée en 1940. La fiabilité des descriptions de ces rencontres pose question, de même que l'image d'Hitler qu'elles restituent. Or aucun autre témoin hormis Kubizek n'étant présent, nous ne pouvons guère que nous en remettre à ses paroles. Une chose est sûre cependant : le portrait d'Hitler n'est pas opportuniste. Si son livre avait été publié alors que les nazis étaient encore au pouvoir, mettons en 1938 ou 1942, l'affaire serait totalement différente : la méfiance serait de mise en ce que la moindre formule quelque peu négative ou ambivalente sur Hitler aurait été impossible, sinon difficile et dangereuse. Mais l'ouvrage sort en 1953 et le rapport de force est inversé : l'opportunisme aurait été de démoniser Hitler, d'insister sur ses mauvais côtés, alors qu'écrire notamment sur son amabilité pourrait être entendu comme une expression de ses sympathies nazies, ce que peu de gens auraient souhaité admettre après la guerre.

Kubizek est contacté en 1938 par le parti nazi afin de rédiger, pour les archives du NSDAP, ses souvenirs de jeunesse au sujet d'Hitler. Il attend 1942 pour adhérer au parti, année à laquelle il reçoit par Martin Bormann, le secrétaire particulier d'Hitler, l'ordre plutôt que l'invitation d'écrire ses mémoires, ce qui lui vaut l'année suivante une promotion couplée d'une hausse de salaire. À la fin de la guerre, il n'a écrit que cent cinquante pages. Arrêté par les Américains à cause de ses liens personnels avec Hitler, il passe seize mois en prison et subit des interrogatoires continuels. Kubizek a cependant pris soin de bien cacher dans sa maison le manuscrit ainsi que les lettres d'Hitler. Celui-ci compose le cœur du livre qu'il publie en 1953, mais les différences sont flagrantes, selon Hamann. Tous les passages exprimant de l'admiration pour « *Der Führer* » sont biffés alors que ceux décrivant leur vie commune à Linz et à Vienne sont maintenus. Certaines histoires sont retravaillées, délayées, ainsi de l'amourette avec Stefanie. « Il n'est pas très fiable pour ce qui est des dates et parfois sa mémoire le trompe », indique Brigitte Hamann : la logeuse à Vienne n'est pas polonaise mais tchèque, l'immeuble n'est pas au 29 mais au 31 de la rue Stumpergasse. Outre cela, la plupart des informations fournies, et que l'on ait été en mesure de vérifier, s'avèrent correctes. À l'exception notoire de quelques épisodes où il ressort qu'Hitler aurait été antisémite dans sa jeunesse. Cet élément biographique n'est confirmé par aucune autre source ; bien au contraire, il est prouvé qu'Hitler avait des connaissances juives à l'époque où il vivait à Vienne et qu'il a manifesté un intérêt pour la culture juive. Mahler, qu'il admirait, était juif lui aussi. Ces épisodes ne figuraient pas dans le premier manuscrit, ils ont visiblement été ajoutés après coup. Hamann précise :

Mais il est évident qu'ici Kubizek livre un plaidoyer *pro domo*. Car les Américains, dans le cas où il était détenu, l'avaient longuement interrogé à propos de son antisémitisme et il devait désormais conserver la ligne de défense adoptée en cette circonstance. Il écrit ainsi que Hitler a adhéré en 1908, à Vienne, à la Ligue antisémite (Antisemitenbund) et que, sans même le consulter, il l'a fait adhérer au même mouvement : « Ce fut le sommet de ce violent politique auquel je me suis peu à peu habitué chez lui. J'en fus d'autant plus étonné qu'Adolf, habituellement, se montrait prudent et évitait soigneusement d'adhérer à quelque associations ou organisations que ce soit. »

Mais il y a un hic : il n'existait pas en Autriche-Hongrie, avant 1918, d'Antisemitenbund ! Les antisémites autrichiens étaient à ce point divisés, sur le plan politique comme sur le plan national, qu'il ne leur fut pas possible de créer une organisation de ce type, analogue à la Ligue antisémite allemande (Deutscher Antisemitenbund) de 1884. Kubizek n'a pu adhérer qu'à la Ligue antisémite autrichienne (Österreichischer Antisemitenbund) fondée en 1919 – et, s'il l'a fait, ce fut de son plein gré et non à l'instigation d'Hitler. Cette question est importante parce que Kubizek est, de tous les témoins oculaires des jeunes années d'Hitler que l'on peut prendre au sérieux, le seul à présenter ce dernier comme un antisémite et que, sur ce point justement, il n'est pas crédible.

Un autre point frappant à propos des deux versions du manuscrit a trait au style, mauvais pour celui rédigé à l'époque nazie, relativement bon pour celui publié huit ans après la fin de la guerre. Si Kershaw sous-entend que Kubizek a « beaucoup inventé et construit », Hamann pense plutôt qu'il a obtenu l'aide d'un « correcteur habile ». Tous deux s'accordent néanmoins pour affirmer que ces mémoires constituent la source la plus importante pour quiconque souhaite connaître les années de jeunesse d'Hitler. Et s'il peut paraître douteux que le cercle se referme avec une telle perfection quand Hitler revient à Linz afin de modeler la ville selon les projets de sa jeunesse, il n'en demeure pas moins un fait indubitable qu'il passe des heures, pendant l'ultime période passée dans son bunker, tandis que le monde est en flammes et que les Russes ont déjà envahi Berlin, cinq jours avant qu'il ne se suicide, à contempler une maquette de Linz que son architecte Hermann Giesler a dessinée selon ses instructions et qu'il montre à ses visiteurs quelle que soit l'heure du jour ou de la nuit. Un clocher de cent cinquante mètres de haut adossé à un mausolée abritant la sépulture de ses parents, un hôtel gigantesque pouvant héberger jusqu'à deux mille résidents, une école de musique devant porter le nom de École de musique Adolf Hitler, un opéra censé être le plus grand du monde et susceptible d'accueillir 35 000 personnes, forment les bâtiments principaux, ainsi que l'explique l'historien suédois Bengt Liljegren. À quoi s'ajoutent une université technique, un terrain de sport dont les gradins peuvent contenir 100 000 spectateurs, des quartiers résidentiels pour les ouvriers et les artistes, des centres d'accueil pour les SS et les SA invalides, une gare connectée à des lignes de métro, une bretelle d'autoroute, sans compter des usines d'industrie lourde, des aciéries et des complexes chimiques. Au centre de cette nouvelle vision urbaine figure, en plus du clocher et du mausolée, un colossal musée d'art. Hitler, souligne Liljegren, tient tellement à ce que sa considérable collection de peintures revienne à Linz qu'il le rédige noir sur blanc dans son testament avant de se suicider. Pendant tout son règne, la priorité est donnée à Linz, aux dépens de Vienne. Hamann cite Goebbels qui, dans son journal, note à la date du 17 mai 1941 : « Linz nous coûte trop cher. Mais le Führer y tient tant. » Ce qu'il confirme, toujours dans son journal, le 21 mars 1943 : « Le Führer ne nourrit pas de très grands projets pour Vienne. [...] Au contraire, Vienne possède trop, il se pourrait bien qu'on lui enlève quelque peu de ce trop, plutôt que de lui donner quoi que ce soit. »

Hitler, dès les premiers instants où Kubizek et lui font connaissance, ne cache pas son intention de partir à Vienne. Linz est trop petite pour lui, trop provinciale. Il effectue en mai 1907 un premier voyage à la capitale, dont il revient conquis. Or, de nouveau à Linz après ce séjour de quatre semaines, il est inaccessible et vit replié sur lui-même, taciturne ; il se promène nuit et jour dans la campagne aux alentours de la ville, peut-être traverse-t-il une crise ayant trait au lieu où il doit vivre. Toujours est-il que, quelques semaines plus tard, une fois redevenu lui-même, il est bien décidé à partir s'installer à Vienne.

> L'idée de devoir se faire encore entretenir par sa mère alors qu'il était maintenant un jeune homme de

dix-huit ans lui était devenue insupportable. Adolf était face à un dilemme douloureux qui le faisait presque souffrir physiquement, comme j'ai pu le constater moi-même à plusieurs reprises. D'un côté il aimait sa mère plus que tout. Elle était la seule personne au monde avec qui il se sentait en parfaite adéquation, une relation à laquelle sa mère répondait avec autant d'amour, même si elle était profondément inquiète par la nature inhabituelle qu'elle décelait chez son fils, mais qui la remplissait parfois aussi de fierté, comme elle le répétait souvent : « Il n'est pas comme nous. »

D'un autre côté, elle se sentait toujours obligée de satisfaire la volonté de son mari défunt et orienter Adolf vers un métier sûr. Mais qu'est-ce qu'on pouvait appeler « sûr » avec la personnalité particulière de son fils ? Il avait échoué à l'école et ignoré tous les conseils et les desseins de sa mère. Il voulait devenir artiste peintre, lui avait-il dit. Sa mère n'y voyait rien de satisfaisant car, pour l'être simple qu'elle était, tout ce qui avait trait à l'art et aux artistes paraissait frivole et inconsidéré.

Raubal, son beau-frère, insistant pour qu'Hitler se mette au travail comme tous les jeunes de son âge, tente de rallier la mère à sa cause. À ses yeux, Hitler n'est qu'un enfant gâté qui embobine sa mère alors qu'il faudrait lui serrer la vis et lui faire apprendre un vrai métier. « Ce pharisien va me dégoûter de ma maison », dit Hitler, furieux, à propos de lui. Raubal appelle sa belle-mère à la raison, intervient au nom du défunt père. Et il n'est pas très compliqué de s'imaginer quels arguments il invoque pour se faire entendre : « Hitler fait la grasse matinée, il ne gagne pas un sou, passe ses journées à rêvasser, vous n'avez pas les moyens de financer les dépenses de votre fils, à ce train-là il n'apprendra jamais à subvenir à ses besoins et à ceux de sa famille, je dis ça pour son bien, vous le comprenez. » Mayrhofer, le tuteur d'Hitler, veut qu'il devienne boulanger et lui trouve même une place. Les autres locataires de l'immeuble mettent eux aussi leur grain de sel, précise Kubizek, aucun d'entre eux ne prend la défense du fils, ce qui désespère la mère. Pour Hitler, il est devenu impensable de rester : il a pris sa décision, il n'y a aucune autre option possible sinon Vienne et la carrière d'artiste qu'il va y mener.

> Il en est venu à haïr le monde petit-bourgeois dans lequel il devait vivre. Retourner dans ce monde étroit, limité, après des heures passées en pleine nature, était pour lui une véritable épreuve. Tout en lui bouillonnait de rage. Il était dur et renfermé.

L'impression que tout le monde lui met des bâtons dans les roues n'est pas nouvelle dans la vie d'Hitler. Heureusement pour lui, il est très proche de sa mère et, quelque forte que soit la pression extérieure, elle ne lui refuse rien. Or elle tombe malade. En janvier de la même année, elle a consulté le Dr Bloch, le médecin de famille, qui lui a dépisté une tumeur au sein. Elle doit être opérée. Elle reste un mois à l'hôpital, Hitler va la voir tous les jours. Comme ils n'ont pas de sécurité sociale, les coûts de l'hospitalisation, dont Hitler s'acquitte, ne peuvent être honorés qu'en puisant fortement dans les économies. Lors de sa sortie, elle ne peut plus monter l'escalier, ils doivent déménager. Leur nouvel appartement se situe en périphérie du centre, au rez-de-chaussée d'un immeuble occupé notamment par la femme qui, quelques mois plus tard, va se charger de la lettre de recommandation à l'attention de Roller pour Hitler. Puisque ce dernier défie toutes les oppositions de son entourage et part pour Vienne afin de devenir artiste.

Kubizek mentionne une visite d'Hitler chez eux la veille au soir pour lui demander de l'emmener à la gare parce qu'il ne veut pas que sa mère l'y accompagne :

> Je savais comme Adolf aurait eu honte de devoir faire ses adieux à sa mère devant d'autres personnes. Rien ne lui faisait autant horreur que montrer ses sentiments en public. Je lui promis de l'accompagner et de l'aider à porter ses bagages.
>
> Le jour suivant, je me suis libéré à l'heure convenue et me suis rendu dans la Blütengasse pour aller chercher mon ami. Adolf avait déjà tout préparé. J'ai pris la valise, qui était assez lourde car Adolf ne pouvait se séparer de ses chers livres, et j'ai marché d'un pas rapide pour ne pas avoir à assister aux adieux. Mais je n'ai pas pu y échapper tout à fait. Sa mère pleurait, la petite Paula, dont Adolf ne s'est jamais vraiment occupé, poussait des sanglots à fendre le cœur. Lorsque Adolf m'a rejoint dans l'escalier et a empoigné la valise pour m'aider, j'ai vu que lui aussi avait les yeux rouges.

Hitler part donc à Vienne pour passer l'examen d'entrée à l'Académie des beaux-arts. Il met sa main à couper qu'il s'agit là d'une simple formalité. Or, non : il est recalé. Avec sur ses épaules la pression de ses proches, tous ces gens qui prenaient ses rêves d'artiste pour des fadaises, qui réclamaient de lui un sursaut et son entrée dans la vie active, il a dû vivre ce fiasco comme une déconvenue cuisante. De fait, il n'en parle à personne. Ni Kubizek ni Klara Hitler n'ont de nouvelles de lui les premières semaines. Face à ce silence, un Kubizek inquiet décide d'aller la voir pour lui demander si elle a été en contact avec son fils. Elle lui demande de s'asseoir et soulage son âme :

> « Si seulement il avait été bon élève à la Realschule, il pourrait déjà bientôt passer son examen de maturité. Mais il n'en fait qu'à sa tête. » Elle ajouta mot

pour mot : « Une tête de mule, comme son père – à quoi ça rime, ce voyage précipité à Vienne ? Au lieu de faire fructifier son petit héritage, il le dilapide n'importe comment. Tout ça pour quoi ? La peinture ne le mènera nulle part. Écrire des histoires ne nourrit pas son homme non plus. Je ne peux pas l'aider non plus. Il faut encore que je m'occupe de la petite. Vous savez bien à quel point la santé de cette enfant est fragile. Et pourtant il faut qu'elle fasse de bonnes études. Mais Adolf ne pense pas à ce genre de choses. Il suit son bout de chemin, comme s'il était seul au monde. Je ne serai plus là pour le voir mener sa propre existence... »

Frau Klara avait l'air plus soucieux que jamais. Des rides profondes sillonnaient son visage. Ses yeux étaient voilés de larmes, sa voix semblait fatiguée et résignée. J'avais l'impression que, maintenant qu'Adolf n'était plus chez elle, elle se laissait aller complètement et paraissait plus vieille et malade qu'avant. Bien entendu, pour que les adieux soient moins difficiles pour Adolf, elle n'avait pas voulu lui parler de son état.

La santé de Mme Hitler se dégrade pendant le séjour de son fils à Vienne, elle consulte de nouveau le médecin, selon Brigitte Hamann, le 3 juillet puis le 2 septembre. Kubizek est très occupé : quand il ne travaille pas dans l'atelier de tapisserie, il met son temps libre à profit pour répéter ; aussi, Hitler étant absent de Linz, ne va-t-il voir la mère de ce dernier qu'au cours de l'automne. Là, c'est le choc. Alitée, amaigrie, livide, elle a le visage ravagé. Elle évoque d'emblée les lettres de son fils qui semble bien se porter à Vienne. Kubizek lui demande si elle lui a parlé de son état de santé. Non, répond-elle, elle ne veut pas être un fardeau pour lui, mais si les choses devaient empirer, elle s'en verrait obligée. Le médecin lui a signalé qu'elle doit se faire hospitaliser. Avant de la quitter, Kubizek parvient à la convaincre de prévenir Hitler. Une fois chez lui, il raconte la scène à ses parents. Sa mère voudrait porter secours à Mme Hitler, mais son père estime qu'ils ne peuvent l'aider tant qu'elle n'en a pas fait la demande expresse.

« Un entretien a lieu, 22 octobre 1907, dans le cabinet du Dr Bloch, au cours duquel la famille apprend que l'état de la mère est désespéré », indique Brigitte Hamann. Par famille, il faut entendre Klara, Adolf et sa petite sœur Paula. Le lendemain, Hitler se présente à l'atelier de tapisserie des Kubizek. Il a une mine tellement épouvantable que Kubizek précise : « Ses yeux étaient éteints, son visage d'une pâleur transparente, sa voix rauque. » Hitler ne salue pas son ami, ne parle pas de son voyage à Vienne, ne demande pas des nouvelles de Stefanie. Il ne prononce qu'une phrase, une seule : « Incurable, dit le médecin. » Et Kubizek d'ajouter :

> Ses yeux jetaient des flammes. Sa colère a éclaté. « Incurable – comment ça ? a-t-il lancé. Ce n'est pas que le mal est incurable, c'est seulement que les médecins ne sont pas capables de le guérir. Ma mère n'est pas vieille du tout. Quarante-sept ans, ce n'est tout de même pas un âge où on est obligé de mourir. Mais dès que les médecins atteignent les limites de leurs connaissances, on dit tout de suite que les maladies sont incurables. [...] »

Il indique qu'il va rester à Linz pour s'occuper de sa mère et de la maison. Kubizek lui demande alors s'il va pouvoir s'en sortir, sachant pertinemment la piètre opinion, oui, le mépris, qu'a son ami des tâches ménagères, nécessaires, mais dont d'autres se sont toujours chargés à sa place. « On peut faire n'importe quoi quand il le faut ! » rétorque Hitler. Il tient parole durant tout le mois suivant. En lui, plus un mot sur ce dont il parle d'habitude inlassablement, la politique, l'architecture, l'art ; en lui, rien que sa mère mourante et le chagrin qu'il éprouve. Il déplace le lit de Klara dans la cuisine, la pièce la plus chaude, et dort lui-même sur un divan à côté d'elle. Un jour où Kubizek vient les voir, il le trouve occupé à récurer le plancher de la cuisine, et Klara Hitler de lancer à un Kubizek abasourdi : « Ça vous la coupe, hein ? Vous voyez, Adolf peut tout faire ! »

> Jamais encore je n'avais soupçonné chez lui cette tendresse si affectueuse. Je n'en croyais pas mes yeux ni mes oreilles. Plus de paroles acerbes, de remarques amères, plus d'insistance violente sur sa seule opinion. Il s'était tout à fait oublié ces dernières semaines, et se consacrait tout entier à sa mère. [...] Cela s'expliquait sans doute aussi en grande partie par le fait qu'il avait passé les quatre dernières années de sa vie seul avec sa mère. Mais, au-delà de cela, il y avait entre la mère et le fils une harmonie spirituelle unique comme je n'en ai jamais plus connu dans ma vie.
>
> Tout ce qui les séparait n'existait plus. Jamais Adolf n'a parlé de la déception dont il avait souffert à Vienne. De manière générale, toutes les inquiétudes sur l'avenir semblaient s'être évaporées à cette époque. Une atmosphère de félicité détendue, presque joyeuse, entourait la femme mourante.

Décembre est froid et livide, la brume recouvre la rivière, les quelques heures de soleil ne procurent aucune chaleur. Kubizek va voir la famille tous les jours. Mais, un matin, il n'a pas la permission d'entrer. Sur le seuil de la porte, Hitler lui apprend que sa mère souffre le martyre. Il neige, les rues et les toits blanchissent, Noël approche. Le matin du 21 décembre, Hitler, le visage épuisé et agité, se présente chez les Kubizek qui comprennent aussitôt ce qui l'amène. Elle est morte, annonce-t-il. Sa dernière volonté est d'être enterrée près de son mari au cimetière de Leonding. Hitler est tellement bouleversé qu'il parvient à peine à parler.

Si Kubizek n'évoque pas la présence du médecin au chevet de Klara Hitler pendant les dernières semaines de sa vie, celui-ci accorde cependant des visites quotidiennes à la malade à partir du 6 novembre, selon Brigitte Hamann. Il lui donne de la morphine et la soigne par iodoforme. « Extrêmement douloureux, mais habituel à l'époque, ce traitement consiste à placer des bouts de tissu contenant de l'iodoforme sur la blessure ouverte, pour la "brûler", ce qui provoque une soif atroce en même temps qu'elle rend impossible la déglutition. »

Le Dr Bloch rédige en 1941 pour le magazine américain *Collier's* un article dans lequel il revient entre autres sur le déroulement de la maladie ainsi que les circonstances qui l'entourent. Il indique notamment qu'Hitler est torturé par le traitement prescrit à sa mère et qu'il exprime d'autant plus sa reconnaissance au médecin de lui administrer de la morphine. La version de Bloch recoupe l'image donnée par Kubizek :

> Dans l'exercice de ma profession, j'ai été naturellement témoin de nombreuses scènes identiques à celle-ci ; pourtant, aucune ne m'a laissé la même impression. Durant toute ma carrière, je n'ai jamais vu quelqu'un d'aussi brisé par la douleur qu'Adolf Hitler.

Bloch décrit également en quelques lignes l'impression que lui a faite Hitler :

> De nombreux biographes l'ont taxé de personnage braillard, bagarreur, débraillé ; de jeune voyou incarnant l'antipathie absolue. C'est tout simplement faux. C'était un garçon tranquille, bien élevé, et correctement

> vêtu. [...] Il était grand, il avait le teint jaunâtre et paraissait plus que son âge. Il n'était ni robuste ni maladif. L'adjectif « fragile » conviendrait sans doute mieux pour le décrire. Ses yeux, hérités de sa mère, étaient grands, mélancoliques et pensifs. Il vivait dans une large mesure replié sur lui-même. Quels étaient ses rêves, ça, je ne le sais pas.

Le 23 décembre, Kubizek et sa mère se rendent à l'appartement des Hitler. Le temps a tourné dans l'intervalle, les rues sont recouvertes d'une neige boueuse, l'air est humide et brumeux. La mère repose dans son lit, le visage est cireux. La mort a dû représenter pour elle, écrit Kubizek en compatissant, une libération de ses souffrances. Paula, âgée de onze ans, sanglote. Mais pas Hitler. Ils sortent. Le corps est mis en bière, Le prêtre les rejoint, bénit le cercueil, puis le petit cortège s'ébranle dans le brouillard en direction de l'église. Hitler, qui marche juste derrière le corbillard, porte le deuil : long manteau noir, gants noirs et haut-de-forme noir comme le veut la coutume. Son beau-frère Raubal se tient à sa gauche et Paula avance entre eux. Sa demi-sœur, Angela, enceinte et près d'accoucher, les suit à bord d'une voiture à cheval. Le reste du cortège, constitué de quelques voisins et connaissances, fait une impression « sinistre » à Kubizek.

Le lendemain, les Kubizek invitent Hitler à passer la veillée de Noël chez eux. Il décline. Il refuse également d'aller chez Raubal et Angela qui vont désormais s'occuper de la petite Paula. Au lieu de quoi, si l'on croit ce qu'il raconte par la suite à Kubizek, il passe sa nuit à errer dans les rues de Linz.

Quasiment rien de ces moments ne figure dans *Mein Kampf*. À propos de la mort de sa mère et des circonstances entourant ce décès, il écrit le passage suivant :

> Ce fut la conclusion d'une longue et douloureuse maladie qui, dès le début, ne laissait pas espérer de grandes chances de guérison. Pourtant ce fut un coup terrible, particulièrement pour moi. J'avais admiré le père, mais j'avais aussi aimé ma mère.
>
> La misère et la dure réalité me forcèrent à prendre une décision rapide. Les faibles biens légués par mon père avaient été en grande partie absorbés par la maladie grave de ma mère ; la pension d'orphelin qui me revenait ne suffisait même pas pour pouvoir vivre, j'étais donc contraint de gagner mon pain d'une manière ou d'une autre.
>
> C'est ainsi que je me suis rendu à Vienne, une valise de linge et de vêtements dans les mains, et une volonté inébranlable dans le cœur. Moi aussi, j'espérais obtenir du destin ce que mon père avait réussi cinquante ans auparavant ; moi aussi je voulais devenir « quelque chose », mais en aucun cas un fonctionnaire.

Avec ce petit « aussi » glissé à l'intérieur de la phrase sur ses parents, « j'avais admiré le père, mais j'avais aussi aimé ma mère », il souligne plus qu'il ne sous-entend qu'il n'a pas aimé son père. De surcroît, en passant aussi vite sur la mort de sa mère et en orientant aussitôt la narration vers l'avenir, vers l'optimisme, d'une manière qui clôt le cercle consacré à l'enfance qui, à en juger par *Mein Kampf*, constitue le conflit dominant et général de celle-ci, à savoir qu'il ne deviendra jamais fonctionnaire, il donne le sentiment que le chagrin éprouvé par la mort de sa mère n'est qu'une brève transition, ce que renforce sa quasi-absence dans le récit tout comme la réduction en une simple phrase des deux années passées qu'ils ont passées sous le même toit. Ce faisant, il veut cette fois donner l'impression qu'il fait preuve de vigueur et d'opiniâtreté, qu'il s'agit uniquement d'un nouveau début où, les mains vides, il ne peut compter que sur lui-même. Dans le chapitre suivant, revenant en arrière, il écrit :

> Au cours des derniers mois de sa maladie, j'étais parti à Vienne pour passer mon examen d'entrée à l'Académie. Armé d'une lourde pile de dessins, je m'étais mis en chemin avec la conviction que réussir l'examen serait un jeu d'enfant. À la Realschule, j'étais déjà de loin le meilleur dessinateur des classes que j'avais fréquentées. Depuis, mes capacités s'étaient développées de manière encore plus extraordinaire, si bien que ma propre satisfaction me fit espérer le succès, plein de fierté et de joie.

Il réussit les épreuves éliminatoires mais échoue à la dernière. Il ajoute quelques lignes plus loin : « J'étais si persuadé du succès que l'annonce de mon échec me frappa comme un coup de foudre dans un ciel clair. »

Cet « échec » a lieu avant la mort de sa mère et, étant donné que le récit en a déjà fait mention, que le chapitre précédent s'est clos sur son départ à Vienne, la description de son insuccès se greffe sur celle de son deuxième séjour à Vienne, donc après la mort de sa mère, tant et si bien que le refus de l'Académie et le décès de la mère sont non seulement intervertis dans leur déroulement chronologique au fil de la narration mais dissociés l'un de l'autre. Grâce à cette hiérarchisation narrative, le décès de la mère fait l'effet d'un terrible coup du sort mais induit malgré tout une libération parce que, dès lors, l'avenir est ouvert et prometteur – et tant pis si la réalité est forcément d'un autre ordre : les jours de sa mère malade sont comptés, il part à Vienne pour entrer à l'Académie, il n'est pas admis, son rêve est brisé, il rentre chez sa mère mourante avec cette indéniable vérité en tête. Dans ces conditions, l'avenir est tout sauf ouvert, il est même complètement fermé. Klara Hitler était le point central dans la vie de son fils, et inversement. Son état de santé se dégrade, il revient de Vienne, ils savent qu'elle va mourir, elle est inquiète pour l'avenir d'Hitler, il lui cache jusqu'au bout qu'il n'a pas été reçu à l'examen d'entrée.

*

Les dix-huit premières années de la vie d'Hitler sont condensées en quatorze pages dans *Mein Kampf*, et encore, il sature les descriptions de réflexions sur le nationalisme et l'histoire et de ses théories sur différents sujets. Les cinq ans qu'il passe à Vienne, de 1908 à 1913, occupent pour leur part quatre-vingt-dix-huit pages. Mais, malgré cette place importante qui leur est dévolue, à peine une phrase concerne sa vie personnelle, ou bien sous la forme de généralités.

> Vienne, la ville vue par tant de monde comme le symbole de la gaieté innocente, comme le lieu de fête des bons vivants, n'est pour moi, hélas, que le souvenir toujours vif de la période la plus triste de ma vie.
>
> Aujourd'hui encore, cette ville ne peut éveiller en moi que de sombres pensées. Pour moi, le nom de cette ville de Phéaciens évoque cinq années de misère et de dur labeur. Cinq années durant lesquelles je dus d'abord travailler comme journalier puis comme petit peintre pour gagner mon pain, mon maigre bout de pain qui ne suffisait jamais à satisfaire ma simple faim chronique. La faim était à l'époque mon gardien fidèle, le seul à ne pour ainsi dire jamais me quitter, qui partageait tout avec loyauté. Chaque livre que j'acquérais suscitait son intérêt, chaque visite à l'Opéra me valait sa compagnie les jours suivants ; c'était une lutte perpétuelle avec mon amie impitoyable. Et pourtant j'ai appris à cette époque comme jamais auparavant. En dehors de mon architecture, des rares visites à l'Opéra contre lesquelles

> je me privais de manger, la seule joie que j'avais était de lire toujours plus de livres.
>
> En ce temps-là, je lisais énormément et minutieusement. Je vouais tout le temps libre qu'il me restait après le travail à mes études. En quelques années seulement, je me suis ainsi forgé les bases de connaissances qui me servent encore aujourd'hui.

Rien de ce qui figure ici n'est faux. Hitler est pauvre, souvent tiraillé par la faim, il gagne sa vie en peignant pour les touristes ou les fabricants de cadres. Il traverse à n'en pas douter « cinq années de misère et de dur labeur » qu'il dépeint, dans *Mein Kampf*, comme une période d'apprentissage nécessaire durant laquelle, depuis sa position sur l'échelon le plus bas de la société, il apprend ce qu'est la pauvreté, ce qu'est la misère sociale, il assiste à la dissolution des valeurs et au déclin de l'empire des Habsbourg. Il se présente comme « petit peintre », il décrit son engagement progressif au sein du combat politique mené par les ouvriers, la violence et l'oppression de la pensée qui y sévissent, il expose ses visions sur la façon dont selon lui ces questions peuvent et doivent être résolues. Il raconte ses visites au Parlement, germes de son dédain pour le parlementarisme et la démocratie. Et il évoque ses premières rencontres, nullement personnelles, avec les Juifs qu'il dépeint sous la forme de silhouettes étranges passant sous ses yeux dans la rue. Il donne l'image d'un monde en pleine désintégration, à tous les niveaux et de toutes les manières possibles et imaginables. Tout ce dont il fait l'expérience, jusqu'à la misère dans laquelle il vit, prend ainsi son sens : il regarde, perçoit, lit, réfléchit, et même si son quotidien est malheureux, cela n'en reste pas moins une école dont il ne voudrait pas être privé. Il vient d'entrer à « l'école de la vie », rien de ce qu'il sait ne fait suite à une connaissance acquise sur les bancs de l'université, à une théorie qu'il aurait engrangée et mise en pratique dans l'écriture, non, il s'agit de la réalité pratique.

« L'école de la vie » – quel euphémisme, surtout si on prend en compte l'acharnement avec lequel il voulait être admis à l'Académie des beaux-arts, il s'agit donc d'une rationalisation a posteriori. Tout désigne l'homme qu'il est désormais. Cependant, et pour autant que l'on veuille comprendre la vie qu'il a menée pendant ces cinq années, il faut éluder tout avenir. Rien de ce qu'il a fait ne désigne autre chose que cela. La misère dans laquelle il a peu à peu sombré est une misère réelle. Il a été vu parmi les sans-logis attendant leur tour à la soupe populaire, il aurait dormi pendant une période à la belle étoile dans les parcs. Il n'a pas d'amis, il ne connaît quasiment personne, ses rares fréquentations sociales se résument aux gens qu'il rencontre dans les foyers d'accueil. Les cinq années qu'il passe dans ces conditions, entre ses dix-huit et ses vingt-cinq ans, sont sans doute les plus déterminantes dans une vie humaine. Hitler est humilié, rien de ce à quoi il croyait ne voit le jour, ses rêves ne se sont en rien réalisés, il est un homme dont personne ne veut et dont personne n'a besoin. Il a perdu tout contact avec la réalité, n'est pour ainsi dire plus de plain-pied avec elle. S'il était mort de froid une nuit, nul ne s'en serait soucié outre mesure. Il n'est vraiment personne. Il s'est fondu dans un anonymat total, et ce, parmi les parias de la société.

Pourtant, tout a commencé ailleurs. Et tout a bien commencé. Quand il arrive à Vienne, il dispose de l'argent qu'il a hérité de sa mère, ce qui lui permettra de vivre une année, s'il est économe. Il va pouvoir se représenter à l'examen d'entrée de l'Académie. Et il n'est pas seul dans cette grande ville. Kubizek l'accompagne.

Dans sa biographie consacrée à Hitler, Ian Kershaw décrit ainsi leur arrivée :

> Lorsqu'il regagna Vienne en février 1908, ce n'était pas dans le but de suivre énergiquement la formation nécessaire pour devenir architecte, mais pour retrouver la vie d'indolent oisif et sybarite qu'il avait menée avant la mort de sa mère. Il insista même auprès des parents de Kubizek jusqu'à ce qu'ils acceptent à contrecœur de voir leur fils quitter l'entreprise familiale désormais prospère pour le rejoindre à Vienne afin d'y étudier la musique.

Kubizek éprouve pour sa part une immense gratitude à l'égard d'Hitler, d'ailleurs pour le restant de ses jours, pour avoir convaincu ses parents de l'autoriser à réaliser son désir, étudier la musique. L'autojustification est indéniablement l'un des traits de caractère saillants chez Hitler, mais sa véhémence quasi maniaque explique également qu'il se jette à n'importe quel moment sur ce qui le passionne dans l'instant, avec une fougue impétueuse proportionnelle au découragement total qui s'ensuit par périodes ; et encore, même dans ces moments-là, son agitation ne cesse de prendre le dessus. Kershaw fait ici sans doute allusion à l'insuffisance d'orientation, de direction, d'intention qui caractérise son investissement dans telle activité ou telle question. La famille d'Hitler aurait certainement souscrit à la description de sa vie telle qu'en fait l'historien, à savoir cette propension à l'« indolence », au « dilettantisme », à l'« égocentrisme » – et tant pis si lui-même voit tout aussi certainement les choses sous un autre œil : il veut quelque chose, il cherche quelque chose, qu'il ne trouve pas tout à fait, qu'il n'obtient pas entièrement, même s'il n'y a là rien de très extraordinaire chez un jeune homme de dix-huit ans poursuivant des ambitions artistiques. Hitler est à tous points de vue l'autodidacte type et, comme tous les individus de cette trempe, il développe au fur et à mesure un certain penchant pour l'argutie, ce qui à son tour s'explique par sa solitude, par l'absence de compagnie humaine dans son quotidien : il a son banc attitré dans un des parcs de Vienne, retranché, où il passe son temps à lire tout seul quand il ne trouve pas refuge dans un café de la ville où il peut lire gratuitement les journaux, ou alors est lancé dans l'un de ses nombreux projets, cloîtré dans sa chambre, qui consiste tantôt à dessiner des immeubles de logements ou des bâtiments, opéras et salles de concert, tantôt à écrire des pièces de théâtre ou des nouvelles ; autant d'occupations qui sont certes les siennes à cette époque, mais qu'il quitte systématiquement inachevées, ainsi que Kubizek en est témoin pour vivre à ses côtés.

Kubizek arrive à la gare de Vienne un soir d'hiver, tard. Hitler l'attend, vêtu d'une tenue élégante, une canne à la main, blasé face au chaos urbain qui n'a visiblement plus de secrets pour lui qui donne l'air d'un citadin ayant grandi à la capitale. Ils se font la bise, prennent chacun une poignée de la malle de Kubizek, s'engagent dans la ville – au « vacarme si épouvantable qu'on n'entend pas ses propres mots » – et ne tardent pas à atteindre une rue adjacente, la Stumpergasse, puis l'immeuble où Hitler loue une chambre.

> Dans la petite pièce où il habitait brûlait une faible lampe à pétrole. J'ai lancé un œil autour de moi. La première chose qui me frappa, ce furent les dessins étalés sur la table, le lit, partout. Tout semblait désolé et misérable. Adolf a débarrassé la table, l'a recouverte

> de papier journal et est allé chercher une bouteille de lait à la fenêtre. Il a posé du pain et de la charcuterie à côté. Mais je revois encore son visage blême et grave devant moi lorsque j'ai mis de côté toutes ces choses et que j'ai ouvert le coffre sous ses yeux. Du rôti de porc froid, des beignets et autres mets délicieux. Tout ce qu'il a dit fut : « Eh oui, quand on a encore une mère ! » Puis nous avons mangé comme des rois. Tout nous rappelait tant notre foyer.

Kubizek est fatigué par le voyage, désorienté par ces impressions nouvelles. Hitler insiste cependant pour lui montrer la ville : comment quelqu'un venant d'arriver à Vienne peut-il avoir envie d'aller se coucher sans avoir vu l'Opéra ? Ils y vont donc. Chamboulé par le spectacle qui s'offre à lui, Kubizek a « l'impression d'être propulsé sur une autre planète », écrit-il. Ensuite, direction la cathédrale Saint-Étienne, dont il n'est hélas pas possible de voir le clocher à cause d'un épais brouillard nocturne : « Je ne distinguais guère que la nef, floue et foncée, qui, dans toute son immensité presque inquiétante, à croire qu'elle n'avait pas été érigée par la main humaine, se dressait de cette monotonie grise due au brouillard. »

Kershaw décrit la même scène en ces termes :

> Ce soir-là, à la gare, Adolf accueillit un Kubizek fatigué qu'il conduisit à la Stumpergasse, où il devait passer sa première nuit. Mais, de manière typique de sa part, il insista pour lui présenter sur-le-champ toutes les vues de Vienne. Comment pouvait-on venir à Vienne et se mettre au lit sans voir d'abord l'Opéra de la cour ? Aussi traîna-t-il Gustl à l'Opéra, à la cathédrale Saint-Étienne (à peine visible dans la brume) et à la charmante église St. Maria am Gestade. Il était minuit passé quand ils regagnèrent la Stumpergasse et plus tard encore quand Kubizek s'endormit tandis que

Hitler ne cessait de palabrer en lui vantant la grandeur de Vienne.

La seule source dont dispose Ian Kershaw pour décrire cette scène se résume aux mémoires de Kubizek. Mais il n'y est nulle part fait mention qu'Hitler « traîna » Kubizek, ni d'ailleurs qu'il « ne cessait de palabrer ». De la même manière, l'impression de Kubizek d'être « sur une autre planète » en découvrant l'Opéra et de voir une cathédrale qui ne semble plus avoir été « érigée par la main humaine » a été biffée. Tous ces éléments, qui donnent à la narration une charge positive, Kershaw les ignore sans autre forme de procès : dans sa version, le brouillard est négatif puisqu'il fait presque disparaître la cathédrale, le but étant ici pour l'historien de portraiturer Hitler en jeune homme excessif, autocentré, égoïste, aveugle aux besoins de son ami. Or, s'il en était vraiment ainsi, négatif de bout en bout, pourquoi Kubizek ne l'écrit-il pas ? Kubizek est un ami, Hitler attendait son arrivée avec impatience, il désire lui montrer tout ce qu'il a vu de la capitale, ses aspects merveilleux – comment peut-on le lui reprocher ? Comment pouvons-nous affirmer que l'implication et l'enthousiasme d'Hitler prouvent, *effectivement*, qu'il ne voit pas son ami, quand ce dernier a décrit ses impressions en leur donnant une image positive ? Kubizek aurait-il été trompé ? Est-il trop stupide pour voir qu'Hitler l'exploite ? Ne comprend-il pas qu'admirer une cathédrale masquée par le brouillard est vain ?

Ou, inversement, sur quelle base Kershaw peut-il damer le pion au récit de son unique source en livrant une version censée montrer ce qui s'est passé *effectivement* ?

Le problème de la biographie en tant que genre littéraire – et ceci vaut tout autant pour l'autobiographie et les mémoires –, c'est l'omniscience de son auteur qui a déjà sa conclusion en tête, qui sait déjà où il veut en venir, si bien qu'il est quasiment impossible de ne pas souligner certains signes plus que d'autres, tel trait de caractère ou telle anecdote, qui vont dans le sens de la conclusion préétablie, et ce, même si, à l'époque où ils se sont manifestés, ce trait de caractère ou cette anecdote n'allaient pas du tout dans ce sens-là. Alors, certes, on ne peut pas aboutir à la vérité absolue sur la nature de l'événement puisqu'il relève de l'instant et ne peut en être détaché ; en revanche, on peut se rapprocher de l'instant par différents angles, l'éclairer à partir de différentes perspectives, opposer la plausibilité de telle interprétation à telle autre et, ce faisant, tenter de s'abstraire de ce qui s'est passé par la suite, en d'autres termes : observer tel trait de caractère et telle anecdote comme des signes dont la portée ne dépasse pas ce qu'ils sont en propre au moment où ils se manifestent.

Ce « en propre » est à la fois la clé et le mystère. Si nous considérons Hitler comme un être « mauvais », aux caractéristiques uniformément négatives, présentes dès l'enfance et l'adolescence, annonciatrices d'un « mal » à venir qui ne fera qu'empirer, Hitler appartient dès lors aux « autres », il n'est pas l'un de nous – et là, nous avons un sérieux problème dans la mesure où nous nous affranchissons de toute responsabilité par rapport aux atrocités dont l'Allemagne et lui se sont rendus coupables par la suite : ces atrocités, ce sont « eux » qui les ont commises, pas « nous », elles ne représentent plus un péril pour nous. Mais quel est ce « mauvais » que nous ne sommes pas ? Quel est ce « mal » que nous n'incarnons pas ? Car si tel est le cas, nous rangeons alors l'humanité en catégories, ce que nous pouvons bien évidemment faire, mais alors non sans comprendre quels dangers sous-tendent cette stratégie : dans la nuit de la pathologie et du déterminisme, le libre arbitre n'existe pas, et, sans libre arbitre, pas de culpabilité.

Aussi démoli que soit un être humain, aussi mise en échec que soit son âme, il y a toujours derrière cet être humain une personne capable de choisir. C'est le choix qui fait de nous des êtres humains. Seul le choix donne du sens au concept de culpabilité.

Kershaw, et deux générations avec lui, maudit Hitler et tout ce qu'il incarne, à croire que montrer son innocence lorsqu'il avait dix-neuf ou vingt-trois ans, ou montrer certaines des qualités qu'il conservera toute sa vie, équivaudrait à les défendre, lui et le mal qu'il représente. Alors que, en fait, c'est justement l'inverse : seule son innocence donne du poids à sa culpabilité.

Le lendemain de l'arrivée de Kubizek à Vienne, les deux amis se mettent en quête d'une chambre. Et ce n'est pas chose aisée, soit parce que la plupart des pièces sont trop petites pour héberger le piano à queue dont Kubizek a absolument besoin, soit parce que la plupart des logeurs refusent d'entendre parler d'instrument de musique chez eux. Kubizek n'a pas une bonne impression de la capitale impériale, qui lui semble se résumer à des gens indifférents et antipathiques, à des porches sombres, à des immeubles exigus et mal éclairés. Désespéré, découragé, il aperçoit un écriteau « chambre à louer » dans la Zollergasse. Ils sonnent. Une « gracieuse soubrette » leur ouvre et les introduit dans une pièce meublée avec élégance et équipée d'un double lit somptueux.

> « Madame arrive tout de suite », nous rapporta la bonne avant de faire une révérence et de disparaître. Nous avons tous deux aussitôt compris que c'était trop

cossu pour nous. Mais la « Madame » apparaissait déjà dans l'encadrement de la porte, une dame accomplie, plus très jeune mais fort élégante. Elle portait une robe de chambre en soie, ses chaussons, de très gracieuses petites pantoufles, étaient bordés de fourrure. Elle nous a accueillis en souriant, a posé son regard sur Adolf, puis sur moi, et nous a offert un siège. Mon ami a demandé quelle pièce était à louer. « Celle-ci ! » a répondu la dame en désignant les deux lits. Adolf a secoué la tête. « Dans ce cas, il faudra faire sortir un lit car mon ami doit pouvoir installer un piano », a-t-il dit brièvement. La dame était manifestement déçue que ce soit moi, et non Adolf, qui souhaite louer une chambre, et elle lui a demandé s'il en avait déjà une. Lorsqu'il lui a répondu par l'affirmative, elle lui a proposé de me faire installer, moi et le piano dont j'avais besoin, dans sa petite pièce et de lui louer cette chambre en échange. Tandis qu'elle expliquait cela à Adolf dans des termes très animés, un geste trop vif a défait la ceinture qui retenait sa robe de chambre. « Oh, pardon, messieurs ! » s'est aussitôt écriée la dame en refermant sa robe. Mais ce bref instant avait suffi pour nous dévoiler qu'elle ne portait rien d'autre qu'une petite culotte sous sa robe de chambre. Adolf est devenu rouge écarlate, s'est levé, m'a saisi le bras et dit : « Viens, Gustl ! » Je ne sais plus comment nous sommes sortis de cet appartement. Je me souviens seulement de ce mot qu'avait lancé Adolf, furieux, quand nous avions enfin regagné la rue : « Quelle Potiphar ! » Mais il semblait que ce genre de pratiques faisait aussi partie de la vie de Vienne.

Kubizek décrit, en d'autres termes, deux étudiants lourdauds tout droit sortis de leur cambrousse ; le côté mondain qu'il a jusque-là prêté à Hitler se dilue en un clin d'œil dans son visage empourpré qui révèle cette fois sa chasteté et sa peur des femmes. Autrement dit, il a dix-huit ans et n'a aucune expérience sexuelle. Kubizek écrit dans un autre chapitre qu'il n'y a pas eu de femmes dans la vie d'Hitler pendant les quatre années qu'ils se sont fréquentés et qu'il ne l'a jamais non plus vu se masturber. Si cette dernière allégation est invérifiable, elle correspond néanmoins très bien avec la sexualité d'Hitler qui transpire des pages de *Mein Kampf*, tout comme d'ailleurs des autres sources dont nous disposons sur lui. La femme et le féminin sont rattachés à la pureté et à l'éminence et sont partie intégrante du monde idéal qu'il cultive, toutes les relations qu'il initiera par la suite seront avec des femmes très jeunes et innocentes. Son obsession pour la pureté, et le lien entre cette dernière et la sexualité, se manifeste dans le livre de Kubizek au fil de plusieurs anecdotes. Après qu'ils ont lu dans la presse un article sur une pièce de théâtre jugée immorale, Hitler emmène son ami dans le quartier de la prostitution pour qu'il puisse constater de ses propres yeux dans quelles corruption et décadence morales l'humanité est selon lui tombée. Au rez-de-chaussée des masures qui bordent la rue, des prostituées sont assises devant des fenêtres fortement éclairées, qui montrent ainsi leurs moindres faits et gestes ; les hommes déambulent de-ci de-là, finissent par choisir une femme, et dès lors la lumière s'éteint. « Le marécage des vices » – voilà l'expression qu'Hitler emploie à tout bout de champ pour décrire ce va-et-vient. Kubizek et lui parcourent la rue sans s'arrêter mais, quand celui-ci laisse entendre qu'ils n'ont sans doute pas besoin de traverser la rue en sens inverse, Hitler rebrousse chemin de plus belle. Les prostituées essaient d'attirer leur attention, l'une baisse ses bas pour exhiber ses jambes nues, l'autre déboutonne sa chemise. Quand les deux compères ont enfin quitté le quartier, Hitler vitupère contre « les stratagèmes de séduction » dont elles font preuve et, une fois revenus dans la Stumpergasse, il se lance dans « un exposé froid et objectif » sur le spectacle auquel ils viennent d'assister ainsi que sa signification. Voilà, déclare-t-il, Kubizek vient d'apprendre les habitudes du marché de l'amour tarifé, le but de la visite est rempli – fin de la leçon.

L'anecdote met en lumière trois attitudes différentes qu'adopte le jeune Hitler vis-à-vis de la réalité : d'abord il est de plain-pied avec elle et est submergé par des émotions inextricables allant du dégoût au désir en passant par l'envie ; ensuite il se déchaîne contre elle pour enfin, lorsqu'il est à bonne distance d'elle, l'analyser. Et c'est cette distance qui est frappante dans le caractère d'Hitler, qu'il convient surtout de ne pas sous-estimer.

Hitler et Kubizek vivent dans l'une des plus grandes métropoles, ils ont respectivement dix-huit et bientôt dix-neuf ans, et ils sont libres, surtout Hitler : ses deux parents sont décédés, il n'a pas de famille qui le retienne, il peut faire en principe ce qu'il veut. Les opportunités sont nombreuses, le monde s'ouvre à lui. Et pourtant, il ne rencontre personne, il n'a pas de petite amie, il ne participe pas à la vie qui se joue autour de lui et qu'il appréhende sans se départir d'un profond sérieux puisqu'il n'a que mépris pour les gens qui s'amusent, un comportement superficiel et indigne selon lui. Il est témoin de la misère autour de lui, il a une grande conscience sociale, la pauvreté et « les petites gens », comme il les nomme, sont omniprésents dans son discours. Un jour, il effectue ainsi une sorte d'excursion dans les quartiers les plus défavorisés afin de constater de visu l'étendue de la pauvreté, et ainsi étayer son propos, mais les pauvres proprement dits, les gens qui vivent dans la misère, il ne veut pas leur adresser la parole, il ne veut pas les approcher – il a une phobie du contact humain. Même chose avec les femmes : il peut parler d'elles, les idéaliser, les vilipender, mais il refuse leur proximité, voire, se dit notamment soulagé qu'elles n'aient pas accès au périmètre dans lequel Kubizek et lui se tiennent toujours lorsqu'ils vont à l'Opéra.

La morale stricte qu'il défend et en vertu de laquelle il vit au quotidien, ces règles sévères qu'il suit à la lettre et qui ont toutes en commun la négation du corps représentent sa manière bien à lui de maîtriser son monde intérieur qui, à en juger, est un seul et même chaos. Alors forcément, quand le monde extérieur est tout aussi chaotique, c'est-à-dire complexe, en expansion permanente, comme le sont la ville et la culture de cette première décennie du XXe siècle, marquée par une pauvreté endémique, par un désordre politique, par une forte prostitution et par les débuts de libération sexuelle – n'oublions pas que, au même moment et au même endroit, Sigmund Freud élabore ses théories psychanalytiques et Gustav Klimt compose ses peintures –, dans ce contexte, il n'est pas étonnant qu'Hitler veuille appliquer à la société les règles d'abstinence et de contrôle qu'il s'impose à lui-même car les deux dimensions, l'individu et la société, se télescopent et s'aplanissent dans les émotions, qui chez lui sont très fortes. Lorsqu'il dénonce « Mme Potiphar » ou « les stratagèmes de séduction », son emportement vient évidemment des émotions que celles-ci ont suscitées en lui, l'envie et le dégoût sans doute, dont il transfère le bien-fondé vers l'extérieur : elles doivent également valoir pour cette société qui n'est qu'un « marécage des vices ». Il a une obsession maniaque pour la pureté et la propreté, il arbore toujours une tenue impeccable, autant de caractéristiques d'une part signalant qu'il tente par tous les moyens de maîtriser sa vie intérieure chaotique, d'autre part expliquant pourquoi il est passionné par l'art qui lui octroie quelques heures de tranquillité, qui lui permet de se plonger dans une occupation grandiose, belle et majestueuse.

> Quand Adolf écoutait la musique de Wagner, il était comme transformé. Toute sa violence le quittait, il devenait paisible, docile, flexible. Son regard n'avait plus cette lueur d'agitation. Ce qui le tourmentait tout le jour sombrait dans le néant. Son propre sort, aussi lourdement qu'il pût lui peser, s'évanouissait. Il ne se sentait plus comme un marginal, rejeté par la société, méconnu, solitaire.

Ces émotions qui le transportent, ce sont aussi les siennes : elles n'appartiennent ni à la musique ni à Wagner, elles lui appartiennent à *lui*. Et cette exaltation que lui procurent la musique et le langage scénique, ce ravissement que lui apporte le beau sont d'une telle importance pour lui qu'il saute les repas pour pouvoir s'acheter des places à l'Opéra.

Son énergie colossale – que Kershaw assimile à de l'indolence sous prétexte qu'elle ne se déroule pas dans un cadre universitaire, ni d'ailleurs dans le cadre du raisonnable – est du même acabit car, dès qu'il est absorbé par un projet, il disparaît complètement, ne comptent alors plus pour lui que les plans et les esquisses de ce qu'il entreprend. Son activité est éruptive, obsessionnelle, elle frôle l'anormalité. Oui, si la morale d'Hitler, qu'il impose à cette époque à lui-même et à la société, a pour but de fixer des limites infranchissables, sa frénésie artistique a quant à elle dépassé toute limite. Il met en œuvre n'importe quelle idée qui lui passe par la tête, rien ne saurait l'arrêter, tout est du domaine du possible. « Ce n'est pas la science des professeurs qui compte, mais le trait de génie ! » dit-il à Kubizek. Et, ni une ni deux, il se met à composer un opéra. Il ne joue d'aucun instrument, n'a aucune connaissance en matière d'harmonie ou d'orchestration, qu'à cela ne tienne : il balaie ces obstacles d'un revers de main, il veut se jeter dans ses émotions les plus fougueuses afin de les exprimer dans le langage qu'il admire le plus. Il élabore un système où il essaie de combiner les tons et les couleurs. Évidemment, ça ne donne rien. Il demande à Kubizek son avis, qui lui répond que les thèmes sont peut-être bons, mais qu'il est impossible de composer un opéra sur cette base, il lui faut apprendre la théorie nécessaire. « Je ne suis quand même pas fou, crie-t-il. À quoi tu me sers ? Et maintenant, tu vas transcrire sur le papier ce que je joue au piano. »

Ils se mettent donc au travail sur ce mode. Kubizek tente de lui expliquer qu'il doit se cantonner à une mesure bien définie. « Qui est le compositeur, toi ou moi ? » gronde cette fois Hitler. Il a l'idée d'un opéra consacré aux héros des légendes germaniques et qui, de ce fait selon lui, doit être interprété avec des instruments de l'époque. Il demande à Kubizek ce qui reste de la musique des anciens Germains. Rien, répond celui-ci, sinon quelques instruments tels que des tambours, des flûtes en os et des lures. Hitler affirme que, comme les scaldes chantaient accompagnés d'instruments ressemblant à des harpes, ils n'ont qu'à adopter la même technique. Kubizek parvient toutefois à le convaincre de ne pas suivre cette idée s'il souhaite que l'opéra soit, dixit, « audible » à l'oreille humaine contemporaine. Revenus à des instruments classiques, les deux amis progressent à petits pas. Hitler ébauche le scénario, dessine les costumes et les décors, est quelque peu à la peine avec l'écriture du livret. Il ne mange pas, ne dort pas, boit à peine. Et il exige constamment que Kubizek soit non seulement présent, mais tout aussi engagé que lui dans la composition. Il le réprimande à intervalles réguliers. Il est un compagnon de chambre littéralement infernal.

Il aurait été facile pour moi de me servir d'une de nos nombreuses disputes pour déménager. Au Conservatoire, on m'aurait volontiers aidé à trouver une autre chambre. Pourquoi ne l'ai-je pas fait ? J'avais pourtant moi-même remarqué à plusieurs reprises que cette amitié particulière n'était pas profitable à mes études. Combien de temps, combien d'énergie m'ont coûté ne serait-ce que ces vaines activités nocturnes de mon ami ? Pourquoi alors ne suis-je pas parti ? Parce que j'avais le mal du pays, c'est vrai, je le reconnaissais sans peine, et parce que Adolf représentait pour moi une part de cette terre natale. Mais après tout, le mal du pays est quelque chose qu'un jeune homme de vingt ans peut surmonter. Dans ce cas, qu'était-ce ? Qu'est-ce qui me retenait ?

Pour être honnête, c'était justement ces heures que je vivais à ce moment-là qui renforcaient encore plus les liens avec mon ami. Je connaissais bien ce qui animait les jeunes hommes de mon âge, en général : de petites amourettes, des plaisirs frivoles, des badinages futiles, auxquels s'ajoutaient une foule de pensées superficielles, insignifiantes. Adolf était l'exact contraire de tout cela. Il y avait en lui une gravité inouïe, une minutie, un intérêt sincère, passionné, pour tous les événements passés, et surtout – ce qui me séduisait le plus chez lui, et ce qui m'avait permis de retrouver tout à fait mon équilibre après des heures où il s'était réellement éreinté – son dévouement inconditionnel à la beauté, au sublime, à la grandeur de l'art.

Comme tant d'autres projets qu'il a mis en œuvre avant celui-là, l'opéra d'Hitler tombe à l'eau. Il est trop agité, a trop peu de patience pour supporter un travail d'aussi longue haleine, en plus de la frustration qui finit certainement par l'épuiser, peut-on s'imaginer, en constatant qu'il n'a ni les compétences ni les connaissances nécessaires.

Le nouveau projet auquel il s'attaque consiste en une tentative ambitieuse pour résoudre la crise du logement à Vienne : il dessine non seulement la ville telle qu'il l'imagine mais aussi les immeubles destinés aux ouvriers. Il souhaite également apporter aux gens vivant hors des grandes villes la musique qu'il apprécie tant, idée qu'il intitule « Orchestre ambulant du Reich » et, selon Kubizek, dont il conçoit le dispositif jusque dans les moindres détails : répertoire, couleur de la chemise des musiciens, etc. Tous ces projets sont autant de châteaux en Espagne, mais, pour éloignés de la réalité et insensés qu'ils soient, ils lèvent toutefois le voile sur la personnalité d'Hitler, sur son implication totale dans ses intentions, sur sa foi incommensurable en ses capacités personnelles, et enfin sur sa manière de trouver ainsi un moyen pour concilier son monde intérieur avec le monde extérieur sans avoir besoin de faire un détour par la vie sociale, qu'il redoute ou méprise selon toute vraisemblance, et qui de toute façon brise constamment ses rêves intérieurs en les confrontant aux contingences extérieures, autrement dit, en leur donnant des conséquences dans la réalité. La réalité intérieure est abstraite, la réalité extérieure est concrète ; deux dimensions se percutent dans ces projets mégalomanes et irréalistes d'une façon qui reste envisageable pour lui.

Kubizek et Hitler vivent ensemble à Vienne pendant cinq mois, du printemps à l'été 1908. Hitler n'a jamais révélé à son ami qu'il n'avait pas été admis à l'Académie et mène donc une vie à l'avenant, en lui faisant croire qu'il s'y rend tous les jours. Ils partagent la même chambre, estimant tous deux, après l'incident avec Mme Potiphar, que c'est mieux comme ça. À la demande d'Hitler, Mme Zakreys sa logeuse, de prendre sa chambre et eux d'emménager dans la sienne, plus grande. Kubizek passe ses examens d'entrée au Conservatoire le lendemain, les réussit, un succès qui ne semble pas ravir Hitler outre mesure. Son commentaire : « Je ne savais pas que j'avais un ami aussi intelligent. » À le voir aussi souvent irrité qu'irritable, Kubizek se dit qu'Hitler ne veut pas entendre parler de ses études musicales à cause de cela. Et, à force de constater de nombreux détails pour le moins étranges – Hitler ne passe pas son temps à peindre, il écrit une tragédie, il lit des livres sans lien direct avec la peinture –, Kubizek finit par sentir qu'il y a anguille sous roche ; mais, habitué à l'entêtement et à l'excentricité de son ami, qui vient en outre de perdre sa mère, il se convainc que ces traits de caractère expliquent une telle attitude.

> De jour en jour, son humeur m'inquiétait de plus en plus. Je n'avais encore jamais décelé chez lui cette espèce d'auto-flagellation. Bien au contraire ! D'après mon expérience, il avait plutôt plus confiance en lui que pas assez. Pourtant cela semblait s'inverser à présent. Il s'enfonçait de plus en plus dans ses reproches. Il suffisait d'un simple basculement – comme lorsqu'on allume l'interrupteur d'une main légère et que toute l'obscurité se transforme soudain en lumière éblouissante – et les accusations contre lui-même devenaient des accusations contre l'époque, contre le monde entier. Dans des torrents de tirades haineuses, il jetait sa rage à la face de la société actuelle, de l'ensemble de l'humanité qui ne le comprenait pas, qui ne l'appréciait pas, par qui il se sentait persécuté et trahi. Je le vois encore arpenter la petite pièce à grands pas, en proie à une agitation immense, bouleversé au plus profond de lui. J'étais assis au piano, les doigts immobiles sur le clavier, et je l'écoutais, affolé par ses hymnes à la haine mais profondément inquiet pour lui.

Ils se chamaillent les premières semaines à propos de l'utilisation de la chambre : Kubizek veut répéter, Hitler veut lire, ils restent tous deux à l'intérieur quand il pleut, l'ambiance est tendue. Kubizek finit par accrocher son emploi du temps et demande à Hitler de l'imiter, de sorte qu'ils sachent quand ils peuvent disposer du lieu en l'absence de l'autre. Un emploi du temps ? Hitler n'en a pas besoin, affirme-t-il, il a tout dans la tête. Seulement voilà, il ne travaille pas avec application, ou alors seulement la nuit ; le matin, il dort. Au fil des jours, Kubizek acquiert la certitude que son ami ne va pas bien. De fait, à force de voir l'emploi du temps de Kubizek sur le mur, Hitler finit par exploser.

> « Cette académie ! cria-t-il, ce n'est qu'un tas de vieux fonctionnaires bouchés, de bureaucrates sans cervelle, de ronds-de-cuir stupides ! L'Académie entière mériterait qu'on la fasse exploser ! » Son visage était livide, sa bouche, très étroite, les lèvres, presque blanches. Mais ses yeux rougeoyaient. Quels yeux inquiétants ! Comme si toute la haine dont il était capable se concentrait uniquement dans ces yeux flamboyants.
>
> J'ai voulu objecter que ces hommes de l'Académie qu'il condamnait sans aucune forme de procès dans sa haine démesurée étaient tout de même ses enseignants et ses professeurs, et qu'ils pourraient sans nul doute lui apprendre un grand nombre de choses. Mais il m'a devancé.
>
> « Ils m'ont rejeté, ils m'ont jeté dehors, je suis exclu… »
>
> J'étais choqué. C'était donc ça. Adolf n'a pas suivi un seul cours à l'Académie. Je pouvais maintenant m'expliquer de nombreuses choses que j'avais trouvées étranges chez lui.
>
> Profondément touché par son sort, je lui ai demandé s'il avait dit à sa mère qu'il n'avait pas été accepté à l'Académie.
>
> « Qu'est-ce qui te prend ? rétorqua-t-il. Je ne pouvais tout de même pas infliger cette peine à ma mère mourante. »
>
> Il n'avait pas tort.

Un silence s'est installé entre nous un moment. Adolf pensait peut-être à sa mère à cet instant.

Puis j'ai tenté de donner un tournant concret à la conversation.

« Et maintenant ?

— Et maintenant ? Et maintenant ? répétait-il, agacé. Voilà que tu vas t'y mettre à ton tour : et maintenant ? »

Il avait sans doute lui-même dû se poser la question cent fois et plus encore, car il n'en avait sûrement pas parlé à quelqu'un d'autre.

« Et maintenant ? » a-t-il répété en imitant ma question préoccupée, et au lieu de répondre il s'est assis à table et a érigé un mur de livres autour de lui : « Et maintenant ? »

Puis il a orienté correctement la lampe, a pris un des livres, l'a ouvert et s'est mis à le lire.

J'ai voulu remettre à sa place l'emploi du temps sur la porte du placard. Il a levé la tête, m'a vu et a dit d'une voix calme : « Laisse. »

Qu'Hitler échafaude un tel mensonge dans lequel il s'efforce de vivre aussi longtemps que cela lui est possible – au lieu d'avouer à son ami qu'il a échoué à l'examen d'entrée – montre certes sa capacité à nier la réalité au profit de l'illusion, mais ce comportement illustre surtout sa fierté. Leur amitié se fonde sur le principe suivant, comme nous l'avons vu : Hitler parle, Kubizek écoute ; Hitler commande, Kubizek est aux ordres. Or, au cours de ce printemps, le rapport de force s'inverse. Car non seulement Kubizek entre au Conservatoire, alors qu'Hitler rate l'Académie, mais il réussit avec brio : on ne tarde pas à lui confier des heures d'enseignement et, dans le cadre de la fête de fin d'année organisée au Conservatoire, il dirige le concert du premier soir tandis que trois Lieder de sa composition sont interprétés le lendemain, ainsi que des mouvements d'une œuvre pour cordes. Hitler, présent, assiste aux félicitations que Kubizek reçoit de ses professeurs et même du directeur du Conservatoire. Il est enthousiaste et fier, même si, comme l'écrit Kubizek, on n'a aucune peine à imaginer « ce qui se pass[e] au fond de son cœur ». Le succès de son ami met en évidence son propre fiasco. S'il est en mesure de se dominer quand ils sont seuls et, surtout, de se présenter comme supérieur, quand vient le moment fatidique de ce qui compte vraiment, Hitler est surpassé et éclipsé.

C'est l'été, les deux amis vivent ensemble depuis cinq mois, Kubizek part en vacances chez ses parents à Linz puis effectuera son service de réserve au sein de l'armée austro-hongroise avant de revenir à Vienne pour poursuivre ses études. Hitler restera quant à lui dans leur chambre commune puisque, de toute façon, faute d'argent, il n'a nulle part où aller ni personne chez qui aller. Il adresse lettres et cartes postales à Kubizek dans lesquelles il l'informe que tout va bien et que les projets architecturaux actuellement en cours à Linz le passionnent énormément, il souhaite que Kubizek lui donne des nouvelles, ce que fait ce dernier, sans oublier d'envoyer le montant du loyer à la logeuse. Kubizek part faire son service de réserve, prévient Hitler du jour de son arrivée à Vienne pour qu'il vienne le chercher à la gare. Nous sommes alors en novembre.

> Comme je l'avais écrit à Adolf, j'avais pris le train du matin pour gagner du temps et j'arrivai à la Westbahnhof dès trois heures de l'après-midi. Adolf m'attendait sans doute à la barrière, à la place habituelle. Il allait ainsi pouvoir m'aider à porter ma valise lourde, qui contenait aussi quelque chose pour lui, de la part de ma mère. Est-ce que je l'avais manqué ? Je retournai sur mes pas. Dans tous les cas, il ne se trouvait pas à la barrière. Je me rendis dans la salle d'attente. Je regardai autour de moi, en vain. Adolf n'était pas là. Peut-être était-il souffrant. Il m'avait bien dit dans sa dernière

lettre qu'il était de nouveau affecté par sa vieille maladie, le catarrhe bronchique. J'ai déposé ma valise à la consigne, et me suis précipité, mort d'inquiétude, dans la Stumpergasse. Frau Zakreys m'a salué d'un ton enjoué, mais a aussitôt ajouté que la chambre avait été attribuée. « Oui, et Adolf, mon ami ? » ai-je demandé d'un air surpris.

Frau Zakreys m'a lancé de grands yeux de son visage ridé et fatigué : « Vous ne savez donc pas que M. Hitler a déménagé ? »

Non, je n'en savais rien.

« Et où habite-t-il à présent ?

— Ça, M. Hitler ne l'a pas dit.

— Mais il a forcément laissé un message pour moi avant de partir, une lettre peut-être ou un petit papier. Comment pourrais-je le trouver sinon ? »

La femme de ménage a secoué la tête. « Non, M. Hitler n'a rien laissé.

— Même pas un au revoir ?

— Il n'a rien dit. »

Kubizek attendra trente ans avant de revoir Hitler. Il a disparu, il ne veut pas être retrouvé. Si son ami avait voulu garder le contact, raisonne Kubizek, il aurait pu obtenir son adresse chez leur ancienne logeuse, chez ses parents à Linz ou encore au Conservatoire. Et s'il ne l'a pas fait, c'est qu'il veut qu'on le laisse tranquille, pas de doute là-dessus. Kubizek rend visite à la demi-sœur d'Hitler dès son retour à Linz, or elle ne sait ni où il loge ni ce qu'il fait.

Quantité de raisons sont susceptibles d'expliquer pourquoi Hitler franchit un pas aussi drastique en coupant tout contact avec la seule personne de sa vie. La plus évidente a trait à sa fierté : pendant que Kubizek effectue son service de réserve en septembre, Hitler a de nouveau passé l'examen d'entrée à l'Académie – et a de nouveau échoué, il est même éliminé dès les premières épreuves. D'après ce que Kubizek a montré du caractère et de la nature d'Hitler, il n'est pas déraisonnable d'imaginer que son échec est cette fois trop cuisant pour qu'il puisse l'annoncer à son ami. Une autre raison est également liée à la fierté : après une année à Vienne ponctuée par la mort de sa mère, ses finances commencent à se tarir, il n'a plus les moyens de conserver sa chambre dans la Stumpergasse et il n'a pas non plus de perspectives qui lui permettraient de gagner de l'argent sans s'avilir, en acceptant ce qu'il a toujours, avec un profond dédain, qualifié de « gagne-pain » – encore un échec par rapport à Kubizek, celui-ci en termes de prestige. La dernière explication possible est que ce dernier représente son unique contact avec Linz et avec sa famille dont les différents membres peuvent facilement découvrir où vit Kubizek, par l'intermédiaire de ses parents, et donc où Hitler vit lui-même. En disparaissant de la sorte, tous les liens avec sa famille, c'est-à-dire la famille de sa demi-sœur, sont définitivement rompus.

Une fois Kubizek sorti de son quotidien, on ne sait pratiquement rien de l'existence d'Hitler au cours de l'année suivante. Et ceci est très révélateur, dans la mesure où sa vie est l'une des mieux cartographiées, des plus disséquées, de tous les parcours biographiques du XXe siècle. Les archives publiques nous apprennent qu'il quitte la Stumpergasse pour occuper non loin, dans la Felberstrasse, un logement moins cher. La fiche d'enregistrement exigée par les autorités policières locales mentionne sa qualité d'« étudiant » – alors qu'il s'est inscrit comme « artiste » lors de son arrivée à Vienne. Il demeure un an à cette adresse, jusqu'à l'été suivant. Quant à savoir ce qu'il fait pendant cette période, le mystère reste entier. La seule information disponible indique qu'il résilie son adhésion à l'association des musées de Linz le 4 mars, sans doute pour économiser la maigre somme qu'elle lui coûte. En août 1909, donc un an plus tard, il s'installe dans un logement encore moins cher, une chambre en périphérie de la ville, Sechshauser strasse, où il décline sa qualité cette fois de « *Schriftsteller* », c'est-à-dire « écrivain ». Il n'y vit guère plus de trois semaines avant de déménager à nouveau – et, de là, on perd toute trace de lui. Sur la fiche d'enregistrement, quelqu'un a noté : « parti sans laisser d'adresse ». Selon toute vraisemblance, il est désormais sans toit et dort à la belle étoile pendant tout l'automne et l'hiver : autrement dit, Hitler est sans domicile fixe. Il est impossible de louer une chambre sans s'être inscrit au préalable dans les registres de la police et, même si tout ce qui concerne Hitler a été soigneusement retiré par les nazis des archives autrichiennes après l'Anschluss, les documents n'ont pas été détruits pour autant mais conservés dans les archives du NSDAP, et ne nous disent rien. Un autre indice prouvant qu'il vit désormais dans la rue – et l'unique datant de cette époque – est fourni par une parente de sa première logeuse, Mme Zakreys, qui l'a reconnu dans la queue à une soupe populaire destinée aux nécessiteux, indique Brigitte Hamann : « Il était très négligé dans sa tenue et il m'a fait pitié ; lui qui était auparavant toujours si bien habillé. »

Il réapparaît dans les archives policières en décembre 1909, alors qu'il vient de passer la nuit dans un asile destiné aux sans-logis à Meidling. Il y fait la connaissance d'un vagabond doublé d'un fainéant, Reinhold Hanisch, dont le casier judiciaire est loin d'être vierge puisqu'il a été condamné à plusieurs reprises d'abord pour vol puis pour falsification de documents. Dans les mémoires qu'il publiera par la suite, Hanisch écrit qu'Hitler, alors âgé de vingt ans, paraît éploré, en plus d'être épuisé, affamé, et d'avoir les pieds abîmés. Son costume bleu à carreaux au viré a violet à cause de la pluie et du désinfectant que toute personne séjournant à l'asile est obligée d'utiliser pour épouiller ses vêtements. Il n'est en possession d'aucun effet personnel, ayant probablement vendu tout ce qu'il avait rapporté de Linz. Selon Hamann, Hitler indique à Hanisch avoir été flanqué dehors par sa logeuse, avoir passé les premières nuits dans des cafés jusqu'à ne plus avoir d'argent et que, depuis lors, il dort sur des bancs dans les parcs. Il n'a rien mangé depuis plusieurs jours et raconte avoir approché un homme ivre, un soir, pour le supplier de lui donner quelques pièces, mais que ce dernier l'a insulté. Au moins, à Meidling, ses compagnons d'infortune lui donnent des tuyaux sur les lieux où obtenir gratuitement de la soupe et une aide médicale.

Ce n'est pas la Vienne où Stefan Zweig et Ludwig Wittgenstein ont grandi ; et si Hitler faisait partie de la couche sociale des défavorisés à l'époque où il louait sa chambre dans la Stumpergasse avec Kubizek, il vient désormais d'atteindre définitivement les bas-fonds de la société. Il ne peut pas tomber plus bas. Il n'a pas de travail, pas d'appartement, pas d'argent, pas de nourriture, pas d'amis, à peine une connaissance. Il ne possède rien, il a des vêtements loqueteux, il a froid, il a faim. L'indolence et l'oisiveté que lui prête Kershaw correspondent mal à son choix de rester à Vienne. L'indolence, c'est la commodité ; l'indolence, c'est le choix de la voie la plus facile. Or la vie qu'il mène actuellement, qui le voit réduit au minimum vital et dépendre entièrement de la charité d'autrui, n'est pas une vie commode, elle est la vie la plus pénible qu'on puisse imaginer. Aussi, quand nous savons qu'Hitler a eu des propositions de travail au moment de son départ de Linz, émanant tant d'un ancien voisin que de son tuteur, qu'il a une famille à la campagne susceptible de l'accueillir puisqu'il leur a rendu visite en été avec sa mère, que son beau-frère est fonctionnaire et donc titulaire d'un poste fixe et qu'Hitler pourrait sans doute habiter chez lui un certain temps pour peu qu'il accepte de courber l'échine – dans ces conditions, le trouver à présent acculé à un dénuement extrême indique que sa vie est tout le contraire de la commodité, de l'indolence et de l'oisiveté. Le refus qu'il oppose à l'existence bourgeoise n'est nullement un refus commode mais un refus absolu, auquel il se cramponne quitte à en payer le prix le plus élevé.

Pourquoi ? est-on en droit de se demander. Que veut-il ? Il a tenté à deux reprises l'examen d'entrée à l'Académie, et même la supposition de John Toland, selon lequel Hitler aurait réessayé une troisième fois en septembre de la même année, montre à quel point il a axé sa vie sur la peinture. Il se prétend « artiste » sur la fiche administrative lorsqu'il emménage dans son premier appartement, « étudiant » pour le second, « écrivain » pour le troisième. Il parle longtemps de devenir peintre, puis il parle tout aussi longtemps de devenir architecte, entre-temps il s'est essayé à l'écriture de pièces de théâtre et de nouvelles, il a même commencé à composer un opéra. Et si aucun de ces projets n'est couronné de succès, cela ne signifie pas pour autant qu'il n'y arrivera pas un jour. Un autre jeune homme volontaire, lui aussi issu des couches les plus basses de la société, doté d'une confiance en lui illimitée, infondée aux yeux des autres, a vécu de la même façon, au jour le jour, pendant de nombreuses années, sans autre ambition que de devenir écrivain, une ambition qu'il réalise à l'âge de trente ans avec la publication de son premier roman, *Faim* – j'ai nommé Knut Hamsun. À la même époque que l'écrivain norvégien, Van Gogh vit dans une pauvreté extrême, sans autre désir que celui de peindre, bien qu'il n'ait pas vendu une seule toile de son vivant. Nous n'avons aucun moyen de savoir si Hitler poursuit un tel désir, mais, dans le cas contraire, son refus doit alors être encore plus forcené, encore plus obstiné, car ce faisant il oppose un refus à la société et à tout ce qui en découle en termes de travail, de carrière, de mariage et de progéniture. Plutôt que d'en faire partie, il choisit de vivre dans la rue. Ce n'est pas la preuve d'une quelconque indolence, mais bien le signe de tout autre chose. S'est-il tout bonnement laissé aller ? Rien n'indique qu'il ait lutté, qu'il ait suivi un but particulier ; il semble davantage avoir imposé à sa vie un cadre strict qui, lentement mais sûrement, l'a envoyé au fond du trou, puisque c'est là que se situe l'asile pour sans-abri de Meidling. Ceux qui y affluent se trouvent eux-mêmes au fond du trou : les sans-logis, les clochards, les mendiants, les alcooliques, les criminels, les chômeurs, les déshérités, les arnaqueurs et les resquilleurs.

*

Les problèmes sociaux à Vienne au tournant du siècle sont énormes. La mortalité infantile est quatre fois plus élevée dans les quartiers défavorisés que dans les milieux aisés. À la pauvreté endémique s'ajoute un manque criant de logements : des centaines de milliers de gens vivent dans des conditions indignes, une précarité renforcée par l'afflux à la capitale d'immigrants en provenance des quatre coins de l'immense Empire austro-hongrois. La hausse brutale des loyers s'accompagne d'une spéculation effrénée. « Dans l'arrondissement de Favoriten, écrit Brigitte Hamann, le taux d'occupation [est] de dix locataires par unité locative, c'est-à-dire une chambre et une cuisine sans eau courante à l'intérieur. » Les caves sont transformées en appartements, les lits non utilisés le jour sont occupés par ces fameux *Bettgeher* ou *Schlafgeher*, des sans-logis qui peuvent, « à certains moments de la journée ou de la nuit, occuper un lit pour une durée de huit heures environ » mais ne sont pas autorisés à vivre dans l'appartement le reste du temps. En 1910, Vienne compte plus de 80000 de ces *Bettgeher*. Il n'existe aucune forme de protection sociale, la seule assistance aux pauvres doit son existence à la charité, qu'il s'agisse de soupes populaires, de refuges chauffés, de foyers d'enfants, tous entre les mains d'institutions privées, les plus généreuses fondées par des philanthropes juifs. « Certains nécessiteux sélectionnés pouvaient aller chercher les restes de repas dans les auberges et les hôpitaux, précise Hamann. Lorsqu'un boulanger procédait à une distribution de pain, cela provoquait des rassemblements et des bagarres. » La pénurie de logements devient de plus en plus chronique, les fameux refuges chauffés, pleins de *Bettgeher* le jour, sont contraints d'ouvrir la nuit. Mais le pire, ce sont les logements clandestins. Hamann cite le reportage d'un journaliste sur les conditions de vie qui y règnent : des personnes vivant sous le même toi sans se connaître pour autant, des enfants dormant souvent dans le même lit et recouverts de vermine, logés dans une unique pièce servant tout à la fois de cuisine, de chambre, de pièce à vivre, de lieu d'étude et de travail ; une étable impropre pour recueillir des animaux mais où vivent dix personnes dont deux ou trois enfants ; des logements de deux ou trois pièces dans des immeubles condamnés parce que insalubres, où s'entassent jusqu'à quatre-vingts personnes sinon plus, hommes et femmes, malades et bien portants, alcooliques et prostituées, et bien sûr des enfants. « Tout autour de moi, ce n'était qu'un amas de gens, de guenilles et de déchets divers. La pièce faisait penser à une énorme pelote de détritus. » Les rats pullulent, les maladies telles que le choléra, la tuberculose et la syphilis se répandent à une vitesse vertigineuse. Comme la mendicité ne rapporte pas d'argent, la prostitution est la seule issue de survie, même pour les enfants.

À l'extérieur de l'asile de Meidling, qui peut accueillir un millier de personnes et où Hitler se présente pour la première fois en décembre 1909, de longues files d'attente se dessinent chaque soir, sous la surveillance de gardes déployés pour empêcher les émeutes provoquées par les personnes privées de droit d'entrer. Les journaux ne consacrent un article à l'endroit qu'en cas d'accident tragique, si par exemple un enfant meurt de froid devant les portes du foyer ou si une personne à qui l'assistance médicale a été refusée meurt sur place. En 1908, l'opposition au conseil municipal demande l'installation de baraques chauffées ainsi que l'ouverture aux nécessiteux des halles aménagées sous les voies aériennes du métro, mais les édiles répliquent que toutes les mesures sont déjà mises en œuvre – en fait, aucune –, et prétendent, selon Brigitte Hamann : « impensable que quelqu'un, à Vienne, aujourd'hui, puisse être sans abri à la froide saison sans qu'il en porte toute responsabilité ». Dans cet enfer social totalement déréglementé, la population immigrée, en l'occurrence les immigrants slaves et les Juifs d'Europe de l'Est, sont les moins bien lotis ; nombreux sont ceux estimant que les hôpitaux ne doivent accepter que des Autrichiens de souche et qu'il convient de refuser tous les autres.

Hitler décrit ainsi les conditions de logement pour les journaliers :

> Encore aujourd'hui, je frémis en repensant à ces antres lamentables, à ces logis, ces hébergements

surpeuplés, à ces sombres visions d'ordures, de saleté répugnante et pire encore.

Voilà quelle est la situation dans toutes les capitales européennes de cette époque, et ce depuis que l'industrialisation et l'urbanisation se sont accélérées dans la première partie du XIXe siècle. Il s'agit d'une nouvelle forme de pauvreté, concentrée dans les grandes agglomérations urbaines, où les classes les plus défavorisées vivent dans une telle promiscuité, sont si nombreuses et si anonymes qu'elles sont qualifiées dans toutes les sources contemporaines, et ce avec une fréquence pour le moins frappante, de hordes ou de hardes de pauvres, ou encore d'armées de nécessiteux.

L'écrivain américain Jack London publie en 1903 *Le Peuple d'en bas*, un reportage sur ces quartiers de Londres « d'une pauvreté incommensurable » telle qu'il les qualifie de ghettos : « L'est de Londres est un ghetto où n'habitent ni les riches ni les puissants de ce monde, et où le touriste ne met jamais les pieds – mais où deux millions de travailleurs s'entassent, procréent et meurent. » Un million huit cent mille personnes vivent sous le seuil de pauvreté, insiste-t-il, et un million de personnes vivent avec un salaire hebdomadaire proche de la misère. Et si le désespoir qu'il dépeint est peut-être difficile à appréhender, les conséquences de la mortalité extrêmement élevée et des conditions locatives et sanitaires extrêmement misérables n'en demeurent pas moins évidentes : la vie humaine a encore moins de valeur à l'intérieur qu'à l'extérieur des ghettos, et ce parce que la mort est sans cesse présente, parce que les conditions indignes dans lesquelles vivent les habitants sont insurmontables.

> Dans les quartiers de l'ouest de Londres, dix-huit pour cent des enfants meurent avant d'avoir atteint leur cinquième année – dans l'Est, ce pourcentage monte à cinquante-cinq. Et il y a des rues, à Londres, où, sur cent enfants nés dans l'année, cinquante meurent avant d'avoir eu un an, et des cinquante qui survivent, vingt-cinq meurent avant l'âge de cinq ans. C'est un massacre, direz-vous.

Et si tant est que les enfants sortent vivants de la jeunesse, un travail les attend qui, non content d'être dangereux pour la santé, est aussi mortel. « Dans les emplois du textile, dans la préparation du lin, les pieds et les vêtements humides sont cause d'un taux inhabituel de bronchites, de pneumonies et de rhumatismes graves », les femmes ayant commencé à travailler dès l'âge de dix-sept ou dix-huit ans sont déjà détruites quand elles atteignent la trentaine. Les ouvriers de l'industrie chimique, « sélectionnés parmi les hommes les plus musclés qui puissent exister, ne vivent pas, en moyenne, plus de quarante-huit années ». Quant à ceux employés dans les usines de poterie, ils sont exposés aux poussières qui recouvrent peu à peu leurs poumons, rendent la respiration de plus en plus difficile – jusqu'à ce que mort s'ensuive.

Le livre de Jack London paraît en 1903, soit trente-cinq ans après la sortie du premier tome du *Capital* de Karl Marx, mais respectivement dix-huit et trois ans après la publication posthume des tomes 2 puis 3 Jack London était un socialiste convaincu et *Le Peuple d'en bas* une tentative pour mobiliser l'opinion publique ; il pénètre dans un monde qui, d'ordinaire, est toujours perçu de loin. Son reportage ne contient aucune analyse mais beaucoup de sentiments dont, surtout, l'indignation et la résignation.

Le Capital, inversement, est une analyse des conditions déterminant la pauvreté décrite par Jack London, à savoir la marchandise, le travail et le capital. Tout théorique que soit l'ouvrage, il n'en contient pas moins de longues descriptions, qui plus est étayées par des statistiques, sur le quotidien des personnes appartenant à la même classe sociale que celle étudiée par Jack London lors de son voyage à Londres, un quotidien qui ne se distingue guère en ce tournant de siècle de ce qu'il était au cours des décennies 1850 et 1860. Dans le chapitre intitulé « La loi générale de l'accumulation capitaliste », et outre les bases sur lesquelles a été fondée l'« augmentation grisante de la richesse et de la puissance » générée par l'industrialisation au bénéfice des classes possédantes, Marx veut montrer non pas tant les conditions de travail des ouvriers – choquantes en soi, avec des cadences de seize à dix-sept heures de travail par jour, dans des locaux confinés sans aération ni éclairage convenables –, mais bien la situation hors des ateliers, à savoir les conditions de vie déplorables des ouvriers les plus mal payés, que ce soit au niveau du logement ou de la nourriture. Ainsi, la liste officielle du paupérisme en Angleterre recense 851 396 personnes, c'est-à-dire des gens qui n'ont pas de travail et dépendent pour survivre de l'aumône publique, un chiffre qui, à cause de la crise du coton en 1864, monte à 1 014 978, autant de gens vivant sous le seuil du minimum vital.

Ces quantités considérables de pauvres représentent un problème insurmontable pour la société car le bouleversement des conditions de production dont ils sont le résultat, à savoir l'industrialisation massive, n'est suivi d'aucune répercussion dans aucune forme de planification ou de gouvernance sociétale. Apparue en l'espace de quelques décennies seulement, cette insondable pauvreté, de surcroît concentrée dans d'immenses quartiers d'habitation aux allures de ghettos, est perçue par beaucoup comme l'extension d'une simili-loi ou force naturelle, surtout depuis la théorie révolutionnaire de Darwin et la maxime subséquente au sujet de « la survie du plus apte », largement partagée au sein de la société ; de même que le déclin moral et spirituel apparent qui l'accompagne est considéré comme le produit d'une sorte d'infériorité humaine, auto-infligée, d'une excroissance incurable qui sévit dans les classes inférieures.

Une toute nouvelle société ou un nouvel ordre social semble être apparu dans l'ancien monde, et l'énorme pression que cet ordre exerce sur ses structures ne saurait être sous-estimée. Avant l'industrialisation, dans la société rurale, il n'y avait pas de classes, mais des ordres et des corporations, et la pauvreté se présentait sous des formes très diverses, assimilées de façon tout à fait différente. Les analyses de Marx, en tant qu'instrument permettant de comprendre les violents bouleversements sociaux à l'œuvre, sont bien sûr d'une valeur inestimable. Marx a vécu les conséquences de la pauvreté : il a perdu trois de ses enfants, morts en bas âge, il a vu de ses propres yeux la misère dans les grandes zones industrielles anglaises d'où, sur un mode quasi systématique et ordonné, comme sous l'effet d'une loi, elle s'est répandue de par le monde.

L'industrialisation est incontrôlable, à l'instar de la misère qui s'installe dans son sillage ; et les luttes politiques féroces qui divisent l'Europe en ce début de XXe siècle se canalisent principalement autour d'une solution horizontale, c'est-à-dire transgressive, et d'une solution verticale, c'est-à-dire nationale – autrement dit, l'identification à une classe ou à un terroir. Issu d'un petit milieu petit-bourgeois, ayant grandi dans une ville relativement homogène et germe de tous ses idéaux, Hitler accorde une importance particulière au problème de la pauvreté dans *Mein Kampf*, qu'il a écrit à une époque où la déchéance qui l'environnait alors ne le menace plus. Il a de cette question une compréhension avant tout structurelle :

> Pour ne pas désespérer tout à fait des personnes de mon entourage à l'époque, il me fallait apprendre à faire la distinction entre leur vie et leur être extérieur et les raisons de leur évolution. Alors seulement, je pouvais tout supporter sans devoir perdre courage. Alors, de toute cette misère et de ces malheurs, des ordures et de la pourriture visible, il n'émergeait plus des hommes mais les tristes résultats de tristes lois ; et les conditions difficiles de ma propre vie, pas plus épargnée que les autres, m'a empêché de capituler dans un sentimentalisme lamentable face aux produits dégénérés de ce processus de développement.
>
> Non, ce n'est pas ainsi qu'il faut le comprendre.

Hitler voit dans la pauvreté un problème politique majeur, dont l'ignominie le révolte tout autant que Karl Marx et Jack London. Néanmoins, à Vienne, elle n'a pas seulement explosé au sein d'une classe ouvrière relativement homogène comme à Londres, elle est exacerbée par l'arrivée massive d'immigrants originaires des quatre coins de l'Empire austro-hongrois qui tous convergent vers la capitale dans l'espoir de trouver un travail ; les conflits ethniques qui y font rage à ce moment-là sont déterminants pour la façon dont Hitler comprend son environnement et son époque. Il est né allemand en Autriche, son père était un nationaliste allemand, certes modéré mais fidèle au Kaiser, alors que beaucoup de ses professeurs à l'école et la majorité des élèves cultivaient un nationalisme allemand plus radical ;

et leur opinion, qui conçoit l'absolue suprématie de la nation non seulement en termes constitutionnels mais comme une espèce d'entité métaphysique, transpire de la moindre réflexion élaborée dans *Mein Kampf* et correspond également, du moins à en croire les mémoires de Kubizek, aux raisonnements qu'il avait adolescent et jeune homme en matière de politique. Lorsque Hitler constate des injustices sociales aussi flagrantes, il ne se penche pas en premier lieu sur les relations entre classes sociales afin de trouver une solution, non, il examine les relations entre les peuples. Dans le grand Reich germanique auquel il rêve, il n'y aura pas de division entre travailleurs et citoyens, ou entre citoyens et aristocrates, mais entre Allemands et non-Allemands. En ce sens, et sur cette base, il est déjà un antimarxiste convaincu dès l'âge de dix-huit ans. L'orientation internationale du marxisme va à l'encontre de ses convictions. Aussi est-il, pour les mêmes raisons, un anticapitaliste convaincu. Et le fait qu'il vit avec la pauvreté chevillée au corps, qu'il en voit les contrecoups déshumanisants dans nulle autre ville que Vienne, n'est guère accessoire pour son point de vue sur la misère sociale tel qu'il l'exprime dans *Mein Kampf* où, plutôt que d'être analysée comme un problème structurel de classes, elle est comprise en tant que conséquence conjointe de la désintégration de la double monarchie et du capitalisme international. Que sa méticulosité et son besoin de contrôle puissent à leur tour être considérés peu ou prou comme l'incarnation d'un désir de délimiter et de localiser jusqu'aux plus grandes structures pour les réduire ensuite en unités plus gouvernables – de la même manière que sa peur de tout ce qui se dissémine, de tout ce qui franchit les frontières, tel que la maladie et la saleté, peut être considérée peu ou prou comme une incarnation de tous les grands courants et forces en mouvement à son époque, qui ne connaissent cependant pas les frontières nationales – n'est pas une idée aussi saugrenue et poussive qu'elle pourrait le paraître de prime abord, car si quelque chose se passe dans *Mein Kampf*, c'est précisément une interprétation du monde extérieur à partir des sentiments et du tempérament de la vie intérieure.

Au tournant du siècle, Vienne faisait déjà partie des villes aux inégalités sociales importantes.

La richesse opulente et la pauvreté infâme se succédaient avec brutalité. On sentait si bien battre le cœur de cet empire de 52 millions d'habitants dans le centre et les quartiers voisins, avec toute cette magie inquiétante d'un État aux nationalités variées. Dans sa splendeur aveuglante, la Cour avait l'effet d'un aimant sur la richesse et l'intelligence du reste de l'État. À cela s'ajoutait en outre la forte centralisation de la monarchie des Habsbourg elle-même.

Celle-ci offrait la seule possibilité de maintenir avec fermeté ce salmigondis de peuples. Cependant, cela avait pour conséquence une concentration extraordinaire des hautes et très hautes autorités dans la capitale et ville de résidence royale.

Toutefois, Vienne n'était pas seulement le centre de la vieille monarchie du Danube sur le plan politique et spirituel, elle l'était aussi sur le plan économique. À la légion de hauts officiers, de fonctionnaires, d'artistes et de savants faisait face une armée plus grande encore de travailleurs, à la richesse de l'aristocratie et du commerce, une misère sanglante. Devant les portes des palais de la Ringstrasse traînaient des milliers de chômeurs, et sous cette *Via Triumphalis* de la vieille Autriche, les sans-abri nichaient dans la pénombre et la fange des canaux.

Dans aucune ville allemande la question sociale ne pouvait mieux s'étudier qu'à Vienne. Mais qu'on ne s'y trompe pas, cette « étude » ne peut être exercée depuis les hauteurs confortables. Quiconque ne s'est jamais trouvé lui-même étranglé par cette vipère ne pourra jamais connaître ses crochets venimeux. Autrement, il n'en sortira rien d'autre que du verbiage superficiel ou du sentimentalisme mensonger. Tous deux sont dommageables : l'un parce qu'il est incapable d'atteindre le cœur du problème, l'autre, parce qu'il passe à côté. Je ne sais pas ce qui est le plus dévastateur : l'indifférence à la misère sociale, que pratique chaque jour la majorité de ceux qui ont eu les faveurs du sort ou qui ont acquis leur fortune par leurs propres efforts, ou la condescendance tout aussi arrogante, avec souvent une importunité dénuée de tact mais toujours avec bienveillance, de certaines femmes à la mode en jupe et pantalon qui « ressentent ce que vit le peuple ». Dans tous les cas, ces personnes se trompent plus que ce que leur esprit privé d'instinct est en mesure de comprendre. En conséquence, et à leur propre étonnement, le résultat des opinions « sociales » qu'ils défendent est toujours nul, et suscite même souvent un rejet indigné ; ce qui est bien entendu interprété comme une preuve de l'ingratitude du peuple.

Les petits crânes de ce genre ne réalisent qu'avec réticence qu'une activité sociale n'a rien à voir avec cela, et avant tout qu'elle n'est aucunement en droit d'attendre une quelconque reconnaissance, car son rôle n'est pas de distribuer des faveurs mais de rétablir des droits.

Je n'eus pas à étudier la question sociale d'une telle manière. En m'attirant dans son orbite de souffrances, elle ne paraissait pas m'inviter à « étudier » mais semblait bien plutôt vouloir me mettre à l'épreuve moi-même. Ce n'est pas grâce à elle que le cobaye a pu sortir sain et sauf de l'opération.

Ce passage, si caractéristique de *Mein Kampf*, commence par esquisser le fossé existant à Vienne entre l'immense richesse et l'immense pauvreté, toutes deux observées de loin, du point de vue d'un « on » général mais non moins neutre : l'État multinational est traversé par une « magie inquiétante » où les nombreuses nationalités rassemblées par le pouvoir centralisateur sont un « salmigondis de peuples ». À cette aune, Hitler se fait fort de pouvoir d'ores et déjà tirer une première conclusion : aucune autre ville ne semble aussi bien adaptée à l'étude des questions sociales. Cependant, une telle étude n'est possible que de première main, de visu, et non seulement ça, mais par « quiconque [s'étant] trouvé lui-même étranglé par cette vipère [aux] crochets venimeux », autrement dit, par quelqu'un ayant réellement vécu dans la pauvreté. Voilà ce que dit le texte en réalité : « Moi j'y étais, moi je sais de quoi je parle, contrairement à presque tout le monde. » Il se ménage de cette façon un ethos, le même ethos que celui évoqué à intervalles réguliers au début du livre mais qui, peu à peu, à force d'insistance méticuleuse et d'absence fondamentale de perspectives parallèles, devient un ethos autopropulsé et abandonne fatalement la formule « C'est vrai parce que je le dis pour l'avoir vu de mes propres yeux » au profit de l'axiome « C'est vrai parce que je le dis ».

Quelle légitimité ce texte veut-il servir ? Il ne poursuit aucune analyse et préfère plutôt s'emporter brusquement contre les femmes issues de la haute société, qui ont une haute opinion d'elles-mêmes sous prétexte qu'elles distribuent des aumônes sans pour cela se rendre compte que leur attitude avilit les bénéficiaires. Et si Hitler partage à ce sujet l'opinion de Marx, chez lui en revanche, elle déraille très vite, à en juger par une brutale saute d'humeur et par ce rapprochement entre le sujet et le narrateur – signalé par l'utilisation du pronom « je », utilisé pour la première fois dans ce passage et montrant donc qu'Hitler parle par expérience personnelle –, et finit par s'emmêler les pinceaux dans une misogynie plus générale quand il s'attaque aux « femmes à la mode en jupe et pantalon ». Sa conclusion, à savoir que la véritable activité sociale ne consiste pas à distribuer des grâces mais à rétablir un ordre juste, il la partage là encore avec Marx.

Dans la représentation que Jack London fait du ghetto de l'East End de Londres, la vie est décrite dans toute sa violence, sa brutalité, sa bassesse, des adjectifs tels que « barbare » et « primitif » surgissent. Pour ceux qui subissent une telle vie, dans les bas-fonds du monde, dans le besoin le plus extrême, qui boivent et battent leurs femmes et négligent leurs enfants, par exemple, qui eux-mêmes sont battus, qui perdent des enfants emportés en bas âge par la maladie, qui toussent et tremblent de froid comme de faim, il n'y a pas assez d'espace entre les gens et leur misère pour qu'ils puissent s'offrir un point de vue plus généreux sur leurs congénères ou se battre pour maintenir à bout de bras des idées humanistes, comme Jack London est en mesure de le faire quand il se promène et observe des individus comme s'ils semblaient tout droit sortis du *freak show* le plus abominable de la terre. La mansuétude exige un minimum de biens matériels. Ou, comme le dit Mackie Messer dans *L'Opéra de quat' sous* de Bertolt Brecht : « *Erst kommt das Fressen, dann kommt die Moral* », « D'abord vient la bouffe, ensuite vient la morale ». Il en va de même pour la valeur humaine. Car c'est ce qui se passe dans ces vastes taudis à ciel ouvert, tant pour ceux qui y habitent que pour ceux qui en réchappent, la valeur de la vie humaine diminue. Voici ce qu'écrit Jack London :

> Il n'y a pas de spectacle plus triste sur terre que celui du terrible East dans toute sa misère, avec son White Chapel, son Hoxton, son Spitalfields, son Bethnal Green et son Wapping jusqu'aux docks de l'East India. La vie y est de couleur grise et terne. Tout y est sans espoir, sans avenir, monotone et sale. Les bains, ou plutôt les « tubs », sont totalement inconnus, là-bas,

et sont aussi mythiques que l'ambroisie des dieux. Les gens eux-mêmes sont sales, et tout effort pour se nettoyer devient une farce ridicule, quand elle n'est pas pitoyable ou tragique. Des odeurs étranges et stagnantes sont poussées par un vent graisseux, et la pluie, lorsqu'elle tombe, ressemble plus à de l'eau de vaisselle qu'à l'eau du ciel. Les pavés de la rue sont tout luisants de graisse.

La population y est aussi stupide et dénuée d'imagination que les longs murs gris de ses briques crasseuses. La religion n'y a plus cours, et le stupide matérialisme s'est installé, tuant également les choses de l'esprit et les meilleurs élans de la vie.

On a dit avec une certaine fierté que la maison de chaque Anglais ressemblait à un château. C'est aujourd'hui un anachronisme. Les gens du ghetto n'ont pas de maison. Ils ne savent pas ce que signifie le caractère sacré de la vie familiale. Les bâtiments municipaux, où s'étalait la classe la plus aisée des ouvriers, ne sont plus que des baraquements surpeuplés, dans lesquels toute vie de famille est devenue impossible. La langue des gens en est une preuve : le père qui revient de travailler, demandant à son fils, dans la rue, où est sa mère, s'entend répondre : « Dans les baraquements. »

Une nouvelle race a surgi, celle des gens de la rue. Leur vie se passe à travailler et à errer dans les rues. On leur a loué des taudis, des tanières dans lesquelles ils se glissent pour dormir, et c'est tout. On ne peut pas déguiser la vérité en appelant ces taudis et ces tanières des « maisons ». L'Anglais, qui est traditionnellement silencieux et réservé, n'existe plus dans ce ghetto. Les gens du pavé sont bruyants, parlent beaucoup, bougent beaucoup et s'énervent facilement – tout au moins quand ils sont jeunes. Devenus vieux, ils sombrent dans la bière et s'abrutissent au dernier degré. On les rencontre partout ceux-là, aux coins des rues et des trottoirs, ils regardent fixement devant eux et ne pensent plus. Observez l'un d'entre eux. Il restera là sans faire un mouvement des heures durant, et à votre départ son regard sera aussi fixe et hébété qu'avant. C'est ce qu'il y a de plus navrant : il n'a plus un sou pour acheter de la bière, et son taudis ne lui sert plus qu'à dormir – que peut-il y faire d'autre ? Il a déjà fait le tour des mystères de l'amour, que ce soit avec une fille ou avec sa femme, et les a jugés pleins de désillusion, peu satisfaisants, aussi vains et fugitifs que les gouttes de rosée, et s'estompant rapidement devant les féroces réalités de la vie.

Marx mentionne une enquête sur les conditions de vie réalisée en 1863 et décrite sous la plume d'un certain Dr Simon :

> On doit se rappeler que toute réduction sur la nourriture n'est supportée qu'à contrecœur, et qu'en général la diète forcée ne vient qu'à la suite de bien d'autres privations antérieures. Longtemps avant que le manque d'aliments pèse dans la balance hygiénique, longtemps avant que le physiologiste songe à compter les doses d'azote et de carbone entre lesquelles oscillent la vie et la mort par inanition, tout confort matériel aura déjà disparu du foyer domestique. Le vêtement et le chauffage auront été réduits bien plus encore que l'alimentation. Plus de protection suffisante contre les rigueurs de la température ; rétrécissement du local habité à un degré tel que cela engendre des maladies ou les aggrave ; à peine une trace de meubles ou d'ustensiles de ménage. La propreté elle-même sera devenue coûteuse ou difficile. Si par respect pour soi-même on fait encore des efforts pour l'entretenir, chacun de ces efforts représente un supplément de faim. On habitera là où le loyer est le moins cher, dans les quartiers où l'action de la police sanitaire est nulle, où il y a le plus de cloaques infects, le moins de circulation, le plus d'immondices en pleine rue, le moins d'eau ou la plus mauvaise, et, dans les villes, le moins d'air et de lumière. Tels sont les dangers auxquels la pauvreté est exposée inévitablement, quand cette pauvreté implique manque de nourriture. Si tous ces maux réunis pèsent terriblement sur la vie, la simple privation de nourriture est par elle-même effroyable… Ce sont là des

pensées pleines de tourments, surtout si l'on se souvient que la misère dont il s'agit n'est pas celle de la paresse, qui n'a à s'en prendre qu'à elle-même. C'est la misère de gens laborieux. Il est certain, quant aux ouvriers des villes, que le travail au moyen duquel ils achètent leur maigre pitance est presque toujours prolongé au-delà de toute mesure. Et cependant on ne peut dire, sauf en un sens très restreint, que ce travail suffise à les sustenter… Sur une très grande échelle, ce n'est qu'un acheminement plus ou moins long vers le paupérisme.

Et Marx de poursuivre :

Pour saisir la liaison intime entre la faim qui torture les couches les plus travailleuses de la société et l'accumulation capitaliste, avec son corollaire, la surconsommation grossière ou raffinée des riches, il faut connaître les lois économiques. Il en est tout autrement dès qu'il s'agit des conditions du domicile. Tout observateur désintéressé voit parfaitement que, plus les moyens de production se concentrent sur une grande échelle, plus les travailleurs s'agglomèrent dans un espace étroit ; que, plus l'accumulation du capital est rapide, plus les habitations ouvrières deviennent misérables. Il est évident, en effet, que les améliorations et embellissements (*improvements*) des villes – conséquence de l'accroissement de la richesse – tels que démolition des quartiers mal bâtis, construction de palais pour banques, entrepôts, etc., élargissement des rues pour la circulation commerciale et les carrosses de luxe, établissement de voies ferrées à l'intérieur, etc., chassent toujours les pauvres dans des coins et recoins de plus en plus sales et insalubres. Chacun sait, d'autre part, que la cherté des habitations est en raison inverse de leur bon état, et que les mines de la misère sont exploitées par la spéculation avec plus de profit et à moins de frais que ne le furent jamais celles du Potose. Le caractère antagonique de l'accumulation capitaliste, et conséquemment des relations de propriété qui en découlent, devient ici tellement saisissable que même les rapports officiels anglais sur ce sujet abondent en vives sorties peu orthodoxes contre la « propriété et ses droits ». Au fur et à mesure du développement de l'industrie, de l'accumulation du capital, de l'agrandissement des villes et de leur embellissement, le mal fit de tels progrès, que la frayeur des maladies contagieuses, qui n'épargnent pas même la *respectability*, les gens comme il faut, provoqua de 1847 à 1864 dix actes du Parlement concernant la police sanitaire, et que dans quelques villes, telles que Liverpool, Glasgow, etc., la bourgeoisie épouvantée contraignit les municipalités à prendre des mesures de salubrité publique. Néanmoins le docteur Simon s'écrie dans son rapport de 1865 : « Généralement parlant, en Angleterre, le mauvais état des choses a libre carrière ! »

Et voici ce qu'écrit quant à lui Hitler :

Dans un appartement en sous-sol, constitué de deux chambres sentant le renfermé, vit une famille d'ouvriers de sept personnes. Parmi les cinq enfants, disons qu'il se trouve aussi un garçon de trois ans. C'est l'âge où les premières impressions d'un enfant s'inscrivent dans sa conscience. Certaines personnes douées gardent encore des traces de ces souvenirs jusqu'à un âge avancé. L'espace confiné et surpeuplé n'est pas propice à de bonnes relations. Des disputes et des querelles éclatent très souvent dans ces conditions. Les membres de la famille ne vivent pas ensemble mais se pressent les uns contre les autres. La moindre altercation, même la plus infime, qui peut se régler en prenant un peu de distance dans un appartement spacieux, se résolvant ainsi d'elle-même, se termine ici en une dispute abjecte sans fin. Bien entendu, c'est encore supportable pour les enfants ; ils se querellent sans cesse dans de telles conditions, mais ils oublient vite, les uns, les autres. Mais quand ce conflit éclate entre les parents eux-mêmes, et ce presque tous les jours dans des formes qui atteignent des sommets de vulgarité, alors les effets d'un tel enseignement visuel se font inévitablement sentir chez les enfants, même si cela prend du temps. Difficile pour quelqu'un qui ne connaît pas ce milieu d'imaginer le caractère qu'ils vont immanquablement se forger quand ces disputes mutuelles prennent la forme de débordements de violence du père contre la mère, de maltraitances en état d'ivresse. À l'âge de six ans, le malheureux petit garçon a connaissance de choses qui feraient frémir d'horreur un adulte. Moralement empoisonné, physiquement sous-alimenté, sa pauvre petite tête pleine de poux, voilà dans quel état le jeune « citoyen » se rend à l'école publique. Il est possible qu'il apprenne à lire et à écrire, au prix de nombreux efforts, mais c'est à peu près tout. Inutile d'imaginer apprendre des leçons à la maison. Au contraire. Même devant leurs enfants, la mère et le père parlent des professeurs et de l'école en des termes qu'il n'est pas digne de répéter, et sont bien plus enclins à dire ces grossièretés qu'à prendre leur progéniture sur leurs genoux et à les ramener à la raison. Ce que le petit garçon entend par ailleurs chez lui ne contribue pas non plus à renforcer son respect envers ses chers congénères. Rien de bon n'est accordé à l'humanité, aucune institution n'est laissée exempte ; de l'instituteur aux plus hautes autorités de l'État, qu'il s'agisse de religion ou de morale, de l'État ou de la société, peu importe, tout est rejeté de la façon la plus grossière, traîné dans la boue de la plus basse des opinions. Quand le jeune homme sort de l'école à quatorze ans, il est difficile de discerner ce qui prévaut chez lui : son incroyable bêtise pour tout ce qui concerne les véritables connaissances, ou l'insolence caustique de sa démarche, alliée, à son âge, à une absence de morale à vous faire dresser les cheveux sur la tête.

Quelle attitude pourra donc adopter cet homme dans la vie, dans laquelle il s'apprête à entrer, lui pour qui il n'existe plus rien de sacré, qui n'a pas appris grand-chose mais qui, en revanche, pressent ou connaît toutes les bassesses de l'existence ?

L'enfant de trois ans est maintenant devenu un garçon de quinze ans qui dénigre toute autorité. En dehors de la crasse et des ordures, le jeune homme n'a rien connu qui puisse éveiller en lui quelque enthousiasme supérieur.

Et pourtant il ne fait que faire ses premiers pas dans la grande école de cette existence.

Il suit à présent la même vie qu'il a pu observer chez son père tout au long de sa jeunesse. Il traîne dans les rues et rentre Dieu sait quand à la maison, rue lui-même de coups, pour changer, cette créature dévastée qui fut un jour sa mère, maudit Dieu et le monde, et finit par être condamné pour un motif quelconque, et envoyé en maison de correction.

C'est là qu'il achèvera sa formation.

Et pendant ce temps le cher milieu bourgeois est tout étonné du manque d'« enthousiasme national » de ce « jeune citoyen ».

Ce petit monde voit jour après jour, au théâtre et au cinéma, dans la littérature de boulevard et dans la presse de caniveau, le poison se déverser par baquets entiers sur le peuple, et s'étonne ensuite de la faible « tenue morale », de l'« indifférence » nationale des masses du peuple. Comme si le cinéma caricatural, la presse vulgaire et autres purins pouvaient refléter les bases de la connaissance de notre grandeur nationale.

Il semble peu probable qu'Hitler ait jamais approché une telle famille d'ouvriers à Vienne : à cette époque où il vivait en dehors de l'histoire – dans la mesure où il n'existe aucun témoignage permettant de l'étayer –, il occupe d'abord seul une chambre pendant un an, puis il est sans domicile fixe pendant des semaines voire des mois, et, enfin, avant qu'il ne fasse son apparition à l'asile de Meidling, il vivait sans nul doute dans les parcs, et non dans un foyer surpeuplé destiné aux ouvriers. Sa description est un exemple, la concrétisation d'une abstraction, le déclin déterminé de la jeunesse ouvrière à cause des circonstances sociales. Et pour autant qu'il en fournisse de nombreuses illustrations dans *Mein Kampf*, il n'en livre pratiquement aucune qui suive ce type de narration, et quand bien même, il ne s'y déploie jamais en tant que personne et n'en appelle jamais à la compassion du lecteur comme il le fait ici, un sentiment du reste totalement étranger au ton général qui domine son livre. Il y a là en outre un élément d'identification.

Ian Kershaw sous-entend que cet extrait est empreint d'une tonalité autobiographique :

> Un passage de *Mein Kampf*, où Hitler décrit apparemment les familles ouvrières dans lesquelles les enfants sont condamnés à voir leur père aviné rosser leur mère, pourrait bien s'inspirer en partie de ses souvenirs d'enfance. Quant à l'effet de tout cela sur la formation du caractère d'Adolf, ce ne saurait être qu'une affaire de spéculation. Reste qu'on ne peut douter de la profondeur de son impact.

Si tant est que des expériences tirées de sa propre enfance trouvent effectivement leur expression ici, qu'Hitler pourrait extraire de lui-même uniquement sous couvert de la neutralité de l'exemple, il n'y a alors recours à ce procédé que dans l'extrait cité précédemment.

Le respect pour la vie humaine ne faiblit pas nécessairement sous prétexte que l'on a été, comme Hitler, témoin à Vienne de la bassesse même si un tel rapport de cause à effet peut avoir lieu, et c'est visiblement le cas pour Hitler bien qu'il prétende le contraire dans *Mein Kampf* quand il souligne que les individus ne sont pas responsables de leur misère, davantage causée par un système misérable. Mais de quelle manière l'exprime-t-il ?

> Alors, de toute cette misère et ces malheurs, des ordures et de la pourriture visible, il n'émergeait plus des hommes mais les tristes résultats de tristes lois.

Pour traître que soit ce propos, il n'en demeure pas moins caractéristique non seulement d'Hitler mais de son époque. En affirmant que la faute ne doit pas en incomber aux individus – parce qu'ils ont été brutalisés et animalisés –, mais bien au système auquel ils appartiennent, on exprime une attitude humaniste qui consiste à poser le principe suivant : les individus ne sont pas indignes, mais les conditions dans lesquelles ils vivent. Avec néanmoins pour corollaire de percevoir les individus en tant que manifestation d'une classe sociale, et, si à son tour la classe sociale est perçue comme la catégorie essentielle, la destinée individuelle perd alors de sa valeur parce qu'elle est observée au regard du but commun. Non pas le visage ou le nom, mais la masse et le nombre. La réduction ou l'absorption de l'individu par la masse est en effet un phénomène nouveau, un résultat direct de l'industrialisation et de l'urbanisation : des hardes de pauvres, dans lesquelles l'individu n'exprime plus son être mais sa pauvreté ; des hordes d'ouvriers, qui franchissent matin et soir les portes des usines dans un sens puis dans l'autre ; des armées de manifestants, rassemblées dans les rues en une marée humaine lors de cortèges de protestation organisés sur les places et dans les parcs. Baudelaire était fasciné par les foules humaines qui s'écoulaient au gré de la ville comme des flots dans lesquels le flâneur semblait littéralement se baigner ; Chaplin juxtapose les troupeaux de moutons aux masses d'ouvriers dans *Les Temps modernes* ; quant à Hamsun, cet individualiste viscéral, qui ne méprise pas l'ouvrier mais bien la masse ouvrière – dans le sens où, et selon la logique de cet individualisme, l'ouvrier devient au sein de cette masse tout le monde et personne à la fois, une « crapule ouvrière » ainsi qu'il le surnomme dans un poème de 1904 –, il fait subir à son protagoniste inventé dans les années 1920, August, la mort suivante : une marée de moutons le précipite au fond d'un ravin. La masse humaine est un motif récurrent dans la littérature de la République de Weimar, et la perspective fréquemment utilisée pour l'observer, celle de l'éloignement ; à l'extrémité de ce point de vue, l'humain ressemble à une nuée d'insectes ou à une prolifération de bestioles grouillant partout. La réduction de l'humain qu'implique une telle perspective n'est pas dénuée d'ambiguïté pour autant car, à cette époque, on commence à comprendre la force qui réside en cette masse humaine et le potentiel qu'elle détient en tant qu'instrument utilisable en vue d'un changement.

Autre conséquence de cette observation de la masse, la perspective déplace l'humain dans le champ de la biologie, elle en fait un être humain biologique. Dans son exploration urbaine de 1903, Jack London crée une allégorie où l'être humain est réduit à une vache ; de plus, quand il explique que les meilleurs éléments des ghettos finissent par s'expatrier, il choisit cette fois la métaphore du sang versé. Cette manière de penser est à l'époque une opinion communément partagée, de telles images foisonnent, nul ne les trouve suspectes ni ne s'élève contre leur utilisation, elles ne sont pas encore synonymes de cruauté mais conservent, dans une certaine mesure, un sens neutre. Le fait que le sang soit devenu le symbole par excellence du mouvement national-socialiste a à voir avec l'être humain aussi bien considéré sous l'angle de la masse que pris dans son acception biologique ; et pour cause, le sang est le même pour tous, il coule identiquement dans les veines des riches et des pauvres, des lettrés et des illettrés, et, dès l'instant où il est lié au peuple, dont l'expression institutionnelle est incarnée par l'État national, le sang écarte simultanément ceux qui n'y appartiennent pas, en tout cas si l'on en croit la théorie raciale contemporaine qui, elle non plus, n'a à l'époque rien de suspect mais est au contraire développée par les hautes sphères de l'érudition, à savoir les universités.

Pas un seul instant Hitler n'a rédigé de manifeste idéologique, hormis dans ce qui ressort des différents raisonnements, allégations et analyses qui composent *Mein Kampf* et qui, en réalité, ne peuvent en être extraits à moins de les transformer en autre chose. Ce livre, parce que jalonné de réflexions impulsives, a en effet ceci de caractéristique qu'il est si inextricablement lié par son tempérament à son auteur et à son époque par l'idéologie qu'il véhicule de-ci de-là tout au long de ses pages, en même temps qu'il est si déterminé à construire une *persona* à travers cet hymne singulier (que l'on pourrait aisément qualifier de faux-bourdon) mâtiné de consternation, d'affirmation de soi et de hargne à peine réprimée, que toute superstructure sonnerait faux – car, non, décidément, il n'y a ici aucune superstructure ni aucune unité : la force centrifuge de son faux-bourdon, toute en mesquinerie et en grossièreté rhétorique, est trop forte pour que le livre en contienne une.

Le langage, beaucoup plus d'ailleurs que l'image, est intimement lié à l'environnement social ; et, si les mises en scène orchestrées par les nazis mobilisent le pouvoir de séduction qui réside dans la mythologie et le passé, et s'ils réussissent ainsi à concrétiser l'idée de la nation qui donne un sens à chaque individu, le langage d'Hitler est coincé dans les expériences prosaïques elles-mêmes vautrées dans la bassesse, c'est-à-dire le bouillonnement et le crépitement de cette réalité linguistique qui l'entourait à Vienne, où la haine des Juifs notamment est omniprésente dans la presse antisémite, où l'air est chargé d'agitation politique et de propagande, comme si les grandes questions politiques contemporaines avaient été sorties dans la rue, dépossédées de toute perspective olympique, interprétées comme des manifestations personnifiées de l'individualité, du terroir, de l'espace privé : que font les Tchèques ici ? que font les Juifs ici ? Le manque de logements est dramatique, la pauvreté est endémique, l'inflation est galopante. Les manifestations sont constantes, les émeutes dégénèrent, fenêtres et réverbères sont brisés, tramways et voitures sont vandalisés, les forces militaires sont déployées, les violences se répandent comme une traînée de poudre dans les quartiers ouvriers. Que se passera-t-il si les ouvriers déclenchent réellement une révolution ? Le niveau de violence ne cesse de croître, de façon très concrète, c'est-à-dire dans la rue, lors d'affrontements opposant les manifestants entre eux, les manifestants à la police, la police aux sans-abri et aux pauvres, les familles entre elles ; mais ce haut niveau de violence se manifeste également sur le plan structurel, sous la forme d'un ordre social qui prend soin des nantis et se fout éperdument des autres. Le Parlement ne fonctionne plus et se trouve au bord de la dissolution, il peut à peine réunir un quorum à cause de la myriade de partis politiques issus des pays et des cultures disparates de la double monarchie, les députés agitent des hochets et soufflent « dans des sifflets métalliques et des trompettes d'enfant », écrit Brigitte Hamann, ainsi qu'Hitler en est d'ailleurs témoin au cours de sa première année à Vienne lorsqu'il entraîne Kubizek pour passer des journées entières au Parlement et que, selon celui-ci, il saute de sa chaise tant il est ravi du spectacle qui s'offre à lui. Hitler s'immerge dans des lectures politiques, principalement des journaux, des pamphlets et des revues, et c'est dans cette version vulgarisée, abrégée, qu'il se familiarise avec les œuvres des grands penseurs les plus controversés de l'époque, tels que Darwin, Nietzsche, Chamberlain et Schopenhauer, ainsi que l'indique Hamann. Le *Zeitgeist* de cette période ne tient pas l'université et la science en haute estime. À l'inverse, les penseurs idiosyncrasiques et autodidactes, méfiants envers toute forme d'*establishment*, ont le vent en poupe. Et, d'après ce que nous en savons, les préférences littéraires d'Hitler à cette époque, dont il donnera un aperçu par la suite, se composent presque exclusivement, selon Hamann, de ces figures peu orthodoxes et charlatanesques d'un pur point de vue scientifique. Aussi, l'année où il vit seul dans sa chambre, en ne fréquentant personne, les œuvres qu'il lit sont probablement celles de ces plumitifs ; dépourvues de formation universitaire et dépourvues, oui, de tout contact humain, ses lectures sont alors uniquement perçues à travers le prisme de son jugement et de son instinct, et l'absence de correctif possible caractérise sans nul doute le mieux son univers et sa pensée. Il a sans doute vendu les quelques livres qu'il possédait par manque d'argent car, lorsqu'en décembre 1909 Hanisch fait sa connaissance à Meidling, il ne possède rien sinon les vêtements qu'il porte.

Ce soir-là, après un an et demi passé à l'abri de la lumière de l'histoire, il s'y aventure à nouveau en rejoignant la file d'attente qui s'allonge devant un asile situé à deux heures et demie à pied du centre-ville – et, dès lors qu'Hitler se résigne à y aller, son nom se retrouve consigné dans les archives de la police. Fatigué, transi, affamé, pâle et amaigri, vêtu d'un costume violet miteux, âgé de vingt ans, avec des yeux, qui aux dires de Kubizek, se détachent de son apparence générale, avec un regard perçant que la mère de Kubizek trouvait presque effrayant, bref, dans cet état, il n'est pas tout le monde, mais il n'est pas non plus personne ; car bien qu'il soit insignifiant aux yeux des autres et inexistant socialement parlant, il n'y a aucune raison de croire que le côté grandiose qu'il se prête et cette foi illimitée en ses propres capacités l'aient tout à fait quitté. Son image de soi est écornée, à coup sûr – il vient de toucher le fond, c'est l'échec de sa vie, un échec absolument intolérable pour un jeune homme de la trempe d'Hitler, nanti d'une telle confiance en lui et débordant de fierté –, cependant, dans le tableau qu'Hanisch dépeint de lui, il apparaît docile et passif.

L'asile remplit également une fonction sociale importante en ce qu'il est une source d'informations avantageuse sur les meilleurs endroits chauffés le jour et servant de dortoirs la nuit, sur les lieux où la mendicité rapporte le mieux et sur les petits boulots éventuels. Pour Hitler, Hanisch devient une sorte de soutien, ils se fréquentent. Le jour, ils se mettent en quête d'un travail, le soir, ils prennent la direction des différents foyers existants, tel refuge chauffé à Edberg ou tel autre à Favoriten, à moins éventuellement de retourner à Meidling. Selon Hanisch, Hitler n'est pas apte au travail physique ; il évoque notamment ce jour où l'on recherche des gros bras pour creuser une tranchée, ce qu'il déconseille à Hitler de faire parce que ce serait trop dur pour lui. Au lieu de quoi Hitler propose ses services de porteur de bagages à la gare Westbahnhof ou, pendant l'hiver, il s'essaie au déblaiement de la neige. Seulement voilà, il ne possède pas de manteau adéquat, il grelotte, il tousse, bref, rapporte Hanisch, ce type d'activité s'arrête au bout de quelques tentatives. Hitler est tellement chétif et pitoyable qu'il fait partie des plus pauvres comparé aux autres sans-logis qui, eux au moins, peuvent travailler en tant que journaliers. Hitler s'imagine exercer toutes sortes d'emplois, « mais il est physiquement trop faible et trop maladroit pour se livrer à des travaux de force », ponctue Hanisch.

Cette description est en contradiction totale avec le récit que livre Hitler de cette période dans *Mein Kampf*.

> En règle générale, je n'avais pas grand mal à trouver du travail à l'époque, car ce n'était pas en tant qu'ouvrier qualifié mais seulement en tant que manœuvre, ou parfois comme travailleur saisonnier, que je devais essayer de gagner mon pain quotidien.
>
> Je me trouvais ainsi dans la même position que tous ceux qui foulaient du pied le sol poussiéreux de l'Europe avec la ferme résolution de commencer une nouvelle existence dans le Nouveau Monde, de conquérir une nouvelle patrie.
>
> Libéré de toutes les conceptions paralysantes de métier et de statut, d'environnement et de tradition, ils saisissent la moindre occasion qui s'offre à eux, acceptent n'importe quel travail, se faisant peu à peu à l'idée qu'un travail honorable, quel qu'il soit, ne cause jamais de tort. C'est ainsi que j'étais moi aussi déterminé à sauter à pieds joints dans ce monde qui m'était inconnu, et à m'y frayer un chemin.
>
> Je ne tardai pas à apprendre qu'il y avait toujours du travail à trouver, mais qu'il était aussi très facile de le perdre.
>
> L'incertitude de la pitance quotidienne m'apparut bien vite comme un des côtés les plus sombres de cette nouvelle vie.

Ce n'est sans doute pas faux. Toutefois, quand on sait qu'Hitler a gagné quelques sous en portant des bagages à la gare et en déblayant la neige, un jeune homme qui a orienté toute sa vie adulte avec l'objectif de devenir artiste mais a échoué, qui s'est retranché de toute compagnie humaine, tourmenté et humilié dans son amour-propre, qui est un perdant aux yeux d'autrui, la comparaison avec les pionniers en Amérique, qui travaillaient la terre, cultivaient des champs, construisaient des maisons, semble quelque peu farfelue. Or voilà à quoi ressemble *Mein Kampf* : Hitler décrit sa pauvreté dans un langage situé aux confins des conséquences réelles de celle-ci, et, pour autant qu'il ne la nie pas, il la transforme néanmoins en une réalité d'une puissance et d'une productivité inouïes, il la tisse dans une vision politique qui tire elle-même la majeure partie de sa force et son fondement d'une vie personnelle distordue.

On retrouve une figure similaire, chez qui l'intime certitude de receler une noblesse intérieure crée une distance notable avec la déchéance extérieure qui est la sienne, dans le personnage principal du roman de Knut Hamsun *Faim*, publié dix-sept ans avant qu'Hitler ne mène une existence de misère à Vienne. Comme Hitler, le protagoniste de Hamsun vit d'expédients dans une ville où il ne connaît personne, n'a pas d'amis, pas de travail, pas de revenus, sinon l'argent qu'il gagne de façon très aléatoire en écrivant un article pour un journal. Il rêve de devenir écrivain, une ambition qui à elle seule lui permet de garder la tête hors de l'eau. Il tente de décrocher un emploi à la caserne des pompiers, en vain, ne fait pas d'autres tentatives en ce sens. Il passe ses journées à errer dans les rues, à essayer d'écrire, à réfléchir, à changer d'adresse pour des logements chaque fois plus miteux, à être dégoûté par la pauvreté qui l'entoure. Il n'évoque jamais son lieu de naissance, son enfance ou sa jeunesse, ses parents, ses frères et sœurs, à croire qu'ils n'existent pas. Il n'est que lui-même et ne doute jamais de lui, même dans les moments où il se trouve dans le dénuement matériel le plus complet.

Hitler possède la même confiance en lui et, dans une certaine mesure, la même imagination fébrile : à l'asile de Meidling, il aurait affirmé que la science éliminerait bientôt la force de gravité des objets si bien que de gros blocs de fer pourraient se déplacer sans difficulté, selon l'historien suédois Bengt Liljegren, et que les gens s'alimenteraient à l'avenir en avalant des pilules.

Sa façon de survivre au jour le jour n'est également pas sans rappeler celle du héros d'Hamsun ; pas de petites articulets dans les journaux, certes, mais des petits tableaux qu'il vend dans les auberges et les débits de boissons.

La production de tableaux est une idée d'Hanisch. Hitler lui ment et prétend avoir fréquenté l'Académie. Hanisch lui suggère de peindre pour gagner sa vie. Hitler achète le nécessaire et se met au travail. Comme les foyers sont surpeuplés, il s'installe dans les cafés pour peindre pendant qu'Hanisch vend les toiles. Leur petite entreprise tourne tellement bien qu'ils peuvent bientôt emménager dans un nouveau foyer où ils résident à demeure et où ne vont pas les plus déshérités ; ils paient chaque semaine une somme modique qui comprend un repas quotidien et un petit box privatif avec lit. Le foyer, relativement grand, accueille environ cinq cents résidents. Il s'agit pour certains d'un logement permanent, mais pour la plupart d'une solution temporaire. Environ soixante-dix pour cent des résidents ont moins de trente-cinq ans. Soixante-dix pour cent sont ouvriers et commerçants, quant au reste, ils sont cochers, vendeurs, serveurs, jardiniers, ouvriers non qualifiés, chômeurs ; on compte aussi une poignée d'aristocrates déchus, d'artistes ratés, d'hommes divorcés et de gens ayant fait faillite, comme le décrit Brigitte Hamann. Les origines ethniques représentées sont tout aussi diverses. Hitler passe trois années dans cet environnement. Il a sa cabine personnelle, où il peut se détendre entre huit heures du soir et neuf heures du matin. L'endroit comprend un réfectoire, deux salles de lecture – l'une pour les fumeurs, l'autre pour les non-fumeurs –, ainsi qu'une petite bibliothèque où Hitler passe selon Hanisch la plupart de son temps. Il lit les journaux le matin, peint pendant la journée et reprend sa lecture le soir, pour peu qu'il n'assiste pas à l'un des nombreux débats publics organisés ici comme partout dans cette ville où les problèmes politiques sont si grands et si visibles. En vendant les toiles d'Hitler, Hanisch et lui gagnent juste de quoi payer le loyer et la nourriture, mais pas assez d'argent pour s'acheter notamment des vêtements ; à en croire Hanisch, Hitler traverse une période où il est obligé de garder son manteau à l'intérieur parce que son pantalon est percé et qu'il n'a pas de chemise pour couvrir le trou. Afin de joindre les deux bouts, Hitler doit réaliser un tableau par jour. Hanisch ne cessant de le tarabuster, Hitler finit par se fâcher avec lui. Au bout d'un an et demi, en juin 1910, il se tourne vers un autre résident, Josef Neumann, à qui il demande de prendre en charge la vente de ses tableaux. Il le connaît pour avoir déserté le foyer en sa compagnie pendant une semaine entière – sans prendre soin d'en informer Hanisch – et s'entend visiblement très bien avec lui. Les deux nouveaux amis auraient profité de cette absence, croit savoir Liljegren, pour visiter des musées de peinture.

Neumann, qui a onze ans de plus qu'Hitler, est en outre juif. Par conséquent, si Hitler est déjà un antisémite acharné, ses convictions ne doivent pas occuper dans son esprit de place très importante comme elles le feront plus tard. En toute vraisemblance, il ne l'est pas encore. Nonobstant, ses opinions politiques sont clairement nationalistes : il est antimarxiste et contre les sociaux-démocrates, il tient selon Hanisch les ouvriers en piètre estime et déclare à plusieurs reprises qu'ils constituent « une masse indolente uniquement préoccupée de manger, de boire et de raconter des histoires de femmes » ; en d'autres termes, ils n'ont d'yeux que pour le matériel et n'ont aucun sens des valeurs spirituelles de la vie. À cette aune, Hitler a forcément oublié qui il est en réalité : certes il peint, environ sept ou huit cents tableaux pendant cette période, mais il n'y a guère de raison de croire qu'il y voie un quelconque prestige dans la mesure où ces tableaux lui servent exclusivement à gagner de l'argent ; il en interdira même la vente en 1939, sans doute gêné et accablé par leur circulation.

Mais s'il n'est ni artiste ni architecte, ni ouvrier ni oisif, qu'est-il alors ? Considère-t-il cette période comme un intermède, dans l'attente de jours meilleurs ? De quoi ceux-ci seraient-ils alors faits ?

La différence entre le jeune alter ego d'Hamsun et Hitler, c'est que le Norvégien finit par écrire le livre auquel il a toujours rêvé et qu'il s'impose en tant qu'écrivain, alors que, dans le cas d'Hitler, rien ne se passe. Pourquoi ? Par manque de talent ? Par manque d'allant ? N'est-il pas assez fort pour surmonter son exclusion du milieu artistique dont il est censé faire partie, lui qui veut devenir peintre ? A-t-il fini par renoncer et, apathique, par se laisser dériver en s'en remettant au destin, où que celui-ci daigne l'emmener ?

Son enthousiasme de jeunesse pour l'art relève peut-être davantage d'une rêverie sur la vie de l'artiste ; contrairement au rôle qu'endosse le fonctionnaire, celui de l'artiste est une expression de son *moi* profond, on est artiste en vertu de soi-même et de son don personnel – une telle pensée lui a forcément plu. Il n'éprouve pas le besoin de travailler pour accomplir quelque chose, il lui suffit d'être lui-même. Dans la culture bourgeoise, il n'existait qu'un rôle permettant de briser le cadre rigide de la vie bourgeoise, de s'élever au-dessus d'elle, et dont on attendait d'ailleurs qu'il le fasse : celui du génie. La singularité du génie opposée à la pluralité de la masse. Au vu de cette conception, la singularité est censée administrer la culture de la pluralité, un peu comme une idéalisation à laquelle la masse peut aspirer et rêver, tout en distillant les connaissances du plus grand nombre en une seule, singulière, supérieure : voilà quelle est notre vie dans ce bas monde. Et tel est le mandat de Goethe puis de Wagner. Or la conception de l'art se transforme à la fin du XIXe siècle dans le sens où ce rôle, cette singularité, ce génie artistique change totalement de caractère. Le singulier ne représente plus le pluriel, le plus grand nombre, il lutte contre lui. Munch en est l'illustration. Il transgresse le social – de manière non pas positive mais négative. Il est accueilli avec mépris et dédain. Pour y parvenir, c'est-à-dire pour ne pas faire partie du Tout mais au contraire exprimer son *moi* individuel, qui s'écarte de l'ordinaire communément accepté, il doit soit le défier (ce qui exige une force mentale énorme), soit s'en détacher. Dans le cas de Munch, comme dans celui de nombreux artistes, il choisit de briser toute attache, de vivre dans son monde intérieur pendant de longues périodes de sa vie, d'avoir peu ou pas de contacts avec sa famille et pratiquement aucun ami. La transgression n'est possible que comme ça. Car Munch n'est pas Hans Jæger, il n'a ni sa force ni sa volonté. L'écrivain norvégien vit au cœur de la société et du social, il joue avec elle, il meurt de plain-pied avec elle. Munch préfère regarder ailleurs, en lui, il retourne ses émotions dans son monde intérieur, et il peint. Une telle solitude, une telle absence d'attaches sociales ne sont pas sans évoquer la façon dont Hitler vit pendant ces années ; mais, dans son cas, la transgression de la vie bourgeoise est uniquement de nature sociale et non artistique. Au contraire, son esthétique est identique à celle de la culture bourgeoise, en ce qu'elle partage avec elle l'impératif selon lequel l'art doit être splendide, beau, idéal.

Le principal artisan de cette conception artistique, qui, pour beaucoup, était et est encore d'une évidence telle qu'elle fait office de loi, est sans doute Gotthold Ephraim Lessing qui, dans son ouvrage intitulé *Laocoon*, publié en 1766, décrit la différence entre le laid et le beau dans l'art. La forme laide, dit-il, « blesse la vue, choque notre goût pour l'ordre et l'harmonie, et fait naître l'aversion sans qu'il ait besoin d'avoir égard à la réalité de l'objet où on la trouve ». Lessing divise l'art en deux catégories : l'art imitatif, qui cherche à reproduire la réalité telle qu'elle est, et l'art qui recherche la beauté. « La peinture, comme étant l'un des arts d'imitation, peut sans doute exprimer la laideur ; comme l'un des beaux-arts elle s'y refuse. Dans sa première qualité, tous les objets visibles sont de son ressort ; dans la seconde, elle se borne à ceux de ces objets qui produisent en nous des sensations agréables. » Pour Lessing, la laideur dans l'art est tout autant une menace pour l'ordre et l'harmonie de la société dans son ensemble, aussi souhaite-t-il interdire toute représentation de la laideur au profit exclusif d'un art qui dépeint la beauté. « Le but des arts est le plaisir, et le plaisir n'est pas un besoin indispensable. Le législateur a donc le droit de déterminer les divers genres de plaisir et le degré de chaque genre qu'il veut tolérer. »

Avec l'avènement du réalisme au milieu du XIXe siècle, qui dépeint aussi bien le laid que le beau, le hideux que le sublime, la vision artistique de Lessing tombe en désuétude dans la vie culturelle, mais pas au point de voir la bourgeoisie réagir avec répugnance et rage face à la direction que prend la peinture au tournant du siècle ; aux yeux de la bourgeoisie, cette nouvelle expression picturale n'est pas de l'art puisqu'elle n'élève pas la masse et ne suscite pas le plaisir, elle n'est que le prolongement de l'esprit malade de l'artiste.

Hitler, qui souhaite transgresser la bourgeoisie en suivant la voie du génie, déborde pourtant jusqu'à l'exagération de la vision artistique défendue par cette même bourgeoisie. Voici l'opinion qu'il livre au sujet de l'art moderne dans *Mein Kampf* :

> Dans presque tous les domaines artistiques, en particulier le théâtre et la littérature, on commença au tournant du siècle à produire moins de choses nouvelles et importantes, et à délaisser les grandes œuvres du passé en les considérant comme inférieures et dépassées ; comme si cette période de médiocrité si consternante pouvait « dépasser » quoi que ce soit. On pouvait cependant voir dans cette aspiration à faire disparaître le passé aux yeux du présent une intention diabolique évidente de ces « apôtres » du futur. On aurait alors dû se rendre compte qu'il ne s'agissait pas d'avis culturels particuliers, même faux, mais d'un véritable processus de destruction des bases de notre culture, afin de fausser peu à peu nos impressions artistiques saines – une préparation mentale au bolchevisme politique. Car si l'époque de Périclès semble incarnée par le Parthénon, les temps bolcheviques modernes sont représentés par une abomination cubiste.

En 1907 et 1908, lorsque Hitler tente l'examen d'entrée à l'Académie, la peinture explore des formes d'expression en employant des méthodes jamais vues jusque-là, qu'il s'agisse de l'expressionnisme chez Munch, Kirchner et Nolde, du fauvisme chez Matisse, Derain et Vlaminck, du cubisme chez Braque et Picasso, de la simplification radicale et des abstractions naissantes chez Bourliouk et Kandinsky, du primitivisme chez Jawlensky, pour ne citer que quelques exemples des courants radicaux qui agitent la culture européenne de l'époque, Vienne étant l'une des villes majeures où se produit ce renouveau.

La question posée est celle de la relation entre l'époque contemporaine et l'art : l'art n'est-il qu'une activité de girouette, une occupation à la mode où il importe de faire ce que tout le monde fait, mais, nuance, pas « tout le monde » dans le sens de « n'importe qui », plutôt une élite bien définie, des *happy few*, les porte-drapeaux de la culture, ceux qui sont sur toutes les lèvres dans les cafés, donc la culture comme le lieu par excellence des copistes et autres perroquets ?

Hitler considère l'évolution qui a lieu pendant ces années comme la preuve d'une déchéance. À ses yeux, le dernier cri, la nouveauté, la prochaine tendance, tout cela n'a strictement rien à voir avec l'art ; pour lui, l'art est l'expression d'une part d'éternité et d'atemporalité. Il ne comprend pas à quel point l'éternel et l'intemporel dans l'art sont inextricablement liés au contemporain et au social, ni à quel point cette dynamique, celle qui fusionne le vivant et le mort, est cruciale pour sa force d'expression et pour sa signification. Et les raisons de cette incompréhension sont sans doute les mêmes que celles qui l'empêchent de dissimuler dans son écriture l'étroitesse d'esprit et la bassesse de sa personne, c'est-à-dire une conscience de la forme peu développée, pour laquelle seuls le contenu et les sentiments qu'il suscite ont une réelle importance.

Mais son échec en tant que peintre n'est en rien dû au fait qu'il n'est pas en phase ou en contact avec l'air du temps. Que ces différents courants artistiques ne soient nullement présents dans les tableaux d'Hitler n'a rien de surprenant et ne nous apprend pas grand-chose sur lui, sinon qu'il est le produit de la classe moyenne inférieure et qu'il est exclu des changements à l'œuvre au cœur de la culture, ou bien qu'il s'exclue lui-même en se cramponnant au goût de sa classe sociale, qui n'est ni condamné ni nécessairement dépassé. L'Académie dans laquelle il cherche à entrer, dont la renommée n'est plus à faire, préserve cette esthétique néoclassique et réaliste qui constitue la base de sa peinture. Par conséquent, le refus qui lui est opposé semble davantage dû au manque de force expressive de sa peinture, à la nature quasi exclusivement décorative de ses toiles, à leur absence d'individualité. D'autre part, il n'a que dix-sept ans au moment des examens, et quelques années de plus seulement lorsqu'il peint ses autres tableaux. Une comparaison pertinente pourrait mettre en avant les premières tentatives romanesques d'Hamsun, notamment *Bjørger*, publié en 1878, qui de la même manière est sans originalité et sans âme, décalque l'idée que son auteur se fait de la littérature, où le littéraire se situerait entre lui et le monde, tout comme l'artistique dans la perception qu'Hitler a de l'art se situe entre lui et ce qu'il peint. L'existence d'une telle conception est suffisamment destructrice en soi pour qu'elle ne soit pas par surcroît aggravée, dans le cas d'Hitler comme d'Hamsun, par sa nature provinciale et traditionnelle. Leurs origines sociales ne sont pas très différentes, à l'exception près qu'Hamsun était issu d'une couche sociale nettement plus défavorisée, que ses parents étaient presque sans ressources, sans éducation, et que lui-même n'a même pas pu fréquenter l'école communale, contrairement à Hitler. Hamsun a tout appris par lui-même, Hitler aussi, mais alors qu'Hitler renonce à peindre, Hamsun s'acharne à écrire et connaît en fin de compte le succès en tant que romancier. Ce qui manque à Hitler en tant que peintre et ce que conquiert Hamsun en tant qu'écrivain, c'est un sentiment de connivence avec la forme inhérente à leurs arts respectifs. La faiblesse d'Hitler en tant que peintre s'illustre par le fait qu'il n'a ni le moyen d'exprimer sa singularité, ni la volonté de se confronter à elle, une raison suffisante pour qu'il abandonne l'art et se contente de l'exercice de la peinture comme moyen de subsistance.

Mais quelle est donc sa singularité ?

L'écrivain Ernst Jünger, qui a dix ans de plus qu'Hitler, vient d'un milieu social nettement plus élevé, se range pendant l'entre-deux-guerres sous la bannière de l'extrême droite antilibérale et antidémocratique, et enfin publie dans le journal du parti nazi un certain nombre d'articles dont l'extrait suivant, datant de 1929 :

> Et je sais également que mon expérience de base, qui trouve son expression dans les événements de la vie, est l'expérience typique de ma génération, une variation sur le thème du temps, ou une espèce, peut-être singulière, mais qui ne sort aucunement du cadre des caractéristiques liées à son espèce.

Si l'on se donne la peine de lire des biographies de la même époque, on voit des liens se dessiner, des modèles humains et des motifs récurrents apparaître, qui correspondent peut-être à ce que Jünger entend par « variation sur le thème du temps », car la structure même de la société et les opinions qui marquent cette variation créent des espaces étonnamment semblables, et ceux qui les habitent partagent des expériences communes, caractéristiques de ces espaces. Hitler n'est pas le seul citoyen de la monarchie des Habsbourg à avoir eu un père autoritaire et une mère aimante, des frères et sœurs morts en bas âge, à avoir nourri des rêves artistiques. L'époque regorge de ce genre de personnages. Prenons par exemple Alfred Kubin. Né en 1877, soit douze ans avant Hitler, il grandit dans la petite ville de Zell am See. Lui aussi a un père autoritaire qu'il déteste et une mère aimante qui est morte, lui aussi part pour la capitale alors qu'il est encore jeune homme afin de devenir artiste.

À constater les nombreuses ressemblances entre les biographies d'Hitler et de Kubin, on est en droit de se demander si la similitude des ascendances et des expériences génère une similitude des esprits, si les manques et les insuffisances de chacun, les désirs et les pulsions, les expériences et les préférences, les espoirs et les craintes, dont ils soulignent et comprennent la singularité comme un phénomène leur appartenant en propre, ne sont pas en fait de simples variations sur un thème commun, au sens jüngerien du terme, qui jaillissent donc d'un même temps, d'un même lieu et d'une même classe sociale. Non pas qu'Hitler et Kubin aient le même tempérament, le même talent, le même caractère, mais les sentiments qui les agitent, les réflexions qu'ils retiennent ou extériorisent, les choses qu'ils méprisent et celles qui les attirent se ressemblent, oui, sont identiques dans certains cas de figure. Et il est doublement tentant de jouer avec cette hypothèse dans la mesure où les tableaux peints par Kubin dans sa jeunesse sont saturés par la mort et par la peur des femmes et où ils prennent une grande distance avec les aspects humains de ce qu'ils dépeignent ; aussi, en voyant ces corps observés comme des entités biologiques, ce qui leur confère un côté abominable et répugnant, on a l'impression que l'artiste exprime directement ce qu'Hitler refoule et tente de toutes ses forces d'éviter.

Hitler veut élever le monde, Kubin le décrit tel qu'il est, c'est-à-dire tel qu'il le perçoit, plongé dans l'enfer, ainsi de son dessin où une femme puissante se tient nue sur un plancher, les mains levées qui saupoudrent une matière indéterminable, son gros ventre a une forme grotesque, il se peut qu'elle soit enceinte – et derrière elle sont alignées des têtes décapitées, toutes d'hommes, certaines bouche béante. Elle est la Terre-Mère.

Un autre dessin représente une vulve gigantesque dans laquelle un homme minuscule plonge depuis le genou de la femme qui, comparé à lui, semble aussi haut qu'une montagne. Et ce, sans oublier les autres dessins : des masses de gens qui se déplacent vers l'enfer, vus de si loin que l'on ne peut plus discerner leur individualité ; la mort en forme de grand squelette penché au-dessus d'une maison sur laquelle il déverse le contenu d'un sac, une matière pulvérulente, le tout portant titre d'*Épidémie* ; un singe tenant une femme par-derrière, la main posée sur son sexe ; des hommes à tête d'oiseau ; un immense rassemblement de soldats casqués sous la sculpture imposante d'un bœuf ; des carcasses d'animaux découpés ; des têtes décapitées plantées sur des pieux ; l'État semblable à une machine lancée dans un champ ; des suicidés ; des chiens à la gueule écumante ; un homme avec la tête entre les jambes d'une femme, elle dans un cercueil et mince comme un squelette ; une autre femme, elle véritablement un squelette mais avec un ventre de femme enceinte qui pointe comme un œuf. Ce sont certes des dessins très fin-de-siècle, mais ils n'en sont pas moins remplis d'une phobie du corps, d'une grande vacuité et tout en même temps d'une ambiance de masse humaine qui les distinguent catégoriquement des œuvres également fin-de-siècle réalisées dans d'autres pays. Kubin aurait été impensable en Angleterre, mais aussi en Amérique, et si certaines de ses compositions se rapprochent de celles du dessinateur Odilon Redon, elles baignent cependant dans une atmosphère radicalement différente et n'ont d'équivalent que dans d'autres domaines de l'expressionnisme allemand de cette époque, à l'exception de certains des dessins les plus sombres et les plus apocalyptiques de Goya, dans lesquels Kubin a très probablement puisé son inspiration.

Kubin a également marqué la littérature en écrivant un seul roman, *L'Autre Côté*, publié en 1909. Le roman raconte l'histoire d'un royaume onirique dont la capitale – appelée Perle et habitée par quelque soixante-cinq mille âmes – est située aux confins orientaux de l'Ouzbékistan, séparée du reste du monde par un vaste mur et gouvernée par une figure divine masculine du nom de Patera. Les habitants de la ville sont venus des quatre coins du monde, beaucoup de sanatoriums et autres stations thermales, autant d'individus très sensibles et sensitifs, pleins d'idées fixes, hyperreligieux, obsédés par la lecture ou les paris, neurasthéniques et hystériques. Ne trouvant pas leur place dans la réalité, ces personnes sont entrées dans le monde de l'imaginaire, dont la ville est une manifestation physique et concrète. Mais la présence de Patera, qui règne d'une main de fer, fait de ce royaume de rêve un monde souterrain sinistre, un royaume de morts dépourvu de tout espoir plutôt qu'un État libre susceptible d'accueillir des gens effarouchés par la réalité.

Kubin a écrit son roman après la mort de son père, et la présence du père dans le nom – Patera ressemble au *pater* latin, au *Vater* allemand et signifie donc « père » –, conjuguée à la toute-puissance de cette figure et son insaisissabilité, correspond bien sûr à l'image de l'autorité paternelle. Il n'est pas surprenant que Kafka ait tenu Kubin en haute estime et ait été influencé par son travail : l'onirisme de son univers, l'opacité des processus bureaucratiques avec leurs reports et ajournements incessants, si flous et si inattaquables, ainsi que l'autorité de la figure paternelle, sont autant de thèmes importants chez Kafka.

Kafka a six ans de moins que Kubin et six ans de plus qu'Hitler, mais Prague fait partie du même empire, et, en tant que germanophone, il est lié à la même culture que Kubin et Hitler. Il fait référence à Kubin à plusieurs reprises dans ses journaux. Le 26 septembre 1911, par exemple, il revient sur la rencontre de Kubin avec Hamsun.

> Le dessinateur Kubin recommande comme laxatif le Regulin, une algue pulvérisée qui gonfle dans l'intestin, lui communique des mouvements vibratoires, agit donc de façon mécanique, à la différence d'autres laxatifs qui ne font que déchiqueter les excréments et les laissent accrochés aux parois intestinales. – Il a rencontré Hamsun chez Langen. Lui (Hamsun) ricane sans motif. Au cours de la conversation, et sans l'interrompre, il pose son pied sur son genou, prend sur la table de grands ciseaux à papier et coupe les franges de son pantalon. Vêtu de façon sordide, avec un détail quelconque ayant un certain prix, par exemple la cravate. – Les histoires d'une pension d'artistes de Munich où habitaient des peintres et des vétérinaires (l'école de ces derniers était dans le voisinage) et où régnait un tel dévergondage que les fenêtres de la maison d'en face, d'où l'on avait une bonne vue, furent mises en location. Pour satisfaire ces spectateurs, un pensionnaire sautait parfois la barre d'appui et, accroupi comme un singe, mangeait son écuelle de soupe. – Un fabricant de fausses antiquités qui dégradait les meubles raide de décharges de chevrotines et qui disait d'une table : « Il va falloir que nous prenions encore trois fois le café dessus et elle sera bonne à être envoyée au Musée d'Innsbruck. » – Kubin lui-même : très fort, le visage animé, mais d'une façon un peu monotone ; la même tension des muscles lui sert à décrire les choses les plus diverses. Paraît d'un âge, d'une force et d'une taille différents selon qu'il est assis ou debout, vêtu d'un veston ou d'un pardessus.

Kafka a lu Kubin et Hamsun, qui se rencontrent à Munich en compagnie de l'éditeur d'Hamsun, Langen, probablement en 1896. Kubin rencontre Jünger, avec qui il entretient une correspondance pendant une décennie, tandis qu'Hamsun rencontre Hitler en 1943, dont il rédige en mai 1945 la tristement célèbre nécrologie. Parmi eux, Hamsun est celui qui vient de la couche sociale la plus basse et de la périphérie la plus éloignée de l'Europe. Il appartient en outre à la génération précédente alors qu'au sein des autres, tous de la même génération et appartenant à la même aire linguistique, Hitler vient de la couche sociale la plus basse, Kubin se situant juste au-dessus, puis Kafka, puis enfin Jünger qui, en tant que fils d'un propriétaire d'usine, est originaire de la classe supérieure de la société. En ce qui concerne l'expérience commune de cette génération, la Première Guerre mondiale, Hitler et Jünger sont envoyés au front en tant que soldats de l'armée allemande, Hitler comme caporal et aide-soignant, Jünger comme lieutenant d'infanterie, tandis que Kafka et Kubin sont tous deux réformés. Lorsque les nazis prennent le pouvoir au Reichstag, Hitler offre à Jünger un siège au Parlement – qu'il refuse. Hitler, Jünger, Kubin et Hamsun sont des sympathisants de l'extrême droite, ce qui influence leurs écrits à des degrés divers, tandis que Kafka observe une distance prudente à l'égard de la politique et de la sphère idéologique, le ton de ses journaux intimes en apporte la preuve, qui le révèlent à ce point dissous dans les banalités du quotidien qu'il va jusqu'à citer l'allusion de Kubin aux « autres laxatifs qui ne font que déchiqueter les excréments et les laissent accrochés aux parois intestinales » – ce que ni Hitler, ni Jünger, ni Kubin, ni Hamsun n'auraient pu avoir écrit. Ce calme dans le trouble, cette proximité avec sa propre vie dans ce qu'elle a de plus vrai, où tout, même les enchaînements d'événements les plus fantasmagoriques, confère à ses écrits une validité et une postérité nettement supérieures à ceux de Jünger et de Kubin réunis, mais peut-être pas à ceux d'Hamsun, qu'il admire. Hitler et Hamsun ne diffèrent guère l'un de l'autre par leur caractère et leur tempérament, leur ressemblance s'illustre surtout par leur formation autodidacte et par la très haute opinion qu'ils ont d'eux-mêmes ; bien qu'Hamsun, qui s'est hissé à la force du poignet pour s'extraire d'une condition sociale impossible, soit un homme autrement avenant en société et doué d'un talent artistique incomparablement plus grand. Lorsqu'il rencontre Hitler, quelques années avant la chute de ce dernier, il le considère d'égal à égal et le traite comme toute autre personne qu'il respecte mais ne craint pas, une attitude synonyme d'affront pour Hitler puisque seul Göring est autorisé à le défier sans se voir agoni d'injures – Hitler est furieux après le départ d'Hamsun. L'écrivain norvégien, qui appartient à la génération du père d'Hitler, est tout aussi têtu et autoritaire que lui, rien d'étonnant par conséquent qu'Hitler entre dans une colère noire. Kafka, Hitler et Kubin luttent tous contre l'autorité de leur père, ce sont des solitaires, ils ont tous plus ou moins développé une phobie du contact humain et, chacun à leur manière, ont maille à partir avec le féminin. Enfin, malgré leur individualité, ils font tous partie du même type culturel. La psychologie est elle aussi liée à son époque, l'esprit a lui aussi ses orientations stylistiques, qui changent au fil des années.

Hitler réside à l'auberge de Vienne trois ans durant. Le fait qu'il y reste aussi longtemps ne signifie pas qu'il s'y plaise ; dès qu'il touche, à l'âge de vingt-quatre ans, la dernière part de l'héritage paternel, il se rend dans le centre-ville, s'achète de nouveaux vêtements, ramasse ses maigres possessions et monte dans le premier train pour Munich. La fermeté de ses actes semble indiquer qu'il a mûrement réfléchi à la question et qu'il a décidé que, dès qu'il aurait l'argent, il quitterait cette ville qu'il en viendrait progressivement à mépriser comme si elle était la source même de son malheur. Une connaissance de l'auberge, Rudolf Häusler, un jeune homme de dix-neuf ans qui partage l'intérêt d'Hitler pour l'art, une sorte de Kubizek bis qu'il peut sermonner et impressionner à l'envi, et dont les parents, ou plutôt la mère, l'aimaient bien, voyageait avec lui dans le train, dont il espérait sans doute qu'il allait l'emmener vers une vie nouvelle et plus prospère dans le pays qu'il aime tant, tout en lui permettant d'éviter un appel imminent à l'armée autrichienne. Ils louent une chambre ensemble à Munich, dans la maison de la famille Popp, où Hitler avait inscrit sur la fiche d'enregistrement « peintre en architecture ».

Sa vie continue ici sur la même voie qu'à Vienne. Dès que l'argent de son père est épuisé, il se remet à la peinture et erre le soir d'une brasserie à l'autre pour vendre ses tableaux. Häusler déménageant quelques mois plus tard, Hitler vit à nouveau pour ainsi dire seul : s'il est convié à dîner par ses logeurs, il décline systématiquement l'invitation. Selon Toland, Frau Popp le considère comme un « charmeur autrichien » mais aussi comme un mystère : « On ne savait pas ce qu'il pensait », dit-elle. Elle ne se souvient pas non plus qu'Hitler ait reçu des visites dans sa chambre. Il peint le jour, lit le soir. Quand elle lui demande en quoi tous ces livres ont à voir avec la peinture, il lui répond : « Chère Frau Popp, qui sait ce qui a ou non des chances d'être utile dans la vie ? »

Il passe une année entière à Munich sur ce mode. Jusqu'à la déclaration de guerre. Il s'enrôle le même

jour et est envoyé sur le front français où il reste quatre ans dans les tranchées.
Cela change tout.

L'une des plus célèbres images d'Hitler le montre lors de ces journées de l'été 1914. Il se tient, tout sourire, au milieu d'une immense foule massée sur l'Odeonsplatz à Munich, il est l'un de ces milliers de quidams rassemblés sur cette place à la suite de la déclaration de guerre le 2 août. La photographie sera agrandie dans les années 1930, après qu'il est devenu chancelier du Reich allemand, pour que l'on reconnaisse bien son visage, mais à l'époque il est un simple anonyme. Un jeune homme soulevant son chapeau, vêtu d'une chemise blanche et d'un costume noir, la raie sur le côté et les pommettes saillantes, la moustache noire et épaisse, le regard manifestement pétillant de joie. Le cliché est très parlant, car Hitler n'est ici qu'un individu dans la foule, un visage parmi des milliers, un destin parmi des milliers, transporté par cette ferveur collective qui traverse les villes et les villages d'Europe en cet été 1914. À ses yeux il est déjà, bien sûr, immergé dans sa vie et son destin, un semi-artiste de vingt-cinq ans, dépourvu de famille et d'amis, vivant à Munich sans la moindre direction, mais fort d'un feu intérieur désormais allumé et alimenté par le combustible du grand jeu politique qui l'intéresse tant depuis sa jeunesse et par la déclaration de guerre qui lui donne, ainsi qu'à tous les jeunes gens de sa génération, l'occasion d'agir en accord avec ces rêves et ces idéaux qu'ils poursuivent depuis leur enfance et que la société bourgeoise, centrée sur la préservation et la sécurité, les affaires et le commerce, leur a jusque-là refusés.

L'été 1914 est d'une beauté aussi rare qu'extraordinaire partout en Europe. Un anticyclone protège le continent pendant plusieurs mois. « Jour après jour, le ciel resta d'un bleu de soie, l'air était doux sans être étouffant, les prairies parfumées et chaudes, les forêts sombres et touffues avec leur jeune verdure », raconte Stefan Zweig qui se trouve dans la petite ville de Baden, non loin de Vienne, lorsque tombe la nouvelle de l'assassinat de l'archiduc François-Ferdinand. L'impression qu'il donne de cet événement est celle d'une insouciance et d'une légèreté que rien ne semble entamer. Nul ne sait encore ce que la guerre imminente va impliquer – mais, quand bien même les gens l'auraient su, quand bien même ils auraient deviné qu'elle allait ravager le continent avec une force destructrice violente au point d'anéantir une génération entière ou presque d'hommes européens, les ténèbres contenues dans l'avenir n'auraient pas réussir à se maintenir plus d'un instant dans le calme et la paix séculaires qui semblent monter de toute chose : des futaies de feuillus au bord des rivières, de l'ondulation verte des champs, des murs frais des petites églises de campagne dont le son des cloches se dépose sur les maisons comme un tapis acoustique, ainsi que Marcel Proust décrit le quotidien d'un petit village français dans sa *Recherche* parue l'année précédente. Le parfum de la terre et de l'herbe chaudes, le goût aigrelet du vin blanc ou celui plus acidulé de la bière consommés à l'abri des parasols, sur la terrasse d'un hôtel ou à l'ombre d'un arbre au bord de la route ; la poussière montant de la chaussée, les tourbillons noirs dans le courant qui ruisselle sous le pont, le spectacle inattendu et fugitif d'un poisson qui fend la surface de l'eau ; la manière qu'a l'été de se relier aux autres étés avant lui, l'épaisseur et le poids de la répétition qu'exsudent le paysage, les bâtiments et les gens dans une dimension sociale, d'une façon si prégnante qu'il est difficile, oui, carrément impossible d'imaginer une réalité radicalement différente, alors qu'elle va pourtant se produire quelques semaines plus tard.

Stefan Zweig quitte Baden pour rejoindre Le Coq, une petite station balnéaire non loin d'Ostende. Il y décrit une population tout aussi insouciante qu'en Autriche : des estivants prenant le soleil sur la plage ou se baignant dans la mer, des enfants jouant avec des cerfs-volants, des adolescents dansant le soir sur la digue. Il poursuit sa route afin de retrouver son ami Émile Verhaeren tandis que la tension monte et qu'augmente la menace de guerre.

> On sentait que la situation devenait sérieuse. Tout d'un coup, le vent froid de la crainte balaya la plage et la vida. Par milliers, les gens quittèrent les hôtels ; les trains furent pris d'assaut, même les plus confiants commençaient maintenant à faire leurs malles en toute hâte.

L'Autriche-Hongrie déclare la guerre à la Serbie. Zweig arrive en Allemagne par le dernier train. De l'autre côté de la frontière, le convoi s'immobilise dans le crépuscule et, devant les passagers exaltés, des trains de marchandises passent en enfilade, sous les bâches desquels ils aperçoivent des canons. Zweig poursuit :

> Le lendemain matin en Autriche ! Dans chaque station étaient collées les affiches qui avaient annoncé la mobilisation générale. Les trains se remplissaient de recrues qui allaient prendre leur service, des drapeaux flottaient. À Vienne, la musique résonnait et je trouvai toute la ville en délire. La première crainte qu'inspirait la guerre que personne n'avait voulue, ni les peuples, ni le gouvernement, cette guerre qui avait glissé contre leur propre intention des mains maladroites

des diplomates qui en jouaient et bluffaient, s'était retournée en un subit enthousiasme. Des cortèges se formaient dans les rues, partout s'élevaient soudain des drapeaux, s'agitaient des rubans, montaient des musiques ; les jeunes recrues s'avançaient en triomphe, visages rayonnants, parce qu'on poussait des cris d'allégresse sur leur passage à eux, les petites gens de la vie quotidienne que personne, d'habitude, ne remarquait ni ne fêtait.

> Je dois à la vérité d'avouer que dans cette première levée des masses, il y avait quelque chose de grandiose, d'entraînant et même de séduisant, à quoi il était difficile de se soustraire. Et malgré toute ma haine et toute mon horreur de la guerre, je ne voudrais pas être privé dans ma vie du souvenir de ces premiers jours ; ces milliers et ces centaines de milliers d'hommes sentaient comme jamais ce qu'ils auraient dû mieux sentir en temps de paix : à quel point ils étaient solidaires.

Que nul autre que Zweig, pourtant toute sa vie durant un pacifiste, veuille être présent pour assister à ce sentiment d'unité qui règne les premiers jours d'août 1914 est révélateur de la force avec laquelle cette guerre balaie le pays. Adolf Hitler n'est pas le seul à lever son chapeau avec un regard enflammé lorsque la guerre est déclarée. L'enthousiasme est général en Europe, la guerre est considérée comme une bonne chose dont tout le monde se réjouit. L'historien des idées suédois Svante Nordin, qui dans son ouvrage *Filosofernas krig* (*La Guerre des philosophes*) s'intéresse aux prises de position des intellectuels sur la question de la Première Guerre mondiale et de la déclaration des hostilités, note que Sigmund Freud, à Vienne, écrit le 26 août :

> C'est peut-être la première fois depuis trente ans que j'ai le sentiment d'être autrichien et que je veux bien donner encore une chance à ce Reich dont il n'y a pas beaucoup à espérer. Le moral est partout excellent.

L'ambassadeur anglais rapporte pour sa part :

> Ce pays est devenu fou de joie à la perspective d'une guerre avec la Serbie, et il éprouverait une vive déception si, par le fait de voir différer ou empêcher les hostilités, il était frustré dans son attente...

Le poète Rainer Maria Rilke, de dix ans plus vieux qu'Hitler, également né en Autriche-Hongrie, encense la déclaration de guerre :

Pour la première fois je te vois debout
dieu ouï-dire et très lointain, incroyable dieu de la guerre

Quant au romancier Thomas Mann, de quatorze ans plus vieux qu'Hitler, il écrit six mois plus tard au sujet de ces journées, lui qui pourtant fait toujours preuve d'équanimité et de pondération :

> La guerre ! Ce que nous ressentions était une purification, une libération, un immense espoir. [...] Voilà qui enflammait le cœur du poète. [...] Comment l'artiste, le soldat en l'artiste, aurait-il pu ne pas rendre grâce à Dieu pour l'effondrement d'un monde de paix dont il avait assez, tellement assez.

Même Kafka se laisse emporter par l'effervescence générale. Certes, le 2 août, il constate d'un ton sobre : « L'Allemagne a déclaré la guerre à la Russie. – Après-midi piscine. » Mais, quatre jours plus tard, il note cette fois dans son journal : « Je ne découvre en moi que mesquinerie, irrésolution, envie et haine à l'égard des combattants auxquels je souhaite passionnément tout le mal possible. » Et, dans une lettre à Felice, en avril 1915, regrettant de ne pas être reconnu apte, il indique : « Ce qui me fait le plus souffrir dans la guerre, c'est que je n'y suis pas. »

Évidemment, tous ne saluent pas la guerre. Max Brod, l'ami de Kafka, de cinq années plus âgé qu'Hitler, se désespère du désintérêt manifesté pour la politique par nombre de ses congénères, doublement surpris par l'arrivée du conflit dans leur vie. Méditant sur l'éclatement de la guerre, il écrit :

> La guerre était pour nous sur le même plan que d'autres idées fantasques de l'humanité, aujourd'hui presque oubliées, comme : le mouvement perpétuel, ou le grand élixir, la pierre philosophale des alchimistes, la source de jouvence. [...] Nous étions la génération gâtée. Une des plus longues périodes de paix dans l'histoire de l'humanité, presque un demi-siècle sans guerre, nous avait fait perdre toute pensée sensée sur ce terrible fléau de l'humanité. Même la politique n'intéressait à l'époque qu'une poignée de personnes qui avaient une certaine estime d'elles-mêmes. Débattre sur la musique de Richard Wagner, sur les fondements du judaïsme et du christianisme, sur la peinture impressionniste, etc., était bien plus important à nos yeux. Et soudain cette période de paix avait trouvé sa fin, dans la nuit. [...] Nous étions simplement stupides [...]. Mais dans tous les cas nous n'étions même pas pacifistes. Car le pacifisme présuppose l'idée claire qu'une chose telle que la guerre existe et qu'on doit s'opposer à elle, se préparer à se défendre contre elle.

Cette indifférence pour la chose politique est fortement répandue, surtout dans les milieux universitaires où un personnage tel que Martin Heidegger, pour ne prendre que lui, né la même année qu'Hitler et Wittgenstein, donc âgé de vingt-ans ans lorsque la guerre éclate, ne laisse le conflit influencer en aucune manière ses études sur le nominalisme au Moyen Âge qui le passionne.

Ainsi que le rapporte Safranski dans sa biographie consacrée au philosophe allemand, Ludwig Marcuse, un ami étudiant de Martin Heidegger, décrit en ces termes l'ambiance qui règne à l'université de Fribourg pendant ces journées de juillet 1914 :

> Fin juillet, je rencontre dans la Goethestrasse un de mes camarades de séminaire les plus respectables, Helmuth Falkenfeld. Désespéré, il me dit : « Vous savez ce qui se passe ? » Soumis à la volonté divine, je réponds sur un ton de mépris : « Je sais bien, Sarajevo. » Il me dit : « Mais non, demain, Rickert ne fait pas cours. » Moi, effrayé : « Il est malade ? » Lui : « Non, à cause de la menace de guerre. » Moi : « Quel rapport entre la guerre et le séminaire ? » Il haussa les épaules d'un air peiné.

Falkenfeld, écrit Safranski, est envoyé à peine quelques semaines plus tard au front, où il écrit la lettre suivante :

> Je vais toujours bien, même si la bataille à laquelle j'ai pris part le 30 octobre a failli me rendre sourd, dans le tonnerre de 24 batteries de canons. Malgré tout [...], je suis toujours d'avis que la troisième antinomie de Kant est plus importante que cette guerre mondiale, et que le rapport de la guerre à la philosophie est le même que celui des sens à la raison. Je ne peux tout simplement pas croire que les événements du monde corporel puissent influer le moins du monde sur nos parties transcendantales, et on ne pourra m'en persuader, même si un éclat de grenade française devait toucher mon corps empirique. Vive la philosophie transcendantale.

Ce désintérêt pour la politique n'est cependant pas identique à celui exprimé et condamné par Max Brod.

Profondément engagé dans la vie culturelle contemporaine, Brod rejette certes la politique en tant que facteur mais ne tourne pas pour autant le dos au monde. L'apathie des étudiants est hautement plus idéologique : ils considèrent la philosophie comme l'antithèse de la vie en société, un espace où, sous le vernis du social, l'authentique se révèle en dehors de l'histoire. Selon George Mosse dans son ouvrage *Les Racines intellectuelles du Troisième Reich*, les milieux universitaires de l'époque produisent « des intellectuels qui [ont] pour idéal de considérer le monde *sub specie aeternitatis* (c'est-à-dire « sous l'angle de l'éternité »). Leurs préoccupations ne port[ent] guère sur les banales affaires quotidiennes. » Cette position idéologique fondamentale, selon laquelle le social, le politique et le sociétal ne seraient guère que des phénomènes superficiels derrière la façade pragmatique desquels il existerait, du moins potentiellement, une dimension plus importante, est très répandue dans la culture allemande d'avant-guerre dont la soif d'authenticité et d'unité est intarissable et surpasse le reste. Elle s'exprime dans les peintures fantasmagoriques des expressionnistes, qui, dans leur puissante subjectivité, dans leur puissante primitivité, désirent atteindre la vie telle qu'elle est vraiment sous le vernis de la civilisation et de la culture, là où se nichent l'instinct et les pulsions humaines fondamentales. Mais elle se manifeste également dans une autre orientation, presque diamétralement opposée, où on recherche dans des notions globales et anhistoriques, comme celles du peuple et de l'enracinement, une réponse à l'agitation et à l'instabilité sociales produites par l'industrialisation et la modernité. L'aliénation entraîne une perte de sens que le matériel ne peut compenser : s'il est une notion récurrente dans les esprits de l'époque, c'est bien le malaise éprouvé face au pragmatisme et à ce que Wagner qualifie dans un article de « matérialisme sans âme ». La rationalité caractérisant la modernité, on se tourne par conséquent vers ce qui n'est ni rationnel ni raisonnable, vers ce qui n'a pas d'objectif affiché mais au contraire s'en détache et trouve son sens dans des dimensions considérées comme atemporelles et non pragmatiques. Le peuple figure parmi celles-ci, en ce qu'il rassemble sous sa bannière les concepts de terroir, de nature, de culture et de spiritualité, contre le noyau immuable duquel les changements constants provoqués par l'industrialisme et la modernité ne peuvent que s'atrophier, et contre la profondeur duquel – profondeur invoquée par l'histoire, la mythologie et la religion – l'industrie du divertissement et la commercialisation contemporaines apparaissent d'une banalité sans nom et d'une superficialité indigne.

L'engouement pour cet art qui de son propre aveu a tant bercé la jeunesse de Zweig, et a tout autant marqué l'adolescence d'Hitler, n'a rien d'une marotte, il est au contraire porteur de sens. Wagner, Hölderlin, Rilke, Hofmannsthal, George, tous ces poètes adulés par les jeunes Allemands de l'époque glorifient le grandiose, le divin, l'authentique, mais ils célèbrent également la mort en ce qu'elle est le fondement de ces motifs. *Stirb und werde*, meurs et deviens – avoir une cause pour laquelle on peut mourir signifie avoir une cause pour laquelle on peut vivre. Le peuple, le sol, la guerre, le héros, la mort ; le terroir, l'individuel, le grandiose, l'éternel : voilà les concepts en mouvement au sein de la culture allemande avant le déclenchement de la Première Guerre mondiale, et nombreux sont ceux la voyant venir qui la considèrent comme une purification, comme une bonne chose, à laquelle par ailleurs ils aspirent. L'enthousiasme pour la guerre que beaucoup manifestent a ceci de singulier qu'il est motivé par des raisons non pas politiques mais existentielles. Thomas Mann se réjouit de l'effondrement du monde pacifique, si débordant de haine. Freud retrouve foi en l'Autriche en tant que nation. Rilke compare la guerre à un dieu. Kafka envie les soldats envoyés au front. Simmel voit la guerre comme une grande chance pour l'Allemagne et proclame son amour inconditionnel pour sa patrie. Or ni Mann, ni Freud, ni Rilke, ni Kafka, ni Simmel ne prennent part au conflit armé, leur enthousiasme est celui du spectateur non engagé dans les combats. Ernst Jünger, en revanche, qui n'a que dix-neuf ans lorsque la guerre éclate, s'engage à l'instar d'Hitler en tant que soldat volontaire. Après avoir tenu son journal pendant toute la durée du conflit, il publie en 1920 *Orages d'acier*, sans doute le meilleur ouvrage relatant la Première Guerre mondiale. Il décrit en ces termes l'ambiance qui prévaut au sein de sa génération en cet été 1914 :

> Nous avions quitté les salles de cours, les bancs de l'école, les établis, et les brèves semaines d'instruction nous avaient fondus en un grand corps brûlant d'enthousiasme. Élevés dans une ère de sécurité, nous avions tous la nostalgie de l'inhabituel, des grands périls. La guerre nous avait donc saisis comme une ivresse. C'est sous une pluie de fleurs que nous étions partis, grisés de roses et de sang. Nul doute que la guerre ne nous offrît la grandeur, la force, la gravité. Elle nous apparaissait comme l'action virile : de joyeux combats de tirailleurs, dans des prés où le sang tombait en rosée sur les fleurs. Pas de plus belle mort au monde... Ah ! surtout, ne pas rester chez soi, être admis à cette communion !

La possibilité de grandeur et de gloire qu'elle offre, voilà la clef de voûte de la guerre. Des combats insouciants dans des champs recouverts d'une rosée de sang, voilà la vision. Dans la biographie qu'il consacre à Ernst Jünger, *Into the Abyss* (*Dans l'abîme*), Thomas Nevin révèle en partie les origines de cet état d'esprit lorsqu'il parcourt les sujets de dissertation distribués dans les lycées de la région de Hanovre au printemps 1914. Les élèves ont le choix d'approfondir les thèmes suivants : « La phrase du Kaiser, "Je suis citoyen du Reich allemand", des mots de fierté et de devoir » ; « La guerre est aussi terrible que les fléaux venus du ciel, mais elle est une bonne chose, une destinée à leur image » ; « Quelle est l'authenticité de la phrase de Frédéric le Grand, "Vivre signifie être un guerrier" ? » ; « L'arc montre sa puissance lorsqu'il est plié » ; « Mon héros préféré dans la *Chanson des Nibelungen* » ; « Une nation ne vaut rien si elle ne mise pas tout sur son honneur ».

Les représentations qu'a Jünger de la guerre proviennent principalement de sa lecture d'Homère, insiste Nevin, également évoquée par le directeur du lycée qui, dans son discours aux bacheliers, indique : « Hormis bien sûr la lumière céleste de la chrétienté, rien n'irradiera votre vie future avec un éclat plus lumineux et plus chaud que le soleil d'Homère. »

La paix règne en Europe depuis 1871 et, à l'issue de cette guerre entre la France et l'Allemagne, qui ne connaissait pas encore les mitrailleuses et où les transports s'effectuaient par voitures à cheval et par bateaux, 150000 soldats ont trouvé la mort. La plupart des gens estiment que la nouvelle guerre va se dérouler de la même manière et ne durer que quelques mois.

*

En ces premiers jours d'août 1914, Hitler redoute lui aussi que la guerre ait lieu sans lui. Il écrit dans *Mein Kampf* :

Pour moi, comme pour tous les Allemands, ce fut le début de la période la plus inoubliable et la plus importante de mon existence sur cette terre. En comparaison des événements de ce combat titanesque, tout le passé retomba dans un morne néant. En ces jours où nous commémorons précisément le dixième anniversaire de cet immense événement, je repense avec une fière mélancolie à ces semaines où débuta le combat héroïque de notre peuple, auquel le sort me permit gracieusement de prendre part.

Les images défilent dans mon esprit, une à une, comme si c'était hier, je me vois portant l'uniforme, entouré de mes chers camarades, puis faire une sortie pour la première fois, nous exercer, etc., jusqu'à ce que le jour du combat arrive enfin. Une seule pensée me tourmentait alors, moi comme tant d'autres : n'allions-nous pas arriver trop tard au front ? Ce simple doute me taraudait sans trêve, encore et encore. Ainsi, dans chaque cri de joie accueillant un nouveau haut fait héroïque se cachait une goutte d'amertume, à chaque nouvelle victoire le risque augmentait d'arriver en retard.

Deux semaines après la déclaration de guerre de l'Allemagne à la Russie, Hitler rejoint le 16e régiment bavarois d'infanterie de réserve à Munich, où il suit un entraînement de base de sept semaines. Avant d'être transféré à Augsbourg en vue d'un entraînement plus intensif, il rend visite à la famille de sa logeuse à qui il demande de prévenir sa sœur Angela dans le cas où il tomberait au combat. Si d'aventure elle ne souhaitait pas hériter de ses quelques biens, les Popp pourraient les garder. Il serre les deux enfants dans ses bras, Frau Popp pleure en le regardant partir, rapporte Bengt Liljegren. Le jour suivant, aux aurores, le régiment entame une longue marche d'environ onze heures, sous une pluie torrentielle, pour rejoindre le camp de Lechfeld, situé vers l'ouest. Dans une lettre à Frau Popp, il indique : « On m'a logé dans une étable, trempé jusqu'aux os. Impossible de fermer l'œil. » La marche du lendemain dure cette fois treize heures, après quoi ils bivouaquent à la belle étoile, il fait si froid qu'une autre nuit d'insomnie les attend. Arrivés à destination le lendemain, ils sont « tombant de fatigue », souligne John Toland. Là, dans le camp de Lechfeld, ils suivent un entraînement de deux semaines. Le soir du 20 octobre, ils embarquent dans les trains qui vont les conduire au front, en Flandre. « Je suis ravi, explique Hitler le jour même dans une lettre à Frau Popp. Une fois arrivé, je vous écrirai aussitôt pour vous donner mon adresse. J'espère que nous irons jusqu'en Angleterre. »

Mein Kampf ne dit rien de tout cela, aucun nom n'est mentionné, aucun visage n'apparaît, aucun détail n'est décrit. Il n'y a qu'Hitler, Hitler et la guerre dans laquelle il vient d'entrer.

> Et le jour arriva enfin de quitter Munich pour remplir notre devoir. Je vis le Rhin pour la première fois, lorsque nous longeâmes ses flots paisibles en nous dirigeant vers l'ouest pour le protéger, lui, le plus allemand des fleuves, de l'avidité du vieil ennemi. Lorsque, à travers le voile fin des brumes matinales, les faibles premiers rayons du soleil firent scintiller sur nous le monument du Niederwald, le vieux chant *La Garde au Rhin* résonna avec force de l'interminable convoi pour s'élever dans le ciel du matin, et j'eus l'impression que mon cœur allait éclater.
>
> Puis vint enfin une nuit froide et humide dans les Flandres, que nous traversâmes sans mot dire, et lorsque le jour se mit à se détacher du brouillard, un salut en fer vint soudain siffler au-dessus de nos têtes et fit pleuvoir dans un bruit assourdissant ses petits plombs entre nos rangs, en fouettant la terre humide ; mais avant même que le petit nuage eût disparu, le premier hourra vibra

de deux cents gorges pour répondre au premier messager de la Mort. Puis, cela commença à crépiter et à gronder, à chanter et à hurler, et chacun d'entre nous, les yeux fiévreux, fut poussé en avant, toujours plus vite, jusqu'à ce que le combat s'engage soudain, une fois passé des haies et des champs de betterave, le combat d'homme à homme. La mélodie d'un chant au loin parvint à nos oreilles, elle approcha, encore et encore, sauta d'une compagnie à l'autre, et là, alors que la Mort affairée enfonçait ses mains dans nos rangs, le chant arriva jusqu'à nous, et nous le refîmes passer à notre : *Deutschland, Deutschland über alles, über alles in der Welt !*

Nous rentrâmes quatre jours plus tard. Même notre démarche avait changé. Les jeunes êtres de dix-sept ans ressemblaient à des hommes à présent.

Les volontaires du régiment List n'avaient peut-être pas appris à combattre assez bien, mais ils savaient mourir comme de vieux soldats.

Ce fut le commencement.

Le régiment List, auquel Hitler appartient, compte 3 600 hommes à son arrivée à Lille le 23 octobre. Après les quatre premiers jours de combat à Ypres, il n'en reste plus que 611. Cinq recrues sur six ont péri. Le risque d'être tué pendant l'offensive est considérablement plus grand que les chances de survie. Seuls les soldats ayant participé à la guerre connaissent l'effet mental de telles pertes sur les survivants, lorsque leurs camarades de régiment tombent les uns après les autres et que chaque minute peut être la dernière. Cette première bataille d'Ypres constitue l'une des plus grandes opérations militaires des premières phases de la guerre ; les Britanniques, dans leurs efforts pour percer les lignes allemandes en octobre et en novembre, y perdent 58 000 hommes. Dans une lettre à une connaissance de Munich, un certain Ernst Hepp, Hitler décrit en ces termes les premières hostilités :

> À présent les premiers shrapnels sifflent aussi au-dessus de nous, ils éclatent à l'orée du bois et déchiquettent des arbres comme de simples brins de paille. Nous observons cela avec curiosité. Nous n'avons pas encore vraiment conscience du danger. Aucun de nous n'a peur. Chacun attend patiemment le cri « En avant ! ». [...] Nous rampons au sol jusqu'à l'orée du bois. Cela hurle et mugit au-dessus de nous, branches et troncs d'arbres volent en morceaux autour de nous. Puis des obus éclatent à nouveau à l'orée du bois et projettent des nuages de pierres, de terre et de sable, déracinent les arbres les plus lourds et étouffent tout dans une fumée jaune-vert à l'odeur atroce. Nous ne pouvons pas rester allongés là éternellement, et si nous devons tomber, mieux vaut le faire dehors. [...] Par quatre fois nous faisons une sortie mais devons retourner en arrière, il n'en reste plus qu'un de tout notre groupe à part moi, mais il finit par tomber. Un tir arrache toute la manche droite de mon manteau, mais je reste sain et sauf, comme par miracle. À deux heures, nous faisons enfin une cinquième sortie, et cette fois nous prenons possession de l'orée de la forêt et des fermes.

Le commandant du régiment est tué et son adjoint gravement blessé. Le nouveau commandant, le lieutenant-colonel Engelhardt, accompagné d'Hitler et d'un autre homme avec lui, s'aventure sur le front pour observer les lignes ennemies. Repérés, ils subissent le feu d'un tir de mitrailleuse, Hitler et le soldat bondissent et poussent Engelhardt au fond d'une tranchée. Reconnaissant, Engelhardt leur annonce qu'il a l'intention de les recommander pour la croix de fer ; or, le lendemain, un obus britannique lancé sur la tente de l'état-major du régiment tue trois hommes et blesse grièvement Engelhardt et les trois autres occupants. Quelques instants plus tôt, Hitler et trois recrues ont reçu l'ordre de quitter les lieux pour faire place à quatre commandants de compagnie, un concours de circonstances qui lui sauve la vie. « Ç'a été le moment le plus terrible de mon existence, écrit-il à Hepp. Nous vénérions tous le lieutenant-colonel Engelhardt. »

Le nouvel commandant du régiment, le lieutenant Wiedeman, recommande Hitler pour la croix de fer de 1re classe. Il ne l'obtient pas mais est décoré d'une croix de 2e classe, ce qu'il s'empresse d'annoncer à Herr Popp, non sans lui demander de conserver les articles de journaux décrivant la bataille : « Ce fut le jour le plus heureux de ma vie. Hélas ! mes camarades qui la méritaient également sont morts pour la plupart. » Promu caporal, il est nommé ordonnance, ou estafette, un poste qu'il occupe pendant les quatre années que dure la guerre. Ce travail d'agent de liaison consiste à porter les messages du quartier d'état-major aux soldats postés dans les premières lignes. C'est une mission périlleuse, non seulement parce qu'elle implique de traverser des terrains découverts, à vélo ou à pied, qui plus est sans aucune protection, contrairement aux soldats enfouis dans les tranchées, mais aussi parce que les ordonnances constituent une cible stratégique pour l'ennemi. Les dangers encourus par ces hommes ne sont en rien comparables à ceux qu'affrontent les troupes d'assaut, lancées dans le *no man's land* pour percer les positions ennemies, mais ils n'en demeurent pas moins considérables. « Le 15 novembre, dans un affrontement avec les troupes françaises, trois des huit estafettes attachées à l'état-major du régiment furent tuées et une blessée », rapporte Ian Kershaw. « Quand c'était possible, on dépêchait deux estafettes avec le même message pour s'assurer qu'il parviendrait à bon port si l'un des hommes était tué. » Mais la mort ne frappe pas seulement dans les tranchées ou entre les lignes de feu : les obus éclatent partout, dans les camps de fortune aménagés dans les villages situés à des kilomètres à l'arrière du front, où les soldats se retirent pour se reposer, et dans les différents quartiers généraux provisoires occupés par les officiers.

De toutes les descriptions de la guerre dans les tranchées, *Orages d'acier* d'Ernst Jünger est la plus détaillée et à ce titre la plus épouvantable, sans oublier bien sûr *Adieu à tout cela* de l'Anglais Robert Graves, qui observe les hostilités de l'autre côté du front. Jünger décrit tout à hauteur d'œil, depuis son arrivée au front jusqu'à son départ quatre ans plus tard – et une impression de chaos ne quitte jamais son récit : c'est un monde sans point de vue privilégié, un monde sans panorama possible, où la mort fauche les hommes sans discontinuer.

Lorsqu'il rejoint le front des Flandres en décembre 1914, Jünger n'a aucune idée de ce qui l'attend et son regard devient le nôtre. Son régiment prend ses quartiers dans une zone de déploiement située à l'arrière du front, à Orainville, un village d'une cinquantaine de maisons regroupées autour d'un château isolé dans son parc. Les yeux écarquillés, il observe le va-et-vient mouvementé des soldats aux uniformes râpés et aux visages burinés, il regarde la cuisine roulante allumée dégageant une odeur de soupe aux pois, il voit les hommes attendant leur repas dans un tintement de gamelles. Il passe la première nuit dans une grange et prend son petit déjeuner le lendemain dans une école quand, soudain, il entend une succession de grondements tout proches. Les soldats les plus aguerris se précipitent dehors, les jeunes recrues les suivent sans trop savoir pourquoi. Un bruit curieux de battements d'ailes et de ronflements résonne au-dessus de leur tête, les hommes autour de lui se jettent à terre. « Tout cela me paraissait assez ridicule, écrit-il ; un peu comme quand on en voit s'affairer d'autres sans comprendre ce qu'ils font. » L'instant d'après, il aperçoit des groupes noircis s'avancer dans la rue déserte, portant sur des bâches des ballots noirs. « J'eus une sensation étouffante d'irréalité quand mes regards se fixèrent sur une forme humaine, ruisselante de sang, dont la jambe pendait du corps sous un angle bizarre, et qui poussait sans arrêt de rauques appels à l'aide, comme si la mort subite la tenait encore à la gorge. »

La scène se passe loin des lignes ennemies, dans un lieu de détente et de repos, c'est la première expérience de la guerre pour Jünger.

> Comme tout cela était mystérieux, impersonnel ! À peine songeait-on à l'ennemi, cet être énigmatique, malfaisant, quelque part derrière l'horizon. Cet épisode, entièrement neuf pour nous, eut sur nos esprits un effet si violent qu'il nous fallut un effort pour en saisir le contexte. C'était comme l'apparition d'un fantôme en plein midi.
>
> Un obus avait crevé là-haut contre le portail du château, projetant sous la voûte une nuée de pierres et d'éclats, au moment même où ses occupants, alertés par les premiers coups, en sortaient à flots pressés. Il avait fait treize victimes, dont le chef de la clique, Gebhard, figure qui m'était bien connue par les concerts-promenades de Hanovre. […]
>
> La rue était rougie de grandes flaques de sang ; des casques et des ceinturons criblés d'éclats étaient dispersés alentour. La lourde porte en fer de l'entrée était déchiquetée, trouée comme une passoire, la borne éclaboussée de sang. Je sentais mes regards comme aimantés, captifs de ce spectacle, tandis qu'il s'opérait en moi une profonde métamorphose.

Ils sont envoyés dans les tranchées, où la vie entre les combats est froide, humide, boueuse, insomniaque, routinière, dure et ennuyeuse. Dans un ruisseau à deux pas de là gisent depuis plusieurs mois les cadavres de soldats d'un régiment colonial français, que nul ne peut venir récupérer et dont les visages ont une peau parcheminée à force d'être constamment humidifiée par l'eau. Épuisés, peu habitués pour la plupart d'entre eux au travail de force, Jünger et ses camarades creusent leurs tranchées toujours plus en profondeur – et jamais les combats insouciants dans des champs recouverts d'une rosée de sang n'ont été aussi loin. Quatre mois plus tard, ils participent à leur première grande bataille, aux Éparges. Un projectile s'abat non loin d'eux et, quand ils arrivent sur place, ils découvrent des lambeaux d'uniformes et de chair accrochés aux broussailles autour du point d'impact, un « spectacle bizarre, étouffant ; il me fit songer à la pie-grièche, qui embroche ses proies sur les épines ».

Au cours de la bataille suivante, Jünger est blessé pour la première fois. Les tirs d'artillerie s'intensifient, les éclairs flamboient sans interruption dans son champ de vision, l'air est encombré de nuages consécutifs aux explosions et traversé de détonations assourdissantes. Jünger décrit la confusion qui le saisit comme s'il venait d'une autre planète, il ne parvient plus à distinguer de quel camp proviennent les obus et les tirs d'artillerie, tout n'est qu'un immense tohu-bohu, partout autour de lui gisent des blessés, les cris et les gémissements résonnent de part en part, et on n'a aucune peine à imaginer la situation comme un enfer sur terre, complètement détaché du monde connu – jusqu'à ce que Jünger décrive soudain le chant des oiseaux, ininterrompu, à croire qu'il est encouragé par le bombardement, et là seulement on comprend que la bataille se déroule dans une forêt ordinaire, à la lisière d'un village ordinaire, au cours d'une journée ordinaire.

Ce voile tout juste levé sur une réalité extérieure qui se poursuit comme avant, selon des lois et des coutumes bien à elle, souligne, pour peu que l'on ne s'en soit pas rendu compte, qu'il s'agit d'une mise en scène : la forêt qui finit incendiée, les oiseaux qui gazouillent, le soleil dans le ciel et l'herbe dans les champs représentent à eux tous la nature, tandis que la vague de destruction sans précédent qui s'y déroule symbolise quant à elle la civilisation, quel que soit le gouffre de barbarie et de sauvagerie qu'elle vient de creuser à l'intérieur des soldats, quel que soit l'aveuglement avec lequel la pluie de métal s'abat partout.

Les hommes se sont donné rendez-vous en ce lieu, de chaque côté d'une ligne hypothétique, d'un trait invisible tracé à la craie, dans cette distorsion théâtrale de la réalité où le familier est aboli et la vie poussée à son paroxysme, au-delà d'une limite continuellement transgressée, comme seuls les dieux eux-mêmes, puisque ce qui les attend de l'autre côté n'est autre que la mort, c'est-à-dire la nature. L'existence d'un intérieur de la guerre, dans lequel les vies sont vidées dans le néant, et d'un extérieur de la guerre, dans lequel les vies continuent comme avant, renforce doublement cette impression que s'opère une mécanisation des armes, qui associe plus encore la guerre et la culture, dans une industrialisation et une modernisation à grande échelle des façons de tuer. Des trains transportent par convois entiers des corps massacrés puis enterrés, de nouveaux trains envoient par convois entiers de nouveaux corps à leur tour massacrés puis enterrés et, en tout et pour tout, huit millions de corps périssent dans cette célébration de la mort sous la course pérenne du soleil.

D'une certaine manière, il n'y a rien de plus élevé que ça, car rien n'est plus précieux que la vie. Or la voilà qui s'écrase contre le sol comme la grêle d'une averse. Il s'agit très clairement d'un sacrifice, et d'une ampleur sans précédent – mais un sacrifice en vue de quoi ? Les oiseaux se trouvent dans une réalité qui, pour eux, est complète, jalonnée par un répertoire d'agissements qu'ils effectuent tout au long de la journée et tout au long de l'année, dans une action conjuguée d'événements et d'instincts n'ayant d'autre signification que de les maintenir en vie et de leur faire plaisir. Ils voient le monde, ils le connaissent, mais uniquement comme un effet et non comme une cause. Le soleil est synonyme de chaleur et la pluie d'humidité, les couches de l'air sont autant de strates à travers lesquelles ils volent. Ils sont captifs de leur « oisellité », dans laquelle le monde se manifeste.

Que nous soyons de façon équivalente captifs de notre humanité a toujours été une pensée immédiate, la religion en est le fruit et tente de définir cet au-delà qui nous est caché tout en étant visible dans ses effets, au travers d'images qui rendent l'inconcevable concevable. Seulement, aucune de ces images n'est ici utilisable. Il n'existe pas de dieux susceptibles de descendre de leurs hauteurs pour apparaître dans le tumulte et le fracas de cette bataille humaine, aucun Fils unique de Dieu par le ciel duquel la mort est l'accès. L'extra-humain se cantonne aux arbres qui brûlent, à la rivière qui coule au fil des forêts et des champs, aux oiseaux qui chantent en haut des arbres, dont les appels et la jubilation insouciante sont peut-être entendus par les soldats à la faveur d'une rare accalmie dans le tonnerre des canons.

Puis Jünger est frappé à la cuisse par un éclat d'obus, le sang jaillit, il lâche son sac, il court vers la tranchée, il voit des blessés venant de tous côtés comme des rayons s'y précipiter eux aussi.

Il est retrouvé au bout de quelques heures et convoyé en train à l'hôpital de Heidelberg d'où, après deux semaines de convalescence, il rentre chez lui pour une courte permission avant d'être renvoyé au front.

Il a vingt ans et vient pour ainsi dire de terminer sa scolarité quand il part à la guerre. Ce que Jünger vit sur le front, notamment les grandes batailles matérielles d'une ampleur comparable à une indestructible force de la nature, est si radicalement différent de la vie ordinaire que ces expériences changent à jamais son regard sur celle-ci. Ce que Jünger voit pendant la Première Guerre mondiale est d'une telle puissance qu'il lui est forcément impossible de concevoir ces événements comme de vulgaires mésaventures, comme l'expression d'un phénomène périphérique qui se déroulerait dans l'humain, comme un incident fâcheux, arbitraire et exceptionnel. Bien au contraire, pendant la guerre, il est propulsé au cœur même de l'humain, dans une dynamique qui escamote en quasi-totalité le monde extérieur et où seules subsistent les dimensions les plus rudimentaires mais néanmoins les plus fondamentales : la vie et la mort. Il n'est guère difficile de comprendre qu'il ait eu ces impressions car, l'instant d'avant, il est encore un jeune homme de dix-neuf ans qui s'épanouit dans un monde peuplé d'amis et de membres d'une famille, marqué par les études et la littérature, par une amourette passagère, aux côtés d'un père joueur d'échecs qui siffle des airs de Mozart dans son bain, d'une mère qui lit Ibsen et l'a même rencontré, qui emmène ses enfants en pèlerinage dans le Weimar de Goethe ; l'instant d'après, il est catapulté dans un monde fait de campements militaires, de boue, de froid, de faim, d'épuisement et de mort brutale, sous un ciel chargé de feu et de métal. Le premier monde contenait certes le second, sous la forme de guerres – et pas peu nombreuses – dont Jünger avait lu et entendu parler, si bien qu'un jeune homme de dix-neuf ans tel que lui, qui plus est éduqué au sein d'une culture allemande d'orientation aussi classique que militariste, était un familier d'Homère et de César, mais aussi de Napoléon et des généraux allemands de la guerre franco-prussienne de 1870 ; mais le second monde, celui des tranchées, ne contenait pas le premier. *Orages d'acier* ne s'intéresse pas aux superstructures de la guerre, ni à la plus éminente d'entre elles, la structure politique qui explique la présence des soldats aux combats, ni à la structure militariste qui les a expédiés sur tel et tel front, mais seulement à ses expériences individuelles, concrètes, aux choses qu'*il* voit et ressent. C'est *lui* qui doit prendre la décision de se lever et de s'élancer sous la pluie de balles ; aucun État, aucune armée, aucun Kaiser, aucun général ne peut le faire à sa place. C'est également *lui* qui est touché à la poitrine, *lui* dont la bouche se remplit de sang alors qu'il trébuche dans un cratère d'obus où il est persuadé qu'il va mourir, *lui* qui est habité d'un sentiment intense de bonheur au milieu de cet enfer d'explosions, de tirs d'artillerie, de cris de guerre et de cris de terreur. Le spectacle auquel il assiste est de la même manière lié à lui, dans la mesure où c'est lui qui doit le comprendre, lui donner un sens ou le priver de sens. La mort est cette toile de fond d'où émerge la vie. Si la mort n'avait pas existé, nous n'aurions jamais su ce qu'était la vie. La guerre est la seule activité créée par l'homme qui, les yeux grands ouverts, s'approche de cette frontière. Même à supposer que les mécanismes menant à la guerre soient un jeu, la guerre n'en est pas un pour autant, car la mort est absolue.

La mort n'est pas moderne.

Nous essayons par la pensée de nous libérer de cette condition fondamentale, court-circuitée dans la mort, inéluctable. Dans les efforts déployés par la pensée pour s'élever ou pour s'extraire, dans les rêves de ciel et d'au-delà formulés par la pensée, qui changent continûment d'expression selon l'époque et la culture, la mort bat toujours le rappel. Mais le cœur bat tout autant, qui à l'instar de la mort reste le même. Le cœur lui non plus n'est pas moderne. Le cœur lui non plus n'est ni raisonnable ni déraisonnable, ni rationnel ni irrationnel. Le cœur bat, puis il ne bat plus. C'est tout.

Voilà l'enseignement qui résulte de la guerre. Toute la pensée de l'essence, toute la quête de l'authenticité viennent de là. Quand la mort bat le rappel et frappe à notre porte, une autre réalité s'ouvre au sein même de la réalité. C'est notre condition existentielle – et pourtant nous dissimulons la porte qu'ouvre la mort. Mais pas en temps de guerre. Dans la guerre, la porte s'ouvre encore et encore, partout. Elle s'ouvre tant et tant qu'on finit même par s'y habituer : la mort devient une normalité, elle s'ouvre n'importe où, n'importe quand. À croire que dans cette zone la distinction entre les vivants et les morts est réduite à son plus strict minimum et qu'il n'est en définitive question que de déplacement, avec des vivants en mouvement et des morts en inertie, des vivants qui à travers leur mouvement sont libres par rapport à la terre et des morts qui sont pour ainsi dire liés à elle pieds et poings puis, peu à peu, s'y enfoncent ou s'y enfouissent.

Au moment où j'écris ces lignes, cela fait quatre-vingt-dix-sept ans que la Première Guerre mondiale a éclaté. Considérée d'aussi loin dans le temps, cette guerre apparaît complètement insensée. L'impression n'est pas la même avec la Seconde Guerre mondiale, qui est davantage une guerre de défense contre le nazisme. Mais quel était l'objet de la Première Guerre mondiale ? Elle est insensée sur le plan politique : rien ne poussait la Grande-Bretagne et l'Allemagne à devenir de véritables ennemies, elles ne partageaient rien au point de se battre pour l'acquérir, au contraire, elles avaient tout à gagner à coopérer. Elle est insensée sur le plan territorial puisque aucune conquête n'a été réalisée, et quand bien même l'un des pays concernés aurait conquis l'autre, il aurait été difficile d'en tirer un quelconque avantage : qu'aurait fait la Grande-Bretagne de l'Allemagne, ou l'Allemagne de la Grande-Bretagne ? Voilà pourquoi elle est aussi insensée sur le plan humain : ceux qui se sont sacrifiés l'ont fait pour rien.

Ce non-sens existe dans les hautes structures, alors que dans l'infiniment proche, le quotidien du soldat, des zones d'intensité de sens apparaissent, si denses qu'elles abolissent toute question sur la justification de la guerre ou la légitimité de son carnage. Jünger voit trois choses dans la guerre. La première est l'archaïque, l'immuabilité de l'être humain, le soleil d'Homère, qui dans sa conséquence ultime aboutit à la mort, une dimension universelle et extra-humaine. La deuxième est constituée des valeurs dont dépendent les soldats pour leur survie, ce qui implique le courage, la volonté, l'endurance, qui à leur tour implique la force vitale, une propriété peut-être d'une dimension universelle dans l'humain mais uniquement réalisable par un individu isolé et qui par conséquent relève de l'individuel. La troisième est composée par les nouvelles machines et par les moyens mécaniques qui prennent de plus en plus le dessus sur la guerre et sont une expression de la civilisation.

Ça, je, nous/ils.

Ce sont les dimensions fondamentales de la vie qui, dissimulées au cœur de la complexité de la civilisation, émergent dans la simplicité de la guerre, et qui, en vertu de leur caractère essentiel, doivent être reconnues. Si a contrario elles sont refoulées, la vie devient une non-vie, une fuite aussi grave qu'essentielle devant le fondement même de la vie. Pourquoi voudrait-on échapper aux conditions de l'existence ? peut-on se demander. Pourquoi choisirait-on le non-essentiel ? Parce que le prix à payer est colossal. Si on pose la vie de l'individu comme valeur absolue, si on comprend que la vie est une dimension quantitative devant être maintenue le plus longtemps possible, la mort est alors le grand ennemi et la guerre une réalité définitivement insensée, définitivement indésirable. Si on ne pose pas la vie de l'individu comme valeur absolue, si cette valeur se limite à un élément de cette vie, à une propriété, à un phénomène extérieur à cette vie, à une idée, si on examine la vie dans sa seule dimension qualitative, si on la considère comme une entité dépassant la seule somme de cellules et de jours de vie, autrement dit, si on considère qu'il existe quelque chose de plus élevé que la vie, l'équation est alors simplissime : on peut aussi choisir de mourir pour elle.

Mais qu'est-ce qui pourrait avoir davantage de valeur que la vie de l'individu ? La vie du Tout – le Tout compris ici en tant que Tout inhérent à l'individu, peut-on supposer, et c'est en tout cas ainsi que la majorité des guerres sont légitimées. Seulement voilà, ce raisonnement est une abstraction qui ne signifie strictement rien au moment où on se lève pour s'élancer sous une pluie de balles.

On ne peut pas, sur la base d'une notion abstraite de bénéfice collectif, partir à l'assaut des tranchées ennemies alors que ses amis tombent autour de soi. Dans la première édition des mémoires de Jünger, il est peu question de patriotisme et nullement de la défense de valeurs. Dans la deuxième édition de 1924, l'auteur croit bon d'ajouter à la fin de sa préface un passage datant du moment, alors que la guerre est terminée en ce qui le concerne, où il revient en train vers l'Allemagne. Il déclare : « Nous ne sommes pas d'humeur à rayer cette guerre de notre mémoire, nous en sommes fiers. Nous sommes indissolublement liés par le sang et le souvenir. » Il ajoute également que « la vie ne reçoit son sens profond que si on la risque pour une idée, et qu'il existe des idéaux au prix desquels la vie d'un individu et même des peuples ne pèse aucun poids ». Et cette deuxième édition de se terminer par l'exclamation suivante : « L'Allemagne vit et l'Allemagne ne doit pas mourir ! » Ces lignes sont soigneusement biffées dans la troisième édition publiée en 1934 dès l'instant où la rhétorique nationaliste est aux yeux de Jünger usurpée et discréditée par les nazis auxquels il refuse d'être associé. Ce qui reste, c'est la guerre en tant qu'expression d'un état profondément intérieur :

> Les véritables sources de la guerre jaillissent au fond de notre poitrine, et toutes les atrocités dont le monde est périodiquement submergé ne sont qu'un miroir de l'âme humaine, dévoilée dans l'événement.

Il est impossible de comprendre *Mein Kampf* sans tenir compte de la Grande Guerre, dans l'ombre de laquelle le livre a été écrit, en 1923. Il n'y a pas une seule famille en Allemagne qui n'ait pas été touchée, qui n'ait perdu un fils, un frère, un oncle, un voisin, un collègue ou un ami. Leur chagrin a beau être invisible, il touche tout le monde. Visibles en revanche sont les invalides de guerre que l'on compte par centaines de milliers et que l'on croise dans les rues, ces gueules cassées aux joues disloquées par les balles, aux corps sans bras ni jambes, aux yeux luisant de terreur au moindre bruit brusque, au moindre mouvement brusque, autant d'hommes profondément désorientés qui parlent tout seuls. Les survivants sont revenus lestés d'expériences qu'ils ne peuvent partager qu'avec d'autres soldats revenus du front, car ce qu'ils y ont vécu est impossible à mettre en mots ; tout comme ce qu'ils y ont vu les marque pour le restant de leurs jours, sous la forme de ténèbres ou d'images refoulées qui les hantent en rêve ou au moment le plus inattendu de la journée, et ce, doublement par contraste avec l'environnement qui est le leur désormais. Pour un être humain qui voit autour de lui d'autres personnes mourir par centaines pendant plusieurs années, la vie n'a pas la même valeur que pour quelqu'un qui n'a pas assisté à un tel spectacle. Les morts n'étaient pas n'importe qui, mais d'autres êtres humains avec qui ils ont vécu, ri, partagé leur quotidien, à qui ils ont peut-être montré des photos de leurs proches, dans cette proximité sociale et ce lien étroit que la guerre implique aussi, donc des camarades de tranchées qui sont tombés, un par un, brutalement, arbitrairement. Après avoir vécu ça, on ne peut plus jamais s'attacher de la même manière à quelqu'un, car l'autre a beau savoir désormais que la mort ne surgit pas à l'improviste, la prise de conscience qu'un ami disparaît en l'espace d'une fraction de seconde, que ses autres amis peuvent à tout moment connaître un sort identique et qu'on peut aussi être le prochain – cette expérience est si fondamentale que même une vie entière passée dans la paix est incapable de l'effacer. Dans ces circonstances, on se tient sur la réserve, il y a trop à perdre. L'invalidité intérieure, la difformité émotionnelle, est aussi peu invisible que le chagrin des parents des victimes : on n'en parle jamais et pourtant la catastrophe est là, bien trop grande, bien trop violente pour ne pas marquer ceux qui l'ont vécue. Pour la génération d'hommes nés entre 1880 et 1900, la Première Guerre mondiale a été l'événement marquant de leur vie, qui a éclipsé tout le reste – et la question qu'ils se posent à la fin du conflit est celle du sens de cette guerre. Des millions de jeunes hommes ont péri, mais pour quoi ? Pour *ça* ? Pour l'industrie du divertissement, le cabaret, le cinéma, l'art autocentré ? C'est pour ça, le non-sens systématisé, qu'ils ont sacrifié leur vie ? Ils se sont battus pour ça ? Hitler voit en tout cas les choses sous cet angle – et il est loin d'être le seul.

Ils ont frôlé la limite de la vie, ils ont vécu dans cette zone-frontière entre le tout et le rien, l'intensité qui les a habités à ce moment-là, le carnage dont ils ont été témoins à cet endroit-là, ne peut décemment pas être insensé, il ne peut se résumer à du rien ; ça, et plus que tout le reste, ils le savent. Alors, s'ils observent la situation d'un point de vue politique, ils ne peuvent tirer que deux conséquences : plus jamais un gaspillage de vies humaines aussi cruel et aussi insensé, ou bien une nouvelle guerre afin de donner du sens au sacrifice consenti par deux millions de soldats allemands. Pour Hitler, seule la seconde option est possible. Car si la guerre vient d'anéantir tout ce qui s'est passé avant elle, cela vaut tout autant pour ce qui se produira après elle. Hitler écrit :

> Des milliers d'années peuvent bien s'écouler : jamais on ne pourra parler d'héroïsme sans avoir en mémoire l'armée allemande durant cette guerre mondiale. Alors, des brumes du passé émergera le front d'acier du casque en métal gris, sans trembler ni tressaillir, un monument de l'immortalité. Tant qu'il y aura des Allemands, ils se rappelleront qu'ils furent autrefois des fils de leur peuple.

C'est ça, la guerre comme mythologie, une épopée de l'héroïsme, ancestrale, aux accents quelque peu wagnériens ou homériques, qu'Hitler connaît et révère en ce qu'elle épouse une forme qui restitue au mieux selon lui la condensation du sens, qu'il recherche de ce fait non seulement par rapport à la guerre mais par rapport à tout ce qui lui est contemporain ; et cette contemporanéité, observée à travers le prisme de l'ancestralité, devient ainsi magnifiée, chargée d'unité et de cohérence, deux notions synonymes de sens. Et même s'il ne fait aucun doute que la guerre manquait précisément de sens pour quiconque y a participé – car si quelque chose ne se manifestait nullement au fil de ses événements, c'est bien l'unité et la cohérence –, néanmoins, il n'y a aucune raison de croire qu'Hitler la décrit en ces termes par pur calcul, il y a au contraire toute raison de croire qu'il a vécu la guerre comme un événement profondément chargé de sens. Il a risqué sa vie pour ses convictions, dans le cadre d'une grande communauté qui lui a fourni une camaraderie inconditionnée, n'exigeant ni connivence ni intimité, et dans une situation où tous se battaient pour cette nation allemande à laquelle il rêvait d'appartenir depuis son enfance et pour laquelle visiblement – du moins si l'on en croit les passages de *Mein Kampf* où il décrit les impressions laissées par la lecture des ouvrages paternels consacrés à la guerre franco-prussienne de 1870-1871 – il rêvait aussi de se battre.

Cette mythification de la guerre n'est pas pour autant un rêve de guerre mais une essentialisation, et le fait qu'elle n'offre aucun regard sur la réalité quotidienne est caractéristique du *moi* romantique, de l'exaltation puis de l'élévation par le monde extérieur de la vie intérieure, ce dont les poèmes d'Hölderlin sont notamment l'expression éclatante, tout autant dépourvus de quotidienneté et de trivialité : tout en eux est magnifié, exalté, gorgé d'existence, constamment porté à la limite de l'extase, tout comme la vie le devient lorsqu'elle est saturée de sens. L'amour peut charger une vie de la même façon, l'expérience mystico-religieuse également – tout comme la mort. Ces trois états ont trait à la transcendance du *moi*. Le sentiment qu'un élément divin traverse la poésie d'Hölderlin relève du même procédé : la frontière séparant le monde et le *moi* est quasiment abolie, le poème fait presque corps avec ses évocations d'ombres profondes et vertes, de soleil brûlant, de tonnerre roulant sur les collines, de rivières glacées jaillissant des montagnes, et tout est par conséquent signifiant : l'identité conjointe entre le *moi* et le monde constitue le sens ultime. En l'absence d'une telle identité, le monde devient étranger ; et, face à l'étranger, le *moi* est isolé, reclus, rejeté pour ainsi dire, et ce faisant étranger à lui-même et à son environnement, car l'étranger est le point à partir duquel il peut se voir, lui et sa non-appartenance. Le monde n'est pas étranger pour l'animal car il ne peut pas se voir, il ne sent pas la distance entre lui et son environnement. C'est de cela que parle le second récit de la Création : la chute qu'implique la connaissance, la chute dans l'étranger. Le désir de nature et de naturel est un désir d'identité, de totalité, de sens absolu indifférencié. Le *moi* solitaire du romantisme, avec sa soif de transcendance du *moi*, en est l'expression, plus aiguë que jamais depuis l'effondrement du phénomène religieux comme seule vision du monde, qui a pour corollaire la déréliction de l'humain. Le concept d'aliénation du jeune Karl Marx est d'abord existentiel et non politique ; ce n'est que plus tard qu'interviendra sa corrélation avec le travail mécanique spécifique sous la férule du capitalisme. Les récits héroïques de Wagner, ses grandes tempêtes d'émotions, sont du même ressort : l'élévation et la transcendance du *moi*. Dans *Mein Kampf*, le *moi* s'exprime selon un modèle similaire : il exalte la guerre et la vie singulière en les élevant vers quelque chose d'inaltéré par le quotidien, vers une forme de magnificence signifiante en soi ; mais, à la différence d'Hölderlin, Rilke, Trakl, Wagner, Beethoven, et de presque tous les autres artistes allemands des périodes romantique et post-romantique, le *moi* d'Hitler est limité par sa maîtrise lacunaire de la forme, c'est-à-dire par une faculté lacunaire de modeler le langage en une expression véritable du *moi* et des émotions qui le traversent, il est tout juste capable de singer la forme des autres, et ce de la façon la plus simple qui soit, en créant un cliché. « Alors, des brumes du passé émergera le front d'acier du casque en métal gris, écrit Hitler, un monument de l'immortalité. » Lequel Hitler est également limité par sa pensée restreinte par la culture dans laquelle il a vécu, elle-même bourrée de préjugés, d'approximations, de demi-vérités, de rumeurs, de poncifs et d'énormités qui, tous, comme le démontre Brigitte Hamann, proviennent avec une fréquence époustouflante des journaux viennois et des publications populistes de l'époque, tant et si bien que ce qui lui paraît grandiose et absolument porteur de sens n'est pas un seul instant transmis comme tel (à l'inverse d'Hölderlin, pour ne prendre que lui), mais plutôt comme quelque chose d'inauthentique puisque l'idée de grandeur, ou la volonté de grandeur, est le seul élément qui ressort de ce fameux grandiose – ce qui renvoie au *moi* et à sa nature petite-bourgeoise qui, par leur seule présence, disqualifient toute forme de sublime. Lire les tentatives d'Hitler dans *Mein Kampf* pour atteindre l'élévation équivaut à regarder une croûte représentant une montagne escarpée à la beauté unique.

Le fait que la prose d'Hitler rabougrisse tout ne signifie pas pour autant que ses sentiments à l'égard des choses qu'il décrit sont étriqués, ni que celles-ci le sont elles-mêmes. Le talent d'Hitler est ailleurs, et il le souligne à plusieurs reprises dans *Mein Kampf* – comprenons : l'infériorité de l'écrit par rapport à la parole, cette parole qu'il a définitivement en son pouvoir et sait parfaitement exploiter pour forcer ses auditeurs à éprouver les sentiments qu'il ressent ou qu'il veut qu'ils ressentent. D'où cette insistance à mythifier ce qui au départ relève essentiellement du quotidien ainsi que cette exaltation de la réalité, où le travail des ouvriers, fondamentalement ennuyeux, monotone et désolant, devient héroïque et grandiose, où le passé est sans cesse convoqué au gré de parades équestres et des étendards médiévaux, à travers des rites et des serments, dans des bâtiments et des places d'inspiration néoclassique, au fil d'une espèce de sublimation du présent, d'un réenchantement de la société, où l'écrasante majorité des éléments esthétiques est empruntée au monde de l'armée et à l'univers de la guerre : uniformes, drapeaux, défilés, ayant tous en commun d'être fédérateurs. Les ouvriers deviennent des ouvriers-soldats, les élèves des enfants-soldats, les sportifs des athlètes-soldats, et cette évolution a ceci de singulier que la réalité est magnifiée, élevée, essentialisée non pas à travers sa transformation par l'œuvre d'art, ni à travers la sélection par l'œuvre d'art de ses différentes composantes, où le monde serait donc lu dans un poème, entendu dans une musique, vu dans un tableau, mais bien à travers le remodelage et la recréation de cette même réalité, une refabrication qui s'effectue sans intermédiaire, sans filtre. Hitler transforme l'Allemagne en théâtre. Et ce théâtre exprime la cohérence, et par là même l'identité, et par là même l'authenticité. Il ne s'agit nullement d'inventer quelque chose, de construire une identité au moyen de costumes, de bannières et de cortèges, mais uniquement d'extérioriser une réalité historiquement omniprésente, que la société moderne a jusque-là refoulée, dissoute ;

voilà pourquoi, aussi, tant d'éléments proviennent de l'histoire – une restauration se produit.

Hitler n'est pas non plus un directeur de théâtre militariste et fanatique qui impose sa volonté au peuple : les cordes sur lesquelles il joue sont réelles, les émotions qu'il suscite se nichent dans chaque individu. Quiconque a regardé les défilés nazis organisés dans l'Allemagne d'Hitler sait quels sentiments ils éveillent, quelles forces colossales produit cette communauté en uniforme, dénuée du moindre *moi*, quelle puissance renferme cette masse collective – car, oh… que n'aimerait-on pas être une partie de ce grand *nous* ! Certaines des images de cette époque affichent une beauté presque sauvage : ces alignements de soldats photographiés ou filmés à hauteur d'œil, cet océan de casques d'acier qui s'engouffre vers l'avant, dans une symétrie parfaite, cet être humain identique et répété à l'infini. Ou encore ce grand silence tandis qu'Hitler parcourt les centaines de mètres qui le séparent du monument aux morts pour honorer devant la flamme vive la mémoire des hommes tombés pendant la Première Guerre mondiale, entouré de milliers de soldats au garde-à-vous, en uniforme, casqués, figés. Tout ce qu'il voulait éveiller dans *Mein Kampf* par le truchement de ses descriptions, et qu'il a raté complètement, il le réussit à présent dans ces tableaux humains. Un front d'acier de casques en métal gris *émerge* devant nous, ils *réveillent* le passé de ses brumes, sauf qu'ils sont de plain-pied dans le présent, ils *sont* immortels. Comme le crie un soldat lors de l'un des congrès de Nuremberg : « Vous n'êtes pas morts ! Vous continuez de vivre en Allemagne ! »

Qui ne veut pas faire partie d'un mouvement plus grand que lui ? Qui ne veut pas sentir que sa vie a un sens ? Qui ne veut pas mourir pour une cause ?

La sérénité, la satiété et la tranquillité qui emplissent notre vie, ou dont nous nous efforçons de l'emplir, où la satisfaction est notre but ultime, où presque aucun nuage ne trouble le ciel, n'est pas sans rappeler l'existence que Stefan Zweig décrit dans ses mémoires, *Le Monde d'hier*, et qui s'achève si brutalement en ces jours d'août 1914. La question que nous devons par conséquent nous poser est de savoir si la guerre a été provoquée par des circonstances politiques et des facteurs socio-historiques, impensables dans nos sociétés d'après-guerre, ou si elle a été causée par le déchaînement de forces ayant toujours été présentes dans l'être humain, contenues dans notre essence, chez nous tous, autant que nous sommes, et de ce fait susceptibles d'être libérées à nouveau, n'importe quand à partir de maintenant. Auquel cas la seule chose que nous puissions affirmer avec certitude c'est qu'elle se reproduira, d'une autre manière, sous une autre forme, car cette forme qu'elle a revêtue lors de son déclenchement en 1914 puis de son redéclenchement en 1939, non seulement nous l'avons identifiée mais nous en avons canalisé tous les débordements possibles. Il n'y aura aucun pas de l'oie dans nos rues, aucune tête casquée sur nos places. Pourtant, dans mon for intérieur, alors que je suis assis dans une pièce de Glemmingebro, près d'Ystad, au printemps, avec le soleil qui inonde le paysage bourgeonnant que j'ai occulté à l'aide d'un tapis fixé à la fenêtre afin de me concentrer sur mon travail, non sans être dérangé par le va-et-vient dans la maison des enfants qui entrent et qui sortent avec cette ferveur et cette joie, avec ce besoin de s'épanouir, dont je me souviens pour les avoir vécus dans mon enfance, alors que ma mère enlève les mauvaises herbes des parterres de fleurs, que Linda est partie faire des courses en vue du dîner de Pâques, que son frère dans la cour fixe avec des clous le toit de l'auvent qui s'est effondré sous le poids de la neige cet hiver, que sa mère à côté de lui tente de redresser un buisson touffu également effondré à cause de la neige, je me sens soudain en proie à un désir d'autre chose, un désir partagé par d'autres, je suppose, parce que les gens d'une même culture ne peuvent être différents au point qu'une émotion ne puisse exister que chez une seule personne – non ? Je ne sais pas ce que représente ce désir, mais je sais qu'il n'implique aucune volonté de distanciation de ce qui se trouve ici, qui est à moi, qui constitue mon entourage ; non, ce n'est pas du tout ça car il n'y a rien de tout cela que je méprise, tout comme je comprends la valeur de la régularité de cette existence, de même que sa nécessité. Et pourtant, ce désir. Mais un désir de quoi ?

Ou plus qu'un désir, c'est peut-être un manque. L'impression d'une absence. Au beau milieu de la vie et des vivants, comme enveloppé dans le pépiement et les battements d'ailes des oiseaux qui construisent leur nid à proximité, sous le soleil, entouré d'une végétation verdoyante de part et d'autre, là, quelque chose manque.

Ce manque est-il en moi ? Serais-je incapable de conquérir mon propre temps, mon propre lieu, de le voir tel qu'il est, et tel qu'il est vraiment, de savoir qu'il représente tout, et de m'en réjouir ? Car c'est tout un monde qui s'ouvre dans la plus petite plante sur laquelle on est penché, elle vit en lien avec tout ce qui vit aussi, elle pousse jusqu'au bord près du gouffre vertigineux du temps où nous nous trouvons également. Est-il de ma responsabilité de rendre ce monde valable, de le remplir de valeur ? Et d'abord peut-il l'être ? Ou bien est-il vide, rempli d'excroissances sérielles, qui se copient et se recopient, *ad libitum* ? Un vide qui constitue d'ailleurs le fondement de notre réalité biologique, de l'humain ? Auquel cas, pourquoi imitons-nous dans la culture que nous créons le vide de la vie sérielle ? Notre culture ne devrait-elle pas plutôt établir des différences, siège de toute valeur, et par là même de tout sens ? Ou bien ce sens n'existe-t-il pas ? Ou alors est-il caché ? Caché par quoi dans ce cas ? Caché par la réalité sociale, dont les différences existent pour nous scléroser et non pour nous libérer, qui nous sclérosent dans une vie déterminée, la vie routinière dans le regard de laquelle le monde entier se dissout et devient semblable ?

Mais alors, si c'est le cas, d'où vient l'idée qu'il pourrait en être autrement ? Nous ne croyons pas en Dieu, ce qui signifie que Dieu n'existe pas, et n'a d'ailleurs jamais existé. Si c'est le cas, alors il n'existait que dans l'imaginaire humain, comme une espèce d'outil existentiel, la condition pour qu'un sens se dessine malgré tout étant que la connaissance de cette instrumentalisation n'atteigne pas la conscience. Elle ne l'atteint que lorsque la réalité matérielle a été identifiée comme étant instrumentalisée, or à partir de là il n'y avait plus de retour en arrière possible car le sens exclut la tromperie des yeux grands ouverts, croire c'est savoir ; forcément, comme ils savaient que Dieu était une réalité, nous savons que Dieu n'est pas une réalité. Le lien avec l'authentique, qui résidait dans l'extase, a été rompu parce que l'authentique n'existait pas ; et l'extase aussi, ces émotions profondes au cœur même de l'humain, elles étaient fausses, elles n'étaient qu'une chimère.

Mais le soleil brille, l'herbe pousse, le cœur bat dans son obscurité.

Mais le soleil brille, l'herbe pousse, le cœur bat dans son obscurité.

Pourquoi ai-je écrit cette phrase ?

Que ce langage est creux. On dirait la langue des nazis. Oui, le soleil brille réellement, l'herbe pousse réellement, le cœur bat réellement dans son obscurité, mais le factuel n'est pas l'essentiel dans cette langue, l'essentiel est a contrario ce que cette langue évoque, le fait que le soleil, l'herbe et le cœur sont exaltés puis élevés, d'une certaine manière, qu'ils sont transformés pour devenir des entités plus amples qu'eux-mêmes, des entités pour ainsi dire porteuses d'une réalité plus authentique. C'est cette même langue qui affirme que la civilisation est coupée des pulsions, des souffrances, du génie, alors que le soleil, l'herbe et le sang sont foncièrement liés à cet authentique dont les deux grandes expressions sont incarnées par la guerre et par l'art, comme l'écrit Thomas Mann en 1914.

Ce langage est creux, et il est devenu le langage des nazis, mais est-il faux pour autant ?

Le poème de Paul Celan est une réponse à cette langue qui a détruit la culture dans son entier. Bien que cette entreprise de dévastation ne soit pas née dans *Mein Kampf*, elle y a été capitalisée et concentrée puis, par l'intermédiaire de son auteur, diffusée au sein de toute une société dans le but de la transformer de fond en comble. Tout ce que cette langue véhicule, nous nous en sommes depuis débarrassés. Toutes les idées axées autour des notions de grandeur et d'authenticité, nous les avons éliminées. Nous vivons dans une mer d'objets et passons une majeure partie de notre temps de veille devant des écrans. Nous nous efforçons de dissimuler la mort le mieux possible. Que faisons-nous si de tout cela affleure un désir d'autre chose ? Le désir d'une réalité plus réelle, d'une vie plus authentique ? Un court-circuit se produirait alors, car toute vie a le même degré d'authenticité, et la grandeur n'est qu'une représentation de la vie et non la vie en tant que telle. Le désir de réalité, le désir d'authenticité n'exprime rien d'autre qu'un désir de sens, et le sens naît de la cohérence, de la façon dont nous sommes liés les uns aux autres et à notre environnement. C'est la raison pour laquelle j'écris : pour essayer d'explorer les liens dont je fais pleinement partie – et, lorsque je sens en moi l'appel de l'authenticité, cette attirance devient un nouveau lien que je me vois obligé d'explorer. Je suis tout à fait convaincu du degré de capillarité entre l'art et la guerre – ce qu'estimait Thomas Mann en 1914 même si par la suite, bien sûr, il a pris ses distances avec cette idée –, car ils cherchent chacun à atteindre l'extrémité de l'existence, qui est la mort, dans les coulisses de laquelle la vie rayonne en devenant soudain un bien précieux et inamissible, c'est-à-dire porteur de sens. J'ai toujours eu cette impression dans l'art, cette sensation puissante d'un sens en action, quasi systématiquement face aux peintures de la période allant du XVIIe à la fin du XIXe siècle, plus rarement dans l'art moderne, à quelques exceptions marquantes près, notamment les œuvres d'Anselm Kiefer, avec lesquelles j'ai toujours ressenti une très forte affinité. Or, il y a quatre ans, à la faveur d'un voyage à Venise, il m'a semblé que cette affinité s'effondrait. Je regardais les tableaux à l'Accademia et, soudain, ils ne « disaient » rien, comme s'ils se trouvaient dans un espace hors du mien, au sein duquel ce qui valait ne valait plus chez moi. Et c'était vraiment étrange, car la mort est la mort, la vie est la vie, l'être humain est l'être humain, quelles que soient les caractéristiques de sa culture – n'est-ce pas ainsi qu'il en va ? Nous nous étions précipités dans les salles d'exposition, à cause de la patience très limitée des enfants, bien que Vanja ait aussitôt été aimantée par le côté lugubre des toiles, ces innombrables têtes de mort, ces chevaux piaffant, ces figures masculines crucifiées ; et, une fois ressortis, alors que nous avions pris place dans un café tranquille avec vue sur la lagune, que nous buvions un Sprite avec des glaçons, je fus tout à coup frappé par l'idée que, peut-être, en définitive, l'âge et la splendeur de ces tableaux – que j'avais pendant tant d'années tenus en si haute estime et que je n'avais cessé de chercher à voir parce que leur beauté m'apparaissait non seulement nécessaire mais absolument vitale – *n'avaient aucune valeur*. Soudain, j'eus l'impression que nous portions un fardeau, qu'une ombre nous tombait dessus, une opacité morte et froide, que la beauté recelée par ces tableaux était la beauté de la mort, que la prise de conscience qu'ils éveillaient en nous était de plain-pied dans la mort, dans la mort et dans rien d'autre.

Le même jour, je vis la seule chose de vraiment sublime au cours de ce voyage. Je me promenais avec John dans le quartier proche de l'appartement où nous étions logés, je marchais dans les ruelles étroites, sombres et humides où de petits sacs d'ordures attendaient devant chaque porte d'être ramassés, où les vêtements séchaient sur des cordes à linge tendues entre deux façades. C'était la fin de l'après-midi, nous approchions de la place donnant sur la lagune où les vaporettos étaient accostés, quand, brusquement, un énorme bateau apparut au-dessus des toits. Il glissait lentement. Nous arrivâmes sur la place avec cette mer ouverte et cette lumière si particulière, omniprésente, sous la pluie comme sous le soleil, été comme hiver, qui faisait tout scintiller, les murs et les toits, les pavés et la surface de l'eau.

Car le navire était vraiment gigantesque, il dominait la ville, il était noir de monde et les passagers, massés sur les ponts. Une voix hurlante dans un haut-parleur donnait des informations touristiques. Les flashs crépitaient partout. J'étais comme soulevé. Je sentis un frisson me parcourir le dos.

— Regarde, John, lui dis-je en m'accroupissant à côté de lui.

Il sourit et montra du doigt un pigeon qui se pavanait sur la place. « Là ! » dit-il. Je me relevai, je regardai de nouveau le navire, suffisamment loin à présent pour que je ne puisse plus distinguer les traits des visages de cette foule agglutinée sur les ponts, hormis les flashs des appareils photo qui les éclipsaient par intermittences, puis je tournai la poussette et repris la direction de la ruelle afin de rejoindre un café minuscule où John eut droit à une brioche et moi à un expresso.

Pourquoi la vue d'un paquebot de croisière m'a-t-elle fait frissonner ? Qu'est-ce qui m'a fait croire que c'était sublime ?

Dans l'esthétique classique, le sublime correspondait à la vue de quelque chose qui, en raison de sa grandeur ou de son étrangeté, ébranlait le spectateur. Une éruption volcanique, un naufrage, une montagne majestueuse et sauvage, devant la présence ou le déploiement desquels le spectateur a l'impression d'être minuscule ou insignifiant. La beauté, synonyme dès l'Antiquité de proportion et d'harmonie, c'est-à-dire d'une entité maîtrisée par les êtres humains, est incorporée au sublime à l'époque romantique, peut-être parce que l'idée du divin a cessé d'être un point central évident du monde, d'où provenaient les réflexions et les concepts ou vers lequel ils tendaient. Mais le sublime et le divin sont deux notions différentes, la révélation de l'étrangeté de la nature n'a rien à voir avec la révélation de la proximité divine en ce que celle-ci est non seulement un éloignement soudain rendu visible, non seulement la cruelle et titillante prise de conscience de l'aveuglement et de la non-humanité dont fait preuve la nature, mais aussi le contraire, une promesse de cohérence et d'appartenance. Un *nous*. Le divin, ou le sacré, indique les limites de ce *nous*, en même temps qu'il lui donne un sens, non pas en tant qu'individu mais en tant que collectivité : un *nous* comme un *tout*. Et la nature de la révélation a dû elle aussi être radicalement différente, car l'expérience du divin ou du sacré était d'un principe tel qu'elle transcendait une réalité réglementée par des lois bien définies – on imagine aisément l'épouvante et l'effroi que cette révélation suscitait. Se tenir devant une créature toute-puissante, ni humaine ni animale, qui d'ordinaire se cache mais à présent est bel et bien là, face à vous, comme vous. Le théologien allemand Rudolf Otto a écrit que le sentiment religieux, ce qu'il nomme « le numineux », peut remplir l'âme avec une puissance telle qu'elle trouble les sens. Il s'est efforcé d'en énumérer les différents stades. Le numineux peut se caractériser par une sensation de flottement dans le cadre d'un profond recueillement, capable de passer à « un état d'âme constamment fluide, semblable à une résonance qui se prolonge longtemps mais qui finit par s'éteindre dans l'âme qui reprend son état profane ». Il peut aussi jaillir de l'âme par saccades et soubresauts. Il peut parfois « conduire à d'étranges excitations, à l'ivresse, aux transports, à l'extase ». Il peut encore dégénérer et « se confondre avec le frisson et le saisissement d'horreur éprouvé devant les spectres ». Et Otto d'ajouter enfin : « Il a des degrés inférieurs, des manifestations brutes et barbares, et il possède une capacité de développement par laquelle il s'affine, se purifie, se sublimise. Il peut devenir le silencieux et humble tremblement de la créature qui demeure interdite... en présence de ce qui est, dans un mystère ineffable, au-dessus de toute créature. »

Quand je lis Rudolf Otto ou Mircea Eliade, afin de comprendre et de définir cette expérience du divin et du sacré, puisqu'ils tentent tous deux de la cerner, quand je lis les écrits des mystiques chrétiens ou des Pères de l'Église, pétris de cette extase religieuse, je me trouve confronté à une réalité qui m'est totalement étrangère, qui n'a nullement sa place dans ma vie ni dans le monde qui m'entoure, ou alors que j'entraperçois en tombant par hasard à la télé sur un reportage consacré à un rassemblement évangélique. Pareille réalité ébranle ma conviction pourtant fondamentale qui me fait affirmer que la vie émotionnelle de l'être humain est constante et que les affects qui nous traversent ont toujours traversé l'humanité, raison pour laquelle il fait sens pour nous d'observer même les œuvres d'art anciennes ou de lire même les textes anciens. La condition humaine a toujours été la même, me dis-je, indépendamment des transformations que nos cultures ont connues. En tout état de cause, les expériences de ce type, absolument essentielles autrefois, ces méditations sur Dieu et le divin, ces rituels et ces cultes autour du sacré, ces visions et ces extases qui surgissaient dans la vie et étaient entièrement consacrées à Dieu et au mystère divin, cette volonté de chercher un sens, cette ardente ferveur avec son spectre d'intuitions, d'états d'âme et d'émotions, ne sont plus recherchées de nos jours, ou, dans le cas contraire, elles se produisent en marge, en périphérie de la société, en dehors de notre attention, ou alors, mais rarement, elles sont invitées sous la forme de témoins d'une pratique aussi étrange que canonique dans le cadre d'une émission de divertissement à la télé, sur l'air de : « Alors comme ça vous êtes moine ? Et c'est comment, de ne pas faire l'amour ? » Quand nous avons fermé la porte à la religion, nous avons également fermé la porte à quelque chose situé à l'intérieur de nous-mêmes. La disparition du sacré a entraîné dans son sillage l'extinction des émotions puissantes qui lui étaient associées. L'idée du sublime n'est plus qu'un faible écho de l'expérience du sacré, le mystère en moins. Le languissement et la mélancolie qu'exprime l'art du romantisme sont un désir de retrouver ça, et tout en même temps un deuil de sa perte. C'est du moins ainsi que j'interprète ma propre attirance pour le romantisme dans l'art, les brèves mais intenses rafales d'émotions qu'il peut déclencher dans mon âme, la soudaine vague de joie et de chagrin qui se soulève en moi comme un ciel si je vois quelque chose d'inattendu ou de banal d'une manière inattendue. Un paquebot de croisière noir de monde, un paysage industriel recouvert de neige, le soleil rougi qui l'éclaire à travers une nappe de brume. Un vieil homme en bleu de travail qui jette un carton sur un feu de bois, également dans un paysage enneigé où tout est silencieux et figé, hormis les mouvements du vieil homme – que je connais bien puisqu'il est mon grand-père maternel – et les flammes qui vacillent prudemment. Les flammes, le feu, l'incendie, qu'est-ce sinon quelque chose qui s'ouvre dans le monde ? Quelque chose qui se déclenche, qui vit et puis disparaît ? Toujours pareil, et pourtant jamais identique. Lorsque j'assiste à ça, je suis présent de tout mon être, j'ai conscience non seulement de mon existence mais de mon *moi*, pendant un bref instant cette prise de conscience me remplit entièrement, et elle ne me remplit pas de mes problèmes, de ce que j'ai fait ou dois faire, des gens que je connais ou que j'ai connus ou que je connaîtrai, non : tout ce qui me relie au monde social a disparu. Pendant cinq secondes, peut-être dix ou même trente secondes, je me tiens debout dans le monde, en regardant un feu de bois brûler et un homme reculer d'un pas, dans un paysage silencieux et enneigé – puis ces images s'évaporent, la magie est brisée, tout redevient comme avant, moi y compris.

Que cette expérience est petite et minable comparée au ravissement des mystiques ; que ma quête de sens est triste, toujours interrompue, comparée à leur dévotion de toute une vie ; que mes rituels devant l'écran de télévision sont pathétiques comparés à ceux qui se déroulaient autrefois dans le monde. Oh, à peine si j'arrive à l'évoquer, cette différence entre les émotions exaltantes qui m'emplissent dès qu'un Norvégien remporte le Championnat du monde de ski, et celles qui emplissent une personne dès qu'elle s'agenouille devant un saint et sent son âme s'élever grâce à ce recueillement.

Mais bordel : qu'est-ce que je sais du divin, en fait ? De quel droit j'utilise ce terme ? Moi, un homme de quarante ans, occidental, laïque, aussi naïf qu'inculte, un parmi la multitude des spécimens déspiritualisés et banals qui peuplent ce monde ? N'ai-je pas, deux jours après avoir vu le paquebot de croisière, fait tomber ma fourchette sur la terrasse d'un café vénitien, incitant ainsi le serveur à m'en apporter une propre, que j'ai refusée – « non, ça ira, pas besoin de m'en donner une autre, j'en ai une ici, regardez » –, infichu de voir que cette fourchette tombée par terre devenait dans ce contexte, et aux yeux du serveur, souillée et inutilisable ? Puisque, oui, c'est ce qui s'est passé. Et en compagnie d'Espen et d'Anne en plus, qui ont esquissé un sourire passablement gêné face à cet impair, avant qu'Espen ne me dise du bout des lèvres que, d'après lui, le serveur voulait me donner une fourchette propre parce que la mienne était tombée par terre. Comment un bonhomme aussi balourd et maladroit pouvait-il ne serait-ce qu'envisager de faire rouler dans sa bouche un mot tel que « le divin » ? Un homme qui, par surcroît, ne croyait même pas en l'existence de Dieu, ni bien sûr en celle de Jésus qu'il ne prenait évidemment pas pour le Fils de Dieu ? Pourquoi allait-il, bon sang de bois, mettre le bazar dans ce matériau ?

Oui, qu'est-ce que je cherchais ?

Le sens. C'était aussi simple que ça, sans doute. Dans ma vie quotidienne, j'étais rempli d'une espèce de lassitude, tout à fait supportable, jamais menaçante ni destructrice de quelque manière que ce soit, et surtout d'une espèce d'ombre projetée sur mon existence, dont la conséquence ultime était une sorte de désir passif de mort. Ainsi, dans un avion, par exemple, je pouvais me surprendre à penser que ça me serait totalement égal s'il venait à s'écraser, sans que j'aie un seul instant ne serait-ce que rêvé de mettre concrètement fin à mes jours. Quand j'étais en proie à cette lassitude, mieux valait encore qu'une explosion ait lieu pour qu'il y ait davantage de sens. J'avais l'impression d'être radicalement en dehors du sens, comme si j'étais incorporé en lui mais en étais tout aussitôt expulsé. J'avais l'impression que le sens ne cessait d'être à portée de main, continuellement, mais que je me maintenais en dehors de lui à cause de *moi* et de *ma* façon de voir les choses.

Était-ce cela ? Tenais-je là un semblant d'explication, un petit quelque chose d'objectivement vrai et réel, une constance de vie et de vivant, certes omniprésente mais à laquelle je n'avais accès que rarement, en pratique quasiment jamais ? Ou n'était-ce que quelque chose à l'intérieur de moi ?

J'aurais pu m'agenouiller, croiser les mains et adresser des prières et des plaintes tremblantes à Dieu, notre Père ; seulement, je vivais à la mauvaise époque car, lorsque je levais les yeux vers le ciel, tout ce que je voyais se bornait à un espace vaste et vide. Et, quand je regardais autour de moi, je voyais une société que nous avions entièrement organisée pour qu'elle nous endorme, nous fasse penser à autre chose, nous divertisse. Le confort et le plaisir, la douceur et la chaleur, voilà ce que nous voulions, voilà ce que nous avions obtenu. Le seul espace où subsistait un peu de sérieux, c'était l'art. Dans l'art, je ne recherchais que ça, la plénitude existentielle. La beauté et la plénitude existentielle. Parfois, je les trouvais, et j'étais alors comme transporté ; mais ça ne menait à rien, ça ne conduisait nulle part, ce n'étaient guère que des surcharges au creux d'une âme en surtension, de petits éclairs dans les ténèbres d'un esprit.

Je vois un paquebot de croisière noir de monde, glissant au-dessus des toits d'une ville séculaire en train de sombrer, et un frisson me parcourt le dos. Et après ? C'est tout ?

Élevé dans le catholicisme, ferré sur la théologie médiévale des grands Pères de l'Église, James Joyce qualifie généralement pour lui ces moments d'épiphanies, un terme utilisé initialement pour désigner la révélation de la nature divine du Christ aux Rois mages par une nuit étoilée à Bethléem, mais qui représente pour Joyce les révélations profanes de la vie dans les rues tout autour de lui. Dans son roman *Stephen le héros*, inachevé et abandonné, il définit l'épiphanie comme « une soudaine manifestation spirituelle ». Joyce s'inspire certes de la définition de la beauté par saint Thomas d'Aquin, à savoir les qualités inhérentes à un objet pour que nous le trouvions beau, mais déplace l'attention des propriétés de cet objet vers la perception que nous avons d'elles. Cette opération s'effectue en trois étapes : d'abord, l'objet doit être écarté de tout le reste puis considéré comme *une* chose (l'« intégrité » chez Thomas d'Aquin) ; ensuite, cette chose doit être analysée, en tant qu'entité et en tant que parties, en relation à lui-même et aux autres objets, et doit être considérée comme une *chose* (la « symétrie » chez Thomas d'Aquin) ; enfin, et c'est là qu'a lieu le moment épiphanique, nous reconnaissons que l'objet est une chose intégrale, il s'agit de regarder la chose telle qu'elle *est* (le « rayonnement » chez Thomas d'Aquin).

Joyce qualifie cette âme de la chose de « quiddité ».

Le point de départ de cette réflexion, que Stephen introduit dans la conversation qu'il a entamée avec son ami Crane, correspond à un intermède dont il est témoin un soir dans Eccles Street, où une jeune femme se tient en haut du perron d'une maison tandis qu'un jeune homme est appuyé en bas contre la grille.

> La jeune femme fille (d'une voix discrètement traînante) : « Ah oui... j'étais... à la... cha... pelle. »
>
> Le jeune homme (tout bas) : « Je... (toujours tout bas) : Je... »
>
> La jeune fille (avec douceur) : « ... Ah... mais... vous êtes... très... mé... chant... »

Appliquer à un épisode aussi banal que celui-ci un concept désignant la révélation de la divinité du Christ est un blasphème dans la mesure où la distance entre les deux sphères est si grande, mais une distance tout aussi grande sépare l'épisode et l'esthétique scolastique dans laquelle le soulève Joyce, qui se moque justement du fossé entre la réalité et les interprétations qu'en donnent les savants de la scolastique, en même temps qu'il tourne sans nul doute autour d'un aspect important inhérent à sa propre esthétique. Il décrit le monde immédiat, il veut percer ce qui se passe autour de lui dans l'instant, ici et maintenant, car tout est local, pour tout le monde et pour toujours. Mais les épiphanies de Joyce ne contiennent rien de « plus », c'est ce qui les caractérise, elles sont une expression en soi, et la tâche de l'auteur consiste à les observer ainsi, dans leur individualité. Les exemples d'épiphanies qu'il fournit concernent certaines tournures de langage surgissant dans la conversation, certaines manières de gesticuler, certaines pensées traversant la conscience, autrement dit, des phénomènes pleinement ancrés dans le monde humain, liés plus précisément à notre vie sociale, donc à la vie telle que nous la vivons les uns par rapport aux autres. Son esthétique a par conséquent quelque chose de presque anti-essentialiste, vu qu'elle ne s'intéresse ni à l'authentique ni au transcendantal, mais qu'elle cherche sens et signification dans le flux – ou le fleuve – de mouvements et de langage qui traverse notre vie quotidienne. La langue dans laquelle Joyce capture ce fleuve est elle-même un fleuve et, comme tous les fleuves, elle a une surface, ce que nous voyons au premier coup d'œil, et une profondeur, des mots sous les mots, des phrases sous les phrases, des mouvements sous les mouvements, des personnages sous les personnages. Dans *Ulysse*, tout est toujours autre chose, non pas parce que le monde est relatif, mais parce que le langage à travers lequel nous le voyons l'est. La transcendance dans *Ulysse* va vers le langage, elle creuse un gouffre dans l'instant qui ce faisant n'est donc plus épiphanique – ni isolé, ni entier, ni individuel – ; et si la représentation du monde par Joyce est vraie dans sa relativité et dans son intertextualité démesurée, elle est cérébrale et au fond scolastique dans sa volonté de systématisme et de cohérence, elle se détache définitivement de la réalité physique et du roman réaliste, à peu près comme les mystiques chrétiens se sont détachés de la Bible et de la réalité physique concrète, tournée vers l'action, pour se propulser dans le ciel anormalement abstrait et sans corps des spéculations et des réflexions dont ils ont recouvert leur vie. On peut facilement se perdre dans cet univers, tout comme on peut facilement se perdre dans *Ulysse* et dans les autres grandes œuvres du modernisme, avec toute la jouissance intellectuelle et tout le plaisir esthétique qu'elles ont à offrir, car leur orientation vers la forme et le langage en fait d'autant plus des œuvres à part entière, autonomes, en même temps qu'elles sont évidemment passées à côté de quelque chose, puisque, comme Henry James l'a suggéré un jour : dans l'art, les émotions sont le sens.

Si l'on considère l'art dans cette perspective, la forme ne signifie strictement rien en soi, ou alors sa signification porte sur tout autre chose, une dimension totalement abandonnée par le modernisme, c'est-à-dire par l'écrasante majorité des productions artistiques du début du siècle dernier jusqu'à nos jours. Quant aux œuvres composées par ceux qui ne partagent pas cette vision de l'art, elles sont teintées de romantisme, à l'instar notamment de *La Mort de Virgile* d'Hermann Broch, l'un des romans du XIXe siècle au modernisme le plus hardcore qui soit et dont l'ouverture, où un Virgile mourant est couché dans un bateau en route vers un port romain, contient les plus belles phrases en prose écrites au cours des deux derniers siècles en Europe :

> Bleu d'acier et légères, agitées par un imperceptible vent debout, les vagues de l'Adriatique avaient déferlé à la rencontre de l'escadre impériale lorsque celle-ci, ayant à sa gauche les collines aplaties de la côte de Calabre qui se rapprochaient peu à peu, cinglait vers le port de Brundisium, et maintenant que la solitude ensoleillée et pourtant si funèbre de la mer faisait place à la joie pacifique de l'activité humaine, maintenant que les flots doucement transfigurés par l'approche de la présence et de la demeure humaines la peuplaient de nombreux bateaux, – de ceux qui faisaient route également vers le port et de ceux qui venaient d'appareiller, – maintenant que les barques de pêche aux voiles brunes venaient de quitter, pour leur expédition nocturne, les petites jetées des nombreux villages et hameaux étendus le long des blanches plages, la mer

> était devenue presque aussi lisse qu'un miroir. Sur l'eau s'ouvrait la conque nacrée du ciel, le soir descendait et l'on sentait l'odeur des feux de bois, chaque fois que les bruits de la vie, le son d'un marteau ou un appel étaient apportés du rivage par la brise.

Une joie singulière s'empare de moi chaque fois que je lis cet extrait. Il est sublime. Pourquoi ? Qu'y a-t-il dans ce passage très précis qui puisse susciter des émotions aussi fortes ? Ce que la phrase décrit, l'entrée d'un bateau dans un port en fin d'après-midi, est trivial et reconnaissable, du moins pour quiconque a grandi près de la mer, en même temps la scène se déroule dans l'Antiquité, un monde pour nous perdu et inaccessible. L'explication se trouve-t-elle là ? Est-ce l'alternance du général, donc ce qui existe dans tous les ports, et du particulier, ce qui n'existe que dans celui-ci et qui est perdu à jamais, qui suscite en moi une joie ? Oui, ce passage ranime des souvenirs personnels d'odeurs, de sons, de lumières, et surtout celui du vent au bord du littoral au moment du coucher du soleil, cette sensation de plénitude qui peut remplir la personne qui y assiste – néanmoins, ce n'est pas sublime. Le sublime ne provient pas d'une impression de familiarité, mais du contraire. Le sublime de ce passage se loge dans le mouvement de la mer vers la terre ferme, « maintenant que la solitude ensoleillée et pourtant si funèbre de la mer faisait place à la joie pacifique de l'activité humaine ».

La solitude ensoleillée et pourtant si funèbre de la mer – jamais je n'ai pensé à la mer de cette façon, mais je dois avoir eu un sentiment similaire car, lorsque je lis ces mots, une part de moi reconnaît de loin en loin, vaguement, ce qu'ils évoquent. C'est la reconnaissance de quelque chose dont j'ignorais la nature, la reconnaissance de l'inconnu, de l'imposant, de l'extra-humain, de ce qui a à voir avec la mort. Le mouvement qui part de la mort pour rejoindre l'activité humaine joyeuse et pacifique, voilà ce que la phrase décrit, et tout en même temps ce qu'elle libère ; parce que, non contente de valoir pour la scène imaginaire de Broch, l'image du port de Brindisi au dernier siècle avant Jésus-Christ, soigneusement liée à la réalité physique qu'elle évoque, la phrase vaut également pour l'endroit où je me trouve en cet instant, le 2 juin 2010, à seize heures et une minute, dans le bureau de cet appartement situé au sixième étage d'un immeuble de la place Triangeln à Malmö, entouré par les bruits de l'activité humaine tout autour de moi, c'est-à-dire la circulation en contrebas, les cris intermittents des gens dans la rue, le charivari des lycéens qui fêtent leur bac en appuyant sur des cornes de brume, les basses et le martèlement de leurs sound-systems alors qu'ils effectuent un énième tour de la ville en voiture, la mélodie que le vieux saxophoniste noir assis contre un poteau joue encore et encore. Dans la scène d'ouverture de *La Mort de Virgile*, on aborde par bateau l'activité humaine, donc le monde social, qui, en se profilant ainsi, en s'amplifiant progressivement, en s'épaississant uniquement à travers ses sons et ses odeurs, apparaît telle qu'elle est en fait : un port, un havre, une protection. À l'époque de Broch, les gens étaient peu nombreux et disséminés, les villes où les cultures séparées par de grandes distances qu'il fallait parcourir au prix d'une opération lente et périlleuse si l'on voulait connaître l'activité humaine. Aujourd'hui tout a changé, cette activité humaine, notre refuge pour nous protéger d'un univers indifférent et mortel, n'est plus locale et restreinte mais omniprésente. Elle n'est plus un objectif lointain que nous mettons du temps à rejoindre, mais une réalité immédiate, qui nous entoure en permanence, où que nous soyons et quoi que nous fassions. Ce ne sont pas tant les conditions qui depuis ont changé, mais plutôt la façon dont nous les percevons. Voilà pourquoi le passage introductif de Broch a un effet si puissant : il attire l'attention sur une condition fondamentale que nous avons de plus en plus tendance à ignorer. Et sa manière de le faire, avec une telle simplicité, en le reliant à un paysage concret dans le monde, à un moment concret dans le temps, un début de soirée à l'entrée du port de Brindisi dont les éléments, la mer bleu acier rougie par le soleil, la teinte rosée du ciel, le littoral blanchi par l'écume des vagues, le scintillement des maisons, réveillent des instants similaires dans les profondeurs du lecteur, a le don de transformer l'instant et le prise de conscience potentielle qu'il renferme en une *chose vécue*. Une expérience est une chose vue, colorée par l'émotion. Un raisonnement ignore l'émotion, il s'adresse exclusivement à l'esprit et à la raison ; mais, pour l'esprit, qu'un nombre infini de personnes aient vécu et soient mortes avant nous, que nous vivant en ce moment allions bientôt mourir, sont autant d'axiomes, de faits banals, dont nous prenons conscience dès l'âge de cinq ans. Or nous ne le *comprenons* qu'en en faisant l'expérience, en ressentant le gouffre béant qui s'ouvre à nos pieds jusque dans l'environnement le plus trivial. À ce moment-là seulement s'opère la prise de conscience – par ailleurs inarticulable car elle renferme tant et tant de choses. Et parce qu'elle est si fondamentale, si centrale dans nos vies, Broch aurait pu la développer sur des pages et des pages, bien sûr, il aurait pu approfondir les nombreux aspects tant de la mort dans la nature que des remparts que nous dressons pour nous en protéger ; or, non : il a écrit ces lignes alors qu'il était au sommet de sa carrière littéraire, conscient de l'écart entre ce que le texte exprime et ce qu'il suscite, deux réalités bien distinctes. Il décrit la mer imprégnée d'une ambiance de mort, et il décrit l'activité humaine paisible et joyeuse qu'un bateau s'apprête à rejoindre, avec une simplicité telle qu'elle permet de voir les réalités respectives des deux éléments, et ce avec des concrétions d'une telle minutie que l'image peut dès lors s'insinuer dans l'imaginaire du lecteur et s'y déployer grâce à la richesse d'états d'âme et d'émotions qu'elle véhicule.

Le jour glisse lentement vers la nuit, nous pénétrons lentement dans la dernière heure de la journée qui est le temps de ce roman. Juste derrière celui de l'empereur vogue le bateau de Virgile. Le poète de l'*Énéide* y est étendu, le front marqué par l'empreinte de la mort, et sa présence n'en est que plus aiguë, elle imprègne tout : il sait qu'il va bientôt disparaître. Le jour glisse lentement vers la nuit, tout s'enflamme une dernière fois. Dans la mythologie nordique, le royaume des morts s'appelle Hel, un mot dérivé du verbe *hylja* qui signifie « cacher » ou « dissimuler » et un nom pour le moins approprié puisque le royaume des morts est au-delà de notre vue – et pourtant, me dis-je maintenant, cela peut également signifier le contraire : le monde des vivants se cache des morts. Quelques semaines seulement avant de partir pour Venise, nous allâmes dans l'ouest de la Norvège, voir ma mère et faire baptiser John. Nous rendîmes également visite à mon cousin Jon Olav qui venait d'acheter une petite propriété pour y passer l'été, non loin du village où il avait grandi, une ancienne fermette pour être plus précis. Située sur les hauteurs du Flekkefjorden, elle comportait un petit lopin de terre, un bois et un débarcadère. Nous partîmes en voiture au petit matin, par l'une de ces journées magnifiques qui ne cessèrent de resplendir cet été-là : le ciel dégagé était d'un bleu éclatant, les versants des montagnes verdoyaient, le soleil inondait le paysage, l'eau des fjords et des rivières scintillait, la neige brillait sur les sommets, le feuillage des arbres chatoyait puis clignotait dès qu'un souffle de vent s'engouffrait dans les branches. Maman ouvrait notre petit cortège avec Linda et Heidi dans sa voiture, je suivais avec Vanja et John sur la banquette arrière. Il n'y avait presque pas de circulation. La vieille Toyota que je conduisais appartenait à ma tante Kjellaug, la mère de Jon Olav, la sœur de ma mère. Comparée aux voitures neuves auxquelles j'étais habitué, que ce soient celles de location ou à l'auto-école, cette guimbarde semblait d'un autre âge, du XXe siècle mécanique. Elle tremblait et couinait de partout, j'avais l'impression d'être juste au-dessus de la chaussée, on sentait la moindre accélération vibrer jusque dans son corps. Les voitures que j'avais conduites jusque-là étaient sombres et froides, comme tout droit sorties d'un jeu vidéo, elles donnaient l'impression que la circulation alentour n'était qu'une projection sur un écran, et la vitesse, qu'elle soit de cent, cent dix ou cent trente kilomètres à l'heure, des chiffres sur un compteur. La sensation au volant de celle-ci était entièrement différente, je savourais mon plaisir. Après un virage, la rivière fraîche et verte se précipitait au bas d'un torrent, en tourbillons blancs et écumeux. Puis, à la sortie d'un tunnel, un fjord s'étendait au-dessous de nous, large et bleu, avec des fermes disséminées sur une rive, des falaises escarpées et sans arbres sur l'autre, comme des plaques de fer bleutées dans la réverbération du soleil. On ne voyait pas âme qui vive, hormis des bâtiments anciens et affaissés, une ou deux maisons tape-à-l'œil construites dans les années quatre-vingt, des machines agricoles, des pacages, des forêts, des fjords, des montagnes. Et la voix de Vanja sur la banquette arrière :

— On arrive quand, papa ?

— On est bientôt arrivés. Un peu de patience !

— Mais je m'ennuie...

— T'as vu ? Tu vois là-bas, de l'autre côté ? Une cascade !

— Oui, je la vois.

— Tu veux que je mette de la musique ?

— D'accord.

Je mis Dennis Wilson, que Vanja surnomme de la musique de voiture quand on l'écoute à la maison. Dans le rétroviseur, je la voyais renfoncée sur son siège, elle regardait par la fenêtre, les yeux vides. John dormait à côté d'elle.

Nous atteignîmes Dale, à laquelle ses deux stations-service confèrent statut de ville dans ce coin à la population très clairsemée où j'avais passé tant d'étés dans ma jeunesse. À l'autre bout du centre, soit une minute plus tard, la colline abrupte se dressait sur notre droite, au sommet de laquelle trônait la ferme de Kjellaug et Magne. Nous grimpâmes une côte raide flanquée d'escarpements boisés, avec ici et là des fermes de montagne et, de l'autre côté, des pentes tombant à pic dans le fjord. Quand nous sortîmes de la voiture dix minutes plus tard, le silence était total, tout juste interrompu par les guêpes, abeilles et bourdons que j'entendais bourdonner et qui virevoltaient autour de nous. J'ouvris la portière du côté de Vanja et détachai sa ceinture de sécurité, elle descendit et me regarda. John dormait toujours, il se mit à pleurer quand je défis les multiples boucles et ceintures qui le harnachaient, mais il se tut dès je le soulevai, posant sa tête sur mon épaule. La maison se trouvait en retrait de la route, au sommet d'un pacage escarpé qui dévalait vers le fjord d'un bleu profond, dont les eaux clapotaient paresseusement contre la bordure. Les arbres de la forêt située sur l'autre berge scintillaient.

Nous passâmes toute la journée là-bas. Vêtu d'un simple caleçon, je piquai une tête dans l'eau fraîche pendant que Vanja et Heidi me regardaient, debout sur les rochers. Nous fîmes du bateau avec Johannes, le fils aîné de Jon Olav, et, en début d'après-midi, j'emmenai Vanja pêcher. Elle n'avait encore jamais essayé, je devais tout lui apprendre et, pour qu'elle ne soit pas déçue, comme ni le temps ni le moment de la journée ne se prêtaient à la pêche, je lui dis à plusieurs reprises qu'il n'était pas du tout sûr que nous prenions quoi que ce soit. « Tu comprends ? » lui demandai-je. « Oui, oui. » Après nous être péniblement frayé un chemin à travers des buissons, nous longeâmes à moitié en équilibre la crête d'une petite montagne pour enfin aboutir à une pointe de terre qui faisait saillie dans le fjord, d'où je lançai la ligne. La cuiller brillait dans la lumière du soleil, toucha la surface de l'eau avec un petit éclaboussement, et tandis qu'elle s'y enfonçait, je tendis la canne à Vanja pour qu'elle puisse mouliner. « Comme ça, papa ? – Oui, voilà. – Ça mord ! – Tu rigoles ? » Quelques minutes plus tard, une morue se tortillait dans le varech. « Dès le premier essai ! » m'exclamai-je. Vanja rayonnait de fierté. Ça ne mordit plus du reste de la journée. Quand nous rentrâmes, Linda la prit en photo avec le poisson dans ses mains. Pour une fois, j'eus l'impression d'être un vrai père. Liv et Jon Olav préparaient le dîner, toute sa famille venait, Anne-Kristin avec ses deux filles, Magne et Kjellaug. Nous formions donc une belle équipée de huit enfants, cinq parents et trois grands-parents alors que, une heure plus tard, assis sur la pelouse en pente, chacun avec une assiette sur les genoux, nous mangions du ragoût de saucisses avec du riz tandis que le soleil était comme suspendu sur la cime des arbres à l'ouest. Vu de l'extérieur, il s'agissait de n'importe quelle joyeuse réunion de famille, mais ce n'était pas du tout le cas. Magne, que j'avais connu toute ma vie, était en phase terminale. Il avait toujours été un homme costaud et vigoureux, la référence lors de chaque repas, un homme au charisme si phénoménal qu'il était impossible de ne pas le voir. Et là, il était méconnaissable. S'il n'avait pas beaucoup changé physiquement, son aura s'était volatilisée. Il n'avait presque plus de présence, je le sentais de tout mon être, même quand il s'absentait j'en avais conscience, je ne comprenais pas qu'une transformation aussi totale soit possible, j'avais toujours assimilé son charisme à *lui*, à la personne qu'il était. Or il était l'ombre de lui-même. Il bavardait un peu, mangeait un peu, regardait un peu le fjord, entouré de ses enfants et petits-enfants, en ce qui était peut-être le plus beau jour de tout l'été.

Tout ce qu'il voyait lui échapperait bientôt, et ne reviendrait jamais.

Non seulement sa famille, dont il ne connaîtrait jamais le destin, mais aussi le fjord, la montagne, l'herbe, les insectes bourdonnants. Et, oh, le soleil… Il ne reverrait jamais plus le soleil.

Ces pensées imprégnèrent tout ce que je vis ce jour-là. La beauté du monde était certes rehaussée, mais elle semblait aussi plus cruelle car un jour elle m'échapperait à moi aussi, elle continuerait d'exister pour les autres, tout comme elle avait existé depuis la nuit des temps. Combien de personnes s'étaient assises là où nous nous trouvions alors pour profiter de ce superbe panorama ? Des générations et des générations, toutes réunies ici, et toutes disparues aujourd'hui.

Le soir, quand vint le moment de rentrer à la maison, Vanja voulut voyager avec Heidi et Linda. Je roulai donc seul avec un John endormi, une heure et demie durant, sous les montagnes hautes comme le ciel, à travers les vallées où s'allongeaient les ombres de la nuit qui approchait, le long de torrents tourbillonnants et de cascades écumantes, sans cesser de chanter à gorge déployée, ivre de soleil et de mort.

Que pouvais-je faire d'autre ? J'étais tellement heureux.

C'est le même soleil que décrivait Broch dans les années trente, le même soleil qui s'enfonçait dans la mer au large de Brindisi ce soir-là en l'an 19 avant J.-C. Et c'est le même soleil que Turner a fait irradier dans son tableau peint une centaine d'années plus tôt. Turner a trouvé son motif dans l'*Énéide*, l'épopée de Virgile, plus précisément dans l'histoire de Didon, qui tombe amoureuse d'Énée et se donne la mort au moment où il repart. Cependant, ce ne sont pas tant à ces événements dramatiques que s'attache Turner qu'au lieu où ils se déroulent. Dans sa peinture, le port antique de Carthage sur la côte nord de l'Afrique prend des accents romantiques, tant par son exotisme que par son esthétique, avec ces ruines et ces bâtiments monumentaux à moitié effondrés qui remplissent sa toile. C'est du moins ce que j'ai pensé la première fois que je l'ai vue. Mais, en y regardant de plus près, je me suis rendu compte qu'il ne s'agissait pas du tout de ruines mais bien du contraire : les grands édifices crayeux de l'Antiquité sont en construction, et le tableau montre ainsi une ville qui se dresse plutôt qu'elle ne s'affaisse. C'est un tableau exceptionnel. Sur la droite, un belvédère lourd de végétation tombe à pic dans un fleuve qui se jette dans le port. Sur l'autre rive, à la gauche de l'image, s'élève un bâtiment à demi érigé, au pied duquel on distingue un attroupement, autant de figures qui semblent minuscules en proportion des bâtiments et de la montagne à l'autre extrémité de la toile. Une femme en blanc, Didon, se tient au milieu d'hommes, dont l'un, apparemment un soldat à en juger par ses vêtements, tourne le dos au spectateur – Énée, probablement. Des matériaux de construction sont éparpillés autour d'eux et, à l'arrière-plan, des hommes charrient quelque chose à terre depuis un bateau. Presque détachés de cet affairement tout autour d'eux, des garçons sont assis sur la berge, nus, ils viennent de sortir de l'eau ou s'apprêtent à y plonger. Mais pour autant qu'ils soient détachés de ces activités, ils ne le sont pas de leur environnement, tant s'en faut – en observant le tableau, j'ai le sentiment d'une cohérence générale : les garçons sont liés à la végétation et à l'eau, tandis que les gens derrière eux, les bâtiments imposants et les mâts des bateaux à l'arrière-plan semblent se fondre dans la brume qui ce jour-là recouvre le paysage.

Alors que la lumière froide accentue et met tout en relief, les contours s'effacent et les éléments de la scène s'entrecroisent sous l'effet de la lumière chaude. C'est ce qui passionnait Turner, j'imagine, puisque il en va ainsi dans tant de ses peintures. Ainsi par exemple de celle du train, où une tempête de neige engloutit presque entièrement le convoi réduit à une ligne pure ou un contour ; tout est flou, tout est transitoire. Nous voyons en couleurs et, de ce fait, les choses tendent à disparaître, ou plutôt leurs fonctions ; et ce regard, qui écarte ce qu'il sait et dans le même élan tout savoir préexistant, est aussi celui qui peut voir le monde d'un œil neuf, comme si ce monde émergeait pour la première fois devant lui. Turner s'intéressait à la relation entre l'inconstant et l'immuable, le solide et le fluide ; dans cette optique, le train n'exprime rien d'autre que lui-même, certes l'une des nombreuses catégories dans lesquelles il peut être rangé et qui a à voir avec la modernité, l'industrialisation, la civilisation et la création humaine, mais dans le tableau uniquement ce qu'il est en soi, en termes purement physiques, un énorme objet métallique lancé sur une voie de chemin de fer, enveloppé dans une tempête de neige qui aurait pu engloutir n'importe quel objet : un voilier, une calèche, un cortège funèbre, un ours. En ce qui concerne *Didon construisant Carthage*, son intérêt réside identiquement dans les différentes manières qu'a la lumière d'influer sur le paysage, de son scintillement dans l'eau à la brume qui l'absorbe à l'horizon, et cette persistance lumineuse affecte naturellement la scène qui s'y déroule. Didon voit peut-être Énée pour la première fois, une histoire commence ici, mais une autre se termine également car ce qu'elle voit la conduira bientôt à la mort. La maigre différence entre ce qui s'érige et ce qui s'écroule, les bâtiments en construction aux allures de ruines, renforce ce mouvement, auquel la végétation tropicale participe également par une exubérance telle qu'elle en devient une menace pour le monde civilisé, si ordonné en comparaison qu'il rappelle la mort. Tous ces symboles existent dans la peinture de Turner, et pourtant ils ne sont en rien centraux, car son motif principal, c'est le soleil.

La première fois que je vis le tableau, accroché à la National Gallery de Londres, une charge émotionnelle déferla sur moi j'arrivais à peine à rester en place tant l'impression qu'il me faisait était énorme. La cause en était bien sûr son immense beauté, mais aussi la façon dont le soleil est présenté, la façon dont il éblouit réellement le spectateur. Le soleil est donc le sujet principal, suspendu haut au-dessus du paysage, ses rayons s'insinuent partout, illuminent toutes les surfaces – que l'éclairage soit direct ou indirect –, créent toutes les couleurs, réchauffent l'air et lui donnent une texture qui gomme les différences, agglomèrent en quelque sorte les éléments de la scène mais sans qu'aucune des personnes présentes dans le tableau le voient ou en soient conscientes.

Comment est-ce possible ? me demandai-je. Comment peut-on se déplacer sous quelque chose d'aussi immense et d'aussi puissant, un principe follement créateur de vie, une énorme sphère de gaz toujours en feu dans le ciel, et rester de marbre face à lui ? Ils ne voient pas le soleil, mais Turner le voyait et, grâce à lui, nous le voyons à notre tour. Le soleil est si prédominant dans le tableau qu'il est difficile de ne pas le considérer comme sacré, ni d'ailleurs de penser que Turner le vénérait. Il adorait en effet tellement son œuvre, oui, il l'idolâtrait au point d'exiger dans une première version de son testament d'être enveloppé à l'intérieur de la toile lorsqu'il serait enterré. Il a par la suite renoncé à ce souhait bizarre et en a fait don à la National Gallery, à la condition expresse qu'elle soit exposée en regard d'une peinture de Claude Lorrain, représentant également un antique port de mer, qu'il admirait et à laquelle le sien constitue en quelque sorte une réponse. Ils ornent désormais les cimaises de la salle 15 de la National Gallery, côte à côte. Leurs similitudes sont frappantes. Les deux motifs, d'inspiration classique, sont centrés sur une figure féminine – dans le cas du Lorrain, la reine de Saba –, et tous deux se situent dans un port bordé de bâtiments antiques tandis que dominent en surplomb des deux toiles le soleil et le ciel. Mais la ressemblance entre ces éléments rend leurs différences encore plus marquées et significatives. La plus évidente est que le port du Lorrain s'ouvre sur la mer, totalement invisible chez Turner où le port semble entourer le fleuve. Et, alors que la lumière chez Lorrain est nette et limpide, elle est épaisse et toujours un peu floue chez Turner. Cela rend la brillance des deux toiles très différente. Chez l'Anglais, la vie est enfermée, il y règne comme une ambiance statique en ce que tout monte et descend au même endroit, sans la moindre possibilité de sortie. Cette impression d'inertie est soulignée par le motif, d'une part, de la mort – Didon enterrant son mari – et d'autre part de la vie : Énée, le grand survivant, est venu, et avec lui l'amour, c'est-à-dire la force vitale et l'avenir qui pour Didon, endeuillée et émue, signifiera sa mort.

Cette sensation d'enfermement voire de confinement est essentielle pour ressentir ou comprendre la vie que le tableau exhibe ou explore. Le soleil y prend part également, l'impression d'inertie qu'il dégage lui aussi se voit renforcée, et, bien qu'il donne vie à toute chose, il précipite dans le même temps la décomposition de ces mêmes choses. Dans le port du Lorrain, représenté quelques heures plus tard, le soir, où la brise de mer s'engouffre dans la rade, tout par contraste apparaît dégagé et en mouvement. Ici, le motif est l'embarquement de la reine de Saba – le titre du tableau –, mais autour de ce départ se déroulent toutes sortes de petites actions : des bateaux arrivent et partent, des marins grimpent sur le gréement et s'appuient au bastingage, des gens se promènent sur le quai, s'arrêtent pour bavarder deux par deux, regardent la suite royale ou surveillent leur enfant qui court à quelques mètres d'eux, le tout avec la mer dégagée et tremblante sous les réverbérations du soleil qui se déploie à l'horizon. Les majestueux bâtiments pseudo-antiques, les personnages aux tenues somptueuses et les nombreux bateaux dans le port se distinguent tous clairement les uns des autres et transforment en même temps l'événement principal, l'embarquement de la reine, en un moment parmi d'autres, certes significatif pour ceux qui y participent, et dans cet endroit très précis mais nulle part ailleurs : il gagne en légèreté au fur et à mesure que l'on s'éloigne de lui et va même jusqu'à disparaître si l'on déplace la perspective vers la mer ou vers l'intérieur de la ville. La disparition d'éléments particuliers, qui n'ont donc qu'une existence locale, est un phénomène très fréquent dans l'œuvre du Lorrain.

Récemment, lors d'une visite au Metropolitan Museum de New York, j'ai pu voir un autre tableau de lui intitulé *Les Femmes troyennes incendient leur flotte*, une nouvelle scène de l'*Énéide*, où cet aspect même est peut-être encore plus prononcé. Elle montre une flotte de guerre ancrée au bord du rivage, tandis que sur la plage certaines femmes tiennent des torches enflammées et que d'autres ont pris place dans une petite embarcation pour rejoindre les navires ; mais le ressort dramatique de la situation, son intensité funeste, semble se dérouler uniquement ici, parmi ces personnes : le paysage se déploie de part et d'autre, impassible face à ces événements, engourdi dans le profond sommeil de l'inertie, et au-dessus d'elles se trouve le ciel immuable avec son soleil encore brûlant. A-t-il été vu sous cet angle lorsqu'il a été peint, il y a quatre cents ans, à l'époque du Lorrain ? Pour nous, l'aspect local d'un événement majeur est pour ainsi dire toujours absent, à la fois parce que tout en lui est centré, c'est-à-dire rapporté, et parce qu'il existe partout.

Peu importe où nous étions le 11 septembre 2001, nous avons tous vu la même chose, ou au bas mot nous en avons entendu parler : les deux avions qui s'écrasent contre les tours jumelles. Cet événement était dans tous les esprits, il n'y avait pas d'extérieur – hormis l'endroit où l'on se trouvait, physiquement, avec son corps, où que ce soit dans le monde. Cette opération hybride, si caractéristique de notre époque, où quelque chose est d'une part hypercentré, et d'autre part complètement décentré et disséminé dans toutes les directions, était un phénomène bien sûr inconnu à l'époque du Lorrain, dans ce XVIIe siècle technologiquement peu sophistiqué, où un événement n'avait d'existence concrète que pour les personnes présentes sur place au moment où il avait lieu. Lorsque le Lorrain interprète une scène de l'*Énéide*, il nous la transmet d'une manière qui n'est pas sans rappeler celle d'un photographe de presse de notre époque, comme une sorte de témoin – le fait que le premier soit un témoin fictif et le second un témoin réel ne change rien à la forme –, mais le Lorrain nous montre quelque chose de plus, qui a trait au temps et à l'espace dans lesquels l'événement a eu lieu. Le paysage grandiose et impassible qui entoure l'événement nous fait voir avec une clarté évidente qu'il se produit uniquement dans l'ici et maintenant, et que c'est le propre de tout événement, son essence. Oh, que cela tombe sous le sens, et pourtant connaître la nature d'un événement est une chose, l'apprendre en est une autre. Nous ne comprenons à quel point la nature réelle des événements nous a été cachée que lorsque nous voyons quelque chose d'inattendu se produire sous nos yeux. À ce moment-là uniquement, nous prenons conscience, d'une part, que très peu d'événements inattendus se produisent dans notre monde et combien nos mouvements sont incroyablement systématisés, régulés, même dans nos métropoles, d'autre part, et c'est peut-être l'aspect le plus choquant, à quel point un événement disparaît au moment même où il se produit.

Il y a quelques années, alors que nous vivions à Stockholm et que mon bureau se trouvait dans la rue Dala, je me promenais avec Linda, nous venions de déjeuner ensemble, elle rentrait à la maison, je voulais m'arrêter chez un disquaire avant de retourner au travail. Il neigeait, la rue était recouverte de neige fondue, le ciel au-dessus de nous était gris et plombé. Les phares jaunes et les feux arrière rouges des voitures, le vrombissement des moteurs et le va-et-vient des essuie-glaces, les passants marchant tête baissée sur les trottoirs, au pied des façades rectilignes des bâtiments, ont transformé cet instant en un moment cacophonique sans que je l'envisage ainsi, tout était comme d'habitude. Soudain, il se passa quelque chose, j'entendis un bruit sourd, mon regard fut attiré vers la chaussée. Une voiture freina, un homme décrivit un vol plané avant de retomber lourdement comme un sac sur le bitume. Dans la foulée, un vélo heurta le sol non loin puis la voiture s'immobilisa. Les autres véhicules derrière s'arrêtèrent. Sur les trottoirs des deux côtés de la rue, les piétons observaient la scène. L'homme, portant une doudoune bleue, s'assit lentement. Il avait une grosse tête chauve. Il regardait droit devant lui. Du sang coulait de son front et le long de son nez. Les flocons de neige tourbillonnaient autour de lui. Songeant tout à coup que je devais agir, j'ouvris mon sac pour prendre mon portable mais je vis un jeune homme juste devant nous, le téléphone contre l'oreille, signaler qu'il y avait eu un accident. Je reposai le mien juste au moment où l'homme de la voiture a ouvert sa portière. Il s'accroupit devant le cycliste, lui dit quelque chose, l'aida à se relever en lui prenant le bras, l'assit sur le siège avant de la voiture, boucla la ceinture de sécurité, claqua la portière, s'installa au volant, ferma sa propre portière et partit en trombe.

La rue qui venait de s'ouvrir comme une anémone se refermait déjà. Hormis le vélo, toujours sur la chaussée, rien n'avait changé.

Le jeune homme au téléphone dit qu'il n'y avait pas besoin d'ambulance après tout.

Je regardai Linda. Je lui demandai :

— Qu'est-ce qui s'est passé ?

— Je ne sais pas… Tout est allé si vite. J'imagine qu'il l'a emmené à l'hôpital.

— Je suppose aussi.

Le jeune homme se retourna vers nous et dit :

— Il l'a emmené, oui.

— D'accord, répondis-je.

— Je viens d'appeler une ambulance. Mais ce n'est plus la peine.

— Non.

— Il l'a écrasé. C'était la faute du conducteur. Peut-être qu'il ne l'a pas du tout emmené à l'hôpital. Si ça se trouve, il va simplement le déposer quelque part et s'enfuir.

— Non, je ne crois pas.

— Dans ce cas, pourquoi il serait aussi pressé ?

À ces mots il alla poser le vélo contre un lampadaire, nous fit un signe de la main à Linda et moi et partit vers le centre, tandis que nous nous éloignions dans la direction opposée. Linda rentra à l'appartement, je retournai au bureau.

J'étais secoué. Mais par quoi ? Ce que j'avais vu n'avait rien d'incompréhensible ni de spectaculaire. C'était un accident mineur, rien de plus, un automobiliste qui avait renversé un cycliste pendant la circulation de midi. Le lendemain, je fouillai la presse pour voir si elle y avait consacré un article. Il n'y avait rien, bien sûr. Forcément puisque c'était une bagatelle. Et pourtant j'étais secoué. Cette émotion ne relevait pas d'une pitié pour le cycliste, ne s'expliquait pas par le sang que j'avais vu couler, non, c'était autre chose, en rapport avec la nature même de l'événement. Cinquante mètres plus loin, nul ne savait ce qui s'était passé et, pour les rares personnes présentes sur place, l'incident était terminé à peine survenu. S'il en avait été question dans le journal, je me serais sans doute calmé, un certain ordre aurait été rétabli. Les journaux sont remplis de ce genre de choses, des faits divers qui s'écartent plus ou moins de la norme, et leur mention dans la presse leur confère une durabilité qu'ils n'ont pas dans la réalité où ils s'évanouissent sitôt qu'ils se produisent, où même les témoins ne sont pas vraiment en mesure de comprendre ce qui s'est passé. Cette durabilité est une fiction bien que nous lui prêtions une réalité, justement afin de contrôler cette réalité ; c'est notre havre, notre protection. L'événement est sorti de son environnement concret et de son instant bien défini pour passer d'une situation sans continuité à une situation intégrée au sein d'un système continu appelé *nouvelle* ou *information*. Tout ce qui ne peut être expliqué, tout accident ou catastrophe inattendus, tout cas de mort brutale ou de cruauté incompréhensible est rassemblé ici sous forme de petits récits, et le simple fait de les raconter suffit à nous rasséréner, à nous assurer que l'ordre existe. Ce système est totalement irrationnel puisqu'un tel ordre est fictif, et il ressemble en cela à d'autres systèmes irrationnels que les êtres humains ont visiblement toujours cherché à établir. L'ordre opère dans le monde social mais se rapporte à ce qui se trouve en dehors de lui. La peur du hors-social, lié aux forces naturelles aussi bien inorganiques qu'organiques, a toujours eu besoin d'être apaisée, et puisque l'humain correspond au connu, ces forces représentent donc l'inconnu, incorporées dans l'humain mais sous la forme de l'étranger, le *horsain*, l'étranger dans l'humain. La figure classique en est ici le revenant, le spectre, le mort sous forme humaine. L'un des lieux où cet aspect de la relation entre l'homme et la nature apparaît avec un maximum de clarté se trouve dans l'œuvre de l'écrivain norvégien Olav Duun, notamment dans son roman *L'Homme et les Forces*. Mais c'est surtout la saga en six volumes *Les Gens de Juvik*, son chef-d'œuvre, qui en est pétrie. Bien que Duun n'ait que dix ans de plus que Broch et qu'ils aient écrit et publié leurs romans à la même époque, *Les Gens de Juvik* est si différent de *La Mort de Virgile* qu'on pourrait leur attribuer des civilisations différentes à défaut de ne pas mieux les connaître. La scène d'ouverture de Broch, avec son escadron impérial de l'Adriatique et le Virgile mourant, est aux antipodes de l'amorce chez Duun :

> Le premier des Juvik dont ils peuvent parler, il venait du sud, de Sparbu ou de Stod ou peut-être d'ailleurs, tiens. Il s'appelait Per.
>
> À ce qui se disait il avait été marié, il avait eu une ferme et des terres, et il avait emmené sa mère. Seul le Seigneur savait ce qui l'avait chassé. Il loua un terrain à Lines.

Alors que le roman de Broch se déroule dans l'épicentre du pouvoir, avec le plus grand poète de l'empire comme personnage principal, et explore les relations entre éthique et esthétique, politique et littérature, le roman de Duun se situe dans la marge la plus lointaine de la civilisation, une communauté villageoise minuscule, insignifiante à tous égards, sur la côte du Nord-Trøndelag, dans la Norvège préindustrielle, avec pour personnages principaux les membres d'une famille de paysans et de pêcheurs sans instruction, où les rares grands bouleversements politiques, les rares changements de mentalité dans le monde à les atteindre déferlent sur leurs plages comme du bois flotté de l'histoire. Eux ne voient pas du tout les choses ainsi, naturellement, leur village est pour eux le centre du monde, et Duun les observe tellement au plus près que cette impression gagne aussi le lecteur qui, à travers l'histoire de la famille, suit la création et la préservation d'une existence ainsi que d'une société. La terre est défrichée et cultivée, des maisons sont construites, des enfants naissent. C'est la raison même de leur vie, un point d'ancrage qui leur aurait suffi, n'était le champ de force qui circule entre eux, la sphère invisible des sentiments – la jalousie et l'amertume, l'amour et l'altruisme, la convoitise et l'orgueil, l'égoïsme et l'angoisse, la suspicion et la franchise à toute épreuve – qui les ballottent tantôt ici tantôt là, qui s'accumulent, débordent et se tarissent, s'accumulent, débordent et se tarissent, encore et encore. À cause de l'horizon étroit et de la longue période dans lesquels l'action se déroule, le lecteur a cette fois l'impression que le lieu se manifeste dans les personnages, comme s'ils incarnaient davantage le lieu qu'eux-mêmes, à l'inverse du procédé à l'œuvre chez Hamsun – sans doute l'écrivain le plus immédiat auquel on puisse comparer Duun – où pareil phénomène ne pourrait jamais apparaître. De fait, les personnages d'Hamsun sont étrangers, ils ne sont chez eux nulle part, ce sont des touristes de l'esprit, pour ainsi dire, sans passé, sans origine – ils déboulent. Les émotions jaillissent à l'intérieur des individus et non entre eux comme chez Duun. Une autre différence concerne leur compréhension de l'irrationalité, une notion qui intéresse les deux écrivains. Chez Hamsun, l'irrationnel est souvent une propriété fine et délicate, un reflet de la noblesse des nerfs, une folie romantique aussi riche que belle. Chez Duun, l'irrationnel est lié à la croyance populaire et à la superstition, aux malentendus et aux ténèbres, une chose qui se produit entre des gens souvent impuissants et appauvris. À la mort de Per Anders, le premier d'une longue série de protagonistes, Duun décrit ainsi la scène :

> Les bonnes n'osèrent pas aller se coucher cette nuit-là. Elles s'assirent dans la pièce du bas et s'endormirent. Car elles entendaient un braillement dehors. Elles entendirent des bruits bizarres dans la grande

salle. Ane avait la figure enfouie dans son fichu. Elle lisait un cantique, ou peut-être qu'elle récitait le Notre Père.

Puis il se mit debout et écouta :

— Écoutez, c'est le bouc !

Puis il se recoucha avec un sourire :

— Bah, c'est juste l'échelle appuyée contre le bouleau. Ils ne me font pas peur.

Il y avait une chose mauvaise juste derrière le mur, dehors, ça ne leur échappait pas. Et puis il y avait un malin qui trottait sur le toit. C'était une nuit de malheur.

Per Anders fut pris d'une vilaine quinte de toux. Il dit ensuite :

— Allez. Donne-moi le bâton, Ane.

— Priez le Seigneur, priez le Seigneur, murmura-t-elle avec anxiété.

— Hum. Je l'ai jamais fait, c'est pas maintenant que je vais commencer.

Voilà ce qu'il dit, et il ne dit rien de plus. Ane ouvrit la porte, pour que l'âme puisse s'en aller, puis elle arrangea le corps tout bien comme il fallait. Elle remarqua que le petit Anders se tenait dans l'embrasure de la porte. Valborg le vit aussi, et toutes deux lui demandèrent :

— Qu'est-ce que tu regardes comme ça, Anders ?

Le garçon désigna le pied du lit. C'était qui, ce bonhomme, là-bas ?

Là-bas ? Elles se regardèrent. Elles avaient les genoux qui flageolaient. Valborg emmena le garçon au lit.

Dans les écrits de Duun, la mort est entourée d'épouvante et de superstition. Les personnages ouvrent la porte pour laisser sortir l'âme du mort, ils voient une créature fantomatique assise au pied du lit du défunt, à moins que le diable en personne ne soit venu le chercher. Le lendemain matin, ils brûlent le *likhalm*, la paille sur laquelle le corps a été déposé avant la mise en bière, ils sont paniqués en voyant le vent ramener la fumée vers la ferme, ce qu'ils prennent pour un présage de nouvelle mort imminente. Lorsque le fils sonne le tocsin, il trouve la cloche lourde et lente, un mauvais signe, songe-t-il, aussi ment-il à sa mère en prétendant que tout s'est bien passé. Le corps est étendu sur un lit de paille à l'intérieur de la grande salle, son livre de cantiques sous le menton et une pièce de monnaie sur chaque œil, dont l'une finit par tomber si bien que le défunt les fixe tous et que certaines femmes halètent de peur. Il repose ainsi une semaine avant l'enterrement et la veillée. « Les femmes n'osaient plus franchir le seuil de la porte à la tombée du jour, elles pensaient avoir une forme blanche à leurs talons partout, où qu'elles soient ou où qu'elles aillent ; et toutes sortes de bruits affreux résonnaient le soir venu. » Le jour de la veillée, une corneille s'installe sur le toit de la ferme, mais ils ont beau la chasser, elle revient toujours, ce qui là encore augure pour eux la mort prochaine de quelqu'un d'autre à la ferme. Pourtant, le défunt éveille aussi en eux d'autres prises de conscience que les fantômes et les revenants. Le fils de Per Anders, Per, accorde tous les jours une visite au corps.

> Il lui semblait qu'il lui voulait quelque chose. Mais quand il était là, il ne lui voulait rien. Il dormait comme d'habitude.
>
> Oui, se dit-il, ben c'est là qu'il repose. Le dernier de tous.
>
> Même qu'il se le dit à haute voix en sortant : Voilà comment la paroi de la montagne tombe dans la mer. Elle ne va pas aller plus loin. Et comme la mort a dessiné ce visage, le soir soulève de la même façon les monts et les vaux vers le ciel : immobiles et morts comme les pierres, si loin de la vie, si loin de tout ce qui vit et qui bouge.

C'est le coucher de soleil que Duun décrit, lorsque le soir se hisse dans le paysage et que tout devient calme et obscur. Le pressentiment de la mort que Broch investit dans sa mer scintillante s'accomplit ici pleinement, sans pour autant que le paysage perde sa beauté. « Le soir soulève de la même façon les monts et les vaux vers le ciel. » Que l'être humain soit intimement lié au calme et à l'obscurité, qu'il tombe identiquement en eux au moment de sa mort, voilà le plus vieux mystère d'entre tous ; l'être humain était bel et bien là il y a quelques instants alors que l'instant d'après il n'est plus là et ne reviendra même jamais, il va demeurer là-bas, dans le monde aveugle et muet, pour l'éternité. Les personnages de Duun s'efforcent de donner une voix à cette cécité et à ce mutisme, et ce faisant d'attirer l'inconnu dans le connu. La fumée du *likhalm* est un signe, elle leur « parle ». La cloche lente de l'église leur parle. La corneille leur parle. Et le corps, quand la pièce de monnaie lui glisse des yeux, leur parle également. Lorsque le monde muet prend la parole, une voie s'ouvre entre les vivants et les morts, qui elle-même est source de sens. L'inexplicable – une personne dans la force de l'âge, de plain-pied dans la réalité humaine, est brutalement terrassée et, sans que personne puisse rien y faire, meurt ou se rétablit – donne du sens aux signes : la fumée de la paille qui souffle sur la ferme, le présage de ce qui va advenir. L'ordre existe, rien en ce bas monde n'est arbitraire. L'ordre que décrit Duun est un syncrétisme qui mêle christianisme, paganisme et fatalisme maison, la valeur du récit réside en grande partie dans la façon dont l'auteur montre comment les grandes superstructures, existant indépendamment des gens qui y vivent, sont adaptées à leur vie concrète, ramenées à la praxis, dans un quotidien qui les métamorphose même s'il n'est composé que de charrues, de filets de pêche, de bétail et de communs. Dans leur forme pure, les mythes constituent des représentations complètes et parfaites de la réalité, et, bien qu'ils soient refermés sur eux-mêmes, leur fonctionnement, leur effet, ressemble aux actions des personnages de Duun. Les mythes donnent à l'inconnu un visage, un corps, un lieu et un temps, ils établissent des liens entre le monde humain et la nature, entre la mort et la vie, entre le passé et le futur, entre la création et la destruction. Lorsqu'une figure telle qu'Odin est suspendu aux branches d'Yggdrasil, à moitié mort et à moitié vivant, afin d'obtenir la connaissance, ou lorsque Ève est incitée par le serpent à manger le fruit de l'arbre de la connaissance et devient ainsi mortelle, dans les deux cas, un lien est établi entre l'arbre, la mort et la connaissance. En quoi consiste-t-il ? Les racines dans le sol, les branches dans le ciel, c'est le Tout, et c'est surtout la vie, infinie, qui pousse et repousse toujours à partir de bouts de bois morts. La connaissance vient des morts, tout ce que nous savons, nous l'avons appris d'eux. La vie est la vie de l'un et la vie de nous tous. La mort est la mort de l'un et la mort de nous tous. Le soleil est toujours vu pour la première fois, quelqu'un ouvre toujours pour la première fois ses yeux vers lui, quelqu'un ferme toujours pour la dernière fois ses yeux sur lui et le perd de vue à jamais. Ces liens sont ce que les mythes et les rites défendent et administrent, et cela vaut également pour eux : ils seront toujours là pour nous. Ils sont une langue, une langue différente, et ce qu'ils communiquent ne peut l'être d'une autre manière. À cet égard, les Lumières représentaient une certaine forme de décadence, dans la mesure où elles reposaient sur l'idée que les mythes, les rituels et la religion étaient une forme de superstition. Nous qualifions de non éclairée la vision mythologique du monde et, évidemment, quatre cents ans après le début des Lumières, nous en savons maintenant plus que les gens de cette époque sur le monde matériel et son fonctionnement. Oui, nous en savons infiniment plus encore. Mais qu'est-ce que savoir ? Quelle valeur cela a-t-il ? Tout au long du *Völuspá*[1], la question de la *völva* est répétée comme un refrain plein de réticence : « En savez-vous plus encore ? » Le savoir est caché, lié à Hel, aux morts et au passé, hors de vue, et l'accès à ce savoir a un prix. La *völva* demande : « En savez-vous plus encore ? » et par cette question elle jauge ceux qui l'écoutent, elle se moque de leur soif de savoir. Pour boire au Puits de Mimir, Odin sacrifie un œil, sacrifice impensable pour nous, car ce que nous savons est foncièrement lié à ce que nous voyons. Pour nous, la connaissance vient de la vue, et c'était aussi la révolution entamée par les Lumières : ne plus être lié à l'autorité des anciennes écritures de la religion ni des textes philosophiques, mais voir par soi-même. Dans le mythe, ce n'est pas le cas, c'est même le contraire, car la connaissance y est liée à ce que nous ne voyons pas, à ce qui est secret et caché. En outre, le prix à payer pour l'obtenir est élevé. Dans le mythe cosmogonique de la Bible, la chute de l'être humain a lieu dès qu'il mange le fruit de l'arbre de la connaissance. « La plus vieille de nos traditions religieuses réputait le savoir coupable, nous l'avions pensé innocent », écrit le philosophe français Michel Serres. Les rituels, les mythes et les contes, transmis de génération en génération, aussi loin que remonte notre mémoire collective, jusque dans les ténèbres de l'histoire dont nous ignorons la vie, sont qualifiés par Serres de « technologies sociales ou culturelles »,

1. Ou *La Prédiction de la voyante*, poème mythologique inclus dans l'*Edda poétique* consignée au début du XIIIe siècle par Snorri Sturluson – la voyante étant la *völva* dont il est question ensuite. Voir *Anthologie de la poésie nordique ancienne*, Renauld-Krantz, Gallimard, Paris, 1964.

des industries dont le but a été de « sécréter le temps sur le terreau duquel apparaissent les différentes traditions », ainsi qu'il le formule. La langue, que nous considérons comme allant de soi, s'est développée à partir de rien. L'idée que la communauté se perpétue malgré la mort de l'individu, que nous considérons comme allant de soi, s'est développée à partir de rien. La responsabilité envers un avenir dont l'humanité ne faisait pas partie n'allait pas de soi, elle a été gagnée. Il y a là une lumière, mais elle est dirigée vers ce qu'être humain signifie, plutôt que vers les composantes de l'humain et leur mode de fonctionnement. Les mythes voient l'être humain dans le temps, les Lumières le voient dans l'espace.

Notre monde porte en grande partie sur l'espace que nous habitons, pratiquement toutes nos technologies, nos industries et nos sciences sont organisées en fonction de lui. Cet espace est observé, cartographié, expliqué et soumis à une exploitation qui va à un rythme croissant. L'ancien espace que Duun décrit, caractérisé par la répétition au fil des générations, où les gens travaillaient à la sueur de leur front, faisaient l'amour, donnaient naissance à des enfants et mouraient, en d'autres termes l'espace dans lequel ils se sentaient chez eux mais qu'ils craignaient également, entouré comme il l'était par les ténèbres de l'ignorance – et qui n'est pour nous pas si lointain, pour preuve, les parents de mes grands-parents dans le Vestlandet, des pêcheurs et agriculteurs, y vivaient –, cet ancien espace a désormais disparu. Nous ne croyons ni aux signes ni aux présages, nous ne croyons pas en Dieu, en fait nous ne croyons en rien : nous savons. Nous savons que la direction du vent est déterminée par des phénomènes météorologiques et que la fumée qui souffle vers notre maison ne signifie rien d'autre que cela, un mouvement d'air causé par des différences entre les masses d'air chaud et d'air froid. Nous savons que l'âme meurt quand nous mourons, donc nous n'ouvrons plus la porte pour la laisser sortir. Nous savons que les fantômes n'existent pas, et que les diables n'existent pas non plus ; si un garçon voit une figure fantomatique dans la pénombre au pied de son lit, c'est le fruit de son imagination. Nous savons qu'une cloche lente ne peut pas déterminer l'année à venir. Nous savons que les oiseaux n'augurent rien : une corneille posée sur le toit d'une maison où gît un mort est une coïncidence, le caprice d'un oiseau ; peut-être que le toit lui offrait une meilleure vue pour repérer ce qu'il cherchait. Tout a une explication sensée et rationnelle, nous le savons et nous vivons notre vie en fonction de cela. Voilà pourquoi nous n'avons pas peur des ténèbres, ni d'ailleurs de la mort.

Mais que savons-nous en fait ?

Dans le monde de Duun, tout le monde croyait en Dieu, la foi était évidente et l'athéisme impensable. Mais très peu de gens savaient très exactement ce en quoi ils croyaient, très peu de gens avaient une connaissance approfondie de la religion, cette tâche était dévolue aux pasteurs, qui savaient tout ce qu'il fallait savoir sur les Écritures. Pour le peuple, il suffisait de savoir qu'il y avait un dieu ainsi qu'un fils de ce dieu, lequel endossait les péchés de tout un chacun, et qu'il y avait une vie après la mort. Il n'en va pas autrement pour nous : nous savons comment tout fonctionne et se tient, il n'y a pas un pan de la réalité qui ne soit pas expliqué. Pourtant, très peu de gens parmi nous savent très exactement ce qu'ils savent, très peu de gens parmi nous se sont véritablement familiarisés avec les sciences. Nous connaissons les atomes et les électrons, nous connaissons la théorie de l'évolution et le Big Bang, mais il nous serait difficile d'expliquer ces phénomènes par nos propres moyens ; tant que nous savons que quelqu'un sait, nous lui faisons confiance, nous sommes rassurés de savoir que le monde est tel que ce savoir l'affirme. Le monde de Duun tournait autour de la répétition, le temps était mythique et statique, alors que notre monde tourne autour de la nouveauté, du progrès et du pas en avant. La nouveauté est omniprésente : les objets que nous utilisons, par exemple, sont continuellement redessinés, les couverts fabriqués dans les années quatre-vingt sont différents des couverts des année deux mille, une maison construite dans les années cinquante est différente d'une maison construite à notre époque ; mais ce changement vaut uniquement pour l'œil, il est visuel plutôt que fonctionnel : un couteau a un manche et une lame en 2010 comme en 1710 ou 1310. Dans toute compréhension mythologique de la réalité, l'œil ne compte pas, le sens réside dans ce que l'œil ne peut pas voir, alors que toute compréhension rationnelle de la réalité est visuelle, et cette inflexion opérée aux XVIe et XVIIe siècles constitue le noyau même de la révolution qu'a été le siècle des Lumières. Les technologies les plus importantes développées à cette époque étaient le télescope et le microscope, sans ces deux instruments optiques, les connaissances acquises progressivement par la science auraient été inconcevables. Doit-on dès lors, sur cette base, comprendre l'importance accordée de nos jours au design ? Le temps est invisible, le temps ne peut être ni agrandi ni diminué, il échappe à toutes les technologies spatiales en vertu de cette invisibilité ; mais il est capturé dans le design, il nous apparaît dans le design : les années soixante-dix ressemblaient à ça, les années quatre-vingt ressemblaient à ça, les années quatre-vingt-dix ressemblaient à ça. L'ancien devient le nouveau dans un système qui est en principe le même que celui de nos anciens rituels, où chaque printemps était un nouveau départ, à la différence essentielle près que nous ne voyons pas la même chose, nous ne voyons pas la répétition, seulement la nouveauté. Il n'en va pas autrement des informations où nous détachons les événements de leur temps et de leur lieu originels pour les insérer dans un flux d'autres événements, les mêmes d'un jour à l'autre, d'un mois à l'autre, d'une année à l'autre, car il y a toujours un avion qui s'écrase, des gens assassinés, une grève, un accident de voiture, un naufrage, des élections, une famine, et, dans cette continuité où les événements isolés sont différents mais la forme identique, le temps est à nouveau statique et mythique. Oh oui, notre monde est bel et bien un monde mythologique, au-dessus de nous est déployé un ciel d'images où rien ne change jamais et tout est identique. Nous avons transformé la réalité en mythe mais, contrairement aux personnes qui vivaient dans une compréhension mythologique du monde, nous n'en sommes pas conscients, nous croyons à l'inverse que ce que nous voyons et à quoi nous nous référons correspond à la réalité telle qu'elle est, au monde tel qu'il est. C'est dans cette optique que je comprends les expériences individuelles du sublime, ou de l'épiphanique, à savoir qu'une chose de notre monde se manifeste pour ainsi dire devant nous, à travers la représentation que nous nous en faisons, et se révèle pendant un bref instant telle qu'elle est. Ces choses sont identiques, seule change la perception que nous avons d'elles parce que, en étant grandioses, inattendues ou d'une certaine manière déviantes, elles mettent pendant quelques secondes hors jeu notre regard, ou plutôt l'attente qu'il y avait dans notre regard. Voilà pourquoi le soleil de Turner ou la scène peinte par le Lorrain, ou encore la mer et le port chez Broch, nous apparaissent d'une telle intensité, éveillent en nous une émotion d'une telle vitalité. C'est la vérité de l'art. La vérité de la science est d'une autre nature, conditionnée par le temps d'une tout autre manière : pratiquement tous les écrits des XVIIIe et XIXe siècles consacrés aux recherches scientifiques réalisées à l'époque sont illisibles aujourd'hui, ils ont perdu la majeure partie de leur pertinence, alors que les œuvres d'art de cette époque nous parlent toujours et sont toujours chargées de sens. Oui, par-delà l'abîme des temps connus et inconnus, elles nous parlent : les peintures rupestres vieilles de plusieurs dizaines de milliers d'années nous impressionnent et, à certains égards, ne peuvent être surpassées, à l'instar des premiers récits cosmogoniques, même si nous ne savons quasiment rien de ceux qui les ont écrits ou de la façon dont ils ont vécu. Par rapport à la houle de générations qui ont vécu au fil des centaines de milliers d'années précédant l'avènement de la philosophie des Lumières, les quatre cents ans de rationalité suivants ne sont qu'une ondulation à la surface de cette houle, une fissure dans la roche d'une montagne, tant et si bien que, dans cette perspective, des concepts tels que *rationnel* et *irrationnel* n'ont guère de pertinence, il ne s'agit que d'approches différentes face à l'inconnu. Nous avons réussi à exorciser l'inconnu, nous vivons dans un sentiment de sécurité, nous sommes la première culture de l'histoire à ne pas trembler face aux conditions de la vie que nous maîtrisons. Mais le prix à payer pour cette sécurité est élevé, car elle est présente dans nos vies et elle se révèle dans la mort. Nous n'avons plus peur de la mort, ayant hissé tout ce qui s'y rapporte dans le ciel d'images qui se déploie au-dessus de nous, car si une chose y domine, c'est bien l'image de personnes mourantes. Dans le monde des images, des gens meurent en permanence : on leur tire une balle dans la tête ou dans la poitrine, ils font une chute vertigineuse du haut de falaises et de chutes d'eau, ils se noient ou ont un accident de voiture, ils s'écrasent à bord d'un avion ou d'un hélicoptère, ils meurent sur le champ de bataille ou dans un attentat-suicide à un barrage au Moyen-Orient ou en Irak, ils sont tués avec un piolet ou un couteau, par une épée ou une lance, ils sont gazés, ils meurent de froid ou sur un bûcher. Ils trébuchent, s'ouvrent la tête sur le bord de la baignoire et ils meurent, ils font une chute sur une piste de ski, s'ouvrent l'artère coronaire, se vident de leur sang et ils meurent, ils meurent en couches, ils meurent sur leur lit d'hôpital, ils meurent d'un cancer ou de la peste, ils meurent des suites d'une hémorragie cérébrale ou d'un infarctus, ils meurent sur la croix, ils meurent sur la chaise électrique, ils meurent sur la potence, ils meurent attachés à une table à cause d'un poison injecté dans leur sang. Cette mort, visuelle, sans attache dans le temps ou dans l'espace mais qui flotte en liberté et en apesanteur dans notre ciel d'images, est un substitut à la mort réelle, elle prend en charge nos peurs et nos angoisses, tandis que la mort réelle, la mort physique du corps, telle qu'elle se produit dans tel lieu et à tel moment, est cachée le plus possible. Quand elle entre alors en scène, quand nous la rencontrons dans la réalité, telle qu'elle est vraiment, quand elle tombe du ciel sur la terre, dans son aspiration chthonienne, dans son désir de terreau et de marais, de ténèbres et d'humidité, quand le cadavre gît sous nos yeux, raide et mort, nous avons l'impression qu'un voile est écarté, car nous ne sommes en fin de compte pas aussi modernes que nous le croyions, nous sommes aussi vieux que les rochers et les éboulements, nous sommes des parents de l'herbe et des arbres, des vers et des escargots qui avancent tant bien que mal et finissent un jour par ne plus pouvoir avancer, inertes sous le ciel, qui se désintègrent et disparaissent, ne sont qu'une part des pointes et des bords, des tourbillons et des formes du monde, faits de poussière, retournés à la poussière, terrestres jusque dans leur moelle et dans leurs os, pieds et poings liés dans l'instant que nous quittons un jour, malgré toutes les promesses du contraire. Mais nous ne quittons pas la mort, la mort ne nous trahit pas, la mort vient toujours à nous, et avec elle la vie.

J'ai vu un paquebot de croisière noir de monde glisser lentement dans une ville en train de sombrer, une voix braillait dans un haut-parleur, les flashs crépitaient – et ce serait la mort que j'ai vue ?

Oui, et c'était sublime. Le sublime est tout, une dimension en voie d'extinction dans notre monde où tout est divisé. Nous vivons sous l'hégémonie des composantes, et la mort s'y range elle aussi. C'est la mort de l'individu qui importe, la mort nous cueille l'un après l'autre, cachés les uns des autres, et seule la mort spécifiée importe : non pas la Mort, mais la mort des artères bouchées et des cœurs surmenés, la mort des membranes cérébrales et des poumons rongés par le cancer. Il en va de même pour la beauté. Les gros livres d'art reproduisent presque toujours sur leur couverture le détail d'un tableau, une main, un regard, un oiseau, un ciel, une figure en arrière-plan, très rarement la peinture dans son entier. À l'intérieur, le tableau figure à côté de différents détails, parfois même rehaussé d'une image aux rayons X afin que nous puissions voir les étapes successives qui ont conduit à l'œuvre finale. Alors comme ça il a déplacé le chapeau ? Dans le cas d'une œuvre célèbre, des tableaux moins connus datant de la même période sont mis en relief et, dans les essais qui accompagnent l'ouvrage, les problématiques soulevées sont le plus souvent de nature sociale : quels vêtements portent les personnes dans cette peinture de la Renaissance ? à quelle classe sociale appartiennent-elles ? de quel système économique les artistes faisaient-ils partie ? où ont-ils obtenu leurs couleurs, ont-ils laissé des empreintes digitales quelque part ? quels changements de mentalité ou de société ont rendu la perspective possible ou nécessaire ? le peintre était-il homosexuel, et de quelle manière cela se traduit-il dans sa manière de peindre ? pourquoi y avait-il si peu de femmes peintres, et comment cela a-t-il affecté notre façon de percevoir la qualité ? Cette atomisation de tout, qui est aussi le résultat de la primauté du visuel puisque ne compte plus l'impression que l'art ou la mort ou le divin éveille en nous, mais ce à quoi elle ressemble – dans le cas du corps, quel genre de souvenirs précède l'ultime expiration ; dans le cas de l'art, non pas l'impression en soi mais les conditions préalables à cette impression –, cette atomisation, qui pour Broch et beaucoup d'autres représentait une décadence, mais qui peut bien sûr être également considérée comme une énorme revitalisation d'une culture en lent dépérissement, ce dont témoignent notamment les peintures du baroque et la beauté inhérente à notre réalité physique où le monde explose de détails, des plumes de faisan aux lièvres morts, en passant par les pommes, les tromblons, les crânes et les coquillages, a été confrontée à une autre tendance apparemment contraire, « une science universelle », pour reprendre les termes de Francis Bacon, réalisée grâce aux principes de l'observation, de la probabilité et de la vérification. Il est impossible d'imaginer qu'une science soit locale, qu'un phénomène ou qu'un objet, par exemple, présente des propriétés qui ne s'appliquent qu'ici et maintenant. Le débat du XVIIe siècle sur la merveille ou le miracle, auquel on avait jusqu'alors pleinement cru, donc l'improbable qui ne se produisait qu'une seule fois, en un seul endroit, et ne devait jamais se répéter, illustre peut-être mieux que tout autre la nouvelle ligne tracée à travers le monde, ainsi que son impact. Dans *Religio medici*, publié en 1635, Thomas Browne écrit :

> Je ne peux pas prouver ni nier que les miracles ont cessé, ou qu'il ne se fait plus de miracles ; ni je ne veux entreprendre de déterminer le temps, ni la période quand ils cesseront : il est certain selon le témoignage de la Sainte Écriture qu'il y en a eu après le Christ et il est assez probable qu'il s'est fait des miracles longtemps après les Apôtres pour la conversion des gentils ; ou il faut que nous révoquions en doute le témoignage de ces écrivains, lequel témoignage nous recevons volontiers en choses qui servent à la confirmation de nos propres sentiments ou opinions : il se peut qu'il y ait quelque chose de véritable en ce que les Jésuites rapportent des miracles qu'ils ont faits aux Indes : pour moi, je souhaiterais qu'il fût vrai et que cela ne fût pas seulement appuyé par le témoignage de leur propres écrivains [...]

D'un côté, Thomas Browne argumente en faveur de l'autorité incontestée des Écritures, il ne doute pas un instant de l'existence des miracles en tant que phénomène, et comme ils sont décrits dans la Bible ils sont forcément vrais ; d'un autre côté, il émet un doute sur l'existence de ces miracles dans sa contemporanéité, et là, les Écritures ne suffisent plus, il a dès lors besoin de témoins indépendants pour en être tout à fait certain. La nouvelle raison, basée sur l'observation, écarte peu à peu la foi et le sacré bien qu'elle conserve avec eux quelques traits de ressemblance, car ce qui caractérise le sacré, qui donc exclut tout ce qui n'est pas sacré, caractérise également le rationnel, qui lui-même exclut tout ce qui n'est pas rationnel. Il en est toujours ainsi. Pour la religion et l'art, cela implique qu'ils ne se situent pas au centre de la connaissance mais en périphérie, sans pouvoir ni influence. Alors que la religion est devenue une question intérieure, fermée et privée – si l'on est croyant et pratiquant, cette croyance et sa pratique sont personnelles –, l'art est quant à lui passé du côté des problématiques qui surgissent au sein de la sphère sociale où se déroulent nos vies ; les rares fois où il s'aventure au centre de la signification, là où le monde est défini, donc dans le laboratoire ou dans l'observatoire, il se vautre dans un amateurisme crasse presque indigne de lui-même. À moitié ignare et à moitié flatteur, il marmonne des paroles incompréhensibles sur la théorie des cordes ou la physique quantique, une nouvelle voie possible pour le roman, pour l'être humain ? Vous en reprendrez bien une tournée ?

Quand j'étais petit, je voulais être chirurgien. Un souhait sans doute aiguillonné par ces émissions médicales diffusées à la télévision que je regardais à l'époque, pendant ces années soixante-dix norvégiennes, de longues séquences d'opérations chirurgicales qui me fascinaient. Le corps n'était jamais montré en totalité, seulement la partie qui s'apprêtait à être incisée, le reste étant recouvert d'un tissu du même type et de la même couleur que les blouses et les masques portés par les chirurgiens et les infirmières, lisse et immaculé, sans plis ni taches. La peau blanche qui s'évasait au milieu, avec toutes ses irrégularités, pareille à un cratère, avait quelque chose d'obscène. Une fois le bistouri inséré et le pan de peau tranché par le chirurgien sans visage sous la lumière puissante d'une lampe, une faille semblait s'ouvrir. Retenue par des pinces, elle révélait un écoulement de fluides et un agglomérat d'organes vibrants impossibles à distinguer les uns des autres, encore moins à identifier, mais qui dans la lumière brillaient avec l'éclat luisant des membranes. Qui plus est, un ordre bien défini devait y régner car les doigts gantés de caoutchouc opéraient avec des gestes rapides et routiniers. J'ai ainsi pu voir le cœur, cette bête aveugle qui bouge dans la poitrine, et le sang dans lequel il baigne. Mes dessins de cette époque représentent pour beaucoup des chirurgiens incisant des patients, avec du sang giclant dans tous les sens – et ma mère en les voyant s'inquiétait pour moi : quelque chose n'allait pas ? Outre la chirurgie, qui s'inscrivait dans un schéma bien particulier, mes autres intérêts se portaient sur la plongée et l'exploration spatiale, ces trois domaines ayant en commun l'ouverture qu'ils pratiquaient sur le monde, dans le premier cas le corps humain, dans le second la vie océanique, dans le troisième l'immensité du cosmos. Tout ce qui était caché pour l'œil m'attirait, je voulais atteindre les espaces secrets de la vie, autrement dit : je voulais connaître l'inconnu. L'intérieur du corps humain était sans doute le plus captivant des trois car cet inconnu était en moi et chez tous ceux que je voyais ; il était toujours présent, où que je me tourne, et à la fois toujours absent, hors de portée, impossible à pénétrer, tout gargouillant et rouge sang qu'il était aussi. Nous percions tous les étés la surface de la mer, sous laquelle nous apercevions la vie tumultueuse et palpitante. Chaque nuit claire de l'automne et de l'hiver, l'univers noir du cosmos se révélait à nous avec ses astres scintillants, et même les planètes étaient alors visibles. Seul l'espace du corps demeurait hermétiquement fermé. Les poumons ressemblant à de petits sacs gris, le cerveau tel un champignon dont la tige serait la moelle épinière, les veines aux allures de tubes transportant le sang de-ci de-là, à travers la chair et les tissus – je ne les voyais jamais. Ce qui m'en rapprochait le plus, c'étaient ces émissions d'opérations chirurgicales. Je ne saurais dire combien passaient à la télé, mais je suppose qu'il y en avait tout au plus deux ou trois, j'ai le sentiment a posteriori d'en avoir visionné pendant toute mon enfance. Elles me laissaient une impression durable, la fascination pour le fonctionnement interne du corps, l'étrangeté de cette vie secrète ne m'a d'ailleurs jamais quitté, bien qu'elle ait gagné avec le temps en ambivalence et se soit peu à peu cristallisée dans une certaine répugnance, la vue des entrailles étant à la fois repoussante et attirante. Adulte, j'ai été passionné par l'exploration du corps humain pendant la Renaissance, lorsqu'il a été pour la première fois méthodiquement cartographié, surtout dans le cadre de dissections de personnes juste mortes, souvent des criminels exécutés, parfois aussi des cadavres carrément volés dans les cimetières, tantôt ouverts à huis clos, tantôt analysés lors de cours d'anatomie à l'université, dans ce qu'on appelait les théâtres anatomiques. On était alors à la pointe de la science. Au début du XVIIe siècle, Thomas Browne a quitté l'Angleterre pour l'Europe continentale afin d'étudier l'anatomie à Montpellier, la chirurgie à Padoue et la pharmacologie à Leyde. Mais c'était aussi un spectacle et une forme de divertissement populaire, le corps physique interne était une sensation, un champ de foire de chair et de sang.

Quatre cents ans plus tard, ce qui semble étrange n'est pas tant le phénomène en soi, mais bien le fait qu'il ne soit pas apparu plus tôt. Qu'est-ce qui a empêché les peuples de l'Antiquité ou du Moyen Âge d'explorer l'intérieur du corps ? Les Égyptiens du temps des pharaons le connaissaient également grâce à leur art de l'embaumement, mais ils n'ont jamais été fascinés par le fonctionnement et l'interaction des organes, leur pratique étant entièrement axée sur la mort et le respect du défunt. Les Grecs, qui ont développé l'exercice de la médecine en la faisant passer de la sorcellerie à une activité rationnelle, ont fondé leur connaissance du corps humain interne sur ce qu'ils pouvaient observer et comprendre des entrailles animales et, peut-on imaginer, sur ce que révélaient les accidents ou la guerre, lorsque le corps s'ouvrait de diverses manières : le cerveau à l'intérieur d'un crâne fracassé, les intestins se déversant d'un abdomen entaillé, les os et les tendons et les artères déchiquetés d'un pied ou d'un bras sectionnés. Mais l'idée qu'ils puissent disséquer eux-mêmes un cadavre pour l'étudier à loisir, afin de savoir ce qu'il contenait, ne leur est pas venue à l'esprit. Rien que l'hypothèse devait leur être impensable. Pourtant, leur soif de connaissances était insatiable.

Pourquoi cette hypothèse était-elle impensable ?

Peut-être considéraient-ils le corps et la vie comme un tout, tant et si bien que la notion de dissection ne faisait pas sens pour eux ; peut-être ne comprenaient-ils pas que la vie d'un corps pouvait être prolongée par les connaissances acquises grâce à la dissection d'un autre corps ; peut-être ne voyaient-ils pas la valeur d'une vie prolongée ; ou peut-être l'intérieur du corps était-il tout bonnement inviolable à leurs yeux. Quelle qu'en soit la raison, ils ne disséquaient pas leurs morts et avaient donc un savoir rudimentaire sur les fonctions des organes internes. Leurs écrits sur la médecine et la biologie, truffés d'approximations et de conjectures mais d'une étonnante fiabilité compte tenu du manque d'empirie, ont été une référence normative jusqu'à la Renaissance, où ils ont continué d'avoir un poids tel que les études anatomiques de Dürer et de Léonard, qu'ils ont pourtant réalisées à partir de cadavres humains, contiennent des erreurs, des détails qui relèvent de la littérature médicale et non du corps médical – autrement dit : leur savoir l'a emporté sur leurs observations. Idem des dessins anatomiques de Charles Estienne datant de 1546 : ils comprennent des détails provenant des écrits de Galien qui n'existent pas dans la réalité. En tout état de cause, le nouveau paradigme a rapidement remplacé l'ancien, les meilleurs dessins anatomiques du XVIIe siècle sont d'une telle exactitude qu'ils seraient aujourd'hui encore utiles à des fins pédagogiques. Bien sûr, une inflexion aussi radicale de nos connaissances humaines ne se produit pas sans opposition. Au milieu du XVIe siècle, Paracelse écrit à propos de la dissection :

> La nature allume en l'homme la lumière qui permet à celui-ci, s'il n'est pas distrait, de voir ce que les yeux de chair ne sauraient voir – tout comme le paysan qui voit les lettres tracées sur le psautier n'entend point pour autant ce qu'elles signifient.

La voie choisie par Paracelse est la magie. La véritable essence des choses ne peut être élucidée que dans les relations entre le céleste et le terrestre, le secret et l'évident. Ses arguments partent d'une conception médiévale de la réalité, un monde constitué de correspondances entre le visible et l'invisible, entre le microcosme de l'humain et le macrocosme du Tout, un livre de Dieu où tout n'est que le signe d'autre chose et où rien n'existe en soi. Décrire ce que l'on voit dans le monde matériel n'a de sens que si l'observation est délivrée sous la forme d'un rapport prouvé ou établi avec le monde immatériel. Paracelse, avec son mélange pour nous chaotique de sciences naturelles, de morale, de magie et de métaphysique, dans un univers peuplé d'esprits liés respectivement aux éléments du feu, de la terre, de l'eau et de l'air, associé à l'humain de mille et une façons, n'a pas conscience de l'importance de l'anatomie pour la science médicale, et, à la lumière de ses écrits, la pratique d'une figure comme Léonard de Vinci, de deux générations plus âgé que lui, fait office d'exercices de non-sens, alors que pour Léonard de Vinci lui-même, son travail a dû lui apparaître comme une aventure, une seconde Création du monde.

Dans ses carnets, Léonard de Vinci semble possédé par une volonté de pénétrer notre réalité physique ; il ne fait aucune distinction entre l'humain et le matériel, le vivant et le mort, il veut tout décrire, tout capturer, tout comprendre. Comment se fait-il que les fossiles de coquillages et de créatures marines puissent être découverts au sommet d'une montagne ? Pourquoi les personnes âgées voient-elles mieux les choses de loin ? Pourquoi la couleur du ciel est-elle le bleu ? Qu'est-ce que la chaleur ? Il s'efforce de débusquer les causes du rire et des pleurs, la raison d'un éternuement et d'un bâillement. Il veut expliquer l'épilepsie, les spasmes, la paralysie, les frissons quand il fait froid et la transpiration. Il veut tout savoir de la fatigue, de la faim, de la soif, de l'envie. Il veut décrire le commencement de l'être humain dans l'utérus et découvrir pourquoi un fœtus de huit mois meurt. Il veut détailler les muscles qui s'atrophient quand un être humain grossit et ceux qui se profilent quand il maigrit. Il se demande pourquoi les taches sur la Lune changent lorsqu'on les observe dans le temps, et les explique par les nuages qui s'élèvent des lacs sur la surface lunaire, qui se stabilisent entre ces lacs et le soleil et les privent ainsi de lumière, tant et si bien que ces lacs ne sont pas en mesure dans une telle obscurité de réfléchir les rayons du soleil. Ses observations et ses spéculations ont ceci en commun qu'elles partent de ce qu'il voit de ses propres yeux, et uniquement de là. Il décrit un monde sans transcendance mais qui n'est pas fermé pour autant, au contraire, car non seulement la richesse, époustouflante, se situe dans ce vers quoi son œil est attiré, mais son regard est si neuf que tout ce qu'il voit – le soleil, la lune, les fleuves, les plaines alluviales – semble participer de la fraîcheur et de l'acuité de ce regard neuf, à travers la volonté duquel l'ancien monde est certes toujours perceptible, mais dépourvu de sa transcendance vertigineuse. Ce regard n'exprime rien ou très peu de ce dont il se détache, qui existe malgré tout dans la sensation même du détachement, qui est une sensation de liberté.

Curieusement, les peintures de Léonard de Vinci semblent bien éloignées de cette sensation. Ce sont des chefs-d'œuvre, bien sûr, mais ils débordent en même temps d'un trop-plein ; leur énergie vitale est celle de l'harmonie et de la clarté, certes, mais la technique employée, qui consiste à arrondir les formes pour mieux les insérer dans leur environnement sans pour cela qu'elles perdent en substance et en solidité, explique peut-être mon impression de saturation, tout comme cette régularité des compositions, si parfaite que l'ensemble se voit dilué de toute tension et devient… oui, un peu *paresseux*. Je n'écarquille jamais les yeux devant les peintures de Léonard de Vinci comme cela m'arrive systématiquement quand je lis ses carnets. Je suppose que cela tient au simple fait qu'en tant que peintre, il appartenait à une tradition, voyait les choses avec les yeux de cette tradition, peignait avec ses techniques, alors qu'en tant qu'anatomiste, biologiste, physicien, géologue, géographe, astronome et inventeur, il se forgeait sa propre voie. « Les larmes viennent du cœur et non pas du cerveau », peut-il trouver à écrire. Ou encore, dans l'une de ses nombreuses et étranges prophéties : « Les hommes sortiront des tombeaux changés en créatures ailées et assailliront les autres hommes en leur dérobant la nourriture jusque dans leurs propres mains et sur leurs tables : les mouches. » Ce ton, ce tempérament, qui n'est pas sans folie et qui est aussi imprévisible qu'exact, est totalement absent dans ses tableaux, à une exception notable près : *La Dame à l'hermine*. J'en ai acheté un poster lors d'un voyage en Italie avec Espen il y a plus de dix ans, il est maintenant accroché au mur de mon salon et je ne me suis toujours pas lassé de le regarder. La raison en est simple : une jeune femme tenant contre sa poitrine une hermine qui regarde dans la même direction qu'elle, vers la droite de l'image. La toile est troublante. Pourquoi, je l'ignore, mais le fond est totalement noir, il n'y a rien à part cette femme et cet animal, et peut-être le sentiment d'inquiétude qui se dégage réside justement dans cette juxtaposition. Le visage de la femme est plus net que tous les autres visages féminins peints par Léonard de Vinci, et sa main qui repose sur la colonne vertébrale de l'animal est frêle et osseuse, un soupçon disproportionnée par rapport à ce que l'on voit du reste de son corps, légèrement trop grande ; et pour autant que le modèle ait eu de grandes mains, notre regard est néanmoins attiré vers la femme au point qu'elle constitue, avec la tête de l'animal, le point focal de l'image. La main souligne l'anxiété de l'animal, en même temps qu'elle est placée de cette manière pour l'apaiser. Son apparence plutôt osseuse en renforce la dimension physiologique, ce qui est rare dans les tableaux de Léonard de Vinci qui s'attachent presque toujours davantage aux couleurs et aux formes, à la saturation, et, avec la présence intensément non humaine de l'animal, qui se tient a priori hors de la sphère d'attention de la femme, le corps semble se scinder en deux sous nos yeux, une partie appartenant au physiologique, au biologique, au bestial – où les ongles de sa main, par exemple, correspondent aux griffes de la patte de l'hermine et où les yeux de l'hermine sont de la même couleur que ceux de la femme –, l'autre partie appartenant à l'humain, ce qui a à voir avec sa sérénité et au fait que l'animal se trouve hors de sa conscience occupée par autre chose, peut-être par ce que la femme observe, peut-être par quelque chose en elle, mais quoi que ce soit, elle n'est que douceur et sérénité. Ses vêtements, son collier de perles, la ferronnière autour de sa tête, autant d'attributs qui relèvent de cette sphère en dehors de laquelle se situe l'hermine. Et la précision avec laquelle elle est représentée – à l'inverse des autres animaux dans les peintures de Léonard de Vinci, ses lions, par exemple, ses chevaux et ses agneaux – explique pour partie le côté troublant du tableau. L'hermine n'est ni biblique ni mythologique, elle n'appartient ni à la bataille ni à aucune idylle, mais elle est présente à part entière, comme cet animal particulier. On pourrait l'imaginer sous la forme d'un faune, mi-homme mi-animal, ou d'une figure de Pan, ou pourquoi pas d'un centaure, la mythologie est pleine de ces créatures dont l'existence évolue dans cet entre-deux, entre le monde humain et le monde animal, mais cela aurait réduit l'image à une illustration, et c'est précisément l'écueil qu'évite Léonard de Vinci dans cette toile, l'illustration d'une pensée ou d'une notion : l'image *est* la pensée.

Rien de cela n'émane de ses croquis anatomiques, bien que la rencontre qu'ils représentent – de l'art et du corps – soit la même que dans *La Dame à l'hermine*. Peut-être parce que dans les esquisses les deux aspects sont combinés, les croquis représentant le corps en soi, alors que le tableau vit justement dans cet espace intermédiaire. Bien sûr, la différence entre le dessiné et le dessin est tout aussi grande dans les deux cas, mais en ce qui concerne les esquisses du corps humain, il en a été produit une quantité infinie depuis l'époque de Léonard de Vinci, ce qui était alors un domaine totalement nouveau est aujourd'hui si courant que nous ne le considérons plus comme un phénomène, ni même comme des dessins réalisés par un artiste en particulier, ils ne sont qu'une partie du flot anonyme d'illustrations et d'instructions publiées dans des manuels scolaires où nous plongeons dès l'enfance et desquels nous ne sortons jamais vraiment, où toute matière et tout organisme vivants sont montrés par des schémas : les composantes d'une molécule, la production de chlorophylle des arbres, l'orbite des planètes autour du soleil ou les organes de l'oreille interne. Il n'en allait pas du tout ainsi pour Léonard de Vinci à son époque : il dessine tout comme si le motif était reproduit la première fois, et la pratique qui consiste à dessiner l'intérieur du corps humain à partir de l'étude des cadavres est si nouvelle et si controversée qu'il ressent le besoin de se défendre dans l'introduction à ses notes d'anatomie, où il ferraille avec un *tu* fictif et prétend qu'il y a plus à tirer de l'observation de la dissection que de l'étude de ses dessins :

> Et toi qui juges préférable de voir faire l'anatomie plutôt que de voir les dessins, tu aurais raison s'il t'était possible de voir réellement tout ce que ces dessins te montrent en une seule image. Avec tout ton génie, tu ne reconnaîtras dans l'objet que quelques veines. Tandis que moi, pour en avoir vraie et pleine connaissance, j'ai disséqué jusqu'ici plus de dix corps humains, séparant les membres, détachant en minuscules parties toutes les chairs qui se trouvaient autour de telle ou telle veine sans répandre de sang, sinon celui presque insignifiant des veines capillaires. Un seul corps ne dure pas le temps nécessaire : il faut procéder successivement sur plusieurs pour parvenir à une entière connaissance et souvent recommencer deux fois pour trouver des différences de l'un à l'autre.

> Mais si tu avais le goût de cette besogne, il te manquera le bon dessin capable de représenter tous les détails. Si tu as le bon dessin, auras-tu la perspective ? Auras-tu l'ordre de la démonstration géométrique et le calcul des forces et du comportement des muscles ? Enfin il te manquera sans doute la patience. Si moi je possède tous ces dons nécessaires, les cent vingt volumes que j'ai composés l'affirment.

Léonard de Vinci plaide ici pour l'utilité de la simplification dans un monde peu familier avec le schéma. Son adversaire fictif estime qu'il vaut mieux observer la dissection au fur et à mesure qu'elle a lieu car elle est plus proche de la réalité, alors que Léonard de Vinci estime que la réalité, en l'occurrence le corps, est trop compliquée et se comprend mieux lorsqu'elle est véhiculée par un dessin, qui en fait ressortir l'essence ; il a fallu dix cadavres avant d'acquérir un savoir suffisant sur les vaisseaux sanguins pour pouvoir les dessiner. La ligne de progression va du chaos et de la confusion de la réalité à l'ordre et à la fonctionnalité du schéma, mais aussi de la vérité de l'instance particulière – donc du local et du concret – de ce corps particulier, à la vérité de toutes les instances – donc de l'universel et du général – et de tous les corps. Les dessins de Léonard de Vinci ne sont pas des schémas, il ne simplifie pas ce qu'il voit mais s'efforce à l'inverse de le représenter le plus fidèlement possible ; or, pour ce faire, il doit isoler les différents éléments afin qu'ils apparaissent avec davantage de clarté, si bien qu'il s'éloigne et se rapproche de la réalité qu'il représente, une progression qui ressemble à une loi : plus on se rapproche d'une image réelle du monde physique, plus elle s'éloigne.

Ce qui rend les dessins anatomiques de Léonard de Vinci si intéressants, c'est qu'ils se trouvent au tout début de cette progression, ou peut-être même à son instigation, en même temps qu'ils se trouvent aussi à un autre point d'intersection, entre l'art et la science.

Que se passe-t-il exactement lorsqu'un tableau tel que *La Dame à l'hermine* génère toutes sortes d'émotions et d'états d'âme, se déploie devant le spectateur qui, plus de six cents ans plus tard, ne peut s'empêcher de lui trouver une densité de sens, alors qu'une image de l'intérieur du corps humain dessinée par le même artiste à peu près au même moment est vécue comme quelque chose de neutre, un fait refermé sur lui-même, en dehors de la vague réminiscence qu'il donne de l'époque à laquelle il a été produit, et sur laquelle l'artiste n'a absolument aucun contrôle ?

Est art ce que l'institution admet comme tel – pour paraphraser un propos du modernisme –, mais pareille distinction n'est d'aucune utilité ici car, même si nous pouvons affirmer que les dessins anatomiques de Léonard de Vinci sont de l'art, la différence radicale entre eux et *La Dame à l'hermine* – qui est clairement autre chose – n'est pas abolie pour autant. Il n'est pas non plus possible de dire que l'un a plus de qualité que l'autre, ou que l'un est réducteur et que l'autre non, parce qu'une telle réduction est également visible dans *La Dame à l'hermine* : le noir pur du fond extrait le motif de son contexte, et seuls ses éléments essentiels, le haut du corps du sujet féminin et l'animal frétillant, sont représentés. Pourtant on peut voir et regarder le tableau, il s'anime dans les yeux du spectateur et semble inépuisable, alors que les dessins de l'intérieur du corps humain saturent les sens d'une tout autre manière, ils contraignent notre regard et les émotions qui s'ensuivent : ce que nous voyons est ce qui est. En d'autres termes, le tableau contient « plus ». Mais qu'est-ce que ce « plus » ? Qu'est-ce qui enrichit le tableau et n'enrichit pas les dessins ?

Le célèbre recueil de contes écrits par Jorge Luis Borges, *Labyrinthes*, contient une nouvelle intitulée « Pierre Ménard, auteur du *Quichotte* ». À en croire son narrateur, Pierre Ménard était un auteur français récemment décédé, méconnu, un symboliste et un ami de Paul Valéry. Désireux d'honorer sa mémoire, déjà en passe d'être occultée, le narrateur énumère les rares œuvres composées par ce Ménard, parmi lesquelles des sonnets et des monographies, l'une consacrée à la *characteristica universalis* de Leibniz, l'autre à l'*Ars magna* de Raymond Lulle – ce qui nous donne une indication de la direction que prend Borges –, avant de se concentrer sur l'œuvre la plus importante de Ménard, qu'il décrit comme la plus significative de notre époque, les neuvième et trente-huitième chapitres de la première partie de *Don Quichotte*, ainsi qu'un fragment du vingt-deuxième chapitre. Ménard ne s'est pas contenté de s'en inspirer, sans quoi ce ne serait pas de l'art, il les a recréés, une prestation que le narrateur qualifie d'héroïque, incontestablement supérieure à celle réalisée par Cervantès lorsqu'il a écrit son roman. Parodier un roman de chevalerie et faire partir un vieux noble dans les villages de l'Espagne du XVIIe siècle est une chose, au demeurant assez facile pour un Espagnol vivant au XVIIe siècle, mais le faire lorsqu'on est français et qu'on vit au début du XXe siècle en est une autre. Le texte gagne ainsi en qualité, selon le narrateur, qui compare deux brefs passages des deux ouvrages en commençant par Cervantès :

> … la vérité, dont la mère est l'histoire, émule du temps, dépôt des actions, témoin du passé, exemple et connaissance du présent, avertissement de l'avenir.
>
> Rédigée au XVIIe siècle, rédigée par le « génie ignorant » Cervantès, cette énumération est un pur éloge rhétorique de l'histoire. Ménard écrit en revanche :

> ... la vérité, dont la mère est l'histoire, émule du temps, dépôt des actions, témoin du passé, exemple et connaissance du présent, avertissement de l'avenir.

> L'histoire, mère de la vérité ; l'idée est stupéfiante. Ménard, contemporain de William James, ne définit pas l'histoire comme une recherche de la réalité mais comme son origine. La vérité historique, pour lui, n'est pas ce qui s'est passé ; c'est ce que nous pensons qui s'est passé.

En juxtaposant l'idée d'originalité à celle de répétition, impossible et donc supérieure au renouvellement, Borges réorganise la hiérarchie entre le nouveau et l'identique, en mettant les deux concepts en lumière. L'idée que *Don Quichotte* ne puisse être réécrit tombe à ce point sous le sens que nul n'y a pensé avant que Borges n'écrive son histoire sur l'exploit de Ménard, et c'est précisément en cela qu'elle est essentielle : ce que nous voyons sans en avoir conscience, le monde invisible des lois et des règles dans lequel nous nous déplaçons et par lequel nous sommes gouvernés, le temps et le lieu du donné, est évidemment notre cage et notre maison. Est art ce qui ne peut être répété, nous rappelle Borges, et qui s'apparente ainsi au miracle. Que quelqu'un peigne *La Dame à l'hermine* exactement comme Léonard de Vinci est une pensée impossible, mais pas celle de quelqu'un qui dessinerait la même image du cœur, de la poitrine ou d'un bras aux veines et vaisseaux dénudés. La peinture a un temps et un lieu, elle est présente à un moment donné, dans tous les détails de la toile, alors que les dessins du corps sont hors du temps et du lieu. Ce qui compte dans un tableau, c'est la femme particulière, l'animal particulier, l'unique et le local, alors que dans les dessins, c'est tout le corps, le général et l'universel.

L'art est unique et local, il s'efforce toujours de

tendre vers l'unique et le local, résiste à tout ce qui cherche à l'extraire de cette trajectoire. Toute sa valeur réside là-dedans. Même un tableau de Malevitch, dont les simples figures géométriques ou les surfaces entièrement monochromes semblent tendre vers la généralité totale, est unique et local : elles n'expriment pas des figures géométriques en soi mais l'image que s'en fait Malevitch, et cette présence d'un autre être humain inscrit le tableau dans le temps : il n'aurait pas pu être peint par quelqu'un d'autre. Lorsque ce tableau est copié – ce qui est inévitable, tout trait stylistique est repris par d'autres –, l'art est moins unique, moins local, plus faible. Sans exception, les peintures des cubistes norvégiens et suédois font pâle figure aux côtés de celles de Picasso et de Léger. C'est cette notion d'unique dont il est question dans « Pierre Ménard, auteur du *Quichotte* ». Est art ce qui ne peut être refait, mais contrairement au miracle, l'art s'étend dans le temps et traverse les générations, et c'est dans cet espace temporel que Borges laisse entrer Ménard lorsqu'il trouve un moyen ingénieux de s'extraire de son époque pour s'engouffrer dans le passé sans perdre ni l'un ni l'autre de vue, et réalise qui plus est le tour de force de transformer la copie en original sans pour cela l'altérer, pour la simple raison que toute la mentalité du XXe siècle remonte avec lui et exerce sa propre pression sur les phrases que Cervantès a jadis construites, les modifiant pour ainsi dire de l'intérieur, car ce que nous savons façonne toujours ce que nous voyons. Le narrateur de Borges est si enthousiaste à l'égard de cette nouvelle invention littéraire qu'il suggère d'appliquer la méthode à d'autres livres et conclut par la question suivante : « Attribuer l'*Imitation de Jésus-Christ* à Louis-Ferdinand Céline ou à James Joyce, n'est-ce pas renouveler suffisamment les minces conseils spirituels de cet ouvrage ? »

Rien n'est fortuit dans l'œuvre de Borges, pas même le choix de la référence. *De imitatione Christi*, ou l'*Imitation de Jésus-Christ*, est un recueil de textes du XVe siècle attribués au moine Thomas a Kempis, l'un des livres les plus lus du christianisme, dont la position est de tourner le dos à la vie et au monde et de s'en tenir en guise d'idéal à la vie du Christ sur terre, d'où le titre, motivé principalement par une citation de l'Évangile selon Matthieu :

> Alors Jésus dit à ses disciples : « Si quelqu'un veut être mon disciple, qu'il renonce à lui-même, qu'il se charge de sa croix et qu'il me suive ! En effet, celui qui voudra sauver sa vie la perdra, mais celui qui la perdra à cause de moi la retrouvera. Que servira-t-il à un homme de gagner le monde entier, s'il perd son âme ? Ou que pourra donner un homme en échange de son âme ? En effet, le Fils de l'Homme va venir dans la gloire de son Père, avec ses anges, et alors il traitera chacun conformément à sa manière d'agir.

L'idée de se renier soi-même et de vivre une vie dans l'imitation d'une autre est encore plus radicale et impossible que celle de Ménard ; mais, à l'inverse de la sienne, elle a été tentée, pas dans les détails, évidemment, bien qu'une blessure ou deux aient pu s'ouvrir miraculeusement dans une paume ou deux au cours du Moyen Âge, mais dans l'esprit ; et ceci, vouer sa vie à l'autre, est le plus grand sacrifice qu'un être humain puisse faire. Que Céline ou Joyce, les deux grandes idiosyncrasies de la littérature du XXe siècle, aient pu écrire une telle œuvre est bien sûr une immense blague, car si un auteur a investi son *moi* dans son écriture, et si un autre auteur n'a jamais su ce que l'humilité signifiait, c'étaient bien eux. Mais ils étaient également des âmes en souffrance.

Pour nous, la seule vraie vie est la nôtre, aussi exceptionnelle qu'individuelle ; l'imitation est synonyme de facticité et de soumission alors que, dans l'*Imitation de Jésus-Christ*, elle incarne l'idéal absolu : se retirer de tout pour se consacrer pleinement au Christ a toujours représenté une possibilité, un choix qui plus est toujours très méritoire et vertueux, jamais un acte couard ou bizarre. Et bien que les Écritures soient primordiales, régissent la compréhension de tout, du matériel comme de l'immatériel, bien qu'elles soient la forme dans laquelle tout doit s'insérer, qu'en leur nom un système vertigineux de correspondances et de cohérences ait été conçu, dans un universalisme sans commune mesure, le corps n'en est pas moins présent, il est même au centre de tout : le corps du Christ, la chair et le sang du Fils de l'Homme, qui, quoique dissous dans le texte et dans le langage, est le point d'où rayonnent toutes les abstractions théologiques. C'est ce qui ressort notamment des reliques dont regorgeaient les églises, les monastères et les cathédrales médiévaux. Elles étaient classées selon un système basé sur la proximité physique : les reliques de premier ordre correspondaient à tout ce qui provenait du corps des saints ou des disciples – cheveux, ongles, fragments d'os, voire des squelettes entiers –, le deuxième ordre comprenait les objets qu'ils avaient utilisés ou transportés sur eux, le troisième ordre comprenait les objets qui étaient entrés en contact avec eux ou qui avaient été conservés à proximité des reliques du premier ordre. Les plus précieuses étaient celles associées au corps du Christ et à sa vie terrestre, les plus sacrées étant celles liées à la crucifixion : des éclats de bois provenant de la Croix, les épines de la couronne, la pointe de la lance qui l'avait poussé, les fichus et les mouchoirs des personnes présentes, et bien sûr le linceul. L'adoration de ces objets, qui pouvait prendre des formes hystériques, pour beaucoup associées aux miracles et aux guérisons, constitue le cœur même du christianisme, exprime sa vérité la plus profonde et son essence authentique : que Dieu en la personne du Christ est devenu un être humain, est né dans le monde humain, a été un corps vivant, une personne ayant vécu une trentaine d'années parmi nous, *ici*, dans *notre* monde. L'idée est si radicale qu'elle est impossible à assimiler, encore moins à comprendre, si ce n'est dans des moments de lucidité fugaces et émotionnels. Les reliques ont ouvert cette perspective : le divin était local, pouvait être associé à des lieux accessibles et visibles, à des personnes identifiables qui, autrefois, existaient réellement. L'Ancien Testament était lui aussi local, presque tous les lieux qui y étaient mentionnés existaient toujours, et, si l'on se donnait la peine de chercher, on découvrait alors qu'ils étaient assez proches les uns des autres : le Jourdain, le désert du Sinaï, la mer Morte, le mont Gilboa, le torrent de Zéred, les plaines de Moab, Jérusalem, Bethléem, Hébron, Gaza, Beer-Shéba, Etsjon-Guéber, tous situés dans une zone pas plus grande qu'un comté norvégien. Pour nous, ce local devient exotique et lointain, tout dans la Bible se passe très loin, le récit porte sur de tout autres gens, vivant dans un tout autre pays. Mais qu'en serait-il s'il s'agissait de nous et de notre pays ? L'aspect local serait alors évident. Moïse et les enfants d'Israël seraient peut-être venus dans la vallée de Setesdal après avoir erré quarante années durant sur les hauts plateaux du Hardangervidda. Moïse aurait pu recevoir les Tables de la Loi, gravées des Dix Commandements, sur le mont Gaustatoppen, et la Terre promise qu'il a été autorisé à voir mais pas à fouler aurait pu être le comté d'Aust-Agder. Le discours que le Seigneur lui aurait adressé au sujet de la Terre promise, à la suite de l'incident du veau d'or, aurait pu se dérouler ainsi : « J'enverrai un ange devant toi et je chasserai les Setesdalites, les Arendalites et les Frolendinger, les Hisøyites et les Tromøyites. Monte dans ce pays où coulent le lait et le miel. En revanche, je ne monterai pas au milieu de toi, car tu es un peuple réfractaire. » Et la magnifique fin du Livre du Deutéronome aurait pu être la suivante :

> Moïse descendit des hauts plateaux du Hardangervidda dans la vallée du Setesdal et monta dans les landes de cette région, face à Valle. L'Éternel lui fit voir tout le pays : Byggland, Evje et Åmli, Birkenes et Hægebostad, tout le pays d'Agder jusqu'à Arendal et la mer au sud, Grimstad et Lillesand, tout le sud du pays jusqu'à Kristiansand. Et l'Éternel lui dit : « Voilà le pays que j'ai juré de donner à Abraham, à Isaac et à Jacob, en disant : "Je le donnerai à ta descendance." Je te l'ai fait voir de tes yeux, mais tu n'y entreras pas. » Moïse, le serviteur de l'Éternel, mourut là, dans la vallée du Setesdal, conformément à l'ordre de l'Éternel. L'Éternel l'enterra dans la vallée du Setesdal, près de Bykle. Personne n'a su où était son tombeau jusqu'à aujourd'hui.

Mais la géographie n'est pas la seule à pousser les textes de l'Ancien Testament vers la sphère du local, les gens dont il y est question le font aussi. Outre d'avoir en commun le fait que Dieu est apparu devant eux, ils sont nommés par leur prénom, ils ont des personnalités et des traits de caractère spécifiques, du craintif Lot au rusé Isaac, et s'il ne reste rien ni personne pour témoigner de leur existence en dehors de ces textes, ce n'est pas nécessairement parce qu'ils étaient des figures mythologiques créées dans les profondeurs de l'imagination populaire, mais bien parce que l'époque dans laquelle ils ont vécu est très lointaine. La façon dont leurs histoires sont racontées renforce l'aspect local et les ancre dans le temps, car il n'y a pas d'abstractions ou de systèmes, pratiquement pas de constructions mythologiques ou fériques, tout ce qui nous est transmis l'est par des descriptions d'événements concrets dans le monde concret. La terre, le sable, les chemins, les maisons, le sang. Les voyages, les naissances, les batailles, les fuites.

Les explications sont étrangères à ces textes, toute signification doit être extraite des événements décrits, qui ne sont certes pas relatifs, juste insondables. Pourquoi sont-ils insondables ? Les événements ne sont pas une langue, même s'ils sont véhiculés par une langue. Quand nous comprenons un événement, nous comprenons la culture dans laquelle il se déroule. Si cette culture disparaît, notre compréhension disparaît dans le même élan et les événements restent en retrait, aussi mystérieux que les statues de l'île de Pâques. Les histoires de la Bible sont anciennes et contiennent des traces d'histoires encore plus anciennes.

Lorsque je suis entré en CP à l'école primaire de Sandnes en 1975, la religion constituait encore l'une des matières les plus importantes, avec le norvégien, les mathématiques, l'histoire-géographie et les sciences naturelles. L'enseignement religieux se composait surtout de ce que nous racontait notre maîtresse, Helga Torgersen, des histoires extraites de la Bible que nous dessinions ou dont nous parlions ensuite. Nous étions initiés à un monde pastoral, certes tragique, mais plein de lumière. Être chrétien, cela revenait à être bon et gentil, ce que nous voulions tous. Mais, à l'approche de la puberté, peu à peu et un à un, nous sommes restés sur le bord de la route. J'ai tenu le cap pendant longtemps : pour moi, les mobylettes étaient l'incarnation du mal, les flippers et autres machines à sous l'étaient tout autant, même le cola et les cacahuètes n'en étaient pas dénués. Aujourd'hui encore, je suis sensible à de tels écarts : conduire au-dessus de la vitesse autorisée me remplit de culpabilité pendant des jours ; tuer une mouche ou découvrir une plante morte dans l'appartement, parce que j'ai oublié de l'arroser, me fait mal au cœur car la volonté d'être un homme bon s'est maintenue en moi pendant toutes ces années. Ce que je sais désormais, et que j'ignorais à l'époque, c'est qu'il existe en nous des forces pour lesquelles le bien et le mal sont étrangers et des émotions d'une telle puissance qu'elles prennent le dessus sur tout sans même que nous nous sachions sous leur emprise, car le moi, le *je*, ce rai de lumière qui brille tel un lever de soleil au fond de notre conscience, contient toute notre identité, colore notre compréhension des autres forces, désirs et émotions présents en nous, tout comme notre présent colore notre perception du passé, car il n'y a pas de monde extérieur naturel, ni dans le corps ni dans la société, pour en arriver là : arriver dans un endroit où l'on peut se voir, ou bien voir son époque, demande un effort, un effort énorme parce que les forces à l'œuvre dans la conscience de soi et la contemporanéité, qui soumettent tout, ne sont pas gravitationnelles mais centripètes. La Bible, cependant, est l'une de ces forces extérieures, surtout les textes de l'Ancien Testament, à la fois lointains et proches, familiers et étranges. Ils sont anciens et nous sommes séparés des vies qu'ils dépeignent par un abîme de milliers d'années. En même temps, ils appartiennent à notre culture : nos grands-parents, arrière-grands-parents, arrière-arrière-grands-parents et les générations qui les ont précédés, jusqu'au premier millénaire, lisent les mêmes textes, qui les ont façonnés, eux et leur culture, dans laquelle nous continuons de vivre aujourd'hui, bien que leur forme ait subi depuis quelques modifications. Une histoire comme celle de

Caïn et Abel porte en elle non seulement notre préhistoire, mais aussi le Vᵉ siècle d'Augustin d'Hippone, le XIIIᵉ siècle de saint Thomas d'Aquin et de Dante, le XVIIᵉ siècle de Shakespeare et de Bacon, ainsi que notre propre enfance et notre époque contemporaine. En traduisant cette histoire dans la langue moderne, une grande partie de son étrangeté disparaît, alors coller le plus possible à l'original hébreu la rend incompréhensible. Un compromis pourrait ressembler à ceci :

> Adam eut des relations conjugales avec sa femme Ève. Elle tomba enceinte et mit au monde Caïn. Elle dit : « J'ai donné vie à un homme avec l'aide de l'Éternel. » Elle mit encore au monde le frère de Caïn, Abel. Abel fut berger et Caïn fut cultivateur. Au bout de quelque temps, Caïn fit une offrande des produits de la terre à l'Éternel. De son côté, Abel en fit une des premiers-nés de son troupeau et de leur graisse. L'Éternel porta un regard favorable sur Abel et sur son offrande, mais pas sur Caïn et sur son offrande. Caïn fut très irrité et il arbora un air sombre. L'Éternel dit à Caïn : « Pourquoi es-tu irrité et pourquoi arbores-tu un air sombre ? Certainement, si tu agis bien, tu relèveras ton visage. Si en revanche tu agis mal, le péché est couché à la porte et ses désirs se portent vers toi, mais c'est à toi de dominer sur lui. » Cependant, Caïn dit à son frère Abel : « Allons dans les champs » et, alors qu'ils étaient dans les champs, il se jeta sur lui et le tua. L'Éternel dit à Caïn : « Où est ton frère Abel ? » Il répondit : « Je ne sais pas. Suis-je le gardien de mon frère ? » Dieu dit alors : « Qu'as-tu fait ? Le sang de ton frère crie de la terre jusqu'à moi. Désormais, tu es maudit, chassé loin du sol qui s'est entrouvert pour boire le sang de ton frère versé par ta main. Quand tu cultiveras le sol, il ne te donnera plus toutes ses ressources. Tu seras errant et vagabond sur la terre. » Caïn dit à l'Éternel : « Ma peine est trop grande pour être supportée. Voici que tu me chasses aujourd'hui de cette terre. Je serai caché loin

> de toi, je serai errant et vagabond sur la terre, et toute personne qui me trouvera pourra me tuer. » L'Éternel lui dit : « Si quelqu'un tue Caïn, Caïn sera vengé sept fois », et l'Éternel mit un signe sur Caïn afin que ceux qui le trouveraient ne le tuent pas. Caïn s'éloigna de l'Éternel et habita le pays de Nod, à l'est d'Éden.

C'est une histoire simple, mais singulière. Un homme tue son frère et Dieu le bannit, tout en le marquant d'un signe pour empêcher quiconque de le tuer. Qu'est-ce que cela signifie ? Oh, ici, le sang et la terre signifient tout. L'Éternel respecte l'agneau, le sacrifice de sang, mais pas l'offrande de céréales. Caïn tue Abel, le sang est versé, l'Éternel maudit Caïn mais ne le tue pas et souhaite même qu'il ne soit pas tué par un autre, car Abel étant mort seul Caïn vivant peut transmettre le sang, et le sang est lié à la terre, d'abord par leur père, qui porte le nom de cette terre – *adama* en hébreu, c'est-à-dire « par une créature de Dieu » –, puis par le sang qui est versé, la mort, et le retour du sang sur la terre. La voix du sang crie des entrailles de la terre, la bouche de la terre s'ouvre pour le recevoir. Mais ni le sang ni la terre ne sont des forces motrices dans le récit, simplement des dimensions entre lesquelles passe l'histoire. Ce qui anime le récit, c'est le visage et le regard. L'Éternel regarde Abel. Le visage de Caïn s'abaisse. L'Éternel l'avertit : s'il ne le relève pas, le péché s'accumulera à sa porte. Il désobéit, tue son frère, et dès lors il doit demeurer caché à la face de l'Éternel. Et puisque « surface » et « visage » sont un même mot en hébreu, son bannissement de la face de la terre peut être pris au pied de la lettre, la face, et donc le regard, de la terre.

Caïn brûle de l'intérieur, son visage s'assombrit, et s'abaisse.

Caïn n'est plus vu, c'est le point de départ de l'histoire. S'il n'est plus vu, il n'est personne, et s'il n'est personne, il est mort, et s'il est mort, il n'a rien à perdre. Qu'aurait-il à perdre ? La face ? Devrait-il perdre la face ? Il l'a déjà perdue. C'est le point critique : d'une part le visage de Caïn qui n'est pas considéré, d'autre part le fait qu'il a baissé son visage et veille à ne plus être vu. Le visage baissé est directement associé au mal, car Dieu dit : « Tu relèveras ton visage. » Voir et être vu. Sinon, « le péché est couché à la porte et ses désirs se portent vers toi, mais c'est à toi de dominer sur lui ». Se détourner, ce qui n'est pas seulement ne pas voir mais qui est aussi ne pas être vu, est un exercice périlleux car, là, dans cette brèche, cet espace non corrigé, le péché se rassemble.

Tu arbores un air sombre.

Tu relèveras ton visage.

Le visage est l'autre, et dans sa lumière nous devenons. Sans ce visage, nous ne sommes personne, et si nous ne sommes personne, nous sommes morts, et si nous sommes morts, nous pouvons faire n'importe quoi. Avec ce visage, qui nous voit et que nous voyons, nous ne pouvons pas faire n'importe quoi. Ce visage nous contraint. C'est pourquoi Dieu nous ordonne de le relever. Assume cette contrainte. Mais Caïn ne relève pas son visage, il n'assume pas cette contrainte, il transgresse les limites du monde social et tue. La transgression dépasse le monde social, puisqu'il ne tue nul autre que son frère, et dans ce monde archaïque il s'agit de son propre sang. Et cette violence contre soi-même est la plus dangereuse de toutes parce qu'il est presque impossible de s'en protéger : elle vient du *nous*, non de l'étranger, non du *ils*, mais du *tu* avec son visage baissé.

Le fratricide se déroule toujours autour du *nous*, un frère tue son frère quelque part en Afrique, en Asie, en Europe, hier, aujourd'hui, demain ; il se produit, puis l'événement disparaît. Rien dans l'humain n'a changé depuis les temps bibliques : nous naissons, nous aimons, nous haïssons, nous mourons. Mais nous avons ceci d'archaïque que nos actions sont pour ainsi dire absorbées dans le quotidien, dans la contemporanéité que nous avons créée et que nous constituons, où la réalité est avant tout horizontale, et pour peu qu'elle devienne verticale elle n'est que rarement aperçue et reconnue. Pourtant, il suffit de relever la tête pour la saisir, car au-dessus de nous domine le soleil, flamboyant, ce même soleil qui a flambé pour Caïn et Abel, pour Ulysse et Énée. Les montagnes qui se trouvent sous nos yeux sont du même âge que nous. Que nous soyons le dernier maillon d'une lignée d'ancêtres remontant à des milliers de générations, identiques à eux d'un point de vue émotionnel, puisque le cœur qui bat en eux bat aussi en nous, est une perspective que nous ne pouvons ni ne voulons assumer, car notre exceptionnalité ou notre unicité est alors escamotée en elle et nous ne devenons plus qu'un lieu où les sentiments et les actions font rage, tout comme l'eau est le lieu où les vagues font rage, et le ciel le lieu où les nuages font rage. Nous savons que chaque nuage est unique, que chaque vague est unique, et pourtant nous ne voyons que des nuages, que des vagues. Les mythes sont orientés vers cet espace très précis, puisque chaque mythe concerne l'Un, mais ce qu'il exprime s'applique à Tous. Caïn brûle de l'intérieur, son visage s'abaisse. Caïn est consumé par la haine et devient aveugle, il se rue sur son propre frère et le tue. Le mythe évoque des forces présentes dans l'être humain qui ne peuvent être intégrées dans l'identité de l'individu ou dans le monde social, mais qui se déclenchent et se déchaînent. Il évoque une entité incontrôlable à l'œuvre dans l'humain, que nous redoutons, qui nous laisse pantelants et n'est pas sans rappeler notre réaction face au sublime de la nature. Et c'est le sublime dans la nature humaine, la part sauvage et incontrôlée et destructrice que ni l'individu ni le monde social ne peuvent maîtriser, qui naît dans chaque être humain, lequel est chacun de nous. Le sublime dans l'Un. Mais le sublime également dans le Tous. Le sublime est en nous tous quand le nombre de personnes réunies est si considérable qu'un lieu devient noir de monde : le rugissement d'une foule de footballeurs, le flot de manifestants dans les rues. Ces deux exemples de sublime dans l'humain ont en commun qu'ils atteignent la limite où l'individuel, l'unique, le *je* de l'être humain, cesse d'exister ; le lieu où l'humain s'allie aux autres forces de la nature et perd le contrôle de lui-même. C'est la limite du *moi*, qui est également la limite de notre culture, et elle est à juste titre redoutée. Lorsque l'archaïque est absorbé dans le quotidien et que le soleil qui flamboie dans le ciel est notre soleil, nous vivons dans la culture qui sans relâche s'efforce de confirmer cette idée, qui sans relâche tire tout vers le connu, alors que l'art s'oriente d'une tout autre manière vers ce qui est au-delà de la limite du *moi* et de la culture, vers l'inconnu et vers ce qu'on appelait autrefois le divin. La mort est la porte d'entrée qui ouvre sur le pays d'où nous venons et où tôt ou tard nous retournerons. Elle se situe au-delà du langage, au-delà de la pensée, au-delà de la culture, elle ne peut être capturée, seulement entraperçue, par exemple en nous repliant sur cette part muette et aveugle qui sommeille en nous. Elle est toujours là, même lorsque nous prenons notre petit déjeuner un mardi matin ordinaire, que le café est un peu trop fort, que la pluie ruisselle sur les vitres, que la radio diffuse le journal de sept heures, que le sol du salon est jonché de jouets, même dans ces moments-là notre cœur bat – le muscle archaïque par excellence –, pompant son sang dans tout le corps. La culture est créée pour éviter cette perspective, pour que nous puissions détourner le regard du précipice au bord duquel nous vivons ; mais cette culture contemporaine, dont la perspective sur la vie n'a que quelques générations et qui ne concerne que l'histoire la plus proche, ce qu'on appelait autrefois de mémoire d'homme, n'a jamais été souveraine : une autre temporalité au sein même de la culture a toujours existé, ce temps où rien ne change, où tout reste à l'identique, le temps des mythes et des rites. Que cet aspect de notre compréhension de la réalité ait disparu ne signifie pas pour autant qu'il ait disparu de la réalité. Qu'a fait Hitler lorsqu'il s'est replié sur lui-même dans sa jeunesse ? Il n'a vu personne, et personne ne l'a vu. Même adulte, il ne s'est pas attaché à un *tu* ; quand on le voyait, il n'était vu que par une masse, que par un *tous*, et il en allait de même quand il écrivait : il existe dans *Mein Kampf* un *je*, il existe un *nous*, il existe un *ils*, mais il n'existe pas de *tu*.

Tu arbores un air sombre.

Tu relèveras ton visage.

L'histoire de Caïn et Abel a trait à l'abandon du *tu* comme raison de la violence – et le lecteur peut s'arrêter là ou continuer, car cette histoire ne porte pas seulement sur un frère qui en tue un autre, mais aussi sur le sacrifice : Caïn tue Abel après que Dieu s'est félicité du sacrifice animal effectué par le second, un « culte sacrificiel », alors qu'il a ignoré l'offrande de céréales du premier, un « culte non sacrificiel », ainsi que l'explique René Girard. Pour l'anthropologue français, le récit constitue une expression de la fonction du sacrifice par rapport à la violence : le sacrifice montre la violence mais la supplante afin d'en contrôler les forces qui, sans cela, séviraient sans entrave au sein de la société. Caïn se tenant en dehors du sacrifice, il tue son frère. La fonction de substitution du sacrifice est clairement mise en évidence dans le récit d'Abraham qui s'apprête à sacrifier son fils Isaac pour Dieu, jusqu'à ce que ce dernier lui demande de sacrifier plutôt un bélier. « Selon une tradition musulmane, écrit Girard, c'est le bélier déjà sacrifié par Abel que Dieu envoie à Abraham pour qu'il le sacrifie à la place d'Isaac. » Le sacrifice est un rituel, il est collectif, et il interprète la violence comme un acte collectif.

Le concept de sacrifice est mythique, central dans les cultures primitives, abandonné dans les plus développées comme la nôtre où la violence s'entend comme un acte individuel, survenu dans une situation particulière, entre des personnes particulières, et pris en main par le système judiciaire qui punit l'individu coupable. Dans toute société, le processus de socialisation a pour objectif crucial de veiller à ce que l'individu contrôle ses impulsions, ses émotions et ses actions, afin d'éviter cette violence entre semblables qui détruit et dissout les structures et les communautés, et, si l'individu incapable de se plier à ce principe tue un ou plusieurs des siens, il sera puni au nom de la communauté par l'appareil judiciaire. L'interdiction de la violence individuelle vaut pour toutes les sociétés, il est impossible d'imaginer une société sans une telle proscription. Dans les sociétés primitives, la distinction entre le *je* et le *nous* est moins claire, les institutions différenciatoires et légiférantes n'existent pas, et la connaissance du danger que représente la violence individuelle, interne, est sans doute plus prégnante, parce que la communauté est d'autant plus vulnérable à ses répercussions. René Girard estime que la volonté d'endiguer la violence individuelle se cache derrière tous les tabous, qui sont un moyen d'éviter tout ce qui pourrait la susciter ; auquel cas les rituels représentent le contraire : ils sont autant de moyens pour approcher du point où les forces sont sous contrôle puisque les répétitions des rituels abolissent les hasards et maîtrisent les émotions.

Mais la répétition est également perçue comme un tabou : l'identique et le copié, l'imitation et le mimétisme sont donc également associés au danger, le tabou le plus fondamental de tous selon Girard. De nombreuses cultures primitives sont marquées par l'interdit des jumeaux : l'un d'eux est tué à la naissance, ou ils sont supprimés tous les deux. Les miroirs sont eux aussi souvent associés au danger ; certaines cultures proscrivent l'imitation des autres, que ce soit par le geste ou la répétition des paroles ; le double a toujours été une figure effrayante ; de nombreuses religions interdisent la représentation de la divinité.

On pourrait imaginer que la peur du dédoublement, de la duplication, de l'imitation est liée à la notion d'identité : l'individu se perdrait dans l'autre si l'identité était une dimension instable, ouverte sur le monde, son *moi* serait envahi. Girard estime plutôt le contraire : l'identique représente une menace pour la collectivité dans la mesure où il ne pense pas la violence individuellement, ne la ramène pas à son auteur, ni même au résultat d'un acte de violence, il l'envisage comme un événement achevé mais aussi, et dans une bien plus large mesure que nous, comme un processus à l'intérieur duquel il voit enfin une symétrie et une ressemblance : deux rivaux s'affrontent, entre eux un objet, la pomme de discorde, et de chaque côté de celle-ci, eux deux, l'un face à l'autre, semblables. Si elle n'est pas stoppée, cette ressemblance sera reproduite en série, sous la forme de représailles, les représentants de l'un retournant la violence sur les représentants de l'autre, et cette violence, la violence de la vengeance par le sang, peut continuer au fil des générations, alors que le conflit originel est depuis longtemps oublié ou éclipsé dans la sérialité.

Au sein d'une petite communauté, une telle escalade est catastrophique, et c'est son schéma fondamental – l'un contre l'autre – qui crée les tabous de dédoublement, la peur évidente mais mystérieuse de la symétrie. La violence est imitative et répétitive. Et si les tabous évitent ce phénomène, le sacrifice l'affronte, non seulement en étant son imitation et en la recréant en série dans le rituel, mais aussi dans sa structure, où le sacrifice se situe d'un côté et les membres de la communauté de l'autre, sans pour cela être divisés, la victime sacrifiée assume la division, elle est un bouc émissaire, les autres sont en revanche unis et réunis : *tous* contre l'*un*, lequel est alors dûment tué. Ceci fait, il ne reste que ce *tous*, une entité réunie et stable.

D'un autre côté, l'imitation peut être un phénomène souhaitable dans la culture. L'apprentissage et le développement s'effectuent en quasi-totalité grâce à la répétition et à la duplication, mais aussi de manière directe à travers l'imitation de modèles, jamais néanmoins sans un certain degré d'ambivalence, car quand l'un copie l'autre, c'est parce que l'un veut ce qu'a l'autre, ce qui est certes un « désir mimétique », mais avant tout un « système instable », pour dans les deux cas reprendre la terminologie de Girard. Quand le commandement final de l'Ancien Testament décrète : « Tu ne convoiteras pas la femme de ton voisin, [...] ni son âne, ni quoi que ce soit qui lui appartienne », c'est bien sûr parce qu'un tel désir serait source de conflit, deux individus s'affronteraient pour un objet qu'ils veulent l'un et l'autre : dans le désir mimétique, lorsque deux individus s'affrontent, l'objet devient l'unique sujet, approprié par imitation ou par duplication, une ressemblance qui entraîne un déséquilibre dans la relation, que ce soit la représentation qui éclipse le représenté, ou vice versa. La corrélation de l'imitation avec le pouvoir, ou avec l'absence de pouvoir, et dans le fond avec la violence, explique selon Girard la répugnance de Platon pour la *mimesis*, le concept n'étant pas résolu dans ses écrits ; et l'anthropologue français interprète la crise de l'effondrement du *nous* dans le *je* comme la manifestation d'une incapacité à imiter les autres – une caractéristique de la plus haute importance pour toute société –, comme cela apparaît dans les exagérations grotesques et parodiques dont font preuve les schizophrènes.

La pensée de Girard sur le sacrifice et l'imitation n'est pas psychologisante, elle ne cherche pas d'explications dans le *je* individuel mais dans la collectivité et envisage la violence en tant que dimension structurelle. Cet aspect de la violence a pratiquement disparu à notre époque, tant son endiguement a consisté à relier la violence et les émotions qui la suscitent à l'individu, dans un système où la communauté intervient dès l'instant où se produit la transgression par la violence, la régulant ainsi et empêchant son escalade, ce qui nous a amenés à la considérer comme un phénomène individuel et nous a donc rendus aveugles face à sa dimension collective. Mais chaque fois qu'émerge dans la société un groupe qui place ses valeurs en dehors du *je* et refuse de s'identifier à l'autorité de l'État ou à des domaines où son pouvoir est affaibli, la violence symétrique et sérielle se produit à nouveau : la mafia sicilienne ou les grandes villes de la côte nord-est des États-Unis sont des exemples de milieux dans lesquels la vengeance par le sang a récemment été centrale, tout comme les gangs des quartiers délabrés des villes américaines s'entretuent selon le même principe de représailles. Ils se détruisent totalement les uns les autres, mais le pouvoir de destruction n'est pas entre leurs mains, il est hors de contrôle, et c'est justement l'incontrôlé que les cultures primitives cherchaient à canaliser à travers leurs tabous et leurs rituels qui se terminaient presque toujours par des sacrifices. Leurs mythes, et progressivement leurs religions, étaient l'expression de la collectivité, ils avaient trait à la totalité et impliquaient cette totalité, d'une manière de plus en plus sophistiquée au fur et à mesure de l'évolution de ces cultures. Le Pentateuque, les cinq livres de Moïse, n'est autre que le récit de cette évolution, de l'émergence de l'être humain, de la séparation entre la culture et la nature, de la création d'une unité sociale homogène et civilisée avec des lois, des règles, un gouvernement et une religion. Le sacrifice a pour but d'établir des différences dans la culture. Entre la vie et la mort, l'animal et l'être humain, l'humain et le divin, mais aussi des différences au sein du monde humain, où la force de destruction présente dans le semblable est séparée et transformée en dissemblable. Le sacrifice est une langue sans mots dans laquelle se manifeste le non-dit, non pas tant pour être perçu que pour être contrôlé, en étant amené à l'existence. Le sacrifice est un moyen de nommer l'innommable, de donner forme à l'informe. L'informe est synonyme de semblable, c'est le lieu où commencent tous les récits cosmogoniques, y compris ceux de la science. Le premier chapitre de la Genèse indique : « La terre n'était que chaos et vide. Il y avait des ténèbres à la surface de l'abîme et l'Esprit de Dieu planait au-dessus de l'eau. » Le chaos jouxte le rien, le vide n'est rien, les ténèbres sont identiques, l'abîme est l'infini, l'Esprit de Dieu est le grand Tout, les eaux sont l'indifférencié. Puis, à la faveur d'une proclamation, la terre est séparée de la mer, la nuit du jour, le soleil de la lune. « Dieu dit : “Qu'il y ait de la lumière !” et il y eut de la lumière. » Lorsque tout dans le monde matériel a été séparé sur ce mode, les animaux qui nagent dans la mer, qui rampent sur la terre, qui volent dans le ciel, sont créés.

À quoi ressemble cette première image de la vie ?

« Que l'eau pullule d'animaux vivants et que des oiseaux volent dans le ciel au-dessus de la terre ! » figure-t-il, puis : « Dieu créa les grands poissons et tous les animaux vivants capables de se déplacer : l'eau en pullula selon leur espèce. Il créa aussi tous les oiseaux selon leur espèce. »

L'accent est mis ici sur la quantité et sur le mouvement à travers les mots « pulluler », « se déplacer », « animaux vivants ». Face à cette abondance aveugle de vie est utilisée la catégorie « selon leur espèce », mais la vie est décrite de manière si peu spécifique, quasi uniquement selon sa propriété qui consiste à « pulluler », que sa catégorisation devient secondaire, un peu comme les casiers remplis de homards vivants et rampants quand ils sont hissés dans un bateau.

Puis vient le soir et, au matin du sixième jour, Dieu crée les animaux de la terre, et crée l'être humain, l'homme et la femme. Il leur dit : « Reproduisez-vous, devenez nombreux, remplissez la terre et soumettez-la ! Dominez sur les poissons de la mer, sur les oiseaux du ciel et sur tout animal qui se déplace sur la terre ! »

Alors que le message du commandement voit l'être humain supérieur à toutes les autres créatures vivantes, et donc séparé d'elles, distinct et seul, les parallèles dans le choix des mots tirent irrésistiblement l'homme vers cette abondance de vie : « Reproduisez-vous, devenez nombreux, remplissez la terre », autrement dit, l'homme est considéré comme une masse, entourée par les autres masses de vie caractérisées par leurs mouvements, la vie qui bouge, pullule, grouille, rampe.

Et Dieu dit :

> « Je vous donne toute herbe à graine sur toute la surface de la terre, ainsi que tout arbre portant des fruits avec pépins ou noyau : ce sera votre nourriture. À tout animal de la terre, à tout oiseau du ciel et à tout ce qui se déplace sur la terre, à ce qui est animé de vie, je donne toute herbe verte pour nourriture. » Et cela se passa ainsi. Dieu regarda tout ce qu'il avait fait, et il constata que c'était très bon.

Le poids accordé à l'expansion est considérable dans ce premier chapitre de l'Ancien Testament, elle est même présentée comme une condition fondamentale : la vie doit se répandre. Mais en elle se loge aussi la notion de répétition car ce qui se répand, c'est l'identique, le semblable, la vie certes sous ses différentes formes, mais identique dans chaque chose : les feuilles de tel arbre qui éclosent chaque printemps sont les mêmes, répétées à l'infini, et idem des arbres qui bourgeonnent les uns à côté des autres, toujours plus en profondeur dans d'immenses forêts. L'humanité participe de cette expansion, elle aussi veut et doit se reproduire et remplir la terre, c'est la pulsion de vie à proprement parler, augmenter, et à cet égard l'être humain est décrit comme une vie à l'égal de toute autre vie.

Or ensuite un changement se produit. Dans le deuxième chapitre de la Genèse, le récit passe du lointain au proche et ne concerne plus le Tout abstrait, la Terre vue de manière générale, le Ciel vu de manière générale, la vie vue de manière générale, mais le lieu concret, cette terre, ce ciel, la création de ces deux êtres précis, Adam, dont le nom est associé à la terre, et Ève, dont le nom est associé à la vie. Ayant insufflé le souffle de vie dans leurs narines, Dieu les place dans un jardin situé à l'est, en Éden, où coulent quatre rivières ainsi nommées : Pishon, Guihon, Tigre et Euphrate. Après le moment fatidique où Adam et Ève mangent le fruit de l'arbre de la connaissance et sont bannis, plusieurs noms apparaissent : Abel, le fils d'Adam et Ève, mort, puis la lignée du fils Caïn : Hénoc, Irad, Mehujaël, Metushaël, Lémec, Ada, Tsilla, Jabal, Tubal-Caïn, Naama. Vient ensuite la lignée du troisième fils, Seth : Enosh, Kénan, Mahalaleel, Jéred, Hénoc, Metushélah, Lémec, Noé, Sem, Cham et Japhet. Du vivant de ces quatre derniers, toute vie sur terre est anéantie, après quoi une nouvelle descendance reprend. Après Jafet, Gomer, Magog, Madaï, Javan, Tubal, Méshec, Tiras. Après Gomer, Ashkenaz, Riphat, Togarma. Après Javan, Elisha, Tarsis, Kittim, Dodanim. Après Cham, Cush, Mitsraïm, Puth, Canaan. Après Cush, Saba, Havila, Sabta, Raema, Sabteca, Nimrod. Après Raema, Sébah et Dedan. Après Sem, Elam, Assur, Arpacshad, Lud, Aram. Après Aram, Uts, Hul, Guéter, Mash. Après Arpacshad, Shélach. Après Shélach, Eber. Après Eber, Péleg, Jokthan. Après Jokthan, Almodad, Shéleph, Hatsarmaveth, Jérach, Hadoram, Uzal, Dikla, Obal, Abimaël, Séba, Ophir, Havila, Jobab. Après Péleg, Rehu. Après Rehu, Serug. Après Serug, Nachor. Après Nachor, Térach. Après Térach, Abram, Nachor, Haran.

Les noms relient le temps historique au temps mythique, ils éclairent pour ainsi dire les ténèbres de l'histoire et tracent un chemin menant directement au moment de la Création. Le lien est réel, sinon factuel, car il existe forcément un temps concret où l'humanité a émergé, dans un lieu concret. Par rapport à l'âge de la Terre, ce temps n'est pas très éloigné de notre présent, quelque deux cent mille années, environ dix mille générations. Il s'est produit dans un paysage bien déterminé, le continent africain, où vivaient depuis des millions d'années déjà des créatures ressemblant aux êtres humains – et elles ont dû vivre côte à côte, du moins pendant une certaine période, peut-être jusqu'à quarante mille ans en arrière. Les premiers humains ne devaient pas être nombreux, quelques groupes, tout au plus, et ils ont dû rester aux mêmes endroits jusqu'à ce que certains d'entre eux, il y a environ cent mille ans, entament une migration et se disséminent ainsi, lentement, de part et d'autre du globe.

Lorsque, dans les années quatre-vingt-dix, les scientifiques ont entrepris d'identifier et de cartographier notre ADN, on a ainsi pu suivre les chemins parcourus par ces premiers humains et qui sont stockés dans les corps vivants d'aujourd'hui, au fil d'une longue et inconcevable chaîne de survivances qui referment l'histoire sur nous et sur nos corps, ou plutôt l'inverse, qui les ouvrent sur les profondeurs de l'histoire : non seulement nous sommes comme eux, mais en un sens nous sommes eux.

L'émergence de l'être humain était un événement local, elle a eu lieu dans un territoire bien précis, l'idée du jardin d'Éden et de la dispersion de l'être humain à partir de celui-ci n'exprime rien de plus que cela. Des grottes, des plaines, des forêts, des lacs ou des rivières.

Au moment où le récit en vient à Abram, nous nous trouvons au milieu d'un temps historique et d'un non-temps anhistorique, aux allures d'abîme, et ce qui émerge d'Abram, ce sont les fondements d'une famille, d'un peuple et d'une nation, rassemblés autour d'un Dieu unique, qui leur confère progressivement des lois et des prescriptions, c'est-à-dire une civilisation et une religion. La relation entre le sacré et le non-sacré, entre l'être humain et le monde, parmi les individus entre eux, est réglementée au sein de ces systèmes. L'avenir est une promesse de descendance, car Dieu conduit Abram et lui dit : « Regarde vers le ciel et compte les étoiles, si tu peux les compter. Telle sera ta descendance. » Et quand Abram – après son alliance avec Dieu il prend le nom d'Abraham – s'apprête à sacrifier son fils unique, Dieu intervient avec cette même promesse : « Je te bénirai et je multiplierai ta descendance : elle sera aussi nombreuse que les étoiles du ciel, pareille au sable qui est au bord de la mer. »

Les étoiles et le sable sont la masse, la multitude, mais aussi la ressemblance, l'identique. La promesse de Dieu ne s'applique pas à tous les êtres humains, ce n'est pas l'humanité en tant que telle qui doit se multiplier et se répandre en étant innombrable, mais Abraham et sa famille, donc un *nous*, et cette distinction transforme les paroles de Dieu en une promesse et une utopie puisque l'expansion d'une seule famille, d'un clan, d'un peuple, implique puissance et prospérité. Le grand nombre permet de conquérir des terres et de gagner des richesses. L'image négative de l'innombrabilité dans la Bible se traduit par des essaims de sauterelles, des nuées d'insectes innombrables qui dévorent tout sur leur passage, impitoyables, impossibles à éradiquer.

Cette distinction entre le *nous* et le *ils* est de la plus grande importance tout au long du récit biblique. L'Ancien Testament peut être considéré comme une histoire jaillie des différentes tensions créées par cette délimitation. Tous les hommes de la famille d'Abraham seront circoncis, ce sera le signe de leur appartenance, de leur *nous*, et, dans le pacte que Moïse conclut avec Dieu, la promesse d'un avenir en propre est l'utopie que les récits ultérieurs recherchent, qui se réalise quand Moïse voit la Terre promise, débordante de lait et de miel, avant qu'il meure et que son peuple traverse le fleuve pour la coloniser. Ils ont été jusque-là esclaves en Égypte, impuissants, leur vie étant entre les mains des autres ; dans une telle situation où ils ne possèdent rien en propre et n'ont aucune influence sur leur propre destin, pas même sur leurs propres enfants, la seule chose qui les soude est cette perspective du *nous*, du propre à soi, garantie par Dieu, qui est le Dieu unique.

Les Égyptiens assassinent tous les enfants mâles nés des Hébreux, mais quand Moïse naît, il est caché dans une caisse entre les joncs du fleuve, où il est trouvé par la fille de Pharaon qui prend soin de lui comme d'un fils. Non seulement il peut vivre en toute sécurité parmi les Égyptiens, mais il jouit également de privilèges particuliers en tant que membre d'une famille sacrée et divine. Cependant, le lien avec le peuple dont il est issu, les esclaves, est si fort qu'il renonce à ces avantages, non pas de manière planifiée ou calculée, mais guidé par ses affects : son sang ne fait qu'un tour lorsqu'il voit un Égyptien battre un Hébreu, il tue l'homme, enterre le corps dans le sable et quitte le pays, après quoi Dieu apparaît devant lui et un nouveau pacte est conclu. Emmenés par Moïse, les Hébreux fuient l'Égypte et s'engagent dans le désert où leur sont remis les lois et les rituels auxquels ils doivent se conformer. Et ils sont comptés.

Il n'est pas frappant outre mesure que des lois leur soient remises, car il s'agit là d'un récit fondateur. Plus surprenant en revanche est le fait qu'ils sont comptés et que leur nombre est mentionné. On pourrait concevoir cette énumération comme une sorte d'exercice de comptabilité, un besoin archaïque de rendre compte scrupuleusement de la situation, où leur nombre a dû jouer un rôle important parce qu'ils se trouvaient à l'époque dans un désert, dans un paysage où la nourriture et la boisson constituaient des ressources très limitées, et parce qu'ils s'apprêtaient à envahir une autre terre et que le nombre de soldats serait un facteur déterminant pour la réussite de leur entreprise. Quand bien même, la précision du nombre paraît étrange, une telle exactitude du détail est inhabituelle dans les Écritures qui, parfois, peuvent aussi évoquer en une seule phrase la souffrance d'un peuple à travers les siècles ou la destruction d'une ville.

Le seul autre endroit où le texte affiche une telle exactitude et ne laisse échapper aucun détail se situe dans l'énumération des lois et des rituels que les prêtres doivent accomplir. Mais, alors que les lois sont universelles, immuables et destinées à s'appliquer à travers le temps, le nombre est à l'opposé : il est l'indication d'une quantité inconstante, à un moment donné, qui s'applique uniquement aux Hébreux, en ce lieu très précis, lorsque Moïse rassemble le peuple d'Israël dans le désert du Sinaï. Ils sont nombreux, mais pas autant que les étoiles ou les grains de sable : au total, ils sont 603 550 hommes aptes au combat, répartis en douze tribus et selon l'échelle suivante :

Tribu de Ruben :	46 500 hommes.
Tribu de Siméon :	59 300 hommes.
Tribu de Gad :	45 650 hommes.
Tribu de Juda :	74 600 hommes.
Tribu d'Issacar :	54 400 hommes.
Tribu de Zabulon :	57 400 hommes.
Tribu d'Éphraïm :	40 500 hommes.
Tribu de Manassé :	32 200 hommes.
Tribu de Benjamin :	35 400 hommes.
Tribu de Dan :	62 700 hommes.
Tribu d'Aser :	41 500 hommes.
Tribu de Nephthali :	53 400 hommes.
On dénombra au total	603 550 hommes.

Vus de l'extérieur, comme lorsqu'ils conquièrent plus tard la nouvelle terre et tuent tout ce qui leur bloque le passage, ils sont une horde sans visage ; mais vus de l'intérieur, ils sont liés au familier, inscrits dans des lignées qui remontent loin dans les familles et dans l'histoire, qui tous réunis constituent le peuple dans sa totalité.

Quand on le lit, ce texte ancien a ceci de très singulier – et c'est ce qu'il a sans doute de plus singulier – que, au moment de leur instauration, le religieux et le social finissent par se confondre, comme s'ils étaient les deux faces d'une même pièce. Car la prépondérance donnée à la multitude dans le temps n'en est qu'un aspect, et ce que le nombre représente en est un autre – voilà ce qui réunit le nombre et la loi. Le nombre est ouvert sur l'infini, sur l'incontrôlable, sur ce qui est dépourvu d'identité, sur l'infini du sable et des étoiles ; les noms le contraignent et le contrôlent dans l'identité du nom, dans le visage de la langue. Sur le même mode, la loi contraint et contrôle les actions : tuer est interdit, c'est une transgression de la vie ; mentir est interdit, c'est une transgression de la vérité ; tromper est interdit, c'est une transgression du mariage. La punition est l'expulsion de la vie, c'est-à-dire la mort, ou, si la transgression est considérée comme mineure, le sacrifice en lieu et place de la mort. La frontière qui s'y dessine, qui sépare ce peuple et son existence du sacré, est la plus importante de toutes, comme en témoignent la richesse de détails du texte dans la description des différents rituels, l'exactitude requise lorsque les prêtres entrent dans l'espace sacré et aspergent de sang la pierre sacrificielle ou brûlent des animaux ou des oiseaux, du maïs ou de l'huile. Le sacrifice n'est pas seulement un rappel du prix de la transgression, il n'est pas un simple acte symbolique, il est en soi un prix, dans la mesure où le bœuf dont la tête est tranchée n'est pas seulement un symbole de vie et de sang, il est en soi la vie et le sang. Que la langue de l'Ancien Testament soit si spécifique, si proche de la réalité physique et des actions qui s'y déroulent, du corps plutôt que de l'esprit, est sans aucun doute un aspect de la même chose. Ce qui se trouve au-delà du sacré, de l'infini et de l'illimité est aussi dépourvu de nom, indéfini, son identité étant liée à un verbe, c'est-à-dire à une action ou à un mouvement. Je suis ce que je suis. L'image de l'être humain dépourvu de nom est le grain de sable ou l'étoile, où la perte d'identité dans la masse n'est qu'apparente car le nombre d'étoiles ou de grains de sable n'est pas infini mais fini, et ils ne sont identiques que de loin : vu de près, chaque grain de sable est différent, chaque étoile est unique. On peut les compter, et on peut les nommer. L'image du Dieu sans nom, cependant, est infinie et identique, car c'est le feu. Ses manifestations sont toujours les mêmes – nommer un feu serait dénué de sens, nommer un grain de sable ne le serait pas –, et pourtant chacune est différente. Le feu ne peut pas être compté, il ne peut pas être nommé, il ne peut pas être délimité ; si on l'éteint à tel endroit, il continuera de brûler à tel autre. Les étoiles et les grains de sable expriment l'idée de l'Un et du Tout, de l'individu et de la masse, tandis que le feu établit l'identité entre les deux dimensions, car il est simultanément l'Un et le Tout. Au-delà des limites et des prescriptions de la loi et du rituel se trouve le Dieu sans limites, au-delà du nom se trouve la vie biologique sans limites, seul un effort concerté peut nous empêcher de disparaître ou d'être absorbé dans ses profondeurs.

Le fait religieux, qui rassemble autour de lui le temps dans les rituels, et que son poids maintient dans un seul et même point, se situait dans ce passé rural proche du monde social, dont les horizons ne s'étendaient que sur quelques générations en amont et en aval, mais dont les pratiques, liées à la terre et aux saisons, étaient majoritairement associées à la répétition. Elles se distinguaient les unes des autres par leur rapport au local et à l'universel, où ce qui s'appliquait à toutes, ce qui par exemple régulait la population totale de la terre, existait hors de la portée de l'humanité et était identifié en termes de forces extérieures, de destin et de fatalité, avec une telle force que même l'idée de les contrôler autrement que par la prière et le sacrifice était impensable. Face à la sécheresse, aux inondations, au froid et aux épidémies, l'être humain était vulnérable, fragile et impuissant. La relation entre le local et l'universel, entre l'individu et l'ensemble, était unilatérale dans la mesure où ces forces puissantes et impersonnelles intervenaient dans la vie des individus, alors que l'individu ne pouvait jamais empiéter sur l'universel. L'universel était religieux, plutôt que social.

Lorsque l'idiome scientifique devient le langage à travers lequel l'homme comprend le monde matériel et que l'idiome religieux s'écarte pour ne s'appliquer qu'à l'aspect spirituel de la vie, une mutation radicale s'opère dans la relation entre le local et l'universel, en même temps que le progrès technologique subséquent – qui, dans un laps de temps étonnamment court, modifie de fond en comble les conditions de production et de distribution – fait exploser nos populations par rapport à la stabilité démographique des siècles et millénaires précédents. Alors que l'on comptait environ 250 à 400 millions d'individus dans le monde en 1350, environ 465 à 545 millions en 1650, ce chiffre est passé en 1800 à environ 835 à 915 millions, 1,091 milliard à 1,176 milliard en 1850,

1,530 milliard à 1,608 milliard en 1900, 2,416 milliards en 1950, environ 4 milliards en 1980 et, au moment où j'écris, en 2011, à environ 6 milliards d'individus. Nous avons en vérité rempli la terre et l'avons soumise comme l'exigeait de nous le récit de la Création, nous sommes devenus aussi nombreux que le sable sur la plage et les étoiles dans le ciel.

D'une certaine manière, une augmentation aussi radicale du nombre d'êtres humains ne change rien. Il ne s'agit en somme qu'une démultiplication du semblable, de l'identique. Plus de naissances et plus de décès, plus de corps et plus de nourriture, plus de vêtements, plus de maisons encore plus rapprochées les unes des autres et réparties sur des surfaces encore plus grandes. L'humanité progresse à peu près de la même manière qu'une forêt, pour laquelle le nombre d'arbres ne change rien. Le local ne cesse pas d'exister en tant que dimension, même si des liens en partent pour s'étendre jusqu'au global, comme lorsque le marché mondial a été créé avec la révolution industrielle, lorsque les biens ont commencé à être produits dans un seul lieu pour ensuite en partir et être disséminés dans le monde entier, car, comme le souligne le sociologue Bruno Latour dans son livre *Nous n'avons jamais été modernes*, où il suit ce processus étape par étape : « Il n'existe de chemins continus pour mener du local au global [...] » Puis de demander : « Un chemin de fer est-il local ou global ? » Et enfin de répondre : « Ni l'un ni l'autre. » Tous les grands regroupements et organisations sont composés d'unités locales, les armées notamment sont constituées à peu près de la même manière qu'à l'époque romaine, elles sont uniquement démultipliées, et il en va de même pour la bureaucratie, l'appareil d'État, les grandes entreprises commerciales et internationales. Celles-ci se composent d'une seule personne, avec des taches de sueur sous les aisselles et une cravate de traviole sur la chemise, dans un immeuble de bureaux, multipliée par mille ou par des centaines de milliers. Ce n'est pas le nombre en soi qui a modifié la situation de l'être humain, c'est notre perception de ce nombre.

Dans les années 1680, un professeur d'anatomie de l'université d'Oxford, Sir William Petty, a rédigé un livre intitulé *Essais d'arithmétique politique*, dans lequel il s'efforce de comprendre ou d'englober la société en termes mathématiques, autrement dit de quantifier et de mesurer l'humain. Il souhaitait ainsi établir des lois pour régir ce qui était humain, tout comme Newton avait établi des lois pour régir la nature. Qu'il existe un ordre absolu, un ensemble de règles absolues derrière le chaos apparent de la variabilité et de l'arbitraire du monde, si exactes et prévisibles qu'elles peuvent être calculées et comptabilisées mathématiquement, représentait une pensée irrésistible au XVIIe siècle, censée d'ailleurs confirmer la grandeur de Dieu ; comme si un plan caché avait toujours existé, qui se rapportait au monde comme un dessin technique se rapporte à une invention, dans un système où toutes les fluctuations se produisaient selon un schéma prédéterminé que rien ne pouvait modifier, où toutes les parties constitutives étaient imbriquées les unes dans les autres et exprimaient à elles toutes la totalité de l'univers. L'être humain, puisqu'il vivait dans l'univers, était partie intégrante de ce système. Il en faisait partie en tant qu'individu humain, avec son sang et ses poumons, son cerveau et ses voies nerveuses, ses muscles et ses tendons qui, tels des câbles, permettaient aux bras de se lever et de s'abaisser, aux jambes de marcher, mais aussi, en tant que masse humaine, dans les structures au sein desquelles étaient inclus les êtres humains, les villages, les villes et les États, et dont le nombre pouvait être déterminé avec précision, le nombre non seulement de ceux qui vivaient mais aussi de ceux qui mouraient et de ceux qui naissaient – car, en regardant un tel ensemble, on pouvait voir que des règles le régissaient. Le nombre annuel de naissances et de décès, par exemple, n'était pas arbitraire, même si ces chiffres augmentaient et diminuaient, mais sur la base de paramètres qui pouvaient être clairement identifiés et déterminés. Il en allait de même pour l'espérance de vie.

Mais qu'est-ce qui motivait la société, qu'est-ce qui motivait les gens, qu'est-ce qui décidait de leurs actions, poussait leur corps à faire ceci plutôt que cela ? Y avait-il des règles pour ça, et des règles qui s'appliquaient à tous ?

Si la comparaison entre le corps, la société et l'horlogerie, telle qu'elle a été faite explicitement par Descartes et Hobbes, nous semble brutalement simpliste – l'horloge n'étant pas à nos yeux une machine hypersophistiquée –, l'état d'esprit qu'elle a révélé, le fondement de la science médicale d'une part, selon laquelle le corps se constitue de parties fonctionnelles qui peuvent être échangées ou réparées par le biais d'interventions mécaniques, et le fondement des statistiques et de la planification sociale d'autre part, selon lesquelles toute l'activité humaine peut être mesurée et quantifiée, saisie en chiffres, ont fourni un matériau considérable en vue de la prise de décisions politiques. La liste chiffrée des phénomènes se produisant dans la société est presque infinie, et ils sont décomposés de mille et une façons de sorte que les tendances à l'œuvre dans la population peuvent être décryptées, puis ou bien être empêchées dans le cas où elles sont indésirables, ou bien être renforcées dans le cas où elles sont désirables. On peut également apercevoir des cohérences entre les différentes parties. Ces statistiques ont cependant une limite, au sens mathématique du terme : il serait vain de vouloir établir des statistiques sur le nombre de personnes d'une même famille tuées dans un accident de la route ou décédées d'un cancer, par exemple, ces événements ne pouvant être compris comme l'expression d'une dimension quantitative, car, pour autant que Johannes appartienne à la catégorie des jeunes hommes les plus exposés au risque de mourir d'un accident de la route, aux yeux de sa famille il n'était le représentant de personne sinon de lui-même : il était Johannes, qui a pris ses clés de voiture sur la table du couloir un après-midi il y a un mois seulement et n'est jamais revenu à la maison. Même dans une petite société, dans l'une des nombreuses communautés villageoises qui bordent la côte du nord de la Norvège, par exemple, avec leurs deux ou trois cents habitants, où tout le monde se connaît, le point de vue des statistiques n'aura pas de sens : le mort était Johannes, et rien ni personne d'autre. Il n'empêche qu'à un moment donné les statistiques passent de l'insensé et de l'insignifiant au sensé et au signifiant. Ce moment a lieu lorsqu'il devient impossible d'observer le *nous* personnellement, lorsque les individus isolés au sein de la masse humaine ne se distinguent plus pour l'observateur censé se référer à eux : un enseignant dans une école de cinq cents élèves connaît tous les élèves de sa classe mais pas tous ceux de l'école, et, si dans un premier temps il est insensé d'établir des statistiques sur les notes attribuées à tous les élèves, l'enseignant sachant pertinemment quelle note chaque élève a obtenue dans chaque matière, dans un second temps, les statistiques de la performance des élèves dans l'ensemble de l'école seront signifiantes. Le point de basculement entre l'individu isolé et l'individu au sein de la masse humaine est le point de basculement entre le *je* et le *nous*, mais pas le *nous* personnel, qui coudoie un autre *nous*, plus grand, impersonnel, et qui n'est plus représenté par un nom mais par un nombre et à cette aune se rapproche du *ça*.

Si nous imaginons l'humanité en termes d'échelle, elle commencera à une extrémité par l'impersonnel, par la matérialité du corps, où toutes les parties sont en principe interchangeables, puisqu'elles sont les mêmes pour tout le monde, et où de ce fait la notion d'individu n'a aucun sens – l'humain s'amorcerait ainsi dans un *je* non personnel, ou dans le *ça* du *je*, se poursuivrait dans un *je* personnel, puis dans un *nous* personnel, et finalement dans un *nous* non personnel ou dans le *ça* du *nous*, l'être humain en tant que masse humaine, l'individu en tant que nombre.

Les limites du *je* et du *nous* par rapport au *ça* sont fluides et floues, mais elles n'en demeurent pas moins réelles, car l'humain est caractérisé dans les zones du *ça* par la similitude, la prévisibilité et une légitimité quasi mathématique, alors que dans les zones du *moi* et les zones du *nous* elle est tout à fait différente, libre et individualisée. Le monde du *ça* intérieur est celui de la biologie, où les pensées sont des interactions de cellules entre elles, où les émotions sont des impulsions chimiques et électroniques qui traversent les fibres nerveuses, existent parallèlement à tous les autres processus à l'œuvre dans le corps, sont hors de leur portée et ne peuvent penser ou sentir par elles-mêmes, à moins que la communication entre la spirale de l'ADN et la cellule ne soit une forme de pensée au niveau le plus fondamental de la vie, la duplication de l'un dans l'autre, mais peu importe ce que c'est ou comment on l'appelle, elle a lieu si profondément en nous que nous ne la ressentons, ne la sentons, ne la comprenons ni ne la voyons autrement que comme un résultat, c'est-à-dire ce qui se produit en nous.

Ces systèmes sont identiques, ce qui s'applique à l'un s'applique à tous, et ils sont continus dans le sens où ils sont transmis en tant que copies à travers les générations. Leur processus est mécanique, une sorte d'industrie biologique et matérielle, infiniment perfectionnée bien sûr, mais matérielle quand même, raison pour laquelle cela n'a toujours été qu'une question de temps avant que l'industrie humaine et sa technologie mécanique ne soient suffisamment perfectionnées pour être retournées vers l'intérieur, vers nous-mêmes. Leurs débuts timides remontent au Moyen Âge et son expansion s'est accélérée à une vitesse vertigineuse dès l'instant où la religion n'a plus été la seule à expliquer la nature et où les êtres humains ont pu la prendre eux-mêmes en main, se familiariser avec ses lois et ses principes, dont les premiers résultats pratiques étaient des machines rudimentaires très prométhéennes, des monstres de fer et d'acier dans lesquels on chargeait du charbon, des entrailles desquels s'échappaient des nuages de vapeur et de fumée, mais qui ont été rapidement affinés et réduits jusqu'à atteindre un niveau de sophistication tel qu'ils permettent aujourd'hui non seulement d'isoler nos cellules humaines et nos chaînes d'ADN, de cartographier l'ensemble de notre matériel génétique microscopique, mais aussi d'intervenir et de le modifier, de l'altérer et en définitive de le créer. Ces systèmes, qui constituent les fondements de notre conscience personnelle et de notre esprit, sont biologiques et donc mortels ; le *je* meurt avec eux, ce qui ne veut pas dire que le *je* est un *ça* : pour autant que nous considérions notre cœur comme le nôtre, en propre, s'il devait défaillir, il a été démontré que nous pouvons en insérer un nouveau, provenant d'une personne morte, et continuer à vivre. Nous ne sommes pas notre cœur, nous ne sommes pas notre bras, il suffit de le couper et de le regarder là, sur la table – qu'est-ce qu'un objet aussi sanguinolent que ça peut bien avoir à faire avec moi ? Nous sommes contraints par cette obscurité de la chair et la clarté de ces yeux, par les battements insensibles de ce cœur simpliste, par l'air inhalé et exhalé par les jumeaux gris lugubres que sont ces poumons, nous sommes impensables sans eux, pourtant ils vivent leur vie en propre, ils ne nous connaissent pas vu qu'ils ne connaissent personne, il n'y a aucune différence pour les muscles si leurs spasmes se produisent dans un membre mort ou vivant.

La différence entre le *ça* du *moi* et le *ça* du *nous* est considérable. Alors que le premier se joue dans le matériel, le second se joue dans le relationnel, et alors que le premier est de ce fait mortel, le second est immortel dans le sens où il continue à vivre même lorsque l'individu meurt. Ce qu'ils partagent, c'est la prévisibilité et la légitimité, qui chacune à leur manière excluent l'individuel, mais qui chacune à leur manière sont incluses dans l'extra-humain, influencées par des forces ou des phénomènes qui imprègnent de grands ensembles, ce que l'on entendait autrefois comme des forces extérieures, dans le premier cas celles qui occasionnaient l'émergence et le déroulement de la vie, dans le second cas le destin qui la gouvernait.

Quand l'ici devient-il le là-bas ? se demande Michel Serres. Ce à quoi on pourrait ajouter : quand le *nous* devient-il le *ils* ? La notion de local est géographique, mais aussi sociale. La dimension géographique, l'espace du local, est défendue par des délimitations. Les murailles encerclant une ville en sont une. La barrière entourant une propriété en est une autre. Et les droits de propriété attachent les gens à un lieu : la chambre, la maison, la ferme, le manoir. Mon, ton, notre, leur. De temps immémoriaux, le monde des êtres humains a été rural, composé de petites sociétés limitées où toutes les structures sociales étaient centrées autour de la notion de local, où les gens mouraient généralement à l'endroit où ils étaient nés, sans s'aventurer très loin toute leur vie durant de leur région d'origine. Dans une telle société, dans un village mettons allemand du XIVe siècle, le savoir était également local : comme seule une minorité d'habitants savait lire et écrire, ce savoir était transmis oralement et par la pratique, il résidait dans la mémoire du souvenir et dans la mémoire des mains, il était lié aux circonstances déterminées par un paysage particulier, qu'il s'agisse de la présence d'un certain type de roche dans une carrière ou une mine, de la qualité du sol ou des espèces d'arbres dans la forêt. L'hypothèse qu'un embryon d'industrie scientifique puisse naître dans ce genre de lieu, un village allemand du XIVe siècle, ou qu'une sorte de machine, un moteur à combustion par exemple, une machine à coudre ou un four à micro-ondes, puisse jamais être fabriquée ici, est impensable, précisément en raison du caractère local du lieu et de la forme qu'il a donnée à la connaissance. Contrainte par les limites de la mémoire individuelle, la théorie requise aurait été impossible à atteindre, chacun aurait dû partir de zéro, sur la base de ses seules compétences, et la quasi-totalité du savoir acquis serait à nouveau perdue à la mort de la personne. Dans ce monde, la totalité des écrits, des théories et de la philosophie était rassemblée dans les mains de quelques-uns, les manuscrits étaient copiés à la main et n'existaient que dans quelques endroits, la plupart du temps des monastères et, à partir du XIIIe siècle, dans les nouvelles universités des grandes villes. De ces milieux sont issus les alchimistes qui, à l'image de Paracelse, s'adonnaient quelque peu en dilettante à ceci ou à cela, et auxquels appartenait la figure itinérante de Faust, dont la connaissance était certes systématique mais liée à une communauté si étroite que toute offensive expérimentale était menée seule, sans lien avec d'autres circonstances qui ne pouvaient guère conduire qu'à la répétition des erreurs des uns et des autres.

La nouveauté doit être exigée ou souhaitée, elle doit offrir des avantages évidents et, lorsque l'impulsion de la nouveauté se présente, il doit exister des communautés susceptibles de la développer et de la maintenir. Confinée dans le local, la nouveauté s'éteint comme une braise sur une pierre. Elle n'est possible que dans les structures où le local est dissous. En ce qui concerne le savoir, un grand changement est intervenu en Allemagne au XVe siècle avec l'invention de l'imprimerie qui a permis la reproduction de n'importe quel livre ou de n'importe quelle thèse ainsi que leur diffusion dans le monde ; désormais, tout ne dépendait plus d'un seule ou de quelques personnes. En plus de s'accumuler selon des modalités jusque-là inconnues, les connaissances prenaient une ampleur telle qu'un individu isolé ne pouvait s'approprier ne serait-ce qu'une fraction de celles qui circulaient de son vivant. Telle théorie avancée à tel endroit pouvait être validée ou invalidée à tel autre, il n'était plus nécessaire de repartir systématiquement de zéro ; une fois établis des principes simples concernant la vérifiabilité et l'universalité, et donc la comparaison, ce système global a permis de faire des inventions qu'aucun individu n'aurait jamais pu créer seul, le train par exemple, ou la mitrailleuse. La nature a été libérée de la religion, le savoir a été libéré du local, et les forces ainsi libérées se sont engouffrées dans l'humain en y soufflant comme une rafale.

Le « tout le monde » n'était plus une dimension religieuse, mais biologique et sociale. La toute nouvelle connaissance de l'égalité biologique, du corps en tant que matérialité, composé de parties calculables et ce faisant manipulables, pouvant faire l'objet d'une intervention instrumentale et peu à peu chimique, ne posait plus problème, ne menaçait pas l'ancienne distinction religieuse entre le corps et l'âme, elle se voyait au contraire renforcée : le *je* appartenait à la chair, et si sa vie pouvait être prolongée grâce à une intervention chirurgicale au cours de laquelle la poitrine était ouverte afin de nettoyer le cœur, tant mieux, et plutôt deux fois qu'une. La toute nouvelle connaissance de l'égalité sociale, l'être humain en tant que masse humaine, elle aussi constituée de parties calculables et donc manipulables, elle aussi susceptible d'intervention, n'était cependant pas sans poser problème, car la menace qu'elle représentait pour le *je* n'avait pas trait à une quelconque modération mais bien à une extinction et, de manière étrange, mettait sur la sellette des concepts jusqu'alors communément admis, tels que la dignité et la bonté.

Tous ces courants qui ont déferlé à travers les siècles ainsi que leur aboutissement, que l'on peut grosso modo qualifier de dissolution du local, étaient en soi des bienfaits. Mais véhiculée, au milieu de l'humain, une ombre a commencé à se projeter, qui n'avait rien du bienfait et tout du méfait. Les structures sociales changent, les centres urbains s'agrandissent, les enfants nés sur place et dont on fête l'anniversaire tous les ans font leurs valises et partent s'installer en ville pour chercher fortune, comme on dit – cela se passe partout. Ils ont pris cette décision, tous, individuellement, mais ensemble ils forment une masse humaine, deviennent un autre visage dans un flot d'autres visages, sur le chemin des usines, où ils accomplissent un travail que tout le monde peut accomplir, ou sur le chemin de leurs chambres, qui sont identiques jusqu'à s'y méprendre. La fumée s'échappe des cheminées des usines et se dépose en nuages sur les villes, les rues regorgent de gens pauvres pour la plupart, les quartiers qu'ils habitent ressemblent parfois à des bidonvilles, la faim et la misère y dominent. La faim n'est pas une nouveauté, ni le sentiment d'impuissance face à elle, mais elle était autrefois un fléau extérieur qui sévissait sous la forme d'une inondation, d'une sécheresse ou d'une vague de froid, dont les forces étaient attribuées au destin ou aux puissances célestes, et en tant que telles faisaient partie des conditions de l'existence humaine. Or, ces nouvelles conditions, cette nouvelle misère, sont causées par les êtres humains en personne, le destin et les puissances célestes sont pour ainsi dire intégrés dans l'être humain, qui d'une certaine manière en prend et en assume désormais la responsabilité : la maladie n'est plus nécessairement une fatalité, elle peut être guérie grâce à une intervention humaine, les épidémies peuvent être évitées, la famine ne décime plus nécessairement une population, il existe désormais des moyens plus efficaces de cultiver la terre, qui permettent d'augmenter la production alimentaire à tel point que l'humanité dispose d'une marge de sécurité renforcée par une infrastructure fortement améliorée, qui signifie à son tour que les êtres humains ne sont plus aussi dépendants des conditions locales. La pauvreté n'est plus le fait des puissances célestes mais des êtres humains. Cette culpabilité n'est pas identifiable, elle ne peut être imputée à telle ou telle personne ou à un groupe particulier de personnes, ni localisée à un endroit particulier, car non seulement le contrecoup d'une action effectuée par un seul individu ne se limite pas à lui, mais il s'étend également du local au global, à l'instar de l'invention du métier à tisser, pour ne prendre que cet exemple, initialement une contingence locale, une idée conçue par un petit nombre d'individus quelque part en Angleterre, tout à fait inoffensive en soi mais aux répercussions bouleversantes pour des pans entiers de la société, son impact étant ressenti dans l'ensemble du monde occidental, où la même chose se produit partout : la population explose, les villes gonflent, le travail se mécanise, le marché se mondialise ; autant de processus a priori inarrêtables, incontrôlables, incalculables, un aléa en somme. La responsabilité de la pauvreté, de la misère, de la maladie n'appartient à personne, elle est contenue dans le système, et si l'on veut empêcher ou modifier ses conséquences, le système lui-même doit être identifié et changé.

Et c'est ce qu'ont fait Marx et Engels : ils ont identifié le système, l'ont ancré dans l'histoire et l'ont orienté vers un avenir utopique. Mais un système n'est pas un être humain, il n'a pas de visage, et le « tous » n'est pas une dimension non problématique, quand bien même il serait divisé en classes sociales. Il ne fait aucun doute que la pauvreté et la misère ont été déterminées de manière structurelle, le travail donné à un grand groupe social ne bénéficiant qu'à un petit groupe social ; car si le « tous » est supérieur – « tous » compris ici au sens d'une classe de personnes vivant dans les mêmes conditions, c'est-à-dire définies sur la base de ce qui leur est commun, leurs similitudes –, si c'est le bien de ce « tous » qui prime, si leurs conditions communes doivent être améliorées et modifiées, mesurées statistiquement en termes d'espérance de vie moyenne, de mortalité infantile moyenne, de revenu moyen, de durée moyenne du travail, de surface moyenne de vie, de consommation alimentaire moyenne, qui sont les paramètres utilisés dans *Le Capital* pour rendre compte des conditions inhumaines dans lesquelles vivait la classe ouvrière à cette époque, si les conditions de celle-ci sont d'une importance secondaire, alors c'est le bien de la communauté qui compte, les ouvriers individuels étant considérés comme une classe ou une somme, et toutes les atrocités qui ont été commises plus tard au nom du communisme, que ce soit sous Lénine, Staline ou Mao, sont une conséquence de cette pensée, même si elle est d'une brutalité imprévisible. La collectivisation de l'agriculture devait profiter à tout le monde, les difficultés rencontrées par l'individu dans ce contexte étaient d'une importance secondaire. Idem de l'envoi forcé dans les campagnes des intellectuels pendant la Révolution culturelle.

Comment l'idée d'une société dans laquelle tous sont égaux et jouissent des mêmes droits peut-elle conduire au goulag ? Était-elle folle, l'indignation que Jack London a ressentie en voyant l'extrême misère des taudis de Londres ? Ne devons-nous pas nous sentir solidaires des autres et essayer de les aider s'ils sont dans le besoin ?

Lorsque la misère dépasse un certain niveau, elle devient insurmontable pour l'individu : même si London ou Marx avaient passé tout leur temps à travailler pour l'amélioration des taudis et avaient donné leurs derniers sous pour réaliser cet objectif, leurs efforts n'auraient été qu'une goutte d'eau dans l'océan. La pauvreté, la violence et le besoin qu'ils constataient étaient structurels, ils ne pouvaient être envisagés et gérés que de manière structurelle. Le marxisme partait du principe que les problèmes sociaux considérables, qui faisaient vivre des pans entiers de la population dans des conditions déplorables, étaient liés à la répartition des biens sociaux et donc, fondamentalement, de nature matérialiste ;

et le *nous* en tant que tels, mais les perspectives sur l'être humain que chacun impliquait. L'interprétation de l'être humain en termes de masse humaine, avec son accentuation de la similitude et de la ressemblance, provient de l'extérieur et est transmise par la langue de l'extérieur, qui est celle des mathématiques et des sciences naturelles, tandis que l'interprétation de l'être humain en tant qu'entité unique et grande provient du *je* intérieur et de sa langue. L'importance du national fait partie du même complexe identitaire, où les concepts de nation et de peuple non seulement limitent le *nous* à une totalité contrôlable mais lui rendent sa grandeur, à travers un retour vers l'histoire qui a toujours été héroïque. Il s'agit en quelque sorte d'une réponse directe à la dissolution des structures du local, car c'est justement de cette notion qu'il est question : l'héroïsme, c'est-à-dire la grandeur, s'est produit ici plutôt que là-bas, au sein d'un peuple dont nous descendons, qui forme ainsi une partie de nous, par opposition à un événement qui s'est produit là-bas, parmi eux.

Le grand *moi* de l'ère romantique est un renforcement du nom. L'humanité de masse de l'industrialisation renforce le nombre. L'antagonisme a toujours existé, le mouvement qui part de la vie grouillante et rampante jusqu'à deux êtres humains nommés relève tout à fait de cela : la différenciation, la distinction, la signification, la mise en sens. La fonction du sacrifice est d'un autre caractère, elle ne divise pas la collectivité, elle ne se tourne pas vers l'individu, comme dans le cas du nom, mais elle établit la différence au sein de la collectivité dans son ensemble et lui donne son sens. Mais la fonction du sacrifice change aussi. La nature primitive du sacrifice d'Abel et du fratricide de Caïn, exprimant en une seule image la violence qui découle de la similitude, devient plus cultivée et complexe dans le récit sur Abraham et sur le sacrifice de son fils, il n'y a plus rien d'absolu ni dans le sacrifice ni dans le Dieu à qui il est offert puisque Dieu le rejette – et quelle est alors la valeur d'un sacrifice rejeté ? De nombreux signes portent à penser que les cultures primitives ont d'abord sacrifié des humains, mais qu'elles les ont ensuite remplacés par des animaux, bien qu'elles n'aient pas choisi n'importe lesquels, il s'agissait toujours d'animaux domestiqués et donc proches de la vie quotidienne de l'être humain. Le récit sur Abraham semble presque exprimer cette transition. Mais il ne se passe pas que cela. Il n'y a aucune implication explicite de la collectivité, il n'y a qu'Abraham, son fils et leur Dieu. Dieu, la création suprême, le fondateur du Grand Tout, sa figure, qui en imposant un sacrifice humain a imposé un devoir inhumain ; et Abraham, prêt à accomplir le sacrifice du fils, qui place ainsi plus haut que la mort quelque chose d'autre, le nom et l'honneur de Dieu, et triomphe de cette façon de la mort en ne lui permettant pas d'être la fin ultime. Quelque chose dans la vie est plus grand que la mort, donc la vie peut être sacrifiée. S'il avait sacrifié son fils, il l'aurait fait par amour – pour Dieu, mais aussi pour son fils. Lorsque Dieu refuse le sacrifice du fils et qu'Abraham ne l'accomplit pas, ne sacrifie pas ce qu'il a de plus cher à ce qu'il y a de plus grand, son fils ne mourant pas mais continuant ainsi à vivre, un autre amour surgit, entre le père et le fils, qui n'est pas concentré dans une colonne de feu, dans ce point d'inflammation de la vie et de la mort, mais s'étale sur des jours qui semblent sans fin, sur tant de temps qu'il est sans cesse sur le point de s'éteindre, et qui les pénètre tellement qu'il est à peine remarqué, car un père se reconnaît dans son fils tout comme un fils se reconnaît dans son père, il n'est pas toujours facile de déterminer ce qui appartient à l'un et ce qui appartient à l'autre, celui qui se trouvait en bas sera un jour en haut et celui qui se trouvait en haut sera un jour en bas.

L'histoire d'Abraham et de son sacrifice du fils est l'une des plus étranges de la Bible, non seulement parce qu'elle est insondable – puisque tous les récits mythologiques sont insondables – mais aussi parce qu'elle s'écarte de l'absolu, une condition généralement fondamentale dans les récits mythiques et religieux, un écart qui en outre ne se produit pas en marge de l'histoire mais qui se manifeste en son centre. Dieu est une dimension absolue, le sacrifice une action absolue. Mais, ici, le sacrifice n'est pas une action absolue, il est annulé. Par cette décision, Dieu veut mettre Abraham à l'épreuve, l'essentiel est ainsi déplacé, déplacé du sacrifice à la volonté de sacrifice, c'est-à-dire du lien entre l'humain et le divin à l'humain. Le sacrifice n'est jamais une simple perte, car on gagne toujours quelque chose à la suite d'un sacrifice – auquel cas, qu'a perdu Abraham quand le sacrifice a été refusé ? Il a perdu l'absolu, et il a perdu le triomphe sur la mort. En d'autres termes, il a perdu le sens le plus profond de la vie. Mais qu'a-t-il alors gagné ? Il a gagné le sens le plus profond de l'existence, la vie de son fils, inamissible en réalité, mais ce dans un monde où le « en réalité » se cache au grand jour et n'est pas donné, à l'image du sacrifice, mais doit être pris. C'est aussi une conquête, une conquête de la valeur humaine, car l'Ancien Testament est aussi un récit consacré à cela. La grande ambivalence de la relation entre le divin et l'humain, ainsi que le poids de la terre et du terrestre, qui tire le divin vers lui, dans ce tourbillon de l'anti-absolu composé de sable et de poussière, qui peut aussi être vu comme le contraire, c'est-à-dire le désir d'élévation du trivial, toujours arrêté en plein vol, annulé, mi-quotidien, mi-fête, mi-homme, mi-dieu, mesquin à un moment et tout-puissant le lendemain, voilà ce qui fait du judaïsme une religion du doute, de l'hésitation et de l'ajournement – et de l'ambivalence, car les forces du contraire sont toujours présentes, dans la symétrie de cette image évidentissime de la vengeance : œil pour œil, dent pour dent.

Si, avec René Girard, on considère le récit de la vie et des enseignements du Christ comme l'achèvement de la longue histoire qu'est l'Ancien Testament, c'est surtout à cet égard qu'il fait cesser le mouvement, car ce que le Nouveau Testament signifie avant tout, c'est l'abandon de la notion de vengeance, la fin de la violence incontrôlable. Tends l'autre joue, dit Jésus, c'est la symétrie du bien, l'un n'affronte plus l'autre mais est tourné vers son prochain, donc l'autre n'est plus considéré comme une menace ou un danger, mais comme le même.

La scène du Nouveau Testament qui peut se mesurer à l'histoire de Caïn et Abel, ou à celle d'Abraham et Isaac, est celle où Jésus – l'Un – se dresse devant la foule – le Tous –, devant l'ensemble de la collectivité, alors qu'ils s'apprêtent à lapider une femme prise en flagrant délit d'adultère. Pour Girard, cette scène sous-entend la maîtrise définitive des forces de la violence mimétique. Jésus se trouve dans la position du bouc émissaire, l'Un entouré par le Tous, mais au lieu d'être anéanti par eux, il se retourne pour les affronter et les dissout en tant que foule par une seule parole. La lapidation est la manifestation d'un châtiment et repose sur une répétition, à la fois rituelle dans la mesure où elle est employée dans les cas de transgression d'un certain type, et individuelle dans la mesure où chacun doit jeter une pierre. Ce que Jésus leur dit est simple : « Que celui d'entre vous qui est sans péché jette le premier la pierre contre elle. » Par cette déclaration, il renvoie la responsabilité de la violence vers chacun d'eux en tant qu'individus, et la collectivité se dissout. Il n'y a pas de Tous, il n'y a que l'Un, responsable de ses propres actions.

Mais le bien – car la sollicitude pour son prochain et la dissolution de la violence dans le pardon sont des biens ultimes – n'est pas une expression de la civilisation mais de quelque chose de radicalement différent. Le bien ne résout pas le problème de la violence, il n'est pas non plus une dimension instrumentale telles que le sont les réglementations et les institutions de la civilisation, il est au contraire leur opposé : une force qui dissout le social. Le contraire de la violence n'est pas le bien, mais le social. Cette équation est insoluble car la violence existe au sein même du social, elle est ancrée dans ses différences constitutives, mais nous n'avons hélas pas mieux que cette équation, et la violence sur la base de laquelle Girard interprète ses notions de tabou et de rituel, la violence individuelle qui déchire la société de l'intérieur est quelque chose que nous contrôlons, notre système s'en charge, elle ne représente plus de menace réelle pour nous. Le contrôle de cette violence individuelle a été rendu possible grâce au transfert de la responsabilité à l'individu, ce qui a conduit à la désintégration de notre connaissance de la collectivité, un savoir qui n'était plus nécessaire ; mais avec l'énorme poussée démographique à la fin du XIXe siècle, qui a déferlé comme une houle sur les nouvelles structures créées par l'industrialisation, est venue la violence que cette dernière a engendrée, d'une ampleur sans précédent au sein de ce système – à aucun moment de notre histoire mondiale autant de personnes n'ont été opprimées de façon aussi systématique qu'à la fin du XIXe siècle –, une violence totalement incontrôlable, partie d'un seul point en soi insignifiant et inoffensif, l'assassinat d'un archiduc par un fanatique solitaire, mais ayant un impact d'abord régional, une crise en Autriche-Hongrie, puis national, puis international, puis en l'espace de quelques semaines seulement toute l'Europe était en guerre, une guerre dont personne ne voulait et dont personne n'avait besoin, une guerre profondément destructrice à tous les niveaux possibles et imaginables, une guerre que personne n'a pu empêcher car elle était hors de la portée d'un seul individu, et la violence qu'elle a entraînée s'est intensifiée de façon tout aussi incontrôlable. Les personnes qui jusqu'à présent coopéraient, qui partageaient les intérêts et les mêmes objectifs, se sont mises à s'anéantir mutuellement, avec un tel acharnement, une telle sauvagerie et dans une telle ampleur que cette guerre éclipsait toutes les guerres précédentes – et, finalement, quand elle a été enfin terminée, elle venait d'emporter huit millions de personnes dans la mort. C'était une tempête de destructivité, impossible à diriger, comme si elle se déroulait en dehors du domaine de l'humain, ce qui n'était pourtant pas le cas, les forces de la nature humaine étaient à l'œuvre, ces mêmes forces que les cultures anciennes redoutaient tant car, pour peu qu'elles trouvent une forme, elles se reproduiraient et se répandraient et menaceraient de les exterminer toutes et totalement. C'était la violence individuelle, la violence entre semblables, mais à une tout autre échelle et avec de nouvelles armes, fabriquées en série, qui redéfinissaient la mort à leur image : une mort fabriquée en série, industrielle.

*

L'Hitler que nous connaissons a été créé par la Première Guerre mondiale. Rien de ce qu'il est devenu ou de ce qu'il a fait après ne peut être expliqué sans le contexte de cette guerre. Elle devient d'emblée pour lui un second foyer : il ne demande de permission qu'après deux années passées dans les tranchées, non pas parce qu'il ne le peut pas, mais bien parce qu'il ne le veut pas.

Il se trouve dans un hôpital militaire en Poméranie lors de la capitulation allemande en octobre 1918. Il a une réaction extrêmement violente en apprenant la nouvelle. Il voulait se battre jusqu'au dernier homme, toute autre éventualité aurait détruit le fondement même de ses convictions. La paix revenue, sans défaite physique au combat, il ne peut être question pour lui que d'une seule et même trahison. C'est ainsi qu'il la décrit dans *Mein Kampf* :

> Les jours suivirent, et avec eux, la certitude la plus terrifiante de ma vie. Les rumeurs devenaient de plus en plus insistantes. Ce que j'avais pris pour une affaire locale devait être une révolution générale. À cela s'ajoutaient les nouvelles humiliantes du front. On voulait capituler. Mais une telle chose était-elle seulement possible ?
>
> Le 10 novembre, le pasteur se rendit à l'hôpital militaire pour nous tenir un petit discours ; nous avons alors tout appris.
>
> En proie à une agitation extrême, j'étais moi aussi présent à ce bref discours. Le vieil homme honorable semblait parcouru de violents tremblements lorsqu'il nous apprit que la dynastie des Hohenzollern n'avait plus le droit de porter la couronne impériale allemande, que la patrie était devenue une « république », et que nous devions prier le Tout-Puissant de ne pas refuser de bénir ce changement et de ne pas abandonner notre peuple dans les temps à venir. Il ne put s'en empêcher, il devait dire quelques mots en mémoire de la maison royale, il tint à rendre grâce à ses services en Poméranie, en Prusse, ou non, à toute la nation allemande, et – à cet instant il commença à sangloter en silence – un profond abattement affligea les cœurs

de tous ceux qui étaient présents dans la grande salle, et je pense que pas un œil ne fut en mesure de retenir ses larmes. Mais lorsque le vieil homme tenta de reprendre son récit, et qu'il se mit à dire qu'il était temps pour nous de mettre un terme à cette longue guerre, que notre patrie allait être exposée à de graves oppressions à l'avenir, que la guerre était perdue et que nous devions essayer d'obtenir la grâce des vainqueurs… qu'il fallait accepter l'armistice en se fiant à la magnanimité de nos anciens ennemis… je ne pus en entendre davantage. Il m'était impossible de rester plus longtemps. Un voile noir retomba sur mes yeux, et je regagnai le dortoir à tâtons, en chancelant, je me jetai sur ma couchette et enfonçai ma tête en feu dans la couverture et le coussin.

Je n'avais plus pleuré depuis le jour où je m'étais tenu devant la tombe de ma mère.

La rage et l'ignominie face à ce qu'il considère comme une trahison forment le moteur de la haine qui aiguillonnera ses idées et ses actions politiques ultérieures, impensables sans lui. La scène dans laquelle il s'enfonce le visage dans son oreiller et pleure se transforme en une image sinistre et lourde des conséquences de cette trahison :

Ainsi, tout cela n'avait servi à rien. Tous ces sacrifices et les privations, la faim et la soif ressenties parfois pendant des mois interminables, tout cela en vain, en vain aussi ces heures où, tenaillés par la peur de la mort, nous accomplissions malgré tout notre devoir, et les deux millions de soldats qui sont morts en le faisant. Les tombes de ces centaines de milliers de morts ne devraient-elles pas s'ouvrir, les tombes de ceux qui, mus par la foi en leur patrie, ont marché vers leur destin pour ne jamais revenir ? Ne devraient-elles pas s'ouvrir et envoyer en esprits vengeurs les héros silencieux, couverts de sang et de boue, à travers le pays, ce pays qui avait trahi avec un tel mépris ces hommes qui ont accompli pour leur peuple le plus grand sacrifice au monde ?

Cette horde d'esprits, ces deux millions de soldats morts et « couverts de sang et de boue » vont véritablement hanter l'Allemagne, et c'est en leur nom, pour rétablir leur honneur et donner un sens à leur sacrifice, qu'Hitler réarme le pays dans les années trente : il faut venger la défaite, il faut écraser les ennemis d'alors tout comme les traîtres œuvrant pour la paix ; mais aussi parce que la guerre en tant que telle a été si porteuse de sens pour lui et pour tant de gens de sa génération. Le nazisme est aussi un culte de la mort et un culte du guerrier : cette image macabre qui véhicule la vengeance, où les tombes s'ouvrent et les soldats morts se relèvent, sanguinolents et barbouillés de boue, trouvera plus tard une nouvelle expression dans le symbole des têtes de mort casquées désignant les SS.

Contrairement à la majorité des soldats démobilisés, Hitler n'a rien ni personne à retrouver après l'armistice. Il reste donc dans l'armée car, outre un sens et une direction à sa vie, elle lui a donné ces quatre dernières années nourriture et logement, ainsi qu'un travail bien défini. Dès son retour à Munich, il s'engage dans le bataillon de réserve du régiment d'infanterie dans lequel il avait servi pendant la guerre.

Dans la ville bavaroise, Hitler travaille pendant deux mois comme gardien de camp de prisonniers avant d'assurer des fonctions similaires à la gare centrale, au sein de la garde chargée du maintien de l'ordre, quand il est alors choisi comme représentant de sa compagnie. Au printemps 1919, alors qu'un climat de guerre civile règne toujours après la révolution communiste munichoise écrasée, il est repéré par le capitaine Karl Mayr, responsable d'une section de renseignements au sein de l'armée, dont la tâche consiste à surveiller les éléments politiques suspects, c'est-à-dire la gauche spartakiste, et de combattre les velléités subversives dans les rangs de l'armée. Nommé informateur, Hitler suit également une série de « cours antibolcheviques », comme les nomme Ian Kershaw – et c'est là que ses talents d'orateur sont vite remarqués. Le professeur von Müller, qui donne des conférences d'histoire, le signale à Mayr qui le reconnaît en le présentant comme « Hitler, du régiment List ». Plus tard, Mayr écrira : « On aurait dit un chien perdu à la recherche d'un maître [...], prêt à s'attacher à quiconque serait bon pour lui », indique John Toland. Mais le plus frappant dans cette description, toujours selon Mayr, était qu'Hitler, à cette époque, « se souci[e] comme d'une guigne du peuple allemand et de sa destinée ». Et si la vérité est sans doute tout autre, Mayr observe en tout cas qu'Hitler n'en parle pas. Introverti, silencieux, tourmenté, pâle, sans objectif – un chien avide de gentillesses que Mayr satisfait, ou du moins lui donne-t-il un objectif en lui confiant, vers la fin de l'été, un « cours » pronationaliste et antibolchevique dans un camp militaire près d'Augsbourg. Ou, selon ses propres termes :

> Je demandai un jour à prendre la parole. Un des participants pensait devoir rompre une lance pour les Juifs, et commençait à les défendre par de longs arguments. Cela me poussa à répondre. L'écrasante majorité des étudiants présents partageait mon point de vue. Cela me valut d'être désigné quelques jours plus tard pour intégrer un régiment à Munich en tant qu'« officier de formation ».
>
> [...]
>
> Je me mis à la tâche avec enthousiasme et amour. Du jour au lendemain, on m'offrait l'occasion de parler devant une plus large audience ; et ce que j'avais

toujours présumé sans le savoir, ce qui n'était qu'une simple impression se confirma : je « savais » parler. Ma voix s'était également si bien développée qu'on me comprenait suffisamment dans les moindres recoins des petites salles communes.

Aucune mission ne pouvait me rendre plus heureux que celle-ci, car j'avais à présent la possibilité, avant d'être renvoyé à la vie civile, de rendre des services utiles à l'institution qui m'avait tant tenu à cœur : l'armée.

Je pouvais même parler de succès.

Au fil de mes exposés, j'ai ramené plusieurs centaines et même des milliers de camarades à leur peuple et à leur patrie. Je « nationalisais » les troupes et je contribuais aussi de cette manière à renforcer la discipline générale.

Une fois de plus, cela me permit de faire la connaissance d'un certain nombre de camarades partageant les mêmes idéaux, qui commencèrent par la suite à former la base du nouveau mouvement.

Hitler ne sera en réalité jamais promu « officier instructeur », tout comme il exagère grossièrement le nombre d'étudiants qu'il a instruits ; il est cependant certain que son enseignement est un succès et qu'il parvient réellement à rallier un public à sa cause par ses seuls talents oratoires. Le professeur von Müller, comme le rapporte Toland, décrit le moment où il a vu pour la première fois Hitler s'exprimer :

Ces hommes semblaient fascinés par l'un d'entre eux qui les haranguait avec une véhémence croissante, d'une étrange voix gutturale. J'eus la sensation curieuse que leur excitation était l'œuvre de cet homme. Je vis un visage pâle, mince, sous une mèche de cheveux rebelle et un peu militaire, avec une petite moustache et de grands yeux bleu clair, remarquables, où brillait le fanatisme.

Outre ces conférences, la tâche d'Hitler consiste donc à surveiller le foisonnement de partis politiques qui viennent de se former à cette époque à Munich. C'est en cette qualité qu'il assiste, à l'automne 1919, à une réunion d'un petit parti, le Parti des ouvriers allemands (DAP), dont le programme politique est un mélange de nationalisme, de socialisme et d'antisémitisme, avec la lutte contre l'internationalisme et le judaïsme comme cause principale. Hitler adhère au parti, qui change bientôt de nom pour devenir le Parti ouvrier national-socialiste allemand (NSDAP), passant de quelques dizaines de membres au moment de l'adhésion d'Hitler à des millions quand, un peu plus d'une décennie après, il devient le plus grand parti politique d'Allemagne.

Quatre jours après l'acceptation de son adhésion, Hitler reçoit l'ordre de Mayr de répondre à une demande de clarification sur la « question juive » envoyée par un ancien participant à un cours d'instruction. Hitler fournit une réponse longue et détaillée, indiquant que la « juiverie » est une race et non une religion, et que « l'antisémitisme doit se fonder non pas sur l'émotion mais sur des faits », explique Kershaw. Une réaction émotionnelle conduirait à des pogroms, tandis que « l'antisémitisme fondé sur la "raison" devait conduire à l'élimination systématique des droits des Juifs ». Le but final, conclut-il, doit « être nécessairement l'élimination complète des Juifs ».

Trois ans plus tard, à l'automne 1922, l'ambassadeur américain en Allemagne envoie à Munich un homme, Truman Smith, chargé de rédiger un rapport sur ce nouveau parti national-socialiste très prospère et sur son chef, ce fameux Adolf Hitler. La mission spécifique de l'attaché consiste à rencontrer Hitler et à fournir une évaluation de son caractère, de sa personnalité, de ses capacités et de ses faiblesses, ainsi qu'à enquêter sur les forces et les potentialités du NSDAP. Le consul des États-Unis à Munich, Robert Murphy, informé par Smith qu'Hitler est certes un « pur et simple aventurier », mais aussi « un véritable personnage qui tir[e] parti de tout le mécontentement latent », quoique l'on puisse se demander s'il est « assez grand pour prendre la tête d'un mouvement national allemand », comme le rapporte Toland. À l'invitation du rédacteur en chef Max Erwin von Scheubner-Richter, un membre de la garde rapprochée d'Hitler qui lui a assuré que l'antisémitisme du parti n'est que de la propagande, Smith est témoin du passage en revue des troupes d'assaut par Hitler devant le nouveau siège du parti :

> Un bien remarquable spectacle. Douze cents fripouilles, les plus fripouilles que j'aie jamais vues de ma vie, passées en revue par Hitler, au pas de l'oie sous le vieux drapeau du Reich, portant le brassard rouge à *Hakenkreuze* [croix gammée]. Hitler, après la revue, fait un discours, puis hurle… « Mort aux Juifs », etc., etc. Acclamations frénétiques. Je n'ai jamais vu ça de ma vie.

Trois jours plus tard, le matin du 22 novembre, Truman Smith fait la connaissance d'Hitler en personne, lequel lui explique la politique du parti. À l'en croire, « seule une dictature pourrait remettre l'Allemagne sur pied ». Puis il ajoute :

> Il vaut mieux pour les États-Unis et l'Angleterre qu'une bataille contre le marxisme soit menée en Allemagne plutôt que sur le sol anglais ou américain. Si les États-Unis n'aident pas le nationalisme allemand, le bolchevisme conquerra l'Allemagne. Alors il n'y aura plus de réparations de guerre, et la Russie et l'Allemagne bolcheviques, qui n'auront plus de motifs de se représenter elles-mêmes, devront attaquer les nations occidentales.

Il ne dit rien à propos des Juifs, souligne Toland, jusqu'à ce que Truman Smith l'interroge directement sur la question. Hitler apporte une réponse évasive : il suppose qu'ils perdront leur nationalité allemande et seront exclus des services publics. À l'issue de cette réunion, Truman Smith est convaincu qu'Hitler deviendra un homme de pouvoir de premier plan au sein du monde politique allemand. Rosenberg, le chef de presse du parti, lui a donné un billet pour assister à une réunion lors de laquelle Hitler est censé tenir un discours le soir même. Ne pouvant s'y rendre, puisque l'ambassade des États-Unis l'a rappelé à Berlin et qu'il doit rejoindre la capitale à bord du train de nuit, il confie la carte de presse en question à un certain Ernst Hanfstaengl, un contact qu'il partage avec un haut fonctionnaire de l'ambassade, Warren Robbins. Ces derniers ont fréquenté ensemble l'université de Harvard. Hanfstaengl a un père allemand et une mère américaine issue d'une famille célèbre de la Nouvelle-Angleterre, qui appartiennent tous deux à la classe dirigeante dans leurs pays respectifs. La grand-mère maternelle est la cousine du général Sedgwick, tombé pendant la guerre de Sécession, et son grand-père maternel n'était autre que le général William Heine, qui y a également participé et a été l'un des porteurs du cercueil d'Abraham Lincoln. Cet homme originaire de Dresde a eu chez lui en Allemagne la visite de Wagner et de Liszt. Du côté paternel, on comptait trois générations de conseillers pour les ducs de Saxe-Cobourg-Gotha ainsi que de nombreux mécènes ayant œuvré pour les artistes : son grand-père a créé un commerce de reproductions d'œuvres d'art, a photographié trois empereurs allemands, en plus de Moltke, Liszt et Wagner, mais aussi Ibsen ; leur demeure munichoise a compté parmi ses hôtes

Richard Strauss, Fridtjof Nansen et Mark Twain. En d'autres termes, les portes du très grand monde lui sont ouvertes. Il appartient à l'élite culturelle tant à Munich que dans la Nouvelle-Angleterre et, pendant ses années d'études à Harvard, il a fait la connaissance de deux présidents américains, Theodore puis Franklin D. Roosevelt, sans oublier le poète T. S. Eliot, ce dont il ne manque pas de se targuer dans l'introduction vantarde de ses mémoires publiés aux États-Unis en 1957, *Hitler, les années obscures*.

Il est donc celui qui, en cette soirée de novembre 1922, suit Truman Smith sur le quai de la gare de Munich où il rencontre Rosenberg qu'il décrit comme « un individu singulièrement déplaisant – blafard, peu soigné dans sa mise, l'air à moitié juif, mais de ces demi-juifs qui n'engendrent guère la sympathie ». Ils prennent ensemble le tramway pour se rendre à la brasserie Kindl-Keller, bondée. Hanfstaengl s'assied sur le banc de presse et demande à un journaliste où se trouve ce fameux Hitler. Il se tient à côté de Max Amman, sergent dans son ancien régiment, et d'Anton Drexler, fondateur du parti trois ans plus tôt. Et voici l'impression qu'Hitler fait à Hanfstaengl :

> Avec ses lourdes bottes, son complet sombre, son gilet de cuir, son col blanc demi-souple et sa drôle de petite moustache, le personnage ne payait guère de mine. On eût dit un garçon de buffet de gare.

Dès que Drexler présente Hitler à l'auditoire, un tonnerre d'applaudissements retentit dans la brasserie. Hitler se redresse, passe devant le banc de presse et monte sur l'estrade, « d'un pas vif et assuré qui, sous le pékin, trahissait le soldat ». L'ambiance est électrique, il tient un discours « magistralement "enlevé" » :

Jamais je n'ai entendu un orateur manier comme lui l'allusion mordante et l'ironie. Et lui-même n'a jamais, depuis, atteint de tels sommets. On ne saurait juger vraiment de ses dons oratoires d'après ses discours des dernières années. Avec le temps, et à force de s'adresser à des foules immenses, Hitler en était arrivé à se caricaturer lui-même ; et sa voix, déformée par les microphones et les haut-parleurs, avait fini par perdre ses qualités premières. Il possédait, au début de sa carrière, une maîtrise de ses inflexions, de ses phrases et de ses effets qui n'a jamais été égalée. Et ce soir-là, il était au sommet de sa forme. [...]

D'une voix calme et réservé, il brossa un tableau de ce qui s'était passé en Allemagne depuis novembre 1918 : la chute de la monarchie et la capitulation de Versailles ; l'édification de la République sur des bases ignominieuses, la précarité du marxisme et du pacifisme internationaux ; l'éternel leitmotiv de la lutte des classes, qui débouchait sur une impasse totale entre patrons et ouvriers, entre nationalistes et socialistes. [...]

Sentant qu'il avait capté l'attention de son auditoire, il prit insensiblement appui sur sa jambe droite en avançant nonchalamment le pied gauche, tel un soldat en position de repos, et se mit à servir de façon calculée, et avec une grande intensité d'expression, du geste des bras et des mains. Il parlait posément, sans brailler ni aboyer, comme il ne se priverait pas de le faire par la suite ; et il avait des trouvailles empreintes d'un humour moqueur qui portait admirablement, sans être agressif pour autant.

Hitler critique la faiblesse du Kaiser tout comme il critique les républicains de Weimar qui, en acceptant les exigences des vainqueurs, les laissent piller tous les trésors de l'Allemagne, hormis les tombes des soldats morts pendant la guerre. Il oppose le mouvement séparatiste et le particularisme religieux des catholiques bavarois à l'esprit de camaraderie qui régnait dans les tranchées où les soldats ne demandaient jamais la religion de leurs conscrits avant de les aider. Il parle longuement du patriotisme et de la fierté nationale, cite en exemples pour l'Allemagne Kemal Atatürk ou Benito Mussolini. Il s'attaque aux profiteurs de guerre, déclenche un tonnerre d'applaudissements quand il moque leur utilisation des devises étrangères pour importer des oranges d'Italie alors que l'inflation pousse le peuple au bord de la famine. Il s'en prend aux Juifs qui profitent de cette situation misérable. Il maudit les communistes et les socialistes désireux de faire table rase des traditions allemandes.

> J'étudiais l'assistance. Qu'était-il advenu de la foule disparate que j'avais vue une heure plus tôt ? Qu'est-ce qui, brusquement, soudait ensemble ces gens que la chute vertigineuse du mark condamnait à travailler sans relâche pour gagner à peine de quoi vivre décemment ? Le brouhaha des voix, le tintement des chopes avaient cessé ; les spectateurs buvaient chacune des paroles de l'orateur. À quelques pas de moi, une jeune femme gardait les yeux rivés sur Hitler : littéralement subjuguée par la vision de la future Allemagne que celui-ci lui évoquait, elle semblait plongée dans une sorte d'extase.

À la fin du discours, Hanfstaengl s'approche d'Hitler toujours sur l'estrade.

> Il se dégageait de sa personne une impression de puissance et de candeur, d'amabilité et de réserve ; son visage et ses cheveux ruisselaient de sueur ; son col demi-souple, retenu par une épingle carrée en imitation or, était complètement avachi. En parlant, il s'épongeait le front avec une espèce de chiffon qui avait été un mouchoir, tout en lançant des regards inquiets en direction de nombreuses sorties ouvertes d'où soufflait un vent glacial.

— Herr Hitler, je m'appelle Hanfstaengl, dis-je. Le capitaine Truman Smith m'a chargé de vous transmettre son meilleur souvenir.

— Ah, oui, le grand Américain, répondit-il.

— Il m'a prié de venir vous écouter, et je puis simplement vous dire que vous avez été très convaincant, repris-je. Je suis d'accord avec vous à 95 % et j'aimerais beaucoup discuter des 5 % qui restent.

— Mais oui, très volontiers, dit Hitler. Je suis persuadé que nous ne nous disputerons pas au sujet de ces 5 %.

Sa simplicité, son ton amical le rendaient très sympathique. Après lui avoir une dernière fois serré la main, je rentrai chez moi.

On trouve de très nombreuses descriptions des discours d'Hitler datant de cette période. Celle fournie par Hanfstaengl a ceci de particulier que l'homme appartient à la classe dominante et non au public des brasseries auquel Hitler est habitué. D'autre part, le fait qu'il voie d'abord un talent inhabituel dans son caractère montre que le côté vulgaire et rance, brutal et simpliste à l'œuvre dans *Mein Kampf* ne transparaît pas de prime abord dès qu'Hitler prononce un discours. Hanfstaengl voit en lui un petit-bourgeois qui n'est pas limité par cette condition mais sait au contraire s'élever au-dessus d'elle grâce à ses talents oratoires et à l'attirance qu'il exerce sur la foule, ce charisme presque hypnotique qu'il semble posséder et qui lui permet de captiver tout le monde ou presque, quelle que soit la classe sociale de ses auditeurs. Et, dans le même temps, son côté petit-bourgeois constitue justement un facteur décisif, ainsi que l'écrit Hanfstaengl après sa première rencontre avec Hitler alors qu'il ne trouve pas le sommeil et repense à la soirée :

Là où tous nos orateurs et politiciens conservateurs échouaient lamentablement lorsqu'ils voulaient établir

> un contact avec les masses, cet Hitler, sorti de rien, parvenait manifestement à remporter l'adhésion de ce peuple même dont nous sollicitions en vain l'appui, sur un programme non communiste.

Une fois mis en confiance, dès qu'il est invité à prendre la parole et découvre en plus que les gens s'intéressent à ce qu'il dit, Hitler se sent pour la première fois à l'aise vis-à-vis de ses aptitudes. Il peut partir de son monde intérieur sans faire de détour par sa tête – et cette sensation de contrôle, de maîtrise et de compétence doit à coup sûr le combler tout entier. Il a trente ans et rien de ce qu'il a jusqu'alors entrepris n'a été couronné de succès. Tant s'en faut, il a échoué dans tout, il a tout raté. Du moins jusqu'à maintenant, alors qu'il monte sur l'estrade et embrasse du regard la foule dans la salle devant lui. Sa sensibilité est si grande qu'elle l'oblige à se couper complètement du public, soit en se repliant sur lui-même, en évitant de croiser le regard des autres et en restant sur son quant-à-soi, soit en ne cessant de parler et en gardant ainsi tout ces gens à distance. Pour la première fois de sa vie sans doute, elle peut maintenant s'épanouir vraiment, cette sensibilité qui lui complique tant l'existence face au *tu*, car s'il a conscience de ce *tu* au point de l'exclure complètement, avec une force quasi autiste, sa conscience du *nous* est quant à elle tout aussi forte ; et ce *nous* ne le menace en rien, Hitler peut s'ouvrir à lui. Il s'ouvre donc au *nous*, il est attentif à lui, il ressent ses états d'âme jusque dans leurs moindres nuances, il en joue, car lui-même n'est pas une partie de ce *nous* : il se tient à l'extérieur de lui, il l'éveille, le soulève, l'emmène ici, le ramène là, et il en est capable car il s'est toujours tenu à l'extérieur de lui. Pour voir quelque chose, il faut se tenir à l'extérieur.

Seul celui qui se tient à l'extérieur du monde social

le connaît ; pour ceux qui y vivent, c'est comme l'eau pour un poisson. Hitler rejette le *tu* et se tient à l'extérieur du *nous* ; pourtant il le désire ardemment, et c'est ce désir ardent que ses auditeurs ressentent quand il leur parle : le désir ardent que le *nous* soit le fondement de l'humain, un désir qui enfle en temps de crise, qui enfle dans le chaos, comme c'est le cas dans cette Allemagne des années vingt, et chez Hitler, cela brûle avec une intensité inouïe. Nul besoin pour nous d'écouter ce qu'il dit, étant donné que son public n'écoute pas non plus ce qu'il dit mais bien la façon dont il le dit, son public est frappé par ces émotions qui l'animent, séduit par elles – ils boivent tous du petit-lait. Oh, ce désir de communauté, c'est un désir d'égalité, un désir d'appartenance. Le plus simple est le plus vrai – la voilà, la vérité sur Hitler. Son désir du *nous* touche une corde sensible au plus profond de ce même *nous* ; tous les comptes rendus des discours qu'il a tenus à cette époque parlent de ça, de la façon dont cette clique bigarrée de gens, qui hurlent et qui crient, qui braillent et qui rigolent, qui se tapent dessus, tout à coup se taisent et se calment dès qu'il prend la parole, et ne forment plus qu'un Un. Le plus simple est le plus vrai, et la haine des Juifs représente la simplicité la plus immédiate, le besoin ressenti par le *nous* de former un *ils*, la structure mimétique de la violence que le rituel répète, l'un face à l'autre, un *nous* contre un *ils*, un *ils* sacrifié pour que le *nous* subsiste, seul et entier. Ce besoin enfle dans la crise, il enfle dans le chaos, car il est l'une des formes fondamentales de la culture, l'une de ses conditions, à laquelle nous revenons toujours. Pour Hitler, ce désir du *nous* est aussi un désir de guerre, ce qui ne saurait être sous-estimé dans ce qui va se produire par la suite.

Ernst Hanfstaengl est, de tous, celui qui repère cet aspect avec le plus d'acuité :

> Nous savions tous, sans toutefois mesurer les implications profondes d'un tel fait, que le premier épanouissement de sa personnalité datait de l'époque où il avait été soldat. [...] Pour lui, le national-socialisme était en réalité un socialisme fondé sur une discipline militaire ou, pour parler le langage des civils, un socialisme policier. J'ignore à quel moment de sa carrière cette idée a pris chez lui sa forme définitive ; mais elle a toujours été profondément ancrée dans son esprit.

Quand Hitler y prend sa carte, le DAP est à peine un parti. Aux trois premières réunions publiques organisées en 1919, dont l'orateur principal est le fondateur Anton Drexler, respectivement dix, trente-huit puis quarante et un adhérents participent. Le changement est radical dès qu'Hitler devient le tribun régulier. À la fin de 1920, écrit Ian Kershaw, il s'est exprimé dans plus de trente rassemblements et a attiré la plupart du temps entre 800 et 2000 personnes. « C'est largement en raison de sa notoriété que le nombre des adhérents conn[aî]t une augmentation spectaculaire : de 180 en janvier 1920, à 2000 à la fin de l'année, puis à 3300 en août 1921. » Hitler est d'abord vu lors de ses discours par les autres membres du parti, puis par les Munichois. Ces hommes du DAP ayant besoin de lui, ils débordent d'attentions à son endroit, ce qui le délivre ou, pour être plus juste, augmente la portée de ses paroles, lui permet de rencontrer plus de gens, d'intervenir dans toujours plus de contextes. À cet égard, un membre du parti joue un rôle éminent : Dietrich Eckart. Ce poète et traducteur d'Ibsen en allemand, morphinomane et antisémite, se pique très vite d'intérêt pour Hitler et devient son mentor. Il a vingt ans de plus que lui, il est cultivé, il a de bonnes manières, mais il a aussi le verbe aussi tranchant que haut. Il offre à Hitler son premier baptême de l'air pour assister à une pièce de théâtre à Berlin, il lui achète son premier trench-coat, lui apprend à écrire, publie ses premiers essais, l'introduit dans les cercles auxquels Hitler n'avait autrefois pas accès, lui ouvre les portes du milieu d'extrême droite munichois, en plus d'alimenter son antisémitisme et son antibolchevisme d'arguments. « Cet homme est l'avenir de l'Allemagne. Un jour, le monde entier parlera de lui », a l'habitude de dire Eckart d'Hitler quand il le présente à ses amis richissimes, selon Timothy W. Ryback. Il fait office de figure paternelle pour un Hitler flatté d'avoir capté son attention et qui boit les enseignements prodigués par l'homme d'une autre génération. Trois ans plus tôt, Eckart aurait proclamé à Munich :

> Il nous faut quelqu'un, à notre tête, qui ait entendu de près le son d'une mitrailleuse. Quelqu'un qui soit capable de faire chier les braves gens dans leur froc. Je n'ai pas besoin d'un officier. Le menu peuple a perdu tout respect pour eux. L'idéal serait un simple travailleur à la langue bien pendue. Sans grande culture. La politique est la profession la plus stupide qui soit sur terre. N'importe quelle femme de fermier, à Munich, en sait autant là-dessus que n'importe quel chef de parti. Donnez-moi un singe vaniteux qui sache casser le morceau à ces crétins de rouges et ne s'enfuira pas sitôt qu'un énergumène menacera de l'encadrer avec une chaise ! J'opterai pour lui sans hésiter plutôt que pour une douzaine de professeurs érudits qui se pissent dessus à la moindre provocation. Célibataire, naturellement, pour attirer les femmes !

Une telle description dépeint Hitler mieux que quiconque. Quand Hanfstaengl, né en 1887 et de deux ans son aîné, le rencontre, Hitler a trente-quatre ans. Pour la première fois de sa vie il réussit quelque chose, pour la première fois de sa vie il est utile aux autres et pas seulement à lui-même ; mais du portrait que dresse Hanfstaengl se profile plus ou moins le même personnage que Kubizek a décrit à l'époque de Linz et de Vienne. Après cette première soirée dans la brasserie, Hanfstaengl assiste à une autre réunion et l'entend parler une seconde fois. Il a d'Hitler une impression plus modérée en l'entendant monter d'un cran dans ses imprécations et proposer un projet complètement fou inspiré de la tactique de la guérilla qui consiste à empêcher les Français de s'installer en Rhénanie, Hanfstaengl a l'impression d'une tirade débitée par un *desperado* et trouve ses vues sur la politique étrangère « alarmantes, à la fois excessives et disproportionnées ». Pourtant, il ne peut se départir de son attirance pour lui, se demandant ce qui peut bien s'agiter au fond du cerveau de cet homme fascinant. Lors du troisième discours auquel il assiste, il présente Hitler à son épouse et à la femme de l'illustrateur norvégien Olaf Gulbransson – et l'invite chez lui. Hanfstaengl ne tarde pas à intégrer la garde rapprochée d'Hitler, surtout parce que les membres de ce vaste réseau ont besoin de lui. Il finance une nouvelle presse pour leur hebdomadaire, tente de faire imprimer certains articles de politique internationale et, selon ses propres termes, d'influencer les opinions d'Hitler sur la politique étrangère dont il trouve le point de vue « étroit et strictement continental », beaucoup trop influencé par Rosenberg – et ses acolytes – qu'il méprise, pour ne pas dire qu'il le déteste, à cause de son antisémitisme et de son antibolchevisme. Hitler écoute attentivement ses arguments, écrit Hanfstaengl, ce qu'il cessera de faire par la suite. Dès qu'il est question des États-Unis, il semble davantage intéressé par les dimensions des gratte-ciel et l'avancée des progrès techniques que par les questions politiques, hormis par le Ku Klux Klan qu'il considère comme un mouvement politique très semblable au sien, et par Henry Ford, non pas tant en sa qualité de constructeur automobile et de novateur mais parce qu'il est antisémite.

Hitler a fait bonne impression chez Hanfstaengl : il courtise sa femme, lui envoie des fleurs, lui fait le baisemain et lui adresse des œillades, joue avec le fils du couple en faisant preuve de cette spontanéité qui plaît aux enfants. Son costume trop serré et son comportement très formel, à mi-chemin entre la déférence et l'humilité, trahissent ses origines sociales, d'autant plus qu'il verse volontiers dans « les formules de politesse encore de rigueur en Allemagne chez les inférieurs s'adressant à des personnes d'un rang plus élevé que le leur par leur condition, leur titre ou leurs grades universitaires », écrit Hanfstaengl. Il a de bonnes manières à table mais des goûts inhabituels, notamment une singulière prédilection pour le sucré, si excessive que Hanfstaengl déclare n'avoir jamais rencontré d'« homme plus porté que lui sur les sucreries ». Ainsi, pendant un dîner au cours duquel il a débouché son meilleur gewurztraminer, Hanfstaengl s'absente pour répondre à un coup de fil et, à son retour, surprend Hitler « en train de verser dans son verre une forte cuillerée de sucre en poudre ».

Hanfstaengl rend visite à Hitler dans son minuscule appartement de la Thierschstrasse 41 où il mène une « existence étriquée de rond-de-cuir nécessiteux ». Son logement se compose d'une petite chambre au sol recouvert d'un lino bon marché, lui-même caché par des tapis usés. Outre une chaise et une table, le mobilier se compose d'un grand lit trop large, dont la tête masque la fenêtre étroite, ainsi que d'une bibliothèque de fortune sur le mur d'en face. C'est tout. Sa logeuse, une certaine Frau Reichert, par ailleurs juive, estime qu'Hitler est le locataire idéal :

> C'est un homme absolument charmant. Mais il a quelquefois des sautes d'humeur vraiment bizarres. Il lui arrive de ne pas adresser la parole pendant des semaines : on dirait qu'il nous boude, il fait comme s'il ne nous voyait pas. Il paie toujours son loyer d'avance, très régulièrement. Mais au fond il est très bohème.

Le mur du couloir accueille cependant un piano. Un jour où Hitler est assigné à comparaître devant le tribunal en tant que témoin, il demande à Hanfstaengl de jouer quelque chose pour calmer ses nerfs. Celui-ci s'exécute, commence par Bach sans guère éveiller plus qu'un vague intérêt chez Hitler, qui se contente de hocher légèrement la tête. Or, dès qu'Hanfstaengl entame le prélude des *Maîtres chanteurs* de Wagner, Hitler semble ressusciter :

> C'était son morceau favori : il le connaissait littéralement par cœur et pouvait en siffler chaque note d'une façon curieusement vibrante, tout à fait dans le ton. Il bondit de sa chaise et se mit à arpenter l'entrée de long en large en agitant les bras comme s'il conduisait un orchestre. Il sentait profondément cette musique ; et il en saisissait l'esprit au moins aussi bien qu'un vrai chef d'orchestre. La musique avait sur son état physique des vertus qui tenaient du miracle : après les derniers accords tonnants du finale, il était dans une forme royale ; toutes ses préoccupations envolées, il se sentait de nouveau d'attaque, prêt à affronter les foudres de l'accusateur public.

Kershaw décrit la même scène et, étant donné qu'elle se joue entre Hanfstaengl et Hitler, il n'existe aucune autre source que le livre d'Hanfstaengl. L'historien anglais la restitue en ces termes :

> Hitler, pour sa part, était conquis par les talents de pianiste de Putzi, notamment quand il jouait du

Wagner. Il l'accompagnait en sifflotant et agitait les bras à la manière d'un chef d'orchestre, savourant visiblement ces moments de détente.

Dans les passages extraits du livre d'Hanfstaengl, ce dernier est systématiquement désigné par son surnom, « Putzi ». De plus, l'intérêt d'Hitler pour Wagner apparaît d'autant plus comme une bizarrerie qu'il est rehaussé par ce commentaire sarcastique laissant penser que seul Hitler peut trouver un dérivatif aussi absurde pour se détendre. Alors qu'Hanfstaengl ne le dépeint pas comme un abruti, loin de là, il met l'accent sur sa compréhension et sa pénétration de la musique. Qu'il soit capable de siffler des pièces de Wagner paraîtra étrange, indéniablement, mais il en va de même pour Wittgenstein qui peut siffler Wagner à la perfection, aptitude dont il se sert de temps en temps pour divertir ses invités, comme une astuce qu'il utilise en société. Dans une biographie consacrée à Wittgenstein, il serait impensable que l'auteur se moque de la musicalité du grand philosophe, quand bien même elle se manifesterait sous la forme singulière du sifflement ; en revanche, dès qu'il s'agit d'Hitler tel que le décrit Kershaw, tout ce qu'il fait est louche ou bien ridicule. Prenons un autre exemple et lisons Hanfstaengl :

> Les intimes d'Hitler appartenaient presque tous à des milieux modestes. En apprenant à mieux le connaître, je m'étais mis à assister de plus en plus régulièrement à la réunion d'habitués qui se tenait tous les lundis soir au Neumaier, un vieux café qui faisait le coin de la Petersplatz et du Viktualienmarkt. La salle irrégulière et allongée, aux bancs encastrés dans les murs revêtus de boiseries, pouvait contenir une centaine de personnes. C'est là qu'Hitler avait coutume de rassembler ses premiers partisans. Ceux-ci, parmi lesquels on comptait de nombreux couples d'âge mûr, venaient

y manger le frugal repas qu'ils apportaient avec eux. Hitler leur parlait familièrement, leur exposait ses nouveaux projets et mettait ainsi au point sa technique en fonction de l'effet produit.

Et voici la version qu'en livre Kershaw :

> Lorsque Putzi Hanfstaengl, ce demi-Américain cultivé dont il devait faire son responsable de la presse étrangère, fit sa connaissance, fin 1922, Hitler avait certainement sa table réservée tous les lundis soir au vieux café Neumaier, à la lisière du Viktualienmarkt. [...] Dans cette longue salle, avec ses rangées de tables et de bancs souvent occupés par des couples d'un certain âge, les membres de l'entourage d'Hitler discutaient politique ou écoutaient ses monologues sur l'art et l'architecture tout en mangeant le casse-croûte qu'ils avaient apporté et en buvant des litres de bière ou du café.

Les sympathisants d'Hitler ces soirs-là, des couples mariés « d'âge mur » issus d'un milieu modeste, deviennent chez Kershaw des « couples d'un certain âge », donc vieux, qui plus est dépeints comme s'ils étaient venus au café par hasard, en tant que simples clients qu'Hitler ne connaît pas outre mesure. Pourquoi ? Parce que des couples d'âge moyen et de condition modeste réunis autour d'Hitler dans un café confortable lui confèrent un air de respectabilité et de décence qui va à l'encontre de l'image que Kershaw se fait de lui. Voilà pourquoi ils ne prennent pas un « dîner frugal » dans la version de Kershaw mais un « casse-croûte » et boivent des « litres de bière », alors que la source ne mentionne ni l'un ni l'autre : c'est un élément ajouté par Kershaw, probablement pour renforcer l'impression d'un troquet fréquenté par des poivrots – ce en quoi il n'a peut-être pas tout à fait tort puisqu'on y boit de la bière –, de la même manière qu'il invente le détail du café en le rendant suspect puisque, dans la version originale anglaise, il est question de « *cups of coffee* », un pluriel qui apparaît tout aussi négatif.

Hanfstaengl poursuit en décrivant la garde rapprochée d'Hitler à cette époque, autant de participants systématiquement présents aux réunions sociopolitiques du lundi soir.

Bien qu'Hanfstaengl ne soit pas la source la plus fiable qui soit puisqu'il fait lui-même partie pendant une décennie de ce cercle et qu'il peut à cette aune être aisément qualifié de nazi – avec tout ce que cela implique d'explications élusives et d'autojustifications –, sa description dresse néanmoins un portrait nuancé d'Hitler et de ses partisans, justement parce qu'elle n'est pas uniforme ; c'est ce caractère équilibré du récit d'Hanfstaengl qui le rend crédible et, partant, intéressant tant dans l'image qu'il restitue d'Hitler que lorsqu'il s'agit pour nous de comprendre l'attrait que celui-ci suscite alors, qui ne peut être seulement celui d'un criminel, d'un clown ou d'un écervelé, mais doit sûrement avoir été aussi d'une autre nature – sans quoi il est impensable qu'il ait pu emmener une nation entière dans l'abîme. Il est humain à l'instar des gens autour de lui et de ses acolytes de parti, humain dans le sens où il est un être humain, où il fait partie de l'humanité, et non dans le sens de l'homme bon qui fait preuve d'humanité ; le mal et la brutalité sont humains en ce qu'ils sont le fait d'humains. Christian Weber, un marchand de chevaux ayant tôt adhéré au parti, une « sombre brute » qui aime « cogner sur les communistes », a également une autre facette. Hanfstaengl le décrit « extrêmement flatté » d'être invité chez lui, au domicile d'un homme appartenant à la haute bourgeoisie, ce qui en dit long sur son sentiment de classe : tout ce qu'il veut au fond, c'est « trouver une situation bien assise et relativement considérée ». Hanfstaengl ajoute même que Weber, en plus de posséder « une curieuse intuition des ressorts les plus cachés de l'esprit d'Hitler », a pleinement conscience de ce dont ce dernier est capable. Cette facette d'Hitler est donc tout à fait perceptible, du moins pour quelqu'un dans la même situation que lui, donc bien placé pour savoir de quoi les humains sont capables et comment ce potentiel se manifeste. Eckart, le mentor d'Hitler, le devine aussi et « commen[ce] déjà à s'en repentir ». Pourquoi ? Quant au syndicaliste Drexler, il désapprouve fortement cette violence croissante au sein du parti.

Ceux qui accompagnent Hitler chez lui après ces réunions du lundi soir sont armés, Hitler porte un pistolet dans la poche de son veston, même quand il parle. Ces soirées ont ceci d'étrange qu'elles mélangent des gens honnêtes, issus de milieux modestes, et des fanatiques enragés, dont l'un est peut-être mêlé au meurtre politique dont les répercussions seront les plus graves au cours de la République de Weimar : l'assassinat du ministre des Affaires étrangères Rathenau. Hitler est le noyau du groupe. Il peut siffler des symphonies entières tout en faisant semblant de les diriger, il n'a pas le courage d'approcher une femme de son âge, il adore les gâteaux et les sucreries, il détient la croix de fer de 1re classe pour sa bravoure au combat, il vit dans l'ombre une existence de bohème entre les quatre murs d'un appartement miteux, il n'honore pas ses rendez-vous, il est souvent aperçu dans les salles d'exposition des concessionnaires automobiles, il parle sans discontinuer dès qu'il est en compagnie d'autres personnes. Il ne supporte pas d'être dominé par quelqu'un d'autre et ment alors plutôt deux fois qu'une pour redevenir le centre de l'attention générale, il croit toujours tout mieux savoir que quiconque, il porte des chaussons quand il est chez lui. Il est un imitateur hors pair surtout quand il s'agit de parodier l'accent suédois de la femme de Göring, il sait aussi singer les explosions de colère de Max Amann et les insultes proférées par Quirin Diestl à un adversaire politique, « ses élucubrations intarissables sur le glaive de Siegfried prêt à sortir de son fourreau, les éclairs qui environn[ent] l'aigle allemande, etc., [sont] d'un comique irrésistible », estime Hanfstaengl, ajoutant qu'Hitler sait réciter par cœur, jusqu'à « faire pleurer de rire » son public, un mauvais poème composé à son intention par un admirateur et contenant quantité de rimes en *-itler*. Il inscrit la profession d'« écrivain » quand il loge à l'hôtel, il ne sait pas apprécier la nature, il ne lit jamais de romans, il admire Cromwell mais surtout Frédéric le Grand, il est attiré par la mort, il idéalise la guerre, il écrit des poèmes sur sa mère, il déteste les Juifs et tout ce qui est juif, il s'intéresse à l'eugénisme, il lit tout ce qui concerne la biologie raciale, il considère l'écriture de Nietzsche comme la plus splendide des lettres allemandes alors qu'il n'en a jamais lu une ligne mais s'est plongé dans Fichte et dans Schopenhauer, il a pour motif préféré en peinture *Léda et le Cygne*. Voilà l'être humain qui passe ses lundis soir au café Neumaier, un pistolet dans la poche, entouré de sympathisants et d'acolytes du parti, une troupe de jeunes gens militarisés qui surveillent et tabassent les communistes et les autres opposants. Il rédige une lettre dans laquelle il affirme que les Juifs doivent être éliminés, il s'en prend systématiquement à eux dans tous ses discours. Cette opinion, il la partage à l'époque avec beaucoup de gens, notamment parmi les plus défavorisés ; les plus privilégiés, qui détiennent le pouvoir, la trouvant pour leur part inappropriée et vulgaire, la violation d'une norme avant tout esthétique ou fondée sur des notions de classe. Thomas Mann, qui habite la même ville au même moment, peut-être à quelques rues seulement du café Neumaier, ne déteste pas les Juifs, une telle inclination lui serait impensable. Il a salué le déclenchement de la Première Guerre mondiale dont le sang versé représentait pour lui l'authenticité et la signification, à l'inverse de l'inauthenticité et de l'insignifiance de la civilisation, un point de vue pour le moins extrême à notre époque, mais qui reste dans les limites de l'acceptable parce qu'il a renié ces propos après la guerre. Toujours est-il qu'Hitler et Mann vivent dans la même ville, au même moment. Hitler est-il plus maléfique que Mann ? Alors qu'aucun des deux n'a encore commis de crime ? Qu'est-ce que le mal ? L'antisémitisme ? Qu'est-ce qui empêche Mann d'être antisémite alors qu'Hitler le devient ? L'éducation ? L'antisémitisme est-il une question de classe ? Ou est-ce une question de décence personnelle, une différence qualitative individuelle entre des gens chez différentes personnes ? Le nazisme est clairement venu de la base, Drexler était forgeron et syndicaliste, Weber marchand de chevaux, la plupart des autres sont issus de la classe moyenne inférieure – à commencer par Hitler –, des fonctionnaires et des employés de bureau, ayant tous échoué ou connu d'une manière ou d'une autre la marginalisation. Eckart fait exception, mais il y a quelque chose de déviant en lui, peu de poètes peuvent avoir été morphinomanes et tout en même temps antisémites, alors que des personnages tels que Rosenberg et plus tard Himmler et Goebbels sont des fanatiques. Les sympathisants, ces couples d'âge moyen, appartiennent également à la classe ouvrière et à la classe moyenne inférieure et sont de condition modeste, ce sont eux qui souffrent le plus de la crise qui frappe en ce moment l'Allemagne. Ils emportent leur dîner qu'ils mangent au restaurant. Voilà les gens qui composent en 1922 les proches d'Hitler, avant qu'il ne devienne pour de bon un nom dans tout le pays. Mais le simple fait que Truman Smith soit envoyé pour le rencontrer et qu'Hanfstaengl rejoigne sa garde rapprochée indique que le mouvement est d'ores et déjà enclenché. Les prémices de ce qui se produira par la suite apparaissent ici. En Hitler, brillant orateur mais qui révèle déjà des côtés effrayants selon Hanfstaengl ; en Hanfstaengl lui-même, qui souhaite le retour d'un Reich allemand fort et stable ; en Drexler, qui réclame de la décence ; en Rosenberg, qui méprise la Russie à cause de ses origines estoniennes et cultive un antisémitisme plus est-européen selon Sebastian Haffner, plus brutal et virulent ; dans ces couples anonymes d'âge mûr issus de la classe moyenne inférieure. John Toland écrit à propos de ce conglomérat :

> Tels étaient les proches d'Hitler. Son mouvement traversait toutes les couches sociales ; les adhérents étaient de toute espèce : l'intellectuel et le bagarreur des rues, le fanatique, l'idéaliste, le voyou, le condottiere, l'homme à principes et l'homme sans principes, l'ouvrier, le noble. Il y avait là des âmes tendres et des êtres impitoyables, des vauriens et des hommes de bonne volonté ; des écrivains et des peintres, des boutiquiers, des dentistes, des étudiants, des soldats et des prêtres. La séduction d'Hitler était grande ; lui-même avait assez de largeur d'esprit pour admettre un drogué comme Eckart et un homosexuel comme le capitaine Röhm.

Et Toland d'ajouter qu'Hitler n'est pas « homme à sous-estimer un partisan, si humble fût-il ». Il ouvre les nouveaux locaux du parti aux membres qui cherchent un abri contre le froid. Il cherche dans le même temps le soutien financier de riches industriels acquis à sa cause et, par l'intermédiaire d'Hanfstaengl, il est introduit au sein des cercles sociaux de la haute bourgeoisie. Hanfstaengl lui présente William Bayard Hale, un camarade de classe du président Wilson à Princeton et correspondant principal en Europe pour les journaux de groupe Hearst, l'artiste Wilhelm Funk dont les salons sont fréquentés par le prince Henckel-Donnersmarck et par « plusieurs riches hommes d'affaires de tendance nationaliste », note Hanfstaengl qui ne cache décidément jamais sa propre attirance pour la noblesse et la célébrité. Il emmène Hitler chez les Fritz-August von Kaulbach, une famille de mécènes, Hanfstaengl espérant qu'ils se retrouveront dans cette passion commune et qu'Hitler sera influencé par leur éducation. Il l'emmène également chez la famille Bruckmann, qui dirige une maison d'édition à Munich et a publié Houston Stewart Chamberlain, l'essayiste antisémite. Elsa Bruckmann, ancienne princesse Cantacuzène, prend Hitler sous son aile mais, lorsqu'elle étend son patronage à Rosenberg, Hanfstaengl met un point d'honneur à ne plus fréquenter son salon, jugeant indigne qu'une femme issue « d'une famille qui avait compté Nietzsche, Rainer Maria Rilke et Spengler parmi ses hôtes [puisse] s'être laissé abuser par ce vulgaire charlatan ».

Hitler fait preuve « d'une certaine naïveté » dans ces situations, écrit-il, notamment après un dîner chez la famille Bechstein, les célèbres fabricants de pianos, où, dans son traditionnel complet bleu mal ajusté, il se sent gêné en compagnie d'une si splendide élégance. Mme Bechstein le convainc d'acquérir un smoking et des souliers vernis, ce qu'il fait bien qu'il ne porte jamais le costume, à l'inverse des chaussures qui ne quittent presque jamais ses pieds durant toute une période, à tel point qu'un Hanfstaengl consterné l'avertit qu'aucun leader d'un mouvement ouvrier ne peut se montrer dans une tenue propre à la classe dirigeante.

Tant Mme Bechstein que Mme Bruckmann font preuve d'une préoccupation maternelle pour Hitler. Hanfstaengl mentionne d'autres femmes de ce type dans la vie d'Hitler, à peu près de l'âge qu'aurait eu sa mère, par lesquelles il se sent visiblement attiré, sans doute parce qu'elles sont maternelles et attentionnées et parce qu'elles ne représentent aucune menace pour lui sur le plan sexuel. Il ne connaît pas d'autres femmes, n'entretient aucune relation amoureuse et, écrit Hanfstaengl, n'a pas de vie sexuelle. Il s'éprend de jolies femmes, en courtise certaines, dont l'épouse d'Hanfstaengl, mais toujours d'une manière platonique qui ne l'engage en rien.

> Je m'aperçus très rapidement qu'Hitler n'avait pas une vie sexuelle normale. J'ai déjà parlé plus haut du penchant qu'il avait pour ma femme, et qui se manifestait par des envois de fleurs, des baisemains et des regards adorants. Mon épouse était probablement la première jolie femme de la bonne société qu'il eût rencontrée jusqu'alors : mais on sentait que cette attirance, chez lui, n'était nullement physique – fait dû en partie à son extraordinaire talent de comédien, en partie à des inhibitions secrètes et à une insuffisance constitutionnelle peut-être congénitale, peut-être due à une infection syphilitique qu'il aurait contractée à Vienne pendant sa jeunesse.
>
> J'ignorais encore tous ces détails à l'époque et me contentais de sentir confusément quelque chose d'étrange dans son comportement. Comment l'énergie volcanique dont débordait cet homme trouvait-elle à s'assouvir ? Il n'avait apparemment pour seul exutoire que ses performances presque inhumaines à la tribune. La plupart des femmes avec lesquelles il était en relation étaient du type maternel, comme Frau Bruckmann et Frau Bechstein. Il connaissait également une personne d'une soixantaine d'années, Caroline Hoffmann, une ancienne institutrice qui possédait à Solln, dans les faubourgs de Munich, une petite maison où Hitler

et ses compagnons se rassemblaient souvent. La brave dame était aux petits soins pour Hitler et le bourrait de gâteaux.

Sa rage – non moins mâtinée d'envie –, lorsqu'il emmène Kubizek dans le quartier des prostituées à Vienne, un lieu pour lui a priori aussi terrifiant qu'attirant ; son rejet total des visites des maisons de passe et des Françaises dans les tranchées ; son long amour platonique pour Stefanie à Linz, qu'il n'a jamais trouvé le courage d'aborder ; ses tirades contre la décadence sexuelle ; son abstinence également en ce qui concerne la masturbation, son horreur des bacilles et des infections transmissibles, sa méticulosité physique et morale, pour ne pas dire sa pruderie. « Discrètement dissimulés » sur l'étagère inférieure de sa bibliothèque, il conserve « des ouvrages semi-pornographiques », révèle Hanfstaengl – et c'est de cela qu'il est question : la femme pure, la femme en tant qu'image, un objet qu'il peut admirer et auquel il peut rêver tant qu'une distance le sépare d'elle, mais qui constitue une menace immédiate dès que cet objet est sur le point de s'introduire dans son univers sous la forme d'une réalité physique. Il a une peur phobique de l'intimité, et une peur tout aussi phobique de la sexualité ; c'est la nature physique et corporelle de celle-ci qu'il ne supporte pas, tout comme la proximité. La femme en tant que *ça*, donc délicieuse dans ses rêves, mais jamais en tant que *tu*, dans sa sphère intime. Les quelques femmes avec lesquelles il engage une relation ont toutes en commun d'être beaucoup plus jeunes que lui, à peine majeures. Ainsi de Maria Reiter, qu'il rencontre alors qu'elle est accompagnée de sa sœur en 1926, juste après la publication de *Mein Kampf*. Elles promènent leurs chiens dans un parc, ils discutent pendant une heure, Hitler les invite à assister à l'un de ses discours dans le cadre d'une soirée privée, il regarde régulièrement Maria tout en parlant, la raccompagne ensuite chez elle, place ses mains sur ses épaules, s'apprête à l'attirer vers lui lorsque, soudain, dans un accès de rage, il frappe le chien mal élevé de Maria avec le fouet qu'il porte toujours sur lui à l'époque. Selon Bengt Liljegren, ils se revoient à plusieurs reprises, Hitler lui demande de l'appeler Wolf et la surnomme Mizzi. Ils se rendent sur la tombe de la mère de Maria, ils font des pique-niques et des promenades en voiture à la campagne. Hitler a trente-sept ans, elle en a seize. Elle racontera plus tard qu'il l'a embrassée à une seule occasion. Lors de son anniversaire, il lui offre un bracelet doré et les deux volumes de *Mein Kampf* publiés avec une reliure plein cuir rouge, portant la dédicace « Lis les livres et tu me comprendras ». Le père de Maria, social-démocrate, n'approuve guère que sa fille ait une relation avec le chef des nazis. Dans une lettre adressée à Maria, Hitler écrit :

> Même s'il arrive que les pères ne comprennent plus leurs enfants parce qu'ils ont vieilli, en années comme dans leurs sentiments, leur seul souci est de bien faire. Si heureux que me rende ton amour, je te prie ardemment d'écouter ton père.

Il faut à peine une année à Hitler pour se désintéresser d'elle. Lorsqu'elle découvre qu'il passe ses nuits dans son appartement de Munich sans la contacter, elle tente de se pendre avec une corde à linge, avant d'être sauvée par son beau-frère, raconte Liljegren. La relation n'a, aux dires de tous, jamais été consommée, pas plus que celle qu'il entame quelques années plus tard avec sa nièce Geli, dont la demi-sœur Angela était enceinte lors de l'enterrement de leur mère.

Geli a dix-neuf ans lorsqu'elle vient faire ses études à Munich. Très vite, elle tombe amoureuse du chauffeur d'Hitler, Emil Maurice, le couple se fiance, ce qui rend Hitler furieux. Dans une lettre adressée à Maurice, Geli écrit cependant : « Nous pourrons nous voir souvent et être seuls tous les deux, oncle A. me l'a promis. Il est très chou. » Hitler renvoie Maurice qui travaillait pour lui depuis 1921 en tant que factotum et qui déclarera par la suite : « Il l'aimait, mais c'était une étrange affection qui n'osait pas se manifester parce qu'il était trop fier pour accepter les faiblesses d'une passion. » Quant à Hitler, il estime pour sa part : « Il n'y a rien de plus beau que de former une jeune fille. Une femme de dix-huit ans, de vingt ans est malléable comme de la cire. » Lorsqu'il s'installe dans un appartement plus grand en 1929, Geli emménage avec lui. Il la gâte, lui offre ce qu'elle veut, sauf la liberté : il la fait escorter si elle veut sortir, elle n'a aucun contact social avec des personnes de son âge, seulement avec les acolytes de parti d'Hitler. Après deux années à vivre ainsi, elle met fin à ses jours. Hitler est en route pour Bayreuth quand elle se suicide dans sa chambre avec le pistolet de son oncle. La balle traverse son cœur. Interrogé par la police, Hitler déclare qu'ils se sont disputés avant son départ : elle voulait rentrer à Vienne pour prendre des cours de chant, Hitler a refusé, mais elle a gardé son calme non sans lui dire au revoir. La gouvernante d'Hitler, Anni Winter, affirmera cependant que Geli, cette journée-là, a trouvé une enveloppe dans la poche de la veste d'Hitler en faisant le ménage dans sa chambre. La lettre provient d'une autre jeune fille à l'air innocent qu'il a commencé à courtiser. Elle a dix-huit ans, elle s'appelle Eva Braun, et elle aussi finira par se suicider.

Lorsque Hanfstaengl fait la connaissance d'Hitler, il ne lui connaît aucune relation. Cela signifie-t-il qu'il est impuissant physiquement, conclusion que tire Hanfstaengl ? Et s'il est impossible de l'affirmer avec certitude, de nombreux éléments indiquent qu'il ne s'intéresse pas au sexe ou qu'il en a peur. La femme d'Hanfstaengl le qualifie de « neutre », ce qui nous renseigne sur ses tentatives de charme : des approches désincarnées relevant davantage de la pantomime, une représentation de la séduction, une représentation du désir, et non le désir lui-même, qui ne connaît jamais de passage à l'acte, demeure inhibé, bridé. Il y a aussi chez lui, quand on regarde les films de ses discours, quelque chose d'efféminé : ses gesticulations souvent délicates et féminines, sa façon de rajuster sa frange sur le côté, son corps mince et peu viril, sa voix qui monte souvent dans les aigus. Et en même temps, il évolue dans un environnement hypermasculin et s'entoure d'accessoires du même ordre : fouet, pistolet, chien-loup, bottes militaires, uniformes – ce qui n'a rien d'étonnant au demeurant car un milieu masculin tel que l'armée fuit l'intimité au profit de la distance, il s'articule autour de l'action et la gestion des situations, il est privé d'étreintes, de caresses, de confidences, un lieu idéal pour Hitler qui découvre ainsi qu'il peut vivre à côté d'autres personnes sans être touché par elles, que ce rapport soit physique ou émotionnel. Sa grande sensibilité, dont il ne s'ouvre que lorsqu'il extériorise son infinie et infatigable fascination pour Wagner, appartient également à sa part féminine, tout comme sa passion pour l'art ; peindre des aquarelles pendant les accalmies au front n'est franchement pas le passe-temps habituel du soldat endurci dans les tranchées.

L'épouse d'Hanfstaengl met le doigt sur ce que tous deux trouvent étrange chez lui lorsqu'elle déclare :

« C'est un être asexué, Putzi. J'en mettrais ma tête à couper ! » Dans l'édition originale américaine, elle utilise le mot *neuter*, donc « neutre », c'est-à-dire à la fois sans genre et sans sexe. Hanfstaengl continue de s'interroger sur cette thématique et souligne la quantité d'hommes homosexuels qui se trouvent dans la garde rapprochée d'Hitler – trois ou quatre, dont Röhm, qui « avait manifesté pour les femmes un penchant parfaitement normal » pendant la Première Guerre mondiale, avant de devenir homosexuel à la fin des années vingt, « au cours des deux années d'exil qu'il passa en Bolivie » :

> Mais, même en admettant qu'il [Röhm] ne le fût pas encore effectivement devenu, la hiérarchie de ses mouvements patriotiques comptait déjà un nombre anormalement élevé d'homosexuels notoires, dont Heines et un ou deux autres leaders. Et, en me remémorant mon tout premier contact avec un agent recruteur nazi, je m'étais aperçu que les individus de cette espèce pullulaient dans l'entourage d'Hitler.
>
> Fait qui eût dû m'éclairer, Hitler ne manifestait à leur égard aucune répugnance apparente – c'est le moins que l'on puisse dire.

Le propos est intéressant pour plusieurs raisons. Il montre d'une part que l'homosexualité est problématique pour Hanfstaengl – elle est certes interdite dans les années cinquante, à l'époque où il écrit ses mémoires, mais de là à cracher son exécration des homosexuels, qu'il qualifie juste avant ce passage de « pédérastes » et juste après de « pervertis sexuels », il n'y a qu'un pas qu'il franchit allègrement –, d'autre part qu'elle ne l'est pas pour Hitler. Et ce qui pousse Hanfstaengl à réagir, c'est précisément qu'Hitler n'a pas la même aversion des homosexuels. Bien au contraire, Hitler préférait avoir dans ses rangs des hommes n'ayant pas femme et enfants : « Les pères de famille ne valent rien dans les combats de rue », affirmait-il. Cela signifie-t-il qu'Hitler est homosexuel ou cela signifie-t-il qu'Hitler est sexuellement indifférent ? Hanfstaengl a raison de trouver la situation frappante car Hitler a d'habitude des opinions petites-bourgeoises à l'extrême : il réagit avec haine face à tout ce qui dévie selon lui de la morale, il est l'ennemi de tout ce qui touche à l'excès, mais pas face à ce qui à l'époque est considéré comme une déviance, comme le contraire de la virilité, un idéal qu'il prône pourtant. Sans doute a-t-il ce comportement parce que cela ne le concerne pas directement : l'angoisse et le mépris de tous les excès, et particulièrement dès qu'ils ont trait au libertinage, avaient davantage à voir avec lui-même et sa vie sentimentale, à l'instar du lien étroit qu'il établit entre la judéité et la sexualité dans *Mein Kampf* quand il écrit :

> Avec une joie satanique sur le visage, le jeune Juif aux cheveux noirs guette pendant des heures la jeune fille innocente qu'il souille de son sang, l'arrachant ainsi à son peuple.

En réalité, c'est Hanfstaengl qui ne veut rien savoir des homosexuels et Hitler qui les accepte dans ses rangs, et on assiste concernant la question juive à un rapport inversement proportionnel : c'est Hanfstaengl qui qualifie l'antisémitisme d'insupportable car repoussant et bourré de préjugés et Hitler qui est l'antisémite fanatique. Cependant, ce rapport n'est pas sans ambiguïté car, pour justifier son mépris des antisémites les plus féroces au sein du parti, il avance l'argument selon lequel ils sont, dixit, des « demi-juifs ».

Hitler doit laisser sur son passage une impression de dysharmonie tandis qu'il arpente en 1922 les rues de Munich, vêtu de son manteau noir et de son chapeau, toujours avec son pistolet Walther dans sa poche et son fouet à la main, flanqué de son chien-loup Prinz et de son garde du corps Ulrich Graf, bouillonnant sous l'effet de sa haine des Juifs, de sa phobie des femmes et de son désir de simplicité. Quoique, à ce niveau, il n'est pas seul, c'est dans l'air du temps, à croire que la période chancelle soudain sous le poids de la complexité et de la confusion et que les gens s'effondrent à leur tour.

L'écroulement des normes contre lequel il vitupère dans ses discours et dans *Mein Kampf* ne se produit bien sûr pas seulement dans la culture mais aussi en lui. Un gouffre abyssal sépare sa vie émotionnelle intérieure et son comportement extérieur, les explications rationnelles qu'il fournit pour justifier ses opinions et ses actions surgissent sous la pression d'autres motifs, certes dénués de réel fondement mais bel et bien ressentis par de nombreuses personnes.

Le grand thème de la République de Weimar, l'aliénation, est éclairé et décrit sous tous les angles, de droite comme de gauche, et Hitler est loin d'être le seul à concevoir la vie comme une lutte perpétuelle. Walther Rathenau, le ministre juif social-démocrate du gouvernement de Weimar assassiné en 1922 par un groupuscule d'extrême droite, écrit en 1912 à propos de l'humanité :

> Elle construit des maisons, des palais et des villes. Elle construit des fabriques et des magasins. Elle construit des routes, des ponts, des chemins de fer, des tramways, des navires et des canaux ; des usines à gaz, des usines électriques, des conduites d'eau, des lignes télégraphiques, des lignes à haute tension, des câbles, des installations de machines, des fourneaux [...].

> À quoi servent ces constructions inouïes ? Elles servent en grande partie directement à la production. Elles servent en partie au transport et au commerce, et ainsi indirectement à la production ; en partie à l'administration, au logement et aux soins de santé, donc principalement à la production ; en partie aux sciences, à l'art, à la technique, à l'enseignement, aux loisirs, et ainsi indirectement [...] à la production une fois encore.
>
> D'autre part, le travail n'est plus une fonction de la vie, une adaptation du corps et de l'âme aux forces de la nature, mais l'adaptation de l'homme à un mécanisme. [...] Le travail n'est plus seulement une lutte avec la nature, il est un combat avec les hommes. Mais le combat est un combat de politique privée ; l'occupation la plus insidieuse, qui, il y a encore moins de deux siècles, était exercée et gardée par une poignée d'hommes d'État, l'art de deviner les intérêts d'autrui et de les rendre utilisables pour ses propres intérêts, de dominer d'un coup d'œil des situations d'ensemble, d'interpréter la volonté de l'époque, de négocier, de conclure des alliances, d'isoler et de battre : cet art n'est pas simplement indispensable aujourd'hui au financier seul, mais, dans les relations établies en connaissance de cause, à l'épicier. Le métier mécanique éduqué au rôle de politicien.

Peter Sloterdijk cite ici Rathenau dans son ouvrage *Critique de la raison cynique*. Dans son analyse, Rathenau laisse à l'homme deux possibilités : soit être absorbé par la production et en faire partie, à l'égal de ses machines et de ses chaînes de montage, soit s'affirmer lui-même et affirmer son individualité, mais en utilisant les moyens économiques et politiques propres au système, qui se voient ainsi abaissés de la structure dominante vers la sphère individuelle. Cette corrélation entre le local ou le terroir et le global ou la mondialisation, créés par les nouveaux modes de production et d'échanges internationaux, cent ans après que Rathenau les a décrits, nous avons appris à les maîtriser pour nous affirmer, oui, voilà à quoi ressemblent nos vies aujourd'hui, sous l'effet de ce jeu étrange entre individualité et consommation de masse dans lequel nous vivons. Nous avons trouvé une réponse à la question de l'authenticité, si précaire et à la fois si aiguë durant toute la période allant du début du siècle dernier à l'effondrement de l'Allemagne en 1945, par une grande manœuvre élusive, une démonstration de pragmatisme rendue possible par les deux guerres elles-mêmes. Chacun d'entre nous vit comme s'il était son propre homme d'État, au centre du monde, où ce que nous croyons et pensons relève de la plus haute importance, sans nous soucier un seul instant que tout le monde partage exactement le même avis. Le culte de l'individualisme, sans précédent et d'une violence sans commune mesure, qui a lieu aujourd'hui dans la culture la plus égalitaire que le monde ait jamais connue, est une réponse aux problèmes apparus initialement vers la fin du XIXe siècle et qui, à l'époque, étaient également perçus comme nouveaux. Nous fermons tout bonnement les yeux sur la possibilité d'une éventuelle opposition entre la perception communément admise de l'individualité exceptionnelle du sujet et la ressemblance frappante de l'ensemble. Dans les années vingt, l'égalité de tous était une dystopie. La culture représentait dans toutes ses disciplines l'humanité de masse comme une menace, sous la forme de corps identiques et de visages aux allures de masques, au milieu de rouages gigantesques de machines martelant, dans un monde où toute individualité a été gommée.

Revenons à Rathenau :

> L'esprit, vibrant encore des excitations de la journée, demande à rester en mouvement et à vivre un nouvel

afflux d'impressions, à condition que ces impressions soient encore plus brûlantes, plus caustiques que celles qui viennent de passer... Il existe des divertissements sensationnels, vifs, banals, pompeux, faux et empoisonnés. Ces joies frôlent la déception... La chasse aux kilomètres de l'automobile est un symbole parlant de l'observation tronquée de la nature.

Mais même dans ces folies et ces hyperstimulations se cache quelque chose de machinal. Sous la tension et la chaleur croissante, l'homme, à la fois opérateur de machine et machine dans l'ensemble du mécanisme, a abandonné son quantum d'énergie au volant d'inertie de l'activité mondiale.

La guerre qui éclate deux ans après les propos de Rathenau a pour corollaire d'exercer sur la notion du *je* exceptionnel une pression supplémentaire, d'autant plus catastrophique pour l'individu que ses moyens traditionnels d'affirmation personnelle, l'héroïsme, deviennent d'un seul coup impossibles à cause de la mécanisation des armes ; le courage, l'ingéniosité, la ruse au combat, la débrouillardise, autant de qualités vaines face à la mitrailleuse ou à la pluie d'obus : la mort est arbitraire, ses forces sont irréductibles, la mort héroïque se mue en massacre de masse. La guerre est une guerre de machines, et l'être humain un appareil parmi d'autres. En 1932, dans *Le Travailleur*, Jünger décrit une société dans laquelle les êtres humains sont des ouvriers tous subordonnés aux machines, dans un monde sans frontières, sans individualité, où tout n'est que mouvement et dynamique, corps et machines – la vie dans l'état total. D'une manière étrange et paradoxale, c'est vers un tel monde que se dirigent Hitler et son parti alors que leur mouvement prend de l'ampleur en 1921 et 1922. Étrange parce que c'est précisément cette désindividualisation que redoute Hitler dans le marxisme et le capitalisme et qui, selon lui, a conduit à la décadence culturelle et au chaos social. Son impression de déchéance généralisée signifie qu'il n'existe plus aucune adéquation dans son sentiment de ce qui doit être et de ce qui est. Quand cette adéquation subsiste, la morale intérieure donne un sens au monde extérieur, d'une manière suffisamment décousue pour que cette morale nous apparaisse naturelle, cependant que les actions et les événements extérieurs donnent un sens à l'univers intérieur. Dans le cas où une telle adéquation fait défaut, elle doit être établie, coûte que coûte pour ainsi dire, son absence représentant une menace directe pour l'identité, c'est-à-dire pour la relation entre le *je* et le *nous*.

Hitler est indubitablement un homme endommagé, déformé, au cours d'un long processus sans doute amorcé dès son enfance et qui, en raison d'une dynamique intrinsèque, s'est renforcé dans son adolescence et au début de l'âge adulte. Mais la part la plus déformée chez lui, c'est la capacité à approcher l'autre et à lui être proche, la capacité d'empathie avec l'autre, c'est-à-dire la capacité de se voir en l'autre et de voir l'autre en lui-même, chez lui une incapacité totale qui l'a placé en dehors de lui-même, l'a aliéné par rapport à sa propre vie émotionnelle, dans la mesure où un gouffre infranchissable s'est creusé entre ses émotions et leur compréhension qui à son tour l'a placé en dehors de la sphère sociale.

La déformation est elle aussi dans l'air du temps, un mal contemporain qui conforte ceux qui en souffrent dans leur volonté de devenir artistes car l'art permet de combler ce gouffre. Hitler essaie, mais il n'est pas reconnu, pas assez fort ni assez doué pour vaincre la résistance à laquelle il se dit en butte, et il aurait sombré dans l'oubli du grand néant social s'il n'avait pas réussi à dépasser son *moi*, du moins en partie, d'abord dans la guerre, puis en politique où il est d'emblée repéré, soutenu, et où il répond à un besoin. Quand les émotions subissent une dissociation aussi radicale, l'univers intérieur est réduit à l'état de chaos, et quand l'univers intérieur est un chaos généralisé, on cherche l'ordre, les règles, les limites. L'ordre, les règles et les limites qu'Hitler connaît sont ceux en vigueur dans la petite-bourgeoisie de Linz, un monde qu'il déteste depuis l'âge de seize ans lorsqu'il a commencé à s'habiller en artiste bohème, mais un monde également en voie de disparition, dont la morale et les codes ne s'appliquent pas à ce qu'il voit et vit à Vienne puis à Munich, bien plus marquées par la modernité et les problèmes sociaux massifs qui en découlent. La confusion suscitée par la modernité et la nouveauté radicale, d'une rare virulence chez lui, trouve d'autant moins d'exutoire qu'il s'est exclu de la sphère sociale : il lit, il réfléchit, il s'efforce d'établir une autre forme de concordance entre lui-même et le monde où il vit, enflammé par la haine contre ces transgressions d'une morale qui à ses yeux incarne foncièrement la forme de société et la conception de la vie qu'il hait avec la même fureur. Il s'impose toutes sortes d'interdits, vit en ascète, refuse la jouissance, sombre dans la dépression pendant de longues périodes, traverse de tout aussi longues périodes d'activité maniaque durant lesquelles il extériorise son *moi* uniquement dans l'art, dans les rêves et dans l'idéal, jusqu'à être envoyé pour la première fois de son existence dans un lieu capable de prendre en charge tout ce qui l'anime, à savoir l'armée, laquelle implique une simplification draconienne de la vie.

L'organisation qu'il participe à mettre en place à Munich dans les années vingt, avec ses troupes d'assaut, ses uniformes et ses armes, est une extension de l'armée, et la politique qu'il promeut, avec ses ennemis clairement identifiés et sa violence à tout crin, une extension de la guerre menée avec d'autres moyens. Que son discours ait pu séduire et qu'il ait lui-même pu convaincre plusieurs centaines de milliers, oui, des millions de personnes de le suivre nous paraît incompréhensible aujourd'hui : nous lisons ses arguments, nous distinguons les dangers, l'imbécillité et le mépris de l'autre qu'ils renferment, pourtant, ce n'est pas grâce à des arguments qu'il gagne le peuple à sa cause, mais grâce à ce gouffre qui transperce son âme ou à ce que cet abîme génère en lui, dont l'objectivation, son chaos intérieur et son désir ardent de voir ce chaos cesser, rejoint dans une curieuse relation symétrique le chaos intérieur de la société et son désir ardent de voir ce chaos cesser. L'âme chaotique d'Hitler cherche à se rapprocher des limites qui la contraignaient, de la morale de sa ville natale et de l'ordre des militaires, c'est-à-dire de l'univers petit-bourgeois et l'univers prussien ou wilhelminien, certes révolus pendant la République de Weimar mais qui, à cause de la détresse qui marque ces années, représentent une grandeur passée vers laquelle se tournent une majorité de gens, y compris Hitler. À la différence près qu'il allume, lui, une flamme chez tous ceux qui l'écoutent parler, qu'il a une aptitude considérable à établir une communauté où son registre intérieur, ce réservoir d'émotions encapsulées et de désirs refoulés, peut alors trouver un exutoire et gorger ses propos d'une intensité et d'une force de conviction telles que ses auditeurs s'y retrouvent, qu'ils veulent se trouver d'un côté dans la haine, de l'autre côté dans l'espoir et l'utopie, dans l'avenir lumineux, presque sacré, qu'ils sont susceptibles d'atteindre pour peu qu'ils le suivent et obéissent à ses paroles.

Hitler est ce grand simplificateur, une simplification évidemment à l'image à son désir, mais avec laquelle il entretient une relation cynique dans le sens où il l'exploite comme arme rhétorique, où non seulement il l'approuve dans ses convictions politiques mais où il s'attaque dans ses discours à la sophistication et à la complexité. En rentrant du café Neumaier un soir de 1922, il s'en excuse presque devant Hanfstaengl :

— Herr Hanfstaengl, dit-il, ne soyez pas trop déçu si je m'en tiens, dans nos réunions du soir, à des thèmes relativement simples. L'agitation politique, voyez-vous, doit se situer à un stade primitif. Les autres parties ont fini par parler un langage trop savant, trop inaccessible au commun des mortels : c'est leur gros défaut. Les petites gens sont incapables de suivre et, tôt ou tard, se laisse prendre aux méthodes élémentaires de la propagande communiste.

Hanfstaengl se voit investi d'un rôle qui consiste à sauver Hitler de Rosenberg et des antisémites fanatiques, à lui offrir une perspective plus large et plus internationale que le provincialisme que ses acolytes de parti et lui défendent. Il croit que le radicalisme politique d'Hitler et ses penchants pour la brutalité proviennent de son manque d'éducation et disparaîtront dès qu'il aura été introduit au sein des couches sociales élevées et qu'il entretiendra des relations avec les barons de l'industrie que lui-même fréquente, dont il partage le conservatisme et qui ne cherchent pas l'utopie plus loin que dans la société de leurs parents et grands-parents. Tous estiment pouvoir se servir d'Hitler pour atteindre le peuple, sans comprendre qu'il est au fond un homme incorrigible, un utopiste révolutionnaire doublé d'un raciste fanatique. Au sein de ces cercles, l'idée prévaut néanmoins que cette inclination, autrement dit son antisémitisme, pourra être modérée au fur et à mesure que son pouvoir et son influence croîtront. Hitler écoute Hanfstaengl, il a besoin de lui, mais il se fiche éperdument de qu'il dit. Dès qu'il essaie par exemple de lui faire comprendre l'importance d'une future alliance entre les États-Unis et l'Allemagne ou qu'il insiste sur d'autres questions de politique étrangère, Hitler le ramène à Clausewitz, à Moltke et au Kaiser Wilhelm. L'Europe d'avant-guerre demeure son cadre de référence en matière de politique étrangère et, à cet égard, la question n'est pas de savoir si mais *quand* l'Allemagne dont il aura entre-temps pris les rênes doit entrer en guerre. Cette position, il la soutient déjà en 1922. Tous les événements qui vont jalonner la vie d'Hitler après la Première Guerre mondiale ne sont qu'une répétition de ceux qui ont eu lieu avant elle, sauf qu'ils vont se produire à une échelle beaucoup plus grande, et dans la réalité ; son seul but réel, ce à quoi tout doit aboutir, c'est une nouvelle guerre censée parachever la première. Qu'il ait réussi à accomplir son projet dépasserait presque l'entendement quand on repense à l'endroit où il se tient en 1918. Mais le fait même que toutes les chances soient contre lui, qu'il soit un tel *outsider*, est un facteur déterminant, notamment dans les dernières années avant qu'il ne devienne chancelier, car l'opinion générale au sein de nombreux partis politiques veut que le plus dommageable pour Hitler soit de lui donner un véritable pouvoir, il serait en un rien de temps politiquement mort, attendu qu'à leurs yeux il n'est qu'un charlatan, un bluffeur, un vulgaire petit-bourgeois. Et c'est étrange, en effet. Étrange de penser que nul autre que lui, qui ne connaît même pas ses émotions, ou sinon sous la forme d'une effusion qui le traverse, aveugle ou assombrit son âme et son être, va devenir le souverain allemand des émotions.

Hitler passe entre quatre et six heures à écrire un discours, qu'il condense ensuite en dix pages comportant quinze à vingt mots chacune. À l'approche de la réunion, écrit Bengt Liljegren, il fait les cent pas dans sa chambre comme s'il répétait mentalement son argumentation. De temps en temps, il passe un coup de fil à quelqu'un présent dans la salle afin de savoir combien de personnes sont déjà arrivées, dans quel état d'esprit elles se trouvent, si des opposants figurent dans l'assemblée et auquel cas lesquels. Il donne des ordres sur la manière de traiter le public en l'attendant. Une demi-heure après l'ouverture des portes, il demande qu'on lui passe son manteau, son chapeau et son fouet, puis, précédé de son garde du corps et de son chauffeur, monte dans la voiture. Sur l'estrade, il pose ses feuilles de papier annotées sur une petite table située à sa gauche et les place sur une autre table à sa droite lorsqu'il a terminé. Il garde son pistolet dans sa poche arrière. Après le discours, qui dure normalement deux heures ou plus, l'hymne national retentit. Hitler salue à droite et à gauche, quitte le local et regagne la voiture alors que la musique n'est même pas terminée. S'il tient un discours en dehors de Munich, il rentre directement à son hôtel. Là, il prend un bain, se change, se repose sur le canapé, tandis que Hanfstaengl joue peut-être au piano et que son entourage se trouve dans la chambre d'à côté. Il ne prend contact avec personne dans l'auditoire, ni avant ni après son discours. Il n'y a que lui et les autres en face de lui.

Hans Frank, alors jeune étudiant en droit, l'a vu parler en 1919 :

> La première impression que vous aviez, c'est qu'il s'agissait d'un homme qui exprimait honnêtement ses sentiments, sans essayer d'y ajouter ce dont lui-même n'avait pas la conviction absolue. [...] Il rendait les questions compréhensibles même pour le cerveau le plus confus... et allait au fond des choses.

Le *Münchener Post* rapporte un de ses discours en 1920, écrit Toland, et s'amuse de ses imitations de Juifs :

> Adolf Hitler s'est comporté en comédien ; son discours avait l'air d'une scène de vaudeville. [...] Il faut accorder une chose à Adolf Hitler : c'est le plus astucieux des agitateurs munichois.

Kurt Lüdecke l'a vu en 1922 :

> J'en perdis toutes mes facultés critiques. Il tenait les masses, et moi avec elles, sous un charme hypnotique par la seule force de sa conviction. [...] Son invocation de la virilité allemande était pareille à un appel aux armes ; l'évangile qu'il prêchait, une vérité sacrée. On aurait dit un nouveau Luther. [...] L'exaltation qui s'empara de moi ne saurait être comparée qu'à une conversion religieuse. [...] Je m'étais trouvé en même temps que j'avais trouvé un chef et une cause. Je lui avais donné mon âme.

Qu'est-ce qui, dans les discours d'Hitler, provoque chez son auditoire des émotions aussi fortes ? Première condition, primordiale : se montrer honnête et sincère, se présenter comme un homme qui révèle enfin la vérité sans fard, contrairement aux autres politiciens. La misère est flagrante, le mécontentement monte et frôle parfois le désespoir, et Hitler donne à ce mécontentement une orientation : la honte de Versailles, les criminels de Novembre[1], la conspiration judéo-marxiste mondiale – voilà les trois points autour desquels il axe sa rage. Et si en

1. Insulte inventée par Hitler, a priori en 1922, pour désigner tant les partisans de la révolution allemande de 1918-1919 – dite révolution de Novembre – que les signataires de l'armistice et, partant, les politiciens démocratiques à l'origine de la République de Weimar.

cela il n'est pas le seul à l'éprouver, il a cependant le don particulier d'exciter cette rage et cette haine dans son public de telle sorte qu'elles ne paraissent pas l'objet d'une manipulation mais qu'elles soient éclatantes de vérité, de la même manière que ce qui ne peut être dit mais n'en reste pas moins notoire est tout aussi éclatant de vérité. Son talent d'orateur réside en majeure partie dans sa capacité à être cet homme qui dit la vérité en face, et la confiance qu'il gagne ainsi auprès de ses auditeurs enthousiastes – enthousiasme également destiné à eux-mêmes –, l'unité qu'il crée ainsi, sont une force sans précédent dont il découvre, comme un magicien, qu'il peut la diriger où bon lui semble. C'est ça, le pouvoir. Non pas le pouvoir formel induit par la fonction que l'on exerce, contraint par les lois et les règlements, qu'ils soient écrits ou tacites, mais un pouvoir réel, révolutionnaire, qui par essence transgresse la loi. Cette prise de conscience ne lui vient sans doute que progressivement car, comme l'écrit Sebastian Haffner, il semble longtemps se contenter d'être le simple porte-parole de son parti, dont le travail consiste à mobiliser les masses, et l'idée qu'il puisse devenir le leader incontesté de son parti et même de son pays – une longue tradition dans l'histoire allemande – ne devient manifeste qu'avec *Mein Kampf* et ne se réalise qu'après la relance ultérieure du parti en 1925.

Seconde condition, tout aussi importante : en plus de dire les choses comme elles sont, la façon de les dire. La langue qu'il emploie est celle de son public. Hanfstaengl écrit que, « sans tomber dans l'emploi de l'argot (sauf dans des circonstances particulières) », Hitler capte le vocabulaire de l'époque tel qu'il se parle dans la foule. Décrivant les problèmes d'une ménagère n'ayant pas assez d'argent pour faire ses courses au Viktualienmarkt, il n'a recours qu'aux mots et aux phrases qu'elle aurait elle-même utilisés pour décrire ses difficultés si elle avait pu les formuler.

Voilà en quoi tient le talent d'Hitler : il a de l'oreille, il sait discerner la voix, le registre, le sociolecte, le ton qui s'élève du peuple et diffère de génération en génération. C'est là que sa sensibilité reprend ses droits, il sait non seulement s'approprier les voix de son époque mais aussi les transmettre à son public avec une très grande finesse en ce qu'il s'adresse à chaque public différemment, selon qu'il s'agit d'étudiants ou d'ouvriers. Il excelle également dans l'art de l'improvisation, observant par exemple une pause si quelqu'un lance un commentaire, croisant les bras sur sa poitrine, lâchant une réplique satirique mordante qui déclenche l'hilarité de l'auditoire. Il est toujours en dedans, exprime toujours ce qui se loge en dedans, comme s'il parlait de l'intérieur, dans la langue de l'intérieur, il ne parle pas d'en haut, dans la langue des autres politiciens et des orateurs situés en haut.

Environ un quart de son public est féminin, ce qu'il exploite aussi à son avantage. Souvent interrompu par des opposants dans ses discours, le premier soutien qu'il cherche pour faire taire ces contempteurs et gagner par là même l'assemblée à sa cause, est celui des femmes : il s'adresse alors à elles, focalise son attention sur leurs problèmes quotidiens, le manque de nourriture par exemple, autant de réalités immédiates et de qu'elles ont doublement chevillés au corps puisque dans les années 1920 le monde domestique reste leur domaine, arrachant ainsi, selon Hanfstaengl, « les premiers bravos », brisant la glace entre lui et son public. Mais tout participe de la rhétorique. Ce qu'il dit et la manière dont il dit, donc sa façon de s'adresser à son public, sa capacité à se mettre au diapason de la volonté du *nous* et à se poser en sa juste voix, est certes immense, mais ne suffit pas à expliquer pleinement ses succès, ni à cette époque, puisqu'il a déjà parlé à une foule de 6000 personnes en 1920 au Zirkus Krone, ni plus tard, lorsque des stades entiers seront remplis de gens venus l'écouter. Troisième condition, plus importante encore que les deux autres : ce n'est pas tant ce qu'il dit et la façon dont il le dit, mais bien le fait que c'est *lui* et personne d'autre qui le dit – voilà ce qui compte. En d'autres termes, sa proximité, sa présence, son attrait, son attraction, ce que nous nommons le charisme.

Le charisme est l'une des deux grandes forces transcendantes du monde social, la beauté est l'autre. Ce sont des forces dont on parle rarement car elles émanent toutes deux de l'individu et ne peuvent être ni apprises ni acquises. Dans une démocratie, où chacun est censé être considéré comme l'égal de l'autre et où toutes les relations sont censées être justes, elles ne peuvent être reconnues en tant que valeurs bien que nous ayons conscience de leur importance. Et ce d'autant moins que, dans le monde humain, nous associons les valeurs à ce qui est créé, produit ou formulé, et non à ce qui existe en soi ; en d'autres termes, est essentiel ce qui est fait, produit ou formulé, ce qui existe simplement est accessoire. Dans un amphithéâtre d'université, l'attention des hommes ne se porte pas sur la femme qui livre les arguments les plus convaincants, qui évoque Adorno ou Simone de Beauvoir de la manière la plus brillante et la plus engageante, mais sur la femme la plus belle ; et il en va ainsi dans chaque espace où hommes et femmes sont réunis, dans chaque rue et sur chaque place, dans chaque restaurant et chaque café, sur chaque plage et dans chaque appartement, dans chaque file d'attente de ferry et dans chaque compartiment de train : la beauté éclipse tout, elle balaie le reste, elle est ce que nous voyons en premier et ce que nous cherchons consciemment ou inconsciemment. Un silence entoure pourtant ce phénomène que nous nous abstenons de reconnaître en tant que facteur déterminant au sein de notre vie sociale, nous le bannissons à l'aide de mécanismes sociaux d'expulsion en le qualifiant de stupide, d'immature ou de fruste, peut-être même de primitif, tout en autorisant sa présence dans le domaine commercial où il nous entoure en silence quel que soit le chemin que nous prenions : partout, des gens beaux. Des gens beaux à la télévision, des gens beaux dans les magazines, des gens beaux au cinéma, des gens beaux au théâtre, dans la pop, dans la publicité, oui, l'espace public dégorge de beaux visages et de beaux corps auxquels nous n'accordons toutefois pas d'importance significative car ils ne sont pas révélateurs de l'authenticité, incarnée plutôt par le *moi* intérieur. La beauté appartient au corps et au visage, à la manifestation extérieure du *moi* intérieur, comme une sorte de masque du *moi*, et son caractère immuable et inévitable, le fait qu'elle soit donnée plutôt que choisie, est précisément ce qui la disqualifie car, depuis le nazisme, nous ne pouvons plus attacher de valeur à ce qui dans l'humain est inné, dans la mesure où le morcellement par les nazis de l'humain en catégories de l'inné les a finalement conduits à la catastrophe la plus extrême qu'ait connue l'humanité. Ou plutôt : nous y attachons de la valeur, mais en silence. Ce qui n'est pas sans rappeler la relation que nous entretenons avec l'individualité et la similitude : les deux dimensions s'excluent mutuellement, à moins qu'un lien soit établi entre elles – nous nous abstenons donc d'établir ce lien. À tel point que nous donnons l'impression de vivre dans deux cultures différentes à l'existence parallèle : l'une se situe dans le domaine commercial où tout n'est que superficialité, visage, beauté extérieure, uniformisation, similitude, autant de dimensions qui nous apparaissent inauthentiques, factices, des pseudo-valeurs qui n'existent que pour notre divertissement ; l'autre se trouve dans le monde social qui se compose d'individus uniques et exceptionnels, de beauté intérieure, de propriétés changeantes, de dissimilitudes et de différences, autant de dimensions qui nous apparaissent authentiques, de vraies valeurs. Le monde factice est un lieu où nous nous évadons en rêve, le vrai monde est celui où nous vivons. Le sentiment que le monde factice domine de plus en plus nos vies jusqu'à bientôt devenir exclusivement le monde où nous vivons participe de cette soif de réalité qui émerge depuis plusieurs années dans la culture autour de nous. Mais qu'est-ce que la réalité, sinon le corps ? Et qu'est-ce que le corps, sinon la biologie ? Nous sommes ici dans le royaume du donné, qui constitue également une aspiration tout aussi forte à l'époque de la République de Weimar et se manifeste pour la première fois en amont de la Première Guerre mondiale, lorsque les pressions exercées par l'inauthenticité, par les expressions nouvelles et de plus en plus mécanisées de la civilisation, ont été écartées en faveur de l'authentique, c'est-à-dire de l'inné, c'est-à-dire le corps, le sang, l'herbe, la mort.

Le charisme ressemble à la beauté dans la mesure où il ne peut être ni appris ni acquis, quel que soit le niveau de pratique ou d'entraînement, où il transcende la simple dichotomie du *moi* intérieur et du *moi* extérieur, tout comme celle du biologique et du culturel dans le monde humain, et où il peut posséder une force telle qu'elle annule dans certains cas toutes les autres catégories jusqu'à leur désintégration complète.

L'être charismatique est l'être réellement exceptionnel, absolument inimitable non pas en raison de son apparence, de son intelligence, de sa capacité d'argumentation, mais par la seule force de sa présence qui met en évidence la non-exceptionnalité des autres, autrement dit leur « ordinarité ». De quelle valeur le charisme est-il ? Et pourquoi sommes-nous autant attirés par lui ? Si une femme charismatique avait été assise à côté de celle expliquant Adorno et Simone de Beauvoir et de celle à la beauté saisissante, toute l'attention se serait portée sur la première, non seulement l'attention masculine mais aussi l'attention féminine. Le charisme est une propriété inhabituelle, il est presque impossible de dire en quoi il consiste, et pourtant on le reconnaît dès qu'on le voit. Si je le vois chez une femme, je la désire. Si je le vois chez un homme, je le désire aussi, sur un mode analogue mais non identique pour autant, car ce qu'un homme charismatique éveille en moi, c'est le désir d'être en compagnie de lui, d'être proche de lui, le désir de me subordonner à lui. Ces sentiments contiennent un élément de tendresse parce que cette aura charismatique contient justement un élément de… non pas de faiblesse, faiblesse n'est pas le mot, d'absence de protection peut-être. Le désir d'être proche, la tendresse, l'affection, la subordination ; ce sont des sentiments forts et directs. Mais je ne peux pas m'y soumettre, je ne peux pas me permettre de vouloir être en compagnie d'un homme comme si j'étais amoureux de lui, et je ne peux certainement pas me subordonner à lui. Raison de plus pour que je garde mes distances, mais non sans observer l'effet qu'il a sur les autres, rongé que je suis par la jalousie de les voir en sa compagnie, parfois jusque dans des proportions déraisonnables, parce que je veux être lui. La lutte intérieure se déroule toujours – je suppose – autour des êtres charismatiques, qu'ils soient reconnus ou pas. Le *moi* charismatique est si fort qu'il menace les autres *moi* autour de lui, obligés de se battre pour maintenir leur tête hors de l'eau, sans quoi ils abandonnent la lutte et deviennent... oui, quoi ? Des parties du *nous* comprises dans ce *moi* plus fort ? Des disciples, des suiveurs, des béni-oui-oui. L'aura de l'être charismatique contient un élément de désintérêt, de non-immixtion, d'indépendance proche de l'aisance et par là même un peu cassante ; être vu par l'être charismatique, ou être aimé de lui, c'est se voir par conséquent accorder une faveur, un cadeau sans arrière-pensée, un objet extrêmement convoité. Oui, l'être charismatique est affranchi des liens du monde social, il se situe en un certain sens en dehors de lui, et ce sentiment de puissance infinie est précisément ce qui donne une telle force à sa présence : l'être charismatique est un être exceptionnel.

Comme toutes les autres propriétés humaines, le charisme se manifeste par degrés : beaucoup en possèdent un peu, peu en possèdent beaucoup, presque personne n'en possède pas. Jésus était une personne extraordinairement charismatique, sa présence était si écrasante qu'elle illumine les Évangiles, écrits cent ans après sa mort, et cette aura a continué d'éblouir au cours des siècles ultérieurs. Il est impossible de comprendre qui il était et ce qui lui est arrivé sans en tenir compte. Les gens ont tout laissé en plan pour le suivre. Des foules énormes se sont rassemblées pour l'entendre parler. Il pouvait par sa seule présence disperser une masse en colère. Sa faveur était une bénédiction, sa défaveur une punition. Il exigeait de ses disciples qu'ils quittent leur famille et leurs amis, toute leur sphère sociale, pour vivre avec lui. Quand sa mère et son frère sont venus le voir, il les a renvoyés. Il se mettait en colère pour une broutille, comme lorsqu'il a maudit aux portes de Jérusalem l'arbre qui s'est fané sous son anathème, ou lorsqu'il a fait irruption dans le Temple et en a chassé les marchands. Sa noirceur intérieure lorsqu'il est assis dans le jardin de Gethsémané, la pulsion autodestructrice qu'il ressentait devenait de plus en plus forte, de plus en plus pesante pendant les jours de Pâques à Jérusalem, qui l'a rapproché de la mort, jusqu'à ce qu'il refuse toutes les issues qui lui étaient proposées, suive sa voie et sa volonté, puis, exsangue et mutilé, expire sur la Croix. Il a peut-être été la personne la plus charismatique qui ait jamais vécu. Quelqu'un a dû l'être. Il est certain que son charisme et son aura continuent de briller aujourd'hui, deux mille ans après sa mort. Et ce n'est pas la théologie qui a contribué à sa postérité, bien au contraire, la théologie étant anti-charismatique par essence du fait même de son abstraction.

Rien dans la vie d'Hitler avant qu'il n'atteigne l'âge de trente ans n'indique qu'il possède un charisme aussi remarquable – loin de là. Tous les témoignages existants, tant ceux datant de son séjour dans l'asile à Vienne que ceux du front en Flandre, le présentent comme un type un peu bizarre avec un air vaguement désagréable, sans oublier le capitaine Karl Mayr qui le traite de chien perdu cherchant son maître. Or, dès l'instant où il commence à parler en public, les avis changent du tout au tout. On a l'impression de lire des descriptions au sujet d'une personne totalement différente. Rosenberg, Hess, Streicher et au fur et à mesure Goebbels, tous lui vouent une admiration inconditionnelle et sont plus que prêts à se subordonner à lui. Pourtant, Hitler lui-même n'a pas changé, son caractère et sa façon d'être sont restés les mêmes au fil des années. À croire que la foule et elle seule a fait apparaître en lui ce qu'elle trouve si attirant chez lui. Sans la foule, il n'est personne, sinon un raté solitaire qui nourrit de lui-même une opinion aussi haute qu'injustifiée. Face à la foule, dans le regard de la masse, sa solitude se transforme en indépendance, l'injustifié se justifie, comme à la faveur d'un pacte : il donne à la foule ce qu'elle veut, son *moi* indépendant du *nous*, et la foule lui donne en retour ce qu'il veut, son *nous* dépendant du *moi*. Cette attirance est également de nature érotique, et la tension entre la masse et lui manifestement sexuelle, bien que non sans ambiguïté : il n'est franchement pas la personnification de la masculinité absolue, il est a contrario planté là devant ses spectateurs, non plus avec une force absolue, ce qui aurait fait de lui quelqu'un d'excluant, d'autocratique, de réfractaire et d'hermétique, non, il est aussi efféminé, c'est-à-dire ambivalent ; dans ce flou se loge la tension et l'interaction avec la masse devient possible. Le regarder fait l'effet d'une relation personnelle.

Il en va ainsi du charisme, cela prend aussitôt une tournure personnelle. En regardant un artiste charismatique, Elvis par exemple, dans un enregistrement datant d'il y a quarante ans, il semble se rapporter à nous personnellement, non pas à cause de son charme ou de son sex-appeal, de sa beauté ou de son langage corporel, mais bien à cause de son charisme, de sa présence exceptionnelle, pour lesquels nous pouvons éprouver une sorte de prévenance, auxquels nous pourrions tout autoriser pour peu que nous nous trouvions en leur présence. Mais il est probable que je suis le seul à avoir de tels sentiments, que d'autres personnes ont une tout autre impression, ne versent pas autant dans l'émotion en regardant Elvis dans une émission de télévision datant d'il y a quarante ans – parce que j'avais les mêmes sentiments pour mon père, je voyais en lui ce même mélange de vulnérabilité et d'inaccessibilité, la seconde étant d'ailleurs vertigineuse parce que nous vivions dans une certaine promiscuité à l'époque, il y a tant d'années, dans cette maison minuscule à Tybakken. Mais, oui, il y avait chez lui une certaine maladresse qui avait l'air de réclamer de la prévenance, malgré la sévérité et la dureté qui se dégageaient de sa présence si rébarbative pour moi. Je voulais me rapprocher de lui – je suppose –, mais ce que j'aurais fait si je l'avais bel et bien atteint, je n'en ai pas la moindre idée. Mais soit la subordination dans laquelle je vivais alors, cette heureuse soumission, explique pourquoi de tels sentiments jaillissent beaucoup trop facilement en moi dès que je suis face à ce type de personnalité désintéressée et indépendante, tout à fait inaccessible, mais qui dégage aussi le contraire et instille ainsi en moi un vague espoir de communauté, de faveur et de bénédiction ; soit je suis tout bonnement habitué à voir les choses sous cet angle et j'y suis beaucoup plus vigilant.

L'été est arrivé. La chaleur dans les rues, des parcs verdoyants, des gens court vêtus. Pendant tout l'hiver et le printemps derniers, je me suis levé à trois ou quatre heures du matin pour écrire et avoir terminé avant le début de l'été. Je l'avais promis à Linda : je ne consacrerais l'été prochain qu'à la famille. L'été dernier, nous avions organisé un voyage en Corse que nous avons dû annuler parce que Linda était malade. Comme j'ai toujours voulu aller là-bas, nous avons reprogrammé le voyage, l'idée initiale étant de partir dès le roman achevé. Or ça n'a pas marché. Les vacances étant payées, ils vont y aller sans moi, la mère de Linda me remplacera.

J'écoute Midlake, *The Courage of Others*, aujourd'hui comme tous les jours depuis des mois. La dernière fois que je suis rentré à la maison en l'écoutant en voiture, l'atmosphère du livre de Kubizek se diffusait en moi comme un souvenir, comme si ce qu'il racontait provenait de ma propre vie. D'une certaine manière, les livres que j'ai lus forment une partie indissociable de mon histoire, au même titre que tout ce qui m'est arrivé. *Mein Kampf* d'Hitler ne fait pas exception. Il est différent de tous les autres livres que j'ai lus, d'une façon indéfinissable mais notable. Les mémoires de Kubizek, dont Hitler est le personnage principal, ne le sont pas : Hitler y est vu de l'extérieur et se révèle comme un jeune homme ordinaire, d'un sérieux et d'une volonté inhabituels.

Quand Hitler écrit lui-même, et se révèle donc à son image, l'aspect réconciliateur du point de vue de Kubizek a disparu. Il y a une mesquinerie constante dans *Mein Kampf*, une absence totale de cette grandeur que nous sommes habitués à trouver dans la littérature, dans la philosophie et dans l'art, où la notion la plus profonde et la plus pénétrante, comprise souvent non sans mal, signifie le pardon pour tous, la reconnaissance de l'humain en nous tous, l'égalité absolue entre les autres et nous-mêmes. Une telle universalité est totalement absente du livre d'Hitler où tout jaillit dans son esprit pour être manipulé à sa guise en fonction des émotions que tel sujet éveille en lui, où il n'y a pas un seul visage – comprenons, où aucun être humain exceptionnel ne représente un type, une politique ou un rôle public – en dehors du sien. Mais si nous relevons notre regard, si nous nous élevons pour atteindre ce lieu où les traits individuels des autres baignent dans une totale indifférenciation, nous pouvons dire que *Mein Kampf* est un livre en deux volumes publiés respectivement en 1925 et 1926, écrit par un homme appartenant à la classe moyenne inférieure, né dans une monarchie au bord de l'implosion en raison de tensions internes ethniques et culturelles majeures ainsi que de disparités sociales énormes, où les anciennes valeurs – la sécurité tout en lenteur du monde bourgeois si bien campée par Zweig – contrastent fortement avec la pauvreté des classes inférieures qui connaît une augmentation explosive, que l'auteur de cet ouvrage, dont la foi en autrui a dû être bien faible au départ comme c'est souvent le cas chez les enfants maltraités, et dont la foi dans le sens de la vie et dans la justice humaine a dû être sapée d'abord par la mort de son frère puis par celle de sa mère, qu'il a non seulement vue de ses propres yeux mais aussi endurée dans sa chair. Il ne peut pas avoir senti qu'il devait quelque chose à quelqu'un. La grâce, le pardon, la compréhension, la compassion ne peuvent pas avoir fait partie de son répertoire. Une personne généreuse aurait pu y puiser son expression littéraire, sauf que l'auteur de ce livre n'était pas un homme généreux mais un type aigri, vindicatif, vaniteux et, sitôt qu'il en a eu enfin l'occasion, intraitable et impitoyable. Mais même à ce niveau-là il a échoué, contrairement aux héros d'Homère, de Shakespeare ou de Snorri Sturluson, qui peuvent être intraitables et impitoyables tout en faisant preuve de grandeur ; à ce niveau-là aussi il était mesquin. Et c'est pour cette raison très précise que *Mein Kampf* révèle encore aujourd'hui quelque chose d'essentiel car, bien que l'ouvrage ait été écrit par un certain homme d'un certain caractère, il est également imprégné par l'époque et par les problèmes de cet homme, et constater qu'il n'est jamais en mesure de s'élever au-dessus de sa propre personne et de son propre temps, justement parce qu'il a un esprit si étriqué et inflexible qu'il n'en distingue même pas la possibilité, signifie que tout ce qui est bas et mauvais dans cette époque rejaillit dans le livre tout comme cela jaillit à travers lui. Oui, il est cet homme petit qui écrit sur la grande époque.

Mein Kampf reçoit un accueil exécrable. Partout où on lui accorde une légère attention, il est descendu en flèche. Le *Frankfurter Zeitung* le qualifie de « suicide politique », sous une manchette sans appel : « La fin d'Adolf Hitler ». Un journal berlinois émet des « doutes partiels sur la stabilité mentale de l'auteur », poursuit Ryback. Quant au *Bayerische Vaterland*, il surnomme *Mein Kampf* « *Sein Krampf* » [« Sa crampe »]. Bref, le livre d'Hitler est la risée de nombreux cercles. Dans ses mémoires, Stefan Zweig écrit que presque personne ne l'a lu et que les rares lecteurs ont refusé de le prendre au sérieux tant il est exceptionnellement mal écrit.

Très fier de son ouvrage, Hitler en distribue des exemplaires dédicacés à tous ses proches, même à sa famille en Autriche bien qu'il ne soit pas en contact avec eux depuis bien avant la guerre. Sa peine de prison comprenant une interdiction de parler en public, ce qui l'empêche de s'engager dans des activités politiques, il loue à sa libération un chalet dans les Alpes et s'attèle à l'écriture d'un second opus, *Mein Kampf II*. Achevé à l'été 1926, le livre est ignoré par la presse et, un an après sa publication, il ne s'est vendu qu'à quelque sept cents exemplaires. Qu'importe, Hitler continue à écrire. *Mein Kampf* a été publié par une petite maison d'édition locale dépourvue de circuit de distribution nationale, aussi Hitler contacte-t-il les éditeurs Elsa et Otto Bruckmann, sans doute aussi parce que l'ouvrage qu'il a en tête n'a pas de vocation politique mais revisite son expérience au front, dans le style d'*Orages d'acier* d'Ernst Jünger, qu'il admire. Lequel Jünger lui envoie plus tôt dans l'année un exemplaire de son nouveau roman, *Sang et Feu*, avec la dédicace suivante : « Au Führer national Adolf Hitler ». Timothy Ryback, qui a pu consulter ce volume, a constaté que non seulement il est rempli d'annotations dans la marge et de phrases soulignées, mais que c'est « surtout l'exploration des aspects émotionnels et spirituels de la guerre » qui attire l'attention d'Hitler, beaucoup plus que les descriptions de combat

– hormis à deux endroits où, à la suite d'une explosion, les impressions sensorielles que tout tremble et clignote, que les sons disparaissent – et là, à en juger par les lignes entourant les paragraphes, Hitler semble plus sceptique. Pourtant, dans une lettre à l'écrivain, il écrit : « J'ai lu toutes vos œuvres. J'y ai découvert le plus grand chantre des expériences vécues sur le front. » En août 1927, dans une lettre à son mari à propos d'Hitler, Elsa Bruckmann écrit qu'« il réfléchit déjà à la forme que prendra son livre de guerre et m'explique que celui-ci lui apparaît de plus en plus nettement ». En décembre, une date est fixée pour la publication au printemps suivant. Or Hitler ne livrera jamais le manuscrit. Lequel ne sera jamais retrouvé non plus. Il a très probablement été brûlé au printemps 1945 avec tous les autres documents privés qu'Hitler ordonne à son adjudant de rassembler et de détruire. Ryback a cependant déterré un manuscrit destiné à constituer un troisième volume de *Mein Kampf*, conservé dans un coffre-fort des locaux d'Eher Verlag à Munich, éditeur du premier volume, et remis aux Américains après la guerre par un employé. Inachevé et comptant 324 pages, il a vraisemblablement été écrit pendant l'été 1928, alors qu'Hitler a trente-trois ans, que les événements politiques en Allemagne accusent une sérieuse accélération, que son parti et lui-même s'approchent irrémédiablement du centre du pouvoir. Alors que le premier volume de *Mein Kampf* traite de la vie d'Hitler jusqu'à son adhésion au DAP, que le deuxième a trait au parti lui-même et à son histoire, le troisième, jamais publié, se concentre selon Ryback sur la place de l'Allemagne dans l'histoire. Après 1928, Hitler semble avoir renoncé à l'écriture, et son image d'écrivain, qui a dû rester très intacte pendant les quatre années passées à rédiger deux livres publiés et deux manuscrits, avec l'ambition pour l'un de ces derniers de dépasser le politique, est éclipsée par son engagement politique, en même temps qu'il commence à reconnaître ses limites sur le plan littéraire. Alors qu'il fait l'éloge de Mussolini pour sa splendide maîtrise de l'italien tant à l'oral qu'à l'écrit, il s'est plaint un jour à son avocat personnel, Hans Frank, de ne pas pouvoir en faire autant en allemand. « Mes idées me fuient quand je m'acharne à vouloir les écrire », a-t-il déclaré, selon Ryback. Et toujours à Frank, à une autre occasion : « Si j'avais su, en 1924, que j'allais devenir chancelier du Reich, je n'aurais jamais écrit ce bouquin. »

Pour un lecteur moderne de *Mein Kampf* – et j'entends par là quelqu'un qui le lit aujourd'hui, comme je l'ai fait le 4 mai 2011, dans une société à presque tous les égards aux antipodes de celle dans laquelle *Mein Kampf* a été écrit, bien que non sans ressemblances – et, au moment où j'écris ces lignes, j'apprends la mort du dernier soldat survivant de la Première Guerre mondiale. Il s'appelait Claude Choules, il a combattu aux côtés des Britanniques et avait cent dix ans. Cela fait deux jours qu'Oussama Ben Laden a été tué au Pakistan par les forces spéciales américaines, un homme souvent comparé à Hitler, comme c'est régulièrement le cas des ennemis importants de l'Occident et des valeurs occidentales, mais bien qu'il existe certaines similitudes, notamment dans leur haine irréconciliable du capitalisme international, dans l'esprit de sacrifice prôné par le terrorisme où la cause est toujours plus grande que l'individu (qui non seulement met sa vie au service de cette cause terroriste mais le fait avec plaisir), les différences sont en même temps si vastes que la comparaison n'est pas pertinente, que ce soit dans le cas de Ben Laden ou de tout autre dirigeant qui porte et a porté le visage du mal depuis Hitler, qu'il s'appelle Amin Dada, Papa Doc ou Saddam Hussein. Dans tous les cas, il s'agit toujours d'autres, des non-*nous*, alors qu'Hitler était pourtant l'un des nôtres, il a dicté sa volonté à l'intérieur même de notre culture européenne, ce qu'il a fait en qualité de leader d'une communauté suffisamment grande non seulement pour déclencher une guerre mondiale mais pour la poursuivre pendant cinq ans, jusqu'à ce que vingt millions de vies humaines aient été perdues et qu'un génocide amorcé de six millions de personnes ait été quasi parachevé ; face à cela, le reste paraît bien pâle – pour un lecteur moderne, donc, l'aspect le plus étranger dans l'écriture d'Hitler n'est pas tant la dimension politique, car bien que son nationalisme radical nous soit étranger, il est suffisamment reconnaissable pour qu'il soit évocateur, mais plutôt la haine des Juifs, formulée avec un tel acharnement qu'il est difficile de la prendre vraiment au sérieux, dans le sens où il nous semble aujourd'hui impensable de croire que quelqu'un ait pu réellement penser ce qu'Hitler écrit au sujet des Juifs dans *Mein Kampf*.

L'autre point frappant dans *Mein Kampf*, indirectement lié au premier, concerne le style que son auteur emploie, d'une platitude et d'une médiocrité déplaisantes, comme on n'en lit pas dans les textes contemporains, écrits pendant la République de Weimar. Le style n'est autre que la conscience de soi, située non pas dans le *moi* de l'écrivain mais dans le *moi* du texte et qui naît de la représentation implicite de l'autre, la personne qui lira le texte, inclus dans cette adresse que constitue l'acte d'écriture. Cette représentation existe sous la forme d'une ligne d'horizon, où se loge une attente, en fonction de laquelle le *moi* se définit et se crée, à l'intérieur du *moi*. Le style est au texte écrit ce que la morale est au comportement, ils fixent les limites de ce qui peut et doit être dit ou fait, et comment. Si j'écris le mot « foufoune », je franchis les limites fixées par le style normal ; si je le fais en toute connaissance de cause, il s'agit alors d'un moyen stylistique, pas nécessairement de bon goût au demeurant ; en tant que provocation, le mot est dénué de sens, il a une connotation pubertaire et demeure presque impossible à utiliser sans qu'il déteigne négativement sur le *moi* du texte, à moins bien sûr qu'il ne soit employé comme exemple d'un certain type de registre, pour camper un personnage, pour « dire » quelque chose sur ce personnage. (Après avoir écrit cela, j'ai ajouté le mot « bite », de sorte que la phrase commençait par « Si j'écris les mots "foufoune" et "bite"... », car j'ai pris tout à coup conscience que le mot « foufoune » pouvait éveiller des soupçons, qu'on pouvait me taxer de sexisme, de misogynie, ou qu'on pouvait m'accuser d'avoir la phobie des femmes, puisque je venais d'écrire ça, comme si c'était le premier mot qui me venait à l'esprit, et qu'on pouvait par la même occasion m'associer à Hitler d'une façon calamiteuse – calamiteuse en ce que je ne m'en serais donc même pas rendu compte, que je serais aveugle et sourd sur ce sujet très précis, et qu'à partir de ma misogynie présumée et de ma phobie des femmes une toile très complexe pourrait alors être tissée en s'inspirant de toutes les autres indications susceptibles d'être découvertes mais prouvant toutes mon manque d'intelligence sociale, ma vie triste et solitaire, sans oublier bien sûr que j'ai écrit sur le sang et l'herbe ainsi que toutes sortes d'autres choses encore qui toutes convergeraient vers un point d'identification, un seul : Hitler. Quand survient une telle interprétation, l'emploi aveugle ou inconscient d'un mot, c'est toute la crédibilité du *moi* qui peut s'effondrer ou en tout cas être écornée ; mais si l'emploi du mot est d'emblée reconnu dans son acception, à savoir de façon volontaire et calculée, il peut alors être perçu comme un moyen qui vient renforcer la pertinence de – en l'espèce – la figure d'Hitler, qui vient peut-être même étoffer le *moi* du texte. Dans cet espace, dans ce que le texte sait et ne sait pas de lui-même, des tensions s'agitent toujours, mais moins que dans les textes dont le *moi* possède un style assuré étant donné qu'il va au-devant des multiples attentes créées par les mots, qu'il les maîtrise et sait en jouer, et ce jeu, l'interaction entre le lecteur et l'auteur, deux entités qui émergent dans l'acte d'écriture, gagne en invisibilité dès que l'écrivain est sophistiqué. Il est souvent impossible de discerner qu'il s'agit d'un jeu avant qu'un certain laps de temps ne se soit écoulé, quand ce qui appartient au temps n'est plus considéré comme acquis et évident, c'est-à-dire quand le lecteur du texte ne fait plus partie de ce au-devant de quoi va l'écrivain. Ce mouvement de l'écrivain qui va au-devant, réalisé à partir de l'attente du *moi*, ne rencontre plus rien dans le lecteur, et le geste même d'aller au-devant de quelque chose dans un texte devient visible. C'est en cela que réside l'atmosphère d'époque qui se dégage plus ou moins de tous les écrits, ce qui explique pourquoi les textes par exemple des années cinquante sont apparentés. Lorsque j'ai écrit le mot « foufoune » et que j'ai intuitivement pris conscience qu'il pouvait être interprété d'une certaine manière par rapport au thème de ce livre, c'est-à-dire que j'ai « ressenti » une position, que j'ai « senti » mentalement une orientation qui poussait le mot vers une misogynie non reconnue ou refoulée, je lui ai ajouté le mot « bite » afin qu'ils signalent ensemble la transgression quelque peu stupide que je cherchais à établir, sans le déséquilibre de genre susceptible d'éveiller des soupçons sur autre chose (probablement à juste titre, mais c'est une autre discussion), jusqu'à ce que je comprenne que je me trouvais justement face au processus que j'étais en train de décrire, ces susceptibilités que l'on ménage en écrivant, ces limites incluses dans cette adresse que constitue l'acte d'écriture et qui composent la morale du texte.) Si je devais taper « négro », « bamboula » ou « sale Noir », l'écrasante majorité des lecteurs cultivés se détournerait de mon texte ; ces mots étant inacceptables, non pas parce que les personnes à qui ils se réfèrent, les Noirs, ne peuvent être nommées, mais parce qu'elles ne peuvent être nommées de cette façon, avec des mots chargés de mépris, utilisés uniquement par des ignares ayant peut-être grandi dans des milieux largement incultes de la société, ayant peut-être subi des maltraitances dans leur enfance et étant désormais des boules d'agressivité qui en veulent à tout et à tout le monde, et dont la haine rejaillit dans de telles expressions langagières ; ou bien des mots prononcés par des personnes plus cultivées qui savent pertinemment ce qu'elles font, et qui le font par calcul froid, c'est-à-dire par malveillance ou par cruauté, ce qui arrive rarement, aucun article scientifique ne contiendra jamais le mot « bamboula » utilisé de cette manière, aucun essai ou article de journal ne contiendra le mot « négro », aucun roman les mots « sale Noir » employé dans cette acception, si ce n'est pour donner une image des personnes évoluant dans des milieux incultes de la société, c'est-à-dire socialement défavorisés. Si une personne issue de ces pans de la société veut s'exprimer dans l'espace public, elle doit apprendre à maîtriser le style qui y prévaut, elle doit s'approprier les considérations morales implicites inhérentes à ce style, de sorte que les pensées et les notions qui prévalent dans le milieu inculte sont invariablement écartées et supprimées, non pas comme la conséquence d'une stratégie déterminée, mais en raison des mécanismes dont la société dispose pour contrôler l'indésirable et ne jamais lui donner la chance de s'élever au niveau où les décisions politiques sont prises.

La frontière entre ce qui ne peut être dit et les façons dont cela ne peut être dit est si floue qu'elle ressemble parfois aux deux faces d'une même pièce.

La quasi-totalité des textes datant de la République de Weimar encore lus aujourd'hui, dont une quantité frappante de classiques ont été composés dans l'Allemagne de 1919 à 1933, est exquise et se place d'un point de vue stylistique au plus haut niveau culturel, et, alors que certaines des idées que ces ouvrages véhiculent peuvent nous paraître effarantes et en définitive totalement inacceptables – par exemple la « distinction du politique » par Carl Schmitt qu'il définit comme « la discrimination de l'ami et de l'ennemi » et dont la conséquence ultime est et doit être l'« élimination physique » de l'ennemi, ou encore la notion de violence divine de Walter Benjamin –, nous les acceptons néanmoins, nous les étudions, nous en discutons de la même manière que les nonchalants, tout en prenant soin d'affirmer qu'une telle pensée est dangereuse, que les textes dans lesquels elle se produit sont une exception, qu'ils ont été écrits en des temps politiquement turbulents. L'état d'esprit est dangereux mais le style est prodigieux, nous pouvons les manipuler.

Le *Mein Kampf* d'Hitler n'a aucun style, pas même un style bas, son *moi* se borne à donner libre cours à ses opinions sur les sujets les plus divers sans montrer un seul instant le moindre signe qu'il est capable de se voir lui-même ; en d'autres termes, il est totalement désinhibé et excessif, ne cherche aucune légitimité ailleurs que dans lui-même, ce *moi* qui peut dire ce qu'il veut parce qu'il est ce qu'il est et qu'il ne connaît d'autre que lui-même. Le *moi* de *Mein Kampf* est autocentré, autolâtre, autolégitimateur, incontrôlé, haineux et sectaire alors qu'il se prend pour un être juste, raisonnable et grandiose, ce qui explique sans doute pourquoi les critiques sont aussi mauvaises et pourquoi le livre n'est pas du tout pris au sérieux à sa sortie. Sans s'en rendre compte, Hitler montre son vrai visage, celui d'un homme du peuple, inculte, impudent, violent, qui, du fait de ses connaissances limitées, emprunte un peu ici et un peu là, mélange le tout et le distille jusqu'à obtenir ce qu'il prend pour du grand œuvre politique mais qui n'est qu'un torchon où s'accumulent les préjugés, les non-sens et les déclarations pseudo-scientifiques. Son antisémitisme forcené est à l'avenant. L'antisémitisme est très répandu dans la presse de l'époque mais, comme Hitler lui-même le souligne, il est absent des journaux et des magazines de qualité, tellement au-dessus de lui qu'ils s'abstiennent souvent d'en parler alors qu'il s'agit d'un des problèmes majeurs de l'époque. Les journaux et les magazines qui à l'inverse s'en repaissent sont lus par une population peu éduquée, par des gens vulgaires et grossiers, et affichent souvent, mais pas toujours, un mépris pour tout ce qui est considéré comme intellectuel et cultivé, qui appartient non pas à la classe dominante conservatrice avec son Wagner mais à la culture de l'avant-garde alors en pleine expansion.

Lorsque la question juive est discutée à des niveaux qui s'élèvent au-dessus de ces bouillons de culture où grouillent préjugés et stéréotypes, le langage utilisé se veut dénué de haine et de dégoût, c'est-à-dire sans émotions visibles mais rationnel et argumentatif. En septembre 1930, par exemple, alors que la République de Weimar touche à sa fin, le *Süddeutsche Monatshefte* consacre un numéro spécial à la « question juive », explique l'universitaire suédois

Carl-Göran Heidegren. Le comité de rédaction justifie cette initiative en déclarant que le thème choisi est l'un des plus « tranchants » et des plus « embrouillés » depuis la fin de la guerre : « La variété des explications, des interprétations et des attaques dirigées de l'extérieur contre la personne juive correspond à ce qui semble être, aux yeux de l'extérieur, une diversité d'ambitions et d'opinions, déroutante au sein même de la société juive. » La rédaction a donc voulu que le plus grand nombre de voix possible soit représenté, juives et non juives, sémites et antisémites. Et l'éditorial d'ajouter : « Il s'agit sans doute de la première fois que des Juifs et des antisémites collaborent à une publication. »

Dans sa contribution intitulée *Sur le nationalisme et la question juive*, Ernst Jünger conclut que les Juifs d'Allemagne sont confrontés au choix suivant : « être juif ou ne pas être », ce qui signifie que les Juifs doivent conserver leur singularité pour demeurer juifs et que la valeur qui sous-tend cette singularité est menacée par l'esprit égalitaire propre au libéralisme économique. Tout comme Hitler, Jünger considère le capitalisme international et le marxisme comme des menaces pour l'Allemagne, et si tous deux sont nationalistes, la différence décisive qui les sépare repose sur l'idée que, pour Jünger, la singularité n'est pas une valeur qui ne concerne que le singulier, donc l'allemand, mais qui concerne également l'autre, y compris le juif. Jünger défend les notions de singularité et de différenciation, de particularité d'une région, d'une culture, d'un peuple, d'une nation, comme autant de contrepoids à l'égalité et à l'égalitarisation, et, dans cette réflexion, le problème devient davantage l'assimilation du juif à l'allemand, comparable à l'assimilation de l'allemand à l'international, plutôt que la judéité en soi. En tout état de cause, même dans ce bref article rationnel et stylistiquement brillant, aussi éloigné de la prose d'Hitler qu'il est possible de l'être dans le même cercle culturel, de fortes traces d'antisémitisme subsistent :

> Afin de pouvoir devenir dangereux, infectieux, destructeur, il lui fallait d'abord atteindre un statut qui lui permette d'apparaître sous sa nouvelle forme, celle du Juif civilisé. Ce statut fut créé par le libéralisme, par la grande déclaration d'indépendance de l'esprit, et il ne pourra être anéanti d'aucune autre manière que par la banqueroute totale du libéralisme.

Que le Juif soit « dangereux, infectieux, destructeur » ne constitue pas une affirmation scandaleuse en 1930, elle est au contraire courante à cette époque. Jünger justifie son allégation par un changement apparu dans la culture, où la judéité aurait renoncé à elle-même et serait devenue allemande à la faveur d'un effet corollaire du libéralisme et non à cause d'un facteur inhérent à cette judéité, donc à son essence ou à sa nature. Et même si l'on tient ici la grande différence entre les propos de Jünger et ceux d'Hitler dans *Mein Kampf*, il n'en reste pas moins impossible de ne pas les considérer dans un contexte conjoint car les éléments de leur raisonnement s'accordent sur un point : la judéité serait infectieuse et liée au libéralisme ; et seul le contexte – la judéité est considérée comme un problème non seulement dans les milieux aussi bien vulgaires que cultivés, sans pour cela qu'il s'agisse d'un phénomène universel, mais également au sein des cercles juifs puisqu'il existe à l'époque des Juifs antisémites, et l'identité juive, et ce qui la compose, est l'objet de discussions constantes pendant l'entre-deux-guerres – permet de comprendre qu'un homme comme Hitler, ayant écrit un livre tel que *Mein Kampf* dans lequel l'antisémitisme est le noyau à partir duquel tout rayonne, puisse finir par devenir chancelier du Reich.

Il suffit de l'opposer à l'un des intellectuels les plus remarquables de la même période, le philosophe juif Theodor Adorno, pour que cet aspect de *Mein Kampf* devienne flagrant, car qu'en aurait dit Adorno ? Il aurait été incapable de le contester avec ses arguments rationnels et nuancés, d'une grande sophistication et d'une incroyable précision, parce qu'il n'y a strictement rien à contester, Adorno se situe à un niveau si supérieur à *Mein Kampf* qu'il n'aurait pas pu le prendre au sérieux, donc le traiter comme en équivalence. S'il l'avait fait, il aurait élevé l'ouvrage au rang de ce qu'il n'est pas, lui conférant ainsi une certaine légitimité. Il aurait pu le ridiculiser, ce qui s'est d'ailleurs produit dans de nombreuses sphères de l'espace public, mais cela n'aurait servi à rien : la seule stratégie sensée est de ne pas s'en emparer du tout. *Mein Kampf* était trop primaire pour argumenter contre lui, il ne peut qu'être rejeté, et ce rejet doit avoir lieu sans la moindre argumentation.

Si Hitler n'avait pas été autodidacte, s'il avait, mettons, étudié la philosophie pendant son séjour à Vienne et formulé les idées avancées dans *Mein Kampf* dans ce contexte, l'ouvrage aurait pu être commenté, analysé, disséqué, ce qui aurait été possible à la condition qu'il exprime autre chose, or ce n'est pas le cas puisque l'essentiel dans ce livre, c'est qu'il n'a pas cette envergure : son *je* ne s'oriente vers aucune forme de *tu*, il s'oriente uniquement vers un *nous* en dehors duquel, en plus, il se tient. Or ce *tu* constitue une obligation en ce que toute discussion entre deux parties nécessite un *tu*, sans l'obligation de ce *tu* qui compose une communauté, il n'y a pas de discussion possible ; et, le *moi* d'Hitler n'ayant pas de *tu*, il n'est lié par aucune obligation et est donc, en dernière analyse, immoral ou privé de toute moralité. Le *moi* de Jünger possède un *tu*, ce qui signifie qu'on peut le contester, notamment en affirmant que l'adjectif « infectieux » ne désigne pas seulement quelque chose qui se propage entre les humains, mais qu'il a aussi une connotation avec la maladie, avec le pathologique, ou encore en affirmant que le lien entre le libéralisme et le judaïsme est trop faible pour que l'aspect pathologique du raisonnement ne s'applique pas irréversiblement à la judéité, ou au Juif, dans une ampleur telle que ce raisonnement est destructeur en soi, dangereux en soi, ou qu'il a cette prédisposition atavique, qu'il établit une différence qualitative entre d'une part le Juif et d'autre part vous et moi qui ne sommes pas juifs, et vous ne pouvez décemment pas prétendre cela, n'est-ce pas ? Et Jünger aurait pu répondre : Mais bien sûr que si, je le peux, enfin… non, ce n'est pas tout à fait ce que je sous-entends. Quoi qu'il en soit, son texte et les positions qu'il défend auraient fait l'objet d'une discussion : Jünger et ses partisans auraient pu, en principe, accepter le contre-argument et changer d'avis ou nuancer leur raisonnement de manière à minimiser tout risque de malentendu.

Dans ce processus, qui ne doit pas être pris au sens littéral mais aussi au sens figuré, en tant que réflexion consciente ou inconsciente menée entre un *je* et un *tu* comme l'exige implicitement tout texte, les limites de ce qu'il est possible et de ce qu'il est impossible de dire dans telle ou telle période sont fixées, c'est là qu'existe la contemporanéité ; dépasser ces limites, qui sont donc aussi celles de l'obligation et de la morale, ne peut avoir lieu qu'en transgressant le *tu* du *je*, ce qui suppose qu'il soit faible ou inexistant. Jünger ne l'a pas transgressé, son propos se situe dans les limites contemporaines de l'acceptable, bien qu'il n'en demeure pas moins douteux. Mais douteux par rapport à quoi ? À la loi ? Au droit ? À l'opinion publique ? Aux normes de la société ?

Un propos antisémite ne peut être relatif, mais notre compréhension de la signification du propos antisémite peut l'être, en revanche. Nous justifions les propos de Jünger en expliquant qu'il est un nationaliste d'extrême droite, un thuriféraire de la guerre et une personne estimée par Hitler, sans pour cela être lui-même nazi, bien qu'une relation incontestable rapproche les deux hommes, et, sur la base de cette contextualisation, nous pensons : oui, en effet, Jünger est moralement douteux ; et nous considérons ses propos sur la judéité dans cette perspective. Mais comment devons-nous alors comprendre qu'une autre personne de la même génération, l'une des figures littéraires centrales du XXe siècle, Franz Kafka, un Juif, tienne lui aussi des propos dédaigneux sur les Juifs ? Il écrit dans son journal, à la date du 6 août 1914 :

> Défilé patriotique. Discours du bourgmestre. Il disparaît, puis revient, et on entend l'acclamation allemande : « Vive notre monarque bien-aimé ! Vivat ! » J'assiste à cela avec mon regard méchant. Ces défilés sont un des plus répugnants phénomènes qui accompagnent accessoirement la guerre. Ils sont dus à l'initiative de commerçants juifs qui sont tantôt allemands, tantôt tchèques, qui, certes, se l'avouent, mais n'ont jamais l'occasion de le crier aussi fort qu'en ce moment. Bien entendu, ils ne laissent pas d'entraîner du monde. Le défilé doit se répéter tous les soirs, demain dimanche, il aura lieu deux fois.

Le propos n'est pas antisémite en soi, certes, mais les « commerçants juifs » n'en restent pas moins associés à l'adjectif « répugnants », et leur identité est présentée comme un choix qu'ils effectuent en fonction du bénéfice qu'ils sont susceptibles de tirer, et cet argument, selon lequel les Juifs sont des commerçants prêts à tout abandonner pour leur profit personnel, même leur identité en tant que Juifs, est un trope standard de l'antisémitisme ; et même si Kafka ne l'applique pas à l'ensemble des Juifs, mais seulement à ces commerçants juifs en particulier, son propos aurait très bien pu être utilisé comme preuve de cette allégation s'il avait été présenté comme une citation extraite d'un texte écrit par Jünger ou Hamsun par exemple. Si ce propos avait figuré dans un livre de Jünger ou d'Hamsun, nous l'aurions jugé inapproprié, et, si nous avions tenu ces auteurs en haute estime, nous l'aurions peut-être expliqué à la lumière de leur naïveté politique en des temps troublés, alors que si nous les avions tenus en piètre estime, nous aurions pris ce propos comme le signe supplémentaire qu'ils sont des êtres mauvais et immoraux ; mais, venant de la plume de Kafka, nous l'interprétons tout à fait différemment. Cela signifie que la moralité d'un propos n'est pas absolue, mais qu'elle est également déterminée par son style et par sa signature, et qu'elle peut se modifier à mesure que son cadre d'interprétation, c'est-à-dire la culture, se modifie lui-même. *Mein Kampf* n'a pas la même signification en 1924 qu'en 1934, et il n'a pas la même signification en 1934 qu'aujourd'hui. Dans leur contemporanéité, les propos de Kafka et de Jünger sont tout à fait acceptables, ils ne sont pas effarants, alors que les propos tenus par Hitler dans *Mein Kampf* le sont incontestablement. Ils ne sont pas interdits, ils ne sont pas non plus sujets à controverse, c'est-à-dire dans leur capacité à provoquer un scandale, non, ils sont purement et simplement vulgaires, simplistes, de mauvais goût et malveillants.

L'histoire de *Mein Kampf* est l'histoire de la manière dont un texte passe du statut d'objet dont il faut absolument se distancier en 1925 à celui d'ouvrage dont il faut réaliser les idées en 1933. Hitler, lui, dans l'intervalle, n'a pas changé d'un iota, il défend les mêmes opinions en 1925 qu'en 1933 et en 1943, mais les gens autour de lui ont entre-temps changé, et ce changement est sans doute la caractéristique la plus essentielle du mouvement populaire nazi en Allemagne : ce qui était auparavant exécrable est devenu juste, ce qui était auparavant immoral est devenu moral, et ce glissement ne s'est pas produit à la faveur d'un amendement de la législation ou de tout autre instrument à la disposition des institutions formelles au sein de la société, mais à la faveur d'une transformation de la collectivité elle-même, donc du social, du *nous* de la société, dont l'expression dans l'individu est la conscience.

Que le *je* d'Hitler soit faible en *tu*, tant dans la vie que dans la littérature, ne signifie pas qu'il vit ou écrit dans une vacuité, mais seulement que ce qu'il fait, pense, dit et écrit n'est contraint par une obligation envers nul autre que lui-même et ce qu'il considère comme juste. Il le fait dans un système où l'autre n'existe que sous la forme d'un tout, un « les autres », que ceux-ci se trouvent dans le grand *nous*, dans la collectivité de la nation, dans le caractère allemand, ou dans le grand *ils*, dans les ennemis de cette même nation, dans les Juifs. Toutes sortes d'idées et de notions circulent à l'intérieur de ce système, issues des domaines les plus variés de la vie sociale, rassemblées sur des modes totalement idiosyncrasiques et la plupart du temps imbéciles – conséquence induite par l'hermétisme à toute correction (le génie étant la conséquence opposée) –, et ce qui alors en ressort, dans un texte qui se fiche éperdument de ce qui ne doit pas être dit, de ce qui est décent, de ce qui est offensant, c'est la face myope de la société, cette réalité dont elle ne veut rien savoir et que les structures du pouvoir qui régissent le style et le goût occultent. En 1910, il aurait été impensable qu'un homme ayant écrit un livre tel que *Mein Kampf* puisse devenir chef d'État.

Les chefs d'État étaient à l'époque ou bien des monarques, comme en Grande-Bretagne ou en Allemagne, et les ministres qu'ils nommaient étaient issus des couches supérieures de la société, des meilleures familles et des meilleures écoles, des personnes cultivées et instruites, autant de valeurs que la société tenait en haute estime, soit des présidents, élus démocratiquement et provenant de ces mêmes classes supérieures vivant dans l'aisance aussi bien culturelle qu'économique. Ce système était répressif et veillait à maintenir dans leur condition sociale les individus des classes inférieures, mais la répression n'est pas seulement un mal, comme on nous apprend à le penser, l'exercice du pouvoir n'est pas la même chose que l'abus de pouvoir, en ce sens que l'abus de pouvoir a d'autres fonctions que le maintien des privilèges d'une certaine classe, notamment celle d'exclure l'indésirable, forcément indésirable parce qu'il sape les privilèges de la classe dominante mais aussi parce qu'il détruit les valeurs et la stabilité de la société que la classe dominante se pense chargée d'administrer. Une révolution bouleverse l'ensemble de la structure sociale en abolissant les valeurs sur lesquelles elle est construite, une suppression qui s'effectue par la violence. La violence révolutionnaire peut être interprétée comme une réaction à la violence structurelle inhérente à un système social – le besoin, la pauvreté, l'injustice flagrante qu'elle génère –, mais elle n'en est pas moins illégale car la violence révolutionnaire est aussi une violence intestine, ce qu'aucune société ne peut tolérer. Après avoir pris le pouvoir, les révolutionnaires s'attèlent d'emblée à la mise en place de nouvelles lois, tout aussi inviolables que les précédentes et qui agissent dans le même but : contrôler cette violence intestine et maintenir la stabilité et l'ordre sociaux. C'est ce qui s'est passé en France en 1789, en Russie en 1917, en Allemagne en 1933, à la différence près que la révolution en Allemagne ne vient pas seulement d'en bas, n'est pas seulement une révolution de classe, mais qu'elle fédère les classes inférieure, moyenne et supérieure sous une même bannière – certes, surtout la classe moyenne inférieure – et qu'elle écarte la loi sans que cette éviction provoque batailles ou effusions de sang. Elle en est capable parce que les structures sociales se sont déjà effondrées ou s'apprêtent à l'être. L'appareil d'État appartient à l'ancienne monarchie, la démocratie parlementaire souffre de faiblesse et, sitôt que l'inflation et le chômage grimpent en flèche dans le sillage de la Dépression, qui plus est dans un contexte d'humiliation consécutive à la débâcle de la guerre, la démocratie se mue alors en paradoxe, elle vote pour sa propre dissolution, c'est-à-dire qu'elle remet le pouvoir aux mains d'Hitler et du parti national-socialiste allemand, antidémocratiques. Ce qui n'existait dix ans plus tôt que sous la forme d'un ensemble d'épiphénomènes et de courants stagnant dans les bas-fonds de la société fait soudain partie intégrante de l'idéologie d'un parti gouvernemental, non plus vil et méprisable mais noble et digne.

Hitler exprime ce que l'Allemand moyen pense tout bas mais refuse de dire tout haut, et il le fait avec une force de persuasion et une puissance émotionnelle telles que ces propos gagnent en légitimité ; plus les gens le suivent dans cette direction, plus ils constatent que ces pensées qu'ils ruminent dans leur for intérieur mais qu'ils veillent à ne pas exprimer trop distinctement peuvent en définitive être exprimées à la cantonade, plus la légitimité des propos d'Hitler s'accroît. Les opinions qu'il déclame sont d'autant plus claires et dépourvues de la moindre ambiguïté qu'il ne cache rien, elles auraient pu aisément être condamnées ; son parti et lui-même n'ont initialement aucun pouvoir en propre, ce pouvoir leur est uniquement accordé parce que des gens daignent les écouter et, ce faisant, s'entendent eux-mêmes parler, entendent cette voix de la raison qui retentit en eux et qui leur dit : oui, c'est exactement ça. Que rien n'ait réussi à étouffer cette prétendue voix de la raison, ces pensées ruminées dans le for intérieur, que les structures susceptibles de rejeter une telle bassesse aient cessé de fonctionner – voilà ce qui devient la tragédie de l'Allemagne.

C'est comme ça, dit Hitler ; c'est comme ça, dit le peuple en acclamant Hitler et en s'acclamant dans le même élan. Hitler donne une voix à l'autolégitimation, à la prétention, pourrait-on affirmer, mais uniquement si l'on se situe au-dessus de ce que déclame cette voix, donc seulement si l'on estime posséder un meilleur goût et une meilleure capacité de jugement, alors seulement c'est la voix de l'autolégitimation. Si l'on adhère à cette voix, elle est celle de la légitimité. Mais qui peut affirmer où passe la limite qui sépare la légitimité de l'autolégitimation ? Qui est l'arbitre de la morale d'une société ? Qui décide de ce qui est acceptable et de ce qui ne l'est pas ? Ce n'est pas le *soi*, le singulier, c'est le *tout*, la collectivité. La morale n'existe pas en tant que dimension située en dehors de la société, en dehors de ses institutions, sous la forme d'une entité absolue que nous, êtres humains, pouvons invoquer à tout moment ; non, elle est une partie de nous en ce moment même, différente à l'époque de nos parents, tout comme elle sera différente à l'époque de nos enfants – mais peut-être pas tant que cela car le mieux que l'on puisse souhaiter à une société est de voir la morale y rester autant que possible identique et être autant que possible absolue au point de prévaloir au-delà de la société. Elle ne l'est cependant pas, comme le montrent clairement les événements survenus en Allemagne après la Première Guerre mondiale. La philosophe Hannah Arendt aborde justement cette question dans son livre *Eichmann à Jérusalem* :

> Et de même que dans les pays civilisés, la loi suppose que la voix de la conscience dise à chacun : « Tu ne tueras point », même si l'homme a, de temps à autre, des désirs ou des penchants meurtriers, de même la loi du pays d'Hitler exigeait que la voix de la conscience dise à chacun : « Tu tueras », même si les organisateurs de massacres savaient parfaitement que le meurtre va à l'encontre des désirs normaux et des penchants de la plupart des gens. Dans le IIIe Reich, le mal avait perdu cet attribut par lequel la plupart des gens le reconnaissent généralement – l'attribut de la tentation. De nombreux Allemands, de nombreux nazis, peut-être l'immense majorité d'entre eux, ont dû être tentés de *ne pas* tuer, de *ne pas* voler, de *ne pas* laisser leurs voisins partir pour la mort (car ils savaient, naturellement, que les Juifs partaient à la mort, même si nombre d'entre eux ont pu ne pas en connaître les horribles détails) et de *ne pas* devenir les complices de ces crimes en en bénéficiant. Mais Dieu sait s'ils ont vite appris à résister à la tentation.

La conscience, c'est la morale telle qu'elle se manifeste dans l'individu. Pour un individu comme Hitler, maté et battu par son père, ayant perdu des frères et sœurs ainsi que sa mère, devenu adulte dans une société dont les changements colossaux ont libéré des forces exerçant une pression énorme sur les structures en présence au point qu'elles finissent par s'effondrer, ayant vécu le carnage de la Première Guerre mondiale et les troubles sociaux subséquents, cerné par la violence – pour une personne comme lui, la conscience ne « dit » pas les mêmes choses qu'à nous qui n'avons pas vécu toutes à la fois les situations énumérées ci-dessus. Mais elle parle à d'autres personnes de sa génération, car aucune des choses que vit Hitler ne lui est propre, et rien de ce qu'il écrit dans *Mein Kampf* n'est sans précédent, c'est-à-dire que tout ce qui existe dans *Mein Kampf* existe aussi ailleurs dans la société de cette époque. Le livre de Henry Ford, *Le Juif international : le problème du monde*, constitue une des sources d'inspiration importantes au moment où il rédige *Mein Kampf*. Célèbre dans le monde entier en tant qu'industriel américain et constructeur automobile, Ford publie également ce pensum qui fait sensation lors de sa sortie en Allemagne. Selon Timothy Ryback, le *New York Times* révèle en 1922 qu'Hitler a non seulement une photo de Ford sur le mur à côté de son bureau, mais qu'il lui rend hommage dans ses discours de l'époque. Ryback cite également Baldur von Schirach, encore adolescent à la sortie du livre de Ford, qui prétend être devenu antisémite en le lisant. « Le livre avait provoqué une telle sensation, à l'époque, que mes amis et moi-même voyions en Henry Ford la personnification du succès et l'apôtre d'une politique sociale progressiste. » Parmi les autres ouvrages lus par Hitler avant l'écriture de *Mein Kampf*, on peut citer la tristement célèbre *Typologie raciale du peuple allemand* de Hans F. K. Günther, tandis qu'Otto Strasser, membre de l'état-major d'Hitler, relie selon Ryback les principaux concepts de *Mein Kampf* à des conversations qu'Hitler a menées avec Feder, Rosenberg et Streicher mais, surtout, avec Eckart, au cours desquelles les livres d'auteurs tels que Chamberlain et Lagarde sont un sujet de prédilection.

Rien de tout cela ne figure dans *Mein Kampf*, dont

l'antisémitisme et les théories qui l'accompagnent sont présentés comme autant de réflexions propres à Hitler, qu'il aurait eues bien avant d'entrer en politique. Il décrit son antisémitisme comme une expérience digne de la conversion, comme si, en en prenant conscience, tout faisait brusquement sens. Dans *Mein Kampf*, il date cette conversion de son premier automne à Vienne mais, aucune preuve d'antisémitisme n'ayant pu être établie dans sa vie à cette époque, il s'agit d'une fausse assertion. La structure et le déroulement de cette révélation, en revanche, peuvent tout à fait être un compte rendu exact de l'expérience qu'il connaît par la suite et qu'il décrit en tout cas ainsi :

> Il est aujourd'hui difficile pour moi, sinon impossible, de dire quand le mot « Juif » donna naissance à des pensées particulières. Dans le foyer paternel, je ne me souviens pas du tout avoir même entendu un jour ce mot du temps où mon père était encore en vie. Je pense que le brave homme aurait vu dans une certaine façon de prononcer ce terme la marque d'une personne culturellement arriérée. Au cours de son existence, il en était arrivé à des considérations plus ou moins cosmopolites qui, non seulement avaient résisté à ses farouches opinions nationalistes, mais avaient aussi déteint sur moi.
>
> Même à l'école je ne trouvai aucune occasion qui ait pu provoquer un changement de ce point de vue adopté à la maison.
>
> Je fis bien la connaissance à la Realschule d'un jeune garçon juif avec qui nous gardions nos distances, mais uniquement parce que certaines expériences nous avaient amenés à émettre des doutes sur sa discrétion, ce qui ébranla notre confiance en lui ; je n'en tirai aucune conclusion, comme mes autres camarades.
>
> Ce ne fut qu'à l'âge de quatorze ou quinze ans que je croisai de plus en plus souvent le mot « Juif », notamment quand nous avions des discussions politiques. Je

ressentais une légère gêne dans ces moments-là, et je ne pouvais m'empêcher d'éprouver un sentiment de malaise qui me gagnait toujours quand j'assistais à des querelles à propos de confessions religieuses.

À l'époque, je ne voyais pas d'autre sens à cette question.

Il n'y avait que très peu de Juifs à Linz. Au fil des siècles, leur apparence s'était européanisée et était devenue plus humaine ; oui, je les prenais même pour des Allemands. Je n'avais pas vraiment conscience de l'absurdité de cette illusion, car j'étais persuadé que le seul trait distinctif entre eux et nous résidait dans leur confession différente. L'idée qu'ils aient été persécutés pour leur foi, comme je le croyais, m'incitait à éprouver une aversion contre les remarques hostiles à leur égard qui confinait parfois à l'horreur.

J'étais loin d'imaginer à l'époque qu'il pût exister des adversaires méthodiques des Juifs.

J'arrivai ainsi à Vienne.

Dans un premier temps, troublé par la profusion de sensations sur le plan architectural, écrasé par le fardeau de mon propre sort, je ne posai pas le moindre regard sur les diverses couches de population de cette ville gigantesque. Alors même que Vienne comptait déjà à cette époque près de deux cent mille Juifs parmi ses deux millions d'habitants, je ne les voyais pas. Mes yeux et mon esprit n'étaient pas encore prêts à l'assaut de tant de valeurs et d'idées lors de ces premières semaines. Ce ne fut qu'une fois le calme revenu et que ces images brouillées se mirent à se clarifier que j'observai avec plus d'attention le monde nouveau qui s'offrait à moi, et que je me heurtai notamment à la question juive.

Je ne veux pas prétendre que la manière dont je devais faire leur connaissance m'ait paru particulièrement agréable. Je ne voyais encore dans le Juif que la confession et, par conséquent, pour des raisons de tolérance humaine, je continuais à rejeter les attaques contre la religion, même dans ce cas. Ainsi, le ton employé par la presse antisémite viennoise me semblait indigne de la tradition culturelle d'un grand peuple.

J'étais affligé par le souvenir de certains événements du Moyen Âge, que je ne souhaitais pas voir se répéter. Comme les journaux que je viens d'évoquer n'étaient pas considérés comme respectables (pour quelle raison, je ne le savais pas vraiment moi-même à l'époque), je voyais davantage en eux les produits d'une jalousie contrariée que les résultats d'une position de fond, fût-elle fausse.

Je fus conforté dans mon opinion par la manière infiniment plus digne, me semblait-il, adoptée par la véritable grande presse de répondre à toutes ces attaques, ou plutôt, et cela me paraissait plus louable encore, de les ignorer tout à fait, les tuer simplement par le silence.

Je lisais assidûment la soi-disant presse mondiale (*Neue Freie Presse*, *Wiener Tageblatt*, etc.) et j'étais stupéfait par la profusion d'articles qu'elle proposait au lecteur et l'objectivité de chacun d'eux. J'appréciais son ton distingué, et l'exubérance de son style était la seule chose qui, parfois, ne me satisfaisait pas complètement ou même me laissait une impression désagréable. Mais cela devait s'expliquer par la fougue de cette grande ville cosmopolite.

Ces journaux finissent toutefois par le dégoûter dans leur façon de se pavaner à la cour de l'Empire austro-hongrois, ce qui lui rappelle « la parade nuptiale du coq de bruyère » et qui de son point de vue jette « des taches sur la démocratie libérale ». De plus, ils font la guerre au Kaiser allemand, Guillaume II, qu'ils critiquent « avec une mine prétendument inquiète, mais, comme il me semble, une malice mal dissimulée ». Le fait que cette même presse « s'incline de la manière la plus obséquieuse devant le dernier cheval de la cour [des Habsbourg] », tout en émettant des doutes sur le Kaiser et en « enfonçant son doigt dans la plaie » avec une malignité non feinte, lui fait rapidement perdre confiance en elle. Il en va tout autrement du journal antisémite *Deutsche Volksblatt*, qu'il trouve beaucoup plus décent. Il reproche également aux journaux à grand tirage de cultiver une admiration pour la France, absolument répugnante selon lui :

> On ne pouvait s'empêcher d'avoir honte d'être allemand à la vue de ces hymnes douceâtres à la louange de la « grande nation culturelle ». Cette fascination lamentable pour la France me fit plus d'une fois tomber des mains l'un de ces « journaux mondiaux ». Je me tournais alors parfois vers le *Volksblatt*, qui me paraissait bien plus petit mais aussi plus sain dans ce genre de sujet. Je ne partageais pas le ton violemment antisémite, mais il m'arrivait d'y lire des arguments qui me donnaient à réfléchir.

Dès son arrivée à Vienne, écrit-il, il se montre d'emblée « hostile » au maire de la ville, le Dr Karl Lueger, et à son parti chrétien-social, trouvant tant l'édile que le mouvement « réactionnaires ». Il en vient cependant à changer d'avis à mesure qu'il se familiarise avec sa politique, corrige son jugement, et son appréciation de l'homme se transforme en « admiration déclarée ». L'antisémitisme de Lueger et de son parti, conjugué à la méfiance d'Hitler envers la presse, participe de ce revirement d'opinion.

> Peu à peu mes opinions concernant l'antisémitisme se mirent elles aussi à changer avec le temps, et ce fut bien la plus difficile de mes conversions.
>
> Elle me coûta les combats intérieurs les plus profonds, et ce ne fut qu'après des mois de lutte entre la raison et le sentiment que la victoire commença à se ranger du côté de la raison. Deux ans plus tard, le sentiment finit par se rallier à la raison pour en être le plus fidèle gardien et conseiller.
>
> À l'époque de cette lutte sans merci entre l'éducation ancrée dans mon âme et la froide raison, la leçon de choses que les rues de Vienne enseignaient

m'avait rendu d'inestimables services. Le moment vint où je ne me promenais plus à l'aveugle à travers la ville immense comme lors des premiers jours, mais où, l'œil grand ouvert, je n'observais pas seulement les bâtiments mais aussi les gens.

Un jour où je me promenais ainsi dans le centre-ville, je tombai brusquement sur un individu en long kaftan et portant des cheveux noirs bouclés.

Est-ce lui aussi un Juif ? fut ma première pensée.

Ils ne ressemblaient pas à ça, à Linz. J'observai cet homme à la dérobée en restant prudent, or plus j'examinais ce visage étranger en scrutant le moindre détail, plus la question de départ se retournait dans mon cerveau pour prendre une autre forme.

Est-ce aussi un Allemand ?

Comme toujours dans de pareils cas, je me mis à chercher dans les livres de quoi lever mes doutes. Je me suis alors acheté pour une poignée de hellers les premières brochures antisémites de ma vie. Malheureusement, elles partaient toutes du principe que la question juive était déjà plus ou moins familière au lecteur. Enfin, leur ton était tel qu'il m'inspirait la plupart du temps de nouveaux doutes, car les arguments sur lesquels elles se basaient étaient souvent simplistes et manquaient cruellement de rigueur scientifique.

Je replongeai alors dans mes anciens idéaux pendant des semaines, et même des mois.

L'affaire me paraissait si abominable, l'accusation, si démesurée, que, taraudé par la peur de causer du tort à quelqu'un, j'étais de nouveau en proie aux doutes et aux craintes.

L'argument décisif qui, selon *Mein Kampf*, permet à Hitler de lever cette incertitude et d'achever sa conversion à l'antisémitisme a trait au sionisme et à l'attitude des Juifs libéraux qui, au lieu de renier les sionistes en tant que non-Juifs, comme ils l'auraient peut-être fait s'il s'était agi d'une simple question de foi, maintiennent une « solidarité interne ».

Je fus vite écœuré par ce semblant de combat entre Juifs sionistes et libéraux ; tout était faux d'un bout à l'autre, c'était donc un mensonge, ce qui ne correspondait pas vraiment à la grandeur et à la pureté morale que ce peuple ne cesse de revendiquer.

Par ailleurs, la pureté morale et autre de ce peuple est très relative. On pouvait déjà déduire de leur aspect extérieur que ce n'étaient pas de grands amateurs d'eau, hélas on s'en rendait très souvent compte aussi les yeux fermés. Il m'arrivait par la suite d'avoir la nausée en sentant l'odeur de ces porteurs de kaftan. À cela s'ajoutaient leurs vêtements malpropres et leur silhouette peu héroïque.

Tout cela était peut-être déjà fort peu attrayant, mais votre cœur se soulevait immanquablement quand, sous la saleté du corps, on découvrait soudain la crasse morale du peuple élu.

Rien ne me fit autant réfléchir en peu de temps que le genre d'activités des Juifs dans certains domaines, que je commençais peu à peu à comprendre.

En effet, se trouvait-il seulement une saleté, une abjection de quelque forme qu'elle soit, avant tout dans la vie culturelle, à laquelle un Juif n'avait pas pris part ?

Dès qu'on passait avec précaution une lame sur une tumeur de ce type, on trouvait un petit Juif, souvent tout aveuglé par la lumière soudaine, comme les vers dans un corps en putréfaction.

Les faits à charge contre les Juifs ne firent que croître à mes yeux lorsque je pris conscience de leur présence dans la presse, dans l'art, la littérature et le théâtre. Tous les serments mielleux ne pouvaient dès lors plus servir à grand-chose. Il suffisait d'examiner une colonne d'affiches, d'étudier les noms des créateurs de ces horribles sous-œuvres pour le cinéma et le théâtre dont on faisait là la publicité pour durcir durablement votre position. C'était une pestilence, une pestilence morale, pire que la peste noire d'autrefois, avec laquelle on infectait le peuple. Et en quelle quantité ce poison était-il produit et répandu ! Bien entendu, plus le niveau moral et spirituel d'un fabricant d'œuvres de ce genre est bas, plus sa fécondité est sans limites, jusqu'à

> ce qu'un de ces types crache ses ordures au visage de l'humanité telle une machine à essorer.
>
> Gardons à l'esprit que leur nombre ne connaît pas de limites ; gardons à l'esprit que, pour un seul Goethe, la nature peut toujours aisément noyer ses contemporains sous dix mille de ces scribouillards qui, dès lors, sont comme des porteurs de bacilles de la pire espèce qui empoisonnent les âmes.
>
> Il était terrifiant de penser, mais on ne pouvait l'ignorer, que le Juif, dans son nombre sans fin, semblait avoir été spécialement désigné par la nature pour jouer ce rôle ignoble.
>
> Était-ce pour cette raison qu'il était considéré comme le peuple élu ?

Il poursuit en associant les Juifs à la prostitution et au trafic d'esclaves blancs à Vienne et déclare que, non content de ne plus éluder la question juive, il est déterminé à l'évoquer et, sachant désormais quels signes rechercher, il découvre constamment de nouvelles corrélations et cohérences, jusqu'au jour où il est confronté à la judéité dans le lieu où il s'y attend le moins :

> En reconnaissant dans le Juif le chef de la social-démocratie, j'eus l'impression que des écailles commençaient à tomber de mes yeux. Cela sonnait la fin d'un long combat intérieur.
>
> [...]
>
> Je me mis peu à peu à les haïr.
>
> Tout cela avait néanmoins un bon côté dans le sens où, plus je découvrais les véritables chefs ou du moins les propagateurs de la social-démocratie, plus l'amour pour mon peuple grandissait. Qui aurait pu blâmer les malheureuses victimes si l'on considère l'habileté diabolique de ces séducteurs ? Quelle peine j'eus moi-même à résister à la dialectique mensongère de cette race !
>
> [...]

> Elle seule [la connaissance de la question juive] me permit d'établir une comparaison pratique de la réalité avec les fables des théories dispensées par les apôtres fondateurs de la social-démocratie, car elle m'avait appris à comprendre le langage de leur peuple : il parle pour cacher ses pensées ou au moins les voiler, et son but véritable ne se trouvera jamais dans le texte lui-même mais sommeille toujours bien caché entre les lignes.
>
> Le temps était venu pour moi du plus profond bouleversement que j'eusse jamais à opérer.
>
> Le cosmopolite misérable que j'étais était devenu un antisémite fanatique.

Les premiers phénomènes qu'il attribue aux Juifs sont tous liés à la décadence de la culture : décadence de la presse, décadence de la littérature, décadence de l'art, en d'autres termes, décadence de l'espace public. Cette décadence, ou « écroulement » comme il la nomme aussi, et que beaucoup semblent percevoir à cette époque, pourrait être considérée comme la manifestation d'une déchéance morale ou la raison de cette déchéance morale. Hitler penche plutôt pour la seconde hypothèse, et, à lire le lien de cause à effet qu'il établit avec les Juifs, pareille corrélation peut être comprise de deux manières : comme l'expression de la morale « basse » du peuple juif ou encore comme une tentative pour corrompre les structures morales existantes, autrement dit, pour détruire le peuple de l'intérieur. Hitler semble croire qu'il s'agit d'une combinaison des deux et que le systématisme et le calcul mis en œuvre pour miner tous les domaines affectés par la décadence, mais cachés dans d'autres, deviennent doublement visibles à travers la politique des sociaux-démocrates. Les opinions, les croyances et la morale, qu'elles soient exprimées dans l'espace public ou dans la sphère privée, dans une œuvre d'art ou dans une déclaration politique, sont dans les dimensions toutes relatives de ce raisonnement pareilles à des degrés de bien et de mal sur l'échelle de la morale. En fin de compte, il déplace cette distinction toute relative vers un absolu en posant la question suivante : « Avons-nous le droit objectif de lutter pour notre propre préservation ou bien cela trouve-t-il son fondement subjectif à l'intérieur de nous ? » Ou, en d'autres termes, la culture et la morale sont-elles relatives, des notions que nous adoptons, ou existe-t-il un fondement objectif pour les motiver ? Existe-t-il quelque chose qui donne du crédit à la morale en dehors de la morale, quelque chose qui détermine la culture en dehors de la culture ? Hitler partage cet avis et fixe la frontière entre le nationalisme et le marxisme comme la manifestation fondamentale d'une autre frontière, celle qui sépare l'allemand et le juif, dans un espace notionnel qu'il nomme « l'œuvre du Seigneur » :

> La doctrine juive du marxisme rejette le principe aristocratique de la nature et remplace le privilège éternel de la force et de la puissance par la masse des nombres et leur poids mort. Elle nie ainsi en l'homme la valeur de la personne, conteste l'importance de la race et de ce qui fait une nation, et, de cette manière, arrache à l'humanité les prémisses de son existence et de sa culture. Adoptée comme fondement de notre univers, cette doctrine entraînerait la fin de tout ordre intellectuellement compréhensible pour l'homme. Et de même que, dans le plus grand des organismes perceptibles, l'application d'une telle loi ne pourrait qu'engendrer le chaos, de même elle ne provoquerait sur terre pour les habitants de cet astre [*sic* !] que leur propre perte.
>
> Si le Juif triomphe des peuples de ce monde grâce à sa profession de foi marxiste, il sera coiffé de la couronne mortuaire de l'humanité, cette planète errera dans l'éther comme elle le fit il y a des milliers d'années, vidée de ses êtres humains.

La vengeance de la nature est sans pitié quand on transgresse ses lois.

Je crois ainsi agir aujourd'hui dans le sens du Tout-Puissant car :

En me défendant contre le Juif, je me bats pour l'œuvre du Seigneur.

Le procédé rhétorique le plus important dans ce raisonnement, qui forme le noyau de l'idéologie politique d'Hitler telle qu'il la formule dans *Mein Kampf*, et par conséquent le point à partir duquel toutes les actions ultérieures menées par les nazis, y compris les exactions qui constituent à elles toutes la plus grande catastrophe de l'humanité, la Shoah, concerne ses arguments selon lesquels l'antisémitisme n'est pas une dimension fondée sur les émotions mais tout le contraire : un point de vue rationnel apparu sous l'effet du bon sens. Il s'agit d'une distinction cruciale. Cruciale pour Hitler lui-même, dans le sens où, pour peu que la haine qu'il éprouve à l'égard des Juifs n'ait aucun fondement rationnel, c'est-à-dire qu'elle ne soit pas imputable à un élément inhérent aux Juifs, elle proviendrait alors nécessairement de lui et serait l'expression de ses sentiments intérieurs, une dimension dont il reconnaîtrait à peine l'existence ; cruciale également pour ceux à qui il s'adresse, puisqu'en affirmant que son sentiment intuitif initial à l'égard des Juifs était de considérer l'antisémitisme comme une chose terrible, il devance ainsi une objection tout à fait essentielle et universelle, à savoir que les Juifs sont des gens comme eux, avec des joies et des peines, des enfants et des parents, des amis et des collègues, et que par conséquent on ne peut pas les haïr, on ne peut pas se retourner contre eux, ce serait déraisonnable et injuste. C'est ce que vous ressentez, il n'y a rien de mal à le ressentir, moi aussi je le ressens.

Voilà en résumé ce que dit Hitler. L'antisémitisme est monstrueux, les pogroms sont une chose terrible. Or ces sentiments, qui sont profondément humains, masquent la véritable situation. Et c'est ainsi, à l'abri d'une dissimulation proche du déguisement, que se déroule l'activité du Juif, qui consiste à détruire très précisément ce qui est bon, très précisément ce qui donne l'impression que l'antisémitisme est mauvais. Cette dissimulation, il faut la dévoiler, ce qui n'est possible qu'au moyen d'arguments rationnels comme ceux qu'il fournit dans son livre. Voilà où se situe le noyau rhétorique : je dis les choses telles qu'elles sont en réalité. La germanité est associée aux différences : l'individu a une valeur en tant que personne, en tant que partie intégrante d'une race et donc de l'expression politique de cette race, à savoir l'État national. La valeur de ce qui est allemand réside dans ses idéaux spirituels.

La judéité, assimilée au marxisme, est associée à la similitude : pour le Juif comme pour le marxiste, il n'y a pas de différences individuelles entre les êtres humains qui peuvent être remplacés et n'ont de valeur que par leur appartenance à la masse ; qui plus est il n'y a pas de différences de race, entendons, pas de peuple et pas d'État national. La valeur judéo-marxiste est matérielle et monétaire. Tout est identique dans le monde marxiste, et cette indifférenciation, cette réalité sans distinction, est synonyme de chaos. À l'inverse, la germanité est fondée sur des valeurs qui constituent le fondement de distinctions morales, le bien et le mal, c'est-à-dire le qualitatif, alors que le judéo-marxisme se fonde sur le nombre et la masse, c'est-à-dire le quantitatif. La germanité assoit sa légitimité sur la nature, c'est-à-dire le vivant au sein de la nature, le biologique, que les sciences naturelles ont divisé en classes, familles et espèces, et dont le principe, le principe même de la vie, est l'instinct de survie, donc le droit du plus fort. Et si le judéo-marxisme tire lui aussi sa légitimité de la nature, il l'assoit sur une nature sans vie, c'est-à-dire sur le matériel, donc sur la mort. Le prolongement du judéo-marxisme est le chaos, c'est-à-dire l'indifférenciation, en fin de compte la mort et le vide absolu, qui constituent l'indifférenciation définitive.

La pensée biologique intervient à plusieurs niveaux du texte : lorsque Hitler évoque les domaines de la vie culturelle dans lesquels les Juifs sont fortement présents, ils sont comparés à « un abcès » qu'« on » incise, une dissection qui laisse apparaître une espèce d'asticot dans un cadavre en décomposition : « un petit youtre ». Les activités des Juifs sont quant à elles comparées à une peste, « pire que la peste noire d'autrefois » : un « poison ». Tout ceci – ces mots qu'il égrène pour désigner les Juifs, « saleté », « peste », « poison », « putréfaction » – vient de l'extérieur de l'humain pour mieux se répandre en son sein et finalement le détruire. Pour Hitler, le corps est pur au départ, tant moralement que physiquement, parce qu'il maintient un éloignement par rapport aux autres corps dans un système méticuleux de contraintes régies par la morale. La syphilis, soutient-il plus tard, donc la sexualité réduite à une propagation de la maladie, qui vient de « notre prostitution de l'amour », est elle aussi la faute des Juifs : « Cette judaïsation de notre vie spirituelle et cette mamonnisation de notre pulsion d'accouplement corrompront tôt ou tard notre progéniture. » L'argent avilit les valeurs – même la plus sacrée d'entre elles, l'amour –, avec pour contrecoup non seulement la déchéance de l'âme mais la décomposition de la chair, dans laquelle les maladies se disséminent. L'image du Juif décrit comme une « machine à laver » qui propulserait sa saleté à la face de l'humanité semble correspondre à l'imaginaire d'Hitler où la menace de transgression, de contagion, de souillure et de chaos, le pire scénario qui soit, se cristallise dans une expression simple, éclatante, mais absolument ambivalente.

Mais à ce stade du raisonnement, la différence entre judéité et germanité n'est pas encore achevée car la compréhension judéo-marxiste de l'humain en tant qu'entité pouvant être pesée et mesurée, donc quantifiée, doit encore être interprétée comme une expression de la nature juive, c'est-à-dire non seulement comme une partie intégrante de la composition raciale des Juifs, mais comme une composante de leur culture. Le droit de se battre pour sa morale et sa culture, contre la morale et la culture juives, est une idée qu'Hitler adapte de la nature où la raison du plus fort l'emporte, ce qui suffit à légitimer le combat, bien qu'il n'ait pas encore tout à défini l'objet de ce combat. Il faut pour cela attendre la fin du premier volume de *Mein Kampf* – après qu'Hitler s'est épanché sur le ressentiment et l'obscurcissement haineux de son âme que la capitulation a occasionnés –, lorsqu'il aborde le sujet de l'anthropologie raciale.

L'anthropologie raciale se donne pour objectif de transposer dans la culture des éléments de la nature. Monde biologique des animaux et des plantes, de tous les organismes vivants, la nature n'exprime rien d'autre qu'elle-même, ne se réfère à rien d'autre qu'elle-même. Hitler glose donc sur un univers impie, mais non privé de valeurs, car les principes qui régissent la nature, ses lois biologiques, génèrent des valeurs, parmi les plus nobles desquelles on compte la survie et le développement de l'espèce. Et cette notion est défendue par deux principes : la délimitation et la sélection.

Il est des vérités si évidentes que, pour cette raison précise, elles ne sont pas vues ou au moins reconnues par le peuple ordinaire. [...]

Presque tous les hommes se promènent ainsi dans le jardin de la nature, s'imaginent presque tout connaître et savoir et passent sans le voir, à quelques rares exceptions près, devant l'un des principes les plus fondamentaux de la nature : la séparation interne des espèces de tous les êtres vivants sur cette terre.

Même l'observation la plus superficielle montre que la forme limitée en elle-même de reproduction et de diffusion dans la nature est presque une loi d'airain fondamentale des innombrables expressions du désir de vie. Chaque animal s'accouple avec un membre de la même espèce, une souris avec une souris, un pinson avec un pinson, une cigogne avec une cigogne, un mulot avec un mulot, une souris domestique avec une souris domestique, un loup avec une louve, etc.

Seules des circonstances exceptionnelles pourraient changer cela, en première ligne la contrainte de la captivité, ainsi qu'une impossibilité de s'accoupler dans une même espèce pour une quelconque raison. Mais dans ce cas la nature se met à résister par tous les moyens, et sa protestation évidente se manifeste soit par le refus de pouvoir procréer d'autres bâtards ou par la diminution de fertilité des futurs rejetons ; mais dans la plupart des cas elle supprime la capacité de résistance aux maladies ou aux attaques ennemies.

[...]

La conséquence de cette pureté de la race universelle dans la nature n'est pas seulement la distinction nette de chaque race vue de l'extérieur, mais aussi l'uniformité de chaque espèce. Le renard est toujours un renard, l'oie est toujours une oie, le tigre, un tigre, etc., et la différence entre chaque individu peut tout au plus se mesurer à des degrés divers de puissance, de force, d'intelligence, d'adresse, de longévité, etc. En revanche on ne trouvera jamais un renard qui, dans son attitude profonde, pourrait montrer des émotions humaines face à des oies, par exemple, tout comme il n'existe pas de chat ayant une sympathie naturelle pour les souris.

> C'est pourquoi, là aussi, la lutte entre eux ne survient pas tant pour des raisons d'aversion profonde qu'à cause de la faim et de l'amour. Dans les deux cas, la nature semble calme, paisible. La lutte pour le pain quotidien ne laisse aucune place aux faibles, aux souffreteux, à ceux qui manquent de détermination, tandis que la lutte des mâles pour la femelle ne concède le droit ou la possibilité de s'accoupler avec elle qu'au plus sain d'entre eux. Quoi qu'il en soit, la lutte est toujours un moyen de développer la santé et la force de résistance d'une espèce, et est par là même la raison d'une évolution supérieure.

Les arguments exposés ici correspondent à la vulgarisation de la pensée darwinienne, résumée par la maxime chargée de valeurs sur « la survie du plus apte ». Délimitation, pureté, développement – voilà les concepts clés d'Hitler, qu'il transpose dans la culture après en avoir établi l'existence dans la nature, à partir de l'idée selon laquelle d'une part l'être humain est avant tout un être biologique, d'autre part les idées et les représentations humaines sont en lien avec le biologique ; partant, seules les races supérieures développent des idéaux supérieurs, et la capacité de survie de ces idéaux est consubstantielle à la survie de la race. C'est le désintéressement. Tous les organismes vivants sont doués d'un instinct de conservation qui, chez les espèces les plus primitives, se traduit par une prédisposition à subvenir à leurs propres besoins. La supériorité de la race aryenne, selon Hitler, se caractérise non pas tant par un instinct de conservation plus puissant que dans d'autres races, mais par sa propension à s'affirmer avec davantage de sophistication puisqu'elle s'élève au-dessus de l'égoïsme, fait abstraction de ses propres besoins, est en mesure de prêter secours aux autres, de se sacrifier pour les autres, donc de travailler pour une communauté plus grande qu'elle-même :

> [L'Aryen] n'est pas supérieur dans ses propriétés intellectuelles en soi, mais dans la mesure où il est prêt à mettre toutes ses capacités au service de la communauté.
>
> [...]
>
> Cet état d'esprit qui fait passer les intérêts d'un seul individu après la préservation de la communauté est la première condition absolue à toute culture réellement humaine. C'est uniquement grâce à lui que les grandes œuvres de l'humanité peuvent voir le jour, elles qui récompensent peu leur créateur mais qui apportent les plus riches faveurs à la postérité. Oui, c'est seulement grâce à lui que l'on peut comprendre comment tant de personnes doivent supporter de mener une vie honnête mais misérable, qui ne leur procure que pauvreté et modestie, mais qui assure à la communauté les bases de son existence. Chaque ouvrier, chaque paysan, chaque créateur, fonctionnaire, etc., qui œuvre sans jamais pouvoir accéder lui-même au bonheur et au bien-être est un représentant de cette idée supérieure, même si le sens profond de ses actes lui reste caché pour toujours.
>
> Ce que l'on entend par œuvre est la base de la nourriture humaine et de tous les progrès de l'homme, mais cela vaut aussi, à un plus haut degré encore, pour la protection de l'homme et de sa culture. Le don de sa propre vie pour l'existence de la société est l'apothéose de tout sens du sacrifice. C'est uniquement cela qui empêche que ce qui a été bâti de la main de l'homme soit anéanti par d'autres mains ou détruit par la nature.
>
> Notre langue allemande possède un mot qui décrit magnifiquement ce genre d'activité : *Pflichterfüllung* [l'accomplissement du devoir] ; cela veut dire ne pas penser d'abord à soi mais servir la communauté ; voilà ce qu'est le devoir.

En d'autres termes, la perspective biologique qui englobe l'homme ne s'applique pas au seul domaine purement physique, il ne s'agit pas exclusivement de la couleur des cheveux, des yeux, de la peau, de la taille et de la force, mais aussi de propriétés et donc d'idéaux, c'est-à-dire de ce qui est traditionnellement considéré comme le côté spirituel de l'homme : c'est aussi une question de biologie, de race et de sang.

L'objection selon laquelle la nature et la culture sont deux réalités distinctes, et que la culture triomphe de la nature en l'utilisant à ses propres fins, en la dirigeant et en la maîtrisant, est contrée par Hitler dans l'argument suivant :

> Évidemment, c'est là qu'intervient l'objection du pacifiste moderne, marque d'insolence typiquement juive mais aussi de stupidité : « L'homme doit dominer la nature ! »
>
> Ils sont des millions à répéter comme des perroquets cette absurdité juive, sans réfléchir, et finissent par s'imaginer vraiment comme des espèces de conquérants de la nature ; bien qu'ils ne disposent pour toute arme que d'une « idée », si misérable en outre que, si elle s'appliquait, aucun monde ne serait concevable.
>
> Au-delà du fait que l'homme n'a jamais dominé la nature en quoi que ce soit mais qu'il a tout au plus surpris et tenté de soulever l'un ou l'autre minuscule pan de son voile immense, gigantesque, de secrets et d'énigmes éternels, qu'il n'« invente » rien en réalité, mais ne fait que découvrir, qu'il ne domine pas la nature mais qu'il s'est élevé, sur la seule base de sa connaissance de certains secrets et autres lois naturels, en maître de ces autres créatures vivantes qui n'ont pas ce savoir ; au-delà de tout cela, donc, une idée ne peut *dominer* les conditions d'existence et de développement de l'humanité, car l'idée elle-même ne dépend que de l'homme. Sans hommes, il n'y a pas d'« idée » humaine sur cette terre, par conséquent, l'idée en tant que telle est toujours soumise à la présence de l'homme, et ainsi à toutes les lois qui créent les conditions nécessaires à cette existence.
>
> Et ce n'est pas tout ! Certaines idées sont aussi liées

à certains hommes. C'est en général le cas de ces idées dont la teneur ne repose pas tant sur une vérité scientifique scrupuleuse que sur le monde de l'émotion, ou, comme on se plaît aujourd'hui à l'exprimer de manière si belle et « claire », qui reflètent une « expérience intérieure ». Toutes ces idées qui n'ont rien à voir avec la logique froide en soi, mais ne représentent que pures manifestations émotionnelles, visions éthiques, etc., sont attachées à l'existence des hommes, que ceux-ci doivent à leur propre imagination intellectuelle et à leur force créative. Dans ce cas précis, la préservation de ces races et hommes bien définis est la condition indispensable à l'élaboration de ces « idées ».

S'il y a des races supérieures, il y a forcément des races inférieures. Et si des idéaux élevés et des qualités nobles sont associés à la race biologique, l'absence d'idéaux et les mauvaises qualités le sont forcément aussi. Dans ce système, où tout est biologie et hérédité, la grande menace se situe donc dans la dégénérescence de la race, qui peut se produire de l'intérieur, à la suite d'un accouplement entre des individus supérieurs et des individus inférieurs, et de l'extérieur, par le biais de la fusion d'une race inférieure avec une race supérieure. Hitler donne un exemple d'un tel métissage et de ses dangers en soulignant les différences entre les cultures nord-américaine et sud-américaine, où dans le premier cas, la population est largement composée d'éléments germaniques qui « ne se sont que très peu mêlés à des peuples inférieurs appartenant à des races de couleur », alors que, dans le second cas, la population est largement composée d'immigrants latins qui se sont mélangés « parfois à grande échelle » aux habitants autochtones, ainsi qu'il l'écrit.

Hitler divise les peuples en trois catégories : les fondateurs de la culture, les porteurs de la culture, les destructeurs de la culture. Les Aryens représentent la première catégorie, les Juifs la dernière. Les Juifs possèdent un instinct de conservation très développé, mais leur disposition au sacrifice ne va que rarement au-delà de l'instinct purement égoïste de conservation individuelle. Leur sens de la solidarité, qui semble si puissant, n'est rien d'autre, aux yeux d'Hitler, qu'un « instinct grégaire très primitif ».

> Il est à noter que, dans tous ces cas, un instinct grégaire ne conduit à un soutien mutuel que tant qu'un danger commun fait paraître cela utile ou indispensable. La même meute de loups qui traquent ensemble leur proie se désagrège en bêtes solitaires dès que la faim devient trop forte. Il en est de même pour les chevaux qui cherchent à se défendre d'un bloc contre l'agresseur mais partent chacun de leur côté une fois le danger passé.
>
> Le même comportement se remarque chez le Juif. Son sens du sacrifice n'est qu'un leurre. Il ne dure que lorsque l'existence de chaque individu le rend absolument nécessaire. Dès que l'ennemi commun est vaincu, que le danger qui les menaçait tous est écarté, que le butin est caché, l'apparente harmonie des Juifs entre eux cesse, pour redonner place à leurs anciennes tendances causales. Les Juifs ne restent unis que lorsqu'un danger commun les y oblige ou qu'une proie les attire ; une fois ces deux raisons mises de côté, ils adoptent les caractéristiques de l'égoïsme le plus ignoble, et le peuple uni devient en un tour de main une horde de rats se battant entre eux jusqu'au sang.
>
> […]
>
> Il est donc rigoureusement faux de vouloir conclure à une sorte de sens du sacrifice idéal chez les Juifs à partir du fait qu'ils se tiennent ensemble dans la bataille ou, pour l'exprimer plus justement, dans le pillage de leurs semblables.
>
> Une fois encore, le Juif n'est mû que par le pur égoïsme.
>
> C'est pourquoi l'« État » juif (censé être l'organisme vivant pour la préservation et l'accroissement d'une

race) n'a pas la moindre limite territoriale. Car le cadre spatial défini de la formation d'un État présuppose toujours un point de vue idéaliste de la race d'État, mais surtout une interprétation juste du concept de « travail ». Dès que cette attitude manque ou est tout à fait inexistante, toute tentative de formation, et même de préservation d'un État limité spatialement, est vouée à l'échec. Cela supprime ainsi la base indispensable sur laquelle une culture peut se former.

C'est la raison pour laquelle le peuple juif, malgré toutes ses apparentes qualités intellectuelles, ne dispose pas d'une vraie culture, encore moins d'une culture qui lui soit propre. Car ce que le Juif possède aujourd'hui comme culture d'apparat n'est que le bien d'autres peuples, que ses mains ont la plupart du temps ruiné.

Dans ces conditions, en vertu de l'indivisibilité entre race et propriétés humaines, et puisque la culture et les idéaux humains sont eux aussi, par essence, des incarnations de la biologie, que le plus bas, le juif, existe au sein du plus haut, l'aryen, sans limites clairement définies entre les deux entités biologiques, le « mélange des races » (« *Rassenmischung* ») représente alors dans ce système le plus grand danger, un péril qui éclipse toute autre question. La lutte pour le maintien de la pureté raciale l'emporte sur toutes les autres luttes.

Tout est à améliorer sur cette terre. Chaque défaite peut devenir mère d'une future victoire. Chaque guerre perdue, la raison d'un futur soulèvement, chaque période de misère, l'enrichissement de l'énergie humaine, et de chaque oppression peuvent venir les forces nécessaires à une nouvelle renaissance spirituelle, tant que l'on garde le sang pur.

La perte de la pureté du sang détruit à elle seule le bonheur intérieur pour toujours, plonge l'homme dans les abîmes pour l'éternité, et ses conséquences marquent le corps et l'esprit à jamais.

> Quand on examine tous les autres problèmes de notre vie et qu'on les compare à cette simple question, on peut très vite s'apercevoir à quel point ils sont insignifiants par rapport à elle. Tous sont limités dans le temps tandis que la question de la préservation du sang est liée à l'histoire de l'homme, jusqu'à sa disparition.

En d'autres termes, la question juive est pour Hitler le sujet politique crucial dans l'Allemagne de 1924, plus important encore que le problème de la pauvreté, plus important que l'armistice et le traité de Versailles, que l'inflation et le chômage, parce que, contrairement à toutes ces questions, elle est liée à la notion d'authenticité et à celle de la vie, la plus fondamentale d'entre toutes, à l'humain. Le corps a ainsi été placé au centre du champ politique. Le corps est une manifestation de l'État dont la tâche consiste à le maintenir dans un état de pureté totale, de veiller à ce qu'il se développe dans la direction souhaitée, aussi bien physiquement que moralement, et qu'il ne s'accouple pas avec des corps de statut inférieur. La perspective biologique est supérieure à la perspective individuelle, l'être humain en tant que corps passe avant l'être humain en tant que personne, et les propriétés de l'individu sont dénuées d'importance car un Juif aura beau s'évertuer à être bon et désintéressé, à être travailleur et innocent, il n'en restera pas moins coupable pour la simple raison qu'il est juif. Ainsi, le Juif en tant qu'individu est absous de toute culpabilité, il n'y peut rien, alors que les Juifs en tant que collectivité sont condamnés, associés à une longue succession de propriétés auxquelles ils ne peuvent jamais échapper, qu'ils les aient manifestées ou pas.

Nous avons toujours considéré de cette manière les animaux, condamnés à s'exprimer par le biais des propriétés de leur espèce, une appartenance à laquelle ils ne peuvent échapper, un chat ou un rat étant toujours d'abord un chat ou un rat et seulement avant d'être tel chat et tel rat. Mener une action en justice contre un chat ou un rat n'aurait aucun sens car ils ne sont pas coupables, ils sont l'expression de leur espèce, ils n'ont pas le choix, un concept tel que la morale est dénué de sens lorsqu'il est appliqué à leur vie. S'ils faisaient quelque chose que nous jugions indésirable, s'ils nous compliquaient la vie d'une manière ou d'une autre, rien ne nous empêcherait de nous débarrasser d'eux puisque, comme ils ne peuvent ressentir de culpabilité individuelle, ils n'ont donc aucun droit individuel. Les animaux sont en dehors de la loi, sinon en tant que collectivité quand il s'agit par exemple de protéger une espèce, mais même cela est indépendant de leurs propriétés, pour autant qu'ils ne soient pas directement nuisibles à l'homme.

La perspective biologique, selon laquelle l'homme est d'abord considéré en termes de race, une collectivité avec des propriétés bien définies et des idéaux, puis en termes d'individus jugés dignes ou indignes selon la race à laquelle ils appartiennent, et enfin seulement en tant que personnes avec un nom et un visage particuliers, nécessiterait, si elle devait faire force de loi dans un État futur, l'introduction d'une nouvelle législation et d'un nouveau système juridique, étant donné que la notion de responsabilité individuelle et de culpabilité personnelle est fermement ancrée dans la culture, avec des racines remontant aux débuts de la civilisation. La seule exception à cette règle civilisationnelle serait la guerre. Seule la guerre abolit la responsabilité individuelle et la culpabilité personnelle car, le temps qu'elle dure, chaque soldat de l'autre camp est d'abord un ennemi, qui peut être tué sans sommation, le représentant d'une collectivité, et seulement ensuite un individu. C'est cette collectivité que signale l'uniforme et que la marche au pas incarne : le *soi*, l'individuel, le nom et le visage personnels sont toujours subordonnés à la collectivité, au *tout*, au nom de la nation et au drapeau. Ces deux aspects, qui tous deux abolissent l'individu, l'un où l'être humain est uniquement perçu sous l'angle de la biologie, lié pieds et poings aux lois de la nature, l'autre où il est vu comme un être en guerre, un état dans lequel les lois de la société civile sont abolies – voilà ce qui rend possible le raisonnement d'Hitler sur le compte des Juifs dans *Mein Kampf*. Les deux perspectives étaient communes dans la société contemporaine d'Hitler, directement et indirectement répandues. Aux côtés du *Juif international : le problème du monde* d'Henry Ford, *Typologie raciale du peuple allemand* d'Hans F. K. Günther, les écrits de Houston Stewart Chamberlain, Dietrich Eckart et Alfred Rosenberg, l'ouvrage de l'Américain Madison Grant, *Le Déclin de la grande race*, a également été important pour Hitler à cette époque. Ryback affirme qu'Hitler l'a appelé « mon inspiration » et fait remonter à ses pages plusieurs lignes d'argumentation dans *Mein Kampf*.

Mais la pensée raciale est bien plus qu'une théorie paranoïaque et pseudo-scientifique. Elle est en effet répandue dans des milieux scientifiques et universitaires des plus sérieux, où elle est présentée comme une vérité objective à l'égal d'autres vérités scientifiques, conférant ainsi une légitimité à Ford, Grant et Hitler ; car, pour autant qu'ils poussent les prolongements de cette pensée raciale jusque dans leurs retranchements les plus extrêmes, leurs idées se fondent néanmoins sur une acceptation reconnue, qui se base sur des faits étayés par des chiffres, et selon laquelle le concept de race établit un distinguo pertinent dans le regard porté sur l'humain et permet d'affirmer qu'il existe des êtres humains purs et impurs d'un point de vue racial. 1926, soit un an après la parution de *Mein Kampf*, voit la publication en Suède d'un ouvrage intitulé, en anglais dans le texte, *The Racial Characters of the Swedish Nation* (*Les Caractères raciaux de la nation suédoise*), rédigé par des chercheurs de l'université d'Uppsala affiliés à l'Institut national suédois de biologie raciale. Il s'agit d'une publication doublement prestigieuse : éditée par l'Institut, elle se compose en outre d'une étude de grande envergure qui servira par la suite de modèle pour des travaux similaires mis en œuvre dans d'autres pays. Dans son article portant quant à lui le titre *Tableau synoptique orientant l'état des races en Europe*, Rolf Nordenstreng définit le concept de « race » en ces termes :

> Au point de vue scientifique, le mot *race* désigne un groupe d'individus d'une seule et même espèce, qui diffèrent d'autres individus de cette même espèce, par une combinaison particulière de certains caractères héréditaires. Une race est toujours le produit de facteurs *sélectifs* en coopération avec d'autres facteurs, encore inconnus, qui transforment, d'une façon ou d'une autre, les caractères héréditaires.
>
> Une race est une conception purement anthropologique, ses caractères sont, par-dessus tout, physiques. Il est certain qu'il doit y avoir aussi des différences intellectuelles parmi les races, et non moins importantes ; mais elles sont excessivement difficiles à découvrir et à prouver. Pour l'instant, ce ne sont que des conjectures et, bien que les essais qui ont été faits pour définir les intellectuels des races contiennent probablement une grande part de vérité, basée sur des observations bonnes et sûres, ils contiennent aussi une quantité considérable de rapports partiaux et arbitraires. Avec le temps. il se peut qu'il se développe quelque chose comme une psychologie scientifique des races – à présent inexistante. En tout cas, il sera encore plus difficile

de découvrir la relation entre les caractères intellectuels des races et les langues.

Comme à peu près certain, nous pouvons nous risquer à indiquer les cinq grandes races suivantes : 1° la race *nordique* ; 2° la race *est-baltique* ; 3° la race *méditerranéenne* ; 4° la race *alpine*, et 5° la race *dinarique*. À celles-ci on peut ajouter, bien qu'elles ne soient pas, dans le vrai sens du mot, européennes, mais surtout asiatiques, la race *anatolienne* (arménoïde, antéro-asiatique) et la race *sémitique* (araboïde) ; ce dernier nom est mauvais parce qu'il est aussi un terme linguistique, mais il est cependant inévitable, parce qu'on n'en a pas suggéré de meilleur.

Le nom de la race « *nordique* » n'est pas tout fait juste, ce qualificatif étant employé aussi, dans beaucoup de langues, comme un terme linguistique signifiant « scandinave » ; or, la plupart des personnes de cette race parlent des langues qui ne sont pas scandinaves. Mais ce terme est d'usage et le nord de l'Europe, avec le nord de l'Allemagne, est le centre distributif de la race et c'est dans les pays septentrionaux, dans la péninsule scandinave, qu'on la rencontre le plus communément et dans sa plus grande pureté. Cette race est encore souvent appelée « *teutone* » ou « *germanique* » et on l'a encore nommée « *kymrique* ». Les archéologues allemands l'appellent quelquefois « le type en rang de tombes », *Reihengräbertypus*. Les caractéristiques sont : une peau rosée, claire, translucide ; une chevelure blonde, quelquefois roussâtre, souple, souvent ondulée ou frisée ; une barbe luxuriante, des yeux bleu clair ou gris-bleu, une taille élevée avec les jambes proportionnellement longues ; une démarche ferme, élastique, avec les jambes tendues ; une forte charpente ; le visage plutôt étroit, avec le nez mince, généralement grand, droit ou quelque peu busqué, souvent avec une petite bosse à la transition des os du nez et du cartilage ; la racine du nez étroite et grande ; les pommettes peu ou pas du tout proéminentes ; les mâchoires ne faisant pas saillie et deux rangées de dents presque verticales, l'une contre l'autre ; des lèvres un peu minces ; le menton très avançant ; le front étroit, quelque peu oblique ;

> des arcades sourcilières faibles, mais tout à fait perceptibles ; les yeux assez profondément enfoncés ; la boîte crânienne longue et plutôt étroite (longueur de tête env. 195 mm ; indice céphalique env. 77) avec le sommet de la tête presque horizontal et l'occiput fortement allongé. Il faut cependant remarquer que la couleur des cheveux et la forme du nez sont très variables. On rencontre presque tous les tons possibles de cheveux clairs, depuis le jaune lin en passant par le jaune roux, jusqu'au brun clair doré et le blond cendré jusqu'au blond gris plus foncé. Et avec les nez droits ou courbés, il y en a de relevés dont le bout est un peu retroussé et l'arête quelque peu affaissée au milieu – forme très répandue dans l'ensemble de cette race. […]
>
> La race *sémitique* qu'on pourrait peut-être aussi appeler race *sraboïde*, parce que ses caractéristiques semblent plus communes chez les Arabes que partout ailleurs, passe pour être un rejeton de la race méditerranéenne. Elle diffère de cette race principalement par le nez, plus grand, plus courbé, mais aussi mince et étroit ; les lèvres plus pleines, mais pas épaisses ; un teint assez clair mais jamais rosé et des yeux fendus en amande (l'angle intérieur de l'œil est plus arrondi, l'angle externe plus pointu). La dépression entre le menton et la lèvre inférieure se trouve plus haut que dans les autres races. Il y a beaucoup de sang sémitique dans les Juifs sépharades et moins dans les Juifs ashkénazes et il est très probable qu'il y en a dans la population de la plupart des pays de l'Europe méridionale.

L'indice céphalique, ou *Kopfindex* en allemand, est le rapport arithmétique entre la largeur et la longueur de la tête, à ne pas confondre avec sa valeur correspondante pour le crâne, l'indice crânien, ou *Schädelindex* en allemand, ainsi que l'explique l'introduction d'un chapitre en particulier, avec tableaux et graphiques à l'appui, qui détaillent les résultats du travail de terrain mené par les scientifiques de part et d'autre du pays. *The Racial Characters of the Swedish Nation* examine l'indice céphalique à travers toutes les provinces et tous les comtés du royaume, au sein de toutes les communautés rurales et urbaines, ces dernières incluant les quatre plus grandes villes suédoises, des principaux secteurs d'activité économique, des classes sociales, des autres pays scandinaves ; la même lecture est répétée au regard des autres mesures anthropologiques – longueur du tronc, longueur des bras, longueur des jambes, largeur de la tête, longueur de la tête, largeur du visage, hauteur morphologique du visage, indice morphologique du visage, indice jugo-frontal et indice jugo-mandibulaire, nez, oreille, profil du pont nasal, couleur des yeux, couleur des sourcils, couleur des poils pubiens –, le tout d'abord réparti en fonction des différentes entités géographiques et sociales, puis examiné en regard dans une section autonome, c'est-à-dire en étudiant la relation entre par exemple la hauteur du visage et la longueur des bras, ou la communauté rurale et la province. La dernière section de l'ouvrage se compose de planches de photographies publiées en pleine page, représentant les différents spécimens raciaux en Suède, montrés nus pour certains, hommes, femmes, enfants, notamment un fermier du Norrbotten apparaissant dans la section « types est-baltiques, relativement purs », un nomade du Jämtland dans la section « prototype lapon, relativement pur », ou encore un ouvrier de Laponie dans la section « types issus d'un mélange racial, est-baltique-lapon ».

La différence majeure entre ce genre de texte et celui d'Hitler tient à leur style. La théorie raciale explicitée dans l'article de Nordenstreng est rédigée dans ce style objectif et neutre utilisé par tout discours scientifique, aujourd'hui encore, un style qui reflète la vérité. Vérité, objectivité, exhaustivité, vision globale, certitude, connaissance – tout est dans le style. Des chiffres, des tableaux, la terminologie latine – tout reflète la vérité et la fiabilité absolue. Cette impression est d'autant plus forte que le texte délimite et sépare ce qu'il peut affirmer avec certitude et ce qu'il ne peut affirmer avec certitude. Ainsi, un lien entre race et psychologie, donc un lien biologique, est probable mais ne peut être prouvé en l'état actuel des recherches. Or, par ce propos, le texte sous-entend précisément que ce qu'il ne peut affirmer avec certitude peut être prouvé et ouvre ce faisant la voie à un lien biologique possible entre race et psychologie. L'association immédiate de la vérité avec le style et plus particulièrement ses tropes (qu'il s'agisse de ses figures de rhétorique ou de style) saute doublement aux yeux pour nous, maintenant que le contenu de l'article a été totalement discrédité – non plus seulement en tant que pure spéculation dépourvue du moindre fondement scientifique, mais aussi en tant que théorie dangereuse et incarnation fondamentale du mal.

Mais où se trouve ce mal, pour nous ? Le style scientifique employé ici contient également une part de sollicitude en ce qu'il présente le savoir acquis par ces scientifiques non pas en leur nom propre, mais au nom de la communauté ; c'est ce savoir qu'ils partagent dans ces articles. De la sollicitude, mais aussi une idée claire du progrès : la discipline est nouvelle, nul n'a étudié le sujet ni ne l'a envisagé auparavant, mais, à la faveur des progrès accomplis par la biologie dans la seconde moitié du XIXe siècle, grâce à la théorie explicative de Darwin sur l'origine des espèces et avant lui la taxonomie globale de Linné, on s'approche avec ce pas franchi – la mise en place de l'Institut national suédois de biologie raciale voué à l'exploration de ce tout nouveau champ de recherche – de connaissances plus approfondies sur l'espèce humaine qui offriront des possibilités évidentes de progrès supplémentaires. Or la biologie raciale est indissociable de l'eugénisme, donc de l'hygiène raciale, dont les tenants estiment que la santé et la procréation de peuples entiers peuvent être orientées dans la direction considérée comme souhaitable, en procédant notamment à la stérilisation des éléments jugés indésirables tels que les schizophrènes, les handicapés mentaux, les criminels incurables, les vagabonds et les Tsiganes, comme cela va effectivement se produire en Suède, en Norvège, aux États-Unis et en Allemagne dans les années trente et quarante.

De telles mesures sont prises en liaison avec cette recherche, sous les auspices de l'État, et elles élargissent dans le même élan la définition du rôle et de l'intervention de l'État : le concept de santé publique remonte en effet à cette période, car l'idée que l'État assume la pleine et entière responsabilité de la santé et du bien-être de l'individu n'est en aucun cas un fait acquis, et les notions qui l'accompagnent – un esprit sain dans un corps sain, la pauvreté, l'obscurité et la maladie éliminées grâce à la lumière et au soleil, l'envoi des enfants pauvres à la campagne en été, les infirmières et les vaccinations – ont trait à ce tout nouveau point de convergence entre le corps et l'État. Tout ceci est pensé et réalisé par des personnes honnêtes, aux intentions honnêtes, l'idée même qu'il pourrait être indéfendable de stériliser une femme sous prétexte qu'elle est atteinte d'hallucinations et donc incapable de se prendre en charge ne relève pas à l'époque du sens commun, qui estime plus dangereux le risque de la voir tomber enceinte et transmettre sa souffrance à l'enfant, cette famille devenant un poids pour la société dans son ensemble.

La division de l'humanité en êtres racialement

purs et racialement impurs, supérieurs et inférieurs par implication, participe du même paradigme, et c'est cette scientifisation ou biologisation de l'humain – et rien d'autre – qui permet l'émergence de la théorie raciale d'Hitler puis de sa politique raciale ultérieure. Sans elle, l'antisémitisme n'est qu'un sentiment irrationnel, une ratiocination cachant la recherche d'un bouc émissaire, une paranoïa au sein de la culture qui peut être prise plus ou moins au sérieux mais ne saurait jamais servir de fondement à un programme politique. Hitler suit les recherches internationales sur l'eugénisme telles qu'elles ont été menées en Europe et aux États-Unis, avant et après sa nomination au poste de chancelier du Reich. Il connaît les travaux d'éminents eugénistes américains tels que Leon Whitney, directeur de la Société eugénique américaine, Charles Davenport, biologiste formé à Harvard et représentant éminent du programme américain de stérilisation, et Paul Popenoe de la Fondation pour l'amélioration de l'homme. Le passage suivant, cité par Ryback, est extrait d'un discours prononcé par Hitler au milieu des années trente :

> Maintenant que nous connaissons les lois de l'hérédité, il est possible d'éviter, dans de larges proportions, la naissance d'êtres à la santé défaillante et au handicap lourd. J'ai étudié avec intérêt les lois de certains États américains sur l'interdiction de se reproduire pour des personnes dont la progéniture n'aurait aucune valeur ou serait nocive au peuple.

Selon Ryback, Hitler rencontre également l'eugéniste américain et théoricien racial farouchement antisémite Lothrop Stoddard en 1939, alors que celui-ci est en poste à Berlin et obtient une invitation personnelle du Führer en raison de son travail sur l'eugénisme. Stoddard lui promet de ne pas faire référence à leur rencontre, mais il déclare par la suite qu'Hitler lui donne une poignée de main ferme bien qu'il ne cherche pas à établir un contact visuel. Il écrit de manière plus générale sur le rapport de l'Allemagne avec l'hygiène raciale :

> L'importance relative qu'Hitler accordait il y a des années au racialisme et à l'eugénisme laisse présager l'intérêt qu'ils suscitent aujourd'hui. [...] En Allemagne, le problème juif est considéré comme un phénomène passager, déjà réglé en principe et bientôt en pratique par l'élimination physique des Juifs du Troisième Reich. C'est la régénération de la souche germanique qui préoccupe le plus l'opinion publique et qu'elle cherche à approfondir de diverses manières.

La scientifisation de la pensée raciale, tout l'appareil scientifique mis en place autour d'elle, avec ses instruments de mesure destinés notamment à la craniométrie, ses tableaux et graphiques, sa terminologie latine et son vocabulaire technique, confère une légitimité aux fondements théoriques de cette pensée ; et, bien que le livre d'Hitler ne contienne aucune trace de style savant, c'est néanmoins *Mein Kampf* qui rend possible la connexion non seulement entre la culture et la nature, mais aussi entre l'État et le corps, la politique et la biologie, autant de dichotomies centrales dans l'idéologie d'Hitler, son livre étant ainsi une version extrême de cet état d'esprit. Si beaucoup estiment qu'il exagère, qu'il frise la paranoïa, qu'il n'est pas sérieux dans ses propos, et encore moins alors que, approchant du centre du pouvoir, il se donne des allures plus respectables, ils ne remettent cependant pas en question l'objectif fondamental de sa politique qui vise l'amélioration du peuple en tant qu'ensemble, en tant que race, afin de l'élever vers un avenir resplendissant de santé et moralement inattaquable.

Déjà présente dans le monde de Faust et à l'œuvre chez Martin Luther, la haine des Juifs est ancienne, à l'instar des persécutions dont ils ont de tout temps été victimes, à tel point qu'elles en deviennent un phénomène archaïque, partie intégrante de leur image de soi et des cultures qui les entourent, un tissu mythique bien antérieur au siècle des Lumières mais toujours aussi vivace, comme si cette haine était enracinée dans les villages et les forêts, dans les grandes zones rurales appauvries de Pologne, par exemple, où les préjugés usuels contre les Juifs – leurs prétendues richesse, tricherie et fourberie, leur entraide et la protection des leurs – étaient ancrés dans la culture et suffisaient à expliquer les difficultés et la misère des autres. La haine des Juifs pour Hitler et les nazis a cependant ceci de nouveau qu'elle est arrimée à la modernité et aux grandes métropoles, associée à l'homme de masse et non au colporteur juif Papst rencontré dans *Vagabonds* d'Hamsun, à la finance internationale et au marxisme international. Tout aussi nouvelle, la théorie raciale donne à cette mentalité une légitimité qui l'éloigne du mythe pour l'implanter dans une rationalité et une modernité. Plus frappante encore est toutefois cette fusion du mythe et de la modernité dans la propagande, où les images de cette haine ancestrale – les Juifs représentés comme des rats, les Juifs représentés comme des porcs, les Juifs représentés comme le mal absolu – sont diffusées par le biais de la nouvelle technologie, projetées en images animées sur les écrans de cinéma, en voix vivantes à la radio, insérées comme son antithèse et son fondement primitif dans un monde d'automobiles, de néons, d'usines, de téléphones et de films.

Dans *Mein Kampf*, Hitler est tout aussi direct dans sa réflexion sur la propagande que dans son antisémitisme, son antidémocratisme et son idéologie du *Lebensraum*, dont le corollaire ne peut être qu'une nouvelle guerre. Mais, alors que son antisémitisme et son nationalisme sont de nature idéaliste, réunis par le truchement de la biologie raciale, ses réflexions sur la propagande sont plus pragmatiques. La propagande est le moyen le plus important pour atteindre ses objectifs idéalistes, et il était tellement convaincu de son pouvoir qu'il ne s'en cache même pas. Comme l'explique Peter Sloterdijk, Hitler est si sûr de lui en ce qui concerne la puissance de la propagande sur le peuple qu'il estime pouvoir se permettre de révéler sa recette. Hitler qualifie pour sa part la propagande d'arme, « une arme réellement terrifiante dans la main de celui qui sait s'en servir ».

> La deuxième question d'une importance tout à fait capitale était la suivante : à qui adresser la propagande ? À l'intelligentsia scientifique ou à la masse moins instruite ?
>
> Elle s'est toujours adressée exclusivement aux masses !
>
> [...]
>
> La fonction de la propagande ne repose pas sur une éducation scientifique de l'individu mais bien plus sur le signalement aux masses de certains faits, procédés, nécessités, etc., dont l'importance est ainsi rapportée au champ de vision de la masse.
>
> Tout l'art consiste uniquement à exercer cela avec assez de brio pour convaincre tout le monde de la réalité d'un fait, de l'utilité absolue d'un procédé, de la justesse d'une nécessité, etc. Mais comme la propagande n'est et ne peut être de la science, comme son rôle est d'attirer l'attention de la foule, de la même façon qu'une affiche, et non d'éduquer ceux qui sont déjà instruits ou qui ont soif d'éducation et de connaissances, son action doit toujours se concentrer sur l'émotion et

dans une bien moindre mesure sur ce qu'on appelle la raison.

Toute propagande se doit d'être populaire et d'ajuster son niveau intellectuel en fonction de la capacité de compréhension des plus limités de ceux à qui elle s'adresse. En conséquence, plus le nombre d'individus à atteindre est élevé, plus son niveau purement intellectuel devra être bas.

[…]

Tout l'art de la propagande consiste à comprendre l'imaginaire émotionnel du peuple, et à trouver la voie, sous une forme psychologique adaptée, vers l'attention puis le cœur des masses. Le fait que nos petits génies ne comprennent pas ça montre chez eux une certaine paresse intellectuelle ou de la vanité.

[…]

La réceptivité des masses est très réduite, leur intelligence est faible, en revanche leur capacité à oublier est énorme. Par conséquent, toute propagande efficace doit se limiter à quelques points seulement et les rabâcher sous forme de slogans jusqu'à ce que le dernier individu de la masse ciblée arrive à comprendre ce que vous vouliez qu'il comprenne par ces slogans. Dès qu'on sacrifie ce principe et qu'on souhaite devenir plus complexe, on fait voler en éclats l'effet de la propagande car la masse ne peut digérer ni retenir ce qu'on lui propose. Cela aura pour effet d'affaiblir les résultats obtenus qui finiront par s'annuler tout à fait.

L'aspect le plus crucial de la propagande n'est toutefois pas sa simplicité, si immédiate que le quidam le moins doué dans une foule est en mesure de la comprendre, mais bien son entière subjectivité, le fait qu'elle ne comporte pas une once d'objectivité ou d'impartialité et qu'elle ne nuance nullement le sujet qu'elle aborde.

Que pourrait-on dire par exemple d'une affiche supposée vanter les mérites d'un nouveau savon mais qui décrirait les autres savons comme « bons » ?

On secouerait simplement la tête.

C'est exactement la même chose pour la publicité politique.

Le rôle de la propagande n'est pas de soupeser les différents droits des uns et des autres, par exemple, mais bien d'insister exclusivement sur celui qu'elle est censée représenter.

Ce qui intrigue le plus dans cette partie de *Mein Kampf*, c'est qu'Hitler dit la vérité en face : la propagande est une manipulation qui présente souvent des impostures, avec une telle fréquence et une telle insistance qu'elle finit par transformer ces mensonges en vérités. On pourrait penser qu'écrire des propos pareils risquerait de miner sa crédibilité et de le tuer politiquement, mais Hitler s'y aventure pour deux raisons : en partie parce que la propagande est un moyen pour atteindre une fin, cette fin étant si importante et si juste, si bénéfique pour la société, que tous les moyens sont permis pour y parvenir, y compris le mensonge – le pragmatisme existe au nom de l'idéalisme, il en est le serviteur, et non l'inverse – ; en partie parce qu'il est à ce point persuadé que la propagande fonctionne et renferme une force suffisante pour qu'il ne se sente pas menacé par une telle explication ou un tel aveu, oui, il ne dit pas autre chose : toute contradiction qui viendrait complexifier, objectiver ou nuancer le message de la propagande n'atteindra jamais comme elle un aussi large pan de la population et n'aura jamais sur celle-ci le même effet, à commencer par les propres propos d'Hitler.

Cette dialectique ne nous est nullement inconnue, chacun sachant que la publicité, présente autour de nous au point de saturer nos vies, est manipulatrice et fausse, que l'image du monde dépeinte par la publicité est un mensonge, ce qui ne nous empêche pas pour autant d'être influencés par elle et d'agir en fonction de ses injonctions : je sais que boire du Coca-Cola ne va pas faire de moi un adolescent américain insouciant, mais je le préfère quand même au Jolly Cola quand je fais mes achats au supermarché ; je sais que le savon Dove n'a rien de plus que n'importe quelle autre marque, sinon un emballage et un budget publicitaire différents, et pourtant, quel savon ne mets-je pas dans mon panier ? La publicité semble immunisée contre toute critique sur sa nature et, sur ce point au moins, Hitler ne se trompe pas. Oui, à cet égard, la publicité est intimement liée à la beauté et au charisme : nous pouvons vouloir la complexité et la connaissance autant que nous le souhaitons, au bout du compte, ce sont les forces simples et immuables qui triomphent. La différence entre notre société et celle d'Hitler étant que nous avons banni ces forces et tout ce que nous associons à elles, en les repoussant dans un pan non menaçant de la société, celui qui engage le moins la réalité, le monde de la fiction et des images, c'est-à-dire la culture du divertissement, en ne leur permettant pas de pénétrer dans d'autres domaines qui, quant à eux, engagent la réalité, tels que la politique, l'éducation, l'administration ou la sphère privée, sauf sous le couvert de l'inauthenticité. Le fait que nous nous soyons ménagé un rayon pour l'authentique et un autre pour l'inauthentique, où la publicité et le pouvoir de la publicité sont soigneusement rangés, est peut-être ce qui nous sauve de certaines des forces libérées en Europe il y a trois générations. Mais pas pour toujours. Car il y a là une part de refoulé, le système contient toujours une part d'indicible, même si cet indicible relève de la vérité, et, un jour, à un moment donné, peut-on supposer, le pouvoir de la vérité prévaudra et renversera le jeu de la non-vérité. Dans une société sans détresse physique, où la violence entre semblables est régulée, il est difficile d'imaginer qu'un tel démantèlement puisse arriver : jamais une société n'a été plus éloignée de la révolution que la nôtre, jamais une masse humaine n'a été aussi engourdie dans les banalités que la nôtre, mais notre monde a aussi son revers, ce fameux tiers-monde où la violence structurelle est tout aussi impitoyable et destructrice qu'elle l'était autrefois en Europe, et si elle devait être mise en mouvement contre nous, il n'est nullement certain que le bon et le mauvais, le moral et l'immoral, le vrai et le faux puissent continuer d'être scindés comme ils le sont aujourd'hui.

Hitler comprend que les émotions sont toujours plus puissantes que les arguments, que la force qui réside dans un *nous* – le désir, le rêve et l'envie de communauté – est infiniment plus grande que celle qui réside dans la sollicitude envers un *ils*. La propagande s'oriente vers les émotions, et non vers l'intellect qu'elle insulte, et une partie de la même dynamique vaut pour ce qu'Hitler écrit sur la primauté de la parole sur l'écrit : la parole s'introduit ou peut s'introduire dans les émotions, les pénétrer complètement et par là même les influencer de l'intérieur, dans la mesure où ce qu'une personne ressent éclipse toujours ce qu'elle pense, une opinion basée sur les émotions s'appuie sur un bien-fondé, ce que l'on ressent existe pour de vrai et on le sait intimement, par opposition à une opinion basée sur la raison, nettement plus relative en ce qu'elle n'exclut pas les arguments objectifs et rationnels et, par conséquent, peut être modifiée par ces mêmes arguments.

L'écrit complique toujours, l'oral simplifie toujours, du moins lorsqu'il est orienté vers les états d'âme et les émotions, ce que l'écrit, ou du moins l'écrit politique et argumentatif, ne peut pas faire. Voilà pourquoi la musique dans un premier temps, puis la peinture dans un second temps, sont les formes artistiques préférées d'Hitler : elles communiquent sans le truchement des mots et par le biais des émotions. Voilà ce qui le distingue de tous les autres hommes politiques de son époque : non seulement il l'a compris mais il sait comment l'exploiter dans son activité politique.

Lorsque Hitler est nommé chancelier du Reich en 1933 et que les nationaux-socialistes parviennent au sommet de l'État, un changement se produit dans la langue publique, et ce à maints égards. Elle se simplifie, les mêmes mots sont répétés inlassablement. Victor Klemperer fait remonter cette évolution à Hitler et à *Mein Kampf*, publié huit ans plus tôt, qui, selon lui, établissent les caractéristiques de la langue nazie. Elle passe, dès l'instant où les nazis prennent possession du pouvoir, « de langue d'un groupe social » à « la langue d'un peuple », et l'essentiel de ce changement a lieu en ce qu'elle prend à son tour possession de l'ensemble de la vie allemande, dans ses domaines autant privé que public : la politique, les tribunaux, l'économie, l'art, la science, l'école, le sport, la famille, les jardins d'enfants, les chambres d'enfants, les forces armées. Les nazis s'emparent de tout, ce qu'ils font d'abord par le biais de leur langue. Elle est simple et simpliste, uniforme et monotone, orale. Les nouvelles technologies, telles que la radio et le cinéma, d'une part transforment la communication entre un individu et le groupe en une parole qui advient dans l'instant – par opposition au mot imprimé, qui peut être lu à tout moment, en tout lieu, et autant de fois que l'on veut –, d'autre part permettent d'atteindre tout le monde, même ceux qui ne peuvent ou ne veulent pas lire. Klemperer décrit l'abolissement par les nazis de la distinction entre le langage écrit et le langage parlé, où tout est transformé en déclaration, en déclamation, en exhortation, en agitation. Il n'y a plus de différences entre les discours du ministre de la Propagande et ses tracts, et bientôt à peine plus de séparation entre le public et le privé. Non seulement la langue de l'État se modifie à partir de 1933, insiste Klemperer, mais la langue de l'individu change elle aussi. L'État parle selon le principe de la partie pour le tout : sa parole est celle de la partie, ou de l'individu, qui pénètre à l'intérieur du groupe, ou du tout, tant et si bien que la partie de ce tout finit par parler à la manière de l'État, au diapason de l'État. La totalité des journaux, des revues, des émissions de radio, des romans, des poèmes, tous les manuels scolaires sont colorés par cette langue, qui ne s'arrête pas là mais se répand partout, vers tous :

> […] j'ai entendu, en balayant les rues et dans la salle des machines, parler les ouvriers : qu'il s'agît d'une chose imprimée ou dite, dans la bouche de personnes cultivées ou incultes, c'était toujours le même cliché et la même tonalité. Et même chez ceux qui étaient les victimes les plus persécutées et, par nécessité, les ennemis mortels du national-socialisme, même chez les Juifs, régnait partout – dans leurs conversations et leurs lettres, tout comme dans leurs livres tant qu'on leur permettait encore de publier –, toute-puissante autant que pauvre, et toute-puissante justement de par sa pauvreté, la LTI.

En tant que Juif assimilé, Klemperer se retrouve d'emblée en marge. En construisant un esprit de communauté extrêmement fort, un *nous* qui transcende toutes les distinctions d'appartenance politique et de classes sociales, qui rassemble les sans-abri les plus démunis tout comme les familles les plus aisées de la classe supérieure sous une seule et même entité globale, c'est-à-dire l'Allemagne et l'élément allemand, la langue participe de l'ostracisme qui frappe désormais Klemperer et les autres Juifs : le *nous* ne s'applique pas à eux, il les exclut au contraire, de tout autant de manières qu'il inclut ceux censés faire partie de ce *nous*. Les Juifs deviennent un *ils*. Les Juifs dont les prénoms ont une consonance allemande sont contraints par l'État d'ajouter un prénom juif supplémentaire, Israël ou Sara, afin que leur judéité soit évidente en toutes circonstances, le contraire étant mis en place pour les Allemands chez qui les prénoms à consonance juive sont proscrits : aucun enfant allemand ne doit désormais s'appeler Léa ou Sara. Au téléphone, s'il faut épeler un mot, on ne peut dire « D comme David », un interdit légiféré par les autorités en 1933. La lettre J pour *Jude* (Juif) apparaît dans les documents officiels et jusque sur les cartes d'alimentation, indique Klemperer, d'abord sous la forme d'un J isolé, puis « imprimé en travers de la carte », et enfin reproduit « en entier sur chacun des minuscules carrés », donc soixante fois. Le port de l'étoile jaune rehaussée du mot *Jude*, de surcroît imitant la calligraphie hébraïque, devient obligatoire en 1941. Les Juifs sont donc distingués, et cela se produit d'abord par le biais de la langue. Le nom, la lettre, la typographie. Au même moment, les Allemands deviennent plus allemands : par exemple, les prénoms donnés aux nouveau-nés changent, prenant des consonances plus germaniques ; Dieter, Detlev, Uwe, Margit, Ingrid, Uta sont autant d'exemples lus dans les avis de naissance d'un journal de Dresde et cités par Klemperer. Les noms de lieux sont également modifiés, le slave cédant la place au germanique : en Poméranie 120 toponymes slaves sont germanisés, 175 dans le Brandebourg, 2700 en Silésie, 1146 dans la circonscription de Gumbinnen, en Prusse-Orientale. De même, les rues sont rebaptisées au profit de références historiques, quand bien même il s'agirait de personnages obscurs et oubliés ; Klemperer traverse ainsi à Dresde la Tirmannstrasse, dont le panneau indique : « Maître Nikolaus Tirmann, maire, décédé en 1437 ».

La germanité, le terroir et l'histoire sont cultivés dans la langue qui, avec l'avènement des nouvelles technologies et de l'État total, n'est plus ni locale ni historique, comme en témoignent les slogans de l'époque, où la modernité et le Moyen Âge se confondent : « Fallersleben, site de l'usine Volkswagen », ou « Nuremberg, ville du congrès du parti du Reich ». L'ancien suffixe *Gau* est ajouté pour désigner une province, évoquant ainsi l'ancienne coutume germanique, souligne Klemperer, de même que les régions frontalières sont appelées *Mark* (Marches), comme dans Ostmark pour l'Autriche et Westmark pour les Pays-Bas, établissant ainsi une appartenance avec ces pays qui elle-même légitime par la suite leur invasion et leur occupation. Tous ces changements visent à créer une identité. Klemperer se retrouve certes en marge de celle-ci, mais pas tout à fait non plus puisqu'il est marié à une femme « aryenne » en plus d'être assimilé, ce qui signifie qu'il n'a d'identité ni dans le *nous* ni dans le *ils* et assiste très distinctement à la formation des deux entités. La transformation de l'identité que la langue uniformisée et uniformisante, globale et globalisante, établit jour après jour, semaine après semaine, mois après mois, a un impact direct sur sa vie.

En 1933, Klemperer a encore la possibilité d'enseigner à l'université, dont il évoque une employée, une certaine Paula von B., femme intelligente aux traits doux, « d'une jeunesse plus très fraîche », assistante d'un professeur du département d'allemand. Elle est issue d'une famille d'officiers de la vieille noblesse et Klemperer la qualifie de « libérale et européenne [de toute] évidence, malgré quelques réminiscences nostalgiques de la glorieuse époque impériale », mais il se dit persuadé que la politique n'occupe pas une place importante dans son univers. Le jour de la nomination d'Hitler au poste de chancelier du Reich, il la croise dans le couloir. Elle, d'ordinaire grave et sérieuse, marche à présent d'un pas élastique d'adolescente et avec une mine épanouie.

> « Mais vous rayonnez ! Est-ce qu'un bonheur particulier vous est arrivé ?
> — Particulier ! En ai-je encore besoin ?... J'ai rajeuni de dix ans, non, de dix-neuf : je ne me suis plus sentie ainsi depuis 1914 !
> — Et c'est à moi que vous dites cela ? Et vous pouvez dire cela, alors que vous devez pourtant voir, lire et entendre comment des gens sont déshonorés, qui jusqu'ici étaient proches de vous, comment l'on juge des œuvres que jusqu'ici vous appréciiez, comment l'on répudie toutes les choses de l'esprit que jusqu'ici vous... »
> Elle m'interrompit, un peu troublée et très aimable :
> « Cher professeur, je ne m'attendais pas à cette irritabilité excessive de vos nerfs. Vous devriez prendre quelques semaines de congé et ne pas lire de journaux. En ce moment, vous vous laissez offenser et votre regard est détourné de l'essentiel par de petites incommodités et de petites imperfections qui cependant sont inévitables dans de si grands bouleversements. Dans peu de temps, vous porterez un tout autre jugement. Vous me permettez de vous rendre visite bientôt à tous les deux, n'est-ce pas ? »
> Et avec un « mes sincères salutations chez vous ! », elle franchit le seuil de la porte en gambadant comme une jouvencelle, avant même que j'aie pu répondre.

Klemperer ne la recroise pas au cours des mois suivants, jusqu'au jour où elle revient à l'université. Il poursuit son récit :

Elle sentait qu'il était de son devoir d'Allemande de ne pas désavouer ses amis et elle espérait pouvoir encore se considérer comme la nôtre.

« "Devoir d'Allemande", vous n'auriez pas dit cela avant, lui dis-je. Quel rapport entre le fait d'être allemand ou pas, et des choses très privées et universellement humaines ? Ou bien voulez-vous discuter politique avec nous ?

— Le fait d'être allemand ou pas, cela a un rapport avec tout, cela seul est l'essentiel, et voyez-vous, c'est ce que j'ai appris, c'est ce que nous avons tous appris ou réappris du Führer après que nous l'avions oublié. Il nous a ramenés chez nous !

— Et pourquoi nous racontez-vous cela ?

— Vous devez le reconnaître vous aussi, vous devez comprendre que j'appartiens tout entière au Führer, mais vous ne devez pas croire que je renonce pour autant à mes sentiments d'amitié envers vous...

— Et comment ces deux sentiments doivent-ils se concilier ? Et que dit votre Führer de votre professeur tant admiré, de Walzel, votre ancien patron ? Et comment concilier cela avec ce que vous trouvez d'humanité chez Lessing et chez tous les autres, au sujet desquels vous demandiez aux étudiants de rédiger des dissertations ? Et comment... mais à quoi bon poser encore des questions. »

En effet, elle ne faisait que secouer la tête à chacune de mes phrases et avait les larmes aux yeux.

« Non, cela semble vraiment inutile, car tout ce que vous me demandez émane de la raison, et les sentiments qui se cachent derrière ne sont qu'une aigreur pour des choses qui ne sont pas essentielles.

— Et d'où mes questions devraient-elles venir sinon de la raison ? Et qu'est-ce que l'essentiel ?

— Mais je vous l'ai déjà dit : c'est que nous soyons arrivés chez nous, chez nous ! Et cela, vous devez le sentir, et vous devez vous abandonner à ce sentiment, et vous devez toujours avoir à l'esprit la grandeur du Führer et non les inconvénients que vous-même subissez en ce moment… Et nos classiques ? Je ne crois pas du tout qu'ils le contredisent, il faut simplement les lire correctement, Herder par exemple – et quand bien même –, ils se seraient certainement laissé convaincre !

— Et d'où tenez-vous cette certitude ?

— D'où vient toute certitude : de la foi. Et si cela ne vous dit rien, alors, oui, alors notre Führer a raison de s'en prendre aux… (elle réussit à ravaler « Juifs » et poursuivit)… à l'intelligence stérile. Car je crois en lui, et je devais vous dire que je crois en lui.

— Dans ce cas, Fräulein von B., la seule chose à faire, c'est de remettre notre conversation sur la foi et notre amitié à une date indéterminée… »

Il la revoit cinq ans plus tard, en 1938, alors qu'il vient d'entrer dans une banque où l'ensemble des personnes présentes écoutent, debout, bras tendu, une voix proclamer à la radio la loi sur l'annexion de l'Autriche à l'Allemagne. « Tout en elle était extase, ses yeux brillaient, la raideur de son attitude et de son salut ne ressemblait pas au "garde-à-vous" des autres, non, c'était un spasme, un ravissement. » Quelques années plus tard, il apprend par des collègues hilares qu'elle est l'adepte « la plus inébranlable » du Führer, bien qu'elle n'en reste pas moins inoffensive. Klemperer évoque également cette collègue, appréciée de tous, qui donne un jour une pomme pour sa femme qu'elle sait malade, non sans lui demander si elle est bien allemande. Bien que son discours soit truffé de mots appartenant à la langue nazie, elle n'en reste pas moins neutre dans son attitude ; tandis que Paula von B. approuve de tout son être l'idéologie nazie, elle est « croyante », « elle a trouvé son Sauveur dans la personne du Führer », dit la femme de Klemperer. Ce sont là deux personnes ordinaires qui, chacune à leur manière, rendent le nazisme possible. Et Klemperer ne le comprend pas : il ne voit en Hitler qu'un monomane vociférant et dans le nazisme un assujettissement insupportable de l'être humain – ce que nous voyons nous aussi. Pourtant, à l'évidence, d'autres ont dû voir quelque chose de radicalement différent, leur donnant un espoir et une foi en l'avenir qui ont suscité en eux une immense ferveur.

La comparaison qu'établit Paula von B. entre ces journées du printemps 1933 et celles de l'été 1914 ne tient pas du hasard : l'enthousiasme en Allemagne face à la prise du pouvoir par Hitler n'est pas sans rappeler celui qui a déferlé sur le pays lors de la déclaration de guerre. Dans sa biographie consacrée au philosophe Martin Heidegger, Rüdiger Safranski décrit l'ambiance durant ces mois au sein des milieux universitaires, où même les Juifs sont conquis. Eugen Rosenstock-Huessy déclare en mars 1933 que « la révolution nationale-socialiste [est] une tentative des Allemands pour réaliser le rêve d'Hölderlin ». Et, à Kiel, poursuit Safranski, Felix Jacoby commence son séminaire sur Horace par ces mots :

> En tant que Juif, je me trouve dans une situation difficile. Mais en tant qu'historien, j'ai appris à ne pas aborder les événements historiques dans une perspective privée. Depuis 1927, j'ai voté Adolf Hitler et je m'estime heureux de pouvoir faire un cours sur le poète d'Auguste l'année du soulèvement national. Auguste est la seule figure de l'histoire universelle qui puisse être comparée à Adolf Hitler.

Ce moment a lieu, insiste Safranski, après le boycott des magasins juifs, entré en vigueur le 1er avril 1933, et après le licenciement d'employés juifs de la fonction publique le 7 avril. Heidegger – l'un des philosophes, avec Wittgenstein, les plus éminents et les plus importants du siècle – adhère au NSDAP quelques semaines plus tard. À l'instar d'autres sympathisants pronazis, il voit dans le national-socialisme, et dans Hitler, un mouvement politique qui dépasse le politique pour atteindre l'authentique, l'humain dans ce qu'il a de plus profond, le siège des émotions, de la communauté, de la vérité et des valeurs, au-delà de l'administration, de la bureaucratie et du pragmatisme politicien, et donc nettement plus vaste. Heidegger montre, à travers son concept du On, que l'espace public est l'antithèse de l'authentique, le On étant l'être humain inauthentique, l'incarnation de la « médiocrité », où le « mode d'être » individuel est régulé par les autres et, dans une certaine mesure, disparaît en eux. C'est ce qu'il appelle la dictature du On.

Cette dictature sanctionne et rabaisse l'unique, l'exceptionnel, trivialisé à un niveau tel que chacun est en mesure de bavarder à ce sujet, mais sous une forme telle que l'objet de ce bavardage en devient méconnaissable, radicalement autre, lissé, dénué de la moindre qualité. Dans la société de masse, par le biais des médias de masse qui se mettent à la portée de la médiocrité, pareil phénomène se produit tous les jours. Vu sous cet angle, le jeu politique est le lieu par excellence de l'inauthentique en ce que chacun voit midi à sa porte et défend ses propres intérêts, tout en se nivelant par le bas dans le but d'atteindre le On, de sorte qu'absolument rien n'a la possibilité d'être unique, exceptionnel. L'existentialisme d'Heidegger, où l'être, donc l'être vrai et authentique, se trouve au-delà du langage, et par conséquent, faut-il supposer, est inaccessible au langage et à la pensée rationnelle, il se rapproche de la mystique, se tient à la lisière du sacré ou, pour reprendre le titre du dernier recueil du poète norvégien Olav Nygard, « au bord de l'enceinte sacrée ». Notre être dans le monde est ce que nous saisissons à l'aide de notre raison, or la raison le saisit par la représentation, si bien que l'être que nous saisissons alors n'est que du représenté. Les états d'âme que nous ressentons, qui ne cessent jamais d'être une partie de nous, sont une autre manière fondamentale d'entrer en relation avec le monde. Nous ignorons tant leur origine que leur signification, mais nous savons qu'ils ne cessent d'être là. Ils nous sont donnés, tout comme notre existence nous est donnée. Dans un tel système, la parole ou le *logos* n'est ni le langage ni la raison, explique Lars Holm-Hansen, le traducteur norvégien d'Heidegger, mais l'articulation de ce qui est compréhensible, de ce qu'il est possible de comprendre. Parole n'est pas langage, mais la parole est le fondement du langage. Le langage est une interprétation de ce qui est déjà articulé dans la parole. La parole implique aussi le silence, l'écoute. En cela, nous sommes en dehors du rationnel. Les états d'âme, le silence, l'écoute, tout ce qui ne peut être articulé par le langage mais qui est néanmoins présent dans la parole, la parole de l'être. Là, dans cet authentique, dans cet extra-rationnel, dans ce royaume de l'état d'âme et des émotions, à la frontière avec la religion et l'extase mystique, loin, très loin des journaux et de leurs éditoriaux politiques prétentieux, des défilés de mode, des cabarets, des manifestations sportives, là, Heidegger rencontre le nazisme. La vraie vie contre la vie factice. La parole non langagière des sentiments contre le caractère langagier de la rationalité.

Safranski décrit ainsi l'état d'esprit qui prévaut à cette époque :

> Le nouveau sentiment communautaire s'exprimait puissamment dans les serments de masse prêtés sous des dômes de lumière, dans les fêtes de la joie célébrées dans les montagnes, dans les discours du *Führer*

à la radio – il se réunissait sur les places publiques, en habits de cérémonie, pour les écouter –, dans les amphithéâtres des universités et dans les auberges. Des chorales chantaient dans les églises en l'honneur de l'arrivée au pouvoir d'Hitler. Le 21 mars 1933, la « journée de Potsdam », le surintendant général Otto Dibelius proclama dans la *Nikolaikirche* : « Du nord au sud, de l'est à l'ouest, une nouvelle volonté s'exprime en faveur de l'État allemand, un désir de ne plus se priver plus longtemps de ce qui est pour Treitschke "une des plus sublimes sensations dans la vie d'un homme", l'enthousiasme pour son propre État. » Il est difficile de rendre l'atmosphère qui régnait au cours de cette semaine, écrit Sebastian Haffner, qui les vécut lui-même. Elle fut le véritable fondement du pouvoir du nouvel État du Führer. « C'était – comment le dire autrement – le sentiment très répandu d'une délivrance et d'un affranchissement par rapport à la démocratie. »

Pour se faire une idée de cet aspect du IIIe Reich – les manifestations populaires, les marches aux flambeaux, les chants, le sens de la communauté, autant de biens précieux pour ceux qui y participaient –, il suffit de regarder les films de Leni Riefenstahl sur le congrès du NSDAP à Nuremberg l'année suivante, en 1934, où ces éléments sont en action. Ils ont beau être mis en scène, leur contenu occulte cette mise en scène car les émotions sont plus fortes que toutes les analyses et, dans ce cas de figure, elles sont libérées. Il ne s'agit pas de politique mais de quelque chose situé bien au-delà. Et pour les sympathisants pronazis, c'est quelque chose de bon.

Le philosophe Karl Jaspers, qui rend visite à Heidegger dans son bureau en mai 1933, décrit leur rencontre en ces termes, ainsi que le rapporte Safranski :

> Heidegger lui-même semblait transformé. Dès mon arrivée, il s'installa entre nous une atmosphère de séparation. Le national-socialisme avait enivré la population. Je montai dans sa chambre pour saluer Heidegger. « C'est comme en 1914... », commençai-je, et je voulais poursuivre : « c'est la même ivresse illusoire de la masse », mais en voyant la mine radieuse de Heidegger aux premiers mots que j'avais prononcés, je ne pus plus articuler un son. [...] Heidegger était lui-même saisi par cette ivresse et, face à cela, j'ai renoncé. Je ne lui ai pas dit qu'il se trompait de voie. Je n'avais plus confiance en son être métamorphosé. Je ressentais pour moi la menace de la violence à laquelle Heidegger prenait désormais part...

Le désir de simplicité se révèle aussi fort chez Heidegger que chez ses contemporains Hitler et Wittgenstein ; mais, alors que ce dernier pose comme limite de la vérité ce qui peut être dit dans le langage et en rattache la nature à une qualité mathématique, Heidegger trouve la vérité de l'autre côté de cette limite. Dans une conférence prononcée à Tübingen le 30 novembre 1933, il déclare la chose suivante, ainsi que le rappelle Safranski :

> Être primitif, c'est obéir à une impulsion et un instinct intérieur qui nous poussent à rester là où les choses commencent à être primitives, et à être mues par des forces intérieures. C'est précisément parce que le nouvel étudiant est primitif qu'il a vocation à accomplir cette nouvelle exigence du savoir.

Dans le national-socialisme, la philosophie et la politique se rejoignent à un point situé au-delà du langage et du rationnel, où toute complexité cesse, mais pas toute profondeur. On peut considérer la situation sous cet angle : le rationnel et l'objectif, l'analyse et l'argumentation, associés à l'écrit, se déplacent horizontalement, entre les personnes, ils sont toujours extérieurs à elles, toujours entre elles, toujours en mouvement, dans des réseaux d'une complexité écrasante et d'une ampleur telle qu'ils corrigent et façonnent le *moi*, et ce à un degré infiniment plus grand que ce que le *moi* peut corriger et façonner de lui-même ; tandis que l'émotion et l'état d'âme, associés à la parole, à la présence concrète de l'une par rapport à l'autre, sont des dimensions verticales, présentes dans l'humain, dans sa profondeur, discontinues, associées au biologique et ainsi à la mort, mais également à tout ce qui est biologique et mortel, d'une manière imprévisible et tout juste discernable : nous sommes seuls, nous sommes un plus un plus un – alors que dans la voix, toujours concrète, toujours liée à un être humain bien défini dans un lieu bien défini, notre solitude est dépassée, c'est la promesse qu'elle véhicule et qu'elle apporte ; dans cette voix, dans son prolongement ultime, la mort est dépassée à son tour. Tous les drapeaux, symboles et rituels sont dirigés, sans paroles, vers cela. Une torche brûlant dans l'obscurité peut faire trembler une âme, le cri montant d'une foule peut soulever celle-ci sur une vague de bonheur, et c'est le bonheur d'exister et d'appartenir que la foule reconnaît et auquel elle réagit. Oh, nous le savons tous, c'est le cœur qui bat et le sang qui coule, c'est la vie et le monde, les rivières, les forêts, les plaines, le vent dans les arbres. Que peut la raison pour se mesurer à cela ? La différence entre un poème et la centaine d'analyses de ce poème, voilà de quoi je parle. Ou, comme le dit Hitler dans le discours qu'il tient à Potsdam le 21 mars 1933 :

> L'Allemand, déchiré de l'intérieur, à l'esprit torturé, brisé dans ses volontés et ainsi impuissant dans l'acte, perd les moyens de diriger sa propre vie. Il rêve de

justice dans les étoiles et perd pied sur la Terre... Seule la voie vers l'intérieur finit par rester ouverte aux Allemands. Ce peuple de chanteurs, de poètes et de penseurs rêvait alors d'un monde dans lequel les autres vivaient, et ce ne fut que lorsque la misère et la faim les frappèrent de manière inhumaine que l'art engendra peut-être l'envie d'un nouveau soulèvement, d'un nouvel empire, et donc d'une nouvelle vie.

La langue employée dans l'État national-socialiste en appelle également aux émotions ; le plus important dans cette langue n'est pas son sens lexical, ni son aspect analytique et argumentatif, mais bien le reste : ce qu'elle dit sans le dire, ce qui opère dans le ton, dans la voix, dans le discours de la langue. Klemperer note qu'un slogan nazi de l'époque dit : « Tu n'es rien, ton peuple est tout » – et ce message très précis est sans cesse répété, encore et encore, directement et indirectement. Le peuple, entend-on partout ; l'Allemagne, entend-on partout ; nous, nous, nous, entend-on partout.

Personnellement, je n'ai jamais eu le sentiment d'appartenir à un quelconque *nous* ; toujours, depuis que je suis petit, je me suis senti en marge. Non parce que j'avais une haute opinion de moi, qui expliquerait ainsi ma position en marge, non, c'est même l'inverse : j'avais une piètre opinion de moi, je ne me sentais pas assez bien pour faire partie d'un *nous*, je n'ai jamais eu l'impression de le mériter. Dans le même ordre d'idées, je n'ai pas de sentiment d'appartenance à un endroit particulier : à Tromøya où j'ai grandi, nous étions des nouveaux venus, je n'avais donc et n'ai toujours pas le droit d'affirmer qu'il s'agit de mon village natal. Ce sentiment d'être en dehors a été plus douloureux pendant mes années de lycée : tout le monde voyait que je n'étais pas assez bien, me disais-je, une prise de conscience qui a renforcé encore plus mon sentiment d'exclusion, cette impression qu'il y avait chez moi un truc bizarre. Oh, comme je sautais de joie quand j'avais enfin la possibilité d'être avec les autres, de faire quelque chose avec les autres, comme le jour de notre défilé de fin d'études, même si je savais que je n'étais pas avec eux, que je n'étais qu'avec moi-même. Je n'avais toujours qu'un seul ami, jamais plusieurs à la fois, jamais je ne formais un *nous* en amitié. Il a fallu que j'attende d'être étudiant pour m'y habituer, j'ai arrêté d'espérer autre chose, j'ai collé aux basques de mon frère, j'ai joué dans son groupe, je savais que c'était uniquement à cause de ça que j'avais le droit d'en faire partie. Mon rôle d'écrivain m'a sauvé : être seul devenait légitime, j'avais une identité en propre, j'étais un artiste.

Cet été, et pour la première fois, j'ai vécu tout autre chose. Et c'était d'autant plus paradoxal que j'étais seul quand c'est arrivé. Néanmoins je me suis soudain senti faire partie d'un *nous*, un sentiment si fort et si agréable que j'ai pleuré. Ou plutôt, c'est l'une des raisons pour lesquelles j'ai pleuré, il y en a eu beaucoup d'autres. Car ce dont je veux maintenant parler, c'est du massacre d'Utøya, lorsqu'un Norvégien qui n'avait que quelques années de moins que moi a parcouru la forêt de cette petite île en tirant sur les enfants et les adolescents, les uns à la suite des autres, soixante-neuf vies au total. J'ai pleuré comme je n'aurais pas pleuré si soixante-neuf jeunes avaient été tués par une bombe à Bagdad ou avaient trouvé la mort dans un accident à São Paulo ; or là, je me trouvais face à un événement qui se déroulait chez moi, et ce sentiment, cette impression de réellement posséder un chez-moi, je ne l'avais jamais éprouvé auparavant. J'ai pleuré en voyant les images. J'ai appelé ma mère, j'ai appelé Linda, j'ai appelé Geir, qui était en Norvège. Je n'avais pas de pensées ou d'émotions pour autre chose que pour ce qui venait de se produire sur l'île. De temps à autre, la réalité de cet événement et de ses conséquences frappait mon esprit de plein fouet, mais cette prise de conscience disparaissait ensuite. Elle semblait engloutie dans une obscurité. C'était l'obscurité du chagrin, mais aussi l'obscurité de l'atrocité et l'obscurité de la mort. Pourtant la lumière entoilait les images tournées sur place, je connaissais cette lumière, c'était la lumière d'un fjord norvégien un jour pluvieux de juillet. Oui, toutes les images tournées là-bas m'étaient familières : le vert foncé des pins qui poussaient même au bord du rivage, le grisâtre des rochers, l'eau lourde et immobile contre eux, également grise. Là, au beau milieu de ce paysage si familier, gisaient des cadavres, recouverts de bâches en plastique. Des images des survivants étaient également diffusées. Certains étaient allongés sur le sol et recevaient des soins, d'autres montaient dans des bus, d'autres encore s'éloignaient, enveloppés dans des couvertures en laine. Certains se prenaient dans les bras, certains criaient, d'autres pleuraient. Il s'agissait de jeunes Norvégiens ordinaires. Les ambulances étaient des ambulances norvégiennes ordinaires. Les voitures de police étaient des voitures de police norvégiennes ordinaires. Et lorsque les médias ont publié des photos de l'homme qui avait arpenté l'île en tuant un par un tous ces jeunes est apparu un visage norvégien ordinaire avec un nom norvégien ordinaire. C'était une tragédie nationale, et c'était aussi ma tragédie. J'ai ressenti le besoin d'être là-bas, un besoin impérieux, car je voyais le peuple, le peuple norvégien, rassemblé dans d'immenses manifestations silencieuses, des centaines de milliers de personnes se tenaient dans les rues, une rose à la main. Le besoin d'un *nous*, voilà ce que j'ai ressenti, le besoin d'appartenance, la nécessité d'être partie prenante dans ce qui est bon, dans ce qui compte. Plus de démocratie, plus d'ouverture, plus d'amour. C'est ce qu'ont dit les hommes et les femmes politiques norvégiens, c'est ce qu'a dit le peuple norvégien, c'est ce que je me suis dit en regardant la télévision et en pleurant. Car c'était tellement fort, les émotions étaient si fortes, si franches, si sincères, elles venaient du cœur ; ça s'était produit chez moi, les personnes rassemblées dans les rues étaient mon peuple.

Aujourd'hui, avec la distance, j'ai du mal à comprendre ces sentiments. Ils me semblent factices, induits par le pouvoir de suggestion. Je ne connaissais aucun des morts, comment pouvais-je les pleurer comme je l'ai fait ? Comment pouvais-je éprouver un sentiment d'appartenance aussi fort ? Ils étaient pourtant incontestables, ils ont balayé tout le reste pendant les jours où se sont déroulés ces événements.

Ce n'est qu'après que j'ai pris conscience que ces forces, la force colossale qui réside dans le *nous*, avaient dû animer le peuple allemand dans les années trente. Et la sensation avait dû être tellement agréable, l'identité ainsi offerte avait dû sembler tellement sécurisante. Tous ces drapeaux, toutes ces torches, tous ces défilés : voilà les impressions qu'ils avaient dû donner au peuple.

Contre ce *nous* se tient le *ils* des Juifs. Cette langue qui véhicule le *nous*, dont elle est d'une certaine façon constituée et qui est tout en même temps constitutive d'une nouvelle identité, peut être comprise de deux manières : comme une langue qui invoque la grandeur, qui invoque les émotions situées au-delà du langage, ayant trait aux idéaux et à la présence au monde ; mais aussi, et inversement, comme une énorme dépréciation des possibilités qu'offrent la langue et le langage, une contrainte violente, un rétrécissement, une strette, où l'humain lui-même est contraint au mutisme. C'est en tout cas ainsi que Klemperer le considère :

> Et ici, sous la raison apparente de cette pauvreté de la LTI, en surgit une autre, plus profonde. Elle n'était pas pauvre seulement parce que tout le monde était contraint de s'aligner sur le même modèle, mais surtout parce que, dans une restriction librement choisie, elle n'exprimait complètement qu'une seule face de l'être humain.
>
> Toute langue qui peut être pratiquée librement sert à tous les besoins humains, elle sert à la raison comme au sentiment, elle est communication et conversation, monologue et prière, requête, ordre et invocation. La LTI sert uniquement à l'invocation. À quelque domaine, privé ou public, que le sujet appartienne – non, c'est faux, la LTI ne fait pas plus de différence entre le domaine privé et le domaine public qu'elle ne distingue entre langue écrite et orale –, tout est discours et tout est publicité. « Tu n'es rien, ton peuple est tout », dit un de leurs slogans. Cela signifie : « Tu n'es jamais seul avec toi-même, jamais seul avec les tiens, tu te trouves toujours face à ton peuple. »

Quelque chose se voit refuser une place dans la langue, d'un côté l'individuel et l'exceptionnel, de l'autre ce qui complexifie, ce qui différencie, l'hésitant, l'incertain et le lent ; alors, forcément, quand tout ce qui relève de cela est réduit au mutisme, n'a plus d'espace pour s'articuler, il disparaît. La question de savoir si cela disparaît uniquement dans la langue ou si ce qui le fait naître disparaît à son tour est peut-être la question la plus brûlante de toutes celles que soulève la période de la domination nazie, car elle désigne une problématique d'identité qui n'est nullement neutre, c'est-à-dire de nature technique ou instrumentale, mais directement liée à l'ombre épouvantable jetée sur l'humanité par la Shoah.

Nul ne peut dire quelle est la raison de la Shoah, aucune relation de cause à effet entre, d'une part, la brutalisation des esprits humains qui s'est produite dans les tranchées de la Première Guerre mondiale, les préoccupations *völkisch* concernant la culture allemande d'avant-guerre, le nationalisme florissant de l'entre-deux-guerres, le krach boursier de 1929, l'inflation et le chômage de masse, le développement de la biologie raciale, la haine et le charisme pathologiques d'Hitler, l'humiliation de l'Allemagne consécutive au traité de Versailles, et d'autre part l'extermination des Juifs ne peut être clairement établie, parce que cette relation n'existe pas. La Shoah est née dans cette société, elle s'est produite en son sein, mais sous une forme à laquelle la société ne voulait ou ne pouvait pas donner de nom, si bien que, à ce moment-là déjà, tandis que les premiers convois de Juifs roulent vers l'est, elle est à peine réelle, elle se déroule aux confins de l'humain, muette et pratiquement invisible à l'œil nu – car s'il y a une chose que partagent les rares personnes qui en sont témoins, c'est leur attitude : elles se détournent de ce qui se passe et qu'elles voient pourtant de leurs propres yeux. Le silence décrit par le fonctionnaire des chemins de fer polonais interrogé dans *Shoah*, le film de Claude Lanzmann, est révélateur. Ce silence, c'est l'extermination des Juifs. Le son de l'être humain qui cesse brutalement d'exister, le silence qui recouvre le paysage dans lequel il a résonné l'instant d'avant. Le souffle aléatoire du vent dans les arbres, un léger martèlement dans le lointain, des bruits vides. Comment est-il possible que tant de personnes, plus d'un millier, puissent se taire à ce point ? Où sont-ils ? Le silence, c'est le néant, quand ce qui était n'est plus, et c'est en cela que cet événement est impossible à saisir : l'extermination des Juifs est ce qui n'est pas. Oui, elle est le rien. Comment sommes-nous censés nous y référer d'une manière vraie ? Si nous choisissons quelqu'un pour incarner cette extermination, un individu ayant un nom et une histoire, une famille et des amis, nous lui conférons une destinée, c'est-à-dire une dignité, car cet individu a une dignité en vertu de son statut d'individu ; or c'est précisément cette dignité humaine qui est absente de la Shoah, et c'est cette absence qui la rend possible. Si nous ne choisissons pas quelqu'un pour incarner cette extermination, nous privons les victimes de leurs noms, nous les envisageons en tant que six millions, nous généralisons l'atrocité, puisque ce n'est pas vrai, ce ne sont pas six millions de Juifs qui ont été exterminés, ce sont un Juif plus un Juif plus un Juif qui ont été exterminés six millions de fois. Les deux perspectives s'annulent réciproquement.

Dans *Shoah*, qui pas un seul instant pendant les neuf heures et demie de sa durée n'abandonne son engagement vis-à-vis d'elle, cette problématique est résolue de la seule manière possible, en considérant l'extermination des Juifs comme un événement contemporain, en partant du principe que nous ne pouvons l'envisager pleinement qu'à travers ce qui subsiste de lui autour de nous, c'est-à-dire à travers les lieux tels qu'ils sont aujourd'hui, tous détruits depuis longtemps hormis Auschwitz, et sous la forme de souvenirs ou de non-souvenirs appartenant à ceux qui se trouvaient à proximité, qu'ils aient été à l'époque gardiens, survivants, voisins, conducteurs de trains, fonctionnaires, et rien d'autre, rien sinon le temps présent dont ces souvenirs font partie. L'absence devient ainsi la forme elle-même, les témoins parlent dans ce qui est de ce qui n'est pas, ce qui est une impossibilité mais une impossibilité qui constitue à tous les niveaux le thème du film. Comment parler de ce dont on ne peut pas parler ? Comment parler de ce qui échappe à la dénomination par le langage dans la mesure où cette dénomination transforme ce dont on ne peut pas parler en ce que ce n'est pas ?

L'extermination des Juifs a eu lieu en dehors du langage, elle n'est pas nommée, elle est un événement silencieux, les Juifs étant eux-mêmes expulsés du langage, proscrits dans leur corps, dans un *ça*, dans le néant de l'innommé, un néant lui-même anéanti à la fin. L'une des scènes les plus révélatrices de *Shoah* est l'interview de Czeslaw Borowi, qui habitait à côté de la gare de Treblinka pendant la guerre et, jeune homme, voyait tous les jours arriver des trains transportant uniquement des Juifs, il les voyait attendre leur tour, en sachant au bout d'un moment ce qui se passait à quelques centaines de mètres seulement de lui. En décrivant ce qu'il a vu, il raconte soudain les voix des Juifs sortant des wagons bondés. « Ra ra ra ra », dit-il. « Ra ra ra ra. » On croit entendre le bruit d'un animal ou d'un oiseau. Pour lui, c'était leur langue.

Richard Glazar, passager de l'un de ces trains, dans un wagon traditionnel équipé de sièges, comme s'il était en voyage de vacances, se rappelle qu'après la gare de Treblinka, le train a tout à coup roulé très lentement, au pas, à travers la forêt, c'était l'été, il faisait chaud, et là, à travers la fenêtre, il a vu un garçon faire un geste aux passagers : il a passé sa main à la verticale le long de sa gorge, comme pour indiquer une décapitation. Glazar n'a pas compris le geste. Deux heures plus tard, tous ses compagnons de voyage étaient réduits en cendres. Glazar lui-même a été épargné, les nazis avaient besoin de main-d'œuvre, il a survécu.

Czeslaw Borowi utilise le même geste pendant son entretien, une main à la verticale qu'il passe le long de sa gorge. Deux frères le font également, ils vivaient dans une ferme à côté du camp, entendaient les cris de terreur que poussaient les Juifs, sentaient l'odeur des corps en décomposition, l'odeur des cadavres incinérés, tous les jours, tandis qu'ils labouraient le sol, qu'ils s'occupaient de leur bétail, l'odeur flottait dans l'air jusqu'à des kilomètres à la ronde. Ce doit être l'un de ces frères que Glazar a vu dans le train leur faire ce geste, à lui et aux autres passagers. Et ce geste, une preuve sinon de leur sadisme, au moins du malin plaisir qu'ils éprouvaient alors, était la seule communication qui avait lieu entre eux et les Juifs. Pour eux, la langue des Juifs c'était « ra ra ra ra » et la main passée le long de la gorge. Cette scène montre à quel point les gens interviewés n'ont pas conscience de ce qu'ils exhibent. Ils sont clairement antisémites et, bien qu'ils fassent partie du petit nombre de personnes témoins de l'extermination, ils ignorent ce qu'elle implique, ils n'ont aucun point de vue sur la dimension de cette catastrophe pour l'humanité. Les voir exposer leur insondable ignorance est un moment extrêmement désolant, car ils le font en toute innocence. Ils ne savent pas.

Tout aussi frappante est cette scène où des habitants de Chełmno sont interviewés. Chełmno est le lieu où l'extermination industrielle des êtres humains a eu lieu pour la première fois. Tout au long de l'histoire, des êtres humains ont été exterminés, mais ce qui s'est passé à Chełmno a représenté une étape qualitativement nouvelle, dans des proportions auxquelles on n'avait ni assisté ni procédé à ce jour. Les personnes que les nazis s'apprêtent à assassiner sont conduites dans un château où elles sont obligées de se déshabiller puis forcées de traverser un long couloir menant à une rampe qui se termine dans un camion. Les portes sont fermées, un tube fixé à un tuyau d'échappement déverse du monoxyde de carbone à l'intérieur du camion. Quand les cris ont cessé, quand les Juifs sont morts, le camion part dans la forêt située à l'extérieur du village. Les portes du camion sont rouvertes, les corps amassés contre les parois vers lesquelles les Juifs se sont instinctivement projetés tombent par terre et sont jetés dans des fosses communes. La décomposition des cadavres entraînant une épidémie, les nazis les font exhumer pour les brûler dans d'immenses bûchers enterrés et installent ensuite des fours crématoires dans la forêt. La nouveauté dans cette extermination à Chełmno, c'est qu'elle ne se produisait pas une fois mais plusieurs fois par jour, pendant une période de deux ans. Il ne reste aujourd'hui plus rien du château, détruit, rien des fours crématoires démontés, il ne reste que quelques décombres dans une clairière.

La forêt est sombre, et silencieuse. Une rivière coule en contrebas. « Le feu est monté dans le ciel », se souvient Simon Srebnik, treize ans en 1941, contraint de travailler aux fours crématoires. D'autres camions ont été affrétés pour augmenter la capacité et, au bout d'un moment, les Juifs déportés ont été rassemblés dans l'église plutôt que dans le château délabré. C'est justement à l'extérieur de cette église que sont interviewés les villageois, installés autour de Simon Srebnik dont ils se souviennent tous : il chantait pour les soldats allemands, il était presque leur mascotte, ils lui ont appris des chansons allemandes. Et tandis qu'ils sont réunis autour de lui, le garçon devenu un homme d'âge moyen, c'est avec la joie évidente des retrouvailles. Ils racontent en détail ce qui s'est passé, les choses qu'ils ont vues : l'église derrière eux remplie de Juifs, la sacristie pleine des valises qu'ils avaient emportées, le nombre de camions nécessaires avant que l'église ne soit vidée. L'un d'eux s'avance et se souvient d'un rabbin dont il a entendu parler à l'époque et qui disait que les Juifs étaient responsables de la mort de Jésus, que son sang se déversait sur eux en ce moment. Lorsque l'intervieweur lui demande s'il croit en disant cela que les Juifs étaient responsables de ce qui leur arrivait, il répond qu'il ne fait que répéter ce que le rabbin a dit à l'époque. Les villageois continuent de raconter leurs souvenirs exacts de ce qui s'est passé alors, rejoints par d'autres qui se placent devant la caméra, qui la regardent avec un intérêt mal dissimulé et avec joie, comme des enfants. Puis une procession sort de l'église, les villageois veillent à ce que personne n'entre dans le champ de la caméra, retiennent les enfants pour qu'elle puisse filmer la fière procession du village. Ils n'ont aucune idée de ce qu'ils nous montrent, ils n'ont aucune idée de ce que voit la caméra, ils n'ont rien compris de ce qui s'est passé à l'époque. Alors, si, ils regrettent certaines choses, bien sûr, ils ont compris certaines choses, finalement, mais rien ne les a vraiment marqués. Pendant toute la durée de cette scène, devant l'église où des centaines de milliers de Juifs ont passé leurs dernières heures, au milieu de ce groupe de villageois, se tient Simon Srebnik. Il est impossible de savoir ce qu'il pense. Son visage est insondable.

Plus tard, il raconte que la seule chose qu'il voulait quand il travaillait aux fours crématoires, à treize ans, c'était cinq tranches de pain. Lui non plus ne comprenait pas ce qui se passait, il était trop jeune, dit-il, il avait l'habitude de voir les gens mourir dans le ghetto, les gens mouraient en permanence. Quand les Allemands ont quitté les lieux, ils lui ont tiré une balle dans la tête, mais il a survécu. Dans le film, il revient pour la première fois sur place, il est assis dans un bateau, sur une petite rivière, et il chante les anciennes chansons des soldats allemands.

Des personnes d'un autre village sont interviewées, elles vivent dans des maisons ayant appartenu autrefois à des Juifs, une femme se dit fière de l'éducation de ses enfants, une autre raconte que les Juives prenaient leurs hommes, un homme se dit content que les Juifs soient partis mais pas qu'ils soient partis de cette manière. Surtout, tous semblent flattés par l'attention qu'on leur porte. Ces gens vivaient ici à l'époque, et c'est ici, dans leur village, dans leur communauté locale, que les Juifs ont été rassemblés et emmenés, dans leur région qu'ils ont été gazés et brûlés. Les interviews ont été réalisées à la fin des années soixante-dix et au début des années quatre-vingt, une trentaine d'années se sont entretemps écoulées, ce qui s'est passé alors est devenu un événement parmi d'autres. L'antisémitisme limpide qu'ils affichent a une part d'innocence dans la mesure où ils n'ont pas la moindre idée de ce qu'ils révèlent d'eux-mêmes, ou plutôt, à qui ils le révèlent. C'est un antisémitisme mesquin, appris socialement, lié à la pauvreté et au manque d'éducation. Est-il maléfique pour autant ? Les gens qui se sont approprié les maisons des Juifs et se réjouissent d'avoir ainsi vu leur niveau de vie s'améliorer sont-ils mauvais ? Sont-ils malfaisants, ces gens contents de passer à la télé, qui se tournent avec enthousiasme pour indiquer l'endroit où les valises des Juifs étaient empilées ? Ils ne savent pas ce qu'ils font, ils sont innocents. Ils ne seraient pas capables de commettre des crimes comme ceux dont ils ont été témoins. L'extermination des Juifs organisée et exécutée par les Allemands était qualitativement à part, associée à tout autre chose que la haine ancestrale contre les Juifs, bien plus grande qu'elle.

Pour organiser quelque chose de cette nature, il faut d'abord une énorme volonté : nous savons quelle résistance l'être humain éprouve à tuer sa propre espèce, même pour les soldats en guerre, en danger de mort face à un ennemi armé prêt à les tuer, l'effort nécessaire pour vaincre cette résistance est grand ; mais dans le cas présent, nous avons affaire à des personnes non armées qui n'ont jamais levé la main sur eux, même des gamins de deux et trois ans, des garçons et des filles, des jeunes femmes et des jeunes hommes, des personnes âgées et des malades, et ce, en l'espace d'environ deux ans et sur une échelle trois fois supérieure au nombre total d'Allemands tués pendant la Première Guerre mondiale. Ce n'est pas quelque chose qui se produit tout bonnement, cela ne peut se produire qu'en étant mû par une immense volonté, car il faut vaincre une immense résistance humaine pour que cela puisse se produire ; or, si nous regardons les événements dans leur déroulement chronologique, leur déclenchement et leur exécution, cette volonté semble presque absente, comme s'ils advenaient avec lassitude, comme s'il fallait en passer par là.

Les paysans du village polonais n'avaient à l'époque pas compris ce qui s'était passé ni ce que cela impliquait. La question est alors de savoir si nous le comprenions. Car ce ne sont pas de simples paysans du village polonais avec leur antisémitisme inéclairé qui ont exterminé les Juifs. Ce sont des Allemands, de Berlin, de Munich, de Dresde, de Francfort, des grandes villes d'Europe, une société éclairée à tous égards et parmi les plus avancées au monde, une société de premier plan et à la pointe du progrès, qu'il soit technologique ou culturel, et ceci vaut aussi pour la génération d'Hitler, de trois générations seulement plus âgée que la nôtre. Nous pouvons dire et affirmer que le cercle des individus qui gouvernent l'Allemagne à cette époque est barbare et brutal, que ce sont d'immondes criminels, ce qu'ils étaient effectivement ; mais ils n'étaient qu'une poignée dans une population de soixante millions d'habitants, ils détenaient le pouvoir en incarnant ainsi un désir émis par le peuple, ils étaient ses représentants. Mais limiter ce phénomène à l'Allemagne, suggérer que la cause réside dans une dégénérescence à l'œuvre dans la nature allemande serait une simplification qui nous sauverait bien trop facilement la mise. Ce n'est pas la police allemande mais la police norvégienne qui a identifié, recherché, arrêté, rassemblé et déporté les hommes, femmes et enfants norvégiens réduits ensuite en cendres à Auschwitz. Ces hommes, femmes et enfants norvégiens réduits en cendres à Auschwitz avaient en Norvège des voisins, des connaissances, des collègues et des amis qui ont baissé la tête, qui ont détourné les yeux comme si de rien n'était. C'était donc en Norvège, c'était en Allemagne, c'était sur tout le continent. Ça n'existait pas, ou à peine. Personne ne savait ce qui se passait, ou à peine. Personne n'a rien vu, ou à peine. Ça s'est produit, mais à peine. Et puis c'était terminé. Nous avons alors pris conscience que ce qui s'était passé ne s'était pas produit « à peine », cela s'était tout au contraire produit d'une façon extrême et à une grande échelle, et nous avons pris conscience que jamais, dans l'histoire, rien de tel ne s'était produit d'une façon aussi extrême et à une aussi grande échelle.

Comment comprendre cela ? Comment comprendre que, pendant que cela se produit, le « à peine » soit effectivement quelque chose, que cela se produise en étant innommé et imperceptible, que ceux qui le voient ne sachent pas ce que c'est, alors que, après, une fois que cela s'est produit, une fois que cela n'est plus, il est communément admis que cela était le point final de l'humanité, notre limite la plus extrême, quelque chose qui ne doit jamais, jamais se répéter ? Comment un seul et même événement peut-il donner lieu à deux perspectives aussi différentes ? Et comment pouvons-nous savoir ce que nous ne devons jamais, jamais répéter, alors que nous ne savions même pas ce qui se passait quand cela s'est produit ? Pourquoi ne l'a-t-on vu que lorsque c'était terminé et qu'il n'y avait plus rien à voir ? À ce moment-là, tous les êtres humains étaient morts, les baraquements avaient été rasés au bulldozer, les fours crématoires démontés, des arbres avaient été plantés par-dessus, les traces avaient été éliminées.

Nous ne savons toujours pas qui est mort. Ils ont perdu leurs noms, ils sont devenus un nombre, ils n'ont jamais récupéré leurs noms ils sont toujours un nombre, six millions. Je ne connais pas le nom d'un seul des êtres humains assassinés à Chełmno, d'abord gazés dans un camion, puis réduits en cendres dans un four crématoire, et enfin dispersés dans la rivière en contrebas, cependant que les restes de ce qui n'a pas brûlé, les gros os, étaient broyés dans un moulin pour être réduits à de la farine d'os à son tour dispersée dans la rivière en contrebas ; tout ce que je sais, c'est leur nombre : 400 000. Je ne connais pas non plus le nom de ceux qui ont été gazés et incinérés à Treblinka, mais seulement leur nombre : 900 000.

Je connais en revanche le nom des personnalités les plus importantes du parti nazi allemand. Hitler, Göring, Goebbels, Himmler, Bormann, Hess, Speer, Rosenberg. Et non seulement ça, mais je connais aussi leurs visages, je sais même beaucoup de choses sur leur vie et sur le genre de personnages qu'ils étaient. La disproportion est frappante : Hitler est un nom connu de tous et suscite toujours des associations en nous tous. Les êtres humains qu'il a exterminés n'ont pu l'être qu'en les expulsant du langage, en leur soustrayant leurs noms, en amalgamant leurs corps, en coupant leurs liens avec le monde social, qui est le monde humain, dans un processus de réduction qui a abouti à ce qu'ils ne soient plus rien, c'est-à-dire un nombre, leur statut jusqu'à ce jour. La puissance du nom devient évidente si nous juxtaposons les noms de ces êtres humains exterminés. Hitler d'un côté, six millions de Juifs de l'autre. Hitler a rouvert dans *Mein Kampf* les tombes de deux millions de soldats allemands morts et les a fait se relever, sanguinolents et barbouillés de boue, pour ensuite les ramener en Allemagne afin de rappeler à la population le sacrifice qu'ils avaient fait pour eux. Si, en pensée, nous rouvrons les tombes des six millions d'êtres humains exterminés sous le couvert de la Seconde Guerre mondiale, que nous les rassemblons dans les plaines de Pologne et que nous plaçons Hitler parmi eux, la véritable relation entre eux devient évidente, car son nom n'est alors qu'un parmi des millions de noms, sa voix qu'une parmi des millions de voix, sa vie qu'une parmi des millions de vies. Cette vaste masse humaine se modifie en fonction de la distance ou de la proximité à laquelle nous l'observons. Si nous sommes loin, si nous la regardons de haut, nous la voyons simplement sous la forme de membres, têtes, yeux, cheveux, bouches, oreilles, nous voyons l'être humain en tant que créature, l'être humain en tant que biologie et matérialité, c'est ce qui a précisément permis d'incinérer ces êtres humains ; et, comme s'il s'agissait d'une nouvelle perspective sur l'humain, leur incinération a à son tour révélé notre inutilité, notre interchangeabilité, la vie jaillissant comme hors d'un puits, la vie humaine comme un amas de moules accrochées aux rochers dans la mer, les êtres humains comme des coléoptères et de la vermine, l'être humain comme un banc de poissons remontant dans des filets. Mais si nous nous tenons au plus près de chaque individu, si près que nous entendons chaque nom tel qu'il est chuchoté, que nous regardons chacun dans les yeux, où l'âme se profile, unique et inamissible, si nous écoutons attentivement l'histoire d'une journée dans la vie de chacun d'entre eux, une journée en compagnie d'êtres chers, de parents et d'amis, une journée ordinaire dans un lieu ordinaire, avec sa joie et sa faiblesse, sa jalousie et sa curiosité, sa routine et sa spontanéité, son imagination et son ennui, sa haine et son amour, dès lors le contraire se profile, chacun d'entre eux, non pas comme un *moi*, mais comme la condition du *moi*. Qui n'est autre que le *tu*.

Simon Srebnik, le garçon de treize ans à la belle voix, qui jetait les corps dans l'énorme bûcher dont les flammes atteignaient le ciel, entouré par l'obscurité de la forêt, imaginait deux choses lorsqu'il pensait à l'avenir. La première : cinq tranches de pain, il ne voulait que ça. La deuxième : s'il parvenait à s'en sortir, il se retrouverait seul, il n'y aurait plus sur terre un seul être humain en vie à part lui. Il continuait son travail sous le ciel, transportait cadavre après cadavre ou chantait ses belles chansons dans les champs, sans ressentir autre chose qu'au-delà de tout ça, s'il survivait, il ne resterait plus rien ni personne. Et Richard Glazar raconte qu'il faisait sombre au moment où ils ont commencé à brûler les corps à Treblinka, que la forêt se dressait comme un mur à l'extérieur du camp et que les flammes s'élançaient dans le ciel, qu'un des autres Juifs qui travaillaient avec lui, un ténor d'opéra, s'est mis à chanter *Eli Eli* (*Mon Dieu, mon Dieu*). Ce moment, qu'il décrit à Gitta Sereny dans *Au fond des ténèbres*, le livre qu'elle a consacré à Treblinka et au commandant du camp, Josef Stangl, et qu'il raconte également à Claude Lanzmann dans *Shoah*, n'est pas glaçant comme les atrocités sont elles-mêmes glaçantes, car, dans leur inconcevable abomination, elles sont perpétrées par d'autres et impossibles à attribuer aux capacités du *moi*, la raison pour laquelle nous les qualifions de mal ; non, ce moment est glaçant d'une tout autre manière, car dans sa monumentalité, dans son invocation de Dieu et en cela dans sa beauté, il trahit la vérité humaine au profit de la vérité divine. C'est à ce moment-là que Dieu meurt. Non pas parce qu'il les a abandonnés, mais parce que le divin appartient à la perspective qui a rendu possible la Shoah.

Je remarque le tabou que représente l'extermination des Juifs quand j'écris sur le sujet. J'ai l'impression qu'un droit de propriété la protège, que n'importe qui ne peut pas écrire sur elle, qu'il faut d'une manière ou d'une autre l'avoir mérité, soit en l'ayant vécue, en interviewant quelqu'un qui l'a vécue, soit en écrivant sur elle sans ambiguïté et d'une manière moralement contraignante. Il faut être irréprochable à ce sujet, là seulement c'est possible. Les intentions doivent être désintéressées, non commerciales, non spéculatives, bonnes et nobles. Un écrivain peut dire ce qu'il veut sur Dieu dans un roman, son propos pourra être qualifié de blasphématoire, mais le reproche ne sera pas tout à fait sérieux car l'indignation morale qu'entraîne un blasphème n'existe plus. Lorsqu'il s'agit de la Shoah, l'écrivain ne peut en aucun cas dire ce qu'il veut, c'est même le seul phénomène dans notre société auquel la notion de blasphème reste applicable, dans le sens où l'indignation provoquée par tout affront est unanime et féroce. C'est là que se situe la limite. Mais de quel genre de limite s'agit-il ? Pourquoi se situe-t-elle ici et pas ailleurs ? Et pourquoi est-elle si fragile ?

Si nous condamnons avec une telle force morale

toute plaisanterie sur la Shoah, c'est parce que nous défendons et protégeons quelque chose, une valeur que nous considérons comme inviolable. Mais que protégeons-nous exactement dans ce cas ? Qu'obtenons-nous en rendant cet événement inatteignable ? De quelle valeur parlons-nous exactement ? L'historien britannique David Irving a été envoyé en prison pour avoir prétendu que les chambres à gaz n'avaient pas existé. Il s'agit d'une opinion, pas d'une action. Pour quelles autres opinions exprimées pouvons-nous être envoyés en prison ? Pas beaucoup, en fait je n'en vois aucune.

La Shoah a pris toutes les caractéristiques du tabou. Le tabou est le moyen pour la société de se protéger des forces indésirables. C'est une façon de les rendre visibles par la négation, de les entourer d'un non et, ce faisant, de les réduire à quelque chose situé en dehors du quotidien, en dehors de la zone où la vie se déroule normalement, justement parce que son existence dans la normalité se déploie dans un flux continu de possibilités. La Shoah a ceci de particulier qu'elle est l'inverse de ce par quoi nous la désignons. La Shoah a ceci de particulier qu'elle était petite, proche et locale. C'étaient des familles extraites de leur milieu et rassemblées dans un lieu. C'étaient des trains qui quittaient les ghettos de Pologne, d'Allemagne, des Pays-Bas, de Belgique, de Grèce, de Tchécoslovaquie, de Lituanie, de Pologne, de Lettonie – des pays sous contrôle allemand –, traversaient l'Europe, s'arrêtaient dans de petites gares situées à l'extérieur de villages polonais, Treblinka, Sobibor, Auschwitz, Bełżec, où les Juifs étaient regroupés s'ils venaient de l'est ou avaient pour ordre de descendre s'ils venaient de l'ouest. Ils croyaient arriver dans des camps de relocalisation ou des camps de travail. Ils y étaient séparés, les femmes et les enfants à droite, les hommes à gauche. Ils devaient se déshabiller, puis ils étaient poussés à travers un couloir jusque dans une pièce où ils étaient gazés et d'où leurs corps étaient retirés puis incinérés ou enterrés. Ces camps étaient petits. Treblinka avait une superficie de six cents mètres sur quatre cents, ceux qui y travaillaient étaient relativement peu nombreux, cent cinquante soldats ukrainiens, cinquante SS allemands. Treblinka abritait en outre un millier d'*Arbeitsjuden*[1] chargés des basses œuvres, avant d'être eux aussi gazés et incinérés. Chaque jour, dans ce que Glazar appelle « la période de pointe », 10 000 Juifs arrivaient au camp. Quelques heures plus tard, leurs corps avaient disparu. Cette destruction industrielle s'est poursuivie pendant deux ans. Pendant cette période, entre 800 000 et 1 200 000 personnes y ont été assassinées. Aucun être humain n'est capable de saisir ce nombre ni les événements que cela représente. Mais en même temps c'était le quotidien, la routine, ce que les nazis ont eux-mêmes qualifié de production, la production de la mort. La production de la mort à Treblinka était primitive comparée à ce qui se passait à Birkenau, selon Franz Suchomel, un soldat SS affecté au camp.

Ce que j'essaie de dire, c'est que tout cela était réel. Et en étant réel, c'était concret. Et en étant concret, c'était local. Et que cela s'est produit dans une situation proche de la normalité. Oui, si proche de la normalité que cela pouvait avoir lieu sans être remarqué. Toute l'horreur est cristallisée là-dedans. Les premiers êtres humains à avoir été gazés sous le IIIe Reich n'étaient pas des Juifs, mais des personnes handicapées mentales et physiques. Les nazis ont employé le terme d'« euthanasie » pour désigner ces

1. Juifs déportés choisis par les nazis à leur arrivée dans le camp d'extermination et contraints de travailler à l'exécution de la solution finale.

assassinats, en fait une extension de la législation adoptée en 1933 qui autorisait la stérilisation des personnes atteintes de maladies héréditaires. Selon Sereny, les nazis ont consulté un professeur de théologie éthique à l'université catholique de Paderborn, Joseph Mayer, pour obtenir un soutien avant de mettre en œuvre ce programme dit d'euthanasie. Le rapport d'une centaine de pages de Mayer fournissait d'abord un compte rendu historique, discutait ensuite des arguments et des contre-arguments, avant d'invoquer la thèse des Jésuites sur la probabilité morale :

> La plupart des décisions morales sont douteuses. En cas de décision douteuse, s'il existe de solides raisons et des « autorités » de poids en faveur d'une opinion personnelle, cette opinion peut donner lieu à une décision, même si d'autres solides raisons et d'autres « autorités » s'y opposent.

Sur cette base, Mayer a conclu que l'euthanasie était défendable, car il y avait des motifs raisonnables et des autorités en faveur et en défaveur. Le rapport, dont on disposait selon Sereny de cinq exemplaires, n'a jamais été retrouvé, il n'existe pas, comme presque tout ce qui s'y rapporte, soit qu'il ait été détruit ou qu'il ne soit qu'une rumeur lancée dans le but de légitimer ou de blanchir un acte incriminant. Le silence qui entoure ces assassinats et leur administration est presque total. Mais le programme d'euthanasie a bel et bien été mis en œuvre, plus de 100000 personnes ont été exterminées et un cap a ainsi été franchi. Il s'inscrivait dans une idéologie de la pureté raciale, s'appuyait sur la science et le droit, a commencé par la stérilisation et s'est poursuivi par le gazage d'êtres humains considérés par les nazis comme des personnes à ce point souffrantes et impuissantes que leur mort était, selon eux, une bénédiction pour elles-mêmes et leurs proches.

Dans *Mein Kampf*, la question juive se situe en principe dans la même sphère : la pureté raciale contre l'impureté raciale, le contrôle de l'État sur le corps biologique, l'hygiène raciale et la santé publique ; mais, alors que la stérilisation et l'euthanasie sont mises en œuvre dans les limites de la loi et de ce que les autorités et les gens ordinaires jugent acceptable, bien que controversé, la question de l'extermination d'un peuple entier est bien sûr totalement effarante et impensable. Lorsque est prise la décision d'exterminer les Juifs, probablement vers la fin de l'année 1941, très certainement à la suite d'un ordre verbal donné par Hitler à Himmler, et que les premiers camps de la mort sont mis en place cet hiver-là, la plupart des personnages centraux impliqués à ce stade sont recrutés au sein du programme dit d'euthanasie. Jamais encore l'extermination d'êtres humains n'a été réalisée à une telle échelle, il n'y a pas de précédent, sinon les chambres à gaz utilisées pour assassiner les personnes handicapées et que les nazis ont donc prises comme modèles. L'assassinat des Juifs tel qu'il est pratiqué sur le front de l'Est, des exécutions sommaires non seulement d'hommes mais aussi de femmes et d'enfants, est une méthode impossible à généraliser car elle exige du temps et du personnel. La question que se posent les nazis est donc la suivante : comment tuer le plus grand nombre de personnes possible, en un temps aussi court que possible et en utilisant le moins de gens possible ? Il a fallu beaucoup d'essais et d'erreurs avant que leur système montre son efficacité. Aucun budget n'est consacré à l'extermination, financée par la confiscation des biens personnels des victimes. Une agence de voyages ordinaire s'occupe des aspects pratiques de l'affrètement des trains et des voies de chemins de fer, comme elle l'a fait jusque-là pour des voyages organisés. Des fonctionnaires ordinaires sont chargés de la logistique des transports, d'établir des horaires, de transmettre les informations aux services concernés par ce système. Les camps sont construits, le personnel reçoit ses ordres, l'activité démarre. Certains soldats sont certainement choisis en raison de leur brutalité, beaucoup sont des sadiques invétérés qui peuvent aller aussi loin qu'ils le veulent tandis que d'autres sont des hommes ordinaires, des hommes serviables dans un tout autre contexte, qui font leur travail.

Deux ans plus tard, ils essaient d'effacer toutes les traces : après avoir démoli tous les bâtiments de Treblinka, ils construisent une ferme et y installent une famille ukrainienne devant prétendre y avoir toujours vécu. La même chose a lieu à Sobibor, à Bełżec et à Chełmno : plus aucune trace. Autour, la vie continue comme si rien ne s'était passé.

Que s'était-il passé ?

Je pense qu'il serait juste de dire que ce qui s'est passé n'était pas du tout inhumain mais humain, et que c'est précisément ça qui rend la Shoah si terrible et si étroitement liée à nous et à notre vie que, pour la voir, et par là même pour la maîtriser, nous la déplaçons en dehors de nous, au-delà des limites de l'humain, là où elle se trouve actuellement, sacro-sainte et inviolable, impossible à évoquer sinon selon des manières bien définies et minutieusement contrôlées. Pourtant, elle a commencé dans un *nous*, s'est agrégée dans un *je* qui l'a concentrée dans un livre, hors duquel elle s'est disséminée dans la sphère sociale, avec un silence incompréhensible, est passée de pensée à action, est devenue une réalité concrète et physique dans le monde, qu'aucun des acteurs impliqués n'évoquait mais se bornait à exécuter.

Train après train, transport après transport, être humain après être humain.

Tagadam. Tagadam. Tagadam.

*

Ces dernières semaines, en écrivant sur *Mein Kampf*, j'ai longuement réfléchi à ce que je sais du mal. Avant de commencer, je n'y avais jamais accordé une pensée, cette question circonscrite à mon adolescence et à ma période Jens Bjørneboe[1], où je me sentais personnellement responsable de l'humanité tout entière. La question de l'existence éventuelle de Dieu appartenait à la même période. Je me souviens encore d'une page de mon journal intime, quand j'avais seize ans, qui commençait par la question « Existe-t-il un Dieu ? » et se terminait par un non en guise de conclusion. Aujourd'hui, à l'âge de quarante-deux ans, je suis revenu au point de départ. Je ne suis plus la même personne : ce qui pendant si longtemps semblait si proche, mes années d'adolescence, semble se situer désormais de l'autre côté d'un océan de temps. Ce à quoi je ne me référais à l'époque que d'une façon instinctive ou émotionnelle, le monde social dont je ressentais la puissance chaque fois que mes joues brûlaient de honte ou que j'étais rongé de remords à cause de ce que j'avais fait, quand je me sentais alors si minable et si maladroit, si flou, si con et si niais, mais aussi impur, sale, malhonnête, je le vois maintenant avec davantage de clarté, notamment après avoir écrit ces livres qui, dans chacune de leurs phrases, ont tenté de transgresser ce même monde social en transmettant mes pensées les plus intimes et mes sentiments

1. Écrivain norvégien (1920-1976), notamment célèbre pour sa trilogie *Histoire de la bestialité* (1966-1973).

les plus intimes, dans cet univers extrêmement privé, ma vie intérieure, mais aussi en décrivant la sphère privée de ma famille telle qu'elle existe derrière cette façade que toutes les familles dressent contre le monde social, et en transposant le tout dans l'espace public, dans le roman. Les forces qui existent dans le monde social ne se révèlent que lorsqu'on les transgresse, et elles sont d'une telle puissance qu'il est presque impossible… non, non, qu'il est *absolument* impossible de s'en détacher. J'imaginais que j'allais écrire exactement ce que je pensais et croyais et ressentais, autrement dit, faire preuve de l'honnêteté la plus totale, puisque telle est la vérité du *je*, laquelle est cependant si incompatible avec la vérité du *nous*, puisque telle doit-elle être, que mon ambition a échoué au bout de quelques phrases seulement. De cette manière, j'ai compris ce qu'est la morale et où elle se trouve. La morale, c'est le *nous* dans le *je*, donc une instance au sein du monde social, et elle se place au-dessus de la vérité. Le fardeau de la morale est la voix de la décence qui nous sauve. Mais c'est aussi la voix du *je*-contraint, l'antithèse de la vérité et de la liberté, la voix qui nous empêche. Et c'est à cela que fait allusion Heidegger avec le On, avec la dictature du On, la tyrannie de la médiocrité, la mentalité de la petite-bourgeoisie qui transforme tout à son image. Il est surprenant qu'il n'ait percé à jour ni Hitler, qui était si petit-bourgeois dans tout ce qu'il faisait et pensait, ni le nazisme, qui était la révolution de la petite-bourgeoisie, mais qu'il ait été dupé par leurs symboles de grandeur et leurs constructions d'authenticité, qu'il n'ait pas vu que la grandeur et l'authenticité étaient chez eux synonymes de mort. Quand, en mars 1933, Karl Jaspers demande à Heidegger : « Comment un homme aussi inculte qu'Hitler peut-il gouverner l'Allemagne ? », ce dernier répond d'une voix enamourée : « La culture n'a aucune importance. [...] Regardez les mains merveilleuses qu'il a. » Seule la décence aurait pu le sauver, lui et tous les autres qui ont suivi Hitler. La décence a sauvé Jaspers, Jünger et Mann. Mais pas Heidegger. Et certainement pas Joseph Stangl, le commandant de Treblinka. Pour lui, la décence se bornait à rester à son poste, à veiller à ce que chaque jour 10000 personnes soient gazées et incinérées et à s'assurer qu'aucune file d'attente ne venait embouteiller le système. Le machiavélisme du monde social, et surtout sa puissance, s'est révélé dans Stangl comme dans presque tous les autres Allemands sous le régime nazi. S'il avait eu la force de briser les liens qui lui avaient été imposés par le monde social, il ne se serait jamais retrouvé dans cet enfer diabolique qu'il a engendré, n'aurait jamais eu la vie de 900000 personnes sur sa conscience. Dans le IIIe Reich, comme le fait si justement remarquer Hannah Arendt, la voix de la conscience ne disait pas : il est mal de tuer ; elle disait : il est mal de ne pas tuer. Une modification rendue possible par une autre mutation, opérée dans la langue, et qui se manifeste dans sa forme la plus immédiate au fil des pages de *Mein Kampf*, qui ne contient pas de *tu* mais seulement un *je* et un *nous*, ce qui permet ensuite de transformer le *ils* en un *ça*. Dans le *tu* se nichait la décence. Dans le *ça* s'embusquait le mal.

Mais c'est le *nous* qui l'a exécuté.

Pour nous protéger, nous utilisons le marqueur de distance le plus puissant que nous connaissions : la ligne de démarcation qui sépare le *nous* du *ils*. Les nazis sont devenus notre grand *ils*. Ils sont ceux qui, dans leur cruauté démoniaque et monstrueuse, ont exterminé les Juifs et mis le monde à feu et à sang. Hitler, Goebbels, Göring et Himmler, Mengele, Stangl et Eichmann. Le peuple allemand qui a suivi ce *ils* est aussi un *ils* pour nous, une masse humaine sans visage et frénétique, presque aussi monstrueuse que son Führer et ses sbires. La distance qui nous sépare du *ils* est immense et précipite ces événements historiques proches, qui se sont déroulés dans le présent de nos grands-parents, dans un abîme quasi médiéval. En même temps, nous savons tous, même si nous ne l'admettons pas, que, si nous avions vécu à cette époque et dans ce lieu, et non dans l'époque et le lieu qui sont les nôtres, nous aurions probablement marché sous les drapeaux du nazisme. En Allemagne, en 1938, le nazisme représente le consensus, il incarne ce qui est juste, et qui veut ou ose prendre la parole contre ce qui est juste ? La grande majorité d'entre nous pense ce que les autres pensent, fait ce que les autres font, et ce, parce que le *nous* et le *tous* décident des normes, des règles et de la morale d'une société. Maintenant que le nazisme est devenu un *ils*, il est facile de s'en distancier, ce qui était très difficile lorsque le nazisme était un *nous*. Si nous voulons comprendre ce qui s'est passé et comment cela a été possible, nous devons en premier lieu comprendre ça. En second lieu, nous devons comprendre que le nazisme et les différents éléments qui le constituent n'étaient pas monstrueux en soi, donc qu'ils ne sont pas apparus comme quelque chose d'évidemment et d'immédiatement monstrueux et maléfique, dissocié de tout ce qui circulait à l'époque au sein de la société, mais qu'ils faisaient au contraire partie de cette circulation. Les chambres à gaz ne sont pas une invention allemande, elles ont été conçues par des Américains qui se sont rendu compte que l'on pouvait exécuter des gens en les plaçant dans une pièce où l'on déversait du gaz toxique, une expérience qu'ils ont réalisée pour la première fois en 1919. L'antisémitisme paranoïaque n'était pas non plus un phénomène allemand, l'antisémite le plus connu et le plus féroce au monde en 1925 n'étant pas Adolf Hitler mais l'Américain Henry Ford. Et la biologie raciale n'était pas une discipline abjecte et honteuse menée dans les cloaques ou dans les marges de la société, elle était à l'époque à la pointe de la science, tout comme la génétique l'est aujourd'hui, auréolée d'une lumière d'espoir en un avenir meilleur. Les êtres humains décents se distanciaient de tout cela, mais ils étaient peu nombreux, et il convient d'y réfléchir car qui serons-nous le jour où notre décence sera mise à l'épreuve ? Aurons-nous le courage de contredire l'opinion générale, ce que pensent et croient nos amis, voisins et collègues, et de leur faire comprendre avec insistance que nous sommes décents et qu'ils ne le sont pas ? Grand est le pouvoir du *nous*, presque inéluctables sont ses liens, et la seule chose que nous puissions vraiment faire est d'espérer que notre *nous* est un bon *nous*. Car si le mal devait arriver, il n'arriverait pas sous la forme d'un *ils*, sous l'apparence d'un étranger que nous pourrions facilement expulser, non, s'il vient, il viendra sous la forme d'un *nous*. Et il viendra en étant ce qui est juste.

*

Lire des textes écrits dans les décennies qui ont précédé la Seconde Guerre mondiale revient à lire la législation d'une société ancienne dont les lois sont désormais caduques. Les idées exprimées composent un système qui, en soi, reste compréhensible et sensé mais n'est plus lié à aucune réalité pratique. Les notions définissant un être humain, une société et l'essentiel dans notre vie humaine sont inapplicables à notre société actuelle. Aucun lycéen n'offrirait aujourd'hui sa vie pour son pays, aucun jeune de vingt-cinq ans ne verrait aujourd'hui la moindre valeur dans la mort de deux millions de personnes. Le phénomène est tout simplement inconcevable, sinon comme une anomalie. Quiconque comparerait aujourd'hui la démocratie à la manifestation d'une décadence généralisée et le libéralisme à une indignité serait lynché dans l'espace public. Le sentiment antidémocratique est dans la société un tabou au sens premier du terme : une chose frappée par une interdiction de toucher. Si malgré tout on l'aborde, on le fait de manière à se protéger de son contenu, un peu comme les rituels des sociétés premières, en l'occurrence en accordant aux textes de l'époque un statut particulier qui, de la même manière que le sacré exclut l'impie, ignore tout sauf leurs propriétés purement textuelles. On peut ainsi aborder un concept tel que la violence divine, au centre d'un essai écrit par Walter Benjamin en 1921, qui, parce que son auteur est l'un des penseurs les plus reconnus de la période de Weimar et peut-être de toute la modernité, doit être sauvé de ses implications antidémocratiques, et on peut également réfléchir aux idées concernant l'arbitraire du droit sans leur donner une autre signification que celle qui prévaut dans le monde interne au texte dont les phrases remontent à l'Antiquité, à Platon, à Aristote ou même aux présocratiques et reviennent à Nietzsche, remontent aux Romains et au droit romain et reviennent à Heidegger, remontent à saint Augustin et à saint Thomas d'Aquin et reviennent à Benjamin, remontent à Descartes et reviennent à Kierkegaard, effectuer donc ce va-et-vient sans jamais pour autant nous plonger dans notre époque et dans notre société, c'est-à-dire jamais dans un sens contraignant, car les connaissances acquises dans ces textes n'ont pas de conséquence directe dans la réalité extérieure à eux. Les problèmes qu'ils soulèvent sont abordés et montrés, mais leur validité est limitée à leur propre contexte délimité, exactement comme les rituels s'attaquaient autrefois aux gouffres de leur propre société. Le meilleur exemple est celui de Nietzsche, l'une des figures les plus influentes dans le domaine des sciences humaines, à laquelle il est fait référence dans presque toutes les discussions sur la société et la culture, mais la réévaluation des valeurs qui a lieu dans sa philosophie, qui absorbe et fascine génération après génération, n'a jamais d'impact réel au sens où aucune contrainte n'est clairement établie entre les textes et la réalité du lecteur. Toute pensée à cet égard, relative à l'antidémocratique, aux différences qualitatives entre les êtres humains, au nihilisme, à l'immoral et à l'arbitraire du droit, est abordée en tant que texte, et toute fascination ou pertinence éventuelle devient une question de fascination ou de pertinence interne.

Cette distance entre le texte et le monde apparaît de manière exemplaire dans un essai de René Girard qui lit *Hamlet* comme un drame traitant de la tentative d'Hamlet pour mettre fin à la vengeance qui est la figure fondamentale de la violence mimétique – d'où les ajournements, le doute, l'hésitation, la gaucherie, le manque d'initiative. Girard disqualifie ainsi la quasi-totalité des interprétations antérieures, cette disqualification devenant finalement un point en soi lorsqu'il considère la façon dont tant de spécialistes de la littérature et de professeurs au cours des cent dernières années ont pu interpréter la réticence d'Hamlet à venger son père comme un échec, l'expression d'une volonté et d'une capacité défaillantes, allant même jusqu'à pathologiser la résistance d'Hamlet à un tel acte. Lorsque ces textes sur Hamlet seront lus dans mille ans, dans une autre culture, leurs lecteurs penseront sûrement que ces professeurs et autres érudits n'étaient qu'un ramassis de butors sanguinaires et vindicatifs. *Hamlet* dresse le portrait d'un être humain, les professeurs et autres spécialistes de la littérature sont également des êtres humains, mais cette identification n'est jamais évoquée, le lien n'est tout simplement jamais établi, car la morale et l'éthique d'Hamlet sont une morale et une éthique qui s'appliquent au texte ou au système de textes, et non aux êtres humains qui lisent ces textes dans leur propre vie. La question que les professeurs et autres spécialistes de la littérature devraient se poser pour comprendre Hamlet est la suivante : qu'aurais-je fait si mon père était mort et si je soupçonnais quelqu'un de l'avoir tué ? Serais-je allé voir la personne qui selon moi l'avait tué et s'avérait être mon oncle, et aurais-je vengé la mort de mon père en le tuant à son tour ? Non, personne ne l'aurait fait, le faire serait tout à fait atroce, un acte profondément archaïque et absolument immoral. Ce que nous ferions, ce serait d'aller porter plainte à la police et de laisser le droit présider. Voilà le dilemme d'Hamlet, nous dit Girard : il est l'un des nôtres, un homme soi-disant moderne, enferré dans un système archaïque de vengeance et de violence. Pour lui, ce système n'est pas ancré dans l'absolu, il est arbitraire, et s'il est arbitraire, c'est aussi un jeu, et si c'est un jeu, alors tout le reste n'est qu'un jeu et le monde social qu'une série de pions sur un plateau, qui peuvent être déplacés dans un sens si cet ensemble de règles s'applique ou dans un autre sens si tel autre ensemble de règles s'applique. Pareil arbitraire ne devient clair que lorsque nous sortons du système, ou lorsque le système passe d'un ensemble de règles à un autre. Tant avant qu'après une telle transition, le monde social et le système de règles sont un seul et même ensemble, difficiles à différencier, comme si les règles n'étaient pas données mais venaient de l'intérieur, du monde social lui-même, à l'instar de la nature, oui, avec les mêmes conditions que celles qui existent entre les lois de la nature et la matière naturelle.

La question de savoir ce que j'aurais fait et pensé si j'avais été Hamlet est une question d'identification, et l'identification a trait à l'égalité. Dans un essai sur Rembrandt, Jean Genet décrit un voyage en train où, alors qu'il était assis en face d'un homme particulièrement repoussant, aux dents abîmées, qui sent mauvais et crache du tabac par terre, il se rend compte brusquement, avec la force inhérente aux pensées révolutionnaires, que tous les êtres humains ont la même valeur. Cette pensée nous est plus que familière, nous avons appris à la formuler ; mais ce que Genet décrit, c'est la soudaine prise de conscience de ce qu'elle implique réellement, sa folle radicalité. Ce misérable et méprisable personnage assis en face aurait-il la *même* valeur que lui ? Es-tu mon *égal* ? C'est une pensée impossible. Genet le regarde, leurs regards se croisent. Ce qu'il voit dans les yeux de l'homme, ce qui s'y révèle, dans cet instant fugace où leurs regards se croisent, le pousse à se demander s'il n'y a pas quelque chose dans notre identité, dans ses infinies profondeurs, d'absolument égal – donc de totalement identique. Si Genet ne relie en aucune façon cette pensée à Rembrandt, elle n'en demeure pas moins issue des peintures de Rembrandt, et je sais que c'est vrai : j'ai vu un autoportrait de Rembrandt dans un musée londonien, et le sentiment puissant de proximité dans ce regard, qui semble monter des quatre siècles écoulés depuis qu'il a été peint pour aujourd'hui croiser le nôtre, m'a dit exactement la même chose qu'à Jean Genet. Bien que je n'aie jamais formulé cette pensée, je l'ai néanmoins ressentie.

Je suis toi.

Cela n'a rien à voir avec le *nous* social, car seul le *je* exceptionnel peut l'exprimer, et l'art : l'art le peut également car il a aussi pour fonctions la transmission et la communication, donc ce qui nous est commun au sein d'une culture. L'art qui n'exprime que le *nous* social est un art que le temps isole : un siècle plus tard, il n'est que l'expression de son époque, de ce qui s'agitait dans le monde social à ce moment-là – et rien d'autre. Ce *nous* social est ce que le nazisme a détruit, et ce à quoi le poème de Paul Celan est une réponse. *Strette* est la fin du mouvement amorcé dans le *Mein Kampf* d'Hitler, le poème dans les reliquats de la langue détruite par les nazis, non pas dans l'intention première de montrer cette destruction, bien que cela ait dû être important en 1959, mais pour trouver un nouveau chemin qui mène de la langue à la réalité. Pour ce faire, Celan s'est plongé dans les composantes minimales de la langue, dans son fondement qui est *je*, *tu*, *nous*, *ils*, *ça/ce* – et « *est* », « était ». Contre le rien de la mort et de l'absence, elles libèrent un nouveau sens, exceptionnel, c'est-à-dire inimitable, valable seulement ici, dans ce poème-ci. La limite du sens est aussi la limite de la communauté, et à cet endroit seul l'*un* peut aller. Et le poème va tellement loin dans l'unique et dans l'idiosyncrasique qu'aucun nom ne peut être nommé, le nom étant une superordination, une généralité, non affectée par le temps – puisque le nom reste toujours le même –, et pourtant imprégnée par ce temps dont les associations ne cessent de le traverser. Voilà comment Celan aborde la question du *je* : non pas sous la forme de l'anonymat du corps – le corps dépourvu de nom –, non pas sous la forme du silence de la biologie, mais sous la forme du *soi* qui est le *même* pour *tous*. Le caractère archaïque du poème, où les événements historiques sont traités comme une réalité extérieure au nom, c'est-à-dire dans l'indifférencié – qui est toujours le même, ou qui se situe à la frontière du même –, vient de là. D'une manière étrange mais absolument essentielle, l'anonymisation des Juifs exécutés pendant la Seconde Guerre mondiale semble en contradiction directe avec l'absence de nom dans le poème, un anonymat qui n'est en aucune façon lié au corps, ni séquestré dans le silence, mais cherche tout au contraire à donner une voix à ce silence, dans la relation entre le rien et le tout, dans la vision du monde inhérente à la langue et au monde lui-même. Cette voix est la voix de l'*un*, et c'est la voix du *tous*. C'est moi, c'est toi, c'est nous, c'est eux, c'est ça, et c'est le temps, le temps qui traverse tout cela.

C'est moi, c'est toi, c'est nous, c'est eux, c'est ça, et c'est le temps qui traverse tout cela.

Je suis toi.

La pensée de Jésus était : ton prochain est comme toi. Le corollaire de cette pensée, aussi effarant soit-il, est qu'Hitler a la même valeur que les Juifs qu'il a ordonné de gazer et d'incinérer. La pensée de Genet était : ton prochain est toi-même. Et là non plus, il n'y a pas d'exception, même dans le cas d'un homme comme Adolf Hitler. Tout ce qu'il défendait, nous le défendons, à juste titre. Hitler est notre figure d'opposition, notre image antithétique. Mais par rapport à ce qu'il a fait, et non par rapport à ce qu'il était. À ce niveau, il était notre image. La jeunesse d'Hitler ressemble à la mienne : ses amours platoniques, son désir désespéré de devenir quelqu'un, de s'élever de sa condition, son amour pour sa mère, sa haine de son père, son utilisation de l'art comme lieu d'abolition du *moi* et des grandes émotions, ses difficultés à s'attacher aux autres, son culte des femmes et sa phobie des femmes, sa chasteté, son désir de pureté. Quand je le vois dans un film, il éveille en moi les mêmes sentiments que ceux qu'éveillait mon père autrefois. En cela aussi, il y a une ressemblance. Il a représenté la petite-bourgeoisie à bien des égards, et je la sens, cette voix tremblante d'indignation qui dit : « Tu ne vaux rien. » Il représente également la transgression de cette même petite-bourgeoisie : le jeune garçon qui fait la grasse matinée, qui refuse le travail sérieux qu'on lui propose, qui veut plutôt écrire ou peindre, parce qu'il s'estime meilleur que les autres. C'est lui qui a ouvert un *nous* en disant : « Tu es l'un des nôtres », c'est lui qui a fermé un *nous* en disant : « Tu es l'un des leurs. » Mais il a surtout été l'homme qui est sorti de son bunker, dans un monde à feu et à sang avec des millions de personnes mortes à cause de sa volonté, pour saluer de jeunes garçons en rang, les mains tremblantes à cause de la maladie, et dans les yeux duquel s'est révélé, pour certains, dans un instant fugace, quelque chose de chaleureux et d'amical, son âme. C'était une petite personne, mais nous le sommes tous. Il ne doit pas être jugé pour ce qu'il était, mais pour ce qu'il a fait. Ce qu'il a fait, il ne l'a cependant pas fait seul. C'est un *nous* qui l'a fait, un *nous* contraint, qui a fini par céder, puis quelque chose s'est effondré. Résister, seuls ceux qui avaient suffisamment de force en eux pouvaient le faire : les obstinés, les déloyaux, qui ont refusé l'idéologie, laquelle est l'idée que se fait la communauté de la façon dont le monde doit tourner. Le poème de Paul Celan est un poème non idéologique, qui exprime l'antipode des idéologies. Même un nom exprime une idéologie, l'idée d'un être humain, et en même temps c'est cette idée qui sauve un être humain de l'extinction au sein de la masse humaine : le nom est l'*un*. Hitler a fait de son nom un *tous*, en le vidant de toute individualité, ou comme Rudolf Hess l'a dit de lui en 1934 à Nuremberg, lors du congrès du parti : « Vous êtes l'Allemagne. » Après la Shoah, son nom est resté, son visage a perduré, tandis que les six millions de Juifs qui ont péri sont restés sans nom, sans visage. C'est de cela, aussi, qu'il est question dans le poème de Paul Celan. Une histoire s'est terminée là, car c'était un point zéro, un néant, un rien, quelque chose de vide et de terrible, l'humain réduit à un rien, sans valeur. Une autre histoire a commencé là, et c'est notre histoire. « Qui/a recouvert ça ? » demande Celan dans *Strette*, c'est-à-dire : qui a caché l'humain authentique et exceptionnel de la catastrophe dans la langue générale, emblématique et ordinaire, si elle ne s'était brisée en morceaux ?

Une histoire s'est terminée là, mais ce n'était pas une histoire sur le mal. La période allant du début du XXe siècle à la fin de la Seconde Guerre mondiale a été une période où les dimensions fondamentales dans l'humain et dans les structures organisationnelles étaient en mutation, pour ne pas dire en désintégration, et la radicalité sans précédent de ces cinquante années, qui ont donné naissance aux deux derniers grands mouvements utopiques, le nazisme et le communisme, ne peut être comprise que sur cette base : l'ordre social, brusquement, en raison d'une énorme pression interne venue de changements extrêmement comprimés dans le temps et extrêmement exponentiels en volume, à l'œuvre dans l'industrialisation, n'allait plus de soi, s'est fissuré, paraissait de plus en plus arbitraire, régi par des règles imposées de l'extérieur, dans un système civilisationnel en désaccord avec ses habitants, dont ils, ou beaucoup d'entre eux, se sentaient aliénés. Ceux qui ont vécu cette expérience ont cherché un nouveau fondement, une nouvelle société, et comme ça ne tombait pas sous le sens, de même que la démocratie et le libéralisme économique ne tombent pas sous le sens pour nous, ils ont essayé de le trouver dans l'humain qui tombait sous le sens, autrement dit : dans l'absolu. Le noyau, l'essentiel, l'authentique.

Notre société et notre culture, qui non seulement

m'entourent de toutes parts alors que j'écoute Iron and Wine, dans un salon, dans un appartement, dans la ville de Malmö, dans le sud de la Suède, au petit matin, seul, puisque Linda et les enfants sont en vacances en Corse, mais qui m'habitent complètement, imprègnent ma langue et mes pensées, façonnent mes instincts et mes idées, fixent en moi les limites de ce qui peut ou ne peut pas être fait et pensé, bref, tout ce qui constitue mon moi particulier et qui me relie également aux autres, ont été fondées sur deux crises similaires entraînant un bouleversement massif de l'humain, deux périodes similaires de transformations structurelles extrêmement comprimées, la première survenant avec l'avènement des Lumières au XVIe siècle, la seconde avec l'avènement de l'industrialisation au milieu du XIXe siècle, qui toutes deux ont propulsé le monde occidental dans cinquante ans d'une crise qui elle-même a culminé avec la chute de l'Allemagne hitlérienne en 1945. L'humain n'existe pas en tant qu'abstraction, mais dans la somme des individus, et c'est là, dans chacun d'entre eux, que s'est produite la transition du religieux au sécularisé à partir du XVIe siècle, donc dans le *soi*, c'est-à-dire dans la compréhension du *je* par rapport au *ça*, au *nous* et au *ils*.

Au XIVe siècle, il était impossible pour un être humain de disséquer un cadavre afin de voir à quoi il ressemblait à l'intérieur, le fonctionnement et l'agencement des organes internes. Non pas à cause d'un interdit, donc un délit punissable par la loi, non par peur de représailles, mais parce que c'était tout bonnement impensable. Au XVe siècle, Léonard de Vinci disséquait des corps et dessinait méticuleusement ce qu'il voyait, c'était entre-temps devenu possible, ou moins impossible : il découpait les corps la nuit, en secret, seul avec les morts, mais pour lui cette limite pouvait être transgressée. Aujourd'hui, la dissection des cadavres n'est pas seulement institutionnalisée, elle constitue l'un des fondements les plus importants de notre science médicale et est une pratique absolument incontestable.

C'est le cas parce que l'idée de ce que nous sommes a changé, et avec elle l'idée de ce que nous pouvons et devons faire. Ce changement n'est pas instrumental même si les pratiques qui l'accompagnent le sont ; comme l'écrit Bruno Latour, la science n'existe pas en tant que telle, seuls les scientifiques existent, fragiles et minuscules dans leur vie, arpentant, chaussés de leurs pantoufles, leur laboratoire de long en large, entre leurs congélateurs et leurs microscopes, leurs tubes à essai et leurs ordinateurs, buvant un café avec leurs collègues, rentrant chez eux après le travail, se demandant s'ils vont faire un barbecue ou si les nuages au-dessus des collines augurent une averse prochaine. Cela signifie que la « science » est une entité qui ne peut être localisée sans violer cette singularité, mais qui en même temps existe de toute évidence, comme la somme des activités réalisées par les scientifiques hommes et femmes.

Ici, dans la transition entre le *un* et le *tout*, réside le problème de notre temps. D'une part, nous vivons dans une société où tout un ensemble de réflexions, ce qui d'une manière ou d'une autre menace l'existant et est associé à la violence, à la révolution et à l'utopie, sont traitées comme des tabous en ce qu'elles n'ont le droit de se produire que dans des contextes de rituels, donc ancrés dans le quotidien, mais en tant que symboles et non en tant que réalités ; d'autre part, nous vivons dans une société changeante, d'une manière que nous ne pouvons considérer que comme révolutionnaire et selon des lignes de fuite directement liées à ces tabous, mais qui sont de forme et de nature telles qu'elles excluent justement ce lien. Nous pouvons parler de telle chose, mais seulement en tant que réalité extérieure à nous, présente dans un système fermé ; quant à l'autre chose, qui se déroule au sein de nous, nous avons du mal à la voir car la correspondance entre ces événements et notre compréhension de nous-mêmes est si grande, et la porte ouvrant sur la perspective extérieure est résolument fermée.

Dans la pratique, cela signifie que nous vivons dans une société qui, d'une part, a rendu l'utopie et la révolution impossibles et s'oppose à tout changement réel de son système en se fondant sur l'idée qu'il est très bien en l'état, en tout cas nettement mieux que les autres options qui toutes ont dégénéré en systèmes d'inhumanité en cascade et se sont soldées par des catastrophes ; mais une société qui, d'autre part, se modifie à une vitesse et avec une radicalité foncièrement révolutionnaires et conduit directement à l'utopie, considérée comme le lieu suivant. Cette transition se produit en catimini car elle est fondamentalement antidémocratique, et même si elle nous concerne nous, les décisions prises en cours de route le sont de façon individuelle. L'individu n'est ni un utopiste, ni un révolutionnaire, ni un antidémocrate, mais un démocrate dévoué et un citoyen de la société, et pour peu que des traces de révolte subsistent en lui ou en elle, les traces d'un besoin de changer la société, celles-ci ont trait à la redistribution des richesses, plus ou moins juste selon le moment. Ainsi ensemble, nous nous aventurons dans des domaines toujours plus nouveaux, certains si nouveaux pour nous qu'ils exigent de nouvelles lois, non pas afin d'interdire ou d'exclure telle ou telle avancée, mais bien afin de les inclure dans l'ordre existant. Nous avons cloné des animaux, nous avons cartographié le génome humain et sommes capables de modifier ses gènes, nous avons transplanté des cœurs et des poumons, nous avons créé des enfants en dehors de l'utérus, nous avons même créé de nouvelles espèces, des créatures sans origine avec des propriétés que nous sommes les seuls à avoir décidées.

Ces questions nous paraissent mineures dans la mesure où l'activité qui y a conduit se compose de petites unités qui n'impliquent pas des pans entiers de la société, mais aussi parce que depuis le nazisme et le génocide des Juifs nous avons suspendu la grande entité en tant que dimension, qui plus est en évitant expressément les points de convergence entre plusieurs valeurs, comme l'idée du génie, l'idée du sublime, l'idée du divin, l'idée du peuple élu, dans une vision du monde qui ne laisse aucune place à un concept tel que la vénération, trop creux, ou, plus creux encore, la vénération de l'humain ; tout ceci n'est que de la pure rhétorique, estimons-nous, elle se réfère à une entité plus grande que nous qui, précisément avec le nazisme, s'est révélée destructrice.

En conséquence, il n'y a plus de cause plus grande que nous-mêmes pour laquelle nous pourrions mourir et donc plus rien que nous puissions vénérer. Alors que cloner un animal, manipuler l'ADN humain, créer une nouvelle créature, ce n'est pas une petite affaire. Diviser l'atome n'est pas une petite affaire non plus. C'est transgresser une limite jamais transgressée auparavant, c'est intervenir dans les composantes mêmes du vivant, bien que nous en ignorions les origines et que nous l'ayons toujours considéré, à travers le temps, comme un don et un mystère, une entité infranchissable. Ce mystère n'est pas résolu par nos manipulations, mais sa limite est franchie. L'intangibilité de la vie individuelle est le fondement même sur lequel nous construisons notre société. Que signifie offenser une vie individuelle ? Cela signifie la tuer, en abuser, la voler, la violer, la torturer, la harceler ; agir sur elle contre son gré. Cette limite, nous la protégeons grâce aux liens du monde social et, pour peu que ces liens soient rompus et que la limite soit franchie, nous imposons des sanctions.

Mais qui protège l'intangibilité de la vie humaine, comprise non pas dans sa dimension non individuelle, mais en termes de vie collective, de Tout ? Autrefois, la religion et ses lois s'en chargeaient. Mais qu'en est-il aujourd'hui où la religion a disparu ? L'État ? L'État est une entité instrumentale, un mécanisme plus ou moins pragmatique prévu pour diriger la communauté, dont le succès se mesure en grande partie à l'aune du produit national brut et du taux de chômage. Et, dans la mesure où la science est également instrumentale et où les limites qu'elle franchit sont source de rentabilité, l'État n'a aucune raison de légiférer dans le sens d'une sacralisation du vivant et de l'intangibilité de ses limites.

Nous avons aboli l'absolu parce qu'il s'est révélé conduire à des atrocités sans précédent. Or, sans l'absolu, tout est relatif, une question de bon ou de mauvais argument, négociable, cantonné au domaine de la raison. La raison, pour nous, est synonyme de rentabilité. Qu'advient-il de ce qui se situe en dehors de la raison ? L'absence de rentabilité n'est pas un argument dans le monde de la rentabilité, et l'absolu n'est pas échangeable, ni avec de l'argent, ni avec des arguments. L'absolu n'est ni raisonnable ni déraisonnable, il se situe en dehors des catégories. L'absolu ne peut être atteint que par les émotions. L'absolu appartient à la religion, à la mythologie et à l'irrationnel. L'absolu est ce qui pousse quelqu'un à mourir pour une cause plus grande que lui-même, la foi dans l'absolu était autrefois le fondement du droit. L'absolu est la mort, le vide, le néant, les ténèbres. L'absolu est l'arrière-plan sur le fond duquel la vie est vécue par contraste.

L'absolu est l'éternité. Le relatif est le quotidien.

Ce sont deux motifs fondamentaux dans notre vie. Nous tenons l'absolu à distance, d'abord en nivelant par le bas la grandeur de notre existence, c'est-à-dire les limites de la vie et de la matérialité, l'atome et la chair, donc les questions et les limites qui nous concernent tous, la grande collectivité, l'humanité, uniquement dans le quotidien, jusqu'à atteindre le lieu commun ; ensuite en ritualisant l'absolu dans un monde non réel d'images : la mort n'est pas pour nous la mort corporelle mais la mort imagée, de la même manière que la violence n'est pas une violence corporelle mais une violence imagée. L'héroïsme n'est plus possible pour nous, il n'y a plus d'arènes pour l'héberger, elles ont toutes été fermées car l'héroïsme appartient à la grandeur que nous nous efforçons d'éviter ; mais, dans le monde des images, dans lequel chacun d'entre nous peut pénétrer à sa guise, l'héroïsme continue de vivre : des mondes et des sociétés entiers ont émergé dans les jeux sur Internet, où n'importe qui peut prendre une mitraillette et s'aventurer dans le monde pour tuer des ennemis pendant quelques heures. Pratiquement tous les films que nous regardons parlent de ça : l'héroïsme, la violence, la mort. Et les personnes que nous regardons accomplir ces actes héroïques en notre nom, à notre place, sont toutes physiquement belles ou charismatiques, voire les deux. Oui, ce monde, qui s'agrandit et s'amplifie chaque année davantage, célèbre tous les mondes que nous rejetons par ailleurs. La beauté extérieure, le charisme, l'héroïsme, la violence et la mort ne sont pas relatifs, ils appartiennent au pur, à l'univoque, au simple. Notre besoin de cela, de voir la grandeur de notre existence et ce qui confine à l'absolu, est insatiable.

Mais comme les deux systèmes, réalité relativisée et pseudo-réalité absolutisée, s'excluent mutuellement et ne peuvent exister que séparément, la question est de savoir ce qui se passera si on les mesure l'un par rapport à l'autre, si quelqu'un ne se contente pas d'appliquer le critère de l'absolu à la réalité relative, mais agit en fonction d'elle. C'est ce qui s'est passé en Norvège cet été, lorsqu'un homme qui n'avait que quelques années de moins que moi s'est rendu sur une île et a commencé à tuer des jeunes sans discernement. Il a agi comme un personnage de jeu vidéo, mais l'acte d'héroïsme qu'il pensait accomplir, et le carnage qu'il a provoqué, n'appartenait pas au monde des images, n'était pas abstrait et sans conséquence, ne s'est pas produit dans un autre lieu, détaché du temps et du lieu de son corps physique : il était réel, concret, absolu. Chaque coup de feu qu'il tirait se logeait dans la chair humaine, chaque œil qui se fermait était un œil réel, appartenant à un être humain qui avait une vie réelle. Seul l'éloignement peut rendre un tel acte possible, car dans l'éloignement la conséquence cesse d'exister, et la question que nous devons maintenant nous poser n'est pas de savoir quel genre d'opinions politiques cet être humain avait, ni s'il était fou, mais plus simplement comment un tel éloignement a pu naître dans notre culture. A-t-il éprouvé un désir ardent de réalité, de fin de la relativité, de conséquences de l'absolu ? Probablement. Est-ce que je ressens un tel désir ? Oui, je ressens un tel désir. J'ai foncièrement l'impression que le monde disparaît, que les vies sont saturées d'images de ce monde, que ces images s'interposent entre nous et le monde, qui pour cette raison devient de plus en plus léger et de moins en moins contraignant. Nous essayons de nous détacher de tout ce qui nous lie à la réalité physique : depuis les steaks sans sang et emballés sous vide dans les comptoirs réfrigérés de nos supermarchés, de la viande produite industriellement venant d'animaux enfermés toute leur vie, jusqu'à la dissimulation de la mort et de la maladie physique par la société ; depuis les visages féminins cosmétiquement rectifiés, c'est-à-dire uniformisés, jusqu'au flux incessant d'images d'actualité qui nous traversent chaque jour et qui, conjuguées, accumulées, effacent toutes les différences et établissent une sorte de ressemblance mondiale, d'égalité universelle, non seulement parce que tout est transmis dans la même langue, mais aussi parce que cette langue ne cesse de transmettre, inexorablement quoique lentement, et de recréer ainsi à sa propre image ce qu'elle transmet. Le symbole de ces mouvances n'est autre que l'argent, qui convertit tout en valeur monétaire, c'est-à-dire en nombres. Les objets sont produits en masse, donc identiques ; notre monde, qui est commercial, est basé sur un système de sérialité. Les valeurs de notre ciel d'images sont des valeurs nazies, même si tout le monde dit le contraire. De beaux corps, de beaux visages, des corps sains, des visages sains, des corps parfaits, des visages parfaits, des gens héroïques, des morts héroïques, ce sont les mêmes images que celles qui prévalaient à l'époque du nazisme, la seule différence entre les leurs et les nôtres étant que nous ne voulons pas les placer dans la réalité, mais que nous les gardons là, dans l'absence de contraintes, et que nous prétendons que la valeur des images ne compte pas mais bien la valeur de l'humain, qui n'a strictement rien à voir. Pourtant, le fossé qui les sépare est si grand, et le besoin d'authentique, ici fictif, est si convaincant que quelqu'un finira tôt ou tard par abaisser le ciel sur terre et laisser son règne s'appliquer ici. L'auteur du meurtre en série d'Utøya l'a fait, sans aucun rapport avec la réalité, avec les corps physiques qu'il a tués, mais en lien avec l'image de la réalité dans laquelle aucune conséquence réelle n'existe. Dans les jours qui ont suivi son crime, une histoire a été révélée, celle d'un garçon qui s'est retourné pour faire face au tueur, qui à son tour l'a regardé dans les yeux et lui a dit qu'il ne pouvait pas le tuer. Il ne l'a pas tué. Il a tué tous ceux et toutes celles qu'il pouvait tuer, mais pas ce garçon. Pourquoi ? Parce qu'il a vu ses yeux et qu'il y avait une contrainte.

Une histoire similaire, rapportée par Bengt Liljegren, existe de la vie d'Hitler. Lors de sa visite d'un village bavarois au printemps 1933, alors qu'il est déjà chancelier du Reich, Hitler s'attache à une enfant, une fillette aux yeux bleus nommée Bernhardine Nienau, qu'il invite à sortir de la foule puis à venir manger des fraises à la crème chantilly. Enchanté par l'enfant comme par leur conversation, il lui indique qu'elle peut revenir le voir quand elle le souhaite. Ils échangent même des lettres après cette première rencontre. Mais les enquêtes lancées par Martin Bormann, le conseiller d'Hitler, permettent de découvrir que la grand-mère de la jeune fille est juive. Agacé, écrit Liljegren, Hitler rétorque : « Il y a des gens qui ont le don de me gâcher tous les plaisirs ! » Pour autant, ils continuent à correspondre jusqu'en 1938, et Bernhardine lui rend visite à plusieurs reprises au Berghof, la résidence secondaire d'Hitler à Berchtesgaden, toujours selon Liljegren. Cette anecdote ne dit rien sur la cruauté ou la bonté d'Hitler, rien non plus sur la férocité de son antisémitisme, elle illustre davantage l'anatomie de sa haine : pétri de haine depuis sa jeunesse, Hitler s'est créé un monde qui repose sur la distance vis-à-vis des autres qu'il est important pour lui de maintenir, un monde complètement dépourvu de famille, d'amis, de maîtresses, un système incorrigible où toutes les dimensions intérieures sont redirigées vers l'extérieur, y compris sa haine qu'il cristallise, après la défaite de l'Allemagne dans la Première Guerre mondiale, sur les Juifs et tout ce qu'ils incarnent dans son système. Car là, dans ce système, sa haine est totale. Mais, dès que quelque chose empiète sur ce système et pénètre dans l'espace entre son *moi* et ses convictions, un espace par ailleurs tout à fait vide – hormis à travers les rares brèches qui lui seraient inconnues –, sa haine ne s'applique pas. Sa haine s'applique aux autres. Dans cet espace notamment se trouve le souvenir de sa mère, toujours très vivace, et ce d'autant plus quand on sait que, chaque Noël, période durant laquelle sa mère est décédée, Hitler sombre dans le silence et la tristesse, comme cela lui est arrivé en 1915, selon des témoins présents à son côté au front. Dans cet espace se trouvent également le médecin juif, Bloch, et donc cette fillette de dix ans, d'où sa gentillesse pleine d'attentions envers ces deux personnes. Il ne fait pas preuve de distance face aux yeux de Bernhardine, elle est réelle, dans cet espace avec lui.

Le désir de réalité, d'authenticité et de nature n'est pas dangereux en soi, de même qu'il n'était pas la force dangereuse du nazisme – c'était exactement le contraire : l'éloignement du monde et la régimentation de l'humain que crée toute pensée idéologique. Mais si notre culture s'éloigne de la réalité physique en plaçant l'image devant elle, et si elle arase toutes les différences jusqu'à atteindre une sérialité extrême, alors elle doit être jugée de la même manière qu'Hitler, selon ce qu'elle fait et non ce qu'elle est. Le fait est qu'elle n'extermine pas les gens, ni au sens propre ni au sens figuré, qu'elle ne persécute pas les gens ou n'empêche pas les gens de faire entendre leur voix, la question est alors de savoir si cette culture constitue fondamentalement une réponse adéquate à une problématique insoluble du monde moderne qui se rapporte à l'Un et au Tous. Il y a une différence entre un pays qui part en guerre et tente en son nom d'exterminer un peuple entier et un tueur solitaire qui assassine soixante-neuf jeunes. Nous nous efforçons continuellement de nous protéger du premier, mais nous ne pouvons pas nous protéger du second. Tous deux ont trait à la violence de l'Un exercée sur le Tous, et tous deux surgissent en tant que corollaire de l'éloignement – mais la similitude s'arrête là. L'éloignement est le contraire de l'authenticité, et le problème ne se situe pas dans le désir d'authenticité mais dans l'éloignement qui en est la cause. L'unique, l'exceptionnel est ce qui ne peut être ni répété ni reproduit, qui n'existe qu'en un lieu particulier à un moment particulier. C'est l'art de l'Un, et la vie de l'Un. Ce qui s'est passé en Allemagne, c'est que l'Un s'est dissous dans le Tous, le ciel des idéaux a été abaissé, et l'image de l'absolu, a priori sans conséquence, est devenue un point de référence en fonction duquel certains ont agi. L'absolu, cette fois compris en termes de race, de biologie, de sang, de sol, de nature, de mort, n'a pas seulement été opposé au relatif, cette fois compris en termes de marché boursier, d'industrie du spectacle, de parlementarisme démocratique, comme cela a été le cas tout au long de la période précédant la Première Guerre mondiale, mais il a également été transposé dans la vie, en tant qu'action : l'Allemagne nazie était l'État absolu. C'était l'État pour lequel ses habitants pouvaient mourir. Si on se donne la peine de regarder le film de Leni Riefenstahl sur le congrès du parti nazi à Nuremberg, qui montre un peuple presque paradisiaque dans son univocité, centré autour du même, entouré de symboles et d'invocations venant du plus profond de la vie humaine, celle qui a à voir avec la naissance et avec la mort, avec le lieu d'origine donc avec l'appartenance, on trouve les images à la fois splendides et insupportables, et de plus en plus insupportables au fur et à mesure qu'on regarde – c'est du moins ce que j'ai ressenti en regardant le film une nuit au printemps dernier, et je me suis longtemps demandé d'où venait cette impression d'insupportable, cette inquiétude sourde en creux de ces images du paradis allemand, avec ses torches dans l'obscurité, sa ville médiévale intacte, ses foules en liesse, son soleil et ses drapeaux, oui, je me suis demandé si c'était une impression que je surimposais aux images, sachant de quoi ce paradis est venu, au détriment de qui et de quoi il est devenu, et enfin ce qu'il est advenu de lui, mais je suis arrivé à la conclusion que ce n'était pas le cas, que cela ne venait pas de ce qu'il y avait en moi, de ma connaissance de ce qui se cachait derrière ces images, mais bien de quelque chose à l'intérieur même de ces images : le monde qu'elles montraient était un monde proprement insupportable. Non que ce soit un monde factice, ce qu'il était évidemment dans la mesure où chaque image a été méticuleusement créée de toutes pièces pour l'occasion, mais plutôt que ce monde factice, une des rares réelles utopies à s'être réalisées au siècle dernier, dans laquelle tout était taillé au cordeau, était proprement insupportable. Et ce qui était insupportable, c'est son indifférenciation. Tout confirmait l'Un, et, quand tout confirme l'Un, l'autre n'existe, et sans l'autre l'Un se dissout en lui-même puis disparaît. L'Un sans l'autre n'est rien. La société que Riefenstahl dépeignait, cette utopie de l'Un, devait créer un autre pour maintenir sa propre singularité et son indifférenciation intérieure ; c'est ce qui se dessine en creux de ces images paisibles et harmonieuses et les remplit tout en même temps d'une inquiétude : l'inévitabilité de la guerre. Ce ne sont pas les valeurs absolues qui ont conduit ces gens à la guerre, car la naissance et la mort, le lieu d'origine et l'appartenance sont caractéristiques de tous les peuples et de toutes les populations, c'est l'utopie de l'Un. C'est la chute du nom dans le nombre, c'est la chute de la différenciation dans l'indifférencié.

Si nous affirmons que notre culture actuelle a été fondée au XVIIe siècle, dans le sens où tous les éléments qui caractérisent notre époque sont apparus pour la première fois au cours de ce siècle, deux figures emblématiques flanquent alors son portail dès qu'il s'ouvre : Hamlet et Don Quichotte. Les créateurs de ces personnages, Shakespeare et Cervantès, sont morts la même année, et leurs compréhensions de la condition humaine, si radicalement différentes qu'elles puissent paraître l'une par rapport à l'autre, forment deux pôles dans notre propre compréhension de nous-mêmes. À leur époque, l'absolu, qu'ils connaissaient sous la terminologie de divin, se rapproche de plus en plus du relatif, c'est-à-dire du domaine interhumain, un synonyme du monde social. Hamlet doute, et semble découvrir que le doute imprègne tout. Don Quichotte ne doute pas, il croit, mais ce en quoi il croit, et ce qu'il voit, qui remplit sa vision, n'est pas réel, n'appartient pas au monde mais à la fiction. Il voit des moutons, baisse sa lance et part à l'attaque, imaginant une armée d'ennemis. Il voit un moulin à vent, pointe sa lance et part à l'attaque, imaginant qu'il voit un géant. Don Quichotte est un héros dans un monde sans héros, ou dans un monde dont les héros et leur vie absolue appartiennent au pseudo-monde, irréconciliable avec la réalité relative du quotidien. Don Quichotte est un héros comique. Hamlet est aussi un héros, mais pour la raison inverse, il doute et relativise dans un monde d'absolus. Hamlet est un héros tragique. Don Quichotte voit le vieux monde comme si c'était la dernière fois. Hamlet voit l'ancien monde comme si c'était la première fois. À travers eux, nous nous voyons nous-mêmes, car notre culture est fondée sur le doute, et notre champ d'action s'étend de la réalité relative du quotidien au ciel de nos plus grandes idées. Hitler a éliminé le doute et a abaissé le ciel de nos plus grandes idées dans la réalité relative du quotidien, c'est-à-dire qu'il a inséré la fiction dans la réalité matérielle et a réduit la réalité à une pièce de théâtre qui enfermait l'individu derrière un masque.

Dès 1934, le philosophe juif Emmanuel Levinas a écrit ce qui suit sur Hitler et l'hitlérisme :

> Le corps n'est pas seulement un accident malheureux ou heureux nous mettant en rapport avec le monde implacable de la matière – *son adhérence au Moi vaut par elle-même*. C'est une adhérence à laquelle on n'échappe pas et qu'aucune métaphore ne saurait faire confondre avec la présence d'un objet extérieur ; c'est une union dont rien ne saurait altérer le goût tragique du définitif. Ce sentiment d'identité entre le Moi et le corps [...] ne permettra donc jamais à ceux qui voudront en partir de retrouver au fond de cette unité la dualité d'un esprit libre se débattant contre le corps auquel il aurait été enchaîné. Pour eux, c'est, au contraire, dans cet enchaînement au corps que consiste toute l'essence de l'esprit. Le séparer des formes concrètes où il s'est d'ores et déjà engagé, c'est trahir l'originalité du sentiment même dont il convient de partir. L'importance attribuée à ce sentiment du corps, dont l'esprit occidental n'a jamais voulu se contenter, est à la base d'une nouvelle conception de l'homme. Le biologique, avec tout ce qu'il comporte de fatalité, devient plus qu'un objet de la vie spirituelle, il en devient le cœur. Les mystérieuses *voix* du sang, les *appels* de l'hérédité et du passé auxquels le corps sert d'énigmatique véhicule perdent leur nature de problèmes soumis à la solution d'un Moi souverainement libre. Le Moi n'apporte pour les résoudre que les inconnues mêmes de ces problèmes. Il en est constitué. L'essence de l'homme n'est plus dans la liberté, mais dans une espèce d'enchaînement... Enchaîné à son corps, l'homme se voit refuser

> le pouvoir d'échapper à soi-même. La vérité n'est plus pour lui la contemplation d'un spectacle étranger – elle consiste dans un drame dont l'homme est lui-même l'acteur. C'est sous le poids de toute son existence – qui comporte des données sur lesquelles il n'y a plus à revenir – que l'homme dira son oui ou son non.

Voilà ce qu'est l'être humain en accord avec lui-même : unifié, entier. C'est l'homme en tant qu'Un. Levinas, qui est devenu le philosophe de l'altérité, s'adresse dans ce raisonnement tout autant à Heidegger qu'à Hitler, selon le philosophe italien Giorgio Agamben, qui cite le passage dans son ouvrage *Homo Sacer : le pouvoir souverain et la vie nue*. Car c'est là, dans l'humain compris en tant qu'Un, Un avec lui-même et avec son corps, sans division entre l'essence du *moi* et ses manières d'être, qu'Hitler et Heidegger se rejoignent, estime Agamben, dans un endroit où toutes les distinctions anthropologiques « (par exemple entre l'esprit et le corps, la sensation et la conscience, le moi et le monde, le sujet et ses propriétés) » sont abolies :

> Le *Dasein*, l'être-là qui est son là, se trouve ainsi situé dans une zone d'indifférenciation où il ne peut plus être distingué de l'ensemble des *déterminations traditionnelles de l'homme*, dont il marque le déclin définitif.

Le relatif dans l'existence – tout ce qui peut être choisi – est lié à ce qui n'est pas relatif mais absolu et dénué d'ambiguïté, qui dans le cas du *je* est le corps biologique. C'est ainsi que le *je* s'approche de son *ça*, le lieu où toutes les voix se taisent et où l'obscurité de l'indifférenciation prévaut, et ce mouvement vers l'absolu de la vie, son *ça*, permet de séparer le juif de l'allemand, car la distinction essentielle entre le *ils* et le *nous* s'est établie dans le corps, c'est-à-dire dans la race, c'est-à-dire encore dans l'immuable, alors que toutes les autres distinctions, comme celles de la langue, de la pensée et de la culture, qui peuvent être apprises et adaptées, modérées et discutées, n'avaient pas la moindre valeur. Tout était projeté vers le corps, tout était rassemblé à l'intérieur du corps, et la conséquence extrême de cet être humain à l'unisson avec lui-même, que nous pouvons timidement qualifier d'être humain monophonique, à l'unisson avec lui-même et se tenant côte à côte en rangs serrés au gré d'une série ininterrompue, car le suivant n'était pas l'autre mais l'un redoublé, la conséquence extrême de ce retournement du *je* vers le corps, qui est l'uniformité du même et l'invariabilité de l'égal, était l'extermination des Juifs, dans laquelle le Juif n'était que corps et membres. Lorsqu'ils sont arrivés dans les camps d'extermination et ont été extraits des wagons à bestiaux, ils n'étaient personne. Ils étaient privés de leurs droits civils, ils étaient privés de leurs droits humains, ils étaient privés de leur nom. Ils étaient le *ça*. Dès qu'ils sont sortis des wagons à bestiaux, ils ont reçu l'ordre de se déshabiller. Ceux qui ont été poussés de force vers la chambre à gaz, qui à Treblinka se trouvait sur une petite colline, ils étaient sans citoyenneté, sans nom, sans vêtements. Ils étaient l'être humain complètement nu, sans rien d'autre que son corps, au milieu de ce qu'Agamben appelle la « *vie nue* ». Ce qui se profile sous nos yeux dans cette image, qui n'est pas une métaphore mais un événement réel, c'est ce qu'est un être humain et de quoi il provient. L'être humain, dénudé et nu, n'est-ce pas l'être humain authentique ? L'être humain naturel, l'être humain en tant que créature biologique, tel qu'il est sous le manteau de la civilisation et de la culture ? Si nous imaginions un monde sans langue, sans pays, sans nom, nous vivrions tous une vie comme celle-ci, nous serions des corps nus et sans nom dans un monde sans nom, jusqu'à ce que la mort arrive et transforme ce corps nu en cadavre, un cadavre jeté dans le monde des morts qui est le monde de la décomposition et de l'érosion. Une telle vie aurait lieu au milieu même du monde, entouré des arbres, des lacs, des montagnes et des collines de ce même monde, sur le sol de ce monde et sous le ciel de ce monde, et pourtant ce serait une vie vécue en dehors de ce monde. En dehors de quoi ? En dehors de l'humain. Car c'est cela qui se profile sous nos yeux dans l'image de l'être humain dénudé et nu : il est en dehors de la loi, en dehors du monde social, en dehors du nom. C'est seulement là, dans cette absence, que nous pouvons voir ce qu'est la loi, ce qu'est le monde social, ce qu'est le nom. La loi réglemente la violence individuelle et en attribue la responsabilité à l'individu, en même temps qu'elle l'institutionnalise, à travers la police et l'armée, dans le but de se préserver elle-même. Le monde social réglemente la collectivité : en elle, tous ceux qui la composent sont réunis en groupes plus ou moins grands, formels et informels, le nom garantissant l'individualité de l'Un dans la communauté de Tous. Si l'on se tient en dehors de la loi, on peut être tué. Si l'on se tient en dehors du monde social, on n'est personne. Si l'on se tient en dehors du nom, on est un nombre. Les Juifs qui n'ont pas été immédiatement assassinés à Auschwitz ont été identifiés par un nombre tatoué sur leur avant-bras. Mais on ne peut pas simplement dire que les Juifs ont pu être assassinés parce que tout ce qui appartenait à l'humain leur a été enlevé, que la civilisation a été niée en eux et en leur destin, car les forces qui les ont conduits là, en dehors de la communauté humaine, étaient des forces qui se trouvaient au sein de la communauté humaine, c'est-à-dire au sein de la civilisation, notre *nous*. Le rapprochement du *je* et de l'essence du corps, qui rapproche l'être humain du *je*, l'éloignant ainsi de l'histoire et de l'instant, lui fait revêtir un masque d'égalité, dans la mesure où la pièce de théâtre qui a toujours montré les possibilités de l'humain n'est plus une, mais la vie telle qu'elle se déroule. Ce rapprochement s'est opéré – et n'a sans doute été possible que grâce à elle – parallèlement à une jonction équivalente, celle du *ça* à la collectivité ; de même que le *nous* a été adjoint au *ça*, c'est-à-dire au nombre. Dans la bureaucratie, l'être humain est un nombre ; dans la masse humaine, l'être humain est également un nombre. Cette déshumanisation du *nous*, qui peut réduire l'autre à un nombre, est nécessaire en temps de guerre si l'on veut tuer l'ennemi, tout comme elle est nécessaire dans l'administration de grandes quantités humaines, même aujourd'hui, car un État moderne sans statistiques est impensable ; mais, dans l'Allemagne hitlérienne, l'État est devenu un État total avec lequel le *nous* a complètement fusionné, ils ne formaient plus qu'un, et de la même manière que le *je* était assujetti au corps et ne possédait pas d'espace en propre en dehors de lui, le *nous* a été assujetti à l'État et ne possédait pas d'espace en propre en dehors de lui – et de la même manière qu'il devenait possible de repousser le *je* juif dans le *ça*, de le réduire exclusivement à un corps, il devenait alors possible de repousser le *nous* juif dans le *ça*, de le réduire exclusivement à un nombre. Ni le *moi* du corps ni le *nous* de l'État ne contenaient de *tu*. Pour cette raison, des millions de Juifs pouvaient être envoyés dans les chambres à gaz, au vu de tous, sans que cette extermination suscite d'autre réaction que des yeux baissés, des têtes tournées, car qu'y avait-il à voir ? Il n'y avait rien à voir. Ils n'ont rien vu, ils n'ont rien entendu, ils n'ont rien dit. Le *ça* du corps : indifférencié. Le *ça* du *nous* : indifférencié. En dehors du langage, ils ont été transportés à travers le territoire, le long des traces non trompeuses, et ont été réduits, dans la nuit indifférenciée, à des cendres.

« Nulle part/il n'y a souci de toi. » Nulle part il n'est demandé après toi car « tu » n'existes pas.

*

Le soir est déjà tombé. Je suis seul à la maison, Linda et les enfants sont toujours en Corse avec sa mère. Heidi vient de perdre une dent de devant, m'a-t-elle annoncé au téléphone, fièrement – et j'ai hâte de voir son sourire quand elle rentrera à la maison. John s'est vu offrir un nouveau matelas flottant en forme de crocodile et s'est blessé au genou en tombant, du moins de ce que j'ai compris de son récit sans queue ni tête, raconté sur les chapeaux de roue. Vanja ne voulait pas me parler, mais elle a pleuré quand je leur ai dit au revoir sur le quai de gare, ça ne lui était jamais arrivé. Depuis qu'ils sont partis, il y a quatre jours de cela, je n'ai cessé d'écrire du matin au soir, de regarder *Shoah* la nuit, hormis hier où j'ai lu le livre de Gitta Sereny sur Treblinka. *Shoah* ne m'atteint pas, soit parce que je le maintiens à distance, soit parce que le film opère sur des prises de conscience et non sur les sentiments. Quoique, ce n'est pas tout à fait vrai : à un moment, à partir de rien, une scène m'a fait pleurer, à la faveur d'une seconde d'empathie ; puis c'est passé et j'ai continué de regarder comme avant. Le livre de Sereny, qui m'avait presque paralysé la première fois que je l'ai lu, m'a laissé lui aussi de marbre. Mais cette absence d'émotions n'a lieu qu'en état de veille. Quand je dors, j'en rêve.

Plus tôt dans la journée, je me suis assis installé sur le balcon, j'ai fumé une cigarette en regardant les toits, comme à mon habitude. Le ciel avait cette nuance bleu pâle caractéristique du mois de mai, les bruits habituels montaient de la ville, comme à leur habitude : le grondement des bus, le crissement des freins, le souffle des pneus sur la chaussée, un cri occasionnel. Dans l'immeuble d'en face, des ouvriers polonais poursuivaient leur travail entamé depuis pas mal de mois : ils construisent des terrasses et des lofts. Soudain, un enfant a éclaté de rire quelque part. Et c'était un rire si franc, si frénétique, un rire de bonheur tout au plaisir de l'instant, si communicatif que je l'ai senti se diffuser en moi. J'ai souri, je me suis levé pour voir d'où il venait. Il était celui d'un jeune enfant de trois ou quatre ans, à en juger par la voix. Une voix d'homme résonnait de temps à autre, et je me suis pris à imaginer que c'était un père qui lançait son enfant en l'air puis le rattrapait, encore et encore. Or, quand j'ai fouillé la rue du regard, je n'ai vu personne sur les trottoirs, personne sur les places de parking, personne devant le garage. Puis le rire a retenti à nouveau. Je me suis dit qu'il venait du petit passage reliant la zone piétonne à la rue derrière notre immeuble, caché par les bâtiments situés entre. Je me suis rassis, me suis versé du café tiède, et j'ai allumé une autre cigarette.

NEUVIÈME PARTIE

Quand le réveil sonna, il faisait toujours nuit dehors. Je l'éteignis et me levai. Linda dormait, le visage presque entièrement dissimulé par ses cheveux épars sur l'oreiller. Il était cinq heures et j'étais rompu de fatigue car j'avais mis beaucoup de temps à m'endormir, ce qui ne m'arrivait presque jamais. Le sommeil était une des rares choses qui fonctionnaient bien dans ma vie. J'avais, comme on dit, le sommeil facile. Je pouvais dormir par terre sans problème et, même entouré de cris d'enfants, cela ne faisait aucune différence, quand je dormais, je dormais. J'avais pensé un jour que c'était là le signe que je n'étais pas vraiment un écrivain. Les écrivains sont insomniaques, ravagés, ils regardent fixement par la fenêtre de la cuisine, à l'aube, tourmentés par leurs démons intérieurs qui ne leur laissent aucun repos. A-t-on jamais vu un grand écrivain dormir comme un bébé ?

Je me disais également que penser en ces termes était de mauvais augure car mon troisième roman, le premier tome de *Mon combat*, annoncé dans tous les journaux, sortait le lendemain.

Attrapant les vêtements que j'avais préparés la veille au soir, j'allai me doucher. À leur vue, j'éprouvai une décharge de stress. Ma main, qui tenait le pommeau de douche, tremblait encore lorsque je grimpai dans la baignoire. J'ouvris le robinet et tressaillis à l'instant où les jets d'eau frappèrent ma peau, tout droit sortie de la chaleur de la couette où elle aurait préféré rester. Puis la situation s'inversa – au bout de quelques minutes seulement, ce serait sortir de la douche chaude qui me ferait frissonner.

Quand le fracas de l'eau sous la douche cessa, ce fut le silence total. Pas un bruit dans la rue, pas un bruit dans l'appartement ni dans ceux du dessous. À croire que j'étais seul au monde.

Dans la lumière crue, je m'essuyai avec une grande serviette et, quand ma peau fut à peu près sèche, je m'en servis pour ôter la buée du miroir, puis j'appliquai du gel dans mes cheveux ainsi que du déodorant sous mes bras, tout en regardant mon reflet redevenir flou au fur et à mesure que les molécules d'eau, ou quoi que ce fût, recouvraient de nouveau le verre.

J'enfilai ma chemise Ted Baker qui, collée à mes omoplates encore humides, refusait de tomber correctement, puis je mis mon jean Pour, aux poches en biais, que d'ordinaire je n'aimais pas à cause de leur banalité – tous les pantalons Dockers avaient ce type de poches, mais sur un jean il y avait tellement d'autres choses qui s'opposaient au style Dockers que c'était du meilleur effet, le style denim s'en trouvait défié, ce qui provoquait une sorte de tension, certes peu importante, mais dans un monde où tous les jeans se ressemblent, cela suffisait à rendre le mien légèrement différent.

J'essuyai le sol avec la même serviette avant de l'étendre sur le rebord de la baignoire. Dans la cuisine, je mis la bouilloire en marche, versai un peu de Nescafé dans une tasse et, en attendant que l'eau bouille, je regardai par la fenêtre. Elle donnait à l'est, et au loin une bande un peu plus claire avait commencé à émerger de l'obscurité. Impatient, j'attrapai la bouilloire avant que l'eau ait commencé de bouillir, et le sifflement qui allait s'amplifiant s'arrêta, remplacé par le glouglou du liquide qui remplissait la tasse de jaune tirant sur le brun, du fait de la poudre de café au fond, amas de terre se dissolvant en quelques secondes, jusqu'à ce que la surface devienne d'un noir impénétrable cerclé de bulles plus claires sur le bord.

La tasse à la main, je sortis sur le balcon, m'assis et allumai une cigarette. Un avion glissa dans le ciel telle une petite boule lumineuse : il faisait encore trop nuit pour distinguer la carlingue du ciel environnant. Je me dis que dans une heure et demie je serais moi-même là-haut, puis je repensai à cette nouvelle de Cortázar qui émergeait souvent à ma conscience quand j'étais assis là, à cause de ses changements de perspective soudains et vertigineux entre un personnage dans une cabine d'avion et un autre sur terre, plus précisément sur une île de la Méditerranée. Cortázar était le maître des changements de perspective vertigineux, et même si certaines de ses nouvelles faisaient parfois penser à du Borges, c'étaient vraiment bien les siennes.

Un homme qui lit l'histoire d'un homme qui lit l'histoire d'un homme qui lit. La série de visages qui va s'amenuisant dans la profondeur illusoire du miroir devant lequel, enfant, je me tenais, un autre miroir dans les mains. Toujours plus petit, toujours plus loin, à l'infini, car ce mouvement ne s'arrêtait jamais, il ne pouvait que diminuer jusqu'à ce qu'on ne le distingue plus.

J'inhalai la fumée jusqu'au fond de mes poumons. J'avais froid parce que j'étais en chemise, et fatigué. Et parce que j'avais peur.

Mais avais-je une quelconque raison d'avoir peur ?

L'avion n'était plus qu'un petit point, alors que

l'aube avait gagné la ville et s'était comme mêlée à l'obscurité qui enveloppait les bâtiments en contrebas, formant une pénombre subtile, comme si on avait remué légèrement les ténèbres pour que la lumière cachée en dessous s'y mélange en remontant à la surface.

Adolescent, j'avais déjà dans l'idée que l'univers pouvait très bien être microscopique et tenir dans l'atome d'un autre univers, qui se trouvait lui-même dans l'atome d'un autre, et ainsi de suite jusqu'à l'infini. Mais ce n'est qu'en lisant le même raisonnement chez Pascal que je m'autorisai à considérer cette idée comme une possibilité réelle et valable. Oui, c'était probablement ainsi. La structure fractale, sur laquelle tant de choses dans le monde reposaient, était bien ceci : une image dans une image dans une image, *ad infinitum*.

J'écrasai mon mégot dans le cendrier, versai le reste de café par-dessus la balustrade du balcon et l'entendis percuter le toit, bien en dessous, à l'instant où j'ouvris la porte pour rentrer. Je posai la tasse sur le plan de travail de la cuisine, enfilai ma veste de costume toute neuve et mes nouvelles chaussures, fourrai un pot de gel coiffant, un slip et une chemise de rechange dans mon sac à dos, mes passeport, billet d'avion, cigarettes et briquet dans la petite poche, pendis le sac à mon épaule par une bretelle ; je m'apprêtais à ouvrir la porte lorsque Linda surgit.

— Tu pars maintenant ?

— Oui.

— Bonne chance.

On s'embrassa rapidement.

— À demain !

— Oui, vivement demain, dit-elle.

Je me dirigeai vers l'ascenseur et elle referma la porte derrière moi. J'évitai de regarder mon reflet dans le miroir pendant la descente et allumai une cigarette en arrivant dans la rue. Deux taxis attendaient devant l'hôtel et je pris mon temps pour aller au carrefour, traverser la rue et me présenter devant eux. Dans le premier, le chauffeur dormait. Je me penchai et frappai à la vitre. Contrairement à ce que je pensais, il ne sursauta pas, se contentant d'ouvrir les yeux, la tête et le corps immobiles, avec une dignité royale incongrue.

La vitre s'abaissa.

— Vous êtes libre ?

— Oui. Vous allez où ?

J'ouvris la portière arrière et pris place. En réalité, j'avais prévu d'aller en taxi jusqu'à la gare, puis de prendre le train pour l'aéroport de Kastrup, mais je n'aimais pas l'idée de l'avoir réveillé pour une course qui ne lui rapporterait pas plus d'un billet de cent, et j'avais aussi besoin du bien-être et du sentiment de luxe que me procurerait un trajet en taxi jusqu'à l'aéroport, ce que je n'avais jamais fait, sauf une fois avec les enfants, lors de notre départ pour les Canaries : devant la quantité de bagages à transporter, nous avions renoncé au train.

— Kastrup. Vous avez un tarif fixe ?

— Oui, répondit-il en actionnant son clignotant vers la gauche.

C'était quatre cents couronnes plus cher. Presque autant que le billet d'avion. Mais au diable l'avarice, mon roman sortait le lendemain. Il m'avait rapporté au moins soixante mille couronnes, je pouvais bien m'offrir ça. En outre, je devais donner plusieurs interviews, il fallait que je sois frais et dispo, après tout, ça aussi c'était mon travail.

M'installant confortablement sur mon siège, je regardais défiler la ville dont les lumières scintillaient dans la grisaille de l'aube, et une nouvelle décharge de stress déferla en moi.

Étant depuis presque deux ans conseiller littéraire pour la nouvelle traduction norvégienne de la Bible, je prenais si souvent l'avion de Copenhague-Kastrup à Oslo-Gardermoen, pour faire l'aller et retour dans la journée, que ce que je considérais jusqu'alors non pas vraiment comme un fait extraordinaire, mais en tout cas inhabituel, comme une façon festive de voyager, était devenu une habitude, quelque chose d'aussi courant que de prendre le bus. Je retirai ma carte d'embarquement à une borne du hall des départs, montai à l'étage et me dirigeai vers les longs couloirs du passage de la sécurité. La veste sur le bras et la ceinture à la main, je déposai mon sac sur le tapis quand ce fut mon tour, le récupérai de l'autre côté, entouré de quinquagénaires en costume et de quelques femmes à la tenue tout aussi professionnelle, certaines gaies et ouvertes, d'autres plus introverties, tous figés tels des arbres. Je supposai que je donnais moi aussi cette impression à quiconque me voyait comme je les voyais. Je remis ma ceinture et ma veste en traversant le duty free, me dirigeai vers le café à proximité des portes d'embarquement de la zone B, où j'avais mes habitudes, après avoir acheté des journaux norvégiens et danois au kiosque, et pris un café au comptoir.

De mon roman, je n'avais parlé pour ainsi dire à personne, hormis à mes proches, or ils m'y voyaient et s'y voyaient sans l'objectivité que requiert habituellement un roman, si bien que je ne savais pas quelle impression le livre faisait sur ceux qui ne me connaissaient pas. Il était difficile de prévoir les questions des journalistes. Mais elles établissaient d'emblée une certaine façon de considérer le roman, car ils pensaient toujours de la même manière, posaient toujours les mêmes questions, et ce que j'avais dit à l'un, je le redisais à l'autre, créant ainsi une sorte de plate-forme qui supplantait le livre lui-même, car ce qui figurait dans les journaux le lendemain était entériné par un cercle encore plus large de lecteurs et de personnes intéressées qui s'exprimaient à partir de cette plate-forme. Pour les interviews ultérieures, les journalistes lisaient les entretiens précédents et les critiques. Ils procédaient alors par élimination, ne retenaient que quelques éléments sur lesquels ils insistaient, et s'y appesantissaient au point de faire perdre toute vie à l'ouvrage qui se retrouvait, moribond, dans un dépôt quelconque d'une banlieue d'Oslo.

Mais cette fois, une chose était certaine, ils ne manqueraient pas de m'interroger sur l'autobiographie. Pourquoi écrivais-je sur moi-même ? Qu'avais-je de si intéressant pour écrire non pas un seul roman sur ma vie, mais six ? Étais-je narcissique ? Pourquoi employais-je le vrai nom des gens ? Tout cela pouvait encore aller, ces questions n'étaient pas irrecevables, mais, s'ils abordaient des personnes en particulier, par exemple mon père et ma grand-mère paternelle, et les membres de leur famille, et s'ils voulaient discuter de la représentation de la réalité dans mon roman, non en tant que principe, mais en des termes spécifiques, à propos du séjour de mon père chez ma grand-mère à Kristiansand, cela pouvait tourner au cauchemar.

Je m'étais fait une idée de ce qui intéressait les journalistes grâce aux trois interviews que j'avais données précédemment à Malmö : une pour le *Dagbladet*, une pour le *Dagens Næringsliv* et une pour l'émission « Bokprogrammet » de la chaîne NRK. Les deux quotidiens, le *Dagbladet* et le *Dagens Næringsliv*, s'étaient attachés à ce que j'avais écrit sur moi-même, sur la personne que j'étais maintenant. Le fait que je n'avais pas d'amis, que la vie sociale ne m'intéressait pas, que je buvais jusqu'à ne plus savoir ce que je faisais. J'avais eu beaucoup de mal à parler de tout cela. Qui a envie de raconter à un journal qu'il n'a pas d'amis ? L'écrire en revanche n'était pas un problème car ce que j'écrivais valait pour moi, seul à mon bureau. Ce roman au plus près de moi et de ma vie changea du tout au tout dès qu'il sortit au grand jour, car au sein de cette sphère privée, qui n'appartenait qu'à moi et aux miens, s'établit une formidable distance, cela devint une « affaire », quelque chose de public, alors qu'en réalité ce n'était rien que la sphère où nous évoluions tacitement, mais qui avait pris forme dans le roman. La grande différence entre un roman et un article de journal, c'est que le premier relève de l'intime, il est étroitement lié au *je*, à une voix particulière, qu'il dépasse en s'adressant à un ou plusieurs lecteurs, mais sans jamais quitter ce qui lui est propre et personnel, alors qu'un article de journal n'a pas d'ancrage personnel et il transforme le contenu du roman pour en faire quelque chose de public et de général, avec la force de frappe d'un jugement : Knausgaard n'a pas d'amis ; Knausgaard perd le contrôle quand il boit ; Knausgaard crie sur ses enfants. Il en allait de même pour tout ce que j'avais écrit dans le roman. Le roman relevait de l'intime et restait intime même tiré à huit mille exemplaires, car étant lu par une personne à la fois, il ne quittait jamais le privé. Mais quand les journaux parlaient de mon texte, il n'y avait plus de lien avec le privé et l'intime, il devenait objectif et public, détaché du *je*, et même si subsistait un lien avec moi et mon univers, ce n'était qu'à travers mon nom et ce qu'il représente, « Knausgaard », un objet parmi d'autres – et ce n'est qu'à partir de là que le sujet du roman devenait « quelque chose ».

J'avais décidé de ne lire aucune interview ni critique car, à me voir ainsi de l'extérieur, je serais mort de dégoût, mais le journaliste du *Dagens Næringsliv*, un jeune du sud de la Norvège, avait insisté pour que je lise son article avant impression, ce que je fis, et je me promis de ne jamais recommencer. Dans un mail que je lui avais adressé, je comparais mon ressenti à celui d'un animal pétrifié sous les feux des projecteurs.

Pendant que j'attendais, je passai en revue divers scénarios possibles et essayai de répondre dans ma tête à toutes les questions susceptibles d'être posées – tout en regardant les avions qui stationnaient et les petits engins d'aéroport qui allaient et venaient comme des jouets sur un fond de ciel immense et maintenant tout à fait bleu, où le soleil de l'autre côté faisait étinceler le verre et le métal touchés par ses rayons, mais aussi la foule, encore plus compacte ici que n'importe où ailleurs – jusqu'au moment d'embarquer. Je fourrai les journaux dans mon sac à dos et traversai le couloir menant à la porte d'embarquement. Une fois que je fus assis, un long frisson me parcourut, tel un flot d'angoisse.

Je ne doutais pas un instant que le *Fædrelandsvennen*, le journal de Kristiansand, chercherait à se rapprocher le plus possible de la réalité. Sans doute étaient-ils indignés car on n'écrivait pas sur la vie privée des gens ; il n'était pas improbable non plus qu'ils aient parlé avec Gunnar et qu'ils me poussent dans mes retranchements. Procès, calomnies, exploitation impitoyable des autres à des fins personnelles.

Incapable de rester tranquille, je me levai, allai aux toilettes, réussis à évacuer une urine jaune foncé, me lavai les mains, les passai sous le séchoir, ou quel que soit le nom de ce petit appareil à air chaud accroché au mur. En sortant, je fis un tour dans le couloir jusqu'au kiosque où je regardai les marchandises du duty free pendant quelques minutes avant de revenir à ma place. Il y avait maintenant une file d'attente car l'employé derrière le comptoir avait ouvert la porte de la passerelle et s'activait à contrôler les passeports et à scanner les codes-barres des billets.

Quand l'avion grimpa dans le ciel après avoir quitté la piste, je scrutai le paysage de l'autre côté du détroit pour distinguer l'immeuble où nous habitions. Ce n'était pas difficile, il se trouvait juste en face du Hilton, le deuxième bâtiment le plus haut de Malmö. Penser que seulement deux heures auparavant j'étais en bas en train de regarder par ici était incroyable, tout comme le fait qu'en bas tout paraissait aussi grand que d'en haut, car d'ici, non seulement je voyais le balcon où j'avais l'habitude de m'installer, mais aussi tous les kilomètres carrés de bâtiments alentour où quelques centaines de milliers d'autres lurons contemplaient le monde comme s'ils y étaient seuls.

Linda et les enfants étaient sûrement levés maintenant, me dis-je, et je reconnus Landskrona puis Helsingborg en dessous, avant que le paysage ne devienne anonyme, sans intérêt et comme générique : des champs, bon, d'accord, des routes, bon, des bourgs, d'accord. Je sortis les journaux et les lus jusqu'à ce qu'on amorce la descente vers Gardermoen et que j'aperçoive en contrebas les forêts vert foncé inondées de soleil, émaillées çà et là des taches jaunes et rouges de l'automne, tels des appels d'arbres impétueux, pleins de désir, de bonheur et de mort au milieu de la sérénité paternelle des pins et des sapins.

Un fleuve, noir, des champs, jaunes. Des voitures qui semblaient solitaires même au sein de longues files. En bas, tout témoignait de l'attente de l'hiver que même le soleil de l'été indien ne pouvait effacer.

Lentement l'avion descendit du ciel, les roues touchèrent le sol, la voix de l'hôtesse nous souhaita la bienvenue à Oslo et nous enjoignit de garder nos ceintures de sécurité attachées, ce que presque tout le monde ignora, car nous savions bien qu'il n'y avait plus de danger et que personne ne nous punirait si nous n'obéissions pas, et c'était ça, la liberté.

Clic, clic, entendait-on partout. D'habitude, j'attendais que presque tous les passagers aient quitté la cabine pour sortir, mais là, étant pressé, je me frayai un passage dans l'allée, sac à dos à l'épaule, et allumai mon portable, comme tous les gens autour de moi. Je n'avais bien entendu aucun message, je n'en avais jamais, mais ils ne pouvaient pas le savoir.

Je fourrai l'appareil dans ma poche intérieure et croisai le regard d'une femme d'une cinquantaine d'années qui venait d'attraper un sac dans le coffre à bagages et s'était retournée pour le poser par terre.

— Merci d'écrire d'excellents livres, dit-elle.

Je la regardai, embarrassé, le feu aux joues et un demi-sourire aux lèvres.

— *Un temps pour tout* est le meilleur livre que j'aie lu depuis très longtemps, continua-t-elle.

— Merci beaucoup. C'est gentil. Ça me fait très plaisir.

Elle me sourit chaleureusement avant de se retourner.

Jamais encore des inconnus ne m'avaient interpellé à propos de mes livres. Si ça n'était pas bon signe !

Une heure plus tard, je descendis d'un taxi dans la rue Kristian-August, payai et passai le porche de l'immeuble où Oktober avait ses bureaux. La maison d'édition venait tout juste de s'agrandir et occupait désormais deux étages ; je supposais que c'était grâce à l'argent des livres d'Anne B. Ragde. Je sonnai et heureusement quelqu'un ouvrit sans demander qui j'étais, je détestais me présenter à ces interphones. Au premier étage, Silje m'attendait. On m'offrit un café avant de monter au deuxième, où je m'installai sur le canapé en cuir noir tout près de l'entrée – c'était ici que devait se dérouler la première interview. J'allumai une cigarette. Geir Berdahl vint me saluer, peut-être la fumée de ma cigarette avait-elle atteint son bureau tout au bout. Il dit que mon livre n'était pas encore arrivé. Il aurait dû être livré la veille mais le camion avait eu un accident en Suède, d'après ce qu'il avait compris, il s'était renversé dans un fossé à cause d'un sanglier sur la chaussée. Il rit, je souris. Puis il redevint sérieux, à sa façon, se reprenant en quelque sorte après cette audace, et dit que la situation était grave, le lendemain le livre serait annoncé dans tous les journaux mais introuvable en librairie. Il m'annonça néanmoins qu'il livrerait lui-même les grandes librairies d'Oslo le lendemain matin, puis il sourit furtivement et repartit dans son bureau après m'avoir souhaité bonne chance. Je me rassis sur le canapé, Silje arriva avec une thermos de café, une tasse pour le journaliste, de l'eau et des verres. J'imaginai le camion plein de livres à l'orée d'une forêt suédoise, le chauffeur en descendant, son portable collé à l'oreille, la fumée s'échappant du capot, le silence total une fois la portière claquée. Puis j'imaginai Geir Berdahl, les cheveux et la barbe en bataille, circulant dans les rues d'Oslo au volant d'une petite Toyota remplie de livres. Sans doute avait-il travaillé ainsi dans les années soixante-dix, à l'époque où Oktober était une maison d'édition marxiste-léniniste qui possédait une chaîne de librairies qui diffusaient les traductions de Marx et de Mao auprès de la population norvégienne. Ne sachant presque rien de cette époque mythique, je décidai de l'interroger quand l'occasion se présenterait. Je ne lui avais causé que des ennuis : je devais énormément d'argent à la maison d'édition puisque je n'avais rien publié depuis cinq ans, mais je ne savais pas combien – sans doute entre trois cent et sept cent mille –, et maintenant que j'avais enfin écrit un livre, il lui fallait gérer mon oncle et ses mails malveillants et enragés, discuter avec lui au téléphone et faire appel à un cabinet d'avocats pour passer mon manuscrit au peigne fin. Que cela m'arrive était absolument insensé, moi qui n'avais jamais fait d'histoires, qui essayais à longueur de temps d'être gentil, sympathique, poli et correct, qui ne cherchais qu'à me faire aimer des autres, qui ne demandais que ça. Que je sois, moi, au cœur d'une tourmente de gens outragés et d'avocats, même pas par malchance, mais en réponse – une réponse appropriée – à quelque chose que j'avais fait délibérément. Je voulais seulement écrire et devenir écrivain, comment pouvais-je me retrouver contraint de faire lire mes textes à des avocats ? J'avais leurs conclusions à la maison et c'était impressionnant de voir à quel point elles différaient des nombreuses notes de lecture de conseillers littéraires que j'avais accumulées au fil des ans. Avec un peu de recul, c'était intéressant aussi, car la loi était un langage, et quand on l'appliquait ce n'était pas de façon absolue, il était toujours question d'interprétation, formulée aussi exactement et précisément que possible. Les avocats devaient décrire l'affaire, donc ce qui s'était passé, et dans un procès c'était souvent source de conflit : que s'était-il réellement passé ? Et, une fois les faits établis : quel était le motif ? Comment le comprendre ? C'était là un travail comparable à celui du romancier.

La différence étant que les avocats devaient comprendre les faits non seulement en eux-mêmes, mais aussi au regard de la loi, qui était en outre écrite en vue d'événements futurs, donc à titre d'hypothèse – fondée sur l'expérience de l'humanité vieille de milliers d'années selon laquelle le vol, le détournement de fonds et le meurtre continueraient de se produire, alors que des lois plus particulières à la culture disparaissaient en même temps que mourait la culture qui les avait rendues nécessaires. Les actes n'avaient pas de langage, mais la loi et l'interprétation de la loi relevaient du langage. Une loi sans langage était aussi impensable qu'un poème sans langage. La loi et le poème étaient liés, comme les deux faces d'une même pièce.

Un autre éditeur passa en souriant, me félicita pour la sortie de mon livre et disparut dans son bureau. Silje détailla de nouveau le planning de la journée mais je ne l'écoutais que d'une oreille : il y avait longtemps que je n'avais pas redouté à ce point quelque chose. On sonna, ce devait être la journaliste, et j'allai aux toilettes pour pisser et me remettre du gel dans les cheveux, une séance de photos était prévue après l'entretien.

Quand je ressortis, la journaliste de NTB était là. J'associai sa tenue vestimentaire ou ce qui émanait d'elle à la moto. On se serra la main, elle annonça que le photographe nous rejoindrait plus tard, on prit place et elle se mit à poser ses questions. À mon sens, l'interview se passait plutôt bien, les questions se cantonnaient au général, sauf celles concernant ma personne. Une bonne demi-heure plus tard, je fus photographié dans la cour, après quoi j'étais prêt pour le point suivant du programme, une interview téléphonique avec le *Bergens Tidende*. J'attendis dans le bureau de Geir Gulliksen, qui était arrivé pendant mon interview avec la journaliste de NTB. On parla du deuxième tome. Le premier, nous l'avions remanié ici, ensemble, lui avec le manuscrit sous les yeux, moi devant mon ordinateur, et nous avions revu toutes ses propositions qui consistaient pour la plupart à supprimer du texte. Je fis exactement ce qu'il suggérait, hormis pour l'ouverture, qu'on hésitait à supprimer à cause de sa tonalité complètement différente du reste, et pour le long passage sur la fête du Nouvel An qu'il voulait retrancher. Je vis tout de suite que c'était mieux. Ainsi resserré, le texte avait plus de force.

Pendant que nous étions là, lui sur sa chaise à roulettes derrière son bureau et moi sur une chaise contre le mur, je lui demandai quand nous pourrions relire le tome 2. Il était prêt depuis un moment, mais lorsque la tempête autour du tome 1 se déchaîna, je compris qu'il ne pourrait pas paraître tel quel, il était bien trop agressif et, par endroits, presque médisant ; je l'avais écrit dans un tel état de frustration et de colère que le texte en était imprégné et certains passages auraient pu m'être préjudiciables, à moi et à ceux que j'évoquais. Mais même en supprimant les pires passages, l'équilibre n'était toujours pas le bon. L'idée de départ était de décrire ma vie telle qu'elle était et de remonter dans le temps depuis l'enfance et l'adolescence jusqu'à la vie adulte, avant de conclure par ma rencontre avec Linda en Suède, de sorte que notre histoire d'amour, si intense, adoucirait les événements décrits dans ce tome. Mais cela demandait une patience trop inhumaine, l'image que je donnais de nous était trop unidimensionnelle et j'avais l'impression que ce qui devait la nuancer, lui conférer une plénitude de sens, serait trop long à venir. Donc, un matin, une semaine plus tôt, j'avais écrit l'histoire de notre rencontre et ce qui s'était passé entre nous. Près de vingt-quatre heures plus tard, j'avais terminé, le récit faisait cinquante pages et il était suffisamment clair pour que le reste ne soit pas incompréhensible. J'avais dormi une heure avant d'aller donner une interview au *Dagbladet* au café du Konsthall de Malmö, aussi éreinté que lorsque j'avais bu jusque tard dans la nuit.

— Je pense qu'on n'a pas besoin d'en faire plus, dit Geir. On le publie tel quel.

— Vraiment ?

— Oui, vraiment.
— Tu es sûr ?
— Absolument.
— Pas de suppressions ? Rien ?
— Le peu qu'il y a à faire sera revu en correction.
— Alors je te fais confiance.
— Il le faut, dit-il en riant. Comment ça s'est passé avec NTB ?
— Plutôt bien, je crois. Mais maintenant c'est *BT*. Et j'appréhende.
— Ça va sûrement bien se passer. Tu sais que je lui ai parlé hier. C'est quoi, son nom, déjà ? Tønder ?
— Oui, c'est ça.
— D'abord, il a dit qu'il ne voulait que quelques informations sur toi. Mais j'ai vite compris qu'il avait un objectif bien précis.
— Lequel ?
— La question de l'autobiographie, bien sûr.
— Il savait pour Gunnar ?
— Oui, sans aucun doute.
— Et qu'est-ce que tu lui as dit ?
— Je lui ai répondu que je ne pouvais pas parler de ton livre de cette manière-là. Je crois qu'il a compris. Il s'est contenté de se renseigner sur deux ou trois choses. Je crois que tu n'as rien à craindre.
— J'espère vraiment.

Silje frappa à la porte entrouverte et passa la tête dans l'embrasure.

— Vous pouvez l'appeler d'un bureau à l'étage du dessous, annonça-t-elle.
— Maintenant ? demandai-je.
— Oui, il a dit qu'il attendait.

Je la suivis dans l'escalier. Le bureau se trouvait au fond, à gauche. La thermos et ma tasse avaient mystérieusement atterri ici, sur une table. À côté du téléphone, un bloc-notes et un stylo. Silje me tendit un papier avec un numéro de téléphone.

— Voici son numéro, dit-elle. Faites le zéro d'abord.

— Merci, lui répondis-je en m'asseyant.

Elle sortit et referma la porte. Je me dis que rien ne m'obligeait à l'appeler. Je griffonnais sur le bloc en réfléchissant. Puis je me ressaisis, décrochai et composai le numéro.

À l'autre bout du fil, la voix parlait le dialecte de Bergen et depuis, chaque fois que j'entends ce dialecte, cette voix résonne en moi et me fait froid dans le dos. C'est la voix la plus désagréable que j'aie jamais entendue au cours des quarante et quelques années de ma vie, et c'est la conversation la plus désagréable que j'aie jamais eue. Ce n'était pas tant ce que la voix disait, et dont je ne me souviens plus exactement, que son ton, oscillant entre flatterie et réprobation, sans jamais se départir de son côté moralisateur, si sournois et dissimulateur fût-il.

J'ai rencontré beaucoup de journalistes au cours des deux années qui se sont écoulées depuis la parution du premier tome de ce roman, et j'ai toujours pu en dire du bien : ils avaient un côté conciliant, quoi qu'ils aient pu écrire, et si bêtes, absurdes et implacables qu'aient été leurs descriptions de ma personne, mais cette voix-là n'avait absolument rien de bienveillant, elle était abjecte et je ne veux plus jamais l'entendre. Après l'interview, j'avais la nausée, je me dégoûtais, car la voix avait pénétré dans mon oreille, dans ma tête. Jamais je n'avais imaginé qu'une voix puisse être un corps étranger qui s'introduit au plus profond de vous en vous emplissant de sa substance. Le pire, c'était que cette voix essayait de me piéger, un peu comme des policiers qui mènent un interrogatoire en abordant des sujets anodins pour gagner la confiance des suspects et qui assenent la question cruciale au bon moment : Et tu n'étais pas sur les lieux, hein ? Mais si, en fait, tu y étais, c'est bien ça ? Tu peux me le dire, allez, je sais ce que c'est.

Cette voix était comme ça. Elle me demanda pourquoi je ne parlais pas de ma mère dans mon roman. C'était une drôle de question à poser à un auteur qui écrit sur ses relations avec son père et sur la mort de son père. Pourquoi Kafka écrivit-il une lettre à son père et pas à sa mère ? La voix ne cherchait pas à savoir pourquoi ma mère était absente du roman, elle le savait très bien, sous la question affleurait une accusation, non formulée mais évidente, et tout ce qu'elle voulait, c'était me faire avouer. Ce qu'évidemment je ne fis pas ; je lui répondis que c'était un livre sur mon père et la mort de mon père, et non un livre sur ma mère et la mort de ma mère, et la voix, qui ne croyait pas un mot de ce que je disais, mémorisa cela pour s'en resservir plus tard, quand, pris au piège, je me contredirais. C'était un interrogatoire, pas une interview. La voix m'assura qu'elle avait vraiment aimé le livre et posa des questions plus impartiales. Elle voulut savoir dans quelle mesure le roman était lié à la réalité. Après que je lui eus répondu, elle dit que je prétendais qu'il s'agissait de la réalité mais que le roman ne correspondait pas à la réalité, et me demanda comment j'expliquais cela.

— Vous écrivez que votre père a habité deux ans chez votre grand-mère paternelle. Mais ce n'est pas vrai. Il n'y a vécu que deux mois, n'est-ce pas ?

— Ce n'est pas ce que j'ai écrit. Ce n'est pas ce qu'il y a dans le livre. Aucune durée n'est mentionnée.

— Si, c'est écrit qu'il y a vécu deux ans.

— Non. Je l'ai supprimé. Vous ne pouvez pas l'avoir lu. Ce n'est pas dans le livre.

La voix se tut quelques secondes. Puis elle avoua, à contrecœur :

— Comme vous pouvez le voir, j'ai parlé avec votre famille.

— Vous avez parlé à Gunnar ?

— Oui. Et il dit que ce que vous écrivez ne correspond pas à la réalité. Dans le livre, vous vous présentez en héros. Mais en réalité vous n'êtes pas un type bien. En fait vous n'avez pas nettoyé la maison. C'est à peine si vous savez faire le ménage, n'est-ce pas ?

Je lui répondis que j'avais nettoyé la maison exactement comme je l'avais décrit, et que faire le ménage était pratiquement la seule chose que je savais bien faire, mais qu'on ne pouvait pas parler du roman de cette façon-là, chercher à savoir si c'était moi ou mon oncle qui avait nettoyé la maison, c'était absurde. J'entendis de nouveau que la voix ne croyait pas un mot de ce que je disais et qu'elle s'était fait une certaine image de moi, l'image avec laquelle j'avais vécu depuis mon entrée dans la puberté : j'étais un petit merdeux peu fiable et présomptueux, sans morale ni limites, sans la décence qui rend un homme respectable. J'avais écrit que c'était moi qui avais nettoyé la maison de ma grand-mère pour me montrer sous un jour honorable alors que c'était mon oncle qui s'en était occupé. J'avais exagéré la mort de mon père jusqu'au grotesque et fait d'un arrêt cardiaque ordinaire l'aboutissement d'un enfer autodestructeur et, non content d'avoir écrit ça, j'avais aussi traîné ma vieille et bonne grand-mère dans la boue, ma propre boue et non celle d'un autre. Derrière tout cela trônait ma mère, la vengeresse des Knausgaard, celle qui avait perverti son fils.

Pourquoi n'avais-je pas écrit davantage sur ma mère ? Pourquoi l'avais-je décrite en des termes si positifs et mon père si négativement ? Pourquoi avais-je écrit que mon père avait habité deux ans chez ma grand-mère alors qu'en vérité il s'agissait de deux mois, et encore ? Pourquoi avais-je écrit que j'avais nettoyé la maison de fond en comble alors que j'en étais à peine capable et que je n'avais été qu'une gêne ?

Ce n'était pas seulement parce que la voix croyait manifestement tout ce que Gunnar lui avait dit, y compris la théorie selon laquelle ma mère m'avait endoctriné, que cette conversation avait pris un tour si désagréable que j'en avais la nausée, assis là, le téléphone à la main, c'était aussi à cause de sa façon insidieuse de s'exprimer, en louant d'un côté mon talent d'écrivain et en m'accusant de l'autre de mensonge, de fourberie et d'immoralité ; oui, la voix s'adressait à moi comme à un criminel. Que Gunnar le fasse était une chose, il était partie prenante de l'affaire, et c'était moi qui l'y avais entraîné contre sa volonté, donc quelles que fussent les accusations qu'il proférait, c'était ma faute. Mais cette voix n'avait rien à voir avec l'affaire, je n'étais coupable d'aucune de ses accusations et, pourtant, elle me condamnait avec toute la légitimité morale et la fatuité que lui conférait sa position de journaliste d'un grand quotidien de Bergen, tout en me soutirant les informations dont elle avait besoin pour étoffer son article. Elle savait que, sans moi, il n'y avait pas d'affaire, c'est pour cette raison qu'elle condamnait et quémandait tour à tour, dans un va-et-vient abject.

Oui, cette voix était abjecte.

Je comprenais qu'elle accorde du crédit à Gunnar. Berdahl, qui lui aussi avait eu Gunnar au téléphone, le trouvait posé, raisonnable et mesuré. C'était uniquement dans ses mails qu'il laissait libre cours à la colère. Le journaliste des affaires criminelles à *BT* avait eu une conversation téléphonique avec lui et l'avait cru. Expert-comptable, Gunnar était un citoyen respectable, tout comme la voix elle-même, supposais-je. En lisant mon roman sous cet angle-là, la voix voyait exactement ce que Gunnar voyait : je n'étais pas digne de confiance, je mentais et j'avais écrit ce roman parce que je haïssais la famille Knausgaard et voulais me venger d'elle, à la demande de ma mère. En agissant ainsi, Gunnar m'avait ôté toute autonomie et toute personnalité : je ne haïssais même pas de mon plein gré mais pour le compte de ma mère. Il avait fait de mon roman une diatribe, quelque chose de minable et de vil. Le *Bergens Tidende* était d'accord avec lui sur tous les points. Je mentais et ce que j'avais écrit n'était pas un roman mais quelque chose de mesquin et d'indigne de la société, une attaque contre des personnes vivantes, par livre interposé.

Je ne pensai à rien de tout cela pendant mon entretien avec la voix insidieuse, mi-quémandeuse, mi-réprobatrice, parce qu'elle avait le dessus sur moi et que j'étais trop occupé à me défendre, mais je n'y pensai pas plus quand ce fut terminé. J'avais l'impression d'être un criminel, et la peur liée aux conséquences de ce que j'avais écrit, qui commençaient désormais à apparaître, éliminait tout le reste. C'étaient ces mêmes sentiments qui m'avaient tourmenté toute cette fin d'été-là. Totalement à leur merci, l'âme violemment perturbée, comme elle peut l'être quand la catastrophe s'annonce, je sortis de la pièce et montai dans le bureau de Geir. J'avais la nausée et tremblais intérieurement. Mais le simple fait d'être là me soulagea. Je racontai ce qu'on s'était dit au téléphone, et lorsque Geir Berdahl entra, je le répétai. Geir rapporta que le journaliste lui avait dit la même chose la veille au soir, que mon père n'avait pas vécu plus de deux mois chez sa mère, et que je n'avais pas nettoyé la maison comme je l'avais écrit. Il avait cru que le journaliste voulait le tester, pas qu'il recommencerait dans l'interview.

— Mais j'ai vite compris qu'il n'y avait que ça qui l'intéressait et pas le roman.

— J'ai eu la présence d'esprit de lui dire que je

voulais relire ce qu'il écrirait concernant Gunnar, dis-je. Il doit m'envoyer un mail dans la journée.

— C'est bien, dit Geir. L'article sortira et on gérera la situation. Ce ne sera peut-être pas si grave.

— Au départ, c'était Siri Økland qui devait couvrir le sujet, dis-je. La fille d'Einar Økland. Mais ils ont mis l'autre à sa place. C'est un gros calibre, spécialiste des affaires criminelles.

— C'est vrai, tu me l'as dit.

— Putain !

Geir se mit à rire.

— Ça va bien se passer, Karl Ove.

— C'est la conversation la plus désagréable que j'aie jamais eue. Il me flattait et m'humiliait en même temps. Et visqueux avec ça !

— Oui, il était désagréable. Je me suis fait la même réflexion.

— Et maintenant, c'est le *Fædrelandsvennen*. C'est eux que je redoute le plus. Si *BT* a téléphoné à toute ma famille, qu'est-ce qu'ils ont bien pu trouver ?

— Je ne crois pas qu'ils l'aient fait.

— J'espère que tu as raison, dis-je en me levant. Ce truc avec *BT* est la pire expérience de ma vie.

Accompagné de Silje, je sortis dans la rue où le soleil brillait intensément, on passa devant la Galerie nationale et on descendit l'avenue Karl-Johan. Je m'arrêtai à un kiosque pour prendre un exemplaire du *Morgenbladet*. Silje, qui comprit mon intention, m'informa que le journal n'avait pas encore publié de critique. Je le remis sur le présentoir. On entra au Grand Hotel, où Ibsen avait l'habitude de s'installer, un miroir collé au fond de son haut-de-forme, et on prit l'ascenseur jusqu'au bar du dernier étage où nous attendaient la journaliste et le photographe du *Fædrelandsvennen*. On s'assit à une table de la terrasse avec la journaliste. Elle portait des lunettes de soleil et m'expliqua que cela lui permettait de ne pas me regarder dans les yeux. Elle me dit que le livre l'avait ébranlée. Sa façon de s'exprimer m'indiqua qu'elle ne le condamnait pas moralement. Je parlai des sujets qu'elle voulut aborder, aussi prudemment que possible, sous un ciel de septembre très bleu, ensuite le photographe me prit en photo plus loin sur la terrasse. Je donnai une autre interview, cette fois à un journaliste du *Morgenbladet*, fumant et buvant de l'eau gazeuse et du café tout en répondant à ses questions. Je crois me souvenir qu'il s'appelait Håkon ou peut-être Harald, il était originaire du même endroit que moi, avait grandi de l'autre côté du pont et voulait en parler, et c'était bien, car cela l'éloignait du livre et de moi.

Après le déjeuner, je pris un taxi pour me rendre à la NRK. Arrivé vingt minutes trop tôt, je m'étais assis sur une pierre et fumais au soleil lorsque j'entendis une voix parler en suédois. Je me retournai et vis Carl-Johan Vallgren, l'écrivain suédois que j'avais rencontré quelquefois à Stockholm, descendant d'un taxi pour se diriger vers la réception. Il était là pour le lancement de son dernier livre en Norvège. J'écrasai ma cigarette et le suivis. Comme il me tournait le dos quand j'entrai, je posai ma main sur son épaule, ce que je ne fais jamais avec personne, mais les circonstances m'y avaient en quelque sorte poussé. Il se retourna et, me reconnaissant, sourit. Il portait un costume et une chemise dont le grand col, comme ceux des années soixante-dix, était ouvert. On se serra la main, je lui dis que j'aimais son dernier livre et il répondit, non sans envie, que depuis son arrivée les écrivains norvégiens ne parlaient que de moi. Il rit, puis se tourna vers le hall où quelqu'un venait le chercher. À bientôt, dis-je, oui, à bientôt, répondit-il, et je ressortis fumer une autre cigarette et appeler Linda. Cette rencontre m'avait rendu plus léger, il était de ces gens qui vous mettent de bonne humeur, certains le peuvent, ils sont peu nombreux. Ce n'était absolument pas mon cas.

Linda était à la terrasse d'un café à Malmö, il faisait beau aussi là-bas. Elle me dit que la matinée s'était bien passée, sa mère était arrivée et la mienne serait là dans la soirée. Je lui racontai que les interviews s'étaient plutôt bien déroulées et que je devais encore en donner deux avant d'aller chez Axel et Linn. Elle me dit que c'était formidable et qu'elle avait hâte d'être au lendemain. Je lui répondis que moi aussi, puis on se dit au revoir avant de raccrocher.

L'interview pour le *Søndagsavisen* se passa assez bien. Ensuite, Siss Vik vint me chercher à la réception pour m'emmener dans son bureau donner une interview à *Ordfront*. Pour la première fois de la journée, je parlai de littérature. Mes propos furent imprécis et plutôt médiocres mais il était question de littérature et cela eut en soi un effet cathartique. Un peu comme un plombier timide qui aurait été contraint toute la journée de parler dans les médias de lui-même et de ses sentiments, de sa famille et de ses amis, et qui, tard dans l'après-midi, aurait pu enfin aborder les tuyaux et les joints.

De la NRK, je pris un taxi pour me rendre chez Axel qui n'habitait pas très loin. À mon arrivée, il avait cuisiné de l'agneau au chou, tout l'appartement exhalait cette odeur qui me renvoya immédiatement aux automnes de mon enfance. Il m'expliqua qu'il supposait que je ne mangeais pas d'agneau au chou en Suède, ça avait été son cas quand il habitait là-bas et c'était une des choses qui lui avaient manqué. Il avait raison ; depuis la fois où j'en avais cuisiné, avec un autre plat traditionnel, au cours du premier automne de ma relation avec Linda, à l'époque où il m'importait de lui dire qui j'étais et d'où je venais, je n'en avais plus mangé.

Linn, la femme d'Axel, avait un rendez-vous après le travail. J'étais assis dans la cuisine, avec Erik et Johan, les fils d'Axel, et mangeais de l'agneau au chou en buvant de la bière. C'était pour cela que j'avais prévu de passer chez Axel, se retrouver dans une famille mettait du baume à l'âme, ça avait quelque chose de bon, peut-être aussi d'innocent, en tout cas de non corrompu. Si j'étais rentré directement à l'hôtel après les interviews, tout ce qui s'était dit et fait dans la journée m'aurait suivi, m'aurait submergé par vagues, et il n'est pas improbable que je me serais mis à pleurer sur mon lit ; c'était déjà arrivé. Geir Angell avait ri un jour que je le lui avais raconté, il avait dit que j'étais comme le comique Arthur Arntzen dans le rôle d'Oluf, qui commandait des sandwichs et du lait dans sa chambre d'hôtel après les représentations et dînait en pleurant. Moi aussi j'avais ri, mais maintenant que j'étais dans la même situation, je ne riais plus, trop occupé à faire face. Je ne savais pas vraiment en quoi consistaient ces tourments que je n'arrivais pas à définir, mais c'était comme si toute la méchanceté qui m'habitait se déversait librement à ce moment-là. Lors des interviews, il s'agissait de contenir quelque chose, de lui donner forme pour le maintenir à distance, mais cette mise en forme extérieure s'accompagnait de tourments intérieurs de plus en plus forts. Il y a quelques années, une chaîne de télévision avait interviewé des gens, entre autres Jan Kjærstad, pendant vingt-quatre heures, chez eux, et quand j'en discutai avec Tore, il déclara que si ç'avait été moi, j'aurais donné le change en restant aimable et poli durant les vingt-quatre heures, mais que dès qu'ils auraient franchi la porte j'aurais éclaté en sanglots sur mon lit. Comme je n'avais jamais dit à Tore que je pleurais après un passage en direct à la télévision, et parfois aussi après des rencontres littéraires ordinaires, je le regardai avec surprise : comment le savait-il ? Étais-je si facile à décrypter ?

Donc de l'agneau au chou et de la bière dans une cuisine d'Oslo avec Axel et ses fils, un soleil bas et de l'air froid au-dehors, c'était exactement ce dont j'avais besoin.

J'avais rencontré Axel quatre ans plus tôt à Stockholm : un soir, les amis acteurs d'Helena l'avaient appelée, leur équipe de football manquait de joueurs et ils demandèrent si Jörgen, son compagnon, aimerait jouer avec eux. Il m'appela pour me demander si je voulais en être. J'acceptai. Et me retrouvai sur un terrain souple, gravillonné, quelque part à l'extérieur de Stockholm, dans une sorte de zone industrielle, il faisait nuit et froid, l'éclairage était presque jaune. N'ayant pas frappé dans un ballon depuis des années, on m'avait mis arrière gauche, là où je pouvais faire le moins de dégâts. L'équipe était exclusivement composée d'acteurs et c'était drôle, pendant la pause, la plupart évoquaient leurs prestations, ce qu'ils avaient fait et pas fait, sans aucune idée du jeu collectif, dans une sorte de cacophonie égocentrique. L'entraîneur, un homme d'une trentaine d'années qui jouait en défense, donna ses instructions d'une voix grave et dans le parler stockholmois. Lui et l'autre défenseur vinrent me voir après le match, j'appris qu'ils étaient norvégiens tous les deux. L'entraîneur, originaire de l'Østlandet, s'appelait Axel, l'autre, Henrik, venait de Kristiansand, ils avaient suivi ensemble l'école de théâtre de Stockholm et habitaient en ville. Karl Ove, dit Henrik. Pas Knausgaard par hasard ? Si, répondis-je, et ils rirent car ils avaient lu mes livres tous les deux, et pensaient que la probabilité de tomber sur moi, un soir d'automne sur un terrain usé de la banlieue de Stockholm, était relativement faible. Je continuai à jouer avec eux, puis, un samedi, je reçus un SMS d'Axel m'invitant à l'anniversaire de son fils. Persuadé qu'il y avait une erreur, qu'il s'était trompé de destinataire, je déclinai poliment l'invitation. Mais ce n'était pas une erreur, il continua à prendre contact de temps en temps, on se vit quelquefois en dehors des entraînements de foot, et le jour où lui et Linn, sa compagne, vinrent chez nous pour les deux ans de Vanja, Linn s'arrêta devant l'affiche d'un court métrage dont Linda avait écrit le scénario, et demanda pourquoi cette affiche se trouvait là. Il s'avéra que Linn était la productrice du film. Leurs enfants avaient le même âge que les nôtres, et nous commençâmes à nous fréquenter.

Axel était quelqu'un de gentil et d'attentionné, mais sur un terrain de football, j'avais vu qu'il avait autre chose en lui, une agressivité et une tension dont il semblait dépourvu par ailleurs et, un jour, dans la cohue du métro, alors que nous rentrions de Råsunda après avoir vu un match, Axel, dans un accès de rage, avait été à deux doigts de s'en prendre à un homme qui s'installa à la place où j'allais m'asseoir. Je n'arrivais pas à associer ces éclats à celui qu'il était normalement, car il était la gentillesse même, et elle était authentique, il avait ça en lui, selon moi, ce n'était pas étudié. Linn aussi était attentionnée mais elle avait une certaine âpreté, elle ne redoutait pas de dire les choses en face et ne faisait pas grand cas de ce que les autres pensaient d'elle. Concernant leur vie de famille, ils occupaient une position différente de la nôtre, ils avaient une maison, une voiture et un budget ordonné. Elle était productrice à la SVT, la télévision suédoise, lui acteur free-lance. Ils s'étaient rencontrés sur le tournage d'un film publicitaire, c'est une des premières choses qu'il m'ait racontées. Nous déjeunions parfois ensemble près de mon bureau, là où j'avais mes habitudes, et nous nous voyions souvent le week-end, ainsi que tous les lundis pendant la saison des matchs. Après notre déménagement à Malmö et le leur à Oslo, nous restâmes en contact, même si c'était de façon de plus en plus sporadique. Ils étaient de ces gens généreux et organisés qui vous invitent pour toutes sortes d'occasions. À Pâques une fois, ils nous avaient invités dans un chalet que sa famille possédait à la montagne, et une autre fois à Berlin, où on lui avait prêté un appartement. Nous, nous ne les invitions nulle part, comment aurions-nous pu ? Notre famille ne disposait d'aucun chalet ou d'aucune maison et nous n'avions pas d'argent pour louer quoi que ce soit. Mais ils ne semblaient pas tenir les comptes.

Après le repas, on s'affala sur le canapé avec une bière en attendant que Linn rentre pour qu'on puisse sortir. J'étais si fatigué que je savais à peine ce que disais. La journée avait été épouvantable. Et le lendemain, tout serait dans les journaux.

Un peu plus tard, alors que nous descendions les rues du quartier ouest en direction du centre, une obscurité profonde et constellée d'étoiles recouvrit la ville. Des feuilles jonchaient le sol sous chaque arbre. L'air était d'une limpidité presque cristalline sans être froid, la chaleur du jour y demeurait encore, bien qu'elle allât diminuant. À la terrasse du Tekehtopa, tout près de mon hôtel, on but quelques bières en discutant. Comme je devais faire une lecture à l'Opéra le lendemain, et que je ne voulais pour rien au monde avoir la gueule de bois, je rentrai me coucher au bout d'une heure environ. Axel m'accompagna à l'hôtel, car Silje avait promis d'y faire déposer deux exemplaires de mon livre quand ils seraient livrés – ce qu'elle avait fait, le réceptionniste me tendit le paquet en souriant et m'observa du coin de l'œil quand je l'ouvris. J'en signai un que je donnai à Axel, lui dis au revoir et emportai l'autre dans ma chambre où je le fourrai dans mon sac avant de me déshabiller et d'allumer la télé ; je la regardai dans mon lit jusqu'à ce que mes yeux se ferment et que je m'endorme. Je dus me lever pour l'éteindre pendant la nuit car, lorsque je me réveillai vers six heures, l'écran était noir et muet. Je pris une douche, mis des vêtements propres et descendis petit-déjeuner. Tous les journaux étaient à disposition mais je n'y touchai pas, je ne voulais rien savoir. Je me servis des œufs brouillés, du bacon, des saucisses et quelques tranches de pain, un peu de jus d'orange et une tasse de thé, m'installai et jetai un œil sur le tas de journaux. C'étaient les interviews que je ne voulais pas voir. Elles figuraient dans le *Dagbladet Magasinet*, le *Dagens Næringsliv* et le *Dagsavisen*. Mais les critiques ? J'avais décidé de ne pas les lire non plus. Il fallait pourtant bien que je sache si c'était la catastrophe ou pas. Avec Geir, nous étions convenus qu'il m'enverrait un SMS après les avoir lues pour m'informer. Mais il n'était que sept heures, ça pouvait prendre encore beaucoup de temps.

Et puis merde. Parcourir les chapeaux ne pouvait pas me faire de mal.

Je pris le *Dagbladet*, évitai scrupuleusement la partie magazine pour feuilleter directement les pages culture. J'y étais.

Je brûlais intérieurement en survolant à toute allure les premières lignes.

C'était plutôt positif.

Oui, c'était bien.

Le *Dagens Næringsliv* était-il aussi positif ?

Je reposai le *Dagbladet*, emportai le *Dagens Næringsliv* à ma table et, évitant encore l'interview, j'allai directement à la page de la critique.

Là aussi, c'était positif.

Ouf.

Une tasse de café à la main, je fumai une cigarette devant l'entrée de l'hôtel en regardant les rares personnes qui arpentaient la rue si tôt. Le ciel était aussi bleu que la veille et les rayons du soleil inondaient déjà les toits et les flèches.

Ma lecture en public à l'Opéra se faisait dans le cadre d'une journée organisée par des clubs de lecture. Ne voulant pas lire un passage du premier tome, j'en avais choisi un du deuxième dans lequel il était question d'un atelier d'éveil musical pour bébés auquel j'avais participé une fois à Stockholm, et je l'avais choisi parce que j'espérais qu'il ferait rire. Par deux fois j'avais lu des passages du tome 1, la première à l'invitation d'Ingvar Ambjørnsen, écrivain mis à l'honneur au festival international de Bergen, où j'avais choisi les premières pages que je venais de rédiger ; la deuxième, à la Maison de la littérature où j'avais lu la scène dans laquelle Yngve et moi arrivions dans la maison de Kristiansand. Dans les deux passages il était question de la mort, et s'il y avait une chose qui plombait l'ambiance, c'était évidemment d'évoquer la mort et la déchéance. Or, comme il s'agissait d'un roman autobiographique et pas de quelque chose que j'avais inventé, j'avais le sentiment de leur imposer ma sinistre personne et de ruiner leur soirée par ma simple présence, donc après la dernière séance à la Maison de la littérature, j'avais décidé de ne pas recommencer. D'où le choix de l'humour, d'où la scène de l'éveil musical pour bébés. Le tome 2 était une comédie, mais une comédie qu'il avait fallu aller chercher loin, car elle racontait l'histoire d'un homme prisonnier de sa propre image, et d'une famille prisonnière de sa propre image, ce qui les entraînait vers de profondes indignités, qui se seraient dissipées pour peu qu'ils se soient dit en face que l'image était un leurre, que la réalité était ainsi faite et que ce n'était pas grave. Mais comme justement ils en étaient incapables, ils faisaient tout le contraire en se disant en face que c'était grave.

La maison d'édition étant toute proche de l'hôtel, j'y fis un saut un peu plus tard pour imprimer les pages dont j'avais besoin – l'imprimante n'avait pas fonctionné à la maison. Geir Berdahl était en train d'emballer les livres qu'il devait transporter avec Maria, sa fille, qu'on m'avait présentée mais avec qui je n'avais jamais parlé. Que le livre ne soit pas en librairie au moment où les journaux en parlaient était fâcheux car cette surenchère, cet intérêt, ne durerait qu'un seul jour, dès la semaine prochaine, cela diminuerait, à moins qu'il soit sélectionné pour un prix, la flamme pourrait alors se raviver quelques jours de plus. Pour la publication de mon premier roman, mes éditeurs avaient prévu un tirage bien trop faible, et quand tout fut vendu, ils tirèrent deux cents exemplaires supplémentaires seulement, et ils continuèrent ainsi, de sorte que pendant tout le mois de décembre, le seul mois où l'on vend vraiment des livres en Norvège, il était introuvable en librairie. Le nombre de ventes ne m'importait pas en soi, mais l'argent, si, surtout à ce moment-là : nous étions une famille de cinq personnes et les droits d'auteur constituaient notre seul revenu, en dehors de la bourse qu'on m'avait allouée.

Je fourrai les feuilles dans mon sac, dis au revoir à Geir et Maria et pris le chemin de l'Opéra. Je n'avais vu que sa façade anonyme depuis la gare centrale et fus surpris en me retrouvant devant, c'était vraiment un bâtiment exceptionnel. Cette blancheur de la pierre que le soleil accentuait en la faisant briller, en l'embrasant presque, contrastait avec le bleu froid de la mer d'où il émergeait. Je montai sur le toit et regardai la zone portuaire en fumant une cigarette ;

ma lecture commençait dans une heure. Appuyé au muret, je décapsulai une petite bouteille de Pepsi, en bus une gorgée, sortis mon téléphone et appelai Linda. Elle m'annonça qu'elle avait fait sa valise et s'apprêtait à partir pour Kastrup. Que maman était arrivée et que les deux grands-mères étaient dehors avec les enfants, dans une aire de jeux. Je lui dis que j'avais le trac et que ce serait bon de se promener dans Prague plus tard. Elle me souhaita bonne chance et on raccrocha. J'éteignis mon téléphone avant de le ranger dans mon sac. Un jour, lors d'une interview sur scène, il avait sonné et le public avait ri ; c'était précisément ce genre de chose qui faisait rire le public. Le public voulait rire, il recherchait le comique et éclatait de rire quand il surgissait, si insignifiant soit-il. Au-delà d'une certaine quantité de spectateurs, le public avait sa propre dynamique et sa propre psychologie, presque indépendamment des individus qui le constituaient. Ce qui n'aurait jamais fait rire une personne à titre individuel, et qu'elle n'aurait pour rien au monde trouvé drôle, parce que c'était insignifiant, pouvait engendrer des cascades de rires dans une salle. Et quand le public restait muet, son silence exprimait différents états d'âme bien précis. En cas d'ennui et de désintérêt, on aurait dit que les paroles s'éparpillaient et se volatilisaient comme de la fumée. En cas d'attention et d'intérêt, les paroles restaient, et il y avait comme une avidité dans l'air à laquelle il était formidable et excitant de répondre. Je lisais souvent les mêmes textes et l'atmosphère n'était jamais identique : parfois ils riaient tous au même passage, d'autres fois ils restaient muets. Une même scène pouvait gagner en profondeur et en sérieux un soir, et sembler plate et insignifiante le lendemain. C'était en partie dû à ma prestation : étant sérieux, voire sombre parfois, j'avais l'impression que ma présence inhibait le comique, alors que les fois où j'avais réussi à parler un peu avant la lecture le rire venait beaucoup plus facilement. Mais en général, c'était le fait du public lui-même, de sa composition et de l'ambiance dans la salle.

Je jetai ma cigarette par terre, l'écrasai et me dirigeai vers l'entrée du bâtiment. Le parvis était noir de monde. Face à la porte, je tombai sur Vetle Lid Larsen. Nous avions un temps été publiés par la même maison d'édition, mais nous ne nous étions jamais parlé ni salué. Alors que faire ? L'ignorer ? Je risquais de paraître arrogant ou hostile. Mais me présenter à lui ne me semblait pas plus naturel : nous ne nous connaissions pas.

— Bonjour, lui dis-je.

— Bonjour. Et félicitations pour les critiques !

— Merci.

— À bientôt, dit-il avant de franchir la porte.

Je le suivis, me frayant un chemin dans la foule, trouvai une jeune femme qui semblait faire partie des organisateurs, ce qui était le cas, et qui me pria d'attendre pendant qu'elle allait chercher une autre personne qui m'emmènerait dans les coulisses. Couloirs étroits entre des murs noirs, et soudain des halls pleins de câbles et d'appareils de levage, des portes à droite et à gauche, et une pièce pour nous, improvisée derrière des cloisons à mi-hauteur. Une coupe remplie de fruits, des thermos de café et des bouteilles d'eau gazeuse à disposition. Cathrine Sandnes, la maîtresse de cérémonie, était là, elle me fit la bise, dit quelque chose et rit, car elle était de ces gens rares qui rient tout le temps. Dag Solstad, qui devait lire après moi, était là aussi, avec le directeur d'un club du livre et quelques autres que je ne connaissais pas. Je les saluai et me servis une tasse de café. Je demandai à Cathrine des nouvelles de ses enfants, elle me parla un peu d'eux en me montrant des photos sur son portable, demanda des nouvelles des miens, je lui dis qu'ils allaient bien. Je ne me rappelais plus quand je l'avais rencontrée pour la première fois – sans doute avec Espen et Frederik, je crois me souvenir que nous regardions un match de football dehors et qu'elle était là, et quelqu'un raconta qu'elle était championne de Norvège d'un quelconque art martial. À l'époque, elle travaillait au *Dagsavisen*. Elle m'avait aussi interviewé une fois ; je me souviens que plus tard, en marchant vers l'hôtel, nous avions discuté du sens de la mystérieuse expression « être en forme », l'immense succès que peuvent connaître les sportifs, et qui abolit d'un seul coup tous les obstacles autour d'eux, comparé au fait d'écrire. Les écrivains aussi peuvent se trouver dans une phase où rien ne va, puis tout à coup dans un espace où tout va. Tout est dans la tête. Le football, l'écriture, le taekwondo. Cathrine était maintenant rédactrice en chef du magazine culturel *Samtiden*, mariée avec Aslak Sira Myhre, que j'avais connu à Bergen, d'abord de loin quand il était un étudiant militant d'extrême gauche, puis de plus près car il avait été le meilleur ami de Tore quand ils étaient adolescents à Stavanger, et avait servi de modèle au personnage secondaire le plus important dans la série de romans de Tore sur Jarle Klepp. Ayant écrit un essai pour *Samtiden*, j'avais été un peu en contact avec Cathrine dans ce cadre-là. Au cours de ces années où nous nous étions rencontrés sporadiquement, elle n'avait pas changé. Son trait de caractère le plus éminent, en tout cas le plus visible, c'était son audace. Elle était étrangère à la peur et aux tensions qui règnent dans le monde de la culture. Et là encore, elle était en train de parler au milieu d'un groupe, tout en riant.

Elle m'emmena sur la scène pour m'expliquer ce qu'elle avait prévu de faire : d'abord une courte introduction, puis je ferais mon entrée, elle me poserait une question amusante sur le titre de mon livre et je commencerais ma lecture.

Le sang reflua dans ma tête en voyant la salle vide. J'avais sûrement le visage blême de trac. Puis on revint à la loge improvisée par les couloirs. Je me resservis du café et jetai un regard prudent à Dag Solstad, assis sur une chaise à quelques mètres de moi. Je l'avais déjà rencontré plusieurs fois, la plupart du temps grâce à notre maison d'édition, mais je n'avais jamais réussi à lui adresser la parole, pas même pour parler de la pluie et du beau temps, exactement comme aujourd'hui. Ce n'était pas que j'eusse peur de lui, mais je n'arrivais pas à le voir comme un être humain. À ma naissance, il était déjà écrivain, et qui plus est, les collègues de sa génération le considéraient déjà comme le plus grand. Pour moi, depuis toujours, il était « Dag Solstad », le grand écrivain, dont l'importance dans la société était aussi constante que la compagnie d'assurances Gjensidige, la brasserie Ringnes ou la finale de la Coupe, ce que d'ailleurs il partageait avec Jan Erik Vold, qui lui aussi avait toujours été là, à la télé et à l'école, ils étaient comme les représentants des écrivains, leurs figures emblématiques – l'homme au doux visage et à la voix étrange qui déclamait un poème sur une miche de pain blanc, et l'homme à lunettes et aux cheveux ébouriffés qui bredouillait quand on lui posait une question –, il y avait donc un long chemin à parcourir lorsque, adulte, je me mis à lire leurs livres sérieusement, non pas pour leur caractère représentatif mais pour ce qu'ils ont de pertinent, et voir une figure emblématique prendre vie tient du prodige, parce qu'on y engage sa personne, ses expériences, ses connaissances, et c'est comparable à ce qui arrive avec ses propres parents quand on devient parent soi-même : tout à coup, leur vie qui nous semblait si lointaine et leur comportement si incompréhensible expriment quelque chose de profondément humain et universel – ils prennent vie. C'est ainsi que Dag Solstad prit vie pour moi, mais seulement comme écrivain, pas en tant que personne, car si quelque chose caractérisait l'œuvre de Dag Solstad, c'était qu'il écrivait des livres emblématiques ; ils exprimaient quelque chose de confus et d'invisible de façon claire et visible, et pas seulement une fois, mais encore et toujours. Démasquer Dag Solstad en lisant ses livres ne menait qu'à un autre masque car, en tant que figures emblématiques, ses livres ne reflétaient pas l'écrivain mais son époque, contribuant même peut-être à la former. Un de ses ouvrages commence par la description d'un homme qui, de honte, porte ses mains à son visage. En le lisant, je me disais que j'avais fait beaucoup mieux et de façon plus approfondie dans mon premier roman, où le personnage principal, qui ressent constamment de la honte, connaît bien ce geste et ce qui le provoque. Par orgueil démesuré, j'avais même soupçonné Dag Solstad de m'avoir copié. À l'époque, je n'avais pas compris la valeur de l'allégorie, elle m'était trop étrangère, dans ma vie et dans mon écriture rien ne s'assemblait en images, tout flottait et débordait. Maintenant, je comprends. L'allégorie est le point culminant de la littérature, le véritable but vers lequel elle tend sans relâche : l'image qui rassemble tout en elle, mais qui a une vie en soi. La personne qui porte ses mains à son visage : la honte. L'homme qui met en scène sa propre paralysie : l'inauthentique. Et parmi les images allégoriques de Dag Solstad, la plus chargée émotionnellement et la plus terrible est celle du père qui voit son fils accepter de l'argent pour conduire ses camarades. C'est sûrement ce qui explique que, plus tard dans son œuvre, Solstad se soit intéressé à Thomas Mann et à Henrik Ibsen, les deux derniers grands écrivains emblématiques. Le sanatorium de Thomas Mann dans *La Montagne magique* est le théâtre idéal pour un roman, c'est à la fois une image et un lieu, de la même manière que Peer Gynt et Brand sont à la fois des images et des personnages. Toute la littérature tend vers cette image essentielle qui dit tout à elle seule, et qui est tout. *Au cœur des ténèbres*, *Moby Dick*, Vivesaigues.

Portant la tasse à ma bouche, je trempai mes lèvres dans le café brûlant et m'aperçus avec désagrément en la reposant que de petites gouttes marron coulaient sur l'extérieur de la tasse. J'en repris une gorgée en regardant vers le hall, je voulais parler avec Dag Solstad mais ne savais pas de quoi. Un jour, quelqu'un avait dit que je ne voulais parler qu'avec les grands et, depuis, j'y pensais chaque fois que je me trouvais en présence d'un « grand ». Était-ce vrai ? Ne voulais-je parler qu'avec eux ? Pas uniquement, sans doute, mais je dois avouer que je le voulais vraiment, ils m'attiraient et j'avais le sentiment d'être privilégié parce que ma position me permettait de m'adresser à eux. D'un autre côté, c'était aussi de la flagornerie. Aucun doute là-dessus. De la flagornerie et de l'avilissement.

Je cherchai son regard et finis par le capter.

— Avez-vous une opinion sur Peter Handke ? lui demandai-je.

Ma question était quelque peu abrupte, mais Dag Solstad n'en laissa rien paraître. Il secoua la tête en disant qu'il n'en avait pas vraiment. Qu'il avait lu certains de ses livres mais il y avait longtemps, et qu'au fond Handke ne l'intéressait pas plus que ça.

— Je suis en train de lire un très bon roman de lui, il s'intitule *Mon année dans la baie de Personne*. L'avez-vous lu ? Je pense qu'il est sorti à la fin des années quatre-vingt ou peut-être dans les années quatre-vingt-dix.

— Non, je ne l'ai pas lu. Vous dites que c'est un bon roman ?

— Oui, absolument.

On n'en dit pas plus. Il y avait beaucoup de monde, les conversations allaient bon train, les gens déambulaient, et il fut bientôt temps de monter sur scène. Ne devant intervenir qu'une demi-heure après moi, Solstad resta assis, et une fois que le technicien eut installé mon micro, je me postai derrière le rideau, à côté de la table de mixage éclairée, en attendant que les applaudissements se taisent et que Cathrine me présente. Puis j'entrai en scène, elle posa sa question, le public rit, je répondis quelque chose d'insignifiant, elle recula de quelques pas et je commençai ma lecture.

Quand j'eus terminé, je retournai dans les coulisses, ôtai le microphone, traversai rapidement le hall d'entrée toujours aussi noir de monde, puis le parvis et la passerelle, elle aussi bondée à tel point qu'à certains endroits je devais m'arrêter et attendre. Une fois de l'autre côté, à la gare, je trouvai un taxi et indiquai au chauffeur l'adresse du studio du photographe Thorenfeldt dans les quartiers ouest. On roula par les rues parées d'automne, scintillantes sous le soleil, et quand j'eus payé et que je fus descendu, un homme dans l'embrasure d'une porte à une cinquantaine de mètres de là me fit signe. J'accourus et il m'emmena dans un studio où se trouvaient déjà Hanne Ørstavik et Ingvar Ambjørnsen, elle dans une robe ancienne, peut-être des années vingt ou trente, et lui en smoking blanc et haut-de-forme blanc. Thorenfeldt lui-même vint me serrer la main, c'était un homme rond qui visiblement riait tout le temps, lui aussi, en tout cas cette fois-là. On me donna une pile de vêtements, tous blancs, que j'allai enfiler dans une cabine. Le pantalon de smoking était beaucoup trop grand, il tombait comme un sac, mais avec des bretelles, il ferait l'affaire, m'assura l'assistant quand je sortis, et c'était parti. On prit la pose, Thorenfeldt nous mit du Frank Sinatra à plein volume, il riait et parlait pendant que nous posions, les uns serrés contre les autres, avec et sans chapeau, et, pour finir, on donna des confettis à Hanne qui les lança dans une sorte de bouquet final. Le tout fut bouclé en dix minutes. D'après ce que j'avais compris, les photos étaient destinées à une publicité pour une chaîne de librairies et j'avais d'abord été très sceptique, ce qui était ma manière à moi de dire que non, ce n'était pas pour moi, je devais songer à ma crédibilité d'écrivain, ce que ce genre de chose saperait d'un coup. Après avoir d'abord pensé que je n'étais pas ce genre d'écrivain, je m'étais finalement laissé convaincre, c'était important pour mon livre, et puis j'avais beaucoup de mal à dire non, j'étais trop faible pour prononcer ce mot-là, l'idée de décevoir quelqu'un avait toujours plus de poids que ma crédibilité. Donc j'étais là, déguisé en artiste de cabaret littéraire, dans le studio d'un photographe qui avait l'habitude de photographier des célébrités. La séance avait été amusante. J'avais aimé me déguiser, j'avais aimé être pris en photo, et j'avais aimé poser au son de la musique et des rires en cascade. La présence d'Ingvar Ambjørnsen et Hanne Ørstavik en particulier m'avait aidé, car j'avais du respect pour eux, et si eux le faisaient, ça ne pouvait pas être bien grave. C'était se vendre. Absolument. Mais qu'est-ce que je vendais ? Mon âme. Je l'avais perdue de toute façon.

Après la séance de photos, je pris un café avec Hanne à une terrasse du quartier. Nous nous étions rencontrés pour la première fois au milieu des années quatre-vingt-dix, j'avais interviewé Rune Christiansen pour le magazine littéraire *Vagant* et il m'avait invité à la réception d'été des éditions

Oktober. Espen, édité chez Oktober, était présent, ainsi que Kjartan, le frère de maman, lui aussi édité chez Oktober, et j'avais été placé à la table de Hanne, elle aussi éditée chez Oktober. Nous avions parlé pendant le dîner mais, me sentant inférieur parce que j'étais le seul à ne pas être écrivain, j'étais allé m'installer à la table d'Espen dès la fin du repas, et j'étais resté à ses côtés toute la soirée. Lors de ma deuxième rencontre avec Hanne, mon premier livre avait été publié, et elle me rappela cette soirée où elle avait trouvé très impoli que je change de place, comme si converser avec elle n'en valait pas la peine. Depuis, nous nous étions revus à l'occasion d'événements littéraires à la maison d'édition, après que je fus passé de Tiden à Oktober. Elle était pleinement romancière, intransigeante en ce qui concernait ses œuvres, et incorruptible. Des qualités rares. Elle était sensible comme personne, avec un côté vulnérable, et c'était peut-être en cela que l'équation était impossible – inflexibilité et intransigeance d'un côté et ouverture aux impressions du monde de l'autre – et que ses livres étaient à la fois entiers et hésitants. Nous n'avions jamais discuté longuement, sauf une fois, quelques semaines auparavant, lors d'un dîner offert par Oktober après une conférence de presse : lorsque l'inhibition sociale se fut dissipée, nous avions parlé des choses telles qu'elles étaient en réalité. Je lui racontai ma vie telle qu'elle était, elle me raconta la sienne telle qu'elle était. Cette sincérité avait été celle de l'instant, maintenant nous bavardâmes un peu, de nos livres surtout, et je la quittai au bout d'un quart d'heure – mon avion partait bientôt. Je pris un taxi jusqu'à la gare et de là un train pour l'aéroport, où je m'enregistrai au dernier moment sur le vol pour Copenhague avant de pouvoir me laisser tomber dans un fauteuil, enfin seul.

Ma précipitation dans le hall d'enregistrement

m'avait rappelé une autre fois où j'avais dû courir pour ne pas rater l'avion du retour. J'avais Vanja dans les bras, elle ne devait pas avoir plus d'un an. J'avais été invité à la confirmation des enfants de mon oncle dans la banlieue d'Oslo, et comme Linda, alors enceinte de Heidi, ne tenait pas à prendre l'avion, j'avais emmené Vanja. Je voulais la montrer à la famille. Tout s'était bien passé, sauf le voyage du retour durant lequel elle avait pleuré sans relâche pendant une demi-heure ; la veste de mon costume en avait été trempée de sueur. L'affolement à l'aéroport m'ayant rappelé ce souvenir, je me fis la réflexion que c'était sans doute la dernière fois que j'avais vu ma famille. Non, j'avais revu Gunnar et ses fils une fois depuis, dans le jardin de ma mère, à Jølster, mais cette rencontre n'avait duré que quelques minutes. En revanche, la confirmation avait duré toute la journée, et le comportement de tous ces gens que je connaissais depuis toujours m'était totalement familier. La dynamique entre les deux frères, leurs jeux de mots, leurs expressions figées. Leurs enfants qui devenaient adultes. Le sentiment de représenter papa et la présence de Vanja qui rendait les choses agréables.

Ce que je ressentais pour Vanja, ce qu'elle était, me submergea entièrement, là, dans l'avion immobile qui attendait le signal pour décoller. Comme si l'amour que j'éprouvais pour elle se concentrait en un point, bouleversant, incontrôlable, et qui faisait si mal que j'en eus les larmes aux yeux, puis l'emprise se relâcha et retomba dans les profondeurs au moment où l'avion se mit en route. Le soleil déclinait, les ombres s'allongeaient et je m'enfonçai dans mon fauteuil en fermant les yeux pour essayer de dormir un peu. C'était impossible, évidemment, il s'était passé trop de choses ces deux derniers jours. Maintenant, je n'avais plus qu'à descendre de cet avion, prendre le suivant, puis prendre un taxi pour le centre-ville et j'aurais un autre monde autour de moi.

Une fois en l'air et tandis que les paysages boisés de l'Østlandet s'éloignaient en dessous de nous, la passagère assise à côté de moi, la trentaine, blonde et les bras épais, sortit un exemplaire du *Dagbladet*, en retira la partie magazine et se mit à la feuilleter. Voyant cela, je tournai la tête pour regarder par le hublot. Quelques secondes plus tard, camouflant ma manœuvre en mettant la ventilation en marche au-dessus de moi, je jetai un rapide coup d'œil sur les pages qu'elle tenait devant elle sans bouger et découvris à mon grand désespoir qu'elle lisait l'article qui m'était consacré. J'entraperçus une photo de moi avant de détourner la tête, le feu aux joues. Elle ne pouvait pas avoir réalisé que l'homme dont elle lisait l'interview-portrait était assis à côté d'elle, sinon elle m'aurait regardé et me l'aurait dit. Si elle s'en apercevait en cours de route, elle comprendrait pourquoi je lui avais tourné le dos, et la situation serait embarrassante pour tous les deux : elle m'aurait démasqué, j'aurais été démasqué. Mais je ne pouvais pas non plus lui taper sur l'épaule et lui dire : C'est mon portrait que vous êtes en train de lire ! C'eût été complètement idiot. Si seulement elle s'était contentée de le feuilleter, ça n'aurait eu aucune importance, mais elle lisait consciencieusement, alors que je n'étais qu'à quelques centimètres d'elle, la tête tournée le plus possible dans l'autre sens. Et quand elle aurait terminé, il faudrait que je continue de me cacher, car la fin de sa lecture ne ferait pas cesser la situation.

Elle mit au moins dix minutes à lire l'article, d'après ce que je constatai en jetant des regards en coin sur ces maudites feuilles. Il était très étrange qu'elle ne remarque rien car mon corps devait irradier toutes sortes de tensions. Mais non, pendant toute l'heure que dura le vol Oslo-Copenhague, je regardai par le hublot et elle s'occupa, lisant un peu, mangeant un peu, reprenant sa lecture. Oh, quel soulagement ce fut quand l'avion atterrit puis s'arrêta et qu'elle se leva pour s'engager dans l'allée centrale – je pouvais enfin regarder devant moi, respirer et me relaxer.

Linda m'attendait dans le hall. Elle était élégante et paraissait heureuse. On s'embrassa, on s'enregistra pour le prochain vol et on passa l'heure qui restait avant le décollage au café où j'étais assis la veille, à boire de la bière. Cela me parut décadent, je ne buvais jamais quand je voyageais car j'avais toujours quelque chose à faire, et Linda et moi ne buvions pratiquement plus ensemble parce que nous avions toujours les enfants avec nous.

J'éprouvai un sentiment de liberté. Pendant deux jours, nous pourrions faire ce que nous voulions. Pas d'enfants, pas d'écriture, pas de lecture en public, pas d'interview. Seulement nous deux. Avec une ombre au tableau : le livre que j'avais écrit sur nous et que Linda n'avait pas encore lu. Mais je la chassai, il y avait un temps pour tout. Je le lui donnerais à lire à notre retour. Pour le moment elle ne savait rien, et c'est à l'intérieur de ce rien que se jouerait notre week-end.

Le soleil était couché quand on monta à bord de l'avion. L'atmosphère de la cabine lumineuse était très différente de celle du vol pour Oslo, à la fois parce que la langue de la signalétique et des petites publicités était étrangère, et les visages du personnel d'un autre type, mais aussi parce que rapidement, dès qu'on s'éleva dans les airs, la nuit nous enveloppa en définissant l'espace avec une netteté inouïe : nous étions là, très au-dessus du sol, en route vers l'Europe, en route vers une de ses capitales anciennes, pendant que des villes anonymes et inconnues s'étalaient en dessous de nous comme des méduses luminescentes dans une mer de ténèbres, et ce que cet espace bien défini disait, c'était « voyage », de la même façon qu'un compartiment de train disait « voyage », qu'une cabine de bateau disait « voyage », et même une cabine de dirigeable. Voyage non pas en tant que déplacement mais en tant que mythologie. Le voyage des années vingt et trente, le voyage des années cinquante et soixante-dix. L'Europe non pas au sens géographique, mais comme mythologie. C'était extraordinaire que des villes qui existaient au Moyen Âge, qui avaient été le Moyen Âge, qui avaient été la Renaissance, qui avaient été le Baroque, sans parler du temps des guerres mondiales du siècle dernier, soient toujours là, dispersées sur tout le continent en dessous de nous, et qu'elles soient si différentes les unes des autres, qu'elles aient des atmosphères et des importances distinctes, marquées par le temps, chacune à sa façon. Londres et Paris, Berlin et Munich, Madrid et Rome, Lisbonne et Porto, Venise et Stockholm, Salzbourg et Vienne, Bucarest et Manchester, Budapest et Sarajevo, Milan et Prague, pour n'en prendre qu'une poignée. Prague, c'était le Golem, l'homme créé par l'homme, et c'était Kafka. C'était le Moyen Âge faustien et le XIXe siècle de la double monarchie austro-hongroise, c'était les années cinquante communistes et les années deux mille capitalistes, dans leur variante d'Europe orientale, fruste et vulgaire.

Quelle était la différence entre la réalité et l'idée qu'on s'en faisait ? Si la réalité existait, elle était hors de notre portée, car la réalité sans idée de réalité était elle-même une idée.

Que signifiaient les atmosphères et les images que ces noms évoquaient ? Elles ne signifiaient rien. Et nos vies non plus, si on enlevait l'idée qu'on s'en faisait.

Notre hôtel se trouvait à proximité du fleuve, tout près du vieux pont, et la fenêtre de notre chambre donnait sur l'eau. Dépourvue de minibar et de télé, la chambre n'était pas luxueuse, mais elle était belle comme celles des vieux hôtels le long des fjords du Vestlandet, ceux qui ont gardé la décoration intérieure de la fin du siècle dernier, comme ici, à moins que l'établissement ait été restauré à l'identique. Après avoir déposé nos bagages, on sortit dîner. Il était presque dix heures et on choisit le premier, et le meilleur, restaurant, de l'autre côté du pont, avec des tables près du fleuve, éclairées par de petites lanternes. Être là, au bord de l'eau qui coulait toute noire sous le vieux pont arc-bouté et au pied du château qui s'élevait derrière nous, c'était incroyable, en tout cas pour moi, on aurait dit que tout ce qui bougeait autour de nous se trouvait à un autre endroit, et j'avais eu la même impression en foulant le pont que nous avions traversé peu de temps auparavant.

On commanda une bouteille de vin et on trinqua. En face de moi, le visage faiblement éclairé de Linda resplendissait dans le noir, ses yeux étincelaient, elle posa sa main sur la mienne, une chaleur se répandit en moi. Nos plats arrivèrent et on se mit à manger, on entendit du norvégien derrière nous et le sentiment d'être totalement libre disparut, tout à coup il y avait des gens qui pouvaient nous voir. Remarquant quelque chose, Linda me demanda ce qui se passait. Je lui dis qu'il y avait des Norvégiens à côté et que j'allais désormais peser tous mes mots et m'écouter parler avec leurs oreilles. Elle me répondit que c'était terrible et que je devais lâcher prise. Je lui promis d'essayer. Puis je lui racontai l'épisode de l'avion. Elle se moqua de moi. On régla l'addition et on fit un petit tour dans la ville avant de rentrer à l'hôtel. Réveillés tôt le lendemain, on ne réussit pas à se rendormir malgré nos tentatives, nos cinq années avec des enfants en bas âge avaient perturbé notre rythme de sommeil, alors on petit-déjeuna et on sortit dans la ville silencieuse et vide du dimanche matin, puis on prit un café à une terrasse et, quelques heures plus tard, sur le chemin du retour, on acheta des billets pour un ballet, le soir même, il s'agissait du *Lac des cygnes* de Tchaïkovski, et nous pensions que ce serait fantastique ici, dans la vieille Europe de l'Est. Le soir, on s'habilla pour sortir, je mis une chemise blanche, une cravate et un costume, Linda une robe sombre, et on partit en direction du théâtre. J'imaginais des escaliers en marbre, des loges capitonnées de velours rouge, des gens en queue-de-pie et robe de soirée. Sur l'ordinateur de la réception de notre hôtel, on m'avait montré le chemin pour aller au théâtre mais je ne l'avais pas imprimé, et une fois arrivés dans les environs, on chercha un bon moment la rue sans la trouver. Quand il ne resta que dix minutes avant le début du spectacle, on se mit à courir. Linda demanda le chemin à une femme dans un kiosque mais elle ne comprit rien, Linda lui montra son billet, elle nous indiqua une direction et on s'y précipita, mais en vain, on déboucha sur une place – pas de théâtre ; après l'avoir traversée, on s'engagea dans une rue étroite où il n'y avait que des immeubles, on fit demi-tour et on prit la direction opposée ; Linda demanda cette fois à un homme corpulent avec un chien, il parlait anglais et nous dit que le théâtre se trouvait dans la rue parallèle, on fonça, repéra le nom de la rue, la remonta et on s'arrêta – enfin nous y étions. Mais à la place du grand édifice aux allures de palais que j'avais imaginé, un peu comme l'Opéra dans le roman de Proust, nous étions devant un bâtiment qui ressemblait surtout à un cinéma vétuste et sinistre. Ce n'était pas là quand même ? Mais si, le nom figurant sur les beaux billets ouvragés que nous avions correspondait au nom au-dessus de l'entrée. L'aspect négligé et le côté théâtre de variétés ne firent que se renforcer quand on entra. La salle était petite et décrépite, la scène minuscule, il n'y avait pas de fosse d'orchestre, et même pas d'orchestre du tout. Les spectateurs, peu nombreux, avaient l'air pour la plupart de touristes égarés, mais pas aussi désorientés que nous deux qui, en tenue de soirée, ne pouvions échapper aux regards intéressés quand nous longeâmes le rang de sièges rabattables pour trouver nos places. Oh non, dis-je à Linda, dans quoi est-ce qu'on s'est fourrés ? Le ballet sera peut-être très bien malgré tout, dit-elle en prenant ma main pendant qu'on attendait. Autour de nous, la lumière baissa, mais peu, et devant nous, la scène s'éclaira en même temps que quelqu'un mit le CD. La musique s'échappa de deux haut-parleurs posés sur des supports de chaque côté de la scène, et au bout de quelques minutes sans qu'il se passe rien, deux jeunes danseurs d'environ seize ou dix-sept ans apparurent en sautant, ils étaient probablement élèves d'une école de danse, mais de leurs corps n'émanait rien, comme si leurs mouvements demeuraient en eux quand ils tournoyaient, sautillaient ou papillonnaient d'un côté à l'autre de la scène qui résonnait d'un bruit sourd à chacun de leurs pas. Je me fichais éperdument de la danse et n'étais là que pour faire plaisir à Linda, mais je me tortillai de honte devant tant de maladresse et d'inélégance. Et Linda qui avait mis tant de temps à se faire belle devant le miroir. C'était la seule soirée entière que nous avions à Prague et il fallait la passer là. Je la regardai. Elle me regarda. Puis elle sourit. Je crois que je n'ai jamais rien vu d'aussi mauvais, me chuchota-t-elle. Et ce n'est pas peu dire, parce que j'en ai vu, de mauvais spectacles. On s'en va ?

murmurai-je. On attend l'entracte, répondit-elle. Et ainsi fut fait. Nous trouvâmes un bar où finir la soirée en bavardant et en nous soûlant. On dormit longtemps le lendemain, on déjeuna à la terrasse d'un restaurant au pied de la montée vers le château, puis on grimpa pour s'y rendre, on vit une exposition d'art, et ensuite on s'installa à la terrasse d'un café à l'extrémité de l'enceinte du château avec vue sur la forêt en contrebas. Il faisait chaud comme en été et on buvait une bière quand soudain elle sortit un stylo, recopia la chanson qu'elle avait chantée à mes quarante ans, six mois plus tôt, et me la tendit. Je lui avais demandé le texte plusieurs mois auparavant, avant d'oublier. Nous avions organisé une fête à la maison avec une vingtaine de personnes et j'avais précisé que je ne voulais pas de discours. Espen, Tore et Geir G. ayant passé outre, je m'attendais aussi à un discours lorsque Linda s'était levée.

— Vanja a dit un jour qu'il n'y avait pas d'adultes dans cette famille, commença-t-elle. Mais je trouve que tu es sur la bonne voie, et j'espère bien t'emboîter le pas. Mais plutôt que de faire un discours, j'ai pensé pousser la chansonnette. Et comme je n'ai jamais appris à jouer d'un instrument, je vais tenter l'ukulélé.

Elle recula de quelques pas et disparut de mon champ de vision, puis réapparut, un ukulélé à la main. Elle ne savait pas en jouer, et je craignais le pire. Mais il s'avéra qu'elle avait appris auprès d'un parent du jardin d'enfants, elle connaissait les accords d'une chanson qu'elle avait répétée pendant mon absence les semaines précédentes.

Et elle me chanta une chanson en s'accompagnant. C'est le texte de cette chanson qu'elle me tendit au café du château, et que je lus tandis que des larmes coulaient sur mes joues.

Rien qu'une fois je le vis
De mes yeux éblouis
Il bougeait comme le vent
Vif, hardi, sûr de vaincre
Il me regarda et sourit
Il vit ma rose et sourit
Et passa son chemin
Mais passa son chemin

Et puis je le revis
De mes yeux éblouis
Rayonnant comme le soleil
Il changerait ma vie
Il me toucha et sourit
Il prit ma main et sourit
Et ne passa pas son chemin
Non, ne passa pas son chemin

Les jours sont devenus années
Mes yeux sont toujours éblouis
Cet homme est ainsi fait
Qu'il peut parfaire la vie
Il me regarda et sourit
Je vis son courage et souris
Karl Ove, mon bien-aimé
Je t'aime tant

Je n'avais jamais envisagé de fêter mes quarante ans, c'était absolument hors de question. Mais au début de l'automne précédent, en septembre 2008, alors que nous rendions visite à Yngve à Voss, Linda et Yngve avaient abordé le sujet. Nous étions installés dehors sur la terrasse, après avoir couché les enfants, un verre de vin à la main. Au-dessus de nous, le ciel était tout noir et incendié d'étoiles. L'air était froid et limpide.

— On a parlé de tes quarante ans, m'annonça

Linda dans la pâle lumière que diffusait la porte-fenêtre.

— Ah bon ?

— Oui, et on est arrivés à la conclusion que tu devrais faire une grande fête pour célébrer dignement l'événement.

— Tu pourrais inviter tous les gens que tu connais, ajouta Yngve. Lemen et Kafkatrakterne pourraient jouer, par exemple.

— Pour rien au monde ! protestai-je. C'est la pire chose que je puisse imaginer.

— On le sait parfaitement, répondit Linda. Mais tu ne trouves pas que tu t'es caché assez longtemps ?

— Et qui je pourrais inviter ?

— Plein de gens, dit Yngve. Tu en connais plus que tu ne crois. Réfléchis et tu verras.

— C'est possible, dis-je en regardant Linda. Mais quitte à choisir, je préférerais le fêter avec vous, comme un anniversaire ordinaire. C'est bien aussi. Vous voir arriver avec des bougies et des cadeaux, en train de chanter « Joyeux anniversaire ». Pour moi, ça suffit.

— Évidemment, commenta Linda.

— Mais ce n'est pas pour toi, argumenta Yngve. C'est pour permettre aux autres de te fêter. Et de faire la fête. Si tu envoies les invitations à l'avance pour que les gens s'organisent, réservent un hôtel, un billet d'avion et tout ça, je suis sûr qu'ils viendront tous. Moi j'ai très envie, en tout cas.

— Je n'en doute pas, lui dis-je en souriant. Mais toi, tu ne les as pas fêtés, tes quarante ans.

— Et je le regrette.

— Qu'en dis-tu ? demanda Linda.

— Non, répondis-je.

La proposition me tentait quand même un peu. Ce que Linda avait dit était vrai, je m'étais caché assez longtemps.

Mais pourquoi ?

C'était une façon de survivre. Entre vingt et trente ans, cette décennie effroyable, j'avais essayé de prendre part à la vie autour de moi, à la vie normale, à ce que tout un chacun vivait, mais sans y parvenir, et ce sentiment d'échec était si fort, cet éclair d'indignité si intense que peu à peu, sans en être conscient, je me focalisai sur autre chose, me plongeai plus profondément dans la littérature, sans que cela ait l'air d'une retraite, d'un refuge, mais au contraire d'un élan fort et triomphal, et, avant même de m'en rendre compte, c'était devenu ma vie. Je n'avais besoin de personne d'autre, ma vie à mon bureau et dans ma famille me suffisait, et même largement. Je ne m'isolais pas parce que j'avais des problèmes de relations sociales mais parce que j'étais un grand écrivain, ou voulais le devenir. Cela réglait tous les problèmes et j'en étais content.

Mais s'il était vrai que je me cachais, de quoi avais-je donc peur ?

J'avais peur du jugement des autres, et pour y échapper, je les évitais. L'idée que quelqu'un puisse m'aimer était dangereuse. Peut-être la plus dangereuse pour moi. Je n'y pensais jamais, je n'osais pas. Y compris que maman puisse m'aimer était impensable. Pas Yngve non plus, ni Linda. Je partais du principe qu'ils ne m'aimaient pas, pas vraiment, mais que les liens sociaux et familiaux dont nous étions prisonniers les obligeaient à me côtoyer et à écouter ce que j'avais à dire.

Si je n'avais été responsable que de moi-même, je n'y aurais même pas réfléchi. Je m'en sortirais toujours, quelles que soient les circonstances. Mais j'avais trois enfants avec Linda, et je ne voulais pas qu'ils grandissent dans un foyer reclus, qu'ils croient que se cacher est une bonne manière d'affronter le monde. Tout ce que je pouvais leur donner, c'était ce que je leur donnais maintenant, non pas à travers ce que je disais mais à travers ce que je faisais. Je voulais qu'ils soient entourés, je voulais qu'ils deviennent indépendants et audacieux, capables de s'épanouir, d'être aussi libres que possible dans les limites de cette société de contraintes. Et, par-dessus tout, je voulais qu'ils aient confiance en eux-mêmes, qu'ils s'aiment eux-mêmes, qu'ils soient eux-mêmes. Mais en même temps, je me disais qu'ils avaient les parents qu'ils avaient et que nous ne pouvions pas fondamentalement changer de caractère, c'eût été idiot et catastrophique ; avoir des parents qui font semblant d'être autres que ce qu'ils sont n'aurait apporté que plus de malheur, évidemment. C'était de notre façon de vivre qu'il s'agissait. Elle était bien ancrée mais pas immuable. La manière dont je m'étais comporté les trois ou quatre premières années après la naissance des enfants, quand bien trop souvent ils faisaient les frais de ma frustration, avait dû laisser des traces dans leur estime de soi, la seule chose que les parents ne devaient pas foutre en l'air. J'en étais sorti, il ne nous arrivait jamais plus de nous disputer devant eux, et je ne m'emportais plus de rage, mais priais tous les jours pour que ce que j'avais fait ne laisse pas de traces, pour que ce ne soit pas irrémédiable. Oh, je voyais leur estime de soi comme une plage sur laquelle j'avais laissé des empreintes de pas que la mer venait submerger, le soleil brillait, le ciel était bleu et l'eau, qui s'adapte de façon si formidable à son environnement, recouvrait tout, effaçait tout, salée, froide et prodigieuse.

Cela m'occupait l'esprit, mais je savais qu'il ne fallait jamais intervenir directement, qu'il ne fallait jamais laisser ces inquiétudes, qui sont celles de tous les parents, prendre une forme que les enfants puissent percevoir et à laquelle ils puissent réagir. Vanja n'avait même pas un an quand elle commença à fermer les yeux devant les inconnus, d'où cela venait-il ? Était-elle innée, cette timidité tellement grande qu'elle l'obligeait à s'isoler de tout ? Ou bien l'avait-elle héritée de nous, de l'atmosphère de la maison, de ma façon d'être avec les autres ? Elle continuait à se cacher en présence d'inconnus et, lorsque c'était impossible, elle fermait les yeux, comme quand, à l'âge de trois ans et demi, alors qu'elle était dans sa poussette un après-midi, on tomba sur un parent du jardin d'enfants. Vanja s'allongea et fit semblant de dormir. Ça n'avait pas d'importance, mais ça m'ennuyait quand même un peu, je voulais qu'elle se sente bien. Le pire eût été qu'elle remarque mon inquiétude. Il ne fallait pas que je les lie à moi, il ne fallait pas que mes préoccupations se voient, seulement essayer de tout arranger discrètement. Il fallait donc que je rompe avec mes habitudes d'évitement, mes regards fuyants, ma vie à l'écart du monde, en vase clos.

Linda avait les mêmes tendances que moi. Mais chez elle alternaient des périodes d'introversion, de tristesse et de passivité, pendant lesquelles elle passait ses journées clouée sur le canapé à regarder des films faciles, et des phases d'exubérance, d'enthousiasme et d'intense activité, au cours desquelles elle jonglait avec les enfants, comme si c'était la chose la plus naturelle. Nous étions donc deux à avoir des problèmes d'adaptation à notre environnement. Une mère et un père. Leur mère et leur père.

Notre mariage, au printemps 2007, fut le plus simple possible. Avec Helena, le témoin de Linda, Geir, mon témoin, et sa compagne Christina, Ingrid, la mère de Linda, et Sissel, ma mère. Ils étaient cinq, en plus de Vanja et Heidi, à avoir assisté à notre union, bâclée en dix minutes à la mairie. Et ils étaient cinq, une heure plus tard, autour de la table que nous avions réservée à Västra Hamnen, à partager notre repas. Pas de discours, pas de danse, pas de chichis. C'était ainsi que je le voulais, je détestais par-dessus tout être le centre de l'attention, même des gens que je connaissais.

Était-ce ainsi que le voulait Linda ?

Elle l'avait dit et je la croyais sincère, mais plus tard, je compris qu'elle aurait peut-être préféré un plus grand mariage. Pour moi, le plus important était qu'on se marie, pour elle, c'était la façon de le faire.

Le soir, nous allâmes à Copenhague sans les enfants, passer la nuit à l'hôtel d'Angleterre après avoir dîné dans un restaurant de poisson des environs, et le lendemain nous partîmes pour les îles Canaries avec les enfants, Linda enceinte de John. On séjourna quinze jours dans une horrible résidence pour touristes scandinaves où le journal télévisé norvégien était diffusé dans les bars et le *Dagbladet* vendu à l'accueil. Nous étions arrivés exténués à l'aéroport, avant de traîner la montagne de bagages, la poussette double et nos deux enfants jusqu'aux bus qui attendaient. Affamés, assoiffés et d'humeur hargneuse, on traversa le paysage aride, presque désertique, auquel les forteresses pour vacanciers et les centres commerciaux avaient ôté tout espoir, et on parvint à destination une heure plus tard. Des alignements d'immeubles en béton de deux étages, une pelouse toute sèche, de l'asphalte et deux grands hôtels, l'ensemble cerné de hautes clôtures jouxtant une pente rocailleuse, et rempli de Scandinaves et d'Anglais, c'était ça notre voyage de noces. Lorsque nous fûmes devant notre porte, j'étais au comble de la frustration et Linda si épuisée qu'elle se mit à pleurer lorsque je l'engueulai parce qu'elle ne trouvait pas la clé. Vanja se fâcha contre moi, je n'avais pas le droit de parler comme ça à maman. Heidi avait l'air effrayée. On finit par entrer, les deux pièces étaient sombres mais il y avait un balcon, c'était déjà ça. Je sortis acheter à manger dans une sorte de supermarché juste à côté. À mon retour, Heidi et Vanja étaient en maillot de bain. Pour elles, c'était un véritable conte de fées, et je compris qu'elles passeraient de bonnes vacances pour peu que je me ressaisisse.

Pour nous, ça n'avait rien d'un conte de fées. C'était même tout le contraire. Aucun enchantement, aucune magie, pas même un semblant. La routine : se lever à cinq heures et demie quand Heidi se réveillait, passer un film sur l'ordinateur pour tuer les premières heures où l'on ne pouvait rien faire d'autre, acheter de quoi petit-déjeuner à l'ouverture du supermarché hors de prix, manger, descendre à la piscine et se baigner avec les enfants jusqu'au déjeuner, aller au restaurant qui accueillait plusieurs centaines de clients et servait des hamburgers, des saucisses et des spaghettis apportés par des serveurs qui nous détestaient, puis retourner à l'appartement avec Heidi pour qu'elle dorme pendant que l'autre prenait un café et que Vanja dessinait en mangeant une glace. Se baigner de nouveau après la sieste de Heidi, les faire jouer un peu sur l'une des deux petites aires de jeux, dîner dans l'un des quatre restaurants du voisinage, et accompagner les enfants à l'animation du soir. Elle était assurée par un jeune Suédois enthousiaste d'à peine vingt ans qui passait sur une chaîne stéréo des chansons que les enfants devaient chanter. Il mentionnait de temps en temps la venue d'un clown et leur demandait s'ils s'amusaient bien. Clou de l'animation, le clown faisait son entrée, dansait un peu, distribuait une sucette à chacun et repartait. Deux ou trois fois, on accompagna les enfants au club des nounours, elles étaient trop petites pour y aller seules, et trop timides pour faire autre chose que dévisager la jeune personne déguisée en nounours, ou dessiner.

Un soir de la fin de la première semaine, il était prévu de fêter l'anniversaire du clown et tous les enfants étaient conviés. Vanja, qui comme Heidi dévorait le clown des yeux tous les soirs et n'avait pas vu que derrière le masque se cachait un jeune Suédois qui avait tout au plus suivi un cours de théâtre au lycée, se faisait une joie d'aller à la fête. Elle enfila ses plus beaux vêtements, et s'y rendit, impatiente, avec sa mère, pendant que je faisais une longue promenade avec Heidi dans la poussette sur un sentier goudronné qui longeait la mer. Nous avions décidé de nous retrouver à la fête. Assise calmement dans sa poussette, Heidi regardait devant elle. Elle avait de grands yeux – sur les photos son visage n'était que joues et yeux – et un tempérament doux et extraverti. À la naissance de sa sœur, Vanja s'était violemment cramponnée à sa mère, et je me retrouvai à porter Heidi partout dans l'appartement, d'abord à Stockholm, puis à Malmö, au point qu'elle n'en perdit jamais vraiment l'habitude et demandait toujours à être portée. Je n'aimais rien tant que de l'avoir dans les bras, et bien que je fusse persuadé qu'elle aurait dû marcher le plus possible pour acquérir autonomie et indépendance, il lui suffisait le plus souvent de tendre les bras pour se retrouver dans les miens. C'est ce qui arriva cet après-midi-là. La poussette au bout d'un bras et Heidi sur l'autre, je me dirigeai vers le café de la falaise, à une vingtaine de mètres au-dessus des vagues qui nous avaient hypnotisés elle et moi pendant notre promenade. Sur place, je lui achetai une glace et la concentration avec laquelle elle la mangea fut un soulagement car, malgré notre proximité, il y avait toujours un peu de gêne, voire même de la timidité dans ma relation avec elle, que je ressentais aussi quand j'étais seul avec Vanja, mais différemment parce qu'elle était plus grande et s'exprimait davantage. J'avais l'impression de toujours devoir faire quelque chose, de ne pas pouvoir marcher en silence, alors je multipliais les petits commentaires et les questions. Quel soulagement quand elle riait ! Mais dès qu'un silence s'ensuivait, la pression revenait. Tout cela relevait du ressenti, car rationnellement je savais très bien qu'on pouvait rester silencieux avec ses enfants, qu'ils n'avaient pas besoin d'être divertis à longueur de temps, qu'au contraire ils devaient apprendre qu'il pouvait ne rien se passer, et que l'idée de voir arriver quelque chose n'émanait pas d'eux mais de moi.

Qui peut bien être gêné avec ses propres enfants ? Et quelle conséquence cela a-t-il sur eux ?

Être très proche d'eux, comme je le fus ce soir-là lorsque Heidi posa sa joue toute douce contre la mienne en souriant, était insoutenable. J'allongeai le pas, courant presque sur l'asphalte, sous les arbres tropicaux, le vent de l'Atlantique aussi agréable que frais sur le visage, tandis que les lumières de notre usine à touristes brillaient au loin dans le crépuscule naissant.

La fête d'anniversaire du clown, dont Vanja s'était réjouie toute la semaine, ne s'était pas déroulée comme elle l'avait imaginé. D'abord, les animateurs n'avaient pas voulu que Linda reste, tout l'intérêt était que les parents ne soient pas là, qu'ils puissent être tranquilles pendant quelques heures, donc si Linda voulait s'occuper de Vanja, ce n'était pas le bon endroit.

— Ils ne voulaient pas de témoins, expliqua Linda. Ils ne voulaient pas de parents, c'est très révélateur.

— Le clown était pas là, papa ! intervint Vanja. Il était pas à son anniversaire.

Affublés de chapeaux qu'on leur avait distribués, et installés autour d'une table, les enfants avaient fait un dessin pour le clown qui fêtait son anniversaire. On leur avait apporté des sodas, des saucisses et une part de gâteau qu'ils avaient mangés en silence. Ils avaient demandé quand le clown arriverait, on leur avait répondu bientôt. Puis ils avaient joué un peu, sans clown et sans entrain malgré les encouragements des animateurs, puisqu'ils ne se connaissaient pas. Vanja avait refusé de se mêler aux jeux. Assise sur les genoux de Linda, elle n'arrêtait pas de demander quand le clown arriverait et pourquoi il ne venait pas. Puis la fête avait pris fin, elles avaient rallié la scène, là où les autres enfants attendaient le clown qui avait fini par se montrer et faire exactement ce qu'il faisait d'habitude, à ceci près qu'il reçut les dessins des enfants présents à son anniversaire.

Vanja ne comprenait pas, comment était-il possible que le clown n'ait pas été présent à sa fête d'anniversaire ?

Ne pouvant pas lui répondre que ces connards de tour-opérateurs se foutaient des enfants et dépensaient le minimum, on lui dit que Coco – c'était le nom du clown – était sûrement ravi d'avoir reçu les dessins et que le gâteau était bon.

Ainsi s'écoulèrent nos journées dans notre complexe pour touristes. Pourtant, bien que nous détestions profondément ça tous les deux, quelque chose survint à ce moment-là dont nous ne prîmes conscience que plus tard en en parlant, et tout à coup l'atmosphère de ces soirées à lire et bavarder sur la terrasse pendant que les enfants dormaient nous manqua et nous aurions aimé pouvoir la retrouver. Le murmure de la mer, l'immensité du ciel noir parsemé d'étoiles au-dessus de nous, les bruits des nuits tropicales. À cette époque-là, je lisais le *Journal* de Gombrowicz, un ouvrage fantastique qui se mêla à l'univers des poussettes scandinaves, des parents épuisés par leurs enfants en bas âge et des piscines à l'eau aussi chaude que la pisse, de façon étrange, presque séduisante : c'était ça aussi la vie. Ça pouvait aussi être ainsi. Accepte-le ! Mais sur le moment, c'était la tristesse qui dominait, sauf à deux reprises, la première lors du safari avec les dauphins que je fis avec Vanja, loin au large, et les animaux qui s'amusaient à fendre l'eau juste en dessous du bastingage nous offrirent un spectacle magique à moi comme à elle. Quand on en reparla plus tard, elle se souvenait tout autant de l'homme au visage très pâle qui au retour se rua par-dessus le bastingage pour vomir. De mon côté, je me souvenais très bien qu'elle avait posé sa petite tête sur mes genoux pour s'endormir, et du ravissement qui m'avait envahi. Me revinrent aussi en mémoire les dauphins de Cnossos que j'avais vus dans un musée en Crète, l'incroyable joie de vivre toute simple qui émanait de la fresque. Une telle simplicité était impensable dans l'expression artistique de l'Europe du Nord à la même époque, elle était alors beaucoup plus ornementale, et dans sa période préornementale, à l'âge de pierre, la simplicité des gravures rupestres n'était qu'apparente, dans le trait, car les hommes et les animaux étaient liés d'une façon beaucoup plus profonde et incompréhensible pour nous, l'intention sous-jacente relevait du rite et de la magie, alors que les dauphins de Cnossos n'étaient que des dauphins. Finalement, ce fait privait de son fondement la théorie que j'étais en train de lire et que j'adorais parce qu'elle renversait notre vision du monde : l'idée de l'ingénieur nucléaire et pseudo-historien Felice Vinci selon laquelle l'*Odyssée* d'Homère se déroulait dans les eaux situées entre la Norvège, la Suède et le Danemark. Comme beaucoup d'autres, Vinci s'étonnait que la géographie de l'*Odyssée* corresponde très mal à celle de la Méditerranée, bien que les noms soient les mêmes. La description d'Ithaque ne coïncidait pas avec celle de l'île telle qu'elle était, et c'était la même chose partout. Lorsque, pour une raison ou pour une autre, Vinci porta son regard vers le nord, il découvrit que cette géographie-là correspondait parfaitement aux descriptions. Ééa c'était Håja au nord de la Norvège, Thrinacia c'était Mosken dans les Lofoten, Schéria c'était Klepp dans le Rogaland, le Péloponnèse c'était la région du Sjælland au Danemark, Naxos c'était Bornholm, la Crète c'était le nord de la Pologne, Pharos c'était l'île suédoise de Fårö, et Ithaque la petite île danoise de Lyø. Quand on était à Lyø, on s'apercevait que la description d'Homère s'appliquait exactement à la géographie de l'île. L'idée était séduisante et difficilement réfutable dans la mesure où elle résolvait plusieurs problèmes concernant l'épopée d'Homère : par exemple, le fait qu'ils allument un feu en plein été est étrange, ou bien le fait que les couleurs attribuées à la mer ne caractérisent pas la Méditerranée telle que nous la connaissons, mais sont en revanche propres aux mers situées plus au nord. Vinci avait aussi une théorie pour expliquer ce passage du nord vers le sud : les gens décrits par Homère vivaient en fait plus au nord, mais des changements climatiques les avaient contraints à migrer vers le sud, en Méditerranée, auquel ils donnèrent les mêmes toponymes que ceux de leur région d'origine. D'où les inadéquations géographiques entre l'Ithaque du livre – en réalité Lyø – et la véritable Ithaque. Ithaque était « Ithaque » ou « La Nouvelle-Ithaque ». Mais, le visage fouetté par le vent, enveloppé de ce mélange particulier d'odeurs de fuel et de sel, légèrement nauséeux mais content, avec Vanja respirant sereinement sur mes genoux, je compris que ce qui démentait cette théorie, c'étaient les différences culturelles entre les lieux. Ce ne sont pas seulement les gens qui définissent la culture d'un lieu, c'est aussi le lieu qui définit la culture des gens. Il existe un lien direct entre les dauphins de

Cnossos et les chevaux de la frise du Parthénon, ou entre les kouros souriants et la magnifique statue en bronze d'un homme à la barbe fournie, probablement Zeus, trouvée dans les fonds marins au large de la Grèce en 1928, ou entre les premiers temples doriques et la philosophie d'Aristote. Je veux parler de la joie d'être au monde tel qu'il est, tel qu'il se présente à l'œil. Voilà ce que les Grecs ont fait : ils ont libéré le monde. La radicalité de l'art grec, qui a pour objet le monde tel qu'il est, sans lien avec un monde secret ou une vérité plus profonde, ne peut donc finalement rivaliser qu'avec l'idée que le fils de Dieu était un homme. Le plus intéressant dans l'évolution de l'art grec, c'est de voir l'exigence d'authenticité augmenter, comme si toute représentation du monde s'associait à l'invisible d'une nouvelle façon, découverte à ce moment-là, puis rejetée. Les statues archaïques au sourire impénétrable étaient faites selon le même modèle, et dans l'identique, le non-individuel, se trouve aussi le non-humain, et si on les imagine à l'entrée d'un temple ou devant une tombe, dans le monde, parmi les gens, et non dans un musée, elles devaient fortement impressionner, car le non-humain à forme humaine, c'est la mort ou le divin. Leur temps n'est pas le nôtre, leur lieu n'est pas ici. Quelques siècles plus tard, les statues grecques classiques sont complètement individualisées et ont perdu cet aspect non humain terrifiant ; ne faisant référence ni à la mort ni au divin, elles s'inscrivent au contraire exclusivement dans l'humain. Pourtant il y a chez elles une dignité et une beauté qui les mettent hors du temps, elles sont supérieures, idéales, des modèles, ce à quoi les générations futures de la période hellénistique allaient s'attaquer en mettant l'accent sur l'atypique, y compris son côté laid et disgracieux, et qui n'avait plus rien de supérieur, comme ce lutteur barbu en bronze, assis tout seul, entaillé aux bras et aux jambes, le nez cassé, et qui semble se reposer après un combat, la tête penchée, le regard tourné vers la droite, renfrogné, presque agressif, comme s'il venait d'être dérangé par un cri ou un commentaire sarcastique. Il a l'air un peu bête mais sa force physique et sa brutalité latente semblent éclipser cette impression, et ce n'est pas la bêtise qui le définit. Là, dans cette statue sculptée par un Apollonios au Ier siècle avant J.-C., rien n'indique autre chose que l'instant précis, ce que nous voyons, c'est le tout, il n'y a rien de caché, ni la mort, ni le divin, ni l'être humain en tant qu'idée ou idéal, c'est le monde tel qu'il est, ni plus ni moins. Mais est-ce de l'art ?

Qu'est-ce que l'art ?

Dans tout art se joue l'antagonisme entre ce que nous savons et ce que nous ne savons pas, c'est ce qui le fait cheminer à travers les siècles, et le rapport entre les deux n'est jamais fixe, jamais stable, car, au moment où nous prenons connaissance d'une chose, apparaît aussitôt autre chose de nouveau que nous ne connaissons pas. Dans leur art, les Grecs furent les premiers à délaisser ce qu'ils ne savaient pas au profit de ce qu'ils savaient. Il n'y a pas de mystère dans l'art grec. Les pyramides sont mystérieuses, mais pas les temples doriques ni ioniques. Ils l'ont aussi thématisé au théâtre : l'*Œdipe roi* de Sophocle raconte l'histoire d'un homme qui ne sait pas et décrit ce qui lui arrive au fur et à mesure qu'il est instruit, et lorsqu'il finit par connaître la vérité. Savoir si la tragédie repose sur l'ignorance ou la connaissance est central, c'était la grande question de la culture grecque. Mais dans la pièce il y a aussi bien ce qu'Œdipe sait que ce qu'il ne sait pas, l'essentiel réside dans sa réaction au secret et non pas dans le secret lui-même. Leur mythologie, leur panthéon se composaient de dieux qu'il était impossible de prendre au sérieux, car trop humains, et l'attirance si prégnante qu'ont les autres mythologies, surtout la scandinave, pour les enfers et le monde des morts est pratiquement insignifiante dans la grecque où les morts sont des ombres, autrement dit des ténèbres familières. Ce que nous voyons est ce que nous sommes. Mais Platon ne voit-il pas un autre monde derrière celui-ci ? Si, d'une certaine manière, mais son monde n'est pas différent, c'est le même, seulement un peu plus marqué, comme un objet est plus marqué et plus réel que son ombre.

J'avais du mal à imaginer qu'un art comme celui des Grecs puisse naître dans les forêts polonaises ou dans la lande danoise. Mais je ne savais pas vraiment pourquoi. Beaucoup s'étaient déjà penchés sur la question et j'avais moi-même lu des textes sur les tempéraments nordique et méridional chez le grand poète suédois Vilhelm Ekelund, et bien qu'il ne fût plus de bon ton de dire que le climat influençait la culture, puisque ceux qui avançaient cette idée le faisaient rarement sans valoriser la clarté et la simplicité nordiques aux dépens de la sournoiserie et de l'affèterie méridionales, je pensais que c'était effectivement le cas, mais à l'inverse : la clarté s'inscrivait dans la culture méditerranéenne, l'opacité dans celle du Nord. La forêt, où tout est dissimulé, où tout est lié et où tout est signe d'autre chose, n'est pas un lieu propice à une pensée ouverte, claire et simple. Que la culture nordique soit obsédée par l'ornement et l'enchevêtrement, celle des Indiens d'Amérique par les animaux, et qu'elles soient toujours restées étrangères à la chose en soi, n'est absolument pas étonnant et renverse la théorie de Vinci, par ailleurs fascinante, selon laquelle c'était dans le Skagerak et la mer Baltique qu'Ulysse sévissait. Ainsi pensais-je sur le bateau bondé de touristes, lorsqu'une voix annonça par haut-parleur qu'il y avait une baleine dans les environs mais qu'elle avait replongé quelques minutes plus tôt et ne referait sans doute pas surface avant l'arrivée au port. Je le racontai à Vanja à son réveil, au moment de débarquer, elle fut déçue, elle aurait tellement voulu voir une baleine, mais elle se consola en pensant qu'elles avaient été en mer toutes les deux en même temps. Je la complimentai d'avoir dormi lorsqu'elle avait eu le mal de mer, c'était malin, personne d'autre ne l'avait fait, lui dis-je, et elle s'en souvint pendant une année entière, répétant volontiers : Les autres ont vomi parce qu'ils ont pas dormi, mais moi si, tu te rappelles, papa ?

On traversa le port en direction de la petite plage du centre-ville. Les affaires de bain étaient dans mon sac à dos mais Vanja n'avait pas envie de se baigner, elle voulait retrouver Linda et Heidi, aussi après qu'elle eut mangé une glace dans un café et que je lui eus acheté des lunettes de soleil aux verres en forme de cœur, on grimpa dans le bus et on roula bientôt à toute vitesse sur les routes sinueuses qui s'enroulaient à flanc de falaise, sous les feux du soleil. Avant de payer les lunettes, j'étais allé voir des vêtements sur un portant à l'entrée du magasin et la vendeuse s'était écriée dans mon dos : *The sunglasses, you have to pay for the sunglasses !* J'étais furieux, chaparder n'était pas dans ma nature, c'était le moins qu'on puisse dire, en plus j'avais une enfant avec moi, pourquoi croyait-elle donc que je volais ? Et elle ne s'excusa même pas lorsque je me fus expliqué.

— Pourquoi est-ce qu'il y avait pas de requins ? demanda Vanja sans me regarder, les yeux fixés sur la mer, si vaste, bleue et déserte, frémissante sous les reflets du soleil.

— Ils étaient sûrement ailleurs, répondis-je. Et peut-être qu'ils ont peur des dauphins ?

L'idée que les dauphins étaient supérieurs aux requins me venait des histoires du *Fantôme*. Il avait deux dauphins qui le tiraient à skis nautiques sur l'île d'Éden. L'un s'appelait Néfertiti, mais l'autre ? Delphi ? En tout cas, quand des requins approchaient, ils les chassaient.

— Pourquoi ils ont peur des dauphins ? demanda-t-elle.

— Je ne sais pas. Ils sont forts, je crois.

Elle parut satisfaite de ma réponse. Je la regardai, sa petite tête, ses yeux bleus affectés d'un léger strabisme qui fixaient la mer. Pensait-elle aux requins, aux dauphins et aux baleines ? Et que se disait-elle alors ? Elle avait trois ans et demi, son vocabulaire était restreint et il y avait une infinité de choses qu'elle ne savait ni ne comprenait. Comment était-ce ?

Je lui ébouriffai les cheveux en souriant, elle était adorable.

Elle me jeta un regard sérieux, puis sourit à son tour avant de reprendre son observation par la fenêtre du bus.

L'avait-elle fait pour me faire plaisir ?

Je regardais la roche déchiquetée défiler comme un film par la fenêtre de droite. Les pensées de Vanja étaient sans doute simples et limitées, mais elles occupaient son esprit tout autant que les miennes accaparaient le mien. Elles devaient être aussi importantes pour elle qu'elles l'étaient pour moi. Donc ce n'était pas la compréhension qu'elles apportaient qui comptait, leur contenu objectif, mais uniquement leur interaction avec les émotions, les sensations, la conscience. Le sentiment de sa propre personne. Alors pourquoi penser toujours plus avant, et se mesurer à cette aune ? Intelligent, pas intelligent, brillant, pas brillant ?

Quelle connasse, cette vendeuse.

J'étendis ma jambe dans l'allée centrale et me renfonçai dans mon siège. Notre excursion s'était bien passée, Vanja était contente, et l'inquiétude que j'avais ressentie le matin, la peur qu'elle s'ennuie ou qu'elle préfère la compagnie de Linda et de Heidi, avait complètement disparu.

Le pressentiment d'effleurer quelque chose d'important me gagna.

Qu'était-ce ?

Une idée que j'avais eue ?

Je regardai par la fenêtre.

Quelque chose là-bas ?

La mer d'un bleu profond ?

L'horizon et son crépuscule naissant ? L'impression de se trouver sur une planète gravitant dans l'univers ?

Non, non. Le bateau, la théorie de Vinci sur Homère.

C'était ça.

Et l'important, c'était quoi ?

Voyons...

Le bus freina brusquement, je regardai devant moi, un grand camion blanc arrivait en face dans le virage. On recula.

— Qu'est-ce qui se passe, papa ? demanda Vanja.

— Il faut qu'on recule pour laisser passer un camion. Tu veux un chewing-gum ?

Elle acquiesça.

— C'est un chewing-gum pour adultes, tu sais.

— Il a un goût de dentifrice ?

— Exactement, dis-je en posant un des petits rectangles dans sa main tendue.

J'en fourrai trois dans ma bouche au moment où le poids lourd passa lentement devant la fenêtre. Le goût de menthe déferla dans ma bouche comme une tempête en miniature.

Ça y est, je saisis. Que l'expression artistique du bassin méditerranéen se soit rapprochée du monde en le représentant, et qu'elle l'ait libéré de ses chaînes en quelque sorte, n'avait finalement aucun effet sur la théorie de Vinci. Si l'*Odyssée* se déroulait dans le Nord, le texte n'avait pas forcément été rédigé au même endroit. Et n'était-ce pas justement ça, le combat qui se jouait dans l'*Odyssée* ? Un combat entre le monde mythologique, représenté par les cyclopes, Circé qui transforme l'équipage en cochons, le chant des sirènes, en d'autres termes la réalité enchantée, et le nouveau monde à venir, dénué de magie, dont le raisonnable et habile Ulysse est issu et qu'il porte en lui ? Horkheimer et Adorno avaient considéré cet antagonisme comme la dialectique même des Lumières, le lieu où la raison se libère, et la barbarie de la Seconde Guerre mondiale, le lieu où elle s'abîme de nouveau. Ils étaient clairvoyants, la démonstration était brillante, mais je n'étais pas d'accord avec l'idée implicite de progrès qu'elle induisait, que le monde éclairé était meilleur que le monde inéclairé, la raison meilleure que la déraison, peut-être simplement parce que j'avais un esprit aussi obscur, confus et superstitieux que clair, pénétrable et raisonnable ; et que l'irrationnel me semblait importer autant que le rationnel. Tout ça allait et venait sans arrêt, et mes pensées, y compris les plus précises, étaient toujours teintées d'émotions et de pulsions. Oh, les sirènes chantent aussi à nos oreilles, la mort nous attire nous aussi, le chant de la destruction et de la dégradation ne s'éteint jamais, il porte aussi le renouveau, l'avenir, car la vie est ainsi organisée. Nous pouvons développer la culture, nous pouvons la porter toujours plus haut et nous pouvons refouler le chant des sirènes. Mais les êtres humains ne sont pas identiques à la culture dans laquelle ils vivent, contrairement à ce que l'on croit parce que nous naissons et grandissons en son sein. Une culture sophistiquée a besoin d'être soutenue, elle réclame un grand effort collectif, comme si chacun devait vivre au-dessus de ses moyens, jusqu'à ce qu'elle possède une structure suffisamment forte pour se maintenir, mais alors la situation est trompeuse : faute d'effort, cette construction est invisible et nous finissons par ne faire qu'un avec la culture dans laquelle nous vivons. Alors elle devient nature, c'est la seule possibilité, il n'y a plus rien au-delà, pas de place pour les sirènes, la barbarie devient quelque chose d'incompréhensible, de mauvais, de non humain. Comment un brillant professeur de littérature peut-il se transformer en l'un des pires criminels de guerre des Balkans ? Mystère ! Incompréhensible !

Knut Hamsun le savait. Dans pratiquement tous ses livres, le monde enchanté côtoie le monde désenchanté, avec l'idée qu'au fond c'est pareil, et que la vie est vide et absurde. Mais cela aussi on peut le célébrer, et c'est peut-être finalement ce que font ses livres.

— J'ai fini, papa, annonça Vanja en sortant le chewing-gum de sa bouche.

Je tendis la main et elle le posa dessus. Je déchirai l'emballage du paquet, enroulai la bande de papier autour du chewing-gum et le fourrai dans ma poche.

Au loin, en contrebas, s'étendait une petite ville nouvelle faite d'hôtels et de maisons de vacances d'une blancheur éclatante dans la lumière vive.

— C'est encore loin ? demanda Vanja.

— Non, une demi-heure environ.

— C'est long comment ?

— Aussi long que la première partie de « Bolibompa ».

— Qu'est-ce qu'elle a fait Heidi aujourd'hui ?

— Comment veux-tu que je le sache, j'étais avec toi toute la journée !

— Est-ce qu'elle a eu une glace ?

— Je pense, oui. Mais tu en as eu une aussi.

— Oui.

On traversa une ville plus grande aux nombreuses maisons blanc sale, et aux enseignes lumineuses éteintes. Entre les rangées de maisons les plus éloignées, on apercevait déjà les dunes et, au-delà, la mer bleue et calme. Le long des derniers kilomètres, la route était bordée de constructions : des maisons, des supermarchés, des hôtels – une forêt d'hôtels. Le bus roulait vite et descendit bientôt la pente jusqu'à la dernière baie avant notre hôtel, nous nous y étions promenés un après-midi où nous ne supportions plus d'être dans une résidence, et avions trouvé un restaurant au bord de l'eau. Les vagues moussaient en se brisant sur le mur de la terrasse, le vent secouait tout, les ombres étaient longues et nettes, et le lien entre la lumière du paysage et le disque incandescent qui déclinait lentement dans le ciel, difficile à saisir. Situé au pied d'un hôtel, le restaurant, qui datait des années cinquante ou peut-être du début des années soixante, était déjà délabré. Linda et moi aimions ça, l'atmosphère de finitude et de lente décrépitude était irrésistible, nous nous étions installés et nous avions passé commande, mais comme les filles étaient agitées et réticentes, nous avions dû avaler notre repas et quitter les lieux aussi vite que possible.

Les années soixante, c'était il y a quarante ans. Pas vraiment de l'histoire ancienne. Pourtant, même ce qu'il restait du tourisme de masse se voyait gratifié par le temps qui passe.

Le bus grimpa la pente, prit la file de droite et descendit vers le grand complexe hôtelier où nous logions.

— Voilà maman et Heidi ! s'écria Vanja.

Effectivement, Linda arrivait avec la double poussette où Heidi était assise, calée contre le dossier, les jambes ballantes et vêtue d'une robe aux couleurs vives. Le bus s'arrêta, on descendit et Vanja courut dans leur direction. Je me demandais ce qu'elle allait raconter, il s'avérait souvent qu'elle vivait les choses tout autrement que moi, mais cette fois-là, elle ne parla que des dauphins et raconta qu'elle avait dormi au lieu de vomir.

— Comment s'est passée la journée ? demandai-je en les rejoignant.

— Bien, répondit Linda. La journée a été bonne.

— Es-tu fatiguée ?

— Un peu. Ce n'est rien. J'ai dormi pendant la sieste de Heidi.

— Bien. On va dîner ?

Elle acquiesça et nous descendîmes vers le centre où se trouvaient les restaurants et les magasins, rassemblés autour d'un patio à demi couvert, avec une petite fontaine au milieu. Le sol était le même dans les boutiques et le patio, des carreaux rouge brique, cette absence de différence me mettait mal à l'aise, tout comme la vue de rouleaux de pelouse. Installés à une table du restaurant le plus haut, on commanda des spaghettis bolognaise pour les enfants, j'optai pour un hamburger et Linda pour une pizza. Le soleil faisait étinceler les garde-corps qui couraient le long des restaurants. Des gens en maillot de bain et chaussés de Crocs allaient et venaient en contrebas, beaucoup avec des poussettes. Au-dessus de nous, des haut-parleurs diffusaient un air de disco européen à faible volume. Vanja se mit à frapper son verre avec son couteau, et Heidi en fit autant. Je leur demandai d'arrêter. Les enfants s'immergent dans tout, y compris le bruit qui ne les gêne pas : quand on en rassemble un certain nombre dans une pièce, à l'occasion d'un anniversaire par exemple, ils peuvent crier, hurler et rire dans une cacophonie totale, un niveau sonore insupportable pour les adultes, alors qu'eux n'en ont même pas conscience.

Ces dernières années, j'étais devenu de plus en plus sensible au bruit, comme si le moindre petit bruit sec, le moindre tintement me faisait tressaillir au plus profond de l'âme, et, je m'en suis rendu compte un jour, ce devait être la même chose pour papa, car s'il y avait une chose à laquelle il réagissait, qu'il ne supportait pas, c'était le bruit. Les bruits de pas, les claquements de porte, le tintement des couverts dans l'assiette, la mastication des enfants. Contrairement à maman, qui y était indifférente. Peut-être était-elle plus absorbée dans ses pensées, ou plus absente au monde, ou peut-être avait-elle un seuil de tolérance plus élevé. Mais papa, jamais en paix avec lui-même, était vraiment sur le qui-vive, il suffisait d'un bruit pour qu'il explose.

Et maintenant, c'était moi.

Pas si fort ! Non, non, non ! Arrête ! TU COMPRENDS CE QUE JE TE DIS ! NE FAIS PAS DE BRUIT !

Vanja glissa de sa chaise et se faufila sous le garde-corps. Heidi la suivit et elles furent bientôt toutes les deux couchées en travers du rebord de la fontaine à taper dans l'eau. Je sortis mon paquet de cigarettes et en allumai une. Linda me lança un regard noir.

— Je suis enceinte. Tu pourrais au moins aller fumer plus loin.

— Ça va, j'y vais.

Je me dirigeai vers la table la plus éloignée. Si j'étais sensible aux bruits, Linda l'était aux odeurs. Je me serais cru marié à un limier. La fumée était devenue une torture pour elle. Mais j'étais furieux parce qu'elle s'était fâchée. Ce n'était vraiment pas une raison de faire la gueule ! J'avais à peine fumé de la journée. Combien en avais-je grillé ? Trois ? Une le matin, une au café avec Vanja et une maintenant.

Un serveur s'arrêta à notre table, un plateau à la main, et y déposa les verres remplis de soda. Linda leva les yeux vers lui en souriant.

À la fontaine, Vanja et Heidi riaient. Vanja trempait sa main dans l'eau et aspergeait sa sœur dont le haut de la robe était déjà tout trempé.

— Vanja ! m'écriai-je. Calme-toi un peu !

Elle me regarda. D'autres firent de même.

Mais, au moins, elle cessa, et quand je les cherchai des yeux quelques instants plus tard, elles étaient pendues à la balustrade d'en face.

Après le repas, on se dirigea vers la sortie de l'autre côté du centre en passant devant les restaurants, les magasins de vêtements et de souvenirs ; à la demande de Vanja, on s'arrêta devant une grande salle de jeux sombre avec simulateurs de vol, de course automobile, de guerre, et bandits manchots, puis on passa devant des locaux vides et finalement on s'arrêta de nouveau, cette fois à un comptoir où on vendait des billets pour des activités et des excursions diverses. Nous avions parlé de sortir du complexe le lendemain, peut-être trouver une belle plage quelque part. Un homme d'environ mon âge et à l'allure avenante vint vers nous.

— *Do you know a good beach nearby* ? lui demandai-je.

Sur une brochure qu'il sortit, il nous montra les photos d'une plage magnifique en nous précisant qu'elle était assez loin mais qu'un minibus partait d'ici le lendemain matin. Je lui demandai le prix. Il répondit que c'était gratuit. Gratuit ? m'étonnai-je. Oui, oui. En réalité la plage était celle d'un hôtel, tout neuf, et la seule chose à laquelle nous nous engagions en contrepartie du transport et des sièges de plage gratuits, c'était à visiter l'hôtel et en parler à nos amis une fois rentrés chez nous. Il ajouta qu'évidemment c'était facultatif, mais qu'il nous en serait reconnaissant, il risquait à la longue d'avoir une mauvaise image si tous les gens qu'il envoyait là-bas n'allaient qu'à la plage.

— *Take a look at the hotel, if you please, and then you can go to the beautiful beach !*

Je me tournai vers Linda.

— Qu'en dis-tu ? On y va ? Ça nous fera sortir un peu.

— Pourquoi pas ? dit-elle.

Le vendeur apporta une feuille où nous inscrivîmes nos noms et adresse, il nous donna un ticket, et on prit congé. Ensuite on retourna vers le centre, à l'aire de jeux qui ressemblait à un enclos, derrière l'hôtel principal où, côte à côte, on regarda nos deux enfants glisser sur le toboggan et faire de la balançoire, pendant qu'un flux régulier de gens en maillot de bain mouillé, la serviette à l'épaule, revenaient des piscines. Dans une heure, ils ressortiraient, en chemise ou robe de coton, les joues rouges de soleil et d'excitation, pour aller dîner dans un des restaurants du complexe, certains tenant leurs enfants par la main, d'autres seuls. L'idée que beaucoup d'entre eux trouvaient l'endroit formidable, presque paradisiaque, et qu'ils avaient sans doute économisé pour s'offrir ces vacances me touchait, c'était beau, mais triste aussi car l'endroit était un enfer, uniquement fait pour soutirer de l'argent à des Scandinaves assoiffés de soleil, une forme subtile d'escroquerie. Le pire était que j'en faisais partie. Étais-je donc mieux qu'eux, moi qui dédaignais tout ça ? N'était-ce pas moi, l'imbécile, en réalité ? Ils étaient heureux, moi j'étais malheureux, mais nous avions payé autant.

Ce soir-là, après avoir couché les enfants et enfilé mes chaussures de jogging, je courus jusqu'en haut de la côte, traversai la passerelle et m'enfonçai dans la plaine de lave noire et aride, au-delà de l'échangeur. Je voulais atteindre les montagnes et les escalader un peu pour voir autre chose que des routes et des hôtels pendant mes vacances. Je suivis une route étroite et goudronnée. La chaleur montait du sol. Le soleil donnait sur les montagnes en face. Il n'y avait pas âme qui vive. Ma forme n'étant pas extraordinaire, je courais lentement. Un bus prit le virage et roula dans ma direction. Quand il passa, je vis qu'il était plein de touristes âgés. Où étaient-ils allés ? Haletant, je continuai de grimper, la route passait sous un tunnel, je croisai un autre bus de touristes, le bruit du moteur se répercuta contre les parois brutes du rocher. De l'autre côté s'étalait une petite vallée. Plusieurs autres bus étaient garés sur un grand parking gravillonné jouxtant un espace clôturé qui abritait en fait un village du Far West, comme j'en avais vu à la télé dans mon enfance. Si je n'avais pas su où j'étais, le paysage désertique et brûlé par le soleil ainsi que les maisons en bois décrépites auraient pu me faire croire que je me trouvais quelque part dans l'Ouest américain et non sur une île au large des côtes africaines.

Je continuai ma course. Mon tee-shirt était de plus en plus humide, le soleil déclinait dans la mer et, quand je fus de retour au complexe, il faisait presque nuit. Dans le vestibule, j'ouvris la porte de la chambre où Vanja et Heidi dormaient. Leur souffle régulier, leurs membres relâchés et leur total abandon à leur environnement, où presque tout pouvait advenir sans qu'elles réagissent, m'avaient fasciné dès le début. Comme si elles vivaient une autre vie, reliées à un autre monde, le royaume du sommeil, ténébreux et comme végétal. Il était évident qu'elles venaient de là, de l'existence aveugle dans le corps de leur mère, et y restaient attachées longtemps après la naissance, quand elles ne faisaient que dormir. L'état de sommeil ne se distinguait pas de l'état de veille car le cœur battait, le sang circulait, les éléments nutritifs et l'oxygène étaient répartis, les globules fabriqués et détruits, à l'intérieur pulsaient et gargouillaient des fluides et des organes, et même les nerfs, ces éclairs de la chair, envoyaient des impulsions dans leurs ténébreux circuits pendant le sommeil. La seule différence était la conscience, mais à vrai dire, elle était là aussi, tournée vers l'intérieur plutôt que l'extérieur. Je me souvins que Baudelaire parlait dans son journal du courage qu'il fallait chaque nuit pour franchir le seuil et s'aventurer vers l'inconnu.

Elles vivaient comme les arbres, et comme les arbres, elles ne le savaient pas. Tout ensommeillées et les cheveux hirsutes, elles ouvriraient les yeux le lendemain, prêtes pour un jour nouveau, sans penser un instant à l'état qui avait été le leur pendant près de douze heures. Le monde était grand ouvert, il leur suffisait d'y courir et de tout oublier, et l'oubli était indispensable à leur accès au monde. La mémoire laisse des traces, crée des modèles, des arêtes, des murs, des fonds et des gouffres, elle nous enferme, nous ligote et nous accable, transforme nos vies en destins, et pour en sortir, il n'y a que deux issues, la folie ou la mort.

Mais mes enfants en étaient encore au stade de l'ouverture et de la liberté. Et je les brimais ! J'étais sévère, leur disais non, les engueulais ! Pourquoi mettais-je tant de zèle à détruire ce qu'elles avaient de plus beau ? Et qu'elles perdraient de toute façon.

Je fermai la porte, ôtai mes chaussures ; j'étais sur le point d'ouvrir la porte de la salle de bains lorsque je changeai d'avis, au lieu de prendre une douche, je pris une bière dans le réfrigérateur et sortis sur le balcon où Linda lisait. Elle posa son livre à mon arrivée. Je m'assis et allumai une cigarette, mais mes poumons, qui venaient de fournir un gros effort, ne voulaient pas et je toussai longtemps.

— Tu ne pourrais pas t'arrêter de fumer, Karl Ove ?

Je lui lançai un regard noir et pris une gorgée de bière.

— J'aimerais que nos enfants aient un père le plus longtemps possible, continua-t-elle.

— Moi aussi. Ma grand-mère m'a dit un jour que je vivrais jusqu'à cent ans. J'y crois dur comme fer.

Mes poumons s'étant enfin habitués, je pus inhaler profondément la fumée.

On bavarda un moment, évoquant ce qui s'était passé dans la journée et ce qu'on ferait le lendemain. Linda avait sommeil – la vie multipliée par deux, l'enfant qu'elle portait avait ses exigences –, et elle alla se coucher peu de temps après tandis que je restai là à lire. Je lisais toujours le journal de Witold Gombrowicz et, même si je n'en avais pas eu particulièrement envie de la journée, l'idée de reprendre ma lecture m'était restée en tête, avec le pressentiment que quelque chose de bien m'attendait. Je lisais en soulignant des passages, ce qui ne m'arrivait pour ainsi dire plus, mais dans ces carnets presque tout me semblait essentiel, et d'une qualité si rare, si unique que je me disais sans cesse qu'il me faudrait les relire plusieurs fois pour m'en souvenir et y réfléchir plus tard. Régulièrement, je posais le livre, allumais une cigarette et regardais l'immense voûte céleste, ou les lumières de la rangée de bungalows en contrebas, ou les arbres bordant l'allée qui menait aux piscines, dont je ne pouvais pas voir la surface immobile de là où j'étais, mais que le simple fait d'imaginer apaisait. Le halo des lampes rendait artificiel le vert des frondaisons, comme si la nature aussi, au même titre que l'architecture, était le fait de l'homme. Mais mes pensées ne suivaient pas mon regard, ne se fixaient pas sur les formes ou les couleurs, ni sur les Anglais ivres ou sur les jeunes familles scandinaves qui traversaient la pelouse pour rentrer, elles dérivaient à leur guise dans la nuit de la conscience, enthousiasmées par Gombrowicz, sur lequel elles ne philosophaient ni ne méditaient, mais qu'elles traitaient plutôt comme un chien traite son maître après une longue journée de solitude. Remuer la queue, baver, japper de contentement. Je savais au plus profond de mon âme que c'était essentiel, et que c'était là, vers ce qui émerge, ce qui se développe et ce qui est toujours en évolution, que mon écriture devait se diriger. Il fallait donc baisser la tête pour éviter les idéologies dont on ne peut se défendre qu'en insistant sur sa propre expérience de la réalité, sans la nier, car c'est ce que nous faisons à longueur de temps, nous nions la réalité que nous expérimentons au profit de celle que nous avons apprise, et la trahison du *je*, de l'unique et du particulier n'est nulle part plus grande que dans l'art puisque l'art a toujours été le domaine privilégié de l'unique. Comme si le préalable à toute création artistique était de renoncer à l'art. Ce serait la chose la plus difficile qui soit, parce qu'une œuvre d'art n'avait pas de valeur a priori, et que personne, encore moins l'artiste, ne pouvait savoir si cette œuvre n'était que de la merde ou une création particulière, inestimable. Van Gogh me vint soudain à l'esprit. Dans les dernières années de sa vie, ses énormes progrès se voyaient d'un tableau à l'autre, et la lumière, qu'aucune reproduction au monde ne peut rendre en en conservant l'essence, apparaissait finalement avec une sauvagerie et une beauté presque morbides, que tous ceux qui regardent ces tableaux savent vraies, savent incontestables : c'est vraiment ainsi. Il a rarement peint les gens, ses pièces et ses paysages en sont dépourvus, mais ce n'est pas un hasard, c'est plutôt comme si celui qui les regardait était ailleurs, donc mort. Van Gogh peignait le monde comme un mort le voit. Pour atteindre le petit rien de la vie au milieu d'un monde embrasé de couleurs, il renonça à tout. Comme il ne voulait que peindre, il renonça effectivement au reste. Qui peut affirmer la main sur le cœur qu'il accepte de renoncer à tout ? Et tout, c'est absolument tout.

Moi je ne pouvais pas, la chose était sûre et certaine.

Et Gombrowicz ?

Pas à tout non plus. À beaucoup, mais pas à tout. Il écrit que l'évasion dans l'art doit trouver sa contrepartie dans la vie ordinaire, comme l'ombre du condor qui s'étend sur le sol. Il écrit que ce n'est pas par l'intellect que nous tranchons le nœud gordien, mais par la vie. Il écrit que la vérité n'est pas seulement une question d'argument mais d'attraction, c'est-à-dire de magnétisme. Et il écrit qu'une idée est et reste un écran derrière lequel d'autres choses plus importantes se passent. Ce n'étaient pas des vérités compliquées, elles étaient même extrêmement simples, mais fondamentalement vraies. Et elles durent avoir un prix. Un prix élevé, celui de l'isolement, mais la récompense aussi fut à la hauteur : la liberté de pensée. Dans la radicalité de sa pensée, il s'apparente à Nietzsche, et comme chez Nietzsche, les textes de Gombrowicz étaient la description d'un chemin, pas le chemin en lui-même. S'il avait décrit ses escapades sexuelles avec des jeunes gens dans le quartier du port de Buenos Aires, les joies et les humiliations de ces aventures nocturnes, sa honte et son attirance, son réveil un dimanche dans son logis sale où le soleil d'Amérique du Sud brillait par la fenêtre, ses nombreux emplois, dont celui d'employé de banque, sa fierté blessée et ses fantasmes de noble, en somme s'il avait décrit toutes les circonstances dans lesquelles ses idées sont nées, et à travers elles son âme, et réuni ainsi ce qu'il y a de plus haut (car dans son journal même les idées liées à ce qu'il y a de plus bas appartiennent au plus haut) et ce qu'il y a de plus bas, c'est-à-dire la peluche de nombril, les vers du cul, le sang mêlé à la pisse, la cire de l'oreille, ou simplement une promenade d'automne dans un parc de Buenos Aires, un livre de

Bruno Schulz sous le bras, il aurait été le plus grand écrivain du monde, le Cervantès et le Shakespeare de notre époque, en une seule personne.

Mais il en était incapable. Il était libre dans la pensée, pas dans la forme.

Et moi, en étais-je capable ?

Fuck you, Karl Ove. Espèce de petite merde. Je n'arrivais même pas à la cheville de Gombrowicz. À la simple idée de parler de la littérature norvégienne aussi honnêtement et justement qu'il le faisait de la littérature polonaise, j'avais mal à l'estomac. Et mes mains se mettaient à trembler rien qu'en pensant que je pouvais effectivement tout décrire tel que c'était, qu'il n'y avait qu'à le faire.

Quelle idée perfide !

« Il n'y avait qu'à », mon cul !

Mais Gombrowicz indiquait, disait : Ici c'est comme ça, va plutôt ailleurs.

Je pouvais bien le faire, moi aussi.

Oh, si seulement j'avais eu ma période de débauche effrénée dans les quartiers du port de Buenos Aires et vécu dans les bas-fonds comme la vermine en me repaissant sans vergogne de tout ce qui me tombait sous la main, si seulement j'avais tué quelqu'un d'un jet de pierre au front, comme Rimbaud l'avait peut-être fait, et fui comme lui en Afrique pour vivre de la contrebande d'armes, oui, au fond, tout sauf être à la terrasse d'un hôtel aux Canaries, avec deux enfants en bas âge et une femme enceinte en train de dormir de l'autre côté de la porte-fenêtre coulissante, avec tout ce que cela laissait présager de convenances et de responsabilité.

Mais là aussi Gombrowicz m'avait donné un petit espoir, une lueur tout juste perceptible dans les ténèbres de ma banalité ; n'écrivait-il pas : « Il arrive que le confort matériel exalte la vigilance de notre âme et qu'à l'abri de rideaux douillets, dans l'étouffante atmosphère d'un intérieur bourgeois, naisse une rigueur dont n'auraient même pas rêvé ceux qui se jetaient contre les blindés avec des bouteilles d'essence. »

Oh et puis merde.

Mon dernier roman avait paru quatre ans plus tôt et je n'étais parvenu à rien depuis. Que dalle. Cela faisait pratiquement un an que je bricolais le début d'un livre où Henrik Vankel, le personnage principal de mon tout premier roman et l'auteur imaginaire du deuxième, se réveille à l'hôpital après une tentative de suicide. Dans mon précédent roman, la scène finale le laissait dans la baignoire d'une maison sur une île quasi déserte : après s'être tailladé le visage et la poitrine, il finissait ce qu'il avait commencé en s'ouvrant les veines. Il se vidait lentement de son sang, et en quelque sorte de sa vie, je décrivais sa vue qui diminuait, ce que le flou avait de végétatif, comme quelque chose qui poussait et se répandait en lui, c'était la mort ; et puis il entendit frapper à la porte. Loin, très loin, comme au-delà d'un rêve. On apprendrait plus tard que c'était le fils du voisin, l'un des quatre autres habitants de l'île, qui venait prendre un café. Il réussit à contacter un vaisseau de la marine ancré à proximité, sur lequel Henrik était finalement embarqué et sa vie sauvée. Je ne croyais pas une seconde à cette histoire, la partie avec le navire surtout me paraissait bête et douteuse, mais j'avais effectivement vu un bateau de la marine ancré au large de l'île où j'avais moi-même habité, et cela m'avait fait une forte impression, car il était comme anonyme, fermé sur lui-même, avec ses canons et sans personne en vue. Un jour, un canot pneumatique fut mis à la mer et accosta dans la petite baie juste devant ma maison, quatre hommes en uniforme le tirèrent sur la berge et coururent vers l'intérieur de l'île. Le canot resta à terre toute la journée. Le soir, il n'était plus là. Et le lendemain le vaisseau aussi avait disparu. Tout cela avait sûrement un sens, car le bateau et l'équipage du canot contrastaient énormément avec la vie sur l'île où il ne se passait rien, ils étaient à proprement parler extraordinaires, mais je ne réussis pas à le comprendre. Ces événements n'avaient aucun commanditaire, ils venaient de nulle part, et le côté mystérieux de leur netteté me fascinait, c'était comme un poème. À ce moment-là, un sous-marin russe avait fait naufrage quelque part en mer de Barents, l'équipage était encore en vie mais ils ne pourraient pas s'extraire du sous-marin, ils allaient mourir quelques jours plus tard. Pendant que je me brossais les dents tout en regardant l'île enveloppée de brouillard, son herbe jaune, ses rochers marron foncé au bord de l'eau noire et inerte, plusieurs centaines de jeunes Russes se trouvaient dans un piège mortel au fond de la mer. À ce moment précis. Chaque fois que je profitais du bateau du voisin pour aller faire des courses sur l'île principale, je regardais les unes des journaux comme s'il s'agissait d'une ouverture vers le monde. Le *Koursk*. Le *Koursk*. Toutes les émissions de radio commençaient par un point sur la situation. Ils allaient mourir dans quelques jours, quelques heures, quelques minutes. Moi, je me promenais sur l'île, je lisais, eux étaient prisonniers des profondeurs. Tout espoir était perdu, ils resteraient là tous, au fond de la mer, définitivement morts. Frappaient-ils les murs de leurs poings dans leurs derniers instants ? Se traînaient-ils en hurlant de colère et de désespoir, ou attendaient-ils l'inévitable en silence, sans bouger ?

Ils moururent, et on les oublia, d'autres accidents et catastrophes accaparèrent l'attention. Moi aussi j'avais complètement oublié, jusqu'à ce que je décrive les derniers jours de Henrik Vankel sur son île. Je pensais alors que ces événements représentaient deux phénomènes diamétralement opposés. D'un côté la transparence de notre époque, nous sommes informés sur tout, y compris sur ceux qui meurent au fond d'une mer lointaine, *en temps réel*. On avait le sentiment d'être asservi, d'être toujours vu, de ne jamais avoir la paix, et qu'il n'existait plus aucun endroit où être seul. La dramaturgie employée pour présenter l'événement avait engendré une familiarité avec l'équipage du *Koursk*. L'autre événement, celui du vaisseau de la marine, n'avait bénéficié d'aucune dramaturgie, c'était seulement ce que j'avais vu, sans intermédiaire, aucune familiarité ne s'était établie et c'était resté parfaitement mystérieux. J'en déduisis que l'écriture devait tendre vers ce qui n'est pas familier, vers ce que l'on connaît sans pouvoir le décrire. Et finalement, ça valait pour tout, car même si chaque chose était expliquée et comprise, elle existait aussi comme phénomène, quelque chose en soi de fermé et de clos.

Le monde devait se refermer.

Mais moi je n'avançais pas. Je me mis à écrire ce qui se passait à l'arrivée de Henrik Vankel dans la maison de sa grand-mère paternelle, avec son frère Klaus, à la mort de leur père, mais je n'y croyais pas une seule seconde, tout était feint et artificiel. Il me fallut trois semaines pour décrire Henrik qui retire son bagage du tapis roulant à l'aéroport de Kristiansand-Kjevik, au moment où Klaus vient le chercher. Et je jetai le tout à la poubelle.

J'en étais là. Je trouvais la lecture de Gombrowicz humiliante, d'un très haut niveau, en plus j'étais presque toujours d'accord avec ce qu'il écrivait.

Je repris le livre et ma lecture. J'étais arrivé à la dernière partie, quand Gombrowicz quitte l'Argentine pour s'installer en France. Toute force, toute tension et toute radicalité disparaissent de sa prose, son style n'a soudain plus de vigueur et ce qu'il reste d'acuité paraît plus répétitif, éculé et mécanique.

Que s'était-il passé ? Était-il devenu vieux, ou était-ce le sentiment de l'étranger qui l'avait quitté ? L'Europe est un vieux continent, d'où il venait, où il avait grandi, et qu'il portait en lui. À cette époque-là, il se trouvait en terrain connu, il vivait tout intensément parce qu'il était jeune. Est-ce à dire que cette force, qui aurait dû s'estomper en même temps que sa curiosité, habituellement vers la quarantaine, avait été prolongée par sa vie à l'étranger ? Ou était-il tout simplement mourant dans une culture mourante, un peu comme le compositeur dans *La Mort à Venise* de Thomas Mann ?

Je lus pendant une heure environ. Puis j'allai me coucher, en vêtements de sport, sans avoir le courage de me changer. Le lendemain, je mis *Laban, le petit fantôme* à Vanja et Heidi, pris une douche, fumai une cigarette sur la terrasse et descendis avec toute la famille à l'entrée de l'hôtel devant lequel un minibus se gara dix minutes plus tard. Après avoir montré les tickets qu'on nous avait donnés, et déposé dans le coffre la poussette pliée ainsi qu'un sac avec nos affaires de bain, on prit place. Deux autres couples voyageaient avec nous. Et on roula bientôt sur la route en corniche que Vanja et moi avions prise la veille. Personne ne parlait, je regardais la mer en clignant des yeux. Heidi se mit à pleurer, elle avait le visage tout pâle, avait-elle le mal des transports ? Elle posa la tête sur les genoux de Linda qui lui passa la main dans les cheveux jusqu'à ce qu'elle s'endorme pendant que Vanja, laissant heureusement de côté sa jalousie, avait le regard fixé sur la mer qui s'étalait comme un plancher sous la voûte du ciel.

Une petite heure plus tard, le minibus s'engagea dans une montée goudronnée en direction d'un somptueux hôtel de luxe, bordé de parterres de fleurs, de rangées de palmiers et de pelouses d'un vert éclatant. Le chauffeur s'arrêta et nous ouvrit la portière, et nous, la famille débraillée de Malmö en voyage *all inclusive*, sortîmes dans la chaleur déjà écrasante. Devant l'entrée de l'hôtel, une femme avec un badge à son nom sur la poitrine nous regardait. Je dépliai la poussette, honteux des nombreuses taches qui souillaient la housse, et lui souris poliment. *We are just going to the beach*, lui dis-je. *But we were supposed to take a look at the hotel first, I understand ?*

Come right this way, please, répondit-elle.

Vanja et Heidi regardaient autour d'elles, un peu méfiantes dans cet environnement inconnu. Linda avait les yeux posés sur moi. Elle sourit quand je croisai son regard.

Une fois la porte à tambour franchie, on entra dans le hall. Le carrelage sombre du sol brillait dans la lumière qui tombait des vastes surfaces vitrées, il faisait frais, les employés de la réception étaient en costume ou tailleur. Des ascenseurs montaient et descendaient sans cesse, non pas encastrés dans des cages invisibles, mais à l'extérieur, sur les murs, dans des tubes de verre. Plus loin se trouvait une sorte de galerie commerciale bordée de petites boutiques chics. Ça ressemblait à un bateau, me dis-je, à ces gigantesques bateaux de croisière de luxe où l'on ne lésine sur aucune dépense et où l'on peut tout trouver.

La femme au badge nous indiqua un espace à droite de la réception, meublé de canapés et de fauteuils où étaient assis quelques vacanciers égarés, et d'un comptoir où l'on nous donna un formulaire à remplir. Nom, adresse et numéro de téléphone.

Mais qu'est-ce que c'était que ça ?

Nous remplîmes le formulaire, ils nous dirent de nous asseoir et d'attendre un peu qu'on nous appelle quand ce serait notre tour.

Nous appeler ?

Vanja et Heidi grimpèrent sur un rebord en pierre le long des baies vitrées, la parcoururent à quatre pattes, puis se redressèrent tout à coup comme des singes en posant leurs mains sur les carreaux. Arrêtez, dis-je, vous laissez des traces. Elles m'ignorèrent, s'interpellèrent et continuèrent leur marche à quatre pattes. Constatant qu'elles n'avaient encore éveillé l'attention de personne, je m'installai à côté de Linda qui s'était assise, le dos collé au dossier et les mains sur son gros ventre. Un écran de télévision accroché à une colonne un peu plus loin diffusait des images sans doute prises de l'hôtel, probablement en contrebas car elles montraient une plage avec des gens bronzés et minces qui avaient l'air de s'amuser, et derrière eux s'élevait un bâtiment avec des terrasses jusqu'en haut, lui aussi filmé de loin. Un palace, une plage dorée et la mer, un paradis pour sports nautiques.

À genoux devant un énorme pot de fleurs, Heidi s'amusait à extraire les billes d'argile qui s'y trouvaient. Je l'ôtai de là, remis les billes à leur place, vis que Vanja posait ses lèvres sur la vitre et allai la chercher aussi. Vous ne voulez pas rester un peu avec nous ? leur proposai-je, mais non, impossible, elles voulaient aller de l'autre côté du hall, il y avait un aquarium là où commençait la galerie marchande ; je les y emmenai et les soulevai l'une après l'autre pour qu'elles voient les poissons de près tout en jetant des coups d'œil vers Linda pour suivre la situation. Les gens qui passaient à côté de nous avaient l'air riches, et je me demandai pourquoi je pensais ça, alors que c'était le matin, qu'ils étaient en vacances et vêtus de shorts et de jupes ordinaires. Était-ce leur assurance ? Quelle que fût la raison, je me sentais inférieur et, tandis que les enfants lançaient leurs bras et leurs jambes dans tous les sens, dépourvu de maîtrise et de dignité.

Ça c'est papa, annonça Heidi en indiquant un poisson brun-jaune, immobile et pourvu d'une énorme bosse sur la tête. Et ça c'est maman, renchérit Vanja en pointant du doigt un élégant poisson orange à la longue queue en forme de voile. Et ça c'est moi ! s'écria Heidi en montrant un tout petit poisson bleu et jaune, beau comme une pierre précieuse. Et ça c'est moi ! dit Vanja en désignant un poisson-clown rouge et blanc. Nemo ! Je suis Nemo !

— D'accord, dis-je. Mais maintenant, il faut qu'on retourne là-bas. En route, mauvaise troupe.

Elles m'emboîtèrent le pas, en suivant leurs trajectoires illogiques, et s'arrêtèrent net derrière le canapé où Linda était assise, littéralement pétrifiées, car à quelques mètres seulement se tenait une créature en peluche – grande comme un homme et pourvue d'une énorme tête – qui vint vers nous dès qu'elle nous aperçut. Inquiètes et probablement apeurées, mais aussi fascinées et curieuses, elles la regardaient de leurs yeux bleus d'enfant, bouche bée. La créature s'arrêta devant elles et leur tendit la main, mais ni l'une ni l'autre ne comprirent qu'elles devaient la serrer. Elle leva une patte en l'air, comme s'il lui venait une idée, nous tourna le dos, alla à une table et revint avec deux appareils photo jetables qu'elle leur tendit.

— Maman, maman, qu'est-ce que c'est ? demanda Vanja quand la peluche fut partie.

— Un appareil photo, je crois.

— Fais voir, lui dis-je.

Vanja me le tendit. C'était un appareil photo étanche.

— Avec ça vous pouvez faire des photos sous l'eau.

— Ah bon ? dit Vanja. Chouette ! Quand est-ce qu'on va se baigner ?

— Bientôt, répondis-je.

— Pourquoi on nous a donné ça ?

— Je ne sais pas.

Elle porta l'appareil à son œil. Derrière elle arriva un homme d'âge moyen, en jean et blazer. Le crâne bien dégarni, des cheveux bruns de chaque côté de la tête, il tenait un dossier peu épais.

— Linda et Karl Ove ? demanda-t-il.

On acquiesça et on se serra la main. En suédois teinté d'un léger accent étranger, il nous invita à le suivre pour une visite des lieux. On passa par la galerie commerciale et il s'arrêta devant un mur de photos, toutes de célébrités. Norvégiennes, suédoises, américaines, entre autres.

— Ils ont tous logé ici, précisa-t-il.

— Ah oui, commentai-je.

Il tendit le bras et nous prîmes un long couloir. Carrelage, miroirs, rampes en métal doré.

— Et que faites-vous en Suède ? demanda-t-il.

— Karl Ove est écrivain, intervint Linda.

— Et Linda aussi, ajoutai-je.

— Intéressant. Est-ce que j'ai déjà entendu parler de vous ?

— Karl Ove est assez connu, annonça Linda en souriant.

Mais pourquoi avait-elle dit ça ? Putain, quelle connerie.

— Oooh ! Alors on va prendre une photo de vous après et la mettre sur notre mur de vedettes !

— Heu, je ne sais pas, hésitai-je.

Il rit fort.

— Je plaisantais, mon cher.

Rouge de honte, je baissai les yeux.

— J'avais bien compris, rétorquai-je.

— Mais vous deviendrez peut-être célèbre un jour. À ce moment-là, on accrochera une photo de vous. Je vous le promets. Si vous logez ici, bien sûr !

— Évidemment, dis-je.

S'arrêtant devant un ascenseur, il appuya sur le

bouton qui s'alluma faiblement. Heidi fixa la lumière. Appuya sur le bouton. La porte s'ouvrit dans l'instant et elle eut l'air effrayée.

L'ascenseur était presque entièrement tapissé de miroirs. Sans le vouloir, je vis mon reflet l'espace d'une seconde. J'avais l'air d'un idiot. Mon tee-shirt blanc, acheté 49 couronnes chez Åhléns deux ans plus tôt, le col distendu, et un peu trop serré à la taille, là où la graisse ressortait, ainsi que mon bermuda long vert kaki avec toutes ses poches et ses cordons qui pendaient, lui aussi acheté chez Åhléns, pour 149 couronnes, que mon imagination avait transformé en un vêtement plutôt cool, et puis mes Adidas usées, blanches au départ mais maintenant grises, que je portais sans socquettes, devenaient dans cet environnement luxueux une sorte de malédiction, car il était impossible de ne pas se sentir servile, voire indigne, pendant que l'ascenseur descendait vers le rez-de-chaussée.

— Et où logez-vous ? demanda-t-il.

Linda indiqua le nom du complexe hôtelier, il acquiesça.

— Et combien avez-vous payé ? Pour tous les quatre ?

— Vingt-cinq mille, dis-je. Plus les dépenses de nourriture et tout le reste.

— Ce n'est pas bon marché, commenta-t-il au moment où l'ascenseur s'arrêta et que les portes s'ouvrirent.

La chaleur nous frappa. Nous étions au pied de l'hôtel, à côté de la plage.

— Nous allons par ici, annonça-t-il. Sur l'île qui est là-bas. Elle a été créée en même temps que l'hôtel.

— Ah bon, dis-je.

— Oui, tout est vraiment luxueux ici. Mais les prix restent bas grâce à un tout nouveau concept qui allie le principe de l'hôtellerie ordinaire, pour réserver une chambre, et la possibilité d'acheter une chambre ou une suite pour toujours. Vous payez un forfait et pouvez y passer tous les étés de votre vie.

— Ah ? dis-je.

— Oui, c'est judicieux. Ça coûte beaucoup moins cher que d'acheter un appartement. Et en plus c'est rentable. C'est vraiment le luxe.

Heidi s'était arrêtée. Elle tendit les bras vers Linda.

— Tu sais, je ne peux pas te porter, mon cœur.

— Bébé dans le ventre ! dit Heidi.

— Oui, c'est ça.

— Quel âge ont vos filles ? demanda-t-il. Elles sont adorables.

Vanja se détourna, je pris Heidi dans mes bras et on traversa la terrasse en passant devant un café italien et un marchand de glaces où deux dames âgées, la peau affreusement bronzée et ridée, buvaient un café en bikini, affublées toutes deux de lunettes et de chapeaux de soleil.

— Vanja a trois ans et demi et Heidi, un an et demi, répondis-je.

— Et la naissance du prochain est pour quand ? Car vous en attendez bien un troisième ?

— Oui, oui, dis-je en me tournant vers Linda. Pour la mi-août, c'est bien ça ?

À quelques pas derrière nous, tenant Vanja par la main, elle acquiesça.

— Et vous habitez en Suède ?

— Nous habitons à Malmö, dit Linda.

— C'est une belle ville, commentai-je. Assez grande et un peu à l'écart. Et vous ? Comment se fait-il que vous parliez suédois ?

— J'ai travaillé longtemps en Suède. À Stockholm.

— Ah ! dis-je. Nous aussi. Et où habitiez-vous ?

— À Nacka.

— À Nacka ! On y est allés souvent. Nous avons des amis là-bas.

— Le monde est petit, dit-il en souriant. C'est très agréable là-bas. J'adore la Suède.

— Ah oui, dis-je en reposant Heidi par terre. Tu peux marcher un peu maintenant. On va là-bas. Vanja, tu peux tenir la main de Heidi ?

Une fois sur l'île, qui ressemblait à un parc avec des arbres et des fontaines, il voulut savoir si nous avions entendu parler de l'hôtel. Non. Du concept, alors ? Il expliqua que le concept était norvégien et nomma le nom de l'entrepreneur. Je secouai la tête lorsque à ma grande surprise Linda dit qu'elle en avait entendu parler. Je me tournai vers elle. Était-ce vrai ? Il demanda comment elle était au courant, si c'était des amis qui lui en avaient parlé, elle répondit qu'elle avait vu une émission à la télé. Mentait-elle ? Si oui, pourquoi ?

Il se mit à faire l'éloge de l'hôtel, de son élégance et son luxe, nous raconta que le sable de la plage avait été apporté des Bahamas, que les restaurants et les magasins étaient de tout premier plan, les chambres exceptionnelles, même celles des gammes de prix inférieures, et qu'il y avait toujours beaucoup de Norvégiens et de Suédois. Pendant ce temps, sous le ciel bleu profond du matin où le soleil brillait déjà avec une telle intensité qu'il nous brûlait les épaules, les joues et le nez, et que la lumière abolissait toutes les nuances du paysage alentour, je gardais un œil sur Vanja et Heidi qui s'activaient tantôt devant, tantôt derrière nous. Et plus il nous consacrait de temps, plus je me sentais sale et négligé. Il était sympathique, parlait avec éloquence, il aurait pu passer pour le directeur de l'hôtel, ou peut-être son adjoint. Qu'il passe de si longues minutes à nous montrer l'hôtel me torturait. Le but était que nous parlions de l'établissement à nos amis. Mais aucun d'entre eux n'aurait envie de séjourner ici, en tout cas pas les miens, donc on lui faisait perdre son temps. Je ne pouvais pas le lui avouer. On aurait dit qu'il nous faisait confiance, qu'il comprenait que nos tenues vestimentaires ne reflétaient pas nos véritables qualités, ce que je tentais de souligner en étant le plus aimable et le plus avenant possible. Et, marchant lentement à ses côtés, je me dis que j'allais *vraiment* parler de cet hôtel à mon retour en Suède, que nous lui devions bien cela. Le soleil semblait n'avoir aucune prise sur lui : à l'exception d'une fine pellicule d'humidité sur le front et la lèvre supérieure, la chaleur le laissait intact.

Lorsque nous fûmes tout au bout, il se retourna.

— De là vous avez une bonne vue d'ensemble. Les plus beaux appartements sont tout en haut, ils ont tous de grands balcons, comme vous voyez. Ceux qui coûtent moins cher sont aux étages inférieurs, mais ils sont tous spacieux et de grand standing.

— Oui, ça a l'air bien, dis-je. Vraiment très bien.

Linda me regarda.

— Qu'en penses-tu ? lui demandai-je.

— C'est pas mal.

La pointe de réticence que son ton laissait percevoir m'irrita. Mais il ne l'avait probablement pas remarquée. Les petites variations d'humeur de Linda n'étaient déchiffrables que par ses proches. Non, même pas. Par moi seulement.

— Et si nous allions visiter un appartement ? proposa l'homme.

— Ce n'est peut-être pas nécessaire, dit Linda. Nous nous sommes fait une idée des lieux.

Il me regarda et je lui souris d'un air désolé.

— Ça ne coûte rien, dis-je. On peut peut-être jeter un petit coup d'œil ? Tu ne crois pas ?

Elle acquiesça, certes avec réticence, mais puisqu'elle acceptait, j'appelai les enfants qui évidemment ne voulaient pas quitter l'endroit. Vanja frappait l'eau de la fontaine avec un petit bâton qu'elle avait trouvé. À plat ventre sur le bord, Heidi avait les mains plongées dans l'eau.

— Les filles, on y va. On va juste visiter une pièce. Et vous aurez une glace après.

— Veux pas de glace, rétorqua Heidi.

L'attrapant par la taille, je la soulevai.

— Non ! dit Vanja en s'enfuyant.

Heidi battait des jambes. Je la mis à plat ventre sur mon épaule et courus. Heureusement, elle riait, de ce rire délicieusement pétillant qu'elle avait poussé dès les premiers mois de sa vie. Après l'avoir posée par terre, je fis quelques pas rapides et attrapai Vanja, maintenant jalouse de sa sœur.

— Je veux maman, dit-elle.

C'était son leitmotiv, quoi que je fasse. À certains moments, je pensais que c'était parce que j'étais parfois dur et excessif avec elle, à d'autres qu'il n'y avait en réalité aucune raison précise.

— Mais elle est là-bas ! Tu n'as qu'à y aller !

Elle plissa les yeux dans la clarté aveuglante du soleil et ses lèvres s'entrouvrirent comme si elles étaient reliées à ses yeux par une alliance secrète et inconnue d'elle. Je reconnaissais Linda dans cette expression. À l'apogée de ma passion amoureuse pour elle, quand un brasier intérieur me consumait, j'avais l'impression que ces petits mouvements des lèvres avaient envahi mon âme. Jamais je n'avais été aussi ouvert qu'à cette époque-là, le monde entier me traversait.

Vanja tourna les talons et courut vers Linda, lui prit la main et se blottit contre elle. Heidi s'était assise par terre, je la pris dans mes bras et allongeai le pas pour rattraper les autres.

Lorsque nous fûmes arrivés dans un couloir en haut de l'hôtel, l'homme nous pria d'attendre un peu, le temps qu'il vérifie que la chambre était vide et nettoyée.

— Je veux me baigner, déclara Vanja.
— Bientôt, dis-je. On va juste regarder la chambre.
— Pourquoi ?
— Bonne question, dit Linda en souriant.
À cet instant, l'homme reparut en nous faisant signe d'entrer dans la pièce. Fenêtre ouverte, rideaux ondulant dans la brise de l'Atlantique, couleurs claires, carrelage brillant au sol ; je me sentais débordé par Heidi et Vanja – ne montez pas sur le canapé avec vos sandales, vous entendez, ne tirez pas là-dessus, attention, ça peut casser ! Il nous emmena sur le grand balcon : la mer bleue et lourde, scintillante au soleil, le ciel immense et profond, les falaises à l'ombre au sud. Les voitures sur la route, minuscules et affairées comme des insectes. Il dit que tout cela pouvait nous appartenir si nous le voulions, et sans que cela nous coûte beaucoup d'argent. Je lui demandai le prix. Il répéta qu'en payant un forfait nous pourrions séjourner ici quelques semaines par an. C'était comme acheter une partie d'un appartement, ou d'un « chalet », dit-il en m'adressant un sourire. Pas de travaux d'entretien, pas de gros nettoyage, tout était pris en charge pour que nous puissions passer de luxueuses vacances tous les ans le restant de notre vie.
— En tant que parents d'enfants en bas âge, vous méritez bien d'habiter un paradis comme celui-ci tous les étés, dit-il. Et si vous souhaitez prendre des parts dans un appartement plus petit, vous bénéficierez aussi évidemment de tous les droits et des services.
Il nous pria de le suivre. S'il nous faisait cette offre, cela signifiait qu'il pensait vraiment que nous avions les moyens. C'était aussi la raison pour laquelle il nous consacrait autant de temps. En tout cas il ne nous prenait pas pour un cirque à puces ambulant, comme nous appelait Linda. Dans le couloir, il nous

annonça le prix de l'appartement le moins cher et celui du plus cher. La somme n'était pas irréaliste, s'agissant du moins cher.

On entra dans une très vaste salle de conférences moquettée où des hommes en chemise et cravate et des femmes en chemisier étaient assis derrière des ordinateurs, beaucoup en train de discuter avec des clients comme nous. Sur plusieurs écrans défilaient des images de l'hôtel et du paysage alentour, il y avait un salon avec des brochures sur une table basse, il faisait frais, presque froid, il régnait une atmosphère de professionnalisme et d'efficacité. L'homme nous mena à une table haute sur laquelle était posé un épais dossier qu'il nous demanda de feuilleter. Acheter en multipropriété dans cet hôtel ne nous obligerait pas à venir ici tous les ans car il en existait d'autres tout aussi luxueux partout dans le monde où, moyennant un forfait, nous pouvions loger sans frais supplémentaires. Nous n'aurions pas cette possibilité en achetant un logement de vacances ordinaire, ou un « chalet ». Il devait maintenant nous quitter, pour régler quelque chose d'important, mais il reviendrait.

Je feuilletais le catalogue, Linda s'occupait des enfants. Je m'attardai longtemps sur un hôtel dans les Alpes. La photo avait été prise à l'automne, avant les premières chutes de neige, et la vue de ce paysage – des parois abruptes avec des conifères toujours verts et tout en bas des feuillus rougeoyant mélancoliquement, des clôtures et des petites routes, et le vieil hôtel peint en blanc – éveilla en moi un vif désir. Y être. Je continuai à tourner les pages, il y avait des hôtels au Mexique, en Italie, en France. Nous pourrions voyager dans le monde entier, tous les étés ou à l'automne, en famille, ce serait féerique, en tout cas pour les enfants. Peut-être que maman pouvait se porter garante pour que nous obtenions un prêt.

Et peut-être pouvais-je demander une avance plus importante à ma maison d'édition.

J'appelai Linda et lui montrai la photo de l'hôtel dans les Alpes. Elle dut voir à quel point j'étais enthousiaste car elle dit que c'était très beau, mais que nous n'avions pas l'argent.

— Ce n'est pas sûr. On peut peut-être tricher un peu. C'est vraiment une belle occasion. Pas forcément cet hôtel-ci, mais tous les autres. Et ce n'est pas tant d'argent, en réalité.

— Mais nous n'avons pas d'argent, rétorqua Linda. Et j'ai du mal à supporter l'atmosphère du lieu. J'ai assez eu affaire à la haute société dans ma vie.

On s'assit. J'avais l'impression d'être dans un grand cabinet d'avocats réputé ou dans la filiale européenne d'une multinationale. L'homme qui nous avait fait la visite reparut quelques minutes plus tard à l'autre extrémité de la salle et nous fit signe de le rejoindre. Le rapport que nous avions changea lorsque nous prîmes place d'un côté du bureau, et lui de l'autre, avec tous ses papiers et dossiers en tas devant lui. Nous étions ses clients. Il demanda ce que nous en pensions et si c'était envisageable pour nous. Il supposait donc que nous étions suffisamment nantis pour nous le permettre. Qu'il passe outre à notre tenue et notre style faisait du bien. Il nous prenait très au sérieux. Je lui dis que nous étions vraiment intéressés. Peut-être pas par cet hôtel-ci, mais par d'autres, puisqu'on pouvait en changer. C'est bien ça, n'est-ce pas ? Je dois m'en assurer, ajoutai-je. Oui, oui, confirma-t-il. Vous pouvez donc garantir le financement ? demanda-t-il. Oui, on peut, répondis-je, pendant que les enfants, plus téméraires, commençaient à explorer le territoire. Quels sont vos revenus ? Je lui dis combien je gagnais avec la bourse et mon honoraire mensuel de conseiller littéraire, et ajoutai qu'aux périodes fastes, quand je publiais un livre, c'était beaucoup plus. Je pouvais gagner plusieurs centaines de milliers de couronnes d'un coup. Et nous pourrions envisager de faire un emprunt maintenant et de le rembourser dès que l'argent tomberait. Oui, effectivement c'est une possibilité, dit-il. À combien s'élèvent vos dépenses mensuelles fixes ? Je le lui dis, il nota et leva les yeux vers moi. Avez-vous de l'épargne ? Sinon il sera difficile d'obtenir un prêt. Nous n'avons pas d'économies, dis-je. Mais je crois bien que nous avons quelqu'un qui peut se porter garant. Pensez-vous pouvoir régler ça maintenant ? Vous pouvez appeler d'ici sans frais.

Je regardai Linda.

— C'est un peu stressant. Ne pouvons-nous pas le faire une fois rentrés ? Prendre les papiers et les consulter tranquillement ?

Il secoua la tête en souriant.

— C'est une offre spéciale. Vous en bénéficiez parce que vous êtes sur place. Et cela exige que vous vous décidiez rapidement. La demande est forte, vous savez. Cette offre ne vous est pas réservée.

— Mais nous ne pouvons pas régler ça ici et maintenant, protestai-je.

— Croyez-vous vraiment que ce soit financièrement possible ? Si vous savez que oui, vous pouvez signer maintenant et vous occuper du règlement en rentrant chez vous. Mais il faut que vous soyez absolument certains.

— Nous n'avons pas les moyens, intervint Linda. On en est même très loin.

Découragé, il s'adossa au fauteuil en soupirant.

Je me tournai vers elle.

— On peut essayer, argumentai-je. On peut y arriver si on veut.

— Mais est-ce qu'on veut ? Je ne me vois pas passer tous les étés ici le restant de ma vie. Ce serait un cauchemar.

L'impolitesse de ses paroles me transperça comme la lame d'un couteau.

— Moi je trouve que c'est bien ici, répliquai-je. Mais ce n'est pas cet hôtel qui compte, ce sont tous les autres auxquels nous aurons accès. Je crois que c'est une bonne idée.

— Mais on ne peut pas décider là, tout de suite !

Me tournant vers lui :

— Pouvons-nous y réfléchir ? Et vous recontacter quand nous serons rentrés ?

— Comme je vous l'ai dit, l'offre n'est valable qu'aujourd'hui. Mais quelle est la personne dont vous disiez qu'elle pourrait se porter garante d'un prêt ?

— Ma mère, par exemple.

Il poussa le téléphone dans ma direction.

— En l'appelant maintenant, nous pouvons clarifier la situation immédiatement.

— Il nous faut plus de temps, dis-je. Nous avons si peu d'argent qu'un tel investissement aurait pour nous des conséquences importantes. Nous sommes obligés de réfléchir.

Je m'étais exprimé sur un ton presque implorant pour qu'il comprenne que j'aurais voulu qu'il en soit autrement. Mais en vain. À mes paroles, on aurait dit qu'il changeait de personnalité. Toute amabilité disparut, son doux sourire se fit sombre, il se leva, les gestes raidis de mécontentement.

— Mais que faites-vous là si vous n'avez pas d'argent ?

— Désolé, dis-je.

— Sortez là-bas, à droite, et installez-vous à la terrasse, un collègue va venir s'occuper de vous.

Tournant les talons, il alla voir un collaborateur. J'avais envie de courir derrière lui pour m'excuser encore. Ou dire que c'était une blague, qu'évidemment nous avions l'argent, apportez le contrat, nous signons tout de suite. Au lieu de quoi je me levai en évitant le regard de Linda posé sur moi, pris Heidi dans mes bras et me dirigeai vers la sortie pendant que la défaite me cuisait.

— On rentre ? proposa Linda. On n'a pas besoin de rester ici plus longtemps.

— On a promis d'attendre son collègue, répondis-je. Là, dehors, non ?

Je montrai du menton la terrasse derrière un mur de verre. On s'installa à une table. Personne ne vint, Heidi était fatiguée, c'était l'heure de sa sieste et elle pleurnichait tandis que Vanja nous serinait pour avoir une glace et se baigner.

— Allez viens, on y va, déclara Linda.

— Non, on a promis d'attendre, alors on attend.

L'homme qui vint s'occuper de nous était jeune et portait des lunettes de soleil Prada, une chemise blanche et une cravate. Il tenait le même dossier que son collègue plus âgé, il le posa sur la table et dit en anglais qu'il avait une offre à nous faire. Nous pouvions bénéficier d'un séjour de deux semaines à l'hôtel à un prix très réduit, en fait presque à moitié prix.

— Nous sommes venus nous baigner, répondit Linda. On nous avait promis des sièges de plage et cela fait maintenant deux heures que nous sommes là.

Il se tourna vers moi.

— Nous n'avons pas d'argent, malheureusement, dis-je.

C'était vrai, j'avais au maximum cinq mille couronnes sur mon compte, pour les quatre jours qui restaient.

Il se leva. Ses gestes à lui aussi étaient empreints d'irritation.

— Je vais chercher vos précieux tickets de plage, dit-il en disparaissant.

— Je suis épuisée, dit Linda. Et j'ai faim.

— Je comprends, dis-je. On peut manger dans

un café en bas et après tu pourras te reposer sur la plage. Heidi s'endort. Et je m'occuperai de Vanja.

L'agent ne revint qu'au bout d'une demi-heure. Sans dire un mot et l'air méprisant, il déposa les tickets sur la table et repartit. On déjeuna, je me baignai avec Vanja qui utilisa toute sa pellicule en trente minutes. Le sable avait beau être fin et doré, et l'eau de la lagune d'un vert paradisiaque, j'avais le sentiment d'être toléré ici et de pouvoir être chassé à tout moment. Nous n'étions pas dignes d'eux, mais contraints de rester jusqu'à ce que le minibus vienne nous chercher, nous et le couple de Suédois allongés sur des transats un peu plus loin et qui, contrairement à nous, semblaient profiter de la vie.

— Je n'aurais jamais cru avoir envie de rentrer ici, dis-je lorsque, quelques heures plus tard, le minibus s'engagea dans la descente menant à notre hôtel. Pourtant, si.

— Moi aussi, dit Linda. Quand je pense que tu envisageais sérieusement d'acheter en multipropriété !

— Oui, c'est incroyable. Mais le pire, c'est que je ne m'en rendais pas compte. Je n'ai réalisé qu'après coup ! Mais toi, tu avais compris.

— Oui, et je me demandais bien ce que tu faisais.

— Je me suis laissé complètement embobiner. Oh, comme c'est embarrassant quand j'y repense ! Comment a-t-on pu accepter les tickets sans comprendre ? Et qui voudrait payer une heure de taxi sans contrepartie ?

Linda rit.

— C'est ça, rigole bien. Mais pas un mot de tout ça à quiconque, d'accord ?

— D'accord !

Le soir, après être allé voir Coco le clown sur la scène à côté des piscines, et une fois que les enfants furent couchées, on s'installa sur le balcon et on discuta comme cela ne nous était plus arrivé depuis longtemps, moi les pieds posés sur la rambarde et une bière à la main, Linda les mains sur son gros ventre. On décida de ne jamais refaire ce genre de voyage, c'était absurde, ni elle ni moi n'aimions ça, c'était pour les enfants et pour nous conformer à l'idée que nous nous faisions de la famille, de ce qui était la norme, l'image du père et de la mère en bonne santé avec leurs deux enfants au bord de la piscine, à la plage, dans un restaurant espagnol, bronzés et heureux, une image qui pâlit à l'approche de la réalité et finit par se dissiper complètement une fois sur place. Nous aurions dû louer une maison une quinzaine de jours dans un coin qui nous plaît, dis-je, ça n'aurait pas coûté plus cher. Je suis bien d'accord, dit-elle. Je n'aime pas plus cet endroit que toi. Mais le pire, ajoutai-je, c'est que j'hésite sans arrêt entre deux niveaux. Celui des enfants, car les filles passent du bon temps, elles ne voient pas la mascarade, pour elles Coco est un vrai clown, un personnage de conte de fées. Elles ne voient pas que les serveurs nous méprisent ou qu'on diffuse la NRK à la télé et qu'on vend le *Dagbladet* au kiosque, pour elles, c'est un endroit formidable, et il faut que je pense comme elles aussi, tu vois ce que je veux dire ? C'est un monde pour les enfants, pas pour les adultes. Et je me dis que ça vaut pour pratiquement toute notre culture, au fond, elle est faite pour les enfants.

Je la regardai.

— Mais toi, tu t'en fous, hein ?

— Non, pas du tout. J'ai l'air absente ?

— Un peu. Mais ça ne fait rien. Je comprends que tu aies d'autres préoccupations.

— Non, non.

— À quoi pensais-tu, alors ?

— À Heidi. Je trouve injuste qu'elle ait bientôt un frère ou une sœur alors qu'elle est si petite.

— Ce sera bien pour elle.

— Peut-être.

— De toute façon, c'est comme ça, dis-je en allant me chercher une autre bière dans le réfrigérateur.

L'effet des deux que j'avais déjà bues pesait comme un voile de bien-être sur ma conscience, et je savais qu'avec une troisième elle se teinterait d'un vague espoir que quelques bières supplémentaires combleraient, et tout s'arrangerait. Encore quelques-unes et je passerais de cet état d'âme à l'action, insensibilisé aux objections et à la raison, et alors, si j'étais sorti en ville, j'aurais brillé de tous mes feux.

Oh, comme j'aimais boire.

J'aimais ça.

L'envie ne me prenait qu'après avoir déjà un peu bu, comme si je me souvenais comment c'était, et que me revenait un souhait profond : boire copieusement, me soûler à en perdre la raison, à en perdre conscience, tomber aussi bas que possible. Je voulais noyer dans l'alcool tout ce que je possédais, ma famille, mes amis, tout ce que j'aimais et chérissais. Boire, boire, boire. Oh, mon Dieu, ne rien faire d'autre que boire encore et toujours, nuit et jour, été comme hiver, printemps comme automne.

J'ouvris la porte du réfrigérateur, saisis la bouteille de bière froide et élancée, la décapsulai et en bus quelques rasades d'un trait avant de retourner sur le balcon.

— Tu te rappelles la première fois qu'on s'est vus ? dis-je en me rasseyant. Qu'est-ce que tu aurais dit à ce moment-là si tu avais su que tu aurais trois enfants et te marierais avec cet idiot de Norvégien ?

— Mon cœur se serait enflammé, dit-elle en souriant.

— Non, allez.

— Mais c'est vrai que tu étais « le Norvégien ». Ingmar nous avait beaucoup parlé de toi, il n'était question que de toi et de ton livre, donc je savais très bien que tu venais.

— Mais tu n'as pas voulu de moi.

— Si, bien sûr, mais pas à ce moment-là. J'étais sur une autre voie. Si ça s'était fait à cette époque-là, nous ne serions pas là ce soir.

— Non, sans doute. Je me rappelle être entré dans la salle commune, celle avec la grande cheminée où tout le monde était rassemblé, et j'ai dû ressortir, je n'arrivais pas à être dans la même pièce que toi, ou plutôt, je ne supportais pas que tu parles à d'autres et que tu aies une vie en dehors de moi.

— Mais je ne te connaissais même pas !

— Non, mais quand même. Alors je suis sorti m'asseoir sur les marches du baraquement où se trouvait ma chambre et j'ai prié Dieu pour que tu me rejoignes. Je ne prie jamais, pas depuis mon enfance, mais là, j'ai prié. S'il te plaît, mon Dieu, fais que Linda sorte et vienne me rejoindre. Et la porte s'est ouverte ! Et tu es sortie ! Tu te rappelles ?

Elle secoua la tête.

— Je croyais rêver. Tu es sortie, tu as refermé la porte et traversé la cour dans ma direction. Là j'ai cru en Dieu. J'ai cru qu'il était intervenu. Mais au lieu de bifurquer vers moi, tu as continué tout droit, vers le bâtiment où tu logeais. Tu m'as dit salut. Tu te rappelles ?

— Non.

— Tu allais seulement chercher quelque chose.

— Oh, Karl Ove, j'ai mauvaise conscience maintenant !

— Bien fait !

— Si je t'avais rejoint à ce moment-là, nous ne serions pas là ce soir.

— En es-tu sûre ?

— Oui.

— Parce que tu es tombée malade ? Que tu as été hospitalisée ?

— Oui.

— Peut-être que j'aurais été à tes côtés pendant tout ce temps. Tu y as pensé ?

— Ça se peut. Mais je ne voulais pas. J'étais complètement différente à cette époque-là.

— C'est vrai. Quand je t'ai revue à Stockholm, c'est la première chose à laquelle j'ai pensé. Ce qui émanait de toi était tout à fait différent.

— Comment ça ?

— Tu n'avais plus rien de dur. Ton côté « performance » avait disparu. Comment t'expliquer ? Tu étais audacieuse, cool, sûre de toi. Tu avais une forte personnalité. C'était le sentiment que j'avais. Quand je t'ai rencontrée plus tard, c'était parti.

— Qu'est-ce qui était parti ?

— Le fait de te suffire à toi-même.

— Tu ne me connaissais pas.

— Non, mais je ne parle pas de qui tu étais vraiment, je parle de ce qui émanait de toi. J'étais totalement vulnérable face à ça, tu le sais.

— Oui, mais le moins qu'on puisse dire, c'est que ce n'est pas ça que tu as eu. Je suis là avec mon énorme ventre. Et deux enfants à côté. J'ai l'impression de ne plus rien avoir à moi.

— Je sais. Mais c'est mieux. C'est tellement mieux.

Elle se tut.

Je finis ma bière et allai en chercher une autre.

— À quoi penses-tu ? lui demandai-je.

Nous avions éteint la lumière du balcon et Linda était presque dans le noir, la lueur de la fenêtre lui balayait la moitié du visage.

— Je pense à tout ce que j'ai perdu.

— Pense plutôt à tout ce que tu as gagné.

— Tu fais preuve de tellement de mépris. Je sais que tu me méprises.

— Je te méprise, moi ? Mais pas du tout !

— Si, tu trouves que je n'en fais pas assez. Que je me plains à longueur de temps. Que je ne suis pas assez indépendante. Tu en as marre de cette vie. Et de moi. Tu ne me dis jamais plus que je suis belle. Je ne compte plus pour toi, je suis celle avec qui tu habites, la mère de tes enfants, c'est tout.

— Non, ce n'est pas ça. Mais c'est vrai que je trouve parfois que tu n'en fais pas assez.

— Alors que mes amis ne comprennent pas comment j'arrive à faire tout ce que je fais. Deux enfants et enceinte du troisième. Je crois que tu ne te rends pas compte de ce que ça représente.

— Tes amis ne savent rien. Ne les écoute surtout pas. Ils veulent juste te réconforter. C'est exactement comme la fois où Jörgen est rentré chez lui, tu sais, c'est toi qui me l'as raconté, toi et Helena vous buviez un thé installées sur le canapé, et il a dit : « Alors vous êtes encore en train de vous plaindre ! » Tu te rappelles ?

Elle esquissa un sourire mais son regard était froid.

On resta longtemps sans rien dire. Le clapotis de la mer tombait comme un voile sur le paysage artificiel en contrebas. Les voix feutrées des gens sur les terrasses en dessous de nous, et de temps à autre, un éclat de voix ou de rire venu des restaurants tout en bas.

J'allumai une cigarette, bus une gorgée de bière et pris une poignée de cacahuètes dans le bol posé sur la table entre nous.

C'était toujours ce qu'elle disait quand nous nous disputions et qu'elle s'employait à m'arracher le cœur par des attaques virulentes, selon lesquelles je la méprisais et devrais la quitter pour une autre femme, une qui serait gentille et assez indépendante pour me laisser tranquille, je restais avec elle uniquement par devoir et cela ne lui suffisait pas. Elle savait ce qu'elle valait et elle valait mieux que ça.

Mais cette fois, nous ne nous étions pas disputés. Elle n'avait pas essayé de m'arracher le cœur. Elle avait parlé calmement, comme pour constater un fait établi. Et j'avais protesté pour la forme.

Je savais qu'elle irait bientôt se coucher. Une sorte de panique m'envahit, il fallait clarifier la situation, me réconcilier avec Linda, on ne pouvait pas en rester là.

Elle posa la main sur la rambarde.

— Je suis désolé, dis-je.

— Pour quoi ?

— Pour tout.

— Ce n'est pas la peine. En ce moment, je me suffis à moi-même. Mais ça change. Parfois être enceinte me rend forte, je me dis que je peux tout faire toute seule, si nécessaire.

— C'est la première fois que je t'entends dire ça.

— Et puis ça disparaît quand je sens que je suis totalement dépendante de toi. Et j'ai très peur, tu comprends ? Peur de ne rien avoir à moi. Si tu pars, tout part. C'est une impression horrible. Et je sais bien que c'est exactement ce que tu détestes le plus. Et que si tu disparaissais, ce serait précisément à cause de *ça*. Mais je n'y peux rien.

— Je sais.

— Et tu rêves d'être ailleurs.

— Je ne rêve pas d'être ailleurs. Je veux être là. Sincèrement.

Elle ne dit rien.

— J'ai lu quelque chose hier dans Gombrowicz qui m'a fait réfléchir. Le fait de ne se laisser surprendre par rien, de tourner au coin de la rue sans être curieux de ce qui nous attend de l'autre côté. D'être à une table de restaurant sans se demander comment sera la soupe qu'on a commandée, quel *goût* elle aura. C'est ça, mon problème. Tu comprends ? Tout va de soi. Et c'est un poison. Je ne te méprise pas, je te trouve formidable, mais quand tout va de soi et qu'il n'y a plus rien qui nous fasse réagir, ça m'énerve. C'est vraiment le mot qui convient. Ça m'énerve.

— Je t'énerve ?

— Tu le sais très bien, allez. Quand je suis fâché, c'est évidemment pour ça.

Elle se leva et rentra. Je la suivis.

— Tu vois très bien ce que je veux dire ! ajoutai-je. Ce n'est pas vraiment une révélation, ce que je te dis là ! J'essaie seulement de t'expliquer !

Elle se déshabilla sans me regarder, se coucha. Je m'assis au bord du lit.

— Qu'est-ce que je fais qui t'énerve ? demanda-t-elle au bout d'un certain temps.

— Rien.

— Il faut me le dire et j'arrêterai.

— Mais ce n'est rien de précis, tu ne comprends pas !

— C'est la vie que nous menons ?

— Mais enfin, tu sais bien ce que c'est quand on est de mauvaise humeur. C'est quelque chose qu'on a en soi, n'est-ce pas ? C'est ça que j'essaie de te décrire. C'est quelque chose que j'ai en moi.

Je lui caressais le dos. Elle regardait droit devant elle, sans bouger.

— Qu'est-ce qu'on fait demain ? demanda-t-elle.

— Je ne sais pas. Mais je n'ai pas très envie de rester ici toute la journée.

Quand elle était ainsi couchée sur le côté, on voyait que son ventre n'était pas qu'un ventre, qu'il contenait quelque chose, un objet, et la réalité biologique qu'elle représentait, elle, cette femme de l'espèce humaine, se dupliquait et, en un sens, perçait le voile de convictions que sa personnalité, celle qu'elle était pour moi, et tout ce que nous avions vécu et pensé ensemble, jetait sur tout. Comme si nous avions une vie dans le langage et les idées, et une autre dans le corps.

— On pourrait peut-être aller à Las Palmas, comme on en avait parlé ? proposa-t-elle.

J'acquiesçai en me levant.

— Oui, on peut. Dors bien.

— Ne te couche pas trop tard.

— D'accord.

— Bonne nuit.

Je traversai l'appartement, allumai la lumière du balcon, m'assis et regardai devant moi. Je ne pensais à rien de particulier mais j'étais empreint des émotions suscitées par ce que Linda avait dit et montré. Finalement, au bout d'environ vingt minutes, je repris le journal de Gombrowicz à la recherche du passage dont je lui avais parlé. Il était déjà différent du souvenir que j'en avais.

> Depuis un certain temps – sans doute sous l'effet de l'existence monotone que je mène –, je me sens envahi par un genre de curiosité que je n'avais jamais éprouvé avec une intensité aussi concentrée : la fringale de savoir ce qui va se passer dans un instant. Devant mon nez, un mur de ténèbres d'où émerge, révélation menaçante, un « tout de suite » des plus immédiats. Derrière ce coin de rue, qu'est-ce qui m'attend ? Un homme ? Un chien ? Si c'est un chien, de quelle taille ? De quelle race ? À table, tout à l'heure, va se révéler le potage – mais quel potage ? Ainsi, voilà un sentiment essentiel que l'art jusqu'ici n'a guère mis en œuvre de manière satisfaisante : l'homme en tant qu'instrument qui transforme l'Inconnu en Connu ne figure pas dans la galerie des principaux héros de la culture.

Il avait écrit cela un mercredi de 1953. J'associai ce passage à un texte de Deleuze que j'avais lu quand j'étais étudiant à Bergen et qui m'avait servi de jalon, une idée à laquelle je revenais sans cesse, et selon laquelle le monde est toujours dans sa genèse, il est perpétuellement en train de se faire autour de nous, mais cette création permanente de l'instant disparaît dans ce que nous connaissons déjà du monde. Des deux formes de la connaissance que nous avions élaborées, la science et l'art, la science relevait de la certitude et du calcul, alors que l'art, par le fait d'être né de rien, relevait de l'instant et de l'incertitude engendrée par sa création continuelle. Aucun artiste n'avait travaillé cela mieux que Cézanne, c'était même son principe, sa vocation et la raison de son énorme influence sur ses contemporains. À l'aide de concepts qui préétablissent ce qu'est l'espace, on peut peindre différents objets, sans que notre notion de l'espace change, le système est constant et inébranlable, c'est ainsi qu'on le voit, et donc c'est ainsi qu'est l'espace. Dans les peintures de Cézanne, c'est l'inverse, ce sont les objets qui créent l'espace, l'espace est l'objet créé et sa création est relative. Il s'agit alors autant de l'œil qui regarde que de ce que l'œil voit ; les conventions qui régissent l'espace et qui sont habituellement invisibles deviennent visibles.

Cela m'occupait l'esprit depuis quinze ans : j'étais à la recherche de penseurs qui confirmaient cette idée, en particulier Nietzsche et Heidegger, mais aussi Foucault, qui, en s'intéressant davantage à la structure sociale, creusait la question. Mon problème était que je n'avais pas avancé, je n'avais pas bougé d'un pouce durant ces quinze années, depuis que j'avais étudié la littérature et l'histoire de l'art à Bergen. Cet état de fait contredisait tout finalement. La création, la genèse, l'apparition, l'innovation éternelle partout – sauf dans ma tête.

Je rentrai pisser. Ma pisse était claire, presque transparente, et me revint en mémoire l'urine de mon père que j'avais vue les matins où, pour une raison ou pour une autre, il oubliait de tirer la chasse d'eau. Elle était jaune foncé, presque marron. C'était terrifiant ! J'associais cette couleur à son tempérament. Et à la virilité. Ma pisse claire, presque blanche, était féminine, la sienne, foncée, masculine. Sa colère aussi était masculine. Ma peur était féminine.

Je tirai la chasse d'eau, retournai sur le balcon et restai là un moment à regarder la pelouse.

Non, elle se trompait, je ne la méprisais pas. Mais elle exigeait tellement de moi, tellement plus que quiconque avant elle, et elle ne s'en rendait pas compte. C'était parfois si exaspérant qu'elle me mettait dans un état proche de la folie. J'étais tellement furieux qu'il n'y avait plus rien d'autre que ma rage, mais je la gardais pour moi, et ce qui émanait alors de ma personne quand la colère me prenait et se mêlait à mon corps, quand mes gestes se gonflaient de hargne, pouvait forcément se confondre avec du mépris. Non, *c'était* du mépris. Pendant un moment, mais le moment passait et autre chose survenait. Était-ce cette autre chose le plus important ? Est-ce qu'au fond nous étions bien ensemble ? Est-ce qu'au fond je l'aimais ? Non, putain, tout ça variait, montait et descendait, allait et venait, une chose n'était pas plus vraie qu'une autre. Nous étions bien ou terriblement mal, je l'aimais et je ne l'aimais pas.

La veille de notre mariage, je lui avais demandé de laver le sol de la cuisine. Moi j'avais lavé chacun des cent trente autres mètres carrés de notre appartement. À genoux, la serpillière à la main, elle avait levé les yeux vers moi en disant que ce n'était pas normal d'être obligée de laver le sol de la cuisine la veille de son mariage. Personne n'accepterait une chose pareille, avait-elle ajouté. Je lui avais répondu que c'étaient nos sols et que c'était à nous de les nettoyer, mariage ou pas. Me gardant de lui dire qu'elle lavait le sol pour la deuxième fois seulement en cinq ans de vie commune. Là elle se serait fâchée et aurait dit qu'elle faisait un tas d'autres choses, que c'était elle qui maintenait la cohésion de la famille et qu'elle en faisait bien plus que tous ceux qu'elle connaissait. Alors j'aurais rétorqué qu'elle vivait dans le mensonge, et ç'aurait été reparti pour un tour, donc je n'avais rien ajouté. Le lendemain, je lui disais oui, elle me disait oui, en nous regardant, les larmes aux yeux.

Ce sont les sentiments qui nous lient, et ce sont les sentiments qui sont bons ou mauvais, pas les jours.

J'eus l'impression de sentir quelque chose derrière moi et me retournai brusquement, mais la pièce était vide.

Autant aller me coucher.

Sombrer dans un monde au-delà du monde, le vide prodigieux.

Je me réveillai de mauvaise humeur. Comme d'habitude, mais il suffisait qu'on me laisse tranquille durant cette malheureuse première demi-heure, que je prenne un café et une cigarette, et ça passait. Il était cinq heures et demie. J'enfilai le tee-shirt et le pantalon de la veille, allai dans le séjour où Vanja et Heidi étaient attablées devant un bol de muesli, Heidi sur une chaise haute, Vanja sur une chaise ordinaire où elle se trouvait si bas que son menton atteignait tout juste le bord de la table. Linda coupait une pomme sur le plan de travail. Sans dire un mot, je versai de l'eau dans la bouilloire, un peu de café en poudre dans une tasse, remplis un bol de lait et de muesli, l'emportai sur le balcon, refermai la porte et m'assis pour manger en leur tournant le dos. Le ciel était gris, plus brouillardeux que brumeux, l'air froid. Une fois les céréales avalées, je rentrai remplir la tasse d'eau bouillante, allai chercher cigarettes et briquet sur l'étagère de l'entrée et retournai dehors. J'avais froid, froid dans tout mon corps, froid aux articulations et froid à l'âme. Quelqu'un frappa au carreau derrière moi, je me retournai, Vanja poussa la porte coulissante.

— Rentre, lui dis-je. J'arrive tout de suite.

Elle sortit sur le balcon, se posta contre la balustrade et regarda la pelouse déserte.

— Je t'ai dit de rentrer !

— Non, répliqua-t-elle en faisant la moue. Pourquoi y a personne dehors ?

— Parce que vous vous réveillez horriblement tôt. Personne ne se lève à cette heure-ci. C'est presque la nuit encore.

— C'est le matin.

— Oui, oui. Mais il est très tôt. Tu comprendras ça quand tu seras grande. Où sont tes lunettes, au fait ?

— À l'intérieur.

— Va les mettre. Et vous pouvez aller regarder un film.

Elle obéit, et toutes deux furent bientôt installées, chacune sur sa chaise devant l'ordinateur portable. Insatiables en ce qui concernait les films, elles pouvaient rester des heures sans bouger à gober ce qui se déroulait sur l'écran. Vanja vit son premier long métrage à l'âge d'un an et demi. Je m'en souviens parce que nous étions partis pour le Gotland le lendemain, c'était l'été 2005, et le film, *Fifi Brindacier en balade*. Je l'avais regardé avec elle et, parce que je m'étais assoupi à plusieurs reprises, il avait pris une tournure onirique ; depuis – car nous l'avions regardé de très nombreuses fois –, je l'associais toujours au rêve, de même que toute l'atmosphère de cette époque où nous habitions rue Regering me revenait dans son intégralité. Lorsque je regardais le film avec elle, j'étais toujours attentif à l'arrière-plan des images, les maisons, la forêt, la route, la plage, et j'y trouvais suffisamment d'intérêt pour visionner un film pour enfants d'une heure et demie sans m'ennuyer. Si le film datait des années soixante-dix, comme *Karlsson sur le toit* ou *Elvis ! Elvis !*, la charge émotionnelle était encore plus grande, car cette époque, reconnaissable entre toutes, était la première dont je me souvenais, celle qui m'avait vu grandir, qui constituait mon univers, et qui avait disparu. Les années soixante-dix, cette décennie triste, dépouillée, modeste, sans restaurants, avec ses aires de repos et ses routes gravillonnées, ses coccinelles et ses DS, son unique chaîne de télévision et son unique station de radio, où tout appartenait au service public et presque rien au secteur privé, où les magasins fermaient à quatre heures et les banques à trois heures, et où tout sportif qui gagnait de l'argent en pratiquant sa discipline ne pouvait participer aux Jeux olympiques, tout cela avait disparu et, à en juger par ce que le monde était devenu, on avait du mal à croire que ça avait existé. Entrevoir ce monde-là m'emplissait de tristesse et de joie. La joie d'en avoir fait partie, la tristesse de le savoir disparu. La scène d'ouverture de *Karlsson sur le toit*, où Petit-Frère joue dans le Tegnérpark à Stockholm, brouillait les cartes, car traversant moi-même le parc presque tous les jours, je reconnaissais les maisons et les rues – c'étaient les mêmes, et pourtant non, pas vraiment, elles n'appartenaient plus aux années soixante-dix mais aux années deux mille, et je n'arrivais pas à savoir où se trouvaient désormais les années soixante-dix. Dans ma tête, manifestement, et dans la tête de tous ceux qui avaient vécu cette décennie-là, et c'était tout ? Qu'est-ce que le temps dans un film ? Qu'est-ce que le temps sur une photographie ? Les choses se compliquaient encore davantage quand nous regardions *Elvis ! Elvis !* car la mère de Linda, actrice, y jouait le rôle de la maîtresse d'école, une femme d'une trentaine d'années, et il m'était impossible, totalement impossible d'associer la femme du film avec la grand-mère de nos enfants. Son allure était différente, sa gestuelle était différente, et même sa voix était différente. Était-ce la même femme ?

La nostalgie est une maladie mais elle appartient à chacun de nous qui filtrons le temps de façon imprévisible et individuelle, avec toutes les erreurs et les failles inhérentes à l'être humain. Le temps révolu se loge dans des poches de conscience, certaines dérobées à la vue comme des étangs dans des forêts reculées, d'autres familières et lumineuses comme des maisons à l'orée des bois, mais elles sont toutes fragiles et variables, et meurent quand la conscience meurt. Les films sont une malédiction car ils appartiennent à tous, mécaniques et invariables, des dépôts de temps, identiques d'une génération à l'autre, mais toujours tellement nouveaux que leurs conséquences sont imprévisibles. Il existe déjà des milliers de films dont tous les acteurs sont morts. C'est une nouvelle façon d'être mort physiquement, la vie et l'âme prisonnières à jamais des images, quand le corps putréfié a disparu depuis longtemps. Les films sont un cimetière, une nécropole, mais toujours en devenir, car de quoi auraient-ils l'air dans cent ans, dans cinq cents ans, dans mille ans ? À l'époque de mes grands-parents où seuls les acteurs et les célébrités étaient immortalisés dans les films, on n'avait aucune difficulté à intégrer que ce soit justement l'image de *ces gens-là* qui continue de vivre. Mais aujourd'hui, tout le monde filme tout le monde, et on poste des milliers de films tous les jours sur Internet, que penseront ceux qui viendront après notre disparition de ce moyen de nous voir tout le temps ? Ils évolueront autrement parmi les morts. Cela devrait changer notre manière de concevoir la mort, ce que signifie être mort, et donc changer notre manière de concevoir ce que signifie vivre.

Et le temps ? Qu'en sera-t-il du temps quand des strates de passé se seront empilées ? Le passé deviendra-t-il si dense qu'il finira par évincer le présent ? On en voyait déjà les conséquences : les tendances de différentes époques revenaient, les années quatre-vingt, qui dans un autre monde n'auraient existé que dans les consciences individuelles, liées à la vie de chacun, renaissaient sous des formes collectives, comme la mode et la musique.

Malgré ces réflexions, nous laissions nos filles regarder autant de films qu'elles voulaient. Je ne trouvais pas ça bien et n'en étais pas fier, mais le calme qui régnait alors dans l'appartement était trop appréciable pour résister. En outre, pensais-je à ma décharge, elles apprenaient un tas de choses. Enfin, sans doute pas en regardant *Laban, le petit fantôme*.

Si l'on comparait l'île à une personne et la route à une artère, nous étions montés dans le bus à partir de l'un de ses doigts, me dis-je, installé dans le véhicule quelques heures plus tard, en train de regarder le paysage de roche noire, car la route était étroite, tout comme les axes transversaux qui disparaissaient vers les montagnes de ce décor minéral désolé ; les activités qui se déroulaient dans des constructions basses, derrière des grillages, n'intéressaient que ceux qui y participaient. Puis la route s'élargit, les voitures se firent plus nombreuses, on s'engagea sur un échangeur avec des ponts et des routes qui serpentaient et s'entrecroisaient, l'infrastructure devenait plus importante, plus complexe, et les panneaux plus fréquents, bientôt il y eut des bâtiments et de l'activité partout, nous approchions du centre, le cœur de l'île, vers lequel tout et tous convergeaient. On roulait le long de trottoirs bondés, encerclés par les voitures, dans des rues de plus en plus étroites jusqu'à une grande gare en béton où le bus s'arrêta pour nous laisser descendre.

Le passage de la périphérie, désertée et sans histoire, à la ville était partout le même, que ce soit de Tromøya à Arendal, de Jølster à Bergen, de Cromer à Norwich ou de Norwich à Londres. C'était comme une chute, plus on se rapprochait du centre, plus la vitesse augmentait, et bien que le phénomène soit extérieur, on ne pouvait s'empêcher de le vivre à l'intérieur de soi, en vibrant aussi d'activité, car nous sommes grands ouverts face au monde, il nous traverse sans cesse et imprime sa marque tant dans nos pensées et nos idées que dans nos états d'âme et nos émotions. Je ne peux expliquer autrement la joie qui montait en moi tandis que nous marchions dans la ville, finissant par nous installer à la terrasse d'un café, Linda et moi avec une tasse de café, les enfants avec une glace ; j'avais l'impression de revenir à moi, comme après un hiver long et froid, soudain, tout allait bien et, sans plus me soucier de quoi que ce soit, je me mis à parler de tout et de rien, peut-être même que je ris, là, sous le soleil, mais pour quelle raison ? Rien n'avait changé. Linda était la même, les enfants étaient les mêmes, le soleil était le même que celui des dix derniers jours. Ce qui n'était pas pareil, c'était l'environnement. Les parcs où des hommes âgés et sveltes, en costume foncé, étaient assis sur des bancs à l'ombre, souvent en train de fumer, toujours élégants ; les petites maisons de guingois du XVIIe siècle, les rues pavées, les grandes églises décrépites au vaste parvis, les prêtres et les religieuses passant dans leur tenue flottante, les femmes âgées vêtues de noir, filiformes ou corpulentes, assises sur une chaise devant une porte ou sur les marches d'un porche. Les allées bordées de palmiers, les bus remplis de touristes qui passaient dans un vacarme assourdissant, les poids lourds, les camions-bétonnières, les artisans dans des pick-up ou des fourgonnettes, les voitures carrées des années quatre-vingt, les plus récentes, rutilantes et aérodynamiques, les mobylettes – une multitude de mobylettes. L'architecture fonctionnelle des années soixante et soixante-dix, l'architecture pompeuse des années quatre-vingt, l'architecture dépouillée, presque dystopique, des années quatre-vingt-dix avec ses larges façades en pierre noire et en verre.

La ville n'était pas grande, mais c'était une capitale, elle était espagnole, mais séparée de l'Espagne par la mer et de ce fait différente, non pas dans les grandes lignes mais dans les petites, comme tous ces détails du passé qu'on pouvait voir partout, comme si le temps n'était pas passé avec autant de violence ici, n'avait pas submergé et transformé aussi fondamentalement les lieux que dans les autres grandes villes espagnoles, où le passé était cloisonné, conservé pour l'exemple, alors qu'ici il transparaissait partout. Et comme, en plus, la mer était omniprésente, je trouvais que Las Palmas ressemblait aux anciennes villes coloniales d'Amérique du Sud dont, bien que je n'y sois jamais allé, j'étais persuadé de connaître l'atmosphère, et que je rêvais de visiter depuis que j'étais adulte.

J'en parlai à Linda. Tandis que nous traversions une place flanquée d'une église blanche, Vanja courut vers un grand lion en marbre et monta sur son dos ; quant à Heidi, elle s'était accroupie devant l'eau d'une petite fontaine.

— On a l'impression d'être en Amérique du Sud, tu ne trouves pas ? dis-je. On s'imaginerait presque à Buenos Aires. Je n'y suis jamais allé mais c'est le sentiment que j'ai. Un peu à l'écart, un peu délabré, époque coloniale, palmiers, tout en étant moderne. Espagnol sans être l'Espagne.

— Je vois ce que tu veux dire. C'est très beau.

— Oui, je trouve.

— Tu as l'air de très bonne humeur, alors moi aussi, je suis contente.

— Désolé. Je devrais être comme ça tout le temps. Je n'ai aucune excuse.

— Tu voudrais qu'on s'installe à Buenos Aires ? proposa-t-elle.

— Ha, ha, ha.

— Non, sérieusement. Pourquoi pas ?

— Rien ne me ferait plus plaisir. Mais pour quelqu'un qui angoisse au moindre changement, je crois qu'il y a mieux à faire que de déménager en Argentine avec trois enfants en bas âge.

— Qui te dit que ce serait *forcément* comme ça ? Ça pourrait être formidable. Ça pourrait être ce qu'il nous faut.

— On part quand tu veux.

— Alors on est d'accord ? On part là-bas ? Dans quelque temps ?

— Si c'est ce que tu veux aussi, on n'a aucune raison de ne pas le faire, dis-je.

Dans une rue étroite et ombragée, on découvrit un musée sur les expéditions de Christophe Colomb en Amérique. C'était un bon présage, nous entrâmes. Atrium baigné de soleil, fleurs le long des murs et petite fontaine ruisselante au milieu. Le musée occupait les salles tout autour, sombres et fraîches après la lumière crue du dehors, avec leurs cartes, maquettes et objets provenant des bateaux de cette époque-là. Fatiguée, Heidi geignait pour un rien, aussi, après avoir parcouru rapidement les salles, nous convînmes que je l'emmènerais faire un tour en poussette pour qu'elle s'endorme, pendant que Linda et Vanja visiteraient le musée.

Je marchai du côté ombragé de la rue où de longs passages débouchaient sur des arrière-cours baignées de soleil, les vitrines ressemblaient à des tableaux et il n'était pas toujours facile de définir leur secteur d'activité : un buste vêtu d'une livrée, était-ce une antiquité ou une tenue vendue aux hôtels ? Arrivant sur une place, on prit à droite et on traversa un large boulevard à l'ombre des arbres. Heidi ne bougeait pas mais elle gardait les yeux ouverts.

— Il faut dormir maintenant, ma chérie.

— Nan.

— D'accord, dis-je en l'emmenant dans une autre rue puis à travers un parc au bout duquel commençait le centre-ville moderne.

Quelque chose dans la lumière, qui enveloppait le quartier d'où nous venions et que je voyais en me retournant, me rappela d'abord Stavanger, puis Bergen. Je compris aussitôt que ce n'était pas la lumière en elle-même, mais la proximité de la mer, l'impression qu'elle était tout près.

Quel effet cela avait-il sur mes pensées ?

Les rues, les places, les maisons, les appartements, les magasins, les cafés, les gens qui les remplissaient, et dont nous-mêmes étions remplis.

Et cette grande inconnue toujours là, tout près.

Christophe Colomb et ses hommes avaient dû trouver effrayant d'accoster ici. Ils ne savaient pas ce qui les attendait. Comme ils avaient dû avoir peur !

Me penchant pour voir si Heidi avait toujours les yeux ouverts, je posai ma main sur son buste.

— Tu peux dormir si tu veux. Tu es fatiguée.

Elle ne dit rien, ne réagit pas à mon geste et resta sans bouger à regarder ce qu'il y avait autour de nous. H&M, Sony, Adidas, Zara. Le verre scintillait, de la musique s'échappait des portes ouvertes et, alors que nous passions devant, je sentis le froid si particulier des climatiseurs. Il y avait du monde partout. Mais personne n'avait de poussette ! Sauf moi.

Non ! En voilà une autre. Noire et élégante, avec un nourrisson vêtu de dentelle à l'intérieur. La femme, jeune, qui poussait le landau marchait à côté d'une autre femme, peut-être sa sœur, en discutant sérieusement et intensément au milieu d'un flot d'hommes en costume et de touristes en short. Elles passèrent à côté de moi. Je descendis la rue piétonne et quand j'atteignis le café où nous étions le matin, à côté du parc, Heidi dormait. Je garai la poussette contre une table, commandai un double expresso, pris une cigarette, sortis le livre de Gombrowicz de mon sac mais n'en lus que quelques lignes, il me semblait inopportun de lire quand il y avait tant de choses à regarder.

Un homme dans la soixantaine, très bronzé, et aux cheveux clairsemés couleur sable lisait un journal à la table d'à côté. C'était *VG*. Il leva les yeux et nos regards se croisèrent.

— Vous êtes norvégien ? demandai-je.

— Oui, oui.

Je n'engageais pour ainsi dire jamais la conversation avec des inconnus. Sauf quand j'étais ivre, bien sûr. Mais je me sentais si léger et insouciant que ça me paraissait naturel.

— Vous aussi ? dit-il.

— Oui. Enfin, j'habite en Suède. Mais je suis norvégien.

— Et vous êtes en vacances ?

— Oui. Pas vous ?

— Non, j'habite ici. Le climat, vous savez. Ici, il y a du soleil et il fait chaud toute l'année. J'en avais assez de déblayer la neige.

— Je comprends très bien.

Il prit une longue rasade de bière et alluma une cigarette.

— Et puis c'est beau et pas cher ici. Vous ne vous ruinez pas en achetant un paquet de cigarettes.

— Et vous habitez en ville ?

— Oh non. J'ai un appartement dans une petite ville un peu plus au nord.

Il portait une veste grise sur une chemise bleue et un pantalon marron clair bon marché. Il n'était pas franchement négligé mais personne ne l'aurait dit bien habillé non plus. Sa chemise était froissée et j'aperçus quelques taches sur le devant de sa veste.

Je lui donnai le nom du complexe hôtelier où nous logions et lui demandai si sa ville était proche. Il secoua la tête, reprit une gorgée de bière et s'essuya la lèvre d'un doigt.

— J'habite de l'autre côté.

— Et il y a beaucoup de Norvégiens là-bas ?

— On est quelques-uns, oui.

— Et vous rentrez en Norvège l'été ?

— Beaucoup le font. Mais pas moi. Je suis résident permanent.

Il irradiait la solitude et peut-être aussi le malheur. L'amabilité et la bienveillance du regard qu'il posait sur moi disparaissaient dès qu'il le détournait.

— Et vous vous plaisez ici ?

— Oui, oui. Au moins je n'ai pas à déblayer la neige.

— Évidemment.

— Parfois il en tombe un peu quand même. Mais elle ne reste jamais, vous savez. Elle fond tout de suite.

— Ah oui.

Il sortit une cigarette du paquet et la porta à sa bouche. La main qui tenait le briquet tremblait un peu.

Je fis semblant de me replonger dans ma lecture pour le laisser tranquille. Mais je sentais tout le temps sa présence, que j'eusse le regard fixé sur le parc, la rue piétonne ou mon livre. Il avait l'âge de mon père, et s'il n'était pas dans le même état que lui, il y avait quelque chose qui m'y faisait penser.

Ils venaient ici pour avoir la paix pendant les années qu'il leur restait à vivre.

Je regardai Heidi, posai ma main sur sa tête, juste pour le contact.

Des amis de Kjellaug, la sœur de maman, avaient rencontré papa aux Canaries, deux ou trois ans avant sa mort, dans un bar, autant que je me souvienne. Ils l'avaient reconnu mais lui ne savait pas qui ils étaient. Ils avaient engagé la conversation et il avait raconté qu'il était marin mais que, désormais, il avait accosté pour de bon.

Après m'avoir raconté ça, maman avait souri en disant qu'il y avait beaucoup de vrai dans ses paroles.

Une fille remontait le sentier poussiéreux du parc, un garçon se redressa sur son banc, il rayonnait et, dans la seconde qui suivit, ils s'embrassèrent, s'assirent l'un près de l'autre, débordant de paroles et de gestes. Je jetai un regard sur l'homme d'à côté, il lisait les pages sportives de *VG* et leva les yeux sur le serveur qui posait une autre bière sur sa table.

M'appuyant au dossier, je contemplai le ciel d'un bleu limpide, allumai une cigarette, inhalai la fumée et l'expirai avec délice. À l'étranger, je fumais toujours des Chesterfield, ma marque préférée, mais elles n'étaient pas commercialisées en Suède ni en Norvège, sauf chez Sørensen Tobakk sur la place Torgallmenningen à Bergen, où elles étaient si chères que je ne pouvais me les offrir qu'après avoir perçu mon prêt étudiant.

J'aurais bien bu une bière.

Mais pas avec Heidi en train de dormir dans la poussette.

D'ailleurs, je devais bientôt rejoindre Linda et Vanja.

Encore un quart d'heure.

Je réussis à capter le regard du serveur qui vint vers moi, commandai un autre double expresso, sortis mon carnet de notes et un stylo de mon sac et me mis à décrire les arbres du parc, d'abord l'ombre qu'ils jetaient sur le sol sec et poussiéreux, en essayant de déterminer la *vraie* couleur de ces ombres, si le vert de l'herbe clairsemée ou la terre rougeâtre déteignaient sur elles, ensuite l'écorce sèche, crevassée et certainement dure d'un de ces arbres, et celle plus souple et plus lisse d'un autre, et puis la manière dont le tronc se scindait en branches de plus en plus fines jusqu'aux petites tiges qui tremblaient tout au bout. Comment la lumière *se déversait, littéralement,* sur les frondaisons, comme d'un seau, et ruisselait sur les couches de feuillage avant de s'égoutter par terre.

Après avoir emménagé à Stockholm, je me promenais un matin avec Geir A., mon nouvel ami, dans Hagaparken – ce devait être la mi-mai car il faisait chaud, mais je n'étais pas encore avec Linda. Nous étions partis de la Koppartält, la tente de cuivre, et avions longé la grande pelouse en pente couverte de gens en train de prendre un bain de soleil, avant de nous diriger vers un endroit plus boisé. Je m'étais mis à parler des arbres magnifiques qui poussaient là. Du fait que chacun avait son individualité, sa forme à lui, mais qu'ils étaient aussi tous semblables, avec les mêmes caractéristiques, en tant qu'arbres mais aussi au sein des différentes espèces. Ils étaient là, vivants, parmi nous, sans que jamais nous pensions à eux en ces termes, en tant que créatures, ou sans que jamais nous parlions d'eux. La plupart sont beaucoup plus âgés que nous, dis-je, certains datent du XIXe siècle, peut-être même du XVIIIe. N'est-ce pas extraordinaire ? Ils sont là, comme nous, mais dans un état complètement différent du nôtre. Sous une forme de vie tout autre. Nous nous demandons s'il y a de la vie ailleurs dans l'univers, quelles formes de vie étranges on pourrait y découvrir, alors que nous évoluons à longueur de temps au milieu de ces créatures prodigieuses.

Geir éclata de rire.

— Tu sais ce que tout le monde regarde aujourd'hui ?

Je secouai la tête.

— Les femmes qui sont allongées un peu partout ici. Beaucoup sont jolies et la plupart en bikini. Mais toi tu admires les arbres ! Réveille-toi un peu !

— L'un n'exclut pas l'autre, que je sache.

— Si ! Dans un cas, c'est de la biologie appliquée à l'humain, dans l'autre de la biologie appliquée au non-humain. Or, toi, tu es un être humain.

— Ne parle ainsi que celui qui sent la sève monter en lui. Ce n'est pas aussi éloigné que tu le crois.

— Si, ça l'est. Je ne connais personne qui parle des arbres avec enthousiasme. Personne ! Et je commence à connaître beaucoup de gens.

— Ça ne veut pas dire que je ne pense pas aux femmes.

— Tu es vexé ? demanda-t-il en riant.

— Peut-être bien un peu. Je ne crois pas que ce soit aussi rare que ça. Il existe même un magazine consacré à ça.

— Ah oui ?

— Oui. *Des femmes et des charmes.*

— Ha, ha, ha. Ça me rappelle un type qui était parti à la chasse aux arbres dans ce parc. Un ami à moi, en sociologie. Il avait organisé un enterrement de vie de garçon et on devait jouer au volley-ball ici. Il a couru partout avec un mètre pour trouver deux arbres ayant exactement le même écart que les poteaux de volley. Étant l'individu le plus tatillon que je connaisse, il ne s'est pas contenté d'une approximation. Il fallait que ce soit exactement le même écart. Inutile de préciser qu'il a mis un temps infini à écrire sa thèse.

— Ça, c'est une déviance. Alors que parler des arbres quand on passe à côté d'eux, c'est tout à fait normal.

— Oh non. Lui, il restait dans le cadre de l'humain. Le jeu, un rapport particulier entre deux entités. Toi, tu parles des arbres en soi. Pour moi, toute vie est sociale. Je me fous de tout ce qui est en dehors de ça. Ça n'a aucun sens.

Nous avions eu cette discussion régulièrement durant les quatre années qui s'étaient écoulées depuis notre promenade. Le monde matériel, ses pierres, ses grains de sable et ses étoiles, ou le monde biologique, ses lynx, ses scarabées et ses bactéries, ne l'intéressaient absolument pas dans la mesure où ils ne lui apprenaient rien sur l'humain. Moi, au contraire, j'étais toujours attiré vers les zones où la conscience et l'identité n'intervenaient plus, à la fois dans le corps lui-même – où le *moi* disparaissait dans deux directions, vers le particulier, dans tous les processus qui le maintenaient, comme si l'être humain se composait de plusieurs animaux différents coordonnés par la partie la plus ancienne et la plus primitive du cerveau, et vers le collectif et le général, puisque tous ces organes et processus étaient les mêmes pour tous – et en dehors du corps, c'est-à-dire vers le monde auquel le corps appartenait dès l'instant où il cessait de vivre. Geir tournait le dos à tout cela, et s'il m'écoutait disserter sur le sujet sans que l'impatience transparaisse dans son ton ou son regard, c'était uniquement parce qu'il s'intéressait à *moi* en tant que créature sociale fascinée par ce sujet-là.

L'homme à la table d'à côté se leva, enroula son journal qu'il cala sous son bras, et se tourna vers moi.

— Passez de bonnes vacances ! dit-il.

— Merci, au revoir.

Il se dirigea d'un pas rapide vers la rue piétonne, attendit le feu vert au passage piéton, légèrement penché en avant, et quand je regardai de nouveau dans sa direction, la ville l'avait englouti.

En retournant vers le musée, je cherchai un endroit approprié pour déjeuner et repérai un vieux restaurant charmant, fréquenté par de nombreux insulaires âgés, mais son charme rustique fut détrôné par le restaurant voisin qui disposait d'une terrasse sur une petite place, où la proximité d'une large rue passante était compensée par l'ombre des arbres et les murs de guingois de l'établissement auxquels un serveur était adossé en fumant, pendant que son collègue allait et venait avec ses plateaux chargés de nourriture et de boissons.

En arrivant dans le patio du musée, je trouvai Linda et Vanja assises sur un banc contre le mur, plissant les yeux, éblouies par le soleil.

— On en a des choses à raconter ! déclara Linda quand je mis le frein de la poussette.

— Quoi donc ? dis-je en m'asseyant à côté d'elle.

— Tu veux raconter, Vanja ?

— J'ai perdu mon requin dans le canon, annonça Vanja.

— Non, tu l'as jeté exprès dans le canon, rectifia Linda. On n'arrivait plus à le ressortir. Et tu sais à quel point elle y tient.

— Oui, je sais bien.

— Donc on est allées voir si quelqu'un pouvait nous aider.

— Ces canons-là ? demandai-je en montrant du menton les deux grands canons vert-de-gris devant le mur d'en face.

— Exactement. Les canons de Christophe Colomb.

— Ah bon ?

— Oui. Notre fille a perdu sa brosse à cheveux dans les canons des bateaux qui ont découvert l'Amérique.

— Et alors, qu'est-ce qui s'est passé ?

— Ça a fait toute une histoire. Tout le personnel est venu nous aider. Ils ont déposé le canon par terre. Il a cogné contre le mur et s'est fendu. Mais le requin a fini par sortir. Tu aurais dû voir leur tête quand ils ont découvert qu'il s'agissait d'une brosse à cheveux !

— Heureusement que je n'étais pas là. Je serais mort de honte.

Elle rit.

— Mais ils n'ont rien dit ! Ils étaient ravis d'avoir pu nous aider. Tu sais comment ils sont avec les enfants ici. Ils les adorent et feraient n'importe quoi pour eux.

— Tu es sûre qu'ils ne sont pas furieux ? Une fissure dans le canon de Christophe Colomb, quand même.

— J'ai retrouvé mon requin ! dit Vanja en souriant, les yeux plissés.

— Je meurs de faim. On va manger ? dit Linda.

J'acquiesçai, me levai et rapprochai la poussette. Linda mis en place le marchepied, je le fixai, Vanja sauta dessus et notre petit convoi sortit du musée.

Pendant tout le repas, le vent souleva les coins de la nappe. Les serviettes en papier s'envolèrent à plusieurs reprises mais chaque fois un serveur allait les chercher avant que j'aie le temps de me lever. On parla de l'avenir qui nous attendait à Buenos Aires et ce fut un moment heureux, peut-être le plus heureux depuis l'été précédent, quand nous avions déménagé à Malmö et que tout, y compris nos vies, baignait dans l'ivresse de la nouveauté. Après le repas, pendant que nous attendions le café, je lui parlai du restaurant d'à côté, de la beauté de ses murs épais et de ses bancs, alors, prenant Heidi dans ses bras, elle alla voir tandis que je restai avec Vanja qui était occupée à faire des bulles dans son soda en soufflant dans la paille. Ça bouillonnait dans son verre mais elle n'avait pas l'air de faire ça pour s'amuser, son visage exprimait plutôt la concentration et la persévérance dans l'effort.

J'essayai de trouver quelque chose à lui dire.

Les voitures défilaient. Une nonne apparut à l'entrée d'une rue et disparut aussitôt. Les grands pins sveltes se balançaient légèrement dans le vent. Je sortis une pomme du sac et la posai sur la table entre Vanja et moi.

— Est-ce que tu sais que certaines pommes peuvent parler ? lui dis-je.

Elle leva les yeux vers moi sans bouger la tête, avec un air sceptique quoique pas complètement désapprobateur.

— Tu vois, avec Heidi, tout à l'heure, j'ai entendu une voix dans le sac. Je ne suis pas sûr mais je crois que c'était la pomme. On aurait vraiment de la chance parce qu'il n'y a pas beaucoup de pommes qui parlent. Mais il me semble bien que celle-là sait parler. Tu sais que la probabilité est très faible ?

Elle secoua la tête en me dévisageant.

— Évidemment, elles ne parlent pas la langue des humains. Tu ne savais pas ça, hein ?

Elle hocha la tête de nouveau.

— Elles parlent la langue des pommes. Regarde, si je la secoue un peu, peut-être qu'elle dira quelque chose. Tu veux qu'on essaie ?

Elle posa son verre.

— Elle peut pas parler ! affirma-t-elle. Tu dis des bêtises !

— Non, non. C'est juste que c'est très rare, c'est sûrement pour ça que tu ne le savais pas.

Je sursautai.

— Là ! Tu as entendu ?

Elle secoua la tête en observant la pomme. Je portai la pomme à mon oreille en ouvrant de grands yeux.

— Elle a dit quelque chose ! annonçai-je.

— Nan ! dit-elle en riant. C'est pas vrai !

— Si ! Écoute toi-même !

Je tendis la pomme vers elle et elle mit son oreille tout contre.

— Tu entends ?

Elle secoua la tête.

— Mais papa, les pommes, ça parle pas !

— Pourtant, celle-là, elle vient de parler !

— Et qu'est-ce qu'elle a dit ?

— Je n'en suis pas sûr parce que c'était en langue des pommes. Je crois qu'elle a dit : « Je me sens si seule. »

— Tu connais pas la langue des pommes !

— Si. Pas beaucoup. Mais je comprends un peu.

— Et tu l'as apprise comment ?

— Par-ci, par-là. Il y avait énormément de pommes là où j'ai grandi.

— Nan, tu dis des bêtises !

— Écoute ! Tu as entendu ?

Elle sourit, hésitante, puis secoua la tête.

— Elle a dit : « Quelle jolie petite fille ! Comment s'appelle-t-elle ? »

— Je m'appelle Vanja.

— Vanja, répétai-je d'une toute petite voix.

— C'était toi ! s'écria-t-elle. Elle peut pas parler !

Je commençai à avoir pitié d'elle.

— Oui, c'était moi. Tu as cru que la pomme parlait ?

— Nan ! dit-elle en riant.

— Tu es sûre ? demandai-je en croquant dans la pomme.

— La mange pas !

— Mais c'était des bêtises. Ce n'est qu'une simple pomme !

— OK, dit-elle.

Le serveur apporta deux cafés et deux coupes de glace. Vanja se mit à manger la sienne dès qu'il l'eut posée devant elle. Je lui dis merci en levant la tête mais il ne me regarda pas, il passa à la table d'à côté, tête baissée, posa les assiettes sur son bras droit, empila les verres et les emporta dans sa main gauche avant de disparaître dans l'obscurité du restaurant.

— Je veux souffler ! déclara Vanja.

Je poussai la tasse vers elle, elle souffla, je bus une gorgée. Linda surgit au coin de la rue, toujours avec Heidi sur la hanche. Elle avait l'air bouleversée.

— Je suis tombée là-bas, annonça-t-elle. De tout mon long, sur le côté. Avec Heidi dans les bras et tout.

— Tu t'es fait mal ?

— Un peu, dit-elle en asseyant Heidi sur la chaise haute.

Je poussai sa coupe de glace devant elle.

— Le sol était carrelé, je crois que Heidi s'est fait un peu mal aussi. Ou peut-être qu'elle a surtout eu peur. Mais en tout cas, ça a été le branle-bas de combat. Ils ont tous accouru pour m'aider. Ce n'est pas très étonnant. Une femme enceinte avec un enfant en bas âge dans les bras qui s'étale par terre. Je suis tombée de toute ma hauteur, tu comprends ? Comme un bateau qui chavire. Et puis, aimables comme ils sont, ils sont venus m'aider à me relever, à épousseter mes vêtements et m'ont demandé comment ça allait.

— Quelle histoire !

— Oh oui ! Je me suis sentie tellement démunie. Je ne pouvais même plus marcher. Tu vois ce que je veux dire ?

— Oui.

— On ne voit pas d'enfants ici. Dieu sait où ils sont, pas ici en tout cas. Et puis j'arrive avec un enfant dans le ventre et un dans les bras, et je m'étale devant tout le monde. Je me suis sentie très scandinave !

Dans le bus qui nous ramena, Vanja s'endormit la tête sur les genoux de Linda pendant que Heidi était sur les miens. Son petit corps indolent suivait les moindres embardées du bus cahotant d'un feu à l'autre à travers la ville avant de s'engager sur l'autoroute qui longeait la côte où le soleil s'embrasait au-dessus du bleu profond de la mer.

Le bonheur n'est pas fait pour moi, mais là, j'étais heureux.

Tout était léger et, comme le vent, mes émotions étaient grandes et simples, il me suffisait de voir un grillage bombé ou une pile de pneus usés aux abords d'un garage pour que mon âme s'ouvre et qu'une chaleur inconnue m'envahisse.

Que fait la joie ?

La joie efface. La joie abolit. La joie déborde. Tout ce qui est difficile, tout ce qui nous entrave et nous limite habituellement disparaît en elle. Mais à long terme, elle est insupportable, car on ne rencontre aucune résistance dans la joie, quand on s'appuie sur elle, on tombe.

Et où tombe-t-on ?

Dans l'Ouvert, mon ami.

Je regardai Linda – la tête appuyée au dossier, elle avait fermé les yeux. Le visage de Vanja, enfoui sous ses cheveux, reposait sur les genoux de sa mère comme un monticule.

Me penchant en avant, je jetai un œil à Heidi qui me regarda aussi, l'air désintéressé.

Je les aimais. C'était ma bande.

Ma famille.

Réduits à notre biomasse, nous n'étions pas grand-chose. Heidi devait peser environ dix kilos, Vanja peut-être douze et, en ajoutant mon poids et celui de Linda, nous atteignions sans doute les cent quatre-vingt-dix kilos. C'était beaucoup moins qu'un cheval, me semblait-il, et à peu près le poids d'un gorille mâle adulte. Si nous nous agglutinions les uns aux autres, notre volume physique resterait très modeste, n'importe quel lion de mer étant plus volumineux. En revanche, ce qui était incommensurable et avait à voir avec les pensées, les rêves et les sentiments, donc la vie intérieure, l'essentiel dans une famille, formait un ensemble explosif qui, étalé dans le temps, la seule dimension pertinente pour le considérer, couvrait une surface pour ainsi dire infinie. J'avais rencontré mon arrière-grand-mère une fois, cela signifiait que Vanja, Heidi et l'enfant à venir appartenaient à la cinquième génération, et si le destin le voulait bien, ils pourraient à leur tour voir trois générations après eux, donc ce petit tas de chair couvrait huit générations, ou deux cents ans, avec tout ce que cela impliquait de changements sociaux et culturels, sans parler du nombre de personnes que cela incluait. C'était tout un monde qui se déplaçait à grande vitesse sur l'autoroute en cette fin d'après-midi de printemps, ma petite famille à moi, qui peut-être développerait peu à peu sa propre façon d'être, ce quelque chose qui ne caractériserait que nous, comme je l'avais remarqué dans d'autres familles et toujours envié : ce côté sûr, bienveillant et protecteur.

Quand les enfants furent endormis, Linda et moi nous rapprochâmes pour rester tout près l'un de l'autre dans l'obscurité. Comme aux premiers temps de notre relation, elle ouvrait tout grands les yeux, qui paraissaient nus et sans défense. Plus tard, on s'installa sur le balcon, moi avec mes bières, une habitude prise pendant les dix jours que nous avions déjà passés là-bas, et Linda avec son *ginger ale*. Les ténèbres flottaient dans l'air, au-dessus du sol plus gris et plus sombre de minute en minute, pendant que les étoiles apparaissaient les unes après les autres, hésitantes et un peu timides, comme si elles ne se fiaient pas entièrement à la façon dont elles avaient brillé la nuit précédente, fières, dures et impitoyablement minérales. Mais peu à peu cela leur revenait, et le ciel noir fut bientôt parsemé de braises étincelantes.

— Je crois que je vais aller me coucher, dit Linda en se levant. Merci pour cette bonne journée. Tu veux que j'allume la lumière ?

— Oui, merci. Bonne nuit.

— Bonne nuit, mon prince.

La lumière s'alluma, ses pas s'estompèrent en entrant dans la chambre, je posai les pieds sur la rambarde. Et si Christophe Colomb avait fait demi-tour lorsqu'ils avaient découvert l'Amérique ? pensai-je. S'ils avaient décidé de préserver le continent et de laisser les gens qui l'habitaient vivre en paix ? De ne pas exploiter ses richesses ni son peuple ? Alors l'Amérique n'existerait qu'en pensée dans la vieille Europe, l'Asie et l'Afrique. Chaque génération apprendrait qu'il existe un vaste continent là-bas, à l'ouest, sans que l'on ait la moindre idée de ce qui s'y passe. Sans que l'on sache à quoi il ressemble, quels animaux et quelles plantes s'y trouvent, ou ce que les gens là-bas pensent de la vie et de l'existence. Nous ne saurions rien de tout cela et ne chercherions jamais à le savoir.

Je n'avais jamais réfléchi à quelque chose d'aussi improbable, et d'aussi contradictoire avec ce que nous sommes.

Mais ça aurait été extraordinaire. Un continent secret et vierge, que personne n'aurait exploré ni exploité, le laissant tranquille. Quelle ombre d'ignorance jetée sur nos cerveaux européens !

Je finis ma bière, écrasai ma cigarette et restai un moment les mains sur la rambarde à regarder l'obscurité derrière la lumière des bungalows, la mer qui s'étendait au loin.

Puis j'allai me coucher.

Deux soirs plus tard, notre avion du retour décollait, bondé, et nous étions stressés à cause du nombre de bagages et des deux petites, mais on embarqua et elles s'endormirent toutes les deux au bout de quelques minutes dans les airs. Soulagés, on se renversa sur nos sièges. L'avion fusait, clignotant dans l'obscurité céleste. L'ambiance à bord était étrange, beaucoup buvaient fébrilement en parlant et en riant fort, espérant sans doute prolonger les vacances jusqu'au bout, d'autres dormaient. Une demi-heure plus tard, la voix du capitaine surgit des haut-parleurs, il nous priait de rester assis et d'attacher notre ceinture car nous abordions une zone de turbulences. Vanja se réveilla et se mit à pleurer. Elle ne pleurnichait pas, elle s'époumonait, ce qui réveilla Heidi qui se mit à hurler aussi. Et tout à coup, ce fut l'enfer. Linda et moi, on tenta nerveusement de les calmer, mais en vain, elles avaient sombré dans un état d'où elles ne pouvaient plus sortir et pleuraient sans s'arrêter. Les gens ne réagirent pas les premières minutes mais, au bout d'un quart d'heure, le mécontentement et l'irritation étaient palpables. N'étions-nous pas capables de faire taire ces horribles mioches ? Pourquoi criaient-elles autant ? Étions-nous de mauvais parents ? C'était insupportable, alors, quand le signal de la ceinture de sécurité s'éteignit, je demandai à Linda de se lever pour que je puisse accéder à l'allée centrale avec Heidi. Elle s'exécuta, j'enlevai la ceinture de Heidi et la soulevai, elle résista, se tortilla, son petit corps tendu comme un ressort, pendant que Vanja donnait des coups de pied dans le siège devant elle. À moitié plié en deux, je me faufilai entre les sièges, Heidi maintenue fermement contre ma poitrine mais remuant dans tous les sens et me criant dans les oreilles, j'atteignis enfin l'allée centrale et me frayai un chemin jusqu'à trouver un peu d'espace libre, mais Heidi ne voulait rien savoir, ni marcher, ni être dans mes bras, ni manger des bonbons, ni voir ce qu'il y avait derrière le rideau, uniquement hurler, le visage cramoisi, les bras et les jambes battant l'air. Ne cachant plus leur agacement, les gens me jetaient des regards hostiles, à moi qui n'avais pas d'ascendant sur mes enfants. Je la remis de force sur son siège, l'homme assis devant nous se retourna pour nous demander de faire cesser les coups de pied dans le sien, Linda s'emporta : Elle a quatre ans ! dit-elle bien fort ; posant ma main sur son épaule, je la priai de se calmer, une hôtesse se pencha sur nous avec des petits jouets, Vanja les balança rageusement. J'étais trempé de sueur. Les enfants étaient prises dans un engrenage dont elles ne pouvaient sortir, et je n'étais préoccupé que par ce que pouvaient penser les autres passagers. Il était clair que nous étions de mauvais parents, sinon pourquoi nos enfants criaient-elles ainsi ? Leur enfance était sûrement horrible et traumatisante. Il y avait *forcément* quelque chose. *Jamais* je n'avais vu d'autres enfants se comporter ainsi en public. La situation était grave, il fallait les faire taire, mais aucune de nos méthodes ne fonctionnait, comme si tout ce que nous faisions jetait de l'huile sur le feu. Et cette situation durait, c'était le symptôme de quelque chose que je ressassais, le front en sueur. J'avais l'impression d'être un *white trash* qui voyageait en charter aux Canaries, avec ses enfants maltraitées. Tout m'échappait, et en plus, dans un espace confiné.

Au bout d'une bonne heure, elles cessèrent. D'abord Vanja, puis Heidi. En sueur et épuisées, elles regardaient tranquillement devant elles. Je n'arrivais pas à y croire et n'osais pas bouger d'un pouce. Quelques minutes plus tard, elles dormaient, et sept heures plus tard, nous les couchions dans leur lit. Totalement harassés, on se jura de ne jamais, en aucun cas et sous aucun prétexte, refaire ce genre de chose. Et puis, lentement et imperceptiblement, le stress du voyage et la vulgarité du centre de vacances s'effacèrent ; de ces deux semaines ne subsistèrent que la joie des enfants dans la piscine, nos soirées sur le balcon et notre journée à Las Palmas.

John naquit, Linda restait à la maison pendant que j'emmenais les filles au jardin d'enfants le matin et allais les chercher l'après-midi, et les six heures dont je disposais entre les deux, je les passais à travailler dans l'appartement à la traduction de la Bible et à un roman qui n'avançait pas, jusqu'au printemps suivant, où je commençai à écrire sur moi-même. Linda, assise dans la pénombre du bureau après que les enfants furent couchés, m'écouta lire ce que j'avais écrit, elle dit que c'était « époustouflant ». C'est à la fin de cet été-là, le premier pour John, qu'on rendit visite à Yngve, à Voss, puis à maman à Jølster, et que le projet de fêter mes quarante ans fut esquissé dans mon dos. Avec ses vingt et quelques convives, la fête resta modeste, mais pour moi, elle fut grandiose. Nous avions dressé une grande table dans le séjour, et une fois que tout le monde fut réuni dans l'autre salon, une coupe de champagne à la main, alors que nous allions leur adresser un mot de bienvenue, j'eus l'idée de leur dire qu'ils étaient tous les personnages d'un roman que j'étais en train d'écrire, et que tout ce qu'ils feraient et diraient au cours de la soirée serait retenu contre eux, mais je n'osai pas et ne dis rien, ce fut Linda qui prit la parole tandis que je restai à côté d'elle. Tore fit un discours, Geir G. fit un discours et Espen fit un discours, Linda chanta et Yngve fut au désespoir quand il comprit que tout le monde avait passé outre à mon souhait de ne pas entendre de discours, et eut l'impression de manquer à ses devoirs de frère. Je lui assurai que ça n'avait aucune importance. Plus tard dans la soirée, il rassembla Knut Olav, Hans et Tore pour un petit concert et ils jouèrent une chanson des Kafkatrakterne, une des Lemen et une autre d'ABBA. On passa le reste de la nuit à danser et à boire ; je dansai pour la première fois depuis une quinzaine d'années, et quand on alla se coucher vers sept heures du matin, j'étais heureux et pensais que c'était le commencement de quelque chose. Trois semaines plus tard, pour le Nouvel An, Geir et Christina se marièrent à Malmö et fêtèrent leur mariage chez nous, là aussi dans l'intimité la plus complète : nous étions six adultes et cinq enfants autour de la table. Ils devaient rester quelques jours de plus, mais ils repartirent dès le 1er janvier car Mathias, le frère de Linda, appela et demanda à lui parler, je lui dis qu'elle faisait la sieste, il répondit que c'était important, leur père était mort, est-ce que je pouvais la réveiller ?

*

Aujourd'hui, nous sommes le 26 août 2011. Il est six heures moins une. Je suis en train d'écrire ces lignes dans un grenier non aménagé de Glemmingebro, dans ce que nous avions commencé par appeler notre « maison d'été » parce qu'elle n'est pas isolée. Je viens d'aller dans l'autre bâtisse réveiller Linda ;

dans deux heures, Vanja et Heidi iront à l'école, qui se trouve à un jet de pierre et dont les quatre classes ne comptent que trente élèves en tout. Nous n'avions pas prévu d'emménager ici, mais comme beaucoup d'autres choses, cela s'est fait tout seul. Notre projet était d'utiliser cette maison comme résidence secondaire, d'y venir le week-end et pour les vacances, mais à peine huit mois après l'avoir achetée, on s'y installait pour de bon. Et maintenant nous habitons en rase campagne. Je me lève tous les jours à quatre heures du matin, bois un café et fume une cigarette avant de monter ici, dans ce grenier dépouillé et glacé où j'écris jusqu'à huit heures, heure à laquelle j'emmène Vanja et Heidi à l'école, ensuite je dors une demi-heure et me remets à écrire. En fin d'après-midi et le soir, je m'occupe du jardin. Je m'y suis attelé comme un forcené, abattant arbres et arbustes dans la partie centrale qui recelait un joli dallage en pierre enfoui sous la terre et la végétation. J'ai presque tout enlevé et, la semaine dernière, j'ai semé de la pelouse qui a déjà commencé à pousser. L'après-midi où je me suis mis à déblayer les branchages, à arracher arbustes et buissons, je ne pouvais plus m'arrêter ; à neuf heures du soir, penchés à la fenêtre, les enfants en pyjama se demandaient ce que je faisais à aller et venir en tirant des arbres entiers, et j'ai continué jusqu'à environ minuit. Et depuis, c'est ainsi ; quand je commence à travailler dehors, je ne peux plus m'arrêter et dois me forcer à aller me coucher pour avoir l'énergie d'écrire le lendemain. Papa faisait de même quand j'étais petit, il était toujours dehors à s'occuper du jardin et, avant aujourd'hui, je ne comprenais pas ce que cela pouvait lui apporter. Jusque-là, c'était pour moi une contrainte, je trouvais ça fastidieux, et quand j'aidais chez ma mère, ou quand nous avions notre jardin familial, c'était une corvée, je préférais toujours lire.

Mais maintenant je comprends. Vu de l'extérieur, ce qui était toujours ma façon de considérer papa, travailler dans le jardin est le symbole par excellence de la petite bourgeoisie, quelque chose de fondamentalement ridicule et superficiel, une façon artificielle d'ordonner le chaos du monde en le réduisant à une pelouse et à quelques arbustes qu'on maîtrise pleinement, mais le jardin est aussi ce que les autres peuvent voir de la sphère privée et fait office de vitrine de notre environnement. Une façade.

Hier, installé dehors, je lisais un texte d'Yngve sur The Aller Værste ! et leur album *Materialtretthet*, dans lequel il interviewe les membres du groupe encore en vie à propos de leur époque. L'un d'eux, je crois qu'il s'agit d'Harald Øhrn, se décrit comme un vagabond, comme quelqu'un qui a vécu une vie de vagabond. Et aussitôt l'envie a resurgi : voyager, voir le monde s'ouvrir à moi, voyager encore, sans autre attache que ce monde toujours ouvert. C'était mon rêve d'adolescent, mais ne sachant pas en quoi il consistait, il ne fut jamais réalisé. Dans le groupe qu'ils formaient en 1979, c'est cette liberté-là qui importait, faire exactement ce qu'ils voulaient, complètement délestés de ce qui avait précédé. Chris Erichsen a le mieux exprimé ce qu'était le punk : faire table rase de tout ce qui est ancien, de l'histoire, des vieux héros, du passé, pour faire place au nouveau, à l'instant présent, et le suivre, peu importe où il nous mène. Quand on a vingt ans, tout est ouvert, mais comme ce qui ne l'est pas ne nous est pas encore apparu, on ne sait pas que ça existe, ou ce que ça implique, avant qu'il soit trop tard, et c'est à la génération suivante que s'offre le monde pendant qu'on s'affaire dans un jardin pavillonnaire, avec des enfants, une voiture et bientôt peut-être un chien, si l'aînée de la famille impose sa volonté, ce qui ne manquera pas d'arriver.

C'était ce que je ressentais hier, en lisant le

manuscrit d'Yngve, tandis que Heidi se balançait sous un pommier en me disant tout ce qui lui passait par la tête. Elle me demanda par exemple si je savais ce qu'elle voulait être quand elle serait grande. Non, lui répondis-je. Je serai père Noël ! s'écria-t-elle. Elle en rit longtemps. Je lui dis que c'était une bonne idée et continuai ma lecture. Prendre sa vie en main : ne pas étudier, ne pas travailler, répéter dans un groupe avec des copains. Ou simplement partir pour le sud de l'Europe, trouver un job sur le continent, gagner un peu d'argent et poursuivre le voyage.

C'était ça mon aspiration. Être ouvert au monde, laisser advenir ce qui advenait, sans être régi par des structures définies, telles que l'éducation, la carrière, les enfants et la maison, cette calcification de la vie qui vient des institutions : la crèche et l'école pour ses enfants, la maison de retraite pour ses parents, le travail pour soi-même.

Donc, en m'affairant ainsi dans le jardin comme un forcené, consumé par une brûlure intérieure petite-bourgeoise, semblable à mon père, bien que sa barbe fût drue et la mienne clairsemée, que son torse fût puissant et le mien chétif, j'avais du mal à y voir autre chose qu'une fuite en dedans. Pourtant, j'en aimais aussi certains aspects. L'odeur de la terre, les vers et les petites bêtes qui y grouillaient, la joie de voir tomber une énorme branche qui ombrageait les pavés désormais baignés de lumière, les enfants qui venaient de temps en temps voir ce que je faisais ou me dire quelque chose.

J'en avais eu l'occasion à l'âge de vingt ans. Je ne l'avais pas saisie. Maintenant c'était à eux de jouer. C'était leur tour. Leur avenir.

C'est la voix de la résignation qui parle ici, mais aussi celle de la nécessité et d'une évidence soudaine : il en a toujours été ainsi. Je n'en avais jamais pris conscience. Mais certains l'ont toujours su.

Dans *Ulysse*, il est aussi question de la différence entre être fils, comme Stephen Dedalus, et être père, comme Leopold Bloom. Stephen dépasse Bloom en tout, mais pas en cela. Leopold n'a en aucun cas les aspirations ni le désir d'ascension de Stephen, il ne veut rien, il est arrivé. Leopold est une personne accomplie, Dedalus est inaccompli. Seul Stephen peut créer, car créer signifie vouloir tout, créer, c'est vouloir arriver, et l'homme accompli ne connaît pas cette agitation, ce besoin, cette aspiration. À l'instar de Stephen, Hamlet est fils, et rien d'autre finalement. C'est la mort du père qui déclenche sa crise, et la trahison de la mère qui l'entretient. Hamlet est sans foyer. Jésus non plus n'était pas père, mais fils, et il était sans foyer. Hamlet, Stephen, Jésus, Kafka, Proust étaient tous des fils et non des pères. Il y avait donc un aspect de l'être humain qu'ils ne connaissaient pas, et dont ils ne savaient sans doute rien. Mais qu'était-ce ? Qu'est-ce qu'être père ? Être père, c'est avoir des obligations, on peut donc avoir des enfants sans être père. Mais à quoi s'oblige-t-on ? À être présent, à la maison. Ce qui est incompatible avec l'ambition et le désir d'ascension, car ce que veut l'ambition, c'est l'absence de limites, or ce que fait le foyer, c'est poser des limites. Un père sans limites n'est pas un père, c'est un homme avec des enfants, c'est-à-dire un éternel fils. L'éternel fils prend et reçoit, il ne donne pas, et il prend et reçoit parce qu'il n'est pas accompli, pas encore lui-même. Le fait que mon père ait emménagé chez sa mère avant de mourir n'est pas un hasard ; il est mort en fils. Il s'est dégagé de sa responsabilité de père, ce que l'on ne peut faire que si cette responsabilité reste extérieure, un rôle que l'on endosse par obligation. Je crois qu'il en était ainsi pour lui. Fondamentalement, il ne voulait pas. Père à l'âge de vingt ans, il a dû réprimer tout ce qui, en lui, dépassait, combattre toute aspiration, tout désir d'ascension, car l'agressivité, la colère et la frustration qu'il avait en lui et qui marquèrent toute mon enfance ne pouvaient émaner que d'un homme qui ne voulait pas être là où il était, qui ne voulait pas faire ce qu'il faisait. Si c'était le cas, il avait sacrifié sa vie d'adulte, entre vingt et quarante ans, à faire ce qu'il devait faire, contre sa volonté. Qu'il ait quitté sa famille quand j'avais eu seize ans, donc quand j'étais presque adulte, prouve qu'il prenait ses responsabilités au sérieux. Pourtant il n'était pas un père, mais un fils. Il n'était pas accompli, ne connaissait pas la paix ni l'équilibre intérieur propres aux adultes. Maman aussi avait été mère à vingt ans, mais elle était adulte, ou elle l'était devenue quand cette responsabilité lui avait échu. Elle était aussi la mère de mon père, dans le sens où elle posait les limites, ce qu'il ne savait pas faire lui-même, et ce qu'aucun fils ne sait faire. C'est une explication simple mais je crois qu'elle est vraie. L'absence de limites du père de Linda était tout autre. Il était maniaco-dépressif, autrement dit il avait abandonné toute responsabilité envers sa propre vie, car la capacité d'agir, caractéristique des phases maniaques, autant que la paralysie devant l'action des phases dépressives sont des forces ingérables par le *moi*, soumis à des hauts et des bas qui le rendent absent – soit il explose, soit il implose –, ce qui, bien sûr, revient aussi à abandonner toute responsabilité envers ses propres enfants. Linda et moi étions des enfants de fils, et l'absence de limites nous constituait, Linda depuis qu'elle était toute petite, et moi depuis l'âge de seize ans, mais en réalité aussi depuis que j'étais petit, puisque l'attitude de mon père, dont j'avais été témoin et avais fait l'expérience, était celle d'un homme sans limites qui posait des limites, elles-mêmes empruntées à l'extérieur faute de paix et d'équilibre intérieurs, ce qui impliquait, pour un homme né en 1944, d'être un père autoritaire poseur de règles. Le père de Linda s'était retrouvé orphelin de mère à treize ans et avait dû assumer seul la responsabilité de ses frères et sœurs. Présent à sa mort, il s'était allongé à ses côtés sur son lit d'hôpital. Il était très attaché à sa mère, et peut-être que ce lien ne s'était jamais altéré et était demeuré très fort parce qu'elle avait cessé de vivre avant qu'il ait pu le rompre. Je ne sais pas, je ne l'ai rencontré qu'à trois reprises. Une fois dans notre appartement de la rue Regering, une fois dans son appartement, et une autre dans la rue, par hasard. C'était un homme chaleureux et ouvert, peut-être trop ouvert vu son état. Dans ma vie avec Linda, il était resté une figure très lointaine, je pensais que Linda s'était éloignée de lui depuis longtemps, et qu'elle l'avait fait parce qu'elle n'avait pas le choix. À l'âge de vingt ans, elle fut elle-même diagnostiquée maniaco-dépressive, ou bipolaire, comme on dit maintenant, et internée dans un l'hôpital pendant plus d'un an. De plus en plus intense, sa vie échappait à son contrôle, comme si elle-même était passée par-dessus bord. Elle sombrait dans l'absence de limites. C'était une des possibilités qu'elle avait dans la vie, un des chemins qui s'ouvraient à elle. Lors de notre rencontre, sa phase maniaque était passée. À cette époque-là, son père vivait dans un appartement à cent mètres à peine du nôtre, seul, comme en dehors de la société, car il ne travaillait plus depuis de nombreuses années, depuis qu'il était malade, et avait organisé sa vie au mieux pour lui. Il mourut seul dans un autre appartement où il venait d'emménager. Il mourut un 31 décembre. Lorsque Linda l'apprit le jour de l'An, elle s'assit par terre dans le couloir, dos au mur. Les enfants dormaient. Elle pleura. Christina et Geir rassemblèrent leurs affaires et partirent pour nous laisser tranquilles.

La nuit, je fus réveillé par ses pleurs, je lui caressai doucement le dos et elle se rendormit. Mais je ne compris pas qu'elle vécut les trois semaines suivantes exactement comme j'avais vécu la mort de mon père onze ans plus tôt. Elle partit pour Stockholm, fit le nécessaire auprès des pompes funèbres, de l'avocat, tria les affaires de son père avec son frère Mathias, et le pleura. Elle pleurait son père, et moi, son mari, je n'étais pas à ses côtés. J'écrivais. Et sur quoi écrivais-je ? Sur la mort de mon propre père qui, onze ans auparavant, m'avait habité totalement, assombrissant toute ma vie, et qui m'habitait encore. Quand ce fut le tour de Linda, je perçus la situation avec beaucoup de recul, et mes efforts pour compatir à sa peine et la consoler étaient mécaniques. À ce moment décisif, je lui faisais défaut. Je me disais que mon rôle était de m'occuper des enfants, et d'écrire, pas seulement pour moi, mais pour la famille, car nous avions besoin d'argent. J'étais également en colère contre Linda, et depuis longtemps. Mais il faut parfois avoir suffisamment de grandeur pour dépasser le quotidien et ses petits riens, la mesquinerie et l'égocentrisme dans lesquels nous vivons, moi en tout cas, car dans les moments vraiment importants, quand il est question de vie ou de mort, les petits riens ne comptent pas, et l'individu qui s'y accroche est mesquin.

La veille de l'enterrement, on prit un avion dans la matinée pour Stockholm. John avait un an et demi, Heidi trois ans et demi, Vanja presque cinq ans. Linda avait emprunté l'appartement d'une amie que les enfants transformèrent en capharnaüm en l'espace de quelques secondes. Dans l'après-midi arrivèrent Ingrid, la mère de Linda, puis Mathias, son frère. On bavarda un bon moment en partageant une bouteille de vin. Chaleureux et attentionné, Mathias s'enquit de mes activités d'auteur. Je lui répondis que je travaillais à l'écriture d'un roman autobiographique, et qu'il y était mentionné. Il ouvrit de grands yeux. En souriant, Linda dit qu'à son avis il s'agissait d'un réquisitoire contre elle. Je lui rétorquai qu'elle disposait d'un droit de veto, que si elle voulait que je supprime quelque chose, je le ferais. Mathias déclara que Linda disposait aussi de son droit de veto à lui. J'avais tellement mauvaise conscience d'avoir écrit ce que j'avais écrit que je décidai à l'instant même de supprimer tout ce qui les concernait. Ils étaient si gentils ! Et le lendemain ils enterreraient leur père et ex-mari. Qui étais-je donc pour écrire sur eux dans une situation aussi sensible ? Pendant tout le temps que dura notre conversation, les enfants allaient et venaient, entre l'autre pièce où ils regardaient un film sur l'ordinateur et nous. Sur mes genoux, Heidi lançait de longs regards malicieux à Mathias ; Vanja n'avait d'yeux que pour sa grand-mère et ignorait Mathias, alors que John le dévisageait et, n'ayant détourné le regard qu'un instant, il éclata de rire quand Mathias le lança en l'air.

Mathias et Linda discutèrent des derniers préparatifs pour le lendemain. Nous envisageâmes d'abord de laisser Ingrid avec les enfants pendant que nous irions dans un café des environs, mais nous finîmes par décider de rester, et quand la mère et le fils prirent congé, nous couchâmes les enfants avant d'aller nous-mêmes au lit. Pendant qu'ils dormaient tous autour de moi, je lus un certain temps le nouvel ouvrage de Carl-Johan Vallgren, *Kunzelmamm & Kunzelmann*, un thriller que j'avais acheté la veille, à cause d'une critique entendue dans l'émission culturelle d'une chaîne de télévision suédoise au cours de laquelle Ingrid Elam, la journaliste, avait déclaré : « Je le trouve très mauvais », ce qui pour moi lui avait d'emblée donné du crédit. Et c'était bon de lire à la lueur d'une simple lampe, enveloppé de l'obscurité de l'appartement et de la respiration des petits, sans penser à rien d'autre qu'à l'histoire racontée avec beaucoup d'habileté et de souffle.

Le lendemain, j'enfilai mon costume noir et on mit aux filles leur belle robe et par-dessus leur combinaison d'hiver, qu'heureusement nous avions eu la présence d'esprit d'emporter, car dehors une tempête de pluie ou de neige fondue faisait rage. On les installa dans le taxi qui nous attendait et on parcourut les vingt kilomètres qui nous séparaient du cimetière de Skogskyrkogården, avec Ingrid, Mathias et Helena, venue pour s'occuper de John pendant la cérémonie. On arriva avec une heure d'avance. Dans l'enceinte de la chapelle se trouvait une petite maison où nous déposâmes nos affaires tandis que Vanja et Blanca, la fille d'Helena, d'un an plus âgée que Vanja, couraient entre les arbres pour s'amuser, Heidi, hésitante, derrière elles. Linda et Mathias entrèrent dans la chapelle pour voir les lieux et discuter avec l'agent des pompes funèbres.

Pendant qu'ils étaient là-bas, une voiture s'arrêta de l'autre côté du cimetière. Un homme ouvrit le coffre, un autre homme arriva et ils soulevèrent un cercueil avant de le poser avec précaution sur une civière.

Le père de Linda y reposait.

Ils firent doucement rouler la civière sur un chemin dallé, entre les pins qui se balançaient au vent. Ils s'arrêtèrent devant les portes, les ouvrirent et poussèrent la civière à l'intérieur. J'eus le temps de les voir poser prudemment le cercueil sur le catafalque au fond de la petite pièce avant qu'ils referment les portes. Tournant la tête, je cherchai les filles du regard. Elles couraient toujours entre les arbres, faciles à repérer sur le fond gris sale de la couche de neige. Les portes se rouvrirent sur les deux hommes en noir, ils sortirent, rejoignirent la voiture de l'autre côté de la clôture et s'y engouffrèrent. Les feux arrière rougeoyèrent quand le moteur se mit en route. Le ciel était gris et pesant au-dessus des pins verts.

La voiture roula lentement pour rejoindre la route, puis disparut. Je pensai que la petite chapelle en pierre avait quelque chose de monumental malgré sa taille très modeste. L'esthétique des années vingt, l'esprit « Blut und Boden », les forêts nordiques et la mort héroïque flottaient sur cet immense cimetière.

Linda et Mathias revinrent. Je baissai les yeux pour ne pas les gêner dans leur deuil. Linda proposa qu'on donne une banane ou une mandarine aux enfants. Les fruits étaient dans mon sac, et je l'avais oublié.

— J'ai oublié le sac, avouai-je.

— QUOI ? dit-elle, le regard furieux.

— Qu'est-ce que tu avais mis dedans ? demandai-je. Des choses importantes ?

Je pensais au livre dont elle devait lire un poème, ou à autre chose d'indispensable pour la cérémonie. Mais ce n'était que de la nourriture et des couches.

— C'est le BOUQUET, fulmina-t-elle. On ne peut VRAIMENT pas te faire confiance !

J'étais furieux mais elle avait des circonstances atténuantes, même moi je le comprenais, elle allait enterrer son père dans quarante minutes, alors je gardai le silence.

— Donne-moi une cigarette, dit-elle.

— Je n'ai pas de cigarettes.

— Tu fumes. Comment se fait-il que tu n'aies pas de cigarettes justement aujourd'hui ?

— Parce que tu les as prises ce matin et mises dans ta poche. Elles y sont sûrement encore.

— Non, assura-t-elle en tâtant ses poches. Ah, si…

Puis elle disparut derrière la salle d'attente tandis qu'Helena évitait mon regard.

— Je vais essayer de faire dormir John, annonçai-je.

Helena acquiesça, je m'éloignai avec la poussette sur la route où je fis les cent pas pendant vingt minutes pour bercer le petit qui émergeait tout juste d'un amas de vêtements et de couvertures ; le vent qui traversait le fin tissu de mon costume me glaçait et la neige fondue dans laquelle je pataugeais trempait mes chaussures légères. En revenant avec John endormi dans sa poussette, j'étais transi de froid comme je ne l'avais pas été depuis des années. Les premiers participants étaient arrivés, je leur serrai la main : Je suis le mari de Linda, annonçai-je ; oui, on a entendu parler de vous, répondirent-ils. Ils étaient quinze, sans compter les enfants, à se réunir autour du cercueil un instant plus tard. Mathias y déposa une écharpe du club où son père avait joué au football quand il était jeune, on s'assit, un harpiste joua du Bach, Vanja et Heidi regardaient autour d'elles avec de grands yeux. Mais elles savaient qu'elles ne devaient pas faire de bruit, et quand Heidi voulait me dire quelque chose, elle chuchotait. Mathias levait la tête de temps à autre, comme s'il manquait d'air, le visage soudain grimaçant. Linda avait les yeux pleins de larmes qui débordaient régulièrement et coulaient sur ses joues. Lorsque le premier morceau de musique retentit, une chanson populaire du Benny Anderssons Orkester, la tristesse me submergea aussi. Contrairement à moi, ses enfants le connaissaient bien et c'était leur peine qui me touchait. Vanja dévisageait intensément sa mère car elle ne l'avait jamais vue ainsi, et lui souriait de temps en temps, comme pour la consoler. Je l'avais prévenue que sa mère allait pleurer, et que ce n'était pas grave, c'était normal aux enterrements, on pleurait et on était triste, c'était un au revoir à quelqu'un qui ne reviendrait jamais. Le maître de cérémonie retraça la vie du défunt, Mathias lut son éloge funèbre, en éclatant en sanglots au début et à la fin, mais pour le reste sa diction fut claire et assurée. Linda lut un poème. On joua *Bridge Over Troubled Water*. Puis Vanja se mit à sangloter. Elle pleurait, inconsolable, accrochée à Linda. Sur mes genoux, Heidi la caressait. Cela prit de telles proportions que je finis par les sortir et les porter jusqu'à la guérite où dormait John. Dès qu'on y entra, Vanja demanda à retourner à la chapelle, elle ne pleurait plus et voulait déposer ses fleurs sur le cercueil, comme prévu. Je les repris, chacune dans un bras, les posai devant les portes que j'ouvris, et nous entrâmes juste au moment où la cérémonie touchait à sa fin et que les derniers participants déposaient leurs fleurs sur le cercueil. Linda dirait plus tard que ce fut un beau spectacle de voir les portes s'ouvrir sur nous, la lumière du jour dans notre dos, nos deux enfants déposer leur bouquet alors que retentissait le morceau de musique final, et les gens s'incliner devant le cercueil en sortant en guise de dernier hommage.

Dans l'auberge où nous nous rendîmes ensuite, les cousins de Linda me racontèrent comment était son père quand il venait en visite l'été : l'espace de quelques jours, il les submergeait de son énergie maniaque et de son envie d'aventure, les emmenant à la pêche ou faire un tour en voiture, incapable de rester tranquille.

Le lendemain, on emmena les enfants sur l'île de Djurgården. Mathias nous rejoignit pendant que nous visitions l'aquarium. Il raconta qu'après l'enterrement il était allé dans un pub « se rincer la tête », comme il dit. Il avait le regard doux et sympathique, son ton était toujours gai, il cherchait toujours quelque chose de léger à dire et, au moment de partir, il posa amicalement une main sur mon épaule. Il avait perdu son père et je me dis qu'il n'avait pas perdu le même père que Linda, car ce n'est pas pareil d'être une fille ou un fils, et Linda et Mathias étaient si différents, y compris dans leur peine, qu'ils n'avaient pas dû avoir la même relation avec leur père.

L'après-midi, on refit nos bagages avant de prendre l'express jusqu'à Arlanda, où on arriva trois heures avant le décollage. Mais les enfants étaient de bonne humeur et ils jouèrent pendant tout ce temps, bien que l'avion eût une heure de retard et qu'il ne décollât pas avant neuf heures et demie du soir. Ils s'endormirent dès qu'on fut à bord, mais arrivés à Kastrup à dix heures et demie, nous eûmes un problème : comment transporter deux valises, un sac à dos, un gros sac et trois enfants endormis ? En plus, l'appareil s'était garé à la porte la plus éloignée, à environ un quart d'heure de marche du hall d'arrivée. Nous parvînmes tant bien que mal à sortir de l'avion et à prendre l'interminable couloir déserté depuis longtemps. Linda portait John et tenait la main de Vanja, je portais Heidi, les deux valises, le sac à dos et le gros sac. Au bout d'une centaine de mètres, Linda déclara qu'elle n'en pouvait plus, que c'était trop lourd. Mais tu ne portes que John, lui dis-je. Tu vas bien y arriver, merde. Mais non, ça lui faisait mal, elle ne pouvait pas aller plus loin.

— Au secours ! s'écria-t-elle tout à coup. Aidez-nous !

— Tais-toi, lui intimai-je. Tu vois bien que tu ne peux pas appeler au secours ici.

Un couple, loin devant nous, se retourna. Je secouai la tête dans l'espoir de leur signifier que ce n'était rien. J'aurais compris qu'elle appelle à l'aide si l'un de nous avait eu une attaque cardiaque. Mais parce qu'elle était trop chargée ? Mon Dieu.

J'aperçus des chariots.

Soulagé, j'y déposai les valises puis installai Heidi par-dessus et continuai mon chemin sans attendre Linda. « Au secours »... J'aurais peut-être appelé au secours si nous nous étions perdus en haute montagne, ou avions chaviré en bateau. Mais là, dans un putain d'aéroport !

Je me retournai le sourire aux lèvres et les attendis. Le reste du voyage se passa bien, les enfants étaient de bonne composition bien que fatigués, mais, arrivés à la station de taxis, nous eûmes de nouveau des problèmes : Linda engueula le pauvre chauffeur qui, furieux, balança nos bagages dans la rue en criant à son tour. Un autre chauffeur aimable et calme vint à notre rescousse, tandis que j'aurais voulu disparaître, avec mon humiliation et ma honte. Il nous demanda si nous avions fait un long voyage, oui, répondit Linda, si nous étions fatigués, oui, poursuivit Linda, pendant que j'étouffais presque, assis dans la voiture à regarder les lumières balayer le capot à l'approche du centre commercial Triangeln, et nous pûmes enfin sortir, prendre l'ascenseur, coucher les enfants et aller au lit, après avoir fait une dernière chose : mettre l'œuf de dinosaure de Heidi dans un récipient plein d'eau pour qu'il ait éclos et qu'un petit en soit sorti à son réveil.

*

27 août, 8 h 06. Arrivé hier soir de Glemmingebro, je suis dans une dépendance, sur l'île de Møn, au Danemark, car je participe à un débat sur scène cet après-midi et demain après-midi. La mère de Linda est chez nous depuis un mois pour donner un coup de main. Après Møn, je séjournerai à Malmö pour terminer mon roman. Vendredi, je vais au festival de littérature de Louisiana, au nord de Copenhague,

avec Linda. Les choses changent dans sa vie. Elle a commencé à se prendre davantage en main. Elle fait une longue promenade chaque matin, a arrêté de fumer, ne boit plus d'alcool, pas même un verre de vin à table, elle mange sainement et, depuis un mois, elle n'est plus dans l'euphorie ni la dépression – elle est davantage elle-même, en quelque sorte.

La nuit dernière, ses cris m'ont réveillé.

— Au secours ! s'est-elle écriée d'une voix forte et insistante, comme si un danger approchait.

Réveillé en sursaut, je l'ai entourée de mon bras en lui disant que ce n'était qu'un rêve. Elle a marmonné qu'elle le savait, avant de se rendormir. Il était trois heures et demie du matin, je suis descendu à la cuisine faire du café, puis suis monté au grenier de l'autre maison pour me mettre à écrire. J'avais rédigé le passage sur l'enterrement de son père aussitôt après qu'il avait eu lieu, mais ensuite je l'avais oublié. Il me revenait à l'esprit parce qu'elle avait appelé au secours à l'aéroport, et encore maintenant. J'avais pris ça au pied de la lettre, elle voulait de l'aide pour porter John, mais en me relisant, je ne pouvais m'empêcher de penser à quelque chose de plus profond, un appel du fond de son âme qui m'était adressé, il fallait que je vienne à sa rescousse. Il fallait que j'abandonne tout, elle était en détresse, il fallait que je l'aide.

À la place, je m'étais fâché et j'en avais honte.

Quand elle a crié la nuit dernière, je me suis dit que j'allais l'aider. J'espère que je le peux, j'espère être à la hauteur. J'espère avoir appris.

*

28 août, 4 h 56. Dehors, il fait nuit noire. La maison dans laquelle je suis se trouve au bord de la mer, et la première chose que j'ai faite en me réveillant

il y a une heure a été d'écouter le ressac. La nuit dernière, j'ai été réveillé par un orage si puissant que tout le paysage s'éclairait au gré des décharges électriques crépitantes. La foudre a frappé juste à côté, accompagnée de formidables explosions. Puis la pluie est tombée, très forte elle aussi, des trombes d'eau se sont abattues partout. Au cours d'une conversation plus tard ce matin-là, mes hôtes m'ont raconté que leur cuisine avait été inondée. Peu avant quatorze heures, alors que nous étions en route vers le lieu où je devais me produire, j'ai vu que la chaussée était inondée sous cinquante centimètres à un mètre d'eau à plusieurs endroits. Le paysage était entièrement détrempé. Je n'ai pas le souvenir d'orages se déchaînant aussi fort, ni dans mon enfance ni plus tard dans ma vie, avant notre emménagement à Malmö où l'horizon plombé de fin d'été se zèbre soudain de flèches lumineuses et furtives et le ciel se met à tonitruer. C'est probablement dû aux conditions atmosphériques différentes. Car on n'imagine pas qu'il puisse y avoir de plus en plus d'orages et que leur intensité augmente avec les années. À moins que… ?

Mon intervention d'hier s'est bien passée. Deux cents spectateurs avaient fait le déplacement et j'ai parlé pendant deux heures, d'abord avec l'intervieweur puis avec le public, chacun ayant ses questions à poser. Dans ce cadre-là, ma stratégie est simple, j'essaie d'être le plus possible dans l'instant, en évitant de répéter ce que j'ai déjà pu dire, et en tentant de répondre aux questions comme si elles m'étaient posées pour la première fois. Je m'efforce de ne pas m'autocensurer et de dire ce qui me vient à l'esprit sur le moment. Après, je ne me rappelle plus ce que j'ai dit et je n'aspire qu'à une chose, être seul, car je m'expose quand je suis sur scène, tous m'ont bien vu pendant deux heures et j'ai pris beaucoup de risques à ne pas faire semblant. C'est étrangement douloureux, mais c'est ainsi. Quand le public rit à ce que je viens de dire ou qu'une sorte de soupir s'élève, indiquant que je confirme ce qu'ils ont eux-mêmes pensé, ça me fait mal, car j'ai le sentiment de les berner, qu'ils tombent dans le panneau. Une fois, Linda m'a surnommé l'itinérant du sérieux, et cette image est juste. Mathias, qui était passé m'écouter à la Maison de la culture de Stockholm il y a deux semaines, a dit à sa mère que j'avais été formidable, qu'il ne m'avait jamais vu aussi chaleureux et passionné. Et c'est justement là le problème, lorsque je suis avec Mathias ou Linda ou qui que ce soit de proche, je suis tout le contraire. Comme si je pouvais être chaleureux et passionné devant une assemblée de gens qui me sont étrangers mais pas avec mes proches. Comme s'il y avait un subterfuge dans ce que je fais. Sur scène, quand je m'adresse au public, la distance est grande. Je peux la gérer et me montrer proche et chaleureux. Mais quand, plus tard, je dîne à la même table que les organisateurs, la distance est réduite, pourtant en moi elle est grande. Ne disant rien, je passe sûrement pour quelqu'un de froid et de dédaigneux, et non d'ouvert et de chaleureux comme plus tôt sur scène. Comme si, maintenant que je me suis fait un nom, je pouvais être vraiment moi-même ou être comme je me sens, mais uniquement dans des situations mises en scène et non dans des rapports sociaux ordinaires. C'est pourquoi je me sens si faux après coup, alors qu'en réalité j'ai été plus vrai. Les sourires, la gentillesse, l'admiration que je rencontre quand je dédicace mes livres sont insoutenables, non que les gens ne soient pas bienveillants ni sincères, mais ils partent d'une fausse hypothèse. Au fond, je sais qu'il faut que je m'en départisse. Mais, quelque part, je pense que les murmures que suscite mon arrivée, les regards qu'on me jette à la dérobée et les salves d'applaudissements qui m'accompagnent me manqueront le jour où le vent tournera, où mon étoile ternira et où je ne serai plus d'actualité.

J'ai aussi fortement éprouvé après coup le sentiment d'avoir trahi mon roman en en parlant en public. Tant qu'il n'est pas publié, il m'appartient encore, comme un lieu où je me rends tous les jours, une partie de moi-même, mon for intérieur, mais dès qu'il paraît, il passe à l'extérieur, il n'est plus là où je vais ni là où je suis. En parler autant, comme je l'ai fait hier, m'a laissé un goût amer. L'intimité entre moi et mon roman a été brisée, en quelque sorte. Lorsque j'en discute, je lui donne aussi plus d'intérêt et d'importance qu'il n'en a. Surtout mon essai sur *Mein Kampf*, qui a ainsi gagné en substance : quatre cents pages sur la Vienne d'avant-guerre, la république de Weimar de l'entre-deux-guerres, le lien entre époque et psychologie, art et politique, ainsi que la formule résumant l'humain, je-tu-nous-ils-ça, cela a eu de l'effet – c'était facile d'en parler et mon propos prenait de l'importance dans ce contexte. Je l'ai fait parce que le public avait accepté de se déplacer et je sentais que je ne pouvais pas seulement l'entretenir de moi et de ma vie, je devais aussi évoquer quelque chose qui puisse concerner les lecteurs, créer un « nous ». J'ai trahi mon roman pour faire face à l'instant et réaliser un bénéfice à court terme. Et là, maintenant, tout s'emmêle. Le bon et le mauvais, le vrai et le faux, la littérature et la réalité, l'individuel et le collectif. Et comme si ce n'était pas suffisant, on m'a donné un exemplaire du *Weekendavisen* dans lequel se trouve une critique du quatrième tome, qui vient de paraître en danois. Je l'ai lue en diagonale en rentrant. Son auteur, Bo Bjørnvig, y dit que pour la première fois dans le cycle je n'ai pas été honnête, et que cela transparaît à travers les pages. Le roman sonne faux. Je n'ai plus pensé à ce tome après l'avoir terminé, mais en lisant ces lignes, il m'est revenu à l'esprit, et je savais que Bjørnvig avait raison. Je n'ai pas été sincère dans ce livre-là. Je l'ai écrit au moment où la pression était à son comble car les deux premiers tomes avaient déjà paru et le débat faisait rage dans les médias, chaque journée apportait son lot d'articles, tout le monde avait son opinion, un journal tel que le *Morgenbladet* consacrait sa une et plusieurs de ses pages intérieures à l'immoralité de mon entreprise, divulguant aussi bien le nom de mon père que la photo d'un rhododendron qu'il avait planté, ou celle de la maison de mes grands-parents. Cette maison n'existe pas dans mon roman, il se déroule dans un tout autre endroit, et leurs noms n'y apparaissent pas non plus, mais l'article les a rendus publics. D'autres journaux ont poursuivi par téléphone tous les personnages mentionnés qu'ils ont pu traquer. J'ai parlé avec Jan Vidar : deux journalistes avaient frappé à sa porte pour l'interviewer à mon sujet. J'ai parlé avec Mathias : de retour de la crèche avec son fils, à Stockholm, il préparait le dîner lorsqu'on avait sonné à sa porte, deux journalistes norvégiens voulaient lui poser des questions sur moi. Mathias, qui n'apparaissait même pas dans le roman, avait refusé. Dès qu'il eut refermé la porte sur eux, il avait appelé sa mère pour la prévenir que des journalistes enquêtaient. Et effectivement, peu de temps après, ils avaient sonné chez elle. Elle n'avait pas ouvert. Ils étaient partis, mais étaient revenus plus tard dans la soirée, après qu'elle se fut couchée. Ils avaient insisté et elle n'osait pas aller aux toilettes de peur qu'ils comprennent qu'elle était chez elle. Ils avaient aussi appelé Vidar, son ex-mari, âgé de plus de soixante-dix ans et qui habite toujours la maison, dans la forêt, pour lui demander ce qu'il pensait de moi et de la façon dont je décrivais son ex-femme. Ils ont appelé ma mère, Yngve, Tonje et Tore, et là où j'avais grandi, quatre de mes vieux copains d'école ont parlé dans le journal local de ce que j'avais été et de ce que nous avions fait. Ils avaient aussi contacté toutes mes anciennes petites amies, et tous mes anciens professeurs, et l'un d'eux, Jan Berg, le seul dont je donnais le vrai nom, avait raconté à la télévision ce qu'il avait ressenti à être décrit comme « méchant » dans le roman à succès de la rentrée littéraire. Tous les jours, mes livres étaient commentés dans les journaux, et ma photo était partout. Ma vie privée était fouillée de fond en comble, il n'y avait plus de barrière. Quand j'étais à la Maison de la littérature d'Oslo, un journaliste de *VG* n'avait pas cessé de me poursuivre en me demandant si j'avais couché avec une mineure. Faisant référence au quatrième tome que j'étais en train d'écrire, il me posait cette question, qui revenait à me demander si j'étais un agresseur sexuel, parce que j'avais évoqué le sujet dans une conversation avec Geir, reproduite dans le deuxième tome, et que j'avais dit que le tome 4 relaterait mon année passée dans le Nord-Norge. Je ne lisais rien de ce qui paraissait dans la presse, n'écoutais pas la radio ni ne regardais la télé, mais on me le rapportait, j'entendais parler de tous ces journalistes qui appelaient ici et là. Moi, ils m'ont bombardé de mails au début, mais ont cessé assez rapidement, et j'ai eu alors l'impression d'être dans l'œil du cyclone. On m'a dit que *VG* était allé jusqu'à interviewer les gens qui travaillaient chez le traiteur chinois en bas de notre immeuble, et les employés du café que j'avais l'habitude de fréquenter, et le maire de Malmö, et les propriétaires de notre appartement, auxquels ils avaient demandé le montant de notre loyer. C'est dans ce climat, où le moindre recoin de ma vie était fouillé, que j'écrivais le livre consacré à mon année passée dans le Nord-Norge en tant qu'enseignant. Comme l'endroit était minuscule et que tout le monde se connaissait, ma situation était délicate car j'y avais enseigné, or une chose était d'écrire sur la vie de ma famille ou de mes proches, une autre d'écrire sur des enfants que j'avais côtoyés en tant qu'enseignant, car ils m'avaient évidemment accordé une confiance totale et inconsciente, qui ne s'adressait pas à moi mais à ma fonction, sans imaginer qu'un jour j'écrirais sur eux. Quant aux parents, ils m'avaient fait des confidences sur leurs enfants et indirectement sur eux-mêmes. En écrivant mes deux premiers romans, je ne pensais pas à leur publication ; ce que j'écrivais et pensais demeurait en quelque sorte dans le roman, y compris les passages inconvenants – comme si, lorsque le roman paraissait, ces passages inconvenants n'existaient plus, comme si je ne les avais pas écrits. Dans mon tout premier roman, je racontais l'histoire d'un homme de vingt-six ans qui couche avec son élève, une fille de treize ans. Personne alors ne l'avait relevé. Le sujet était risqué mais le genre romanesque le rendait inoffensif. Il s'est vendu au total à soixante-dix mille exemplaires, donc beaucoup de gens l'avaient lu sans que le sujet fasse débat, il est resté chez les lecteurs. Lorsque j'arrivai à cette partie du roman – ce devait être à l'été 1997 –, nous étions avec Tore dans un chalet d'alpage à Jølster pour écrire le scénario d'un film. Je lui fis part de ce que j'avais déjà écrit et de ce que j'avais encore l'intention d'aborder. La transgression était grande et j'y réfléchis pendant deux semaines ; pouvais-je écrire ça et, si oui, pourquoi est-ce que je l'écrivais ? Tore était d'avis que je devais le faire. Je parvins à la même conclusion et l'écrivis, en proie au doute et à la peur, j'avais l'impression de faire quelque chose de mal. Si j'avais été totalement innocent, c'eût été un sujet sorti de nulle part et ça n'aurait pas été si grave. Mais ça n'aurait pas eu le moindre intérêt non plus, c'eût été quelque chose d'inventé, une sorte de technique narrative préméditée, une provocation, et donc un texte artistiquement mort. C'était précisément le sentiment d'avoir mal agi qui justifiait ce sujet. Et plus je souffrais, plus c'était justifié. Non pas qu'à l'époque j'aie couché avec mon élève de treize ans, mais j'y avais pensé, et de nombreuses fois, en proie à un désir fort et si secret que je l'avais complètement refoulé dès que j'eus quitté les lieux. En écrivant, ça m'était revenu, je m'en étais souvenu, et je sus qu'en écrivant je devais aller au bout de cette pensée et la représenter dans la réalité, qui n'était pas la réalité mais une réalité fictionnelle, car c'est cela, écrire un roman : les tendances, les souhaits, les désirs, les possibilités et les impossibilités se cristallisent en un point, une image, une action, dans lesquels apparaît ce qui est tapi et caché. Et ainsi fut fait, j'écrivis que l'enseignant Henrik Vankel, mon alter ego, avait une relation sexuelle avec Miriam, son élève âgée de treize ans. Avant cela, j'avais écrit environ deux cents pages sur sa vie à Kristiansand, très semblable à la mienne, mais c'est dans la scène où ils couchent ensemble que le livre est devenu un roman et moi un romancier, parce qu'à travers une action qui n'avait jamais eu lieu, j'avais réussi à exprimer une chose vraie, alors que j'avais été incapable de la penser, la reléguant au contraire dans les profondeurs. La vérité est la vérité du roman. Le roman est un lieu où est pensable ce qui est impensable ailleurs, et où la réalité dans laquelle nous nous trouvons, qui va parfois à l'encontre de la réalité dont nous parlons, peut se manifester en images. Le roman peut décrire le monde tel qu'il est, à l'opposé du monde tel qu'il doit être. Tous ceux qui ont lu mon tout premier roman, *Ute av verden* (« Hors du monde »), comprennent que les émotions, les pulsions et le désir qu'il recèle n'ont pas été inventés par l'auteur, il les avait en lui. Mais le contrat qui existe entre l'auteur et le lecteur, le pacte romanesque, veut que cette conclusion ne soit pas formulée, et que, si elle l'est, ce soit seulement en secret. On ne doit pas le dire. L'estampille « roman » en est la garantie. C'est le seul moyen pour que soit dit ce qui ne doit pas être dit et qui, pourtant, est vrai. C'est le pacte, l'auteur est libre de dire ce qu'il veut, parce que l'auteur sait que ce qu'il dit ne sera jamais, ou ne devrait jamais, être associé à l'auteur lui-même, à sa personne. C'est ce pacte nécessaire que mes livres, qui ont suscité tant de scandale et d'indignation, ont rompu. Je les ai écrits parce que l'impératif romanesque ne me suffisait pas, je voulais aller plus loin et m'astreindre à l'impératif de réalité, car la transgression qui m'avait permis d'écrire un roman pour la première fois, d'écrire ce qui était vrai à travers le roman, avait disparu, elle n'était plus là, un geste ne signifiait rien, ou alors je n'arrivais pas à lui donner de signification, j'avais le sentiment de pouvoir écrire tout et n'importe quoi à la fois. Et pouvoir écrire tout et n'importe quoi, c'est la mort pour un écrivain. Un écrivain ne peut écrire que quelque chose de défini, et ce qui en définit le cadre c'est le choix d'un parti pris. Le mien était celui de la réalité, j'écrivais ce qui s'était réellement passé et comment ça s'était passé. Ce que le *je* du roman ressentait était ce que l'auteur ressentait, et la sphère privée étant abolie, je devais assumer ce qui était écrit. Dans les tomes 1 et 2 ce fut facile, car en abolissant une fois la barrière entre mon propre *je* et le *je* de l'auteur, je l'abolissais pour de bon, et les règles attestant la réalité des événements et des impressions furent simples à respecter. Au moment de leur publication, les livres firent l'objet d'une attention inattendue dans les médias. Cela signifiait qu'ils avaient une vie propre et devenaient réels, indépendamment de moi, et c'était nouveau, car auparavant je pouvais écrire ce que je voulais, qui soit polémique ou non, sans que cela devienne réel. Ça restait toujours dans le roman. Maintenant ce n'était plus le cas, cela vivait dans la réalité, accolé à ma photo qu'on assimilait de plus en plus à une sorte de logo. Mais j'ai pu écrire le troisième tome sans m'écarter de l'exigence de vérité car la distance avec les événements décrits, advenus dans mon enfance, était très grande. Nous, c'est-à-dire moi et la maison d'édition, avons cependant changé certains noms et supprimé quelques caractéristiques potentiellement offensantes, mais peu. Ma mère ne l'a pas encore lu, mais elle en a déjà découvert certains éléments ; à cause du roman, son rôle individuel en tant que mère a été débattu en public, comme si elle représentait les femmes et les mères, et comme si ce qu'elle avait fait ou n'avait pas fait pouvait lui être reproché par d'autres qu'elle-même ou ses proches. Pour le quatrième tome, cela a été différent. J'avais peur d'avoir déclenché quelque chose d'incontrôlable. J'ai changé le nom du village dans lequel j'avais travaillé, le baptisant Håfjord à la place de Fjordgård, son vrai nom, ce que les journaux ont rapidement découvert. J'ai nommé tous les élèves et les enseignants autrement, et leur ai conféré des qualités et des caractéristiques fictives, pour échapper à l'obligation de réalité que je ne pouvais plus assumer. Dans ce livre, je n'étais donc soumis ni à la contrainte romanesque ni à celle de réalité. C'est la raison pour laquelle ce tome est étrange, car j'y fais le contraire de ce que doit faire un écrivain, j'occulte la vérité. Dans *Ute av verden* (« Hors du monde »), qui évoquait le même sujet, j'avais écrit la vérité en prenant le parti du roman, dans les deux premiers tomes de *Mon combat*, j'ai écrit la vérité en prenant le parti de la réalité. Dans le troisième tome, le lien entre les deux est plus distendu, et dans le quatrième, il s'est entièrement dissous. Pourtant tout ce que j'y ai écrit sur moi est vrai. Les passages qui semblent les plus sincères, étant les plus crus, sont en réalité une forme de simulation car j'avais pleinement conscience de ce qui se passait quand j'étais là-bas, mais pas quand je l'écrivais. Dans ce livre, j'ai rapporté une chose que je n'avais jamais dite à personne, que je ne m'étais pas masturbé une seule fois avant l'âge de dix-neuf ans. Je n'avais pas davantage parlé à qui que ce soit de ma honte et de mon humiliation renouvelées lors de mes éjaculations précoces, comme on dit d'une façon triviale. Ce n'est pas le genre de chose qu'on raconte. Alors que ce qui était vraiment dangereux, les sentiments que moi, qui avais dix-huit ans, j'éprouvais pour une fille de treize ans, je ne les avais pas suffisamment approfondis, mais le simple fait de les mentionner m'obligeait à être d'une extrême prudence avec tout le reste, les pères et les mères, les fils et les filles que j'avais côtoyés, en proie au désir, dans un monde intérieur totalement érotisé. Cette prudence me venait aussi de la maison d'édition, car il n'était pas rare que Therese, mon éditrice, m'appelle pour savoir si untel était assez anonyme, ou si unetelle devait absolument dire ça, et de cette façon-là. Les avocats aussi ont lu le manuscrit et proposé des modifications. L'opinion publique nous avait capturés, moi et la maison d'édition, et le roman était devenu l'otage de la réalité. Ceci n'est pas une excuse, ni une façon de dire que le quatrième tome est médiocre, car il reste empreint de la terrible banalité de la jeunesse et de sa terrible force, une comédie de l'immaturité, et même s'il est conventionnel, il reste inimitable pour la simple raison qu'il a vu le jour dans ces conditions-là. Mais il n'est pas vrai.

29 août 2011. 14 h 12. Je suis dans l'appartement de Malmö, inhabité depuis près de trois mois : les plantes sont toutes fanées, l'air est sec, comme saturé de poussière, et la salle de bains exhale des relents d'égout ; l'eau doit stagner dans les canalisations. Le reste de la famille est à Glemminge. Hier au téléphone, Vanja m'a dit : Papa, tu peux pas rester à Malmö jusqu'à vendredi, il faut que tu rentres ce soir. Je lui ai répondu que si elle me donnait la permission de rester à Malmö jusqu'à vendredi, je pourrais finir le livre que j'étais en train d'écrire. Elle a dit : Il sera vraiment *fini* ? Oui, ai-je répondu, complètement fini. Alors il faut que tu travailles tout le temps, a-t-elle ajouté. Tu dois pas manger, pas dormir, seulement travailler. C'est promis, lui ai-je répondu. Mais en m'asseyant à ma table ce matin, j'avais si mal à la tête et me sentais si faible que c'était impossible. Au cours des trois dernières années, il m'est arrivé quelquefois de me sentir soudain incapable de faire quoi que ce soit, même me lever, m'habiller et aller dans la cuisine me préparer des tartines me demande un effort énorme, à peine faisable. Ça dure un jour ou deux, et puis ça disparaît et tout redevient comme avant. Une fois, ça a duré une semaine, et Linda était si inquiète qu'elle m'a obligé à aller consulter un médecin, même si je ne vais jamais chez le médecin, et on m'a fait un check-up complet, y compris un électrocardiogramme. Rien. Tout était normal. Je le savais mais je l'avais fait pour rassurer Linda car elle craint parfois que je m'écroule, victime d'une crise cardiaque. C'est un phénomène intéressant de se retrouver soudain à l'extérieur de tout, quand ce qu'on fait d'habitude sans réfléchir devient irréalisable. Je pense avec angoisse que vieillir c'est ça, en plus lent, les forces s'amenuisent peu à peu jusqu'à ce qu'on se retrouve en dehors de la vie qu'on a vécue autrefois et qu'on n'ait plus la force d'y retourner

alors qu'on a peut-être encore vingt ans à vivre. Mais qu'est-ce que vivre ? C'est agir, faire, être au cœur du monde. Si l'on est écarté de cela, une distance se crée entre soi et le monde, on l'observe, mais on n'en fait plus partie, et cette aliénation est le début de la mort. Vivre, c'est être avide de jours, qu'ils soient bons ou mauvais. Mourir, c'est être repu de jours, quand ils ne changent rien ou ne peuvent rien changer, parce qu'on ne les vit plus de l'intérieur mais uniquement de l'extérieur. Mourir de maladie ou dans un accident est autre chose, une autre mort, plus brutale pour l'entourage, mais qui épargne peut-être davantage la personne qui cesse de vivre, parce qu'elle survient en plein élan, au lieu d'être une sorte de dépérissement en dehors de la vie. Mais je n'en sais rien, évidemment. Il se peut que ce soit rigoureusement l'inverse, qu'il soit préférable d'être repu de jours et de voir le monde s'amenuiser et s'alléger lentement jusqu'à disparaître complètement.

Au cours de l'écriture de ce livre, quatre personnes sont mortes dans mon entourage. Ma tante Ingunn, mon oncle Magne, mon grand-oncle Anfinn et Roland, mon beau-père. Je les aimais tous, c'étaient des gens bien. Maintenant ils ne sont plus. Au-delà du cercle des proches, plusieurs oncles et tantes de Linda sont morts aussi, dont je ne garde qu'un faible souvenir. La mère de Geir, Signe Arnhild, est morte, Eivor, la mère de Christina, est morte, et Marco et Peter, deux amis de Geir, sont morts. Ceux-là étaient jeunes. Les autres avaient entre soixante-cinq et soixante-quinze ans. Et puis sont nés : le fils de ma cousine Yngvild, Sigurd August, dont nous avons fêté le baptême à Bruxelles ; Annie, le premier enfant de l'amie de Linda, et Gisle, le deuxième enfant de Geir et Christina. Nos trois enfants, Vanja, Heidi et John, qui avaient respectivement quatre ans, deux ans et six mois quand j'ai commencé à écrire *Mon combat*, ont aujourd'hui sept ans et demi, bientôt six ans et quatre ans. L'inexorable bourrasque du temps, qui emporte autant qu'il apporte, a aussi balayé ces pages.

Moi non plus je ne suis plus le même qu'à mes débuts. Enfin, je suis sûrement le même, mais mes relations ont changé. Beaucoup de choses ont jailli à la surface lorsque mes livres, et avec eux ma vie privée, sont devenus publics. Tous les gens que je connais ont été mis à l'épreuve. Cela n'a été facile pour personne. Mais c'est pour Linda que ça a été le plus difficile. Une relation au sein d'une famille, quels que soient les sentiments qui l'animent, est à la fois un lien et un rôle. Yngve est frère, Sissel est mère, Ingrid est belle-mère. Quoi que fasse Yngve, même tuer quelqu'un et se retrouver en prison, il restera mon frère et je ne pourrai pas lui tourner le dos. Maintenant que je suis père moi-même, je sais ce que c'est d'être parent et je sais que ce qui vaut pour son frère vaut mille fois plus pour son enfant. Quoi que Vanja, Heidi ou John fassent, je leur pardonnerai toujours et serai toujours là pour eux. Ce n'est pas concevable autrement. J'y ai pensé à la suite du terrible massacre d'Utøya, le 22 juillet, en Norvège, lorsque le père du tueur déclara que son fils aurait dû se suicider. Un homme qui a des enfants peut dire une chose pareille, mais pas un père. Pour les parents, les enfants et la fratrie, c'est une sécurité de savoir que ce lien ne peut être rompu. C'est ainsi parce que le rôle n'est pas lié aux actes mais au lien familial. Pour moi en tout cas, ça a toujours représenté une sécurité. Maman et Yngve pouvaient très bien être blessés et attristés par ce que j'écrivais, ils pouvaient même être furieux contre moi et prendre leurs distances, ils n'en resteraient pas moins ma mère et mon frère jusqu'à leur mort ou la mienne.

Ce lien est inusable, pour le meilleur et pour le pire. Pour mon père, très attaché à sa mère, ce fut problématique car il ne s'en est jamais complètement libéré pour devenir lui-même. Pour ma mère, quand j'étais jeune et que nous vivions ensemble, le plus important était que je sois libre et que je sois moi-même. L'ultime conséquence en est ce livre qui met un point final à une démarche engagée lorsque j'avais seize ans. À l'époque, la question n'était pas tant de savoir qui j'étais mais où était ma place. Aujourd'hui, ces questions n'en font qu'une. Et, comme à l'époque de mes seize ans, il s'agit encore de se libérer. Dans ce livre, j'ai essayé de me libérer de tout ce qui m'attache, peut-être avant tout du lien avec mon père, mais aussi avec ma mère, pas le lien émotionnel, car il est indestructible, comme ce qui me lie émotionnellement à mon père est indestructible, mais de toutes les valeurs et postures qu'elle m'a transmises, directement et indirectement. Son influence sur moi a été gigantesque, mais elle ne l'est plus.

Les liens d'amitié sont différents des liens familiaux, ils se créent et peuvent se dissoudre au sein de la vie sociale. Le rôle d'ami peut durer une vie entière mais ce n'est pas une obligation. La relation amoureuse est proche de l'amitié, car elle peut aussi se former et se dissoudre, mais dès qu'elle engage des enfants, elle se rapproche du lien familial, car on sera toujours liés à travers les enfants. On peut divorcer, vivre chacun pour soi, mais rester inexorablement liés à travers eux. L'autre différence déterminante entre une relation amicale et une relation amoureuse, c'est que l'amitié est limitée, c'est une exception, quelque chose qui se révèle dans les confidences amicales, l'amitié se réfère à un ailleurs où la vraie vie se déroule. Une relation amicale est un refuge d'où l'on peut observer la vie et où autre chose, libéré du reste, peut se jouer. On peut boire, on peut jouer au football, on peut aller à un concert, on peut jouer au bowling, on peut parler de la vie. La relation amoureuse n'est pas un refuge, c'est *le* lieu en soi. Là où l'obligation est plus grande car on partage ce lieu où l'on se montre tel que l'on est et où personne ne peut se dérober à lui-même ni aux autres. Quand je rencontrai Linda et tombai amoureux d'elle, tout le reste disparut, il n'y avait qu'elle. Cette situation était hors du commun. Et quand cette situation hors du commun glissa vers la normalité, tout le reste réapparut, et le sortilège fut rompu. L'infini eut des limites, l'exception devint la règle, le jour férié fut le quotidien, et nous, qui nous aimions, commençâmes à nous quereller. Puis nous eûmes des enfants, ce fut aussi une situation hors du commun d'où tout le reste disparut, mais qui glissa ensuite vers la normalité où tout le reste réapparut, et le quotidien imprégna le jour férié comme de l'eau imprègne un vêtement. J'en avais parlé dans mes livres. Quand je mentionnais des amis ou des connaissances, je ne parlais que d'une petite partie d'eux-mêmes, celle qu'ils me montraient. Mais rien de ce que j'avais écrit sur eux ne pouvait leur nuire, ni n'était dangereux pour eux. Peut-être était-ce désagréable mais parce qu'ils apparaissaient dans un roman, pas à cause de ce qui était écrit, qui ne divulguait ni ne détruisait rien. Avec ma famille, c'était différent : elle occupait un rôle plus important dans le roman, quoique le seul que j'aie étudié en profondeur fût mon père, qui était mort depuis dix ans. Mes proches trouvaient aussi que la description de ma grand-mère paternelle était méchante, mais d'abord ce n'était pas mon avis, et ensuite, elle aussi était morte, et c'était à ses descendants de réagir à ce que j'écrivais et que j'avais publié sur elle, puisqu'ils le jugeaient offensant ; même si, dans ce cas, ce n'était pas eux que j'offensais mais sa mémoire à elle. Pour la description de Linda, c'était encore différent. Nous vivions ensemble, elle était la mère de mes enfants, et je savais presque tout d'elle. Linda et moi formions un *nous*, c'était *nous deux*. Mais ce *nous* n'était pas moi dans mon entièreté, il était ce que je partageais avec elle, et dans toute relation de couple, ce que l'on ne partage pas avec l'extérieur, ce qui appartient seulement au *je*, on le garde pour soi. Dès qu'on l'introduit, il appartient aux deux. Je n'avais pas décrit notre relation mais ma vie à moi à l'intérieur de cette relation et, ce faisant, je l'introduisais dans notre relation ; dès lors, elle devait considérer mes pensées secrètes comme quelque chose que nous partagions, désormais nous avions cela aussi en commun. Non pas secrètes d'une façon criminelle ou dissimulatrice, mais secrètes dans le sens où je ne les montrais pas parce qu'elles n'étaient pas pertinentes pour notre vie commune, ou parce qu'elles pouvaient éventuellement être destructrices. On a tous ce genre de pensées et on sait tous qu'on a tous ce genre de pensées, mais par accord tacite, on ne les exprime pas et elles ne font pas partie de ce que deux personnes ont en commun. L'envie de se retourner sur une jolie femme dans la rue, le besoin d'être seul, le mépris pour les personnes que l'autre aime ou dont l'autre est proche, tout ce qu'on fait par devoir et non par plaisir. De plus, je donnai d'elle une image qu'elle ne connaissait pas. Elle s'en doutait, peut-être même le savait-elle, mais dans ce qui nous était commun, c'était inexprimé, et donc inexistant, plutôt comme quelque chose de vaguement dangereux, mais d'indéfini, me semble-t-il. Et par-dessus le marché, d'autres le liraient et se forgeraient une image de Linda à travers ça. Ils ne la connaissaient pas et cela n'avait pas d'importance, mais le fait en lui-même de savoir que c'était l'image que les autres avaient d'elle s'intégrerait forcément à son identité. Non seulement

« voilà comment Karl Ove me voit quand il est seul », mais aussi « à présent les autres savent comment Karl Ove me voit », et ça, ça avait une importance énorme, en particulier pour Linda qui, je le savais, avait des rêves et vivait en partie dans ses rêves. Rêve d'amour, rêve de famille, rêve de carrière, rêve d'être écrivaine. Dans mon livre, l'amour était empreint de frustration, la vie de famille une suite d'obligations et elle, une personne à qui je reprochais de ne pas en faire assez et de me faire porter ses propres limites. Et je lui ai demandé de lire ça et d'y donner son assentiment.

Comment ai-je pu faire une chose pareille ?

La vérité, c'est que lorsque je me suis attelé à l'écriture de ce roman, je n'avais rien à perdre. C'est pour ça que je l'ai écrit. Je n'étais pas seulement frustré, comme on peut l'être quand on partage sa vie avec des enfants en bas âge et qu'on doit renoncer à la sienne à cause d'un tas d'obligations, j'étais aussi malheureux, malheureux comme je ne l'avais jamais été, et j'étais seul. J'avais le sentiment que ma vie était épouvantable, que je vivais une vie épouvantable, et je n'étais pas assez fort, je n'avais pas suffisamment de courage pour la quitter et en vivre une autre. Je pensais souvent à partir, parfois même plusieurs fois par jour, mais je ne pouvais pas, c'était impossible, imaginer les conséquences que cela aurait sur Linda et sa vie m'était insupportable, car s'il y avait une chose qu'elle redoutait par-dessus tout, c'était que je parte ou que je meure. Moi je redoutais sa colère. Et je redoutais la colère de sa mère. Je me sentais incapable d'affronter les reproches terribles qu'on m'adresserait et la trahison que j'infligerais ainsi à Linda et à nos enfants. Mais c'était ça qui m'avait décidé à écrire un roman dans lequel je racontais la réalité en me foutant éperdument du reste. Et ce n'est que lorsque le livre fut prêt à être publié que je compris ce que j'avais fait et que je relus le manuscrit pour supprimer les pires passages. Pas ceux qui concernaient Linda mais les personnes de son entourage. Puis je rajoutai notre histoire d'amour, car c'était là que tout avait commencé. Comment était-il possible que deux êtres qui s'aimaient si fort et si clairement, dont les cœurs se consumaient l'un pour l'autre, puissent en arriver à une telle misère et à une telle noirceur ? Ce n'était pas le quotidien qui en était la cause, tant s'en faut. Je n'avais rien contre le fait de changer les couches, d'habiller et déshabiller les enfants, de les emmener au jardin d'enfants et d'aller les chercher, de les accompagner au parc, de préparer le repas, de faire la vaisselle et la lessive. Ce que je n'arrivais pas à faire, c'était tout ça et écrire – et ne récolter que des reproches, m'entendre dire que je n'en faisais pas assez, et ne pas pouvoir faire autre chose quand j'en exprimais le désir parce qu'elle ne pouvait pas s'occuper des enfants toute seule. Elle insultait ma mère, elle insultait mon frère, elle insultait mes amis et elle était capable d'être si désagréable avec eux que j'étais tiraillé par des conflits de loyauté. Mais ce qui était fou, c'était qu'elle se faisait une image de la situation qui était à l'opposé de la réalité, et que nous vivions en fonction de cette image. Dans cette image, elle était le pilier de la famille, celle qui menait tout et se sacrifiait. Même quand j'étais en train de récurer la salle de bains et qu'elle n'hésitait pas à me critiquer parce que j'étais trop minutieux et que je n'en finirais jamais ; alors qu'elle ne nettoyait jamais rien, c'était elle, semblait-il, qui maintenait l'appartement en ordre. C'était elle qui s'épuisait à tout faire même quand je devais emmener les filles au jardin d'enfants, avec John en plus, parce qu'elle était « fatiguée » et voulait dormir un peu plus longtemps, alors que je m'étais cassé la clavicule trois jours plus tôt.

Elle allait souvent se coucher et pouvait rester au lit plusieurs jours d'affilée, elle avait toujours mal quelque part, soit à la gorge, soit au ventre, soit à la tête, c'était toujours pareil, elle était malade, elle ne pouvait rien faire et je devais m'occuper de tout ces jours-là. Moi, je n'étais jamais malade. Et les rares fois où cela m'arrivait, elle ne l'acceptait pas. Un jour que j'avais quarante de fièvre, elle déclara sans aucun scrupule que je m'alitais pour un rien, que c'était typique des hommes et qu'elle-même supportait ce genre de petits tracas sans problème. Je la regardai bouche bée. C'était de la folie, le monde à l'envers ! Prétendre que je m'alitais pour un rien, moi qui n'étais jamais malade, alors qu'elle ne supportait pas le moindre désagrément, c'était tellement éhonté que j'en restai muet. Furieux, je me traînai avec Vanja jusqu'au jardin d'enfants, à peine en état de tenir sur mes jambes – c'était à Stockholm –, et passai le reste de la journée au bureau, délirant de fièvre. Quand quelque chose ne fonctionnait plus à la maison, comme une banale ampoule grillée, rien n'était fait tant que je ne m'en occupais pas. J'étais capable de nettoyer tout l'appartement un samedi matin en même temps que de garder les enfants, mais si elle avait les enfants pendant que je faisais le ménage, elle se plaignait : c'était trop pour elle et moi je n'en faisais pas assez. C'était moi qui faisais les courses, qui rentrais à la maison avec les trois enfants et quatre ou cinq sacs pleins, car je devais aussi gagner du temps pour pouvoir écrire, et c'était comme ça pour tout, je n'avais pas une minute de libre, car une fois que tout était fait à la maison et que les enfants étaient prêts, il fallait que j'écrive, sauf pendant les cinq minutes que je passais à fumer seul sur le balcon, ce qu'elle me reprochait – elle ne prenait jamais de pauses de ce genre. À croire qu'elle considérait l'écriture comme des heures à moi, un loisir, et, quand j'avais terminé, il fallait que je fasse un tas de choses car c'était son tour d'avoir du temps libre. Elle n'écrivait pas quand elle aurait pu le faire, donc ce n'était pas ça ; elle n'avait pas de travail, et bien qu'elle en parlât, elle n'entreprenait jamais rien de concret pour que ça change. Cela ne me gênait pas, car quand elle écrivait, c'était brillant et essentiel et cela me suffisait. Le problème, c'était qu'elle se voyait elle-même comme quelqu'un qui était toujours en train de travailler et constamment épuisé à cause de ça, et moi comme quelqu'un qui ne pensait qu'à lui et qui ne faisait jamais rien. C'était dément, complètement dément, parce que je n'arrivais pas à corriger cette image, si j'essayais, elle me répliquait toujours que je ne la « voyais » pas, elle, ni ce qu'elle faisait, et que c'était typique des hommes – les femmes faisaient tout, mais sans que cela se voie, alors que ce que les hommes faisaient était visible. Impossible de combattre ce cliché. Je voyais bien ce qu'elle faisait avec les enfants, évidemment, mais je faisais exactement la même chose, plus tout le reste. Elle me reprochait aussi de ne pas l'aimer suffisamment, d'être égoïste et de donner la priorité à l'écriture au détriment de notre vie de famille. J'écrivais environ cinq heures par jour, pendant que les enfants étaient au jardin d'enfants, et pas le samedi ni le dimanche, c'était strictement interdit, donc, en réalité, je consacrais un minimum de temps à ce qui rapportait de l'argent et un maximum de temps à tout le reste. Cela dura plusieurs années. Je n'en pouvais plus mais n'avais pas le choix, sinon tout se serait effondré. Il m'arrivait d'atteindre le point de rupture. La première fois que je lui dis que je voulais la quitter, c'était l'été où nous avions emménagé à Malmö. Nous habitions pour quelques semaines à la campagne, chez la mère de Linda et son mari, j'allais en ville tous les matins travailler à la traduction de la

Bible et rentrais l'après-midi, pendant que Linda était chez sa mère avec Vanja et Heidi. Un soir, au lieu de rentrer, je sortis en ville avec Geir A., Linda n'y voyait pas d'inconvénient ; on alla à la terrasse du théâtre Södra et je me soûlai au point de ne pas pouvoir me lever pour attraper le train que je devais prendre. À mon arrivée, vers deux heures, elle était furieuse contre moi et m'engueula. J'étais tellement désespéré que je me mis à pleurer et criai que je n'en pouvais plus. Linda, je n'en peux plus, lui dis-je. C'est purement et simplement au-dessus de mes forces. Je n'en peux plus. Je pars. Et je pars maintenant. À ces mots, j'allai dans notre chambre, je jetai mes vêtements dans la valise, la bouclai, l'emportai et pris le chemin forestier, tandis qu'elle me suppliait de ne pas partir, de ne pas la quitter, ne pars pas, s'il te plaît, ne pars pas. Son visage plein de larmes et la promesse qu'elle me fit de changer d'attitude m'empêchèrent de continuer. Je fis demi-tour, posai ma valise et restai. Lors de notre déménagement, quelques jours plus tard, je travaillai trente-deux heures non-stop pour mettre tout ce que nous possédions dans des cartons, pendant que Linda était chez Helena, et je terminai une demi-heure avant l'arrivée du déménageur, puis on prit tous le train pour Malmö.

Cet automne-là fut le meilleur de ceux que nous avions connus depuis que nous étions ensemble. La nouveauté de la ville, de l'appartement, le ciel ouvert et la belle arrière-saison y étaient pour quelque chose, mais peut-être était-ce aussi parce que je lui avais montré la profondeur de mon désespoir, car notre relation s'ouvrit, laissant place à plus de souplesse, et six mois plus tard, nous apprenions que nous attendions un nouvel enfant, et des jours heureux s'écoulèrent, avant qu'ils cessent, et que nous revenions à la situation antérieure, probablement parce que c'était trop pour nous. On se disputait et le ton montait, c'était sa façon à elle de régler les conflits et qu'elle m'imposait, alors que la mienne consistait à prendre de la distance, ce qu'elle redoutait le plus, et la spirale négative repartait de plus belle. Je devenais froid, distant, faisais ce que j'avais à faire par devoir et reportais ma frustration sur elle en étant ironique, sarcastique, jusqu'à ce que, poussée à bout, elle laisse éclater sa colère, ce que je redoutais le plus. Mais ce n'était pas ainsi tout le temps, nous avions aussi nos bons jours, chaque fois que nous avions de la visite ou que nous rendions visite à des gens, nous nous retrouvions, c'était « nous deux », et la noirceur qui masquait ce que nous étions – des âmes sœurs –, et qui n'était pas rien, s'atténuait. Il y avait aussi les enfants, que nous aimions tous les deux plus que tout, évidemment, et notre complicité était presque totale à propos de leur personnalité, de leurs qualités et de leurs capacités ; nous voyions la même chose, pensions la même chose, ressentions la même chose. Mais notre discorde rejaillissait obligatoirement sur eux aussi, car nous n'avions pas honte de nous disputer devant eux, et quand je la maudissais le plus tout en ravalant ma colère, c'étaient les enfants qui en subissaient les conséquences. Lorsque Linda s'allongeait sur le canapé en disant que je devais les emmener jouer dehors, parce qu'ils avaient besoin de prendre l'air, il leur suffisait de montrer un tant soit peu de résistance pour que je crie, bouillonnant de rage, ou que je les secoue. Un jour que Linda et moi nous disputions dans la cuisine, on s'aperçut qu'ils se tenaient tous les trois dans l'embrasure de la porte, du plus grand au plus petit, et on se calma. Alors Vanja s'avança et reconstitua la scène. Papa criait et tapait sur la table, maman criait et jetait une tasse par terre. Nous

nous regardâmes, Linda et moi, elle toute blême, et nous comprîmes la gravité de la situation. Ça ne pouvait plus durer ; pourtant ça continua. La seule raison pour laquelle j'étais capable de raconter cela dans un livre, c'était que je n'avais plus rien à perdre. Que Linda le lise n'avait aucune importance, elle ferait ce qu'elle voudrait. Si elle voulait partir, elle partirait. Je me foutais de tout. Je me réveillais malheureux, je vivais ma journée malheureux et me couchais malheureux. Si seulement j'avais une heure, un jour, un mois, une année seul, tout irait bien, je le savais. Enfin pour moi, pas pour elle. Pour Linda ça n'irait pas, je le savais aussi. Le simple fait d'envisager mon départ m'emplissait de culpabilité et j'avais mauvaise conscience, comme si j'avais une double vie. J'avais peur aussi de me confronter à la colère et à l'angoisse abyssale que cela causerait. Car Linda avait peur, c'était ça le problème, elle était angoissée ; tandis que je redoutais tellement les conflits que je préférais encore le désespoir plutôt que de faire face à la réalité telle qu'elle était. Et dès que le vent tournait, dès que nous étions bien, je me disais que je l'aimais, que nous traversions seulement une période difficile, et que ça passerait. À la mort de son père, j'étais si insensible à tout que je fus incapable de lui offrir ce dont elle avait besoin. Je donnai tout ce que j'avais à mon roman et aux enfants, mais à elle je ne donnai rien.

Puis la situation changea, on s'en prenait à moi de l'extérieur, on m'attaquait. C'était comme si tout était compromis, comme si le sol se dérobait sous mes pieds. À l'extérieur, il y avait un ennemi et, à l'intérieur, je puisais le courage de l'affronter dans ma vraie vie, Linda, Vanja, Heidi et John, et y trouvais de la force. Je réalisai ce que j'avais. Je réalisai ce qu'ils étaient pour moi. Je vis qui Linda était, et je vis nos enfants. Je vis ma famille. Je ne voulais pas la perdre. Et je ne voulais pas perdre Linda. Elle était tout ce que j'avais. Et elle me maintenait en vie. Quand je me détournais de la vie, quand je voulais me retrancher et disparaître au monde, elle me tirait, je n'avais pas le droit, je devais être là pour elle, au cœur de la vie. J'avais besoin d'elle, et j'avais besoin des enfants, ils faisaient de moi un homme accompli. Et elle avait besoin de moi, et les enfants avaient besoin de moi.

Telle était la situation lorsque quelques jours après notre retour de Prague, en cet automne troublé, je donnai le manuscrit du deuxième tome à Linda. Au moment de l'écrire, je n'avais rien à perdre, mais maintenant qu'elle allait le lire, j'avais tout à perdre.

Elle devait aller voir une pièce de théâtre à Stockholm, prendre le train dans la matinée et rentrer le lendemain. La veille, j'avais envisagé de supprimer les passages les plus blessants, c'était facile et le roman n'aurait pas été moins bon pour autant, mais je pensais qu'il fallait qu'il soit vrai, sinon, rien n'avait plus de sens. Je voulais lui montrer tout ça parce que c'était vrai. Que cette vérité ne soit pas scellée dans une lettre que je lui aurais destinée mais dans un roman destiné à tous rendait inhumain ce que je lui demandais de faire. La peur et la culpabilité s'amoncelaient comme l'eau derrière un barrage. Je tentai de me calmer en prévenant Linda qu'elle lirait des choses terribles qui la fâcheraient mais que c'était sans mauvaise intention de ma part. Elle se contenta de sourire, je tiendrai le coup, dit-elle, ne t'inquiète pas. Elle glissa le manuscrit dans son sac, se redressa devant la porte d'entrée ouverte, on s'embrassa, elle répéta de ne pas me tracasser, que tout irait bien, puis elle sortit, referma la porte et disparut. J'allai fumer sur le balcon, retournai dans le bureau travailler à l'écriture du troisième tome, descendis au débit de tabac acheter des cigarettes, puis rentrai écrire un peu, mais je me consumais en pensant à ce que Linda était en train de lire, rien d'autre ne comptait, et le pire était de la savoir en train de lire le manuscrit sans explications, sans corrections, il fallait absolument que j'amortisse le coup, et je l'appelai. Elle était partie depuis une heure et répondit aussitôt. À son ton, je compris qu'elle était peinée. Elle dit qu'elle était dans le train et qu'elle avait commencé la lecture. Elle trouvait ça bien, terrible à lire, mais ça allait. Je lui dis que j'étais frustré à l'époque mais plus maintenant. Adieu, romance, dit-elle. En tout cas, une chose est sûre, je ne me fais plus aucune illusion sur notre relation, ajouta-t-elle sans émotion dans la voix, avec une certaine âpreté, comme si elle se disait à elle-même de résister. Je suis désolé, Linda, lui dis-je. Moi aussi, dit-elle. Mais la suite ne sera pas pire que ça, j'espère ? Si, répondis-je. Je vais y arriver, assura-t-elle. D'accord, dis-je. Je raccroche, conclut-elle. Oui, on se rappelle plus tard.

Je mangeai, écrivis, fumai sur le balcon, lavai le linge, écrivis encore un peu, puis, n'y tenant plus, je la rappelai. Elle dit qu'elle avait pleuré mais que, le train approchant de Stockholm, elle se réjouissait de retrouver Helena et de penser à autre chose pendant quelques heures. On raccrocha, j'allai chercher les enfants, leur préparai le repas, ils regardèrent les émissions pour enfants à la télé, je leur brossai les dents, leur mis leur pyjama et leur lus une histoire, puis je me couchai moi-même peu de temps après qu'ils se furent endormis. Le lendemain, je les emmenai au jardin d'enfants, écrivis, parlai à Linda au téléphone – elle était dans le train, sur le chemin du retour, et venait de lire ma description de notre rencontre, lorsque nous étions tombés amoureux ; son ton était plus léger. Je l'avertis qu'elle devait se préparer à lire le pire. J'entendis à sa voix qu'elle ne me croyait pas car son timbre était souriant quand elle m'assura qu'elle allait s'y préparer.

Une heure plus tard, elle rappelait.

— Qu'est-ce qui s'est passé dans le Gotland ? s'écria-t-elle.

— Uniquement ce que j'ai écrit.

— Qu'est-ce que tu as fait ?

— Tout est dans le livre. J'ai frappé à sa porte.

— Qui était-ce ? Pourquoi as-tu fait ça ?

— J'étais ivre.

— Et c'était quand ? Je sais, c'était quand j'étais seule avec les enfants. Heidi était malade. Comment as-tu pu faire une chose pareille ? Comment as-tu pu ? Qui était-ce ?

— Ça n'a pas d'importance.

— Pourquoi n'as-tu rien dit ?

— Tu le sais très bien.

— Comment peux-tu écrire ça dans un roman et me le faire lire ?

— Je ne sais pas. C'est comme ça.

— Bien, je n'ai plus rien à te dire.

Elle raccrocha. Quelques minutes plus tard, elle rappela.

— Qui était-ce ? Je veux savoir qui c'était.

— Je ne connais pas son nom, Linda. Il ne s'est rien passé.

— Tu as frappé à sa porte toute la nuit.

— Oui. Je suis désolé. Mais c'est la vérité.

— Heidi était malade. J'étais toute seule.

— Oui, je sais.

Elle raccrocha. Je sortis fumer sur le balcon, rentrai, fis les cent pas dans l'appartement, le téléphone à la main. Je surfai un peu sur Internet, ressortis fumer, me postai devant la fenêtre du salon et regardai l'hôtel, retournai surfer sur Internet, sortis fumer, allai d'une pièce à l'autre et finis par m'arrêter dans la chambre des enfants. Je pensais que l'innocence qui y régnait me ferait du bien, mais pas du tout, ce fut même pire, et je ressortis sur le balcon. Je n'arrivais pas à me concentrer sur quoi que ce soit.

Elle rappela juste avant que j'aille chercher les enfants. Elle était plus calme. Elle m'annonça qu'elle avait fini de lire le manuscrit. Qu'est-ce qu'on va faire ? demanda-t-elle. À ces mots, elle se mit à pleurer. Qu'est-ce qu'on va faire maintenant, Karl Ove ? Et j'éclatai en sanglots. Je ne sais pas, dis-je, hoquetant. Je pleurais. Je ne sais pas, Linda. Je ne sais pas.

Une heure plus tard, pendant que je faisais frire du poisson dans la cuisine, j'entendis l'ascenseur qui semblait monter jusqu'en haut et criai aux enfants d'aller voir si c'était maman qui arrivait. Ils ne se firent pas prier, elle leur avait manqué, comme toujours quand elle s'absentait, ils attendaient dans l'entrée quand la porte s'ouvrit. Ils s'agglutinèrent autour d'elle, elle s'agenouilla et les prit dans ses bras, l'un après l'autre, leur caressant le dos en me lançant un regard qui me transperça. Elle était pâle et ses yeux rougis par les pleurs se firent chaleureux quand ils se tournèrent vers les enfants. Ils ne remarquèrent pas le regard qu'elle m'avait décoché.

Il disait : Regarde ce que tu as fait.

Il disait : Regarde ce que nous avons construit et que tu es en train de détruire.

Les enfants se serraient contre elle pendant qu'elle ôtait ses chaussures et sa veste, et posait la petite valise contre le mur. Je mis le couvert, on mangea sans s'adresser la parole, la conversation allait et venait entre les enfants et nous. Ils étaient excités et contents qu'elle soit rentrée. Ensuite, on s'installa dans le salon pour regarder avec eux les émissions pour enfants. Au bout d'un moment, elle m'apostropha :

— *The knife.*

Je ne savais pas de quoi elle parlait. Il lui arrivait d'utiliser l'anglais quand elle ne voulait pas que les enfants comprennent, ce que je n'aimais pas et ne pouvais pas faire. Mais ce n'était évidemment pas à cela que je pensais, je ne voyais que son visage pâle et ses yeux rougis, ce qui, d'une façon ou d'une autre, avait à voir avec un couteau.

— Dans le roman, dit-elle. *The knife.*

— Qu'est-ce que ça veut dire, maman ? demanda Vanja.

— Je parle juste avec papa de quelque chose qu'il a écrit.

Un couteau ? Quel genre de couteau ? Avais-je parlé d'un couteau dans mon roman ?

— De quoi tu parles ? demandai-je.

— Celui que Geir t'a donné. On n'offre pas ce genre de chose sans penser à s'en servir. Le pistolet, dans le premier acte, sert à abattre quelqu'un dans le dernier.

Geir ? Que venaient faire Geir et son cadeau là-dedans ?

— Quel pistolet ? demanda Vanja.

— On parle d'une pièce de théâtre, dis-je.

— Et quelle pièce de théâtre ! commenta Linda.

Une fois les émissions pour enfants terminées, elle leur lut une histoire. J'étais sur le balcon, l'âme glacée. Quand ils dormiraient, il faudrait discuter. Pendant tout ce temps, j'avais senti son désespoir et sa colère rentrés. Elle leur donnerait libre cours dès que les enfants seraient endormis.

Je ne pouvais pas rester là. Je ne voulais pas qu'elle sorte de la chambre et croie que j'étais en train de me détendre sans me soucier de rien. Alors je rentrai et m'assis sur le canapé, l'entendis leur dire bonne nuit, et les enfants protester : ils ne voulaient pas qu'elle parte déjà, ils n'étaient pas fatigués et ne pouvaient pas s'endormir. Des coups résonnèrent dans tout l'appartement, c'était Vanja qui, allongée sur le dos, tambourinait sur le mur avec ses talons.

Elle alla dans la cuisine. Fit couler de l'eau, ouvrit un placard – je savais qu'elle préparait du thé. Aussitôt après, la bouilloire se mit à siffler. Elle arriva avec une grande tasse dans les mains et s'assit sur le canapé en face de moi. Elle me regarda droit dans les yeux. J'avais la nausée.

— Qu'est-ce que tu voulais dire à propos du couteau ? demandai-je.

— Il te l'a donné pour que tu me poignardes. Il veut m'éliminer. Tu ne comprends pas ? C'est un vampire. Il n'a pas de vie à lui. Il vit à travers toi. Crois-tu qu'il t'ait offert un couteau par hasard ?

— Pour lui, c'était le plus beau cadeau qui soit.

Elle ricana.

— Il ne s'agit pas de Geir, dis-je. Mais de toi et moi.

— Et lui qui nous chaperonne, ajouta-t-elle.

— Non, protestai-je. Il est le seul vers qui je puisse me tourner en dehors de la famille. C'est la même chose que toi et Helena.

— Mais nous ne parlons pas comme vous. Je ne lui dis que des choses positives sur toi, rien d'autre.

Je ne répondis pas et baissai les yeux. Elle porta la tasse à ses lèvres et but. Elle me regardait.

Il y avait une chose que je devais lui demander. Une chose qu'elle n'avait pas mentionnée.

— Et si je le publie ? dis-je.

— Vas-y, publie-le. C'est un bon livre. Ça, je suis capable de le voir. S'il n'avait pas été bon, ç'aurait été impossible.

— Veux-tu que je supprime quelque chose ?

— Non. Enfin si. Le passage où Ingmar Bergman me tapote la tête en disant que je suis une belle enfant. C'est tellement gênant qu'il faut l'enlever.

— Et rien d'autre ?

— Il y a des erreurs et des malentendus. Mais on pourra voir ça plus tard. Sinon rien.

Elle posa la tasse et regarda vers la porte-fenêtre, dehors les ténèbres avaient épaissi.

— Qui était-ce ? demanda-t-elle.

— Qui ça ? dis-je, sachant très bien de qui elle parlait.

— Cette femme dans le Gotland. Comment s'appelait-elle ? À quoi ressemblait-elle ?

— Ne reviens pas là-dessus, dis-je. On ne va pas s'en sortir sinon. Je ne connais pas son nom. J'étais ivre et ne savais plus ce que je faisais.

— Mais tu l'as fait ! Pendant que j'étais là avec Vanja et Heidi, et Heidi qui était malade. Je te faisais confiance.

— Je sais. Je suis désolé.

Elle tourna de nouveau son regard vers la porte-fenêtre. Puis elle se leva brusquement, le regard furieux ou effrayé, ou les deux.

— Je ne peux pas rester là. Je ne peux pas rester là avec toi. C'est impossible. Je vais chez Jenny. Tu t'occupes des enfants demain matin.

— D'accord.

— Je n'arrive pas à croire que tu aies fait ça, dit-elle en se précipitant dans le couloir pour enfiler sa veste et ses chaussures.

Elle était si pressée que ses mains tremblaient en nouant ses lacets.

— Je t'appellerai, dit-elle.

Puis elle partit.

Jenny était costumière et scénographe. Ses enfants allaient dans le même jardin d'enfants que les nôtres, c'est là que nous l'avions rencontrée, et Linda et elle étaient devenues amies. Elle habitait dans la proche banlieue, une maison avec un grand jardin qu'elle avait achetée avec une amie, et Linda pouvait y aller quand elle voulait pour écrire. Ce qu'elle faisait de temps en temps. Et parfois, quand elle avait besoin de changer d'air, elle dormait là-bas. Si bien que, le lendemain quand les enfants demandèrent où était leur mère, il n'y avait rien de bizarre dans le fait de répondre qu'elle était allée tôt chez Jenny. On partit tard pour le jardin d'enfants, c'était un de ces matins où rien ne va, et lorsque enfin on fut dans la rue, prêts à la traverser, Linda apparut de l'autre côté, au milieu de la petite foule qui attendait le bus. Elle avait l'air épuisée. Elle nous vit quand le feu passa au vert et qu'on se mit en route, et ce fut comme un choc pour elle. Comme si elle mourait. Les enfants l'aperçurent, Vanja et Heidi lâchèrent la poussette pour courir vers elle, John tendit les bras.

— Je croyais que vous étiez au jardin d'enfants, dit-elle sans me regarder. Je ne m'attendais pas à vous voir ici.

— Tu étais où, maman ? demanda Vanja. Chez Jenny ?

Elle acquiesça.

— Je voulais juste passer prendre quelque chose dans l'appartement.

Elle se redressa et me regarda enfin.

— Tu seras là quand je rentrerai ? demandai-je.

Elle secoua la tête.

— Est-ce que je peux t'appeler, alors ?

— Je t'appellerai plus tard.

— D'accord. Au revoir.

— Au revoir, dit-elle, et chacun partit dans sa direction, moi et les enfants au jardin d'enfants, elle à l'appartement.

Elle revint le soir, après que les enfants furent couchés. Je préparai du thé et on s'installa dans le salon. Bien que son désespoir soit toujours bien là, il n'affleurait plus autant. Je me sentais aussi transi à l'intérieur que les autres fois où j'avais vécu des situations de crise, comme si tout mon environnement était chauffé à blanc et qu'il ne restait plus que des émotions totalement incontrôlables. Être en crise, c'est être au centre, car quand tout est remis en jeu, tout est essentiel. Il n'y a plus que cela. Et j'étais dans ce genre de crise. Le reste avait sombré, il n'y avait plus qu'elle et moi.

Je ne savais pas quoi dire. Nous buvions notre thé en silence. Nous nous regardions, nous baissions les yeux.

— Comment vas-tu ? demandai-je.

— Ça va mieux.

— Il faut qu'on parle.

— Oui, il faut qu'on parle.

— Il faut qu'on parle pour de bon. Sans faire semblant.

Elle acquiesça.

— J'ai traversé une période très difficile, dis-je.

— Je sais.

— Je suis désolé que tu ais dû le lire dans un roman. Mais ce qui compte le plus pour moi, ce n'est pas mon roman, c'est la vie. C'est de ça qu'il faut qu'on parle. On ne peut pas continuer comme ça. Ce n'est pas possible. On ne peut vraiment pas.

— Non, je sais.

— Et pas seulement pour les enfants, mais pour nous aussi. On est aux antipodes de ce qu'on vivait quand on s'est rencontrés. Tu te souviens comment c'était ? Tu te souviens comme c'était formidable ?

— Évidemment que je m'en souviens. J'en rêve aussi.

— Mais nous n'en sommes plus là. Tu as dit : « Adieu, romance. » Mais il ne s'agit pas de romance. Il s'agit de notre vie. La seule chose que nous ayons.

Et il faut qu'on essaie de bien la vivre. Le mieux possible.

Je vins m'asseoir à côté d'elle. La pris dans mes bras. Elle pleura. Elle pleura encore et encore. Je pleurai aussi. On sortit sur le balcon, dans la nuit, elle alluma une cigarette – elle avait donc recommencé à fumer –, j'en allumai une aussi. Puis on rentra dans la chambre où l'on resta toute la nuit dans la lueur de la lampe du couloir. Adossé au mur, je regardais droit devant moi dans la pénombre, elle était allongée à côté de moi. On parla de tout ce dont il fallait parler. En toute sincérité. Comme si tout ce que nous avions fondé, les images, les idées, les rêves, les désirs et les espoirs, s'était effondré, et qu'il ne restait que l'essentiel, ce dont nous parlions. Elle et moi. Qui nous étions l'un pour l'autre. C'était comme quand nous discutions dans le lit du minuscule appartement de la rue Bastu à Stockholm, et écoutions de la musique, complètement ouverts, complètement nus, complètement sincères, parce qu'il n'y avait rien à cacher, nous ne voulions pas seulement nous posséder l'un l'autre, nous nous voulions l'un l'autre. Je la voulais, elle me voulait. Jamais nous ne pourrions revenir à ce stade, mais nous en avions peut-être atteint un meilleur, une autre plénitude, car nous avions les enfants, nous étions une famille, c'était réel, c'était nous, nous n'avions pas besoin de rêves entre nous et la vie. Il fallait qu'elle m'accepte tel que j'étais. Il fallait qu'elle me laisse tranquille. Il fallait qu'elle me fasse confiance, moi aussi je voulais le bien de tous. Et moi, il fallait que je la soutienne, car elle ne pouvait pas non plus continuer ainsi, elle s'était perdue, avait glissé dans des ténèbres où elle ne savait plus distinguer l'envers de l'endroit, ce que les enfants étaient, ce qu'elle était, ce que j'étais.

J'étais enfin rasséréné. Ce qui avait eu lieu avait eu lieu. Rien n'était grave. Je n'avais plus ressenti cela depuis que nous nous étions mis ensemble. À l'époque, c'était ainsi. Il n'y avait pas de tensions et nous étions entièrement libres. Tout était ouvert. Et nous avions réalisé ce que nous voulions avec tant d'ardeur. Nous avions fondé une famille, nous avions des enfants, et que ce soit justement cela qui m'ait séparé d'elle, et elle de moi, était inconcevable. C'était pourtant bien ce qui s'était passé.

On parla toute la nuit, et le matin, elle repartit chez Jenny. Elle voulait encore réfléchir seule. Vers midi, elle appela pour me dire qu'elle m'avait envoyé un mail. Je me rendis au cybercafé car notre connexion internet ne fonctionnait pas, et le lus dans la pénombre, parmi les écrans allumés et les cris de ceux qui jouaient à la guerre en ligne.

Karl Ove, mon aimé. J'ai l'impression que c'est la seule chose que je puisse dire. Comme si quelqu'un était mort. Est-ce moi ? Est-ce moi qui suis morte ? Celle que j'étais.

Tu me demandes souvent de vivre ma vie.

Je sais que tu as raison. J'ai tellement peur.

Tu sais à quel point j'ai peur.

Tu voudrais ne pas être tout pour moi. J'entrevois un chemin à prendre et j'ai peur. Je suis au fond du gouffre et je sais qu'il faut que je commence à vivre.

Je ne sais rien de cette vie-là.

Je me vois avec les enfants. Je me vois à bicyclette dans le vent. Je me vois me déplacer d'un endroit à l'autre parce que j'y suis obligée. Je nous vois tous les deux le soir. Je vois que je dois te lâcher du regard et faire quelque chose qui me plaise. Je ne sais pas ce qui me plaît. Je ne sais pas ce qui est bien pour moi. Je vois qu'il faut que je devienne moi-même.

Je veux photographier les enfants. Le désordre dans l'appartement. Je veux pouvoir faire quelque chose avec les enfants.

Tu dis qu'il faut accepter l'autre pleinement. Je sais que c'est vrai. Au fond de moi, la voix qui parle est claire. Je veux faire calmement le deuil de l'enfant que j'étais. Je veux devenir adulte. Quel est ce chagrin infini qui surgit quand je te vois frapper à la porte ?

Je t'aime. Je t'aime infiniment. Et je sais que c'est difficile de porter tout cet amour et toute cette attente. Je veux t'aimer d'une façon qui soit bonne pour nous. Je sais qu'il faut que je lâche prise. Je lâche prise, Karl Ove. Je t'aime tant. Toi et les enfants, vous êtes le miracle de ma vie.

Quand elle revint cet après-midi-là et qu'on prépara le repas avant de manger comme d'habitude, j'avais l'impression d'avoir vécu un an en l'espace de deux jours. J'étais totalement épuisé, elle aussi, mais je sentais un tressaillement en moi, une émotion que je connaissais, le bonheur. Chaque fois que j'avais ressenti ce frisson, j'avais tenté de le faire disparaître, car j'avais appris une chose au cours de mes quarante années de vie : le désespoir est plus supportable que l'espoir.

Ainsi passèrent l'automne 2009 et le printemps 2010, car si ces deux jours-là avaient eu la densité d'une année, cette année-là avait eu celle d'une décennie. Cet automne-là, je publiai trois romans, et deux le printemps suivant. Il fallait tous les relire, les corriger, en faire la promotion, et trois restaient à écrire, et je ne pouvais pas laisser Linda s'occuper seule de la maison. La solution était d'écrire vite, et je m'imposai alors l'objectif de dix pages par jour, et si je n'en avais rédigé que six une heure avant d'aller chercher les enfants, je devais écrire les quatre restantes en une heure avant de pouvoir partir. Ça fonctionnait bien, j'aimais le sentiment qu'il se passait tout le temps quelque chose de nouveau, de ne jamais savoir où aboutirait ce que j'écrivais. L'obligation d'écrire autant le permettait, et si je n'aimais pas ce que j'écrivais, j'aimais la situation en elle-même, que tout soit ouvert et qu'il n'y ait pas de sentinelle à des dizaines de kilomètres à la ronde. J'avais plus de mal à gérer la pression médiatique qui s'amplifiait chaque jour, mais je résolus le problème en l'ignorant totalement et en demandant à tous ceux avec qui je parlais de ne rien me révéler, de ne même pas y faire allusion. Si quelqu'un le faisait malgré tout, j'étais à la torture, comme la fois où je vis dans la rubrique des citations du *Weekendavisen* que mon ancien professeur avait commenté le livre dans lequel il apparaissait. À notre retour de Prague, la fureur médiatique venait tout juste de commencer, le premier roman, que seules les pages littéraires du samedi avaient commenté, était désormais l'objet de discussions ailleurs aussi, car tandis que les critiques l'avaient lu comme un texte basé sur la réalité, sans aborder le fait que les personnes mentionnées dans le roman n'étaient pas des personnages fictifs mais existaient vraiment, les conséquences qui pouvaient en découler ne tardèrent pas à apparaître aux yeux des journalistes, d'autant plus que cette tendance-là avait dominé dans la publication du *Bergens Tidende* qui avait interviewé mon oncle et condamné l'ouvrage dans un article signé par Jan H. Landro, le rédacteur des pages culturelles. Le mardi, j'appelai Geir Gulliksen et, à la fin de notre conversation, il m'apprit qu'il participerait à un débat avec Landro dans l'émission « Kulturnytt » de la station de radio P2. Je le rappelai après pour savoir comment ça s'était passé. Il m'expliqua que tout s'était bien déroulé mais que l'expérience avait été étrange. Landro n'avait tiré qu'un seul exemple du livre pour prouver qu'il n'était pas bon d'un point de vue moral, cet exemple avait une certaine importance émotionnelle, parce qu'il blessait une personne, mais il restait insignifiant éthiquement et juridiquement parlant. Il déclara que dans mon livre j'écrivais que j'avais eu à vingt ans une petite amie que je n'aimais pas vraiment. Que pouvait-elle ressentir en lisant cela ? avait demandé Landro. Mais elle est anonyme dans le roman, avait répliqué Geir. Elle n'est même pas nommée ! Si un auteur ne peut pas raconter qu'il a eu une petite amie qu'il n'aimait pas vraiment il y a vingt ans, sans la nommer, qu'allait devenir la littérature norvégienne ? Allait-elle disparaître ? C'est à peu près ce que Geir me rapporta. Mais pourquoi n'a-t-il pas parlé de ta famille ? poursuivit-il. Je croyais que c'était ça le but, puisqu'ils avaient interviewé ton oncle et condamné tes écrits à partir de sa réaction.

Je crois que je sais pourquoi, répondis-je à Geir. Vas-y, dit-il. J'ai reçu un mail de Gunnar aujourd'hui, dont j'étais en copie, commençai-je. Il l'a envoyé au *Bergens Tidende* à deux heures pour les remercier de la façon dont ils ont couvert l'affaire et je pense que Landro l'a lu avant de te rencontrer. Je ne vois pas d'autre explication. Jusqu'à maintenant, ils n'ont eu affaire à Gunnar que par téléphone. Tout comme Berdahl. Et au téléphone, Gunnar reste sensé et clair. Mais quand il écrit, il perd le sens des proportions. Landro a dû comprendre quel parti il défendait. Et il ne peut pas le suivre car Gunnar leur a présenté sa fameuse théorie sur la famille Hatløy. Ah bon ? s'étonna Geir. C'est pour ça qu'il s'en est tenu aux principes, dis-je. Mais je vais t'envoyer le mail. Cette fois, il n'a mis que maman, Yngve et moi en copie, ainsi que Tønder et Landro, mais pas la maison d'édition. Envoie-le-moi, dit Geir. Et on se rappellera après.

Cet automne-là fut si mouvementé qu'Ingrid, la mère de Linda, vint nous aider, tout comme la propre mère d'Ingrid était allée aider sa fille chaque fois qu'elle avait traversé une période mouvementée, elle s'occupait de Linda et de Mathias, préparait les repas et gardait la maison en ordre. Ingrid répétait ce que sa mère avait fait. Elle se levait tôt, préparait des crêpes pour les enfants – elle les trouvait maigres –, ou des petits pains, elle leur brossait les cheveux, les aidait à s'habiller, et une fois qu'ils étaient partis au jardin d'enfants avec Linda, elle allait faire les courses pour les repas qu'elle préparerait. Elle mettait tout son honneur et sa fierté dans les plats qu'elle cuisinait, et nous gâtait ; tout était fait maison avec des produits achetés au grand marché de Möllevangen ou dans les magasins d'alimentation des environs tenus par des immigrés. Elle préparait le déjeuner, et quand je rentrais après être allé chercher les enfants, le repas du soir était prêt. Elle était inestimable. Mais j'avais décrit en détail notre relation conflictuelle dans le deuxième tome. Ayant reçu le manuscrit peu de temps avant la date butoir, elle n'eut que quelques jours pour le lire et réagir. Elle trouvait le roman formidable. Lars Norén, tu peux aller te rhabiller, avait-elle commenté. Mais elle m'en voulait aussi de ce que j'avais écrit sur elle, et quand elle était chez nous je sentais sa constante ambivalence à mon égard. Durant l'un des premiers jours, elle vint près de moi et me dit : Sache que ce n'est pas moi que tu décris dans ton livre. C'est un personnage de roman qui porte mon nom. Mais je t'en fais cadeau.

Je partis pour Stavanger faire une lecture au café Sting, avec Tore, entre autres, qui vint me chercher à l'hôtel, dans sa Toyota, et me conduisis à son appartement. Il avait divorcé et habitait seul. Ses murs étaient couverts de livres. La nuit tombante. Une bière à la main, et, sur la chaîne stéréo, un groupe dont je n'avais jamais entendu parler mais dont Tore s'était entiché à ce moment-là. Nous faisions des essais vestimentaires. Cette chemise-là, Tore, ou l'autre ? Celle-là. Cette veste-là ou l'autre ? Celle-ci. Lui à la table à repasser dans la cuisine et moi devant le miroir. Et de tout cela – à moins que ce ne fût juste moi – émanait une forte ambiance de début des années quatre-vingt-dix, celle d'une vie d'étudiant sur le déclin. À l'époque ça n'avait rien de magique, tout simplement parce que c'était comme ça, ce n'était ni « la vie d'étudiant » ni « la jeunesse » et encore moins « la liberté », mais autre chose. Le quotidien. Dans ce quotidien, Tore et moi lisions Proust, ensorcelés par le monde mythique qu'il décrivait, et discutions justement de l'attirance pour ce qui n'existait pas à une époque qui, elle, avait bel et bien existé. Aujourd'hui, cette période, qui alors n'était rien, était devenue quelque chose, et sa force d'attraction se faisait parfois, comme à cet instant, pressante.

Tore avait trente-six ans, j'en avais quarante. Nous étions des hommes adultes mais nous nous comportions comme des jeunes, nous buvions de la bière, écoutions de la pop, plaisantions. Il avait deux enfants, j'en avais trois. Nous étions tous deux devenus romanciers, la seule chose que nous voulions à l'époque. Cette pensée me réjouissait toujours. Un jour, entre Noël et le jour de l'An, à la fin des années quatre-vingt-dix, nous avions mis une annonce dans le *Dagbladet* qui disait : « Les nouveaux sentimentalistes souhaitent un joyeux Noël et une bonne année au peuple norvégien. »

— Tu te souviens de l'annonce ? lui demandai-je en train de fumer dans un fauteuil pendant qu'il enfilait sa chemise fraîchement repassée dans le couloir.

— Quelle annonce ?

Je lui racontai.

Il rit.

— Ah oui, putain, c'est vrai !

— Peut-être que quelqu'un se demande encore ce que ça pouvait bien signifier ?

— Ouais, on ne peut pas dire que ça ait fait beaucoup de vagues.

— Il en est de même pour ta façon de classer les livres entre ceux qui font pleurer et ceux qui ne font pas pleurer.

— Cravate ou nœud papillon ?

— Ni l'un ni l'autre.

Il enfila un blazer à carreaux et une casquette.

— On y va ?

J'acquiesçai en me levant, on prit un taxi jusqu'au café où Frode Grytten nous attendait. Il nous présenta son frère, météorologue, ou quelque chose comme ça, qui n'avait rien à voir avec la culture. Tore et lui étaient devenus amis. Il avait du respect pour Tore, ce qui n'était pas le cas de tous les écrivains, et je l'appréciais pour cette raison.

Les gens me regardaient. Ici, comme à l'aéroport, on me regardait. Une fille vint me voir quand je fumai une cigarette dehors, c'est tout juste si elle réussit à m'adresser la parole, quelque chose en moi l'intimidait.

Après notre lecture, on alla au Cementen boire des bières et Tore me raconta un épisode de sa vie, tragique, inouï et bouleversant, un gouffre. Il y avait des gouffres dans sa vie mais cela ne transparaissait pas dans sa façon d'être, de se comporter, ni dans ses conversations, et pourtant ils le définissaient, en tout cas tel que je le connaissais, il était de ceux qui croient qu'on sombre quand on reste sur place, donc il ne tenait pas en place.

Dans l'avion, j'avais le sentiment d'avoir tout donné, de n'avoir plus rien à moi, de n'être plus rien. Peut-être parce que j'avais bu la veille, pas tant que ça pourtant, en tout cas c'était suffisant pour que je sois angoissé, peut-être aussi à cause de tous ces gens qui m'avaient regardé – du coup, je comprenais vraiment ce que j'avais fait, et que tout le monde, y compris de parfaits inconnus, pouvait tout savoir sur moi et penser ce que bon leur semblait. Je leur avais jeté Vanja, Heidi et John en pâture.

Je retrouvai Tore peu de temps après, lors d'un festival de littérature à Odda. Je pris l'avion pour Bergen, longeai le fjord au volant d'une voiture de location, montai sur scène avec Tore, repris la route de l'aéroport le lendemain et rentrai à la maison. La responsable du festival était Marit Eikemo, avec laquelle j'avais travaillé à Radio Campus. Yngve et Asbjørn avaient fait le déplacement, Selma Lønning Aarø était là, je me souvenais d'elle du temps où j'étais étudiant, elle avait gagné un concours d'écriture à l'époque, Pedro Carmona-Alvarez était là aussi, je savais qui c'était, il jouait dans le groupe Sister Sony et pouvait apparaître maquillé en public, mais nous ne nous étions jamais parlé, pourtant j'avais rédigé un article sur lui cet été-là, enfin sur son roman, *Rust*, qui m'avait impressionné. Et alors qu'on discutait tous ensemble au bar de l'hôtel en buvant, j'eus là aussi la très nette impression que les années quatre-vingt-dix n'étaient pas terminées, qu'elles duraient encore et encore. Lors de notre passage sur scène, Tore avait apporté des mails et des lettres que je lui avais envoyés à cette époque-là, dont une sur papa qu'il lut devant tout le monde et que, au premier abord, je n'arrivai pas à commenter car je ne me souvenais pas de l'avoir écrite.

Mon père est mort il y a deux semaines. Il s'est éteint dans un fauteuil, dans la maison où il avait grandi, je n'arrive pas à comprendre, je ne saisis pas, mais maintenant, j'en suis sorti, je suis à Bergen et je t'écris à toi, Tore, mon ami, en Islande. C'est Yngve qui m'a appelé pour m'informer de ce qui s'était passé, j'ai pris le premier avion pour le rejoindre, et ensemble, le lendemain, nous sommes partis pour Kristiansand. J'ai pleuré tous les jours pendant une semaine. L'idée de sa mort m'avait pourtant souvent traversé l'esprit – mais jamais je n'avais imaginé que je réagirais ainsi. Alors qu'est-ce que je pleure ? Je ne sais pas. Ça n'a rien de rationnel, ce n'était que l'émotion qui me submergeait encore et encore, je restais éveillé, seul dans la maison de ma grand-mère, et je pleurais. Maintenant j'en suis sorti, maintenant c'est comme si ça n'avait pas eu lieu.

J'étais ému en entendant cette voix car elle datait du 20 août 1998 et qu'elle était encore abasourdie de chagrin, probablement sans le savoir elle-même. Et ce fut là, sur cette scène à Odda, que je compris pour la première fois ce que signifiait la mort de papa. Comme s'il mourait pour moi seulement maintenant, à Odda. Voilà pourquoi tout à coup le monde me devint incompréhensible.

Le lendemain, au café de l'hôtel, je rencontrai Frode Molven, le directeur littéraire des éditions Spartacus. Je lui avais envoyé le livre de Geir A., enfin terminé après six années de travail. Ce livre exceptionnel s'intitulait *Bagdad Indigo*. Il parlait des boucliers humains partis pour Bagdad afin d'arrêter l'invasion américaine en séjournant dans les sites les plus susceptibles d'être bombardés. Geir les avait accompagnés durant leur trajet entre Istanbul et Bagdad dans un bus à impériale rouge, et fut bouclier humain à Bagdad pendant toute l'invasion. Il interviewa toutes sortes de gens qui se trouvaient dans la zone de conflit, y compris lorsque le ciel explosait au-dessus d'eux et que les vitres éclataient derrière eux. Qu'est-ce que la guerre et pourquoi attirait-elle tant d'individus, y compris ceux qui étaient venus pour l'arrêter ? C'est la question à laquelle s'attaquait le livre. Contrairement aux journalistes, surveillés par le régime, qu'on faisait circuler en bus à travers la ville ou qu'on parquait dans leur chambre d'hôtel, Geir était libre d'aller où il voulait, quand il le voulait. Quand Bagdad capitula et que les soldats d'élite américains occupèrent la station d'épuration où lui et une poignée d'activistes vivaient, il prit son sac et vécut avec eux quelques semaines. Il interviewa ces soldats tout droit sortis des combats et qui ne demandaient pas mieux que de raconter. Le livre faisait plus de onze cents pages, un tel volume conférait aux trois mois qu'il couvrait une importance inouïe, comme s'ils étaient en dehors du temps. Il avait capturé un morceau de temps. Plus personne ou presque ne faisait cela ; les rapports et les livres des journalistes sur les zones de conflit armé étaient légers, sans engagement, ces reporters avaient quitté les lieux avant que les cadavres n'aient eu le temps de refroidir. La spécificité du lieu et du temps disparaît dans le concert indistinct de leurs voix, tous les conflits sont un seul et même conflit, qu'ils se déroulent en Afghanistan, en Libye ou en Somalie. En lisant le livre de Geir, je pensais à un texte sur la guerre civile espagnole des années trente, non qu'il y eût une quelconque ressemblance entre les conflits mais parce que l'approche était la même que dans de nombreux textes de l'époque, c'est-à-dire existentielle. *Bagdad Indigo* était un livre formidable, je n'avais aucun doute là-dessus, et j'avais donc dit à Geir qu'il serait facile à publier. Il était sceptique, n'en attendait rien, et il ne m'écouta pas. J'étais d'avis qu'il fallait envoyer le manuscrit à une maison d'édition avant qu'il soit terminé pour qu'elle puisse intervenir au plus tôt dans le processus, vu l'ampleur inhabituelle du document. Geir suivit mon conseil et je l'envoyai à Aslak Nore, éditeur d'une série documentaire chez Gyldendal. Dans son mail, il répondit qu'il avait lu et aimé le précédent livre de Geir, que le thème l'intéressait et qu'il se réjouissait de le lire. Il voulait aussi que je lui rende un petit service, puisqu'il m'avait sous la main : est-ce que je pouvais rédiger un court texte faisant l'éloge du livre ? Juste quelques lignes ? Je ne pouvais évidemment pas décliner puisque sa décision concernant le manuscrit de Geir était d'une importance capitale. J'écrivis l'éloge, mais Nore refusa le livre de Geir, et l'attaqua même violemment en le qualifiant d'immoral. J'envoyai le projet à une deuxième personne, Alvor Fosli, chez Aschehoug, mais, plutôt tiède et réticent, il ne lut jamais le livre, ce qui me sauta aux yeux quand il déclara que l'ouvrage était antiaméricain, alors que ce n'était pas le cas – il avait dû se contenter de le feuilleter, pouvait n'avoir lu que les interviews concernant les activistes pour la paix et en avoir conclu qu'elles reflétaient la position de l'ouvrage. Fosli dit qu'il allait parler du livre lors d'une réunion avec les autres éditeurs de la maison ; sans suite, évidemment. Abandonnant cette stratégie, Geir décida d'attendre d'avoir terminé la rédaction du manuscrit. C'était maintenant chose faite. Je n'imaginais pas qu'on puisse le refuser. Je connaissais vaguement Molven depuis mes années à Bergen, il m'avait paru flatté que je m'adresse à lui et Spartacus était une maison d'édition sérieuse. Mais lors de notre rencontre à Odda, il souhaita d'emblée m'entretenir d'un autre sujet. Et ce n'était pas un texte de présentation qu'il voulait ; il projetait d'éditer la biographie d'Axel Jensen et me demanda si je pouvais envisager de l'écrire. Je ne dis pas non, tout en sachant que jamais je n'écrirais la biographie de qui que ce soit, mais je ne dis pas oui non plus. Quand ce fut réglé, on parla un peu du livre de

Geir. Il dit qu'il avait l'air intéressant et qu'il aimerait le lire. Après lui avoir serré la main, je rejoignis Yngve qui m'avait attendu dans le quartier car nous devions prendre le ferry ensemble. Je décidai de ne pas dire à Geir que Molven m'avait proposé d'écrire une biographie. Je trouvais désagréable que tout le monde me sollicite moi, alors que je me sentais très redevable envers Geir et ne voulais pas que son livre puisse être associé à mon nom.

Sur le ferry, Yngve et moi bûmes un café, après la traversée on fuma une cigarette sur le quai, puis il partit en direction de Voss et je roulai vers Bergen-Flesland. C'était l'automne, l'air était froid et vif, le ciel bleu, sans nuages, et le soleil lourd et ivre de lumière. Yngve m'avait prêté un CD, le premier de Dire Straits, que j'écoutai à plein volume car on le passait à Tybakken quand j'étais en cinquième année à l'école primaire et lui en dernière année au collège, et l'atmosphère de cette époque me submergea, les années soixante-dix en Norvège, la neige molle, les doudounes.

Longer le fjord étincelant. Dépasser les arbres rouges, jaunes, marron, verts. Gravir la montagne. Et tout à coup, sur la route, un chien. Je freinai brusquement mais le heurtai quand même car j'entendis un bruit sourd et le chien fut projeté dans le fossé. La voiture s'arrêta, je coupai le moteur et sortis, un homme traversa la cour d'une ferme avoisinante. Je cherchai le chien, il n'était plus là. L'homme m'indiqua une direction. Le chien courait sur un chemin de l'autre côté de la route. Comment était-ce possible ? Je roulais au moins à cinquante à l'heure au moment du choc. Je lui ai dit d'attacher son chien, déclara l'homme d'une quarantaine d'années qui m'avait rejoint. Mais qu'est-ce qui s'est passé ? demandai-je. Comment a-t-il survécu à ça ? Il a heurté le pare-chocs, peut-être qu'il est blessé, mais il n'en a pas l'air, dit-il. Il habite là-bas ? dis-je en montrant d'un signe de tête la ferme qui surplombait la route. Il acquiesça. Il faut que j'aille les prévenir, déclarai-je. Il acquiesça de nouveau et m'accompagna. À notre arrivée, le chien était dans la cour, il ne gémissait pas, avait l'air sain et sauf, et satisfait. Je racontai ce qui s'était passé au vieil homme qui se tenait là et lui présentai mes excuses, en précisant que visiblement ça s'était bien terminé. Tant mieux, dit-il. Et je retournai à la voiture reprendre ma route. Je pensai à Vanja car elle aimait les chiens par-dessus tout. Elle connaissait le nom de la plupart des races et il fallait lui lire un livre sur les chiens pratiquement tous les jours. Chaque fois qu'on croisait un chien, on devait demander si elle pouvait le caresser. Il lui arrivait de m'emprunter mon portable pour prendre en photo des chiens qu'on rencontrait. Nous étions convenus qu'elle aurait un chien à douze ans, mais elle avait réussi à faire baisser l'âge à dix ans. Et maintenant à huit ans. Je me réjouissais de lui raconter l'épisode. Si le chien était mort, je n'aurais jamais pu. Mais comme ça s'était bien terminé, je pouvais le lui dire.

À Flesland, je garai la voiture de location, rendis les clés, m'enregistrai et pris l'avion pour rentrer.

Je finis d'écrire le troisième tome les semaines suivantes. À Odda, Tore m'avait promis de m'aider car l'ouvrage était long et manquait de structure ou, plus exactement, il n'avait qu'un seul principe formel, la chronologie. Tore l'avait lu et avait fait des suggestions que j'avais suivies, mais ce n'était pas suffisant, il fallait quelque chose de radical, intervenir d'une façon ou d'une autre. La veille de la remise du manuscrit, pendant que j'y travaillais encore à Malmö, Tore le relisait en diagonale à Stavanger ; il m'appela quand il eut trouvé la solution, un tournant décisif grâce auquel le roman pouvait s'articuler, et m'envoya plusieurs SMS au cours de la soirée et de la nuit. Le matin, le livre était terminé. J'avais suivi ses instructions à la lettre. À peine quelques jours plus tard, le deuxième tome paraissait. Geir Angell appela ce matin-là et, bien que je lui aie interdit de m'informer sur ce qui s'écrivait sur moi, il insista pour me lire le commentaire publié dans l'*Aftenposten*. Il faut que tu entendes ça, dit-il. Tu ne vas pas en mourir, allez. Mais ce n'est pas ce qu'on écrit ou pas qui m'importe, rétorquai-je. C'est le simple fait qu'il y ait quelque chose d'écrit. Tu sais très bien à quel point ça me fout en l'air. Allez, insista-t-il. Une seule et unique fois. D'accord, finis-je par dire. Et il lut. La seule chose dont je me souvienne, c'est la phrase « Y a-t-il prescription dans cette affaire ? », et que j'étais désigné comme « l'éventuel coupable ». Le journaliste se demandait si j'étais coupable d'abus sexuel et si l'affaire était prescrite. Je m'en souviens parce que cela fit beaucoup rire Geir pendant qu'il lisait et qu'il le répéta à plusieurs reprises. Ils sont devenus complètement dingues ! disait-il. Ils sont complètement fous ! Quelques heures plus tard, je recevais un mail indigné de Tonje. Elle y citait le même journaliste : « Par exemple, l'ex-femme de l'auteur apparaît sous son vrai nom et on ne peut qu'imaginer à quel point cette publication doit être désagréable pour elle », et Tonje se demandait ce que cela voulait dire, et pourquoi je ne lui avais pas fait lire le roman avant sa parution alors qu'il parlait d'elle. Auparavant, je lui avais envoyé un mail la priant de ne pas le lire. J'avais agi ainsi parce que le sujet du livre n'était pas elle, mais Linda et mes sentiments pour Linda, et j'avais pensé que cela la blesserait de lire que j'étais tombé très amoureux quelques semaines à peine après que nous avions rompu, quand j'étais parti pour Stockholm sept ans plus tôt. Et maintenant Tonje croyait que je le lui avais caché, que je l'avais trompée. Toute la Norvège lirait des choses sur elle qu'elle-même ignorait. Arguer que c'était pour l'épargner était d'une telle naïveté qu'elle ne me crut pas un seul instant. La pression était si forte et les appels téléphoniques des médias si nombreux que ce point de vue n'était plus défendable. Le préjudice, c'était le livre lui-même, pas la lecture qu'elle en faisait. Je ne parlais pas d'elle mais d'une chose qu'elle ignorait et qui s'était produite pendant que nous étions ensemble : j'étais tombé amoureux de Linda lors de notre toute première rencontre. Bang. Linda. Touché en plein cœur. Mais quel cœur ? Tout était flou à ce moment-là, j'étais tombé mais rien ne m'avait retenu, Linda m'avait tourné le dos, je m'étais tailladé le visage, j'avais tout laissé en plan et j'étais rentré. Ce fut l'expérience la plus intense de ma vie. Le monde était un flot d'impressions et j'y étais relié, j'avais le sentiment que tout, absolument tout avait un sens, je pouvais examiner un gland pendant dix minutes comme s'il contenait l'énigme de l'univers, et c'était le cas, c'était pour ça que je le scrutais. Et c'est dans cet état que je voyais Linda, que j'étais hypnotisé par elle, mais il ne s'était rien passé entre nous, on ne s'était même pas touchés. Elle entrait alors dans une phase maniaque, et moi j'étais sans aucun doute dans un état d'excitation psychique. Écrire un livre sur ma vie sans y inclure les émotions que je ressentais et ce qui m'arrivait à ce moment-là était impensable. Mais Tonje était mortifiée et c'était moi qui la mortifiais. Je lui écrivis un mail pour tenter de m'expliquer, mais ce fut pire, celui qui frappe ne peut pas aussi consoler. Elle envoya un mail furieux à Geir Berdahl, qui avait dit publiquement que toutes les personnes mentionnées avaient pu lire le texte au préalable. Pas elle. Et donc, en lisant dans la pénombre du cybercafé son mail et ceux qui m'avaient été envoyés au cours des deux mois précédents, je me trouvais dans un monde jusque-là inconnu de moi, un monde d'avocats qui épluchaient tout ce que j'écrivais, un monde de menaces de poursuites judiciaires et d'accusations publiques de mensonges, de commentaires sur mon immoralité, et où tous ceux qui avaient été ou étaient proches de moi souffraient à cause de moi. Quand j'écrivais, je ne pensais pas à eux, mais dès que la parution des romans approchait, ils se manifestaient tout à coup, tels qu'ils étaient vraiment, et j'entrevoyais les répercussions. Les romans entraient en conflit avec leurs propres conséquences. J'avais délibérément choisi de publier les romans et de laisser arriver ce qui arriverait, avec le lot de douleurs que cela impliquerait et que j'infligerais, en espérant que les blessures seraient guérissables. Je pouvais défendre ma position en général, car je savais ce que je recherchais et la valeur que cela avait, mais je ne pouvais pas la défendre pour chaque cas particulier, dès qu'il s'agissait des conséquences individuelles pour chacune des personnes que j'évoquais ; nul n'a le droit de faire du mal à quiconque. Devant l'ordinateur de la salle de jeux aux allures de bunker, j'avais peur, j'étais désespéré et triste, mais je savais aussi que ces émotions disparaîtraient quand j'écrirais, que ce serait un va-et-vient de sentiments contradictoires, car dans le *je* de l'écriture disparaissait le *nous* social, et le *je* était libre. Lorsque je quittais ma table de travail, le *nous* social revenait, et j'avais plus ou moins honte de ce que j'avais écrit et pensé, en fonction de mon degré d'immersion dans le processus d'écriture. Le social est ce qui nous maintient à nos places, ce qui nous permet de vivre ensemble, l'individuel est ce qui garantit que nous ne disparaissions pas les uns dans les autres. Le social repose sur la prise en compte des autres. Ce que l'on fait, entre autres, en dissimulant ce que nous ressentons, en taisant ce que nous pensons, si ce que nous ressentons ou pensons peut affecter autrui. Le social est donc basé sur le fait de montrer certaines choses et d'en dissimuler d'autres. Mais il faudrait que l'on soit tous d'accord sur ce qu'il faut montrer et cacher, parce que c'est lié au *nous*. Le mécanisme de régulation s'appelle la honte. L'une des questions qui se sont posées à moi en écrivant ce livre a été de savoir ce qu'on gagne à transgresser les normes sociales, à décrire ce que personne ne veut qu'on décrive, donc ce qui est secret et caché. Autrement dit : quelle valeur y a-t-il à ignorer les autres ? Le social, c'est le monde tel qu'il devrait être. Le reste doit être caché. Mon père a bu jusqu'à en mourir, ça n'aurait pas dû arriver, donc il faut le cacher. Mon cœur battait la chamade pour une autre, ça n'aurait pas dû arriver, donc il faut le cacher. Mais c'était mon père et c'était mon cœur. Je ne devrais pas l'écrire parce que d'autres que moi en seront affectés. Et pourtant, c'est vrai. Pour écrire ça, il faut être libre, et pour être libre, il faut ignorer les autres. Mais le compte n'y est pas. Vérité égale liberté égale ignorer les autres : l'équation est du côté de l'individuel ; les égards et les secrets sont du côté social, mais uniquement comme abstraction, comme une entité interne au *je*, car en réalité la dimension sociale n'existe pas, seul existent des individus, notre *tu*, qui se trouve aussi du côté de l'individuel. Tonje n'est pas un personnage. Elle est Tonje. Linda n'est pas un personnage. Elle est Linda. Geir Angell n'est pas un personnage. Il est Geir Angell. Vanja, Heidi et John existent, à cet instant précis, ils sont en train de dormir à quelques centaines de kilomètres de là où je suis. Ils sont réels. Or, si l'on veut décrire la réalité telle qu'elle est, c'est cette réalité-là qu'il faut décrire. Et elle ne peut être décrite qu'en transgressant les normes sociales. Si l'on veut atteindre la réalité telle qu'elle est, pour chacun individuellement – car il n'existe pas d'autre réalité –, si l'on veut vraiment atteindre cela, on ne peut pas prendre en compte les autres. Et ça fait mal. Ça fait mal de ne pas être pris en compte, et ça fait mal d'ignorer les autres. Ce roman a fait du mal à tous ceux qui me sont proches, il m'a fait du mal à moi et, dans quelques années, quand ils seront assez grands pour le lire, il fera du mal à mes enfants. Si ce que j'avais écrit avait été encore plus éprouvant, cela aurait été plus vrai.

C'était une expérience et elle a échoué puisque je n'ai même pas dit ce que je pensais ni décrit ce que j'avais réellement vu, loin de là, mais elle n'est pas sans valeur, en tout cas pas complètement, car si la description de la réalité d'un seul individu, faite aussi honnêtement que possible, est considérée comme immorale et provoque le scandale, la force de la dimension sociale est alors patente, de même que la façon dont elle régit et contrôle les individus. Cette force est énorme car je ne décris que des scènes ordinaires, rien d'exceptionnel, que des choses qui arrivent tout le temps, tous les jours, et que tout le monde connaît ; qu'il s'agisse d'alcoolisme, d'infidélité, de maladie mentale ou de masturbation, pour ne prendre que quelques exemples ayant fait la une des journaux. La seule chose inhabituelle dans mon roman, c'est que ces événements ordinaires sont associés à des noms réels, et décrits comme propres à des personnes particulières. Le roman est une chose publique et c'est en cela que réside la transgression : le particulier, le personnel passe dans la sphère publique. C'est le lot de toutes les personnalités publiques – acteurs, politiciens, journalistes de télévision, pop stars –, mais c'est leur choix et elles ne demandent que ça. Les seuls individus non publics qui se retrouvent livrés à la sphère publique sont les criminels. Dans mon roman, ce fut le lot de gens ordinaires, qui n'étaient pas des criminels. Par conséquent, leur nom acquit le statut de celui de criminels : des noms ordinaires qui dépassaient les limites de l'ordinaire et devenaient si extraordinaires que les journalistes les harcelaient au téléphone et écrivaient des articles sur eux. Leurs actions, tout aussi ordinaires, prirent elles aussi une dimension criminelle, devenant ainsi susceptibles d'être jugées. Et c'était moi qui avais fait d'eux des criminels. Mais rien de tout cela ne m'avait traversé l'esprit à l'époque, lors de ces nombreuses matinées passées à mon bureau ou dans le cybercafé, et le peu dont je disposais pour me défendre, qui consistait à dire que je n'écrivais que sur moi, se dissipait dès qu'une personne mentionnée dans le livre me demandait des comptes. Ce qu'elles firent toutes les unes après les autres, et je baissai les yeux, détournai le regard, me plongeai dans mon roman et continuai d'écrire.

Le jour où Geir me lut au téléphone le commentaire de l'*Aftenposten*, Asbjørn et Yngve arrivèrent à Malmö. Ce soir-là, nous allions à Copenhague, au concert de Wilco, et ils allaient passer le week-end chez nous. Je serrai la main d'Asbjørn puis celle d'Yngve en faisant bien attention de les regarder dans les yeux, et je savais qu'ils pensaient que je pensais à ce que j'avais écrit à propos de tout cela. Ils avaient apporté des confiseries pour les enfants et Asbjørn avait encadré la photo qui illustrait la couverture de mon premier roman et qu'il avait lui-même prise, étant graphiste dans l'édition, il me l'offrit ainsi qu'une pile de livres qu'il avait en double. *Être et Temps* d'Heidegger, que je n'avais qu'en anglais, les *Pensées* de Pascal, dont je n'avais qu'une vieille version largement abrégée, et beaucoup d'autres. Ils avaient aussi apporté les journaux. Je levai la main en tournant la tête, mais Linda, curieuse, les prit, et malgré ma mise en garde, elle s'installa à la table de la cuisine pour les lire, Ingrid à ses côtés. J'aperçus la une, « Il jette sa famille en pâture – alcoolisme et troubles psychiques », et le titre de l'article, « Il jette sa femme en pâture ». Je rejoignis Yngve et Asbjørn qui déposaient leurs bagages dans le salon. On sortit fumer sur le balcon. Asbjørn déclara qu'il appréhendait de venir depuis qu'il savait que la mère de Linda était là, ignorant quelle pouvait être l'ambiance entre nous après ce que j'avais écrit. Je lui expliquai qu'elle était compréhensive et que ça se passait bien. Mais c'était moins Linda qu'Ingrid que je voulais éloigner des journaux. Car Linda était sa fille et le journal affirmait que je lui avais porté préjudice en parlant de ses problèmes psychiatriques. Quant à l'« alcoolisme », il concernait forcément Ingrid elle-même. Je savais à quel point elle en avait été blessée car elle en avait parlé à Linda, et avait soutenu que ce n'était pas vrai. La douleur était là et elle couvait. Mais un tas de journaux était une chose, un livre une autre et un article à son sujet, une troisième. Pourtant le danger approchait petit à petit. Vue de Suède, la Norvège paraissait éloignée, mais si le livre paraissait ici, dans sa langue à elle – ce qui n'était pas encore certain mais probable –, cela la toucherait de très près et les conséquences seraient réelles.

Linda partit chercher les enfants et, quand Asbjørn passa devant la cuisine pour aller aux toilettes, il vit Ingrid en train de lire le journal, puis lever la tête dans sa direction en tendant le pouce vers le haut. Il nous le rapporta en riant. Je me demandais ce qu'elle pensait. Que c'était bien qu'on parle du livre, pour notre famille, pour ses petits-enfants, parce qu'ils pourraient enfin avoir une maison, et nous une voiture ? En rentrant à l'appartement une demi-heure plus tard, les enfants ne se comportèrent pas comme d'habitude. Et comme chaque fois qu'il y avait des gens à la maison, ils me faisaient penser à des animaux. Méfiants, vigilants, ils flairaient le terrain. Hum. Des chaussures inconnues, des vestes inconnues – il vaut mieux être sur ses gardes. Vanja était la plus sceptique, Heidi l'était un peu moins et John encore moins. Lui souriait à tout le monde. On dîna autour de la table du salon et, quelques minutes plus tard, les enfants disparurent dans leur chambre avec leurs sachets de bonbons. J'étais content, comme toujours en compagnie d'Asbjørn et Yngve, même si la situation était aussi un peu étrange, car c'étaient eux deux qui s'assemblaient et formaient un tout, tandis que je restais le spectateur ou un partenaire à l'écart, et pas Yngve et moi, alors que nous étions frères, donc du même sang. La dynamique entre nous était restée exactement la même qu'à mon arrivée à Bergen en 1989, eux étaient expérimentés et raffinés, moi j'étais le novice qui ne savait pas grand-chose, et ce que nous avions vécu depuis n'avait changé en rien la situation. Sans doute me plaisait-elle, je pouvais me contenter d'être avec eux, sans responsabilité aucune, d'être le petit frère.

Heidi vint nous voir et demanda d'un air coquin à Asbjørn comment il s'appelait déjà.

— Asbjørn, répondit-il.

— Isbjørn, rétorqua-t-elle, l'ours polaire.

— Non, Asbjørn.

— Isbjørn, répéta-t-elle en riant avant de retourner dans la chambre.

— Il n'y a que des personnages de roman autour de cette table, déclara Yngve.

— C'est vrai, confirma Asbjørn en riant.

— On devrait créer un site consacré aux personnages de roman, où on pourrait discuter de nos expériences, proposa Yngve.

— Et je pourrais être le modérateur, dis-je.

— Alors, quel effet ça fait de lire qu'on est jetée en pâture ? dit Yngve en s'adressant à Linda.

— Ça, ça peut encore aller. Le pire, c'est que ce soit écrit dans les journaux, si tu vois ce que je veux dire. Parce que là, les gens le croient vraiment. Autrement, j'aurais été décrite dans un livre, un point c'est tout. Et ce n'est pas du tout la même chose.

— Vous êtes les deux seuls à m'avoir censuré, déclarai-je. Mais sur des choses minuscules ! J'avais écrit quelque chose sur toi, dis-je en m'adressant à Yngve. Et j'étais persuadé que tu en tirerais une certaine fierté. Mais pas du tout. Il a fallu que je le supprime.

— Et c'était quoi ? demanda Asbjørn.

— Je n'ai pas le droit de le dire, répondis-je. Mais c'était en rapport avec un petit mot qu'on avait accroché à sa porte, à l'époque.

— *Groupies must leave before breakfast* ? s'enquit-il.

— Peut-être, dis-je. Et pour Linda, c'était qu'elle n'avait jamais fouetté d'âne à la fête foraine.

Ingrid se mit à rire.

— Je ne veux pas qu'on croie que je fouette les animaux. Et en plus ça n'est même pas arrivé.

— Non, c'est vrai, dis-je. J'ai sans doute voulu rendre compte de l'agressivité qui régnait.

— Merci pour cet excellent repas, dit Asbjørn à l'intention d'Ingrid. C'était délicieux.

— Oui, absolument, confirmai-je.

Nous nous levâmes pour aller déposer nos assiettes dans la cuisine et sortir fumer sur le balcon. Linda et Yngve dans les deux fauteuils, Asbjørn et moi debout contre la balustrade.

— Ça me rappelle la fête pour mes quarante ans, dis-je. On s'était tous retrouvés là au même moment. Je me souviens qu'on était serrés comme des sardines et que je pensais à la fissure, là.

J'indiquai le mur et sa fissure, qui était probablement superficielle, sinon le balcon se serait écroulé.

— Merde, s'écria Asbjørn.

— Helena trouvait tous les invités *rar*, dit Linda. Elle en a reparlé après. Celui qui dormait dans la chambre des enfants, il avait l'air formidable. Et celui qui n'avait rien dit de toute la soirée, qu'est-ce qu'il avait ? Et puis l'autre... Enfin, vous avez compris l'idée.

— Mais on l'est vraiment, dit Yngve.

— On est vraiment quoi ? demandai-je.

— Bizarres.

— En suédois, *Rar* ne veut pas dire « bizarre » mais « mignon ».

Le concert de Wilco avait lieu dans le vieux théâtre de Copenhague. Comme nous avions acheté nos billets séparément, j'étais tout au bout d'un balcon, assez près de la scène, et en m'installant je pensai que le son risquait d'être mauvais. Après avoir scruté la salle un moment, j'aperçus Yngve et Asbjørn perchés tout en haut comme deux oiseaux sur une falaise, là où le son était sûrement bien meilleur.

Je m'enfonçai dans mon fauteuil en velours rouge et laissai vagabonder mon regard. Fatigué comme je l'étais, cela faisait du bien d'être au milieu de gens, tranquille. Je n'étais pas allé à un concert depuis que j'avais quitté la Norvège. À l'époque, c'était un véritable événement quand un groupe se produisait. Maintenant, David Byrne pouvait jouer dans une salle située à deux cents mètres de l'appartement sans que j'y aille. J'avais perdu la musique, si importante pour moi autrefois, elle ne m'intéressait plus autant, c'était un peu comme regarder la télé. Comme tout ce que j'avais perdu sur le chemin de la vie, elle revenait de temps à autre avec la force d'un pic frappant la glace.

Le groupe qui jouait en première partie était norvégien. Ils étaient rassemblés au milieu de la scène. Ce n'était pas la leur, ils l'empruntaient, et, pour une raison que j'ignore, l'image d'une tente montée sur un parking me vint à l'esprit, c'était à cela qu'ils me faisaient penser. Le son était bas, les lumières restèrent allumées. Mais c'était plutôt bien. Il me semble qu'ils s'appelaient Hukkelberg.

Je remontai tous les rangs du regard et les aperçus tout là-haut, presque incandescents, sans doute parce que c'étaient les deux seuls visages qui m'étaient familiers dans un océan d'inconnus.

Après avoir lu Proust, je ne pouvais m'empêcher de considérer ce vieux théâtre comme quelque chose de sous-marin, une sorte de récif de corail où les fauteuils seraient des moules ou des coquillages et les robes des femmes des queues de poisson ou des tentacules de méduse. La façon qu'il avait de tout transformer et de tout rendre magique n'est plus possible, pensai-je, parce que tout a changé, tout est déjà autre chose, comme imprégné de fiction. On peut éplucher la réalité couche après couche sans jamais atteindre son cœur, car ce que la dernière couche recouvre, c'est ce qu'il y a de plus irréel, la plus grande des fictions, la vraie nature des choses.

Les lumières s'éteignirent, sauf un spot dirigé sur la scène. Jeff Tweedy, replet, presque gros, s'avança vers le micro et se mit aussitôt à jouer et à chanter d'une voix claire et nette, sans forcer. Avec les groupes anglais, on ne savait jamais à quoi s'attendre, en tout cas pour ceux que j'avais vus en live à mon époque. À l'exception de Blur que Tore et moi étions allés voir sur la Sentrum Scene d'Oslo en 1993 et dont la prestation avait été parfaite mais aussi pleine de cette énergie que seuls possèdent des jeunes qui en veulent et qui ont compris qu'ils en sont capables. Wilco était un groupe américain, la musique n'était pas quelque chose que ses membres donnaient à voir mais qui les habitait. Les autres musiciens firent leur entrée, ils jouèrent environ une heure et demie ou deux heures, et je ressentis une grande paix, la musique avait par moments une telle intensité émotionnelle que je lâchai prise et pleurai. Euphoriques après cette plongée dans notre époque de jeunes adultes, on alla se soûler. J'avais dit qu'il y avait des trains toute la nuit, mais quand on arriva à la gare, elle était fermée, et on dut prendre un taxi jusqu'à Malmö. En traversant le pont, où la lumière tremblante des lampadaires dévoilait des mètres d'asphalte grisâtre, j'étais comme dans un rêve. En revanche, le lendemain, mon angoisse fut intense, mais je sortis dîner dans un restaurant asiatique où Asbjørn nous divertit avec des histoires qu'il tenait d'une amie médecin qui lui avait énuméré les objets que les gens étaient capables de se fourrer dans le cul sans pouvoir les en ressortir.

À la fin de l'automne, le premier tome de mon roman fut sélectionné pour le prix Brage et je me rendis à Oslo avec Linda pour la cérémonie. Après avoir déposé nos affaires à l'hôtel, Linda alla se faire coiffer, ou se faire faire un *styling*, comme on dit peut-être, pendant que je passais à la maison d'édition pour discuter avec Geir. À mon retour, je frappai à la porte et Linda m'ouvrit.

— Qu'en penses-tu ? demanda-t-elle. En toute sincérité.

Sans répondre, j'allai m'asseoir dans un fauteuil. Voulait-elle que je confirme son opinion en lui disant que c'était très bien, ou voulait-elle, comme elle venait de me le dire, une réponse vraiment sincère ? Je trouvais ça affreux et misai sur le fait qu'elle pensait la même chose.

— C'est une coiffure qui pourrait plaire à une quinquagénaire, dis-je.

— C'est horrible, n'est-ce pas ?

— Oui.

— Bien, je vais me rincer les cheveux et me coiffer comme d'habitude.

Elisabeth, de la maison d'édition, vint nous chercher et on prit un taxi pour nous rendre à la cérémonie. Grand bâtiment, beaucoup de monde, une salle réservée aux auteurs en compétition. J'aperçus avec horreur un journaliste dont j'avais parlé dans le deuxième tome, il travaillait pour l'*Aftenposten* et je n'avais pas mâché mes mots à son sujet. Il vint se présenter dès qu'il me vit. Est-ce que je me souvenais de lui ? Oui, oui, répondis-je. Il dit en riant que c'était un honneur d'être mentionné dans mon livre, même de cette manière-là. Puis il ajouta : Mais vous vous êtes trompé sur une chose. Je ne suis pas un privilégié des quartiers ouest d'Oslo. Je suis désolé, dis-je. Puis j'aperçus Kjartan Fløgstad, mon ancien héros, le gentleman-écrivain socialiste, sur lequel j'avais aussi écrit. Je lui présentai Linda, il nous présenta sa femme et nous échangeâmes quelques mots pendant que je regardais à droite et à gauche car je ne voulais pas être là, je ne pouvais pas être là, je ne pouvais pas assumer tout ça. Ragnar Hovland, mon ancien professeur à l'Académie d'écriture, était là aussi. Après un moment, j'emmenai Linda fumer dehors, devant l'entrée, où les gens continuaient sans cesse d'affluer. La nuit faisait du bien, la pluie faisait du bien, les feuilles mouillées, marron et glissantes, qui jonchaient l'herbe faisaient du bien, mais le sentiment d'être vu, lui, m'était désagréable. Au moment de nous asseoir dans les premiers rangs où deux places nous étaient réservées, à côté de Kjartan Fløgstad et de sa femme, un photographe au balcon se pencha et prit une photo de Linda. Elle ne s'en rendit pas compte et je ne dis rien, je pouvais m'être trompé. Le spectacle commença, il y avait de la musique, des lectures, des sketchs et j'avais envie de vomir car je voyais la scène et sentais le public derrière moi ; si je gagnais le prix, il faudrait non seulement que j'y monte mais que je dise quelque chose. Et malheureusement, je dus y aller. La statuette était lourde comme une arme létale. L'idée de déclarer que beaucoup de mes lecteurs s'attendaient à ce que je verse une larme en cet instant m'avait traversé l'esprit, mais je n'avais pas osé, à la place je bredouillai quelques phrases sur les personnages du roman que j'avais rencontrés ce soir-là, et racontai que les auteurs des livres que j'avais lus lorsque j'avais quitté le foyer familial étaient en compétition ce soir. C'était vrai : Roy Jacobsen avait publié *La Nouvelle Fenêtre* cette année-là, et c'est aussi à cette époque-là que j'avais acheté *Le Chemin de l'Eldorado*, le premier livre de Fløgstad que j'avais lu. Je remerciai Linda, la personne la plus généreuse que je connaisse, bien content de ne pas avoir parlé de verser une larme, car ma voix se brisa très légèrement au moment où nos regards se croisèrent. Et j'allai me rasseoir. J'aurais mille fois préféré que ce soit Fløgstad qui se lève et aille chercher la statuette, il l'aurait reçue avec dignité, je suppose, contrairement à moi qui voulais disparaître, englouti par la honte et l'humiliation. Ensuite, on alla tous dans un pub irlandais des environs. Nous étions attablés dans l'arrière-cour avec Linda, Frederik et quelques collègues à lui, la pluie ruisselait sur les parois et les mâts du barnum, si c'est bien le nom qu'on donne à ce genre d'abri temporaire. Frederik avait rencontré Linda l'été où nous étions tombés amoureux, il nous avait rendu visite avec Kjetil et Richard, et on s'était tous soûlés. Ils discutaient, je buvais ma bière en regardant au loin, répondais de temps en temps aux questions, car j'étais désormais quelqu'un à qui l'on posait des questions. Un écrivain connu vint me voir. On se salua, j'étais gêné, je savais qu'il n'aimait pas ce que j'écrivais. Il en parlait avec ironie, ce qui rendait la situation encore plus difficile. Mais il ne voulait pas seulement me saluer et me féliciter, il voulait discuter et il mit au moins cinq minutes à se positionner par rapport à moi et à mes livres, il ne pouvait pas avouer sans détour qu'il ne les aimait pas, donc qu'ils étaient mauvais, mais il ne pouvait pas non plus s'en empêcher, et ses propos étaient insaisissables parce que je n'en comprenais pas le fondement. Était-ce une raison d'ordre social, quelque chose qu'il devait évacuer avant de pouvoir discuter ? Ou étaient-ce des considérations esthétiques qu'il croyait important de mettre sur la table pour que je ne pense pas qu'il était là pour d'autres motifs ? Il resta suffisamment longtemps pour passer de celui qui vient saluer à celui qui a sa place à la table. Il était sympathique, et l'avait toujours été, mais pourquoi était-il à ma table ? Aimait-il mes livres ? Visiblement non. M'aimait-il moi ? Peut-être, peut-être pas. Mais je supposai qu'il aurait été peu probable qu'il vienne à ma table si j'avais été un écrivain qui bricolait ses textes dans une vallée perdue du Vestlandet, à moins que cet écrivain ne compte parmi les meilleurs de ses collègues. Dans ce cas-là, il serait venu. Et moi aussi. Un jour que je parlais avec une écrivaine et son mari dans un restaurant d'une petite ville norvégienne qui accueillait un festival littéraire, Lars Saabye Christensen était venu s'asseoir à notre table. Je regardais dans sa direction sans plus vraiment écouter ce que disait mon interlocutrice, et dès que j'en eus l'occasion, je m'adressai à lui – n'avions-nous pas la même maison d'édition anglaise ? J'avais parfaitement conscience que mon interlocutrice avait remarqué mon intérêt pour Saabye Christensen et qu'elle comprenait ce qui se passait. Il n'était pas encore trop tard pour sauver la situation, mais mon envie de lui parler était plus grande que ma certitude de faire mauvaise figure. Lors de ce même festival, la femme d'un écrivain nous réprimanda, l'animateur et moi, car l'animateur avait parlé plus longtemps et avec plus d'enthousiasme de mon livre que de celui de son mari. Les sommets que peut atteindre la littérature, mêlés à la bassesse et à la vulgarité, sont caractéristiques des milieux littéraires, et ce n'est guère étonnant, il y a peu de domaines qui exigent un tel engagement de soi pour si peu de profit. L'année où j'avais publié mon premier livre, je m'étais retrouvé un soir tard dans une chambre d'hôtel en compagnie d'Erik Fosnes Hansen, flatté de m'entretenir avec lui, bien que je n'eusse plus rien lu de son œuvre depuis qu'il avait débuté très jeune avec son roman *La Tour des faucons*, que j'avais lu au lycée, mais quand j'avais mentionné *Vagant*, il avait vu rouge. *Vagant* ! avait-il presque hurlé. Il avait vendu des centaines de milliers de livres, il était publié dans le monde entier et recueillait partout de bonnes critiques, mais pas dans *Vagant*, cette minuscule revue littéraire qui le considérait tout juste comme un écrivain. Il méprisait cette poignée de jeunes critiques qui se retrouvaient dans les cafés de l'est d'Oslo. Ce n'était que verbiage nébuleux et intellectualisme universitaire. Pourquoi ? Il ne l'avait pas dit mais je supposai que le manque de reconnaissance y était pour beaucoup. Quand mon premier livre commença à se vendre, c'était ce statut-là que je redoutais. Je résolus le problème un temps en faisant partie de la rédaction de *Vagant* – d'un point de vue stratégique, c'était parfait, car j'étais à la fois un écrivain populaire et un écrivain élitiste, et je pus gravir les échelons en rencontrant de plus en plus de sommités jusqu'à ce que je me retrouve, ce soir d'automne pluvieux, dans un pub irlandais d'Oslo où les sommités venaient à moi. Knausgaard était devenu une marque, un logo dont les journaux étaient pleins, et je pouvais constater quelle force avait la répétition. Les gens me regardaient. Les gens s'excusaient avant de me dire quoi que ce soit. Les gens n'osaient rien dire. Les gens m'abordaient quand ils étaient ivres. C'était frappant. Et ce n'était pas dû à mes livres, car ils étaient tout ce qu'il y a de plus ordinaire, racontant l'histoire de deux fils qui enterrent leur père, et celle d'un père d'enfants en bas âge, frustré, qui se dévoile à son lecteur, mais c'était dû à mon nom et à ce dont on l'affublait.

J'aimais qu'un auteur célèbre s'attarde à notre table ce soir-là. J'en retirais un sentiment de pouvoir qui m'autorisait à dire ce que je voulais, ou à ne rien dire du tout, ça n'avait aucune importance, ça ne changeait rien. Lors de ma première rencontre avec cet écrivain, j'étais l'élève auquel il enseignait l'écriture, et lors de la deuxième, j'étais un étudiant présomptueux qui traversait le pays de part en part pour interviewer les écrivains connus. J'avais fait un effort colossal pour être digne du temps qu'il m'accorderait ; je m'étais préparé pendant plusieurs semaines sans rien faire d'autre. J'avais réfléchi à des questions habiles, intelligentes, pertinentes, dont je compris quelques années plus tard qu'elles étaient totalement transparentes et m'avaient mis à nu, et c'était ainsi avec tous ceux que je rencontrais : étudiants en deuxième cycle, professeurs, écrivains, éditeurs et journalistes, et comme j'étais très attiré par le prestige, plus le nom était connu et prestigieux, plus je redoublais d'efforts. Oh, la fois où le professeur Buvik non seulement se souvint de mon nom mais me posa une question pendant son cours. Ma première rencontre avec Jonny Halberg. Tone Hødnebø. Henning Hagerup. Eldrid Lunden. Thure Erik Lund. Ingvar

Ambjørnsen. Cecilie Løveid. Olav H. Hauge. Marit Christensen. Øystein Rottem. Kjartan Fløgstad. Ole Robert Sunde. Georg Johannesen. Kjersti Holmen. Erlend Lo. Åsne Seierstad. William Nygaard. Kjetil Rolness. Einar Økland. Frode Grytten. Trond Giske. J'avais très bien compris que la seule manière pour moi de gérer la situation, c'était de faire comme si ça n'avait pas la moindre importance, comme si j'étais incorruptible, alors qu'au fond j'avais hâte de les rencontrer et espérais bien que ça ne passerait pas inaperçu. Je n'avais pas perçu le cheminement et l'objectif avant cette soirée-là, au pub irlandais où mon nom avait désormais tellement d'importance que les autres se comportaient avec moi comme je m'étais comporté avec les écrivains de renom. Connaissant le phénomène de l'intérieur et sachant tout de l'art vil et par trop humain de la flatterie, je comprenais parfaitement ce qu'ils faisaient. Et je comprenais aussi que cela n'avait rien à voir avec moi, car j'étais resté le même toutes ces années, tirant la langue pour me montrer meilleur que je n'étais en feignant d'être incorruptible, alors que ce n'était qu'une forme de corruption plus avancée. Les seules choses qui avaient changé, c'étaient le nom et l'image qui y était associée. Moi qui avais toujours fait des lectures en public pour quinze cents couronnes, je me vis offrir soixante mille pour une prestation de trois quarts d'heure. Je déclinai l'offre, non parce que je ne voulais pas de cet argent mais parce que je voulais quelque chose d'encore plus précieux, l'intégrité ; et non parce que j'étais intègre mais parce que j'étais doublement corrompu. J'étais en effet tellement corrompu que je ne me souciais plus de ce que *Vagant* pensait de mes écrits, car dans la hiérarchie des valeurs, c'était le détachement qui primait, or la hiérarchie était la seule chose dont je me souciais. C'était ainsi. J'avais vendu deux fois mon âme, rien de moins, et j'avais atteint le sommet. Mais si on s'en glorifiait, on n'était pas vraiment au sommet car on ne l'atteignait qu'en gardant son intégrité, donc en déclinant les offres. Non aux journaux, non à la télé, non aux rassemblements festifs et aux représentations. Ce n'était qu'en renonçant au sommet qu'on l'atteignait, mais le summum n'était pas là non plus, il était réservé à ceux qui restaient viscéralement indifférents à tout cela et qui, dédaignés et seuls, persévéraient à écrire leur prose obstinée, aigrie et inflexible au fond d'une vallée perdue – pour parler d'écrivains au sommet de leur art –, et qu'ils n'envoyaient même pas à une maison d'édition, préférant l'enterrer quelque part dans la forêt avant de s'atteler à une autre œuvre.

Après la soirée, Linda et moi, la statuette à la main, rentrâmes bras dessus bras dessous à l'hôtel. Comme elle avait faim, je passai au 7-Eleven lui acheter à manger et, en chemin, je me mis soudainement à rire et m'arrêtai pour me tourner vers le mur. Ha, ha, ha ! Et je riais sans pouvoir me retenir, traversant la pluie et la nuit, sur l'asphalte luisant jusqu'à notre hôtel, le Savoy, devant l'entrée duquel j'allumai ma dernière cigarette avant d'aller me coucher. Je ne savais pas pourquoi j'avais ri, mais rien que d'y penser, je me remis à rire. Ha, ha, ha ! Ha, ha, ha ! Ha, ha, ha !

Je gloussais toujours en entrant dans la chambre. Linda s'était endormie. M'asseyant sur le lit, je posai ma main sur son front. Tu voulais manger quelque chose ? dis-je. Mais elle était déjà enfouie dans les ténèbres de son âme, alors j'avançai une chaise jusqu'à la fenêtre, m'installai et mangeai ce que j'avais acheté pour elle, en buvant un Pepsi max. Je regardais la pluie tomber, le lampadaire pendu à un câble fin au-dessus de la rue, et qui se balançait au gré du vent.

*

Un week-end de mai 2010, je louai une voiture pour me rendre à notre jardin familial, situé à la périphérie de Malmö, et y mettre de l'ordre. Linda l'avait mis en vente et une visite avait déjà eu lieu, mais personne ne s'était montré intéressé, ce qui n'était pas étonnant, nous n'avions rien fait pour en dissimuler l'état de délabrement. Savoir que l'endroit était parti à la dérive me pesait depuis longtemps. En passant le dernier rond-point avant d'entrer dans le territoire des jardins partagés qui s'étendait de chaque côté de la route et se composait de plusieurs centaines de petites maisons entourées de petits jardins, presque tous méticuleusement entretenus, la pesanteur m'accabla plus que jamais, pourtant le fait d'être là et de devoir m'atteler à la tâche était comme une lueur. Pas une flamme ni un scintillement, plutôt une clairière vers laquelle on s'avance dans une forêt, que l'on espère.

Il y aurait une autre visite le lendemain, et si je parvenais à mettre un peu d'ordre, il était possible que quelqu'un morde à l'hameçon car ceux qui achetaient ce genre de propriété aimaient ce travail-là et pouvaient même être attirés par le délabrement ; ça leur donnait des choses à faire.

Le ciel était d'un gris hivernal et les gens que je croisai le long de la route, des enfants à bicyclette et une femme qui poussait un landau et portait un lourd sac Coop, semblaient sans rapport avec lui, un peu comme les crabes au fond de la mer n'ont aucun contact avec la surface, pensai-je en roulant à trente à l'heure. Les feuilles des arbres venaient tout juste d'éclore mais, sans soleil, il était difficile de les associer à la vie que renouvelle toujours le printemps.

Rétrogradant davantage, je m'engageai sur le grand parking gravillonné. J'avais mal au ventre.

C'était un endroit où l'on était vu non pas tel que l'on était, qui que l'on fût, mais tel que l'on paraissait. Ici, j'étais un homme aux cheveux longs et gras, barbu, aux vieux vêtements noirs, au regard instable et à la gestuelle nerveuse, et quand cette espèce de clochard arrivait avec ses trois enfants, je me voyais si nettement à travers le regard des autres propriétaires que toute assurance et toute dignité me quittaient. Si quelqu'un avait appelé les services de protection de l'enfance pour qu'ils viennent enlever ses enfants à ce père terrible, peut-être drogué, en tout cas louche, j'aurais été sur la défensive, sentant qu'il y avait du vrai, et ne me serais défendu qu'à moitié.

Je roulai jusqu'au bout du parking, devant la barrière qui barrait le chemin gravillonné, j'arrêtai la voiture, sortis, déverrouillai la barrière, la fis pivoter, remontai à bord et avançai de quelques mètres avant de ressortir refermer la barrière puis rouler au pas entre les rangées de petites maisons. Le gravier crissait sous les pneus et la voiture, telle une barque, remontait le chemin aux allures de canal, en passant devant une succession de clôtures, jusqu'à la nôtre où je m'arrêtai. Loin d'être aussi pimpante que les autres, elle était recouverte d'une couche verdâtre d'algues ou de champignons. Contrairement aux autres et malgré le règlement, la végétation l'envahissait : la haie poussait à travers la clôture et la dépassait largement en hauteur.

J'éteignis le moteur, retirai la clé et aperçus la pancarte qui avait été accrochée à la clôture depuis mon dernier passage. À VENDRE, pouvait-on lire en lettres bleues sur fond blanc. J'ouvris la portière, sortis et la claquai. L'air se posa fraîchement sur mes joues et mes mains. Le gravier était envahi d'herbe, ce qui contrevenait à une autre règle, et j'en eus mal au ventre. J'aurais tellement voulu m'en foutre, de ces imbéciles qui surveillaient les jardins de leurs voisins, cette bande de vieillards arriérés, ridés et flétris qui n'avaient rien d'autre à faire que de penser à ce qui était bien ou mal, et qui passaient les dernières années, les derniers jours d'une longue vie singulière et pleine d'expériences à entretenir une pelouse et à fulminer quand les autres n'en faisaient pas autant. J'aurais tellement voulu m'en foutre, mais je ne pouvais pas. En vérité j'avais peur d'eux et je voulais les amadouer.

J'ouvris notre portail et pénétrai dans le jardin.

Pourquoi n'avait-elle pas tondu la pelouse ? Que les parterres soient envahis de végétation, c'était une chose, il aurait fallu des semaines pour y mettre de l'ordre ; mais la pelouse ? Qu'est-ce qu'elle avait dans la tête quand elle l'avait mis en vente ? Que la première impression ne comptait pas ? Que les acheteurs potentiels trouveraient ça bien malgré l'état d'abandon général ?

Je me retournai. À la fenêtre de la maison de poupée d'en face, la vieille me regardait. Son mari avait été président du syndic. C'était à lui qu'incombait la responsabilité de s'assurer que les propriétaires des jardins avaient un comportement correct. Et quand j'avais pris le bus pour venir arroser la pelouse un mercredi soir, après plusieurs journées de canicule, c'était lui qui était venu à la clôture, comme par hasard, toujours comme par hasard, me demander si je savais quel jour nous étions. Oui, évidemment, nous sommes mercredi, n'est-ce pas ? Oui, c'est bien ça. Mais nous avons un système pour l'arrosage, vous comprenez. Les numéros impairs arrosent les lundis, mercredis et vendredis, et les numéros pairs, les mardis, jeudis et samedis. Quel est le numéro de votre terrain ? Je dus avouer que j'avais un numéro pair et que je n'avais pas le droit d'arroser ce jour-là. J'avais deux solutions, soit reprendre le bus pour rentrer, soit passer outre à l'interdiction et arroser à faible débit derrière la maison, là où personne ne pouvait me voir. C'est ce que je fis, bien sûr, en fumant assis sur le pas de la porte, inquiet à l'idée qu'il puisse me surprendre. Il nous était arrivé de débarquer tous les cinq un samedi après-midi et de rester jusqu'au dimanche, en pensant que je pourrais tondre la pelouse, ce qu'on faisait bien trop rarement. Et qui s'était présenté, comme par hasard, à notre portail, sinon le président ? J'entends que vous tondez la pelouse, avait-il dit. Oui, absolument, elle a beaucoup poussé. Je vois, avait-il dit. Mais à partir de quatre heures le samedi et jusqu'au lundi matin, il est interdit d'utiliser des engins qui font du bruit. On veut du calme et de la tranquillité ici. Finissez de tondre quand même, vous le saurez pour la prochaine fois. D'accord, merci beaucoup ! C'est très gentil !

Et puis il y avait les papiers qu'ils déposaient dans la boîte aux lettres après leurs tournées d'inspection. Un formulaire tout prêt dont ils cochaient les différents points selon ce qu'ils avaient constaté.

Je passai derrière la maison, à l'abri des regards, m'assis sur le pas de la porte et allumai une cigarette en essayant de me faire une idée du travail à fournir. On entendait le lointain grondement, comme celui des vagues, de l'autoroute vers le Danemark, ainsi que des coups sourds et des cris qui parvenaient du terrain de football à proximité. Je n'avais jamais rien vu d'autre que ses projecteurs allumés tous les soirs, et qui, l'automne et l'hiver, formaient comme un hangar de lumière au milieu du paysage plongé dans l'obscurité.

Cet automne-là et cet hiver-là, j'étais venu écrire ici et j'avais le quartier pour moi tout seul, j'allais chercher de l'eau dans un bidon sur le parking, faisais mes courses au supermarché situé à deux ou trois kilomètres, noircissais des pages trois ou quatre jours d'affilée avant de rentrer à la maison et d'y rester quelques jours, puis de revenir ici. Où j'étais en dehors de tout. Pas de journaux, pas d'Internet, pas de télé, pas de radio, je n'avais que mon portable dont personne n'avait le numéro. Et il n'y avait pas âme qui vive. Le soir, la nuit, vadrouillait dans le jardin un hérisson qui, de temps en temps, quand je ne bougeai pas, pressait son museau contre ma chaussure. Dans la journée, les oiseaux. Devant mon écran d'ordinateur, vêtu d'une veste, d'un bonnet et de gants, une couverture de laine ou une couette sur les genoux, dans le halo froid de la lampe, l'air faisant comme de la fumée, j'écrivais sur mon enfance et ma jeunesse. Les conversations téléphoniques avec Geir, à qui je faisais la lecture et avec qui je discutais, les conversations téléphoniques avec Linda, que sa mère aidait avec les enfants, et qui, pendant les heures où ils étaient au jardin d'enfants, ne savait pas vraiment quoi faire, ni comment. Les heures dont elle pouvait disposer étaient pour elle plus effrayantes que profitables. C'était ainsi depuis longtemps. Elle avait maintenant un bureau dans un espace de travail partagé mais appréhendait de s'y rendre, elle se forçait parfois, mais pouvait ne plus y retourner pendant plusieurs semaines.

C'était un bel espace de travail, elle avait un Mac, des photos des enfants à côté, et des livres sur les étagères pour l'inspirer. Un jour, elle y avait amené Heidi, et Heidi était fière d'être allée au travail de maman, elle avait dit bonjour à tout le monde et dessiné, et je remarquai combien Linda était heureuse à son retour, car ce jour-là, elle était comme les autres parents, elle avait emmené son enfant au bureau, l'avait montrée à ses collègues, et avait montré son travail à Heidi. Pourtant, elle y allait de moins en moins.

Il y avait chez Linda quelque chose qui l'abattait

et qui l'élevait. Et qu'elle devait combattre car elle passait sans cesse de l'abattement, où tout était noir et sans espoir, à l'élévation, où tout était lumineux et plein d'espoir. Cette alternance imprégnait tout, toute son existence, qui changeait ainsi radicalement tout en restant la même.

Lors de notre toute première rencontre, elle était dans une de ses phases montantes, qui, au lieu de s'arrêter et de s'inverser, se prolongea ; elle n'avait plus de limites, ne dormait plus, ses journées étaient sans fin, jusqu'au jour où une amie la trouva dans son appartement accroupie sur une table en train de réciter des numéros. Linda a des étoiles en elle qui, quand elles sont allumées, la font briller, mais quand elles sont éteintes, il ne reste que les ténèbres. Elle fut hospitalisée pendant plus d'un an, et la deuxième fois que je la rencontrai, quand nous devînmes un couple, il n'y avait pas longtemps qu'elle était sortie de l'hôpital. On eut un enfant presque tout de suite et c'était notre souhait à tous les deux. Je ne pensais jamais au fait qu'elle avait été malade, cela ne me faisait pas peur, et c'est peut-être cette confiance qui lui permit d'envisager d'avoir des enfants, ou qui l'y aida.

À la maternité, elle avait dû cocher la case concernant les « maladies mentales » sur les formulaires et je remarquai à quel point cela affecta le regard de la sage-femme sur Linda et moi, alors qu'elle n'avait aucun problème à ce moment-là. Son humeur suivait des cycles, elle alternait les phases montantes et descendantes, mais toujours dans un intervalle normal. Je n'y pensais jamais, elle était ainsi, impulsive, et je ne réagissais pas à sa joie quand elle était joyeuse, ni à sa noirceur quand elle était déprimée ou soudain furieuse ; je réagissais à elle, à ce qu'elle disait ou faisait.

Elle essaya toutes sortes de méthodes pour stabiliser ses émotions car ces fluctuations l'usaient, et dans la vie que nous menions, si différente de celle que nous avions eue peu de temps auparavant, avec la responsabilité d'un enfant et tout ce que cela impliquait, le sentiment de ne pas maîtriser la situation était pour elle la pire des choses. Elle redoutait par-dessus tout le chaos. Elle était terrifiée par tout ce qui rappelait le débordement, car en raison même de ses variations d'humeur, elle estimait que le reste, notre foyer, devait être aussi solide et stable que possible. Pour elle, tout menaçait cette solidité. Que je passe du temps à écrire était une menace. Elle savait que c'était mon travail, que c'était important pour moi, et ça ne posait aucun problème tant qu'elle allait bien, mais dès qu'elle déprimait de nouveau, la peur resurgissait, mon travail redevenait une menace, et elle ne pouvait résister à cette peur dévorante.

Sa peur fut particulièrement intense au moment de sa première grossesse, elle avait très peur de perdre Vanja, très peur de la responsabilité à venir, et toute son anxiété s'exprimait dans des accès de colère démesurés. Je ne réagissais pas à ses explosions mais je les trouvais injustifiées et les craignais – elles étaient tellement violentes –, je n'étais pas habitué à une telle impétuosité ; dans ma famille, on se contrôlait, on était rationnels. Vanja arriva, et la quiétude revint. Linda suivit des études, Heidi vint au monde, on déménagea à Malmö, John vint au monde. Il y avait beaucoup à faire mais le travail, quel qu'il fût, ne me coûtait pas, pas plus que ne me coûtaient les tâches ménagères dans l'appartement. Il fallait le faire, c'est tout. Je voyais le monde à ma façon et je voulais que Linda serre les dents et tienne bon.

Qu'avait-elle à son actif ?

Elle avait sa formation en radio, mais elle l'avait terminée depuis longtemps déjà et n'avait pas fait de radio depuis ; le pas à franchir pour commencer, pour appeler la radio et dire qu'elle avait une idée, était plus grand de jour en jour. Elle s'acheta un micro et un programme de montage, et en resta là.

Elle avait aussi ses écrits. Ses textes les plus anciens étaient bien antérieurs à notre rencontre, les plus récents avaient été écrits pendant l'année écoulée. Ils étaient remarquablement bons. Elle envoya le manuscrit à ses anciens éditeurs. Mais il fut refusé au motif que les nouvelles étaient difficiles à publier dans un contexte défavorable au secteur du livre. Le marché ne suivait pas, ils n'avaient pas d'argent. Elle l'envoya à trois autres maisons d'édition, deux ne lurent jamais le recueil et la troisième le refusa. Les deux premiers tomes de mon roman furent publiés, le troisième était en préparation, et pendant que j'écrivais le quatrième, Linda appela Sveriges Radio, la radio publique suédoise, pour leur proposer une idée de documentaire. C'était un grand pas et un tournant décisif : la conversation fut engageante, la productrice voulut la rencontrer, elles se rencontrèrent, et elle eut confiance en Linda. Un planning de travail fut établi. Linda était enthousiaste, pleine d'énergie et d'idées, on s'installait sur le balcon une fois les enfants couchés pour parler de ses projets. Elle partit pour Stockholm interviewer Fuglesang, l'astronaute suédois, puis pour le Norrland où se trouvait une station spatiale commerciale qu'elle visita et dont elle interviewa les employés.

Le documentaire avait pour point de départ le dernier voyage du dirigeable *Hindenburg*. Un jour, elle était tombée sur des coupures datant de l'époque dans un journal suédois, et qui relataient qu'un journaliste suédois qui se trouvait à bord télégraphiait des rapports sur le voyage plusieurs fois par jour. Il mourut dans l'incendie qui embrasa le dirigeable outre-Atlantique, juste avant d'atteindre sa destination. C'était une histoire prodigieuse qui contrasterait avec celle des voyages spatiaux.

Son reportage dura huit jours et elle m'appelait de l'hôtel, enthousiaste. Elle avait fait du traîneau à chiens, dormi dans un hôtel de glace, s'était promenée dans un cimetière d'épaves spatiales. Elle parlait à un tas de gens, organisait des rencontres, et donnait même l'impression d'être amie avec eux, car ce qu'elle racontait relevait parfois de la confidence.

À l'autre bout du fil, sa voix était exaltée et pleine de vie. Je fumais sur le balcon, emmitouflé dans une veste, un bonnet et des gants. Les enfants dormaient. Je me sentis vaguement inquiet. J'avais l'impression de ne pas communiquer vraiment avec elle.

— Je me suis baladée dans une zone immense, couverte de neige et jonchée de morceaux de métal. C'était comme un cimetière. Tu imagines, Karl Ove ?

— Super ! Et tu as interviewé quelqu'un là-bas ?

— Non, je me suis contentée de marcher microphone ouvert en racontant ce que je voyais. Mais je sais que c'est bien. C'était fantastique.

— Super.

— Et là le ciel est tout étoilé. Tu imagines comment ça peut être ici ?

— Est-ce qu'il faut que tu te lèves tôt demain ? demandai-je.

— Et puis, tu sais, à l'hôtel de glace, excuse-moi, il faut que je te le dise pendant que j'y pense, ils ont dit qu'il fallait absolument qu'on y revienne ensemble ! Et la chambre sera gratuite.

— Dans un hôtel de glace ? Tu plaisantes !

— Tu sais, c'est très spécial ici. Magique, d'une certaine façon.

— OK. Mais je crois qu'il faut que j'aille me coucher si je veux réussir à m'occuper des enfants demain matin.

— Oui, je comprends. Bonne nuit, mon prince. Je t'aime.

— Bonne nuit.

Elle rentra de voyage, encore excitée par tout ce qu'elle avait vécu et tout ce qu'elle allait faire. Elle écrivit le scénario, avec pour objectif de mettre en scène le voyage en dirigeable à partir des rapports du journaliste. Le scénario fut accepté et un budget établi. Linda engagea des acteurs, les dirigea, et fit les enregistrements. Elle partait au travail à sept heures du matin et rentrait à six heures du soir. Elle était comme métamorphosée. Je ne l'avais vue qu'une seule fois travailler aussi durement, pendant son examen de fin d'études au Conservatoire d'art dramatique, où elle s'était dépensée sans compter. Mais là, c'était différent. Comme si elle misait tout ce qu'elle avait, toute son existence, comme si c'était maintenant ou jamais, pas seulement pour le documentaire mais pour sa vie entière.

Le vendredi soir de sa première semaine de travail, nous regardions la télévision d'un œil pendant que les enfants dormaient.

— C'est toi qui t'occupes des enfants demain ? dit-elle.

Je me tournai vers elle.

— Pourquoi ? Où vas-tu ?

— Je vais travailler.

— Tu vas travailler pendant le week-end ?

— Oui, évidemment. C'est important. J'ai des délais à respecter.

Importante ? Des délais ?

Je commençai à bouillir intérieurement.

Je regardai l'écran quelques secondes puis me tournai de nouveau vers elle.

— Mais enfin, tu as toujours refusé que je travaille les week-ends parce que c'était important qu'on fasse quelque chose en famille. Je n'ai pas travaillé un seul week-end en sept ans. Et toi tu le fais ?

— Oh, ce que tu peux être mesquin. Terriblement mesquin.

— Alors ce truc de la vie de famille, ça ne vaut plus maintenant que toi, tu travailles ?

Elle se leva.

— Où vas-tu ?

— Me coucher. Je me lève tôt demain.

J'entendis ses pas s'estomper dans le couloir, voulus la suivre pour arranger les choses, mais je bouillonnais toujours, l'échange n'aurait rien donné de bon. En outre, j'étais heureux qu'elle soit pleine d'énergie et de volonté et, à long terme, ça me permettrait à moi aussi de travailler le week-end.

Je pensais qu'au fond c'était bien, que c'était normal.

Elle se leva tôt le lendemain et partit à bicyclette à la radio. Le dimanche, on alla tous ensemble au parc du château en suivant notre itinéraire habituel à travers la ville : d'abord la première aire de jeux, qui ne contenait qu'un manège et un toboggan sous d'énormes feuillus dont les frondaisons faisaient comme un toit l'été, mais dont les branches, maintenant dépourvues de feuilles, s'écartelaient sur fond de ciel gris ; puis la deuxième aire de jeux, située à l'extrémité du parc, à la limite d'une vaste zone résidentielle. Linda et moi, l'un à côté de l'autre dans le vent, regardions les enfants courir en tous sens dans leur coupe-vent rouge. Elle était visiblement sur la pente descendante, introvertie pour la première fois depuis des semaines. De retour à la maison, les enfants regardèrent un film pendant qu'elle se reposait et que je lisais les journaux du dimanche. Si elle n'avait pas été obligée de travailler pour une production d'assez grande envergure qui lui imposait un planning et un budget serrés, elle aurait pu rester à la maison la semaine suivante, à regarder de mauvais films allongée sur le canapé, et à dormir jusqu'à ce que la noirceur et la douleur se dissipent. Mais ce n'était pas possible, il fallait qu'elle travaille. Le lundi matin, elle se leva tôt et se prépara pendant que je m'occupais des enfants. Alors que je fouillais dans les étagères à la recherche de vêtements pour John, elle ferma la porte des toilettes. Je l'entendis vomir. Pendant plusieurs minutes. Puis la porte s'ouvrit, elle sortit et alla enfiler sa veste en cuir noir suspendue au portemanteau.

— Tu as vomi ? demandai-je.

Elle acquiesça. Le visage blême.

— Mais j'y vais. À cet après-midi. Je ne sais pas quand je rentre. À six heures peut-être.

Elle attrapa son sac et sortit pendant que je continuais à m'occuper des enfants. Après les avoir déposés au jardin d'enfants, je repris l'écriture du quatrième tome et y travaillai toute la journée, puis retournai les chercher, préparai le repas et j'étais en train de manger avec eux lorsque Linda rentra. Elle était essorée. Le lendemain, ce fut pareil, elle vomit dans les toilettes avant d'aller au travail ; le surlendemain également, et le jour suivant aussi. Je trouvais qu'en un sens elle exagérait, ce n'était qu'un travail après tout, mais je ne pouvais pas le dire, et ce n'était pas vrai non plus, ce n'était pas seulement un travail pour elle. Après cinq années, incluant trois naissances, d'une vie consacrée uniquement aux enfants, à l'exception de maigres tentatives pour entreprendre quelque chose en son nom au cours de l'année qui venait de s'écouler, c'était une occasion unique de prouver ce qu'elle valait. S'il s'était agi de le prouver aux autres, j'aurais pu lui dire de déstresser un peu, que ce n'était pas si important, mais c'était à elle-même qu'elle voulait montrer qu'elle en était capable, et je ne pouvais rien dire face à cela. Elle vomissait le matin, allait travailler et rentrait chaque soir avec un peu moins de confiance en elle. Sa mère vint nous aider et je pus passer plus de temps à écrire.

À deux heures le vendredi, j'entendis la porte d'entrée s'ouvrir et allai voir qui c'était.

Tête baissée, Linda ôta sa veste sans me regarder.

— Tu es déjà là ?

— Ça n'a pas marché. Je n'ai pas réussi.

— Qu'est-ce que tu racontes ?

Elle pleurait.

— J'ai craqué à la régie, dit-elle. J'ai compris que je n'y arriverais jamais. C'est impossible. Je ne peux pas, Karl Ove.

Elle alla dans la chambre et je la suivis. La productrice l'avait priée de rentrer chez elle et de prendre quelques jours de repos. Cette femme était stricte et exigeante, elle avait compris le potentiel de Linda, elle savait ce dont elle était capable, mais sans doute pas à quel point elle était fragile.

— J'ai raté. C'est un fiasco.

La mère de Linda s'arrêta dans l'encadrement de la porte et revint sur ses pas dès qu'elle vit que Linda pleurait.

— Tu en es vraiment sûre ?

— Je n'arrive pas à en faire un tout, expliqua-t-elle. Et je n'ai presque plus de temps. Ça ne marche pas. C'est impossible.

C'était grave. Rien n'était pire qu'un échec là où elle avait donné tout ce qu'elle avait.

— Est-ce que tu peux simplifier, faire des raccourcis ?

Elle ne répondit pas. Mais une fois que les enfants furent couchés, elle me demanda si je pouvais écouter ce qu'elle avait fait jusque-là. J'acceptai, bien sûr. En réalité, je n'en avais pas la moindre envie. Je peux encaisser mes propres échecs, mais je ne sais pas gérer ceux des autres.

Elle me tendit les écouteurs et appuya sur *Play*.

C'était bien. Évidemment. C'était peu, mais bien.

Le lundi, elle se força à y retourner, blême et en serrant les dents. Son émission était devenue quelque chose de complexe, de trop grand pour elle, et quand la productrice déclara que ça ne fonctionnait pas et qu'il fallait retravailler l'ensemble, Linda s'effondra de nouveau. Comme précédemment, je crus que c'était vraiment fini, qu'elle avait raté pour de bon. Mais, comme précédemment, elle y retourna.

Un jour, l'émission fut terminée. On m'invita en tant qu'auditeur cobaye avec deux producteurs, un technicien et Linda, dans un studio décrépit de la Maison de la radio de Malmö.

J'étais au bord de la colère en écoutant l'émission. L'émission était excellente. J'avais cru Linda quand elle prétendait que c'était une catastrophe, elle ne m'avait pas laissé le choix.

Et elle s'effondra encore. Les semaines qui suivirent, elle fut de nouveau en proie à sa noirceur, beaucoup plus longtemps que d'ordinaire. Elle pleurait facilement, parlait moins quand nous n'étions que tous les deux. Avec les enfants, elle s'efforçait d'être comme d'habitude et je remarquais qu'elle était soulagée quand je les emmenais dehors. Elle dit qu'elle ne pourrait jamais plus faire de radio. Mais lorsque les ténèbres se dissipèrent, qu'une lueur apparut et que son monde se fit de plus en plus léger, elle se reprit à imaginer d'autres documentaires, elle avait un pied dans la place.

Quant à moi, je terminai le quatrième tome après une semaine passée dans la petite maison des jardins partagés à écrire jour et nuit, en même temps que le troisième tome parut. Tous les camarades à qui j'avais envoyé le manuscrit avaient donné leur assentiment, ravis de se replonger dans leur passé. Je reçus une belle lettre enthousiaste de mon plus vieil ami, Geir Prestbakmo, que je n'avais pas revu depuis trente ans. Il décrivait plusieurs épisodes dont il se souvenait, comme celui où nous nous étions réfugiés dans un abri à bateau pendant un orage, un tuyau à la main parce que nous avions entendu dire que la foudre ne tombait pas sur le caoutchouc. Dans l'esprit et le ton de la lettre, je le retrouvais tel qu'il était. Quant à Dag Lothar, je lui parlai au téléphone ; il me rappela la discussion que nous avions eue sur la correspondance entre la couleur des bonbons et leur goût, ainsi que l'été où nous étions allés au-delà d'Eydevann à bicyclette pour jouer au tennis. D'une certaine façon, j'avais le sentiment de leur offrir notre histoire, et non de la leur prendre. C'était un sentiment agréable. Ils m'invitèrent à leur rendre visite dès que je serais dans leur région. Les problèmes revinrent avec le quatrième tome. Au lieu d'utiliser les vrais noms des gens et de faire lire le manuscrit à chacun, j'en inventai et le publiai tel quel, je n'avais pas la force d'affronter une nouvelle tempête. Mais ils se fâchèrent quand même. Le cinquième tome, je l'écrivis en huit semaines, parce que je m'en foutais vraiment, mais j'avais trouvé un ton qui me rappelait la littérature que je lisais à l'époque décrite dans le livre, et je pensais au fond de moi que c'était le roman que je voulais mais n'avais pas pu écrire à vingt ans. Maintenant je pouvais. La dernière semaine, Linda et nos enfants, ainsi qu'Helena et les siens, partirent pour Tenerife, et je finis mon livre pendant les Jeux olympiques d'hiver ; seul sur le canapé, j'applaudissais bruyamment les victoires de Northug – « le Loup », comme l'avaient surnommé les commentateurs suédois –, avant de retourner à mon bureau pour poursuivre mon travail. Quand il fut terminé, je l'envoyai à tous ceux que j'avais mentionnés. Certains se mirent en colère, prétendant que je détruisais leur vie, et je remplaçai leur nom, d'autres me demandèrent de supprimer certains passages aux conséquences dangereuses dont je n'avais pas pris la mesure à l'époque, d'autres encore me dirent de ne rien changer du tout. Ce fut le cas de Tonje, la personne la plus importante du livre hormis Yngve. Je demandai à Linda de ne pas l'ouvrir parce qu'il lui serait désagréable de lire une histoire d'amour que j'avais eue avec une autre femme. De la même façon, mais pour une raison différente, j'avais demandé à maman de ne pas lire le troisième tome. Après avoir lu le deuxième, elle m'avait envoyé un mail où elle écrivait que cela faisait mal d'être rabaissée. À la lecture du quatrième, elle m'appela, courroucée au plus haut point, j'avais écrit quelque chose qui n'était pas vrai du tout à propos de l'époque où nous habitions tous les deux la maison de Sannes, un épisode qui concernait l'alcool – soit je m'étais complètement trompé, soit j'avais tout inventé. Je supprimai le passage. Le journal télévisé norvégien vint m'interviewer, après quoi je rentrai à la maison me coucher, paralysé par l'angoisse : l'interview serait diffusée aux informations du samedi soir, toute la Norvège la verrait, et j'avais à peine réussi à dire une phrase cohérente.

Le journaliste m'avait montré la couverture d'un magazine où figurait en gros titre « Knausgaard pour les nuls », et je compris, la caméra braquée sur moi, qu'il m'était arrivé quelque chose en Norvège que je n'avais pas saisi tout de suite. J'étais devenu important. Je m'en étais un peu rendu compte lors d'une séance de dédicaces à Oslo avant Noël car mon passage à la librairie avait été un événement : des caméras dc télévision, des micros, des appareils photo partout, la librairie était bondée et une file sans fin s'était formée devant la table où j'avais pris place, des micros fixés tout près de la bouche. Après les dédicaces, je m'étais rendu à la Maison de la littérature, la plus grande salle affichait complet, de même que la salle où l'événement était retransmis sur grand écran. Tore m'interviewa de la même façon qu'à Odda, mais, à l'époque, ça ne faisait que commencer, alors que maintenant c'était l'hystérie. Ensuite, tandis que je regagnais ma loge, un journaliste me harcela pour savoir si j'avais couché avec une fille de treize ans. Plus tard, avec Tore et sa compagne, on alla se soûler et, en rentrant à l'hôtel, j'aperçus les journaux au 7-Eleven. Le *Dagsavisen* faisait sa une avec une photo de moi en train de dédicacer mes livres. C'était complètement irréel, comme dans un rêve, et je n'arrivais pas à l'associer à moi, si bien que la petite maison des jardins partagés de la banlieue de Malmö, que je retrouvai le lendemain de mon retour, s'avéra une cachette autant qu'un endroit pour écrire. Tout y était comme avant, j'étais assis devant mon écran d'ordinateur. Trois jours là-bas, puis rentrer, fêter la Sainte-Lucie au jardin d'enfants, Noël en famille, le réveillon du Nouvel An. Puis passer encore quelques jours à la petite maison et retrouver la famille ensuite. Pas d'interviews, pas de journaux, pas de télé cet hiver-là, comme pendant l'automne précédent. Le journal télévisé norvégien avait été une exception : pour le premier tome, j'avais reçu un prix décerné par la radio, on devait me le remettre à Malmö et m'interviewer par la même occasion, et la télévision avait demandé si elle pouvait en faire autant. Puisque je devais déjà donner une interview, je pouvais aussi bien en donner une autre, pensai-je. Mais une fois la caméra braquée sur moi, ce fut comme si toute l'angoisse suscitée par tous ces événements qu'au fond je n'avais pas compris se concentrait là, en un seul point.

Après l'interview, couché et si angoissé que je ne bougeais plus, j'appelai Linda dès que je l'entendis rentrer.

— Linda ! Linda ! Linda ! m'écriai-je.

Elle s'arrêta dans l'embrasure de la porte.

— Il faut que tu t'occupes des enfants aujourd'hui. Et toute la soirée. J'en suis incapable. Il faut que je reste couché.

Elle acquiesça.

— Pas de problème, dit-elle.

Je vis qu'elle était contente de pouvoir faire preuve de sollicitude à mon égard. Quand elle partit chercher les enfants, je parvins à me lever pour allumer mon ordinateur, enfin connecté à Internet, et je passai la soirée allongé à regarder une série de documentaires sur la Seconde Guerre mondiale. Des images uniques, beaucoup témoignant du quotidien où transparaissaient la solidarité et la détermination mondiales à travers les ravages de la guerre, ce qui la rendait réelle d'une tout autre façon. Lorsque Linda se coucha, je dormais.

À Pâques, on séjourna à Stockholm, où l'on avait retenu une suite car j'avais gagné assez d'argent. L'idée était que je commence le sixième tome durant notre séjour, et que Linda et les enfants aillent voir sa mère et visitent des lieux tels que les musées Junibacken et Skansen, ou la salle réservée aux enfants de la Maison de la culture. Mais ça ne se passa pas comme prévu. Linda était déprimée, elle était incapable d'entreprendre tout cela sans aide et elle m'appela au bout de quelques heures en me priant de venir. Ce que je fis. Helena et Fredrik nous invitèrent à passer une journée dans sa belle maison à lui. On prit le train pour Uppsala où il vint nous chercher en voiture. Geir et Christina étaient là aussi. Après avoir fait le tour du propriétaire, on discuta un moment au salon pendant que les enfants jouaient dehors. Linda était si euphorique que j'avais du mal à communiquer avec elle, elle flottait sur son nuage, tout était formidable. Je savais qu'en réalité elle était déprimée et ça m'énervait, je détestais la voir comme ça, exagérément gaie, empressée, extrêmement élogieuse, alors que cela ne reposait sur rien. Ça sonnait faux. Je voyais très bien la différence, contrairement aux autres, qui la trouvaient merveilleuse, elle était le centre d'attention de tout le groupe, mais pas le mien.

À notre retour à Malmö, je continuai la rédaction du sixième tome. Il ne comptait encore que vingt pages mais ne devait pas non plus être long, et il était prévu que je le termine en six semaines. Le livre de Geir fut refusé, Molven écrivit qu'il était trop long et trop bavard pour que les éditions Spartacus misent sur lui. Deux grandes maisons d'édition et une petite l'avaient donc refusé, il fallait trouver autre chose. Geir avait toujours été persuadé que ce serait ainsi, c'était son expérience du monde, alors que je continuais d'affirmer que ça finirait bien, selon mon expérience à moi. Qu'un livre de niveau international, et radicalement différent des ouvrages documentaires édités en Norvège, ne soit pas publié dépassait mon entendement. Avait-on refusé *Moby Dick* sous prétexte qu'il était trop bavard et trop long ? Ou trop immoral ?

J'appelai Yngve pour lui demander s'il voulait fonder une maison d'édition avec moi, envoyai un mail à Asbjørn contenant la même question, tous deux furent enthousiastes, et on fonda les éditions Pelikanen, dans l'intention d'abord et avant tout de publier *Bagdad Indigo*, mais aussi des traductions des livres que nous aimions.

C'est aussi à ce moment-là que je commençai à faire lire le cinquième tome à ceux qui y figuraient. Il racontait les douze années que j'avais passées à Bergen. Dans cette vie-là, la personne la plus centrale, c'était Tonje. Je mis longtemps à écrire la lettre que je lui envoyai.

Après avoir lu le premier tome, tu m'as écrit que c'était un beau portrait, que tu savais qu'il pourrait évoluer au cours de la narration mais que tu me laissais carte blanche. Arriva ce qui arriva – entre autres le deuxième tome que je ne t'ai pas donné à lire avant publication – et maintenant tout a changé. Ce à quoi tu as consenti il y a un moment a beaucoup évolué. J'y ai pensé en écrivant le cinquième tome et c'est pourquoi je n'aborde presque pas ce que tu représentes (pour moi) et je te décris à travers les yeux de l'amour. Tu n'as aucune raison d'avoir honte ou peur de ce que j'écris sur toi, la seule erreur que tu aies commise (et ce n'est pas une erreur), c'est d'avoir été ma compagne. Ce que tu peux craindre évidemment, ce sont les journaux, où « Knausgaard soupçonné de viol » fera sûrement les gros titres. Et c'est terrible que tu y sois associée. Mais dans le livre c'est sur moi qu'est rejetée la faute, pas sur toi, tout lecteur le comprendra. Si tu le souhaites, je peux changer la scène de ton retour de Kristiansand, supprimer l'infidélité, et te faire dire tout simplement que c'est fini.

Peu de temps après, je reçus un mail de Jan Vidar : il se rendait en famille à Copenhague, est-ce qu'ils pouvaient passer ? Naturellement, lui répondis-je, je me réjouis de te voir après toutes ces années. Je mis toute la journée à ranger l'appartement, faire les courses et préparer le dîner. Ils arrivèrent en fin d'après-midi, Jan Vidar, Ellen et leurs trois enfants. Je n'avais vu que les deux aînées quand elles étaient petites, c'étaient maintenant de grandes filles.

Malade, Linda n'eut pas la force de rencontrer des inconnus et se retira dans la chambre juste après les avoir salués. Je me doutais que Jan Vidar le considérerait comme un rejet, comme si au fond elle ne souhaitait pas qu'ils soient là.

On parla toute la soirée. Il n'avait pas changé, il était aussi calme et confiant qu'autrefois. On passa en revue toutes nos connaissances de l'époque, Jan Vidar habitait toujours là-bas, il avait encore des contacts avec beaucoup d'entre elles. On parla aussi de mes livres, surtout du tumulte qu'ils provoquaient. Jan Vidar raconta qu'il avait refusé toute interview mais que lorsque les critiques à mon égard s'étaient aggravées et que les accusations d'immoralité s'étaient mises à pleuvoir, il avait décidé de me défendre. Je le savais, ma mère l'avait mentionné, et je lui dis que j'en étais content.

S'il y avait quelqu'un dont j'avais eu besoin quand j'avais débarqué à Tveit à treize ans, c'était lui, pensais-je pendant que nous discutions dans un des deux salons et que les enfants regardaient un film dans l'autre, installés sur le canapé. Loyal, incorruptible, attentionné, indépendant. Il était resté, j'étais parti. Il avait appris à jouer de la guitare, moi jamais. Il avait trois enfants, j'avais trois enfants. À l'époque, les différences entre nous étaient minimes, car au début de l'adolescence, l'âge est déterminant, alors que le monde qui semble se former sous nos yeux reste le même. Jan Vidar est le premier avec qui je me soûlai, le premier avec qui j'allai à des fêtes. Le premier avec qui je fis l'expérience des filles. Principalement en parlant d'elles, car la musique et les filles étaient pratiquement les seuls sujets qui comptaient, mais aussi quand nous allions les voir ensemble à bicyclette, et que nous les embrassions, chacun la sienne, chacun sur son canapé, sur la musique de *Telegraph Road* de Dire Straits, faite pour la circonstance.

Entre-temps les petites différences entre nous étaient devenues plus importantes, mais il était égal à lui-même, et nos dissemblances logeaient dans les couches d'expérience que le temps avait déposées.

Ce soir-là, Jan Vidar dit une chose à laquelle je repensai lorsqu'ils furent partis. Ça concernait ce que papa avait été pour lui. Jan Vidar et moi étions les meilleurs amis du monde, et les trois premières années, papa habitait aussi à Tveit. Alors que le père de Jan Vidar était quelqu'un d'important dans ma vie, lui qui était toujours présent et s'intéressait à moi quand j'étais chez eux, mon père n'était rien pour Jan Vidar, une sorte d'ombre dont il connaissait l'existence et qu'il voyait de temps à autre, mais avec qui il ne parlait jamais. Il me raconta la fois où je venais de poser ma bicyclette quand papa était sorti en trombe me réprimander sévèrement pour une raison quelconque. À part ça, Jan Vidar ne savait pour ainsi dire rien de lui. Il comprenait qu'il était sévère et se doutait que j'avais peur de lui, mais en réalité il ne savait rien. Nous n'en parlions jamais. Et c'était tellement étrange. Pourquoi n'avais-je jamais parlé de papa pendant ces trois années ? Pourtant, nous parlions de tout. Peut-être qu'il n'y avait rien à dire. C'était comme ça, c'est tout. Peut-être qu'à l'époque il n'y avait pas de mots pour l'exprimer. Mais qu'est-ce que ça pouvait être s'il n'y avait rien à en dire ou pas de mots pour le dire ? Je ne crois pas non plus que je pensais à lui. Je me contentais de réagir, j'esquivais, je composais avec ses paroles et ses actes en partant du principe que ce qu'il faisait et représentait était immuable, un peu comme si j'avais vécu auprès d'une puissance. Et j'en avais honte. C'est sans doute la raison pour laquelle je ne parlais jamais de lui avec Jan Vidar. Nous étions au début de l'adolescence, l'âge où l'on entrevoit à peine qu'il existe d'autres façons de faire et de penser que celles de sa famille.

En tout cas ce n'était pas de papa que j'avais honte

mais de ce que je ressentais. Je ne me souviens pas beaucoup de lui pendant ces années-là. Pour moi, sa présence dans mon enfance est nettement plus marquée, mais entre treize et seize ans, mon père est vague et flou, presque absent, puis il revient en force à mes seize ans quand lui et maman divorcent.

Pendant ces trois années, il passait la plupart du temps dans la pièce aménagée au rez-de-chaussée de la grange, tandis que maman et moi étions dans la maison, et quand il venait, je montais presque toujours dans ma chambre.

Pas d'amis. Pas de vie sociale. Seulement son travail et ses soirées à la maison. Une visite à ses parents de temps en temps, en ville, le week-end.

Il avait trente-huit ans quand nous avons emménagé dans cette maison. Il a dû se sentir prisonnier de sa propre vie. Et il a dû être seul. Lorsque je repense à lui pendant cette période, il est comme une ombre.

À l'automne où parut le premier tome de mon roman, je reçus une lettre d'un homme habitant Bodø et qui avait connu papa. Mais plus désireux de raconter sa vie et ce qu'il pensait du livre, il n'en disait pas grand-chose. Lors d'une séance de dédicaces dans une librairie d'Oslo quelques semaines plus tard, un homme me raconta qu'il avait été un collègue de papa et que celui-ci était un enseignant remarquable. Puis, peu de temps avant que Jan Vidar et sa famille nous rendent visite, je reçus une nouvelle lettre, cette fois de quelqu'un qui avait connu papa quand il était jeune. Après avoir lu dans les quatre premiers tomes comment papa s'était comporté avec Yngve et moi, il se demandait dans quelle mesure papa avait été marqué par l'éducation qu'il avait reçue. Il ajoutait qu'il avait perdu de vue papa après le lycée, quand il s'était installé à Bergen, où il était resté depuis, et que papa était parti à Oslo. Il écrivait qu'à l'époque papa était un baratineur et un menteur, et que ce que j'avais décrit de cet aspect de sa personnalité n'était rien au regard de ce qu'il avait vu. Il écrivait que le père de papa était irascible et caractériel, et qu'il menait son fils d'une main de fer, distribuant claques et interdictions de sortir. Il se souvenait aussi d'un épisode où papa, qui s'était pris une raclée de la part d'enfants de son âge, gisait à terre en sang et la lèvre éclatée.

En lisant cela, je pensai qu'il n'avait eu aucune chance. Que quelque chose s'était brisé en lui très tôt.

C'est une idée dangereuse, car personne d'autre que nous n'est responsable de ce que nous faisons, nous sommes des êtres humains et non des créatures passives soumises à des forces qui nous tiraillent de tous côtés. À moins que ce ne soit dans l'essence même de l'homme d'être à la merci de l'influence des autres, et qu'être quelqu'un de bien est la même chose qu'être quelqu'un de chanceux.

Papa est mort dans un fauteuil chez sa mère. La maison était remplie de bouteilles, il y avait des excréments sur le canapé, il avait le nez cassé et le visage couvert de sang. Il resta dans ce fauteuil, mort, plus de vingt-quatre heures, et pendant tout ce temps sa mère était dans la maison. Personne ne sait ce qu'elle fit. Personne ne sait non plus comment papa s'était cassé le nez et pourquoi il avait le visage couvert de sang. Mais je suis sûr à présent que ça s'est bien passé ainsi. Si un procès devait avoir lieu à cause de ce roman, ce que mon oncle Gunnar a suggéré à plusieurs reprises, j'ai un document en ma possession qui l'atteste. Quand je l'ai reçu, j'ai éprouvé de la colère. Je crois que je n'ai jamais été aussi furieux. J'avais écrit comment papa était mort et Gunnar avait dit que je mentais. Quelle image cela donnait-il, de moi de mentir sur la mort de mon père ? Comment pouvait-il déclarer aux journalistes, à mes éditeurs et à tous les membres de ma famille que je mentais sur les circonstances de la mort de papa alors que ce n'était pas le cas ?

J'avais appelé à Kristiansand pour demander qu'on m'envoie une copie du dossier médical de papa. Et je le reçus. On y voit qu'il a vécu chez ma grand-mère un an et cinq mois avant de mourir. Ce n'était pas deux ans, certes, mais c'était loin, très loin des deux mois dont parlait Gunnar. Comment pouvait-il affirmer que papa n'avait vécu là que deux mois et que je mentais ? Et comment le journaliste de *BT* avait-il pu avancer une chose pareille ?

J'avais décrit ce que j'avais vu. Après le mail de Gunnar, j'avais commencé à douter. Maintenant je savais que j'avais bien vu ce que j'avais vu. Et qu'avant notre arrivée, papa était assis dans le fauteuil, mort, le visage ensanglanté, et grand-mère avait circulé à côté de lui, il était mort, couvert de sang, la maison était pleine de bouteilles, et ça avait duré longtemps. Puis l'ambulance était arrivée.

Qui l'avait appelée ?

Je téléphonai une nouvelle fois à Kristiansand pour demander s'ils gardaient une trace de ce genre d'appels. C'était le cas mais la personne à qui j'eus affaire, ne sachant pas combien de temps on conservait ces données, me promit de se renseigner et de me recontacter, mais je n'eus jamais plus de nouvelles et supposai qu'il n'y avait rien.

D'où venait le sang ? Papa était-il tombé, s'était-il relevé et assis avant de mourir dans le fauteuil ? Peut-être était-ce ça, la cause de la mort, le saignement de nez, car il avait le cœur hypertrophié, c'est le seul détail du rapport d'autopsie dont je me souvienne. L'agent des pompes funèbres avait dit que sa mort était due à l'alcool.

Comment pouvait-on prétendre que tout était normal ?

J'étais furieux. Et je ne saurai jamais comment il est mort. Grand-mère, à qui nous avions demandé, avait donné des réponses divergentes. Une fois, elle avait expliqué qu'elle était assise à côté de lui et avait fini par s'apercevoir qu'il était mort. Une autre, qu'elle avait dormi et qu'à son réveil il était mort.

Mais il avait le visage couvert de sang, et le nez cassé. Où se l'était-il cassé ? Il n'y avait de sang nulle part dans le salon, je le savais, j'avais nettoyé, quoi qu'en dise Gunnar. Était-il possible qu'il soit sorti, ait été agressé, ait réussi à rentrer, et que l'effort l'ait tué dans son fauteuil ? Ou bien il était tombé sur place et s'était cassé le nez sur le sol ou sur la cheminée. C'était le plus probable. Mais le sang ? En tout cas, il est sûr et certain que grand-mère n'était pas capable de nettoyer.

Je téléphonai à Yngve. Il dit qu'il ne gardait pratiquement aucun souvenir de ces journées-là. Il ne se rappelait même pas avoir contacté le médecin, contrairement à ce que j'avais dit. Était-ce moi qui l'avais appelé ? Je ne m'en souvenais pas non plus, je croyais que c'était lui mais je n'en étais pas certain. Je mentionnai l'absence de sang dans le salon. Ah bon, il n'y avait pas de sang ? dit-il. Il y en avait ? demandai-je. Non, je m'en serais souvenu. Non, il n'y avait pas de sang sur le tapis. J'en suis sûr. Car j'ai compris qu'il y avait eu du sang seulement au moment où l'agent des pompes funèbres nous a prévenus, tu sais, juste avant qu'on voie le corps. Ah bon, il a dit ça ? demanda Yngve. Il n'a pas dit seulement qu'il avait le nez cassé ? Non, non, ça je ne l'oublierai jamais, c'était un véritable choc, il nous a prévenus qu'il y avait eu beaucoup de sang.

Yngve me dit qu'il avait trouvé un autre papier

dans les affaires de papa, il m'en avait déjà parlé mais j'avais oublié. Il me rappela après être allé le chercher dans sa cave. Il s'agissait d'un compte rendu de consultation médicale. Papa avait un taux d'alcool très élevé et le médecin mettait en doute tout ce qu'il disait, y compris qu'il était enseignant. Il est vrai qu'il n'avait plus rien d'un professeur à la fin. Mais il mentait encore, comme à son habitude, en prétendant qu'il allait travailler comme conseiller pédagogique.

Quelle mort avait-il eue ?

À Kristiansand, lorsque nous avions été confrontés à cette horrible vision, j'avais accepté cette mort immédiatement, c'était ainsi, mais maintenant, en lisant son dossier médical, il n'y avait plus rien d'acceptable, je voyais ça avec du recul, je voyais papa, mort dans son fauteuil, le nez cassé, le visage ensanglanté, entouré de bouteilles, et grand-mère qui passe à côté de lui. Pourtant c'est son fils. Son fils aîné. Son fils aîné bien-aimé. Mais il est mort, et il l'est même depuis un moment, et elle était avec lui, passant à côté de lui, son fils mort. Fait-elle du café ? Elle en a fait des milliers de fois. Je sais comment, je vois encore tous ses gestes, et grand-mère, elle qui m'emplissait de bonheur quand elle venait nous rendre visite à l'improviste et que je sentais son parfum dans le vestibule, verse du café dans la tasse et allume une cigarette. Une menthol, sûrement, c'était ce qu'elle fumait.

Gunnar ne voulait pas qu'on raconte cette histoire-là. Je peux le comprendre. Mais je ne peux pas comprendre qu'il dise que j'ai menti. Qu'il pense que j'ai tout inventé, pour venger ma mère, abandonnée par mon père quinze ans plus tôt. J'étais si content qu'ils divorcent. J'étais si content de me débarrasser de lui. Je le haïssais, et je le craignais, et je l'aimais.

C'était ainsi.

Maintenant j'avais écrit un roman sur lui. Ce n'était pas un bon roman, mais lui non plus n'avait pas vécu une bonne vie. C'était sa vie, elle s'était terminée dans le fauteuil d'une maison à Kristiansand parce qu'il avait abandonné tout espoir. Il n'y avait pas d'espoir. Tout était détruit. Il est mort.

Nous aurions pu aller le voir, l'hospitaliser de force, si possible, ou le sortir de là d'une façon ou d'une autre. Nous ne l'avions pas fait. Je ne le regrette pas. C'était ce qu'il voulait, et il était notre père. Je suis son fils. Son histoire, l'histoire de Kai Åge Knausgaard, est mon histoire, l'histoire de Karl Ove Knausgaard. Je l'ai racontée. J'ai exagéré, j'ai embelli, j'ai fait quelques omissions, et il y a beaucoup de choses que je n'ai pas comprises. Mais ce n'est pas lui que j'ai décrit, c'est l'image que je me fais de lui. Maintenant c'est fini.

*

Avant le 17 mai, le jardin d'enfants resta fermé quelques jours, et, pour avoir un peu de temps pour écrire, car j'avais une échéance à respecter, je partis pour Voss avec Heidi et John, pendant que Linda allait à Oslo avec Vanja rendre visite à Axel et Linn. Yngve et ses enfants s'occuperaient des miens pendant que j'écrirais. Ensuite je devais faire un saut en Islande pour être interviewé à la Maison nordique, puis m'enfermer dans la petite maison des jardins partagés pour y achever mon roman. Pendant mon absence, maman et Ingrid viendraient aider à l'appartement, et ce serait enfin terminé.

Les choses ne se passèrent pas ainsi.

À peine étions-nous depuis quelques heures chez Yngve que Linda appela. J'étais au salon avec Heidi et John qui couraient partout, poursuivis par Ylva, quand le téléphone se mit à vibrer dans la poche de ma veste que je n'avais pas encore ôtée.

— Allô, c'est moi, dit-elle.

— Salut. Vous êtes arrivées ?

— Oui. Mais tu sais quoi ? J'ai une bonne nouvelle.

— Quoi ?

— Mon livre est accepté !

— C'est vrai ?

— Oui ! J'ai reçu un appel juste avant qu'on parte. Des éditions Modernista. De leur éditeur. Il a dit que le livre était génial. Il n'a même pas pris le temps de finir de le lire avant d'appeler.

— C'est formidable ! dis-je en regardant par la fenêtre le paysage qui s'inclinait en pente raide vers le lac, puis remontait de l'autre côté, en montagnes et en cimes. Félicitations ! C'est exactement ce dont tu avais besoin. Maintenant tu peux vraiment décompresser. Je veux dire en ce qui concerne ton travail. Tu es redevenue écrivaine.

— Oui. Je suis tellement contente.

— Et quand est-ce qu'il sera publié ?

— L'année prochaine. Ça prend un peu plus de temps en Suède. Mais j'en serai totalement certaine quand je le verrai. Tu te rappelles que Bonniers s'était rétracté pour mon dernier livre.

— Ne crains rien, ça ne se reproduira pas. C'est super, Linda !

Planté devant moi, John levait la tête. J'abaissai le téléphone.

— Je parle avec maman, lui dis-je. Tu veux lui parler toi aussi ?

Il acquiesça, je lui tendis l'appareil et il le mit à son oreille. J'entendais vaguement la voix excitée de Linda et voyais John hocher la tête à chacune de ses paroles. Puis il me rendit le téléphone.

— On fêtera ça à notre retour, dis-je.

— Oui, absolument.
— C'est formidable. Je t'ai toujours dit que tes textes étaient bons.
— C'est vrai. Mais nous sommes mariés.
— Et alors ça ne compte pas ?
— Si, bien sûr. Tu aurais vu comme il était enthousiaste !

La première nouvelle de Linda que j'avais lue s'intitulait « Universum », je lui avais dit d'envoyer un texte à la revue *Vagant* où j'étais éditeur. C'était des années avant que nous soyons en couple. Elle avait une langue et une puissance d'évocation qui allaient droit au cœur, quelque chose de nu et de fort à la fois, de vulnérable et de souverain, comme un ciel d'hiver d'un froid cristallin. C'était ce que j'avais lu de meilleur depuis des années et je compris, en remarquant à quel point elle était contente quand je le lui dis, qu'elle n'avait aucune idée de son talent. Pendant les premières semaines de notre relation, elle écrivit un petit essai sur le poète suédois Karlfeldt, et je croyais que c'était dans cet univers-là qu'elle évoluait. Mais ce n'était pas le cas, l'essai était une exception, c'est à peine si elle avait un point de vue sur les théories littéraires, ce dont elle avait honte alors. Pourtant c'était justement une bonne chose, elle écrivait par elle-même, et ce qu'elle obtenait avait une autre complexité que ce que produit un écrivain quand il s'y efforce à tout prix parce qu'il veut quelque chose de bien déterminé. Le problème de Linda était qu'elle écrivait peu et manquait de confiance en elle. L'écriture lui venait brusquement, elle écrivait à la faveur de quelques heures d'une illumination qui disparaissait ensuite.

Un épisode d'un autre monde : nous habitons dans la rue Regering à Stockholm, nous avons une enfant, elle n'a que quelques mois et dort entre nous, dans le lit. Je lis à haute voix pour Linda un ouvrage qu'Yngve et moi avons reçu de nos grands-parents maternels quand nous étions petits, les contes d'Asbjørnsen et Moe. Je lui lis *L'Ours-roi Valemon*. J'aime les contes, la noirceur des meilleurs d'entre eux, Linda aussi. Ensuite, nous en discutons. Linda s'intéresse tout particulièrement aux griffes en métal que la jeune fille reçoit pour escalader la paroi rocheuse. Quelques jours plus tard, elle se met à écrire. Elle met toute son âme dans le personnage de la jeune fille qui veut et obtient l'ours blanc. Ce qu'elle écrit relève de ce dont nous ne pouvons pas parler, c'est impossible, et pourtant c'est là, entre nous. Cela me fait penser à ce qui est vraiment, ce qui est réel, à quel point nous dépendons du langage ou d'une forme pour que cela puisse exister. Ce qui n'a pas de mot ni de forme n'existe pas, même si c'est là. Et c'était notre problème à Linda et moi : ce qui était là, entre nous, mais qui n'existait pas, s'atténua, devint de plus en plus flou et fantomatique, au fur et à mesure que disparaissait sa non-formulation.

Il y a tant de choses informulées dans la vie.

Linda rappela le soir même. Elle était toujours heureuse, comme si une vague de bonheur la submergeait. Tout était formidable. Vanja, Axel et Linn, Oslo, la fête nationale du 17-Mai. J'avais envie de l'avertir, lui dire de se modérer, mais n'en eus pas le courage, elle avait le droit d'être heureuse.

À Voss, je ne travaillai pas autant que prévu ; Heidi et John ne supportaient pas que je m'isole au grenier pour écrire, en tout cas pas longtemps. J'eus une journée entière pour moi lorsque Yngve et sa compagne Tone emmenèrent les enfants dans leur cabanon de montagne, mais ce fut tout. Dans la maison en contrebas de celle d'Yngve habitait Espen, et c'était étrange car nous avions aussi vécu comme ça à Bergen il y a bien longtemps, lui en bas et moi en haut ; je l'appelai quand je l'aperçus dans le jardin, et on parla longuement en prenant un café. Il avait passé les années précédentes à écrire un ouvrage sur la dissection. Nous partagions la même fascination pour le baroque et la corporalité, mais nous n'avions pas la même approche : celle d'Espen était a priori plus rationnelle que la mienne. Il faut dire qu'il était poète et moi prosateur. Peut-être que ce qui s'ouvrait à lui m'était fermé, et inversement. Quoi qu'il en soit, nous étions amis depuis vingt ans, c'était le plus important. Un soir, il apporta une bouteille de vin qu'on partagea avec Yngve en écoutant de la musique des années quatre-vingt. Le lendemain, j'étais tellement malade que je n'arrivai pas à me lever. Je vomis en cachette des enfants, leur dis que j'avais attrapé la grippe et ne commençai à émerger qu'en fin d'après-midi lorsque je les emmenai dans un centre commercial pour leur acheter des vêtements de fête. Ils ne savaient pas ce qu'était le 17-Mai mais se réjouissaient quand même ; ils se doutaient que c'était un jour particulier. De retour chez Yngve, Heidi s'enfonça une écharde de la taille d'un petit doigt dans le pied. Elle cria si fort que tout Voss dut l'entendre. Elle avait peur de tout ce qui bougeait dans la nature, et de tout ce qui avait trait au sang et à la douleur, mais était très à l'aise dans ses relations sociales. Il était hors de question que je lui ôte son écharde, le simple fait de le lui dire la fit hurler. Mais Ylva, qu'elle admirait, réussit à la lui enlever et, dès le lendemain, c'était devenu une histoire que Heidi racontait, comme la fois où elle avait été transportée en chaise roulante dans l'aéroport.

Le 17 mai, nous étions à Vossevangen pour voir le défilé, Heidi et John tenaient un drapeau norvégien dans une main et une glace dans l'autre. Je n'avais écrit que quelques pages, sur Hermann Broch, de ce qui tendait à devenir un essai. Tonje, qui habitait à Bergen, passa me voir un jour avec un magnétophone – elle préparait un documentaire sur le fait d'être un personnage de mes romans et me demanda si j'accepterais de répondre à ses questions, ce que je ne pus refuser. Quelques semaines auparavant, elle avait écrit, en réponse à mon mail au sujet du cinquième tome, qu'elle ne voulait rien supprimer. Je répondis à toutes ses questions et lus des extraits de mes livres. Elle repartit, on resta encore quelques jours, puis on reprit l'avion pour Malmö. Quelques heures après notre retour, j'entendis la poignée de la porte d'entrée et compris que c'était Vanja qui essayait d'ouvrir.

— Les voilà ! m'écriai-je.

Heidi et John accoururent du salon à l'instant où la porte s'ouvrit sur Vanja et Linda. Vanja brûlait d'envie de raconter ce qu'elle avait vécu mais aussi de revoir sa sœur et son frère, ils n'avaient jamais été séparés si longtemps.

— Bonjour, dis-je à Linda. Comment s'est passé le voyage ?

— Bien, mais je suis fatiguée.

— Va te reposer.

Elle acquiesça.

— Mais il faut qu'on mange avant. On a de quoi à la maison ?

Je secouai la tête.

— Je peux aller chercher de quoi manger chez le chinois ?

— Oui, bonne idée.

Je pris l'ascenseur, achetai cinq portions, les remontai, versai leur contenu sur cinq assiettes, appelai les enfants qui ne vinrent pas, puis Linda, et me mis tout seul à table.

Elle était sur la pente descendante. La joie l'avait

quittée, l'énergie aussi, elle mangeait en silence à l'autre bout de la table. Mais, pensai-je, elle était peut-être épuisée par le voyage et la semaine à l'étranger.

— Je n'ai pas pu écrire grand-chose là-bas, dis-je. Il va falloir que je m'y mette vraiment dans les semaines qui viennent. Ça va aller, non ?

Elle acquiesça.

— En tout cas quand maman et Sissel seront là, dit-elle. Mais ce ne sera qu'après ton départ en Islande.

— Oui, et alors ?

— Il faut vraiment que tu y ailles ? Tu ne peux pas annuler ?

— Tu es folle ? Je ne peux pas. Et puis ça dure vingt-quatre heures seulement. Vingt-quatre heures, Linda.

— Oui, admit-elle.

— Si j'arrive à écrire pendant les semaines qui viennent, j'en aurai fini pour de bon. Et après j'aurai tout le temps. Il faut tenir le coup. Après ce sera terminé.

— Oui, répéta-t-elle.

Avant de partir pour l'Islande, il fallait que je m'occupe de notre maisonnette des jardins partagés et je louai une voiture pour m'y rendre en cette matinée de la fin mai où, assis sur le pas de la porte, je m'étais mis à fumer en regardant le chaos alentour. Je devrais d'abord enlever le tas de planches, de panneaux de plâtre, de tuyaux et tout ce qui restait des anciennes toilettes. La voiture de location étant une Mercedes neuve, je recouvris l'intérieur du coffre de grands sacs-poubelle avant de charger tout ce bric-à-brac et de le porter à la déchetterie à quelques kilomètres de là. Il me fallut six chargements pour venir à bout du tas.

Je fis une nouvelle pause sur les marches.

La pelouse, impeccable deux années auparavant, était envahie de mauvaises herbes. On ne distinguait plus la pelouse des plates-bandes. Sous les haies, hautes comme un homme, poussait de la mousse et, par endroits, la terre semblait une plaie béante. Le mur peint en blanc de la maisonnette avait noirci, plusieurs planches de bois étaient pourries à la base. Aux fenêtres, la peinture des croisillons s'écaillait. Un carreau était fêlé. Le tas de gravats et de bric-à-brac était parti, mais la terre et le sable que les artisans avaient pelletés pour poser la nouvelle canalisation faisaient une énorme bosse dans l'herbe. Il restait encore deux seaux de merde contre la haie, du temps où les cabinets étaient dehors ; elle devait s'être bonifiée durant l'année ; il fallait que je les vide. Et il fallait transporter les caisses de pommes que, dans mon optimisme, j'avais stockées dans la cave à l'automne, deux ans plus tôt.

Il fallait tondre la pelouse.

Remblayer le trou.

Enlever le tas de végétation pourrie à l'autre bout du jardin.

Ça améliorerait au moins un peu la situation.

J'expédiai mon mégot dans le trou et ouvris la porte du petit abri où se trouvait la tondeuse. Attrapai la bobine de câble, enfonçai une extrémité dans la prise et l'autre dans la tondeuse, la sortis et la fit démarrer.

L'initiative d'acheter la maisonnette venait de Linda. Au cours d'une de ses nuits blanches et agitées, elle était tombée sur une annonce sur Internet. La maison, construite au début du XXe siècle dans le style chalet, était vraiment belle et disposait d'un grand jardin bien entretenu, de deux vieux pommiers, de rosiers, d'une myriade de parterres et de massifs de fleurs, et de haies de deux mètres de haut sur trois des côtés de la propriété. Linda parlait depuis un certain temps d'acquérir un jardin familial ; un couple de parents rencontré au jardin d'enfants en avait un, ils y allaient tous les week-ends au printemps et à l'automne, cultivaient eux-mêmes leurs légumes et leurs baies et y séjournaient une bonne partie de l'été. Avec trois enfants dans un appartement du centre-ville, que nous emmenions au parc pour les sortir comme s'ils étaient des chiens, nous devions absolument avoir un jardin familial.

J'aurais pu l'aimer pour ça, parce qu'en rêvant d'un jardin, elle rêvait de notre famille. D'une vie heureuse où elle étendrait le linge dehors les après-midi d'été pendant que les enfants joueraient autour d'elle. De mains de femme dans la terre, d'enfants qui auraient chacun leur parcelle de potager et un petit bassin pour se baigner, d'un mari qui tondrait la pelouse le soir. Elle rêvait d'un lieu au grand air, de notre terre à nous, de notre petite maison à nous. J'aurais pu l'aimer pour ça mais non, ça m'énervait.

Elle me la montra le matin. Assise au bureau, elle cliquait sur les photos. Je me penchai par-dessus son épaule.

— C'est magnifique, tu ne trouves pas ? dit-elle. Splendide. Presque comme une maison de poupée. Et il y a un étage. Avec des chambres. Et l'intérieur a été rénové.

Elle se retourna vers moi.

— Qu'en penses-tu ?

— Oui, c'est beau. Mais nous n'avons pas d'argent. Tu y as pensé ?

— Je peux en trouver. Je vais en trouver.

— Et comment vas-tu faire ?

— Je vais en trouver. Je veux cette maison.

— Mais c'est aussi beaucoup de travail. *Moi*, je n'ai pas le temps. C'est hors de question.

— J'ai le temps, moi. Je peux m'en occuper. Tu n'auras rien à faire.

— Et si on arrivait à réunir autant d'argent, on ferait mieux d'acheter une voiture, non ? On en a besoin.

— On n'a pas besoin de voiture en ville. Encore moins si on a une maison dans un jardin familial.

— Je vois que je n'arriverai pas à te faire changer d'avis. C'est vrai que c'est beau. Mais nous n'avons vraiment pas l'argent.

— On peut au moins aller voir, non ?

— D'accord.

S'ensuivirent quelques jours d'affairement pour Linda. Elle prit rendez-vous à la banque, mais sans résultat puisque nous étions tous les deux fichés depuis qu'une fois nous n'avions pas réglé une malheureuse facture, et, de ce fait, nous ne pouvions obtenir ni prêt ni abonnement de téléphone portable, ni même louer de voiture, sauf chez Europcar qui ne vérifiait pas le registre et où je louais un véhicule chaque fois que nous en avions besoin.

Le rendez-vous à la banque fut humiliant, j'avais l'impression d'être un malfaiteur au casier judiciaire lourd, et l'employée en tailleur-pantalon, chemisier et bijoux en or refusa de nous accorder un crédit, alors Linda appela son père qui, ayant vendu son appartement peu de temps auparavant, fut heureux de pouvoir lui proposer la somme de cent mille couronnes, lui qui ne lui avait jamais rien donné. Moi, j'appelai ma mère, elle dit qu'elle pouvait peut-être emprunter en hypothéquant davantage sa maison ; renseignements pris, elle me rappela le lendemain : elle pouvait nous prêter cent vingt mille couronnes.

Il nous en manquait encore cent mille.

Cent mille !

Où les trouver ?

Je touchais une bourse de quinze mille couronnes

tous les mois. Et un salaire de dix mille d'une maison d'édition pour laquelle je lisais des manuscrits. Vingt-cinq mille couronnes qui, une fois les impôts déduits, faisaient dix-sept mille, voilà ce que nous avions par mois. Bien que ce fût une belle somme, elle suffisait tout juste ; le loyer s'élevait à dix mille, et nous étions cinq dans la famille. Quand la situation était vraiment difficile, j'appelais mes éditeurs. Je n'avais aucune idée de la somme d'argent que je leur devais, mais je savais que c'était beaucoup car à certaines périodes ils me versaient une avance mensuelle fixe, et je n'osais pas demander le montant de ma dette. Mon dernier roman avait été publié il y a trois ans et j'étais encore loin du prochain. Je fermais les yeux sur tout ce qui concernait l'argent et l'avenir. Les choses finissaient bien la plupart du temps, c'était le principal.

Mais cent mille !

— Tu peux toujours demander, dit Linda. La seule chose que l'on risque, c'est qu'ils refusent.

— C'est vrai, répondis-je avant d'envoyer un mail à Geir Gulliksen.

J'écrivis : « Nous voudrions acheter une petite maison dans un jardin familial et l'utiliser comme lieu pour écrire, mais il nous manque cent mille couronnes. Je sais que vous m'avez déjà avancé beaucoup d'argent et je ne vous en voudrais pas si ce n'est pas possible. Merci en tout cas de considérer ma requête. »

Geir transmit ma demande à Geir Berdahl, le directeur éditorial, qui m'appela le lendemain pour avoir des informations sur l'endroit. Je lui expliquai. Il m'annonça que je pouvais emprunter quatre-vingt-dix mille couronnes. Est-ce que ça suffirait ? Oh oui, merci infiniment, répondis-je. C'est beaucoup trop. Merci mille fois.

En raccrochant, j'étais rongé par la mauvaise

conscience. Mes éditeurs faisaient beaucoup pour moi, depuis toujours, et j'en profitais pour inclure les affaires de ma famille dans nos arrangements financiers, en leur forçant la main pour m'aider à acquérir une *maisonnette* dont je ne voulais pas moi-même.

Maintenant, il faudrait que je m'en serve comme lieu de travail. C'était certain. J'allais devoir y écrire beaucoup.

Linda était ravie. Une femme d'une quarantaine d'années nous fit la visite, elle avait elle-même rénové l'intérieur de la petite maison, c'était fait avec goût, décoré partout de détails de style maritime comme des mouettes et des phares sculptés dans du bois, des mobiles avec des oiseaux marins, des petits casiers de pêcheur remplis de coquillages, des flotteurs verdâtres et des filets de pêche. Les meubles étaient simples et anciens, un joli banc et une belle commode, peints tous les deux en bleu et blanc, deux fauteuils en rotin peints en blanc et une table entourée de chaises. J'avais l'impression d'être dans un cabanon loin au bord d'une crique, mais pas au cœur d'un immense territoire de jardins partagés à la périphérie de la troisième ville de Suède.

Les filles adorèrent. Après être restées quelques minutes accrochées à la jambe de Linda, la glace fut rompue et elles allèrent courir dans le jardin. La propriétaire nous dit qu'elle avait mis tellement de cœur à l'ouvrage qu'en réalité elle ne voulait pas vraiment vendre. C'était à contrecœur, mais elle devait déménager dans une autre ville et ne pouvait pas garder ce terrain. Elle ajouta qu'elle était contente que nous ayons des enfants, savoir que des enfants joueraient dans son jardin la consolait.

Elle en voulait 290 000 couronnes. En rentrant, on lui fit une offre à 320 000. Il y avait d'autres acheteurs potentiels et je pensais plus malin de les dissuader d'emblée plutôt que de risquer des enchères. Elle rappela le soir même pour accepter notre offre.

C'est ainsi que nous devînmes propriétaires d'une petite maison dans un jardin familial.

Linda s'imaginait certainement en train de s'occuper des fleurs du jardin, un chapeau de paille sur la tête, ou allongée dans un hamac à lire, les enfants autour d'elle, pieds nus et heureux, pensai-je. Elle imaginait les soirs d'automne, les carottes qu'on sortirait de terre, presque incolores à la nuit tombante, et sur le réchaud de la toute petite cuisine, une casserole de soupe de légumes. Les voix excitées des enfants et leurs joues rouges avant de s'endormir sur la petite mezzanine pendant qu'elle et moi serions installés dans le petit salon avec un verre de vin. Mais les choses ne se passèrent pas ainsi, la réalité nous écrasa comme un bulldozer et les rêves volèrent en éclats, on se disputait, les enfants étaient insupportables, une tranchée fut creusée dans le jardin pour installer une canalisation et personne ne la reboucha, si bien qu'il y avait de la terre et du sable là où la végétation n'avait pas tout envahi. On nous rapporta que la personne qui nous avait vendu la propriété était passée quelques années plus tard pour rendre visite à une connaissance, et qu'en voyant l'état du jardin elle avait eu les larmes aux yeux. Les voisins nous regardaient de travers, le travail à fournir devint si accablant qu'on se mit à éviter l'endroit, car à l'achat du bien, ma condition à moi, qui y étais opposé, était de ne pas avoir à m'en occuper et que ce serait à Linda de le faire. Elle ne pouvait pas, c'était trop pour elle, et nous nous retrouvâmes dans cette situation, pleins de honte et de culpabilité, et ses rêves à elle brisés. Mais réaliser un rêve d'enfants pieds nus et d'existence en plein air sans soucis exige aussi du travail.

Cet après-midi de mai 2010 où je passais la tondeuse sur le bord de la pelouse – si ce que j'étais en train de tondre méritait bien le beau nom de pelouse –, cela faisait deux ans et demi que nous étions propriétaires des lieux, et rien ne s'était passé comme prévu. D'abord il avait été difficile d'y séjourner avec trois enfants en bas âge. L'escalier qui menait à l'étage était très raide et nous devions faire tout le temps attention qu'ils n'y montent ou n'y rampent pas, et si nous fermions la porte pour rester dehors, l'un d'entre nous devait s'occuper de John pendant que l'autre surveillait les filles, si bien qu'il ne pouvait être question de se détendre, ce que, en fin de compte, nous faisions mieux à l'appartement où les enfants avaient leur chambre, leurs affaires et leurs occupations. Ensuite, je souffrais toujours de claustrophobie là-bas ; être entouré de voisins de tous les côtés n'était pas pour moi. En ville, je n'avais aucun problème avec les autres, parce que nous n'avions aucun lien. En ville, nous étions des inconnus, mais là, il était d'usage de se saluer et d'échanger quelques mots entre voisins quand on se croisait, et il était impossible de faire quoi que ce soit sans être vu. Être perçu comme un inconnu, ce n'était pas être regardé comme une personne en particulier, un père de famille inquiétant d'une quarantaine d'années, et je ne supportais pas ce regard, il me faisait bouillir, m'empêchait de me détendre, je me voyais tout le temps, et quand les enfants criaient, pleuraient ou se disputaient, ce n'était pas aux cris, aux pleurs ni aux disputes que je réagissais mais à l'idée d'être vu par les autres. Ces autres-là, je les avais intériorisés et je détestais ça. Oh, comme je détestais ça. Je bouillais, je me voyais faire, je me voyais en train de regarder les enfants, et rien n'était naturel, tout était noué, j'étais l'homme le moins libre qui soit. Et dire que je m'étais enfermé là-dedans volontairement ! Mais c'était aussi un rêve, le rêve de Linda, et je devais la laisser le réaliser.

Debout à six heures par un matin de printemps, il fait un froid de gueux dehors, l'herbe est mouillée et, dans cette maison de poupée, il n'y a rien d'autre à faire qu'attendre dix heures pour aller au magasin faire quelques courses et préparer le déjeuner, peut-être.

Si seulement il y avait eu la mer ! Ou la forêt ! Un paysage ouvert !

Au cours de l'été, on nous avait annoncé l'installation de conduites d'évacuation dans toutes les maisonnettes. Le coût s'élevait à vingt mille. À l'automne, tout le jardin avait été entaillé et une canalisation arrivait jusqu'à la salle d'eau située dehors dans un cabinet à part. Il fallait donc payer un plombier pour installer de nouvelles toilettes et, surtout, trouver l'argent pour couvrir ces frais et ceux du terrassement. On ne s'en sortirait pas pour moins de quarante mille. Linda emprunta de l'argent à la banque, sa mère se porta garante. La clôture était par terre et le jardin devant la maison avait aussi été retourné, sans compter le manque d'entretien qui avait commencé à se faire sentir. Je n'en étais pas responsable, j'avais été extrêmement clair à cet égard : Si nous achetons cette petite maison, c'est ta responsabilité, c'est toi qui t'en occuperas, moi je n'ai pas le temps, lui avais-je dit, et, ne voulant pas revenir sur ce qui avait été dit, je me contentais de tondre la pelouse. J'avais pris un malin plaisir à voir les premiers signes de délabrement ; cela lui incombait, à elle et à elle seule. Je m'en étais lavé les mains, mais qu'on ne vienne pas me dire que je ne l'avais pas prévenue ! Que je n'avais pas prévu que ça finirait ainsi !

La mère de Linda, qui à cette époque habitait chez nous pendant de longues périodes, réussit à trouver un jardinier ou aide-jardinier originaire des Balkans qui se chargea de niveler le jardin et de semer du gazon, ainsi qu'un plombier d'Afrique du Nord qui s'occupa des canalisations pour une somme relativement peu élevée. J'ignorais comment elle les connaissait mais elle était du genre à parler avec tout le monde : au bout de quelques jours, elle connaissait bien mieux nos voisins de palier que je ne les connaissais après deux ans. Au printemps donc, le jardin avait de nouveau fière allure et nous disposions maintenant de toilettes avec douche. Certes on ne pouvait pas fermer l'arrivée d'eau quand on se servait du ballon d'eau chaude, donc ça ne fonctionnait pas vraiment, et les tuyaux, au lieu de courir discrètement le long du mur, s'exhibaient dans toute leur splendeur chromée, ressemblant, par endroits, aux instruments énigmatiques des films de Cronenberg ; mais je m'en fichais. Il fallait regarder la réalité en face, nous étions incapables d'entretenir notre bien, nous étions incapables de réaliser ce rêve, ce n'était pas pour nous. Quand aurais-je eu le temps de semer des carottes avec les enfants ? Quand aurais-je eu le temps de désherber les plates-bandes ? La claustrophobie me rendait malade dès qu'on montait dans le bus pour nous rendre au jardin. On y allait de moins en moins, et en ce jour de mai 2010, alors que je tondais l'herbe, le câble rouge enroulé à l'épaule et sous un ciel sec et gris de printemps, nous n'y étions plus retournés depuis l'automne précédent, et même alors sporadiquement, quelques heures un dimanche de beau temps peut-être, car c'était un cercle vicieux : plus l'endroit était laissé à l'abandon, moins nous avions envie d'y aller, et moins nous y allions, plus il se dégradait.

J'en souffrais. Nous avions échoué.

Nous avions échoué en tant que famille.

À moins que ? Pourquoi ne pas voir les choses

de façon pragmatique ? Nous avions commis une erreur de jugement en achetant un bien que nous n'avions pas le temps d'entretenir, et après en avoir pris conscience, nous l'avions remis en vente. Pourquoi en souffrais-je ?

Le cœur n'argumente pas. Contrairement au cerveau. Et s'il y avait une chose que j'avais apprise dans la vie, c'était que le cœur était tout et le cerveau rien.

C'était la raison pour laquelle tout faisait tant souffrir dans la vie.

J'arrêtai la tondeuse pour déplacer le banc, la table et les chaises à moitié cachés sous un pommier. On aurait dit du bois mais c'était fabriqué dans un matériau synthétique insensible aux intempéries. Quand ce fut fait, je redémarrai la tondeuse et la passai lentement sur la pelouse molle et irrégulière, presque ondoyante, si étouffée par la mousse que les lames tournaient souvent dans le vide. C'est seulement près de la haie, au bord des dalles envahies de végétation, qu'elles coupèrent à nouveau.

Le problème avec les êtres humains, c'est qu'ils sont trop sensibles. La grande majorité de ceux que je voyais, rencontrais ou connaissais étaient trop sensibles. Ils avaient vécu quelque chose dans le passé qu'ils n'avaient pas surmonté. Quelle importance a désormais que ton père t'ait pris en grippe et peut-être même frappé quand tu étais enfant ? Qu'est-ce que ça a à voir avec ta vie d'aujourd'hui, que des enfants t'aient enfermé au gymnase, dans le local de rangement du matériel ? Que tu aies fait pipi au lit ou été une petite merde susceptible, que ta mère ait été alcoolique ou que ton père se soit suicidé, ou que tes parents t'aient ignoré, tu n'es pas eux, tu es maître de ta personne, et de ton temps, qui est le présent, alors pourquoi laisses-tu le passé l'affecter ? Pourquoi le rôle des parents pèse-t-il si lourd dans une vie ? Pourquoi est-ce qu'on n'en finit pas avec ça ?

À quoi servaient donc toutes ces émotions et ces cogitations ?

Je voyais bien chez mes propres enfants comment de petites choses prenaient des proportions énormes. Au début, ils se comportaient comme des animaux, leurs émotions étaient étroitement liées à l'instant déclencheur de pleurs, de rires, de peur ou de bien-être, et oubliées aussitôt après. Puis ils sont devenus des êtres humains, et les choses ont commencé à durer et à prendre de l'ampleur. Ces derniers temps par exemple, Vanja se tracassait parce qu'elle ne savait pas prononcer les *r*. Quand elle était plus petite, ça n'avait aucune importance, elle disait « ye » à la place de *r*. Pour dire « porter », elle prononçait « poyté », ou « tyoll » pour « troll », et bien que j'en eusse parfois le cœur serré, car moi non plus je ne savais pas prononcer les *r* quand j'étais petit et je me souvenais quel enfer ça avait été, je n'y prêtais pas attention la plupart du temps : cela lui appartenait, et tout le monde comprenait ce qu'elle voulait dire. Puis elle en prit conscience. Papa, je sais pas dire « ye », déclara-t-elle un jour en allant au jardin d'enfants. Pourquoi je sais pas dire « ye », papa ? Les autres y arrivent. Je lui répondis que tout le monde prononçait les *r* différemment. Katinka, qui parlait le dialecte de Scanie, avait sa façon à elle, maman, avec son accent de Stockholm, en avait une autre. Et toi, tu as la tienne.

Elle se contenta de ma réponse, mais pas longtemps, la graine était semée et elle commençait à germer. Il y avait des choses correctes et d'autres qui ne l'étaient pas, des choses qui étaient comme elles devaient être et d'autres non. Un après-midi, alors qu'elle chantait une chanson avec toutes les lettres de l'alphabet, elle s'arrêta à *r* et, furieuse, jeta par terre ce qui lui tombait sous la main. Elle en parlait de plus en plus. Je voyais que c'était terrible pour elle, mais je ne pouvais rien faire d'autre que lui assurer que son *r* faisait très bien l'affaire. Mais Heidi, elle, prononçait les *r* les plus roulés qui soient, sa langue vibrant contre son palais, et elle articulait tous les mots très distinctement. Pourquoi Heidi y arrive et pas moi ? disait Vanja. Elle se mit à éviter tous les mots commençant par *r*. Je me souviens qu'enfant je m'imaginais vivre en Angleterre une fois devenu grand, car les Anglais avaient un *r* que je savais prononcer. Ne pas pouvoir dire les *r* correctement avait pris une importance capitale, comme si cela me définissait en tant que personne. Maintenant j'avais du recul et j'aurais tant voulu faire comprendre à Vanja que je l'aimais indépendamment de ce qu'elle savait ou ne savait pas faire, de ce qu'elle faisait ou ne faisait pas, mais c'était un problème auquel je ne pouvais évidemment rien, elle seule pourrait le résoudre. Depuis plusieurs années, elle portait des lunettes sans protester, mais maintenant elle demandait pourquoi si peu d'enfants en avaient, et quand elle se mettait en colère, c'était toujours à ses lunettes qu'elle s'en prenait, en les jetant par terre. Au jardin d'enfants, elle eut soudain envie de vomir et besoin de dormir, et les responsables nous appelèrent pour nous dire qu'elle était malade, mais nous savions qu'il s'était sans doute passé quelque chose, et nous allâmes la chercher. Une fois que nous l'eûmes ramenée à la maison et couchée sur le canapé avec une couverture devant un dessin animé, nous réussîmes à la faire parler : sa meilleure amie n'avait pas voulu jouer avec elle ce matin-là. Elle décréta aussi qu'elle ne mangerait plus de sucre et refusa les bonbons, bien qu'elle en eût envie. Toute la liberté propre aux quatre ou cinq premières années de la petite enfance, et que j'avais contribué à restreindre, avait cessé, une conscience nouvelle était apparue, et les relations devinrent plus complexes. Je savais que rien de cela n'avait d'importance en soi, que tout n'était qu'arbitraire, mais pas elle, pour elle c'était fondamental. Elle entrait dans un système sans le savoir.

Elle avait six ans maintenant. Dans trois mois, elle ferait sa première rentrée scolaire. Pour la première fois de ma vie avec elle, je me rappelais comment c'était quand j'avais son âge. Non plus vaguement ou à partir de quelques souvenirs, mais clairement et distinctement, toute l'intensité du monde que j'inspirais au plus profond de moi en courant à Tybakken, où tout, jusqu'au moindre objet et au plus petit incident, avait sa signification propre qui m'apparaissait soudain comme à travers un verre grossissant, et où de si grandes émotions liées à mon entourage m'animaient. Il me semblait que c'était une question de vie ou de mort, que la vie était tendue à craquer, et quand je tombais amoureux d'une fille de la classe, cela me comblait d'une façon que je ne comprends plus aujourd'hui, et encore moins quand j'observe Vanja. Ressent-elle le monde avec autant d'intensité ? Quand je la regarde, je vois une petite fille qui vaque à ses occupations dans un cadre que nous, ses parents, avons déterminé en habitant ici, dans un appartement du centre-ville, et en l'envoyant chaque jour dans un jardin d'enfants géré collectivement par les parents. Elle dessine, elle joue avec son impressionnante collection d'animaux et de figurines ; parfois seule, parfois avec Heidi et John. Elle grimpe aux arbres du parc et tombe en admiration devant les chiens qu'elle croise. Elle lit son livre sur les chiens, ses amis du jardin d'enfants viennent à l'appartement et elle va chez eux aussi. Elle nage au parc aquatique, elle prend des bains à la maison, et quand nous faisons les courses elle pousse le caddie pour moi. Je tiens compte de ce qu'elle dit et de ce qu'elle fait, c'est Vanja, ma fille, que j'ai vue pratiquement tous les jours de sa vie. Je sais que pour elle tout est différent, d'autres lois prévalent, ses lois à elle, elle est une personne qui voit le monde et ressent de fortes émotions, sans pour autant réfléchir à ce que cela signifie. Je suis tellement engourdi par nos habitudes, par les schémas de pensée ancrés dans ma vie, qu'inconsciemment je suppose que tout mon entourage ressent la même chose que moi, et surtout les trois petits êtres avec qui je partage l'appartement. Même leurs débordements émotionnels, presque volcaniques, je les considère de mon point de vue, donc comme des perturbations énervantes, des caprices absurdes, des obstacles, mais pas comme le signe d'une vie intérieure particulière.

En cela comme en toute chose, il y a un sens ; une vie constamment liée aux autres, en empathie, doit être insupportable, et peut-être néfaste quand il s'agit d'enfants, qui ont besoin d'être tenus à distance du monde des adultes pour être capables de le voir et de se construire par rapport à lui. Certes, mais cela ne m'empêche pas de penser que je manque d'empathie. Envers Linda aussi, c'est particulièrement frappant et constant. L'un des reproches qu'elle me fait, c'est de ne pas la voir. Ce n'est pas tout à fait vrai, je la vois bien ; le problème c'est que je la vois à peu près comme on voit un lieu familier, tout y est à sa place, la lampe, le tapis, l'étagère, le canapé, la fenêtre et le plancher, mais d'une façon presque transparente qui ne laisse aucune trace dans l'esprit.

Pourquoi est-ce que j'ordonne ma vie de la sorte ? Qu'est-ce que j'espère de cette neutralité ? C'est manifestement pour éliminer le plus de résistance possible, pour que les jours s'écoulent le plus facilement possible, sans obstacles. Mais pourquoi ? N'est-ce pas la même chose que de souhaiter vivre le moins possible ? De dire à la vie de me laisser tranquille pour que je puisse… quoi ? Lire ? Oh, mais bon sang, ce que je lis ne décrit pas autre chose que la vie ! Écrire ? C'est la même chose. Je lis et j'écris sur la vie. La seule chose dont je ne veuille pas, c'est la vivre.

Je rangeai la tondeuse dans l'abri, qui était vide depuis l'installation de la salle d'eau et je n'avais jamais rentré tout ce qui y avait été stocké. Je regardai les deux seaux de merde près de la haie. L'un avait un couvercle, l'autre non, il était recouvert d'un sac en plastique. J'avais pensé à les vider à la déchetterie, mais j'avais peur que le seau sans couvercle se renverse ou que son contenu déborde car il était plein à ras bord, et si le loueur de voitures acceptait encore les copeaux, les restes de plâtre et la poussière, je me doutais que ce ne serait sûrement pas le cas des excréments liquides. En plus, la déchetterie était fréquentée par des gens venus de tout le secteur avec leur remorque, et il y avait aussi des employés qui travaillaient ; dans quel container mettre la merde ? les déchets végétaux ? Je m'imaginais, en train de transporter les seaux, questionné par un employé voulant connaître la nature des déchets, c'était leur rôle, le tri devait être fait soigneusement. Ce n'était pas possible. Il fallait que je m'en débarrasse ici. Le plus évident était d'enfouir tout ça. Il y avait déjà un gros trou au niveau du raccordement de la canalisation, sous la salle de bains. En l'agrandissant, je pourrais aussi y jeter les déchets végétaux. J'avais gardé quelques dalles que le plombier avait descellées, elles stabiliseraient l'ensemble, puis je recouvrirais ça de terre.

Je me mis à creuser. Quand le trou me parut suffisamment profond, j'y jetai les branches, les buissons et les feuilles mortes en décomposition. Ensuite la merde. Je pris d'abord le seau avec le couvercle. Il était lourd et il fallut le porter à deux mains. Je respirais par la bouche. Mais quand j'ouvris le couvercle, la puanteur était si saisissante que je fus pris d'un haut-le-cœur. Le contenu était dilué, liquide et marron foncé. Oh putain. Oh quelle horreur. Je vidai le seau et eus de nouveau un haut-le-cœur. Oh putain. Je n'avais pas de gants, et mes mains et le bas de mon pantalon furent tachés de merde. Je branchai le tuyau d'arrosage et rinçai le seau, me lavai les mains et allai le remettre contre la haie, toujours en respirant par la bouche, je sentais la nausée monter. J'avais l'impression d'être en enfer, je bouillais, tout baignait dans une lumière démente et j'avais peur que quelqu'un me surprenne. Mais le pire restait à faire : je devais porter le seau sans couvercle ni anse contre moi. Je me salis encore plus, mais au moins ce fut fait. Les seaux étaient vidés et lavés, le trou miroitait. J'allai chercher d'autres déchets végétaux et les y jetai. Je pelletai de la terre par-dessus mais j'avais mis trop de branches, elles faisaient comme un ressort que la terre n'arrivait pas à aplatir. La puanteur était insoutenable. Ma tête chavirait. Je posai les dalles sur les branches qui s'affaissèrent un peu sous le poids, puis je recouvris le tout avec plus de terre. Les branches ne se voyaient plus et la terre était plane, on ne devinait pas ce qui était enseveli. Mais la puanteur émanant du sol était perceptible d'assez loin, et si on y posait le pied, la terre était meuble.

Il me restait à espérer que l'odeur finirait par s'estomper et que les gens qui viendraient visiter les lieux le lendemain ne mettraient pas les pieds à cet endroit-là.

Je garai le véhicule dans le parking, laissai tomber les clés dans la boîte fixée à la porte du loueur de voitures et rentrai à la maison par les petites rues. Avec un pantalon taché de merde et des vêtements pleins de terre et de plâtre, je ne voulais pas prendre la rue piétonne et risquer de rencontrer une des rares personnes que je connaissais à Malmö, et puis quelquefois des inconnus m'arrêtaient dans la rue pour me parler de mes livres et donner leur point de vue. Une fois dans l'appartement, j'allai directement à la salle de bains, me déshabillai, fourrai les vêtements dans le lave-linge que je mis en route avant de faire couler l'eau dans la baignoire et d'y grimper. Petit à petit le bourdonnement hystérique qui m'avait tourné dans la tête les heures précédentes se dissipa. Je restai environ une demi-heure à regarder le plafond sans penser à rien de particulier, pendant que la buée se collait à la fenêtre et au miroir, transformant, dans mon imaginaire, la salle de bains en une citerne, un espace dissocié de tout le reste.

La peau rougie et le bout des doigts fripés, je sortis du bain, me séchai, m'enroulai une serviette autour de la taille, allai dans la chambre fouiller dans un tas de vêtements où je finis par piocher une chemise, un jean et deux chaussettes identiques, avant de pouvoir enfin rejoindre les autres dans le salon – les enfants étaient sur le canapé devant la télé, Linda allongée sur le lit contre le mur.

— Comment ça s'est passé ? demanda-t-elle.

— Bien. C'était un cauchemar de vider les seaux de merde, mais maintenant c'est fait.

— Quels seaux de merde ? demanda Vanja.

— À la petite maison. Tu te souviens comment c'était avant qu'on ait des toilettes ?

— Tu les as vidés ? Où est-ce que tu les as vidés ?

— Là où il fallait les vider. Vous avez mangé ?

— Oui, répondit Linda. C'est prêt pour toi dans la cuisine.

Après manger, je fis ma valise. M'absentant une seule nuit, je n'avais pas besoin de grand-chose. Mais je pris mon ordinateur, au cas où j'aurais le temps d'écrire dans l'avion, ainsi que le premier tome de *Mein Kampf* d'Hitler que je devais absolument avoir lu avant de rentrer finir mon roman à la maisonnette. Il fallait au moins que je l'aie feuilleté pour savoir de quoi il retournait.

— Tu couches les enfants ? dit Linda au moment où je m'assis sur le canapé. Je les ai eus toute la journée.

— Et tu vas t'occuper de la petite maison pendant que je les couche, c'est ça ?

Elle me regarda quelques secondes sans répondre, puis se tourna vers le mur.

— Bien sûr que je vais les coucher, dis-je.

— On peut prendre un bain, papa ? demanda Vanja.

— Vous pouvez vous débrouiller tout seuls ?

— Oui.

— Alors d'accord.

Ils foncèrent dans la salle de bains.

— Il faut vraiment que tu partes ? dit Linda. Je ne sais pas si je vais m'en sortir seule.

— Bien sûr que tu vas y arriver. Ça se passera bien.

— Tu ne peux pas annuler ?

Je secouai la tête. Cette année-là, j'avais déjà annulé un voyage à Luleå, j'avais aussi reporté mon intervention en Islande, c'était ma deuxième tentative, annuler de nouveau était impensable, à moins d'une catastrophe. J'avais également déprogrammé ma venue au festival de littérature de Lillehammer – les enfants devaient partir en camp avec le jardin d'enfants et Linda ne pouvait pas les y emmener en train et en bus toute seule, j'avais donc envoyé un mail d'excuses aux organisateurs, les enfants se faisaient une telle joie d'y aller, c'était le moment fort du semestre. Mais entre-temps j'étais devenu célèbre, et mon annulation n'était pas passée inaperçue cette fois, maman m'avait même appelé pour me dire que toute la presse en faisait état et que les informations culturelles à la télévision en avaient aussi parlé.

— Un engagement est un engagement, lui dis-je. Je ne pars que vingt-quatre heures et serai de retour après-demain. N'oublie pas que c'est mon travail. Respecte ça au moins.

En Islande, je n'avais pas envie d'appeler à la maison, j'étais certain que Linda se plaindrait que c'était difficile et que tout allait mal. Et ce fut le cas, enfin, elle ne se lamenta pas. Je n'y arrive pas, Karl Ove, dit-elle. Je ne peux pas. Si, il le faut, lui répondis-je. Tiens bon.

Je rentrai le lendemain en fin d'après-midi. Les enfants se ruèrent sur la porte quand ils l'entendirent s'ouvrir. Je leur donnai les cadeaux que j'avais achetés à l'aéroport, trois peluches. Au bout du couloir, Linda me regardait. Elle avait l'air d'avoir peur.

Je défis ma valise et la rangeai sur l'étagère en haut du placard de l'entrée. Vanja vint me voir avec du bolduc dans une main et des ciseaux dans l'autre.

— Tu peux me faire un collier ? dit-elle.

— À moi aussi, dit Heidi qui l'avait suivie.

Je coupai deux longs morceaux, attachai l'un autour du cou du chien de Vanja et l'autre autour de celui de Heidi.

— Avec une boucle ! dit Vanja.

Je fis une boucle au bout pour qu'elle puisse le défaire avec sa main, et la même chose pour Heidi. Puis je sortis sur le balcon. Les enfants au moins avaient l'air d'aller bien, me dis-je, ça n'avait pas dû être si terrible. La façon de vivre un événement n'était pas l'événement lui-même.

Linda ouvrit la porte.

— Tu ne pourrais pas rester à l'intérieur ? J'ai été seule avec eux tout le temps.

— J'arrive, je finis juste ma cigarette.

— Tu les couches ?

— Bien sûr.

Le voyage m'avait rempli d'énergie, de sorte que leur brosser les dents, trouver leurs pyjamas, leur lire un livre et régler tous les petits conflits qui survenaient ne me coûtait pas. En outre, je me réjouissais d'aller écrire dans la petite maison le lendemain. Ce qui me séduisait surtout, c'était l'idée d'être seul pour travailler, car au moment de me mettre à écrire, l'effort était presque insurmontable.

Quand ils finirent par accepter que la journée était terminée et qu'ils furent couchés, je rejoignis Linda, assise sur le balcon en train de fumer dans le noir, emmitouflée dans la parka verte que je lui avais offerte à un de ses anniversaires.

Elle ne dit rien quand je m'assis. Le regard posé sur les toits, elle avait un bras serré contre elle, comme pour s'étreindre ou essayer de se maintenir en place, et l'autre devant elle, une cigarette entre les doigts.

— Comment ça va ? dis-je.

— Tu vas toujours à la petite maison demain ?

J'acquiesçai.

— Mais ce n'est pas possible. Tu ne comprends pas que je n'y arrive pas ?

— Écoute, j'ai trois semaines pour terminer mon livre. C'est très, très peu. Je ne peux pas, mais *vraiment pas*, perdre encore deux journées.

— Mais j'ai peur, Karl Ove, dit-elle en me regardant. Je ne peux pas être seule avec eux, je ne sais pas ce qui peut arriver. Je ne peux pas. C'est dangereux.

— C'est seulement en toi. Tout va bien. Tout est comme avant. C'est en toi qu'il fait noir. Mais on ne peut pas régler nos vies en fonction de ça. Et il faut que j'écrive.

— Ne pars pas. S'il te plaît, ne pars pas.

Je ne dis rien. Je sentais monter la colère.

Quand, au bout d'un moment, je la regardai, des larmes coulaient sur ses joues.

— Pourquoi pleures-tu ?

— J'ai si peur.

— Tu n'as aucune raison d'avoir peur.

— Parfois, dans mes phases maniaques, j'ai perdu totalement le contrôle de la situation. Je ne savais plus où étaient les enfants. Vanja était chez une amie, Heidi chez une autre et John dormait. Mais ils auraient pu être n'importe où, tu comprends ?

— Oui, tu étais très perturbée. Mais ça s'est bien passé. Rien de grave n'est arrivé. Tu t'es très bien débrouillée.

— Et toutes ces choses que j'achète.

Elle pleurait.

— Allez, Linda. Fais un effort. Nous sommes adultes. On ne peut pas s'arrêter de travailler parce qu'on est triste. Je vais là-bas demain, tu restes avec les enfants ce week-end, et Ingrid et Sissel seront là la semaine prochaine. Tu pourras leur laisser les rênes. Il s'agit de deux jours seulement, tu vas y arriver. Il faut que je termine. Et je sais très bien que tu vas t'occuper parfaitement des enfants.

— Mais pas cette fois, dit-elle en sanglotant. Pas maintenant.

— Mais si. Tu es forte, ça va bien se passer. J'arrive à m'occuper des trois, et toi aussi tu peux. C'est uniquement parce que tu t'es mis dans la tête que tu n'y arrivais pas. Tu renonces. Alors évidemment, ça ne marche pas.

Elle me regarda d'un air désespéré.

— Il le faut, assenai-je. De toute façon j'y vais.

Et ta mère et la mienne arrivent bientôt pour nous aider.

— Mais pas demain. Je serai toute seule avec eux.

— C'est vrai. Et tu vas très bien t'en sortir. Il faut seulement que tu le veuilles. Et quand j'aurai fini, on ira en Corse. Et ce sera bien. Mais pour ça, il faut d'abord que je termine le roman.

J'écrasai mon mégot et rentrai. Elle resta dehors. Je sortis la grande valise, y mis l'ordinateur, le clavier, le casque audio, une pile de CD, des livres et quelques vêtements. Pendant que je faisais mes bagages, j'entendis la porte du balcon s'ouvrir et se refermer. Linda se posta devant moi.

— Ne me laisse pas toute seule.

Je levai les yeux vers elle pour les baisser aussitôt sur la fermeture éclair que je tirai sur le côté de la valise tout en appuyant sur le dessus avec mon genou.

— Il le faut. Je n'ai pas le choix.

Elle passa à côté de moi pour aller dans la chambre. Je posai la valise dans le couloir, m'installai sur le canapé devant la télé et zappai pendant environ une heure. Au moment où je me couchai, elle ne dormait pas ; immobile, elle regardait le plafond. Je me déshabillai et m'allongeai à côté d'elle.

— Tu vas y arriver sans problème, lui dis-je. Je ne peux pas rester à la maison. Je l'ai fait trop souvent et maintenant j'ai le couteau sous la gorge.

— D'accord.

— Bonne nuit.

— Bonne nuit.

— Dors bien.

— Toi aussi.

Je me réveillai une fois au cours de la nuit, elle ne dormait pas et regardait toujours le plafond. Je me retournai et me rendormis. Quand je me réveillai de nouveau, c'était le matin. Toujours couchée, Linda avait les yeux posés sur moi. Nos regards se croisèrent, je vis sa bouche s'ouvrir et se fermer comme si elle manquait d'air. Elle avait les yeux pleins de larmes.

— Tu ne peux pas partir, dit-elle.

— Je suppose que non, répondis-je en me redressant pour enfiler mon pantalon. Mais sache que dès qu'Ingrid aura franchi la porte, je pars.

Je fermai brutalement la porte derrière moi et allai dans la cuisine. Étrangement, les enfants dormaient encore. Je pris les journaux devant la porte d'entrée, mis la cafetière électrique en route et mangeai deux tartines en lisant les pages culturelles puis les pages sportives. Il pleuvait dehors, une pluie froide et ruisselante de printemps. Les enfants se levèrent dans l'ordre habituel, d'abord John, puis Heidi et en dernier Vanja.

— Où est maman ? demanda-t-elle.

— Elle se repose aujourd'hui. Elle est un peu malade.

— Moi aussi, rétorqua-t-elle. Je veux aussi me reposer aujourd'hui.

— Ne dis pas de bêtises. Elle a besoin de calme, alors on va regarder la télé. D'accord ?

— Bon, d'accord, dit-elle en rejoignant les autres au salon.

Ils restèrent devant la télé toute la matinée, comme tous les samedis. Je fermai la porte du couloir donnant sur la chambre et leur interdis d'y entrer. Ils avaient l'habitude, mais si je ne faisais pas attention, ils arrivaient à se faufiler. Je me faisais penser au pasteur dans *Fanny et Alexandre*, de Bergman, le méchant qui empêche les enfants de voir leur mère.

Vers dix heures, on entendit la voix du prédicateur qui s'installait tous les samedis sur la place en bas de notre immeuble, avec un micro. J'ouvris la porte du balcon et y jetai un coup d'œil. Notre sapin de Noël gisait tout nu au milieu de ses aiguilles jaunies. Les fleurs des jardinières suspendues à la balustrade étaient fanées, ainsi que toutes celles en pots, le long du mur, et il y en avait beaucoup. La table et les chaises, qui avaient passé trois hivers de suite dehors, étaient grises et vermoulues. Des sacs en plastique vides, deux grandes et deux petites chaises longues posées contre le mur, délavées. Un tuteur était tombé lors d'une tempête cet hiver-là, et tout un bric-à-brac s'était accumulé.

Je décidai de faire le grand ménage, tout jeter puis racheter des fleurs et peut-être aussi une table et deux chaises. Autant parce que c'était nécessaire que pour montrer à Linda qu'il était facile de faire quelque chose de constructif tout en ayant les enfants. La faille était en elle, pas dans le monde.

— Allez enfiler vos bottes et vos vêtements de pluie ! annonçai-je.

— Et pourquoi ? demanda Heidi.

— Où est-ce qu'on va ? demanda Vanja.

Seul John était partant, et il fonça dans l'entrée attendre que je vienne l'aider.

— On va aller acheter des fleurs.

— C'est pas marrant, dit Vanja.

— C'est bien possible, mais on y va quand même.

— Et maman vient avec nous ? demanda-t-elle.

Je secouai la tête.

— Je veux pas, protesta Heidi.

— Je veux rester avec maman.

— Allez, les gamins, c'est moi qui commande. Et j'ai dit d'aller vous habiller.

— Personne commande personne, rétorqua Vanja.

D'où tenaient-elles cela ?

J'éteignis la télé avec la télécommande. Elles me lancèrent leurs petits regards furieux.

— On achètera aussi les bonbons du samedi, ajoutai-je.
— D'accord, dit Vanja.
— D'accord, dit Heidi.
Un quart d'heure plus tard, nous marchions dans la rue piétonne, sous la pluie, Vanja dans son ciré bleu, Heidi en violet et John en vert, comme une grenouille, dans sa poussette.
À l'étalage du fleuriste se trouvaient une table et deux chaises en métal, cela m'évoquait le « fer forgé », un terme exclusivement littéraire pour moi, un peu comme « vérolé », que je ne comprenais pas exactement. Censées rappeler le XIXe siècle, elles étaient un peu kitsch mais me plaisaient, et je les achetai. J'achetai aussi six plantes. La table posée en équilibre sur les poignées de la poussette de John, une chaise et un sac dans chaque main, je poussai le tout tantôt d'une main, tantôt de l'autre, pendant que les petites trottaient à mes côtés dans leurs bottes en caoutchouc. Quand elles comprirent qu'on prenait la direction de l'entrée de notre l'immeuble, elles protestèrent.
— T'avais dit qu'on achèterait des bonbons ! s'écria Vanja.
— Mais on ne peut pas entrer dans un magasin chargés comme ça ! répondis-je.
— T'aurais dû y penser avant, rétorqua-t-elle.
— On dépose tout ça à l'appartement et on ressort, d'accord ?
Elle acquiesça. Ils devaient m'attendre dans l'entrée pendant que je portais la table et les chaises sur le balcon, mais à mon retour, ils n'y étaient plus. Les traces de pas menaient à la chambre. Je les suivis, ils se tenaient autour du lit pendant que Linda, allongée, les regardait. Elle prononça quelque chose mais sa voix était sans force. Comme si elle parvenait tout juste à parler.

Son visage n'exprimait rien.

— Allez, venez maintenant ! dis-je. Tout de suite !

Vanja et Heidi obéirent mais John s'affala sur le lit. Je l'attrapai par le dos de sa veste et le transportai jusqu'au palier où je le déposai avec fermeté devant l'ascenseur. Il leva les yeux vers moi en riant.

— Encore, papa !

Je lui souris.

Dans le magasin de meubles bon marché situé près du fleuriste, je trouvai un plafonnier en forme de globe qui ferait l'affaire, puis on alla au centre commercial de Triangel où il y avait un kiosque avec un choix de bonbons assez vaste. Après avoir rempli leur sachet avec ce qu'ils voulaient, ils eurent droit chacun à un petit gâteau au chocolat au café du coin, pendant que je prenais un expresso.

Je n'avais jamais vu Linda dans cet état-là. Elle donnait l'impression d'être au fond d'un gouffre et de devoir mobiliser toutes ses forces pour remonter à la surface, là où se trouvaient les enfants. C'était tout juste s'il y avait de la vie dans ses yeux.

— Bon.

Mon regard s'arrêta sur Paparazzi, une petite boutique de vêtements sur le trottoir d'en face qui vendait parfois de bons articles, des costumes de chez Tiger ou Boss, et une enseigne danoise dont je ne me rappelais jamais le nom, bien que j'aie acheté des écharpes de cette marque, et leurs chemises étaient bien aussi.

— Vous restez là ? leur dis-je.

Ils acquiescèrent.

— Je vais faire un tour dans la boutique en face.

À travers la vitrine, je pouvais les voir sur leur chaise, leurs jambes ballantes. Je regardai les ceintures et en choisis une marron clair, fouillai dans une pile de jeans noirs, trouvai ma taille et posai ceinture et pantalon à la caisse.

— Vous pouvez les essayer si vous voulez, suggéra la vendeuse, la cinquantaine passée.

— Je n'ai pas le temps, répondis-je. Mes enfants m'attendent là-bas.

En voulant indiquer le café du menton, je vis John accourir. Je sortis en trombe, l'attrapai, et le portai dans mes bras à l'intérieur de la boutique.

— Ne bouge pas, lui dis-je. Je paye et on s'en va.

J'insérai ma carte dans le terminal, tapai mon code, elle fourra le ticket de caisse dans le sac avec la ceinture et le pantalon, et me le tendit.

— Malheureusement, il faut aussi qu'on fasse des courses, leur dis-je en sortant.

— Mais j'ai pas envie, dit Vanja.

— Je veux rentrer voir maman, dit Heidi.

— On n'a pas le choix, vous savez. Allez, j'offre un film à chacun.

De l'autre côté du centre commercial, il y avait un magasin de disques et de DVD. Ils se précipitèrent vers les films pour enfants pendant que je regardais les rayons de CD. J'achetai une compilation de Thåström, le premier disque d'Anna Järvinen et, à tout hasard, un groupe suédois qui s'appelait The Radio Dept, et un autre Suédois du nom de Christian Kjellvander. Les enfants revinrent avec leurs films, je payai, on traversa la rue pour entrer à Hemköp où j'achetai des pizzas pour le dîner, du pain, du lait et de quoi garnir les tartines pour le lendemain. Sur le chemin du retour et au grand dam des enfants, on passa par Thomas Tobak où j'achetai des journaux, *Politiken*, *Weekendavisen*, *Expressen* et *Aftonbladet*. De retour à l'appartement, ils commencèrent par se disputer pour savoir quel film ils regarderaient en premier. Je leur promis qu'ils pourraient voir les trois et leur dis que le plus juste était de commencer par celui de Vanja parce qu'elle était l'aînée. Ils acceptèrent. Après avoir lancé la lecture de la vidéo, j'allai voir Linda qui se reposait, étendue sur le côté, la tête presque enfouie sous la couette.

— Comment ça va ?

Elle se tourna lentement et me regarda. Son regard n'avait pas changé, il venait de très loin.

— Bien, murmura-t-elle.

— As-tu avalé quelque chose ?

— Oui…, dit-elle, puis elle prononça quelques mots que je ne compris pas.

— Qu'est-ce que tu dis ?

— J'ai mangé un peu quand vous étiez sortis.

— Et tu ne veux rien maintenant ?

Elle secoua à peine la tête.

— Les enfants…, dit-elle.

— Oui ? Ils vont très bien. Je leur ai acheté des films. Ils sont en train de les regarder. Et puis j'ai acheté une table, des chaises et des fleurs pour le balcon. Et un plafonnier pour la salle à manger.

Elle ne dit rien, me regardant seulement.

— Je pensais nettoyer le balcon maintenant. Jeter un maximum. Tu es d'accord ? Je vais dire aux enfants de ne pas venir te déranger, mais ils le feront peut-être.

— Ce n'est pas grave.

— OK. J'ai pris des pizzas pour le dîner. Tu vas te lever, n'est-ce pas ?

Elle acquiesça tout juste.

— Parfait ! dis-je.

Je refermai la porte, emportai mes chaussures que j'enfilai à la porte du balcon, et sortis. Le regard posé sur le sapin de Noël, je me demandai si j'allais le descendre comme il était, mais il n'y aurait sûrement pas de place dans les poubelles, et le poser à côté n'était pas une solution, cela provoquerait à coup sûr une enquête approfondie. Je rentrai chercher la scie et un grand sac-poubelle noir, coupai l'arbre en quatre et le fourrai dans le sac que je déposai dans la cave. En remontant, je vis que le canapé avait été déserté. J'allai dans la chambre. Linda était assise dans le lit, Vanja et Heidi la titillaient pendant que John sautait sur le matelas, elle avait l'air perdue, comme si elle ne savait pas quoi faire, épuisée.

— Qu'est-ce que je vous ai dit ? leur demandai-je.

— C'est bon, murmura-t-elle.

— Allez, venez maintenant. Maman a besoin de calme.

— Tu es malade ? demanda Heidi. Tu as de la fièvre ?

— Non, elle n'est pas malade. Un peu fatiguée, c'est tout. N'est-ce pas ?

— Je peux me lever, dit-elle.

— Ouiiiii ! s'écria John.

Linda se redressa et, lentement, elle tâtonna autour d'elle sur le lit.

— Qu'est-ce que tu cherches ?

— Mon débardeur.

J'ouvris la couette d'un coup.

— Il est là, dis-je. Allez, tout le monde dehors. Maman arrive tout de suite.

Ils obéirent. Je m'arrêtai dans l'embrasure de la porte et la regardai. Ses gestes étaient si lents qu'on avait l'impression qu'elle n'arriverait jamais à enfiler son cardigan.

— Tu n'es pas obligée de te lever, tu sais. Il vaut mieux que tu te reposes.

Elle me regarda.

— Mais c'est vrai que maintenant tu leur as dit, ajoutai-je.

Je ressortis sur le balcon, enveloppé d'une pluie continue et des bruits de la ville sept étages plus bas, ramassai tout ce qui traînait et le jetai dans un sac-poubelle, puis mis les nouvelles plantes dans les anciens pots. Quand je rentrai, le sac à l'épaule, Linda était assise sur le canapé avec John sur les genoux. Elle ne regardait pas l'écran de la télé, seulement droit devant elle.

— Je descends le sac à la cave. C'est beaucoup mieux maintenant sur le balcon.

Une fois remonté et installé dans un fauteuil de l'autre salon pour lire les journaux, je l'entendis se lever et aller dans le couloir, la porte des toilettes s'ouvrit. C'était là qu'elle allait.

Quelques minutes plus tard, elle rouvrit.

J'allai dans le couloir. Elle se tenait là, sans bouger, le regard posé sur moi. Elle pleurait.

— Je n'y arrive pas, dit-elle.

— Va te coucher.

— Oui, il le faut.

— Vas-y.

J'installai le plafonnier, non sans mal, avec des vis toutes petites et mes grands doigts gourds, je réchauffai les pizzas et préparai une salade, on mangea tous ensemble devant la télé. Ensuite, les enfants reçurent leur sachet de bonbons et Linda retourna se coucher. Je leur brossai les dents et ils enfilèrent leurs pyjamas, mais refusant d'aller au lit sans dire bonne nuit à leur mère, ils se précipitèrent dans la chambre et Linda se redressa pour les embrasser. Son regard, rivé au mur, était comme vide tandis qu'elle les serrait contre elle en leur caressant le dos.

Après que les enfants se furent endormis, je passai plusieurs heures à parcourir les journaux, regarder un peu la télé et fumer quelques cigarettes sur le balcon. Linda dormait quand j'entrai dans la chambre, elle avait en tout cas les paupières closes et, m'allongeant tout doucement à ses côtés, je m'endormis aussitôt.

Le lendemain, c'était la fête des Mères. La pluie tombait toujours, constante et régulière sur les toits et les rues de la ville. J'amenai les enfants à l'aire de jeux. L'herbe verte luisait dans la grisaille du printemps. Les couleurs de leurs cirés tranchaient presque avec indécence au milieu des jeux du parc. Au bout d'une demi-heure, je les traînai dans un magasin de meubles pour regarder les canapés car le nôtre était si sale et si usé après cinq années avec de jeunes enfants qu'on devait le recouvrir de plaids. Ensuite, on entra chez Åhléns. Je leur dis que c'était la fête des Mères et que chacun pouvait acheter un cadeau à maman.

— Pouvez-vous les empaqueter ? demandai-je en norvégien à la vendeuse.

— Pardon ?

— Pouvez-vous faire un paquet-cadeau ? répétai-je en bon suédois.

— Bien entendu.

Les enfants avaient choisi une grande serviette de bain, une paire de socquettes avec l'inscription « la maman la plus gentille du monde », et je lui avais trouvé deux disques, John, lui, voulait lui offrir un avion. Ils regardèrent pendant quelques minutes la vendeuse faire les paquets-cadeaux puis s'en allèrent au rayon des jouets. Je payai et, au moment de prendre le sac, le téléphone sonna. C'était l'agent immobilier. Elle dit qu'elle essayait de joindre Linda depuis deux jours.

Je lui expliquai qu'elle était tombée malade et que dorénavant c'était à moi qu'elle devait s'adresser. Le feu aux joues, j'étais persuadé qu'elle allait me demander d'où venait la puanteur et pourquoi la terre était instable près du mur. Mais pas du tout, elle m'annonça qu'il y avait eu quelques visites, qu'un visiteur avait critiqué tout ce qu'il voyait et s'était moqué du prix, et qu'encore personne n'avait fait d'offre. Il y aurait une nouvelle visite dans l'après-midi et une autre le week-end suivant. On raccrocha et j'allai chercher les enfants. Ils étaient ravis à l'idée d'offrir leurs cadeaux à Linda. Nous avions aussi acheté des brioches à la cannelle et du jus de fruits.

— Maman, maman, on t'a acheté des cadeaux ! s'écrièrent-ils en rentrant.

— Attendez, leur dis-je. Il faut d'abord préparer le *fika*.

Fika, « prendre un café » en suédois, était une vieille expression argotique qui venait du mot *kaffi* dont les deux syllabes avaient été inversées.

Je mis les brioches dans une bannette, sortis cinq assiettes, trois verres, deux tasses, le jus de fuits, fis du café, et Vanja et Heidi dressèrent la table.

— Maintenant vous pouvez aller chercher maman, annonçai-je.

Elle les suivit lentement dans le couloir. S'assit au bout du lit contre le mur du salon. Ils se tenaient devant elle, chacun un cadeau dans les mains. Ils les lui tendirent, l'un après l'autre. Elle les ouvrit lentement. La serviette, les socquettes avec l'inscription « La maman la plus gentille du monde ». Ils la regardaient faire, impatients.

— Merci, dit-elle.

Son visage était totalement dénué d'expression. Aucune émotion n'y apparaissait.

Oh non.

Non, non, non.

— C'est Heidi qui a choisi la serviette, et Vanja les socquettes, et John voulait t'acheter un avion, mais je crois que c'est surtout lui qui voulait jouer avec, expliquai-je. Et puis nous avons acheté des brioches et du sirop, hein, les enfants ? Et c'est Heidi et Vanja qui ont mis le couvert. Et maintenant, on va manger. Allez en route, mauvaise troupe !

J'avais parlé fort et vite pour faire diversion, pour qu'ils ne remarquent pas que quelque chose clochait, et qu'ils évitent d'y penser.

Linda pleura quand on se retrouva seuls dans la chambre.

— Je n'arrive à rien, dit-elle.

— C'est vrai. Mais ça ne durera pas. Ça passera.

— J'ai un rendez-vous chez le médecin demain, annonça-t-elle. Tu crois que tu peux m'accompagner ?

— Oui, bien sûr.

— Je n'arrive à rien, murmura-t-elle.

— Mais si. Ça va s'arranger. Tu iras mieux bientôt. Et les enfants vont très bien.

Elle secoua la tête.

— Si, ils vont très bien. Et puis leurs deux grands-mères arrivent.

— Mais il faut que tu écrives aussi.

— On va trouver une solution.

Après son émission de radio, Linda avait été longtemps déprimée. Avait suivi une période très lumineuse pour elle, où rien au monde ne posait problème. Pour moi c'était bien, dans la mesure où elle était capable d'assumer davantage de tâches, et où je pouvais dégager plus de temps pour écrire. Elle faisait beaucoup d'achats, ne me les cachait pas mais n'en parlait pas très ouvertement non plus. Un jour, dans la chambre des enfants, apparurent deux grands chiens en porcelaine très laids qu'elle avait achetés, et le rebord de la fenêtre de notre chambre se couvrit de ce genre de bibelots. Je savais que sa grand-mère maternelle avait fait la même chose, probablement ces figurines lui apportaient-elles une certaine sérénité. Je n'avais rien à redire à ce qu'elle les achète pour elle, mais je n'aimais pas trop qu'elle entraîne les enfants dans cette spirale. Ce n'était pas elle, elle avait d'ordinaire bon goût, c'était une autre partie d'elle-même qui se manifestait. Un jour, ayant vu une jeune fille mendier devant le magasin Hemköp, elle avait décidé d'appeler la Direction des affaires sanitaires et sociales pour leur faire part de la situation. C'était sans doute une bonne action, mais en temps ordinaire, Linda n'aurait pas agi ainsi. Quand je lui disais qu'elle avait fait trop d'achats ces derniers temps, elle balayait ma remarque d'un revers de la main, c'était si peu cher, elle avait pratiquement tout acheté d'occasion. Un après-midi, on sonna à la porte, un antiquaire venait livrer ce qu'elle avait acheté : une lampe au style chargé et sentimental de vieille tante, et cette fois non parce que ce n'était pas cher – ce n'était vraiment pas le cas –, mais parce qu'elle la trouvait très belle. Elle parlait beaucoup aux inconnus, aux voisins de table dans les cafés, aux vendeuses dans les magasins, et au jardin d'enfants elle était très amie avec tout le monde. Elle rayonnait, elle parlait abondamment et de choses superficielles. Elle ne faisait rien de mal, mais je n'arrivais pas à établir de véritable contact avec elle, elle n'était pas vraiment là. Quand je le lui faisais remarquer, elle me regardait en disant qu'elle comprenait ce que je voulais dire. Évidemment, elle comprenait et tout allait pour le mieux. Elle était heureuse, un point c'est tout, et tout fonctionnait : elle était créative avec les enfants et ils aimaient la bonne humeur qu'elle dégageait, il se passait soudain beaucoup de choses autour d'elle. Je refoulai l'idée que je n'aimais pas cette situation, après tout il n'y avait rien de mal là-dedans, en tout cas rien que je puisse lui reprocher – aurais-je dû lui dire d'arrêter d'acheter des horreurs aux enfants ? Et un après-midi, les filles eurent chacune une poupée Barbie d'occasion entre les mains, et John un soldat. Était-il possible que ce soit *Linda* qui leur ait acheté ça ?

Je jetai les poupées après qu'ils furent couchés.

Quand sa phase maniaque prit fin et qu'elle commença à sombrer, elle eut honte de tout ce qu'elle avait fait, bien qu'en réalité elle n'eût rien fait de mal. Elle s'inquiétait beaucoup car ses changements d'humeur avaient empiré. Un jour, elle m'agressa en disant que je ferais mieux de l'aider, que n'importe quel mari le ferait. Elle voulait que je l'aide à reprendre une thérapie. Et qu'on y aille ensemble de préférence. Elle le souhaitait depuis plusieurs années. Elle savait que je préférerais mourir plutôt que de suivre ce genre de thérapie, et que je le pensais vraiment. S'il avait fallu choisir entre un conseiller conjugal et la mort, j'aurais opté pour la mort, sans hésiter. Même dans le cas d'une consultation individuelle. Mais son désespoir me poussa à prendre rendez-vous le lendemain avec un psychologue, chez qui nous étions déjà allés ce printemps-là. Linda avait pleuré en expliquant comment elle se sentait. Le psychologue l'avait écoutée, puis il avait voulu savoir ce que j'en pensais et je le lui avais dit. Il s'intéressait moins aux changements d'humeur de Linda qu'à sa situation, au fait qu'elle ne travaillait pas et ne gagnait pas d'argent, et il lui avait demandé comment elle pourrait résoudre ce problème-là. Il avait raison, mais je ne comprenais pas en quoi ça pouvait aider Linda. Elle alla seule aux séances suivantes. Puis elle contacta d'elle-même un médecin pendant sa période euphorique, et obtint un rendez-vous. Mais maintenant, la situation était tout autre. Je ne l'avais jamais vue dans cet état. Elle avait lâché prise et sombré si profondément dans ses ténèbres intérieures que plus rien n'avait de sens autour d'elle. C'était ainsi que je me représentais les choses. Elle aimait nos enfants par-dessus tout, mais même pour eux, elle n'arrivait pas à se rapprocher du monde.

Le lendemain matin, après avoir conduit les enfants au jardin d'enfants, je préparai le petit déjeuner de Linda et le lui apportai sur un plateau. Je l'avais fait souvent la première année de notre relation, car rien ne lui faisait plus plaisir. Mais j'avais cessé, je ne voulais plus fournir le moindre effort pour lui faire plaisir.

Elle s'assit dans le lit. Ses mains caressaient la couette dans un va-et-vient effrayant, elle avait des gestes d'animal. Puis elle leva le bol de muesli d'une main et de l'autre remplit une cuiller qu'elle porta à sa bouche. Ses mouvements étaient si lents que je me retournai et ouvris les stores pour regarder dehors en direction de l'hôtel.

Quelque chose s'est brisé en elle, pensai-je.

Elle avala la moitié du bol et le reposa.

— Tu as assez mangé ?

Elle acquiesça.

— On y va, alors ?

Elle acquiesça de nouveau.

— Tu veux d'abord prendre une douche ?

— Je n'y arriverai pas.

— D'accord. On peut très bien s'en passer.

Je lui pris le bras pour l'aider à se lever. Devant l'armoire ouverte où se trouvaient ses vêtements, son regard exprima le même désespoir que quand elle avait regardé les enfants.

Je sortis un jean et un sweat gris et les posai devant elle, sur le lit.

— Ça ira ?

Elle acquiesça.

— J'attends dans le couloir, dis-je en sortant.

On prit l'ascenseur et on rejoignit bras dessus bras dessous les taxis stationnés devant le Hilton. Elle se déplaçait à pas lourds et lents, comme si la pesanteur s'exerçait davantage pour elle. Et peut-être était-ce le cas.

Quelque chose s'est brisé en elle, me dis-je de nouveau.

On monta dans un taxi, j'indiquai le nom de la

rue et le numéro, le chauffeur mit le clignotant et s'engagea dans la rue Förening qu'on suivit jusqu'à Konserthuset avant de prendre à droite, de traverser le pont sur le canal et d'atteindre la partie basse de la ville où nous allions rarement – notre vie se déroulait entre l'appartement à Triangeln et le jardin d'enfants à Möllevangen.

Devant le bâtiment, je lui demandai le code de la porte. Elle répondit par automatisme, elle se souvenait de ce genre de choses nettement mieux que moi.

Après être sortis de l'ascenseur, on pénétra dans une vaste salle d'attente. Linda avança lentement vers le guichet où elle devait se présenter. Je posai une tasse sur la grille de la machine à café, appuyai sur la touche « café noir », et jetai un coup d'œil alentour pendant que le liquide coulait en éclaboussant la tasse.

Deux personnes, tête baissée, s'efforçaient de passer inaperçues. L'une était une femme d'environ cinquante ans, l'autre un homme dans la trentaine. La femme était pâle, ronde et portait des vêtements de couleurs ternes. L'homme, rond également, avait une barbe clairsemée, les cheveux gras et des lunettes. À côté d'eux, une femme parlait fort au téléphone. Un homme parut dans le couloir, les cheveux coupés court, la mise soignée, un genre de sandales orthopédiques aux pieds, sans doute un médecin. Il se posta devant eux au moment où je pris la tasse et bus une gorgée, dit un nom, la femme entre deux âges se leva, ils se serrèrent la main et elle le suivit dans le couloir.

— Veux-tu un café ? demandai-je à Linda qui venait vers moi.

Elle secoua la tête.

— On s'assoit ?

Elle acquiesça. Elle parcourut lentement les quelques pas qui la séparaient du canapé, me regarda, je hochai la tête et elle s'assit. Je m'assis à côté d'elle et pris sa main dans la mienne. La femme parlait toujours au téléphone. On entendait la radio, je levai les yeux, il y avait une enceinte au plafond. Des gens parlaient et riaient, c'était une de ces émissions légères de la matinée, qu'on écoutait partout sur les lieux de travail ; dans les salons de coiffure, les taxis, les garages. Je trouvais déplacé que cette vie, dont elle était exclue, la heurte de plein fouet.

Je la regardai. Elle ne semblait pas en être affectée.

Je me souvenais qu'à Stockholm, alors que nous étions dans un taxi en route pour l'hôpital, Linda avait très peur que l'enfant qu'elle allait mettre au monde soit mort, et la radio était branchée dans le taxi. J'avais beau savoir que la légèreté lui était insupportable, à elle, projetée aux confins de l'horreur, à la frontière entre la vie et la mort, je n'osai pas dire au chauffeur d'éteindre, j'avais peur de le froisser.

Je serrai sa main. Elle avait le regard rivé au sol.

— Veux-tu de l'eau ?

Elle acquiesça.

J'allai remplir un gobelet en plastique blanc. Les parois étaient si minces que je sentis l'eau à travers, froide et tremblotante.

Elle la but en une rasade.

Une femme, sans doute un peu plus jeune que moi, apparut dans le couloir. Elle s'arrêta devant nous, Linda se leva, la femme sourit et lui tendit la main. Linda la serra.

— Bonjour, dis-je.

On se serra la main et on s'engagea dans le couloir. Elle s'arrêta devant une porte ouverte, tendit le bras et nous entrâmes. Une chaise d'un côté d'une table et deux chaises de l'autre. Un bureau sous la fenêtre, deux ou trois lithographies floues et neutres sur les murs.

— Je vous en prie, asseyez-vous, dit-elle.

On s'assit.

— Comment allez-vous, Linda ?

Les jambes croisées, elle tenait un bloc-notes dans une main et un stylo dans l'autre. Elle avait un regard aimable et une allure légèrement impersonnelle, peut-être à cause du bloc-notes et du stylo.

Linda la regarda longuement.

— Pas bien, finit-elle par dire tout bas, de façon presque inaudible.

Le médecin posa plusieurs questions destinées, je crois, à clarifier la situation. Chaque fois, Linda répondait après un long moment et en quelques mots.

— Entendez-vous des voix ? demanda le médecin.

Longue pause.

Des voix ? Mais elle faisait fausse route. Linda n'entendait pas de voix.

Peut-être devait-elle nous poser une liste de questions standard à cocher.

— Non…, dit Linda. Seulement des idées… que je ne veux pas avoir…

— Pensez-vous au suicide, Linda ? Pensez-vous à mettre fin à vos jours ?

Linda lui lança un coup d'œil. Puis se mit à pleurer.

— Mais… mais je… je ne peux… je ne peux… pas, dit-elle. Les enfants… Je ne… peux pas.

— Mais vous y pensez ?

Linda acquiesça.

— Souvent ?

Linda acquiesça.

— J'y… j'y… pense… tout le temps… Si seulement… si seulement je pouvais avoir… une maladie et mourir. Ce serait… plus simple. Pour tout le monde.

Je me mis à pleurer et baissai les yeux. Je pris une profonde inspiration, parce que je ne pouvais pas me laisser aller. Je fixai mon attention sur le tapis, sur le pied de la chaise, sur la corbeille à papier dans le coin, je déglutis.

— Est-ce que vous avez l'impression que tout va plus lentement ? demanda le médecin.

Linda acquiesça.

— Vous n'avez pas la force de faire quoi que ce soit ?

— Non ! dit Linda dans un sanglot.

— Parvenez-vous à vous doucher ? À vous lever ?

— Non. Un peu. Les enfants… Je n'y arrive pas…

Le médecin écrivit dans son cahier. Puis elle s'adressa à moi.

— Comment voyez-vous Linda en ce moment ?

— Je ne sais pas trop. Je ne l'ai jamais vue en si mauvais état, dis-je en regardant Linda. C'est nouveau pour moi.

— Vous souffrez clairement d'une très forte dépression, expliqua le médecin. On va tenter de la stopper et vous prescrire des antidépresseurs. Mais on ne souhaite pas non plus que vous deveniez trop euphorique quand la tendance s'inversera, il faut donc agir avec prudence. Bien sûr, vous pourriez être hospitalisée, c'est une possibilité. Vous seriez au calme. À la maison, les enfants et votre vie habituelle impliquent des obligations qu'il serait préférable que vous évitiez. Avez-vous envisagé de vous faire hospitaliser ?

Linda me regarda, terrorisée.

Elle secoua la tête.

— Il me semble qu'il vaudrait mieux qu'elle reste à la maison, dis-je.

— Linda ? demanda le médecin.

— Je ne veux pas être hospitalisée.

— Je comprends, dit-elle. Vous pouvez bien sûr rester chez vous. Peut-être est-ce mieux pour vous. Mais je souhaiterais que vous veniez me voir régulièrement. Vous êtes d'accord ?

Linda acquiesça.

— Essayez d'être debout le plus possible, c'est important. Essayez de faire le plus possible ce que vous avez l'habitude de faire. Inutile d'en faire beaucoup. Mais un peu, pour ne pas rester couchée toute la journée. Vous sentez-vous capable de faire la lecture aux enfants, par exemple ?

— Je ne sais pas, répondit Linda.

— Alors vous pourriez regarder pendant une demi-heure les émissions pour enfants avec eux. Et puis il faudrait sortir. Prendre l'air frais et la lumière, c'est très important. Essayez de faire une promenade tous les jours.

Linda acquiesça.

Le médecin la regarda.

— J'ai... des angoisses... terribles, dit Linda.

— Vous aurez un médicament pour ça. Un cachet à prendre quand la crise d'angoisse arrive. Il fait de l'effet aussitôt et peut rendre un peu somnolent. Vous aurez aussi un antidépresseur. Mais nous allons commencer doucement. Il ne faudrait pas que vous remontiez la pente trop vite.

Elle se leva pour aller s'installer à son ordinateur. J'attrapai la main de Linda et la serrai.

— Vous pouvez vous procurer les médicaments dans n'importe quelle pharmacie, déclara le médecin en se levant à nouveau. Et j'ai noté notre prochain rendez-vous là. C'est mercredi. Est-ce que cela vous convient ?

Linda acquiesça avant que nous nous levions à notre tour.

— Je pense qu'il serait bon que vous ne soyez pas seule, Linda. Qu'il y ait toujours quelqu'un avec vous.

— Bien sûr, dis-je.

Elle nous accompagna jusqu'à la porte, sourit en nous disant au revoir et referma doucement.

— Tu crois qu'ils peuvent appeler un taxi à l'accueil ? demandai-je.

Linda acquiesça.

— Alors je vais leur demander.

Linda attendit près de la porte que je finisse de parler à la secrétaire. Une fois dans la rue, j'allumai une cigarette.

— Ça va aller, dis-je. C'est bien que tu ne sois pas hospitalisée. Au moins tu es là pour les enfants, même si tu n'as pas la force de faire grand-chose.

— Oui.

— Et puis on fera une petite promenade tous les jours. Tu regarderas la télé avec eux.

— Oui.

— Tu crois que c'est notre taxi ? demandai-je en remarquant une Passat noire qui s'engageait dans la rue.

Le véhicule s'arrêta devant nous et on monta à bord.

— Ça va aller, dis-je. Tu seras bientôt sortie de tout ça.

Je savais que ce qu'elle redoutait le plus, son cauchemar, c'était d'être hospitalisée de nouveau. Les enfants rendaient la chose encore pire, avoir une mère en hôpital psychiatrique, c'était stigmatisant. Je pensais la même chose, une hospitalisation donnerait une définition, ça l'enfermerait dans une maladie, l'institutionnaliserait, alors qu'en réalité ce n'était que Linda, la noirceur qui l'envahissait, et Linda, c'était la personne assise à côté de moi, la mère de Vanja, Heidi et John. Il valait mieux qu'elle soit à la maison pour que cela reste à portée de leurs yeux, pour empêcher que la situation devienne étrange et dangereuse.

Dans le taxi, en rentrant, je n'en étais plus si certain. C'était ma responsabilité. Dans son état, elle était incapable de prendre une décision raisonnée.

C'était pour cela qu'elle m'avait regardé. Si j'avais hoché la tête en disant qu'il fallait absolument qu'elle soit hospitalisée, elle l'aurait accepté.

Le médecin nous l'avait conseillé. Nous avions refusé pour faire à notre façon.

— Quand est-ce qu'Ingrid arrive ? demandai-je.

— Je ne sais pas, dit-elle tout bas. Cet après-midi.

— C'est très bien. Elle sera là pour les enfants et ils penseront à autre chose. Ils ont besoin d'une présence en ce moment. Je crois que c'est important.

— Oui.

Le taxi s'arrêta devant la façade du Hilton. Je payai et on sortit. Je lui tenais le bras pour traverser la rue et continuer en direction de la pharmacie.

De retour à l'appartement, elle alla se recoucher et s'endormit en quelques minutes. J'errai de pièce en pièce, fumai une cigarette sur le balcon, la porte ouverte au cas où Ingrid sonnerait, m'installai dans le bureau et allumai l'ordinateur – elle n'avait pas besoin de moi pendant son sommeil –, mais quand je vis l'essai sur lequel j'avais travaillé à Voss, sur Turner et Claude Lorrain, je pensai que ce n'était plus le moment, et éteignis.

J'allai dans la chambre pour la regarder. Tout le week-end, là, dans son lit, pendant que nous faisions des courses en ville, elle avait voulu mourir.

On sonna.

Dans l'entrée, je décrochai l'interphone.

— Allô ?

— C'est Ingrid.

— J'ouvre.

J'attendis l'arrêt de l'ascenseur pour ouvrir la porte.

— Comment va-t-elle ? demanda Ingrid en sortant de l'ascenseur.

— Pas très bien. Je peux prendre vos bagages.

Je tendis le cou vers la valise qu'elle lâcha pour me la remettre.

— Nous rentrons de chez le médecin. Elle a dit que c'était une grave dépression. Et elle lui a proposé d'être hospitalisée. Mais Linda préfère rester à la maison. Et moi aussi.

— C'est un bon médecin ?

— Je pense, oui.

— Oh là là, soupira-t-elle.

— Oui.

— Elle dort, là ?

— Oui.

— Et les enfants ? Ils sont inquiets ?

— Non, je ne crois pas. Ils ne se sont pas aperçus de grand-chose. Ils sont au jardin d'enfants comme d'habitude.

— C'est bien, dit-elle en se penchant pour ôter ses chaussures.

Je me tenais à quelques mètres d'elle et je voulais que la conversation cesse. Elle était fâchée à cause de ce que j'avais écrit sur elle dans le deuxième tome, et maintenant voilà ce qui arrivait à sa fille. Mais en même temps, elle dépendait de moi – c'était chez moi ici et j'étais le père de ses petits-enfants – tout comme j'étais dépendant d'elle, de l'aide qu'elle nous apportait.

Elle me regarda.

— Je me disais que tu pourrais dormir dans le salon, dis-je en me tournant pour emporter la valise. Ça te va ?

— Je peux dormir n'importe où. Y compris avec les enfants si Sissel veut dormir dans le salon.

— Elle pourra dormir dans mon bureau.

— Ah, d'accord, soupira-t-elle. Mais c'est une bonne chose que je sois là. Et je me réjouis de voir les enfants.

— Eux aussi seront ravis de te voir.

Lorsque je partis chercher les enfants cet après-midi-là, Ingrid voulut m'accompagner, sûrement pour leur faire la surprise. Nous ne dîmes rien dans l'ascenseur. Une fois dans la rue, on se tourna l'un vers l'autre.

— Elle ne peut pas rester seule, dis-je.

— Je pensais justement à la même chose. Vas-y, je reste avec elle.

Comment était-ce possible ? me demandai-je en longeant la rue Södra-Förstad. Comment avais-je pu oublier qu'elle ne devait pas rester seule ?

C'était aussi affreux que mes absences prolongées du week-end. Comme si je ne me représentais pas la gravité de la situation. Comme si tout était normal et que ce qui se passait en elle, seule dans la chambre, exclue du reste de la famille, pouvait être mis entre parenthèses.

— Est-ce que grand-mère est arrivée ? demanda Vanja, qui avait accouru dès qu'elle m'avait vu derrière le portillon.

J'acquiesçai.

— Oui, et elle a hâte de te voir.

J'échangeai quelques mots avec le personnel. Ils m'assurèrent que la journée s'était bien passée, les enfants avaient été joyeux et contents. J'avais prévu de leur dire que Linda était déprimée pour qu'ils fassent davantage attention aux enfants au cas où ils auraient un comportement inhabituel, mais Vanja et Heidi étaient à côté de moi et je décidai de remettre ça au lendemain.

On acheta des fruits, du lait et des yaourts à Hemköp, ils étaient impatients de rentrer à la maison maintenant que leur grand-mère était là. Elle avait sûrement apporté des cadeaux.

Quand elle habitait chez nous, elle préparait toujours les repas, faisait les courses et rangeait la cuisine. Nul doute qu'elle faisait tout son possible pour nous aider. Et nous aurions eu de bonnes relations si je n'avais pas écrit mon livre, mais il était là, comme une ombre au tableau, et nous ne pouvions pas en parler.

Étrangement, ce fut John qui se montra timide avec elle quand nous franchîmes le seuil. Mais cela ne dura pas. Après avoir ouvert leurs cadeaux, ils se précipitèrent dans la chambre de Linda pour les lui montrer. Je les suivis en les gardant à l'œil. Linda les regarda, se redressa, s'efforça de sourire. C'est formidable, dit-elle.

— Allez, les trolls, on sort maintenant, dis-je. Maman doit se reposer encore un peu.

Ils ne se firent pas prier cette fois. Je fermai la porte de la chambre et celle du couloir. Dans la cuisine, Ingrid préparait le repas.

— Quand veux-tu manger ? demanda-t-elle.

— N'importe quand. À l'heure qui te convient.

— À cinq heures ?

— C'est parfait.

Je versai le café que j'avais fait, mais oublié, dans la thermos, et j'étais sur le point de sortir sur le balcon quand le téléphone sonna.

Voyant que l'appel venait d'Oslo, je répondis.

C'était Elisabeth des éditions Oktober.

— Je te dérange ? dit-elle.

— Non, pas du tout.

— Tu es en train d'écrire, j'espère, dit-elle en riant. Je suis contente d'avoir réussi à te joindre. Il faudrait qu'on parle du lancement du cinquième tome, il ne va pas tarder à paraître.

— D'accord, dis-je en ouvrant la porte du balcon pour aller m'asseoir.

— As-tu réfléchi à une façon de faire ?

— Seulement à en faire le moins possible.

— En principe, c'est toi qui décides. Mais l'attente

est énorme. J'ai une proposition à te faire. L'*Aftenposten* essaie d'avoir une interview de toi depuis longtemps. Tu pourrais la leur accorder ? Et ce serait tout.

— Bonne idée.

— Oui, je crois. Et puis il y a le festival du livre d'Oslo. Ce serait bien que tu puisses venir.

— Et c'est quand ?

— Mi-septembre.

— Je pense que c'est envisageable.

— Super ! J'en prends bonne note et on verra les détails plus tard. Merci, Karl Ove.

Je raccrochai et me versai du café. La dernière fois que Linda avait été malade, cela avait duré plus d'un an.

Je n'y avais même pas pensé.

Et si la situation se prolongeait ?

J'écrasai mon mégot et rentrai. Vérifiai que les enfants allaient bien avant de gagner la chambre. Elle ne dormait pas ; les yeux ouverts, elle regardait le plafond.

— Comment ça va ? demandai-je en m'asseyant au bord du lit.

Elle tourna la tête vers moi, le regard presque vide.

— Les enfants vont bien, dis-je. Tout s'est passé comme d'habitude au jardin d'enfants. Et ils sont ravis qu'Ingrid soit là. John était un peu timide au début mais il s'est repris rapidement.

Elle me regardait comme si elle voulait dire quelque chose.

— As-tu la force de te lever pour dîner ?

Elle acquiesça tout juste.

— Et après tu regarderas « Bolibompa » avec eux ?

Elle acquiesça de nouveau.

— Ce serait bien. Ce serait bien que tu arrives à faire ça.

Sentant que je ne supportais pas son regard, je me levai.

— Je viens te chercher quand le repas est prêt, d'accord ?

Elle acquiesça, et j'allai au salon avec les journaux du matin que je n'avais pas encore lus.

Le lendemain, en rentrant du jardin d'enfants où j'avais conduit les enfants, je trouvai Ingrid assise au bord du lit en train de parler à Linda, le plateau du petit déjeuner les séparait. Un bol de muesli, un œuf, des fruits, une tranche de pain, un verre de jus de fruits, une tasse de café. Linda regardait Ingrid de la même façon qu'elle m'avait regardé moi les fois précédentes, du tréfonds de son être. Comme si tout ce qui était dit disparaissait dans ce regard, pour déboucher dans un espace infini où ça représentait si peu de chose que cela ne pouvait rien changer, mais c'était tout ce qu'elle avait et elle s'y accrochait. Son regard s'agrippait à moi comme il s'agrippait maintenant à Ingrid.

— Ça y est, les enfants sont là-bas, dis-je dans l'encadrement de la porte.

Ingrid se leva.

— As-tu terminé ? demanda-t-elle. Je peux rapporter le plateau ?

Je savais qu'elle ne voulait pas nous envahir et notre chambre était une frontière qu'elle franchissait à contrecœur, mais pendant mon absence, elle était entrée car Linda était sa fille.

— On va faire un petit tour ? proposai-je quand Ingrid fut sortie.

Linda acquiesça et se mit lentement sur ses pieds.

— Tu veux que je t'apporte des vêtements ?

Elle acquiesça de nouveau.

Je déposai devant elle un pantalon et un pull et sortis l'attendre dans le couloir. Puis je lui tendis une veste, plaçai ses chaussures devant elle, lui pris le bras quand elle fut habillée et la guidai jusqu'à l'ascenseur. Pendant la descente, elle garda les yeux rivés au sol, sûrement pour éviter le miroir.

Dehors, il faisait beau. Entre la place du marché et la rue, les arbres étaient verts et leur feuillage dense. Les gens allaient et venaient sur le pavé, les voitures défilaient un peu plus loin. Nous avancions lentement en direction du parc.

— Je t'aime, Linda, dis-je.

Elle sursauta et me regarda.

— C'est terrible actuellement, mais ça va aller mieux. Je te le promets. Il faut que tu tiennes le coup.

Ses yeux fixaient de nouveau un point au loin.

— Je sais que c'est insupportable. Mais il faut que tu tiennes. Et puis ça ira mieux.

Après avoir traversé au passage pour piétons, on continua sur le trottoir en passant devant le restaurant mexicain, le salon de coiffure et le magasin de jeans. Le ciel était bleu et l'herbe du parc de l'autre côté de la rue, verte. Ici et là, des gens étaient assis, certains avec leur bicyclette devant eux.

— Tu es une mère formidable, Linda. Je sais que tu as l'impression de les abandonner. Mais c'est faux. Tu n'y peux rien. Il n'y a rien à faire pour le moment. Ça va passer. Tout va s'arranger. Je te le promets.

Elle me fixa de son regard mi-absent, mi-suppliant. Mais elle ne dit rien. Après avoir traversé la rue, on atteignit le parc.

— On va s'asseoir là-bas ? proposai-je en faisant un signe de tête en direction du muret en pierre sous les arbres, au milieu du parc. Ça va s'arranger, répétai-je.

Une femme âgée passa devant nous avec son chien et, derrière elle, une jeune à bicyclette avec un sac sur le dos nous contourna. Des voix d'enfants nous parvenaient de l'aire de jeux où j'aperçus trois ou quatre parents avec leurs enfants.

On prit place sur le muret.

Linda se mit à pleurer. Des sanglots bruyants secouaient ses épaules. Je l'entourai de mon bras et me penchai vers elle.

— Ça va s'arranger. Je t'aime. C'est terrible, mais ça va passer.

Autour de nous, les gens assis sur la pelouse nous regardèrent. Un couple qui approchait nous regarda aussi. Un coup de vent fit bruire le feuillage au-dessus de nos têtes. Le dos voûté, Linda pleurait toutes les larmes de son corps, comme si quelque chose s'était effondré en elle.

Je lui caressai le dos.

Quelles ténèbres t'habitent, Linda ?

Quelles ténèbres t'habitent ?

— Je t'aime. Tu es un quelqu'un d'exceptionnel et une mère formidable. Ça va s'arranger. Il faut que tu tiennes.

Ses pleurs s'affaiblirent peu à peu. Je lui tendis le bras, elle y accrocha le sien et on se leva pour prendre le chemin de gravier, lentement, comme un vieux couple. Je bouillais d'impatience.

Ingrid nous accueillit dans l'entrée pendant que nous nous déshabillions.

— C'est bien, Linda, dit-elle. C'est très bien que tu aies réussi à faire cette promenade.

— Veux-tu te reposer ? dis-je.

Elle acquiesça. Je l'accompagnai dans la chambre.

— Tu veux la radio ? Tu pourrais l'écouter en restant couchée ?

Elle secoua la tête.

— Je veux seulement dormir, dit-elle.

Elle s'allongea, se cacha à moitié la tête avec la couette et ferma les yeux.

— D'accord. Je reviens te voir dans une demiheure.

Voulant sortir fumer, je baissai les yeux en passant devant la cuisine où Ingrid était assise, le journal ouvert sur la table ; je ne voulais pas engager la conversation. Je savais qu'elle m'aimait bien mais que ce que j'avais écrit avait jeté un froid, et elle voyait probablement un lien entre ce qui arrivait à Linda et ce que j'avais fait. Je n'étais pas sûr que ce soit réellement ce qu'elle pensait, mais j'avais de forts soupçons.

Nous pouvions parler de ce que nous mangerions au dîner. Nous pouvions parler de Linda, de la façon de l'aider à être debout le plus souvent possible. Nous pouvions parler des enfants et de qui faisait quoi avec eux. Mais nous ne parlions pas d'elle, pas de moi, et pas de ce que j'avais écrit sur elle.

Le regard baissé, je passai furtivement en me disant que Linda était notre priorité à tous les deux.

Du balcon, j'entendis vaguement le téléphone sonner. Je rentrai répondre. C'était l'agent immobilier. Elle avait organisé une nouvelle visite de la petite maison. Sept personnes s'étaient présentées mais personne n'avait fait d'offre. Il y aurait une autre visite ce week-end-là. Elle m'assura que nous finirions par vendre. Je lui dis que c'était une bonne nouvelle. Elle ajouta qu'il devait y avoir un problème avec la douche, l'un des visiteurs l'avait testée et n'arrivait plus à fermer le robinet, et un tuyau d'eau fuyait. Je lui dis que c'était malheureusement exact, qu'il y avait bien un problème avec la douche et l'un des tuyaux, et que j'allais faire venir quelqu'un pour réparer. Elle fut satisfaite et on raccrocha.

J'allai voir Linda. Elle dormait et je me retirai dans le bureau où je pouvais être tranquille. J'allumai l'ordinateur et ouvris le livre de reproductions de Claude Lorrain que j'avais acheté à New York à peine quelques semaines plus tôt. J'avais l'impression que ça faisait des années. À Manhattan, je m'étais évanoui après une lecture en public. Je n'avais pas mangé de la journée, j'étais très nerveux, et j'avais pris une bière avec mon éditrice américaine, et dehors elle m'avait présenté à un auteur égyptien assez âgé, entouré de sa cour ; soudain incapable de tenir debout, je dus m'asseoir sur les marches. La tête dans les mains, je sentais le noir se faire en moi, me submerger, telle une vague de fatigue irrésistible et vertigineuse. Le vieil Égyptien, un grand poète qui méritait sa cour, mit son bras autour de mes épaules et me demanda, aimablement cette fois, si j'allais bien. Je lui répondis que oui et il retourna à ses convives. Ne parvenant même plus à rester assis, je me levai et titubai jusqu'à mon éditrice pour lui dire qu'il fallait absolument que je rentre, tout de suite, et elle me proposa d'appeler un taxi. Mais, incapable d'attendre, je m'allongeai sur le trottoir, fermai les yeux, et m'évanouis. Je revins à moi quand elle posa la main sur mon épaule et je compris alors que ça n'avait pas duré plus d'une minute ou deux. Les gens me regardaient allongé par terre. Je réussis à me mettre debout, elle ouvrit la portière du taxi qui attendait, donna l'adresse au chauffeur et nous partîmes à travers la ville immense.

J'avais vu là-bas une œuvre de Claude Lorrain sur laquelle j'étais maintenant en train d'écrire un essai. J'étais très concentré, bizarrement, et écrivais avec aisance, tout le reste avait disparu jusqu'au moment où, après avoir levé la tête et posé les yeux sur le store devant moi qui occultait la fenêtre, éclatante de lumière printanière, je repensai à Linda. J'éteignis l'ordinateur et allai la voir.

Elle était assise dans le lit. Ses doigts grattaient la

couette, elle me regarda. Le buste penché en avant, les doigts continuant de gratter le couvre-lit. On aurait dit qu'elle époussetait quelque chose. Tout cela m'effrayait, ses gestes étaient si étranges.

— J'ai des angoisses terribles, Karl Ove. J'ai tellement peur.

— Tu ne veux pas prendre le médicament qu'on t'a prescrit ?

— Si. Mais l'effet ne dure pas longtemps. Et c'est pire après.

— Je vais le chercher. Comment ça s'appelle déjà ?

Elle me le dit. Dans la cuisine, sur l'étagère recouverte de ses médicaments, je trouvai ce qu'il lui fallait, remplis un verre d'eau et retournai dans la chambre.

Elle l'avala et se rallongea.

Je m'allongeai à côté d'elle.

Nous ne parlions pas. Je lui tenais la main. Je pensais à ce que j'avais écrit, l'émotion que les œuvres de Lorrain suscitaient en moi m'emplissait d'une sorte de sérénité, que je repoussai aussitôt – quel monstre étais-je pour penser à ça alors qu'elle était couchée près de moi avec son envie de mourir ?

— Veux-tu manger quelque chose ? Des fruits ?

Elle ne répondit pas. Je tournai la tête vers elle.

— Du raisin ? proposai-je.

Elle acquiesça, j'allai dans la cuisine, heureusement inoccupée, mis une grappe de raisin dans un bol que je lui apportai.

— Tu ne veux toujours pas la radio ? demandai-je en posant le bol à côté d'elle.

— Je n'ai pas la force d'écouter quoi que ce soit.

— Même pas de la musique ?

— Non.

Elle ramena la couette sur elle et se tourna vers le mur.

En rentrant du jardin d'enfants, Vanja voulut savoir si sa maman dormait encore.

— Oui. Elle est un peu malade, tu comprends. Mais ce sera bientôt fini.

— C'est jamais fini, répliqua-t-elle. Elle est toujours malade.

— Non, ce n'est pas vrai. Mais en ce moment, oui. Et elle a besoin de repos.

— Moi aussi, dit Vanja. Je veux me reposer avec elle.

— Tu peux. À condition que tu restes tranquille.

— Moi aussi, intervint Heidi.

— OK. Mais une à la fois. On est d'accord ?

Ce ne fut pas si facile. Vanja se mit à bousculer Linda pour qu'elle se lève, et Heidi ne se comporta pas mieux.

Vanja refusa de quitter la chambre et je dus l'en sortir de force. Je tentai d'en faire quelque chose de drôle, une farce, mais elle était fâchée pour de bon.

Je la déposai dans sa chambre. Elle essaya de se faufiler pour retourner dans la nôtre.

— Vanja, c'est vrai que ta mère est un peu malade et qu'elle a besoin de repos. Mais ce sera bientôt fini. Je te le promets.

— C'est pas vrai, rétorqua-t-elle, les yeux baissés.

— Allez, viens, on va regarder un film.

— Je veux pas.

— Qu'est-ce que tu veux, alors ?

— Je veux maman.

— Je comprends. Et tu peux la voir. Mais pas maintenant.

Elle s'assit et se mit à déplacer ses petites figurines comme si je n'existais pas. Je l'observai un moment, puis quittai la pièce.

Le lendemain, on retourna chez le médecin. Elle posa à peu près les mêmes questions que la fois précédente. Linda était toujours aussi peu loquace.

— Ce qu'il faut, c'est inverser la tendance dépressive, dit le médecin au bout d'un moment. Et on peut y parvenir, entre autres, au moyen d'un électrochoc. Je sais que ça paraît terrible comme ça, mais le fait est que ça marche. Ça freine le processus en quelque sorte et ça permet au cerveau de redémarrer. Est-ce que c'est quelque chose que vous pourriez envisager ? C'est absolument sans danger, vous savez. Et ça mettra fin à votre état.

À ces paroles, Linda se tourna vers moi avec le même regard que lorsque le médecin avait proposé l'hospitalisation.

Sa bouche s'ouvrait et se fermait comme si elle manquait d'air, ses yeux étaient pleins de larmes.

— Non, dit-elle. Non.

— Je ne crois pas, non, intervins-je. Je pense qu'il faut qu'on serre les dents, tout simplement.

— Je comprends, dit le médecin en s'adressant à Linda. L'essentiel, c'est que vous soyez debout un peu tous les jours. Vous vous êtes promenée, c'est très bien. Si vous en avez la force, ce serait bien que vous fassiez un peu ce que vous aviez l'habitude de faire.

— Je ne fais rien, murmura Linda.

— Que dites-vous ?

— Je ne fais rien.

— C'est difficile à estimer quand on est dépressif, dit-elle. On a l'impression de ne rien faire et qu'on ne vaut rien. Mais il y a bien quelque chose que vous aimez faire en particulier ?

Linda secoua la tête.

— Vous n'avez aucun hobby, aucune activité qui vous plaise ?

Linda secoua encore la tête.

— Tu aimes regarder des films, dis-je. Et lire.

— Je n'y arrive pas.

— Non, bien sûr, dit le médecin. Mais il ne s'agit

pas de faire de grandes choses. Si vous arrivez à mettre la vaisselle dans la machine, ne serait-ce que quelques verres, ce sera déjà bien.

Linda acquiesça.

— Comment ça va avec les enfants ? Est-ce que vous passez un peu de temps avec eux ?

Linda secoua la tête.

— Si, démentai-je. Tu as regardé la télé avec eux.

— C'est bien, Linda. Peut-être pourriez-vous aussi leur faire un peu la lecture. Pensez-vous en être capable ?

— Oui.

Elle leur fit la lecture cet après-midi-là, chacun son tour, puisqu'elle n'avait pas la force de les avoir tous les trois en même temps, et qu'ils se seraient battus pour attirer son attention. Elle lut d'abord pour John, pendant que Heidi attendait son tour dans le couloir, puis pour Heidi et enfin pour Vanja. Ensuite, elle dormit. Un nouveau mode de vie s'organisait : elle prenait son petit déjeuner au lit pendant que j'emmenais les enfants au jardin d'enfants, s'habillait et faisait une courte promenade avec Ingrid ou moi, dormait, se levait pour le déjeuner, remplissait le lave-vaisselle, dormait, faisait la lecture aux enfants quand ils rentraient, dormait, se levait pour dîner, regardait la télé avec les enfants et se couchait. J'écrivais par moments, mais pas beaucoup, quelques lignes par jour. Elisabeth m'appela, elle avait passé un accord avec l'*Aftenposten*, ils enverraient une journaliste la semaine suivante.

— La journaliste s'appelle Siri Økland, annonça Elisabeth.

— Mais elle travaille pour *BT*. Je croyais que l'interview était pour l'*Aftenposten*.

— C'est exact, mais les grands journaux régionaux collaborent entre eux. Ils publient souvent les mêmes articles.

— D'accord.

En réalité, j'avais décidé de ne plus jamais donner d'interview à *BT*, autant à cause de leur comportement avec moi à la parution du premier tome que du traitement qu'ils réservèrent par la suite à moi et à mes livres. Tous leurs articles avaient un parti pris négatif, parfois ironique, allant même jusqu'au sarcasme, et parfois teinté d'une indignation moralisatrice. Je ne les avais pas lus, mais comme maman et Yngve habitaient des régions où *BT* était distribué, je m'étais fait une idée de leur ton. À Odda, les organisateurs m'avaient transmis une demande d'interview de *BT*, dans laquelle le journaliste promettait que ce serait fait correctement, que l'interview ne serait pas biaisée. Cette demande était d'une telle arrogance que j'en étais resté stupéfait. D'abord ils me crachaient dessus, ensuite ils me proposaient une interview dans laquelle ils promettaient de ne pas me cracher dessus.

Mais je ne voulais vraiment pas faire d'histoires, avec qui que ce soit. J'avais confiance en Siri Økland, et l'accord avait déjà été conclu. Une interview rédigée par elle ne pourrait pas me nuire.

Linda n'allait pas mieux. Chaque fois que j'étais seul avec elle, je lui répétais la même chose. Je lui disais que je l'aimais, que je savais que c'était très dur pour elle mais que ça passerait et que tout s'arrangerait. C'était comme si ce que je disais disparaissait en elle, se dissipait dans sa noirceur. Elle ne répondait jamais, ne me regardait pas non plus quand je lui parlais. Nous allions dans le petit parc, y restions un moment et rentrions. Je compris que la situation allait devoir se prolonger et, lors de notre visite suivante chez le médecin, je demandai un arrêt de travail pour que nous puissions nous faire rembourser l'annulation de notre voyage en Corse.

Tous les après-midi, après avoir fait la lecture aux enfants, elle était épuisée, mais j'étais très heureux qu'elle y soit parvenue, c'était comme une bouée de sauvetage, le minimum nécessaire aux enfants pour qu'ils ne soient pas marqués par ce qui lui arrivait. Enfin, c'était vrai pour Heidi et John, ils prenaient les choses comme elles venaient, mais Vanja, en revanche, était en proie à des sentiments contradictoires qu'elle ne savait pas contrôler. Un soir, dans un accès de colère, elle s'était mise à frapper Linda, assise dans un fauteuil du salon, en criant.

— T'es moche ! T'es moche ! T'es moche !

Je l'emportai dans mes bras, elle me donnait des coups de pied et se démenait en essayant de me frapper. Je dus m'asseoir avec elle et la maintenir de force pendant plusieurs minutes pour qu'elle cesse et se calme. Plus tard, quand tout le monde fut endormi, je pleurai dans mon bureau. Je ne savais pas pourquoi. Au jardin d'enfants, ils disaient que tout allait bien, ils n'avaient pas remarqué de changement. Vanja était maintenant la plus âgée, elle se sentait mise en valeur. De plus, elle s'était trouvé une nouvelle amie et toutes deux feraient leur première rentrée scolaire dans la même classe à l'automne, nous avions choisi expressément le même établissement. Elles se parlaient longuement au téléphone l'après-midi. Et elle s'était aussi beaucoup attachée à sa grand-mère maternelle.

Les enfants font ce qui est nécessaire pour eux, ils prennent ce dont ils ont besoin, ils compensent et trouvent un équilibre, sans en avoir conscience.

Un matin, Linda entra dans la cuisine, tremblante et affolée. Elle tenait une carte bancaire.

— J'ai trouvé ça par terre, dit-elle. C'était par terre !

Elle pleurait.

— Vous ne rangez rien, continua-t-elle. C'est le chaos partout.

— C'est ma carte, dit Ingrid. Elle a dû glisser de ma poche.

— Elle était par terre, répéta Linda de sa voix tremblante. Tu ne ranges jamais rien.

Elle fit demi-tour et retourna dans la chambre. Je la suivis.

— Ça n'a aucune importance. Je comprends que pour toi ce soit le chaos. Mais ce n'est pas vrai. Tout est en ordre. Nous maîtrisons la situation. N'y pense plus.

Elle tremblait. Je me demandai si c'étaient les effets secondaires de tous les médicaments qu'elle prenait.

— Va dormir un peu. La carte bancaire, ça n'a aucune importance. Ce n'est pas ce que tu crois. Tout est en ordre.

— Mais non, dit-elle en s'allongeant.

— Si, tout est en ordre. Nous avons trois enfants merveilleux. Ils grandissent. Ils vont très bien. Ton livre a été accepté. Tu es écrivaine. Nous avons de l'argent. Si on voulait, on pourrait acheter une maison. Tu vois que tout va bien. En réalité, tout va très bien.

Pendant que je lui parlais, elle me regardait avec de grands yeux. Comme si elle ne savait rien de ce que je venais de lui dire. Comme si c'était nouveau pour elle.

Puis elle ferma les yeux, je me levai, lui dis que je reviendrais la voir bientôt. Dans la cuisine je versai du café dans le filtre de la cafetière électrique et la mis en marche.

Ce soir-là, Ingrid me demanda si j'avais le deuxième tome en livre audio. J'acquiesçai. Elle demanda si elle pouvait l'emprunter. C'était bien la dernière chose dont j'avais envie. Pourquoi voulait-elle aller fouiner là-dedans ? Mais je ne pouvais pas faire autrement que de lui en prêter un exemplaire.

Elle allait toujours se coucher tôt, à peu près en même temps que les enfants, fermait la porte coulissante et s'isolait ainsi jusqu'au lendemain matin, jusqu'à ce qu'elle se lève pour faire des crêpes ou du pain grillé pour les enfants. Je regardais volontiers la télévision une petite heure après que tout le monde était parti se coucher, ou je feuilletais un livre d'art dans le bureau. Ce soir-là, j'entendis qu'elle ne trouvait pas le sommeil, contrairement à son habitude. Au moment où j'allai me coucher, elle ne dormait toujours pas. Le lendemain matin, elle déclara qu'elle n'avait pas fermé l'œil de la nuit. Elle avait écouté le roman que j'avais écrit. Elle ajouta que je le lui avais envoyé juste avant l'impression, qu'elle n'avait pas eu le temps de le lire, et qu'elle ne comprenait pas le norvégien. C'était pour ça qu'elle m'avait donné son accord pour le publier. Elle m'avait fait confiance.

Elle me disait cela tout en s'occupant de préparer des crêpes. J'étais sur le point d'aller fumer une cigarette, une tasse à la main. J'avais peur d'elle. Mais je restai là à l'écouter sans pouvoir partir ni me défendre, et je lui donnai raison. Car elle avait raison. Elle avait le droit d'être furieuse contre moi. Mais dans la chambre, il y avait Linda, qu'elle aimait et dont elle craignait la mort, et dans le salon, il y avait ses petits-enfants, qu'elle aimait et pour lesquels elle aurait tout fait, y compris donner sa vie, j'en étais certain. Linda était ma femme, ses petits-enfants étaient mes enfants. Elle était déchirée. Je l'étais aussi. Je ne pouvais ni m'excuser ni me défendre, elle avait le droit pour elle. Le seul argument que j'avais, c'était que je lui avais remis le texte à lire au préalable et qu'elle avait donné son accord, mais même ça, ça ne comptait plus, car comme elle le disait, elle n'avait disposé que de quelques jours pour le lire puisque le manuscrit n'avait pas été envoyé à la bonne adresse.

Elle ne dit rien de plus, mais je la connaissais, elle était furieuse, triste, inquiète.

Couvait le reproche informulé que Linda, détruite, était alitée dans la pièce d'à côté à cause de ce que j'avais écrit. Je le sentais peser sur moi en permanence. Il émanait d'elle et de moi. Linda gisait là et je la soustrayais aux autres. J'empêchais les enfants de l'approcher et j'empêchais Ingrid de l'approcher. C'était une sensation horrible, très sombre, car c'était par ma faute qu'elle avait échoué là, dans notre chambre, dans notre lit. Je ne m'étais pas occupé d'elle. Si je l'avais fait, ce ne serait pas arrivé. Mais j'avais fait l'inverse, j'avais fait en sorte que la pression devienne insupportable. Ce avec quoi elle se débattait, c'était son identité, ce qu'elle était. Une fois déjà dans sa vie, quand la pression avait été trop forte, tout s'était délité et elle s'était réfugiée dans une sorte de version imaginaire d'elle-même, avant de sombrer dans les ténèbres. La personne qu'elle était ne correspondait pas à celle qu'elle voulait être ou croyait être. La différence entre la Linda que je vis pour la première fois et celle que je rencontrai deux ans plus tard était énorme. Elle s'était reprise en main, m'étais-je dit. Elle était elle-même, ou plus elle-même. Le fait d'avoir des enfants pouvait lui apporter une certaine quiétude car ce qu'elle devait faire et ce qu'elle devait être allaient de soi, elle n'avait pas le choix. Et moi j'avais écrit que cette vie-là était une illusion, une idée, quelque chose d'inauthentique. En plus, j'avais exposé notre vie à la vue de tous. Sa vie, nos enfants, nos problèmes. Par-dessus le marché, ce livre-là précisément faisait l'effet d'une bombe dans les médias ; tout le monde en parlait. Il l'atteignait là où elle était le plus vulnérable, là où se définissait son identité, ce qu'elle était. Je lui avais tendu un miroir dans lequel non seulement elle se voyait, elle, mais dans lequel tout le monde pouvait aussi la voir.

Après la parution des livres, sa thérapeute de Stockholm l'avait appelée ; j'avais répondu au téléphone, elle avait demandé à parler à Linda d'un ton froid. Elle connaissait Linda de l'intérieur, savait exactement avec quoi elle se débattait et comprenait à quel point mon expérimentation était dangereuse.

Chaque fois que je traversais le couloir pour aller dans la chambre, j'avais l'impression de l'avoir détruite, et de la cacher. Nous vivions ensemble depuis bientôt dix ans et je partais du principe que nous étions comme les autres, que nos conflits étaient comme ceux des autres et que Linda devait être capable de faire comme les autres. J'avais vécu ses débordements et ses tentatives de contrôle, mais je n'avais pas vu sa peur de tout perdre, le sentiment qu'elle avait d'être au bord du gouffre. J'avais vu les serpillières et les seaux, les machines de linge et les sacs de couches. J'avais vu les poussettes et les vêtements d'enfants, les baignoires et les lits à barreaux. Je l'avais vue, elle, auprès des enfants, j'avais vu qu'elle leur donnait tout ce dont ils avaient besoin, mais je n'avais pas vu ce que ça lui avait coûté. Maintenant je voyais, car elle avait lâché prise et sombrait. Elle sombrait de plus en plus, s'éloignait de plus en plus. La vie quotidienne était désormais hors de sa portée. Des profondeurs où elle était, elle s'en rendait compte et, en faisant le plus d'efforts possible, elle pouvait tendre une main et chercher le contact pour quelques minutes, prendre un enfant sur ses genoux, mais pas plus, rien de ce qui fait la vie, et qui est si facile, tellement facile, leur donner un fruit, leur raconter une blague, leur poser une question sur ce qui les intéresse, les habiller, les emmener au parc. Tout cela est si facile qu'on n'y accorde aucune importance sur le moment, ce n'est que plus tard, quand les enfants sont plus grands, que l'on se rappelle brutalement ce qu'on faisait quand ils avaient deux ou quatre ans, car ils ne sont plus les mêmes désormais, nous non plus, et ceux que nous étions sont perdus à jamais.

C'est ainsi. La vie est facile, la vie est un jeu, jusqu'à ce que la base s'écroule et qu'on tombe, qu'on s'alite et qu'on tombe dans les ténèbres, alors la vie devient impossible, inaccessible. Linda le voyait sans pouvoir rien y changer, tout ce à quoi elle pensait, même quand les enfants chahutaient autour d'elle, c'était qu'elle n'était pas digne de vivre, que nous serions mieux sans elle et qu'elle détruisait tout, et elle s'imaginait sans arrêt mourir, donc être radicalement séparée de nous qui voulions vivre. C'était insupportable.

*

Ingrid emmenait Linda se promener dans le parc, je les voyais, la fille, tête baissée, les gestes lents, le regard vide, la mère au bras de sa fille, stimulante, loquace, positive. J'emmenais Linda se promener dans le parc, je lui disais que je l'aimais, que c'était très dur pour elle en ce moment mais que ça passerait, et tout ce que je lui disais disparaissait en elle, sans rencontrer de résistance, sa vie intérieure était comme un gouffre dont les ténèbres étaient si denses que rien ne pouvait les dissiper. Rien. Pas même ceux qu'elle aimait par-dessus tout, Vanja, Heidi et John.

Maman arriva, nous avions prévu depuis longtemps que les deux grands-mères aideraient dans l'appartement pendant que je finirais mon roman dans la petite maison. Il n'en était plus question, mais nous avions besoin d'elles quand même car nous vivions une situation critique.

Maman et Ingrid s'entendaient bien depuis toujours, si différentes fussent-elles, et ce fut le cas là encore, mais les tensions augmentaient, car presque rien entre nous n'était formulé, cela restait à l'état brut, à la limite de l'inconscient, gravé dans les corps et les voix, impossible à déterminer précisément, mais bien présent.

Le soir, quand les autres dormaient, je discutais avec maman. Et j'avais l'impression de trahir. Je n'aurais pas dû avoir ce sentiment car, en miettes comme je l'étais, j'avais besoin de parler à quelqu'un, mais je me voyais comme un traître puisque c'était ma faute si j'étais en miettes, mais Linda en subissait les conséquences et pas moi, donc je n'avais pas droit au soulagement en me confiant à quelqu'un qui était inconditionnellement de mon côté.

Maman avoua que l'état de Linda était pire que ce qu'elle croyait. Elle tricotait installée sur le canapé pendant que, assis dans un fauteuil et les pieds sur la table, je buvais du café. Elle ne dit pas que c'était ce qu'elle avait craint au moment où Linda et moi nous étions mis ensemble, mais je savais qu'elle le pensait, et je trouvais étonnant de ma part de ne l'avoir jamais craint. J'étais sûr que tout irait bien. J'avais pour philosophie d'écouter mon cœur. Pas les idées, ni la raison, ni l'argent, mais le cœur. La première chose que je m'étais dite au début de notre relation, c'était que je voulais des enfants avec elle. Pas un, pas deux, mais trois. Et nous les avions eus. Quand j'avais écrit sur nous, j'avais aussi écouté mon cœur. Et il était froid.

J'appelai l'agence de voyages pour annuler notre séjour en Corse. Nous devions y passer une semaine avec Linda, Vanja, Heidi et John, et une autre avec Yngve et ses enfants, et Asbjørn et sa famille. Le départ était prévu le lendemain de la remise de mon manuscrit, le voyage devait tenir lieu de réconfort après l'effort. Mais maintenant, je pouvais jeter aux oubliettes l'échéance fixée, le roman était passé au second plan, et cela n'avait aucune importance. L'agent immobilier appelait régulièrement, elle organisait des visites aussi bien le week-end qu'en semaine, publiait des annonces dans les journaux et sur Internet, les gens venaient voir mais personne ne voulait de la petite maison. J'emmenais Linda en promenade dans le parc, elle mettait les assiettes dans le lave-vaisselle, dormait, regardait la télévision avec les enfants, leur lisait une histoire. De temps en temps, elle était si fortement angoissée qu'elle devenait toute pâle et n'était plus capable de bouger, elle prenait alors un cachet supplémentaire, qui la plongeait dans un état intermédiaire, et elle s'endormait. Ô Linda, Linda. Avec les deux grands-mères à nos côtés, les enfants étaient occupés, ils étaient joyeux la plupart du temps et s'étaient rapidement habitués à voir leur mère malade. Je ne savais pas quoi faire. Parfois, la colère montait en moi, ne pouvait-elle pas se ressaisir un peu, se lever et prendre sa vie en main ? Je t'aime, c'est terrible en ce moment mais ça va s'arranger. On se promenait, elle mettait la vaisselle dans la machine, prenait son déjeuner avec nous, regardait la télé avec les enfants, leur lisait une histoire. Je connaissais la noirceur de ses pensées. Je savais qu'elle voulait mourir mais qu'elle ne pouvait pas.

Dîner dans la cuisine. Ingrid, Sissel, Vanja, Heidi, John et moi. Linda dans la chambre. Ingrid me dit sans me regarder :

— As-tu réfléchi aux conséquences de ce que tu écris sur les enfants ?

— Oui, répondis-je.

— À ce que ce sera pour eux quand ils seront plus grands ? Et que tout le monde saura qui ils sont? As-tu pris en compte leur vulnérabilité ?

Il s'agit de sa fille, pensai-je. Laisse-la être en colère contre toi.

— Je ne pense pas que ça soit grave, dis-je. Je pense que rien de ce que j'ai écrit n'est grave.

Ça sonnait creux, elle me regarda, on continua de manger, les enfants quittèrent la table, ils n'avaient rien remarqué de spécial, le ton était resté le même.

Le lendemain était un samedi, le soleil brillait et nous avions prévu d'aller au parc tous ensemble avec un panier de pique-nique et une grande couverture, c'était la première fois que Linda sortait avec les enfants depuis que j'étais rentré d'Islande. Ingrid, Sissel et les enfants nous attendaient dehors – ce que je ne savais pas –, pendant que Linda et moi longions les couloirs de la cave, bras dessus bras dessous, pour ressortir par l'arrière du bâtiment, plus proche du parc où nous allions. Je croyais qu'ils y étaient déjà.

Au bout d'un quart d'heure, la mère de Linda avait explosé de rage en m'insultant, me raconta maman le soir, quand tout le monde dormait. Maman aussi était furieuse car c'était son fils qu'Ingrid avait insulté, mais je lui dis que ça n'avait pas d'importance et que je comprenais Ingrid. Elle avait de bonnes raisons de m'en vouloir. Mais elle m'aimait bien aussi et ça, c'était sans doute plus difficile à comprendre.

Nous épargnions cela à Linda. Quand elle entrait, toute tension disparaissait, c'était vers elle que nous nous tournions. Je ne lui en parlais pas non plus lorsque nous étions seuls, bien que ce fût le genre de choses – les autres, leurs relations – dont nous aimions discuter. Linda cernait bien les gens, c'était un don. Mais il avait disparu. Elle ne parlait presque pas, économisant ses quelques forces pour les enfants. Je ne lui annonçai pas non plus que le cinquième tome allait bientôt paraître. Je m'attendais à une levée de boucliers car j'y mentionnais une accusation de viol contre moi, et vu qu'un tas de petites choses triviales relevées dans mes livres avaient fini à la une des journaux, celle-là n'y ferait pas exception. J'avais également reçu des mails furieux de gens que j'avais cités, et j'avais changé leur nom. Mais la femme qui prétendait que je l'avais violée, elle existait, elle habitait à Bergen, et cela ne m'aurait pas surpris qu'ils la pistent pour l'interviewer, bien que je n'aie pas mentionné son nom, ni rien indiqué qui permette de l'identifier.

Le jour où je devais être interviewé par Siri Økland, j'avais donc seulement dit à Linda, qui s'était couchée après avoir fait une promenade avec sa mère, mais cette fois jusqu'au Pildammsparken, que j'allais donner une interview et que ça prendrait une heure ou deux, maximum. Elle fut d'accord et je partis pour Kunsthallen où j'avais donné presque toutes les interviews sur les quatre premiers tomes. Siri Økland m'attendait avec un photographe. L'entretien se passa très bien même si j'étais constamment sur la défensive : il était sous-entendu que j'avais fait quelque chose de mal. Ensuite, on me prit en photo à l'extérieur, dans la rue, et je rentrai. Ingrid était partie chercher les enfants, Linda dormait et maman lisait dans le salon. Elle leva les yeux en m'entendant arriver.

— Comment ça va ici ? demandai-je.

— Bien, dit-elle. Linda s'est levée pendant ton absence. Elle est venue nous rejoindre dans la cuisine. Et elle a parlé pendant une heure.

— Quoi ?

— Oui. Elle a raconté en pleurant comment elle se sentait.

— Et qu'est-ce qu'elle a dit ?

— Qu'elle ne savait rien faire et qu'elle ne faisait rien. Qu'elle ne valait rien. Qu'elle était incapable de s'occuper des enfants toute seule, qu'elle n'avait pas de travail et que visiblement elle ne pourrait pas en avoir. Elle était au comble du désespoir.

— Mais elle a parlé.

— Oui, elle a parlé.

Quand je la trouvai, un matin, elle avait fait le lit, s'était assise sur la couette et adossée au mur, et bien que son regard soit toujours désespéré, il émanait d'elle autre chose, davantage que la veille. Je n'arrivais pas à mettre le doigt dessus. Peut-être que mes paroles ne s'évanouissaient plus en elle, qu'elles ne faisaient pas qu'entrer et qu'il en sortait aussi quelque chose. Elle avait fait le lit, s'était assise sur la couette, et elle me regarda dans les yeux.

— J'ai essayé de lire un peu, dit-elle.

— Ah oui ?

— Je n'y arrive pas.

— Ça ne fait rien. C'est bien que tu sois debout. On va faire un tour ?

Elle acquiesça. Après avoir traversé le petit parc et la rue, on longea la palissade du vieux stade pour arriver au Pildammsparken, puis on fit demi-tour et on rentra.

À notre retour, au lieu de se coucher pour dormir, elle me demanda d'allumer la radio dans la chambre. Je choisis une station qui diffusait de la musique classique, fermai la porte et allai dans mon bureau. Peu de temps après, le téléphone sonna. C'était Yngve : *BT* consacrait un grand article au cinquième tome. Sur plusieurs pages. Ils mentionnaient l'accusation de viol.

— Ils terminent l'article en disant qu'ils ont le nom de la femme, précisa Yngve.

— Putain, mais qu'est-ce qu'ils veulent dire par là ? C'est une menace ?

— Je ne sais pas.

— En plus, le livre n'a pas encore paru. Le journal a une date de publication à respecter.

— Ils n'ont pas l'air d'en avoir tenu compte. Et tout est présenté sous un angle négatif, comme d'habitude.

— Il faut que j'appelle la maison d'édition. À plus tard.

J'appelai Elisabeth. Elle expliqua qu'ils avaient donné une copie du manuscrit à Siri Økland parce qu'elle devait m'interviewer. À la condition qu'elle ne l'utilise qu'à cette fin. Ils avaient promis mais pas tenu leur promesse. Elisabeth avait parlé à Siri, elle était profondément navrée et dit qu'elle n'y était pour rien, on avait exigé qu'elle leur transmette le manuscrit. Elisabeth était furieuse. Il n'était pas rare qu'un journal ne respecte pas la date de publication, *VG* ne la respectait jamais et, par conséquent, on ne leur envoyait plus les livres à l'avance. Mais cette fois, *BT* avait reçu le manuscrit parce que la rédaction avait l'exclusivité d'une interview en avant-première, ils avaient passé un accord et fait une promesse. Ils l'avaient rompue sans scrupule. Pourquoi ? Sans doute pensaient-ils avoir le droit de me traiter comme ils le voulaient puisque, selon eux, j'avais commis quelque chose d'extrêmement immoral.

— Mais ils n'ont pas encore publié l'interview ? demandai-je.

— Non, elle paraîtra le jour du lancement du livre.

— Alors je la retire. Qu'est-ce que tu en penses ?

— Je pense que tu as raison. Je vais les appeler immédiatement.

Je raccrochai, sortis fumer sur le balcon et retournai dans la chambre où Linda était couchée, les yeux fermés. Elle les ouvrit quand j'entrai.

— Et la radio, c'est bien ?

— Je n'arrive pas à écouter. Même pas la musique.

Elle pleura.

Je m'allongeai tout contre elle.

— Tu vas déjà mieux, Linda. Je te sens plus proche de jour en jour. Tu es en train de lâcher prise, j'en suis certain.

— J'ai tellement peur.

— Je sais. Mais tout va bien. Tout va bien.

Elle se rallongea et enfonça la tête dans le matelas. Ses mouvements étaient plus rapides ; c'était quelque chose de nouveau chez elle.

J'allai chercher les enfants, on passa par le centre commercial de Triangel pour ressortir de l'autre côté, à un pâté de maisons de l'aire de jeux. Vanja et Heidi s'arrêtèrent au pied de la balustrade du parking pour l'escalader, j'inspirai profondément et leur en donnai la permission ; dans sa poussette, la tête renversée, John scrutait le ciel où les traces de deux avions formaient une croix.

Mon portable sonna. C'était Elisabeth.

— Bon, j'ai discuté plusieurs fois avec eux, annonça-t-elle. La dernière fois, c'est le chef de la rédaction qui m'a rappelée. Ils vont publier l'interview de toute façon.

— Mais je veux la retirer !

— Ça ne sert à rien. Ils invoquent la liberté d'expression.

— Quoi ? Mais ils sont dingues !

— Papa, papa, regarde ! s'écria Heidi qui, penchée en arrière, se tenait d'une seule main en écartant ostensiblement l'autre.

Je lui souris en tendant le pouce vers le haut.

— La liberté d'expression ? Ils ont rompu l'accord,

ils n'ont pas respecté le délai de publication, et ils veulent faire paraître l'interview en invoquant la liberté d'expression ?

— Oui, c'est ça. Ils ont mis des avocats sur l'affaire et tout le tintouin. Ils la publieront quoi qu'il en soit. On ne peut rien faire.

— Jamais de ma vie je ne referai d'interview avec ce journal. Je ne veux plus jamais avoir affaire à eux.

— Je suis bien d'accord avec toi. Et je crois qu'ils ne pourront plus interviewer d'autres auteurs d'Oktober pendant un bon moment.

— Merci en tout cas.

— À bientôt. Les critiques vont bientôt paraître. Mais tu ne les lis pas, n'est-ce pas ?

— Je suppose que Geir me fera un petit résumé. Au revoir et à la prochaine.

— Oui, au revoir.

Je raccrochai et glissai le téléphone dans ma poche.

— En route, dis-je en avançant.

Je m'arrêtai, me retournai.

— Venez, tout de suite !

Elles arrivèrent clopin-clopant.

Quels connards d'hypocrites. Oh, comme je détestais ça. Oh, cette indignation légitime. Oh, putain. Liberté d'expression, mon cul !

Qu'ils aillent se faire foutre.

À l'aire de jeux, Vanja et Heidi se précipitèrent sur l'arbre qu'elles appelaient l'« arbre à grimper ». John voulut faire de la balançoire et je le poussai, lui attrapant les pieds de temps en temps, il riait, et riait encore plus quand je le tirais par les pieds pour le balancer de toutes mes forces. À présent c'était public, pensai-je, tout le monde savait. Demain les journaux en feraient les gros titres. « Knausgaard soupçonné de viol ». À l'époque, je n'en avais parlé qu'à ceux qui m'étaient le plus proches. J'avais surtout redouté que les journaux l'apprennent. Ce ne fut jamais le cas, mais maintenant que j'en avais moi-même parlé dans un livre, il n'y avait qu'à se servir. Si je ne l'avais pas fait, certains auraient su que je me préservais, que je gardais pour moi l'un des incidents les plus importants de ma vie, et puisqu'en écrivant sur moi je donnais aux autres le droit d'écrire ce qu'ils voulaient sur ma vie, cela se serait su tôt ou tard.

Je descendis John de la balançoire et l'assis sur le sable. Ne voulant pas jouer seul, il m'accompagna jusqu'au banc situé de l'autre côté. Je le pris sur mes genoux, l'entourai de mes bras et enfouis ma tête dans son cou.

— Mon petit John à moi, dis-je.

— Nan, papa.

— D'accord, dis-je en me redressant. Tu vois les filles ?

Il pointa l'arbre du doigt. On les apercevait entre les feuilles.

Que faisaient-elles ?

Elles bavardaient sans doute. J'entendais vaguement le rire caractéristique de Heidi et Vanja qui parlait d'une voix contrefaite.

On rentra environ un quart d'heure plus tard. À notre retour, Linda était au lit, mais quand les enfants, ayant ôté leurs chaussures, se précipitèrent dans la chambre, elle était justement en train de se lever.

— Maman, tu peux nous lire une histoire ? demanda Vanja.

Elle acquiesça, prit un livre dans le tas posé sur le bureau, s'assit et les trois enfants s'agglutinèrent autour d'elle.

Le lendemain matin, j'étais persuadé qu'il y avait des journalistes dehors. *BT* avait rapporté l'accusation de viol, elle était maintenant notoire, et bien qu'aucun journaliste ne soit venu me trouver ici – mais ils étaient allés jusqu'à prendre des photos de l'appartement et interviewer des voisins –, ils avaient approché tous les gens que je connaissais ; leur arrivée n'était sans doute plus qu'une question de temps. Et l'affaire qui éclatait au grand jour ne manquerait pas de les attirer ici.

J'habillai les enfants, installai John dans la poussette, passai voir Linda, somnolente, pour lui dire que nous sortions, l'embrassai sur le front, rejoignis rapidement les enfants, ouvris la porte de l'ascenseur, y fis entrer la poussette et appuyai sur le bouton du sous-sol. S'il y avait des journalistes dehors, je ne voulais pas les rencontrer en présence des enfants, et je me disais qu'ils ignoraient l'existence de l'autre sortie, à l'arrière du bâtiment. On traversa les couloirs de la cave, je hissai la poussette à reculons jusqu'en haut des marches, ouvris la porte, et on sortit, puis on remonta la rue Förening pour emprunter les petites rues et rejoindre le jardin d'enfants.

Au retour, je m'arrêtai à une certaine distance de la place et scrutai les alentours de l'immeuble. Personne n'avait l'air d'être journaliste. Je me sentis un peu bête. Je n'étais pas important au point qu'on surveille l'entrée du lieu où j'habitais.

Pensant que j'étais devenu paranoïaque, je passai chez le marchand de fruits acheter deux ou trois kilos de raisin et des pommes, pris l'ascenseur pour remonter à l'appartement, coupai une pomme que je mis dans un bol avec une grappe de raisin, et portai le tout à Linda dans la chambre. Elle se redressa.

— Comment ça va ? demanda-t-elle.

Oh, que cette question m'enchanta.

— Ça va bien. Mange, repose-toi un peu, et puis on ira se promener, ça te va ?

— Oui.

— Il faut d'abord que je parle avec Geir.
— Angell ou Gulliksen ?
— Angell, dis-je en emportant le téléphone sur le balcon.

— Tu sais ce qu'il y a dans le *Dagbladet* aujourd'hui ? demanda Geir quelques instants plus tard.
— Non. Mais je ne veux surtout pas le savoir.
— Ils disent que tu risques dix ans de prison.
— Bigre.
— Oui, tu peux le dire. Au début, c'était l'*Aftenposten* qui voulait te mettre en prison, et maintenant le *Dagbladet* aussi.
— En ce moment, ça ne me dérangerait pas d'être en prison.
— Je croyais que tu y étais déjà.
— Ha, ha.
— Comment ça va chez vous ?
— Eh bien, ça va mieux. Linda va un peu mieux. Pas beaucoup mais ça veut dire que la tendance a commencé à s'inverser.
— Pauvre Linda.
— Ça a été l'enfer pour elle.

Je raccrochai. Quand j'entrai dans la chambre, Linda était sous la douche. Je m'allongeai. Elle entra, trouva des vêtements dans l'armoire et s'habilla. On alla se promener dans le parc, il pleuvait, on resta assis sans rien dire sur le muret en pierre à l'abri des arbres qui dégouttaient, puis on rentra déjeuner. Elle remplit le lave-vaisselle, se coucha et écouta de la musique, j'écrivis quelques lignes sur Olav Duun. Au bout d'une demi-heure, je retournai la voir.
— Tu veux boire quelque chose ? De l'eau ?

Elle tourna lentement la tête pour me regarder.
— Non, merci.
— Qu'est-ce que c'est, comme musique ?
— Je ne sais pas.

On entendait des bruits de casseroles dans la cuisine.

— C'est bien que tu écoutes de la musique. Il y a quelques jours, tu n'y arrivais pas. Ça avance. Lentement, mais…

Je lui souris. Elle me regardait.

— Ça va s'arranger, dis-je, rassurant.

Elle me regardait.

— Je t'aime.

Elle me regardait. Tout ce que je disais et faisais disparaissait dans son regard.

Elle tourna de nouveau la tête et regarda le plafond.

— Je vais écrire encore un peu. Je reviens bientôt.

*

Maman rentra chez elle, Ingrid rentra chez elle, et ce fut l'été. Linda était debout plusieurs heures d'affilée, elle lisait des livres, avait plus d'énergie pour s'occuper des enfants et, presque imperceptiblement, elle retrouva sa présence parmi nous, et bien qu'il y eût encore en elle de l'engourdissement et de la noirceur, la différence était significative, elle n'était plus extérieure à la famille, comme elle l'avait été, parvenant tout juste à nous rejoindre quelques instants en fin de journée ; maintenant elle était dedans. Je surfai sur Internet pour trouver une location dans l'Österlen. Il fallait qu'on prenne l'air mais nous ne pouvions pas faire de long voyage, donc l'Österlen, à une heure de voiture seulement, c'était parfait.

Je trouvai une maison à louer et appelai la propriétaire, versai l'argent sur son compte, louai une voiture pour la semaine, et après y avoir chargé nos bagages, nous partîmes pour la côte est. Le village s'appelait Hammar, la maison se trouvait au pied d'une colline escarpée, de l'autre côté, hors de notre vue, il y avait la mer. On gara la voiture devant la maison, on rencontra la propriétaire qui nous montra les trois petites pièces dans lesquelles nous allions vivre, je déchargeai la voiture et on partit à l'assaut de la colline pour repérer les lieux. Le soleil brillait dans un ciel tout bleu. Vu du sommet, la terre à nos pieds était verte et la mer, devant nous, scintillante et brumeuse. On dévala la trentaine de mètres abrupts que formait la dune de sable. Linda refusa au début, mais je lui pris la main et l'entraînai. En bas, sur la plage qui s'étendait sur des kilomètres dans les deux directions, on s'assit l'un à côté de l'autre pendant que les enfants pataugeaient devant nous, il n'y avait personne à la ronde.

Linda ne disait rien mais elle était là et elle avait fait le chemin jusqu'ici. La dune étant trop raide pour que les enfants et elle puissent la remonter, on longea la plage jusqu'à ce que la pente soit suffisamment douce pour nous permettre de remonter par un sentier herbu, franchir une clôture et nous retrouver au sommet. En contrebas, le paysage était tout plat, des champs et des fermes à perte de vue. Chaque fois que je pouvais l'admirer ou que nous le traversions, ce paysage me réjouissait. Au cours de l'année qui venait de s'écouler, nous y étions venus souvent le week-end, en louant une voiture, d'abord pour nous promener, puis pour visiter des maisons. Nous en cherchions une pour les week-ends et les vacances. J'aimais ce paysage, pas seulement les champs qui ondulaient et les longues maisons basses, mais aussi l'intérieur des terres avec ses forêts et ses lacs. Ce n'était pas le mien, il n'était pas en moi, et c'était sans doute là tout l'intérêt.

Après être redescendus à la maison, on dîna et les enfants se couchèrent. Linda et moi étions assis dehors tandis que le crépuscule se faisait plus dense ; tout près de nous un arbre était envahi de corbeaux, au moins une centaine, ils venaient de tous les côtés, l'arbre en était noir et l'air saturé de cris rauques.

Le lendemain, on passa deux ou trois heures à la plage avant d'aller déjeuner à Simrishamn. À côté du restaurant se trouvait une agence immobilière où nous retirâmes une brochure répertoriant les maisons en vente dans la région. Sur le chemin du retour, on s'arrêta pour en visiter une, elle était bien mais, isolée au milieu d'une plaine, elle nous laissa une impression de solitude et de froideur. Le soir, on fit des grillades, puis on regarda la Coupe du monde de football avant d'aller se coucher. Ce fut notre quotidien pendant cette semaine-là. Plage, ville, grillades et Coupe du monde de football.

Le troisième jour, en roulant vers Simrishamn, j'entendis Linda rire derrière moi.

Je me retournai aussitôt.

— Je n'avais plus entendu ça depuis longtemps.

Le quatrième jour, en rentrant l'après-midi, on alla voir une maison dans un village situé à quelques kilomètres à l'intérieur des terres. En arrivant dans la rue en question, je pensais que ça ne nous conviendrait pas car nous étions visiblement dans une zone résidentielle, or nous voulions une maison de vacances, quelque chose qui nous appartiendrait complètement et en toute liberté, rien qui puisse rappeler l'enfer de la petite maison des jardins partagés. On s'arrêta devant l'entrée, Linda dit que ce n'était même pas la peine de visiter l'intérieur de la maison, qu'elle ne nous conviendrait pas de toute façon, je répondis qu'on pouvait toujours jeter un coup d'œil maintenant que nous étions là.

On sortit de voiture et fit le tour.

Nom de Dieu, c'est la bonne, me dis-je.

Deux bâtisses à angle droit, comme un L. Et une troisième, beaucoup plus petite que les autres. Et entre ces bâtiments, un grand et vieux jardin. Il avait au moins cinquante ans. Par endroits, il était envahi par la végétation, mais il était beau, et parfait pour les enfants car il était constitué de coins et de recoins reliés de façon labyrinthique.

— Qu'en dis-tu ? demandai-je à Linda.

— C'est beau, oui.

— Je trouve que c'est splendide. On achète ?

— Oui, peut-être.

Son ton légèrement indifférent avait peut-être plus à voir avec son état qu'avec la maison, me dis-je. John oublia son pistolet à eau dans le jardin, c'était le signe que nous devions y retourner. On convint d'une visite avec l'agence immobilière et, deux jours plus tard, nous étions de nouveau sur place. On leur dit qu'on allait réfléchir. Après quelques jours à Malmö, on repartit en avion rendre visite à maman en Norvège une quinzaine de jours, et là Linda remonta la pente vers la légèreté et la joie, elle parlait beaucoup, riait beaucoup, bouillonnait d'idées et d'énergie, c'était bien et ce n'était pas trop.

J'appelai l'agent immobilier et fis une offre pour la maison. Il y eut des enchères, je me foutais de l'argent, je voulais la maison, et deux jours plus tard, elle était à nous. Nous aurions les clés en octobre.

Plus tôt cet été-là, Hallstein, le cousin de maman, l'avait appelée pour savoir si je pouvais venir faire une lecture lors d'un événement organisé dans la vieille laiterie, transformée en musée d'art, en face de la maison de maman. J'avais accepté en imaginant une sorte de journée du livre qui attirerait une cinquantaine ou une soixantaine de visiteurs ; les villages autour du lac de Jølstravannet étaient petits et situés à plus de vingt kilomètres de Førde, le petit chef-lieu du département.

La veille de la lecture, je ne m'en préoccupais pas

particulièrement, mais plusieurs heures avant le début, des voitures commencèrent à se garer. J'enfilai des chaussures, fis le tour de la maison, mon livre à la main, traversai la route et tombai sur un attroupement de journalistes et de photographes. J'étais accueilli par des caméras de télévision et des flashs d'appareils photo. C'était moi qu'ils attendaient.

— À quoi vous sert tout l'argent que vous gagnez ? me demanda l'un d'entre eux.

— J'ai acheté un lave-linge, un sèche-linge, un lave-vaisselle et une télé, répondis-je.

Hallstein me serra la main et me fit entrer. C'était bondé.

— J'ai le temps d'en fumer une ? lui demandai-je.

— Oui, oui.

Les journalistes s'agglutinèrent de nouveau autour de moi. Avec d'autres questions. Derrière eux je vis maman, Linda et les enfants traverser la route. Ils restèrent à l'écart pour observer la scène. Les enfants me regardaient, intrigués. Heidi croyait que j'allais chanter, d'après ce qu'elle raconta plus tard. *VG* prit des photos des enfants, sans que je le remarque, et les publia le lendemain. J'appelai Elisabeth pour lui demander s'ils avaient le droit. De mon côté, je ne pouvais rien faire car, depuis que j'avais écrit sur des gens, je n'avais plus aucun droit de regard sur ma propre vie. J'acceptais la situation mais elle me déplaisait. Elisabeth me rappela, elle avait discuté avec *VG* et ils avaient promis de ne plus jamais utiliser la photo. Maman avait acheté les journaux pour lire les commentaires et Vanja se vit sur la photo, furieuse, elle dit qu'elle était moche avec ses lunettes. Tu es la plus belle du monde, lui dis-je, mais ça ne changea rien, elle fronçait les sourcils, son visage ne s'illumina que lorsque ses pensées se tournèrent vers la vraie réalité de la petite plage où ils se baignèrent avec leur dauphin gonflable.

La veille, j'avais fait ma lecture et raconté ce que représentait pour moi Jølster, où j'avais rédigé certaines parties de mes livres, et qui revenait dans tous mes écrits. Pendant que je parlais, je voyais Vanja tout au fond qui me regardait. Hallstein posa quelques questions, je dédicaçai mes livres, puis traversai la route en sens inverse pour rejoindre les membres de la famille de maman venus m'écouter.

C'était absurde, j'avais séjourné ici tous les ans depuis une vingtaine d'années et personne ne s'était intéressé à ce que je pouvais écrire ou dire, et d'un seul coup, en traversant la route, j'étais tombé sur un rassemblement de caméras et d'appareils photo.

Linda et moi nous rendîmes le lendemain dans un chalet d'alpage pour y passer la nuit. La rivière au cœur de la vallée, les montagnes qui se dressaient de chaque côté, les sommets blancs sous un ciel gris au bord du lac, à environ trois kilomètres de là. Pas âme qui vive, juste Linda et moi, attablés dehors, et la forêt dense qui s'étageait sur le versant, les pins et les sapins.

Je lui racontai que l'été avant mon entrée à l'Académie d'écriture j'étais exactement à cet endroit-là, seul pendant une semaine à essayer d'écrire. Et je lui racontai que c'était là que mon grand-père maternel avait fait la cour à ma grand-mère pour la première fois. Le soleil déclinait, nous bavardions dans le crépuscule, enveloppés du murmure lointain de la cascade, là-haut dans la forêt.

Dès qu'elle les vit, Linda avait été subjuguée par les paysages du Vestlandet – elle avait rendu visite à maman pour réaliser une émission de radio sur le 17-Mai et s'était retrouvée étourdie par la beauté des fjords et des montagnes. Elle en parlait maintenant. Elles avaient vu des marsouins dans le fjord, c'était bon signe selon maman, et des cerfs dans la forêt, c'était bon signe aussi. Linda était enceinte de Vanja mais ne le savait pas encore. Anfinn, petit et trapu comme un ours, le mari d'Alvdis, une sœur de ma grand-mère, avait été marchand de chevaux, il lui avait parlé du temps où il était pêcheur de baleines et lui avait montré tout un tas d'objets insolites qu'il avait conservés de cette époque. Nous leur avions rendu visite chaque été et ils étaient venus au baptême de Vanja puis de John, mais Anfinn était mort cet hiver. Nous logions dans leur chalet. Je lui parlai de Borghild, une autre sœur de ma grand-mère, morte elle aussi, mais qui savait tout sur tout le monde dans la famille, sur les vivants comme sur les morts. Je lui racontai que Tore et moi lui avions rendu visite alors que nous travaillions à l'écriture d'un scénario dans ce chalet, et qu'elle avait dévisagé Tore à travers une loupe qui grossissait énormément son œil.

C'était exactement ce paysage-là que j'avais décrit dans *En tid for alt* (« Un temps pour tout »), j'y avais placé l'histoire de Cain et Abel, de Noé et du Déluge. Cette montagne au-delà d'Ålhus, à Jølster et Sørbøvåg, près de Lihesten, dans l'Ytre Sogn. Grand-mère et grand-père aussi y figuraient, ainsi qu'Ingrid, la mère de Linda, Linda et moi, et Yngve, mais j'avais donné à tout le monde des noms bibliques trouvés dans un arbre généalogique, et dont je n'avais plus aucun souvenir.

Du plus loin que je me souvienne, je me suis toujours senti lié à ce paysage, mais ce n'était pas le mien, je n'y avais pas ma place. Peut-être parce que je me faisais une idée trop élevée du sentiment d'appartenance. Je n'avais pas non plus l'impression d'appartenir à Kristiansand, et, malgré mon attachement au paysage de Tromøya, il me semblait n'avoir jamais eu le droit de me l'approprier – nous y étions de nouveaux arrivants. Venir de quelque part, avoir sa place quelque part, pouvoir dire qu'un lieu est chez moi, tout cela me manquait depuis toujours. Geir A. aimait à définir le « chez-soi » comme un lieu dont on ne peut vous interdire l'accès. Et nous débattions souvent pour savoir s'il fallait dire « *Hell is home* » ou « *Home is hell* ». Le fait d'associer « chez moi » à un lieu et non à un état était l'aspect le plus réactionnaire de ma personne, mais aussi le plus enraciné.

Le lendemain, avec les enfants, on partit en voiture dans la vallée qui s'ouvrait derrière la maison de maman, on se gara tout au bout de la route et on marcha jusqu'à ce qu'ils n'en puissent plus. On fit une halte pour manger un morceau et boire un café, avant de rebrousser chemin. Ils avaient grandi à Malmö, loin des montagnes et des cascades, et pourtant ils regardaient tout cela avec évidence, en même temps qu'ils semblaient maladroits et vulnérables face à l'immensité de la montagne et à la profondeur du ciel.

Linda se remit à déprimer, elle parlait de moins en moins, et à la fin de nos vacances, quand on rendit visite à Jan Olav, Liv et leurs enfants, elle ne disait pratiquement rien. Avant de rentrer à Malmö, on passa à Bergen chez mon vieil ami Ole et sa compagne Brita, que je n'avais pas revus depuis que je m'étais installé en Suède, et la joie des retrouvailles fut quelque peu ternie par la déprime de Linda. Mais c'était bien moins grave que ça n'avait été. Quelques heures avant notre vol du retour, j'appelai un taxi, la standardiste me demanda si c'était l'écrivain qu'elle avait au bout du fil. Je lui répondis par l'affirmative, et me détestai pour ça. Notre taxi était un minibus et les enfants trouvèrent amusant qu'il ne soit que pour nous. À l'aéroport de Bergen-Flesland, les gens me regardaient, plusieurs m'abordèrent même pour me parler de mes livres. Une femme d'une soixantaine d'années me dit qu'elle était allée dans tous les lieux du Sørlandet que j'avais décrits.

— Comme Vanja et Heidi ont grandi ! ajouta-t-elle en riant.

— C'est vrai.

— Mais je ne veux pas vous déranger plus longtemps. Bon retour ! Car vous rentrez à Malmö, n'est-ce pas ?

J'acquiesçai.

— Au revoir, dis-je en souriant.

Vanja leva les yeux vers moi.

— Tu la connais, papa ? demanda-t-elle.

— Non. Je ne l'avais jamais vue.

— Alors pourquoi elle sait qui on est ?

— J'ai écrit un livre dans lequel je parle de vous.

— Tu as écrit un livre sur nous ?

— Oui.

— Et qu'est-ce qu'il y a dedans ?

— Plein de choses. Tu pourras le lire quand tu seras grande.

On passa le contrôle de sécurité, les gens nous dévisageaient. Une fois de l'autre côté, on se rendit au kiosque Narvesen pour acheter des jouets qui occuperaient les enfants dans l'avion. Ma photo était partout ; et en couverture des nouvelles éditions de poche que je n'avais pas encore vues, la photo de mon visage, prise par Thomas.

— Mais c'est toi, papa, dit Heidi en montrant les livres.

— Ah mais oui, tu as raison.

À la maison, je me remis au travail. Vanja, qui ne faisait son entrée à l'école que quelques semaines plus tard, avait eu la permission d'aller au jardin d'enfants en attendant. Nous lui avions promis qu'elle aurait sa chambre à elle quand elle serait écolière, et comme la seule pièce dont nous disposions était mon bureau, j'avais déplacé ma table et tous mes livres dans un des salons. Je n'avais pas eu le temps d'en faire plus. Il fallait peindre la chambre, acheter un bureau, un lit et une armoire, et accrocher des cadres au mur. J'avais prévu de peindre le week-end suivant et d'aller à Ikea le week-end d'après pour que tout soit prêt le lundi de la rentrée. Vanja craignait que ce ne soit pas terminé mais je lui promis que tout serait parfait la veille de son premier jour d'école.

La déprime de Linda prit fin au bout de quelques jours et tout fonctionnait normalement à la maison. Elle annonça qu'elle pouvait emmener les enfants le matin et aller les chercher l'après-midi pour que je puisse travailler au maximum. J'étais très content. Levé à six heures du matin, j'allais directement dans le salon, fermais les portes et me mettais au travail, c'est à peine si je les entendais se lever et partir, j'allais leur parler quand ils rentraient, je dînais et reprenais mon travail jusque vers dix heures.

Linda reçut la visite d'une amie de Stockholm, elles se connaissaient depuis environ quinze ans, du temps où Linda travaillait au Stadsteatern, le théâtre de la ville. Son amie était metteuse en scène pour le théâtre et avait récemment tourné un court métrage à partir d'un scénario de Linda. Elle était venue avec son fils d'un an et devait rester une semaine. Je les voyais à peine, enfermé dans le salon du matin au soir. La parution de mon livre à l'automne était encore envisageable, à condition de partir du bon pied.

— Elle est formidable, dit Linda à propos de son amie, un soir où nous avions quelques minutes en tête à tête. Elle est efficace. Quand elle décide de faire quelque chose, ça marche toujours. Tout le contraire de moi. Mais on s'entraide. Nous avons déjà plein d'idées. Je suis ravie qu'elle soit là.

— C'est super, dis-je.

— Et puis, comme ça, tu peux travailler autant que tu veux.

— Oui. C'est généreux de ta part. J'en ai tout à fait conscience.

Un après-midi, alors que j'allais consulter mes mails dans la chambre, je tombai sur elles dans le couloir, elles étaient allées faire des courses.

— Tout ça, c'était en promotion, déclara-t-elle. Et je n'ai pas acheté grand-chose.

— Ne t'inquiète pas, dis-je. Et je ne t'ai rien dit.

— Quand je suis avec elle, ajouta Linda en tendant le cou vers son amie, je me sens en sécurité. Elle me connaît tellement bien. Elle sait exactement où se trouve la limite entre ce qui est bon pour moi et ce qui ne l'est pas.

Son amie sourit.

— Linda charme tous les vendeurs. Je suis même sortie une fois, tellement j'étais gênée.

Linda éclata de rire.

— C'est pour ça que tu es sortie ? Mais bon, dit-elle en s'adressant à moi, ce n'est rien de cher ni d'extravagant, tu veux voir ?

— Non, je regarderai plus tard, dis-je en entrant dans le bureau.

L'appartement était de nouveau en désordre, le salon était jonché de jouets, de vêtements, de serviettes de bain ; même chose dans la chambre des enfants et dans le couloir. Bien entendu, je ne pouvais rien dire, c'était tout autant ma responsabilité, et en temps ordinaire j'aurais pensé que ça pouvait très bien rester comme ça jusqu'à nouvel ordre, car il fallait que je travaille et je n'aurais pas pu me permettre de perdre ne serait-ce que quelques heures – mais là c'était différent, nous avions de la visite, et j'avais honte.

J'en fis part à Linda.

— Ne t'occupe pas d'elle ! me dit-elle. Elle a l'habitude du désordre. Ça ne lui fait rien *du tout*. Et puis, nous travaillons, nous aussi. Nous avons beaucoup de projets. Et ils vont se concrétiser. Elle réalise toujours ses projets. Elle est très bien pour moi.

Elle avait ce ton qui apparaissait toujours pendant ses phases maniaques, mais cette fois de façon encore plus marquée. Un côté irresponsable, insouciant et légèrement infantile aussi, pas beaucoup, juste un peu, suffisamment en tout cas pour que je trouve ça pénible, car alors je n'arrivais pas à communiquer avec elle, nous n'étions pas ancrés dans la même réalité. Il m'arrivait de le lui dire, elle se contentait de sourire en disant qu'elle comprenait et qu'elle s'efforcerait d'être plus présente. J'avais compris, d'après ce qu'elle m'avait raconté, mais plus encore d'après ses écrits où le personnage de l'enfant adulte était récurrent, que, plus jeune, elle avait eu ce côté enfant adulte, elle avait été cette enfant qui démasquait les adultes et gardait son calme au milieu du chaos de leurs existences. Maintenant qu'elle était adulte, on aurait dit que c'était l'inverse, qu'elle interprétait plutôt un rôle d'enfant. Oh, pas beaucoup, juste un peu, c'était quelque chose en elle qui cessait de se soucier des conséquences, de l'exactitude de ses propos – de petites entorses à la réalité la faisant apparaître plus drôle, plus importante, plus divertissante. Quand elle parlait en présence des enfants de choses qu'ils n'auraient pas dû savoir ou entendre, et que je la critiquais, elle se reprenait aussitôt en disant : Papa a raison, c'était stupide de ma part.

Cet aspect de sa personnalité m'était inconnu, je ne l'avais jamais vu avant ce printemps-là. C'était apparu soudainement, et ce n'était pas une bonne chose car j'endossais un rôle à mon tour, je devenais celui qui la corrigeait et lui mettait des limites, et c'était bien la dernière chose au monde que je souhaitais. Parfois elle restait ainsi, aérienne comme la lumière, quelques jours, voire une semaine, et cela disparaissait, comme une comète disparaît dans un ciel étoilé. Elle redevenait « normale », elle redevenait Linda. Il était plus facile de gérer ses périodes de noirceur car elles n'affectaient pas qui elle était, nous parvenions à communiquer malgré sa dépression. Être continuellement projetée vers le haut puis précipitée tout en bas la dévastait et cela l'empêchait, entre autres, de travailler, et la mettait dans des états dont elle ne voulait pas.

Comme Linda, j'étais content qu'elle reçoive la visite de son amie, de quelques années plus âgée que moi, je crois. C'était quelqu'un d'adulte et de responsable, qui aimait vraiment Linda et qui avait assez d'expérience pour savoir apprécier ses qualités particulières. Malgré le désordre, elles étaient vraiment bien ensemble, je les entendais parler et rire, discuter et faire des projets. Linda s'occupait entièrement des enfants, et je pensais qu'elle voulait rattraper le temps que sa dépression lui avait fait perdre.

Quelques épisodes vaguement inquiétants se produisirent. À deux reprises, elle parla de moi à son amie, sans savoir que j'étais tout près, sinon elle ne l'aurait jamais dit de cette façon – c'était sur le ton de la confidence, et ces confidences s'adressaient à son amie, pas à moi. J'avais horreur qu'on parle de moi, c'était donc très désagréable en soi mais pas inquiétant. Ce qui était inquiétant, c'était qu'elle n'avait pas vérifié que je pouvais entendre. La première fois, elles étaient dans le couloir alors que j'étais au lit, de l'autre côté la porte, ce qu'elle savait – comment pouvait-elle parler de moi à la dérobée mais à haute voix, à trois mètres de là où j'étais ? La deuxième fois s'était déroulée de façon similaire, elles étaient sorties sur le balcon pendant que je travaillais dans l'autre salon, et j'entendis Linda dire à haute voix que son amie pouvait tout laisser comme ça, c'était le problème de Karl Ove. Qu'elle dise cela n'avait aucune importance, mais qu'elle le dise comme si elles étaient toutes seules, c'était autre chose. Elle commençait à négliger les conséquences de ses actes.

Le lendemain matin, pendant que je travaillais dans le salon, un fracas énorme retentit dans l'autre. Linda avait mis un disque. Il était six heures moins le quart et la musique était vraiment forte. C'était *Forever Young*, le vieux hit des années quatre-vingt, qu'elle écoutait si tôt le matin, à plein volume.

Je sortis du salon en trombe pour me précipiter sur la chaîne stéréo que j'éteignis.

— Mais qu'est-ce que tu fais ? Tu sais quelle heure il est ?

Elle me regarda.

— Bientôt six heures. Du calme. La musique n'était pas si forte que ça.

Elle me regardait comme l'aurait fait une adolescente devant le père petit-bourgeois le plus étriqué du monde. Et peut-être avait-elle raison.

— Pourquoi es-tu debout si tôt ? Vous ne vous êtes pas couchées tard cette nuit ?

— Si, mais je n'arrivais pas à dormir. J'ai tellement de choses en tête. J'ai démarré plusieurs projets. Et tu te fâches quand je suis réveillée et que je me tourne, et puis les enfants viennent, ils veulent boire de l'eau ou seulement rester avec moi dans le lit.

— Je ne peux pas me fâcher puisque je dors.

— Toi, de toute façon, tu arrives toujours à dormir. Pas moi. Et puis, en pleine nuit, tu vas manger dans la cuisine en claquant les portes.

— Peut-être que tu pourrais dormir là, toute seule dans le salon.

— Les enfants me trouveront quand même. C'est toujours moi qu'ils veulent la nuit. Pas toi.

— Je n'y peux rien.

Elle leva les yeux au ciel.

— Tu sais ce que c'est, de ne pas pouvoir dormir ?

— Non. Désolé, je ne sais pas.

C'était un de nos sempiternels sujets de conversation.

— Il faut que je retourne travailler, dis-je. Tu ne veux pas essayer de dormir encore un peu ? Au moins jusqu'à ce que John se réveille ?

— Mais si, bien sûr que je peux, dit-elle comme si elle me faisait une faveur.

Elle se couchait tard, se levait tôt mais débordait d'énergie. Elle rayonnait. En passant devant la cuisine vers vingt et une heures, je l'aperçus affublée d'une espèce de chapeau melon noir et de vêtements que je ne lui avais jamais vus. On aurait dit qu'elle jouait dans *Cabaret*, ou quelque chose de ce genre. Elle souriait à son amie et, quand elle s'aperçut que j'étais là, elle se tourna vers moi, le regard pétillant.

J'avais travaillé toute la journée, je me couchai et m'endormis aussitôt, puis je fus réveillé par un bruit sec, c'était Linda qui entrait dans la chambre.

— Tu pourrais faire un peu moins de bruit, dis-je. Je dors.

— Et c'est toi qui dis ça ! répliqua-t-elle. C'est le comble !

Elle ressortit en claquant la porte.

Je me levai et la suivis. Elle s'était couchée dans le lit de Vanja, à côté d'elle. Je m'arrêtai dans l'embrasure de la porte. Son regard blanc luisait dans l'obscurité.

— Viens te coucher, Linda. Ce n'est pas ce que je voulais dire. C'est seulement que je dormais et que je me suis réveillé un peu brusquement.

— Non. Je dors là cette nuit.

À mon lever le lendemain, je la trouvai dans la cuisine avec une tasse de thé. Il était cinq heures.

— Tu n'as pas dormi ? lui demandai-je.

— Non, et je suis très fatiguée. Je voudrais tellement dormir.

— Je comprends.

— J'ai rendez-vous chez le médecin aujourd'hui. Elle pourra peut-être me donner quelque chose de plus fort pour dormir.

— Oui, sûrement.

— Tu m'accompagneras ?

— Est-ce vraiment nécessaire ?

Elle me regarda.

J'acquiesçai.

— Bien sûr que je viendrai. C'est à quelle heure ?

— À onze heures.

— D'accord.

On partit un peu avant dix heures et demie. Elle alluma une cigarette sous le petit porche et expirait lentement la fumée en me regardant.

— On y va ? dit-elle.

J'acquiesçai.

Elle avançait si vite que je devais marcher à vive allure pour la suivre. Elle affichait un air décidé et fermé, ses pas étaient rapides.

Remonter la rue piétonne, traverser le pont et rejoindre le petit parc à droite.

— J'ai réfléchi à quelque chose, dit-elle en allumant une autre cigarette. Ce serait peut-être une bonne idée de me faire hospitaliser pour une nuit. Là-bas, on pourrait me donner des somnifères plus puissants. Et puis c'est tranquille. Pas d'enfants. Qu'en penses-tu ? C'est comme une cure de sommeil. J'aurais à manger, un lit et quelqu'un qui s'occuperait de moi pour que je dorme.

— C'est si grave que ça ? dis-je. Es-tu si fatiguée que ça ?

— Tu n'imagines pas à quel point j'aspire à dormir.

— Alors, vas-y. C'est sûrement une bonne idée.

— Oui, je crois.

Comme nous étions un peu en avance, on prit un café au 7-Eleven. Avec son air toujours aussi décidé, elle me faisait penser à l'image qu'elle employait souvent quand elle écrivait, celle du soldat. En veste de cuir noir, jean noir, chaussures noires, et petit sac à dos noir. Le visage pâle et l'air déterminé.

— Et tu pourras dire aux enfants que je dors chez Jenny ce soir, ajouta-t-elle.

— Oui, ce n'est pas bête.

Son amie avait aussi prévu de partir cet après-midi-là, ça tombait bien.

— Bon, il faut y aller maintenant, dis-je.

Le médecin sortit de son bureau au moment où nous prenions place dans la salle d'attente. Il émanait d'elle exactement la même chose que la première fois que je l'avais vue. Amabilité, sollicitude, professionnalisme impersonnel. J'étais le même moi aussi, je crois, en revanche Linda semblait être une tout autre personne. La fois d'avant, tout s'était déroulé lentement, chaque geste avait représenté un effort. Mais là elle s'assit trépidante d'énergie et d'impatience. Rien n'allait assez vite. Elle se mit à parler avant même que le médecin eût repris sa place.

— Vous m'aviez dit que je trouverais toujours quelqu'un à qui parler ici, commença-t-elle. Mais j'ai appelé et vous étiez en vacances. Et je n'avais personne d'autre à qui m'adresser ! C'est lamentable ! J'avais besoin de vous ! J'avais vraiment besoin de vous !

Elle se mit à pleurer.

Je ne comprenais rien, je la regardai, elle, puis le médecin qui écrivait sur son bloc.

— Je suis vraiment désolée, répondit le médecin. Il y a eu un malentendu. Vous auriez dû pouvoir parler à mon collègue.

— Ça ne suffit pas, répliqua Linda. J'avais si peur.

Elle sanglotait.

— J'avais si peur, répéta-t-elle.

Le médecin la regarda sans rien dire.

— Comment vous sentez-vous ? finit-elle par demander.

— Ça va de plus en plus vite. Bientôt je ne pourrai plus suivre le rythme, si vous voyez ce que je veux dire.

— Arrivez-vous à dormir ?

— Non. Je ne dors presque pas. Est-ce que je pourrais me faire hospitaliser et avoir des somnifères puissants ? Pour une nuit seulement ?

Le médecin acquiesça.

— Je pense que c'est une bonne idée. Je peux m'en occuper immédiatement, comme ça vous irez directement en sortant d'ici.

— Il faut que je passe à la maison prendre quelques affaires.

— Bien entendu. Mais c'est une bonne idée, Linda. Je pense que ça vous fera du bien.

J'essayai de comprendre ce qui se passait pendant qu'elles continuaient de parler. Pourquoi pleurait-elle tout à coup ? Elle ne m'avait pas dit un mot de sa peur, ni donné aucun signe de ce qu'elle montrait maintenant.

Le médecin lui expliqua dans quel service elle devait se rendre et lui écrivit l'adresse sur un papier. Elles convinrent d'un nouveau rendez-vous qui fut aussi noté.

— S'il y a un problème, dites-leur de m'appeler, précisa-t-elle. Mais je vais tout régler d'ici pour qu'ils soient au courant de votre arrivée.

On prit congé en lui serrant la main et on redescendit dans la rue.

Linda avait retrouvé sa bonne humeur.

— Je rentre à la maison demain dans la matinée. Les enfants ne remarqueront même pas mon absence.

— Aucun problème.

Nous arpentions les rues rapidement, elle euphorique, moi perplexe mais rassuré aussi, peut-être à cause de la façon dont le médecin avait réagi aux propos de Linda. Qu'elle passe une nuit à l'hôpital avait paru une évidence, c'était donc sûrement dans l'ordre des choses.

Linda fourra quelques vêtements dans un sac à dos, prit congé de son amie et de moi, je n'avais pas besoin de l'accompagner, elle prendrait simplement un taxi, puis elle disparut dans l'ascenseur en souriant.

Je me mis à ranger l'appartement. L'amie de Linda m'aida. Nous n'avions jamais vraiment parlé tous les deux, ce fut l'occasion. Je lui racontai ce que Linda avait dit sur elle, à savoir que chez elle c'était le désordre et qu'elle ne s'en souciait pas. Elle répondit en riant que Linda aurait aimé qu'il en soit ainsi, mais qu'elle ne faisait que projeter ses propres désirs. Elle me raconta qu'un jour, il y a très longtemps, Linda lui avait rendu visite à Stockholm, euphorique comme maintenant, et qu'elle avait pris un bain avec sa petite fille en exigeant d'être plus ou moins traitée comme celle-ci.

Je ne comprenais pas qu'elle puisse accepter ça. Elle l'avait accepté cette fois-là, et elle l'acceptait encore maintenant. Mais ce n'était pas Linda. Et ce qui n'était pas Linda, je le niais. Je ne voulais pas le voir. Apparemment, son amie ne réclamait pas le même degré d'authenticité que moi.

On avançait pièce par pièce en parlant de Linda et du père de Linda, d'elle et de son père, de moi et de mon père. Je pensais qu'elle savait quelque chose que j'ignorais. Je ne comprenais rien aux débordements de Linda, c'était l'inconnu pour moi, et je me sentais intolérant, strict et extrêmement ordinaire.

Quand l'appartement fut impeccable, elle remballa ses affaires, prit dans un bras son fils qui avait joué tout seul pendant que nous étions occupés, ne se trouvant qu'exceptionnellement en travers de notre chemin, l'installa dans la poussette et se rendit à la gare.

C'était étrange d'être seul. Habituellement j'appréciais, mais là, Linda ne s'était pas seulement absentée, elle était hospitalisée et, pour une raison inconnue, je me sentis livré à la solitude.

Pour la première fois, je me fis la réflexion que je ne m'occupais pas seul de tout, que j'avais toujours Linda à mes côtés.

Je passai le réfrigérateur au crible, jetai tout ce qui était périmé, et fis de même dans les placards. Puis je sortis un sac de blancs de poulet du congélateur, le mis à décongeler sur une assiette, vidai le lave-vaisselle et fumai une cigarette sur le balcon avant d'aller chercher les enfants. On était vendredi, le jour des glaces pour eux, et je les emmenai au café du centre commercial, comme d'habitude.

— Maman n'est pas là, leur annonçai-je. Elle va dormir chez Jenny ce soir.

— Et pourquoi ? demanda Vanja qui fourra dans sa bouche la petite cuiller en plastique orange pleine de glace bleue finement striée de rouge en me regardant.

— Elle travaille.

— Elle rentre demain ? reprit Vanja.

— Oui.

— Qu'est-ce qu'on va faire demain ?

— Je ne sais pas. Qu'est-ce qui vous ferait envie ?

— Aller au Folkets Park, répondit Heidi.

— Non, c'est ennuyeux, dit Vanja.

— C'est pas vrai, répondit Heidi.

— Comme vous voulez. Mais on n'est pas obligés de décider avant demain.

— À la foire, dit John.

Je souris.

— Tu n'en rates pas une, toi, lui dis-je.

— Moi aussi je veux aller à la foire, s'écria Vanja.

— Et moi aussi, renchérit Heidi.

— Alors c'est d'accord.

Après que je les eus mis au lit, l'étrange sentiment de solitude refit surface. Je regardai un peu la télé, me couchai tôt, fus réveillé par des bruits provenant de la cuisine – c'était John qui s'agitait, il avait tiré une chaise jusqu'au plan de travail, ouvert le robinet et rempli l'évier de produit vaisselle.

Je lui préparai son petit déjeuner, allai voir Heidi quand elle se leva, puis Vanja. On était samedi, c'était leur matinée de télé, pendant que je lisais les journaux dans le fauteuil, à côté d'eux. À sept heures et demie, le téléphone sonna. C'était Linda.

— Comment ça s'est passé ? demandai-je.

— C'était formidable. Je n'ai jamais aussi bien dormi. Et ils sont très gentils avec moi. Les gens sont merveilleux ici. Comment ça se passe à la maison ?

— Très bien. Quand est-ce que tu penses rentrer ?

— Ah oui, c'était ça que je voulais te dire. Les médecins ont dit qu'ils aimeraient bien que je reste encore une nuit. Pour obtenir de meilleurs résultats. Je pense que ce n'est pas bête. Comme ça, je peux vraiment me reposer.

— Oui, c'est une bonne idée. Mais qu'est-ce que je vais dire aux enfants ? C'est un peu bizarre que tu passes deux nuits chez Jenny sans faire un saut à la maison, non ?

— Tu ne crois pas que tu peux leur dire que je suis à l'hôpital, tout simplement ?

— Si, si. Mais ils voudront savoir pourquoi.
— Dis-leur la vérité. Que je suis là pour dormir.
— D'accord, je vais le faire.
— Je t'aime tellement, Karl Ove.
— Moi aussi je t'aime. Passe une bonne journée.
— D'accord. Embrasse les enfants pour moi.

Je raccrochai et les rejoignis. Le regard rivé à la télé, ils ne remarquèrent pas ma présence.

— C'était maman au téléphone. Elle ne rentrera pas avant demain.

— Pourquoi ? demanda Vanja.

— Vous savez qu'elle a très mal dormi ces derniers temps. Elle est à l'hôpital pour qu'on l'aide à dormir. Et y restera cette nuit.

— Est-ce qu'on peut aller la voir ?

— Non, elle n'y est que pour une nuit. Elle rentre demain. Et nous, on va à la foire.

Folkets Park occupait une place importante dans la vie de nos trois enfants. Il y avait un étang dans lequel ils pataugeaient l'été, et sur lequel ils patinaient l'hiver. Il y avait un terrarium, dans lequel le perroquet du film *Fifi Brindacier* passait ses vieux jours, et quelques crocodiles immobiles. Il y avait un marchand de glaces et un petit parc animalier avec des lapins et des cochons. Il y avait un poney-club où Vanja était montée à cheval pendant quelques mois quand elle était petite, et une grande et belle aire de jeux. Il y avait un café avec une piste de dance, et un club de rock. Mais ce qui les attirait le plus, c'était la fête foraine. Elle était assez banale, mais les enfants ne s'en rendaient pas compte, et chaque fois que nous allions au parc l'été, nous devions convenir à l'avance avec eux qu'il n'y aurait pas de manège. Ce jour-là nous n'étions convenus de rien, et je leur dis qu'ils pouvaient choisir trois tours de manège. Et s'il y avait le moindre caprice pour en faire un de plus, on rentrerait à la maison, c'était bien compris ? Oui, oui. Ils auraient pu me promettre n'importe quoi en arrivant au parc.

— Je veux faire un touye de manège ! dit Vanja.

— Un tourrr de manège, la corrigea Heidi.

Vanja se rua sur elle et je dus la soulever en lui maintenant les bras pour les séparer.

— Venez, on fait le tour avant de se décider. Qui veut monter sur la chenille ?

— Moi ! dit John.

— Pas moi, dit Vanja.

— Et les autos tamponneuses ?

— Je peux ?

— Bien sûr. Mais il faut que tu y ailles toute seule, je dois m'occuper de Heidi et John. Tu t'en sens capable ?

Elle acquiesça. Et aussitôt après, elle circulait sur la piste au volant de son auto, l'air à la fois terrorisée et ravie. Ensuite, on fit tous ensemble un tour de chenille. Et puis, avec John, on conduisit une voiture d'époque sur rails pendant que Vanja et Heidi nous regardaient. Pour finir, on fit deux tours de manège. Après, on alla à l'aire de jeux où jouaient déjà deux de leurs copains du jardin d'enfants. Je restai un moment avec leurs parents qui surveillèrent les trois miens le temps que j'aille chercher des cafés et, à mon retour, on discuta football, l'un d'eux était supporter du Hammarsby qui n'avait cessé de sombrer dans le classement après sa victoire à l'Allsvenskan, la Ligue 1 suédoise. Je l'aimais bien mais n'osais pas le regarder dans les yeux, je l'avais décrit d'une façon qui n'était pas sans poser problème dans le deuxième tome. Il me félicita de mon succès et je compris qu'en tout cas il n'avait pas eu la curiosité de le lire en norvégien.

Je mis une demi-heure à convaincre les enfants de rentrer à la maison.

Vanja était étonnamment silencieuse.

Alors que nous arrivions aux abords du supermarché Hemköp, je compris ce qui la tracassait.

— Pourquoi j'arrive pas à dire les *r*, papa ? Heidi, elle y arrive. Et je suis plus grande qu'elle.

— Moi non plus je ne savais pas dire les *r* quand j'étais petit.

— Et quand est-ce que tu as appris ?

— À peu près à l'âge que tu as maintenant, mentis-je.

— Je veux pas commencer l'école, déclara-t-elle. Je veux rester au jardin d'enfants.

— Je comprends. Mais une fois que tu auras commencé l'école, tu ne voudras plus la quitter. C'est pareil que le jardin d'enfants. Tu es grande maintenant.

On fit quelques courses avant de rentrer, ils regardèrent un film, mangèrent de la pizza pour le dîner et prirent un bain. Ils réclamèrent leur mère à cor et à cri au moment de se coucher.

— Elle rentre demain, leur dis-je.

— Tu promets ? dit Vanja.

— Je te le promets.

Le lendemain, je fus réveillé par la sonnerie du téléphone. Je vis qu'il était six heures et me dépêchai de répondre.

— Bonjour, c'est moi, dit Linda.

— Bonjour.

— Comment ça va à la maison ? Qu'est-ce que vous avez fait hier ?

— Nous sommes allés à la fête foraine.

— Et là, maintenant ?

— Ils dorment.

— Ah oui, il est encore tôt.

— Oui, effectivement. Comment te sens-tu ? Quand rentres-tu ?

— Je vais très bien. Mais il me manque des affaires, surtout mon ordinateur.

— Je t'ai demandé quand tu rentrais.

— Je ne sais pas. On voit au jour le jour.

— Tu ne rentres pas aujourd'hui ?

— Ils disent que ce serait mieux que je reste encore une semaine. On verra.

Je ne dis rien.

— Voilà Nana qui passe. Bonjour, Nana ! Elle est formidable. Sévère mais bonne. Maternelle. Enfin, tu vois. Solide comme un roc quoi qu'il advienne. Elle est de garde la nuit.

— Mais Linda, tu vas rester encore une semaine ?

— Je crois, oui. Mais c'est en toute liberté, ils ne peuvent pas me garder. Si je veux, je peux m'en aller. Mais c'est bien pour moi ici, c'est exactement ce dont j'ai besoin. Quelques jours de calme et de repos. Ça ne fait rien ?

— Non, bien sûr que ça ne fait rien.

— J'ai terriblement faim. J'attends que le service du petit déjeuner commence. C'est pour ça que j'ai appelé. Je suis impatiente ici. Si seulement j'avais mon ordinateur, je pourrais au moins écrire.

— C'est vrai.

— Les voilà qui mettent la table. Je te rappelle plus tard. Au revoir, mon prince !

Je raccrochai et retournai me coucher. J'entendis un bruit étrange venant de la chambre des enfants. Je compris ce que c'était au bout de quelques secondes. Quelqu'un levait et abaissait la poignée à toute vitesse. Je me levai. Quelqu'un frappait à la porte en criant : Papa ! Papa ! Je l'ouvris. C'était John, les larmes aux yeux.

— Tu n'arrivais pas à ouvrir la porte ?

— Nan !

— Viens, on va petit-déjeuner.

Je me sentais glacé à l'intérieur en le regardant manger. Je n'avais rien compris. J'avais vraiment cru qu'elle était là-bas pour dormir. Je devais être un enfant. J'avais cru qu'ils lui donneraient des somnifères puissants en gardant un œil sur elle et que sa phase maniaque serait enrayée par une bonne nuit de sommeil. Dieu sait d'où je tenais ça, mais c'était vraiment ce que j'avais cru.

Elle était à l'hôpital psychiatrique, toute seule, et c'est tout juste si j'avais réalisé.

J'étais son mari, putain. Sa famille la plus proche. Il fallait que j'y aille, que je parle aux médecins, et il fallait que je la voie. Ne serait-ce que pour leur dire, à elle et à eux, que j'étais là.

Quel imbécile.

J'étais complètement idiot.

Mais comment aller là-bas ? Impossible d'y emmener les enfants. Et je ne connaissais personne en ville qui puisse les garder. Enfin si, j'en connaissais, mais ils devaient déjà s'occuper de leurs propres enfants. Et je n'avais pas envie de demander quoi que ce soit à qui que ce soit.

Se désintéressant de son repas, John était en train de pousser un corn flake dans une petite mare de lait sur la toile cirée.

— As-tu assez mangé ? demandai-je.

— Oui. Merci beaucoup, dit-il.

— Poli comme tu es, la vie te sourira, dis-je en le faisant descendre de sa chaise.

Je lui ôtai sa couche et la jetai dans la poubelle sous l'évier. Tu veux rester un peu tout nu ?

Il acquiesça et trottina jusqu'au salon. Je lui mis la chaîne télé pour enfants et allai dans l'autre salon appeler Linda.

Elle répondit immédiatement.

— Salut, la *maison**, dit-elle.

Elle le disait souvent car le mot « maison » s'affichait en suédois sur l'écran de son téléphone quand j'appelais.

— Salut. J'aurais dû te rendre visite depuis longtemps, et parler aux médecins, et je me demandais si c'était possible que je vienne demain matin, juste après avoir déposé les enfants.

— Oui, bien sûr. Ils seront ravis de te rencontrer. J'ai dit à tout le monde quel homme magnifique j'avais.

— Je suis désolé, Linda.

— Tu n'as aucune raison de l'être. Je suis très bien ici. J'ai l'impression d'être à l'hôtel. Et puis on me donne des somnifères efficaces. Le soir, je m'endors comme une masse.

— C'est bien. Il faut que tu te reposes, que tu dormes, et on se voit demain, d'accord ? Appelle quand tu veux. Je prends mon téléphone si on sort.

Le froid ne me quitta pas de la journée, il revenait par intermittence.

J'étais la famille la plus proche de Linda et j'étais son mari, elle était toute seule à l'hôpital psychiatrique et je n'avais pas levé le petit doigt pour l'aider. Elle y était depuis deux jours maintenant. Sans aide, sans soutien, toute seule.

La première chose que Vanja demanda à son réveil, c'était quand sa maman rentrait.

— Elle vient juste d'appeler. Elle a dit qu'il fallait qu'elle reste encore un moment à l'hôpital.

— Mais tu m'avais promis !

— Je sais. Mais elle est là-bas pour vraiment bien dormir. Tu te souviens qu'au printemps elle était très fatiguée et dormait tout le temps ? Eh bien, maintenant, c'est le contraire, elle n'arrive pas du tout à dormir. Ce n'est pas grave, il faut juste qu'elle reste là-bas encore quelques jours. Tu sais quoi ?

— Quoi ?

— On ira la voir à l'hôpital demain. Ce sera sympa.

— C'est sûr et certain ?

— Oui, évidemment.

Après avoir déposé les enfants au jardin d'enfants

le lendemain, je parcourus les quelques centaines de mètres jusqu'au centre hospitalier. J'y étais déjà venu une fois, à la naissance de John, il y avait presque exactement trois ans. J'étais rentré précipitamment à la maison pour aller chercher Vanja et Heidi ; elles avaient ri et chahuté dans la salle d'accueil des nouveau-nés, elles avaient tapoté la tête de leur petit frère et posé un lézard en caoutchouc dessus – j'avais pris des photos et elles s'en souvenaient grâce à ça.

Linda m'avait expliqué où c'était. Je l'avais noté sur un papier. Un long bâtiment qui rappelait les années soixante, tout au bout du centre hospitalier. J'entrai, pris l'ascenseur et sonnai à la porte qui était verrouillée. Entre-temps, une femme descendit l'escalier. Elle m'observait.

— Vous ne seriez pas écrivain ?

— Si.

— C'est bien vous qui avez écrit *Mon combat* ? Qui aurait cru que je vous rencontrerais ici !

— En effet. Enchanté.

La porte s'ouvrit, une infirmière d'une cinquantaine d'années me regarda. Elle était vêtue d'un uniforme blanc.

— Bonjour, dis-je. Je m'appelle Karl Ove Knausgaard. Je viens voir Linda.

— Bonjour. Suivez-moi, elle est là-bas.

Je la suivis dans le couloir terne.

À dix-huit ans, j'avais moi-même travaillé dans un service identique, et je reconnus tout immédiatement. Le réfectoire, le bureau qui ressemblait à une cage avec une grande vitre, le salon, le long couloir avec des portes de chaque côté. Le sol en lino gris. Les meubles aux incontestables relents d'institution.

Quatre ou cinq personnes regardaient la télé. Tremblantes, fermées, pâles. Deux ou trois autres arpentaient les lieux avec une énergie nerveuse, impatiente et agressive. Ils étaient jeunes, ceux qui regardaient la télé étaient d'âge moyen ou plus âgés. Linda sortit d'une pièce. Elle rayonna en me voyant, me serra fougueusement dans ses bras et m'embrassa sur la bouche.

— Voilà mon mari ! dit-elle fort à tous ceux qui étaient dans la pièce.

— Vous avez vraiment un bel homme, Linda ! s'écria une vieille dame fringante.

— Et c'est le meilleur écrivain de Norvège ! ajouta Linda. C'est vrai !

Tous ceux qui étaient assis là, infirmes ou avachis, nous jetèrent un regard sombre et vide.

— Viens voir ma chambre, dit-elle. Je l'ai bien décorée.

Elle m'entraîna dans une chambre. Une femme en surpoids, assise sur un des deux lits, se leva dès qu'elle nous vit, et sortit. Linda me dit son nom et sourit.

— Voilà où j'habite, dit-elle en écartant les bras. Mais il faut que j'aille chercher quelques affaires à la maison. J'ai fait une liste. Ou peut-être que tu pourrais me les apporter la prochaine fois ? Regarde ! dit-elle en montrant le mur où étaient accrochés deux dessins.

— Ce sont des jumelles qui les ont faits. Elles me rappellent comment j'étais quand j'étais jeune. Elles n'ont que vingt ans. Des princesses de la nuit. Elles ne dorment pas non plus. Elles savent faire des acrobaties. Elles sont formidables.

Elle se colla à moi.

— On n'est pas bien ici ? dit-elle.

— Si, dis-je en faisant un pas vers la fenêtre. Mais je dois parler avec l'infirmière en chef, ce serait bien de le faire tout de suite, tu ne crois pas ?

— Ils vont venir te chercher, dit-elle en tapotant la couette près d'elle. Viens t'asseoir.

Je m'assis à côté d'elle. Elle m'entoura de son bras et voulut m'embrasser. J'esquivai.

— Je trouve que ce n'est pas le moment.

— Ça ne fait rien. Je comprends. Mais regarde !

Elle se leva et me prit par la main pour que je la suive à la fenêtre. Elle voulait que je voie tout ce qu'il y avait sur le rebord. Des chiens en porcelaine, des chats en porcelaine. Une photo de Vanja, Heidi et John, un CD de Robyn en exposition, des petites pierres, des bagues fantaisie.

— Et voilà Moumine, ma peluche. Je la borde tous les soirs avant de me coucher.

Elle désigna une petite caisse par terre contenant une poupée en tissu.

On frappa à la porte. La même infirmière qui m'avait ouvert nous conduisit à un bureau. Linda et moi prîmes place parmi les quatre personnes déjà présentes. Celui qui devait être le médecin chargé de Linda, à en juger par son costume marron, lui posa des questions sur un ton très jovial et dans un suédois approximatif. Un autre portait également des vêtements de ville, les deux derniers étaient en blouse blanche. Linda répondit aux questions longuement, en détail et avec beaucoup d'esprit. Ils souriaient, je compris qu'elle était en quelque sorte leur patiente préférée.

— Il y a une chose qu'il faut *absolument* que je vous dise, ajouta-t-elle. Je sais que je vais passer pour élitiste, mais si vous me demandez comment je me sens, je me dois de faire remarquer que certains soignants dans le service sont… là, il faut que je surveille mon langage, ne sont pas toujours très rapides, ils ne comprennent pas toujours les choses immédiatement, et c'est un peu fatigant pour moi. Je suis écrivaine, je suis documentariste radio, je suis une femme qui travaille, et je suis habituée à un certain niveau, si vous voyez ce que je veux dire. Ici, il n'y a pour ainsi dire personne à qui parler.

J'eus aussitôt envie de rentrer la tête dans les

épaules mais n'en fis rien, je continuai à la regarder pendant qu'elle parlait, comme si de rien n'était.

— C'est comme ça, Linda, dit le médecin. Mais maintenant votre mari est là, il a peut-être des questions ? Avez-vous des questions ?

— Deux choses seulement. Et surtout d'ordre pratique. Nous avons trois enfants. Il faut qu'ils puissent voir Linda. Comment peut-on faire ? Je n'ai pas envie de les faire venir ici.

— Vous pouvez vous retrouver dans le parc, proposa le médecin. Ça ne devrait pas poser de problème. Et rien ne s'oppose à ce que vous, Linda, ayez de courtes permissions tous les jours ou tous les deux jours pour rentrer chez vous. Peut-être pas aujourd'hui ni demain, mais à court terme.

— C'était ma deuxième question. Combien de temps croyez-vous qu'elle va rester ici ?

Je regardai Linda, je n'aimais pas parler d'elle à la troisième personne quand elle était à côté de moi, mais je ne savais pas comment faire autrement. Elle se contenta de sourire comme pour dire : Vous voyez comme mon mari est quelqu'un de bien.

— C'est impossible à prévoir, mon cher, répondit le médecin. Mais Linda, nous aimerions bien stabiliser votre humeur avant que vous ne rentriez chez vous.

— Les médicaments ne me font pas d'effet, m'expliqua Linda. On me donne de fortes doses à ce que j'ai compris, mais ça ne marche pas.

— C'est vrai, il y a beaucoup d'énergie en vous.

— D'accord, dis-je. Donc on ne parle pas en jours.

— Non, sûrement pas, dit le médecin en se levant. Je pars en vacances, un autre médecin arrive demain. Mais tout se passera sûrement très bien car ma consœur est encore plus douée que moi.

— Vous partez en vacances ? intervint Linda.

— Oui.

— Moi qui commençais à vous apprécier.

Il rit, nous tendit la main, et toute la troupe poursuivit ses visites, sauf l'infirmière en chef.

— Je voudrais vous parler, me dit-elle. Pouvez-vous me suivre dans le bureau ?

— Oui, bien sûr, dis-je avant de me tourner vers Linda.

— J'attends dans la chambre, dit-elle.

J'accompagnai l'infirmière dans le bureau.

— Avez-vous besoin d'aide ? demanda-t-elle. Vous avez droit à l'aide sociale, c'est-à-dire à une personne qui vient chez vous pour faire les courses, préparer les repas et faire le ménage.

— Non. Non, je n'en ai pas besoin. Absolument pas. Je me débrouille très bien.

— Bien. Mais si la situation changeait, n'hésitez pas à nous prévenir. Comment vont les enfants ?

— Ils vont bien.

— Savent-ils qu'elle est ici ?

— En quelque sorte. Je leur ai dit qu'elle était à l'hôpital pour dormir.

— Bien. Je pense que c'est une bonne idée de les amener au parc et qu'ils voient leur mère à l'extérieur, comme nous l'avons évoqué.

— C'est possible aujourd'hui ? Je leur ai déjà promis qu'ils pourraient la voir aujourd'hui.

— Ça ira. Venez après le jardin d'enfants. À quelle heure allez-vous les chercher ?

— À trois heures. Non, trois heures et demie. Disons à quatre heures moins le quart ici.

— Je m'arrangerai pour qu'elle soit à l'entrée du bâtiment à cette heure-là.

— Merci beaucoup, dis-je avant de gagner la chambre de Linda.

Je frappai avant d'entrer. Linda vint à ma rencontre, me prit la main et m'attira vers le lit.

— Que penses-tu du médecin ? Il est formidable,

non ? Il vient d'Europe de l'Est. Hongrois ou roumain, ou quelque chose comme ça. C'est bien dommage qu'il parte en vacances. C'est toujours pareil.

Elle me regarda. Me mordant la lèvre pour ne pas pleurer, j'allai me poster devant la fenêtre.

— Et si on allait fumer une cigarette ? proposa-t-elle.

— Oui, si tu veux.

— Il y a du café ici. Ça coûte cinq couronnes pour les visiteurs, mais je vais voir si je peux t'en avoir gratuitement.

— Je peux payer, tu sais.

Elle remplit deux tasses, versa du lait dans l'une et appela un aide-soignant.

— On sort fumer, dit-elle. Ouvrez, ouvrez.

Nous le suivîmes jusqu'au bout du couloir dans la direction opposée à l'entrée, il déverrouilla la porte, on prit l'ascenseur et on sortit sur une place goudronnée munie d'un abri où deux hommes âgés étaient en train de fumer.

Linda alluma une cigarette. J'en allumai une aussi.

— Je suis tellement heureuse d'être avec toi, déclara-t-elle. Tu me rends si heureuse, Karl Ove.

Elle se mit sur la pointe des pieds et on s'embrassa. Elle se cramponnait à moi, je reculai d'un pas, elle lâcha prise, regarda la rue où une voiture passait.

— On s'occupe bien de moi ici, dit-elle. Tu ne trouves pas ?

— Si. Mais il ne faut pas que tu restes trop longtemps.

— Non, non.

Une ambulance arrivait lentement.

— Elles vont et viennent toute la nuit ici, dit-elle. C'est excitant.

Je regardais dans une autre direction, alors elle prit mon visage entre ses mains et le tourna, comme pour dire que c'était elle que je devais regarder.

Nos regards se croisèrent. Elle se mit sur la pointe des pieds et m'embrassa.

— Il va falloir que j'y aille, dis-je.

— Oui, je sais que tu as beaucoup à faire.

— Mais on se voit cet après-midi. Je viens avec les enfants. Rendez-vous à l'entrée.

— Oui, dans le parc, c'est bien.

— On achètera des glaces, proposai-je.

— Oui !

— Au revoir, alors.

— Oui, au revoir.

À peine m'étais-je retourné que je me mis à pleurer. Je pleurai jusqu'à l'appartement sans presque rien voir à travers mes larmes, mais dès que, installé sur le balcon, j'allumai une cigarette, mes yeux furent secs. Une nouvelle situation se présentait et il fallait la gérer.

Je devais bientôt faire une tournée de lectures de quatre jours dans les environs de Göteborg, il fallait que j'annule. Je devais intervenir plusieurs fois pendant le festival du livre d'Oslo, il fallait que j'annule. Je devais participer à deux reprises au festival de littérature de Louisiana, il fallait que j'annule aussi. Et il fallait que j'appelle Ingrid et maman pour savoir si elles pouvaient venir, je n'avais pas besoin d'aide, mais je voulais que les enfants aient d'autres adultes que moi autour d'eux. Tout ce qui pouvait les divertir de l'absence de Linda était une bonne chose.

Je rentrai appeler Elisabeth. Je lui expliquai la situation – Linda étant malade, j'étais obligé d'annuler ce qui était prévu pour les semaines suivantes.

— On pourrait peut-être s'arranger pour que toutes tes interventions aient lieu le même jour ? Et tu prendrais une baby-sitter ce jour-là ?

— Oui, ça doit être faisable.

J'envoyai un mail à Stefan aux éditions Norstedts en lui demandant s'il pouvait annuler mes engagements. Oui, c'était possible. J'envoyai un mail aux organisateurs à Göteborg en leur expliquant que j'étais contraint d'annuler la tournée. Ils acceptèrent mais me prièrent de venir au moins pour l'événement à Göteborg même, car ils en avaient déjà fait la promotion et préféreraient ne pas déprogrammer. Je leur donnai mon accord. Mais je gardai Louisiana, j'avais vraiment envie d'y participer, et c'était si près que je pourrais rentrer le soir.

J'appelai Ingrid, elle voulait bien venir aider mais pas avant la fin de la semaine. J'appelai maman, elle allait se débrouiller pour prendre des congés, mais probablement pas avant la semaine suivante.

Heidi accourut quand je franchis le portillon du jardin d'enfants.

— On va voir maman ? s'écria-t-elle.

— Oui, on y va.

M'apercevant, John descendit de tricycle et courut lui aussi vers nous.

Je le pris dans mes bras, puis le reposai par terre avant de m'adresser au personnel.

— Comment s'est passée la journée ?

— Très bien. Les plus grands sont allés au théâtre.

— Ah oui, c'est vrai.

— John a dormi une heure environ. Mais il était fatigué aujourd'hui.

— Il se réveille toujours très tôt, dis-je.

Vanja et Katinka étaient sur les balançoires. J'allai les voir, Heidi me prit la main pour me suivre.

— On va voir maman ! dit-elle.

— Je sais, répondit Vanja.

— Tu viens ? dis-je.

— Il faut que j'aille chercher un dessin, dit-elle en se ruant à l'intérieur.

J'installai John dans la poussette en me demandant ce qu'elle avait dessiné. Pendant la dépression de Linda, elle avait dessiné une petite fille et sa mère avec un cœur entre les deux, et écrit « Maman, je t'aime ». Cette fois, c'était une maison avec un arbre à côté et un parterre de fleurs, dessinés comme je me souvenais de l'avoir fait dans mon enfance. On marcha jusqu'au centre hospitalier de Södervern. Vanja était déjà venue plusieurs fois consulter un ophtalmologue, elle associait l'endroit à des choses positives.

— Elle habite où ? demanda Heidi.

— Là-bas, dis-je.

— Ils dorment là ? continua-t-elle.

— Oui.

— Y a beaucoup de gens qui arrivent pas à dormir ? demanda Vanja.

— Pas énormément, mais un certain nombre.

Linda était adossée au mur à côté de l'entrée. Quand Vanja et Heidi l'aperçurent, elles se mirent à courir. Je sortis John de la poussette pour qu'il puisse suivre.

— Mes enfants, dit Linda en se penchant pour les prendre dans ses bras. Vanja, Heidi et John. Comme vous m'avez manqué !

— Toi aussi tu m'as manqué, dit Heidi.

Linda se redressa et me regarda.

— Bonjour, dit-elle. On va acheter des glaces ?

J'acquiesçai et on se mit en route. Des bâtiments bordaient les deux côtés de l'allée, mais derrière celui de la psychiatrie s'étendait une pelouse. On la dépassa, puis on prit à gauche ; au bout du chemin se trouvait un kiosque.

— Qu'est-ce que vous avez fait aujourd'hui ? demanda Linda.

— On est allés au théâtre, dit Vanja.

— Pas moi, dit Heidi. J'étais au jardin d'enfants toute la journée.

— Vous êtes adorables, dit Linda.

— Pourquoi t'arrives pas à dormir, maman ? demanda Vanja.

— Je ne sais pas. Mais ce n'est pas grave. Regardez, voilà le kiosque.

Elle ouvrit la porte et entra. Dès que son attention n'était plus concentrée sur les enfants, son visage prenait une expression infiniment lointaine. Je compris qu'elle aurait préféré être ailleurs. Elle voulait être avec les enfants, mais dès qu'ils étaient là, elle voulait être ailleurs.

Elle se pencha vers eux quand ils se postèrent devant le congélateur.

— Je veux un Daim, dit Vanja.

John montra du doigt une glace à l'eau. Heidi, un Magnum.

Je pris les trois glaces, les posai sur le comptoir et payai.

On repartit un peu plus loin. On aurait dit que Linda retenait tout ce qu'elle avait en elle, je m'en aperçus à l'éclat de son regard, mais les enfants, eux, ne remarquaient rien, je m'en aperçus aussi. On s'assit sur un banc près d'une petite mare de l'autre côté du centre hospitalier. Les enfants mangeaient leur glace près de nous. Quand ils eurent fini, ils jouèrent au bord de l'eau, John apporta une grosse branche qu'il avait trouvée et la jeta dans la mare. Heidi grimpa sur les genoux de Linda, qui caressa Heidi, le regard lointain.

— Moi aussi, je veux aller sur tes genoux, dit Vanja.

Linda fit descendre Heidi et souleva Vanja. Normalement, ça aurait dû finir en dispute, mais pas ce jour-là.

J'allai m'asseoir sur un autre banc pour fumer. Quand j'eus terminé ma cigarette, je me levai, ramassai les emballages des glaces et les jetai dans la poubelle.

— Il faut qu'on y aille maintenant, annonçai-je.

— Ça fait déjà une demi-heure ? s'étonna Linda.

J'acquiesçai.

Elle se leva, j'assis John dans sa poussette et on se remit en route.

— Ma chambre est là-haut, dit Linda en indiquant les étages supérieurs du long bâtiment.

— Elle est bien ? demanda Heidi.

— Oui, elle est très bien.

— On peut la voir ?

— Je ne pense pas que les enfants soient admis, dis-je. Il faut du calme, vous comprenez.

— C'est vrai, dit Linda. Il vaut mieux que je vienne vous voir à la maison.

— Combien de temps tu vas rester ici ? demanda Vanja.

— Je ne sais pas. Allez, c'est là que je rentre, moi. À demain !

— Au revoir, maman, dirent Vanja et Heidi.

Le lendemain, je convins avec l'infirmière en chef que Linda viendrait passer une heure à la maison. Comme elle n'était pas autorisée à se déplacer seule, je dus habiller les enfants et aller la chercher avec eux. Elle attendait dehors, comme la dernière fois. Elle était très maquillée. Elle chancelait un peu et je la soutins d'une main en poussant la poussette de l'autre. C'était sans doute les médicaments, pensai-je. Ils avaient dit que sa phase maniaque était si forte que ses médicaments ne faisaient pas d'effet et qu'ils devaient lui donner les doses maximales. Comme d'habitude, les enfants n'arrêtaient pas de parler tandis que nous longions l'énorme chantier de la nouvelle gare souterraine – là où les cyclistes et les piétons rentrant du travail empruntaient un passage goudronné recouvert de gravillons, le long d'un grillage –, puis un côté de l'hôtel, puis la façade, avant de traverser la rue, d'ouvrir la porte et de s'engouffrer dans l'ascenseur.

Linda resta quelques minutes avec eux à regarder les émissions pour enfants à la télé. Elle avait John sur les genoux, Vanja et Heidi tout contre elle, de chaque côté. Je me mis à préparer le dîner le plus simple que je connaisse – boulettes de viande et spaghettis. Au bout de quelques minutes, Linda traversa le couloir. Je pensais qu'elle allait aux toilettes, mais c'est la porte de la chambre qu'elle ouvrit.

Quand le repas fut presque prêt, j'allai la voir.

Elle était assise devant l'ordinateur, sur Facebook.

— Tu dois repartir dans quarante minutes, lui dis-je. Tu ne veux pas rester un peu avec les enfants ?

— Dans un instant. J'ai juste quelque chose à écrire.

Je retournai à la cuisine. Aussitôt après, elle repassa dans le couloir. J'entendis la porte du balcon s'ouvrir et se refermer. Je mis le couvert, remplis une carafe d'eau, coupai quelques tomates en quartiers et en disposai quatre sur chaque assiette. Je mis les boulettes de viande dans un saladier et les spaghettis dans un autre.

— À table ! m'écriai-je.

Personne ne vint.

J'allai au salon éteindre la télé. Les enfants me suivirent dans la cuisine et prirent place. Puis je sortis sur le balcon où Linda fumait, assise, les pieds posés sur la balustrade.

— Le repas est prêt.

— J'arrive !

Pendant le repas, elle parla avec Vanja, Heidi et John, comme elle le faisait d'habitude. Je voyais qu'elle se forçait pour se concentrer, car lorsque la conversation s'interrompait, l'énergie qui émanait d'elle était empreinte de fébrilité et de désespoir.

Après le repas, on se retrouva tous dans le salon. Les enfants se collaient à elle, elle entourait Vanja et Heidi de ses bras pendant que John se tenait sur ses genoux. Mais le regard qu'elle m'adressa était éperdu. Elle posa John par terre et se leva.

— Où tu vas, maman ? demanda Heidi.

— Aux toilettes seulement.

Comme elle ne revenait pas, j'allai voir ce qu'elle faisait. Elle postait quelque chose sur Facebook.

— Il faut qu'on y aille maintenant, dis-je. Ça prend du temps d'habiller les enfants et tout. Et tu dois être là-bas à sept heures.

— Vous n'avez pas besoin de m'accompagner. C'est complètement inutile. Ce n'est qu'à un kilomètre d'ici, même pas.

— Mais ils ont dit que tu ne devais pas te déplacer seule. Ils ont bien précisé que je devais t'accompagner.

— C'est une simple mesure de routine. Une règle pour ceux qui sont vraiment incapables de se prendre en charge. Moi je peux. J'y vais seule, comme ça tu peux rester là avec les enfants.

— D'accord. On fait comme ça.

J'allai dans le salon.

— Venez dire au revoir à maman !

John glissa de son siège et courut dans le couloir. Heidi le suivit.

— Vanja ?

— Au revoir, maman ! cria-t-elle.

Linda se pencha pour faire un câlin à Heidi et John. Elle tangua jusqu'au salon, son sac pendouillant à l'épaule, et elle se pencha pour embrasser Vanja sur la tête.

En ouvrant la porte de l'ascenseur, elle me fit un clin d'œil, déposa un baiser sur le bout de ses doigts et me l'envoya en soufflant dessus.

À neuf heures passées, l'hôpital m'appela.

Une infirmière se présenta et me demanda si j'étais bien le mari de Linda. Je confirmai.

— Est-ce qu'elle est avec vous ? demanda l'infirmière.

— Linda ? Non. Elle est partie pour l'hôpital il y a deux heures. Elle n'est pas avec vous ?

— Non. Mais nous étions convenus que vous deviez la raccompagner.

— Oui, je sais. Mais elle avait toute sa tête. Et puis nous n'habitons pas loin.

— Elle ne pourra pas bénéficier de permissions si les règles ne sont pas respectées.

— Je comprends.

— Maintenant, vous le savez.

— C'est entendu.

Je raccrochai et appelai le portable de Linda. Elle l'avait éteint. Je réessayai un peu plus tard, il était encore éteint, et j'allai me coucher.

Le lendemain matin, j'appelai le service. Linda y était. Elle était rentrée vers minuit, m'apprit l'infirmière. Elle appela Linda qui vint au téléphone.

— Bonjour, dis-je.

— Bonjour ! J'ai un nouvel infirmier, tu devrais le rencontrer, il a lu *Mon combat* ! Celui d'Hitler, pas le tien. Je crois qu'il fait un sport de combat et qu'il a un chien de combat. Mais il est gentil. Je crois qu'on pourrait devenir amis.

— Au fait, tu devais rentrer directement à l'hôpital hier.

— Oh ça. J'en ai déjà discuté avec l'infirmière en chef. Je voulais seulement faire un petit tour. Rien de grave. Je suis ici de mon plein gré, tu sais. Ils ne peuvent pas m'empêcher de sortir.

— Où est-ce que tu es allée ?

— À Möllevangen. Je me suis promenée par là, c'est tout. Tu passeras me voir plus tard ?

— Oui, après avoir déposé les enfants.

— Bien ! Je me réjouis de te voir ! Est-ce que tu

pourrais m'apporter un peu d'argent ? Je n'en ai plus.

— Oui, entendu.

Je sonnai à la porte en haut du bâtiment gris. Une jeune infirmière m'ouvrit. On se serra la main et je la suivis. Linda était assise à la table du réfectoire avec un homme barbu d'une trentaine d'années. Je compris que c'était celui dont elle m'avait parlé. Dès qu'elle me vit, elle se leva, rayonnante, vint à ma rencontre et me prit dans ses bras.

— Voici Mats, dit-elle. Vous avez sûrement beaucoup de choses à vous dire.

— Bonjour, dis-je en lui serrant la main.

— Bonjour, répondit-il en remarquant mon manque de curiosité manifeste car il annonça aussitôt qu'il avait à faire.

On se dirigea vers la chambre de Linda. Il y avait encore plus d'objets sur le rebord de la fenêtre. Elle avait apporté une photo des enfants ici, elle savait donc parfaitement qu'elle ne resterait pas qu'une nuit. J'étais le seul à l'avoir crue. Moi et les enfants. Elle parla des soignants et des patients comme si elle les connaissait depuis des années. Elle parla du service comme s'il s'agissait d'un sanatorium romantique dans un livre de Thomas Mann. Elle parla de tous ses projets, de tout ce qu'elle allait faire, et me montra son carnet de notes dont elle avait noirci de nombreuses pages.

— C'était comment à la maison hier ? demandai-je.

— C'était formidable de voir les enfants. Mais pas trop longtemps, sinon je n'y arrive pas. Quelque chose en moi m'entraîne, c'est très puissant, je ne peux pas résister.

— Tu as été très bien avec les enfants, Linda. Ça m'a rendu si heureux. Je vois bien que ça te coûte. Mais il faut que tu continues. Tu crois que tu peux ?

Elle acquiesça.

— Vous venez cet après-midi ?

— Oui, comme la dernière fois.

— Tu m'as apporté de l'argent ?

— Oui, mais pas beaucoup. Deux cents, ça suffira ?

— Non, pas vraiment. Mais je les prends. On va fumer ?

Dehors, on fuma chacun sa cigarette, elle était à peine capable de tenir en place, je compris qu'elle avait hâte de me voir partir.

— À plus tard, alors, lui dis-je.

— Oui, c'est ça, répondit-elle en se tournant vers un des patients qui se trouvaient là.

De retour à l'appartement, j'allai chercher mon vélo dans la cave, c'était un DBS que j'avais choisi, parmi de meilleures marques sans doute, uniquement parce que le nom me rappelait mon enfance, la lumière printanière et l'odeur de la mer entre les sapins. Je pédalai jusqu'au magasin Flüggers Färg de la rue Köbenhavnervägen pour acheter peinture, rouleaux et pinceaux. Une fois rentré, je peignis une première couche dans la chambre de Vanja en pleurant au point de ne presque plus voir les murs. Je peignis trois cloisons en bleu clair, comme le voulait Vanja, et la quatrième en blanc. Puis je peignis en vert clair le grand mur de la chambre qui serait bientôt celle de Heidi et John. C'était le choix de Heidi. Je nettoyai les pinceaux, appelai Linda pour lui demander comment elle allait, elle me répondit qu'elle allait bien mais s'ennuyait. Je lui répliquai que le but de son séjour à l'hôpital c'était de s'ennuyer et de ne pas faire grand-chose. Elle dit qu'elle le savait.

Après cette courte conversation, je sortis sur le balcon et, enveloppé des bruits de la ville et de l'air chaud du mois d'août, j'aspirai la fumée dans mes poumons en pensant à ce qui arrivait à Linda. Elle semblait avoir parfaitement conscience de sa situation et acceptait tout ce que je lui disais, me laissant croire ainsi qu'elle était beaucoup plus proche de moi qu'elle ne l'était : dès que j'étais hors de sa vue, elle prenait une autre direction et partait se promener. Elle voulait me dire qu'elle m'aimait, mais ma présence impliquait des obligations qu'elle ne supportait pas parce qu'elles la liaient et que c'étaient justement ces liens qu'elle fuyait.

Elle avait connu les gouffres les plus profonds qui soient pour un être humain, hantée par l'idée de la mort et presque incapable de communiquer, et elle avait connu cet état insupportable des semaines durant. À l'évidence, elle ne pouvait pas dompter la lumière qui la submergeait maintenant et qui rendait tout léger et agréable, elle devait y céder car, au-delà de la lumière, au bout de cette vague qui l'élevait toujours plus haut, les ténèbres l'attendaient. Elle le savait. Un jour, elle m'avait raconté ce qu'un infirmier lui avait dit au cours d'une de ses phases maniaques : N'oubliez pas qu'en réalité vous êtes désespérée. Mais qu'est-ce que c'était, « en réalité » ? Et qu'est-ce qui n'en faisait pas partie ? Qu'est-ce qui était Linda, qu'est-ce qui était la dépression, qu'est-ce qui était la manie ?

Cet après-midi-là, ce fut Vanja qui accourut lorsque j'ouvris le portillon du jardin d'enfants.

— Papa ! Papa ! Je sais dire *r* ! s'écria-t-elle.

— Ah bon ! C'est vrai ?

— Rrrrrrrrrrrrrr. Prrrrince hérrrrritier !

— Mais comment as-tu fait ?

— Je sais pas. C'est venu tout seul.

Elle avait essayé le *r* gargouillant de Scanie, prononcé tout au fond de la gorge, sans succès, puis un *r* prononcé avec le bout de la langue et qui ressemble à un sifflement, plus à un *z* qu'à un *r* ; le son que j'eus tellement honte de prononcer jusqu'à l'âge de seize ans.

Et tout à coup, elle avait réussi.

— C'est super, Vanja. Juste avant de commencer l'école, en plus !

Voulant leur faire la surprise, je ne leur avais pas dit que j'avais peint leur chambre. Elles furent ravies, Heidi surtout, son visage s'illumina quand elle vit le résultat. Comme d'habitude, Vanja anticipait déjà.

— Je veux une photo de chien sur ce mur-là, déclara-t-elle.

— D'accord. Demain je peins la deuxième couche et, quand elle sera sèche, on pourra acheter des posters.

— Moi j'en veux un avec un chat, dit Heidi.

J'avais le sentiment d'avoir trahi Linda car repeindre les chambres était forcément une occupation agréable, or je n'avais pas droit aux occupations agréables. Vivre quelque chose d'heureux à la maison alors qu'elle était dans une grande détresse, c'était agir dans son dos. Mais il fallait que je le fasse, pour moi – à titre de compensation sans doute –, et pour les enfants qui devaient éviter le plus possible la détresse de Linda.

En rentrant du jardin d'enfants, on passa chez un marchand d'affiches et de cadres. Vanja choisit trois posters de chiens, Heidi un de chat et un de Babar dans un avion rouge, et je choisis une illustration de Tove Jansson extraite de *Qui va rassurer Tounet ?* représentant Snufkin sous un ciel éclatant. On accrocha les posters, on dîna et on partit chercher Linda à l'hôpital. Elle tanguait légèrement en marchant et elle avait l'air fatiguée et usée. À la maison, on regarda les émissions pour enfants, elle n'en vit que la moitié car elle s'absenta pour aller consulter ses mails et son compte Facebook dans la chambre.

Ensuite, elle sortit fumer sur le balcon. Quand elle rentra, il fallut repartir. Elle se précipita pour aller chercher quelques affaires, les enfants enfilèrent leurs chaussures, un peu réticents mais sans faire d'histoires, et on reprit le chemin de l'hôpital. John dans sa poussette, Heidi et Vanja de chaque côté, Linda devant eux. Elle embrassa chacun et, quand elle se redressa, je vis qu'elle avait les larmes aux yeux. On se souhaita bonne nuit et on rentra.

Le lendemain, dans la matinée, j'accompagnai Linda au nouveau rendez-vous avec l'équipe médicale. Elle refit son show ; l'esprit vif, elle charmait son auditoire et faisait rire tout le monde. Elle faisait preuve aussi d'une grande lucidité, plaisantant même sur sa phase maniaque. Elle aspirait seulement à aller de l'avant, plus loin, toujours plus loin. Incapable de rester tranquillement assise, incapable de se concentrer sur le même sujet, s'interrompant, passant à autre chose. Quand j'intervenais, elle me regardait avec impatience et terminait souvent mes phrases parce qu'elle savait ce que j'allais dire avant que je le dise et probablement aussi avant que je le sache moi-même. À sa manière, elle était brillante, dans un état d'exaltation tout à fait particulier et magistral. Mais le fait qu'elle ne souciait pas de ce qu'il y avait en dessous, l'apathie et l'hébétude, la lenteur et la laideur, ou ne voulait pas le voir, faisait de son brio un camouflage – le seul espace qu'elle puisse supporter. Penser aux enfants faisait partie de cet espace, et penser à moi peut-être aussi. Mais quand elle était avec les enfants, ces deux niveaux entraient en collision et cela lui était insupportable, je voyais bien qu'elle luttait pour maintenir une certaine cohésion quand nous lui rendions visite. Toute sa personnalité était bousculée, son *moi* d'enfant de dix ans se manifestait, son *moi* d'adolescente se manifestait, son *moi* érotique, habituellement caché et qui ne se dévoilait qu'à moi, se manifestait, son *moi* poète transcendant et éblouissant se manifestait et son *moi* excessif et fanfaron se manifestait, les traits de sa personnalité partaient dans tous les sens, rien ne parvenait plus à les faire tenir ensemble, la force de sa phase maniaque dispersait tout. Elle voulait s'élever, tout en elle voulait s'élever, et elle montait toujours plus haut mais s'épuisait toujours plus aussi. Dans cette ascension aveuglante, il y avait une chose qu'elle ne transgressait jamais : ses obligations envers les enfants.

Je pris conscience de beaucoup de choses à ce moment-là. Ce dont Linda rêvait, c'était d'une vie tout à fait ordinaire avec une famille tout à fait ordinaire. Avoir un travail ordinaire, aller à la petite maison le week-end, entretenir le jardin avec les enfants autour d'elle. Mais elle n'était pas quelqu'un d'ordinaire. Elle était la personne la moins ordinaire que j'aie jamais rencontrée. Pendant toutes ces années passées à porter et à mettre au monde nos enfants, à les allaiter et à s'occuper d'eux, elle avait lutté. Son combat était différent du mien, elle avait lutté pour survivre. J'avais écrit que je vivais une vie inauthentique, que je vivais la vie de quelqu'un d'autre, et peut-être était-ce vrai – cela me tourmentait, mais ne me mettait pas en danger. Alors que Linda, si. La personnalité de celle que j'avais choisie pour compagne et son langage avaient été effacés par la vie que nous menions. Ce n'était pas mon cas. J'avais écrit, j'avais mon langage, et surtout de la distance. Elle n'avait pas pris de recul avant aujourd'hui, avant cet état qui la mettait au-dessus des liens et des obligations, pour pouvoir être totalement libre. Mais cette liberté était factice, cette liberté était une mystification, cette liberté était un cirque en pleine lumière. Peut-être la voyait-elle dorée, peut-être la voyait-elle magique, mais quand je la regardais, elle, je ne voyais que la fatigue, l'instabilité, l'insignifiance, l'imposture, la tristesse de l'hôpital et tous ces gens qui n'avaient plus d'espoir, donc plus rien.

J'expliquai au personnel du jardin d'enfants que Linda était hospitalisée et que nous avions dit aux enfants qu'elle avait besoin de dormir. Ils n'avaient rien remarqué chez les petits, dirent-ils, ils étaient comme d'habitude. L'un d'eux fit observer que nos enfants avaient une forte personnalité. Mais les enfants sont les plus prompts à s'adapter, ils ne trouvaient rien d'extraordinaire à ce que leur mère soit à l'hôpital pour dormir, ni à ce qu'ils lui rendent visite au centre hospitalier tous les après-midi. Ils considéraient le sommeil comme la chose la plus naturelle qui soit, au début ils avaient posé beaucoup de questions sur ce qui se passait là-bas, puis leur curiosité s'était émoussée, c'était ainsi, tout simplement.

Les employés du jardin d'enfants m'invitèrent à leur faire savoir si j'avais besoin d'aide. Les parents que nous connaissions et que j'avais informés de la maladie de Linda proposèrent aussi de nous aider. Ce n'est pas nécessaire, répondis-je, et c'était vrai, à l'exception d'un après-midi où, devant me rendre à Göteborg pour une lecture, j'avais besoin de faire garder les enfants. Une des employées du jardin d'enfants voulut bien s'en charger, et après les avoir accompagnés au jardin d'enfants, avoir rendu visite à Linda et préparé un ragoût aux saucisses pour le dîner, je pris le train. Elle les ramena à la maison après le jardin d'enfants, les fit dîner, les coucha et attendit mon retour, vers minuit, un peu fâchée que je rentre deux heures plus tard que prévu, ce que je m'efforçai de compenser en la payant grassement. Je m'étais laissé dire que si je lui avais annoncé d'emblée combien de temps j'allais rester là-bas, elle aurait refusé.

J'avais lu un extrait du premier tome, sur la vie inauthentique justement, sur le fait que je pouvais me mettre en colère contre les enfants et les secouer, incapable de me contrôler. Dès que je commençai à lire, je compris mon erreur. J'imaginai ce que les gens pensaient, qu'aucun enfant ne pouvait être traité de la sorte, que j'étais un mauvais père qui croyait qu'il lui suffisait d'avouer qu'il était mauvais pour devenir meilleur, que je cherchais une sorte d'absolution dans la littérature. Heureusement, je pus quitter les lieux aussitôt après la lecture, disparaître dans un taxi qui attendait, puis dans le compartiment d'un train.

Sur le chemin du retour, l'agent immobilier m'appela. Toujours pas d'acquéreur en vue. On convint de baisser encore davantage le prix. Je compris qu'elle aussi en avait plus qu'assez de la petite maison.

Et là-dessus, les trois ans de John approchaient. Vanja et Heidi avaient eu droit à leur fête d'anniversaire avec des invités dès leur première année, alors que jusque-là John n'avait fêté son anniversaire qu'avec nous. Nous n'avions rien organisé d'autre pour son premier anniversaire, puis pour ses deux ans, mais maintenant qu'il en avait trois, j'avais pensé inviter quelques enfants du jardin d'enfants, avant de juger que c'était trop ambitieux. À la place, on ferait une petite fête sur place, comme d'habitude, l'un de nous, ou les deux, viendrait avec un gâteau et préparerait une salade de fruits, et à la maison il aurait un gâteau et des cadeaux après le dîner. Linda avait envie d'être présente au jardin d'enfants ce jour-là et elle avait demandé l'autorisation à son médecin, qui lui avait donné son accord. Je n'étais pas du tout convaincu que ce soit une bonne idée.

Elle avait maintenant un côté tapageur qui se révélait en société et je n'aimais pas l'idée que Heidi et John le voient.

Elle sonna à l'appartement vers onze heures.

Elle s'était coupé les cheveux et les avait teints en noir. Elle s'était mis de l'ombre à paupières vert vif, portait une jupe rouge, un collant violet et des chaussures à talons hauts. Malgré son sourire, elle avait l'air très fatiguée.

— Que penses-tu de mon look Frida Kahlo ?

— Ça te va bien.

— On va acheter un gâteau et des fruits ?

— On pourrait prendre un café avant ?

— Oui, si tu veux.

Je ne savais pas comment lui annoncer. En la voyant, j'avais compris qu'il n'était pas question qu'elle organise l'anniversaire au jardin d'enfants.

— Comment vas-tu ? lui demandai-je.

— Je vais très bien. Un peu fatiguée, peut-être.

Elle avait une montre énorme au poignet.

— Tu t'es acheté une nouvelle montre ?

— Oui ! J'ai pris la plus grosse, comme ça je me rappelle qu'il faut respecter les horaires. Sinon je n'y arrive pas. Et après, là-bas, ils sont fâchés contre moi.

— Et le bracelet vert ? demandai-je en indiquant son bras.

— Il symbolise ma liberté. Chaque fois que je le vois, j'y pense, je suis totalement libre.

— Super. Mais Linda…

— Oui ?

— Il vaut peut-être mieux que tu n'ailles pas au jardin d'enfants. Ça va être intense, tu sais. Et tu as besoin de calme. C'est mieux que j'y aille moi et que toi tu viennes ici cet après-midi fêter l'anniversaire de John, tu ne crois pas ?

— Oui, j'aimerais bien y échapper.

— Je suis content de te l'entendre dire.

— Mais est-ce que je pourrais lui acheter des cadeaux ? Ça, je peux le faire.

— Bien sûr. Nous pouvons y aller ensemble.

— J'ai déjà rendez-vous avec Jenny.

— D'accord.

Elle repassa deux ou trois heures plus tard, les bras chargés de sacs.

— C'est peut-être beaucoup, mais ils sont magnifiques ! Et j'en ai acheté pour les filles aussi.

— Super. Je peux les mettre dans l'armoire. Tu veux un café ?

— Non, Jenny m'attend en bas. Mais à cet après-midi !

Quand elle fut revenue, on décida de sauter le dîner, John voulait le gâteau tout de suite. J'allumai les bougies, on lui chanta « Joyeux anniversaire », les filles debout sur leur chaise, comme au jardin d'enfants. Il souffla les bougies. On mangea le gâteau, ils eurent chacun un cadeau, et John en eut d'autres plus tard dans le salon : Linda apparut dans un fouillis de paquets, de bolduc et de sacs en plastique, elle s'assit avec lui pour l'aider à les ouvrir. Tout à coup, en plein déballage d'un gros cadeau, elle se leva et sortit sur le balcon.

— Maman, s'écria John. Viens m'aider !

Je m'assis à côté de lui. Par chance, il accepta et on réussit à déballer le paquet et à ouvrir le carton dans lequel le cadeau se trouvait. Linda alla dans la chambre consulter son compte Facebook, elle écrivait lorsque j'entrai.

— Ça s'est très bien passé, dis-je.

— Je n'en pouvais plus. Je ne peux en faire qu'un petit peu à la fois.

— Je sais. Mais c'est suffisant.

Elle ne me regardait pas, ses doigts martelaient le clavier.

— Je crois qu'il est temps d'y aller, dis-je.

— Oui. Je finis juste ce que je suis en train d'écrire.

Elle se leva tout de suite après et me rejoignit dans le couloir.

— C'est l'anniversaire de John, dit-elle. Je n'aime pas qu'ils soient obligés de m'accompagner. Vous pourriez rester là et continuer la fête, tout simplement.

— Rappelle-toi ce qui s'est passé la dernière fois.

— Oui, oui. Mais je n'en suis plus là maintenant. Je vais rentrer directement à l'hôpital. Je te le promets. Je ne vais pas risquer une interdiction de sortie.

— Tu es sûre ?

— Absolument.

— D'accord.

Elle me regarda.

— J'ai toujours pensé que j'étais la femme d'un marin. Que tu partais en mer en me laissant seule. Mais maintenant, c'est le contraire. C'est moi qui suis le marin.

Elle rit.

Je ris aussi car elle portait son pull à rayures et fit un salut de marin.

On s'embrassa. Elle se serra contre moi, me souffla dans l'oreille, je me dégageai.

— Ce n'est pas vraiment le moment, dis-je.

— Je sais. Je largue les amarres.

Et elle partit.

L'hôpital appela quelques heures plus tard pour savoir si Linda était chez elle. Je m'excusai, prétendant qu'il m'avait été impossible de la raccompagner à cause des enfants, et que j'avais pris le risque qu'elle rentre seule.

Le lendemain, je lui demandai ce qu'elle avait fait. Elle répondit qu'elle s'était simplement promenée un moment. Qu'elle était entrée dans des bars, avait parlé avec des gens. L'une de ces personnes était un homme de mon âge qui lui avait rendu visite cette semaine, juste avant que je vienne la voir. Elle dit qu'ils étaient amis. Je ne l'avais jamais vu auparavant, n'en avais jamais entendu parler. Et ce fut la même chose avec beaucoup d'autres gens, elle avait soudain un grand cercle d'amis à Malmö. Ce soir-là, elle n'eut pas la permission de sortir et on lui rendit visite dans le parc, elle s'était ressaisie, à des lieues de l'adolescente impatiente et agitée qu'elle était la veille. Ingrid arriva ; son premier réflexe fut d'aller voir Linda. On en parla à son retour.

— Les enfants sont la priorité, déclara-t-elle. Ce sont eux les plus importants. Eux avant tout.

— Je suis bien d'accord.

— C'était pareil quand leur père était malade. Les enfants d'abord, quoi qu'il arrive.

Le samedi avant la rentrée des classes, j'emmenai Vanja à Ikea. On acheta un lit, un bureau, une chaise, une armoire et une commode. Le dimanche, on acheta un cartable, une trousse et des vêtements neufs. Je montai tous les meubles hormis la commode après qu'ils furent couchés car les meubles en kit me rendaient fou, à tel point que je pouvais m'en prendre aux enfants s'ils étaient dans les parages.

Tôt le lundi matin, Linda se présenta à l'appartement pour assister à la première journée d'école de Vanja. J'avais redouté l'allure qu'elle pourrait avoir si elle se maquillait de vert et portait des collants violets, mais ce ne fut pas le cas, elle portait une simple robe à fleurs et avait soigné son maquillage, qui, hormis le rouge à lèvres, était neutre.

Je pris une photo devant l'entrée de l'immeuble, comme tout le monde le fait, comme ma mère, certainement, lors de mon premier jour d'école

Nous déposâmes John et Heidi au jardin d'enfants

et nous fîmes tous les deux le reste du chemin avec Vanja. Elle avait pris la main de Linda d'un côté, et la mienne de l'autre. Je remarquai qu'elle avait un peu peur mais qu'elle avait hâte aussi.

L'ambiance dans la classe était pareille à celle de mes souvenirs de rentrée scolaire. Mi-solennelle, mi-incertaine. Linda parla à la maîtresse et à d'autres parents. Vanja se tenait à côté de sa meilleure amie et observait les autres enfants. Quand la maîtresse leur demanda de s'asseoir autour d'elle, sur un tapis, elle y alla courageusement, avec le soutien de son amie.

Assis l'un à côté de l'autre, Linda et moi regardions Vanja au milieu du groupe d'enfants. Au bout d'une demi-heure, Linda me murmura à l'oreille qu'elle ne pouvait plus rester. J'acquiesçai. On convint de se retrouver au petit café à Möllan. Vingt minutes plus tard, c'était terminé, au moins pour les parents, et je me rendis au café où Linda n'arrêta pas de parler, maintenant qu'elle pouvait dire tout ce qui lui traversait l'esprit.

À la fin de cette semaine-là, après avoir emmené les enfants au jardin d'enfants et Vanja à l'école, je traversai le pont au volant d'une voiture de location pour entrer au Danemark et me rendre au festival de Louisiana. Le temps était splendide. Soleil, ciel bleu et limpide, été indien. Installé devant la remise à bateaux, au bord de l'eau, buvant du café et fumant, je discutais avec les autres écrivains, dont Tomas Espedal, qui s'était montré bienveillant en me défendant dans *BT*, mais aussi Dag Solstad et Tua Forsström, la poétesse finlandaise, une femme pleine de chaleur et de générosité. La salle était comble, deux cents personnes, et quand ce fut fini je rentrai me mettre au lit dans l'appartement silencieux où tout le monde dormait. Le lendemain, je refis exactement la même chose. Mon absence rendait Linda nerveuse, même si c'était dans la journée ; en même temps, elle racontait à tout le monde que j'allais au Danemark pour participer au Louisiana.

Les médecins proposèrent un traitement par électrochocs. Ils appelaient cela autrement, mais c'était bien de ça qu'il s'agissait. Ils voulaient arrêter la phase maniaque. On lui donna un rendez-vous, mais le jour prévu, Linda ne se présenta pas. Elle avait peur, je le comprenais, au fond, elle n'en voulait pas.

Un après-midi, elle vint avec moi chercher les enfants. D'abord Heidi et John, puis on alla tous ensemble à l'école de Vanja. Les élèves de sa classe étaient dans la cour, mais pas elle.

— Je vais voir là-bas derrière, dis-je.

Linda acquiesça.

Elle était dans un coin, bien cachée, avec sa meilleure amie, toutes deux frappaient dans leurs mains en chantant.

— Vanja, viens !

Les deux amies arrivèrent et on rejoignit les autres. Linda parlait à une maîtresse, Heidi serrée contre elle.

— Où est John ? demandai-je.

— Je n'en sais rien, moi. Ce n'est pas moi qui suis responsable d'eux en ce moment.

Je me trompais sans arrêt sur son compte.

Je regardai à la ronde. Pas de John. Je me précipitai derrière l'école. Il était là, près de l'aire de jeux, observant les grands. Je le pris dans mes bras et on rentra tous ensemble à la maison.

Ingrid rentra à Stockholm et maman arriva quelques jours plus tard. Elle aussi rendit visite à Linda et fut effarée par les lieux. Comme en Norvège dans les années soixante, dit-elle. Elle n'en croyait pas ses yeux de voir les soignants en uniforme blanc, les chambres vétustes et l'atmosphère institutionnelle, très marquée, qui y régnait. L'enchantement de Linda ne durerait plus très longtemps, pensai-je, car elle était de plus en plus fatiguée, elle finirait tôt ou tard par tomber d'épuisement et sombrer dans ce qu'elle fuyait.

L'agent immobilier m'appela un matin, je compris qu'elle était furieuse. La clé n'était pas à l'endroit prévu, elle n'avait pas pu entrer et la visite avait dû être annulée. Nous étions bien convenus que la clé se trouvait dans le pot de fleurs, n'est-ce pas ? Je répondis que je ne savais pas ce qui s'était passé mais que j'allais me renseigner et la rappeler plus tard.

J'appelai Linda.

— Tu es allée à la petite maison, toi ?

— Non. Mais j'ai peut-être fait une bêtise.

— Quoi donc ?

— J'ai parlé de notre petite maison à un homme, lui ai dit qu'elle était inhabitée et que la clé se trouvait dans le pot de fleurs, à côté de la porte. Il avait besoin d'un toit, tu comprends. Je voulais l'aider, c'est tout.

— Et quel genre d'homme était-ce ?

— Il a séjourné ici, dans le service, quelques jours. Je crois qu'il devait être expulsé et qu'il avait besoin d'un endroit où se cacher.

— Quoi ?

— Il était sympathique.

— Et c'est quel genre de type ?

— Il est bosniaque ou serbe, ou quelque chose comme ça. Il a fait la guerre là-bas.

— Tu sais qu'on essaie de vendre la petite maison ? Il devait y avoir une visite et la clé avait disparu. Heureusement qu'il n'y était pas. Maintenant il faut récupérer la clé. Il faut que tu ailles la lui réclamer.

— Mais je ne peux pas. Il est peut-être dangereux.

— Dangereux ?

— Oui.

— Emmène un aide-soignant avec toi, évidemment. Explique-leur la situation et vas-y avec deux soignants, d'accord ?

— OK.

Lors de ma visite suivante, je parlai avec celui qui avait lu *Mein Kampf*. Il était allé chercher la clé là-bas avec un autre infirmier et Linda. L'homme, devenu agressif, refusait de la leur rendre, il voulait habiter là, Linda le lui avait promis. Ils réussirent à lui arracher la clé mais il était menaçant et ils avaient appelé la police. À leur arrivée, il avait fui. Je rappelai l'agent immobilier pour tenter de lui expliquer ce qui s'était passé. Je lui dis qu'il s'agissait d'une sorte de cambriolage et qu'un homme avait occupé la maison. Que c'était sûrement sens dessus dessous à l'intérieur mais que j'allais m'en charger, et qu'ensuite on pourrait refaire une tentative. Elle accepta mais avec scepticisme.

Et Linda rentra à la maison.

D'abord elle m'avait appelé tard un soir, complètement hystérique, on ne lui avait pas donné à manger, de rage elle avait cassé un verre, ils étaient venus à plusieurs, c'était humiliant et elle voulait rentrer. C'était son droit, elle était hospitalisée de son plein gré, et elle était rentrée en effet une demi-heure plus tard. Très calme, elle avait déclaré que ça suffisait et qu'elle voulait rester ici. Je lui avais dit que c'était ce que je voulais moi aussi. On avait bavardé pendant des heures, elle était comme avant, tout allait bien. Le lendemain, de nouveau dans une phase maniaque, elle était retournée à l'hôpital ; mais il s'était quand même passé quelque chose, elle était plus proche d'elle-même, l'énergie la quittait peu à peu, et un soir, une des infirmières, la plus maternelle, s'était agenouillée devant Linda en lui disant qu'il était temps de retourner auprès de son mari et de ses enfants, que cela avait duré assez longtemps et ne menait à rien. La ferveur de cette prière avait choqué Linda, l'avait bouleversée ; en même temps que son énergie maniaque retombait, elle s'était remise à parler de choses ordinaires à une vitesse ordinaire, à dire que nous lui manquions, et puis un matin, elle rentra à la maison avec son sac, et c'était fini.

C'était fini.

Elle serra les enfants dans ses bras quand ils revinrent de l'école et du jardin d'enfants et leur dit qu'elle était de retour à la maison.

— Tu peux dormir maintenant ? demanda Vanja.

— Oui, maintenant je peux dormir.

Ce soir-là, on parla. Elle était calme et fatiguée. Mais quand elle me regardait, c'était Linda qui me regardait, personne d'autre.

— J'étais partie loin, dit-elle.

— Oui, effectivement.

— Je suis rentrée maintenant.

— Oui. Mais ce n'était pas grave.

— Non. Je crois que j'ai appelé ton éditeur, Geir Gulliksen. Je lui ai dit qu'il ne fallait pas qu'il te mette la pression. Et qu'il prenne soin de toi.

— C'était gentil. Et ce n'est pas grave en tout cas.

— Et j'ai appelé Tore. Et Yngve. Et tous mes vieux amis. Des gens que je n'ai pas vus depuis des années. Je ne me souviens pas de ce que je leur ai dit.

— Ça ne fait rien. Maintenant, on sait comment c'est. Peut-être que ça se reproduira. C'est possible. Mais au moins, on sait que ce n'est pas grave. Tu pars loin, c'est tout.

— Loin de ma famille.

— Non. Ce n'est pas vrai. Ça s'est bien passé. Tu es une vraie héroïne. Tu t'es très bien débrouillée.

Elle pleura.

Je pleurai.
C'était terminé.

Mais il restait la petite maison. Il fallait que je m'en occupe. Linda ne voulait pas que j'y aille, le type était dangereux, la police nous avait dit expressément de ne pas l'affronter au cas où nous le rencontrerions. J'envoyai un mail à Aage, un des rares amis que j'avais à Malmö, en lui expliquant la situation et en lui demandant s'il avait envie de m'accompagner avec une batte de base-ball ou quelque chose du même genre. Il m'appela quelques minutes plus tard. Il était à Londres. Il dit qu'il m'accompagnerait à son retour et qu'il ne fallait surtout pas que j'y aille seul. Je lui assurai que je ne le ferais pas. Mais, après l'été que nous venions de vivre, un ex-Yougoslave fou ne me semblait être qu'un petit problème, et je passai à Åhléns acheter des tapis tissés, des rideaux, des nappes et des coussins, et des plantes chez le fleuriste, des produits d'entretien et des lavettes à Hemköp, puis je pris le bus jusqu'aux jardins partagés, complètement déserts, on était déjà hors saison. En approchant de notre petite maison, mon cœur battait à tout rompre. J'ouvris prudemment la barrière, m'arrêtai, tendis l'oreille. Rien. Je fis le tour. Rien. Et la porte était intacte. Il n'était pas là. Je déverrouillai et entrai. C'était un véritable capharnaüm. Ça empestait le tabac, il y avait des mégots partout. Le sol était dégoûtant. Des bouteilles traînaient. Mais rien n'était abîmé. Je jetai tapis, rideaux, nappes et housses de coussin, bouteilles et mégots, et tous les détritus. Constamment sur mes gardes, je m'attendais à chaque instant à ce que la porte s'ouvre d'un coup de pied et que le fou me tire dessus. Mais rien de tout cela n'eut lieu. Je lavai chaque centimètre carré, du plafond de la mezzanine au sol du rez-de-chaussée. Je repérai çà et là d'assez gros tas de poussière de bois. Je soupirai. Des capricornes sans doute, toute cette foutue baraque devait être pourrie jusqu'à la moelle. Je décidai de ne rien dire. Je posai les tapis neufs par terre, accrochai les rideaux neufs aux fenêtres, mis la nappe sur la table et arrangeai les pots de fleurs. La maison était impeccable. Un sac-poubelle dans chaque main, je quittai les lieux à la nuit tombante et sous une pluie drue. Il n'y avait pas âme qui vive, nulle part. Après avoir jeté les sacs dans un container, je rentrai en bus. Et après un bon bain chaud, on regarda tous ensemble le film *Dumbo*, l'éléphant aux grandes oreilles. Linda était fatiguée mais posée et présente.

L'agence immobilière organisa une visite, mais aucune offre ne fut faite. Lors de la visite suivante, quelqu'un découvrit les petites pyramides de sciure, il y en avait donc de nouvelles, et je supposai que les visiteurs étaient dépités. On fit intervenir Anticimex, le centre antiparasitaire, on nous dit qu'il ne s'agissait pas de capricornes mais d'un parasite très peu dangereux, et qu'ils avaient fait le nécessaire.

L'agence retira l'annonce du marché puis la remit en vente au printemps. Une offre d'achat nous parvint dès la première visite, elle était basse mais on l'accepta, l'argent n'avait plus aucune importance pour ce rêve-là. Depuis octobre, nous passions tous les week-ends dans notre nouvelle maison. On fêta Noël là-bas, nous étions douze, il y avait un mètre de neige dehors ; Vanja et Heidi me surprirent en train de me déguiser en père Noël mais restèrent fascinées quand elles me virent arriver dans la neige, une lanterne à la main. Après Noël, je jetai mon manuscrit et le recommençai, c'est celui-ci. Debout tous les jours à quatre heures du matin, je travaillais jusqu'au moment d'aller chercher les enfants, et j'ai continué ainsi jusqu'à maintenant, jusqu'à ce que j'écrive ces lignes. Je sais que le récit de l'été dernier, que je viens de faire, est complètement différent de ce qu'il a été. Pourquoi ? Parce que Linda est un être humain et que l'essentiel de sa personne ne se décrit pas, cette présence particulière, son être et son âme, qui étaient là tout le temps, à mes côtés, et que je voyais et sentais, indépendamment de ce qui se passait. Tout cela n'était pas dans ce qu'elle faisait, ni dans ce qu'elle disait, mais dans ce qu'elle était.

Ce qu'elle est. Penchée sur Heidi, en train de lui souffler quelque chose à l'oreille, Heidi qui éclate de son rire en cascade. Allongée sur le canapé, avec Vanja sur elle, riant de la perspicacité des propos de notre fille. La douceur de son regard posé sur John. Et sa main sur ma nuque, chaude, son regard totalement nu.

Je suis très heureux d'avoir Linda dans ma vie, et je suis très heureux d'avoir nos enfants dans ma vie. Je ne me pardonnerai jamais ce que je leur ai fait subir, mais je l'ai fait et je dois vivre avec.

Il est maintenant sept heures sept du matin. Dans deux heures, Linda sera là, je la prendrai dans mes bras et lui dirai que j'ai fini, que jamais plus je ne lui infligerai une chose pareille, ni à elle ni à nos enfants. Puis nous prendrons le train pour Copenhague. Je dois être interviewé sur scène au festival de Louisiana, et elle aussi sera interviewée sur scène : son livre a été publié, il scintille et étincelle comme un ciel étoilé. Puis nous reviendrons à Malmö pour aussitôt prendre la voiture et nous rendre dans notre maison, et pendant tout ce temps, je savourerai, je savourerai vraiment l'idée que je ne suis plus écrivain.

Malmö, Glemmingebro
27.02.2008 – 02.09.2011

SOURCES DES TEXTES CITÉS

Hannah Arendt, *Eichmann à Jérusalem : Rapport sur la banalité du mal*, traduit de l'anglais (États-Unis) par Anne Guérin, © Gallimard, 1991.

Jorge Luis Borges, *Pierre Ménard, auteur du Quichotte*, traduit de l'espagnol (Argentine) par Paul Verdevoye, *in* : *Fictions*, © Gallimard, 1983.

Hermann Broch, *La Mort de Virgile*, traduit de l'allemand par Albert Kohn, © Gallimard, 1955.

Paul Celan, *Choix de poèmes*, réunis par l'auteur, édition bilingue, traduit de l'allemand par Jean-Pierre Lefevbre, © Gallimard, 1998.

Brigitte Hamann, *La Vienne d'Hitler*, traduit de l'Allemand par Jean-Marie Argelès, © Éditions des Syrtes, 2001.

Peter Handke, *Le Malheur indifférent*, traduit de l'allemand (Autriche) par Anne Gaudu, © Gallimard, 1975.

Ernst Hanfstaengl, *Hitler, les années obscures*, traduit de l'anglais par Claude Noël, © Perrin, 2018.

James Joyce, *Ulysse*, traduit de l'anglais (Irlande) sous la direction de Jacques Aubert, © Gallimard, 2004.

Ernst Jünger, *Orages d'acier*, traduit de l'allemand par Henri Plard, © Le livre de poche, 2002.

Franz Kafka, *Journal*, traduit de l'allemand par Marthe Robert, © Grasset, 1996.

Ian Kershaw, *Hitler Tome 1 : 1889-1936* et *Hitler Tome 2 : 1936-1945*, traduit de l'anglais par Pierre-Emmanuel Dauzat, © Flammarion, 2000.

Victor Klemperer, *LTI, La langue du IIIe Reich*, traduit de l'allemand par Élisabeth Guillot, © Albin Michel, 1996.

August Kubizek, *Hitler, mon ami d'enfance*, traduit de l'allemand par Louise Graf, © Gallimard, 1954.

Emmanuel Lévinas, *À l'heure des nations*, © Minuit, 1988.

Jack London, *Le Peuple d'en bas*, traduit de l'anglais (États-Unis) par Louis Postif et Noël Maubert, © Éditions Phébus, 2018.

Karl Marx, *Le Capital*, traduit de l'allemand par Jean-Pierre Lefevbre, © PUF, 1993.

Rüdige Safranski, *Heidegger et son temps*, traduit de l'allemand par Isabelle Kalinowski, © Grasset, 1994.

Timothy W. Ryback, *Dans la bibliothèque privée d'Hitler. Les livres qui ont modelé sa vie*, traduit de l'anglais (États-Unis) par Gilles Morris-Dumoulin, © Le Cherche Midi, 2019.

Peter Sloterdijk, *Critique de la raison cynique*, traduit de l'allemand par Hans Hildenbrand, © Christian Bourgois éditeur, 1987.

John Toland, *Adolf Hitler, 20 avril 1889-octobre 1938*, traduit de l'anglais (États-Unis) par Léo Dilé, © Éditions Pygmalion, 1978.

Léonard de Vinci, *Carnets*, © Gallimard, 2019.

Stefan Zweig, *Le Monde d'hier*, traduit de l'allemand par Serge Niemetz, © Belfond, 1982.

DU MÊME AUTEUR

Aux Éditions Denoël

LA MORT D'UN PÈRE, MON COMBAT I, 2012 (Folio n° 5964)

UN HOMME AMOUREUX, MON COMBAT II, 2014 (Folio n° 6055)

JEUNE HOMME, MON COMBAT III, 2016 (Folio n° 6346)

AUX CONFINS DU MONDE, MON COMBAT IV, 2017 (Folio n° 6574)

COMME IL PLEUT SUR LA VILLE, MON COMBAT V, 2019 (Folio n° 6804)

FIN DE COMBAT, MON COMBAT VI, 2020 (Folio n° 6963). Prix Médicis essai

EN AUTOMNE, 2021

COLLECTION FOLIO

Dernières parutions

6778.	Annie Ernaux	*Hôtel Casanova* et autres textes brefs
6779.	Victor Hugo	*Les Fleurs*
6780.	Collectif	*Notre-Dame des écrivains. Raconter et rêver la cathédrale du Moyen Âge à demain*
6781.	Carole Fives	*Tenir jusqu'à l'aube*
6782.	Esi Edugyan	*Washington Black*
6783.	J.M.G. Le Clézio	*Alma*. À paraître
6784.	Emmanuelle Bayamack-Tam	*Arcadie*
6785.	Pierre Guyotat	*Idiotie*
6786.	François Garde	*Marcher à Kerguelen*. À paraître
6787.	Cédric Gras	*Saisons du voyage*. À paraître
6788.	Paolo Rumiz	*La légende des montagnes qui naviguent*. À paraître
6789.	Jean-Paul Kauffmann	*Venise à double tour*
6790.	Kim Leine	*Les prophètes du fjord de l'Éternité*
6791.	Jean-Christophe Rufin	*Les sept mariages d'Edgar et Ludmilla*
6792.	Boualem Sansal	*Le train d'Erlingen ou La métamorphose de Dieu*
6793.	Lou Andreas-Salomé	*Ce qui découle du fait que ce n'est pas la femme qui a tué le père* et autres textes psychanalytiques
6794.	Sénèque	*De la vie heureuse* précédé de *De la brièveté de la vie*
6795.	Famille Brontë	*Lettres choisies*

6796. Stéphanie Bodet — *À la verticale de soi*
6797. Guy de Maupassant — *Les Dimanches d'un bourgeois de Paris* et autres nouvelles
6798. Chimamanda Ngozi Adichie — *Nous sommes tous des féministes* suivi du *Danger de l'histoire unique*
6799. Antoine Bello — *Scherbius (et moi)*
6800. David Foenkinos — *Deux sœurs*
6801. Sophie Chauveau — *Picasso, le Minotaure. 1881-1973*
6802. Abubakar Adam Ibrahim — *La saison des fleurs de flamme*
6803. Pierre Jourde — *Le voyage du canapé-lit*
6804. Karl Ove Knausgaard — *Comme il pleut sur la ville. Mon combat - Livre V*
6805. Sarah Marty — *Soixante jours*
6806. Guillaume Meurice — *Cosme*
6807. Mona Ozouf — *L'autre George. À la rencontre de l'autre George Eliot*
6808. Laurine Roux — *Une immense sensation de calme*
6809. Roberto Saviano — *Piranhas*
6810. Roberto Saviano — *Baiser féroce*
6811. Patti Smith — *Dévotion*
6812. Ray Bradbury — *La fusée* et autres nouvelles
6813. Albert Cossery — *Les affamés ne rêvent que de pain*
6814. Georges Rodenbach — *Bruges-la-Morte*
6815. Margaret Mitchell — *Autant en emporte le vent I*
6816. Margaret Mitchell — *Autant en emporte le vent II*
6817. George Eliot — *Felix Holt, le radical.* À paraître
6818. Goethe — *Les Années de voyage de Wilhelm Meister*
6819. Meryem Alaoui — *La vérité sort de la bouche du cheval*
6820. Unamuno — *Contes*

6821. Leïla Bouherrafa — *La dédicace.* À paraître
6822. Philippe Djian — *Les inéquitables*
6823. Carlos Fuentes — *La frontière de verre.* Roman en neuf récits
6824. Carlos Fuentes — *Les années avec Laura Díaz.* Nouvelle édition augmentée
6825. Paula Jacques — *Plutôt la fin du monde qu'une écorchure à mon doigt.* À paraître
6826. Pascal Quignard — *L'enfant d'Ingolstadt. Dernier royaume X*
6827. Raphaël Rupert — *Anatomie de l'amant de ma femme*
6828. Bernhard Schlink — *Olga*
6829. Marie Sizun — *Les sœurs aux yeux bleus*
6830. Graham Swift — *De l'Angleterre et des Anglais*
6831. Alexandre Dumas — *Le Comte de Monte-Cristo*
6832. Villon — *Œuvres complètes*
6833. Vénus Khoury-Ghata — *Marina Tsvétaïéva, mourir à Elabouga*
6834. Élisa Shua Dusapin — *Les billes du Pachinko*
6835. Yannick Haenel — *La solitude Caravage*
6836. Alexis Jenni — *Féroces infirmes*
6837. Isabelle Mayault — *Une longue nuit mexicaine*
6838. Scholastique Mukasonga — *Un si beau diplôme !*
6839. Jean d'Ormesson — *Et moi, je vis toujours*
6840. Orhan Pamuk — *La femme aux cheveux roux*
6841. Joseph Ponthus — *À la ligne. Feuillets d'usine*
6842. Ron Rash — *Un silence brutal*
6843. Ron Rash — *Serena*
6844. Bénédicte Belpois — *Suiza*
6845. Erri De Luca — *Le tour de l'oie*
6846. Arthur H — *Fugues*
6847. Francesca Melandri — *Tous, sauf moi*
6848. Eshkol Nevo — *Trois étages*
6849. Daniel Pennac — *Mon frère*
6850. Maria Pourchet — *Les impatients*

mposition Nord compo
pression Grafica Veneta
Trebaseleghe, le 10 juillet 2021
pôt legal : juillet 2021

BN 978-2-07-293599-2./Imprimé en Italie

378006